ALEXANDRE LEBRETON

MK

Abus Rituels & Contrôle Mental

Outils de domination de la
"Religion sans nom"

OMNIA VERITAS

MK

Abus Rituels & Contrôle Mental
Outils de domination de la
"Religion sans nom"

© Omnia Veritas Ltd – Alexandre Lebreton - 2016

ⵔMNIA VERITAS

www.omnia-veritas.com

AVERTISSEMENT

C e livre traite d'un sujet particulièrement douloureux, il contient des informations choquantes qui peuvent être très perturbantes pour tout un chacun. Son contenu parfois très brutal, notamment dans les témoignages, a pour but de dévoiler une dure réalité masquée par un syndrome de déni sociétal massif. Certains contenus peuvent être également potentiellement déclencheurs de réactions négatives chez des survivants d'abus rituels et de contrôle mental, mais également chez toute personne ayant été victime d'inceste ou de violences et négligences durant l'enfance. Il convient donc d'être prudent et de stopper la lecture si celle-ci déclenche des émotions ou des réactions inappropriées. C'est un ouvrage qui s'adresse exclusivement à un lectorat adulte.

Ce livre est strictement informatif, en aucun cas il ne peut se substituer à un traitement thérapeutique.

Il s'adresse aux croyants comme aux non-croyants, cependant certains passages au contenu biblique ou eschatologique pourront peut-être déranger le lecteur athée. Une relative connaissance préalable de la théologie et du combat spirituel qui se déroule ici-bas pourra aider à saisir pleinement le contenu de ce livre. Il est conseillé aux lecteurs croyants de se préparer par la prière avant une telle lecture.

Tout ce qui est caché doit être mis en lumière,
tout ce qui est secret doit paraître au grand jour. Marc 4 :22

Avant-propos

Lorsqu'on s'intéresse aux affaires pédocriminelles, à un moment ou à un autre, on découvre des témoignages de viols en réunion, de rituels occultes, d'esclavage mental et même de sacrifices humains où la terreur et la souffrance des victimes sont portées à leur paroxysme. Une solution peut être de détourner le regard, de rejeter ces témoignages en raison de leur caractère trop choquant et bousculant trop notre paradigme ; ou bien alors de les prendre en considération et les accepter comme étant éventuellement une réalité du monde dans lequel nous vivons… Une éventualité qui se transformera petit à petit en une certitude au regard des très nombreux témoignages qui relatent les mêmes pratiques. À partir de là, il est possible de creuser le sujet et de se rendre compte alors qu'il s'agit d'une sorte de *boîte de Pandore*. L'innocence de l'enfance serait-elle une fontaine de Jouvence pour certains cercles ? La conscience immaculée de l'enfance serait-elle une page blanche sur laquelle certains s'octroient le droit d'y graver ce qu'ils veulent pour servir leurs propres intérêts ? Le satanisme élitiste, aussi nommé *pédo-satanisme*, existe-t-il vraiment ?

Canaliser les consciences est une clé de domination ici-bas. Le contrôle mental prend différentes formes, de la plus simple à la plus complexe. Les méthodes d'apprentissage qui façonnent le cerveau, les programmes scolaires et universitaires qui formatent les croyances et l'esprit critique, sont une première forme de modelage du futur adulte qui vise à le rendre compatible et utile au système social actuel. L'information "journalistique" et le divertissement médiatique sont d'autres facteurs qui vont influencer votre conscience selon un certain modèle. La pression sociale qui fait que l'individu se soumet à ce l'on nomme la "pensée unique", est aussi une forme de contrôle mental. Les diverses pollutions alimentaires et environnementales altèrent votre cerveau et par conséquence votre capacité de raisonnement et d'analyse… À ce stade, la population conserve encore un semblant de libre arbitre. Chaque individu a la possibilité de remettre en question tout ce qu'on lui a appris depuis l'enfance. Il peut se ré-informer en choisissant d'autres sources, se débarrasser de sa télévision, changer son mode d'alimentation, s'alléger du monde matériel pour se tourner vers le monde spirituel, etc. Nous pourrions citer également le subliminal ou la psychotronique comme des outils pouvant influencer et contrôler la conscience humaine.

La "religion sans nom" (qui sera définie au chapitre 2) aime les robots et les automates, elle en a besoin. Elle a besoin de créer une planète d'illusions où vos pensées, vos idées et votre créativité sont sous son contrôle. Son monde est une guerre permanente pour manipuler votre subconscient de toutes les manières possibles. De la désinformation aux symboles cachés en passant par les armes technologiques invisibles, le modus operandi de la "religion sans nom" est le CONTRÔLE MENTAL.

Ce qui va être étudié dans ce livre est un outil d'esclavage où le libre arbitre de la victime n'existe plus du tout, ou quasiment plus. Il s'agit du contrôle mental basé sur le traumatisme et la manipulation du monde psychique, un processus enclenché dès la petite enfance. Le contrôle mental ou *Mind-Kontrol* (programmation MK) peut être défini comme une torture systématique bloquant la capacité de la victime à prendre conscience du traitement infligé. Suggestions et conditionnement sont utilisés pour implanter des pensées et des directives dans le subconscient, généralement dans de nouvelles identités (des personnalités dissociées ou "alter") créées artificiellement par des traumatismes extrêmes et répétitifs, forçant la victime par un mécanisme naturel de protection du cerveau, à agir, ressentir, penser ou percevoir les choses comme le souhaite le programmeur. L'objectif est de faire exécuter des directives par la victime sans qu'elle n'en ait conscience. L'installation de ces programmations MK repose sur la capacité de la victime à se dissocier profondément. Les très jeunes enfants ayant déjà de sérieux troubles dissociatifs sont donc des "candidats de premier choix" pour la programmation.

L'enfant est comme un morceau d'argile façonnable. Lors de ses 6 premières années, son cerveau est en plein développement, ses neurones s'organisent en fonction de son vécu, il est en mode "enregistrement" et il n'est pas en capacité de critiquer les informations qu'il reçoit. Il emmagasine donc les données et construit ainsi les fondations de son subconscient qui dirigera sa vie d'adulte. Voilà pourquoi les structures internes d'une programmation par fractionnement de la personnalité sont installées durant la petite enfance, avant l'âge de 6 ans. Nous parlons là d'une véritable *chirurgie psychique*. L'enfant sera très vite encouragé à se dissocier lors des séances traumatiques, à *passer à travers le miroir*, à *traverser l'arc-en-ciel*, pour accéder à une réalité alternative, à d'autres dimensions. Chez un enfant, les profonds états altérés de conscience lors d'une expérience traumatique créent une sorte de "déverrouillage" psychique et énergétique.

La *culture* des états dissociatifs est vieille comme le monde et elle fait partie intégrante des pratiques de la "religion sans nom" qui l'utilise systématiquement sur sa descendance. Ce processus psycho-spirituel est donc une sorte de porte s'ouvrant sur d'autres dimensions et donnant *l'illumination* à celui ou celle qui vit l'expérience dissociative. Le moyen le plus direct pour accéder à cet état modifié de conscience est le traumatisme pur et dur provoqué par la terreur et la douleur extrême ; pouvant même aller, comme nous le verrons, jusqu'aux expériences de mort imminente. Ces techniques sont systématiquement employées par les fraternités sataniques/lucifériennes comme un processus d'inversion de la sanctification : la contre-initiation. Elles sont utilisées comme outils pour contrôler la société. Comme le dit le célèbre pirate informatique Kevin Mitnick : *"Le maillon faible dans tout système de sécurité réside dans le facteur humain."* Pour pouvoir sécuriser un système de domination à l'échelle mondiale, il est donc impératif de mettre en place un *piratage* de l'esprit des pions humains placés aux postes stratégiques derrière les façades démocratiques. Le MK est le point central des diverses organisations occultes de cette planète. L'axe principal sur lequel repose cet outil de contrôle est le trouble dissociatif de l'identité, c'est à dire le syndrome de la personnalité multiple, conséquence des initiations rituelles traumatiques pratiquées dès la petite enfance.

Ce livre est tout comme une mémoire fractionnée en mille morceaux qui aurait été reconstituée à la manière d'un puzzle. En effet, les sujets des abus rituels et du contrôle mental sont difficilement compréhensibles lorsque l'on accède seulement à des bribes de témoignages ou de rares articles sur les réseaux pédocriminels, le satanisme et le contrôle mental. D'autant plus qu'au niveau francophone les informations restent très limitées.

Pour commencer à cerner ce lourd sujet, ce puzzle nécessitait de rassembler des pièces concernant l'anthropologie, la psychotraumatologie, les programmes gouvernementaux de type MK-Ultra, le satanisme transgénérationnel, les *"fragments d'âme"* des traditions chamaniques, la démonologie, mais aussi l'aspect sociétal de la chose : c'est à dire toute la symbolique MK infusée sous nos yeux dans la culture populaire via l'industrie du divertissement. Une fois toutes ces pièces connectées les unes aux autres d'une manière cohérente, une partie des arcanes de ce monde fini par devenir accessible aux profanes... l'œil du cyclone, une clé de compréhension essentielle du système pédo-satanique et plus globalement de ce que l'on nomme aujourd'hui le *Nouvel Ordre Mondial*.

Cet ouvrage tente donc de reconstituer le *puzzle MK* du mieux possible, il devrait vous aider à saisir un des aspects les plus obscurs de notre monde, et peut être aussi vous éclairer sur notre situation actuelle, autant matérielle que spirituelle.

Le sociologue canadien Herbert Marshall McLuhan a déclaré : "Seuls les plus petits secrets ont besoin d'être protégés. Les plus gros sont gardés par l'incrédulité publique."

On appelle fous ceux qui ne sont pas atteints de la folie commune...

CHAPITRE 1

LE CONTRÔLE MENTAL :
DU SIMPLE AU COMPLEXE

L'influence interindividuelle ou l'influence sociale fascine et effraye. (…) les terribles faits divers qui lui sont attribués (suicides collectifs, crimes rituels…) ainsi que de troublantes études scientifiques (travaux sur l'hypnose, études expérimentales sur le conformisme ou soumission à l'autorité…) nous affirment l'existence d'une force quasiment irrésistible et qui pourrait nous pousser à faire ou à penser des choses que nous ne voudrions pas, une force qui pourrait même nous conduire à notre perte. Il y a, avec l'influence, l'idée d'une intrusion, d'un véritable viol de la conscience, de la volonté… qui semble pouvoir passer sous le contrôle ou la volonté d'un autre. Ce n'est plus soi qui veut ou qui agit, c'est la volonté d'un autre qui est entrée en soi et c'est un autre qui agit à travers soi (sentiment de possession) - Stéphane Laurens, "Les dangers de la manipulation mentale".

Il existe différents types de contrôle mental. Il y a le contrôle à grande échelle, celui des masses, et le contrôle individuel qui se focalise sur un seul sujet. Il peut être direct et violent ou bien indirect et non-violent (on parle alors de *guerre silencieuse* ou *invisible*). Dans le contrôle mental de masse, les individus conservent globalement leur libre arbitre tandis que le contrôle mental individuel le plus complexe va totalement le supprimer. Grâce à la biologie, à la neurologie et à la psychologie appliquée, les *sorciers-contrôleurs* sont parvenus à une connaissance avancée de l'être humain, à la fois biologiquement et psychologiquement. Ce système en est arrivé à connaître l'humain mieux que celui-ci ne se connaît lui-même, ce qui signifie qu'il détient un grand pouvoir de contrôle sur les individus car le moyen le plus efficace de conquérir un homme est de capturer son esprit. Contrôlez l'esprit d'un homme et vous contrôlerez son corps, tous les hommes n'ont pas les même pensées, mais tous pensent avec le même mécanisme : le cerveau. Le contrôle mental de masse ou individuel peut aussi être qualifié de contrôle mental dur ou doux, direct ou indirect, actif ou passif. Le lavage de cerveau de type militaire est la méthode active et directe, tandis que le lavage de cerveau de type télévisuel est la méthode passive et indirecte, certainement la plus efficace en raison du fait que les victimes sont inconscientes de ce qui leur arrive et continuent inlassablement et volontairement leur lavage de cerveau.

1 - LE CONTRÔLE MENTAL DES MASSES

Ce ne sont pas seulement les victimes du MK-Ultra (programme américain sur le contrôle mental individuel, chapitre 3) qui sont programmées, mais le monde entier, soumis à une forme de contrôle mental. Nous avons par exemple été programmés pour croire que nos dirigeants politiques sont des hommes d'honneur et de loyauté avec une grande respectabilité en raison du statut social qu'ils détiennent... Alors que nos élites gouvernantes actuelles ne sont que des corrompus, des psychopathes violeurs d'enfants et des cocaïnomanes, des individus qui baignent dans l'occultisme le plus noir. La mort d'un enfant ou l'utilisation d'un esclave humain réduit à l'état de robot ne leur fait ni chaud ni froid. Cette déclaration volontairement affirmative et provocatrice vous choque-t-elle ? Cela effrite-t-il votre paradigme ?... Peut-être allez-vous refermer ici ce livre pour protéger l'image que vous vous faites du monde dans lequel vous vivez. Cela serait une réaction défensive tout à fait naturelle : la préservation instinctive de votre paradigme.

La désormais célèbre parabole de la *"Matrice"* dans laquelle nous sommes plongés est on ne peut plus exacte, les gens sont branchés en permanence sur un *courant* les maintenant dans un rêve éveillé sécurisant et infantilisant. Le fonctionnement de notre cerveau, de notre mental, de nos émotions et même de notre monde spirituel est parfaitement connu par les "architectes du contrôle", qui n'ont qu'à appuyer sur tel ou tel bouton pour déclencher telle ou telle réaction.

Un principe important de contrôle mental est la distraction. La distraction permet de focaliser la conscience sur un ou plusieurs des cinq sens (vue, toucher, ouïe, odorat, goût) dans le but de programmer en parallèle le subconscient. Ce principe s'applique autant dans les tours de magie que dans la propagande étatique, le marketing et la publicité. Le second principe de contrôle mental qui accompagne le premier, c'est la répétition. La combinaison de la distraction et de la répétition est d'une grande efficacité pour programmer le subconscient humain. La télévision, la radio, les cirques divers et variés (divertissements et variétés), sont tous dirigés vers votre subconscient, l'art de la propagande consiste à s'adresser directement à votre subconscient. Et cet art est aujourd'hui devenu une véritable science appliquée à grande échelle. L'humain a besoin de divertissements, en effet, mais nous constatons aujourd'hui que ce qui nous est proposé à longueur de temps à la télévision, avec la télé-réalité par exemple, relève plus d'un sabotage des consciences que d'une innocente partie de belote...

Les hommes se soumettent au contrôle mental parce qu'ils naissent dedans. La science de l'ingénierie sociale (l'analyse et l'automatisation d'une société) qui travaille sur le contrôle des masses met en place la manipulation, la domination et l'oppression d'une manière progressive afin que les gens ne puissent jamais être en mesure de le voir venir... C'est la célèbre allégorie de la grenouille dans une marmite d'eau qui chauffe. Si l'on plonge une grenouille dans de l'eau très chaude, elle va très vite réagir pour s'en échapper. Alors que si on la plonge dans de l'eau froide et qu'on chauffe progressivement cette eau jusqu'à ébullition, la grenouille va s'habituer à la température, elle va s'engourdir et n'aura plus la force de se sauver, elle va finir par être ébouillantée. Ceci est une bonne illustration du phénomène d'accoutumance qui conduit à ne pas réagir à une situation grave et notre société moderne est totalement engourdie dans cette *"Matrice"* dont le point d'ébullition ne semble plus très loin...

a/ La télévision

"La bêtise médiatique n'est pas un épiphénomène. Elle conduit une guerre d'anéantissement contre la culture. Il y a beaucoup de combats à mener. Mais, si l'industrie médiatique gagne sa guerre contre l'esprit, tous seront perdus." Pierre Jourde

Une des sources plongeant les masses dans cette *"Matrice"* se trouve directement dans votre salon, il s'agit de la télévision, qui a remplacé la cheminée comme le "cœur du foyer"… Cet appareil est un outil de contrôle mental de premier ordre, peut-être même le plus important en matière de contrôle global. Imaginez quelques minutes une société sans télévision, inutile de dire que les consciences auraient un tout autre mode de fonctionnement, les envies et les besoins n'auraient rien à voir avec ceux d'aujourd'hui. Imaginez une société sans l'infantilisation, l'abêtisation, les polémiques, la division, la peur, le conditionnement publicitaire, la déculturation, l'uniformisation et le conformisme que diffuse à longueur de temps cet appareil. Imaginez le *"temps de cerveau disponible"* (terme employé par Patrick Le Lay, PDG de TF1) qui pourrait être mis à disposition pour d'autres activités familiales, sociales, créatives, réellement éducatives et pédagogiques, sachant qu'en moyenne 75% de notre temps libre (INSEE) est accaparé par les programmes de télévision ! Aucun appareil ménager n'avait réussi à s'introduire dans les foyers aussi rapidement et aussi massivement. La famille organise son mobilier autour du poste de télévision, les heures de repas et de coucher s'organisent selon la grille des programmes (et vice versa), elle est en quelque sorte devenue la maîtresse de maison programmant le planning familial et les esprits des membres les plus assidus à cette grille…

Nous avons affaire là à une véritable technologie de contrôle mental, la télévision a un puissant effet hypnotique. Dans *"Vie et Santé"* (1992) Liliane Lurçat écrit : *"Enfants et adultes subissent une véritable fascination par l'image et la parole. Lorsque le téléspectateur est devant le poste, il ne peut plus s'en détacher. Ce comportement est particulièrement impressionnant chez l'enfant, puisque la télévision est la seule chose capable d'immobiliser un petit enfant, généralement très actif dans d'autres circonstances."*

En 1997, le philosophe Jean-Jacques Wunenberg a écrit dans un Télérama : "Premier agent de la mondialisation des mœurs, la télévision suscite un ensemble quasi rituel de comportements uniformes, quels que soient les environnements et les messages visuels : disposition du mobilier, assemblée de spectateurs et spectatrices orientées vers la source lumineuse, horaires contraints par un spectacle généralement programmé à heure fixes, etc."[1]

Plusieurs études ont été menées sur les effets de la télévision sur le cerveau. Le constat global est que cet appareil affaiblit la capacité d'attention et la capacité critique. La télévision engendre un état d'hypnose sous couvert de relaxation. Le passe-temps le plus populaire du monde entraîne également une forme d'addiction dont les critères sont : *"dépenser une grande part de son temps à utiliser la substance, l'utiliser plus souvent qu'on ne le voudrait, penser à réduire son usage ou faire des efforts répétés mais infructueux pour le réduire, laisser tomber d'importantes activités*

---

[1] *Télérama"*, 15/10/97

sociales, familiales ou professionnelles pour l'utiliser, et manifester des symptômes de sevrage quand on cesse d'y avoir recours." Tous ces critères peuvent être appliqués aux grands consommateurs de télévision.

En 1986, Byron Reeves de l'Université de Stanford, Esther Thorson de l'Université du Missouri et leurs collègues commencèrent à étudier si les traits formels des contenus télévisuels, c'est à dire les coupures, montages, zooms, panoramiques, bruits soudains, etc, activaient une réponse d'orientation chez l'individu et par conséquent gardait son attention centrée sur l'écran. La réponse d'orientation est la mobilisation de l'attention consécutive à un changement dans l'environnement du sujet, elle est accompagnée d'un ensemble complexe de modifications au niveau sensoriel, somatique et autonome qui ont pour but de préparer le sujet à réagir à un éventuel imprévu. En regardant comment les ondes du cerveau étaient affectées par les traits formels télévisuels, les chercheurs ont conclu que les montages vidéo pouvaient effectivement déclencher des réponses involontaires chez l'individu... C'est la forme et non le contenu qui rend la télévision unique. Cette réponse d'orientation peut en partie expliquer des remarques telles que : *"Si une télévision est allumée, je ne peux pas m'empêcher de la regarder"* ou *"Je me sens hypnotisé quand je regarde la télévision"*. Les réalisateurs de programmes éducatifs à l'usage des enfants ont trouvé que ces traits formels pouvaient favoriser l'apprentissage, mais que l'augmentation du nombre des coupures et de plans finit par surcharger le cerveau. Les clips et les publicités qui utilisent des coupures rapides avec des scènes sans liens entre elles sont conçus pour capter l'attention du téléspectateur plus que pour délivrer de l'information. Les gens peuvent se rappeler le nom du produit ou le nom de la marque, mais les détails de la publicité sont rentrés par une oreille puis ressortis par l'autre; ou devrions nous dire rentrés par un œil et ressortis par l'autre. C'est la conséquence d'une réponse d'orientation surchargée.[2]

En 1964, le philosophe Marshall McLuhan a publié *"Pour comprendre les médias"*, un livre où il explique que la télévision est l'outil privilégié des publicitaires parce qu'elle est capable de faire tomber le sentiment d'extériorité avec les scènes regardées, tout comme si elle était une extension du cerveau. Ce phénomène est confirmé par une expérience menée par Marshall et son fils Eric McLuhan, reproduite vingt ans plus tard à l'Université de Toronto par son fils dans le documentaire *"Le Tube"* de Peter Entell. L'expérience consiste à démontrer qu'un film regardé à la télévision ou au cinéma ne sera pas du tout perçu de la même manière. Dans cette expérience, deux groupes d'individus regardent le même film de chaque côté d'un écran suspendu, l'un recevant la lumière réfléchie sur l'écran (similaire au cinéma), l'autre (de l'autre côté de l'écran) reçoit la lumière émanant directement de la source (similaire à la télévision). Ensuite il est demandé à chaque participant des deux groupes d'écrire une page de commentaires sur leurs impressions et ce qu'il leur a semblé significatif lors de cette projection. L'expérience démontre que la "lumière réfléchie" et la "lumière directe" n'ont pas les mêmes effets sur le corps et l'esprit. Dans le groupe "lumière réfléchie" (cinéma), les personnes avaient conscience de quelque chose d'extérieur à eux et ils étaient relativement objectifs quant au contenu du film. En

---

[2] *"L'Addiction à la télévision"* - Kubey, Csikszentmihalyi - Scientific American, 2003.

revanche, dans le groupe "lumière directe" (télévision), les personnes ont plutôt parlé d'elles-mêmes, de leurs sentiments et de leurs pensées. Leurs commentaires étaient beaucoup plus subjectifs que ceux de l'autre groupe. Devant une lumière directe comme celle de la télévision, le spectateur est ni plus ni moins l'écran sur lequel est projeté la lumière et il vit le contenu des programmes avec une imprégnation émotionnelle beaucoup plus forte, avec une perte du sentiment d'extériorité des scènes regardées. Il n'y a plus aucune distance : vous êtes l'écran et la projection de l'image s'imprime sur vous comme un tatouage. Cette lumière directe donne aux images télévisées le pouvoir d'envahir l'esprit comme dans un rêve en neutralisant l'esprit critique. Comme démontré dans l'expérience précédente sur la réponse d'orientation, c'est davantage le média (l'outil) que le contenu qui agit sur le cerveau.

Le neurologue américain Thomas Mulholland a démontré grâce à un électroencéphalogramme (EEG) que la télévision crée un état de profonde détente, voir même de somnolence chez le sujet. Il a constaté que l'EEG affichait des ondes cérébrales de type Alpha lorsque le sujet regarde la télévision. Ce type d'ondes cérébrales sont celles que l'on observe lorsque l'humain est inactif, moins le cerveau travaille, plus il produit d'ondes Alpha. Cette détente hypnotique explique en grande partie l'addiction que provoque la télévision, particulièrement après une journée de travail. La détente hypnotique favorise donc efficacement l'imprégnation des contenus publicitaires et autres messages de propagande. La télévision, grâce à cet effet hypnotique et son rôle de divertissement, permet de maintenir le citoyen dans une distraction illusoire et de le détacher ainsi des enjeux réels afin de mieux le gouverner. Frederick Emery, l'un des plus brillants chercheurs en sciences sociales de sa génération et membre de l'institut Tavistock a déclaré : *"La télévision peut-être conceptualisée comme l'analogue technologique de l'hypnose."*

Ce qu'a déclaré Herbert Krugman à propos de la télévision est également très intéressant. Krugman est un ancien directeur d'agence publicitaire, lorsqu'il était consultant pour le Bureau de la recherche dans le secteur du renseignement au Département d'État américain, ses travaux portaient alors sur l'infiltration du communisme dans la société américaine, ainsi que sur le lavage de cerveau pendant la guerre de Corée et la résistance à la propagande. Dans le documentaire *"Le Tube"*, Herbert Krugman affirme que les publicitaires se sont passionnés pour les techniques de lavage de cerveau, il dit avoir lui-même connu quelques *"laveurs de cerveau"* de premier choix qu'il a ensuite recrutés pour ses services... Il n'hésite pas à comparer la télévision avec certaines techniques employées par les militaires comme les caissons de privation sensorielle, également utilisés dans le projet MK-Ultra. Selon lui, de telles techniques s'appuient sur une phase de désensorialisation très semblable à l'état mental causé par la télévision. L'image télévisuelle est en effet pauvre en données sensorielles, conduisant à faire perdre au téléspectateur la sensation de son corps. Dans le cas du lavage de cerveau individuel, la perte des repères sensoriels par lesquels la personne se reconnaît elle-même est la phase préparatoire du changement imposé à son monde mental. Dans le cas de la télévision, les images plongent le téléspectateur dans un sommeil éveillé, son cerveau fonctionne alors en ondes alpha, son identité se dissout et la "boîte à images" lui fournit les rêves programmés à heures fixes pour lui.[3]

La télévision est l'outil idéal pour l'application du principe "tension et libération". Elle permet de créer des tensions dans un environnement contrôlé, augmentant ainsi le niveau de stress, puis elle fournit une série de possibilités permettant la libération de la tension et du stress. Tant que la victime pensera que les choix proposés sont les seules solutions possibles, même si à première vue elles paraissent inacceptables, elle finira par faire un de ces choix inacceptables. Dans une telle situation, l'homme est conditionné pour répondre à la tension tel un animal cherchant la soupape de décompression. La clé de la réussite de ce processus de contrôle mental est la gestion équilibrée entre la tension et les choix permettant de soulager cette tension. Tant que ces deux choses sont contrôlées, la victime peut être amenée à choisir et à accepter des choses de plus en plus inacceptables. Il s'agit là d'ingénierie sociale, d'une *psychiatrie culturelle*, et la télévision est le vecteur essentiel permettant d'infuser dans chaque foyer d'un côté la tension et de l'autre la soupape pour libérer cette tension. La télévision infuse des images créant la tension puis elle sert sur un plat les solutions.[4]

La télévision avec son monde de semi-réalité, d'illusion et d'évasion, diffusé 24H24, 7j/7j, est une véritable boîte à programmation mentale, son rôle véritablement culturel et éducatif reste très secondaire.

Anton Szandor Lavey, le fondateur de *l'Église de Satan* et l'auteur de la bible satanique, a une idée bien précise du rôle de la télévision dans notre société moderne... il écrit dans son livre *"The Devil's Notebook"* : *"La naissance de la télévision est un événement magique ayant une signification satanique (…) Ce qui a démarré modestement dans les familles par des petits boîtiers s'est transformé petit à petit en de grandes paraboles et antennes qui dominent l'horizon et qui remplacent les croix au sommet des églises. La télévision, ou l'autel satanique, s'est rapidement développé depuis les années 50 à partir d'un petit écran flou jusqu'à un énorme matériel qui recouvre des murs entiers. Ce qui a commencé comme un divertissement innocent dans la vie quotidienne des familles a fini par remplacer la vraie vie pour des millions de gens, c'est devenu une religion majeure pour les masses.*

Le clergé de la religion télévisuelle sont les artistes, les présentateurs, en particulier ceux qui propagent l'obscurité par les rayons du tube cathodique. Les présentateurs du réseau sont les hauts prêtres et hautes prêtresses du marché de la consommation. Les présentateurs locaux sont les prêtres de paroisse, faisant leurs choux gras sur la dernière tragédie locale. Les célébrités, qu'elles soient locales, nationales ou internationales, font toutes partie de la hiérarchie de l'église, de la toile.

Les comédies, les séries dramatiques et les 'sitcom' sont diffusées nuit et jour, sept jours sur sept, pour activer et soutenir le mode de vie des paroissiens, auparavant seuls les plus fanatiques pratiquaient la dévotion quotidiennement. Avec la stratification satanique qui s'intensifie (aidée par cette machine diabolique), une de nos tâches est de développer petit à petit un système pour que les gens s'accordent parfaitement avec leur mode de vie télévisuel."[5]

---

[3] "Des études attaquent la télévision" - Louise Renard.
[4] *"Turn off your TV"*, Lonnie *Wolfe*, New Federalist, p.6, 1997.
[5] *"The Devil Notebook"* - Anton Lavey, 1992, p. 86.

Il est également intéressant de noter à propos de la télévision que sa pièce centrale, le tube cathodique, a été inventée par un occultiste britannique du nom de William Crookes. Le physicien Crookes était membre de la société secrète *Golden Dawn* et président de la société de recherche psychique, c'est lui qui inspira les recherches d'Oliver Lodge sur l'éther et le monde des esprits. Ce physicien a inventé plusieurs dispositifs dont le but était d'interagir avec les minuscules particules élémentaires tels que les électrons. Crookes qui était un amateur de spiritisme croyait que les esprits étaient capables d'interagir avec les particules telles que les électrons et les protons pour les manipuler. Dans son autobiographie, Crookes dit qu'il devait être possible aux esprits d'influencer ces minuscules particules ; en travaillant sur cette question, il inventa le *"Tube de Crookes"*. Un dispositif permettant de projeter des électrons en faisceau : c'était la naissance des rayons cathodiques. La version du tube cathodique de Crookes allait devenir l'élément fondamental pour le développement de la télévision inventée quarante ans plus tard par l'écossais John Logie Baird. La télévision, une invention qui allait en fin de compte soumettre et hypnotiser le monde entier, fût inspirée en partie par des recherches sur le monde des esprits...

b/ Le subliminal

Subliminal signifie *"sous le seuil"* de la conscience, c'est une perception inconsciente pénétrant la zone du cerveau dite "subconsciente". Le message subliminal peut-être de type formel avec un ou plusieurs mots, ou de type visuel avec une image, une photo, un symbole. Mais il peut également s'agir d'ondes sonores.

Les images subliminales sont indétectables à l'œil nu, mais le cerveau les perçoit et les traite à un niveau subconscient. Le cerveau traite énormément d'informations mais semble avoir différents niveaux de perception et certaines informations peuvent alors influencer nos actes et nos émotions sans que le cerveau cognitif y ait accès. En 1997, une expérience d'Ahmed Channouf a démontré que des réactions électrodermales (R.E.D.) se manifestent lorsque les sujets sont exposés à des visages célèbres ou inconnus de manière subliminale (les visages sont présentés pendant 50 milisecondes). Les réactions électrodermales des sujets étaient plus longues lorsque le visage était connu. Ils en conclurent que même lorsque le sujet n'a pas conscience de voir ces visages, il existe des indices physiologiques qui démontrent qu'il y a néanmoins une perception et une reconnaissance implicite.[6]

Des images subliminales peuvent donc être utilisées comme étant un moyen de manipulation des foules. Les cas d'images subliminales diffusées à la télévision sont nombreux. En 1958, les messages subliminaux ont été interdits aux États-Unis, en Angleterre et en Australie. En 1992, la France a publié un décret (n° 92-280) d'interdiction qui stipule : *"La publicité ne doit pas utiliser des techniques subliminales entendues comme visant à atteindre le subconscient du téléspectateur par l'exposition très brève d'images."* Malgré cette loi et la surveillance du CSA, plusieurs cas

---

[6] *"Émotions et Cognitions"* - Ahmed Channouf et Georges Rouan, 2002.

d'incrustation d'images subliminales ont été observés dans des émissions télévisées, dans des films ou dans des spots publicitaires. En France, le cas le plus connu s'est déroulé lors d'une campagne électorale de 1988 : le portrait de François Mitterrand a été inséré de façon subliminale dans le logo d'Antenne 2 pendant le générique du journal télévisé. Cette photo subliminale a été diffusée de septembre 1987 à mai 1988, soit 2949 fois. François Mitterrand a été élu le 8 mai 1988. Le générique du journal télévisé sera finalement remplacé discrètement le 28 mai 1988 sur la demande de la CNCL (Commission Nationale de la Communication et de la Liberté, prédécesseur du CSA). Cette affaire a été jugée au tribunal mais le procès a été perdu car l'image durait plus de 60 ms (milisecondes), ce qui exclut le qualificatif de subliminal, la loi considérant qu'une image est subliminale lorsqu'elle dure moins de 50 ms.

En 2000, lors d'une élection américaine, il a été découvert par hasard une image subliminale incrustée dans un spot publicitaire pour Georges W. Bush. Il s'agissait d'un message subliminal de type formel. L'insulte *"rats"* (ordure) apparaissait au moment où le spot faisait référence au concurrent Al Gore.

En 2008, toujours aux États-Unis, la chaîne *FOX 5 News* a introduit dans son générique une image très furtive du candidat républicain John McCain et de sa femme. La chaîne de télévision française M6 a également été épinglée deux fois pour avoir diffusé des images publicitaires subliminales durant l'émission *"Popstars"* et *"Caméra café"*.

Dans le journal militaire *Orienteer* de février 1997, le Commandant Chemishev de l'armée russe a dressé une liste d'armes "psy" où il cite *"l'effet de la 25 ème image"*. Il s'agit d'une technique où chaque 25ème image d'une bobine de film ou d'un long métrage contient un message capté par l'inconscient. Cette technique, si elle s'avère efficace, pourrait-être utilisée pour limiter l'abus d'alcool et de tabac, mais pourrait aussi s'appliquer à d'autres domaines plus inquiétants si elle est utilisée sur des téléspectateurs ou des opérateurs de systèmes informatiques. Chemishev affirme également que les japonais ont développé la capacité d'insérer des séquences de voix à des fréquences infra-basses sur de la musique, des voix qui sont détectées uniquement au niveau subconscient. Les Russes affirment utiliser de semblables "bombardements subliminaux" associés à des programmes ordinateurs pour traiter l'alcoolisme ou le tabagisme.[7]

Certains commerçants japonais diffusent même dans leurs boutiques des CD avec des messages subliminaux pour lutter contre le vol à l'étalage. Ces CD de contrôle mental diffusent de la musique ou des sons de la nature mais ils sont encodés avec un message en sept langues avertissant que toute personne surprise à voler à l'étalage sera signalée à la police.[8]

En 1993 et 1994, plusieurs articles de la presse américaine[9] relateront l'information selon laquelle Igor Smirnov, un expert russe des armes non létales, a

---

[7] *"L'esprit n'a pas de logiciel anti-intrusions"*, Timothy L. Thomas, in Parameters, pp. 84-92, 1998.

[8] *"Mind Control Music' Stops Shoplifters"* - McGill, Peter, The Sydney Morning Herald, 04/02/1995.

[9] Defense Electronics, juillet 1993, "DOD, intel Agencies Look at Russian Mind Control Technology, Claims FBI Concidered testing on Koresh" ; Newsweek, 7 février 1994, "Soon Phasers on Stun" ; Village Voice, 8 mars 1994, "Mind Control in Waco".

expérimenté pour les services secrets américains et le FBI une technologie capable d'insérer de façon subliminale des pensées dans l'esprit d'individus afin de contrôler leurs actions. Le FBI a notamment envisagé l'utilisation du dispositif de Smirnov contre David Koresh de la *secte de David* pendant le siège de Waco. Smirnov a déclaré : "*J'ai suggéré que les voix d'enfants et de familles invitant les personnes suicidaires à rentrer à la maison pourraient être mixées avec les bruits de véhicules automobiles de la police* (le bâtiment en était entouré)". Il s'agissait également d'envoyer des messages à Koresh pour lui faire croire qu'il entendait la voix de Dieu directement dans sa tête. Le FBI n'aurait pas retenu l'option pour la raison (officielle) que Smirnov ne garantissait que 70% de chance de réussite. La presse russe publiera elle aussi des articles sur Igor Smirnov. La *Pravda* écrira le 6 mars 1994 : "*Village Voice a publié les 'nouvelles scandaleuses' selon lesquelles les russes sont capables de contrôler le comportement humain*".[10] Deux semaines plus tard le *Moscou News* publiait un long article, qui expliquait comment le scientifique, à des fins médicales, utilisait la "psycho-correction". Des "bruits" contenant des questions, qui ne sont pas audibles mais qui sont perçues par le cerveau, sont envoyés dans les oreilles du patient. Le cerveau répond à ces questions, et ces réponses sont enregistrées sur l'électroencéphalographe et analysées par ordinateur, ce qui permet à Smirnov d'accomplir une psycho-analyse très rapide. Après quoi des "bruits" contenant des messages à caractère thérapeutique sont à nouveau envoyés dans le cerveau du patient, qui les intègrera à un niveau subconscient. Smirnov se défend d'utiliser cette technologie à d'autres fins que médicales, ou contraires à l'éthique.[11]

c/ La *"peer pressure"* ou pression sociale

"L'habitude est donc un énorme moteur de la société, c'est son facteur conservateur le plus précieux. Elle seule est ce qui nous tient tous dans des limites décrétées, et ce qui sauve les enfants des riches contre les soulèvements envieux des pauvres." - William James - "The Principles of Psychology"

La télévision est sans aucun doute un outil de contrôle mental de premier ordre. De par le conformisme et l'uniformisation des masses qu'elle entraine, elle est un vecteur important de ce que l'on nomme la *"peer pressure"* ou pression du groupe social, un autre outil de contrôle ou pourrait-on dire d'auto-contrôle ou d'auto-régulation mentale du peuple.

Tout le monde a fait un jour l'expérience d'arriver au travail le matin suivant la diffusion télévisuelle d'un "important" match de football. Vous constaterez que vous êtes en quelque sorte marginalisé si vous n'avez pas visionné le match car vous ne pourrez pas participer aux vifs échanges entre collègues sur le sujet… Et si vous n'avez même pas de télévision, alors vous serez très vite catalogué comme "sortant du lot", un individu marginal voir même "sectaire". Ne pas suivre le championnat de football peut encore passer au niveau social, mais dès que vous affichez un avis contraire au courant dominant en matière de santé par exemple, comme la question des vaccins ou du mode d'alimentation, vous

---

[10] "The Art to Control the Crowd", Pravda, 6 mars 1994.
[11] Extrait du dossier "Les Technologies Offensives de Contrôle Politique".

vous heurtez très vite à la "Pensée Unique" qui façonne et dirige les masses. En 2015, un exemple flagrant a été le mouvement d'ampleur *"Je Suis Charlie"*, stigmatisant les individus qui refusaient d'adopter ce slogan. Cette pensée unique entraîne l'individu à se conformer au groupe par peur du rejet. Les réactions peuvent en effet être très violentes lorsqu'une personne se sent déstabilisée par rapport aux acquis qui ont façonné sa *réalité*. Elle peut alors jouer un rôle de gardien(ne) de la pensée unique en attaquant le mouton noir... La *"peer pressure"*, d'intensité variable selon le pays, la culture, la religion, le régime politique est exercée sur chacun de nous par la famille, les voisins, les collègues, les amis... C'est une fonction humaine naturelle qui fait que *"les moutons gardent les moutons"*, l'individu s'auto-discipline inconsciemment pour se calquer au modèle social imposé, ainsi le peuple s'auto-limite et s'auto-censure par la pression sociale. Cette pression permet la mise en place de règles sous-tendant la communauté entière et cloisonnant ainsi la pensée dans un cadre bien définis. Voilà un autre facteur important de contrôle mental des masses.

"Je dirais que d'ici 50 ans, si un grand nombre de gens ne deviennent pas consciemment résistants au contrôle mental qui est exercé sur la société, nous allons voir de plus en plus de personnes qui ressembleront à des androïdes. Les gens induisent cela eux-mêmes en regardant le monde et en se disant : C'est trop dangereux pour moi de dire la vérité, de dire réellement ce que je crois ou d'exprimer ce que je ressens. C'est beaucoup plus simple si je me fabrique une fausse personnalité qui me maintiendra passif. C'est comme cela que ça fonctionne..." John Rappoport - State of Mind (Infowar)

C'est la peur qui est à l'origine de cet auto-contrôle du peuple, la peur du rejet, de l'exclusion, de l'échec et parfois même la peur de la violence physique et de l'emprisonnement. La pression sociale fonctionne très bien pour freiner les gens à parler de certaines choses autour d'eux... d'autant plus lorsqu'il s'agit de sujets sensibles tels que la pédocriminalité de réseau, il s'agit là d'un sujet inhabituel pour la plupart des gens car totalement absent de la sphère médiatique officielle. Leur défense sera bien souvent de se fermer au sujet car celui-ci va vite égratigner leur paradigme. Certains utiliseront l'ironie et la dérision comme une diversion et comme une sorte d'auto-protection face à l'inimaginable, pour très vite changer de sujet de conversation... le déni est massif. Les personnes qui s'y intéressent sont en quelque sorte marginalisées, la pression sociale exacerbée par la propagande (ou le silence) médiatique est passée par là...

Vous noterez que l'on parle de *programmes télévisés* et de *programmes scolaires*... Tout cela n'est que de la programmation mentale à grande échelle, mais à ce niveau-là, elle ne vous retire pas encore votre libre arbitre.

Cette pression du groupe social joue également un grand rôle dans le système scolaire et éducatif. Pendant 17 ans en moyenne,[12] l'individu va fonctionner la majeure partie de son temps au sein d'une classe, d'un groupe, dans lequel il va recevoir des programmes à intégrer parfaitement s'il veut accéder aux niveaux supérieurs. Si l'individu n'est pas conforme au groupe ou incapable d'intégrer et de s'accorder aux contenus des programmes ou aux méthodes d'apprentissage, alors il sera exclu de cette machine qui construit et formate les

---

[12] OCDE, Regards sur l'éducation 2011.

futurs travailleurs. Le formatage et l'endoctrinement de la jeunesse sont bien évidemment la base pour pouvoir contrôler une société, et le système scolaire et universitaire joue son rôle au même titre que la télévision, le cinéma et la musique. La frontière entre éducation et propagande est très mince voire inexistante, la propagande ne peut pas fonctionner efficacement sans programmes d'éducation et sans contrôle de l'information. Le formatage de l'esprit des enfants, des adolescents et des jeunes adultes qui construiront la société de demain est le terreau dans lequel prend racine la pensée unique qui entraine cette pression sociale permanente. C'est un ciment qu'il est difficile d'effriter chez un adulte qui refuse de remettre en question ses acquis et son paradigme.

d/ L'alimentation, l'eau et les vaccins

Le Général de Gaulle a déclaré que les *Français sont des veaux, la France entière est un pays de veaux.* La consommation quotidienne de lait de vache aurait-elle un lien avec notre condition d'êtres humains réduits à l'état de "vache à lait" ? Une simple réflexion qui peut porter à sourire, mais qui lorsque l'on s'intéresse aux effets de ce que l'on ingère sur notre cerveau, laisse penser que l'état psychologique et émotionnel d'une société dépend en grande partie de ce qu'elle consomme matin midi et soir…

L'alimentation a une grande influence sur l'humain. Son système nerveux, son mental et ses émotions sont en partie influencés par le type d'aliments qu'il consomme. Le contrôle des masses passe par tout un panel de produits chimiques introduits dans notre organisme par l'alimentation, l'eau, les vaccinations et l'atmosphère. Cette chimie agit par un affaiblissement du système nerveux et des capacités mentales, sans compter les perturbations endocriniennes et l'endommagement du patrimoine génétique. Nous n'entrerons pas ici dans la question (polémique) des régimes alimentaires alternatifs dont les adeptes vantent les bienfaits de leurs différentes écoles. Nous allons plutôt nous intéresser aux produits chimiques qui interagissent avec notre cerveau par l'intermédiaire de ce que nous ingurgitons, mais aussi par ce que l'on nous injecte dès la naissance ou que l'on pulvérise au-dessus de nos têtes…

Dans le documentaire *"Sweet Remedy"* (2006), le neurologue Russell Blaylock a déclaré qu'il existait véritablement un "abrutissement chimique de la société" : *"À cause de ces différentes toxines qui affectent les fonctions cérébrales de façon notoire, nous voyons une société qui produit, non seulement l'accroissement d'une population au QI de plus en plus bas, mais aussi une diminution de la population au QI élevé. En d'autres mots : Un abrutissement chimique de la société. Ainsi tout le monde devient médiocre, ce qui réduit la population à devenir dépendante du gouvernement car elle ne peut plus être intellectuellement performante. Il y a ces gens au QI le plus bas qui sont complètements dépendants, nous avons cette population massive qui va croire tout ce qu'on lui dit parce qu'ils ne peuvent pas vraiment penser clairement. Puis il y a une minorité de personnes au QI élevé, avec de bonnes fonctions cérébrales, à même de comprendre tout cela, et c'est ce qu'ils veulent ! Vous pouvez ainsi comprendre les raisons qui les poussent à dépenser avec insistance des centaines de milliards de dollars en publicité : le but est d'abrutir la population."*

Commençons par le fluor, recommandé par les *experts* trois fois par jour en brossage de dents, en pastilles pour les enfants et en dilution massive dans l'eau potable pour tout le monde ! La fluoration des réserves d'eau potable est quelque chose de courant mais ce qui est beaucoup moins connu, c'est que le fluor a un certain impact sur le cerveau des populations. Le fluor est un répressif majeur des fonctions intellectuelles. Des études indépendantes montrent que le fluor provoque des troubles mentaux variés, il rend les gens stupides, dociles et serviles, en plus de diminuer la longévité et d'endommager la structure osseuse. La première utilisation du fluor dans l'eau potable date des camps de concentration nazis. C'est la société pharmaceutique I.G. Farben qui fournissait alors le fluor. Les nazis n'utilisaient évidemment pas ce produit pour améliorer la santé dentaire de leurs prisonniers, bien sûr que non, cette médication massive des réserves d'eau en fluor servait à stériliser les prisonniers et à les abrutir pour s'assurer de leur docilité. Le chimiste Charles Perkins fut un des premiers à dénoncer les effets nocifs de la fluoration de l'eau potable dans un essai qu'il publia en 1952. Il déclare que des doses répétées de fluor, même en quantité infinitésimale, réduisent les possibilités d'un individu à résister à la domination, en empoisonnant lentement, par narcotisme, une partie précise de son cerveau. Cela le soumet ainsi à la volonté de ceux qui veulent le gouverner... Rien de moins ! Il déclare même que le fluor est une *"lobotomie légère et commode"* et que la véritable raison qui se cache derrière la fluoration de l'eau n'a rien à voir avec la santé dentaire des enfants.[13] La question du fluor semble en effet être un gros dossier, mais il n'est pas le seul.

L'eau potable destinée à la population reçoit plusieurs additifs lors de son processus de traitement, en plus du fluor, nous pouvons citer également l'aluminium, impliqué dans des troubles neurologiques graves, comme l'Alzheimer. Voir à ce sujet l'excellente investigation de Sophie Le Gall intitulée *"Du poison dans l'eau du robinet"* (France 3, 2013) montrant explicitement l'immobilisme des élus et des organismes comme l'AFSSA (Agence Française de Sécurité Sanitaire et Alimentaire) face à une eau dite "potable" qui est en fait totalement empoisonnée dans certaines régions de France. Nous retrouvons cet aluminium également dans les vaccinations tout comme le mercure qui est aussi un poison pour le système nerveux. Le mercure entraîne l'autisme chez les jeunes enfants, bien que l'industrie pharmaceutique s'évertue à prouver qu'il n'y a aucun lien en raison des enjeux financiers colossaux. Certains vaccins contiennent également un adjuvant appelé polysorbate 80, un produit qui est utilisé en pharmacologie pour permettre le passage de certains médicaments à travers la barrière hémato-encéphalique. Quel est le rôle exact d'un tel produit chimique dans le processus de vaccination ? Les métaux lourds neurotoxiques comme l'aluminium et le mercure contenu dans les vaccins traversent-ils cette barrière hémato-encéphallique ?

Toute cette accumulation de métaux lourd dans l'organisme (introduite par l'eau, les vaccins, les amalgames dentaires, l'alimentation...) va entraîner le blocage des enzymes destinées à la dégradation de protéines alimentaires comme le gluten ou la caséine, entraînant un empoisonnement chronique de l'organisme. En effet,

---

[13] *"Opération fluor"* - vivresansogm.org.

lorsque les protéines des céréales et du lait ne sont pas complètement dégradées, elles franchissent la paroi intestinale et se retrouvent dans le système sanguin. Ces "peptides opiacés" vont se comporter dans l'organisme comme certains morphiniques et se fixer sur les récepteurs biochimiques spécifiques à ces substances. Dans son livre intitulé *"Alimentation sans gluten ni laitages"*, Marion Kaplan nous explique qu'en occupant et en saturant les récepteurs opiacés, les peptides provenant du gluten (contenu dans les céréales comme le blé, l'avoine, le seigle et l'orge) et de la caséine (contenu dans le lait de vache) vont entraîner des dérèglements du comportement et favoriser le développement de certaines 'maladies'. Ces troubles du comportement causés par la dégradation partielle du gluten et de la caséine ont été mis en lumière dans plusieurs publications médicales, rédigées notamment par le professeur Reichelt et l'Institut de Recherche Pédiatrique de l'Université d'Oslo. Reichelt est un pionnier dans la recherche des peptides opioïdes qu'il a découvert en 1981 dans les urines des enfants hyperactifs, des autistes et des schizophrènes. Entre 1986 et 1991, il a constaté de très nettes améliorations et même des guérisons suite à l'élimination du gluten et de la caséine du régime alimentaire de ses malades. L'intoxication au gluten et à la caséine est à l'origine de tout un éventail de désordres comportementaux allant de l'hyperactivité à l'autisme en passant par les troubles de la personnalité et l'épilepsie. Les substances opioïdes qui saturent le cerveau ont pour effet d'inhiber les liens sociaux. L'indifférence, le repli sur soi et l'absence de langage en sont des conséquences majeures. Parallèlement, ces peptides nocifs qui encombrent l'organisme perturbent la gestion de la sérotonine. Il y a parfois trop de sérotonine, et parfois trop peu. Cela conduit à des informations excessives transmises par les sens, des insomnies, des réactions impulsives, etc.[14]

Aujourd'hui il suffit de lire les étiquettes sur les emballages de l'alimentation industrielle pour constater que le gluten et la caséine sont systématiquement rajoutés dans les plats préparés, les desserts, les sauces, les soupes, etc. Cela avec l'augmentation constante de la présence d'additifs chimiques de toute sorte dans la nourriture industrielle déjà dénaturée, polluée, voir même génétiquement modifiée. Ne nous étonnons donc pas de voir de plus en plus d'enfants développer des troubles du comportement, connus sous les noms d'hyperactivité, de dysfonction cérébrale minimale ou de syndrome psycho-organique. Ces troubles ont des répercussions sur le rendement scolaire et créent un certain mal être qui prépare à des toxicomanies diverses. D'autres additifs, comme l'acide citrique, certains agents conservateurs et les colorants de synthèse peuvent déclencher, chez les sujets prédisposés, des intolérances avec un impact non négligeable sur les systèmes neurologiques qui règlent les gestes, les mouvements et la concentration.[15]

En Australie, une étude intitulée *"Le rôle de la diète alimentaire et le comportement des enfants"* a été menée par J. Breakey et publiée en 1997 dans le *Journal of Pediatrics & Child Health*. La recherche a démontré que la diète alimentaire peut agir sur le comportement de certains enfants. Il a été rapporté que des

---

[14] "Alimentation sans gluten ni laitages" - Marion Kaplan, 2010.
[15] "Alimentation et comportement des enfants - phosphates", Aldo Massarotti, chimiste bromatologue.

symptômes tels que le déficit de l'attention, le syndrome de l'hyperactivité, les problèmes de sommeil et en particulier les changements d'humeur peuvent être corrigés par une diète alimentaire. Une autre étude australienne, menée par l'*Institut for Child Health Research* a observé l'activité électrique du cerveau de quinze enfants souffrant du syndrome hyperkinétique avec un déficit de l'attention induit par certains aliments. Pendant la prise des aliments incriminés, il a été constaté une augmentation significative de l'activité cérébrale beta dans la région fronto-temporale du cerveau. Cette investigation de 1997, qui était la première du genre, a clairement démontré une association entre l'activité électrique du cerveau et l'ingestion de certains aliments chez les enfants atteints du THADA (trouble d'hyperactivité avec déficit de l'attention). Ces données scientifiques valident l'hypothèse que chez certains enfants, des aliments peuvent non seulement influencer les symptômes cliniques mais aussi altérer l'activité électrique du cerveau.[16]

Dans un article intitulé *"Phosphates dans l'alimentation : Les enfants poussés au bord de la folie"*, le pédiatre Frédérique Caudal rapporte ce qu'il a observé. Après deux ans d'expériences en cabinet, il a constaté qu'une diète alimentaire sans additifs phoshatés rattrape en quatre jours l'état des enfants hyperactifs et leur évite ainsi le "médicament" tristement célèbre nommé *Ritaline*. Les phosphates sont quasiment présents dans tous les aliments contenant des additifs. Leur utilisation est telle que, depuis 10 ans, leur présence a augmenté de 300% ! Nos industriels n'y vont pas avec le dos de la cuillère en matière d'additifs neuro-toxiques !

La question des phosphates a été soulevée en Allemagne dès 1976 par Mme Hafer, une pharmacienne spécialisée dans le domaine de l'équilibre acido-basique de l'organisme humain. Cette femme avait observé et étudié les anomalies comportementales de son fils adoptif et elle était parvenue à la conclusion que le déclencheur était les aliments riches en phosphates naturels (lait, oeufs, etc) ou en phosphates ajoutés (l'acide phosphorique des colas, les diphosphates des fromages fondus, des jambons cuits et les poudres à lever des cakes aux lécithines). Le travail de Mme Hafer a eu un grand écho dans les pays germanophones.[17]

Passons maintenant au glutamate de sodium ou E621. Il s'agit d'un exhausteur de goût particulièrement vicieux et répandu dans la nourriture industrielle. Il est présent dans toutes sortes d'additifs comme le caséinate de sodium, l'extrait de levure ou encore le fameux *"arôme naturel"*... Le glutamate est une excitotoxine, c'est à dire un produit toxique pour le système nerveux du consommateur. Cet additif alimentaire crée des troubles de l'humeur, de la confusion mentale, des crises d'anxiété et des troubles du comportement, surtout chez l'enfant.

En 1991, l'émission de télévision américaine *60 Minutes* a diffusé un reportage sur les dangers du glutamate de sodium. Dans ce documentaire, le Dr. John Olney, professeur en neuropathologie et psychiatrie, déclare qu'il est convaincu que les gens courent un risque en consommant cet additif qui endommage le système nerveux, notamment les bébés et les enfants. Ce sont les

---

[16] Uhlig T., Merken schlager A, Brandmaier R, Egger J. - Eur. J. Pediatr. juillet 1997.
[17] "Alimentation et comportement des enfants - Phosphates", Aldo Massarotti, chimiste bromatologue.

recherches du Dr. Olney pointant du doigt le danger probable pour les nourrissons, qui ont permis de supprimer le glutamate de la nourriture pour bébés dans les années 70. Mais aujourd'hui Olney est toujours inquiet pour les millions d'enfants qui sont exposés à ce produit présent dans leurs aliments préférés : le fast-food et les snacks, des aliments qui ne sont absolument pas contrôlés. Le reportage nous montre le cas d'un enfant de dix ans, Jeremy Larrows, qui a été diagnostiqué hyperactif, ce qui avait entraîné son échec scolaire. Tout a été essayé pour lui venir en aide, des traitements chimiques jusqu'aux programmes éducatifs spécialisés mais rien n'a pu aider l'enfant à s'en sortir. Tout le monde pensait qu'il avait un trouble du déficit de l'attention. Durant cinq ans, Jeremy a eu des états colériques et agressifs envers ses camarades, mais aussi contre sa famille, à tel point qu'il en était devenu malheureux. Il n'arrivait plus à gérer son propre comportement. Sa famille l'a amené voir le Dr. Schwartz qui a ordonné de suite la suppression totale du glutamate de son régime alimentaire. Très vite il y a eu des changements radicaux, son hyperactivité a disparue, ses notes se sont considérablement améliorées, de même que ses relations avec ses amis et sa famille. Sa mère a déclaré aux journalistes : *"Nous l'avions perdu pendant cinq ans, maintenant nous le retrouvons, et c'est un enfant beau et brillant. Cela a été une longue et difficile recherche…"*

Dans la même famille des excitotoxines, tout aussi vicieux et répandu que le glutamate de sodium, se trouve l'aspartame (E951), un édulcorant neurotoxique présent dans plus de 6 000 aliments ! Ce neurotoxique a la triste capacité de détruire les neurones. En 1971 le Dr. John Olney, qui avait déjà démontré la dangerosité du glutamate de sodium, est parvenu à prouver que l'acide aspartique (qui compose à 40% l'aspartame) provoque littéralement des trous dans le cerveau de jeunes souris. Malgré cela, l'aspartame reste autorisé comme additif alimentaire et rentre même dans la composition de certains produits pharmaceutiques. L'acide aspartique s'accumule dans notre organisme, affecte notre cerveau, il traverse également le placenta pour atteindre le cerveau du fœtus.[18]

Malgré les preuves concernant la toxicité de ce produit, il reste présent dans vos supermarchés… en particulier au niveau des caisses, dans de jolies petites boîtes de toutes les couleurs attirant vos enfants. Régulièrement, des *"avis d'experts"* (comme par exemple *l'Autorité Européenne de Sécurité des Aliments*) confirment en grands titres dans nos médias que l'aspartame ne présente aucun danger pour nous, mettant même en avant son utilité ! Pourquoi une telle guerre de l'information à grands coups *"d'expertises"* tente-t-elle de confirmer systématiquement l'innocuité de ces additifs neuro-toxiques ? À vous d'y répondre…

e/ L'ingénierie sociale : *"Stratégie du Choc"*, Institut Tavistock

"Si la terreur peut être induite sur une base largement disséminée dans une société, alors la société retourne à une 'tabula rasa', une ardoise blanche, une

---

[18] "Additifs alimentaires danger" - Corinne Gouget, 2006.

situation où le contrôle peut facilement être instauré." - Kurt Lewin, psychiatre allemand, directeur de l'Institut Tavistock dans les années 30.

Lewin soutenait que par la création d'un chaos contrôlé, la population pouvait être amenée à un point où elle se soumettrait volontairement à un plus grand contrôle.

La "*stratégie du choc*", un terme popularisé par Naomi Klein avec son livre intitulé "*La Stratégie du Choc : la montée d'un capitalisme du désastre*" (2007) s'inspire des techniques de lavage de cerveau qui visent à détruire la mémoire du sujet, à briser sa capacité de résistance afin d'obtenir une page blanche sur laquelle une nouvelle personnalité peut-être imprimée. Ces techniques peuvent s'appliquer à l'échelle d'une population entière en provoquant une '*tabula rasa*' (table rase, ardoise blanche), c'est à dire en réduisant à néant le patrimoine d'un pays ainsi que ses structures sociales et économiques pour pouvoir y construire une nouvelle société, un nouvel ordre après le chaos planifié et contrôlé. Une fois le peuple privé de ses points de repères, mis en état de choc et infantilisé, il se retrouve sans défense et devient facilement manipulable et spoliable. Ce processus peut s'appliquer suite à une grave crise économique ou politique, une catastrophe environnementale ou bien encore un attentat ou une guerre. Mais elle peut aussi s'appliquer d'une façon progressive, sur du long terme.

L'Institut Tavistock est un point clé en matière de projets fondateurs du contrôle mental global, d'ingénierie sociale ou plus exactement ici de "chaos social organisé". Cette organisation complexe a réussi à totalement changer le paradigme de notre société moderne... Selon son site internet officiel, le *Tavistock Institute* est une organisation à but non lucratif formée en Angleterre en 1947. L'institut se décrit comme centré sur l'application des sciences sociales dans plusieurs domaines professionnels, au niveau gouvernemental, industriel, commercial, mais aussi dans le domaine de la santé et de l'éducation. Cette organisation rédige et édite le journal mensuel "*Human Relations*". Ses clients vont de grosses entreprises multinationales à de petits groupes communautaires, à l'échelle nationale comme internationale. L'Institut Tavistock est l'un des plus mystérieux et influents groupe de ces cinquante dernières années, mais il est très peu connu. Plusieurs éléments font de lui un institut hors-norme, le rendant même unique : il est indépendant car entièrement auto-financé, il ne dispose d'aucune subvention gouvernementale ; son domaine d'activité le place à cheval entre le monde académique et le monde du conseil ; et ses domaines de recherche comprennent l'anthropologie, l'économie, le comportementalisme (béhaviorisme), la science politique, la psychoanalyse, la psychologie et la sociologie.

Cet institut a démarré ses activités avec la création de la "*clinique Tavistock*" qui fut fondée à Londres en 1920. C'était à l'époque un institut psychiatrique. C'est Herbrand Arthur Russel, duc de Bedford et marquis de Tavistock, qui décida d'assigner un immeuble du centre-ville de Londres à un groupe de médecins majoritairement composé de psychologues afin qu'ils puissent y développer leurs recherches. L'institut a débuté par l'étude des psychoses traumatiques et du "*seuil de rupture*" sur les rescapés de la première guerre mondiale. On nomme "*seuil de rupture*" le moment où la psyché du soldat se brise sous l'effet des traumatismes, c'est une sorte de basculement psychique face à un stress intolérable. Le but de ces recherches était d'appliquer les résultats de ces études sur les rescapés de guerres directement sur les populations civiles. Le projet était encadré par le *Bureau pour la Guerre Psychologique* de l'armée britannique sous la direction du psychiatre John Rawling Rees, qui deviendra plus tard co-fondateur de la *Fédération Mondiale de la Santé Mentale*. En 1940, Rees définissait ainsi les objectifs de cette guerre psychologique : *"Depuis la dernière Guerre Mondiale, nous avons beaucoup œuvré pour infiltrer les diverses organisations sociales de tout le pays (…) Nous avons lancé une offensive particulièrement efficace dans bon nombre de professions. Les deux plus faciles furent l'enseignement et l'Église tandis que les deux plus difficiles furent le droit et la médecine. Quiconque dont la mémoire ne remonte ne serait-ce qu'à une douzaine d'années réalisera à quel point le changement est important dans l'esprit des professionnels (…) Si nous voulons infiltrer les autres activités sociales et professionnelles, je pense que nous devons imiter les régimes totalitaires et mettre en place une activité de type cinquième colonne (…) Le Parlement, la presse et les autres publications sont les moyens les plus sûrs pour diffuser notre propagande (…) Nous devons viser à nous infiltrer dans chaque activité éducative de la vie nationale."*[19]

En 1932, la direction de l'Institut sera remise entre les mains du psychiatre allemand Kurt Lewin, fondateur du *National Training Laboratories* (NTL, centre de recherche en psychologie clinique de Harvard, créé en 1947) spécialisé dans l'étude du comportement humain et de la psychologie comportementale. Lewin est connu pour ses travaux sur la manipulation du comportement des masses, c'est à dire du lavage de cerveau à grande échelle… Une grande partie de ses recherches pour le Tavistock consistait à mettre au point le lavage de cerveau des masses en mettant en application les processus traumatiques de torture répétée pour le contrôle mental individuel sur la société dans son ensemble. C'est Lewin qui est à l'origine de la théorie *"tabula rasa"* selon laquelle la terreur induite à grande échelle dans une société va entraîner une sorte d'état d'hébétude dans cette même société, une situation où *"le contrôle peut facilement être obtenu à partir d'un point extérieur."*[20]

Pour Lewin, la société doit être "infantilisée", selon lui il faut développer un état d'esprit immature chez la population afin de la contrôler au mieux. Il nommait ce chaos social contrôlé : la "fluidité". En 1963, le patron des administrateurs de L'Institut Tavistock, Eric Trist, a déclaré exactement la même chose à propos du contrôle de la société : "L'administration d'une série de chocs traumatiques successifs sur une société a pour effet de la déstabiliser et de créer des conditions permanentes de turbulence sociale…" qui serviront à générer une société nouvelle, un nouveau paradigme de société, une opportunité pour façonner un nouveau visage à cette planète. Pour cela la "psychiatrie sociale" devait être développée et appliquée à grande échelle.[21] [22]

Le Dr. William Sargant, un autre chercheur du Tavistock, a écrit en 1957 dans son livre "Battle for the Mind : A Physiology of Conversion and Brain-Washing" : "Divers types de croyance peuvent être implantés après que le fonctionnement du cerveau ait été suffisamment troublé par l'"induction délibérée de la crainte, de la colère, ou de l'excitation."

---

[19] *"Strategic Planning for Mental Health"*, Colonel John Rawlings Rees, Mental Health Vol.1, n°4, octobre 1940, p. 103-104.
[20] *"Fifty Years of the Tavistock Clinic"* - Henri Victor Dicks, London, Routledge and Paul, 1970.
[21] "Mind control World control" - Jim Keith 1997, Chap 5.
[22] "La psychiatrisation de la société, conspirationnisme et psychiatrie font-ils bon ménage ?" - Alain Gossens, Karmapolis.com.

Traumatiser pour reprogrammer est le *modus operandi* standard du Tavistock. Nous retrouvons là le protocole de la programmation mentale individuelle basée sur les traumatismes. Il s'agit d'effacer la personnalité originelle du sujet par une succession de traumatismes, pour installer ensuite une nouvelle personnalité programmée, un nouvel Ordre... *Ordo Ab Chao*, l'ordre naît du chaos, la devise de la franc-maçonnerie. Ou encore *"Dissoudre"* les éléments pour ensuite les *"Coaguler"*, le grand mystère des alchimistes... des formules qui semblent bien s'appliquer dans le domaine du contrôle mental, aussi bien individuellement que collectivement.

L'Institut Tavistock deviendra le centre des recherches psychiatriques par excellence et changera son nom en 1947 pour devenir le *"Tavistock Institute for Human Relations"*. Il continua ensuite ses travaux en matière de stratégie et de guerre psychologique pour le compte de l'OSS puis de son successeur, la CIA. Cette organisation a un puissant réseau d'influence l'aidant à infiltrer et à imprégner les divers secteurs de la société matérialiste dans laquelle nous vivons. Ce réseau comprend de généreux mécènes qui permettent à l'institut de perdurer et d'agir efficacement. Des mécènes tels que le Ministère des affaires intérieures britanniques, la Fondation Rockefeller, la Fondation Ford, l'Institut Carnegie, etc... Tavistock est également relié de près à de nombreux *think tanks* (sortes de laboratoires d'idées) et d'autres organisations mondialistes comme l'OMS (Organisation Mondiale de la Santé), la Fédération Mondiale de la Santé Mentale, l'UNESCO et la Rand Corporation.[23]

La famille Rockefeller a toujours eu un rôle important dans l'avancement du Tavistock. Dans son livre *"Mind Control, world Control"*, Jim Keith rapporte les déclarations d'un chroniqueur officiel du groupe Tavistock : *"La Fondation Rockefeller, avant de nous subventionner, avait besoin d'être rassurée, pas seulement à propos de notre politique... mais aussi avec les personnes qui y travaillent."*

Dans un document de financement du groupe, il est indiqué quelques objectifs du Tavistock :[24]

a/ L'invention de la 'commande psychiatrique' comme rôle médico-social conduisant à la constatation et à la reconnaissance des problèmes dans le domaine des relations humaines et de leur gestion."

b/ L'invention de la 'psychiatrie sociale' comme une science politique permettant d'intervenir pour la prévention des problèmes à grande échelle.

c/ La mise en place de toute une série d'institutions militaires qui mettront en œuvre concrètement les politiques préconisées.

d/ L'invention de nouveaux types de communautés thérapeutiques.

e/ L'invention de la 'psychiatrie culturelle'.

L'Institut Tavistock a été le premier en son genre et il a vu naître des centaines d'autres centres similaires comme l'*ISR*, *Cornell ILR*, *Hudson Institute*, *National Training Laboratories*, *Walden Research*, *Stanford Research Institute* et beaucoup d'autres qui ont été créés sur toute la planète selon le modèle du Tavistock. Dix grandes institutions majeures sont directement sous son contrôle, avec quatre cent filiales et pas moins de trois milles groupes divers et *think tanks* spécialisés dans l'organisation comportementale, la science politique, la psychoanalyse, la

---

[23] "Conspirator's Hierarchy" - Dr John Coleman.
[24] "Mind Control World Control" - Jim Keith 1997, p.45.

psychologie et la sociologie. Selon John Coleman, l'auteur de *"Conspirator's Hierarchy : the Story of The Committe of 300"*, Tavistock possède une véritable *"armée invisible"* composée d'acteurs placés dans les tribunaux, dans la police, dans les universités, dans les médias, etc. Tavistock choisit les artistes que nous regardons, forme et introduit dans la société les experts que nous écoutons et les politiciens que nous élisons…

Le Tavistock aurait formé des leaders mondiaux pour pouvoir les utiliser depuis des positions stratégiques tout autour du globe. Ce fut le cas pour Henry Kissinger, un réfugié allemand et ancien élève de John R. Reese, il est un des plus importants dirigeants qui soit passé par le Tavistock. Suite à sa formation, Kissinger a très vite été propulsé à de hauts postes de pouvoirs politiques et stratégiques et il est encore de nos jours un homme de grande influence. Un autre exemple est celui de Jimmy Carter. Dans les années 70, le futur président des États-Unis était soupçonné d'être un *"zombie ayant subi un lavage de cerveau à la Orange mécanique"*. En juillet 1976, le journal de Lyndon Larouche *New Solidarity International Press Service* (n°27) publiait un article intitulé *"Jimmy Carter a-t-il subi un lavage de cerveau ?"* - *"Il y a beaucoup d'indices qui laissent penser que le sourire "Tavistockien" de Carter et sa pseudo religion soient le résultat direct d'un programme de modification comportementale effectué par son "proche ami", le psychiatre Peter Bourne, et par sa sœur Ruth Carter Stapleton… Carter a un passé marqué par une instabilité psychologique faisant de lui un sujet hautement susceptible d'être programmé pour le rendre complètement soumis lors d'une présidentielle. En 1966, peu après sa défaite à des élections en Géorgie, Carter est tombé en dépression et il a alors déclaré : "La vie n'a pas de but… le moindre petit échec est un désastre insurmontable pour moi"*. Ceci n'est pas une preuve de programmation mentale, mais Carter était sous le contrôle du Dr. Peter Bourne, un psychiatre du Tavistock. Bourne l'a accompagné tout au long de son ascension politique jusqu'au point même de devenir son directeur de campagne au moment des élections présidentielles. Bourne a vu dans Carter l'opportunité de créer un *Candidat Mandchou* (terme employé dans le MK-Ultra pour désigner un assassin non conscient de sa programmation). Selon le propre père de Bourne, un Major des Forces Spéciales de l'armée anglaise qui dirigeait régulièrement des études sur des gorilles et des babouins au Centre de recherche de Yerkes, son fils *"a toujours été intéressé sur la manière de faire élire un Président du point de vue sociologique et comportemental. Dans l'équipe de Carter, Il est celui qui mène une véritable campagne présidentielle scientifique."*

Le Tavistock est également derrière certains mouvements sociaux de grande ampleur. Prenons l'exemple de la "contre-culture" des années 60 où le réseau Tavistock a clairement piloté la diffusion et la consommation de drogues, particulièrement de LSD. Le mécontentement et les protestations de la jeunesse étaient une porte ouverte pour infuser certaines idéologies à grand renfort de drogues. Cette déstabilisation sociale allait donc être une brèche pour tester les nouvelles méthodes de contrôle telles que les festivités géantes où le LSD serait fourni à grande échelle. Ainsi de jeunes cobayes finiraient par devenir des agents de la nouvelle culture aussi connue sous le nom de *New-Âge* (projet spirituel d'occultistes lucifériens tels qu'Alice Bailey et Helena Blavatsky). L'un de ces premiers festivals géant fut organisé en 1967, il s'agissait du *Monterey Pop international* organisé en Californie, avec plus de 100 000 participants. Un concert de trois jours qui deviendra le modèle pour les festivals de masse comme celui de

Woodstock, organisé deux ans plus tard avec la totale complicité du FBI. Le festival de Woodstock était une gigantesque opération de contrôle mental à ciel ouvert avec comme base le LSD. Le magazine *Time* qualifia le rassemblement de Woodstock de *"Festival du Verseau"* en référence avec la fin de l'ère du Poisson et le début de l'ère du Verseau : le *Nouvel Âge,* ou Nouvel Ordre (nous y reviendrons), qui devait être mis en place suite à la déstabilisation sociale des années 60.

L'énorme promotion médiatique des Beatles aux États-Unis (un groupe sur lequel nous reviendrons au chapitre 9) a également été organisée dans le cadre de cette expérience sociale à grande échelle. Il ne s'agissait pas d'une révolte spontanée de la jeunesse contre le système social, ce sont les grands groupes de "musique rock" de l'époque qui ont servi entre autre à introduire un *nouveau vocabulaire et de nouvelles expressions pour former une nouvelle culture.* Les drogues, le sexe, le rock'n roll, les contestations dans tout le pays... le nouveau et l'ancien monde se sont alors percutés de plein fouet et tous ces hippies n'avaient pas la moindre idée du fait que ceci faisait partie d'un plan social décidé et organisé derrière de prestigieuses fondations philanthropiques, des corporations et des centres de recherche dépendant de la fondation Rockefeller entre autres. Ces maîtres marionnettistes de la finance et de la politique ont utilisé la pop culture pour manipuler le développement social.

De la même manière, nous pouvons également citer le rap qui a servi à instaurer une idéologie libérale aux États-Unis et par la suite en Europe. La technique 'Tavistockienne' a été la même que pour les mouvements hippies, c'est à dire des opérations *Cointelpro (Counter Intelligence Program* - Programme de contre-espionnage) consistant en une infiltration directe du mouvement d'origine pour le déstabiliser, le dénaturer afin de pouvoir le discréditer ou le détourner à des fins précises comme ce fut le cas par exemple pour les *"Black Panther"* (mouvement politique révolutionnaire américain). Les rappeurs et les hippies sont deux mouvements qui semblent totalement en opposition... pourtant il est intéressant de noter que la *Zulu Nation* (organisation phare du rap) adoptera comme devise en 1974 *"Peace, Unity, Love and Having Fun"* (paix, unité, amour et plaisir). Il s'agit à quelques mots près de la même formule que le mouvement hippie clamait dix ans plus tôt, *"Peace and Love !"* (paix et amour), c'est à dire une philosophie libertaire scandant *"faites l'amour pas la guerre"*. Une doctrine qui consiste à faire la révolution par la sublimation des plaisirs, ceci par l'apologie de la drogue et du sexe, ni plus ni moins. Aujourd'hui, nous constatons que le rap industriel qui brasse des millions de $ continue d'une manière toujours plus virulente à faire la propagande d'un matérialisme exacerbé et décadent, des productions propagées à longueur de temps sur les grands réseaux médiatiques. En effet, ce processus d'ingénierie sociale enclenché dans les années 50 ne s'est pas arrêté et nous en voyons aujourd'hui les conséquences. John Coleman (auteur et ex-espion du MI6) a écrit : *"La faillite morale, spirituelle, raciale, économique, culturelle et intellectuelle, dans laquelle nous sommes aujourd'hui n'est pas un phénomène social s'étant produit par hasard. C'est plutôt le résultat d'un programme du Tavistock soigneusement organisé."*[25]

---

[25] "The Tavistock Institute Of Human Relations : Shaping the Moral, Spiritual, Cultural, Political and Economic Decline of the United States of America - Johan Coleman, 2006, p.14.

Ces programmes d'ingénierie sociale visant particulièrement la jeunesse se poursuivent de nos jours par la propulsion sur le devant de la scène de "starlettes" hypersexualisées et mondialement idolâtrées comme Lady Gaga, Beyoncé, Miley Cirus, etc, la liste est longue. Des stars dont les paroles de chansons et les comportements sur scène deviennent de plus en plus déviants, pour ne pas dire complètement déglingués. Nous y reviendrons dans le chapitre 9 consacré à l'industrie du divertissement.

En matière d'ingénierie sociale, le cinéma est également un outil incontournable au même titre que la télévision et la musique diffusée en boucle sur les ondes radios et les chaînes TV spécialisées. Le cinéma, la télévision et la musique ont un effet "d'aliénation" en nous dépersonnalisant. Notre image extérieure comme intérieure tend à être le reflet ou la copie des modèles fabriqués par les stars, les acteurs, les idoles et autres *sex symbols*... Ces scénarios de "vie" qui nous sont exposés à longueur de temps, du cinéma hollywoodien jusqu'à "la télé-réalité" quotidienne, en passant par les séries télévisées addictives et les clips de musique, influencent d'une manière considérable notre look, notre style, nos pensées, nos attitudes, nos comportements, jusqu'à nos émotions et nos sentiments. La toute-puissance de l'image vise à nous maintenir dans un état infantilisant et donc plus dociles et manipulables.

Il y aurait également beaucoup à dire sur certains jeux vidéo ultra violents ou baignant dans un profond occultisme. Certaines productions sont de véritables monde alternatifs qui contrairement à un film qui dure une heure ou deux, ici, les scénarios peuvent s'étaler sur des dizaines et des dizaines d'heures durant lesquelles le joueur est acteur de sa propre programmation, l'effet sur le subconscient est donc décuplé.

Il est beaucoup plus facile de diriger une société par le contrôle mental que par la contrainte physique et les méthodes de programmation des masses ne manquent pas. La base du contrôle de la population est d'une part de la maintenir dans l'ignorance des principes fondamentaux du système dans lequel elle baigne et d'autre part de la maintenir dans la confusion, dans la désorganisation et dans la distraction permanente.

Le professeur Noam Chomsky, linguiste et philosophe américain, a décrit quelques stratégies de manipulation des masses :

• La stratégie de la diversion

Elle consiste à détourner l'attention du public des problèmes importants grâce à un déluge continuel de distractions et d'informations insignifiantes. Cette stratégie empêche la masse de s'intéresser aux connaissances dans les domaines de la science, de l'économie, de la psychologie, de la neurobiologie, etc, des informations essentielles. Le détournement des activités mentales passe également par des programmes scolaires et des méthodes d'apprentissage de basse qualité qui sabotent l'esprit critique et la créativité. L'école maintient donc les jeunes dans une certaine ignorance concernant les vraies mathématiques, les vraies lois, la vraie histoire, etc. De leur côté, les médias écartent soigneusement le public des véritables problèmes sociaux.

• La stratégie du pyromane ou "problème-réaction-solution"

Elle consiste à créer des problèmes pour offrir des solutions. On crée d'abord une situation prévue pour susciter une certaine réaction du public afin que celui-ci devienne lui-même demandeur des mesures que l'on souhaite lui faire accepter. Par exemple laisser se développer la violence, organiser des attentats sanglants, des agressions, pour obtenir que le public soit lui-même demandeur de lois liberticides et sécuritaires. Dans le même ordre d'idée, organiser une crise économique pour faire accepter comme un mal nécessaire le recul des droits sociaux et le démantèlement des services publics.

• La stratégie du dégradé et du différé

Elle consiste à faire accepter une mesure, une loi ou des conditions socio-économiques inacceptables. Pour cela il suffit de l'appliquer progressivement, en "dégradé", sur une dizaine d'années. La stratégie du différé consiste à faire accepter une décision impopulaire *"douloureuse mais nécessaire"*, en obtenant l'accord du public pour une application dans le futur. La masse a toujours tendance à espérer naïvement que *"tout ira mieux demain"* et que le sacrifice demandé pourra être évité. Cela laisse du temps au public pour s'habituer à l'idée du changement et l'accepter avec résignation lorsque le moment sera venu.

• La stratégie de l'infantilisation

Elle consiste à s'adresser au public comme à des enfants en bas âge. La plupart des publicités destinées au grand public, particulièrement radiophoniques, utilisent un discours, des arguments, des personnages et un ton particulièrement infantilisant, voir même débilitant, comme si le téléspectateur était un enfant en bas-âge ou un handicapé mental. Plus on cherchera à tromper le public, plus on utilisera un ton infantilisant. La propagande de la "sous-culture" ou de "l'ignorance crasse" qui encourage le public à se complaire dans la médiocrité, à trouver "cool" le fait d'être vulgaire, bête et inculte est particulièrement présent dans les programmes de télé-réalité, programmes qui visent une jeunesse très influençable. Ces productions télévisuelles agissent comme une programmation sur des individus préalablement déracinés et sans véritables repères spirituels pouvant leur permettre de remettre en cause ce qu'ils regardent et intègrent chaque jour.

Le contrôle de la majeure partie des médias est évidemment requis pour que tout cela fonctionne. La programmation mentale des individus aux postes clés/stratégiques est nécessaire pour le bon fonctionnement et la sécurité du système, les maillions faibles ne sont pas envisageables. La guerre invisible avec ses armes silencieuses ne tire pas de missiles, elle ne fait pas de bruit, mais provoque indubitablement des dommages physiques et mentaux. Dans son ensemble, le public aura du mal à croire qu'il puisse être soumis à une telle arme, il ressentira instinctivement que quelque chose ne va pas mais il n'arrivera pas à exprimer ce sentiment d'une manière cohérente et rationnelle. Par conséquent, l'appel à l'aide et l'organisation collective d'une défense face à une telle arme invisible devient très difficile.

• Les ondes électro-magnétiques / la psychotronique

Tous nos actes, toutes nos pensées et nos sensations physiques fonctionnent grâce à la bioélectricité produite par nos neurones et transmise par le biais de circuits neuronaux complexes à l'intérieur de notre crâne. Une onde électromagnétique extérieure peut donc interférer dans cette bioélectricité cérébrale.

Le contrôle mental psychotronique peut être aussi bien appliqué sur de larges populations que sur un seul individu. Le développement des armes électromagnétiques antipersonnelles a démarré au milieu des années 40, peut-être même plus tôt. La première référence connue fait partie de l'Étude Américaine sur le Bombardement Stratégique (Étude du Pacifique, Division d'Analyse Militaire, Volume 63) qui mentionnait des recherches japonaises visant à développer un *"rayon mortel"*. Le développement de ces technologies est lié aux recherches sur le contrôle mental et la modification du comportement effectuées par l'armée et les services de renseignements américains et soviétiques, cela dès le début de la guerre froide. Il s'agissait de développer des moyens techniques capables de manipuler, modifier ou contrôler la conscience et le comportement d'individus ou de groupes d'individus. Ces programmes d'expérimentations ayant un intérêt militaire, ils ont très vite été couverts par le secret défense, aussi bien aux États-Unis qu'en URSS.

La *"recherche sur le comportement"* étudie les domaines de la bioélectricité, de la stimulation électrique ou radio du cerveau, de la destruction électronique de la mémoire, mais aussi la psychochirurgie, l'hypnose, la parapsychologie, la télépathie, la télékinésie, le subliminal, le *remote viewing* (vision à distance), les irradiations, les micro-ondes, les ultrasons…

En 1940, le scientifique Walter Hess a reçu un prix Nobel pour avoir été capable d'influencer le comportement de chats (les rendant soudainement féroces) grâce à des électrodes implantées dans leur hypothalamus. Dès le début des années 50, le Dr. Lilly avait établi la cartographie des fonctions corporelles liées à diverses zones du cerveau. Grâce à des électrodes, il parvenait à activer les centres nerveux reliés à la peur, à l'anxiété, à la colère ou aux fonctions sexuelles. Ses recherches étaient faites sur des singes. Durant les années 50 et 60, le Dr. Jose Delgado a prouvé que le comportement et le système nerveux humain pouvaient être totalement contrôlés par des signaux électriques transmis au cerveau par de minuscules électrodes.[26]

Influencer le cerveau humain à distance grâce à une énergie électromagnétique était bien évidemment l'étape suivante dans ce domaine de recherche. À cette époque, un document de la CIA stipulait : *"La faisabilité du contrôle à distance des activités de plusieurs espèces d'animaux a été démontrée (…) Des*

---

[26] "Physical Control of the Mind, Toward a Psychocivilized Society" - Jose M.R. Delgado, 1969.

recherches et évaluations spécifiques seront conduites pour l'application de certaines de ces techniques sur l'homme."[27]

Dès 1959, un document de la CIA (obtenu par Harlan Girard, président de la *Commission Internationale sur les Armes Electromagnétiques Offensives,* par une requête dans le cadre de la Loi sur la Liberté de l'Information aux Etats-Unis.), le sous-projet 119 du programme MK-Ultra, se proposait déjà *"d'établir un examen critique de la littérature et des développements scientifiques en lien avec l'enregistrement, l'analyse et l'interprétation des signaux bioélectriques de l'organisme humain et de l'activation du comportement humain à distance (…) Techniques d'activation de l'organisme humain par des moyens électroniques à distance. Des progrès ont été faits et la liste des laboratoires, des chercheurs et des ressources dans l'étude Bioélectronique est en préparation.* "

En 1985, la journaliste Kathleen McAuliffe rencontra José Delgado dans son laboratoire en Espagne, où il expérimentait la stimulation électromagnétique du cerveau. Dans un article pour le magazine *OMNI,* elle écrira que José Delgado lui avait montré comment il pouvait endormir un singe ou le rendre hyperactif, ou encore comment il pouvait calmer des poissons nerveux en utilisant des radiations par micro-ondes convenablement modulées.[28]

Le travail de Delgado a été fondamental dans le domaine de la psychotronique, ses expériences sur des humains et des animaux prouvèrent que la stimulation électronique de certaines zones du cerveau pouvait déclencher d'intenses émotions, y compris de la rage, du désir ou de la fatigue. Dans son exposé intitulé *"Stimulation Intracérébrale et observation des tracés sur des patients",* Delgado observa que la *"radio stimulation de différents points de l'amygdale et de l'hippocampe chez ses quatre patients provoquait divers effets, y compris des sensations plaisantes, de l'exaltation, une concentration profonde, une relaxation intense (un précurseur essentiel de l'hypnose profonde), des visions colorées (hallucinations), etc."*[29]

Dès 1966, Delgado déclarait : "Mes recherches confirment la déplaisante conclusion que le mouvement, l'émotion et le comportement peuvent être dirigés par des forces électriques et que les êtres humains peuvent être contrôlés comme des robots en appuyant sur des boutons." En 1974, Delgado est intervenu au Congrès américain pour déclarer que "nous avons besoin d'un programme de psychochirurgie pour le contrôle de notre société. Le but est le contrôle physique de l'esprit."[30] L'immense majorité des travaux de Delgado sur l'influence des perceptions et du comportement à distance au moyen d'ondes électromagnétiques est restée classifiée et inaccessible au public.

"Contrôle Offensif du Comportement - URSS" est un rapport de l'armée de terre US (1972) présentant 500 études sur l'expérimentation soviétique relative au contrôle mental électronique, plus exactement sur l'usage d'*Oscillations Electromagnétiques Super-haute Fréquences.* Le programme russe d'armes à énergie dirigée s'est focalisé sur des individus et non sur des groupes. Certains dissidents

---

[27] "The Search for The Manchurian Candidate" - John Marks, 1979.
[28] *"The Mind Fields"*- Kathleen McAuliffe, magazine OMNI, Février 1985.
[29] *"Le Contrôle des pensées et le Gouvernement Américain"* - Martin Cannon, LOBSTER 23 - Extrait d'une analyse du journaliste G. Guyatt présentée lors du Symposium du Comité International de la Croix Rouge sur la *"Profession médicale et les effets des armes".*
[30] José Delgado, 24 février 1974, transcription dans l'édition du *"Procès-Verbal des séances du Congrès américain",* numéro 26, vol. 118.

soviétiques ont été la cible d'armes antipersonnel à micro-ondes, mais aussi de techniques de modification mentale qui visaient à *la soumission totale de la volonté individuelle à une force extérieure.*

En mars 1967 fut constitué à Prague *un groupe de coordination pour la recherche en psychotronique* sous la présidence du professeur Jaroslav Stuchlik. En 1970, ce groupe devint la section de recherche psychotronique de la Société Scientifique et Technique Tchécoslovaque sous la direction du docteur Zdenek Rejdak. C'est ce dernier qui organisa à Prague en juin 1973 le premier symposium russe sur la recherche psychotronique, à l'issue duquel fut constituée une *Association internationale pour la recherche psychotronique* dont le deuxième congrès s'est réuni à Monte-Carlo, en juillet 1975.

Le programme du symposium de Prague comportait les cinq sujets suivants :
- Effacement du subconscient
- Développement des P.E.S. (perceptions extra-sensorielles)
- Induction d'effets paranormaux dans les rêves
- L'équivalent mécanique de l'énergie neuro-psychique
- "L'hygiène psychique"

En 2001, le député américain Dennis J. Kucinich a proposé un projet de loi sur la préservation de l'espace devant la Chambre des représentants (*Space Preservation Act - 107th Congress 1st Session H.R. 2977 - A Bill*). Dans la section 7 de ce projet de loi, les technologies qui permettent d'accéder au cerveau humain, d'altérer la santé ou de tuer étaient définies comme *"des systèmes basés sur le sol, la mer ou l'espace qui utilisent des radiations, des énergies électromagnétiques, psychotroniques, soniques, laser ou autres, dirigées contre des personnes ou des populations ciblées, dans le but d'opérer une guerre de l'information, un contrôle de l'humeur ou de l'esprit de ces personnes ou de ces populations."*

La *Psychotronique* mentionnée dans la liste du projet de loi de Kucinich est décrite dans un ouvrage des scientifiques russes Vladimir Tsygankov et Vladimir Lopatin (*"Les armes psychotroniques et la sécurité de la Russie"*), comme une arme utilisant des radiations de "champs de torsion" (ondes scalaires).

Il existe des accords internationaux des droits de l'homme qui interdisent la manipulation non consentie des êtres humains. Sur l'initiative du sénateur américain John Glenn, des discussions ont été ouvertes au Congrès en janvier 1997 (*Human Reasearch Protection Act*) concernant les risques d'irradiations des populations civiles. Aujourd'hui, les micro-ondes pulsées sont présentes dans notre environnement de façon massive. Peu de gens s'interrogent sur le fonctionnement de cette technologie et ils ne réalisent pas forcément l'impact et surtout le potentiel de contrôle et de manipulation que génère cette mise en place systématique d'un réseau mondial dit de "communication".

Les impulsions nerveuses du cerveau sont effectuées grâce à des signaux électriques qui déclenchent les variations chimiques cérébrales. Le cerveau humain fonctionne dans une bande de fréquences dominantes relativement étroite, ces fréquences indiquent le type d'activité qui a lieu dans le cerveau. Il y a quatre groupes principaux de fréquences d'ondes cérébrales, qui sont associés à la plupart des activités mentales. Le premier groupe comprend les ondes Bêta (de 13 à 35 Hertz), elles correspondent à un état éveillé normal, toute valeur supérieure à cette fréquence sera associée au stress, à des états d'agitation pouvant altérer notre pensée et affaiblir nos capacités de raisonnement. Le deuxième groupe de fréquences comprend les ondes Alpha (de 7 à 13 Hertz), elles correspondent à un état de relaxation qui permet de se concentrer mentalement, ces ondes facilitent l'apprentissage. Le troisième groupe, les ondes Thêta (de 4 à 7 Hertz) correspond à l'imagerie mentale (imagination et rêve éveillé), à l'accès à la mémoire et à la concentration mentale interne. Le dernier groupe comprend les ondes Delta (0,5 à 3 Hertz), ce sont des ondes ultra lentes qui correspondent au sommeil profond. D'une manière générale, la fréquence des ondes cérébrales sera au plus bas lorsque l'individu est dans un état de profonde relaxation et au plus haut lorsque la personne est très active ou agitée.[31]

Tout signal extérieur au cerveau, avec des signaux électromagnétiques identiques peut donc entrer en interférence avec les ondes du cerveau en influençant sa bande de fréquence. En d'autres termes, un signal externe peut imposer son propre rythme au cerveau d'une personne : les fréquences normales sont alors altérées artificiellement et les ondes cérébrales s'adaptent à la nouvelle bande de fréquence, déclenchant un changement dans la chimie cérébrale et modifiant ainsi les pensées, les émotions et la condition physique. Sachant que la plus grande partie de l'activité cérébrale humaine a lieu dans des fréquences entre 1 et 100 Hertz et que les ondes électromagnétiques de ce type de fréquences ont des longueurs d'ondes de centaines, voire de milliers de kilomètres leur empêchant de cibler le cerveau humain, les scientifiques ont commencé à expérimenter avec des micro-ondes pulsées. C'est le type de micro-ondes qui est utilisé dans la téléphonie mobile. Il existe des fréquences de micro-ondes pulsées qui pénètrent assez profondément dans le tissu cérébral pour y déclencher une activité neuronale.

Le Dr. Ross Adey, un des pionniers en matière d'études sur le contrôle mental par les ondes électromagnétiques, a démontré que le comportement et les états émotionnels pouvaient être influencés à distance en plaçant le sujet dans un champ électromagnétique. Adey et ses collègues ont prouvé que des micro-ondes modulés de différentes façons peuvent imposer un type d'activité cérébrale à différentes zones du cerveau. En travaillant avec des chats, ils ont constaté que la fréquence de certaines ondes cérébrales qui apparaissaient lors de comportements conditionnés pouvait être accrue de manière sélective. Pour cela, il faut modifier la forme des micro-ondes avec des variations rythmiques en amplitude, équivalentes à des fréquences d'EEG (électroencéphalogramme). Par exemple, une modulation de 3 Hertz a permis de diminuer le nombre d'ondes Alpha de 10 Hertz dans un endroit du cerveau de l'animal et de renforcer les ondes Bêta de 14 Hertz dans un autre.[32] En dirigeant une fréquence pour stimuler le cerveau et en utilisant la modulation d'amplitude pour que la forme de l'onde imite une fréquence de l'EEG désirée, Adey a été capable d'imposer un rythme d'ondes Thêta de 4,5 cps (cycle par seconde) à ses sujets.[33]

---

[31] "Mega Brain, New Tools and Techniques for Brain Growth and Mind Expansion" - Michael Hutchinson, 1986.

[32] "Effects of Modulated Very High Frequency Fields on Specific Brain Rhythms in Cats", Brain Research, Vol 58, 1973.

[33] Extrait d'une analyse du journaliste David G. Guyatt présentée lors du Symposium du Comité International de la Croix Rouge sur la *Profession Médicale et les effets des armes*.

De 1965 à 1970, la *DARPA* (*Defense Advanced Projects Research Agency*), avec plus de 70 à 80% de financement militaire, a lancé l'opération *Pandora* pour étudier les effets sur la santé et le psychisme des micro-ondes de faible intensité. Ce projet a mené des études qui ont démontré comment provoquer des crises cardiaques, des fuites dans la barrière hémato-encéphalique ou encore des hallucinations auditives. Malgré les tentatives pour dissimuler le projet *Pandora*, les archives de la *FOIA* (Loi sur la Liberté d'Information) ont révélé une note de Richard Cesaro, à l'époque directeur de la *DARPA*, confirmant que l'objectif initial du programme était de *"découvrir si un signal micro-onde contrôlé avec précision pouvait contrôler l'esprit."* Cesaro encourageait la réalisation de ces études *"afin de développer les applications potentielles dans le domaine de l'armement."*[34] Bien qu'un grand nombre de projets tournaient autour de l'usage de narcotiques et d'hallucinogènes, les projets *Artichoke*, *Pandora* et *Chatter* démontrèrent clairement que les dispositifs "psycho-électroniques" étaient de la plus haute priorité. À partir de 1963 les recherches sur le contrôle du comportement mirent donc l'accent sur l'électronique.

En septembre 1977, le directeur du projet *MK-Ultra*, le Dr. Sydney Gottlieb a témoigné devant le Sénat américain. Lorsque le sénateur Richard Schweicker le questionna sur des sous-projets du MK-Ultra qui pourraient être liés à de l'hypnose, ou plus précisément à du contrôle radio-hypnotique intra-cérébral (une combinaison entre la transmission d'ondes et l'hypnose), Gottlieb répondit au Sénateur : *"Il y avait beaucoup d'intérêt pour les effets observés sur des sujets qui se trouvent dans un champs d'ondes et il est probable que parmi les innombrables sous-projets, quelqu'un ait tenté de vérifier qu'il était possible d'hypnotiser une personne lorsqu'elle se trouve dans un faisceau d'ondes."*[35]

En 1974, J. F. Schapitz a mené une étude pour démontrer que "les mots prononcés par un hypnotiseur peuvent être transmis grâce à une énergie électromagnétique modulée directement dans les parties subconscientes du cerveau humain, c'est à dire sans employer un quelconque dispositif technique pour les recevoir, sans avoir à transcoder les messages et sans que la personne exposée à une telle influence ne puisse contrôler consciemment l'entrée de l'information."[36] Cette étude a été dévoilée dans le cadre de la Loi sur la Liberté de l'Information mais les résultats de Schapitz, financé par le Pentagone, n'ont jamais été rendus publics.

En 1986, l'Armée de l'Air Américaine a publié *"Les conflits à basse intensité et la technologie moderne"*. Le document possède un chapitre intitulé *"Le spectre électromagnétique dans un conflit à basse intensité"* qui a été rédigé par le capitaine Paul Tyler. Tyler a été le directeur du *"Projet Radiations Électromagnétiques"* de la Marine US de 1970 à 1977. Au début de ce chapitre, Tyler cite un extrait d'un rapport de l'Armée de l'Air de 1982, intitulé : *"Rapport final sur les besoins en recherches biotechnologies pour les structures de l'aéronautique pour l'an 2000"* qui stipule : *"Les données disponibles actuellement permettent d'anticiper que les champs de radiations risquent de présenter une menace sérieuse et même révolutionnaire contre les individus... 100 milliampères traversant*

---

[34] Extrait du Compte rendu de l'Agence de renseignement pour la Défense (DIA), diffusé conformément à la loi sur la liberté de l'information (FOIA).

[35] "Mind Control, World Control" - Jim Keith, 1997.

[36] *"Body Electric : Electromagnetism and the Foundation of Life"* - Robert Becker, William Morrow and comp. New York, 1985.

le myocarde peuvent déclencher un arrêt cardiaque et la mort... Un système de radiation pourrait provoquer des étourdissements ou des décès sur une vaste zone. L'efficacité de ce dispositif dépendra de la forme de l'onde, de l'intensité du champ, de l'amplitude de la pulsation, de la répétition de la fréquence radio et de la fréquence de l'engin porteur."

D'une manière moins intensive, l'utilisation des micro-ondes pourrait être adaptée pour simplement influencer les émotions et le comportement humain. Tyler écrit également : *"En raison des nombreux paramètres qui interviennent et de la spécificité de chaque paramètre, chacun peut être adapté pour un effet spécifique. Le fait d'avoir ce type de flexibilité fournit une large gamme d'options pour l'utilisateur. Cela ouvre la porte à des réponses appropriées pour la guerre, qu'elle soit conventionnelle ou non-conventionnelle."*

À l'objection selon laquelle la gamme de fréquences dans laquelle fonctionne un système nerveux humain est trop étroite pour fournir un choix de réaction si large, Tyler écrit : *"Il existe des rapports non confirmés selon lesquels un changement de 0,01 Hertz peut faire la différence."*[37] Cependant, les fréquences utilisées dans les expériences scientifiques publiques n'ont pas un tel degré de précision. Tyler mentionne ici des recherches militaires qui, à défaut de n'être pas confirmées, sont couvertes par le secret-défense.

En 1960, Les docteurs Joseph Sharp et Allen Frey ont cherché à transmettre directement dans le cortex auditif des mots énoncés en utilisant des micro-ondes pulsées similaires aux vibrations sonores que peut envoyer un locuteur. Cette recherche a donné naissance à *"l'effet de Frey"*, plus communément appelé *"système auditif à micro-ondes"*. Dès 1962, le dispositif de Frey permettait, avec une modulation appropriée, d'induire des sons autant chez les personnes sourdes que chez les personnes sans problèmes d'audition, qu'elles se trouvent à quelques centimètres ou à plusieurs milliers de kilomètres de l'émetteur. Au début des années 70, Sharp, qui travaillait dans le cadre du projet militaire *Pandora*, a approfondi les études de son collègue Frey sur la transmission de sons directement dans le cerveau. Lors de ses expérimentations à l'Institut Militaire de Walter Reed, il trouva le moyen de reproduire et de transmettre non plus seulement des sons dans le cerveau, mais des mots tout à fait compréhensibles. Cette expérimentation, couverte par le secret-défense, fut finalement rendue publique en 1975 dans un article de Don R. Justesen intitulé *"Microwaves and Behavior"* (Micro-ondes et comportement).[38]

En juillet 1968, le Bureau des Brevets des États-Unis enregistra le brevet N° 3.393.279 pour une invention de Patrick Flanagan décrite comme *"un dispositif d'excitation du système nerveux"*, qui n'était ni plus ni moins que le *"Neurophone"* : un appareil permettant de transmettre à distance des sons directement au cerveau, cela avec un rendu naturel et sans aucun dispositif cérébral à implanter. L'invention paraissant tellement incroyable que le Bureau des Brevets ne l'a breveté que six ans plus tard, pensant qu'elle n'était pas sérieuse. À peine le brevet fut il déposé que la *Defense Intelligence Agency* classa cette invention pour cause de "Sécurité Nationale". Flanagan a reçu l'interdiction de poursuivre ses recherches.

---

[37] "Low Intensity Conflict and Modern Technology", ed. Lt.Col. J. Dean, USAF, Air University Press, Center for Aerospace Doctrine, Research and Education, Maxwell Air Force Base, Alabama, june 1986 - Chapt : The Electromagnetic Spectrum in Low-Intensity Conflict, Capt Paul E. Tyler.

[38] *"Microwaves and Behavior"* - Don R. Justesen, American Psychologist, mars 1975, p. 391.

D'après le Département de Correction Psychique de l'Académie Médicale de Moscou, la psycho-correction acoustique implique la transmission de commandes spécifiques via des bandes de bruit blanc introduites dans le subconscient humain sans perturber les autres fonctions intellectuelles. Ce Département de l'Académie Médicale de Moscou a clairement reconnu le danger potentiel de cette technologie. Des experts russes, notamment Georges Kotov, un ancien général du KGB qui a exercé à un poste ministériel élevé, a présenté un rapport contenant une liste de logiciels et de matériels associés au programme de correction psychique, qui pouvaient être fournis pour la modique somme de 80 000$. Selon le général Kotov : *"Dès lors qu'il est devenu possible de sonder et de corriger le contenu psychologique des humains, contre leur volonté et par des moyens matériels, les résultats peuvent échapper à notre contrôle et être utilisés de façon malveillante et inhumaine afin de manipuler le psychisme collectif."*

Certains auteurs russes notent que l'opinion mondiale n'est pas prête à faire face de façon appropriée aux problèmes causés par la possibilité d'un accès direct au psychisme humain. Dès lors, ces auteurs russes ont proposé un centre bi-latéral pour ces technologies psycho-électroniques par lequel américains et russes pourraient surveiller et restreindre ces technologies émergentes. Le Dr. Igor Smirnov, un expert russe sur les armes non létales a été invité aux États-Unis en 1993 pour une série de réunions consacrées au sujet de la psycho-électronique. Lors de ces réunions, des représentants de la CIA, de la DIA, du FBI et de la DARPA étaient présents, mais aussi des civils dont des représentants de l'Institut National de Santé Mentale ainsi que des responsables de la recherche bio-médicale. Comme nous l'avons vu plus haut, Igor Smirnov est à l'origine d'une technologie capable d'insérer de façon subliminale des pensées dans l'esprit d'individus. Une firme appelée *Psychotechnologies Incorporated (Psi-Tech)* basée à Richmond en Virginie, a obtenu un accord avec les russes pour partager et développer cette technologie pour un usage en Amérique. Le Dr. Smirnov est mort d'une crise cardiaque en 2005 et son brevet est aujourd'hui détenu en exclusivité par *Psi-Tech*. Notons que *Psi-Tech* est contrôlée par le colonel John B. Alexander, le général de la NASA Michael Aquino (membre de l'église de Satan et fondateur du Temple de Set) et le lieutenant-colonel Albert Stubblebine, parmi d'autres…

Le document déclassifié qui décrit peut-être le mieux les capacités de l'armement psycho-électronique est sans doute l'article du Colonel américain Timothy L. Thomas intitulé *"L'esprit n'a pas de logiciel anti-intrusion"* (1998), dont voici quelques extraits :

"Un arsenal d'armes entièrement nouvelles, fondé sur des dispositifs conçus pour projeter des messages subliminaux ou pour changer les capacités psychologiques et l'aptitude à traiter les données, pourrait être utilisé pour neutraliser des individus. Ces armes visent à contrôler ou modifier le psychisme, ou encore à attaquer les différents systèmes sensoriels et systèmes d'analyse de données de l'organisme humain. Dans les deux cas, le but est de fausser ou de détruire les signaux qui maintiennent en temps normal le corps en équilibre (…) Le corps peut non seulement être trompé, manipulé, ou désinformé mais il peut aussi être paralysé ou même détruit - exactement comme n'importe quel autre système de traitement de données. Les 'données' que reçoit le corps à partir de sources extérieures - comme les ondes d'énergie électromagnétique , vortex, ou acoustique – ou qu'il crée à travers ses propres stimuli chimiques ou électriques peuvent être manipulées ou changées exactement comme les données (information) de n'importe quel système électronique peuvent être modifiées (...) En réalité, les règles du jeu (de la guerre de l'information) comprennent la protection et l'accession aux signaux, ondes et impulsions capables d'influer les éléments de traitement de données des systèmes, ordinateurs et personnes (...) Le Dr. Janet Morris, co-auteur de "The Warrior's Edge" (La Suprématie du Guerrier), s'est rendue plusieurs fois à l'Institut de Psycho-Correction de Moscou en 1991. On lui a présenté une technologie qui permet aux chercheurs d'analyser électroniquement l'esprit humain afin de pouvoir l'influencer. Ils y font entrer des commandes subliminales en utilisant des mots clés transmis sur un "bruit blanc" ou sur de la musique. Par l'utilisation des infrasons, une transmission à très basses fréquences, le message psycho-correcteur acoustique est transmis par conduction osseuse."[39]

En 1996, Le Bureau Scientifique Consultatif de l'US Air Force annonçait dans un document rendu public : "Dans la première moitié du 21ème siècle, il y aura une explosion des connaissances dans le champ des neurosciences. Nous allons parvenir à une compréhension claire sur le fonctionnement du cerveau humain, sur la manière dont il commande réellement les diverses fonctions du corps, et sur la façon dont il peut être manipulé (autant positivement que négativement). On peut envisager le développement d'une source d'énergie électromagnétique qui pourrait être pulsée et concentrée pour agir sur le corps humain de telle façon qu'elle empêcherait les mouvements musculaires volontaires, qu'elle permettrait de contrôler les émotions (et donc les actions), de provoquer le sommeil, de transmettre des suggestions, d'interférer aussi bien avec la mémoire de court terme et de long terme, etc. Cela ouvrira la porte au développement de nouvelles capacités qui pourront être employées dans les conflits armés, dans des situations de terrorisme ou de prise d'otage, et en situation d'entraînement."[40]

Luc Maempey du Groupe de Recherche et d'Information sur la Paix et la Sécurité (GRIP) a déclaré au sujet de la psycho-électronique : "*L'abondance des publications disponibles, des articles dans la presse spécialisée, des sites internet maintenus par les diverses institutions du département de la défense, pourraient nous donner l'illusion que la transparence est parfaite, que l'information est complète et objective. Or, il n'en est rien. Les informations non classifiées restent très superficielles et ne concernent que certains aspects politiques, des doctrines, ou des informations techniques de base, tandis que l'essentiel des programmes relatifs aux armes non létales reste en réalité toujours couvert par le secret des "black programs" qui bénéficient d'importantes enveloppes budgétaires qui échappent à tout contrôle (...) Les tromperies et les couvertures utilisées par le département de la défense et ses contractants pour dissimuler la nature véritable de certains programmes ont pris une telle ampleur qu'elles échappent parfois au contrôle des autorités militaires elles-mêmes.*'[41]

---

[39] *"L'esprit n'a pas de logiciel anti-intrusions"* - Lieutenant-colonel Timothy L. Thomas, analyste au bureau d'études des affaires militaires étrangères de Fort Leavenworth au Kansas, 1998.

[40] "USAF Scientific Advisory Board, New World Vistas Air and Space Power for the 21st Century", Ancillary Volume, 1996, p.89.

[41] Les armes non-létales, la nouvelle course aux armements. Groupe de Recherche et d'Information sur la Paix et la Sécurité - Luc Maempey, 1999.

Ce qui est présenté dans ce sous-chapitre sont des archives disponibles sur internet, notamment dans un dossier francophone intitulé *"Les Technologies Offensives de Contrôle Politique"*. Compte tenu de l'évolution exponentielle de la technologie, inutile de dire que les recherches dans le domaine de la psycho-électronique datant des années 70, 80 ou même 90 sont très largement dépassées à l'heure actuelle... De plus, toute technologie ou information déclassifiée qui sort de l'armée à au minimum déjà cinquante ans, et la recherche académique, spécialement en Europe a au minimum une ou deux générations de retard sur les avancées militaires. Déjà en 1952, le projet *Moonstruck* de la CIA avait pour objectif l'implantation de dispositifs électroniques sur des personnes afin de pouvoir les tracer à distance... Un programme qui est aujourd'hui déclassifié. Quels sont les technologies et les objectifs des programmes en cours aujourd'hui en 2016 ? Le manque d'informations et l'absence de débat public sur ce lourd sujet est d'une part très dangereux, car un certain nombre d'états ont développé et développent encore des armes de ce type. D'autre part, cela laisse une marge de manœuvre impressionnante pour l'utilisation de cette technologie qui peut être utilisée par des privés, et dont l'un des atouts est précisément la discrétion...

En décembre 2012, Jesse Ventura a consacré un documentaire à la question des armes électromagnétiques et des *"voix dans la tête"* induites artificiellement. Ce documentaire intitulé *"Brain Invaders"* (les envahisseurs du cerveau) donne la parole à de nombreuses victimes, mais aussi à des personnes liées de près aux recherches sur le contrôle mental. À la fin de son enquête, Jesse Ventura rencontre le Dr. Robert Duncan, un scientifique qui a travaillé pour la CIA. Duncan admet qu'il a aidé à mettre au point des systèmes qui ont permis au gouvernement de *"s'introduire dans la tête des gens"*. Il s'agit d'une combinaison de plusieurs technologies visant à obtenir un outil qui permet d'insérer des idées et des voix dans la tête des américains, il nomme lui-même cet outil *'Voice of God'* (la voix de Dieu). Voici la retranscription de leur conversation :

- Jesse Ventura : Quel est le côté négatif dans ce que vous avez fait ?

- Robert Duncan : J'ai donné du pouvoir au côté obscur avec certains de mes travaux.

- JV : Que voulez-vous dire par là ?

- RD : La technologie est neutre, elle peut-être autant utilisée pour faire le bien que pour faire le mal. J'ai travaillé sur des projets pour la CIA, le Département de la Défense et le Département de la Justice.

- JV : Quand vous avez travaillé dans ces programmes pour la CIA et le gouvernement, qu'avez-vous fait exactement ? Et où avez-vous travaillé ?

- RD : C'est des informations confidentielles, je ne peux pas vous en parler.

- JV : C'était sur des "voix dans la tête", ce genre de trucs ?

- RD : Oui

- JV : Nous avons rencontré des personnes qui disent entendre des voix dans leur tête et qui doivent dormir dans des cages de Faraday. Ils font des choses de fous, mais lorsqu'ils nous parlent ils ont l'air tout à fait normaux, ils ont l'air aussi sain d'esprit que vous et moi. Sont-ils réellement fous ? Ou est-ce que c'est le gouvernement qui leur fait subir certaines choses ?

- RD : C'est le gouvernement qui leur fait ça. Cela s'appelle "Voice of God".

- JV : Donc vous savez que les armes sur lesquelles vous avez travaillé sont aujourd'hui utilisées sur des civils ?

- RD : Absolument. Vous devez vous rappeler que la CIA a une longue histoire en ce qui concerne l'expérimentation sur nos civils, le LSD, etc.

- JV : Bien sûr. On nous parle du programme MK-Ultra des années 60 et 70 et on nous dit que tout cela s'est arrêté, est-ce que c'est vrai ?

- RD : C'est faux ! Le programme a continué sous un nouveau nom et avec un nouveau budget. C'est l'arme ultime.

- JV : Est-ce que vous reconnaissez aujourd'hui qu'il y a des gens, des citoyens de ce pays qui se font harceler par cette technologie ?

- RD : C'est pire que d'être harcelé, le mot est léger... Ils sont véritablement torturés.

- JV : Comment font-ils pour entrer dans votre tête ? J'ai entendu parler de ces tours GWEN, elles auraient été en activité par le passé et ils prétendent qu'aujourd'hui elles ne servent plus à rien.

- RD : Avec cet outil, ils ont la capacité de facilement transmettre à travers le pays des messages dans la tête des gens ou leur causer des douleurs intenses. Cela fait partie de la stratégie pour la domination du monde entier, contrôler la population du conscient jusqu'au subconscient.

- JV : Qui sont les contrôleurs ? Est-ce le Président ? La Réserve Fédérale ?

- RD : Non.

- JV : Ces gens sont donc bien à un certain niveau dans notre gouvernement, ils prennent les décisions sans être officiellement élus.

- RD : C'est exactement ça.

- JV : Ça rend les choses plus difficiles car ils ne peuvent pas être destitués de leur poste.

- RD : Ils ne peuvent pas être destitués et ils sont également difficiles à trouver. Ils se cachent dans les sombres méandres du gouvernement.

- JV : Vous avez travaillé pour ces gens-là, vous les avez aidés à développer cette technologie.

- RD : J'étais naïf, je ne savais pas comment ces technologies allaient être assemblées pour créer l'arme ultime.

- JV : Vous ne travaillez plus pour eux ?

- RD : Non...

- JV : Vous me regardez droit dans les yeux et vous me dites que vous n'avez plus aucun lien avec ces recherches, et que vous êtes là pour le dénoncer...

- RD : Exactement...

- JV : Est-ce que vous avez peur pour votre vie ?

- RD : Non.

- JV : Pourquoi ?

- RD : Je n'ai pas peur de mourir (...)

Dans son livre *"Project : Soul Catcher - Secrets of Cyber and Cybernetic Warfare Revealed"*, le Dr. Robert Duncan précise bien que dans ce domaine, il y a un écart de 60 ans entre les technologies militaires et le matériel civil. Il écrit : *'L'esprit n'a aucun pare-feu et aucun logiciel anti-virus, ce qui rend le public très vulnérable à ce genre d'attaques psychotroniques. Dans une intrusion directe dans l'esprit, la manipulation se fait avec de la télépathie synthétique, c'est une technologie de bio-communication. Des sons et des voix peuvent être pulsés vers une cible. De par les croyances religieuses, "la voix de Dieu" (qui est le nom donné à cette technologie) devient une réalité pour ceux qui n'ont jamais entendu parler de cette technologie auparavant. D'autres vont croire qu'il s'agit d'extra-terrestres car encore une fois, il s'agit là d'une technologie qui semble trop avancée pour venir de cette terre... "*

En 1994 ont débuté en Alaska les premiers tests sur le plus puissant équipement radar du monde, le système HAARP. Cet équipement a pour caractéristique de pouvoir réchauffer l'ionosphère et ainsi la faire changer d'altitude. En manipulant cette couche de notre atmosphère, il est possible de l'utiliser pour envoyer des ondes électromagnétiques vers une région de la planète que l'on veut cibler. Les applications de cette technologie vont de la modification climatique aux tremblements de terre en passant par l'influence sur les communications hertziennes. Officiellement, le système HAARP est conçu pour des recherches scientifiques mais il est fort probable qu'il ait été mis au point à des fins militaires. Quel est le rapport entre la manipulation de l'ionosphère et la manipulation mentale et comportementale des humains me direz-vous ? Nick Begich et Jeane Manning, les auteurs du livre *"Les anges ne jouent pas de cette HAARP"* qui ont enquêté sur ce dispositif pendant plus de sept ans rapportent que John Heckscher, le directeur du programme HAARP, a déclaré lors d'une interview que les fréquences et les énergies utilisées dans ce système sont réglables et que, dans certaines applications, elles seraient pulsées dans la bande de 1 à 20 Hertz. Les bandes de fréquences sont étroites et les niveaux d'énergie sont faibles mais ils se distinguent des pulsations de la Terre.[42] Heckscher donne d'autres détails à ce sujet quand il dit : *"Les ondes ELF et ULF qui seront produites avec HAARP en interaction avec l'électroprojet polaire, auront des niveaux de puissance si faibles par rapport au bruit environnant, qu'il faudra des récepteurs intégrateurs très sensibles pour les enregistrer."*[43] Le point le plus important est celui des signaux cohérents contrôlés qui, comme dit plus haut, sont de 1/50ème du niveau d'énergie des champs naturels de la Terre mais qui, cependant, peuvent avoir des effets profonds sur l'activité cérébrale. Le système HAARP crée un énorme champ électromagnétique cohérent et réglable, qui pourrait être comparé à l'EMF (champ électromagnétique) de José Delgado, excepté que celui de HAARP ne s'étend pas à une seule pièce. Il a le potentiel de couvrir une région de la taille d'un grand état occidental, voir même un hémisphère. Patrick Flanagan, l'inventeur du Neurophone a déclaré à propos de cette technologie : *"Le projet HAARP pourrait être non seulement le plus grand "radiateur ionosphérique" du monde, mais aussi le plus colossal instrument de contrôle cérébral jamais conçu."*[44]

Pour finir, intéressons-nous à la téléphonie mobile et à son raz de marée sociétal similaire à celui de la télévision... En France, le nombre d'envoi de SMS est passé de 1,5 milliards en 2000 à plus de 100 milliards en 2010 (chiffres provenant de la Fédération Française des Télécoms). Jamais une technologie ne s'est imposée aussi rapidement, les satellites de télécommunications et les

---

[42] John Heckscher, manager du programme HAARP, interviewé par Jeane Manning le 21/02/1995.

[43] Lettre de John Heckscher à Mr Arthur Grey, Secrétaire du Cabinet au Ministère du Commerce Américain, Administration pour les Télécommunications et l'Information Nationales et responsable de l'attribution des fréquences dans les radiocommunications - 08/11/1994.

[44] "Les anges ne jouent pas de cette HAARP" - Jeane Manning et Dr Nick Begich.

antennes relais ont couvert les territoires d'une manière invasive et systématique. Les milieux urbains sont surchargés d'antennes relais qui se multiplient parfois de manière anarchique sans que les riverains n'aient leur mot à dire. Ce moyen de télécommunication combine les technologies du radar, de la radio et du téléphone, il fonctionne grâce à des micro-ondes pulsées à basses fréquences. Nous finançons donc en achetant des téléphones et des abonnements, la mise en place d'un gigantesque réseau d'émetteurs-récepteurs à micro-ondes pulsées couvrant chaque centimètre carré du territoire. De par la nature des ondes qu'il utilise, ce réseau de télécommunication a un gigantesque potentiel d'influence sur les ondes cérébrales des populations.

Un GSM émet des micro-ondes en permanence même lorsqu'il est éteint (pour repérer l'antenne relais la plus proche). La plupart des gens ne se séparent jamais de leur téléphone et dorment même à quelques centimètres de celui-ci (problème d'addiction). Le Dr. Richard Gautier, l'auteur de *"Votre GSM, votre santé : On vous ment - 100 pages pour rétablir la vérité"* a répertorié pas moins de trente-deux expériences publiées entre 1995 et 2003 montrant une modification notable de l'EEG (électro-encéphalogramme) de sujets humains exposés pendant une courte durée (de quelques minutes à une nuit) à des micro-ondes pulsées à basses fréquences. Cela ne fait que confirmer une fois de plus toutes les recherches faites dans ce domaine depuis plus de cinquante ans. D'après le Dr. Richard Gautier : *"Une expérimentation de longue durée est actuellement en cours à l'échelle planétaire, dont nous sommes tous les cobayes."*[45]

La téléphonie mobile ou l'art d'introduire une arme silencieuse dans la poche de chaque citoyen ? Une chose est certaine, c'est que nous avons très peu de recul sur cette technologie et qu'elle nécessite pourtant une attention toute particulière, autant au niveau de son impact sur nos cellules que sur nos ondes cérébrales. Nous constatons pourtant un silence assourdissant des autorités de santé françaises sur le sujet. Il en est autrement en Russie, où la *Commission nationale de protection contre les radiations non ionisantes* a établi une liste de recommandations concernant la téléphonie mobile :

- Les enfants en dessous de 16 ans ne devraient pas utiliser de téléphone portable.

- Les femmes enceintes ne devraient pas utiliser de téléphone portable.

- Les personnes souffrant des maladies et troubles suivants ne devraient pas utiliser de téléphone portable : Troubles neurologiques tels que neurasthénie, psychopathie, psychosténie, ainsi que toutes les névroses avec troubles asthénique, obsessionnel ou hystérique réduisant l'activité mentale et physique, pertes de mémoire(s), troubles du sommeil, épilepsie et syndrome épileptique, prédisposition à l'épilepsie.

- La durée des appels devrait être limitée à un maximum de trois minutes, et après chaque appel, l'utilisateur devrait attendre quinze minutes avant d'effectuer un autre appel. L'utilisation d'oreillettes et de kits mains-libres est fortement encouragée.

- Les fabricants et revendeurs de téléphones mobiles devraient inclure dans les spécifications techniques les informations suivantes : toutes les

---

[45] Annie Lobé - NEXUS n°30 de janvier-février 2005.

recommandations ci-dessus concernant l'utilisation, toutes les données adéquates sur la santé et l'épidémiologie concernant les téléphones portables, ainsi que les niveaux de rayonnements associés au téléphone et le nom du laboratoire de mesures.[46]

2 - LE CONTRÔLE MENTAL INDIVIDUEL

Le lavage de cerveau consiste à "endoctriner de façon tellement intense et minutieuse jusqu'à créer une transformation radicale des caractères psychologiques et des croyances."
- Webster's New World Dictionary

Le contrôle mental individuel est une pratique commune que l'on retrouve dans les milieux politiques, militaires, criminels, mafieux et sectaires. Mais le contrôle mental peut également être présent au sein des entreprises ou de la structure familiale lorsqu'un pervers narcissique harcèle et manipule un employé, un conjoint ou un enfant.

Certains groupes ont toujours compté sur les techniques d'interrogatoires coercitives, dites "musclées", ainsi que sur les différentes méthodes de lavage de cerveau pour forcer la victime à se soumettre, pour lui soutirer de l'information ou pour l'endoctriner. Ces techniques intrusives et violentes sont aujourd'hui utilisées par certaines organisations politiques et militaires, par les services de renseignements et par le milieu de la criminalité (pornographie, réseaux de prostitution, trafic d'êtres humains, d'armes et de drogues). Le lavage de cerveau est un processus d'endoctrinement qui a par exemple été utilisé sur certains prisonniers américains lors de la guerre de Corée (1950-1953). En 1951, le journaliste Edward Hunter a rapporté ces méthodes sous le terme de *"réforme de la pensée"*. Une technique développée et appliquée par les communistes après leur prise de contrôle de la Chine en 1949. Les communistes chinois tentaient aussi de manipuler certains de leurs propres citoyens, de la même manière que les prisonniers de guerre, pour les amener à changer leurs croyances et leurs convictions. Le but étant de faire accepter et intégrer une "vérité" qui était auparavant rejetée et considérée comme fausse. Ces méthodes utilisent la privation alimentaire, la privation de sommeil, l'isolement et le confinement des victimes dans un espace réduit sur une longue période de temps. La victime totalement affaiblie physiquement et psychologiquement en arrive à croire qu'elle va véritablement mourir ou devenir folle. Le résultat final est que ses convictions politiques, religieuses et sociales se conforment à celles des bourreaux qui tiennent sa vie entre leurs mains. Tout groupe ayant besoin de soumettre et de dominer des individus utilise ces méthodes de *"réforme de la pensée"*. L'intimidation, les menaces, l'isolement social, l'endoctrinement spirituel, la torture, la privation des besoins fondamentaux comme le sommeil ou l'alimentation, etc., sont les techniques employées pour la soumission et l'endoctrinement d'un humain.

---

[46] "Téléphone portable : comment se protéger" - Annie Lobé, 2006.

Le conditionnement du sujet est une étape importante dans le contrôle mental individuel. Ivan Pavlov et Fréderic Skinner (père du béhaviorisme radical) sont les précurseurs dans ce domaine. Pavlov est connu pour ses travaux sur des chiens ; ses expériences consistaient entre autre à déclencher d'abord un signal avec une cloche pour éveiller l'attention du chien (le stimulus de conditionnement), puis cinq secondes après, il lui donnait de la nourriture (le stimulus non-conditionné). Au bout d'un certain temps, le simple son de la cloche produisait un réflexe conditionné du chien qui se mettait à saliver sans qu'il n'y ait aucune nourriture devant lui. Ce type de réaction conditionnée est nommé *réflexe de Pavlov*. Pavlov décrit deux types de réflexes : les réflexes innés qui sont présents dès la naissance, et les réflexes conditionnés, ceux que l'on acquiert par l'apprentissage.

Une chose qui est moins connue est qu'Ivan Pavlov a étudié l'effet du stress extrême pour le conditionnement des chiens. Pour cela il utilisait des électrochocs.[47] Cette forme de conditionnement extrême est la base du contrôle mental s'appuyant sur la peur et la douleur de la victime pour programmer des codes et des signaux déclencheurs de réactions automatiques.

Lors de l'inondation de Leningrad en 1924, l'eau a envahi le laboratoire de Pavlov et les chiens ont presque été submergés, ils nageaient avec juste leur tête dépassant de l'eau en haut des cages, ils étaient totalement terrorisés. Beaucoup d'entre eux ont alors perdu leur conditionnement antérieur. Pavlov a rapporté que les chiens avaient subi une sorte de dissociation cérébrale et qu'ils étaient dans un état hypnotique similaire à certains "troubles mentaux" humains. Pavlov en a alors déduit que lors d'un grave traumatisme, *"le cerveau peut subir un effacement, au moins temporaire, de tous les comportements conditionnés préalablement implantés dans celui-ci."*[48]

Après plusieurs mois, Pavlov qui avait re-conditionné la plupart des chiens, laissa volontairement couler de l'eau dans le laboratoire pour voir leur réaction. Les chiens ont alors tous panuiqé et ont été re-traumatisé en perdant à nouveau tout le conditionnement qui venait d'être "reprogrammé". Les travaux et les observations de Pavlov sur des chiens peuvent être mis en parallèle avec les témoignages des survivants de méthodes de contrôle mental façon *"tabula-rasa"*, où tous les acquis antérieurs sont perdus, comme une ardoise effacées, et où un déclencheur/stimulus de conditionnement peut réactiver l'état de traumatisme.[49]

Pour soumettre et manipuler efficacement un individu, une méthode consiste à appliquer *les trois D* ou *DDD*, des lettres qui signifient *"Debility, Dependency, Dread"* (Débilité, Dépendance, Terreur). Les psychiatres Farber, Harlow et Jolyon West ont décrit ce protocole dans leur livre *"Brainwashing, conditioning and DDD"*. Il faudrait donc selon ces psychiatres débiliser la victime, la rendre dépendante et apeurée afin de la briser pour pouvoir la dominer…

Vous remarquerez que ce protocole de contrôle mental individuel *"DDD"* est aujourd'hui appliqué à grande échelle dans les programmes d'ingénierie sociale

---

[47] Conditioned Reflexes and Psychiatry, Vol.2 of Lectures on Conditioned Reflexes - Ivan Pavlov, 1941.

[48] "Battle for the Mind: A physiologie of Conversion and Brain-washing" - William Sargant, 1957.

[49] "Ritual Abuse and Mind-Control: The manipulation of attachment needs" - Ellen P. Lacter, 2011.

qui visent à conditionner la société. Qui pourrait nier aujourd'hui que notre monde moderne ne nous infantilise pas, ne nous débilise pas à longueur de temps, ne nous rend pas dépendants de tout et n'importe quoi en nous retirant un maximum d'autonomie, et n'induit pas une peur constante ?

Il existe aussi la méthode *"PDH"*, qui signifie *Pain, Drug and Hypnosis*, c'est à dire l'utilisation de la douleur, de la drogue et de l'hypnose pour soumettre et programmer un individu. Une combinaison *"PDH"* que nous retrouvons dans le contrôle mental de type Monarch (développé en chapitre 7).

Dans le livre (rapport) pour la CIA intitulé "Communist Control Technics" (1956), les psychiatres Laurence Hinkle et Harold Wolff ont écrit : "L'homme avec lequel traite l'interrogateur peut être considéré comme un patient que l'on aurait créé intentionnellement. L'interrogateur dispose à son égard de tous les avantages et de toutes les opportunités dont un thérapeute peut jouir face à un patient ayant désespérément besoin d'aide."

Il s'agit ici de créer du chaos pour y apporter de l'ordre. Créer un *"patient"* intentionnellement consiste donc à prendre un sujet sain pour l'affaiblir et le terroriser, afin de lui *"venir en aide"* en tant que *"thérapeute"*. Cette correspondance troublante entre interrogatoire coercitif et psychothérapie montre le rôle interchangeable que les psychiatres peuvent avoir avec les bourreaux et vice versa. La science psychiatrique est le nerf du contrôle mental.

La liste ci-dessous contient différentes formes de contrôle mental pouvant s'appliquer sur un individu. Elle combine les méthodes de lavage de cerveau rapportées par des prisonniers de guerre avec les méthodes utilisées dans les sectes destructrices et les programmes gouvernementaux tels que le MK-Ultra. Cela va de la 'simple' manipulation mentale de la victime qui en a parfaitement conscience et qui en garde le souvenir, jusqu'aux formes les plus complexes où la victime n'a aucun souvenir des traumatismes et n'a aucune conscience de sa programmation mentale. La "formule" du lavage de cerveau est toujours la même : déstructuration et effacement de l'identité pour la remplacer par un nouveau "programme". Chacune de ces techniques peut être utilisée de manière isolée mais elles seront généralement combinées entre elles dans une sorte de processus de "mort" et de "renaissance". En analysant ces techniques spécifiques de contrôle mental individuel, il est possible d'y détecter des stratégies de pouvoir appliquées de manière plus globale et diffuse, à une plus grande échelle.

• L'individu se retrouve seul parmi un groupe ou une communauté qui ne cessera de professer des croyances et des doctrines particulières, tandis qu'en parallèle l'individu est progressivement isolé de sa famille et de ses activités extérieures.

• Le rétrécissement du monde. La victime se voit confisquer tous ses effets personnels, car symbolisant sa vie passée et pouvant être une source de force morale. Il s'agit de couper la victime de ce qui la relie au monde et aux autres afin de saboter ses capacités de résistance et de persévérance. Le sentiment de cette séparation doit être intensifié par tous les moyens, de sorte que la victime se persuade qu'elle est coupée de toute relation pouvant lui apporter de l'aide. Il est également créé un monde factice et miniature autour de la victime, servant de coffrage pour travailler sur son psychisme. Il s'agit de substituer le monde de l'interrogatoire au monde extérieur, le monde du dehors s'efface alors pour se mettre aux normes d'un micro-monde, un huis clos en tête à tête entre quatre murs. Dans ce monde à échelle réduite construit par les bourreaux, la victime se persuade très vite de leur omnipotence.

• La déstructuration de l'identité. On affirme à la victime qu'elle est ce qu'elle n'est pas et qu'elle n'est pas ce qu'elle est véritablement. Ceci dans le but de lui faire perdre ses repères et qu'elle commence à remettre en question sa propre identité. La victime est contrainte de remettre en question des croyances sur lesquelles elle ne s'était jamais interrogée auparavant. Ses certitudes sont ébranlées.

• La désorientation et la confusion. L'objectif est de bouleverser les attentes naturelles et les réactions conditionnées de la personne. L'individu est habitué à un monde logique, un monde qui a du sens et qui est naturellement prévisible, il va s'y cramponner pour préserver son identité et sa capacité de résistance. La déstabilisation passe d'abord par la perturbation systématique des repères temporels : horloges trafiquées, qui avancent puis qui retardent, horaires irréguliers et nuits à géométrie variable. Les bourreaux deviennent maîtres de l'espace et du temps, ils détraquent les rythmes naturels afin de plonger le sujet dans un état de désorientation totale. En plus de la stratégie de désorientation temporelle, la victime sera attaquée sur ses repères logiques et sémantiques par une avalanche de questions absurdes et incohérentes, des affirmations contradictoires et farfelues, des tons de voix totalement inadéquates avec les propos tenus, etc. Cette désorientation passe aussi par la saturation de sa capacité interprétative. Face à l'avalanche de non-sens dont on l'inonde, l'individu va s'égarer dans une sorte de spirale d'hypothèses interprétatives aussi vaines qu'infinies… jusqu'à la folie. Laisser la victime chercher à comprendre quelque chose là où il n'y a rien à comprendre fait partie de ces méthodes sadiques.

• La culpabilisation. Porter des accusations répétées contre la victime pour l'imprégner de culpabilité. L'individu va finir par avoir le sentiment d'avoir véritablement fait quelque chose de mal et finir par être persuadé d'être coupable et que sa peine est donc méritée. Les bourreaux peuvent aussi forcer la victime à commettre des actes répréhensibles pour qu'elle se retrouve elle-même en position de coupable et donc de culpabilité. Le comportement de la victime est façonné par l'utilisation de récompenses et de punitions, accompagné d'autres procédés de conditionnement.

• L'auto-prédation. Retourner l'individu contre lui-même jusqu'à finalement en faire l'agent de sa propre défaite. Il s'agit de replier le sujet sur lui-même en le privant du monde extérieur et d'autrui, en radicalisant sa subjectivité afin d'en faire le responsable de ses propres tourments. Il pourra alors lui être posé comme question : "Mais pourquoi est-ce que vous vous faites subir cela ?". La culpabilisation et l'auto-prédation marchent de pair.

• La trahison et l'auto-trahison. Obliger la victime à dénoncer ses amis, ses collègues, son entourage, sa famille. Cela renforce le sentiment de culpabilité et de honte mais aussi le sentiment de trahir sa propre vie. La victime est amenée à croire que personne de sa famille ou de sa communauté ne se soucie de ce qu'elle est devenue.

• La soumission volontaire. La victime se soumet volontairement au bourreau en échange de compensations qui peuvent être des biens matériels, de la drogue, du sexe mais aussi de "l'affection" et de la "liberté". La victime peut avoir la possibilité de choisir son maître.

• La soumission par la terreur. Le bourreau obtient une forme de respect en terrorisant la victime, cela peut se faire même si la victime garde encore ses propres croyances et que sa personnalité est préservée.

• Le point de rupture. Les effets combinés de la forte culpabilité et de la honte amènent la victime à se sentir aliénée d'elle-même. Elle commence à craindre la folie et l'anéantissement total. La victime subie également des violences, des dégradations et des humiliations publiques qui visent à détruire son amour propre. De plus l'imprévisibilité volontaire du comportement des bourreaux fait qu'il est impossible de déceler leurs attentes et leurs pensées, cela renforce la victime dans le sentiment qu'elle n'a vraiment aucun contrôle.

• Le lavage de cerveau par la privation des besoins essentiels comme le sommeil, la nourriture, l'eau, etc., combiné avec l'isolement social.

• Associer les ordres à la douleur. Les directives et les commandes sont données en même temps que les tortures. Cela a pour but de convaincre l'individu que cette violence se reproduira si les ordres et les directives ne sont pas respectés. Les injonctions : *"Vous oublierez"*, *"N'en parlez pas"*, etc., sont verbalisées et imprimées dans le psychisme au même moment que la douleur s'injecte dans le système nerveux. Il s'agit de maintenir une torture physique et psychologique répétitive afin d'installer profondément chez la victime ces commandes grâce à la croyance (généralement subconsciente) qu'il y aura des conséquences extrêmement douloureuses si jamais elle violait les directives. La ré-expérimentation de ces tortures initiales passe souvent par des manifestations somatiques, telles que de légères ecchymoses ou des gonflements au niveau des lésions initiales.

• La clémence. L'inévitable anéantissement est soudainement renversé par la clémence inattendue de la part des bourreaux. Un bref arrêt des interrogatoires, un bref moment d'apaisement où la victime sera traitée comme un être humain respectable. Soudain l'anéantissement n'est plus la seule issue envisageable. Pour un individu dans une telle situation, cette décompression psychologique soudaine va servir à l'amadouer et à l'amener dans le camp des bourreaux. L'individu devient alors presque reconnaissant du processus de "réforme" qui en cours, il devra participer à son propre endoctrinement en rédigeant par exemple des instructions ou en organisant des activités.

• Le syndrome de Stockholm. Les situations de stress intense mènent petit à petit à une dépendance et à une certaine loyauté de la victime envers son agresseur. Le terme *"syndrome de Stockholm"* remonte à août 1973 lors d'une prise d'otages dans une banque de Stockholm en Suède. Un évadé de prison de 32 ans du nom de Jan-Erik Olsson a pris en otage quatre employés de la banque pendant cinq jours et demi. Quelques jours après leur libération, même si les captifs n'étaient pas en mesure d'expliquer cette réaction, ils ont témoigné qu'ils avaient fait preuve d'un étrange rapprochement avec leur ravisseur, ils cherchaient à s'identifier à lui et en sont même arrivés à craindre les policiers. Dans certains cas, des victimes ont carrément témoigné en faveur du preneur d'otages ou encore récolté des fonds pour sa défense juridique.

• La confession. La victime finit par accepter de faire des "confessions" afin de se soulager de la culpabilité écrasante qu'on lui fait porter. Se confier, "avouer" même s'il n'y a rien à avouer, devient un acte irrésistible pour l'individu qui veut mettre fin aux horreurs de la confusion mentale, de la culpabilité et de la perte d'identité.

• L'"harmonie". Lorsque la réforme de la victime est bien entamée, que ses besoins émotionnels ont été respectés en raison de sa bonne tenue, la victime peut alors retrouver une certaine vie relationnelle en groupe, elle est autorisée à participer à des activités communes. Cela provoque alors un soulagement, la pression redescend et l'aliénation peut disparaître pour laisser place à une meilleure relation avec son environnement. La nécessité de relations humaines amène la victime à se rapprocher inéluctablement de ses bourreaux.

• La renaissance et la ré-éducation. Dans ce nouvel état d'esprit "harmonieux", la victime est prête à condamner et à rejeter tout ce qu'elle a été par le passé. Par la confession, elle doit condamner tous les aspects de sa vie antérieure, les voir comme une longue série d'actes honteux afin de reconstruire quelque chose sur une nouvelle base. C'est une forme de renaissance.

• L'endoctrinement spirituel. La victime psychologiquement faible ou dépendante est soumise à un leader charismatique qui se prétend être relié à une sorte de dieu. Il prétend avoir été choisi pour une mission spirituelle et il devient une boussole pour la victime désorientée.

• La pollution spirituelle. Il s'agit de rituels de sorcellerie visant à "attacher" des entités maléfiques aux victimes traumatisées et dissociées (voir le chapitre 5). Ces entités harcèleront et participeront au contrôle mental. Les pactes, les sortilèges, les malédictions, les alliances, etc., sont utilisés pour polluer et rendre la victime mauvaise et malsaine, malade physiquement ou psychologiquement, isolée socialement, dévalorisée et réduite à l'esclavage.

• *Psychic driving*. Méthode comprenant des messages enregistrés qui tournent en boucle pendant des heures alors que la victime est dans un état de conscience altéré suite à des électrochocs, de la privation sensorielle, de la privation d'alimentation, d'eau, de sommeil, d'oxygène, à du confinement et autres actes de tortures.

• Hypnose et transe : Un état de transe est un état dissociatif hypnotique où la mémoire et les perceptions sont altérées. La dissociation étant une séparation, une scission entre des éléments psychiques/mentaux, qui habituellement sont réunis et communiquent entre eux (ce sujet sera développé en chapitre 5). Les effets d'un état de transe peuvent être provoqués par certaines conditions telles que : l'épuisement mental ou physique, la terreur, les chants répétitifs, les rituels ou la drogue. La sensibilité à la transe ou à la dissociation varie d'un individu à l'autre. Des recherches ont montré que des personnes ayant une forte suggestibilité pour l'hypnose auraient apparemment des prédispositions génétiques, mais les traumatismes, notamment les abus sexuels dans l'enfance prédisposent aussi à une forte suggestibilité à l'hypnose. Certains états de transe semblent être auto-induits et fonctionner comme un mécanisme de défense face à une douleur massive et à un environnement violent. Dans certains cas, l'auto-induction d'une transe et d'un état de dissociation face aux abus sévères pourra aboutir à la création d'une personnalité multiple. La transe peut aussi être induite par une autre personne, un hypnotiseur. L'hypnotiseur peut faire de la suggestion post-hypnotique à la personne pour qu'elle effectue certaines actions précises ou bien éprouver certaines émotions ou sensations physiques suite à la transe hypnotique. Ces actions ou émotions sont généralement déclenchées par certains 'codes' discrets qui ont été dictés au sujet lorsqu'il (ou elle) était en transe. Le contrôle mental dont souffrent de nombreuses victimes d'abus rituels est en partie dû au fait d'avoir été mis dans des états de transe à plusieurs reprises et ayant reçu une série complexe de suggestions post-hypnotiques. Cependant, l'hypnose et la transe ont également un rôle important à jouer dans le traitement des victimes d'abus rituels. L'emploi de la transe dans un contexte thérapeutique permet souvent à la victime de retrouver des souvenirs dissociés de la conscience. Ce processus constitue un aspect très important pour la récupération des victimes d'abus rituels.

• Manipulation perverse du monde psychique de la victime (ici généralement un enfant). Il s'agit entre autre de retirer toute notion d'envie à l'enfant et tout désir intérieur. L'enfant doit systématiquement se tourner vers l'adulte pour recevoir les autorisations dans tous les domaines de sa vie y compris pour son monde intérieur. Cela a pour conséquence de détruire tous les endroits sûrs que l'enfant a pu se créer intérieurement afin d'échapper aux horreurs qu'il a subies. Cela crée chez lui le sentiment qu'il n'y a pas de véritable lieu (interne ou externe) où il puisse être en sécurité et que ses bourreaux sont omniprésents et connaissent tout ce qu'il pense. À ce stade commence à être mis en place un système interne avec des alter (personnalité fractionnée) par lequel la secte le manipulera et le contrôlera tout au long de sa vie.

• Le contrôle mental basé sur les traumatismes. Il s'agit d'un protocole reposant sur le phénomène de la dissociation, ou "fragmentation" de la personnalité en réaction à des traumatismes extrêmes et répétitifs. La personnalité d'un individu peut-être fragmentée en plusieurs identités différentes pouvant prendre le contrôle du corps à tour de rôle. Un "mur amnésique" isole chaque personnalité alter, empêchant ainsi la victime de prendre conscience des activités de ses alter. Cette méthode de contrôle mental nommée programmation *Monarch* a pour symbolique le papillon Monarque qui représente entre autre la (triste) renaissance de la victime-chenille en papillon-esclave, la chrysalide représentant le processus de "réforme" ou "programmation".[50] [51] [52] [53]

Dans un article intitulé *'Behind the Democratic Facades : Mind-Control and the Satanic Cult of National Security'* (Au-delà des façades démocratiques : contrôle mental et le culte satanique de la sécurité nationale), le Dr. Hans Ulrish Gresch a divisé ce processus de contrôle mental basé sur le traumatisme en trois phases :

1ère phase : Préparer l'esprit et le système nerveux de la victime pour la programmation. La victime est placée dans une condition d'extrême vulnérabilité, de désorientation et de terreur, puis elle est confrontée à des stress physiques et psychologiques extrêmes. Le sens de l'auto-préservation de la victime est menacé,

---

[50] Report of the Ritual Abuse Task Force Los Angeles County Commission for Women, 1989.

[51] "The Manipulated Mind: Brainwashing, Conditioning, and Indoctrination", Denise Winn, 2002.

[52] "The Relationship Between Mind Control Programming and Ritual Abuse" - Ellen P. Lacter.

[53] Kubark, le manuel secret de manipulation mentale et de torture psychologique de la CIA - www.editions-zones.fr.

son identité est affaiblie ou détruite et elle régresse à l'état émotionnel et cognitif d'un enfant, son esprit est dissocié.

2ème phase : Programmer la victime comme un robot ou un ordinateur, avec de nouvelles attitudes, des schémas de comportements et de nouveaux cadres référentiels dans lesquels ces attitudes et ces comportements prendront du sens. Au moins deux personnalités sont créées :

- Une personnalité robotique qui est consciemment en contact avec les contrôleurs et qui reçoit la programmation.

- Une nouvelle personnalité artificielle qui est totalement inconsciente du fait d'être programmée et qui est également inconsciente de l'existence de la personnalité robot.

La personnalité robotique est une sorte d'automate, tandis que la personnalité artificielle se définit elle-même comme un humain. Le robot sera programmé avec un endoctrinement répétitif et par divers moyens de conditionnement (punitions et récompenses). Le robot est appelé "esclave". L'esclave est l'interface entre le contrôleur et la ou les personnalités artificielles.

3ème phase : Effacer sélectivement la mémoire de la victime. Ce n'est pas réellement un effacement de la mémoire dans le sens d'une destruction, mais il s'agit plutôt de supprimer chez la victime la faculté à se rappeler de certaines expériences. Cette amnésie concerne toutes les expériences directement ou indirectement liées au processus de contrôle mental, ainsi que tous les éléments biographiques qui ne rentrent pas dans la logique de la personnalité artificielle, qui est en fait la personnalité de façade.

L'objectif global de ce processus est de programmer la victime pour qu'elle devienne totalement impuissante, ce sont les contrôleurs qui deviennent alors tout-puissants, ils sont comme des "dieux".[54]

C'est ce type de contrôle mental complexe qui va être approfondi dans les prochains chapitres.

---

[54] "Behind the Democratic Facades: Mind-Control and the Satanic Cult of National Security" - Hans Ulrich Gresch, Phoenix Journal 155, 1995.

CHAPITRE 2

LES RACINES DES ABUS RITUELS TRAUMATIQUES
ET DU CONTRÔLE MENTAL

"Les méthodes d'initiations religieuses se rapprochent souvent tellement des techniques politiques modernes de lavage de cerveau et de contrôle de la pensée que l'une jette la lumière sur les mécanismes de l'autre." - William Sargant

"Lorsque nous examinons la littérature historique et anthropologique, nous trouvons des contenus liés aux religions, aux cultes, aux organisations fraternelles faisant apparemment référence à des rituels traumatiques dans le but de créer des états altérés de conscience. Ces états de conscience ont parfois été vus comme quelque chose de sacré, tel un catalyseur magique pour de profondes visions ou des possessions par des dieux. Dans d'autres cas, ces méthodes auraient été employées pour établir une sorte de puissant contrôle psychologique, d'une manière souterraine et secrète, inconnue par les professionnels de la santé mentale." "Cult and Ritual Abuse" - James Randall Noblitt & Pamela Perskin Noblitt

"Les techniques de contrôle de l'esprit de ces groupes (selon des fonctionnaires de police et des survivants jugés crédibles) ont été reconnues comme jetant un pont entre sciences appliquées et chamanisme. L'occultisme en tant qu'expression du religieux existe depuis des milliers d'années. Il n'y a qu'au cours de ces 150 dernières années que la science s'est agressivement mise en quête de vérités à propos des manipulations psychologiques que recèlent ces systèmes de croyances occultes. Le Random House Dictionnary dit de l'occultisme qu'il "est l'utilisation de pseudo-sciences affirmant connaître des intermédiaires surnaturels qui échappent au savoir ordinaire." Ceci pour nous rappeler encore une fois que 'secret de l'information' égale 'pouvoir'." 'L'Amérique en pleine Transe-formation" - Cathy O'Brien & Mark Phillips

1- INTRODUCTION

Nous développerons en détail ce que sont les abus rituels sataniques dans le chapitre 4, mais en voici une définition qui va permettre une meilleure compréhension du contenu de ce présent chapitre : *"Sévères et systématiques abus sur un ou plusieurs enfants, adolescents ou adultes, généralement perpétrés par plusieurs agresseurs des deux sexes et sur une période de plusieurs années. L'abus rituel est associé avec un système de croyance impliquant l'adoration de Satan et comportant des abus sexuels, physiques, psychologiques, émotionnels et spirituels, généralement sur de jeunes enfants, souvent lors de cérémonies impliquant des rituels, des symboles et autres pratiques "magiques". Le but essentiel est l'endoctrinement et le contrôle mental, qui sont atteints grâce à la dissociation, l'utilisation de drogues, l'hypnose, la torture, l'humiliation, etc. Dans le cas du satanisme transgénérationnel, la plupart de ces choses se passent "à la maison", avec les membres de la famille."[55]*

Les abus rituels et les techniques de contrôle mental basées sur le traumatisme et le fractionnement de la personnalité sont utilisés par de nombreuses organisations dans le monde entier, Ces pratiques remontent à l'époque de Babylone, de l'Égypte ancienne et des religions à Mystères. On appelle "religions à Mystères" les cultes comportant des révélations et des rites dont la connaissance et la pratique sont réservées à un petit nombre d'initiés. Le *"Livre des Morts Égyptien"* est un des premiers écrits faisant référence à l'utilisation de l'occultisme pour de la manipulation mentale. Les tortures, les drogues, la magie, l'hypnose, la démonologie, avaient pour but de mettre l'individu dans un profond état de dissociation et de contrôle mental. La démonologie étant une branche de la théologie qui étudie les démons tout comme l'angéologie étudie les anges. Ces rituels initiatiques de passage sont les anciens Mystères de la "mort" et de la "renaissance" ou "résurrection", une procédure secrète et sacrée qui impliquait de puissantes altérations de la conscience. Ces cultes étaient particulièrement présents dans le bassin méditerranéen, nous pouvons citer par exemple les cérémonies Babyloniennes de *Inanna* et *Tammuz*, Les Mystères Égyptiens de *Isis* et *Osiris*, le culte d'*Orphique*, le culte de *Bacchus*, les Mystères d'*Éleusis*, de *Mithras*, les rituels *Corybantiques* ou encore les Mystères de *Attis* et *Adonis*. Les rituels des Mystères se sont déroulés sans interruption pendant une très longue période, le dévoilement des secrets initiatiques de ces cultes était puni par la mort.

Éliphas Lévi (ecclésiastique et occultiste français né Alphonse-Louis Constant) décrit ainsi certains rituels initiatiques permettant l'accès aux Mystères : *"Les grandes épreuves de Memphis et d'Éleusis avaient pour but de former des rois et des prêtres, en confiant la science à des hommes courageux et forts. Il fallait, pour être admis à ces épreuves, se livrer corps et âme au sacerdoce et faire l'abandon de sa vie. On descendait alors dans des souterrains obscurs où il fallait traverser tour à tour des bûchers allumés, des courants d'eau profonde et rapide, des ponts mobiles jetés sur des abîmes, et cela sans laisser éteindre et s'échapper une lampe qu'on tenait à la main. Celui qui chancelait ou qui avait peur ne devait jamais revoir la lumière; celui qui franchissait avec intrépidité tous les obstacles était reçu parmi les mystes, c'est-à-dire qu'on l'initiait aux petits mystères. Mais il restait à éprouver sa fidélité et son silence, et ce n'était qu'au bout de plusieurs années qu'il devenait épopte, titre qui correspond à celui d'adepte (...) Ce n'est pas dans les livres des philosophes, c'est dans le symbolisme religieux des anciens qu'il faut chercher les traces de la science et en retrouver les mystères (...) Tous les vrais initiés ont reconnu l'immense utilité du travail et de la douleur. La douleur, a dit un poète allemand, c'est le chien de ce berger inconnu qui mène le troupeau des hommes. Apprendre à souffrir, apprendre à mourir, c'est la gymnastique de l'Éternité, c'est le noviciat immortel.'*[56]

Les rituels initiatiques de type traumatiques ont pour but de transcender la conscience. Dans son livre intitulé *"A Course of Severe and Arduous Trials"* Lynn

---

[55] "Ritual Abuse : An European Cross-Country Perspective" - Thorsten Becker & Joan Coleman, Conférence ISSD "The Spectrum of Dissociation", Manchester, 09/05/1999.
[56] *"The History of Magic"* - Éliphas Lévi, 1999, p.122.

Brunet nous explique que *les épreuves des anciens cultes à Mystères visaient à produire des états altérés de conscience, une expérience mystique avec un état d'extase et d'union avec le divin. Les méthodes impliquaient l'exploitation de la douleur, de la peur, de l'humiliation et de l'épuisement. Ces techniques semblent avoir émergé dans les cultures guerrières, où lors de l'exposition à la violence extrême et à la peur de la mort imminente, un guerrier pouvait expérimenter cet état de béatitude avec un sentiment d'immortalité (…) Cette relation entre le sentiment de terreur et la sensation de vivre une expérience "sublime" est devenue un des thèmes clés de l'illumination philosophique (…) Immanuel Kant et Edmund Burke sont deux francs-maçons qui ont étudié ce sujet. Kant a déclaré que l'expérience du Sublime, induite à travers la sensation d'être submergé par la terreur, est une situation dans laquelle l'individu ne parvient plus à saisir ce qui se déroule. D'une manière similaire, Burke a déclaré que la terreur avait la capacité d'entraîner des réactions qui mettent l'individu dans un état particulier, "cet état d'esprit dans lequel tout est suspendu", produisant ainsi "l'effet du Sublime à son plus haut niveau" (…) "pour rendre les choses terrifiantes", dit-il, "l'obscurité semble généralement être nécessaire" (…) Dans l'initiation Druidique, les candidats sont enfermés dans des grottes, ils doivent ramper dans de longs tunnels ou bien sont enfermés dans des coffres ou des cercueils pendant plusieurs jours pour en ressortir "nés de nouveau". Ces pratiques initiatiques étaient connues comme le "feu mystique", et la sortie de ces épreuves de tortures était parfois exprimée avec le terme de "flamboiement de lumière" (…) Comme le note Ross Nichols, les magiciens Druides "plongeaient ou cuisaient l'enfant dans le feu mystique", un euphémisme signifiant qu'à l'époque pré-Chrétienne, l'enfant était parfois soumis à ces épreuves initiatiques."[57]*

En 1756, Edmund Burke parlait ainsi du "Sublime" : "Quel que soit ce qui peut provoquer le sentiment de douleur ou de danger dans l'esprit, cela produit l'émotion la plus forte que l'esprit humain soit capable de ressentir. Lorsque le danger et la douleur deviennent trop intenses, cela devient totalement terrifiant et donc à priori incapable d'entraîner du plaisir, cependant, avec un certain recul, nous observons que de telles choses sont délicieuses."[58]

Emmanuel Kant décrivait le *"Sublime"* comme la rencontre entre le "Moi" et ce qui a la possibilité de l'annihiler totalement, c'est à dire le trauma pouvant anéantir la volonté et désarticuler la personnalité. Voici par exemple comment Glenn Gray décrit les états modifiés de conscience des soldats sur les champs de batailles : *"En danger de mort, beaucoup de soldats entrent dans un état hébété où la clarté d'esprit a totalement disparu. Dans cet état, ils peuvent être pris dans le feu de l'extase collective jusqu'à en oublier la mort en raison de leur perte d'individualité, ils peuvent également fonctionner comme les cellules d'un organisme militaire pour faire tout ce que l'on attend d'eux car ils deviennent alors des automates."[59]*

Cet état de conscience modifié face à la terreur et/ou à la douleur extrême, que certains nommaient le *"Sublime"* au 18è siècle, ce *"flamboiement de lumière"* ou cette *"illumination"*, est ce que l'on appelle aujourd'hui la *dissociation*, un point essentiel sur lequel nous reviendrons tout au long du livre. La dissociation étant la fondation sur laquelle s'implante la programmation des esclaves MK-Monarch.

---

[57] "A Course of Severe and Arduous Trials : Bacon, Beckett and Spurious" - Lynn Brunet, 2009, p.6, 7, 11.
[58] "A Philosophical Enquiry into the Origin of Ideas of the Sublime and Beautiful" - Edmund Burke, 1998, p.37-38.
[59] "The Warriors : Reflections on Men in Battle" - Jesse Glenn Gray, 1998, p.102.

Dans son livre *"Religion : An Anthropological View"* (Religion : une vue anthropologique), Anthony Wallace décrit un *"processus d'apprentissage rituel"* qui fonctionne essentiellement avec ce qu'il nomme la *"loi de la dissociation"*. Il écrit que ces pratiques visant à induire un état spirituel extatique en manipulant directement et crûment le fonctionnement physiologique de l'humain se retrouvent dans tous les systèmes religieux (antiques et primitifs). Wallace classe ces manipulations en quatre grandes catégories :

- 1) Les drogues
- 2) La privation sensorielle et la mortification de la chair par la douleur
- 3) La privation de sommeil entraînant la fatigue
- 4) La privation d'aliments, d'eau ou d'oxygène

Dans son livre datant de 1966, Wallace décrit indirectement, sur une base anthropologique, les origines des abus rituels sataniques et du contrôle mental. Il décrit comment le néophyte est mis dans un état où il se retrouve radicalement dissocié de toutes ses connaissances passées afin de recevoir de nouvelles informations. En effet, la restructuration cognitive et affective (programmation) est facilitée lors de ces états dissociatifs où la suggestibilité du sujet est démultipliée. Wallace écrit : *"L'efficacité de ces procédures pour induire des changements physiologiques a même été démontrée dans un cadre non religieux, notamment dans des expérimentations cliniques sur les effets de la privation sensorielle et les diverses techniques de "lavage de cerveau" ou de "réforme de la pensée"*... Il s'agit entre autre du programme MK-Ultra qui sera exposé dans le prochain chapitre.

Anthony Wallace parle d'un *"état spirituel extatique"* entrainé par certains rituels, une extase provoquée par un profond état dissociatif. Le mot "extase" qui vient du grec *"ekstasis"* signifie "sortie du corps", cette "illumination" dissociative lors des traumatismes est en effet considérée par certains comme extatique, c'est à dire un état de conscience où passé, présent et futur sont transcendés et unifiés. Certains rituels traumatiques extrêmes vont jusqu'à provoquer ce que l'on nomme une NDE (*Near Death Experience*), une expérience de mort imminente dans laquelle notre espace-temps est transcendé... Les victimes de viols rapportent souvent ce phénomène de dissociation extrême où elles se sentent sortir de leur corps physique lors du drame, nous y reviendrons dans le chapitre 6.

Dans le livre "Le monde grec antique", l'historienne et archéologue Marie-Claire Amouretti écrit : "Les Mystères d'Éleusis apportent à l'initié une communication avec les grandes déesses de la terre Déméter et Koré, et avec leur parèdre Pluton. Très probablement, on y reçoit aussi un viatique pour l'au-delà. L'initiation se fait en trois étapes : les petits mystères d'Agraï, au printemps, les grands Mystères en septembre-octobre, où l'on n'atteint le stade ultime que la deuxième année ; du 13 au 20 Boedromion ont lieu les préparatifs, du 20 au 23, l'initiation. Les cérémonies préalables nous sont un peu connues : procession, sacrifices, consommation de produits de la terre, manipulation d'objets peut-être sexuels, drame mystique évoquant la hiérogamie (ndlr : alliance sexuelle entre le divin et l'humain). Mais l'obligation du secret fut si bien respectée que nous ignorons la phase ultime ou "époptie" : elle semble avoir provoqué une sorte d'extase contemplative. L'initié est entré personnellement en rapport avec la divinité ; il a reçu promesse de félicité. Dans Phèdre, Platon évoque la "suprême béatitude" atteinte par le myste (l'initié). Nous avons l'impression que ces cérémonies ont incité le participant à surmonter l'angoisse de la mort par la conviction d'être intégré dans une chaîne de vie, tout comme le blé meurt et renaît par l'intermédiaire de la graine."[60]

Dans la publication de l'A.M.O.R.C. (Rose-Croix) "Rosicrucian Digest", nous pouvons lire : "Le chemin qui mène à la connaissance est une voie ésotérique, par opposition à celle qui est exotérique, la religion de la dévotion. Cette connaissance, qui est le but de la vraie philosophie, a un double objectif. Tout d'abord il y a l'enseignement des techniques et des pratiques pour surmonter les limitations humaines, tel que le traumatisme de la mort. Deuxièmement il y a l'étude de l'ordre cosmique et le travail en son sein. Lorsque ces deux aspects se rencontrent, nous obtenons une forme d'hermétisme."[61]

Les anciens Grecs connaissaient bien les effets d'un profond stress physiologique pour modifier chez un individu les perceptions du monde. Les prêtres de la Grèce antique employaient des rituels traumatiques pour "guérir" certains malades. Pour cela ils les faisaient descendre dans la caverne de *Trophonios...* La personne était préparée à ce rite par un jeûne, une lustration (cérémonie de purification par l'eau) et une privation de sommeil. Puis on la faisait descendre dans le souterrain pour la laisser seule dans l'obscurité complète. Les gaz enivrants qui s'exhalaient dans cette caverne, ou possiblement le manque d'oxygène, ne tardaient pas à agir sur la personne en provoquant d'épouvantables rêves ainsi que des visions. C'est alors que l'on venait la secourir juste à temps et la sortir de la grotte pour la ramener à la lumière et au grand air. Ce genre d'épreuves causait un véritable traumatisme censé guérir le malade. Le psychiatre William Sargant n'hésite pas à utiliser le terme de *"lavage de cerveau"* pour décrire les rituels de l'oracle de *Trophonios*, au cours desquels le sujet expérimentait donc la privation sensorielle, les techniques de confusion visuelles et auditives ainsi que la prise de psychotropes. Tout comme nous allons voir aujourd'hui un psychiatre lorsque nous avons besoin de conseils ou d'un traitement, les anciens Grecs consultaient les oracles dans le même but. Avant d'aller voir l'oracle, la personne devait d'abord expérimenter une privation de sommeil, des chants répétitifs, la prise de drogues et enfin s'aventurer en solitaire dans de profondes et sombres cavernes. Cette longue et épuisante lutte, qui pouvait durer plusieurs jours, la mettait dans un état de stress physiologique extrême. Ensuite, lorsque l'oracle lui révélait certaines choses, la personne pouvait en comprendre le sens grâce à cet état de conscience altéré qui lui procurait une autre vision du monde. Nous retrouvons le même genre d'initiation chez les amérindiens, avec des privations de sommeil et de nourriture, un isolement et des conditions extrêmes ayant pour but d'accéder à un état de conscience modifié provoquant des visions et des révélations liées au monde des esprits. Le culte à Mystères d'*Éleusis* utilisait dans ses rituels une potion sacrée appelée *Kykeon* qui contenait de l'ergot de seigle et qui se rapprochait beaucoup du LSD actuel (puissant hallucinogène). Dans *Orations XII*, Dion Chrysostom écrit à propos des rites initiatiques employant des psychotropes : *"Cela est comme s'il y avait une main au-dessus de l'homme, Grec ou barbare, initié dans un sanctuaire d'une exceptionnelle beauté et grandeur. Il aura de nombreuses visions mystiques et il*

---

[60] *"Le monde grec antique"* - Marie-Claire Amouretti & Françoise Ruzé, 1978, p.108.
[61] *"Rosicrucian Digest"* - Volume 89, N°1, 2011, p. 5.

entendra beaucoup de voix mystiques. L'obscurité et la lumière lui apparaîtront en alternance et des milliers d'autres choses lui arriveront.'[62]

L'hypnose participe également à ces processus initiatiques. Le papyrus *Ebers*, vieux de plus de trois mille ans, est l'un des plus anciens traités médicaux qui décrit clairement l'utilisation de processus hypnotiques par des devins égyptiens. Dans le Temple d'Isis, les égyptologues ont trouvé de nombreuses gravures représentant des personnages avec des caractéristiques évidentes de transe hypnotique. Les hiérophantes (prêtres) des écoles à Mystères de l'ancienne Égypte pratiquaient une forme d'hypnose très avancée dans laquelle l'initié entrait dans une profonde transe pouvant aller jusqu'à déclencher ce que nous appelons aujourd'hui une *NDE* (*Near Death Experience*), une "sortie hors du corps" (Comme nous allons le voir plus loin dans ce livre, certains groupes lucifériens modernes pratiquent des rituels traumatiques dits de "Résurrection", qui plongent la victime dans une expérience aux frontières de la mort). De nos jours, certains hypnotiseurs reconnaissent qu'ils doivent beaucoup aux prêtres *Asklépiades* de la Grèce antique qui pratiquaient l'hypnose comme une forme de médecine basée sur la modification du comportement. Ils nommaient ces techniques d'hypnose la "guérison par le rêve". Une gravure grecque datant de 928 av-J.C. montre Chiron mettre son élève Aesculapius en état de transe hypnotique. Les oracles de *Delphes* entre autre utilisaient l'hypnose, les drogues et l'inhalation de vapeurs pour obtenir de profondes altérations de conscience.

La magie, les psychotropes et la démonologie ont toujours été combinés dans des rites religieux. Les drogues, mais aussi les profonds traumatismes peuvent supprimer la barrière naturelle qui protège habituellement l'humain des esprits démoniaques, elles sont considérées comme de puissants outils pour interagir avec d'autres dimensions.

Le projet MK-Ultra n'a rien inventé en matière de lavage de cerveau, si ce n'est d'avoir créé un cadre scientifique utilisant des cobayes humains à des fins politiques et militaires. Les cérémonies initiatiques des religions à Mystères impliquaient des rites de passage que l'on pourrait qualifier de véritables programmes de conditionnement mental élaborés. Ces protocoles de contrôle mental sont toujours présents à notre époque moderne, il s'agit d'un processus pour induire un profond état altéré de conscience afin d'y implanter un nouveau paradigme. Toutes ces choses-là ont été expérimentées et perfectionnées sans relâche afin d'aboutir au contrôle mental d'un individu devenant alors un automate, un golem. L'ordre par le chaos… la renaissance par la mort symbolique. Ces états de transe et de dissociation de l'esprit engendrés lors de rituels traumatiques remontent aussi loin que l'humanité. On les retrouve aux quatre coins du monde, notamment dans le vaudou haïtien, le juju africain mais aussi dans le chamanisme d'Amérique du Nord et du Sud, d'Asie, de Polynésie et en Europe avec la culture druidique. Lorsque les traumatismes extrêmes altèrent la chimie du cerveau, les perceptions de la réalité changent et les anciens occultistes croyaient que la réaction de la victime était d'ordre mystique ou magique. Aujourd'hui, nous appelons cela la dissociation et son mécanisme biochimique commence à être bien compris par les traumatologues, par contre le mécanisme

---

[62] "Source for the Study of Greek Religion" - David Rice, John Stambaugh, 1979, p.144.

énergétique et spirituel l'est beaucoup moins… tout au moins dans les sphères profanes. Le paganisme et le satanisme ont toujours fait appel à ce processus psycho-spirituel appelé "dissociation de la personnalité" pour accéder à d'autres dimensions de l'être, mais cela est aussi utilisé comme outil de contrôle mental et d'asservissement. Pour le Dr. James Randall Noblitt, la programmation mentale basée sur les traumatismes a débuté lorsque des hommes ont constaté que des traumas accidentels ainsi que certains rituels traumatiques pouvaient produire des états modifiés de conscience et même créer des personnalités totalement dissociées de la personnalité d'origine de l'individu. Dans son livre *"Blood Secret"*, le chaman nigérien Isaiah Oke nomme ces alter dissociés les *Iko-Awo*, des personnalités servant d'esclaves aux sorciers.

Cette connaissance sur les fonctions du cerveau qui consistent à provoquer la dissociation de la personnalité, l'occultation des mémoires et une ouverture vers d'autres mondes lors d'expériences traumatiques, peut avoir été encodée dans certains récits mythologiques, certains rituels ou symboles, totalement hermétiques aux profanes. C'est ainsi que ces connaissances initiatiques ont pu traverser les époques. Ces Mystères de l'esprit humain ont été et sont encore aujourd'hui très étudiés par certaines sociétés secrètes. Cette connaissance occulte donne accès aux pouvoirs psychiques et au monde des esprits. La dissociation du psychisme peut donc être considérée comme une sorte d'*illumination*, mais elle permet surtout de maîtriser les techniques de contrôle mental sur autrui et d'obtenir ainsi un certain pouvoir. La magie noire combinée à la programmation mentale basée sur les traumatismes est une connaissance initiatique qui est aujourd'hui devenue un puissant outil de contrôle politique et social.

2 - "La religion sans nom"

L'héritage de l'ancienne Babylone, la religion à Mystères suméro-akkadienne avec ses sacrifices de sang et la mise en esclavage d'êtres humains s'est transmis à travers les générations. Jay Parker, un survivant d'abus rituels sataniques a révélé que ses grands-parents, descendants de lignées lucifériennes, lui avaient un jour confié à propos de la Statue de la Liberté qu'il s'agissait en fait de Semiramis, la reine de Babylone, l'épouse de Nimrod. C'est Nimrod qui fut le constructeur de la Tour de Babel, il a été le premier homme à avoir voulu établir un Gouvernement Mondial avec une Religion Universelle en opposition à Dieu. Nimrod semble visiblement être un modèle à suivre pour les élites de la Franc-maçonnerie internationale. Dans *"History of Freemasonry"*, publié par la *"Masonic History Company"*, il est écrit que Nimrod a été honoré comme *"Grand Maçon"* et que sa tentative pour construire un *"Nouvel Ordre Mondial"* lui a valu la distinction de *"Premier Grand Maître"*. Le franc-maçon Albert Mackey a écrit que *"La légende attribue à Nimrod la création des Maçons sous la forme d'un corps organisé et il a été le premier à leur avoir donné une constitution ou des lois pour un gouvernement. La Maçonnerie, selon ce que rapporte la légende, a été fondée à Babylone, d'où elle s'est transmise dans le monde entier.'*[63]

La tradition des abus rituels pour créer des esclaves viendrait d'une antique doctrine, l'ancienne tradition de l'époque Babylonienne avec son culte aux démons, cette dévotion aux anges déchus, que nous appellerons "la religion sans nom". Dans ces anciennes religions, les dieux maléfiques étaient craints et devaient sans cesse être apaisés. Le polythéisme des Mésopotamiens, des Sumériens, des Assyriens, des Perses et des Babyloniens était complètement lié aux entités démoniaques. Le démonisme est la dynamique qui se cache derrière la magie et les pouvoirs spirituels de ces religions primitives et antiques. Les nombreux dieux cananéens, égyptiens, grecs et romains sont du même acabit que les dieux babyloniens. Toutes les pratiques de magie, les quêtes d'immortalité, les sacrifices d'animaux et d'humains, etc, dérivent de ces anciens cultes aux démons. Dans *"Mackey's Revised Encyclopedia of Freemasonry"*, Albert Mackey nous informe que : *"Selon Warburton, chaque dieu païen reçoit en dehors de ce qui apparaît publiquement et ouvertement, un culte secret dans lequel personne n'est admis excepté ceux qui ont été sélectionnés par des cérémonies préparatoires qui constituent l'initiation. Ce culte secret a été appelé les Mystères.'*[64]

Aujourd'hui, ces cultes n'ont plus leur autel sur la place publique, et pour les profanes ils n'existent plus que dans les livres d'histoire, et encore… Mais ont-ils totalement disparus ? L'adoration des démons, les rituels sacrificiels de sang et les pratiques traumatiques initiatiques créant de profonds états dissociatifs sont-ils de l'histoire ancienne ?

Il existe encore de nos jours un culte perpétuant cette tradition, telle une "religion sans nom" transmettant les *Mystères* de génération en génération. Pourquoi une "religion sans nom" ? Parce qu'elle n'existe pas de manière officielle. Ce culte, ou plutôt cette doctrine, n'est pas censée exister pour le commun des mortels de notre époque. On pourrait tout aussi bien l'appeler la "religion aux mille visages", ses multiples formes n'étant rien d'autre que des manifestations d'une souche de fond qui s'adapte aux époques et aux civilisations humaines. Une souche qui s'extériorise de telle ou telle manière selon les circonstances qui s'offre à elle et qui s'adapte aux aléas matériels, mais qui reste une dans ce qu'elle vise au niveau spirituel. C'est une doctrine clandestine, une *Gnose Transhistorique* qui n'a donc pas d'appellation précise mais qui façonne pourtant notre société moderne par l'infiltration depuis des siècles. Elle marque son empreinte par une symbolique que les initiés aiment à afficher dans le monde profane, mais aussi par une influence entraînant une décadence des mœurs de plus en plus marquée. C'est une sous-culture qui émerge petit à petit et qui tente d'imprégner les profanes pour devenir une culture hégémonique mondiale. Cette "religion sans nom" est divisée en une multitude de sectes et groupes n'ayant pas au premier abord les mêmes centres d'intérêts, mais qui ont toutes et tous en commun de travailler plus ou moins ardemment à la mise en place d'un gouvernement mondial, un *Nouvel Ordre Mondial*, berceau de l'Antéchrist. La

---

[63] "The History of Freemasonry: Its Legendary Origins" - Albert Gallatin Mackey, 2008, chap.19.
[64] "Mackey's Revised Encyclopedia of Freemasonry" - Albert Mackey, The Masonic History Company, 1946, Vol.2, p.689.

"religion sans nom" est le culte à Lucifer, elle se divise en plusieurs branches, Kabbalistes, Martinistes, Rosicruciens, Théosophes, Lucifériens, Gnostiques et Néo-gnostiques, etc. (toutes ces écoles se chevauchant les unes les autres)… Ses véritables adeptes (c'est à dire ceux qui sont conscients des véritables enjeux qu'ils défendent et de la guerre menée ici-bas) descendent de familles lucifériennes transgénérationnelles ou bien sont initiés et corrompus dans les hautes loges de sociétés secrètes structurées de manière pyramidale. Tous travaillent à l'établissement du règne de leur Prince, l'ange déchu Lucifer, le dieu "civilisateur", tandis que le Dieu de la Bible serait pour eux un Dieu "destructeur" qu'il faut renverser. Une de leur méthode est l'infiltration et la subversion des religions, des gouvernements et des organismes importants pour y infuser patiemment et méthodiquement leur doctrine luciférienne. Cela s'accompagne d'une redoutable discrétion grâce au principe de la *"Massa Duma"*, la loi du silence, garantie par les états dissociatifs dans lesquels beaucoup d'adeptes sont "englués". Le but est de détruire l'ordre social (la nation, la famille, la religion…) et d'inverser la moralité et les valeurs traditionnelles pour imposer un nouvel ordre par la destruction : *Ordo ab Chao*, l'ordre par le chaos. Dans nos sociétés modernes, nous pouvons aujourd'hui constater les résultats de cette doctrine destructrice qui consiste à obtenir la "rédemption par le péché" ou la "sainteté à travers le mal". Il s'agit d'une philosophie particulièrement malsaine visant à une inversion systématique des valeurs morales ou le mal devient le bien et le bien devient le mal. Dans son livre intitulé *"Le Messie Militant"*, Arthur Mandel définit ainsi cette notion de "rédemption par le péché" : *"Ce n'est rien d'autre que la vieille idée paulino-gnostique de la felix culpa, le péché saint de la route vers Dieu passant par le péché, le désir pervers de combattre le mal par le mal, de se débarrasser du péché en péchant."*[65]

Ce fléau semble trouver ses racines dans les anciennes pratiques Babyloniennes et les cultes à Mystères. Une doctrine ravivée par le Frankisme et le Sabbataïsme, une dégénérescence satanique du judaïsme et de la Kabbale, fondée par les faux messies Sabbataï Tsevi (XVIIème siècle) et Jacob Frank (XVIIIème siècle). Le *Sabbatao-Frankisme* peut être considéré comme un proche ancêtre des Illuminés de Bavière (secte des *illuminati*), du sionisme, du communisme, ainsi que du fascisme. Il n'y a pas à proprement parler de culte Frankiste ou Sabbataïste puisqu'il s'agit d'une doctrine et d'une philosophie se propageant par l'infiltration des religions mais également de la franc-maçonnerie et autres sociétés secrètes travaillant dans les coulisses des gouvernements et œuvrant derrière des façades démocratiques.

Dans son livre "Jacob Frank, le faux messie", Charles Novak écrit : "Ainsi, si le judaïsme prêche la virginité, la fidélité, et l'amour, Sabbataï et ses successeurs comme Jacob Frank prêchent, pour les jeunes filles, le sexe dès le plus jeune âge, les orgies sexuelles pour les jeunes garçons et l'échange de femmes pendant Shabbat. Au point que certains enfants frankistes ne connaissent pas leur vrai père biologique. Jacob et ses adeptes seront surpris en plein Shabbat orgiaque, en janvier 1756, dans la ville de Landskron et seront, à la demande des rabbins, expulsés de la ville pour orgie. Une femme se tenait au milieu, nue, pendant que les adeptes masculins chantaient la prière juive schabbatique : Lekhu doidi likrass

---

[65] "Le Messie Militant ou la Fuite du Ghetto : Histoire de Jacob Frank et du mouvement frankiste" - Arthur Mandel, 1989, p.57.

kalo (Prière que l'on chante chaque vendredi soir, pour fêter la venue du Shabbat. Instituée par le rabbin Alkabets au XVIe siècle). Puis, ils se précipitaient sur elle, transformant le rituel en orgie collective. Les rites sexuels frankistes, par la suite, consistaient en chansons, danses extatiques, mêlant hommes et femmes. Frank s'agenouillait et fixait deux chandelles allumées à un banc de bois, enfonçait entre celles-ci un clou et brandissait la croix dans toutes les directions, s'exclamant : Forsa damus para vert, seibuml grandi asserverti (judéo-espagnol), Donne-nous la force de te voir, le grand bonheur de te servir. Les lumières étaient ensuite éteintes, les hommes et les femmes se dévêtaient et l'orgie collective commençait, la nudité devant rappeler Adam et Eve avant la chute. Frank, quant à lui, ne participait pas. Il restait au milieu, dans une contemplation mystique (…) Les frankistes étaient connus pour leurs orgies sexuelles collectives parfois violentes. Par ces comportements nihilistes, où le 9 devenait une fête de joie, on s'échangeait les femmes, là où l'on voulait détruire tout dogme : "Pour que le vrai Bon Dieu apparaisse", selon ses propres termes."[66]

Nous retrouvons là les orgies sacrées pratiquées dans les religions antiques dites "des Mystères", comme par exemple le culte de Dionysos (Bacchus chez les Romains), un culte phallique lié à la fertilité, tout comme le culte Shivaïque en Inde ou d'Osiris en ancienne Égypte avec ses obélisques symbolisant le phallus.

Cette "religion sans nom", luciférienne et élitiste, a donc ses racines ancrées jusqu'aux anciennes religions à Mystères de Babylone et d'Égypte, mais aussi du druidisme celtique. Elle a incorporé dans sa doctrine ce qu'elle considère comme le "meilleur" de chacune de ces traditions, leurs pratiques fondamentales. Des déités comme "El", "Isis", "Osiris" ou "Baal" continuent donc de nos jours à recevoir un culte secret.

Cette "religion" possède un outil de domination quasiment indétectable, il s'agit du contrôle mental basé sur les traumatismes. L'élite dirigeante mondiale applique militairement cette science de l'esprit liée au traumatisme et à la dissociation. Ce phénomène de fractionnement de la personnalité a été découvert par les cultures antiques et pré-industrielles, mais de nos jours c'est une connaissance occulte qui sert à une élite luciférienne pour contrôler non seulement ses propres membres, sa propre descendance, mais par-dessus tout pour dominer l'humanité toute entière et établir un règne absolu. Dans un témoignage diffusé sur internet en avril 1999, Kim Campbell (Philippe-Eugène de Rothschild), un des nombreux enfants adultérins de Édouard Philippe de Rothschild, a déclaré : *"Lorsque je regarde CNN, je n'en reviens pas de voir autant de visages familiers occuper le devant de la scène dans les domaines de la politique, des arts, de la finance, de la mode et des affaires. J'ai grandi avec ces gens-là. Je les ai croisés lors de rituels, ainsi que dans les officines du pouvoir. Financiers, artistes, têtes couronnées, et même des chefs d'états, tous sont des gens à la personnalité dissociée, qui travaillent aujourd'hui pour introduire l'humanité dans un Nouvel Ordre Mondial, où l'être humain occupe la place la plus élevée et où Dieu n'est plus qu'une abstraction secondaire. Toutes ces personnes, comme moi, avaient subi des sévices rituels sataniques qui avaient dissocié leur personnalité."*

Quelles sont ces initiations ? Quels sont ces Mystères antiques ? Leur symbolique contient-elle des clés initiatiques traversant les siècles ? Par quelles

---

[66] "Jacob Franck, le faux messie : déviance de la kabbale ou théorie du complot" - Charles Novak, 2012, p.50-62.

organisations modernes ces Mystères continuent-ils à se transmettre de générations en générations ?

3 - DES ANCIENS CULTES À MYSTÈRES
AUX SOCIÉTÉS SECRÈTES MODERNES

La question de l'implication des organisations fraternelles de type maçonniques dans les abus rituels, le contrôle mental et les pratiques occultes malsaines est depuis longtemps quelque chose qui fait polémique. Certains auteurs francs-maçons suggèrent que l'Ordre Maçonnique s'appuie sur une ascendance contenant non seulement les rituels des bâtisseurs de cathédrales, mais aussi des rites initiatiques qui proviennent de divers cultes antiques comme les religions à Mystères impliquant des rituels traumatiques. D'autres francs-maçons affirment qu'il existe une Maçonnerie Noire qui déshonore la Maçonnerie dite *"pure et authentique"*. Des accusations sont régulièrement portées contre des francs-maçons qui seraient impliqués dans des maltraitances et des abus sexuels sur mineurs, le terme *"abus rituels maçonniques"* est alors employé. Voici quelques ouvrages rapportant des témoignages qui accablent des membres de la Franc-maçonnerie : *"The brotherhood : The secret world of the freemasons"* par Stephen Knight - *"Larson's new book of cult"* par Bob Larson - *"The deadly deception"* par Shaw & McKenney - *"Inside the brotherhood : Further secrets of the freemasons"* par Martin Short - *"Ritual Abuse, what it is, why it happens, how to help"* par Margaret Smith - *"Terror, Trauma and The Eye In The Triangle"* par Lynn Brunet. Il n'existe malheureusement pas ou peu de sources en français.

Dans son livre consacré aux abus rituels, la survivante Margaret Smith lance des accusations contre la franc-maçonnerie. Elle a été victime d'un groupe de personnes qui s'amusaient parfois de la stupidité de ceux qui les étiquettent comme des *"satanistes"*. Selon elle, de leur point de vue ils sont lucifériens et ils voient *Satan* comme un mythe judéo-chrétien ou une simple métaphore. Certains survivants rapportent également qu'ils ont été encouragés à assister aux messes chrétiennes pour développer une partie de leur personnalité du "côté de la lumière", tandis qu'une autre partie d'eux-mêmes subie et participe à des pratiques malsaines et traumatiques. Il s'agit de la théologie Gnostique où ce concept de *"lumière"* versus *"obscurité"* est quelque chose d'essentiel.[67] Est-ce une des raisons qui pousse nos élites *maçonnisées* à fonder de puissantes fondations philanthropiques ? Cette notion de *"lumière versus obscurité"* est communément utilisée par des survivants d'abus rituels et de contrôle mental pour décrire leur propre monde intérieur. La doctrine chrétienne dénaturée va souvent servir comme une toile de fond pour manipuler l'enfant. Margaret Smith et de nombreux autres survivants ont parlé d'une certaine philosophie Gnostique dans les abus qu'ils ont vécu et ils ont également rapporté la présence de francs-maçons lors de ces abus, d'insignes maçonniques ou de cérémonies de type maçonniques.

---

[67] "Manicheism an ancient Mesopotamian "Gnosticism", Journal of Ancient Near Eastern Religions, Vol. 5 - Mehmet-Ali Atac.

Il n'est pas question ici d'accuser globalement toute la franc-maçonnerie de perpétrer des rituels sadiques et violents, il est probable que certains maçons opèrent sans le consentement de la majorité des membres de la loge. Cependant, certaines choses à propos de la franc-maçonnerie peuvent interroger : prenons l'exemple du symbole de l'*Ordre de l'Étoile Orientale* (une organisation maçonnique féminine) qui est un pentagramme inversé, un symbole généralement utilisé pour représenter le Baphomet ou plus généralement le satanisme.[68]

En 2011, lors d'une conférence aux rencontres annuelles du groupe S.M.A.R.T. (*Stop Mind Control and Ritual Abuse Today*), Kristin Constance a témoigné avoir été victime d'abus rituels et de contrôle mental pratiqués par ses grands-parents, fondateurs et membres d'une loge de l'*Ordre de l'Étoile Orientale* en Australie. Elle rapporte que l'emblème maçonnique de l'Étoile Orientale était utilisé comme support pour sa programmation mentale. (Son témoignage est retranscrit intégralement dans le chapitre sur la programmation Monarch)

Neil Brick, survivant d'abus rituels et fondateur du groupe S.M.A.R.T. a déclaré : "Je pense que la Franc-maçonnerie est une des plus grandes organisations responsable d'abus rituels sataniques dans le monde. Sa connection remonte jusqu'au gouvernement (fédéral et local), ainsi que jusqu'à certaines institutions économiques du pays... Je suis né chez les francs-maçons."[69]

Le sociologue Stephen Kent, qui a enquêté sur les déviances des cultes religieux, particulièrement sur la scientologie, a rencontré de nombreuses personnes qui ont témoigné avoir subi des abus rituels de type maçonnique, notamment des enfants de francs-maçons : *"Dès le début de mes recherches, des gens arrivaient avec des témoignages dont certains étaient liés avec des dérives maçonniques. Certaines personnes affirmaient que leur père avait été franc-maçon et que les abus étaient liés à une loge et à ses membres. Parfois, les violences semblaient avoir eu lieu à l'intérieur même des loges maçonniques, mais je ne peux pas le dire avec certitude. Ces apparitions de la franc-maçonnerie dans un nombre assez important de témoignages m'a laissé vraiment perplexe."*[70]

La canadienne Lynn Moss-Sharman, survivante et fondatrice du journal 'The Stone Angels' et porte-parole de ACHES-MC Canada (*Advocacy Committee for Human Experimentation Survivors & Mind-Control*), a déclaré dans une interview avec Wayne Morris en 1998, que la franc-maçonnerie est un dénominateur commun dans les témoignages d'abus rituels et de contrôle mental. *"... Il y avait des conversations à ce sujet qui ont eu lieu lors des réunions, la crainte concernait cette connexion maçonnique. J'ai mis quelques petites annonces dans le "Globe & Mail" à ce propos ainsi que pour annoncer les conférences à venir. Ces quelques mots qui parlaient de la connexion maçonnique ont généré des appels téléphoniques et des lettres de victimes venant de tout le Canada. Des gens qui se décrivaient eux-mêmes comme des survivants d'abus rituels maçonniques, vivant encore dans la terreur. C'était toujours des filles de francs-maçons du Rite écossais ou des filles de Shriners (branche maçonnique). Des quatre coins du Canada, ces personnes ont commencé à témoigner sur des souvenirs de ce qui pourrait être décrit comme de*

---

[68] *"Cult and Ritual Abuse* - James Randall Noblitt & Pamela Perskin Noblitt, 2014.
[69] "Surviving Masonic Ritual Abuse" - Neil Brick, magazine Beyond Survival. 07/1996.
[70] *"Interview with Dr. Stephen Kent"*, Wayne Morris, CKLN-FM - Mind Control Series Part 13.

l'expérimentation sur le contrôle mental. Cela a commencé à se manifester en Novembre 1994."[71]

Dans un livre publié en 2007, intitulé *"Terror, Trauma and The Eye In The Triangle"* (Terreur, trauma et l'œil dans le triangle : la présence maçonnique dans l'art et la culture contemporaine), Lynn Brunet nous révèle que son père, Franc-maçon et Rosicrucien, a abusé d'elle sexuellement lorsqu'elle était toute petite. Il a également avoué l'existence de certaines factions maçonniques qui pratiquent les abus rituels traumatiques sur les enfants. Voici quelques extraits de son témoignage : *"Alors que les années étaient passées, je me suis souvenue des abus sexuels de mon père lorsque j'étais enfant (...) Je découvrais aussi que les abus sexuels et l'inceste étaient tissés à travers l'histoire de la famille sur au minimum trois générations (...) De l'extérieur, ma famille semblait tout ce qu'il y a de plus normal, mais le poids accumulé de cette histoire familiale, chargée de traumatismes et de tensions, était un lourd fardeau à porter pour chaque génération (...) Au cours de ces dernières années, alors que les énigmes de ma propre expérience étaient résolues, j'ai essayé de leur parler de ce que je me souvenais. Heureusement pour moi, ma mère a été capable de se rappeler la nuit où mon père m'a violée à l'âge de quatre ans et donc de valider les déclarations de sa fille. Cependant, l'abus rituel allait au-delà de leur compréhension, ce qui se comprend à bien des égards. En milieu d'année 2004, mon père a commencé à développer la maladie d'Alzheimer. Durant la période initiale des troubles, dans un état altéré de conscience, il a commencé à me parler du côté obscur de son implication maçonnique. Il m'a alors avoué qu'il était au courant de l'existence de certains groupes qui utilisaient les rituels maçonniques dans des contextes de violence pour initier des enfants. Il m'a déclaré : "Il existe beaucoup de ces groupes, il y a beaucoup de gens qui sont au courant, mais ils n'en parlent pas car c'est embarrassant." Il avait avec moi des alternances de conversations cohérentes dans lesquelles il me parlait de son implication avec d'autres hommes dans ces groupes. Parfois le soir, il parvenait à sortir de la maison de retraite et il se mettait alors à grimper aux arbres à la manière d'un militaire en mission pour, croyait-il, observer les activités du culte afin "de sortir les enfants de la secte". Cette "mission stratégique" a duré pendant deux semaines jusqu'à ce qu'il ait cru avoir récupéré chacun des enfants. Après quoi il a semblé être très satisfait de ce qu'il avait accompli et tous les signes de son agitation intérieure se sont calmés (...) Les mémoires concernant les activités maçonniques irrégulières étaient clairement à attribuer à une certaine partie de son psychisme qui normalement n'est pas accessible à la conscience et elles s'étaient peut-être à ce moment-là entrelacées avec ses expériences de guerre. Il est possible qu'en soulevant cette question là, j'avais plongé mon père dans un conflit intérieur, ses pertes de mémoire ayant commencé juste après ma confrontation avec lui. Cependant, sa brève période d'honnêteté envers moi a sans aucun doute contribué à un processus de guérison mutuelle. Cette confession, combinée avec la connaissance de l'Ordre Maçonnique que j'ai pu acquérir, a réorienté mon attention afin qu'elle ne repose plus sur une colère envers l'homme lui-même. Je suis aujourd'hui amenée à comprendre les principes qu'il y a derrière ces pratiques "magiques" séculaires, qui divisent le psychisme de ces hommes en deux : d'une part des citoyens et des hommes dévoués, et de l'autre, la plus puérile, absurde et cruelle des créatures humaines."*[72]

En France, Maude Julien a livré un témoignage troublant dans son livre intitulé *"Derrière la grille"* sorti en 2014. Son père qui était un riche entrepreneur, initié à la franc-maçonnerie, lui a fait subir un conditionnement extrême visant à

---

[71] *"Interview with Lynn Moss Sharman"*, Wayne Morris, CKLN-FM - Mind Control Series Part 16.
[72] "Terror, Trauma And The Eye In The Triangle" - Lynn Brunet, 2007, p.236-240.

faire d'elle une *"déesse"*, mais surtout un robot lui obéissant au doigt et à l'œil. Maude Julien a subi un isolement social total durant quinze ans, elle a été enfermée dans un carcan mental (tout comme sa mère) avec une formation de l'esprit et du corps pour faire d'elle un *"être supérieur"*, une *"Élue"*. Les exercices physiques et mentaux extrêmes et traumatiques défiaient l'entendement. Maude Julien a déclaré : *"Ce livre est un manuel de désobéissance muette. Je voulais montrer comment l'emprise se met en place. C'est un crime parfait dont la victime est tellement dans la honte qu'elle ne dénonce rien. Aujourd'hui, je suis bien dans ma vie personnelle et professionnelle, mes filles sont grandes. J'ai voulu écrire mon histoire. Pour lui, seul compte son monde mental. Les autres sont des instruments ou des obstacles. Il nous a enfermées dans ce carcan mental, ma mère et moi. L'Ogre vous montre qu'il est l'Amour, avec un grand A. Tout ce qu'il fait est pour ton bien. Il installe une vie chronométrée dont il détient la télécommande. Puis, il instille la peur. Le monde extérieur est le danger."*[73]

Dans une interview télévisée[74] avec Thierry Ardisson, Maude Julien a confié qu'elle avait une amnésie traumatique concernant des cicatrices sur ses cuisses et sur sa poitrine. Elle ignore quelle en est l'origine et les médecins disent qu'il ne s'agit pas d'accidents. Dans cette interview, Maude Julien déclare : *"Le but de mon père était effectivement de faire de moi un 'sur-être', il avait pour moi une mission capitale. Et pour cela il fallait que j'ai un entraînement physique et psychique pour que l'esprit soit plus fort que la matière (…)*

- Thierry Ardisson : Et puis il y a la cave, alors là c'est assez violent, c'est à dire qu'il vous réveille en pleine nuit et il vous met assise sur une chaise dans une cave.

- Maude Julien : Toujours pour ne pas bouger. Mais le but de cette mission capitale à laquelle il me vouait, c'est que je devais être capable de circuler entre les univers, apprendre à communiquer avec les morts (…)

- T.A : Il y a le test de l'électricité aussi, c'est incroyable. Il vous demande de tenir un fil électrique et de prendre des décharges pendant dix minutes.

- M.J : Quand il y a les décharges il ne faut pas réagir (…)

- T.A : (…) à huit heure vous allez réveiller votre père, et là vous devez tenir son pot de chambre pendant qu'il urine (…) le plus troublant quand même, ce sont ces cicatrices sur les cuisses et sur la poitrine dont vous ne connaissez pas l'origine. Ce sont des rites initiatiques vous pensez ?

- M.J : Ce qui est certain pour les médecins, c'est qu'elles n'ont pas été faites par des professionnels de la santé, ce qui exclut la thèse de l'accident (…) et j'ai bien peur de ne jamais le savoir.

Est-ce les enseignements occultes des loges maçonniques qui inspirent de tels projets pour créer des *"êtres supérieurs"*, asservis et traumatisés pour devenir des médiums connectés à d'autres dimensions ? Comme nous allons le voir plus loin dans ce livre, les traumatismes extrêmes provoquent de profonds états dissociatifs qui *"déverouillent"* spirituellement l'enfant, permettant la connexion à d'autres dimensions. Existe-t-il des *abus rituels maçonniques* dont le but serait en quelque sorte d'initier l'enfant, c'est à dire créer chez lui une *"illumination"* lors de la dissociation ?

---

[73] "Mon père m'a séquestrée pendant 15 ans : le récit terrifiant de Maude", Julien Balboni, www.dhnet.be, 2014.

[74] "Torturée par son père pour en faire un être supérieur" - "Salut les terriens", 10/2014.

Mais revenons maintenant aux cultes à Mystères liés au Gnosticisme, la Gnose dont certaines littératures attribuent un rôle majeur dans l'histoire du satanisme et des abus rituels. Les Gnostiques furent parfois désignés sous le nom de *Borborites* ou *libertins* en raison des pratiques déviantes auxquelles ils s'abandonnaient dans leurs "mystères". D'après Kurt Rudoph, l'auteur de *"Gnosis : The Nature and History of Gnosticism"*, le secret de certains Gnostiques inclut une poignée de main rituelle similaire à la poignée maçonnique, une poignée de main spécifique à laquelle certains survivants d'abus rituels réagissent souvent par un changement d'état de conscience sans savoir pourquoi cela leur arrive. Ces réactions peuvent signifier qu'il y a eu une programmation mentale et que la poignée de main particulière agit comme un déclencheur qui modifie l'état de conscience de l'individu. Nous y reviendrons plus en détails dans le chapitre 7 consacré au contrôle mental de type *Monarch*.

Dans le texte Gnostique intitulé *"Gospel of Phillip"*, il est mentionné que *"Dieu est un mangeur d'homme. C'est pour cette raison que les hommes sont (sacrifiés) à lui."* Plusieurs sources ont rapporté que certains groupes Gnostiques pratiquaient des cérémonies impliquant du cannibalisme et des orgies sexuelles. D'après leur description, certaines de ces cérémonies sont clairement à classer dans la catégorie des messes noires et des abus rituels sataniques. La plus choquante des pratiques Gnostiques rapportée est certainement celle d'Épiphanius. Un moine aurait été témoin des rituels orgiaques pratiqués par un groupe Gnostique nommé les *Phibionites* (ou barbotiens). L'évêque Épiphane de Salamine a écrit dans son *Panarion (Adversus Haereses : Contre les hérésies)* que la secte ophite des Phibionites pratiquait l'avortement et que le fœtus, démembré, enrobé de miel et d'épices, était dévoré par le groupe comme une sorte d'eucharistie. Ces cérémonies orgiaques sont liées avec la vision que les Phibionites ont du cosmos et de la façon de s'en libérer. Outre le fait de satisfaire aux exigences des archontes (démons), ces "mœurs" répondent au besoin de rassembler la semence divine implantée dans le monde et qui est actuellement dispersée dans la semence masculine et les menstruations féminines. Dans son livre intitulé *"The Gnostics"*, Jacques Lacarrière affirme que la violation de la morale sexuelle et autres horreurs blasphématoires démontrent la conviction clairement "luciférienne" des pratiquants. Certains Gnostiques associent Lucifer à Promotheus, le Titan de la mythologie grecque.[75]

Le sataniste Aleister Crowley pratiquait avec ses disciples une version 'Thélémique' de la messe noire qu'il nommait la *"Messe Gnostique"*. La Franc-maçonnerie arbore un "G" au milieu du compas et de l'équerre, une lettre qui renvoie à sa source première : la Gnose. Dans son discours de l'initiant au grade de chevalier écossais, Adam Weishaupt (fondateur des "Illuminés de Bavière") a déclaré : *"les illuminés seuls, sont en possession des secrets du vrai franc-maçon. Il reste même aux illuminés une grande partie de ses secrets à découvrir. Le nouveau chevalier doit y consacrer ses recherches. Il est bien spécialement averti que c'est par l'étude des anciens Gnostiques et des Manichéens qu'il pourra faire de grandes découvertes sur cette véritable Maçonnerie."*[76]

Dans son ouvrage intitulé *"Fils de la Veuve"*, le professeur Jean Claude Lozac'hmeur analyse les liens qui existent entre la tradition maçonnique gnostique contemporaine et la mythologie. Il conclut que le mythe du "Fils de la veuve" cher

---

[75] *"Cult and Ritual Abuse"* - James Randall Noblitt & Pamela Perskin Noblitt, 2014. p.132.
[76] *"Mémoires"* - Barruel, t. 111, p.107.

aux francs-maçons contient une véritable parabole transmettant de manière voilée une tradition secrète à laquelle était associée à l'origine un culte initiatique. Selon lui, une fois décrypté, ce récit symbolique révèle une religion dualiste opposant un "dieu mauvais", auteur du Déluge, à un "dieu bon", de type prométhéen (luciférien). *"En d'autres termes, la religion du Fils de la veuve repose sur le même fond de tradition que la Bible, avec cette différence fondamentale que les valeurs y sont inversées et que le Dieu judéo-chrétien y apparaît sous les traits d'un tyran jaloux et impitoyable."*[77]

Le "dieu bon" des gnostiques divers et variés serait donc Lucifer caché sous ses plus beaux apparats, *illuminant* les initiés avec la lumière de la connaissance... Un "dieu civilisateur" mettant l'homme au centre de toutes choses. Ses recherches sur les origines occultes de la Franc-maçonnerie amènent également Jean Claude Lozac'hmeur à conclure : *"Il a existé dans toutes les civilisations une religion primitive diamétralement opposée à la tradition biblique, et dont on retrouve des vestiges dans les mythologies et les folklores. Dans ce culte à mystères, qui correspond à la "Tradition Primordiale" des gnostiques modernes, Satan était représenté comme le "Dieu Civilisateur Porteur de Lumière".*[78]

Dans le livre "Le monde grec antique", Marie-Claire Amouretti écrit à propos du culte à Mystères de Bacchus : "Dionysos apparaît comme le dieu libérateur. Le mythe en fait un exilé, le rattache au Proche-Orient pour le faire revenir triomphalement en terre grecque, accompagné d'un cortège de satyres et ménades, musiciens et danseurs. Dieu du vin et du désir débridé, Dionysos s'offre à ses fidèles sous la forme d'un animal puissant qu'ils dépècent et mangent cru pour s'approprier sa force. Les femmes surtout participent à ce culte. C'est tout le cadre civique et familial qui craque à l'occasion de ces fêtes dont Euripide fera une extraordinaire évocation dans "Les Bacchantes" : l'ivresse physique ou spirituelle, la joie, la course échevelée dans les terres incultes, le chant et la danse, la liberté sexuelle et la domination féminine, tout cela exprime un besoin profond de se libérer d'un système civique, moral et familial qui est en train de s'organiser avec une grande rigidité. Exutoire nécessaire mais dangereux."[79]

Tout ceci est clairement à relier avec ce que nous vivons aujourd'hui dans notre société de consommation dans laquelle l'homme est mis au centre de toute chose grâce au dieu libérateur des *"frères de la lumière"*. Des "consommateurs" effrénés dépourvus de toute spiritualité et dont la moralité ne cesse de chuter d'années en années, ceci étant le résultat du plan luciférien global, basé justement sur cette gnose trans-historique dont le but est de mener à bien le règne du *"dieu civilisateur et libérateur"*.

Selon l'historien Romain Titus Livy, l'auteur de *"Rome and the Mediterranean"*, les Romains qui avaient enquêté sur le culte à Mystères de Bacchus avaient découvert que ses rituels incluaient des transgressions sexuelles et des sacrifices de sang. Une des prophétesses du culte avait organisé avec ses adeptes une vaste escroquerie ayant entraîné plusieurs assassinats, il s'agit du "scandale des bacchanales", historiquement bien référencé. Ce culte n'admettait dans ses cérémonies initiatiques que des jeunes gens de moins de vingt ans, plus dociles

---

[77] *"Fils de la Veuve"* - Jean-Claude Lozac'hmeur, 2002, p.136.

[78] "Les Origines Occultistes de la Franc-Maçonnerie" - Jean Claude Lozac'hmeur, 2015, p.42.

[79] *"Le monde grec antique"* - Marie Claire Amouretti & Françoise Ruzé, 1978, p.107.

lors des orgies... *"Alors que son fils récupérait, elle devait l'initier aux rites bachiques* (ndlr : culte à Bacchus) (…) *Alors sa maîtresse Hispala lui dit que lorsqu'elle était une esclave, elle est entrée dans ce sanctuaire comme une subalterne à sa maîtresse, mais que lorsqu'elle était libre elle n'en avait jamais approché. Elle savait que c'était un atelier pour toutes sortes de corruptions, et il était bien connu que depuis deux ans, personne ayant plus de vingt ans n'avait été initié ici. Ils le conduirent dans un endroit qui résonnait de cris, de chants, de musique avec des frappements de cymbales et de tambours, de sorte que la voix de l'initié ne puisse pas être entendue alors que des pratiques honteuses étaient perpétrées sur lui avec violence...'*[80]

Dans son livre *"Les Divinités génératrices"*, Jacques-Antoine Dulaure (à l'époque franc-maçon de la loge *Osiris de Sèvres*) nous apprend que le culte à Mystères de Bacchus provient d'Égypte et qu'il est lié au culte phallique (l'adoration du pénis). Dulaure écrit dans son livre : *"Hérodote et Diodore de Sicile s'accordent à dire que le culte de Bacchus a été introduit en Grèce par un dénommé Mélampous, instruit par les Égyptiens d'un grand nombre de cérémonies. Mélampous, fils d'Amythaon, avait, dit Hérodote, une grande connaissance de la cérémonie sacrée du Phallus. C'est lui en effet qui a instruit les Grecs du nom de Bacchus, des cérémonies de son culte, et qui a introduit parmi eux la procession du Phallus. Il est vrai qu'il ne leur a pas découvert le fond de ces mystères ; mais les sages qui sont venus après lui en ont donné une plus ample explication. C'est donc Mélampous, ajoute-t-il, qui a institué la procession du Phallus que l'on porte en l'honneur de Bacchus, et c'est lui qui a instruit les Grecs des cérémonies qu'ils pratiquent encore aujourd'hui.'*[81]

Le franc-maçon Dulaure écrit également à propos de ce culte du Phallus auquel il a consacré tout un livre : "Une secte particulière et peu connue, appelée la secte des Baptes, célébrait à Athènes, à Corinthe, dans l'île de Chio, en Thrace et ailleurs, les mystères nocturnes de Cotitto, espèce de Vénus populaire. Les initiés qui se livraient à tous les excès de la débauche, y employaient les Phallus d'une manière particulière ; ils étaient de verre, et servaient de vase à boire. Ceux qui ne voient, dans ce symbole de la reproduction, que le caractère du libertinage, doivent s'étonner de ce qu'il faisait partie intégrante des cérémonies consacrées à Cérès, divinité si recommandée par sa pureté, et surnommée la Vierge sainte ; de ce qu'il figurait dans les mystères de cette déesse à Éleusis, appelés mystères par excellence, auxquels tous les hommes de l'antiquité, distingués par leurs talents, par leurs vertus, s'honoraient d'être initiés (…) C'est Tertullien qui nous apprend que le Phallus faisait, à Éleusis, partie des objets mystérieux. Aucun autre écrivain de l'antiquité n'avait fait connaître cette particularité, nul initié n'avait avant lui révélé ce secret : "Tout ce que ces mystères ont de plus saint, dit-il, ce qui est caché avec tant de soin, ce qu'on est admis à ne connaître que fort tard, ce que les ministres du culte, appelés Epoptes, font si ardemment désirer, c'est le simulacre du membre viril."[82]

Voici quelques extraits du livre *"Shiva et Dionysos"* (Alain Daniélou - 1979) concernant les similarités entre les initiations des religions antiques et celles des sociétés secrètes modernes visant à diviniser l'homme : *"Certaines techniques rituelles vont nous permettre d'agir sur les énergies latentes présentes dans l'être humain et ainsi de le*

---

[80] "Livy, History of Rome","Source for the Study of Greek Religion" - David Rice, John Stambaugh, 1979 p.149.

[81] "Les Divinités génératrices ou du culte du phallus chez les anciens et les modernes" - Jacques-Antoine Dulaure, 1805, p.106-107.

[82] Ibid, p.117-118.

transformer et d'en faire le véhicule de la transmission de certains pouvoirs, de l'élever à un plan supérieur dans la hiérarchie des êtres, d'en faire une sorte de demi-dieu ou de superman plus proche du monde invisible des esprits. C'est le rôle de l'initiation. Ce processus de transformation de l'être humain est long et difficile, c'est pourquoi l'initiation ne peut se faire que par degrés. Le pashu (l'homme animal) deviendra d'abord un sâdhaka (apprenti), puis un vîra (héros) ou adepte, c'est à dire un être qui peut dominer et dépasser les apparences du monde matériel. Le degré suivant est celui de siddaha (réalisé), appelé aussi, chez les Tantrikas, le stade de kaula (membre du groupe), mot qui correspond au titre de "compagnon" dans l'initiation maçonnique, où se trouve aussi le grade d'apprenti. Le kaula a atteint "l'état de vérité". C'est seulement alors que s'effacent les barrières entre l'humain et le divin et que l'adepte peut être considéré comme divya (divinisé). Dans le langage des mystères gréco-romains, on appelait "héros" l'adepte, l'initié. Les degrés supérieurs étant probablement gardés secrets. Cette transformation concerne l'être humain tout entier. (...) Seul un initié peut transmettre des pouvoirs à un nouvel initié. Cela est essentiel pour que la transmission initiatique soit valable. C'est pourquoi on ne peut rétablir une tradition interrompue. L'initiation est la transmission réelle d'une shakti, d'un pouvoir, transmission qui prend la forme d'une illumination. La continuité de la transmission d'un initié à un autre est comparée à la transmission d'une flamme qui en allume une autre. Les initiés forment des groupes d'hommes différents des autres. Ces groupes sont appelés kula (familles) dans le Tantrisme, d'où le nom de kaula (membres de la famille ou "compagnons") donné à leurs adeptes. La kula correspond au thiase dionysiaque. (...) Le bain rituel précédait, pour les mystères d'Éleusis, la phase considérée comme la plus mystérieuse des initiations. Il était précédé, selon Plutarque, d'une abstinence pendant dix jours de tout rapport sexuel. La même règle est appliquée en Inde. (...) "Le novice est alors conduit à l'intérieur de l'aire d'initiation, soigneusement marquée au sol. L'entrée située à l'ouest est la meilleure pour les disciples de toutes les castes, mais en particulier pour ceux de la caste royale, les Kshatriyas... Le novice doit faire trois fois le tour de l'image phallique et, selon ses moyens, offrir à Dieu une poignée de fleurs mêlées à de l'or, ou seulement de l'or s'il manque des fleurs, en récitant l'hymne à Rudra (Rudrâdhyaya). Puis il méditera sur Shiva en répétant seulement le pranava, la syllabe AUM." (Linga Purâna, II, chap. 21, 40-42). De même, dans le rite dionysiaque, "l'initié a la tête voilée et se laisse guider par l'officiant... Une corbeille emplie de fruits et d'objets symboliques, parmi lesquels l'un en forme de phallus, est posé sur la tête de l'initié. (H. Jeanmaire, Dionysos, p.459) (...) "Le bandeau qui aveuglait le disciple est ensuite enlevé et le yantra lui est montré...." (Linga Purana, II, chap.21, 45)."

Nous retrouvons là le même protocole dans la franc-maçonnerie lorsque l'apprenti se doit d'avoir les yeux bandés pour recevoir l'initiation.

Certains témoignages actuels semblent confirmer que le culte à Dionysos/Bacchus et globalement tous ces cultes lucifériens sont encore pratiqués de nos jours en occident. Le livre *"Ritual Abuse and Mind Control : The Manipulation of Attachment Needs"* contient le témoignage d'une survivante d'abus rituels sataniques et de contrôle mental. La femme est née dans une famille qui pratiquerait ces rituels de générations en générations, voici un extrait de son témoignage : *"Le premier assassinat d'enfant dont je me souviens consciemment remonte à l'âge de quatre ou cinq ans. Ma mère a été engrossée par X (...) Nous avons été conduits dans une grande demeure seigneuriale, c'était durant l'été à l'occasion d'une date importante (...) Le vendredi soir il y a eu un rituel suivi d'une orgie impliquant beaucoup de personnes habillées en costumes et faisant des "cabrioles" dans cet immense salon. Bacchus était l'un des dieux qu'ils vénéraient. Le lendemain, nous sommes allés à l'extérieur dans une grande prairie, il y avait une centaine de personnes, c'était un grand rituel. Ma mère était couchée sur le sol, elle faisait le travail pour accoucher pendant que X chantait (…) L'enfant est né, c'était une petite fille. Il m'a alors mis un couteau dans la main gauche en me disant certaines choses concernant cet enfant. Puis il a mis sa main sur la mienne et nous avons pointé le couteau vers la poitrine du bébé et nous l'avons tué. Il a retiré le cœur, tout le monde a acclamé et s'est déchaîné, puis l'enfant a été démembré et consommé."*[83]

Dans son livre "The Occult Conspiracy : Secret Societies, Their Influence and Power in World History" Michael Howard écrit à propos des cultes à Mystères de l'antiquité : "Les cultes des Mystères pratiquent des cérémonies initiatiques qui contiennent le symbolisme des arcanes ainsi que des mises en scène afin de révéler à l'initié les réalités spirituelles cachées derrière l'illusion du monde matériel. Durant l'initiation, le néophyte est mis dans une transe et expérimente alors le contact avec les dieux lors d'un voyage dans "l'Autre Monde". Les initiés passent par une mort symbolique et renaissent avec une âme parfaite."

Ce que rapporte ici Howard est intéressant car il montre les similarités qu'il y a entre les cultes des Mystères antiques, le chamanisme, les cultes de possession et la sorcellerie… Mais ce qu'il décrit montre aussi une similarité avec les sociétés secrètes contemporaines de type maçonniques, c'est à dire la mort symbolique pour la renaissance à une nouvelle vie. Une symbolique que nous retrouvons également chez les chrétiens avec la renaissance en Jésus-Christ par le sacrement du baptême : *"Ainsi, celui qui est uni au Christ est une nouvelle créature : ce qui est ancien a disparu, voici : ce qui est nouveau est déjà là"* (2 Corinthiens 5 :17). Jésus-Christ est venu sur terre pour réformer toutes ces religions païennes qui pratiquaient le sacrifice de sang en l'honneur des anges déchus. Le baptême de sang a été remplacé par le baptême d'eau et du Saint-Esprit et le sacrifice de sang a été définitivement remplacé par Son propre Sacrifice.

Benjamin Walker, l'auteur de *"The Woman's Encyclopedia of Myths and Secrets"* décrit ainsi une cérémonie initiatique du culte de Mithras, qui était une autre de ces religions à Mystères : *"Il y a d'abord quelques jours d'abstinence alimentaire et sexuelle, ensuite une cérémonie d'ablutions après laquelle les mains du candidat sont liées derrière son dos, puis il est couché au sol comme s'il était mort. Après certains rites solennels, sa main droite est saisie par le hiérophante et il est ressuscité. Ensuite vient le baptême de sang. L'initié se retrouve nu dans une fosse couverte d'une grille, au-dessus de cette grille un animal est sacrifié afin que le sang s'écoule sur le candidat. Peu importe de quel animal il s'agit, il symbolise toujours le taureau de Mithras. Le poète chrétien Prudentius a fait un descriptif de ce rituel, dont il a un souvenir personnel : "À travers la grille s'écoule dans la fosse le liquide rouge que le néophyte reçoit sur son corps, sur sa tête, sur ses joues, sur ses lèvres et sur ses narines. Il fait couler le liquide sur ses yeux et sur sa bouche pour imbiber sa langue de sang et pour en avaler autant qu'il le peut. Symboliquement, l'initié a été ressuscité des morts et nettoyé par le sang revitalisant du taureau. Il est maintenant considéré comme "né de nouveau dans l'éternité". Il sera accueilli dans la communauté des initiés comme un frère et il sera maintenant autorisé à participer au repas sacramentel de pain et d'eau, ce qui établira son statut d'élu."*

La survivante "Svali", ex-*illuminati*, elle-même née au sein d'un culte luciférien, rapporte dans son témoignage que le groupe auquel elle appartenait a

---

[83] *"Ritual Abuse and Mind Control: The Manipulation of Attachment Needs"* - Orit Badouk Epstein, Joseph Schwartz, Rachel Wingfield Schwartz, 2011, p.149.

des pratiques semblables aux anciennes religions babyloniennes des Mystères avec un baptême de sang : *"Ils* (les enfants) *participeront à des rituels pendant lesquels les adultes portent des robes, et ils devront, entre autre, se prosterner devant la divinité gardienne de leur culte. Moloch, Ashtaroth, Baal, Enokkim, sont des démons qui sont couramment adorés. L'enfant peut assister à un sacrifice réel, ou mis en scène, servant d'offrande pour ces divinités. Les sacrifices d'animaux sont fréquents. L'enfant sera forcé de participer aux sacrifices et devra passer par le baptême de sang. Il devra prendre le cœur ou d'autres organes de l'animal sacrifié pour les manger (…) Ils font des rituels initiatiques avec les enfants ou avec des adeptes plus anciens, l'initié est attaché et un animal est saigné à mort au-dessus de lui."*[84]

Un document[85] qui contient les auditions et les procès-verbaux de l'affaire Dutroux en Belgique rapporte certains témoignages relatifs à des sacrifices de sang lors de rituels avec parfois une sorte de baptême de sang. Il s'agit là de dépositions et de plaintes, aucune enquête digne de ce nom n'ayant été menée pour déterminer si ces témoignages étaient véridiques. Toutes ces affaires sont systématiquement étouffées… Pourquoi ça ? Voici quelques extraits :

"X1 a tué deux lapins et un bouc nain sur ordre de B.. La partouze avait lieu dans le garage. Participants avec costumes particuliers : cuir, capes, masques… C. doit manger le cœur du lapin sacrifié. Enfants attachés aux anneaux dans le garage. Le sang du bouc est versé sur C." (PV 118.452, 10/12/96, Audition du témoin X1 (Regina Louf), page 542)

"Il y a eu des messes noires à cette adresse (…) Le paragraphe 29 (journal personnel de W.) mentionne une famille qui pratique des sacrifices humains dont leur propre fille (…) Elle a été conduite dans une maison où il y a une grande piscine à l'extérieur. Il y a beaucoup d'hommes et de femmes. On la fait boire dans la voiture. Il y a un grand feu dans le jardin. Il y a trois autres fillettes (…) Lors d'une partie dans cette maison, on a versé du sang chaud sur elle (PV 117.753, 754 et 118.904, Audition de W., page 749)

"Il a assisté à une messe noire dans la banlieue huppée de Gent en avril 1987. Messe Sataniste. Il y a eu sacrifice d'animaux éventrés et tués ensuite. Le sang des animaux était bu par les participants (…) T4 n'a pas pu assister à la cérémonie entière. Description de la villa. Véhicules luxueux (…) J. et E. ont signalé qu'il y avait des Parlementaires et d'autres personnalités. Incantations dans une langue inconnue. Prêtres et prêtresses nus sous leur cape. Tout le monde avec cape et masque. La souffrance des animaux sacrifiés est le moyen d'obtenir puissance et pouvoir." (PV 118.220, 04/12/96, informations T4, page 125)

"Il connaît des églises sataniques à Hasselt, Bruxelles, Gent, Knokke, Liège, Charleroi et Mozet (…) Les sacrifices vont du sacrifice d'animaux au sacrifice d'humains. Les sacrifices sont suivis d'orgies (…) Parfois la femme est sacrifiée et son sang sert pour les rites. (PV 100.693, 06/01/97, Audition de L. P., page 126)

"W. aurait participé à des "messes noires" avec d'autres mineures. Elle parle de mineures marquées au fer rouge et de sacrifices humains. Elle parle aussi de viande humaine préparée que les mineures ont dû manger. Durant ces soirées, les mineures étaient violées par les participants." (PV 116.780 21/11/96, Audition de W., page 746)

---

[84] "How The Cult Programs People" – Svali.
[85] "Belgium: Dutroux X-Dossier summary", 2005 - Wikileaks.org.

"Il a participé en 1985 à plusieurs séances sataniques près de Charleroi. À une occasion, le sang d'une fillette de 12 ans a été offert à l'assistance. Il n'a pas assisté au meurtre (…) Sur place, il a été drogué avant d'être amené dans une salle avec des gens masqués et habillés en robes noires. Les participants buvaient du sang. Présence d'une fillette nue couchée sur un autel, elle était morte." (PV 250 et 466, 08/01/97 et 16/01/97, Audition de T.J., page 260)

"Elle est allée la première fois au château à 14 ans avec la Jaguar beige de V. (…) lors des pleines lunes (…) Elle écrit : En cercle autour du feu - il y a des cierges - tout le monde est debout sauf le bébé et le mouton - le bébé pleure (…) Elle décrit le meurtre du bébé et le mélange de son sang avec celui du mouton. Ensuite on brûle le bébé et le mouton et tout le monde 'fait l'amour ensemble'. On arrache le cœur du bébé." (PV 150.035, 30/01/97, Audition de N. W., page 756)

En 2000, France 3 a diffusé un reportage intitulé *"Viols d'enfants, la fin du silence ?"*. Le documentaire contient le témoignage d'une petite fille ayant été victime d'abus rituels sataniques. Elle décrit une scène de culte se passant à Paris ou dans sa région : *"Ensuite on descendait dans un labyrinthe où il faisait froid, il faisait noir, et ça avait l'air d'être un sous-sol. Ici, il y avait un vestiaire où on allait pour s'habiller avec les vêtements blancs et rouge. Ensuite on allait ici* (ndlr : montrant son dessin)*, il y avait une salle où ils violaient les enfants, c'était une grande salle, comme une grande grotte en forme de cathédrale ou de crèche et il y avait beaucoup beaucoup de monde ici. Il y avait là aussi une très très grande statue d'un dieu africain ou noir, et quand il grognait, les gens mettaient de l'argent dans des grandes corbeilles qui circulaient. Autour de cette statue, il y avait des cendres, avec des têtes d'enfants sur des piques dans ces cendres."*

L'Ancien Testament ne décrit-il pas à plusieurs reprises des sacrifices d'enfants ? Des rituels consistant à sacrifier au feu des enfants en l'honneur du démon Moloch (voir la fin de ce chapitre). Ces pratiques de cultes sacrificiels ne semblent pas avoir pris fin avec le monde moderne… Sous différentes formes, les *Mystères* sont comme de sombres funérailles, célébrant une mort mystique et une résurrection sous la forme d'un personnage héroïque ou divin. Dans son livre intitulé *"Antichrist Osiris"*, Chris Relitz explique que cette initiation rituelle des Mystères pouvait prendre différentes formes consistant à rejouer la vie d'une déité, sa mort et sa résurrection. Une connaissance secrète était encodée dans ces cérémonies d'initiations et pouvait ainsi traverser les siècles. Tout d'abord le candidat à l'initiation doit mourir symboliquement en rejouant l'histoire d'un dieu. Ensuite vient la recherche et la découverte de son corps, puis finalement la *"résurrection"* où l'initié reçoit un secret qu'il doit garder. Un secret qui semble au premier abord insignifiant, en revanche, le prêtre est parfaitement conscient que cette information est d'une extrême importance. Ce qui vient d'être confié à l'initié est en fait *"le secret de tous les secrets"*, c'est une information encodée et voilée dans du symbolisme que l'initié ne pourra généralement pas directement comprendre. Tout ce qu'ils peuvent faire, c'est de continuer à transmettre aveuglement et éternellement cette symbolique occulte aux autres candidats à l'initiation.[86]

En 1928, le fondateur de la Revue Internationale des Sociétés Secrètes (R.I.S.S.), Mgr Jouin, déclarait dans le premier numéro du "supplément occultiste"

---

[86] "Antichrist Osiris: The History of the Luciferian Conspiracy" - Chris Relitz, 2012.

de l'R.I.S.S. : "Oui, le grand secret de l'occultisme est là : c'est à dire, non dans la découverte sensationnelle d'un aveu ou d'une accusation encore inédite, mais dans l'évidente et sereine conclusion d'une sorte de grammaire comparée du symbolisme de toutes les sectes. Car les adeptes, condamnés à cacher leur "vérité" sous des voiles impénétrables, se sont interdits sans doute en tout temps les formules catégoriques, tans ce qu'ils enseignent répugnerait sans fard à l'esprit et au cœur des hommes (…) Mais il est facile de constater au moins qu'une interprétation fixe de ces symboles a toujours eu cours au sein de l'humanité, qu'une cabale traditionnelle, longtemps orale, puis écrite, s'est développée de tout temps côte à côte avec le canon des Écritures et se retrouve enfin dans un certain nombre d'ouvrages, à première vue incompréhensibles ou contradictoires, mais dont la clef du symbolisme permet de reconstituer le sens véritable."

Christian Lagrave, l'auteur du livre intitulé "Les Dangers de la Gnose Contemporaine", a déclaré lors d'une conférence : "Comment ces erreurs gnostiques ont-elles pu se transmettre et persister depuis l'antiquité ? Plusieurs modes de transmission sont possibles et peuvent d'ailleurs se combiner les uns aux autres. Il y a tout d'abord la persistance clandestine de ces doctrines dans des sectes religieuses ou dans des sociétés secrètes, avec une transmission "ésotérique" (réservée à un petit nombre d'initiés) réalisée de manière occulte, c'est à dire que l'on ne dévoile jamais entièrement et explicitement ces doctrines perverses mais on les cache sous des symboles et des mythes en amenant progressivement l'initié à les découvrir par lui-même. Cette tactique d'initiation progressive était déjà en usage dans les sectes manichéennes antiques et médiévales. Elle se pratique toujours dans les sectes occultistes modernes, en particulier dans la Franc-maçonnerie. Le but de cette tactique, c'est d'amener peu à peu les nouveaux initiés à des doctrines qui les feraient fuir si on les leur dévoilait entièrement d'emblée."

Toutes ces sectes, appelée écoles des Mystères ou religions des Mystères, étaient donc destinées à transmettre une certaine connaissance ésotérique et occulte. Seuls des aristocrates pouvaient rejoindre de tels groupes pour recevoir l'initiation aux *"fameux"* Mystères. Ces initiés étaient formés avec une combinaison méthodique d'enseignements et d'endoctrinements. Les privations de sommeil, la torture ritualisée, les drogues et parfois la démonologie étaient utilisées pour programmer l'esprit des "étudiants". Ces aristocrates initiés aux Mystères et liés par des rituels à certaines entités démoniaques (pouvant leur apporter une aide au niveau matériel), se sentaient donc supérieurs au reste de la population. C'est ainsi qu'est né, petit à petit, une sorte de caste aristocratique qui a développé un sentiment de supériorité spirituelle se traduisant par *"l'illumination"*. C'est à dire l'accès à une connaissance cachée à la majorité des humains profanes. Un certain nombre d'auteurs ont clairement décelé la forte ressemblance entre ces anciens cultes des Mystères et les organisations fraternelles modernes, des sociétés secrètes qui sont apparues plus tard en Europe. Jean-Marie R. Lance, membre de l'A.M.O.R.C (Rose-Croix), a affirmé dans un documentaire télévisé canadien : *"L'histoire de l'Ordre, dans son aspect traditionnel, remonte à l'Égypte ancienne et on peut même reculer jusqu'à 1500 ans avant Jésus-Christ avec par exemple Akhénaton qui était associé à ces écoles des Mystères, à ces "Maisons de Vie" qui étaient des lieux qui permettaient à des hommes et des femmes d'étudier ensemble les mystères de la vie."*[87]

Certains auteurs prétendent que la Franc-maçonnerie s'est construite d'une part sur la tradition des bâtisseurs de cathédrales et d'autre part sur le modèle de ces écoles antiques des Mystères avec la pratique de rituels initiatiques malsains et traumatiques. Lors de ces rituels traumatiques, la terreur que subit le candidat est le point central du processus initiatique, sa vulnérabilité lors de cette expérience marque le pouvoir du groupe sur l'individu : *"Nous aurions pu vous tuer, mais nous ne l'avons pas fait".* Après avoir traversé ce processus, l'initié sera aidé et protégé par le groupe/secte à condition qu'il respecte les exigences strictes du secret. Ce principe d'initiation par les traumatismes est le point commun de toutes les structures fraternelles lucifériennes ou satanistes, pour lesquelles l'initiation durant la petite enfance est le meilleur moyen d'obtenir un adulte loyal, fidèle, qui respectera parfaitement la loi du silence tout en perpétuant l'obscure tradition. Les rituels comprenant des actes pervers et immoraux, notamment l'ignoble pédocriminalité, permettent également d'établir un chantage au silence sur les personnes qui y ont pris part. Cela permet de créer des liens *"fraternels"*, d'autant plus forts lorsqu'un sacrifice humain, un crime rituel, a été commis en groupe et que des caméras filmaient la scène pour l'immortaliser. Les adeptes qui plongent dans cette violence addictive se sentent connectés entre eux par un secret qu'il est strictement impossible de révéler à l'extérieur, c'est un ciment malsain qui soude les membres entres eux et qui leur donne un sentiment de supériorité sur la masse humaine.

Un exemple relativement connu d'une société secrète qui pratiquait des rituels sataniques est celui des *Frères de St Francis de Wycombe*, plus connue sous le nom de *"The Hell Fire Club"* (Club des flammes de l'enfer). Ce groupe avait été fondé en mai 1746 par Francis Dashwood à la *George and Vulture public House* de Londres. Francis Dashwood, un ami proche du roi Georges III, qui deviendra par la suite ministre des finances de Grande-Bretagne. Ce *"club"* était situé dans les souterrains d'un bâtiment de type église, avec une série de tunnels, de salles et de cavernes qui servaient aux membres (les "frères") pour leurs activités occultes qui consistaient à forniquer avec des prostituées, à faire des dévotions à Bacchus et à Vénus et à offrir des sacrifices à Satan. Sans en être un membre direct, Benjamin Franklin assistait occasionnellement aux rencontres du *Hell Fire Club*. Franklin était lui-même franc-maçon, Grand-Maître de la loge St John de Philadelphie et Grand-Maître de la loge des neuf sœurs à Paris. Il était également Grand-Maître Rosicrucien.

En février 1998, un ouvrier qui travaillait sur un chantier a découvert les ossements de six enfants et quatre adultes. Il s'agissait du chantier de restauration d'une maison londonienne située au 36 Craven Street, qui n'était autre que celle de Benjamin Franklin, le Père de la Constitution américaine. Les cadavres ont été datés de l'époque où Franklin occupait les lieux, c'est à dire de 1757 à 1762 et de 1764 à 1775. Cette découverte d'ossements a même été annoncée dans la presse britannique, notamment par *The Sunday Times*. Evangeline Hunter-Jones, député et présidente des *"Amis de la maison de Benjamin Franklin"*, a rapporté que *"les os brûlés*

---

[87] "Le signe secret : Ordre de la Rose-Croix" - Historia, 03/2012.

étaient enterrés profondément, probablement pour les cacher et il y a tout lieu de penser qu'il y en a encore." Pour disculper Benjamin Franklin, il a été rapidement mis en avant que durant ses absences, son ami le Dr. Hewson aurait pu utiliser la maison pour effectuer des dissections de cadavres humains pour ses étudiants.[88]

Albert Mackey est un célèbre franc-maçon (celui qui a coopté Albert Pike) qui a étudié les racines philosophiques de la franc-maçonnerie remontant aux temps bibliques. Mackey en a déduit que la forme *"pure"* qui était pratiquée par les israélites (Noachites) impliquait une croyance dans un Dieu unique et dans l'immortalité de l'âme. Il affirme que sa forme *"parasitée"* était cet ensemble de rites initiatiques pratiqués par les païens, et en particulier les pratiques Dionysiaques des Tyriens. Des pratiques païennes qui impliquaient selon lui *"de sévères et difficiles épreuves... une initiation longue et douloureuse... avec une série de grades initiatiques"*. Selon Mackey, ces deux formes de maçonneries ont fusionné au cours de la construction du Temple de Salomon pour produire un prototype de l'institution (maçonnique) moderne. Mackey identifie ainsi une forme corrompue de la franc-maçonnerie combinée à une forme pure remontant aux origines. Il affirme que cela confère à cette institution secrète un côté à la fois lumineux et à la fois obscur. Il définit ce côté obscur, cette forme de maçonnerie "parasitée", comme une sorte de maçonnerie noire aux pratiques initiatiques terrifiantes et traumatisantes, qui utilise la représentation symbolique de la descente mythique dans l'Hadès, la tombe ou l'enfer, pour ensuite revenir à la lumière du jour : la renaissance initiatique.[89]

Mackey nous révèle qu'il existerait donc dans la Maçonnerie deux faces dont l'une ignore l'existence de l'autre, ce qui peut être traduit par *"les gentils ne connaissent pas les méchants, mais les méchants connaissent les gentils"*.

L'auteur franc-maçon Manly P. Hall, honoré par le Journal du Rite Écossais comme *"le plus grand philosophe de la Franc-maçonnerie"* a clairement décrit les deux aspects bien distinct de l'organisation maçonnique : *"La Franc-Maçonnerie est une fraternité cachée dans une autre fraternité : une organisation visible cachant une fraternité invisible des élus... Il est nécessaire d'établir l'existence de ces deux ordres séparés et pourtant interdépendants, l'un visible, et l'autre invisible. L'organisation visible est une splendide camaraderie composée "d'hommes libres et égaux," qui se consacrent à des projets éthiques, éducationnels, fraternels, patriotiques et humanitaires. L'organisation invisible est une fraternité secrète, des plus augustes, majestueuse de dignité et de grandeur, dont les membres sont consacrés au service d'un mystérieux "arcanum arcandrum", c'est-à-dire d'un mystère caché."*[90]

Pour compléter cette description de Hall, voici ce que déclare Albert Pike dans "Morals and Dogma" : "Comme toutes les Religions, tous les Mystères, l'Hermétisme et l'Alchimie, la Franc-Maçonnerie ne révèle ses secrets à personne, sinon aux Adeptes, aux Sages et aux Élus. Elle a recours à de fausses explications pour interpréter ses symboles, pour induire en erreur ceux qui méritent d'être induits en erreur, pour leur cacher la Vérité, qu'elle appelle la lumière, et ainsi les

---

[88] "Le sataniste et franc-maçon Benjamin Franklin" - Laurent Glauzy, 2014.
[89] "The Symbolism of Freemasonry: Illustrating and Explaining its Science and Philosophy, its Legends, Myths and Symbols" - Mackey, Albert G, 1955.
[90] "Conférences sur la Philosophie antique", Manly P. Hall, p.433.

en écarter (…) La Franc-Maçonnerie cache jalousement ses secrets, et induit intentionnellement en erreur ses interprètes prétentieux."[91]

Dans son livre *"L'Extériorisation de la Hiérarchie"*, la célèbre occultiste du *New-Âge* Alice Bailey, écrit à propos de cette frange totalement occulte de la Franc-maçonnerie : *"Le Mouvement Maçonnique est le gardien de la loi. Il est la Maison des Mystères, et le siège de l'initiation. Il détient dans son symbolisme le rituel de la Divinité, et préserve dans son œuvre picturale la voie du salut. Les méthodes de la Divinité sont démontrées dans ses Temples. Le monde peut avancer sous le regard de cet Œil auquel rien n'échappe. La Franc-Maçonnerie est une organisation bien plus occulte qu'on peut l'imaginer. Elle est destinée à être l'école de formation des futurs occultistes les plus évolués (…) Ces Mystères, lorsqu'ils seront restaurés, unifieront toutes les croyances."*[92]

Alice Bailey nous parle ici de Lucifer (*cet Œil auquel rien n'échappe*) et de la construction d'un nouvel ordre mondial (*les Mystères qui unifieront toutes les croyances*).

Il existe un certain nombre de sources maçonniques concernant la connexion entre les religions à Mystères et la franc-maçonnerie contemporaine. Certains frères l'ont reconnu ouvertement dans plusieurs publications. Le livre maçonnique intitulé *"The Master Mason"* décrit clairement le lien qu'il y a entre les cultes à Mystères de l'antiquité et la maçonnerie moderne : *"L'idée qui se cache derrière la légende d'Hiram est aussi vieille que la pensée religieuse chez les hommes. Les mêmes éléments existaient dans l'histoire d'Osiris, célébrées par les égyptiens dans leurs temples, tout comme les anciens Perses s'y référaient avec leur dieu Mithras. En Syrie, les Mystères Dionysiaques contiennent des éléments très similaires avec l'histoire de Dionysius et de Bacchus, un dieu qui est mort et ressuscité. Il y a aussi l'histoire de Tammuz, aussi vieille que toutes les autres. Tout cela se réfère aux anciens Mystères. Ils sont célébrés par les sociétés secrètes, tout comme la nôtre, avec des cérémonies allégoriques durant lesquelles les initiés progressent dans ces anciennes sociétés en passant d'un degré à l'autre. Lisez ces anciennes histoires et émerveillez-vous sur le nombre d'hommes qui ont tous reçus la même grande vérité, d'une même manière."*[93]

Le livre *"The Master Mason"* invite donc les lecteurs francs-maçons à lire les récits sur les anciennes religions à Mystères pour voir comment elles enseignent la même *"grande vérité"* que la Franc-maçonnerie. Dans l'ouvrage *"A Bridge to Light"* (un pont vers la lumière), le franc-maçon 32ème degré Rex R. Hutchens parle également des *"grandes vérités"* liées aux Mystères. Voici comment il décrit le 23ème degré dans le rite écossais : *"Ici nous commençons l'initiation symbolique dans les Mystères pratiqués par les anciens et par lesquels la Maçonnerie a reçu les grandes vérités."*[94]

Dans son livre intitulé "Symbolism of Freemasonry or Mystic Masonry", le maçon 32ème degré J.D. Buck écrit que la "Franc-maçonnerie est modelée sur le modèle des Anciens Mystères, avec leurs symboles et leurs allégories, cela est bien plus qu'une coïncidence en raison des fortes similitudes."[95]

Henry C.Clausen, franc-maçon 33ème degré, a écrit dans son livre "Your Amazing Mystic Powers" : "La Franc-maçonnerie est à l'aube d'un nouveau jour. De par l'insuffisance de la théologie moderne, l'impossibilité du matérialisme et la

[91] *"Morale et Dogmes"*, Tome 1, Albert Pike, p.104.
[92] "L'Extériorisation de la Hiérarchie" - Alice Bailey, 1974, p.511-573.
[93] *"The Master Mason"*, p.9-10 - Grand Lodge F. & A. M. of Indiana, Committee on Masonic Education.
[94] *"A Bridge To Light"* - Rex R. Hutchens, 1988, p.194.
[95] "Symbolism of Freemasonry or Mystic Masonry" - J.D. Bruck, 1925.

stérilité de la philosophie académique, les hommes se tournent vers les vérités éternelles perpétuées dans les arcanes des anciens Mystères."[96]

Le franc-maçon S.R. Parchment a déclaré dans son livre "Ancient Operative Masonry" : "Les hiérophantes de la science universelle et de la sublime philosophie enseignent les Grands Mystères de l'Égypte, de l'Inde, de la Perse et d'autres nations de l'antiquité. Ils révèlent les secrets concernant les forces subtiles de la nature aux candidats qui en sont dignes et qualifiés. Ces fidèles sont également instruits dans la doctrine de la Fraternité universelle, puis finalement initiés dans la conscience du "Je suis ce que Je suis". Ces idéaux sont les repères, les symboles et les traditions de l'Ancienne Franc-Maçonnerie Opérative, rien de plus."[97]

En 1896, dans "History of Freemasonry", Albert Mackey a écrit à propos des religions à Mystères : "Il est connu que dans les Mystères tout comme dans la Franc-maçonnerie, il y a des obligations solennelles de secrets avec des pénalités en cas de violation du serment (...) J'ai retracé les analogies entre les anciens Mystères et la Franc-maçonnerie moderne : 1/ La Préparation, qui est nommée la 'Lustration' dans les Mystères, c'est la première étape des Mystères et c'est aussi le travail à accomplir dans le degré d'Apprenti Maçon (qui devra "polir" ou dégrossir sa pierre). 2/ L'Initiation (...) 3/ La Perfection (...) La Franc-maçonnerie est la continuité ininterrompue des anciens Mystères, la succession de ce qui était transmis à travers les initiations de Mithras."

En effet, les analogies entre le culte à Mystères de Mithras et la Franc-maçonnerie contemporaine sont nombreuses et incontestables. Dans son livre *'Fils de la veuve'*, Jean-Claude Lozac'hmeur cite plusieurs de ces similitudes. Tout d'abord la salle des mystères de Mithras était souterraine et elle comportait une crypte dont le plafond pouvait être décoré d'étoiles symbolisant l'univers, tout comme le plafond des temples maçonniques. Les deux cultes ont une même disposition des lieux : de chaque côté de la salle, dans le sens de la longueur, étaient disposés des bancs entre lesquels se dressaient quatre petits piliers pour le temple mithraïque et trois piliers dans le temple maçonnique. Aux deux colonnes Jakin et Boaz des loges modernes correspondent les deux colonnes encadrant les bas-reliefs de Mithras. Enfin et surtout, les deux cultes comportent une initiation qui est précédée d'épreuves et ils comportent également plusieurs degrés d'initiation. Le rituel initiatique du premier degré maçonnique est quasiment identique aux représentations de l'initiation au mithraïsme. Dans les deux cas, le candidat a les yeux voilés d'un bandeau que tient derrière lui un personnage et dans les deux cas le maître de la cérémonie lui présente une épée. Dans l'initiation de Mithras, le candidat est nu et il se tient assis les mains liées derrière le dos, tandis que dans l'initiation maçonnique, le candidat a un bras et une jambe nus et il se tient debout, les mains libres. Il est plus que probable que nous avons affaire ici au même culte ayant traversé les siècles. Comme nous l'avons vu plus haut, le culte à Mystère de Mithras pratiquait de véritables sacrifices de sang pour baptiser l'initié dans une forme de résurrection et de purification par le sang du Taureau.

---

[96] *"Your Amazing Mystic Powers"* - Henry C.Clausen, 1985, p.xvii.
[97] "Ancient Operative Masonry and The Mysteries of Antiquity" - S.R. Parchment, 1996, p.11.

Albert Pike lui-même a admis que la Franc-maçonnerie était un vestige de la religion antédiluvienne, c'est à dire la religion des Mystères, la religion Babylonienne : *"La légende des colonnes de granit, de laiton ou de bronze qui ont survécu au déluge, est supposée symboliser les Mystères, dont la Maçonnerie est la succession légitime."*[98]

Albert Mackey précise dans "The History of Freemasonry" que "l'histoire traditionnelle de la Franc-maçonnerie débute avant le déluge. Il existait un système d'instruction religieuse qui de par sa ressemblance avec la Franc-maçonnerie au niveau légendaire et symbolique, a été nommé par certains auteurs la "Maçonnerie Antédiluvienne."[99]

Dans son livre "La Symbolique Maçonnique", Jules Boucher, également franc-maçon, affirme que "la Maçonnerie actuelle est non pas une survivante des mystères de l'Antiquité, mais une continuation des dits Mystères."[100]

Face à toutes ces citations, il est donc légitime de se poser cette question : la maçonnerie moderne transmet-elle des initiations et des connaissances similaires à celles qui étaient enseignées avant le déluge, puis du temps de Nimrod et de Babylone ? Cette connaissance maçonnique secrète a-t-elle conservé une doctrine purement luciférienne, c'est à dire basée sur le paganisme et le satanisme, incluant entre autre des pratiques sexuelles dépravées et des sacrifices de sang (magie sexuelle et démonologie) ? Sacrifient-ils toujours le *Taureau* de Mithras ? Pratiquent-ils encore le baptême de sang ? S'agit-il de cette maçonnerie *"parasitée"*, la maçonnerie noire aux rituels initiatiques traumatiques dont parle Albert Mackey ? Les traumatismes entraînant des états modifiés de conscience, les sacrifices de sang et la magie sexuelle pédocriminelle sont-ils des clés initiatiques que certaines sociétés secrètes modernes utiliseraient pour établir des connexions avec certaines entités et acquérir ainsi de la puissance et du pouvoir ?

Cette revendication d'une descendance des plus honteux mystères de l'antiquité par de nombreux écrivains francs-maçons prouve que la Franc-maçonnerie tend par ses doctrines et ses pratiques à la restauration du paganisme antique dans sa plus grande perversion. Les sociétés secrètes modernes de type maçonnique seraient-elles la descendance directe des anciennes religions à Mystères et des cultes de la fertilité ? Des cultes qui adoraient des dieux comme Baal, Moloch ou Dionysos (Bacchus) et dont les rites comprenaient des sacrifices. La sexualité de groupe était également un élément essentiel de ces sectes païennes, le culte phallique solaire étant aujourd'hui représenté par les obélisques qui se dressent en l'honneur du "secret royal maçonnique" sur nos grandes places publiques...

L'auteur de *"Who Was Hiram Abiff"*, J.S.M. Ward rapporte que des rituels de sacrifices humains étaient pratiqués dans les cultes à Mystères de *Astarte*, *Tammuz* et *Adonis*, il écrit : *"Nous avons une abondance de preuves qu'à une certaine époque, des victimes humaines étaient régulièrement sacrifiées pour Astarte (...) La méthode la plus habituelle semblait être par le feu, la victime était tuée avant d'être placée sur un bûcher funéraire. C'est cette forme particulière de sacrifice qui était associée à Melcarth ou à Moloch. Melcarth était Baal, le dieu de la fertilité* (voir à la fin de ce chapitre "Les rituels de

---

[98] "Morals and Dogma, Level 8" - Albert Pike.
[99] "The History of Freemasonry: Its Legendary Origins, Pt.1 Prehistoric Masonry" - Albert Gallatin Mackey, 2008, p.61.
[100] *"La Symbolique Maçonnique"* - Jules Boucher, 1985, p.253.

sacrifices dans l'Ancien Testament") (...) *Ces débuts archaïques ont évolué avec les grands rites à Mystères et la franc-maçonnerie elle-même, dans lesquels les hommes reçoivent la doctrine de la résurrection de l'âme et de la vie au-delà de la tombe. Tous ces rituels primitifs sont associés avec le culte de la fertilité.'*[101]

Dans son livre *"The Golden Bough"*, Sir James Frazer écrit que les cultes de la fertilité représentent une religion primitive universelle dans laquelle étaient régulièrement pratiqués des sacrifices humains. En 1921, Margaret Murray a popularisé la connaissance de telles religions secrètes suite à la publication de son livre *"The Witch Cult in Western Europe"*. Murray affirme que les *"chasseurs de sorcières"* du XVIᵉᵐᵉ et du XVIIᵉᵐᵉ siècles avaient découvert et exposé un véritable culte de la déesse lié à *"l'Ancienne Religion"*: c'est à dire des cultes organisés hiérarchiquement et se réunissant en assemblées selon un certain calendrier. Ces cérémonies sont connues sous le nom de *Sabbats*. Les rituels orgiaques du *Sabbat*, pouvant inclure des sacrifices de sang, sont des cultes liés à la fertilité.[102]

Pour l'historien indien Narendra nath Bhattacharyya, il existerait une sorte de substrat matriarcal archaïque sur lequel prennent racine toutes les religions de l'Inde et du Moyen-Orient dont la plupart seraient reliées à une forme de magie sexuelle. Bhattacharyya suggère également que les anciens cultes à la déesse-mère de Isis, Astarte, etc, prennent racine dans un *"rite sexuel primitif basé sur l'association magique entre la fertilité de la nature et la fertilité humaine.'*[103]

Voici quelques extraits du livre *"Le monde grec antique"* illustrant les pratiques rituelles des religions antiques, notamment les cultes liés à la fertilité : *"Tout aussitôt, en ordre autour du vaste autel, ils rangent pour le dieu l'hécatombe splendide (un grand nombre d'animaux destinés à être sacrifiés) (...) bras levés, prie à haute voix : toi dont l'arc est d'argent, écoute mes paroles... C'est ainsi qu'il prie et Phoïbos Apollon écoute sa prière. On cesse de prier, les grains d'orges lancés, on lève vers le ciel la tête des victimes, on égorge, on écorche, on détache les cuisses, on les couvre de graisse en une double couche; on dispose au-dessus des morceaux de chair crue (...) Sacrifice de biens consommables, repas collectif avec ce qu'il en reste. Tout se déroule en plein air autour d'un simple autel (...) Le sacrifice de l'animal reste le rite le plus caractéristique. Il peut être de type ouranien comme ici, le sang de l'animal orienté vers le ciel, les abats mangés dans l'allégresse malgré la gravité des circonstances (les Grecs sont menacés de la peste). Le culte chthonien se pratique au-dessus d'une fosse où le sang coule directement dans la terre; les chairs sont entièrement brûlées en holocauste (...) On constate que les deux rituels peuvent être employés pour un même dieu, selon les circonstances. Les rites chthoniens s'adressent aux divinités infernales, accompagnent certains sacrifices expiatoires, souvent les serments, les sacrifices à la mer et aux fleuves, aux héros morts (...) Offrandes simples des cultes populaires, à caractère souvent magique, petites statuettes d'argile, prémices de récoltes, chevelure (...) La fille de Déméter, Koré-Perséphone, la jeune fille du grain, descend l'été, après le battage des céréales, rejoindre son infernal époux, Pluton - ou Ploutos, c'est à dire le riche, riche des silos creusés dans le sol ou des jarres à demi-enfouies et que remplit la récolte nouvelle. En octobre elle revient auprès de sa mère pour assister aux semailles et à la reprise de la végétation. Ce retour est marqué par la fête des Thesmophories (...) elle est réservée aux femmes mariées, qui seules sont porteuses de fécondité. C'est alors que l'on retire des fosses, où ils avaient*

---

[101] *"Who Was Hiram Abiff?"* - J.S.M.Ward, 1925, p.50-34-195.
[102] "The Oxford Handbook of New Religious Movements" - James R. Lewis, 2008.
[103] "Magia Sexualis: Sex, Magic and Liberation in Modern Western Esotericism" - Hugh B. Urban, 2006, p.22.

été jetés en sacrifice à Eubouleus, les porcs putréfiés dont les restes, mélangés à la semence céréalière, en assureront la fertilité (…) Ce n'est là qu'un exemple parmi les innombrables cérémonies destinées à assurer la fertilité du sol (…) Un certain nombre de sanctuaires tirent aussi leur réputation de leur fonction oraculaire. Il est admis que les signes sont multiples par lesquels les dieux s'adressent aux humains (…) le vol des oiseaux, les entrailles des victimes sacrifiées (…) Le plus célèbre est incontestablement l'oracle de Delphes qu'Apollon a hérité de la terre qui l'avait précédé en ces lieux. La consultation de la Pythie est le procédé favori. Après avoir accompli les formalités préliminaires (purifications, consécration du "pélanos", sacrifice d'une victime à Apollon, d'une autre à Athéna) et s'être assuré que le dieu consentait à écouter, le consultant est introduit dans le fond du temple, "l'adyton", où se trouve la Pythie, installée sur le trépied qui couvre la fosse oraculaire."[104]

Dans l'ouvrage intitulé "Dictionnary of Satanism", Wade Baskin écrit à propos des cultes de la fertilité : "Dans la mythologie classique, Dionysos est le dieu du vin et de la fertilité. Son culte s'est répandu en Thrace, les femmes étaient particulièrement liées à ces rites orgiaques. Les Ménades, dans leur frénésie extatique, abandonnaient leurs maisons, parcouraient les champs et les coteaux, dansaient en faisant tournoyer leurs torches enflammées. Dans leur passion, elles attrapaient et déchiquetaient des animaux, parfois même des enfants, et en dévoraient la chair, acquérant ainsi la communion avec la divinité (…) Certaines religions païennes donnaient des initiations par des rituels secrets, non divulgués au public. La connaissance secrète que recevait l'initié lui procurait des avantages dans sa vie présente et dans sa vie après la mort… Les Mystères Dionysiaques étaient présents à plusieurs endroits. Les cérémonies orgiaques, nécessitaient de boire le vin sacré, de manger la chair crue de l'animal sacrifié et de boire son sang. Le but ultime d'un tel culte était d'atteindre l'immortalité."

Walter Leslie Wilmshurst a affirmé dans son livre *"The Meaning of Masonry"* que la Franc-maçonnerie descend bien des anciens Mystères où atteindre l'immortalité, c'est à dire "devenir un dieu", est le point central. Cette quête de l'immortalité est une constante dans tous les cultes lucifériens, toutes les doctrines païennes : *"Cette notion qui concerne l'évolution de l'homme en un "super-homme", a toujours été le but des Anciens Mystères. Le véritable but de la maçonnerie moderne ne concerne pas les œuvres sociales ou charitables mises en avant, mais plutôt l'accélération de l'évolution spirituelle de ceux qui aspirent à perfectionner leur nature humaine pour se transformer en une sorte de dieu. Cette chose-là est une science bien précise, un art royal, que chacun d'entre nous peut mettre en pratique. Rejoindre cet Art pour tout autre but que celui d'étudier et pratiquer cette science revient à se méprendre sur son véritable sens… qui est la réalisation consciente de nos potentialités divines."*[105]

Dans son livre "The Lost Keys of Freemasonry", le luciférien Manly Palmer Hall affirme : "Quand un Maçon apprend que la signification du guerrier sur la planche représente en fait une dynamo dégageant une puissance vivante, il découvre alors le mystère de sa noble profession. Les énergies bouillonnantes de Lucifer sont dans ses mains. Avant qu'il puisse commencer à avancer et à s'élever, il doit prouver qu'il est capable d'utiliser correctement ces énergies (…) L'homme

---

[104] *"Le monde grec antique"* - Marie Claire Amourreti & Françoise Ruzé, 1978, chap.8.
[105] *"The Meaning of Masonry"* - Walter Leslie Wilmshurst, 1922, p.47.

est un dieu en fabrication, et tout comme dans les mythes mystiques d'Égypte avec la roue du potier, il doit être façonné."[106]

Wilmshurst écrit dans "The Masonic Initiation" : "Peu de Maçons connaissent ce qu'implique la véritable initiation… La vraie initiation consiste en une expansion de conscience passant de l'état humain à l'état divin… L'homme a cette chose en lui, lui permettant d'évoluer du stade animal mortel au stade d'immortalité, de super-humain, d'être divin… Ce processus d'évolution humaine peut-il être accéléré ? Pour transformer l'humain animal en un être divin illuminé ? À ces questions, les Anciens Mystères répondent que "Oui, l'évolution de l'humain peut être accélérée chez des individus initiés."[107]

Quelles sont donc ces pratiques occultes accélérant l'évolution spirituelle de l'être humain, le conduisant à devenir un être divin et même un dieu ? Ces Mystères restent réservés aux initiés des hautes loges et arrières loges, ou plutôt de l'*arcanum arcandrum*, la Fraternité Invisible décrite plus haut par Manly P. Hall. Cependant certains semblent avoir brisé le serment du silence, c'est le cas de Bill Schnoebelen qui décrit cet *"Art Royal"* maçonnique ou *"Secret Royal"* comme la clé de l'immortalité. Il s'agirait d'une ouverture vers d'autres univers alternatifs ou l'individu évolue en tant qu'un dieu… Wilmshurst parle d'une véritable accélération de l'évolution mais sans révéler aucun détail sur les pratiques qui permettent d'y accéder. D'après Schnoebelen, cet art royal emploierait la magie sexuelle opérative, la magie *Trans-Yuggothienne*, pour permettre l'accès à certaines dimensions. Certains auteurs affirment que l'utilisation de la magie sexuelle peut être un moyen d'accéder au subconscient beaucoup plus rapidement qu'avec n'importe quelle technique de méditation. Les états de transes dissociatives permettent également d'atteindre d'autres dimensions de l'être, provoquant une sorte *d'illumination*. Les abus rituels sataniques qui sont liés à la fois aux traumatismes et à la sexualité, combinent donc la dissociation (profond état altéré de conscience) et la magie sexuelle. Deux puissants catalyseurs pour accéder à d'autres dimensions et acquérir de la "puissance". La thérapeute Patricia Baird Clarke parle de "sacrifices vivants" servant littéralement de "batteries" : *"Un bébé sans défense ou un enfant sera choisi pour être le sacrifice vivant à Satan. L'enfant est alors soumis à de nombreux rituels douloureux et terrifiants lors desquels des démons sont appelés à posséder l'enfant, faisant ainsi de lui ou d'elle un "réservoir" ou une batterie servant à stocker des puissances sataniques qui peuvent être utilisées à volonté par les membres du culte (…) La façon la plus courante par laquelle ces pouvoirs sont accessibles est la perversion sexuelle sur l'enfant."[108]* Nous reviendrons sur la magie sexuelle plus loin dans ce chapitre…

Dans *"The Masonic Initiation"*, Wilmshurst décrit bien comment les états altérés de conscience, les profonds états dissociatifs, sont un point essentiel dans l'initiation maçonnique : *"Certains états dissociatifs arrivent naturellement même chez les personnes les plus équilibrées et en parfaite santé (…) une "extase" complète, un état où la conscience se sépare alors de l'Ego et du corps physique. Des apparitions et même des actions à distance sont des faits bien reconnus. De tels phénomènes sont explicables par l'existence d'un véhicule plus subtil que le corps physique grossier et la conscience peut se transférer*

---

[106] "The Lost Keys To Freemasonry" - Manly P. Hall, 1976, p.48.
[107] *"Masonic Initiation"* - Walter Leslie Wilmshurst, 1992, p.27.
[108] "Sanctification in Reverse : the essence of satanic ritual abuse" - Patricia Baird Clarke, Five Stone Publishing, 2013.

temporairement de l'un à l'autre. Ces deux corps sont capables de fonctionner conjointement dans une complète indépendance (…) Un Maître est quelqu'un qui a dépassé ces incapacités auxquelles sont soumis les hommes moyens sous-développés. Il a la pleine connaissance et le plein contrôle de toutes ses parties, que son corps physique soit éveillé ou en sommeil, il maintient un état de conscience continu. Il est capable de se couper et de se débrancher des affaires temporelles pour les remplacer par d'autres d'ordre supra-physique. Il peut fonctionner à distance de son corps physique, il peut dépasser les banalités pour accéder à de plus hauts plans de l'échelle cosmique… L'initiation se produit toujours lorsque le corps physique est en état de transe ou de sommeil et lorsque la conscience, temporairement libérée, est transférée à un niveau supérieur."[109]

Dans cet extrait, Wilmshurst décrit clairement un état dissociatif avec une décorporation, une "sortie astrale". Il décrit également dans son livre le "cordon d'argent" reliant le corps physique au corps astral lors de ces sorties (nous y reviendrons dans le chapitre 6). Pour déclencher ces profonds états altérés de conscience et les sorties astrales, les traumatismes font partie des techniques les plus radicales et les plus tristement efficaces. Jusqu'où peut aller un initié pour recevoir la *lumière*… ou bien pour la donner à quelqu'un d'autre ? Pour initier un enfant par exemple ? Apprendre à souffrir et apprendre à faire souffrir fait-il partie des ténébreuses initiations ? La dissociation provoquée par la souffrance peut-elle être un outil pour accéder à *"l'illumination"*, tant recherchée dans certains milieux ?

Une revue maçonnique de 1929 intitulée *"Freemasonry Universal (Vol.5)"*, décrit une partie du rite initiatique du grade d'Apprenti dans lequel il est question d'électrochocs. Cela semble ici plutôt bénins, mais il faut savoir que l'électrochoc est une des méthodes les plus efficaces pour créer une dissociation mentale et un état d'intemporalité. Les survivants d'abus rituels et de contrôle mental rapportent souvent l'emploi d'aiguillons électriques pour torturer les esclaves et les mettre dans des états dissociatifs. Voici la description du rituel maçonnique : *"Certaines forces sont envoyées à travers le corps du candidat au cour de la cérémonie, en particulier au moment où il a été nommé et reçu comme Apprenti franc-maçon. Certaines parties de la loge ont été lourdement chargées avec une force magnétique afin notamment que le candidat puisse absorber autant que possible cette force. La première chose de cette curieuse méthode d'initiation consiste à exposer à cette influence les différentes parties de son corps qui sont utilisées durant la cérémonie. Dans l'Ancienne Égypte, un faible courant électrique était envoyé dans le candidat au moyen d'une tige ou d'une épée avec laquelle il était touché à certains endroits. C'est en partie pour cette raison que lors de cette première initiation, le candidat est privé de tous métaux, car ceux-ci peuvent facilement interférer avec la circulation du courant électrique."*

Le *Très Vénérable Maître* (T.V.M.) doit être un occultiste hors pair, car c'est lui qui "charge" le candidat lors de l'initiation. Comme il est écrit dans *"Freemasonry Universal"* : *"Le T.V.M. donne la lumière, la pure lumière blanche de la vérité et de l'illumination."*… "Illumination", alias Kundalini, le Pouvoir du Serpent, alias force électromagnétique, alias énergie sexuelle, etc.[110]

Le livre de Lynn Brunet *"Terror, Trauma and The Eye In The Triangle"*, déjà cité plus haut, est une enquête sur l'influence des pratiques initiatiques maçonniques dans la production d'art contemporain. Brunet soutient que les rites et les concepts de la tradition maçonnique contiennent symboliquement le

---

[109] *"Masonic Initiation"* - Walter Leslie Wilmshurst, 1992, p.84-86.
[110] *"Occult Theocrasy"* - Edith Queenborough, 1933.

processus et l'impact du traumatisme sur le fonctionnement du psychisme humain. En voici un extrait : *"Cette capacité humaine d'échapper à la terreur et à la douleur émotionnelle ou physique intense par le déni et la dissociation peut avoir été exploitée par la Franc-maçonnerie dans le but d'atteindre des expériences mystiques. En interférant dans le processus cérébral par un trauma physique ou psychique (choc, terreur, hypnose), l'esprit peut subir un dérèglement de la notion du temps et éprouver un sentiment d'intemporalité. Comme le fait remarquer William James dans "Exploring the World of the Celts", de telles expériences peuvent produire un sentiment de courage absolu, d'invincibilité et d'immortalité. Le sentiment d'invincibilité que cela produit est clairement utilisé dans les cultures guerrières. Prudence Jones et Nigel Pennick dans leur livre "A History of Pagan Europe" affirment que la franc-maçonnerie est connectée avec les anciennes pratiques du druidisme, la culture guerrière, les sacrifices et la magie."*[111]

Voici maintenant une illustration de ces notions d'intemporalité, d'invincibilité et d'immortalité causées par des états dissociatifs. Ce que certains ont appelé le *"Sublime"* ou *"l'illumination"*… Dans la tradition scandinave, le *Berserk* est un guerrier qui combat dans un état de transe provoqué par son esprit animal (un ours, un loup ou un sanglier). Cet esprit animal le rend surpuissant, il rentre dans un état d'invincibilité et devient capable d'exploits invraisemblables. En anglais le terme *"to go berserk"* signifie en langage familier "devenir fou furieux" ou "perdre le contrôle de soi". Ces guerriers d'Odin étaient réunis en confréries où chaque aspirant devait passer une initiation comme de tuer rituellement l'ours puis boire son sang afin que le pouvoir de la bête s'infuse en lui. Le guerrier devenait alors un *Berserker* et obtenait en plus de sa fureur, un don de métamorphose lui permettant de modifier la perception que les autres ont de lui en apparaissant sous une forme animale. Lors de leurs crises de fureur, les *Bersekers* laissaient s'effacer leur esprit humain pour laisser l'esprit animal prendre le contrôle. Tous les jeunes guerriers devaient passer par un rituel important auprès du sorcier de leur confrérie : le Rituel de l'Éveil. Ce rituel était à l'origine même de leur *colère sacrée*… soit ils survivaient, soit ils mouraient. L'*Ynglinga Saga* décrit ainsi ces guerriers : *"Ses hommes à lui (ceux d'Odin) allaient de l'avant sans armure, enragés comme des chiens ou des loups, mordant leur bouclier, forts comme des ours ou des taureaux, et tuant les gens en un coup, mais eux, ni fer ni feu ne les navraient. Ils étaient appelés berserkers."* (Wikipédia)

Nous avons ici un bon exemple illustrant ce qu'est un profond état de conscience altérée, un état de transe dissociative dans laquelle le guerrier atteint ce *courage absolu* provoquant un sentiment d'invincibilité physique et d'immortalité. Le fait de laisser s'effacer l'esprit humain pour laisser l'esprit animal prendre le contrôle peut signifier qu'il s'agit d'un fractionnement de la personnalité du guerrier, un profond trouble dissociatif qui entraîne la création d'un alter animal, ici un ours ou un loup. C'est ce que l'on nomme aujourd'hui un Trouble Dissociatif de l'Identité dont l'une des personnalités alter croit véritablement qu'elle est un animal (voir le chapitre 5). L'aspect confrérie impliquant des rituels initiatiques avec un prêtre-sorcier renforce la possibilité d'une certaine programmation basée sur les traumatismes si l'on en croit le *Rituel de l'Éveil* dont le candidat pouvait ne pas ressortir vivant !… s'il en sortait vivant, c'était avec une *colère sacrée*, c'est à dire une personnalité fractionnée par les traumatismes. Le

---

[111] "Terror, Trauma and The Eye In The Triangle: the masonic presence in contemporary art and culture" - Lynn Brunet, 2007, p.75.

guerrier se retrouvait avec une personnalité alter "enragée" par les traumas vécus durant le rituel. Le processus dissociatif est une clé d'initiation que l'on retrouve dans divers types de cultures. Il est probable que la dissociation et le fractionnement de la personnalité soit encore de nos jours un point clé dans les protocoles initiatiques des sociétés secrètes modernes.

Dans son ouvrage intitulé *"Métamorphoses"*, l'écrivain Apulée semble décrire sa propre initiation aux Mystères d'Isis et d'Osiris auxquels il aurait été initié lors de son séjour en Grèce : *"Le grand prêtre écarte ensuite les profanes, me fait revêtir d'une robe en lin écru, et, me prenant par la main, m'emmène dans le plus profond du sanctuaire. Sans doute, ami lecteur, votre curiosité va s'enquérir de ce qui se dit, de ce qui se fit ensuite. Je le dirais, s'il m'était permis de le dire; vous l'apprendriez s'il était permis de l'apprendre. Mais il serait crime au même degré pour les oreilles confidentes et pour la bouche révélatrice. Si cependant c'est un sentiment religieux qui vous anime, je me ferais scrupule de vous tourmenter. Écoutez et croyez, car ce que je dis est vrai. J'ai touché aux portes du trépas ; mon pied s'est posé sur le seuil de Proserpine. Au retour j'ai traversé les éléments. Dans la profondeur de la nuit, j'ai vu rayonner le soleil. Dieux de l'enfer, dieux de l'Empyrée, tous ont été vus par moi face à face, et adorés de près. Voilà ce que j'ai à vous dire, et vous n'en serez pas plus éclairés."*[112]

Nous retrouvons donc ici trois composantes essentielles des sociétés secrètes de type maçonnique : la mort et la résurrection, l'épreuve par les éléments et enfin l'illumination. Il est possible qu'il s'agisse ici d'un rituel traumatique entraînant le candidat à l'initiation dans une expérience aux frontières de la mort (*j'ai touché aux portes du trépas*) avec un profond état de dissociation *illuminant* sa conscience (*j'ai vu rayonner le soleil*) tout comme les amérindiens entrent dans une transe dissociative lors de la "Danse du Soleil". Une "danse" qui n'est ni plus ni moins qu'un rituel traumatique visant à faire accéder l'initié à des états de conscience altérés (nous reviendrons plus bas sur cette "Danse du Soleil" amérindienne).

L'Égypte ancienne semble être le point de rencontre entre le côté obscur des sociétés secrètes modernes et le satanisme, les racines du culte phallique. Le travail de David L. Carrico intitulé *"The Egyptian-Masonic-Satanic Connection"* nous donne quelques éclairages sur cette question.

Le sataniste américain Michael Aquino, qui a été à plusieurs reprises accusé d'abus rituels et de contrôle mental sur des enfants (sans aucune condamnation), a fondé en 1975 le *Temple de Set*, un célèbre ordre occulte satanique des États-Unis. *Set* est le nom Égyptien de Satan, Albert Churchward écrit à ce propos : *"Ce Sut ou Set était à l'origine un dieu des Égyptiens, mais il était aussi le dieu du Pôle Sud, ou de l'hémisphère Sud, cela est largement prouvé et confirmé par les monuments aussi bien que par le Rituel. Set ou Sut, selon Plutarque, est le nom Égyptien de Typhon, le Satan du culte Chrétien."*[113]

Dans son livre *"Antichrist Osiris"*, Chris Relitz écrit que d'après Plutarque, historien grec de la Rome antique, c'est la veuve d'Osiris qui fonda la religion des Mystères. Alors que les religions à Mystères se sont répandues à travers le monde à partir de l'ancienne Babylone, elles se sont manifestées en divers endroits en changeant uniquement le nom des dieux et en faisant quelques variations dans les

---

[112] *"La Symbolique Maçonnique"* - Jules Boucher, 1985, p.253-254.
[113] *"The Arcana of Freemasonry : A History of Masonic Symbolism"* - Albert Churchward, 2008, p.55.

rituels. C'est en Égypte que les Mystères semblent s'être développés au plus haut niveau. Le franc-maçon 33ème degré Manly Palmer Hall a écrit dans son livre *"Freemasonry of the Ancient Egyptians"* : *"Il est aujourd'hui généralement reconnu que de tous les peuples anciens, ce sont les Égyptiens qui étaient les mieux formés en ce qui concerne les sciences occultes de la Nature. Les philosophes les plus sages des autres nations visitent l'Égypte afin d'être initiés aux Mystères sacrés par les prêtres de Thèbes, de Memphis et d'Hermopolis."*[114]

Il est indéniable que le culte des Mystères Égyptiens a une profonde connexion avec la Franc-maçonnerie moderne. Dans son livre *"Freemasonry its Hidden Meaning"*, George H. Steinmetz écrit : *"Indépendamment de l'origine de la loge moderne, ou du nom "franc-maçon", nous pouvons, après avoir retiré le symbolisme des adaptations modernes, discerner dans la Franc-maçonnerie le contour des enseignements des anciens Mystères d'Égypte."*[115]

Manly P. Hall a écrit dans "The Lost Keys of Freemasonry" : "Les premiers historiens francs-maçons comme Albert Mackey, Robert Freke Gould et Albert Pike avaient un but commun qui était d'établir une correspondance définitive entre la légende d'Hiram de la Franc-maçonnerie et le mythe d'Osiris exposé dans les rituels initiatiques des Égyptiens."[116]

Dans son livre intitulé *"Les Origines Égyptiennes des Usages et Symboles Maçonniques"*, l'historien franc-maçon Jean Mallinger affirme sans aucun doute que le candidat au grade de maître représente symboliquement Horus : *"Notre Frère Goblet d'Alviella nous a démontré en son étude sur les Origines du Grade Maître que l'Initié était en réalité symbolisé par le jeune Horus, fils de la Veuve, sa divine mère Isis, dont l'époux Osiris avait été assassiné par Seth (ou Typhon)."*[117]

Cela est confirmé dans le très officiel "Catéchisme interprétatif du grade de Maître" : À la question "Quelle est la veuve dont les maçons se disent les fils ?" le postulant au grade doit répondre : "C'est Isis, personnification de la Nature, la Mère Universelle, Veuve d'Osiris, le dieu invisible qui éclaire les intelligences."

Il s'agit donc là d'un culte à la "Déesse Mère", en opposition à Dieu le Père (qui comme nous l'avons vu plus haut est considéré par cette doctrine luciférienne comme le "dieu mauvais"). La Déesse Mère est liée à la fertilité, une croyance que l'on retrouve systématiquement dans les religions à Mystères qui pratiquaient la sexualité rituelle en groupe accompagnée de sacrifices de sang dans le cadre d'un culte de la fertilité. Selon Sir James George Frazer, les rites Égyptiens comprenaient des sacrifices humains. Dans son livre *"The Golden Bough"*, Frazer écrit : *"En ce qui concerne les anciens Égyptiens, nous pouvons dire d'après Manetho (historien et prêtre égyptien) qu'ils avaient l'habitude de sacrifier et brûler des hommes roux pour ensuite disperser leurs cendres (…) ces sacrifices barbares étaient offerts par les rois sur la tombe d'Osiris. Nous pouvons supposer que les victimes représentaient Osiris lui-même, qui était tué, démembré et incinéré chaque année à travers ces victimes pour accélérer la pousse des graines dans la terre (…) La couleur rousse des pauvres victimes est significative. En Égypte, les boeufs qui*

---

[114] "Freemasonry of the Ancient Egyptians" - Manly P. Hall, 1965, p.7.
[115] *"Freemasonry its Hidden Meaning"* - Georges H. Steinmetz, 1976, p.46.
[116] *"The Lost Keys of Freemasonry"* - Manly P. Hall, Macoy Publishing & Masonic Supply Co, p.101.
[117] "Les Origines Égyptiennes des Usages et Symboles Maçonniques" - Jean Mallinger, 1978, p.47.

étaient sacrifiés devaient aussi être roux, un seul poil noir ou blanc sur la bête la disqualifiait pour le sacrifice.[118]

Les cultes à Mystères de l'ancienne Égypte dont semble être si fière la Franc-maçonnerie moderne contiennent-ils des rituels traumatiques avec des orgies et des sacrifices de sang en l'honneur de la "Déesse" ? Toutes ces doctrines liées au culte de la fertilité sont-elles toujours d'actualité dans nos sociétés "modernes" ? Tous ces dieux et déesses reçoivent-ils encore aujourd'hui des offrandes par certaines sectes ? L'époque des Pharaons n'est-elle pas de l'histoire ancienne ? Les nombreux obélisques (le culte phallique) qui ont poussé sur les grandes places de nos capitales modernes nous indiquent peut-être que non... Tout comme certains révolutionnaires et penseurs des "Lumières" pour qui Isis était la déesse de Paris (Parisis). Pharaons et Templiers modernes ne semblent donc pas avoir totalement disparus...

Intéressons-nous maintenant au *Livre des Morts Égyptien*. Il s'agit d'une série d'écrits (papyrus) qui ont été découverts dans des tombes Égyptiennes. Les anciens Égyptiens attribuaient le *Livre des Morts* au dieu Thot, qui serait l'auteur mythique des formules magiques de ce livre sacré. Le *Livre des Morts Égyptien* qui date de 1500 av.-J.C. décrit clairement la pratique de rituels magiques et traumatiques. Dans son livre *"The Soul in Egyptian Metaphysics and The Book of the Dead"*, Manly P. Hall compare cet ancien livre sacré Égyptien avec la magie transcendantale : *"'Le Livre des Morts a reçu un titre moderne qui malheureusement ne correspond pas vraiment à sa signification littéraire Égyptienne. La raison de cette appellation est évidente, mais l'impression qu'elle donne est étrangement inadéquate. Le texte est en effet dominé par un esprit de magie transcendantale."*[119]

Dans "The Lost Keys of Freemasonry", Manly P. Hall écrit également que "si l'identification du mythe d'Osiris avec celui d'Hiram est accepté, alors le 'Livre des Morts' est le sésame de la symbolique maçonnique, révélant une beauté cachée sous les rituels, une splendeur insoupçonnée dans les symboles et un objectif divin activant l'ensemble du processus maçonnique."[120]

Comme vous allez le voir, *Le Livre des Morts Égyptien* contient des doctrines et des pratiques (symboliques ?) sanguinaires pouvant être comparées avec certains témoignages d'abus rituels sataniques modernes. Le livre sacré décrit dans certains passages l'interaction entre l'âme du mort et les dieux (démons). Une symbolique pleine de *"splendeur"* selon l'occultiste luciférien Manly P. Hall... On y parle de *"dévoreur de sang"*, de *"mangeur d'intestin"*, de *"concasseur d'os"*, tels sont les qualificatifs des dieux, qui ne sont autres que des anges déchus. Le livre fait référence à quelques reprises à une *"chambre de torture"*, un terme qui parlera certainement beaucoup aux survivants de contrôle mental basé sur les traumatismes. Voici quelques extraits tirés d'une traduction : *"Voici donc ce grand dieu de l'abattage, puissant de terreur, il lave dans votre sang, il baigne dans votre sang." / "J'ai obtenu le pouvoir sur les animaux par le couteau dans leurs têtes" / "Il a pris les cœurs des dieux, il a mangé le rouge, il a avalé le vert, leurs charmes (magie) sont dans son ventre, il a*

---

[118] *"The Golden Bough"* - George Frazer, 1922, p.439.
[119] "The Soul in Egyptian Metaphysics and The Book of the Dead" - Manly P. Hall, 1965, p.15.
[120] *"The Lost Keys of Freemasonry"* - Manly P. Hall, Macoy Publishing & Masonic Supply Co, p.106.

avalé la connaissance de tout dieu." / "*Unas (le roi) dévore les hommes et vit au-dessus des dieux, celui qui coupe les cuirs chevelus*" / "*Unas a pesé ses mots avec le dieu caché qui n'a pas de nom, le jour de la mise en pièce du nouveau-né*" / "*qui dévore les corps des morts et avale leurs cœurs, mais il se maintient invisible.*"[121]

Les prêtres des cultes à Mystères Égyptiens pratiquaient la théurgie, une magie dite supérieure ayant pour but de communiquer directement avec les dieux. Voici ce que rapporte Porphyre (philosophe néoplatonicien) à propos du philosophe gréco-romain Plotin, ayant une fois accepté d'assister à une séance de théurgie : "*Un prêtre égyptien venu à Rome et ayant été présenté à Plotin par quelque ami, eut le désir de lui démontrer ses pouvoirs et lui offrit d'évoquer une manifestation sensible de l'esprit directeur de Plotin. Celui-ci accepta volontiers et l'évocation fut faite au temple d'Isis, le seul lieu pur, dit-on, qu'il pût trouver à Rome. À l'appel, une divinité apparut qui n'était pas de la classe des daïmônes et l'Égyptien s'écria : "Tu es singulièrement favorisé, car le daïmôn directeur qui est en toi n'est pas du degré inférieur, mais un dieu.*"[122]

Le mot "daïmôn" est un mot grec qui signifie "démon" ou "être surnaturel" pouvant être parfois interprété comme un "génie personnel", un "esprit gardien", un démon "familier" ou encore un intermédiaire entre les dieux et les mortels. Dans ce livre consacré au MK, le mot "démon" ou "démoniaque" sera très régulièrement employé pour qualifier les entités lucifériennes, c'est à dire les anges déchus œuvrant pour faire *chuter* l'homme par tous les moyens avec l'intention affichée de l'*élever* au statut de dieu. Voilà toute l'inversion qui est actuellement en cours dans notre monde et il s'agit de la préoccupation principale de nos élites : la chute spirituelle provoquant l'adoration matérielle pour aboutir au culte de l'homme, adorant finalement le prince de ce monde, Lucifer, le dieu "civilisateur" apportant la lumière, la connaissance et l'émancipation d'un dieu dit "mauvais" : ceci est la Gnose Transhistorique décrite par le Pr Jean Claude Lozac'hmeur.

L'utilisation de la magie et des rituels traumatiques pour contacter les démons, c'est à dire la rébellion luciférienne, dans le but d'obtenir une guidance visant à faire de l'homme un dieu, fait partie des prérogatives principales des sectes lucifériennes de type maçonnique. Le franc-maçon Oswald Wirth nomme ces entités d'une autre dimension les *intelligences constructives du monde* ou encore les *Maîtres* transmettant leurs directives aux hauts initiés (les *Supérieurs Inconnus*) branchés sur les *hautes sphères de l'au-delà*...[123] Tout un programme, le chapitre 6 abordera cette question cruciale de la connexion aux autres dimensions.

Selon Charles Webster Leadbeater, il existerait une *"Maçonnerie Noire"* qui se consacre à l'étude du mal entre le 19ème degré et le 30ème degré du Rite Écossais, le 30ème degré étant connu sous le nom de *chevalier Kadosh*. Dans son livre intitulé *"The Ancient Mystic Rites"*, Leadbeater définit ainsi cette Maçonnerie Noire : "*Rares sont les frères égyptiens qui semblent avoir dépassé le degré de la Rose-Croix, ce sont ceux qui ont besoin de connaître davantage que la splendide révélation de l'amour de Dieu qu'ils ont reçu dans ce que nous appelons le 18ème degré. Mais pour ceux qui ressentent qu'il y a encore*

---

[121] "The Egyptian Book of The Dead (The Papyrus of Ani) Egyptian Text Transliteration and Translation" - E.A. Wallis Budge, 1967.
[122] "Les Grecs et l'irrationnel" - E.R. Dodds, 1977, p.286.
[123] "La Franc-maçonnerie rendue intelligible à ses adeptes" Tome III - Oswald Wirth, 1986, p.219-130

beaucoup à apprendre de la nature de Dieu, et qui souhaitent ardemment comprendre le sens du mal et de la souffrance ainsi que sa relation avec le plan divin, le prototype d'une Maçonnerie Noire existe, l'enseignement est compris entre le 19ème et le 30ème degré. Cette section des Mystères s'est particulièrement intéressée au travail sur le Karma sous ses différents aspects (…) Ainsi, la première étape de l'instruction plus élevée, celle de la Rose Croix ou de la Maçonnerie Rouge, se consacre à la connaissance du bien, tandis que la seconde étape, celle du Kadosh ou de la Maçonnerie Noire, se consacre à la connaissance du mal."[124]

Certes tout cela reste hermétique pour un profane mais laisse tout de même interrogatif…

Dans son livre *"La Conjuration Antichrétienne"*, Mgr Henri Delassus déclare que certaines sections des chevaliers Kadosh rendent un culte à Eblis (Iblis), qui en Orient est le nom du démon, le Sheitan. Dans son *"Encyclopedia of Freemasonry"*, Albert Mackey explique que la doctrine Kadosh représente les persécutions qu'ont subi les Chevaliers Templiers. Il écrit que *"les Chevaliers Kadosh modernes sont les anciens Chevaliers Templiers et que le Constructeur du Temple de Salomon est aujourd'hui remplacé par Jacques de Molay, le Grand Maître Templier martyr."*[125]

Il est à noter que l'Ordre des Templiers auquel se réfère cette Maçonnerie Noire avec la doctrine Kadosh, pratiquait des rituels sataniques. Éliphas Lévi a écrit dans son livre *"Histoire de la Magie"* : *"Les templiers avaient deux doctrines, une cachée et réservée aux maîtres, c'était celle du johannisme; l'autre publique, c'était la doctrine catholique-romaine. Ils trompaient ainsi les adversaires qu'ils aspiraient à supplanter, Le johannisme des adeptes était la kabbale des gnostiques, dégénérée bientôt en un panthéisme mystique poussé jusqu'à l'idolâtrie de la nature et la haine de tout dogme révélé. Pour mieux réussir et se faire des partisans, ils caressaient les regrets des cultes déchus et les espérances des cultes nouveaux, en promettant à tous la liberté de conscience et une nouvelle orthodoxie qui serait la synthèse de toutes les croyances persécutées. Ils en vinrent ainsi jusqu'à reconnaître le symbolisme panthéistique des grands maîtres en magie noire, et, pour mieux se détacher de l'obéissance à la religion qui d'avance les condamnait, ils rendirent les honneurs divins à l'idole monstrueuse du Baphomet, comme jadis les tribus dissidentes avaient adoré les veaux d'or de Dan et de Béthel. Des monuments récemment découverts, et des documents précieux qui remontent au XIIIe siècle, prouvent d'une manière plus que suffisante tout ce que nous venons d'avancer. D'autres preuves encore sont cachées dans les annales et sous les symboles de la maçonnerie occulte.*"[126]

Dans son livre *"The Occult Conspiracy"*, Michael Howard a répertorié les accusations portées contre les Templiers lors de leur arrestation en 1307 : "Les Templiers ont été accusés de nier les principes de la foi chrétienne, de cracher et d'uriner sur le crucifix lors de rituels secrets d'initiation, d'adorer un crâne ou une tête de Baphomet, de faire des onctions avec du sang ou de la graisse de bébés non baptisés, d'adorer le diable sous la forme d'un chat noir et de commettre des actes de sodomie et de zoophilie (…) Les candidats qui entrent dans l'Ordre doivent aussi embrasser leur initiateur sur la bouche, le nombril, le pénis et à la base de la colonne vertébrale. Ces baisers étaient considérés par les critiques de l'Ordre comme des preuves de leurs activités sexuelles perverses, mais dans la

---

[124] *"The Ancient Mystic Rites"* - C.L. Leadbeater, The Theosophical Publishing House, Wheaton, III, p. 41-42.
[125] "Mackey's Revised Encyclopedia of Freemasonry" - Albert G. Mackey, 1946, p.514.
[126] *"Histoire de la Magie"* - Éliphas Lévy, 1930, livre IV, chap. VI.

tradition occulte, le nombril, les organes sexuels et le périnée sont les emplacements physiques des centres psychiques du corps humain, connus en Orient sous le nom de Chakras."[127]

Des accusations également rapportées par Helen Nicholson dans son livre "The Knights Templar : A New History". L'historien britannique Nesta H. Webster écrit que "Les confessions des Chevaliers (Templiers) seraient-elles le résultat d'une pure imagination que des hommes sous la contrainte de la torture auraient pu inventer ? Il est difficile de croire que les témoignages de la cérémonie d'initiation pourrait être une pure invention, elle a été donnée en détails par des hommes dans différents pays, tous les témoignages étaient semblables, seule la phraséologie était différente. S'ils avaient été conduits à inventer une histoire, les témoignages se seraient contredit les uns et les autres (…) Mais non, chacun semble avoir décrit la même cérémonie plus ou moins intégralement."[128]

L'auteur Donald Michael Kraig affirme que les Templiers ont conçu leurs rituels sexuels à partir des enseignements Soufis du monde arabe, qui provenaient eux-mêmes de la tradition Tantrique indienne, des enseignements qui se sont retrouvés ensuite chez les alchimistes du Moyen-Âge puis finalement chez les magiciens occultistes modernes. Nous reviendrons plus loin sur la magie sexuelle.

La Maçonnerie Noire nourrie donc une vengeance contre les persécuteurs des Chevaliers Templiers : l'Église Catholique. Dans *"The Ancient Mystic Rites"*, Leadbeater écrit que *"La Tradition de la vengeance contre le Roi exécrable, le Pape et le Traître s'est transmise à travers les âges, et est intimement liée à la tradition Égyptienne correspondant à notre Maçonnerie Noire qui aboutit à ce que nous appelons aujourd'hui le 30 ème degré."[129]*

La Maçonnerie Noire avec les chevaliers Kadosh, les Templiers modernes, a donc travaillé ardemment à la destruction du Royaume de France et de son Église. La lutte occulte de la Franc-maçonnerie contre le Roi et l'Église Catholique est expliquée en détails dans l'excellent ouvrage de Mgr Henri Delassus intitulé *"La Conjuration Anti-chrétienne"*. Le franc-maçon fait chevalier Kadosh est donc fermement anti-catholique et la "vengeance" est un point central dans ce grade initiatique maçonnique. *"Lorsque le chevalier Kadosch a prononcé son serment, on lui met le poignard en main, et l'on dépose à ses pieds un crucifix, puis le 'très-grand' lui dit : "Foule aux pieds cette image de la superstition, brise-la." S'il ne le fait pas, afin de ne rien faire deviner, on applaudit et le 'très-grand' lui adresse un discours sur sa piété. On le reçoit sans lui révéler les grands secrets. Mais s'il écrase le crucifix, alors on le fait approcher de l'autel, où sont trois représentations, trois cadavres si l'on peut s'en procurer. Des vessies pleines de sang sont à l'endroit où on lui crie de frapper. Il exécute l'ordre et le sang rejaillit sur lui, et en prenant par les cheveux les têtes coupées, il s'écrie : "Nekam ! la vengeance est faite !" Alors, le 'très-grand' lui parle ainsi : "Par votre constance et votre fidélité vous avez mérité d'apprendre les secrets des vrais maçons. Ces trois hommes que vous venez de frapper sont la superstition, le roi et le pape.*

---

[127] *"The Occult Conspiracy"* - Michael Howard, 1989, p.36-37.
[128] *"Secret Societies and Subversive Movements"* - Nesta H.Webster, Christian Book Club of America, p.57.
[129] *"The Ancient Mystic Rites"* - C.W.Leadbeater, The Theosophical Publishing House, Wheaton, III, p.167.

Ces trois idoles des peuples ne sont que des tyrans aux yeux des sages. C'est au nom de la superstition que le roi et le pape commettent tous les crimes imaginables."[130]

Éliphas Lévi a écrit que la maçonnerie a non seulement été profanée, mais elle a même servi de voile et de prétexte aux complots de l'anarchie, par l'influence occulte des vengeurs de Jacques de Molay, et des continuateurs de l'œuvre schismatique du temple (…) Les anarchistes ont repris la règle, l'équerre et le maillet, et ont écrit dessus liberté, égalité, fraternité. C'est-à-dire liberté pour les convoitises, égalité dans la bassesse, et fraternité pour détruire."[131]

Une chose importante à préciser est que les hautes loges Maçonniques internationales, qu'elles soient *"noires"* ou dites *"pures"* ou *"authentiques"*, s'entendent et parlent toutes le même langage quand il s'agit de détruire l'Église Catholique. Il s'agit donc d'une force occulte Anti-Christique.

Il est intéressant de noter que Éliphas Lévi dans son livre *"The History of Magic"* (L'histoire de la magie) a attribué au comte de Cagliostro l'établissement de la Maçonnerie Égyptienne sur le Vieux Continent. Il est en effet le fondateur du rite de *Misraïm* ou *Égyptien*, qui s'occupe essentiellement de recherches ésotériques. Cagliostro a également joué un rôle essentiel dans la propagation de la Maçonnerie cabalistique. Éliphas Lévi a accusé Cagliostro d'avoir déshonoré l'Ordre et affirme dans son livre que celui-ci utilisait la magie noire pour le culte d'Isis en hypnotisant des jeunes filles pour en faire des prêtresses : *"Cagliostro était l'agent des Templiers, aussi écrivait-il dans une circulaire adressée à tous les francs-maçons de Londres, que le temps était venu de mettre la main à l'œuvre pour reconstruire le temple de l'Éternel. Comme les templiers, Cagliostro s'adonnait aux pratiques de la magie noire, et pratiquait la science funeste des évocations ; il devinait le passé et le présent, prédisait l'avenir, faisait des cures merveilleuses et prétendait aussi faire de l'or. Il avait introduit dans la maçonnerie un nouveau rite qu'il nommait rite égyptien, et il essayait de ressusciter le culte mystérieux d'Isis. Lui-même, la tête entourée de bandelettes et coiffé comme un sphinx de Thèbes, il présidait des solennités nocturnes dans des appartements pleins d'hiéroglyphes et de flambeaux. Il avait pour prêtresses des jeunes filles qu'il appelait des colombes, et qu'il exaltait jusqu'à l'extase pour leur faire rendre des oracles au moyen de l'hydromancie (…) Cet adepte n'est cependant pas sans importance dans l'histoire de la magie; son sceau est aussi important que celui de Salomon, et atteste son initiation aux secrets les plus relevés de la science. Ce sceau, expliqué par les lettres kabbalistiques des noms d'Acharat et d'Althotas, exprime les principaux caractères du grand arcane et du grand œuvre (…) Le nom d'Althotas, maître de Cagliostro, se compose du nom de Thot et des syllabes al et as, qui, lues kabbalistiquement, sont Sala qui signifie messager, envoyé; le nom entier signifie donc Thot, le messie des Égyptiens, et tel était en effet celui que Cagliostro reconnaissait avant tout pour maître."*[132]

Selon Fritz Springmeier, un écrivain et conférencier américain spécialiste du contrôle mental Monarch, un des secrets de ces religions à Mystères, en particulier le culte Égyptien des Mystères d'Isis était la capacité d'utiliser les drogues, la torture et l'hypnose pour créer des personnalités multiples chez un être humain. Selon lui, des esclaves sexuels sous contrôle mental sont utilisés de nos jours dans les hauts degrés maçonniques et autres arrières loges noires. Une personnalité alter dissociée peut servir de prêtresse lors de certains rituels. Ces

---

[130] *Conservateur belge, t.* XIX. p. 358, 259 - Eckert, la *Franc-maçonnerie*, 1.1, p. 333.

[131] *"Histoire de la Magie"* - Éliphas Levi, 1913, Livre V, Chap. VII.

[132] Ibid, livre VI, chap. II.

esclaves MK subissent des transes, des possessions démoniaques et toutes sortes de rituels pervers basés sur la magie sexuelle. Cette connaissance initiatique ne s'est pas dissoute avec la chute de l'ancienne Égypte : le monde occulte n'a jamais cessé de fractionner et de programmer des esclaves par un processus de dissociation psychique basé sur les traumatismes. Ce savoir s'est transmis jusqu'au monde moderne par le biais de sociétés secrètes initiatiques gardant précieusement la boîte de Pandore…

Dans son livre *"Terror, Trauma and The Eye In The Triangle"*, Lynn Brunet écrit que le mythe d'Osiris et Isis, qui prend une place très importante dans le rite maçonnique écossais, pourrait bien être une illustration métaphorique du processus de traumatisme et de fractionnement de la personnalité. Brunet fait le parallèle entre les mythes, les rituels, la symbolique maçonnique et la psychologie du traumatisme, c'est à dire les fonctions du cerveau qui peuvent être liées aux pratiques initiatiques visant à créer une expérience mystique. Le corps humain peut être pris comme une représentation symbolique externe du cosmos avec une réalité mystique interne et une physiologie qui offre une structure pour sa compréhension. Lynn Brunet expose quelque chose de complexe qui ne sera peut-être pas très compréhensible à ce stade du livre, c'est pourquoi l'extrait a été mis en annexe N°1 sous le titre : *Traumatisme et dissociation dans la mythologie maçonnique*.

4 - MAGIE SEXUELLE ET SOCIÉTÉS SECRÈTES

L'occultiste Pierre Manoury , auteur d'un *traité pratique de magie sexuelle*, définit ainsi cette "discipline" :

On peut donc cataloguer la sexualité magique selon trois grands critères.

1) Abstinence, privation, macérations et chasteté. Ceci dans un contexte mystique, une démarche symbolique ou de communion avec des hiérarchies spirituelles de nature élevée.

2) Par une exacerbation du désir potentialisant des énergies appliquées à des rites et cérémonies de magie dite pratique, l'érotisation n'étant dans ce cas que cérébrale. C'est le principe le plus répandu dans la plupart des magies cérémonielles et les rituélies de base de la haute sorcellerie.

3) Enfin dans les magies et sorcelleries regroupées sous le terme générique de magies sexuelles ou exacerbation et potentialisation du désir et des énergies sont suivies d'une libération dans le contexte rituel lui-même, selon des modalités très spéciales… Les applications dans ces cas spécifiques sont d'une redoutable efficacité sur les plans matériel, physique et psychique (…)

La magie sexuelle peut donc être considérée comme une base de pratiques rituelles applicable à très haut niveau, par des gens entraînés (et responsables), et constituant un des grands instruments de pouvoir, sinon le plus puissant (…) La magie sexuelle est donc une pratique essentiellement basée sur une utilisation de l'énergie vitale, laquelle devra être domestiquée, filtrée, captée, accumulée, développée, potentialisée puis canalisée dans le cadre du rituel.[133]

La magie rouge (liée au sang) et la magie sexuelle sont les deux plus puissantes magies car elles utilisent la force vitale humaine pour donner du pouvoir à celui qui les pratique. C'est la raison pour laquelle elles sont généralement combinées. La magie sexuelle s'inspire du tantrisme oriental, elle vise à maîtriser la *"Kundalini"* et l'immense potentiel énergétique sexuel. Dans le tantrisme, la Kundalini est identifiée à *"Shakti"*, la déesse serpent présente dans le corps humain à la base du sacrum, censée s'élever le long de la colonne vertébrale, lors d'une *montée de Kundalini*, pour atteindre le cerveau en irriguant tous les centres énergétiques (*Chakras*) de sa puissance. Dans le livre intitulé *"The Voudon Gnostic Workbook"*, Michael Bertiaux écrit à propos du tantrisme : *"Le secret des Brahmanes se trouve être les bases de la magie Tantrique Physique. Ce secret est l'essence-racine de l'Hindouisme organique et se retrouve dans les niveaux les plus profonds du cerveau Hindou, se manifestant par d'étranges mutations génétiques, dûes à l'intervention directe de la Déesse-Mère elle-même. Ce secret manifeste son Pouvoir (Shakti) par un état de conscience particulier, un niveau d'ultra-conscience."*[134]

Depuis leurs premières rencontres avec les religions indiennes au XVIIIème et XIXème siècle, les occidentaux ont été à la fois fascinés et répulsés par la tradition du Tantra ; une forme de pratique religieuse très particulière en raison de l'utilisation délibérée de substances impures et de rituels transgressifs. Les Tantras sont des ouvrages à caractère ésotérique liés au culte de la déesse, ils traitent de Yoga, de cosmologie, d'alchimie, de magie et de sacrifices. Le tantrisme condense toutes ces disciplines millénaires à des fins de réalisation érotico-magique et spirituelle. Il a longtemps été pour les écrivains occidentaux quelque chose à la fois de répugnant et d'alléchant. Aujourd'hui, notamment par l'influence grandissante du *"New Âge"*, le tantrisme est vu comme une simple méthode de libération du corps et de l'esprit, une forme de "sexualité spirituelle" dans laquelle le plaisir sexuel devient une expérience religieuse. Il est considéré comme une manière de transgresser la morale occidentale dite "répressive" en matière de sexualité. Le tantrisme est aujourd'hui devenu une mode très lucrative pour certains gourous, cependant peu d'adeptes occidentaux à la philosophie *New Âge* connaissent ce qu'impliquent certains rituels de l'authentique Tantra.

Krsnananda Aagamavagisa est l'un des plus grands auteurs du tantrisme, il vécut au VIème siècle au Bengale. Cet auteur décrit dans ses ouvrages des pratiques rituelles ésotériques impliquant l'utilisation de substances organiques telles que le sang, la semence et les fluides menstruels. Krsnananda décrit également des rituels tantriques comprenant le sacrifice animal, aujourd'hui encore pratiqué au Bengale. Les sacrifices de sang sont reliés aux Védas et aux pratiques rituelles Brahamiques, cependant, dans le tantrisme les sacrifices transgressent et violent volontairement les directives données dans la tradition des Védas. Par exemple les Védas recommandent de sacrifier l'animal avec le moins de violence et de souffrance possible, tandis que dans le sacrifice tantrique, l'animal est décapité d'une manière très sanglante, le rituel se focalisant sur le sang et la tête décapitée, qui sont les offrandes à la déesse. Il semblerait que les sacrifices

---

[133] "Traité pratique de Magie Sexuelle" - Pierre Manoury, 1989, chap.1.
[134] "The Voudon Gnostic Workbook : Expanded Edition" - Michael Bertiaux, 2007, p.308.

tantriques impliquent une inversion calculée des anciens textes védiques : l'animal impur remplace l'animal pur, une décapitation sanglante remplace une strangulation non-violente, la Déesse prend la place du Dieu mâle (nous retrouvons là encore cette notion de Déesse versus Dieu).[135]

Le texte sacré du Tantra de *Kalachakra*, la "Roue du Temps", contient un traité d'alchimie et de démonologie. Voici ce qui est écrit à la Strophe 125 : *"La consommation de matière fécales et d'urine, de sperme et de sang menstruel, mélangés à la chair humaine, prolonge la vie. Ce sont les cinq ingrédients qui entrent dans la composition des pilules de nectar (…) La consommation des cinq chairs, avec du miel et du ghee, met fin à toutes les affections."* À noter que dans ce même texte, il est indiqué à la strophe 154 qu'une vénération des entités subtiles "apporte le bonheur suprême" : *"Les serpents, les démons, les planètes qui influencent les hommes, les Nâga maléfiques qui se délectent du sang humain, le gobelin Kushma, les déités tutélaires des lieux, les vampires, les esprits qui causent l'épilepsie et les Garuda peuvent apporter le bonheur suprême, s'ils sont vénérés dans un mandala."*

Les anciennes pratiques tantriques ont été reprises par des occultistes occidentaux du XXème siècle comme Aleister Crowley, une figure principale dans l'importation du Tantra en occident avec toute la transgression et le "pouvoir par de l'impureté" (ou la rédemption par le péché) qu'il implique. Crowley a été initié au tantrisme lors de son voyage aux Indes et au Sri Lanka en 1902, mais il a combiné cette pratique tantrique avec différentes autres techniques de magie sexuelle.

Le tantrisme avec l'énergie phénoménale qu'il déploie peut-être détourné et combiné avec une puissante magie noire, cela était déjà pratiqué dans les temps védiques au risque et péril des initiés. La magie sexuelle n'est pas quelque chose d'anodin relevant simplement d'un *"Kamasoutra"* élaboré. Les arcanes de ces pratiques occultes peuvent conduire les initiés les plus ambitieux à commettre des abominations, tant la recherche de la puissance et des pouvoirs psychiques peuvent les transformer en véritables monstres pervers… Lilian Silburn a écrit dans son livre *"Kundalini : The Energy of the Depths"* (Kundalini : l'énergie des profondeurs) : *"La mystérieuse énergie déclenchée par le Kundalini Yoga se manifeste avec violence et ne peut pas être manipulée sans courir certains risques. Certaines déviations sont appelées "démoniaques" car elles mènent à la dépression et à la folie… L'éveil de la Kundalini peut avoir des conséquences désastreuses."*[136]

En 1922, Krishnamurti eu une montée de Kundalini qu'il qualifia "d'éveil spirituel" et qui changea sa vie. Voici un extrait du livre de Darrel Irving *"Serpent of Fire, a Modern View of Kundalini"* qui nous montre que cette Kundalini ouvre des portes vers d'autres dimensions et permet un contact avec des entités démoniaques : *"Krishnamurti commença à avoir des frissons et des tremblements et il se plaignait d'un intense mal de tête. Il avait une grande douleur, il semblait être à moitié inconscient et vivre des sorties hors de son corps… À ce moment-là, l'entité que Krishnamurti appelait "l'élémental" a pris le dessus et elle faisait ce qu'elle voulait… "Je me jette, je gémis, je me plains et je murmure des choses étranges, tout comme un possédé. Je me lève pensant que quelqu'un m'appelle mais je m'effondre aussitôt sur le sol. Je vois des visages étranges et des*

---

[135] "The Power of the Impure : Transgression, Violence and Secrecy in Bengali Sakta Tantra and Modern Western Magic" - Hugh B. Urban, 2003.
[136] "Kundalini : The Energy of the Depths" - Lilian Silburn, 1988, intro.

lumières... tout le temps. J'ai une douleur violente à la tête et à la nuque... Je vais devenir un clairvoyant une fois que tout cela sera fini ou peut-être que je deviens fou !!"... La personnalité Krishnamurti est passée à l'arrière-plan et c'est l'entité qui a pris le dessus sur les fonctions du corps... Il y a eu la perception de cette présence invisible qui travaillait sur son corps, l'ouvrant et le préparant pour la grande mission spirituelle... Le processus continua année après année... "Krishnamurti dira même qu'il a été blessé en lui parce "qu'ils" l'avaient brûlé à l'intérieur."[137]

Dans son livre *"Theories of the Chakras, Bridge to Higher Consciousness"* (Théories des chakras, un pont vers une conscience plus élevée), le japonais Hiroshi Motoyama rapporte des choses similaires lors d'une montée de Kundalini : *"J'entends comme un bourdonnement d'abeilles... et je vois une sorte de boule de feu sur le point d'exploser... mon corps lévite... l'ensemble de mon corps s'enflamme et j'ai un sévère mal de tête. Je suis resté dans un état fiévreux pendant deux ou trois jours. Je ressentais comme si ma tête allait exploser... Durant cette expérience j'ai rencontré une horrible entité démoniaque. C'était une expérience terrifiante et indescriptible."*[138]

La Kundalini est symboliquement représentée par un serpent qui monte en tournoyant autour de la colonne vertébrale en passant par les différents *Chakras*. Dans son livre *"The Secret Teachings of All Ages"*, le franc-maçon Manly P. Hall écrit que l'arbre du Jardin d'Eden représenterait ce feu de la Kundalini et la connaissance pour l'utilisation de ce feu sacré serait le cadeau du grand serpent, la tentation du fruit défendu : *"Suffisamment de similarité existent entre le CHiram maçonnique et la Kundalini du mysticisme Hindou pour justifier l'hypothèse que CHiram peut être aussi considéré comme un symbole du Feu de l'Esprit se déplaçant par le sixième ventricule de la colonne vertébrale. La science exacte de la régénération humaine est la Clé perdue de la Maçonnerie, car lorsque le Feu de l'Esprit est soulevé par les trente-trois degrés, ou par les segments de la colonne vertébrale, et qu'il entre dans la chambre-dôme du crâne humain, il passe finalement dans le corps pituitaire (Isis) où il invoque Ra (la glande pinéale) et exige le Nom Sacré. La Maçonnerie opérative, dans la pleine signification de ce terme, signifie le processus par lequel l'Œil d'Horus s'ouvre (...) Dans le cerveau humain, il y a une minuscule glande appelée le corps pinéal (...) La glande pinéale est la pomme de pin sacrée dans l'homme. L'œil unique qui ne peut pas être ouvert sans CHiram (le Feu de l'Esprit) et augmenté par les points sacrés qui sont appelés les Sept Églises en Asie (les Chakras)."*[139]

Dans la mythologie grecque, les adorateurs de Dionysos étaient souvent représentés portant un bâton surmonté d'une pomme de pin. Cela représente l'énergie de la Kundalini lorsqu'elle remonte l'épine dorsale (le bâton) vers la glande pinéale située au sixième *chakra*, symbolisée ici par la pomme de pin. En effet, nous retrouvons les conceptions et les pratiques du Tantrisme dans le Dionysisme, Marcel Détienne écrit dans son livre *"Dionysos mis à mort"* : *"Le dépassement du sacrifice que les Orphiques et les Pythagoriciens opèrent par le haut, le Dionysisme l'accomplit par le bas... Les fidèles de Dionysos... s'ensauvagent et se conduisent comme des bêtes féroces. Le Dionysisme permet d'échapper à la condition humaine en s'évadant dans la bestialité par le bas, du côté des animaux, tandis que l'Orphisme propose la même évasion du côté des dieux."* Dans le monde dionysiaque, on appelle *"Orgiasme"* les

---

[137] "Serpent of Fire, a Modern View of Kundalini" - Darrel Irving, 1995, p.27-32.

[138] "Theories of the Chakras, Bridge to Higher Consciousness" - Hiroshi Motoyama, 2003, p.240-250.

[139] "The Secret Teachings of All Ages, An Encyclopedic Outline of Masonic, Hermetic, Qabbalistic and Rosicrucian Philosophy" - Manly P. Hall, 1988, p.273.

pratiques correspondant à celles du Tantrisme. L'orgiasme consiste en des cérémonies de groupe dans lesquelles ont lieu des sacrifices de sang, des danses extatiques et des rites érotiques. Dionysos se présente sous le double aspect d'un dieu de la Nature et d'un dieu des pratiques orgiaques, tout comme Shiva en Inde ou Osiris en Égypte. L'orgiasme vise au déconditionnement de l'être, qui retourne pour un moment à sa nature la plus profonde et la plus refoulée. Ce retour aux instincts bestiaux est un aspect important de la méthode tantrique.

La magie sexuelle et l'expérience de la Kundalini font partie des enseignements de certaines sociétés secrètes occidentales. Il s'agit d'une initiation réservée aux membres qui ont déjà de bonnes connaissances en occultisme. Tout comme les sacrifices rituels, la magie sexuelle satanique permet d'obtenir des pouvoirs, de la "puissance spirituelle" ainsi que des faveurs matérielles. À contrario, l'abstinence totale et la transmutation de l'énergie sexuelle apportera un intense bonheur bien plus stable que celui apporté par la pratique sexuelle tantrique.

Un article intitulé *"Sex and the Occult"* paru dans le journal de la société *"Dark Lily"* se réfère à l'utilisation du sexe comme *un moyen d'accéder au subconscient*. L'auteur de cet article affirme que *grâce à un rituel sexuel, les participants sont en mesure d'accéder à leur propre subconscient beaucoup plus rapidement qu'avec d'autres techniques telles que la méditation prolongée*. Avec une telle méthode *"le travail de plusieurs semaines peut-être effectué en quelques jours ou quelques heures."*[140] La magie sexuelle serait-elle donc "l'Art Royal" (maçonnique) dont parle le franc-maçon Wilmshurst cité plus haut ? Une pratique qui permettrait d'accélérer l'évolution spirituelle pour atteindre le statut d'un Dieu ?

Les enseignements sur le tantrisme nous apprennent entre autre qu'une relation charnelle et sexuelle est un partage d'énergie et de karma. Cela a donc pour conséquence que l'individu peut se retrouver contaminé par les troubles psychiques ou le "mauvais karma" du partenaire, ou au contraire, être profondément inspiré si le partenaire est un être spirituellement très pur. Dans les pratiques tantriques, c'est l'organe sexuel d'une très jeune femme qui est vénéré. D'après le *Mahamudra Tilaka Tantra* : *"Les jeunes filles de plus de vingt ans n'ont plus de pouvoir occulte."* La pureté et l'innocence de l'enfance est-elle recherchée dans les pratiques de magie sexuelle satanique ? Probablement que oui, tout comme pour un sacrifice de sang, il s'agit de vampiriser cette réserve d'énergie et de pureté. D'autant plus lorsque l'enfant se trouve dans un profond état de transe dissociative qui le connecte à d'autres dimensions. Il est utilisé comme un véritable outil de pouvoir. L'enfant est la pureté incarnée, l'innocence de la Création de Dieu, sa souillure et son sacrifice représentent l'ultime offrande faite à Satan. Voilà pourquoi nous retrouvons systématiquement des perversions sexuelles et des sacrifices de sang lors des abus rituels sataniques. Le sang de l'enfant est d'une grande pureté et c'est à la puberté que le principe le plus pur de celui-ci passe dans la semence. C'est sur cela que s'appuie la magie sexuelle et ses aberrations.

Dans son traité sur la magie sexuelle, Pierre Manoury fait une description du déroulement d'un rituel lors duquel la femme aura de multiples rapports

---

[140] *"Sex and the Occult"* in Dark Lily 10, Society of Dark Lily - Dark Lily, London. 1990.

sexuels avec plusieurs hommes en même temps, ceci dans le but d'effectuer "une charge énergétique" chez la femme. Voici ce qu'il écrit ensuite : *"Ces descriptions un peu scabreuses ne constituent nullement une incitation à la débauche, ce sont des pratiques très discrètes, issues de traditions millénaires. Il faut savoir qu'elles constituent des pratiques rituelles de manipulation énergétique dans plusieurs traditions. De certaines sociétés occidentales très fermées, des sabbats de la haute sorcellerie, des bacchanales grecques aux priapées en passant par les rituels orgiaques shivaïques, etc (…) certaines branches de la magie sont assez élitistes, la magie sexuelle fait partie de celles-ci."*[141]

Dans son ouvrage *"Mémoire de sang : contre-initiation"*, Alexandre de Dànann nous apprend que dans la tradition assyro-babylonienne les prêtresses avaient le devoir, lors du *"coitus sacer"* (copulation sacrée) avec les initiés aux Mystères, d'imposer aux moyens de techniques spécifiques de magie sexuelle, les ordres provenant du pouvoir de la caste sacerdotale chaldéenne. Ceci afin de préparer les évènements voulus par celui que cette caste nommait *"Justice ou Vertu Première"*, n'étant autre que Lucifer.

Un des "pères" de la magie sexuelle occidentale est Paschal Beverly Randolph. Selon lui *"le véritable pouvoir sexuel est le pouvoir de Dieu"*, pouvant être utilisé à la fois comme une expérience mystique mais également pour des pratiques magiques servant à obtenir de l'argent, le retour d'un être aimé ou pour toutes sortes de choses… Les enseignements sur la magie sexuelle de Randolph ont largement circulé dans de nombreuses sociétés secrètes et autres fraternités ésotériques européennes, particulièrement à l'*Ordo Templi Orientis* (O.T.O.). Randolph, en plus d'avoir été un médium, avait fondé un ordre religieux consacré à la *régénération spirituelle de l'humanité*, nommé la Fraternité d'Eulis, officiellement fondée en 1874. Randolph déclara que sa nouvelle secte prenait racine dans les Mystères d'Éleusis, une des nombreuses anciennes religions grecques antiques. Randolph était aussi lié avec la tradition Rosicrucienne, mais il a affirmé que la Fraternité d'Eulis était bien plus connectée aux Mystères que ne l'est l'Ordre des Rose-Croix, qui selon lui n'est seulement qu'une porte d'entrée pour accéder au sanctuaire d'Eulis. Les plus profonds secrets d'Eulis étant en grande partie centrés autour des rituels de magie sexuelle, en lien avec le culte de la fertilité des anciennes religions à Mystères.[142]

Ces diverses sectes antiques semblent avoir mélangé la notion de fertilité de la terre nourricière à celle de la fertilité humaine, baignant ainsi dans des orgies rituelles et des sacrifices de sang liés à un certain calendrier pour honorer et faire des offrandes aux dieux et aux déesses. Les abus rituels, les sacrifices de sang et la magie sexuelle qui se déroulent encore de nos jours, découlent de ces anciennes pratiques Babyloniennes : il s'agit de la "religion sans nom", le culte aux démons.

Sarane Alexandrian, l'auteur de *"La Magie Sexuelle : Bréviaire des sortilèges amoureux"*, rapporte dans son livre que ce sont les organisations initiatiques, c'est à dire les sociétés secrètes, qui se sont chargées d'enseigner la magie sexuelle aux initiés. Karl Kellner et Theodor Reuss, deux francs-maçons de haut degré, sont les deux fondateurs de l'*Ordo Templi Orientis*, qui selon Alexandrian, est une véritable école de magie sexuelle. En 1912, l'O.T.O. publia dans l'*Oriflamme* : *"Notre Ordre a*

---

[141] "Traité pratique de Magie Sexuelle" - Pierre Manoury, 1989, chap.6.
[142] "Magia Sexualis : Sex Magic and Liberation in Modern Western Esotericism" - Hugh B. Urban, 2006, p.65.

redécouvert le grand secret des Chevaliers Templiers qui est la clé qui ouvre toutes les mystiques maçonniques et hermétiques, à savoir l'enseignement de la magie sexuelle. Cet enseignement explique, sans exceptions, tous les secrets de la Nature, tous le symbolisme de la Franc-maçonnerie et tous les rouages de la religion."[143]

Le franc-maçon Karl Kellner dit avoir été initié par un fakir arabe et deux yogis indiens par qui il a reçu *"les mystères du yoga et la philosophie de la voie de la main gauche qu'il nomme 'magie sexuelle'"*[144] Kellner était à la tête d'un petit groupe nommé *"Inner Triangle"* (triangle intérieur) qui pratiquait des rituels de type tantriques dans le but de créer un élixir composé des fluides mâles et femelles...

Le sataniste Aleister Crowley a créé une Messe Gnostique (un rituel sexuel), une cérémonie lors de laquelle la semence et les menstrues symbolisent l'hostie sacrée. Un rituel qui est devenu une pratique centrale pour l'*Ordo Templi Orientis*. Alexandrian affirme que l'O.T.O. comprend 12 degrés initiatiques et que c'est seulement à partir du huitième degré que l'on peut commencer à aborder la magie sexuelle... en commençant par la masturbation initiatique. Le septième degré quant à lui est centré sur l'adoration du phallus sous le symbole du Baphomet. Le neuvième degré enseigne la magie sexuelle proprement dite, c'est à dire la façon d'accomplir l'acte sexuel de manière à obtenir des pouvoirs. Ce degré est considéré comme l'Art Royal et sacerdotal, rendant les adeptes capables du Grand Œuvre érotique. C'est ainsi que l'initié devient supérieur au profane. Dans son livre *"Stealing from Heaven : the rise of modern western magic"*, Nevill Drury affirme également que l'O.T.O. pratique des rituels sexuels avec l'utilisation du sang, des excréments et de la semence (rouge, noir, blanc, les couleurs du Grand Œuvre alchimique). Le livre *"Secrets of the German Sex Magicians"* donne les trois degrés initiatiques de la magie sexuelle enseignée par Aleister Crowley et pratiquée par les membres de l'O.T.O. :

VIII°= Enseignement des pratiques magiques autosexuelles (masturbation).

IX°= Enseignement des pratiques magiques hétérosexuelles, interaction entre le sperme et le sang menstruel ou les sécrétions féminines.

XI°= Enseignement des pratiques magiques homosexuelles, isolation de l'anus (*per vas nefandum*), sodomie, interaction avec les excréments.

Nous constatons que les enseignements en matière de magie sexuelle qui arrivent en dernier sont ceux liés au rectum. Dans son livre *"Shiva et Dionysos : La religion de la Nature et de l'Eros"*, Alain Daniélou écrit : *"Il existe tout un rituel lié à la pénétration anale par la porte étroite qui ouvre sur le labyrinthe (dans l'homme, l'intestin). En Yoga tantrique, le centre de Ganésha, le gardien des portes, se trouve dans la région du rectum. L'organe mâle, s'il pénètre directement dans la zone de l'énergie enroulée (Kundalini), peut permettre de l'éveiller brutalement et de provoquer des états d'illumination et de subite perception de réalités d'ordre transcendant. C'est pourquoi cet acte peut jouer un rôle important dans l'initiation. Cela explique un rite d'initiation masculine, très répandu parmi les peuples primitifs, bien que rarement rapporté par les observateurs occidentaux, dans lequel les initiés adultes mâles ont des rapports sexuels dans l'anus avec les novices (...) Cet acte fait d'ailleurs partie des accusations portée contre les organisations dionysiaques par leurs détracteurs, et contre certains groupes initiatiques dans le monde chrétien et islamique."*

---

[143] "Modern Ritual Magic : The Rise Of Western Occultism" - Francis King, 1989.
[144] "The Magic of Aleister Crowley" - John Symonds, 1958.

La psychologue australienne Reina Michaelson, qui a reçu en 1996 un prix pour son travail sur la prévention des abus sexuels sur mineurs, affirme que dans certains rituels de l'O.T.O., des enfants sont littéralement massacrés. L'O.T.O. a poursuivi Michaelson en justice pour ces accusations et a gagné le procès. La psychologue avait déclaré, selon ses sources, que cette société secrète était un *réseau pédophile* dont certains membres pratiquent le contrôle mental basé sur les traumatismes ainsi que les abus rituels impliquant de la magie sexuelle. Elle a également déclaré que *ce culte satanique avait beaucoup de pouvoir car dirigé par des familles très puissantes et très influentes,* laissant également sous-entendre que de hauts responsables politiques et autres personnalités de la télévision font partie d'un réseau pédocriminel de haut niveau et couvert par les autorités. En 2008, un couple a été condamné à de la prison pour avoir refusé de retirer leurs allégations selon lesquelles l'O.T.O. était un véritable réseau de pédocriminels. Vivienne Legg et Dyson Devine ont dû présenter leurs excuses publiquement afin d'être libérés après sept semaines passées en prison.[145] Ces multiples démentis et attaques systématiques en justice de l'O.T.O. servent à déstabiliser les investigateurs et à créer une désorientation quant à la nature et aux pratiques du culte. Sous cette houle de surface, la hiérarchie occulte demeure intacte et en parfait état de fonctionnement.

Frater U∴D∴ l'auteur de *"Secrets of the German Sex Magicians"* affirme que des états de conscience modifiés sont recherchés par les occultistes à travers les rituels sexuels pour obtenir ce qu'ils appellent des *"pouvoirs magiques"*. Il cite par exemple une expérience qu'il nomme la *"Transe Gnostique"*. Cet auteur encourage ses lecteurs à pratiquer des rituels qui entraînent un dépassement des tabous sexuels et il insiste sur le fait que *"par l'emploi de pratiques bizarres et inhabituelles, nous accédons à des états de conscience altérés qui fournissent la clé des pouvoirs magiques."*[146] Voilà le genre de déclarations qui pourraient expliquer les témoignages concernant des abus rituels dont la perversité dépasse l'entendement, allant même jusqu'au sacrifice humain.

Les rituels violents et parfois meurtriers ainsi que la débauche sexuelle extrême de ces sectes sont à relier aux notions de transgression, d'excès en tout genre et de violation de la morale sociale. Ils sont vus comme le moyen ultime de surpasser la condition humaine et l'ordre social pour accéder à une sorte de transcendance de l'humain, d'autant lorsque cela s'accompagne d'états altérés de conscience dû aux drogues et aux états dissociatifs : *"L'extase Dionysiaque signifie avant tout le surpassement de la condition humaine, la découverte d'une délivrance totale, l'obtention d'une liberté et d'une spontanéité habituellement inaccessible aux êtres humains... En plus de ces libertés, figure également la délivrance de la prohibition, des règles et des conventions de l'éthique et de l'ordre social."*[147]

"Fais ce que tu voudras sera le tout de la Loi", "Il n'y a d'autre Loi que Fais ce que tu veux." (Aleister Crowley)

---

[145] "Australie : Comment on étouffe une affaire de réseau pédophile et sataniste" - Donde Vamos, 19/10/2013.
[146] "Secrets of the German Sex Magicians : A Practical Handbook for Man & Women" - Frater U∴D∴, 1991, p.11-17.
[147] "A History of Religious Ideas, vol.1" - Mircea Eliade, 1978, p.365.

La société Thulé, ou l'Ordre de Thulé, était une société secrète allemande qui a largement inspiré le mysticisme et l'idéologie nazie. Dans son livre *"Spear of Destiny"* (La lance du destin), Trevor Ravenscroft (ancien militaire et journaliste britannique) explique que les membres de Thulé, qui pratiquaient la magie noire, étaient derrière la montée au pouvoir de Hitler avant la seconde guerre mondiale. Selon Ravenscroft les membres de la secte, en tant que satanistes, étaient *"uniquement préoccupés par l'élévation de leur conscience via la pratique de rituels pouvant les connecter aux intelligences maléfiques et non-humaines de l'univers, mais aussi pouvant leur permettre d'atteindre un moyen de communication avec ces intelligences. Un des adeptes principal de ce cercle était Dietrich Eckart."*[148] Les membres de Thulé pratiquaient également une forme de magie sexuelle dérivée des enseignements du sataniste Aleister Crowley, dont Dietrich Eckart s'inspira pour initier Adolf Hitler.

Hitler intégra l'Ordre de Thulé en 1919. Jusqu'en 1923, Dietrich Eckart, qui était son mentor, ne ménagea pas ses efforts pour faire d'Hitler un adepte d'occultisme et de magie noire particulièrement fervent. Eckart avait reçu un message venant de son *'esprit-guide'* lui disant qu'il aurait le privilège de former *"l'Anti-Christ"*. Dès le début de leur relation, Eckart croyait qu'Hitler était cet avatar et par conséquent, il n'oublia aucun enseignement, aucun rituel, aucune perversion, ceci dans le but de former spirituellement Hitler pour son rôle futur. C'est à partir de ses études sur les pouvoirs engendrés par les pratiques occultes perverses que Eckart conçu un rituel qu'il utilisa lorsqu'il ouvrit les centres (chakras) d'Adolf Hitler pour lui donner la vision et le moyen de communication avec les 'Puissances'. Une fois sa formation initiatique terminée, Hitler sentait qu'il était *"né de nouveau"* avec une force *'sur-personnelle'*, une force dont il aurait besoin pour mener à bien le mandat qui lui était ordonné. Hitler a utilisé le terme chrétien "né de nouveau" pour qualifier son initiation. Il est intéressant de noter ici que lors d'une interview télévisée de Georges W. Bush pour la campagne présidentielle de 1988, la journaliste Barbara Walters lui posa une question qui le fit sursauter. Elle lui demanda s'il était chrétien... Le futur Président marqua un temps d'arrêt, l'air perplexe, et après quelques secondes, il répondit : *"Si en parlant de chrétien, vous voulez dire "né de nouveau", alors oui, je suis chrétien."* Voici la réponse que l'on peut attendre d'un occultiste pour qui les rituels initiatiques auxquels il a participé font de lui un *"Born Again"* (né de nouveau). C'est le processus symbolique de "mort et renaissance" appliqué dans les abus rituels et le contrôle mental. La société secrète *Skull and Bones* par laquelle Bush père et fils (et bien d'autres) sont passés pratique des rituels identiques à ceux de l'ordre de Thulé où Hitler a été initié, il s'agit des pratiques de magie noire. Ron Rosenbaum a écrit à propos des *Skull & Bones* dans un article pour le magazine *Esquire* : *"La mort (rituelle) de l'initié devra être si terrifiante qu'elle nécessite l'utilisation de squelettes humains et de rituels psychologiques (...) la perversion sexuelle fait partie de ces rituels psychologiques (...) nu dans un cercueil, l'initié devra également raconter ses plus sombres et profonds secrets sexuels lors de l'initiation."*[149] Nous reviendrons plus en détail sur cette question de la *"résurrection initiatique"* dans le chapitre 4.

Cette magie noire initiatique qui transcenda Adolf Hitler combinait la perversion sexuelle et l'*illumination* provoquée par de profonds états modifiés de conscience, c'est à dire un mélange de magie sexuelle et de dissociation liée aux

---

[148] *"Spear of Destiny"* - Trevor Ravenscroft, 1982, p.161.
[149] "The Last Secrets of Skull and Bones" - Ron Rosenbaum, Esquire Magazine, 1977.

traumatismes. Ces rituels impliquaient des pratiques hautement perverses et sadiques : sodomies, orgies, sacrifices d'animaux, flagellations… Ravenscroft rapporte que Hitler a été fortement torturé au cours de ces rituels traumatiques, notamment lors d'un *"rituel magique, sadique et monstrueux"* après quoi il est devenu impuissant. Cette impuissance n'avait rien d'une castration physique, elle avait une profonde origine psychologique en raison de l'extrême sadisme et masochisme des rituels. Les relations qu'Hitler a eues avec Eva Braun étaient du même ordre. Trevor Ravenscroft a également écrit à propos d'Hitler : *"La perversion sexuelle prenait une place centrale dans sa vie. Une perversion sexuelle monstrueuse qui était véritablement au cœur de son existence et qui était la source de ses pouvoirs médiumniques et de clairvoyance."* Dans son livre *"Hitler - A study in Tyranny"*, Alan Bullock écrit : *"Son pouvoir d'ensorceler une foule est à mettre en lien avec l'art occulte des 'medecine-men' africains ou des chamans asiatiques; d'autres ont comparé cela à la sensibilité médiumnique ou au magnétisme d'un hypnotiseur."*

Ces rituels de magie noire et de magie sexuelle ouvrent des portes vers le monde des esprits, ceux-ci fournissent aux initiés une certaine puissance ainsi que des pouvoirs psychiques. En 1921, à 33 ans, Hitler était totalement possédé par une hiérarchie d'esprits démoniaques et il était enfin prêt à prendre la tête du parti national-socialiste. Personne ne peut comprendre la monstruosité des projets d'Hitler sans connaître la perversion satanique dans laquelle il s'était plongé bien avant son arrivée au pouvoir. Hitler a reçu une véritable protection d'ordre surnaturelle pour mener à bien sa mission. Dans son livre *"Hitler, Médium de Satan"*, Jean Prieur rapporte qu'à plusieurs reprises le futur Fürher aurait été sauvé grâce à des "forces obscures" durant la première guerre mondiale : *"Cependant, une voix parle en lui en sourdine et lui ordonne de s'éloigner le plus possible de la tranchée; il continue donc à marcher comme un somnambule. Soudain une rafale de fer et de feu l'oblige à se plaquer au sol. L'explosion est toute proche (…) Quand le calme est revenu, il se hâte vers la tranchée et ne reconnaît plus rien. À la place de l'abri de l'escouade, c'est un gigantesque entonnoir parsemé de débris humains. Tous ses camarades ont été tués. C'est depuis ce jour qu'il fut convaincu de sa mission divine. Pour la cinquième fois, la Providence intervenait en sa faveur (…) Au cours de l'été 1915, il fut de nouveau sauvé en des circonstances extraordinaires qu'il a raconté des années plus tard à un journaliste anglais, Ward Price : "J'étais en train de dîner dans la tranchée avec plusieurs camarades, lorsque j'eus l'impression qu'une voix me disait : "Lève-toi et va là-bas !" La voix était si nette, si insistante que j'obéis mécaniquement comme s'il s'agissait d'un ordre militaire. Je me levais aussitôt et m'éloignais de vingt mètres, emportant mon dîner dans ma gamelle. Puis, je m'assis pour continuer mon repas; mon esprit s'était calmé. À peine avais-je fait cela qu'un éclair et une assourdissante détonation me parviennent de la tranchée que je venais de quitter. Un obus égaré avait éclaté au-dessus du groupe, tuant tout le monde."*[150]

Durant la première guerre mondiale, Hitler semblait déjà avoir un sérieux bagage de connaissances occultes et païennes. Jean Prieur rapporte dans son livre : *"C'est pendant l'automne 1915 qu'il composa ce curieux et inquiétant poème, où il convient de voir beaucoup plus qu'un exercice littéraire :*

Par les nuits mordantes, je vais souvent
Dans la clairière silencieuse au chêne de Wotan
M'unir aux puissances obscures…

---

[150] *"Hitler médium de Satan"* - Jean Prieur, 2002, p.41-38.

Avec sa formule magique
La lune trace les lettres runiques,
Et tous ceux qui sont pleins d'impudence durant le jour
Sont rendus tout petits par la formule magique[151]

Dans ce poème, Hitler se réfère à *"Wotan"*, aussi nommé *"Wodan"*, correspondant à Odin, le dieu nordique des morts, le dieu de la victoire et du savoir. La Scandinavie l'appelait Odin et la Germanie le nommait Wotan. Adolf Hitler était totalement adepte de ce vieux paganisme nordique. Voilà pourquoi les Nazis ont créé (ou peut-être absorbé) l'*Ahnenerbe*, une société pour la recherche et l'enseignement sur l'héritage ancestral ésotérique.

Hitler a également échappé à plusieurs attentats de façon extraordinaire, comme en 1936 aux jeux olympiques de Berlin, mais aussi en 1937 et en 1939. Lorsque certaines personnes de son entourage s'étonnaient du peu de mesures prises pour sa sécurité, Hitler répondait : *"Il faut avoir foi en la providence, il faut écouter la voix intérieure et croire en sa destinée. Je crois profondément que le destin m'a choisi pour le plus grand bien de la nation allemande."* Une fois, il dira à Eva Braun : *"La providence me protège et nous ne devons plus craindre nos ennemis."...* Ravenscroft rapporte que lors d'une interview à la presse, Hitler a déclaré *"Je marche comme un somnambule dicté par la providence."* De quelle providence parle-t-il ? Certainement de la "providence luciférienne", autrement dit la possession démoniaque à laquelle il avait été préparé durant des années d'initiations...

Aleister Crowley s'était auto-proclamé : "La Bête 666". Son biographe, John Symonds, a déclaré : "Le sexe était devenu pour Crowley le moyen d'atteindre Dieu... Il accomplissait l'acte sexuel non pour des joies émotives ou à des fins procréatrices, mais pour renouveler sa force psychique. Il estimait rendre ainsi un culte au dieu Pan." Dans son journal Rex de Arte Regia, Crowley décrit ses pratiques de "l'Art Royal" (la magie sexuelle) en précisant qu'il fait un voeux lors des rituels, généralement pour une rentrée d'argent, et qu'il finit toujours par obtenir ses désirs.

L'ex-occultiste William 'Bill' Schnoebelen a fait plusieurs révélations publiques à propos des rituels de la haute-maçonnerie luciférienne. Schnoebelen a fait partie de l'Église de Satan, il a été franc-maçon pendant 9 ans, initié au 32ème degré du rite Écossais, au 90ème degré du rite de Memphis-Misraïm et au 9ème degré de l'O.T.O. Il a également atteint le 9ème degré chez les Rosicruciens. En 1984, il est totalement sorti de l'occultisme pour devenir Chrétien. Voici un extrait de conférence dans laquelle il affirme que *"l'Art Royal"* maçonnique est lié à des pratiques de magie sexuelle sur des enfants : *"Ces rituels contiennent un aspect profondément sinistre mais que je dois aborder. Je m'en excuse d'avance car c'est quelque chose de vulgaire. Mais nous devons parler du "Secret Royal" de la maçonnerie et comment il intervient dans cette pyramide hiérarchique spirituelle (...) En 1904, Crowley a eu un contact avec un être extra-terrestre (démon) nommé Iwas. Cette entité lui a dicté un livre lors des transes médiumniques de sa femme : le livre de la Loi. Ce livre stipule que Dieu est déchu de son trône et qu'un nouveau dieu-enfant conquérant vient prendre sa place. En conséquence, Crowley a déclaré la fin du Christianisme et l'avènement du "crowlianisme". En fait, c'était un génie, il pouvait jouer aux échecs les yeux fermés. C'était un poète accompli, un peintre et un écrivain. Il était*

---

[151] Ibid p.38.

tellement couvert de titres maçonniques qu'il aurait pu en remplir cinq pages d'un livre. Cet homme fut l'un des francs-maçons les plus honorés au monde mais il fut également l'homme le plus dangereux du 20ème siècle. Suite au Livre de la Loi, il a commencé à faire des rituels pour ramener ce dieu-enfant. Pour cela il a fondé ce qu'il a appelé la secte de "l'Enfant fascinant", et en faisant cela, il a dévoilé et révélé le Secret Royal de la Franc-maçonnerie. Suite à la publication de son livre, un homme s'est présenté à lui. Cet homme était Théodore Reuss, un occultiste allemand et leader de l'O.T.O. (l'Ordre du Temple de l'Orient) qui est l'ordre des Templiers de l'Est, encore des chevaliers templiers… Cet homme a alors dit à Crowley qu'il avait révélé le plus grand mystère de l'histoire de l'occultisme. Ce à quoi Crowley répondit qu'il ne comprenait pas de quoi il voulait parler. Reuss l'a donc initié au 9ème degré de l'O.T.O. et lui révéla le secret. Ce secret est qu'en tant que franc-maçon, l'immortalité vous est promise. Si vous allez à un enterrement maçonnique, vous entendrez un prêche sur l'immortalité. Vous entendrez les promesses disant qu'après leur mort, ils iront dans les grandes loges célestes supérieures pour l'éternité. Comment obtiennent-ils cette immortalité ? Ils ne croient pas en Jésus. Le nom de Jésus n'est même pas autorisé de citation dans les loges bleues de la franc-maçonnerie (…) Où obtiennent-ils donc cette promesse d'immortalité ? Le secret que Crowley a indirectement découvert, probablement grâce à une intervention démoniaque, c'est que cette immortalité est accessible grâce à la magie sexuelle opérative. Ce type de magie sexuelle dont nous parlons ici est le viol d'un jeune enfant, malheureusement. Crowley enseignait que l'on peut vivre éternellement grâce à la vampirisation sexuelle de jeunes enfants (…) Je m'en excuse, c'est tellement horrible… Mais les maçons pratiquent cela. Pas tous ! Comprenez-moi bien s'il vous plait. Mais c'est un problème suffisamment important pour que je me sente forcé de vous en parler. C'est la raison pour laquelle les maçons pensent pouvoir obtenir l'immortalité. Chaque fois qu'ils souillent un enfant, ils volent un peu de la jeunesse de cet enfant. (…) Ensuite, ils pensent pouvoir accéder à des univers alternatifs dans lesquels ils deviendront des dieux (…) Crowley révèle le secret du symbolisme de "l'Œil qui voit tout" dans un de ses livres, le livre de Toth, qui est un manuel très avancé. Ceci est l'œil de Lucifer, mais croyez-le ou non, ce symbole correspond également à un organe que nous dénommons d'une délicate appellation : le rectum. Ce qui est ironique quand vous savez qu'il représente aussi Lucifer. Ceci fait référence à la doctrine occulte et archéométrique de la maçonnerie qui prétend que par le biais de la sodomie, spécialement avec de jeunes garçons, vous pouvez accéder à des dimensions de réalité alternatives, au travers de ce qu'ils appellent des 'tunnels de typhon' (vortex). Ils ont cette croyance qu'à travers la perversion sexuelle, ils peuvent accéder à ces tunnels, et le but de ce type de magie est de trouver son propre univers et de devenir le dieu de cet univers. Satan trahit ces gens en les incitant à pratiquer le mal. Cependant, ce qui est important n'est pas de savoir si cela marche ou non mais de savoir que ces gens y croient réellement (…) Cette forme de magie est de la magie "Trans-Yuggothienne". Ce qui signifie que c'est une magie qui agit au-delà de l'espace plutonien, une planète qu'ils pensent être hors d'atteinte du Soleil, et donc hors d'atteinte des rayons du Dieu judéo-chrétien. Ils pensent qu'il y a des entités au-delà de Pluton qui sont bien plus puissantes, plus dangereuses et plus mortelles que Dieu ou le diable. Ceci est la chose à laquelle ces gens tentent de parvenir. Comprenez-moi bien ! Je ne le dirais jamais assez : Un ou deux maçons sur cent pratiquent des choses pareilles… Mais c'est plus qu'il n'en faut ! Et c'est un sérieux problème ![152]

Selon Bill Schnoebelen, la magie sexuelle pratiquée sur des enfants serait donc une clé pour accéder à d'autres dimensions et pour obtenir de la puissance. Un enfant torturé et violé lors d'abus rituels sataniques se retrouve en état de

---

[152] "Exposing the illuminati from within" - The Prophecy Club - vostfr : "Dévoiler les illuminati de l'intérieur" - Bill Schnoebelen.

dissociation, c'est à dire qu'il devient lui-même une porte ouverte vers d'autres dimensions (voir le chapitre 6 sur la connexion entre traumatismes, dissociation et accès aux autres dimensions). La pratique de la magie sexuelle sur un enfant en état de transe dissociative serait-elle une *source de jouvence* ? Dans un tel état de dissociation, l'enfant serait-il une sorte de pont, un médium faisant l'intermédiaire pour relier le monde terrestre et le monde des esprits ? Malheureusement, cette question en vient à être posée car tout porte à croire qu'il s'agit là d'une boîte de Pandore dont le contrôle mental est une composante essentielle.

Dans son livre *"Do What You Will : A History of Anti-Morality"*, Geoffrey Ashe écrit que Crowley avait des *"pouvoirs hypnotiques"* qu'il utilisait fréquemment pour séduire les femmes mais il écrit également qu'il était *"comme trois ou quatre hommes différents"*.[153] Crowley lui-même a décrit ses états de conscience modifiés dans lesquels il affrontait d'autres entités imaginaires, dissociatives ou spirituelles. Est-ce que Crowley avait lui-même une personnalité multiple, une personnalité fractionnée par des traumatismes liés à son enfance ? Avait-il un trouble dissociatif de l'identité ? Dans son livre *"Magick in Theory and Practice"*, Crowley préconise l'autopunition par la scarification avec une lame de rasoir. Les thérapeutes qui travaillent avec des survivants d'abus rituels rapportent que l'automutilation par la scarification est la caractéristique la plus commune des patients souffrant de sévères troubles dissociatifs. Crowley a rejoint l'*Ordre hermétique de l'Aube Dorée* (Golden Dawn) en 1898 pour en être finalement exclu en 1900. En 1901, un scandale a éclaboussé la Golden Dawn, Theo Horos (Franck Jackson) et sa femme ont été accusés du viol d'une jeune fille de seize ans. À l'époque, le juge a conclu que le couple avait utilisé les rituels de la Golden Dawn pour l'exploitation sexuelle de mineurs. Selon Richard Kaczynski, l'auteur de *"Of Heresy And Secrecy : Evidence of Golden Dawn Teachings On Mystic Sexuality"*, les pratiques de magie sexuelle seraient quelque chose de courant au sein de cette société secrète. Il est probable que la magie sexuelle soit un enseignement commun à toutes ces différentes loges lucifériennes.

La Golden Dawn aurait été créée suite à la découverte de mystérieux documents germaniques. Il s'agissait de manuscrits codés qui ont été déchiffrés et retranscrits par un des membres fondateurs de l'Ordre, le Dr. William Wyn Westcott, un franc-maçon. Par la suite, les documents ont été soupçonnés de falsification et afin de clarifier la question, l'auteur de *"The Magicians of the Golden Dawn"*, Ellic Howe, a transmis les traductions de Westcott à un expert en graphologie. Celui-ci a conclu que Westcott avait probablement un trouble de la personnalité multiple (trouble dissociatif de l'identité) en raison de ses différents styles d'écritures très marqués. Dans son livre *"What You Should Know About The Golden Dawn"*, Gerald Suster, un avocat de la Golden Dawn a contesté l'argument du trouble de la personnalité multiple en notant qu'un autre membre important de l'Ordre, Israel Regardie, avait lui aussi un style d'écriture qui pouvait varier et qu'il n'avait jamais été diagnostiqué avec une personnalité multiple ou un quelconque trouble psychiatrique... Une interprétation de ces variations d'écriture serait de dire que ces hommes ont tous les deux des troubles dissociatifs causés par des expériences de rituels traumatiques. Mais il s'agit là d'un diagnostic précis qui est

---

[153] "Do What You Will : A History of Anti-Morality" - Geoffrey Ashe, 1974, p.235.

rarement effectué car peu de professionnels de la santé mentale sont formés pour déceler ce genre de troubles de la personnalité.[154]

Une autre société secrète ayant une doctrine et une structure de type maçonnique est la F.S., *Fraternitas Saturni* ou Fraternité de Saturne. Dans son livre intitulé *"Fire & Ice : Magical Teaching of Germany's Greatest Secret Occult Order"*, Eldred Flowers mentionne la F.S. comme étant une *"sympathique organisation Luciférienne"*. Tout comme l'O.T.O. et de nombreux ouvrages maçonniques, la F.S. donne une importance considérable aux concepts et aux termes Gnostiques. Dans ce livre, Eldred Flower se réfère fréquemment à la *"Gnose-Saturnienne"* et à des rituels sexuels spécifiques. À noter que Linda Blood, dans son livre *"The New Satanists"* rapporte que Eldred Flowers, pour qui la F.S. est une *"sympathique organisation luciférienne"*, secondait Michael Aquino à la tête du Temple de Set. Linda Blood sait de quoi elle parle car elle a été la maîtresse d'Aquino et membre de cette secte.[155]

5 - SACRIFICES, SORCELLERIE, CHAMANISME
ET PERSONNALITÉS MULTIPLES

Des preuves archéologiques prouvent que Les Moches, les Incas, les Mayas et les Aztèques ont en commun la pratique de rituels violents et sanglants. En approfondissant le sujet, il apparaît également que le sacrifice humain a aussi été pratiqué en Europe. Dans un article intitulé *"Vessels of Death : Sacred Cauldrons in Archaeology and Myth"*,[156] Miranda Green fait référence à des sacrifices humains pratiqués par le peuple germanique des Cimbres et rapportés par le géographe grec Strabon. L'article décrit que la cérémonie était effectuée par les "saintes femmes", l'une d'entre elle égorgeait un prisonnier de guerre et récoltait son sang dans un grand chaudron de bronze. Ensuite son corps était ouvert afin d'inspecter ses entrailles et ses organes dans un but divinatoire. Le sacrifice humain est un héritage commun dans l'histoire de l'humanité, c'est une pratique liée à l'adoration de dieux démoniaques et lucifériens. Historiquement, les premiers rites païens incluaient des sacrifices à la fois animaux et humains. Le sacrifice d'un être humain ainsi que le cannibalisme semble avoir tenu une certaine place dans des rituels ancestraux et même contemporains. Dans *"Kingship and Sacrifice : Ritual and Society in Ancient Hawaii"*, Valerio Valeri rapporte l'existence de sacrifices rituels d'humains pratiqués par les prêtres jusqu'en 1819, avant qu'ils ne soient interdits. Valeri précise que les sacrifices humains étaient aussi utilisés dans des rites de sorcellerie. L'ancien culte Vaudou haïtien pratiquait le sacrifice de *"la chèvre sans cornes"*, un euphémisme qui désigne un sacrifice humain.[157] Tout comme le terme *"long pig"* (en référence au porc) désigne la chair humaine chez les cannibales de Polynésie. Le cannibalisme a aussi été attribué à certaines pratiques chamaniques. Un rituel de cannibalisme est probablement une expérience traumatique aussi bien

---

[154] *"Cult & Ritual Abuse"* - James Randal Noblitt & Pamela Perskin Noblitt, 2014, p.141.
[155] Ibid p.142.
[156] "The Antiquaries Journal" 78, 1998.
[157] *"Voodoo"* - Jacques d'Argent, 1970.

pour la victime avant sa mort, que pour ceux qui participent et survivent au rituel. Dans *"Dictionary of Folklore, Mythology and Legend (Funk & Wagnalls)"* R.D. Jamison écrit : *"L'expédition de Cambridge dans le détroit de Torrès a rapporté que des sorciers mangeaient la chair des cadavres ou mixaient cette chair avec leurs aliments après les pratiques rituelles. Cela a pour conséquence qu'ils deviennent violents et commettent des meurtres par la colère. Nous connaissons peu de choses sur les processus qui induisent la transe chamanique excepté que le cannibalisme provoque chez le consommateur un état inhumain ou surhumain."*

Dans un article intitulé *"Sacrifices of raw, cooked and burnt humans"*,[158] Terje Oestigaard note que le sacrifice humain est une pratique commune servant d'offrande pour les dieux. Cette offrande peut être enterrée crue, cuisinée comme un repas pour les déités ou bien incinérée pour monter directement au ciel. La crémation est une transformation et un médium par lequel s'opère une certaine transmutation de l'offrande. Le sacrifice animal ou humain peut être perçu comme une communion entre l'homme et les dieux à travers un repas, il a souvent été le rite central du paganisme car il permettait de *"partager la table des dieux"*, mais il faisait aussi office d'acte cathartique.

L'empereur romain Julien était connu pour son goût prononcé pour les actes sacrificiels et ils sont unanimement décriés par ses contemporains, autant fidèles que détracteurs. Il était décrit comme ne quittant jamais ses "amulettes et talismans" et partageant sa vie entre le souci de l'État et la dévotion aux autels. Libanios lui décerne comme titre de gloire d'avoir pratiqué en dix ans, plus de sacrifices animaux que tous les Grecs réunis. L'empereur Julien faisait des sacrifices de sang autant dans le temple de Zeus que dans celui de Tyché (fortune) ou de Déméter (fertilité).[159]

Dans *"History of the Wars"*, l'historien Procopius fait référence au sacrifice humain comme étant le plus 'noble', de préférence le premier humain capturé en temps de guerre. Le dieu de la guerre, Mars, devait être apaisé avec les rituels les plus sauvages et les plus sanglants en mettant à mort les prisonniers. Pour ces anciens peuples, l'effusion de sang était un moyen d'apaiser le prince de la guerre.

Dans un récit de voyage chez les Bulgares de la Volga (Vikings), Ibn Fadlan raconte comment différents animaux étaient sacrifiés tandis que les hommes du clan violaient une esclave avant qu'elle soit tuée et placée par son maître sur une embarcation. Ensuite le feu était mis à la barque pour réduire en fumée l'offrande humaine.[160]

Les meurtres rituels semblent être des pratiques courantes chez les sorciers de la culture *Cebuano* aux Philippines. Dans le livre *"Cebuano Sorcery : Malign Magic in the Philippines"*, Richard Lieban écrit : *"Pour devenir un de ceux qui peuvent pratiquer 'Hilo', il est dit que l'homme doit d'abord tuer un membre de sa propre famille, ensuite il doit faire une victime ou plus chaque année. Un de ces sorciers a révélé que l'obligation de tuer grandit chaque année. Plus longtemps le sorcier pratiquera sa magie, plus fréquemment il devra tuer. Tous les informateurs sont d'accord sur le fait que lorsque le sorcier assume de telles obligations, s'il ne commet les meurtres selon le calendrier, il deviendra lui-même une victime, frappé par ses propres instruments de sorcellerie qui se retourneront contre lui. Comme le dit un sorcier : 'S'il ne*

---

[158] "Norvegian Archeological Review", Vol 33, N°1, 2000.
[159] "Partager la table des dieux : L'empereur Julien et les sacrifices" - Nicolas Belayche.
[160] "The Risalah of Ibn Fadlan : An Annoted Translation with Introduction" - Mc Keithen, 1979.

tue pas, il tombera sérieusement malade, et il n'ira mieux que lorsqu'il sera mort. S'il ne tue pas, il mourra'.[161]

Dans une de ses conférences sur la thématique du *"New-Age"* (Nouvel Âge), l'abbé Jean Luc Lafitte rapporte ce qu'il a connu au Gabon : *"J'ai prêché plusieurs retraites en brousse (…) On entendait toutes les nuits les mélopées de ces sorciers qui travaillaient sur les adeptes de leur religion. On m'a expliqué qu'on les faisait danser, mais qu'avant de les faire danser, le gourou, le sorcier, prenait très grand soin de faire boire à tous ses adeptes un breuvage qui s'appelle l'iboga. Il s'agit d'un hallucinogène qu'il réduisait en poudre et qu'il faisait boire aux adeptes pour les faire danser toute la nuit au son du tambour. Au bout d'un certain temps, tous ces gens entraient en transe (…) Une fois qu'ils étaient en transe, le sorcier arrivait à vider complètement leur personnalité, à tel point que pour progresser dans ce système de fausse religion, il fallait faire quelque chose que vous demandait le gourou. La première initiation était de tuer un animal, donc au début, il fallait par exemple trancher le cou d'une poule. La deuxième étape était de tuer un ennemi et la troisième étape était de tuer un membre de sa famille. La quatrième étape étant de se tuer soi-même…"* Nous retrouvons ici trois choses communes aux témoignages d'abus rituels modernes : la drogue, les états de transe et les sacrifices de sang. Les survivants occidentaux racontent qu'ils ont d'abord été forcés de tuer un animal, puis parfois un être humain, généralement un bébé. La quatrième étape décrite par l'abbé Lafitte qui consiste à se tuer soi-même peut correspondre à la programmation de suicide chez les victimes de contrôle mental (MK) mais l'abbé ne précise pas dans quel cadre ni de quelle manière peut se déclencher cette quatrième étape dans la tradition qu'il décrit.

Les rituels traumatiques initiatiques sont un facteur commun dans beaucoup de traditions pratiquant la sorcellerie et le culte des esprits. Dans son livre *"La Conjuration antichrétienne"*, Mgr Henri Delassus écrit : *"Satan se fit élever des temples et dresser des autels sur tous les lieux de la terre et il s'y fit rendre un culte aussi impie que superstitieux. Combien de fois le peuple élu lui-même se laissa-t-il entraîner par lui, au point de sacrifier à "Moloch" jusqu'à ses enfants ! (…) Les missionnaires du XIIème siècle ont été bien surpris lorsque, partis de la France légèrement sceptique d'alors, ils ont débarqué dans les Indes orientales et se sont trouvés au milieu des manifestations diaboliques les plus étranges. Les voyageurs comme les missionnaires de nos jours sont témoins des mêmes prodiges. M. Paul Verdun a publié un livre : "Le diable dans les missions" (…) Les apparitions et les possessions sont chez eux choses fréquentes, connues et admises de tout le monde. Dans tous ces pays il existe des sorciers. Pour le devenir, il faut subir des épreuves cruelles qui dépassent de beaucoup les pratiques les plus pénibles de la mortification chrétienne. Dans la plupart de ces initiations, une manifestation du démon montre qu'il accepte le candidat comme sien, il en fait un possédé où il l'enlève."*[162]

En Papouasie-Nouvelle-Guinée, les rituels traumatiques visant à terroriser l'initié font partie intégrante des cultes locaux. Dans son livre *"Ritual and Knowledge Among the Baktaman of New Guinea"*, Frederik Barth décrit comment un novice *Baktaman* qui était tellement terrifié par le déroulement de l'initiation s'en est littéralement déféqué dessus. Dans le livre *"Rituals of Manhood : Male Initiation in Papua New Guniea"*, Gilbert Herdt rapporte que dans l'initiation *Bimin-Kuskusmin*, les novices sont totalement terrorisés par la cérémonie qui consiste à leur percer la

[161] "Cebuano Sorcery : Malign Magic in the Philippines" - Richard Lieban, 1967, p.23.
[162] *"La Conjuration antichrétienne"* - Mgr Henri Delassus, 2008 (Saint-Remi), p.259.

cloison nasale et à brûler leur avant-bras. Cela crée de sérieux traumatismes et l'auteur rapporte que des signes de profonds chocs psychologiques ont été observés chez plusieurs individus étant passés par cette initiation. Dans son analyse sur l'initiation Orokaiva des Papous, dans le livre *"Exchange in the Social Structure of the Orokaiva"*, Erik Schwimmer écrit qu'une des fonctions de ces rites est de provoquer *"une terreur absolue et durable chez le candidat"*. Tous les ethnographes qui ont étudié les Orokaiva ont souligné la nature particulièrement terrifiante de la cérémonie *embahi*. Plusieurs auteurs ont rapporté qu'une véritable panique était volontairement induite chez les jeunes candidats à l'initiation, mais ils décrivent aussi l'angoisse des parents qui assistent aux souffrances des enfants. Dans *"The Concept of the Person and the Ritual Sytem; An Orokaiva View"*, André Iteanu écrit même qu'il existe toujours un risque pour que l'enfant ne survive pas aux épreuves de l'initiation. Dans son livre *"Prey into Hunter : The Politics of Religious Experience"*, Maurice Bloch fait une analyse de la cérémonie *embahi* avec son caractère sacré et transcendantal. Selon Bloch, l'effet le plus important de cette cérémonie est que l'initié est symboliquement tué, ou plus exactement que sa vitalité est neutralisée, c'est alors qu'il devient un être purement transcendantal (dissocié ?). Suite à cette initiation l'enfant devient sacré, il s'agit donc de conquérir sa vitalité et de la mettre sous un certain contrôle. Pour cela, l'enfant est symboliquement tué afin de le transformer, de transcender sa personne pour qu'il devienne lui-même un tueur et non plus une victime.[163]

Nous avons ici une description qui peut correspondre aux abus rituels sataniques *"modernes"* avec le contrôle mental qui en découle. Ce sont des rituels initiatiques traumatiques qui visent à sacraliser l'enfant grâce à de profonds états dissociatifs et à une renaissance en tant qu'enfant "Monarch"; en faire un *tueur* plutôt qu'une *victime*, un membre à part entière du culte luciférien / satanique.

L'ouvrage *"Cult and Ritual Abuse : Narratives, Evidence and Healing Approaches"* de James Randall Noblitt et Pamela Perskin Noblitt aborde l'aspect anthropologique des abus rituels et du contrôle mental utilisant les troubles dissociatifs de l'identité (trouble de la personnalité multiple). Le livre rapporte de nombreuses sources qui concernent des rituels traumatiques dont la frontière entre dissociation et possession démoniaque reste très floue. Voici quelques-unes des sources qu'ils rapportent dans leur livre...

L'ouvrage de Isaiah Oke, *"Blood Secrets : The True Story of Demon Worship and Ceremonial Murder"* (Les secrets du sang, la véritable histoire du culte au démon et du meurtre rituel), aborde clairement la question des abus rituels en Afrique de l'Ouest. Isaiah Oke est le petit fils et le successeur d'un important *Babalorisha*, un grand prêtre Juju. Il raconte dans son livre *"l'éducation et la formation"* qu'il a reçues pour succéder à son grand-père. Oke décrit les cérémonies traumatisantes à travers lesquels il est passé lors de son apprentissage pour devenir un grand prêtre. Il décrit également les épreuves qu'il devait infliger aux autres, des cérémonies qui impliquaient des actes de tortures et même des meurtres lors par exemple de la cérémonie des *"200 coupures"* durant laquelle il a dû mettre à mort un homme. Il rapporte ce qui semble être des expériences classiques de dissociation lorsqu'il fait référence à des pertes de mémoires et des possessions par les esprits des ancêtres

---

[163] *"Rites of Terror, Metaphor and Memory in Melanesian Initiation Cults"* - Harvey Whitehouse, The Journal of the Royal Anthropological Institute, Vol. 2, No. 4, 1996.

du village. Oke écrit dans son livre : *"Nos rituels servent à apaiser les plus horribles de nos dieux. Ces dieux sont tellement redoutables que nos rituels doivent l'être tout autant. Nous pensons qu'il n'y a rien de mieux que le sang pour apaiser les esprits féroces de Juju."*[164]

Oke compare le Juju Africain au Satanisme Américain. Il explique que ce culte est pratiqué ouvertement en Afrique de l'Ouest et même exploité commercialement pour les touristes, mais qu'il a une autre façade où le secret est tel que certains disent qu'il y a une autre religion, inconnue du monde extérieur, au sein même du Juju : *"Il y a un autre endroit de sacrifice que nous appelons le "Tombeau", habituellement dans la forêt, loin des yeux et des oreilles indiscrètes. C'est généralement une simple cabane bien camouflée dans laquelle nous appelons l'Igbo-Awo (le secret de la forêt). Ce qui se pratique dans le "Tombeau" ne sont pas des inoffensives cérémonies, mais plutôt les rituels de sang macabres."*[165]

Dans son livre *"Ritual : Power, Healing and Community"*, Malidoma Somé confirme les déclarations de Isaiah Oke à propos de cette religion Africaine du Juju. Originaire d'Afrique de l'Ouest, Somé a fait ses études à la Sorbonne et à l'Université Brandeis aux États-Unis. Il décrit des rituels dans lesquels des personnes se mettent à parler avec des voix différentes et qui montrent plusieurs personnalités. Il précise que le prêtre qui dirige les rituels est capable d'agir sur l'esprit des personnes présentes pour qu'elles soient incapables de se rappeler les événements qui ont eu lieu. Il rapporte l'exemple d'un homme de la tribu qui a voulu révéler les secrets du culte à des étrangers. Avant qu'il ne soit en mesure de le faire, il aurait eu une crise psychotique et il se serait suicidé. Ces témoignages sont à mettre en parallèle avec ceux rapportés par des survivants d'abus rituels sataniques en occident. Certains disent qu'ils sentent leur esprit bloqué ou "fermé" lorsqu'ils essayent de se rappeler les détails de leurs abus. Ils disent aussi qu'ils deviennent particulièrement autodestructeurs, voir suicidaires, lorsqu'ils sont sur le point de parler ou qu'ils viennent de parler à quelqu'un de certaines choses qui doivent rester secrètes. En occident, cette mise en place du secret intérieur est faite par ce que l'on nomme la programmation MK-Monarch. Il s'agit d'une forme de conditionnement extrême créant et manipulant des réactions programmées à l'aide de profonds traumatismes. (Voir le chapitre 7)

Le psychiatre britannique William Sargant (qui a travaillé pour le projet MK-Ultra), a déclaré dans son livre *"The Mind Possessed : A Physiology of Possession, Mysticism and Faith Healing"* que la dissociation, l'amnésie, la modification de la personnalité ainsi que la programmation mentale, était une part essentielle dans le culte *Orisha*.

Orisha est le terme *Yoruba* pour désigner les dieux ou la représentation de l'esprit de Dieu. Il s'agit d'une tradition afro-américaine originaire d'Afrique. Ce terme est utilisé dans le *Juju* mais aussi dans la *Santeria* qui est un dérivé de la culture *Yoruba*. Dans son livre, William Sargant cite l'auteur Pierre 'Fatumbi' Verger qui aurait été initié à ces rituels *Orisha* : *"Pierre Verger lui-même est devenu un prêtre du culte Orisha. Il ne pouvait pas m'en dire beaucoup à propos des cérémonies secrètes qui se passaient au couvent, mais il a pu révéler qu'il s'agissait là d'un sévère processus de lavage de cerveau dans lequel la personnalité ordinaire de l'adepte est remplacée par une nouvelle*

---

[164] "Blood Secrets : The True Story of Demon Worship and Ceremonial Murder" - Isaiah Oke, 1989, p.19.
[165] Ibid, p.19.

personnalité. L'initié n'est jamais autorisé à se rappeler de qui il était, de quoi il avait l'air et comment il se comportait avec son ancienne personnalité. Lorsque l'initié quitte le couvent, il lui est redonné son ancienne personnalité par un procédé particulier, mais il garde très peu de mémoire de ce qui s'est passé dans le couvent. Lorsque les adeptes reviennent dans le couvent, par le même procédé hypnotique inverse, ils retrouvent leur personnalité de dévots, qui disparaîtra encore une fois dans leur personnalité ordinaire lorsqu'ils retourneront dans le monde profane."[166]

Nous avons ici un exemple de contrôle mental basé sur un fractionnement de la personnalité avec des mémoires cloisonnées par des murs amnésiques (voir le chapitre 5). William Sargant a également déclaré que *"Certaines personnes sont capables d'induire sur elles-mêmes ou sur quelqu'un d'autre un état de transe et de dissociation causées par des contraintes émotionnelles fortes et répétitives, jusqu'au point ou cela peut devenir un système de conditionnement de l'activité cérébrale (…) Si la transe est accompagnée d'un état de dissociation mentale, la personne pourra être profondément influencée dans sa pensée et lors de son comportement ultérieur."* Sargant fait ici une référence claire au processus de contrôle mental utilisant les états dissociatifs.

L'auteur Fritz Springmeier a décrit des cérémonies de vaudou haïtien impliquant des phénomènes de transe et de dissociation. Springmeier fait le parallèle entre ces pratiques rituelles vaudou et la programmation MK-Monarch : *"Les premiers rapports sur le vaudou haïtien ont été écrit en 1884 par Spencer St John. Ses écrits décrivent les rituels de sang et le cannibalisme pratiqués dans cette religion (…) Les sacrifices de sang sont souvent associés avec les démons et la personne possédée boira le sang de l'animal sacrifié. Les pierres précieuses, les herbes, les transes et les états dissociatifs sont utilisés pour attirer les esprits. Alors que l'esclave MK-Monarch subit des états dissociatifs provoqués par les traumatismes, les états dissociatifs des adeptes du Vaudou sont provoqués rituellement. Les rituels de vaudou impliquent des chants, des rythmes de tambours, parfois des claquements de mains et des danses frénétiques pour induire les états dissociés. Plusieurs facteurs qui provoquent ces états modifiés de conscience ont été identifiés dans les religions afro-caribéennes ou d'Amérique du Sud. Il y a d'abord les danses sur un rythme rapide et saccadé. Ensuite, les états dissociés suivent souvent une période de privation alimentaire, l'hyperventilation est également utilisée pour atteindre ces états de conscience particuliers. Le début de la possession démoniaque se caractérise par une brève période d'inhibition musculaire avec un effondrement (…) Lors de la transe, les membres du corps ainsi que la tête sont pris de tremblements, la personne devient tellement dissociée qu'elle peut ramasser à la main des braises incandescentes. Le possédé peut être conscient, semi-conscient ou inconscient de ce qui lui arrive (…) Les rituels Vaudou qui induisent des états dissociatifs sont généralement accompagnés d'une amnésie. Durant cette période de temps amnésique, la personne s'est comportée comme si elle était un esprit (un dieu). Ce qui vient d'être décrit ici relève plus d'un état dissocié induit par le rituel que d'un état dissocié induit par le traumatisme. La programmation MK-Monarch vise à combiner les deux à la fois : le rituel et le traumatisme, ceci dans le but de créer et renforcer un état profondément dissocié. C'est la raison pour laquelle il est difficile de séparer le facteur religieux de la programmation MK-Monarch."*[167]

Intéressons-nous maintenant au chamanisme, un sujet incontournable lorsque l'on étudie les états modifiés de conscience et les interactions avec d'autres

---

[166] "The Mind Possessed : A Physiology of Possession, Mysticism and Faith Healing" - William Sargant, 1974, p.149.
[167] "The Illuminati Formula Used to Create an Undetectable Total Mind Controlled Slave" - Fritz Springmeier & Cisco Wheeler, 1996.

dimensions. Les chamans sont ce que l'on appelle des "sorciers guérisseurs" ou *"medecine men"* (hommes médecine). Il s'agit d'un système primitif de médecine remontant aux temps les plus reculés, une discipline mêlant la communication avec les esprits et la pratique d'exercices pour obtenir certains "pouvoirs spirituels". On parle parfois de *"guerrier chaman"*, un individu capable d'atteindre de profonds états de transe lors de rituels, généralement avec l'aide d'un tambour, de chants et de danses cérémonielles. Il utilise parfois la privation de sommeil et/ou de drogues pour faciliter ces états de profonde dissociation. Une fois en transe, le chaman entre dans le *monde des esprits*, une dimension parallèle à la nôtre mais tout aussi réelle pour le chaman. Ces voyages lui apportent des visions qui lui permettent de diagnostiquer des problèmes de santé par exemple, mais il peut aussi avoir à traiter d'autres problèmes concernant sa communauté. Dans son travail spirituel, le chaman est assisté par des entités parfois appelées *"esprit gardien"* ou *"esprit guide"*.

Certains chamans ne se limitent pas aux activités spirituelles *'bienveillantes'* et peuvent utiliser la sorcellerie liée aux forces obscures lorsqu'ils en ont besoin. Dans son livre *"The Way of the Sacred"*, Francis Huxley fait une nette distinction entre le chamanisme noir et le chamanisme blanc. Harry B.Wright, dans son livre *"Witness to Witchcraft"*, fait une observation similaire chez les sorciers amérindiens d'Amazonie, avec les bienveillants *curanderos,* et les malveillants *feiteceros.* Il est par ailleurs intéressant de noter que dans le livre *"The Shaman and the Magician : Journeys Between the Worlds"*, Nevil Drury rapporte des similitudes entre les pratiques chamaniques traditionnelles et certains rituels modernes de magie pratiqués dans certaines loges occultes de type maçonnique. Il cite par exemple l'Ordre hermétique de l'Aube dorée, la *Golden Dawn*. Il est clair que la fonction psycho-spirituelle, nommée dissociation psychique, est un point essentiel dans l'occultisme luciférien.

Il est nécessaire de faire ici une mise au point en ce qui concerne la *"magie blanche"* et la *"magie noire"*, ou encore les sorciers *"bienveillants"* ou *"malveillants"*. Voici ce que Anton LaVey, le fondateur de l'église de Satan, déclare à propos de la magie :

"LaVey ne fait aucune distinction entre magie blanche et magie noire, il affirme que la sorcellerie blanche Wicca et les "new-âgers" font librement appel aux forces de l'ombre pour les solliciter dans leurs désirs hypocrites. LaVey a déclaré : "Toute magie vient du royaume du Diable, peu importe la façon dont vous l'habillez. La croyance selon laquelle la magie 'noire' est uniquement utilisée pour la destruction et la 'blanche' pour la guérison est erronée. La magie satanique est utilisée pour invoquer le pouvoir de la justice, elle peut être utilisée pour vous aider vous ou quelqu'un d'autre, aussi bien qu'elle peut être utilisée pour nuire à quelqu'un."[168]

"Il n'y a aucune différence entre magie blanche et magie noire, excepté dans l'hypocrisie béate et l'auto-tromperie des "magiciens blancs" (...) Personne sur cette terre n'a jamais étudié l'occultisme, la métaphysique, le yoga ou toute

---

[168] "Dinner with the Devil : An evening with, the High Priest of the Church of Satan" - Bob Johnson, High Times Magazine, 1994.

autre chose de la soi-disante "lumière blanche", sans une gratification de l'ego et dans le but d'obtenir un pouvoir personnel."[169]

Pierre Manoury écrit également qu'il n'existe pas de "magie blanche" ou de "magie noire" : "On reconnaît souvent un spécialiste à ce qu'il a un léger sourire à l'évocation des termes "magie blanche". La raison est fort simple, la magie blanche n'existe pas ! (...) N'en déplaise à ces braves gens et au troupeau écervelé qui leur sert de public, la magie blanche n'existe pas et n'a jamais existé. On emploie couramment dans la littérature les termes de mage blanc pour désigner un adepte n'effectuant que des opérations bénéfiques, par opposition au magicien noir faisant alliance avec les forces des ténèbres. Seulement voilà, il s'agit de littérature, pas d'initiation ! Il n'existe en fait qu'une magie qui se subdivise en plusieurs spécialités. La notion de magie blanche ou noire est purement manichéenne, simpliste et primaire."[170]

Une question importante concernant le chamanisme est de savoir si ces pratiques impliquent des abus rituels traumatiques. Comment les chamans obtiennent ils ces communications avec les "esprits" ? L'hypothèse que ces "esprits" puissent être dans certains cas des personnalités dissociées du chaman n'est pas à exclure, et il se peut que ce fractionnement de personnalité soit créé par des rituels. Certains rituels ne sont pas traumatiques, d'autres le sont et impliquent des traumas ayant pour fonction de produire des identités alter féroces et intrusives pouvant facilement être prises pour des entités démoniaques.

Dans son livre *"The Way of the Shaman"*, Michael Harner décrit le parcours initiatique d'un chaman, mais il ne développe pas la manière dont les entités spirituelles dites *"guides"* ou *"gardiens"* viennent à faire partie du monde psychique intérieur de l'initié chaman. Selon Harner, *l'esprit gardien* doit venir vers le chaman suite à une sévère maladie ou bien il faut aller délibérément à sa rencontre durant une *"quête de vision"*. Dans son livre, Harner emploie des termes comme *"une autre identité"*, *"alter ego"* ou encore *"un autre soi"* en référence à *l'esprit gardien* du chaman. Dans l'ouvrage *"Primitive Magic : The Psychic Powers of Shamans and Sorcerer"*, Ernesto De Martino cite un compte-rendu ethnographique de Martin Gusinde qui emploie les termes *"double personnalité"*, *"seconde personnalité"*, *"personnalité médiumnique"* pour décrire l'interaction du chaman avec les esprits. De Martino cite également un texte d'un autre spécialiste du chamanisme, Shirokogoroff, pour qui le tambour vise à *"produire l'atténuation de la conscience éveillée"* et à *"favoriser le dédoublement (la venue de l' "esprit")* (...) *Pendant l'extase, le degré de dédoublement de la personnalité et l'élimination des éléments conscients sont variables , mais en tout cas il y a des limites dans les deux sens, c'est à dire que l'état du chaman ne doit pas se transformer en crise d'hystérie incontrôlée, et d'autre part, que l'extase ne doit pas cesser : en effet, ni la crise d'hystérie incontrôlée, ni la suppression de l'extase ne permettent l'activité régulière de la personnalité seconde et l'autonomie subséquente de la pensée intuitive"*. De Martino reprend ensuite l'histoire d'*Aua* qui a interprété sa maladie *"comme une invitation à devenir chaman, comme une vocation* (...) *Après des troubles divers, il va finalement trouver un équilibre psychique, et *"au lieu de la menace d'une dissolution de la présence unitaire, il se constitue maintenant une existence double*

---

[169] "The Re-Enchantment of the West", Vol 2 : Alternative Spiritualities, Sacralization, Popular Culture and Occulture - Christopher Partridge, 2006, p.229.
[170] "Cours de haute magie de sorcellerie pratique et de voyance", Vol.2 - Pierre Manoury, 1989, chap.1.

(...) mais une existence qui, bien que double, est sous le contrôle d'une seule présence unitaire, laquelle sort victorieuse de cette extraordinaire aventure psychique".[171]

Tous les termes employés ici peuvent correspondre à des personnalités alter dues à un fractionnement de la personnalité du chaman. Il peut s'agir d'une dissociation de l'identité maîtrisée et contrôlée, en quelque sorte une gestion chamanique du trouble dissociatif de l'identité (voir le chapitre 5). Le chaman transformerait donc un état subi en un état dominé, une dissociation passive en une dissociation active. Le chaman est avant tout un malade qui a réussi à guérir, un guérisseur qui s'est auto-guéri. *"Au cours des combats dramatiques et douloureux avec les esprits maléfiques, les chamans sont engagés dans une bataille acharnée avec les forces physiques et psychologiques dont ils ont fait l'expérience au cours de leur maladie."*[172]

Dans son livre "How about Demons ? Possession and Exorcism in the Modern World", Felicitas Goodman écrit : "Le chaman Yanomamo dans lequel Hekura est rentré n'est plus la même personne qu'avant. Son expression faciale est radicalement différente, il se déplace d'une manière qui n'a rien à voir avec son habitude… Même sa voix est méconnaissable. Rarement un praticien de ce genre se rappellera par la suite de ce qu'il s'est passé."[173]

Avons-nous donc affaire ici à une réelle possession ou à une profonde dissociation avec un fractionnement de la personnalité et une amnésie dissociative ? Peut-être s'agit-il également d'un mélange des deux… Nous développerons ce sujet particulièrement intéressant dans le chapitre 6 concernant le lien entre traumatismes, dissociation et connexion aux autres dimensions.

Un élément qui pourrait rapprocher les "possessions" chamaniques du trouble dissociatif de l'identité (personnalité multiple) est que parfois, cette "possession" du chaman n'est que partielle. Le chaman entre en transe mais l'entité ne prend pas nécessairement les commandes de son corps. Cette expérience est souvent décrite comme un "voyage intérieur" au cours duquel le sorcier tente de communiquer avec les esprits. Ce genre de fonctionnement mental est peut-être à rapprocher de la catégorie du DSM-5 (Manuel médical de diagnostiques américain) concernant les troubles dissociatifs et la transe dissociative.

Michael Harner rajoute qu'une personne peut parfois obtenir un "esprit gardien" de *"manière involontaire"*, mais il ne dit pas de quelle manière. Est-ce par un traumatisme accidentel ? Plus loin dans son livre, Harner explique que la tribu *Jivaro* donne communément à ses nouveau-nés une drogue hallucinogène dont le but est d'accompagner l'enfant dans un processus visant à obtenir un esprit gardien… Après avoir brièvement mentionné cette pratique consistant à droguer le nouveau-né, il indique qu'il y a d'autres manières involontaires où l'enfant peut acquérir un "esprit gardien", mais sans entrer dans les détails.

Dans son livre *"The Occult : A History"*, Colin Wilson soutient que les traumatismes font partie de la formation chamanique de certaines tribus, il écrit :

---

[171] "Approche anthropologique de la dissociation et de ses dispositifs inducteurs" - Georges Lapassade, 2004.
[172] *"Animisme et chamanisme pour tous"* - Igor Chamanovitch, 2010, p.106.
[173] "How about Demons ? Possession and Exorcism in the Modern World" - Felicitas D. Goodman, 1988, p.12.

"Le chaman lui-même a achevé son sacerdoce à travers les plus terrifiants rituels et initiations par la douleur."[174]

Douchan Gersi, l'auteur de *"Face in the Smoke : An Eyewitness Experience of Voodoo, Chamanism, Psychic Healing and Other Amazing Human Powers"* (Le visage dans la fumée : un témoignage sur l'expérience du vaudou, du chamanisme, de la guérison psychique et autres étonnants pouvoirs humains) a écrit : *"Devenir un chaman nécessite des années de douloureuses initiations. J'ai entendu dire que de nombreux néophytes mouraient en raison de la dureté de l'initiation. Le néophyte endure les pires tourments physiques et psychologiques menant même à la folie."*[175]

Dans un article intitulé "The Role of Fear in Traditional and Contemporary Shamanism" (le rôle de la peur dans le chamanisme traditionnel et contemporain), Michael York écrit : "L'utilisation des techniques chamaniques comme un outil rapidement accessible visant à développer le potentiel humain, est en total désaccord avec le chamanisme tribal traditionnel dans lequel il est très rare que l'individu choisisse de son plein gré de devenir chaman. Dans un contexte autochtone, l'individu mène une longue et ardue formation pour devenir chaman, généralement suite à l'expérience d'un profond trauma non désiré."[176]

Mircéa Eliade décrit ainsi un rituel initiatique d'un "homme-médecine" australien : "Enfin, la troisième méthode comporte un long rituel dans un lieu désert où le candidat doit souffrir, en silence, l'opération est faite par deux vieux medecine-men : ceux-ci lui frottent le corps avec des cristaux de roche de manière à écorcher la peau, lui pressent des cristaux sur le cuir chevelu, lui percent un trou sous l'ongle de la main droite et lui pratiquent une incision sur la langue (…) Après cette initiation le candidat est soumis à un régime spécial comportant d'innombrables tabous."[177]

Dans son livre intitulé "L'Héritage Makhuwa au Mozambique", Pierre Macaire écrit à propos des initiations chamaniques : "Les initiations se déroulent dans des lieux isolés, des cabanes, où le néophyte est livré à des souffrances qui s'assimilent à celles d'un monstre qui engloutit et digère (démembre, arrache la chair des os et les yeux de leurs orbites) (…) La mort du néophyte signifie alors une régression à l'état embryonnaire, régression qui n'est pas d'ordre purement psychologique, mais foncièrement cosmologique."[178]

Peut-être que ce monstre qui engloutit et digère est à rapprocher du grand dieu de l'abattage que l'on retrouve dans le Livre des Morts Égyptien, un mangeur de chair et concasseur d'os, puissant de terreur qui lave dans le sang. Une symbolique morbide possiblement reliée aux rituels initiatiques de mort et de résurrection.

Mircéa Eliade rapporte que les initiations chamaniques impliquent parfois des rituels traumatiques à la suite desquels l'initié revient au village avec une telle amnésie que même les gestes basiques de la vie quotidienne doivent être

---

[174] *"The Occult : A History"* - Colin Wilson, 1971, p.147.

[175] "Face in the Smoke : An Eyewitness Experience of Voodoo, Chamanism, Psychic Healing and Other Amazing Human Powers" - Douchan Gersi, 1991, p.45.

[176] "The Role of Fear in Traditional and Contemporary Shamanism" - Michael York, Bath Spa University College, 2012.

[177] "Le Chamanisme et les Techniques Archaïques de l'Extase" - Mircéa Eliade, 1951, p.54.

[178] *"Animisme et chamanisme pour tous"* - Igor Chamanovich, 2010, p.104.

réappris… et il lui est alors donné un nouveau nom… Nous retrouvons là le principe de la *tabula rasa* suite à un traumatisme radical, une ardoise vierge sur laquelle peut-être réécrit une nouvelle identité. C'est la base de la programmation mentale de type MK-Monarch. Tout comme le chaman traditionnel va développer des connexions avec le monde des esprits lors de son initiation, les abus rituels sataniques/traumatiques à travers lesquels l'enfant passe vont créer une brèche spirituelle ainsi qu'un fractionnement de sa personnalité faisant de lui un *initié*. Il devient alors un médium faisant le pont entre notre monde et le monde des esprits, une pièce indispensable pour incarner et mener à bien des projets établis depuis d'autres sphères…

Jean Eisenhower, une survivante de contrôle mental, a décrit une méthode pratiquée par une tribu pour former un chaman en induisant intentionnellement un trauma chez le jeune enfant. L'enfant est séparé de sa tribu pendant quelques années en étant enfermé dans une cage à une courte distance du village. On ne lui parle plus, on ne s'occupe pas de lui mis à part pour lui apporter les soins basiques. L'enfant peut entendre la tribu mais il ne peut pas interagir avec les membres et il va donc alors se scinder psychologiquement et tourner sa conscience vers les *grandeurs du cosmos,* les autres dimensions de l'être. Ces autres dimensions sont habitées par des entités qui vont interagir avec l'enfant et avec lesquelles il va établir de solides relations. Finalement la tribu le réintègre avec honneur et bienveillance dans le village, mais le jeune chaman ne sera plus jamais comme les autres. Pour le reste de sa vie, il effectuera un travail spirituel pour sa tribu.[179]

Le film *"A Man Called Horse"* (Un homme nommé Cheval, 1970) met en scène des pratiques chamaniques traumatiques inspirées de faits réels. Le film raconte la vie d'un homme blanc captif d'une tribu de Sioux. Une fois que le *visage pâle* a réussi à montrer ses prouesses de chasseur et à gagner le respect de la tribu, il est autorisé à participer à un rituel initiatique de tortures tribales. La cérémonie consiste à le suspendre en l'air par des crochets plantés dans ses pectoraux. Durant la torture, l'homme entre dans une transe qui semble être le résultat des souffrances physiques. Son état altéré de conscience lui provoque alors des visions spectaculaires. Selon les spécialistes des Indiens d'Amérique du Nord, de tels rituels étaient pratiqués par le passé et le sont encore aujourd'hui dans certaines tribus. Les hommes blancs appellent parfois ce rituel *"Sun Dance"* (la Danse du Soleil), cependant le terme indien pour décrire cette cérémonie se traduit mieux par *"Sun Gazing Dance"* (la danse de la contemplation du soleil). L'auteur de *"Lame Deer Seeker of Visions : The life of a Sioux Medicine Man"*, John Lame Deer, décrit ainsi cette cérémonie : *"La danse n'est plus aussi violente qu'elle ne l'a été par le passé, mais elle demande encore beaucoup d'efforts à un homme. Aujourd'hui encore, un homme peut s'évanouir par manque de nourriture ou d'eau. Il peut être tellement assoiffé lorsqu'il souffle dans son sifflet en os d'aigle, que sa gorge devient aussi craquelée qu'un lit de rivière asséché. Pendant un temps, il va perdre la vue en fixant le soleil et ses yeux ne verront plus que des spirales incandescentes et des lumières éclatantes. Lorsque les serres de l'aigle* (ndlr : des crochets au bout d'une corde) *pénètrent sa poitrine, la douleur dans sa chair peut devenir si intense qu'il arrive un moment donné où il ne les sentira plus du tout* (ndlr : état dissocié). *C'est à ce moment-là,*

---

[179] "Shamanism, Mind-Control, Christ, "Aliens", and Me" - Jean Eisenhower, 2014.

lorsque le soleil brûle dans sa tête, que sa force est partie et que ses jambes ont fléchies, qu'il entre en transe et que les visions se produisent. Les visions de sa transformation en 'medecine man', des visions du futur (…) C'est lorsque nous jeûnons sur la colline ou en déchirant notre chair lors de la Danse du Soleil, que nous expérimentons l'illumination soudaine, provenant du Grand Esprit. Cette illumination, ce discernement ne vient pas facilement, et nous ne voulons pas d'anges ou de saints pour nous l'apporter en seconde main.[180] Les autorités américaines interdirent la Danse du Soleil et autres rites tribaux en 1881. La pratique continua cependant dans la clandestinité jusqu'en 1934, date à laquelle l'interdiction fut levée par *"l'Indian Reorganization Act".*

Ici encore, nous constatons que les rituels provoquant des souffrances physiques et psychologiques extrêmes entraînent de profonds états dissociatifs qui ouvrent la porte à une forme d'*illumination* spirituelle… Dans le livre *"Kahuna Magic"*, Brad Steiger indique que la circoncision était pratiquée chez les hawaïens comme une sorte de rituel de sang. Sans anesthésie, la circoncision est une expérience rituelle extrêmement douloureuse qui provoque certainement une profonde altération de conscience - pour fuir l'insupportable douleur - le nourrisson entre alors dans un profond état dissociatif… Quelles en sont les conséquences futures ?

M.D. Lemonick, l'auteur d'un article du *Time* intitulé *The Secret of Maya*, rapporte que dans la culture Maya (du Mexique et du Guatemala) les profonds états altérés de conscience avaient une signification religieuse pour la communauté. Lemonick écrit que *les rituels macabres de saignées accompagnaient tout événement politique ou religieux majeur dans l'ancienne culture Maya (…) La douleur intense de tels rituels provoquaient des visions permettant aux initiés de communiquer avec les ancêtres et avec les entités mythologiques."*[181]

Le Dr. James Randall Noblitt émet l'hypothèse que les expériences répétées de traumatismes sont nécessaires à la création d'identités dissociées. Cependant, certains rituels de sang incluant des sacrifices et du cannibalisme peuvent probablement entraîner l'intégration mentale de l'image de la victime, ou de l'entité (dieu ou déesse) que la victime symbolise, ce qui faciliterait ainsi la création d'identités dissociées ou de personnalités alter chez les adeptes du culte.

C'est avec la découverte des profonds états de dissociation provoqués par les rituels traumatiques que certains chamans ont donné naissance à une nouvelle tradition spirituelle : La sorcellerie et la magie noire. Une telle pratique traumatique et diabolique a des inconvénients évidents (la violence, la douleur et l'abandon total de toute moralité) mais d'un autre côté, cette sorcellerie est capable de produire de puissantes et durables expériences de possession et de dissociation créant des liens avec les entités démoniaques, pourvoyeuses de divers pouvoirs.

Dans de nombreuses cultures pré-industrielles, il y avait ce désir d'avoir la présence immédiate des dieux dans la communauté. Une telle chose était possible lorsqu'un dieu prenait possession d'un individu. Parmi toutes les méthodes pour invoquer les dieux, l'utilisation des techniques traumatiques était ce qu'il y avait de plus efficace pour produire une possession et donc pour obtenir la présence immédiate d'un dieu ou d'une déité. Dans la plupart des cultures, les rituels

---

[180] "Lame Deer Seeker of Visions : The life of a Sioux Medicine Man" - John Lame Deer, 1972, p.189-197.
[181] *"Archeology : Secrets of Maya"* - Michael D. Lemonick, 09/08/1993.

traumatiques devaient rester secrets, lorsque le fractionnement de la personnalité et l'amnésie traumatique fonctionnaient efficacement, la victime ne pouvait donc pas révéler les détails de la cérémonie. Il a été démontré avec des patients dissociatifs que lorsque la dissociation disparaît petit à petit, cela facilite le retour des mémoires traumatiques.

Par l'observation répétitive, des sorciers malveillants ont bien compris qu'ils pouvaient créer des 'entités' particulières qui pouvaient être à leur service. Isiah Oke nomme cette entité le *Iko-Awo* ou *l'esprit esclave*. L'esprit esclave est probablement une personnalité alter dissociée qui est créée chez la victime lors d'un rituel traumatique. Le *Iko-Awo* reçoit pour instruction de faire tout ce que lui commandera le sorcier, y compris de se suicider. La victime sera amnésique du rituel traumatique et ignorante de la programmation maléfique qui s'est déroulée lors du rituel initiatique. "L'esprit esclave" est donc un état mental dissocié, comparable à une identité alter chez un individu avec une personnalité multiple. L'esprit esclave est créé par le sorcier durant un rituel traumatique, généralement durant l'enfance. La victime restera amnésique des sévices et de l'existence de cette programmation. Ce processus peut se retrouver de la même manière chez certains patients avec un trouble dissociatif de l'identité. Ils sont généralement amnésiques des abus qui ont causé leur dissociation et leurs personnalités alter.

La magie noire liée au contrôle mental fonctionne probablement ainsi. Lorsqu'un sort est lancé, qu'une malédiction ou un signal déclencheur est donné, "l'esprit esclave" est appelé à faire surface et à prendre les commandes du corps de la victime. Cet "esprit esclave" est programmé par le sorcier pour effectuer des tâches particulières. Les commandes peuvent être un simple signal auquel la victime a été préalablement conditionnée lors d'un rituel traumatique pour y répondre à la demande du sorcier. Lorsque le sorcier a programmé efficacement plusieurs individus d'une même tribu, alors sa communauté aura une grande crainte et un grand respect pour lui ou pour elle, particulièrement après que de tels "pouvoirs magiques" aient été démontrés publiquement. Les sorciers qui ont eux-mêmes des personnalités dissociées (assimilées à des dieux ou à des déités par les profanes) seront probablement considérés comme encore plus "puissants". De telles pratiques se transmettent secrètement de génération en génération dans les familles de sorciers et d'occultistes. Il est important de noter que dans beaucoup de cultures, la sorcellerie est considérée comme héréditaire. Aux États-Unis, le problème des abus rituels est fréquemment multigénérationnel, et une autre caractéristique inquiétante de la sorcellerie dans beaucoup de cultures est l'inceste.[182]

Intéressons-nous maintenant aux alchimistes et aux kabbalistes. Les alchimistes sont connus pour leurs recherches sur la "pierre philosophale", supposée changer le plomb en or. Certains interprètent cela comme une métaphore représentant le processus que l'individu traverse pour se transformer en un être spirituellement plus élevé. Selon Robert Ziegler, en alchimie la souffrance est considérée comme un processus de *"purification de la nature basique de l'homme pour la transformer."* En effet, les épreuves et les souffrances de la vie permettent d'évoluer, il peut s'agir des aléas plus ou moins difficiles survenant

---

[182] *"Cult and Ritual Abuse"* - James Randall Noblitt & Pamela Perskin Noblitt, 2014, p.116-117.

tout au long de la vie d'un individu, des expériences parfois douloureuses qui façonnent la personne et qui lui permettent donc de les dépasser et d'évoluer. Cependant cette notion de transcendance par la souffrance et la douleur s'applique et s'incarne d'une manière beaucoup plus basique à travers des rituels traumatiques initiatiques provoquant une souffrance physique directe. Souffrance qui déclenche un processus neurologique de transcendance : la dissociation, une fonction permettant à l'*initié* de dépasser et de surmonter les douleurs physiques et psychologiques intentionnellement provoquées lors des rituels. Ce processus dissociatif permettant également d'accéder à une autre réalité. Tout ceci est résumé dans la formule maçonnique *"Ordo ab Chao"* (l'ordre par la chaos), une formule étroitement liée à l'alchimie.

La recherche de l'élixir de vie et de la fontaine de jouvence par les alchimistes peut représenter le désir d'échapper aux limitations de la mortalité grâce à la magie. Le tristement célèbre Gilles de Rais a été jugé et condamné en 1440 pour le meurtre de cent quarante enfants. Celui que l'on surnommait "Barbe Bleue" cherchait la pierre philosophale dans le sang des enfants avec lequel il travaillait à la manière d'un alchimiste… Un fou isolé ? Malheureusement, l'Enfant est une source de jouvence pour les pires occultistes d'hier et d'aujourd'hui…

Les alchimistes s'intéressent également à la création de l'homoncule, une réplique d'un être humain créé artificiellement, tout comme le "golem" des kabbalistes. Dans son livre *"The Sorcerer Handbook"*, Wade Baskin explique qu'un "golem" est une sorte d'homoncule. Dans la tradition kabbalistique et le mysticisme juif, le golem est un humanoïde automate, un zombie sans âme ni conscience créé par un magicien, un sorcier. Il est possible que l'homoncule des alchimistes et le golem des kabbalistes soient en fait des références aux états de personnalités dissociées qui peuvent être créés par des rituels traumatiques. Dans *"The Golem and Ecstatic Mysticism"*, Bettina Knapp a écrit que les golems sont créés dans le monde phénoménal ou expérimental des occultistes lorsqu'ils sont dans un état de conscience modifié. Dans la mystique juive, les golems sont des corps sans âme et on peut penser qu'à une certaine époque, lorsque les rituels traumatiques et la transe dissociative finissaient par créer une identité alter, cette fraction de personnalité *magique* pouvait être considérée comme une coquille vide sans âme, car créée uniquement par la magie. Pour le sorcier, cette personnalité alter n'existait pas en tant que véritable personne, elle était simplement un golem. Elle pouvait donc être victime de violence et être utilisée comme un robot sans âme pour servir d'esclave.

En 1932, Joseph Achron a composé une suite pour orchestre intitulée *"Le Golem"*. La première partie de l'œuvre introduit le golem tandis la dernière partie, qui est l'exact miroir inversé de la première partie, représente la désintégration, la dissolution du golem. Fritz Springmeier affirme que des techniques de contrôle mental utilisent des séquences musicales pour faire émerger les personnalités alter les plus profondes chez un individu programmé. L'inversion de cette séquence musicale va *dissoudre* de nouveau l'alter, le golem, dans les profondeurs du psychisme de la victime. Nous retrouvons ici ce qu'a décrit William Sargant avec le culte *Orisha* dans lequel les différentes personnalités des adeptes vont et viennent selon certains processus occultes dont seuls les hauts initiés connaissent les rouages.

Dans son livre Kabbalah, Gershom Scholem décrit la doctrine kabbalistique avec certaines de ses pratiques de magie. "Diverses idées et pratiques liées au concept du golem prennent aussi leur place dans la pratique de la kabbale grâce à la combinaison des caractéristiques du Sefer Yezirah et d'un certain nombre de traditions magiques." La partie opérative de la kabbale qui concerne la création du golem utilise les transes, la magie et les visualisations. Scholem écrit : "Dans ce cercle, le Sefer Yezirah est presque toujours interprété à la manière de Saadiah et de Shabbataï Donnolo (ndlr : deux auteurs impliqués dans le satanisme), avec de plus une tendance à voir ce livre comme un guide pour les mystiques et les adeptes de magie. L'étude et la compréhension de ce livre est considérée comme une réussite lorsque le mystique atteint la vision du golem, qui est lié à un rituel spécifique avec un résultat extatique remarquable (ndlr : état de conscience altéré)."

Les sorciers juifs utilisaient les noms kabbalistiques secrets de Dieu, conformément aux instructions précises pour créer le golem. Une fois créé, le golem doit à son tour réciter la combinaison des lettres hébraïques mais dans le sens inverse. De plus, le "Sceau du Saint Nom" doit être inscrit sur le front du golem avec le mot "emet(h)" ("vérité" en hébreux et un des noms de Dieu). À un certain stade, pour stopper et dissoudre le golem, la première lettre (Aleph) de l'inscription qu'il a sur le front est effacée, ce qui donne le mot "met(h)" qui signifie "mort". Fritz Springemeier soutient que ce type de programmation occulte est utilisé de nos jours pour manipuler les personnalités alter les plus profondes chez les esclaves MK.

Il se peut que les alchimistes eux-mêmes aient eu connaissance de la manière de créer des personnalités alter. À travers l'expérimentation de personnalités dissociées, ils seraient ainsi capables d'aboutir à une autre de leur quête qui est la découverte de "l'or spirituel" : c'est à dire la jeunesse éternelle, le fait de ressentir la jeunesse même dans la vieillesse. Une telle chose peut se produire lorsqu'une personnalité alter d'enfant prend le contrôle de l'individu. Une autre chose qui peut aussi produire l'illusion de l'immortalité est la création d'une personnalité alter dont l'identité est transmise de génération en génération. Certains survivants d'abus rituels ont témoigné que leur famille pratiquait une sorte de "culte des ancêtres". Ils pensent ainsi atteindre l'immortalité en insérant leur identité dans un autre individu qui vivra après eux et cette identité ou personnalité sera transmise successivement dans les générations futures. Les âmes damnées des ancêtres prennent-elles alors possession de leurs descendants ayant la personnalité fractionnée et donc grande ouverte pour faire office de médiums ?

Les scientifiques du XXème siècle qui ont travaillé sur des projets de contrôle mental tels que le MK-Ultra n'ont rien inventé, ils n'ont fait que simplement reprendre des processus psycho-spirituels qui avaient été découverts depuis très longtemps par les sorciers, les chamans et les occultistes.

Le psychiatre William Sargant qui a travaillé dans le programme MK-Ultra a déclaré que "les méthodes d'initiations religieuses se rapprochent souvent tellement des techniques politiques modernes de lavage de cerveau et de contrôle de la pensée que l'une jette la lumière sur les mécanismes de l'autre." Il a également écrit dans son livre "Battle for the Mind" : "Cela est une chose de décomposer l'esprit d'une personne en lui infligeant un stress extrême… il en est une autre de faire prendre racine fermement dans son esprit de nouvelles idées." Voilà tout le travail des programmeurs MK...

Cet intérêt gouvernemental et scientifique pour les états de transe, la dissociation et les pouvoirs psychiques a été motivé par le désir de contrôle absolu sur l'individu, et plus globalement sur la société entière et le monde entier ; contrairement aux chamans et autres sorciers tribaux n'ayant aucun projet de conquête mondialiste et dont les pratiques ne touchent ou n'affectent que leur communauté.

Les sorciers-contrôleurs ont bien compris l'avantage qu'ils pouvaient tirer de cette science de l'esprit pour manipuler des individus programmés, amnésiques et loyaux. La programmation mentale de type MK-Ultra est une déviation perverse des anciennes pratiques pour former un chaman. Par l'isolation sensorielle, la torture, la drogue, l'hypnose, les chocs électriques et les traumas sexuels, le sujet devient à la fois amnésique et totalement asservi. Il peut être programmé pour telle ou telle fonction ; des fonctions dans lesquelles ses capacités physiques et intellectuelles seront bien supérieures à la moyenne. Lors de ce processus traumatique, il peut également avoir développé des facultés psychiques paranormales comme la médiumnité et la vision à distance (sujet développé au chapitre 6).

Ce n'est que récemment que le contrôle mental s'est modernisé pour devenir une science à part entière. Des milliers de cobayes humains non consentants ont été et sont encore soumis à de telles expérimentations. C'est une véritable science, une chirurgie psychique et spirituelle qui fait beaucoup de dégâts.

4 - LES RITUELS DE SACRIFICES DANS L'ANCIEN TESTAMENT

La Bible nous apprend que les rituels sacrificiels étaient une pratique courante dans les nations païennes de l'Ancien Testament. La Bible nomme ce type de rituels : *"passer par le feu"* (Jérémie 32 :35, Lévitique 18 :21, 2 Rois 23 :10). Ce rituel qui consistait à sacrifier au feu des enfants est cité par Moïse lorsqu'il a déclaré la liste des Lois contre les crimes sexuels : *Tu ne livreras aucun de tes descendants pour le faire passer par le feu en l'honneur de Moloch* (Lévitique 18 :21).

Moloch est une entité démoniaque représentée comme une bête cornue, une idole prenant la forme d'un taureau ou d'un bouc géant. La Bible n'a pas inclus ces rituels de sacrifices d'enfants dans la liste des crimes sexuels pour rien. Les abus rituels sataniques modernes liés à des sacrifices d'enfants impliquent aussi des viols et des orgies sexuelles. Voici quelques passages de la Bible relatifs aux sacrifices d'enfants servant d'offrande aux démons :

> Quiconque parmi les Israélites ou parmi les immigrants qui séjournent en Israël livre à Moloch l'un de ses descendants, sera puni de mort. (Lévitique 20 :2).

Tu n'agiras pas ainsi à l'égard de l'Éternel, ton Dieu car elles faisaient pour leurs dieux toutes sortes d'horreurs qui sont odieuses à l'Éternel, et même elles brûlaient au feu leurs fils et leurs filles en l'honneur de leurs dieux. (Deutéronome 12 :31)

Ceux de Avva firent Nibhaz et Tartaq; ceux Sepharvaïm brulaient leurs fils par le feu en l'honneur d'Adrammélek et de Anammélek, dieux de Sepharvaïm. (2 Rois 17 :31)

Ils se mêlèrent avec les nations et ils apprirent (à imiter leurs œuvres),
Ils rendirent un culte à leurs idoles,
Qui furent pour eux un piège,
Ils sacrifièrent leurs fils et leurs filles aux démons,
Ils répandirent le sang innocent,
Le sang de leurs fils et de leurs filles,
Qu'ils sacrifièrent aux idoles de Canaan,
Et le pays fut profané par des meurtres,
Ils se prostituèrent par leurs agissements.
(Psaume 106 :35-39)

De qui vous moquez-vous ?
Contre qui ouvrez-vous une large bouche et tirez-vous la langue ?
N'êtes-vous pas des enfants révoltés ?
Une engeance pleine de fausseté,
S'enflammant près des térébinthes,
Sous tout arbre verdoyant,
Égorgeant les enfants dans les ravins,
Sous des fentes de rochers ?
(Ésaïe 57 : 4-5)

Ils ont bâti des hauts-lieux à Topheth,
Dans la vallée de Ben-Hinnom,
Pour brûler au feu leurs fils et leurs filles :
Ce que je n'avais pas ordonné,
Ce qui ne m'était pas venu à la pensée.
(Jérémie 7 :31)

Car ils m'ont abandonné,
Ils ont rendu ce lieu méconnaissable,
Ils y ont offert de l'encens à d'autres dieux,
Que ne connaissent ni eux, ni leurs pères, ni les rois de Juda,
Et ils ont rempli ce lieu du sang des innocents,
Ils ont bâti des hauts lieux à Baal,
Pour brûler au feu leurs fils à Baal :
Ce que je n'avais pas ordonné,
Ce dont je n'avais pas parlé,

Ce qui ne m'était pas venu à la pensée.
(Jérémie 19 : 4-5)

Tu as pris tes fils et tes filles, que tu m'avais enfantés, et tu les leur as
sacrifiés pour qu'ils les dévorent ! N'était-ce pas assez de tes prostitutions ?
Tu as égorgé mes fils et tu les as donnés, en les faisant passer par le feu en
leur honneur.
(Ézéchiel 16 :20-21)

Je les souillai par leurs dons, quand ils faisaient passer par le feu tous leurs
aînés; je voulus ainsi les plonger dans la désolation et leur faire reconnaître
que je suis l'Éternel.
(Ézéchiel 20 :26)

L'Éternel me dit :
Fils d'homme,
Jugeras-tu Oholah et Oholiba ?
Fais-leur la description de leurs horreurs,
Car elles se sont livrées à l'adultère,
Et il y a du sang à leurs mains :
Elles ont commis l'adultère avec leurs idoles;
De plus, leurs fils qu'elles m'avaient enfantés,
Elles les ont fait passer par le feu à leur intention,
Pour qu'ils soient dévorés.
Voici encore ce qu'elles m'ont fait :
Elles ont souillé mon sanctuaire dans le même jour,
Et ont profané mes sabbats.
Tout en immolant leurs fils à leurs idoles,
Elles sont allées le même jour dans mon sanctuaire,
Pour le profaner.
C'est ce qu'elles ont fait au beau milieu de ma Maison.
(Ézéchiel 23 :36-39)

Vous haïssez le bien
Et vous aimez le mal,
Vous leur enlevez la peau et la chair de dessus les os.
Ils dévorent la chair de mon peuple,
Lui arrachent la peau
Et ils lui brisent les os.
Et ils mettent les morceaux
Comme (ce qu'on cuit) dans une marmite,
Comme de la viande dans un chaudron.
Alors ils crieront vers l'Éternel,
Mais il ne leur répondra pas;
Il leur cachera sa face en ce temps-là,
Parce qu'ils ont commis de mauvaises actions.
(Michée 3 :2-4)

Vous avez pour père le diable, et vous voulez accomplir les désirs de votre père. Il a été meurtrier dès le commencement, et il ne s'est pas tenu dans la vérité, parce que la vérité n'est pas en lui. Lorsqu'il profère le mensonge, ses paroles viennent de lui-même car il est menteur et le père du mensonge.
(Jean 8 :44)

CHAPITRE 3

LE PROGRAMME MK-ULTRA

"Mk-Ultra a été conçu avec de nombreux sous-projets pour développer le soldat parfait, l'espion parfait. Ce que l'on m'a dit, c'est que cela devait servir à notre Sécurité Nationale plus qu'aucun soldat ni aucun diplomate ne pourrait jamais le faire... Personne ne m'a dit qu'on les utilisait pour du trafic de drogue et de la prostitution. Personne ne m'a dit qu'on les utilisait comme un élevage pour fournir des enfants à des cheikhs et à des dirigeants du monde. Personne ne m'a dit que nous les utilisions pour des opérations de blanchiment d'argent." Mark Philipps - Conférence *"Mind-Control hors de contrôle"*, 31 octobre 1996.

1 - BREF HISTORIQUE

Durant la "guerre froide", la course aux armements comprenait la recherche sur le matériel de guerre mais également sur le contrôle mental et la modification du comportement. Le but était d'arriver à manipuler, à modifier et à contrôler la conscience et le comportement d'individus ou de groupes ciblés. Suite à la guerre, les États-Unis et l'URSS ont jugé que ce domaine de recherche avait un intérêt militaire évident et le développement de ces "armes non létales" (comprenant les armes psycho-électroniques) a discrètement été mis en place dans des programmes d'expérimentations de l'armée et des services de renseignements américains et soviétiques ; le tout strictement couvert par le secret-défense.

Les précurseurs en matière d'expérimentations scientifiques sur le contrôle mental sont les nazis. Dans le nazisme, il existe la notion de "guerre idéologique" visant à imposer leur idéologie sur les pays qu'ils occupaient. Les Américains ont repris cette doctrine et l'ont appelée "guerre psychologique". La guerre psychologique est *"l'utilisation de la propagande ou d'autres techniques de contrôle de l'esprit pour influencer ou dérouter la pensée, ou encore pour renverser la morale"* (*Webster's New World Dictionary*). Cette lutte psychologique d'après-guerre visait à transformer l'esprit des populations, depuis simple individu jusqu'à une échelle globale. C'est ce que nous avons vu dans le 1er chapitre avec l'ingénierie/psychiatrie sociale.

Les racines du programme MK-Ultra remontent donc à l'Allemagne nazie. Adolf Hitler avait en effet détecté une certaine "culture" satanique dans des familles d'Europe du Nord trempées dans l'inceste transgénérationnel. Des familles qui pratiquent les abus rituels d'une manière systématique sur leur descendance, des pratiques impliquant des tortures physiques et psychologiques. Les nazis avaient bien compris que les victimes de telles violences dans l'enfance développaient certaines particularités dissociatives qui les rendaient totalement perméables au contrôle mental "robotique". Pendant la seconde guerre mondiale, les nazis ont donc expérimenté l'usage de drogues, de l'hypnose, de traumatismes et de divers produits chimiques sur les détenus de camps de concentration dans le cadre de recherches sur le contrôle mental et comportemental. Suite à la guerre, lors de l'Opération *Paperclip* (rendue publique en 1973), de nombreux scientifiques nazis, dont des psychiatres, furent ramenés secrètement sur le continent américain puis ont été infiltrés dans les secteurs militaires, universitaires et privés pour toutes sortes de recherches scientifiques, notamment dans la psychiatrie et les projets gouvernementaux sur la programmation mentale. Pour les Américains, il était clair que s'ils ne ramenaient pas ces scientifiques chez eux, alors c'est leur ennemi, l'Union Soviétique, qui les aurait utilisés. Le major-général Hugh Knerr, commandant adjoint de l'US Air Force en Europe a écrit : *"La découverte et l'occupation des établissements scientifiques et industriels allemands a révélé que nous avons un retard alarmant dans de nombreux domaines de recherche. Si nous ne saisissons pas l'opportunité de récupérer le matériel et les cerveaux qui les ont développé pour les remettre au travail au plus vite, nous aurons plusieurs années de retard avant d'atteindre un niveau qui est déjà exploité."*[183]

En août 1945, le président Truman approuva donc le projet *Paperclip* afin de transférer les meilleurs scientifiques d'Hitler aux États-Unis. En novembre 1945, les premiers scientifiques nazis débarquaient sur le sol américain. Dès le début des années 1950, la CIA et l'armée américaine menaient leurs propres programmes de contrôle mental dont les noms de codes étaient *Chatter, Bluebird, Artichoke, MK-Often, MK-Ultra* puis le *MK-Search, MK-Naomi, MK-Delta, Monarch...*

En 1977, le New York Times a publié une directive de la CIA à propos des objectifs du projet Artichoke lancé en 1951 : "Évolution et développement de toute méthode par laquelle nous pouvons obtenir des informations d'une personne contre sa volonté et sans qu'elle en ait connaissance (...) Pouvons-nous obtenir le contrôle d'un individu au point qu'il accomplira nos objectifs contre sa volonté et même contre les lois fondamentales de la nature telle que l'auto-préservation ?"[184]

Dans la continuité de l'opération Paperclip, Le projet MK-Ultra, dirigé par Sydney Gottlieb, fut lancé le 13 avril 1953 par le directeur de la CIA de l'époque, Allan Dulles. Avec un budget initial de 300 000 $, soit 6% du budget annuel de la CIA pour la recherche, il s'agissait là d'un important programme d'études. Durant la décennie suivante, les contribuables américains ont donné plus de 25 millions de dollars pour ce programme classé secret-défense qu'était le MK-Ultra.[185] Durant cette période de nombreux sous-projets focalisés sur le contrôle de l'esprit humain ont vu le jour. Tout comme le projet Bluebird et Artichoke, l'existence du MK-Ultra n'était connu que de très peu de personnes et le Congrès américain lui-même était totalement dans le flou concernant ce type de recherches. Le programme MK-Ultra fut conduit dans 80 institutions incluant de prestigieuses universités et hôpitaux, mais également des institutions pénitentiaires. Citons par

---

[183] "Project Paperclip : Dark side of the Moon" - Andrew Walker, BBC News.
[184] "Private Institutions Used in CIA Efforts to Control Behavior" - New York Times, 02/081977.
[185] "A Question of Torture : CIA interrogation, From the Cold War to the War on Terror - Alfred W. McCoy, 2006.

exemple : Princeton, Harvard, Yale, Columbia, Stanford, Baylor, Georgetown University Hospital, Boston Psychopathic Hospital, Mt Sinai Hospital…

De nombreux scientifiques ont participé à ces recherches, parmi eux James Hamilton, Louis Jolyon West, William Sargant, Ewen Cameron, Leonard Rubenstein, John Gittinger, Robert Heath, William Sweat, Harold Wolff, Lawrence Hinkle, Carl Pfeiffer, Harold Abramson, Martin Orme, Jose Delgado et bien d'autres… Les quatre directeurs de la CIA qui se sont succédés durant la période d'activité du programme MK-Ultra et MK-Search sont : Allen W. Dulles, John A. McCone, William F. Raborn et Richard Helms.

Ces recherches sur le contrôle mental prirent officiellement fin au début des années 70. La plupart des dossiers furent volontairement détruits en 1973 sous les ordres de Richard Helms, qui expliqua son geste en 1975 : *"Il y a eu dans ce programme des relations avec des scientifiques étrangers qui étaient sensibles à ce genre de choses, lorsque le projet s'est terminé, nous avons pensé qu'en nous débarrassant des dossiers, cela éviterait à tous ceux qui nous ont aidé d'avoir à subir un harcèlement embarrassant…"*[186]

Richard Helms a non seulement admis qu'il avait détruit les dossiers mais il a aussi avoué que des scientifiques étrangers avaient réalisé des études sur le contrôle mental sans avoir aucune idée qu'ils étaient impliqués de par leur contrat dans le programme MK-Ultra. Helms était déterminé à les protéger et à garder leurs identités secrètes, certainement en raison de la nature immorale de ces expérimentations psychiatriques.

Malgré cela, certains documents ont été préservés et des témoignages au Sénat américain ont par la suite permis de faire connaître publiquement les techniques qui ont été utilisées sur des centaines, voire des milliers, d'humains non consentants. Le "contrôle mental" était induit par des drogues, des électrochocs, des sur-stimulations ou des privations sensorielles, de l'hypnose, des ultrasons, des irradiations, de la psycho-chirurgie comprenant des implants, ainsi que divers traumatismes extrêmes visant à créer une dissociation et une véritable *tabula rasa* chez les victimes. Ce type de programme MK avait trois buts :

1/ Induire une hypnose très rapidement chez un sujet involontaire
2/ Créer une amnésie durable
3/ Implanter de manière durable des suggestions post-hypnotiques fonctionnelles

Ces recherches visaient entre autre à la création de *Candidats Mandchous*. Il s'agit d'un individu qui a subi un lavage de cerveau et qui a été programmé pour tuer avec une amnésie une fois l'opération terminée. Le Dr. Colin Ross, un psychiatre canadien et ancien président de l'*International Society for the Study of Dissociation* a écrit dans son livre *"Bluebird"*[187] :

"Le Principal objectif des programmes de contrôle mental durant la guerre froide était de créer délibérément des troubles dissociatifs, y compris des troubles de la personnalité multiple (ndlr : trouble dissociatif de l'identité). Le "Manchurian Candidate" a bien été créé, ce n'est pas de la fiction. Il a été créé par la CIA dans les années 50 dans le cadre des opérations Bluebird et Artichoke (…) Pour

---

[186] "Advisory Committee on Human Radiation Experiments : Interim Report" - Church Committee, Book I.
[187] "Bluebird : The Deliberate Creation of Multiple Personality by Psychiatrists" - Colin A. Ross, 2000, chap.4

pouvoir comprendre ces expériences sur les "super-espions", il faut les remettre dans leur contexte social et historique. C'était une époque où les expérimentations sur le contrôle mental étaient omniprésentes et systématiques. Il ne s'agissait pas de quelques "savants fous" isolés, mais bien des dirigeants des institutions psychiatriques et des grandes écoles de médecine (…) Selon ma définition, le Candidat Mandchou est un individu avec un trouble dissociatif de l'identité créé expérimentalement et qui répond aux quatre critères suivants :

1/ Il est créé délibérément.
2/ Une nouvelle identité est implantée en lui.
3/ Des barrières amnésiques sont créées.
4/ Il est utilisé dans des opérations réelles ou simulées."

Un document déclassifié de la CIA intitulé *"Hypnotic Experimentation and Reasearch, 10 February 1954"* décrit une simulation liée à la recherche sur les Candidats Mandchous. L'expérience prouve qu'il est possible de programmer un individu en un assassin indétectable et totalement inconscient de ses actes :

"Mlle X a reçu pour instruction (Elle a déjà exprimé auparavant sa crainte des armes à feux) d'utiliser tous les moyens à sa disposition pour réveiller Mlle Y (maintenu dans un profond sommeil hypnotique). Si elle n'y arrive pas, elle pourra prendre le pistolet à proximité et faire feu sur Mlle Y. Elle a été programmée pour que sa rage soit si grande qu'elle n'hésiterait pas à tuer Y pour ne pas avoir réussi à la réveiller. Mlle X a suivi les instructions à la lettre, y compris de faire feu (pistolet non chargé) sur Y, pour ensuite tomber elle-même dans un profond sommeil. Après quelques suggestions appropriées, les deux ont été réveillées. Mlle X a exprimé un déni total de ce qui venait de se passer (elle était donc amnésique)." (CIA Mori ID 190691, 2/10/54)

Ces travaux sur le contrôle mental et comportemental humain débouchèrent également sur la rédaction d'un document confidentiel de manipulation mentale et de torture psychologique dont le nom de code est *"Kubark"*. Rédigé en 1963, il fut rendu public en 1997 lorsque des journalistes du *Baltimore Sun* ont obtenu sa déclassification au nom de la liberté de l'information. Le document de 128 pages se présentait comme un manuel d'interrogatoires destiné au contre-espionnage.

Les personnes qui souffrent de maladies mentales font de bons sujets pour ces expériences parce qu'elles sont souvent privées de leurs droits et qu'il est facile de les discréditer par la suite en mettant leurs témoignages sur le compte de leur maladie. Karen Wetmore est une de ces victimes du programme MK-Ultra, elle est l'auteur du livre *"Surviving Evil : CIA Mind-Control Experiments in Vermont"*.

Lors de son adolescence, au début des années 70, elle a été internée pour "schizophrénie" dans un hôpital psychiatrique du Vermont. Un long séjour dont elle n'a gardé que des souvenirs fragmentés. Ce n'est qu'à l'âge adulte qu'elle a été diagnostiquée avec un trouble dissociatif de l'identité, un trouble de la personnalité qui a très certainement été renforcé par ces expérimentations sur le contrôle mental.

En 1995, un psychologue lui conseille de consulter son dossier médical pour savoir ce qu'il s'était exactement passé dans cet hôpital psychiatrique. Elle découvre alors qu'on lui a fait suivre un traitement très étrange, elle décrit cela comme un *"viol psychologique"*. En faisant des recherches sur les médecins qui la suivaient, elle découvre un certain Dr. Robert W. Hyde qui était régulièrement mentionné dans son dossier. En approfondissant les recherches elle découvre que ce médecin était en lien avec Sydney Gottlieb, un des responsables du programme MK-Ultra. D'après le psychiatre Colin Ross qui a enquêté sur le dossier de Karen Wetmore, elle aurait pu être sélectionnée en raison du fait qu'elle souffrait déjà d'un trouble dissociatif dû aux abus sexuels répétitifs qu'elle avait subi dans l'enfance. D'après Ross, les scientifiques du MK-Ultra s'intéressaient aux réactions à des stimuli programmés avec par exemple des mots-clés, des codes pour créer un déclic. Une personne atteinte du trouble dissociatif de l'identité a déjà plusieurs personnalités, il est donc plus facile d'en faire un tueur répondant aux ordres sans discuter qu'avec une personne non fractionnée. En étudiant le dossier de Karen Wetmore, Ross a découvert que les médecins lui avaient administré du pentylene-tetrazole, un produit dont se servaient les soviétiques lors d'interrogatoires et pour le lavage de cerveau. De plus son dossier médical indique qu'elle recevait plusieurs dizaines d'électrochocs consécutifs en une seule séance. Plusieurs psychiatres ont démontré que les électrochocs pouvaient conduire à l'amnésie du patient. Pour le Dr. Ross, rien ne justifiait un tel traitement sur Karen Wetmore, il est persuadé que les médecins de la CIA lui ont fait subir des électrochocs pour effacer sa mémoire et qu'il est très probable qu'elle ait été soumise à un programme de contrôle mental. Il en est arrivé à cette conclusion en voyant le traitement qu'elle avait subi, c'est à dire le type de médicaments qu'on lui avait administré, les séances d'électrochocs systématiques et répétitifs, mais aussi par les diagnostics qui ont été faits par les médecins qui l'ont suivie à l'époque.

Un document interne[188] de la CIA datant de 1955 donne une liste de méthodes utilisées dans les programmes de MK :

• Substances provoquant un raisonnement illogique et une impulsivité au point que le sujet se discréditera lui-même publiquement.
• Substances augmentant les capacités mentales et les capacités de perception.
• Matériels empêchant ou contrariant les effets toxiques de l'alcool.
• Matériels augmentant les effets toxiques de l'alcool.
• Matériels produisant les signes et les symptômes de maladies connues de façon réversible, pouvant ainsi être utilisés pour les simuler.
• Matériels augmentant l'efficacité de l'hypnose.
• Substances renforçant les capacités de l'individu à supporter privation, torture et coercition pendant un interrogatoire ou un lavage de cerveau.
• Matériels et méthodes physiques produisant l'amnésie des événements se déroulant avant et pendant leur utilisation.
• Méthodes physiques pour produire choc et confusion sur de longues périodes et susceptibles d'être utilisées de façon furtive.
• Substances provoquant des incapacités physiques comme la paralysie des jambes, anémie aiguë, priapisme.
• Substances provoquant une euphorie "pure", sans "re-descente".
• Substances altérant la personnalité de telle façon que le sujet aura tendance à devenir dépendant d'une autre personne.

---

[188] "Senate MK-Ultra Hearing : Appendix C" - Documents Referring to subprojects, Senate Select Committee on Intelligence and Committee on Human Resources.

• Matériels causant une telle confusion mentale que l'individu aura des difficultés à soutenir une histoire inventée lors d'un interrogatoire.

• Substances faisant baisser l'ambition et l'efficacité générale du sujet même lorsqu'elle est administrée en quantités indétectables.

• Substances qui provoquent faiblesse et distorsion visuelle ou auditive, de préférence sans effets permanents.

• Pilule assommante pouvant être administrée subrepticement dans la nourriture, les boissons, les cigarettes, ou sous forme d'aérosol qui peut être utilisée en toute sécurité, provoquant une amnésie maximum et qui pourrait convenir à certains types d'agents sur une base *ad hoc*.

• Matériel pouvant être administré subrepticement par les voies supérieures, et qui en très petite quantité rendent impossible toute activité physique.

Grâce à ces expérimentations, les services de renseignements américains ont pu faire un défrichage général des différentes techniques et technologies destinées à modifier le psychisme et le comportement humain. Par la suite, les recherches se sont rapidement orientées vers l'étude de l'activité électrique et radioélectrique du cerveau pour la conception d'armes électromagnétiques, dites "psychotroniques". Le rapport du Groupe de Recherche sur la Paix et la Sécurité (GRIP) intitulé *"Les armes non-létales : une nouvelle course aux armements"* (Luc Mampaey, GRIP 1999), a défini ainsi les dispositifs altérant le comportement : *"l'objectif de ces systèmes d'armes est d'interférer avec les processus biologiques et/ou psychologiques de l'organisme humain, en le soumettant à des stimuli physiques, chimiques, électromagnétiques ou des techniques de "morphing", sans intention de donner la mort, mais dans le but d'induire un comportement déterminé, d'altérer les facultés mentales ou d'influencer la mémoire."*

Le *New York Times* a révélé publiquement ces programmes de MK en août 1977. L'article en question contenait notamment l'extrait d'un mémorandum daté de 1950 au sujet du recrutement des psychiatres devant conduire les expérimentations : *"L'éthique d'un candidat pourrait être telle qu'il ne souhaiterait pas participer à certaines phases plus révolutionnaires de notre projet (…) En 1963, un rapport de l'inspecteur général aurait eu apparemment pour conséquence l'interruption d'un programme, il mentionnait que les concepts mis en œuvre lors de la manipulation du comportement humain sont considérés par beaucoup de personnes, aussi bien au sein de l'agence qu'à l'extérieur, comme répugnants et contraires à l'éthique."*[189]

Voici un extrait de ce rapport sur le MK-Ultra de l'inspecteur général John S. Earman : "La recherche sur la manipulation du comportement humain est considérée par de nombreuses autorités médicales et domaines connexes comme professionnellement immoral, pour cette raison la réputation des professionnels participants au programme MK-Ultra peut être mise en danger. Certaines de ces activités soulèvent des questions de légalité et d'éthique. L'examen des programmes de MK-Ultra révèle que les droits et les intérêts des citoyens américains sont impactés. La divulgation publique de certains aspects du

---

[189] "Private Institutions Used in CIA Efforts to Control Behavior" - New York Times, 02/08/1977.

programme MK-Ultra pourrait induire une forte réaction négative dans l'opinion publique américaine."[190]

Le Sénateur Ted Kennedy a déclaré le 3 août 1977 devant le Comité sur le renseignement, sous-comité sur la santé, service de recherche du comité des ressources humaines : *"Le directeur adjoint de la CIA a révélé que plus de trente universités et institutions avaient participé à un large projet d'expérimentations qui incluait des tests de médicaments sur des sujets non-volontaires de toutes les catégories sociales, hautes et basses, américains et étrangers. Plusieurs de ces tests consistaient à administrer du LSD sur des sujets non consentants dans diverses situations sociales. Au moins un décès a été enregistré, celui du Dr. Franck Olson. Une mort qui est due à ces activités. L'Agence a elle-même reconnu que ces expériences n'avaient pas de valeur scientifique. Les agents qui faisaient le suivi n'étaient pas des scientifiques compétents."*

Le Dr. Frank Olson était un scientifique qui travaillait pour l'*US Army* dans une division classée "top secret" de *Fort Detrick* à Frederick dans le Maryland. Olson est mort dans des circonstances suspectes à New York (voir le documentaire *Projet Artichoke : les expérimentations secrètes de la CIA*). Ses recherches pour l'armée sont mal connues mais il a travaillé sur des armes biologiques et sur le contrôle mental via l'usage de drogues.

Toutes ces recherches sur le contrôle mental sont allées bien plus loin que ce qu'a affirmé ci-dessus le Sénateur Kennedy, tout comme le directeur de la CIA de l'époque, Stanfield Turner, qui décrivait le MK-Ultra comme un simple programme d'expérimentation de médicaments et de drogues. Il déclara le 21 septembre 1977 devant le Sénat : *"Nous ne sommes pas en mesure de vous révéler l'intégralité des faits concernant ces activités, nous allons juste vous dire ce que nous savons. Les dossiers que nous avons étudiés n'évoquent qu'une petite partie de l'ensemble."*

Le programme MK-Ultra et ses sous-projets sont donc un véritable puzzle dont les pièces ont été détruites ou dispersées. De plus la CIA avait établi un réseau de sociétés "écrans" comme la *"Society for the Investigation of Human Ecology,"* le *"Washington Geschikter Fund Medical Research"* ou encore la *"Josiah Macy Jr. Foundation"*. Cette répartition en une multitude de divers projets permettait de financer discrètement le programme MK-Ultra, il s'agissait là de cloisonner les projets, mais aussi les chercheurs. En effet, ces scientifiques ignoraient bien souvent l'identité de leur véritable employeur ainsi que les nombreuses recherches en cours, sans lien apparent, mais constituant une même trame. Tout cela formant les pièces d'un gigantesque puzzle dont seuls les commanditaires détiennent le plan d'assemblage. Les méthodes de cloisonnement de ces *'black projects'* sont toujours d'actualité : chaque individu du réseau reçoit uniquement ce qui *"est bon à savoir pour lui"*, c'est à dire qu'il n'accèdera qu'à ce qu'il a besoin de connaître pour faire son "job". Il reste ainsi totalement ignorant de la globalité du ou des projets, ne recevant que le strict nécessaire en terme d'informations pour le travail qu'il effectue à son niveau.

En 1977, le journaliste indépendant John Marks demanda l'accès à tous les documents du Bureau de la Recherche et Développement (ORD) du Directoire de la Science et des Technologies de la CIA (une officine spécialisée de l'Agence) concernant *"toute recherche ou activité opérationnelle ayant un rapport avec la bioélectricité, la*

---

[190] "American Torture : From the Cold War to Abu Ghraib and Beyond" - Michael Otterman, 2007.

stimulation électrique ou radio du cerveau, la destruction électronique de la mémoire, la chirurgie stéréotaxique, la psychochirurgie, l'hypnose, la parapsychologie, les irradiations, les micro-ondes et les ultrasons." Il fut informé six mois plus tard que l'ORD avait identifié 130 boîtes, soit environ 39 m3 de documentation. John Marks avait obtenu dans le cadre de la loi sur la liberté de l'information la déclassification d'un millier de documents secrets de la CIA. C'est lui qui révéla publiquement l'ampleur effrayante de ces programmes de MK en publiant son travail de recherche en 1979 dans le livre *"The Search of the Manchourian Candidate"* (La quête du Candidat Mandchou). Son accès aux documents de la CIA a brusquement été stoppé après la publication de son livre en 1979.

Victor Marchetti, un ex-agent de la CIA qui a travaillé pendant 14 ans pour l'agence, a déclaré dans des interviews que contrairement à ce qu'elle prétend dans sa propagande, la CIA continue ses recherches sur le contrôle mental. Marchetti a publié avec John Marks un livre intitulé *"The CIA and the Cult of Intelligence"* (1973). Avant que le livre ne soit édité, la CIA a poursuivi en justice Marchetti afin de faire supprimer 340 éléments contenus dans son livre, l'auteur s'y étant opposé, c'est au final 110 éléments qui ont été censurés. Il s'agit du premier livre que le gouvernement fédéral des États-Unis a fait censurer par voie juridique. Une publication qui a néanmoins participé à la mise en place de la première enquête (*Church Committee*) sur le projet MK-Ultra au Congrès des États-Unis en 1975.

En 1999, suite à une demande qu'elle avait faite en raison du FOIA (*Freedom Of Information Act* - Loi sur la Liberté de l'Information), Carol Rutz, a reçu trois CD-ROM en provenance de la CIA.

Carol Rutz est une survivante de ces programmes de MK, à l'âge de 52 ans elle a enfin obtenu les preuves concrètes de toutes ces expérimentations. Pour elle, cela était enfin la confirmation et la validation de ses mémoires concernant les expérimentations sur le contrôle mental. Ces dossiers étaient restés pendant 48 ans dans les *coffres* du gouvernement, 18 000 pages de documents déclassifiés concernant les programmes Bluebird, Artichoke et MK-Ultra. Un de ces documents indique : *"En travaillant sur des sujets individuels, une attention particulière sera accordée aux états dissociatifs qui tendent à accompagner spontanément les ESP (stimulation électronique du cerveau). Ces états peuvent être induits et contrôlés dans une certaine mesure avec l'hypnose et les drogues... Les données de cette étude seront obtenues à partir de groupes d'individus particuliers, comme les psychotiques, les enfants et les médiums... Les chercheurs s'intéresseront particulièrement aux états dissociatifs, à "l'abaissement du niveau mental", à la "perte de l'âme", à la personnalité multiple de ceux qu'on appelle médiums; et une tentative sera faite pour induire un certain nombre d'états de conscience altérés en utilisant l'hypnose."* (CIA MORI ID 17396, p.18)[191]

Les documents de la CIA actuellement déclassifiés montrent clairement les objectifs de ces expérimentations sur le contrôle mental : la création de sujets MK avec des personnalités multiples et avec des murs amnésiques permettant de leur faire faire tout et n'importe quoi... Voici un extrait d'un document daté du 7 janvier 1953 qui décrit comment deux jeunes filles dissociées se font programmer : *"Ces sujets ont clairement démontré qu'ils peuvent passer d'un état pleinement éveillé à un profond état hypnotique (H) déclenché par téléphone, par une question, par*

---

[191] "A Nation Betrayed : The Chilling True Story of Secret Cold War Experiments Performed on Our Children and Other Innocent People" - Carol Rutz, 2001.

l'utilisation d'un code, d'un signal ou de mots. Ce contrôle hypnotique peut-être transmis sans grande difficulté. Il a également été démontré par l'expérimentation avec ces filles, qu'elles peuvent agir comme messagers involontaires à des fins de renseignements." (CIA Mori ID 190684, 1/7/53)

Le document intitulé "SI and H Experimentation, 25 septembre 1951" (SI signifiant Induction de Sommeil et H signifiant Hypnose) rapporte : "X a reçu pour instruction qu'à son réveil, elle devra se rendre dans telle pièce où elle attendra au bureau un appel téléphonique. Lorsque le téléphone va sonner, une personne nommée "Jim" va engager une conversation basique avec elle. Au cours de la conversation, cet individu va mentionner un nom de code. Lorsqu'elle entendra ce nom de code, elle passera dans un état de transe SI, mais elle ne fermera pas les yeux et restera parfaitement normale pour poursuivre la conversation téléphonique. X a pour instruction que suite à ce coup de téléphone, elle devra suivre le protocole suivant : X qui est à ce moment-là dans un profond état SI, est mise en présence d'un dispositif avec une minuterie. Elle est informée que ce dispositif est une bombe incendiaire (…) Suite à la conversation téléphonique, elle est donc programmée pour prendre cette bombe qui est dans une mallette, puis de se rendre aux toilettes où elle rencontrera une femme qui lui est inconnue et qui s'identifiera par le nom de code "New-York". X montre alors à cette personne comment fonctionne le dispositif et lui dit que celui-ci doit être amené dans telle pièce et placé dans le tiroir gauche du bureau, le tout pendant les 82 secondes réglés sur la minuterie de l'appareil. X est en outre chargée de dire à cette fille que dès que l'appareil sera placé et activé, elle doit récupérer la mallette, quitter la pièce et aller s'allonger sur le canapé dans la salle des opérations pour tomber dans un état de profond sommeil. X est également programmée pour revenir à la salle des opérations et plonger elle aussi dans un profond sommeil après avoir donné les instructions à l'autre fille (…) L'expérience a été parfaitement menée sans aucune difficulté ni aucune hésitation de la part des filles. Chacune a agi comme il le fallait, l'appareil a bien été placé et les deux filles sont retournées dans la salle des opérations pour tomber dans un état de profond sommeil. Tout au long de l'expérience, leur attitude était naturelle, il n'y avait aucune difficulté de mouvements." (CIA Mori ID 190527 9/25/51)

Un autre document interne décrit les dérives de ce genre d'expérimentations : "Le 2 juillet 1951 à environ 13h00, l'instruction commence avec X concernant ses études sur la sexualité. X a déclaré qu'il avait constamment utilisé l'hypnose comme un moyen d'induire chez des jeunes filles des relations sexuelles avec lui. Y, une artiste musicienne, a été contrainte de se livrer à des rapports sexuels avec X sous l'influence de l'hypnose. X a déclaré qu'il l'avait d'abord mise dans un état de transe hypnotique et qu'il lui a ensuite suggéré qu'il était son mari et qu'elle désirait avoir des rapports sexuels avec lui." (CIA Mori ID 140393 7/2/51)

Le 3 octobre 1995, face à l'accumulation des révélations dérangeantes concernant toutes ces expérimentations sur le contrôle mental, Bill Clinton, alors président en fonction, a dû faire des excuses publiques face à sa nation : *"Des milliers d'expérimentations gouvernementales ont eu lieu dans les hôpitaux ou les universités ainsi que sur des bases militaires un peu partout dans le pays (…) Dans de trop nombreux cas, aucun accord formel n'a été demandé, on a dissimulé à des américains ce qu'ils subissaient, et bien au-delà des cobayes eux-mêmes, cette tromperie a dupé leur famille et toute la nation. Ces expérimentations sont restées secrètes et elles ont été dissimulées non pour des raisons de sécurité mais par crainte du scandale, et cela est anormal. Donc aujourd'hui, au nom d'une nouvelle génération de leader et de citoyens américains, les États-Unis d'Amérique présentent leurs excuses sincères aux citoyens qui ont été victimes de ces expérimentations, ainsi qu'à leurs familles et à leurs proches."[192]*

Il est clair que Bill Clinton a été acculé à devoir présenter des excuses publiques tant le dossier MK-Ultra avait été publiquement révélé, des excuses d'une hypocrisie monstre tant ces programmes sur le contrôle mental ne se sont jamais véritablement arrêtés, au contraire ils n'ont cessé de progresser telle une course aux armements.

Aux États-Unis, le sujet du contrôle mental est aujourd'hui intouchable et inattaquable car enfoui sous le *"National Security Act"* de 1947. Cette loi sur la *Sécurité Nationale* permet en effet d'évincer tout dossier véritablement dérangeant, afin qu'il ne puisse être jugé d'une manière équitable tout comme n'importe quel autre dossier. L'affaire de Cathy O'Brien (victime du programme MK-Monarch) démontre pleinement comment ce *"National Security Act"* permet systématiquement de couper court à toute tentative de recours en justice pour des préjudices (le mot est faible) relatif au contrôle mental et cela malgré toutes les preuves. (Nous y reviendrons au chapitre 10)

2 - ENFANTS VICTIMES DU MK-ULTRA : LES TÉMOIGNAGES

En 1995, Christine DeNicola, Claudia Mullen et la thérapeute Valerie Wolf ont témoigné devant une Commission Consultative Présidentielle (États-Unis). Christine DeNicola a servi de cobaye dans le programme MK-Ultra dès l'âge de 4 ans, de 1966 à 1976. Claudia Mullen a été soumise au contrôle mental à l'âge de 7 ans, de 1957 à 1984. Valerie Wolf a déclaré devant cette Commission qu'une quarantaine de thérapeutes l'avaient contactée lorsqu'ils ont su qu'elle allait témoigner publiquement, ils souhaitaient lui parler de certains de leurs patients qui avaient également été soumis à des radiations et à des techniques de contrôle mental. Tous ces témoignages mettent en avant la corrélation étroite qui existe entre la programmation mentale et toutes sortes de techniques traumatisantes allant des électrochocs aux sévices sexuels en passant par l'hypnose et les drogues hallucinogènes. Il n'existe presque aucune publication concernant la programmation mentale sur des enfants mais quatre sous-projets du MK-Ultra les visaient particulièrement. Des enfants qui étaient officiellement traités pour des troubles dissociatifs mais qui se retrouvaient finalement victimes de traumatismes visant à les rendre encore plus dissociés et fractionnés, et donc plus facilement programmables.

Voici les retranscriptions des témoignages devant la Commission Consultative Présidentielle impliquant l'irradiation délibérée d'êtres humains. Des témoignages qui ont été filmés en 1995 :

---

[192] "Un village empoisonné par la CIA ? Pont Saint-Esprit 1951" - France 3, 08/07/2015.

• Valerie Wolf (thérapeute) :

J'ai écouté tous les témoignages précédents et ils me semblent très familiers. Je suis ici pour vous parler du lien possible entre les radiations auxquelles ces victimes ont été soumises et la programmation mentale (...) Les médecins qui les exposaient aux radiations et qui leur administraient des produits chimiques étaient les mêmes que ceux qui faisaient des recherches sur la programmation mentale (...) Il est important de comprendre que des techniques de contrôle mental peuvent avoir été utilisées pour intimider les sujets, même devenus adultes, ceci afin de les empêcher de parler et de révéler qu'ils ont été victimes de ces programmes de recherches financés par le gouvernement. Cela fait 22 ans que je suis thérapeute. Je me suis spécialisée dans le traitement des victimes de ces programmes, et même de certains de leurs bourreaux, ainsi que de leurs familles (...) Nous voyons aujourd'hui se manifester dans tous le pays d'anciennes victimes qui n'ont aucun contact les unes avec les autres (...) beaucoup de ces survivants ont peur de raconter leur histoire à leurs médecins, parce qu'ils craignent qu'on les prenne pour des fous. Plusieurs d'entre eux ont nommé les mêmes personnes, comme ce Dr "Green", accusé par beaucoup d'avoir torturé et violé des enfants au cours d'expériences de programmation mentale. L'un de mes patients a même réussi à savoir qu'il s'appelait le Dr L. Wilson Green. Nous avons découvert que l'un des Directeurs Scientifique des Laboratoires Chimiques et Radiologiques de l'Armée portait ce nom. Figurent également les noms du Dr Sidney Gottlieb et du Dr Martin Orne également impliqués dans la recherche radiologique (...) Nous avons souvent tenté d'obtenir des informations en faisant jouer la Loi sur la Liberté d'Information, afin d'avoir accès aux données concernant la programmation mentale. En général, nos demandes étaient rejetées, toutefois nous avons pu obtenir certaines informations qui ont bien confirmé ce que nous avaient dit nos patients (...) Nous avons besoin d'avoir accès à ces archives pour permettre la réhabilitation et le traitement des nombreuses victimes qui présentent de graves troubles psychologiques et physiques (...) Il est vrai qu'une Commission avait été nommée vers la fin des années 70 pour enquêter sur la programmation mentale, mais elle ne s'est pas intéressée aux expériences faites sur les enfants. À cette époque, ces enfants étaient trop jeunes pour pouvoir en parler, certains faisaient encore l'objet d'expérimentations. La seule manière d'en finir avec les souffrances de toutes ces victimes est de rendre public tout ce qui s'est passé lors de ces recherches sur le contrôle mental. Veuillez donc recommander que l'on ouvre une enquête et que toutes les archives concernant les expériences de contrôle mental sur les enfants soient rendues publiques. Merci.

• Christine DeNicola (victime) :

Mes parents ont divorcé en 1966. Mon père, Donald Richard Ebner, était associé au travail du Dr Green. J'ai été soumise à ces expérimentations entre 1966 et 1976. En ce qui concerne les radiations, en 1970 le Dr Green a concentré ses expériences sur mon cou, ma gorge et ma poitrine, puis sur mon utérus en 1975. À chaque fois j'avais des vertiges, de la nausée, et je vomissais. Toutes ces expériences étaient toujours associées à la programmation mentale. Cela se passait à Tucson, en Arizona. Dr Green m'a surtout utilisée comme cobaye pour la programmation mentale entre 1966 et 1973. Son objectif était de me contrôler mentalement pour me former en tant qu'espionne et assassin.

Mes premiers souvenirs significatifs remontent à 1966 lorsque j'ai été conduite à l'Université de Kansas City. Mon père m'y a transporté en avion, à un moment où ma mère était absente. Il m'a conduite dans un endroit qui ressemblait à un laboratoire. Il me semble qu'il y avait là d'autres enfants. On m'a déshabillée et on m'a attachée sur une table, j'étais allongée sur le dos. Le Dr Green a placé des électrodes sur mon corps et sur ma tête. Il utilisait une sorte de projecteur. Pendant qu'un flash de lumière rouge était dirigé vers mon front, il me répétait sans cesse qu'il implantait différentes images dans mon cerveau. Entre chaque séquence, il me faisait subir des électrochocs en me demandant de plonger toujours plus profondément dans mon cerveau, dans mon esprit. Il répétait chaque phrase plusieurs fois en me disant qu'elle pénétrait profondément dans mon cerveau et que je devais obéir à tout ce qu'il me demanderait de faire. Je me rappelle qu'il m'avait fait une piqûre au début de la séance et que je me sentais droguée. Quand tout fut fini, il me fit une autre piqûre. Puis je me rappelle que je me suis retrouvée chez mes grands-parents à Tucson. J'avais 4 ans. Cette expérience vous montre que le Dr Green employait des drogues, des traumatismes, des suggestions hypnotiques et toutes sortes d'autres traumatismes, pour tenter de contrôler mon cerveau et mon intelligence. Il utilisait les radiations pour étudier leurs effets sur diverses parties de mon corps, et aussi pour me terroriser. Cela faisait partie de sa panoplie de traumatismes pour me programmer mentalement.

Les autres expérimentations ont été réalisées à Tucson, en Arizona, quelque part dans le désert. On m'apprenait à ouvrir des serrures, à me camoufler, à utiliser ma mémoire photographique et on me montrait comment employer certaines techniques numériques pour développer ma mémoire. Le Dr Green me faisait "tuer" des poupées qui ressemblaient à des enfants réels. Une fois, après avoir été sévèrement traumatisée, j'ai poignardé une poupée. Mais la fois suivante, j'ai refusé. Il connaissait beaucoup de techniques pour me faire souffrir, mais en grandissant je devenais de plus en plus rebelle (…) En raison de mon manque croissant de coopération, ils ont fini par abandonner leur projet de faire de moi une espionne et un assassin. Par conséquent, au cours des années 1974 à 1976, le Dr Green utilisa diverses techniques pour supprimer ma programmation d'assassin et pour m'injecter des programmations d'auto-destruction, de suicide et de mort. Pour quelle raison ? Il voulait simplement que je meure. Tout au long de mon existence d'adulte, j'ai lutté pour rester en vie. Si je suis encore vivante, je crois que je le dois à la grâce de Dieu. Ces terribles expériences ont profondément affecté ma vie. Ma personnalité s'est fragmentée en un trouble dissociatif de l'identité. Le but du Dr Green était de fragmenter ma personnalité au maximum pour pouvoir me contrôler totalement. Il a échoué ! Mais je souffre depuis des années de douleurs physiques, mentales et émotionnelles constantes. Cela fait 12 ans que je suis une thérapie régulière. Ce n'est qu'il y a 2 ans et demi, lorsque j'ai rencontré ma thérapeute actuelle, qui connaissait les expériences de programmation mentale, que j'ai enfin commencé à faire de réels progrès et que j'ai commencé à guérir. En conclusion, je vous demande de garder à l'esprit que les souvenirs que j'ai évoqués ne sont qu'une petite partie de tout ce que j'ai vécu entre 1966 et 1976 (…) Je sais que d'autres personnes peuvent aussi être aidées, pourvu qu'on leur accorde le secours dont elles ont besoin. Je vous prie de nous aider dans les efforts que nous faisons pour que ces actes abominables ne se reproduisent plus jamais. Merci.

• Claudia Mullen (victime) :

Entre 1957 et 1984, j'ai été un jouet entre les mains du gouvernement. Son but ultime était de me programmer mentalement pour fabriquer une parfaite espionne. Pour cela, il a eu recours aux produits chimiques, aux radiations, aux drogues, à l'hypnose, aux électrochocs, à l'isolation sensorielle, à la privation de sommeil, au lavage de cerveau et aux violences verbales, physiques, émotionnelles et sexuelles. J'ai été exploitée contre ma volonté pendant près de 30 ans. Les seules explications qui m'étaient données étaient que "la fin justifie les moyens" et que "je servais mon pays dans sa lutte acharnée contre le communisme". Pour résumer ma vie, je dirais qu'ils se sont emparés d'une petite fille de 7 ans, déjà traumatisée par des sévices sexuels, pour continuer à la faire souffrir d'une manière qui dépasse l'imagination. Le plus triste, c'est que je savais que je n'étais pas la seule à être traitée ainsi. Il y avait un nombre incalculable d'autres enfants dans la même situation. Jusqu'à présent personne n'a pu nous aider.

Je vous ai déjà fourni un rapport écrit dans lequel j'ai inclus un maximum d'informations, y compris des conversations que j'ai pu entendre dans un certain nombre de services officiels responsables de ces atrocités. Si j'ai pu vous décrire tout cela avec autant de détails, c'est grâce à ma mémoire photographique, mais aussi par l'arrogance des gens concernés. Ils étaient sûrs qu'ils pourraient toujours contrôler mon cerveau. Le fait de me rappeler ces atrocités n'est pas une chose facile, de plus ce n'est pas sans danger pour ma famille et moi-même. Mais je pense que cela vaut la peine de prendre ce risque. Le Dr Green a un jour expliqué au Dr Charles Brown "qu'il préférait choisir des enfants comme sujets pour ses expériences, parce que c'était plus amusant de travailler avec eux, et aussi moins cher." Il lui fallait des sujets plus faciles à manipuler que des militaires ou des fonctionnaires du gouvernement. Il a donc choisi de ne prendre que des "fillettes consentantes". Il avait ajouté : "D'ailleurs, j'aime les terroriser. À la CIA, ils pensent que je suis semblable à un dieu capable de créer par ses expériences des sujets qui obéissent sans discuter à tout ce que Sid (Dr Sidney Gottlieb) et James (Dr james Hamilton) pourraient imaginer."

En 1958, ils m'ont dit que je devais être "testée" par un certain nombre de médecins importants de la "Human Ecology Society". On m'a demandé de coopérer avec eux. Je ne devais ni essayer de regarder leurs visages, ni chercher à connaître leurs noms car il s'agissait d'un projet très secret. Ils me disaient cela pour m'aider à tout oublier. Naturellement, comme le font tous les enfants en pareil cas, je fis le contraire, et je m'efforçais de me souvenir de tout. Un certain John Gittinger m'a testée. Le Dr Cameron me donna des électrochocs, et le Dr Green les rayons X. Puis Sidney Gottlieb me dit que "j'étais mûre pour le grand A". Il voulait parler du programme Artichoke. Quand je suis rentrée chez moi, je ne me rappelais que les raisons données par le Dr Robert G. Heath, de la faculté de Médecine de Tulane, pour expliquer toutes les traces que j'avais sur mon corps : des hématomes, des traces de piqûres, des brûlures et des douleurs dans les parties génitales. Je n'avais aucune raison de croire que tout cela avait été causé par autre chose que ce que Heath m'avait expliqué. Ils avaient déjà commencé à contrôler mon cerveau.

L'année suivante, on m'a envoyée dans un camp du Maryland, appelé Deep Creek Cabins. Là, on m'a appris comment assouvir les désirs sexuels des hommes. On m'a aussi appris à les forcer à parler d'eux-mêmes. Il y avait là Richard Helms, le Directeur Adjoint de la CIA, le Dr Gottlieb, le Capitaine Georges White, et Morris Allan. Ils avaient prévu de recruter le plus possible de hauts fonctionnaires et de présidents d'universités pour que leurs projets puissent continuer, même dans l'éventualité où les crédits consacrés à la programmation mentale et aux expériences avec les radiations baisseraient un jour. On m'a utilisée pour piéger toutes sortes d'hommes qui ne se doutaient de rien, pour cela ils utilisaient une caméra cachée. Je n'avais que neuf ans lorsque j'ai subi toutes ces humiliations sexuelles. J'ai entendu un jour une conversation concernant l'ORD (Office of Research and Development). Ce bureau était dirigé par le Dr Green ainsi que par les Docteurs Steven Aldrich, Martin Orne et Morris Allan. Le Dr Gottlieb fit une remarque plutôt cynique concernant une information qui avait fuité à propos d'un groupe assez important d'enfants retardés mentaux, qui avaient été soumis à des doses massives de radiations. Il avait demandé au Dr Green pourquoi il se faisait autant de souci à propos de ces enfants retardés : "Après tout, ce ne sont certainement pas eux qui vont vendre la mèche !" Une autre fois, j'ai entendu le Dr Martin Orne, qui dirigeait l'Office Scientifique, et qui dirigea ensuite l'Institut de Recherche Expérimentale, dire que "pour continuer à recevoir des crédits pour leurs projets, il fallait que leurs expériences utilisent encore plus de moyens coercitifs, et même le chantage." Il avait ajouté : "Il faut que nous allions plus vite, et que nous nous débarrassions ensuite des sujets, pour qu'ils ne reviennent pas nous demander plus tard des précisions à propos de ce qui s'est passé." Je pourrais vous dire beaucoup d'autres choses sur ces projets de recherche financés par le gouvernement : les noms des projets et des sous-projets, les noms des gens impliqués dans les expérimentations, les lieux, la nature des tests et les différents moyens utilisés pour faire souffrir les sujets (…) J'aurais tellement aimé que tout ce que nous avons subi ne soit qu'un rêve qu'il faut vite oublier. Mais oublier serait une erreur tragique, ce serait aussi un mensonge.

Ce sont de véritables atrocités que nous avons subies, moi et tant d'autres enfants, sous prétexte de défendre notre pays. En raison de l'accumulation des effets nocifs des radiations, des drogues, des divers produits chimiques, des souffrances, des traumatismes psychiques et physiques, j'ai été privée de la faculté de pouvoir travailler normalement, et même d'avoir des enfants. Il est évident que ces expériences n'étaient nullement justifiées. Dès le départ, elles n'auraient jamais dû être autorisées. Notre seul moyen de révéler et de mettre en lumière l'horrible vérité est de rendre publique toutes les archives qui peuvent encore exister concernant ces projets, cela par la nomination d'une nouvelle Commission Présidentielle chargée d'enquêter sur la programmation mentale. Je crois que tous les citoyens de notre nation ont le droit de savoir quelle est la part de la réalité, et quelle est celle de la fiction. Notre plus grande protection, c'est que tout cela ne se reproduise plus jamais. En conclusion, je ne puis vous offrir que ce que je vous ai offert aujourd'hui : la vérité. Merci d'avoir pris le temps de m'écouter.

• Docteur Duncan C. Thomas (Professeur à l'Université de Californie du Sud, Faculté de Médecine, Département de Médecine Préventive, Los Angeles) :

Puis-je vous demander ce que faisaient vos parents dans tout cela ? Avez-vous une idée de la manière dont vous avez été recrutées pour ces expériences ? Aviez-vous des parents ? Est-ce que vos parents savaient ce qui se passait ?

• Christine DeNicola :

Je peux vous répondre brièvement. C'est mon père qui travaillait avec le Docteur Green. Ma mère n'était pas au courant, parce que mes parents ont divorcé quand j'avais quatre ans (…) En ce qui me concerne, c'est mon père qui m'a "livrée" pour les expériences. C'est lui qui s'occupait de moi quand j'étais toute petite. Il a commencé très tôt à abuser de moi sexuellement. Il m'a volontairement mise entre les mains du Docteur Green, mais ma mère n'était pas au courant.

• Claudia Mullen :

En ce qui me concerne, j'ai été adoptée à l'âge de deux ans et demi par une femme qui abusait de moi sexuellement. À cette époque, elle était l'amie du Président de l'Université Tulane. Très jeune, j'ai commencé à présenter les symptômes d'une enfant qui a subi des sévices sexuels, notamment la dissociation de ma personnalité. Elle a donc demandé au Président de cette Université de lui recommander un pédopsychiatre. Il lui a conseillé le Dr. Heath, qui était impliqué dans ces recherches (MK). Je me rappelle très bien tous les tests de personnalité qu'il m'a fait passer. C'est comme cela que j'ai été recrutée pour ces expériences. Mon père ne se doutait de rien. Il est mort quand j'étais très jeune. Je ne sais pas si ma mère était réellement au courant. Pour vous dire la vérité, je ne crois pas qu'elle s'en souciait beaucoup. Elle est morte quand j'étais adolescente. Par la suite, comme j'étais orpheline, ils ont pu alors se servir de moi plus facilement.[193]

Dans son livre "A Nation Betrayed : The Chilling True Story of Secret Cold War Experiments Performed On Our Children and other Innocent People" Carol Rutz témoigne :

"Dans ma famille, la pédophilie était transmise de génération en génération. Je portais encore des couches lorsque mon père a commencé à abuser de moi. C'est à l'âge de deux ans que mon esprit s'est fractionné afin de gérer le traumatisme des abus continuels de mon père et d'autres membres de ma famille (…) J'ai été "vendue" par mon grand-père à la CIA en 1952. Au cours des douze années qui ont suivi, j'ai subi des expérimentations et divers entraînements : Électrochocs, drogues, hypnose, privation sensorielle et autres types de traumatismes pour me conditionner et fractionner ma personnalité dans le but de me faire effectuer des tâches spécifiques. Chaque personnalité alter était créée pour s'activer avec un déclencheur post-hypnotique et effectuer quelque chose qui devait être oublié par la suite. Cette programmation de "Candidat Mandchou" était juste l'une des utilisations possibles du vaste programme de contrôle mental de la CIA, financé par vos impôts durement gagnés…

---

[193] Traduction par "Parole de Vie" - Série "Survivants des Illuminati"

On m'a dit que je travaillais pour "L'Agence". C'était en réalité des élites de la CIA et d'autres branches du gouvernement qui travaillaient en connivence avec certains individus extrêmement riches voulant façonner le monde tout en restant dans l'ombre (…)

Moi aussi j'ai été soumise aux tortures du Dr. Joseph Mengele en 1956, j'avais presque neuf ans… J'ai été conduite par mon père sur une route sinueuse jusqu'à un hangar d'aviation au milieu de la campagne. À l'intérieur, suspendues aux poutres par des poulies, se trouvaient des cages avec des enfants nus à l'intérieur, il me semble que la plupart étaient plus jeunes que moi. J'ai été placée dans une des cages, et comme les autres, j'étais privée de nourriture et d'eau. J'avais très froid et je me recroquevillais sans cesse pour cacher ma nudité. À chaque fois que j'essayais de dormir, quelqu'un me donnait un coup d'aiguillon électrique à travers les barreaux. Le bourreau semblait prendre du plaisir à torturer les enfants. Il se tenait à la hauteur des cages, perché sur ce qu'il pouvait. Lorsqu'il n'était pas à nous torturer, il était au sol avec le Dr. Black. Ils souriaient tous les deux de façon diabolique, et nos larmes n'avaient absolument aucun impact sur eux. Le but de toutes ces tortures était de nous préparer pour la programmation. Il y avait un hôpital où chacun de nous était emmené après les tortures qui nous avaient rendus "coopérants". J'ai reçu une formation qui m'a enseigné les méridiens du corps et comment gérer l'énergie circulant dans ces méridiens. C'était une préparation pour des expériences ultérieures dans lesquelles j'aurais à utiliser mon esprit pour tenter de tuer psychiquement à distance. Lors d'une autre expérience, une personnalité alter a été créée dans le but de mémoriser des codes binaires. Si cet alter "Robert" ne parvenait pas à répéter parfaitement ce qu'il avait appris, je retournais dans la cage. La programmation basée sur les traumatismes est la forme la plus cruelle de lavage de cerveau. Elle laisse l'enfant complètement dissocié et ouvert à la programmation mentale. Joseph Mengele était un maître en la matière.

3 - LE DR. EWEN CAMERON AU CANADA

Comme l'a admis Richard Helms, plusieurs scientifiques étrangers ont travaillé pour le programme MK-Ultra de la CIA. Parmi eux le psychiatre canadien Ewen Cameron qui a mené des expérimentations sur le lavage de cerveau pendant sept ans. Entre 1957 et 1964, Cameron a pratiqué ses expérimentations à l'institut Allan Memorial de Montréal au Canada. Il était également à la tête de l'Association Mondiale de Psychiatrie (*WPA - World Psychiatric Association*). Trente ans plus tard, une émission de radio canadienne décrivait ainsi ses travaux : *"Au cours des traitements, les patients sont soumis à des chocs psychiatriques extrêmes. Sous l'effet de barbituriques et de LSD, les sujets sont abrutis par des messages pré-enregistrés et diffusés en boucle. Ils subissent des doses massives d'électrochocs, un sommeil prolongé de plusieurs jours, des douches glacées, etc. Les électrochocs, procédé de traitement peu maîtrisé à l'époque, sont d'une ampleur de 20 à 40 fois plus élevée que ce qui est normalement prescrit. Les séances duraient cinq heures par jour, cinq jours par semaine, elles avaient pour but de "déprogrammer" le cerveau du patient pour ensuite le "reprogrammer". En 1960, la CIA met un terme au financement des recherches secrètes de l'Institut Allan Memorial. Le docteur Cameron se tourne alors vers le gouvernement canadien, qui le subventionnera jusqu'en 1963. En tout, une cinquantaine de patients ont servi de cobayes lors de ces expériences.*[194]

Lorsque les canadiens apprirent que la CIA avait mené des expériences de lavage de cerveau sur leurs concitoyens, et qu'en plus de cela leur gouvernement était non seulement au courant mais avait même participé au financement de ces expérimentations, le choc fut énorme. C'est l'émission de télévision *"The Fitfh Estate"* (CBS) qui révéla en premier cette affaire en 1984 en dévoilant les travaux qui avaient été supervisés par le Dr. Ewen Cameron dans sa clinique de Montréal : le scandale éclata. Des poursuites juridiques ont été engagées par les victimes contre le Dr. Cameron mais aussi contre la CIA. Un film a même été tiré de cette affaire : *"The Sleep Room"* (*"La chambre du sommeil"* de Bernard Zuckerman, 1998).

Voici le protocole d'électrochocs en trois étapes qu'utilisait le Dr. Cameron :

• <u>Première étape</u> : C'est le premier stade de l'amnésie post-électrochoc, le sujet perd une grande partie de sa mémoire à court terme. Le sujet conserve encore "l'image espace-temps" : il sait où il est, pourquoi il est là et il reconnaît les visages familiers mais il se rappelle plus difficilement des noms.

• <u>Deuxième étape</u> : Au second stade de l'*Amnesia Electrochoc*, le sujet perd "l'image espace-temps" mais il est conscient de cette perte. Cette prise de conscience provoque chez lui une extrême anxiété et une panique car il veut se souvenir mais il n'y arrive pas. À ce stade, il demandera à plusieurs reprises : *"Où suis-je ?"*, *"Comment suis-je arrivé ici ?"*, *"Pourquoi suis-je ici ?"*.

• <u>Troisième et dernière étape</u> : À ce stade, le sujet devient extrêmement calme, toute l'anxiété précédente a disparu. Il est ramené dans sa chambre où un magnétophone placé près de son oreiller répètera en boucle une même instruction durant des heures. Cette technique est appelée le *psychic driving* (la conduite psychique). Dans cet état, les victimes présentaient une incontinence urinaire et fécale.

Ewen Cameron travaillait également sur "l'isolement radical". Il s'agissait de caissons d'isolation sensorielle dans lesquels le sujet était enfermé durant un certain temps. Privé de stimuli sensoriels, *"l'identité même du sujet commençait à se désintégrer."*[195] Cameron se vantait lui-même d'avoir reproduit expérimentalement sur des sujets humains l'équivalent des *"extraordinaires conversions politiques"* qui se produisaient à l'Est,[196] c'est à dire un lavage de cerveau à des fins politiques. En 1957, sa demande de subvention pour une étude sur les *"effets de répétition de signaux verbaux sur le comportement humain"* qui permet, dit-il, de *"briser l'individu comme après un long interrogatoire"*, fut acceptée par la *Society for the Investigation of Human Ecology*

---

[194] *"Lavages de cerveaux financés par la CIA"* - Radio-Canada, archives, 5 octobre 1988, entretien de la Journaliste Pauline Valasse avec le Psychiatre Pierre Lalonde.
[195] *"Psychiatry and the CIA : Victims of Mind-Control"* - American Psychiatric Press, Harvey Weistein, 1990.
[196] Ibid.

(société écran).[197] Son programme de recherche fut alors intégré au projet MK-Ultra.[198]

Dans un article publié par *Nexus* magazine, Sid Taylor rapporte que suite à un "traitement" sur une femme, Cameron aurait déclaré : *"Bien que la patiente soit passée à la fois par un isolement sensoriel prolongé (35 jours) et par une restructuration répétée, ayant même reçu 101 jours de "positive driving"* (supposément une 'conduite psychique' avec des messages au contenu positif), *nous n'avons pas obtenu de résultats favorables."*[199]

Cameron supervisait également des expérimentations avec des fréquences électromagnétiques. Les cobayes humains étaient traités dans un laboratoire de radio-télémétrie installé par Leonard Rubenstein dans les sous-sols de l'institut. Dans ce laboratoire, les patients étaient exposés à une gamme d'ondes électromagnétiques visant à contrôler et à modifier leur comportement.[200]

Une des victimes du Dr. Cameron a été Linda McDonald, une jeune mère de cinq enfants. Lors d'un moment de faiblesse et de déprime, son médecin lui a conseillé d'aller consulter le célèbre psychiatre. Au bout de trois semaines, Cameron a conclu que Linda était atteinte de schizophrénie aiguë et il l'expédia à *"la Salle de Sommeil"*. Là, elle a été plongée dans un sommeil artificiel pendant 86 jours, un état comateux. Le Dr. Peter Roper, qui était un des collègues du docteur Cameron à cette époque a déclaré : *"Le but était vraiment d'effacer les schémas de pensée et les comportements qui faisaient défaut chez le patient car ces derniers en souffraient puis de les remplacer par des habitudes, des pensées et des comportements sains."*

D'après son dossier d'hospitalisation, Linda McDonald a subi plus d'une centaine de fois des traitements à base d'électrochocs. En fait elle fut admise à l'hôpital pour ce que nous qualifions de nos jours une dépression post-natale mais les archives la concernant font état d'un traitement médicamenteux radical et complètement inapproprié. Voici un extrait de son rapport médical : *"15 mai (1963) : Sujette à une certaine confusion 3 juin : Connaît son nom, mais c'est à peu près tout 11 juin : Ne connaît pas son nom."* Linda témoigne qu'elle est très vite devenue un légume, elle n'avait plus d'identité, plus de souvenirs, c'était comme si elle n'avait jamais existé dans le monde auparavant (*tabula rasa*). Elle était tout comme un bébé que l'on doit nourrir et laver.

Une autre victime du Dr. Cameron a été Robert Loguey. À 18 ans, une de ses jambes le faisait souffrir et son médecin qui n'avait pas trouvé la cause du problème a pensé que c'était d'origine psychosomatique. Il envoya alors son patient à l'Institut Allan Memorial. Comme pour Linda McDonald, ce fut pour lui aussi un cauchemar, une thérapie de choc à base de drogues, dont un puissant hallucinogène. Il lui était administré en injection du LSD tous les deux jours, parfois mélangé avec d'autres médicaments et d'autres psychotropes. La plupart de ces drogues étaient expérimentales, mais elles semblaient être appropriées pour

---

[197] "American Torture : From the Cold War to Abu Ghraib and Beyond" - Michael Otterman, 2007.

[198] "Kubark", le manuel secret de manipulation mentale et de torture psychologique de la CIA - www.editions-zones.fr.

[199] "A History of Secret CIA Mind-Control Research" - Sid Taylor, Nexus Magazine 1992.

[200] "Journey into Madness : The True Story of Secret CIA Mind Control and Medical Abuse" - Gordon Thomas, 1989.

le lavage de cerveau. Lors de ces profonds états altérés de conscience créés par les électrochocs et les drogues, on forçait les cobayes humains à écouter des messages audio censés imprimer de nouvelles pensées dans leur esprit, le contenu des messages était parfois très bizarre : Robert rapporte qu'un magnétophone placé sous son oreiller diffusait en boucle les mots : *"Vous avez tué votre mère"* (qui était bien vivante à l'époque). Il s'agissait de messages très courts de quelques secondes tournant en boucle. Pour Robert, ce processus a duré pendant 23 jours.

Ces patients n'ont jamais su que leur traitement était effectué dans le cadre d'un projet mené par la CIA. En effet, le Dr. Cameron était loin d'être un "savant fou" isolé ayant décidé d'appliquer ces techniques de son propre chef. Il suivait bien un programme d'expérimentations sur des cobayes humains. Velma Orlikow, la femme de David Orlikow, un membre du Parlement Canadien, a été une des victimes de Cameron. Elle s'était rendue à l'institut Allan Memorial à la fin des années 50 pour traiter une dépression. Elle avait énormément d'estime pour le célèbre psychiatre avant de réaliser qu'il ne se souciait absolument pas de la santé mentale de ses patients, mais qu'il les utilisait simplement comme cobayes, rien de plus. Il ne faisait qu'appliquer ce que lui demandaient de faire ses employeurs : la CIA. Elle a donc décidé, avec l'aide de huit autres anciennes victimes, de poursuivre en justice cette puissante institution qu'est la CIA. Le procès a duré plusieurs années et ce dossier est quasiment devenu une obsession pour l'avocat américain Joseph Rauh, un spécialiste des libertés civiles. Rauh et son jeune assistant James Turner savaient qu'ils affrontaient un ennemi redoutable mais qu'ils avaient aussi un allié de circonstance pouvant équilibrer le procès. En effet, ils comptaient beaucoup sur le soutien du gouvernement canadien dirigé à l'époque par Brian Mulroney. Malheureusement, au lieu d'aider ses propres citoyens, le gouvernement canadien craignant d'être tenu pour responsable, les poignarda dans le dos durant tout le procès ; allant jusqu'à faire disparaître un élément clé qui amenait la preuve que des fonctionnaires de la CIA de l'ambassade des États-Unis avaient présenté des excuses au gouvernement canadien lorsque les expériences du MK-Ultra furent révélées publiquement. Ces excuses étaient très importantes, c'était un aveu juridiquement recevable devant un tribunal car l'une des deux parties du procès déclarait qu'elle avait fait quelque chose de mal et de répréhensible. C'était une preuve qui démontrait la négligence et les méfaits commis à cette époque-là et l'affaire aurait pu se clore rapidement à l'avantage des victimes. Au lieu de cela, la bataille juridique a duré dix ans.

Grâce à une campagne de soutien et à la solidité du dossier monté par les victimes, la CIA céda la veille du procès. Il y eu un arrangement à l'amiable pour une somme de 750 000 $. À l'époque cette somme représentait le plus grand dédommagement que la CIA ait jamais eu à débourser. Cependant de troublantes questions persistent encore de nos jours, notamment au sujet du gouvernement canadien. Pourquoi a-t-il agit d'une manière si ambiguë alors qu'il s'agissait de venir en aide à plusieurs citoyens canadiens ? La réponse est simple, le gouvernement canadien était en fait encore plus impliqué que les américains dans les expérimentations menées à l'institut Allan Memorial. Les expériences du Dr. Cameron ont été financées à hauteur de 1/2 million de dollars par le Département fédéral de la Santé et du Bien-être pendant les années 50, mais le financement ne s'arrêtait pas là... Ils ont injecté plus de 51 000 $ dans ces expérimentations après que le projet de la CIA ait pris fin en 1961.

Lorsque Linda McDonald a découvert que son propre gouvernement avait financé des expériences sur le lavage de cerveau sur sa propre personne, elle prit la lourde décision de le poursuivre en justice. L'ancienne victime a donc traqué en justice le gouvernement fédéral canadien pendant quatre longues années jusqu'à ce que finalement en 1992, Ottawa accepte à contrecœur de la dédommager, ainsi que plusieurs autres victimes, à hauteur de 100 000 $ par personne. En échange, elles devaient s'engager à stopper toute poursuite contre le gouvernement canadien ou l'institut Allan Memorial. Cependant, Ottawa a refusé catégoriquement de reconnaître tout méfait concernant cet institut psychiatrique, le bastion du Dr. Ewen Cameron. Une conclusion a été rédigée en précisant d'abord que les patients n'avaient pas subi de préjudice irréparable, et qu'en plus, ils avaient consenti au traitement ! D'après les victimes, le Dr. Cameron ne leur avait jamais rien précisé sur le traitement qu'elles allaient subir. Il n'a jamais donné une seule explication ou description sur ce qui allait se passer pour elles. Tout cela n'avait clairement rien à voir avec un traitement médical digne de ce nom, il s'agissait bel et bien d'expériences sur le lavage de cerveau avec des cobayes humains. Malgré cela, l'institut Allan Memorial de Montréal a gardé sa réputation internationale de leader dans le traitement des maladies mentales.[201]

La communauté amérindienne du Canada a également été la cible d'expérimentations en tout genre principalement durant les années 50 et 60, notamment dans des hôpitaux. Un grand nombre d'enfants ont été enlevés à leurs familles dans le cadre du programme *"sixties scoop"* qui aurait concerné officiellement 20 000 enfants amérindiens. Ils étaient placés d'office dans des pensionnats autochtones aussi appelés écoles résidentielles. Ces pensionnats étaient destinés à *"la scolarisation"*, *"l'évangélisation"* et *"l'assimilation"* des enfants du pays, autrement dit les petits autochtones, des amérindiens. Ces milliers d'enfants ont été séparés de leur famille sans que personne ne puisse rien en redire à l'époque. Ce sujet est un dossier très lourd mêlant à la fois la stérilisation des jeunes femmes, les expérimentations médicales sur le psychisme humain et la diffusion massive de maladies infectieuses pour réduire cette population. La pédocriminalité et les abus rituels sont fatalement venus se greffer sur ce vivier d'enfants séparés de leurs familles et placés dans des pensionnats. Certains témoignages laissent penser que le programme MK-Ultra a été exécuté sur de nombreux amérindiens, évidemment non consentants et servant littéralement de cobayes.

La fille d'un officier canadien, Sara Hunter (pseudonyme) a été victime d'expériences avec 25 autres enfants et autant d'adultes. Selon elle, cela s'est passé au Lincoln Park air Force de Calgary en Alberta entre 1956 et 1958. Elle raconte que c'était un docteur nazi qui pratiquait ces expérimentations et elle dit qu'elle a été la seule à survivre durant ces deux ans de torture, la plupart des enfants tués étaient amérindiens, d'autres étaient des fugueurs ou des orphelins.[202]

Dans le documentaire *"Unrepentant : Kevin Annett and Canada's Genocide"* (2006) consacré au génocide des amérindiens du Canada, le pasteur Kevin Annett déclare lorsqu'on lui demande s'il croit à tous ces témoignages d'autochtones : *"Et*

---

201 "The Fifth Estate - MK-Ultra au Canada, Dr Ewen Cameron" - CBC, 1984.
202 "Canada : le massacre du peuple indien passe par la destruction et l'exploitation de leurs enfants" - DondeVamos, 27/10/2012.

bien, quand des gens qui ne se connaissent pas les uns les autres continuent à raconter encore et encore la même histoire, même si vous êtes sceptique, vous devez bien admettre ces faits. Vous savez, c'est une histoire qui est largement racontée et lorsque les gens ont commencé à aller plus loin et à me rapporter des choses que j'ai redécouvertes plus tard et pu valider grâce à des documents, alors je ne pouvais plus nier ces choses-là. Vous savez, quand vous êtes pasteur, vous apprenez à détecter assez vite si la personne en face de vous vous raconte des bêtises. Vous pouvez lire la souffrance dans les yeux des gens. C'est incroyablement douloureux pour eux de raconter leur vécu, ils n'ont pas besoin d'en rajouter (…) Cela s'est passé pendant l'été 1998 à Vancouver. J'ai fait venir beaucoup de survivants afin qu'ils témoignent à ce tribunal. Tout ce que vous pouvez imaginer de ce qui s'était produit dans les camps de la mort des Nazis… Ils l'ont raconté. Il y a eu un groupe de personnes de l'île de Kuper qui ont raconté avoir été victimes d'expérimentations médicales où des docteurs qui parlaient en allemand leur avaient injecté des produits chimiques qui les tuaient."

Ces témoignages qui rapportent que les "scientifiques" qui pratiquaient les expérimentations parlaient allemand, peut laisser supposer qu'il s'agissait de scientifiques nazis exfiltrés d'Allemagne vers l'Amérique lors de l'opération *"Paperclip"*, décrite en début de chapitre.

Dans ce même documentaire "Unrepentant", l'agent de police autochtone George Brown du RCMP (Royal Canadian Mount Police) déclare à propos de son enfance : "Je suis sûr à 100% que nous servions de cobayes dans les hôpitaux pour une raison ou une autre. Nous étions trimbalés à l'hôpital, je me souviens que ce n'était pas pour voir un dentiste, et je n'étais pas malade."

Un autre témoignage est celui de Nung Klaath Gaa (Douglas Wilson), qui dit venir du peuple Haida Gwaii. Voici ce qu'il déclare : "j'ai lu le document de Kevin Annett et cela m'a aidé à comprendre comment ça se fait que ma mémoire soit si faible. Dans certaines parties du document, ils parlent de traitements par des chocs (…) Dans ma dernière année là-bas au printemps 1961, on m'a emmené de l'école à l'hôpital Charles Camsell, et de l'hôpital Charles Camsell à l'Institut psychiatrique de Ponoka. Je ne sais pas si j'y suis resté une ou deux semaines, mais j'ai ce souvenir vague, un souvenir qui m'est revenu comme un éclair. J'étais allongé sur cette table avec quelque chose sur ma tête, avec des flashs et des lumières qui clignotaient continuellement."

La survivante Lynn Moss Sharman, une autochtone canadienne, a également témoigné des abus rituels et du contrôle mental qu'elle a subis étant enfant. Elle a fait un gros travail pour rassembler les victimes amérindiennes de ces horreurs et pour faire en sorte que tout cela soit connu du grand public. Nous reviendrons sur son témoignage dans le chapitre 7.

4 - LE DR. WILLIAM SARGANT EN ANGLETERRE

Le psychiatre britannique William Walters Sargant a écrit : "Bien que les hommes ne soient pas des chiens, ils doivent humblement se rappeler à quel point leurs fonctions cérébrales ressemblent à celles des chiens." ou encore : ""Nous avons besoin d'exciter le mental avant de pouvoir le changer."[203] William Sargant a été en lien direct avec les programmes de contrôle mental de la CIA. Il utilisait les mêmes protocoles de lavage de cerveau que Cameron : les électrochocs, la "thérapie par le sommeil" ("Deep sleep therapy"), le psychic-driving et bien sûr l'utilisation de toutes sortes de drogues.

L'actrice britannique Celia Imrie a été une des victimes du Dr. Sargant. À l'âge de 14 ans, Celia était anorexique et a dû être hospitalisée mais son état ne s'améliorait pas malgré les traitements. Désespérés, ses parents l'envoyèrent à l'hôpital St Thomas de Londres où elle a été confiée aux "bons soins" du psychiatre de renommée internationale : William Sargant.

Aujourd'hui encore, elle dit que Sargant revient toujours dans ses cauchemars. Plus de 20 ans après sa mort, il est maintenant avéré que ce psychiatre a travaillé pour le MI5 et la CIA, en particulier dans le programme MK-Ultra.

Dans un article du *Daily Mail* de 2011 intitulé *"My electric shock nightmare at the hands of the CIA's evil doctor"* (Mon cauchemar d'électrochocs aux mains d'un médecin de la CIA), Celia Imrie dit avoir peu de souvenirs de ses propres séances d'électrochocs mais qu'elle se rappelle parfaitement des chocs électriques que subissait la femme dans le lit à côté d'elle : *"Je me souviens des moindres petits détails, que ce soit par la vue, l'ouïe ou l'odorat. L'énorme bouchon en caoutchouc coincé entre ses dents; l'étrange cri presque silencieux, comme un soupir de douleur; les contorsions saccadées du corps torturé; l'odeur des cheveux et de la chair brûlée. Je me souviens aussi de la célèbre "Chambre de Narcose"* (l'équivalent de la "Chambre du Sommeil" du Dr. Cameron), *une salle où les patients étaient plongés dans un sommeil induit par des drogues pendant plusieurs jours alors que des appareils diffusaient des instructions sous les oreillers. Je peux décrire parfaitement la "Chambre de Narcose" de Sargant car j'avais l'habitude de me faufiler hors de ma chambre pour aller observer par les hublots ou une porte battante ces femmes gisant sur le sol sur des matelas gris, comme mortes, dans un silence crépusculaire électro-induit. Lorsque l'on me demande si j'ai moi-même été dans cette Chambre, je réponds "non", car je ne m'en souviens pas. Mais j'ai récemment réalisé qu'avant d'être placée dans la Chambre, le sujet était d'abord drogué et je n'ai jamais vu quelqu'un revenir de là-bas en étant éveillé. Vous y alliez endormi et vous en sortiez endormi. Je pense que quiconque a été traité avec la thérapie du sommeil de Sargant est passé à un moment ou à un autre dans cette Chambre. Vous étiez totalement inconscient à l'intérieur, donc peut-être que j'ai moi-même été mise dans cet endroit. Je ne pouvais pas le savoir (…) Je ne peux pas connaître les méthodes de contrôle mental qu'il a exercé sur moi, je ne sais pas ce que contenaient les enregistrements sous mon oreiller, ce qu'ils me disaient de faire ou de penser…*

Il y a quelques années, j'ai essayé de retrouver mon dossier médical à l'hôpital St Thomas, je voulais vérifier le contenu de mon traitement et si j'avais bien été dans cette Chambre de la Narcose. Je voulais connaître les instructions précises qui étaient enregistrées sur la bande tournant en boucle sous mon oreiller. Je voulais savoir ce que Sargant avait sans relâche induit dans mon jeune cerveau inconscient. Malheureusement, ma recherche n'a rien donné. Lorsque William Sargant a quitté St Thomas, il a illégalement emporté tous les dossiers de ses patients. Au moment de sa mort en 1988, chaque preuve et chaque paperasse

---

[203] "Battle for the Mind, Physiology of Conversion and Brainwashing" - William Sargant, 1997.

concernant son travail inhumain sur des cobayes humains, ont été détruites. Donc je ne saurais jamais la vérité.

Je me souviens que l'on me donnait des doses massives de Largactil, un médicament anti-psychotique. L'effet de ce médicament était impressionnant, mes mains tremblaient de façon incontrôlable, je me réveillais en trouvant des touffes de cheveux sur mon oreiller. Mais le pire des effets était que je voyais tout démultiplié en quatre. Lorsque Sargant entrait dans ma chambre, je voyais quatre hommes ! C'était horrible et terrifiant. Même les tâches simples comme soulever un verre d'eau devenaient impossibles. Alors que les doses avaient augmenté, je me souviens un jour avoir entendu une infirmière dire à sa collègue que je montrais une "dangereuse résistance" aux médicaments. Dangereux pour qui ? Je me le demande... Dans cet endroit horrible, de ce que j'ai pu constater, les vrais fous sont ceux qui y travaillent, pas les patients. Sargant avait l'habitude de dire que "chaque chien a son point de rupture, cela prend juste plus de temps pour les excentriques." Je suppose que ma "dangereuse résistance" était ce dont il parlait, que j'étais un de ces chiens excentriques qu'il n'a pas réussi à briser."[204]

5 - LA PROGRAMMATION DE PALLE HARDRUP

Le livre *"Antisocial or Criminal Acts and Hypnosis : A Case Study"* de Paul J. Reiter publié en 1958 décrit l'affaire d'un Danois qui a été soumis à des techniques de contrôle mental de type MK-Ultra. Palle Hardrup (ou Hardwick) avait 31 ans lorsqu'il a été jugé coupable le 17 juillet 1954 du braquage d'une banque et des meurtres de deux employés quelques mois plus tôt. Cette affaire prouve qu'un individu peut être programmé pour commettre des crimes et être ensuite amnésique de ses actes criminels. Selon le psychiatre Colin Ross, le livre de Paul Reiter peut être pris comme un véritable manuel décrivant comment créer un *Candidat Mandchou*.

Les juges danois ont déclaré à l'époque que Palle Hardrup avait une personnalité multiple (en utilisant leurs propres termes) et ils ont conclu que ce trouble de la personnalité avait délibérément été créé par son programmeur et maître, un certain Bjorn Nielsen. Un rapport du Conseil Médico-Légal daté du 17 février 1954 a affirmé que *"Même si les symptômes du trouble mental semblent avoir aujourd'hui disparu, Hardrup ne peut pas être considéré comme guéris. Le profond fractionnement de sa personnalité, qui a bien été établi, ne guérira que très lentement."* Le jury a jugé Hardrup coupable pour toutes les charges mais non responsable de ses actes. Bjorn Nielsen, l'homme qui a transformé Palle Hardrup en un braqueur de banque amnésique a lui été jugé coupable pour vol et homicide involontaire, même s'il n'était pas présent physiquement sur la scène du crime. Le jury a déclaré que Nielsen avait planifié et organisé les crimes en chargeant Hardrup de les commettre, en le manipulant de diverses manières y compris par de l'hypnose. Nielsen fut condamné à perpétuité tandis que Hardrup a été interné dans une

---

[204] "My electric shock nightmare at the hands of the CIA's evil doctor" - Celia Imrie, Daily Mail, 04/2011.

institution psychiatrique. À l'époque, cette affaire a fait beaucoup de bruit au Danemark. Pour Nielsen, le crime "parfait" devait faire en sorte que personne ne puisse remonter jusqu'à lui, un crime pour lequel une autre personne devra inévitablement subir la peine de prison.

Hardrup et Nielsen ont tous les deux fait partie de la S.S. Nazi, le premier y était entré par un besoin naïf de fraternité et l'autre, Nielsen, s'y engagea en 1940 pour pouvoir sortir d'une maison de redressement. Suite à la débâcle allemande de 1945, ils ont tous les deux été arrêtés et condamnés à plusieurs années de prison. C'est là qu'ils vont se rencontrer pour la première fois, en 1947. Très vite, ils vont devenir camarades et Nielsen devient alors le meneur et même le maître faisant de Hardrup son disciple et son esclave, tout comme un jeune étudiant se ferait recruter et endoctriner par une secte. Seul, loin de chez lui, idéaliste, naïf, influençable et malheureux, une condition qui le rendait très vulnérable au contrôle mental et à la manipulation. Les deux hommes obtiennent finalement la permission de partager la même cellule et ils vont s'isoler totalement des autres détenus. Petit à petit, ils vont s'enfermer dans la pratique de disciplines ésotériques comme le yoga, la méditation, l'hypnose, etc.

Pendant 18 mois, Hardrup sera continuellement seul dans la cellule en compagnie de Nielsen, ou travaillant à ses côtés dans l'atelier. Nielsen a immédiatement commencé ses expérimentations de contrôle mental, en travaillant par instinct. Il n'y a cependant aucune preuve qu'il ait eu auparavant une formation en programmation mentale. Palle Hardrup était un excellent sujet pour l'hypnose et Nielsen a alors mis en route un intensif programme de conditionnement hypnotique comprenant plusieurs heures d'exercices de transes par jour. Cela se passait généralement le soir et bien souvent Hardrup allait se coucher sans être sorti de la transe. Nielsen combinait les séances d'hypnose avec des exercices de yoga, d'éveil de *Kundalini* et d'auto-hypnose. Il enseignait à Hardrup des techniques pour vider son esprit, pour transcender et expérimenter les états modifiés de conscience, sensés apporter la paix intérieure. Ces pratiques visaient à établir un contact direct avec une "déité". Nielsen lui affirmait par exemple que l'hypnose l'aiderait à prendre connaissance de ses vies antérieures. Grâce à des "expansions de conscience", Hardrup devait être capable de ne faire qu'un avec le "principe divin cosmique" et avoir ainsi une communion directe avec Dieu. Hardrup avait également pour instruction de s'isoler des autres prisonniers, son monde ne devait se focaliser que sur Nielsen, son maître, son gourou. L'isolement social total combiné avec ces exercices spirituels ont fait que Palle Hardrup s'est retrouvé dans un état de transe perpétuel dans lequel il était constamment tourné vers le "divin".

Après un certain temps, Nielsen a présenté à Hardrup l'esprit gardien "X". X était un esprit guide qui communiquait à travers Nielsen, qui était donc médium. X affirmait à Hardrup que toute sa vie malchanceuse précédente n'était qu'un test pour le préparer à son rôle futur. C'est X qui prit également le contrôle des entraînements de yoga avec Hardrup. Au bout d'un certain temps, le conditionnement était tel que l'hypnose n'était même plus nécessaire, pour Palle Hardrup, Nielsen était l'incarnation de l'entité X qui lui parlait directement sans avoir recours à de l'hypnose. Dès que Nielsen parlait, c'était X qui s'exprimait et qui donnait les instructions. Hardrup recevait des enseignements sur le *Samadhi*, c'est à dire l'état que les yogis atteignent pour transcender les besoins de leur corps. L'entité X était là pour guider Hardrup vers le *Samadhi* et l'illumination, lui faisant même passer différents tests initiatiques. X lui disait également qu'il avait une mission politique divine qui visait à unir tous les scandinaves sous un même drapeau. Hardrup était donc totalement asservi à une entité démoniaque dont les intentions étaient des plus obscures.

Dans le but de rompre tous les liens avec le monde matériel, Hardrup commença une série d'exercices hypnotiques liés à l'argent. Tout d'abord, il devait mentalement visualiser le déplacement d'une somme d'argent liquide jusque dans leur cellule pour le donner à "une pauvre femme mendiante" ; Hardrup prenant cela comme un exercice transcendant d'amour et de charité. Mais les exercices se sont multipliés et se sont aggravés. Toujours sous les ordres de l'entité X, Hardrup devait se visualiser en train de braquer une banque et de commettre des meurtres.

Tout scrupule ou refus concernant le braquage ou les meurtres était interprété par X comme une réaction du corps physique que Hardrup devait rejeter et transcender… Le braquage virtuel de la banque dans lequel Hardrup était plongé durant les séances de transe hypnotique était répété et visualisé dans les moindres détails, y compris le meurtre des employés…

Au bout d'un certain temps, Hardrup a commencé à entendre la voix de X qui lui parlait même lorsque le médium Nielsen n'était pas présent : l'esprit gardien X était maintenant connecté à Hardrup. À leur libération de prison, Nielsen a ordonné et organisé le mariage de Palle Hardrup avec une certaine Bente. Nielsen la battait lors de séances de magie noire et il profitait d'elle sous l'œil de Hardrup qui n'était plus qu'une machine sous contrôle mental. Les deux hommes cherchaient à se procurer de l'argent pour créer un nouveau parti politique; Hardrup allait devenir une machine à voler et à tuer… C'est en août 1950 que Nielsen lance pour la première fois son robot programmé pour une attaque de banque. Le butin est de 25 000 couronnes, une somme d'argent que Hardrup remettra immédiatement à Nielsen suite au braquage. Il n'y aura pas de victime cette fois-là, c'est lors de l'attaque du 21 mars 1951 qu'il y aura deux morts. Quelques jours après son arrestation, Hardrup a déclaré aux policiers qu'un "esprit gardien" (X) lui avait ordonné de commettre le vol pour des projets politiques. Il a déclaré que cette entité X avait totalement réorienté sa vie et influencé ses actions depuis qu'il l'avait rencontré en prison. Mais il affirmait que l'esprit gardien X n'était pas Nielsen que ce dernier n'avait rien à voir dans cette affaire. Il dit même avoir rencontré l'esprit gardien bien avant sa première rencontre avec Nielsen. Hardrup finira par faire des aveux en décembre 1951 à propos du conditionnement hypnotique pratiqué sur lui par son gourou Nielsen. En avril 1952, Hardrup sera soumis à un examen psychiatrique avec le Dr. Reiter, qui rédigera alors un rapport de 370 pages sur son cas. Le Dr. Reiter a rapporté qu'au début de l'expertise, il était impossible d'hypnotiser Hardrup, jusqu'à ce qu'il puisse casser un mécanisme de "verrouillage". En effet, Hardrup avait subi une programmation par Nielsen qui ne l'autorisait pas à être hypnotisé par quelqu'un d'autre. Georges Estabrooks dans son livre *"Hypnotism"* (1943) appelle ce procédé le "blocage". Une fois ce système de blocage désactivé, Hardrup est alors devenu un sujet facilement hypnotisable. Le Dr. Reiter a déclaré dans son rapport que Hardrup avait été soumis à une influence hypnotique intense de la part de Nielsen et qu'en commettant les crimes, il aurait agi involontairement. Il démontra que Hardrup avait été soumis à des amnésies somnambuliques induites par de l'hypnose et des suggestions post-hypnotiques. Un état de conscience modifié dans lequel l'esprit critique et le libre arbitre sont totalement abolis.

En novembre 1952, Nielsen eut une conversation avec Hardrup lors d'une rencontre au tribunal. Pendant les deux semaines qui suivirent, Hardrup se mis à réentendre la voix de l'entité X tout en montrant une grande anxiété ainsi que de l'agitation. En 1961, Hardrup sera finalement libéré de l'asile, il lui fallait maintenant convaincre l'opinion publique qu'il n'était plus un instrument programmé et que s'il rencontrait à nouveau Nielsen, le drame ne risquait pas de se répéter...[205] [206] Nielsen a vraisemblablement été initié à l'occultisme et aux techniques de contrôle mental, peut-être durant son passage dans la S.S. Nazi, sachant que ceux-ci s'intéressaient de près à toutes ces choses.

6 - L'OCCULTISME, LE PARANORMAL ET LA C.I.A.

Officiellement les programmes de la CIA sur le contrôle comportemental humain ainsi que sa programmation mentale ont cessé en 1963 à l'exception du projet MK-Search, officiellement stoppé en 1972. Des programmes clandestins du même type ont cependant continué sous d'autres formes, en se recentrant vers l'utilisation du rayonnement électromagnétique pour affecter le psychisme et le comportement humain, mais aussi par l'utilisation de techniques parapsychologiques. En 1976, la recherche sur la parapsychologie a reçu le soutien direct du directeur de la CIA alors en fonction : Georges Bush. Pour la CIA, le mot "parapsychologie" est classifié, c'est à dire que tout document mentionnant le terme *"psi"*, qui se réfère à l'ensemble des phénomènes paranormaux liés au psychisme humain, est automatiquement classé top-secret ou d'un niveau supérieur.[207]

Un des psychiatres de la CIA, John Gittinger, confia lors de son audition devant le Sénat américain : "L'idée générale à laquelle nous étions parvenus était que le lavage de cerveau comprenait essentiellement un processus d'isolement des êtres humains consistant à les priver de tout contact extérieur et à les soumettre à de longues périodes de stress... sans qu'il soit besoin de recourir à aucun moyen ésotérique"[208]

Sans qu'il soit besoin de recourir à aucun moyen ésotérique... Ce qui signifie que le domaine de recherche concernant l'ésotérisme, l'occultisme, n'est pas à exclure si besoin est. Dans leur quête du contrôle absolu sur l'humain, la CIA et l'armée se sont intéressées de près à l'ésotérisme et à la parapsychologie. Rien d'étonnant, sachant que la source de leurs études sur le contrôle mental vient de l'observation des altérations de conscience lors des rituels traumatiques, des transes, des

---

[205] "The CIA Doctors : Human Rights Violations by American Psychiatrists", Collin Ross, 2011.

[206] Les Dossiers extraordinaires Vol.1, "L'hypnotiseur", Pierre Bellemare.

[207] "Mind Wars : The True Story of Government Research into the Military Potential of Psychic Weapons", Ronald McRae, 1984.

[208] "Amercian Torture : From the Cold War to Abu Ghraib and Beyond" - Michael Otterman, 1977, p. 52.

possessions démoniaques et des pouvoirs psychiques développés dans les cultes religieux. L'aspect ésotérique du contrôle mental est donc aussi important, si ce n'est plus, que l'aspect purement scientifique et psychiatrique. L'occultisme, les pratiques rituelles et la magie noire, sont des points essentiels dans les protocoles de programmation MK-Monarch car liés à d'autres dimensions de l'être, nous y reviendrons...

Dans le journal *"Military Review"* de décembre 1980, Le Lieutenant John B. Alexander de l'armée U.S. a écrit un article intitulé *"The New Mental Battlefield : Beam me up, Spock !"* (Le nouveau champ de bataille mental). Dans cet article, Alexander souligne l'importance grandissante des recherches soviétiques et américaines sur les armes électromagnétiques mais aussi la recherche dans le domaine de la parapsychologie. Il cite quelques disciplines telles que la sortie hors du corps (le voyage astral), le *remote viewing* (la vue à distance), la précognition, les perceptions extrasensorielles, la télépathie, la télékinésie, la circulation de la bio-énergie (fluide, aura), etc. Dans son article, John B. Alexander écrit : *"L'étendue de la recherche parapsychologique aux États-Unis n'est pas bien connue et n'est pas organisée de manière centralisée. Le gouvernement américain aurait financé certains projets de recherche, mais ils n'ont pas été publiés (…) L'utilisation de l'hypnose télépathique a également un grand potentiel. Cette capacité pourrait permettre d'implanter profondément une programmation aux agents sans qu'ils en aient conscience. Cinématographiquement parlant, nous disposerions alors d'un Candidat Mandchou qui ne nécessiterait même pas un coup de téléphone (ndlr : pour déclencher une programmation)."*

Le Lieutenant Alexander conclu ainsi son article : "L'impact que les armes psychotroniques et autres techniques paranormales auront dans l'avenir est difficile à déterminer à l'heure actuelle. Nous pouvons penser que celui qui fera la première percée majeure dans ces domaines aura une avance considérable sur son adversaire, un avantage similaire à la possession de l'arme nucléaire. De toute évidence, les progrès dans l'un des domaines mentionnés ci-dessus ajouteront une nouvelle dimension au champ de bataille. Les soviétiques travaillent sur ces techniques depuis plusieurs années (…) L'information présentée ici pourra être considérée par certains comme ridicule parce que ne correspondant pas à leur paradigme, certaines personnes continuent de croire que le monde est plat (…) Il s'agit là de souligner la nécessité d'une recherche plus coordonnée dans le domaine du paranormal." Il s'agit là d'un article publié en 1980, où en sont les recherches 35 ans plus tard ? Sachant qu'elles sont exponentielles...

Le Lieutenant John B. Alexander a travaillé avec le colonel Michael Aquino (fondateur du *Temple de Set*) sur les esclaves Monarch. D'après Fritz Springemeier, il a été l'un des militaires les plus impliqués dans la formation d'unités d'élite composées de *"Moines-Guerriers"* pouvant se battre en employant à la fois les arts martiaux et les pouvoirs psychiques paranormaux. Les recrues étaient évidemment des sujets ayant subi un protocole de programmation mentale entraînant chez elles une personnalité multiple, un processus traumatique pouvant développer des facultés psychiques particulières chez les victimes (voir le chapitre 6).[209]

En 1987, le *Seattle Times* a publié un article sur le Lieutenant-colonel Jim Channon qui s'intitulait "The *New Army's experiment* with '*New Age' thinking*" (Les

---

[209] "The Illuminati Formula Used to Create an Undetectable Total Mind Controlled Slave - Fritz Springmeier & Cisco Wheeler 1996"

nouvelles expérimentations de l'armée dans la pensée "New-Âge"). En voici un extrait : *"L'armée s'intéresse donc à la philosophie New-Âge, l'idée que le monde peut être modifié en changeant la façon de penser des gens, et que l'esprit a des pouvoirs invisibles mais tangibles qui ne demandent qu'à être exploités. Des centres ont été créés à Ford Ord en Californie et à Washington DC afin d'explorer cette idée intrigante que le pouvoir de l'esprit pourrait être plus efficace que la puissance des armes à feu pour gagner une guerre. De 1980 à 1982, ces idées ont été expérimentées à Fort Lewis par le Lieutenant-colonel Jim Channon. L'armée a recruté de jeunes officiers enthousiasmés par cette "nouvelle pensée" afin de les associer avec des scientifiques plutôt sceptiques (…) il a alors été créé un 'think tank' au Pentagone chargé d'évaluer la question des phénomènes psychiques paranormaux. Ces rencontres abordaient les sujets de le perception extrasensorielle, de la médiumnité et même d'un casque conçu pour synchroniser le côté gauche (logique) et le côté droit (intuition) du cerveau."*[210]

Cette unité d'élite militaire *'new-âge'* fondée par Jim Channon a été nommée *"First Earth Battalion"*, les sujets MK (préalablement fractionnés et programmés) reçoivent une formation en arts martiaux mais aussi une initiation à l'ésotérisme et à l'occultisme. Ce qui suit est un extrait d'une lettre d'un de ces soldats du Bataillon New-Âge qui a été transmise à Texe Marrs, un ex-officier de l'US Air Force devenu pasteur protestant. Cette lettre fut publiée dans sa newsletter *"Flashpoint"* en septembre 1994 :

"Nous sommes un groupe de soldats hautement sélectionnés. Nous devons être des "soldats Psychiques Purifiés". Nous avons tous reçu nos directives pour "Le Plan". Nous nous préparons pour l'émergence d'un "Nouvel Ordre". Nous sommes encouragés à lire tous les types de livres qui traitent du New-Âge et de l'occultisme, à étudier les différents arts martiaux et à exercer les pouvoirs de l'esprit. La communication avec les esprits guides (ndlr : entités démoniaques) est également encouragée. On nous enseigne à devenir des "sages". Mon meilleur ami et moi-même étudions et exerçons quotidiennement notre méditation et nos facultés psychiques guerrières. J'étudie aussi le Ninjutsu, le Tai Kwon Do comme le Tai Chi. Nous ne sommes pas supposés parler aux gens de cette unité spéciale (…) À la fin de la onzième Conférence Delta Force, l'instructeur a déclaré : "J'ai été témoin d'un processus d'une valeur unique et majestueuse, une armée d'Excellence." (…) Alors que nos facultés grandissaient, on nous disait que nous devenions "comme des dieux", qu'il n'y avait aucune limite pour un soldat du First Earth Battalion. Nous pouvions voyager à différents endroits par notre esprit, marcher à travers le feu, déplacer ou plier des objets par la force de notre esprit, voir dans le futur, stopper notre cœur (ndlr : biofeedback extrême tel que pratiqué par les yogis indiens), etc (…) Au final, tous les arts martiaux ne servent uniquement qu'à une seule véritable fonction : faire accéder le soldat-guerrier à la vérité (…) Il y a six niveaux de soldat psychique, cela va du débutant au plus élevé qui devient alors un Moine-Guerrier ou un Maître-Guerrier (…) Les forces militaires new-âge impliquent des rituels, des chants, des méditations, des prières à la Terre et des engagements d'allégeances à la planète et aux gens. Le premier livre qu'il nous est recommandé de lire est "The Aquarian

---

[210] Ibid.

Consipracy" (ndlr : Les Enfants du Verseau, le livre de référence du mouvement new-âge)…"[211]

Gordon Thomas rapporte dans son livre *"Secrets and Lies : A History of CIA Mind-Control"*, que le Dr. Stanley Gottlieb, directeur de l'ORD (Bureau de recherche et de développement de la CIA) aurait lancé l'Opération *Often* à la fin des années 60. Ce projet visait à élargir les recherches sur les mystères de la conscience humaine en explorant le monde de la magie noire et selon Thomas *"en exploitant les forces des ténèbres pour démontrer que les confins de l'esprit humain sont accessibles."* Dans le cadre de cette opération sur le paranormal, la magie noire et la démonologie, la CIA aurait recruté des clairvoyants, des astrologues, des médiums, des spécialistes en démonologie mais aussi des sorciers Wicca, des satanistes et autres kabbalistes et occultistes chevronnés… D'après Thomas, la CIA aurait même financé une chaire de sorcellerie à l'université de Caroline-du-Sud.

"L'opération Often s'intéressa de très près à la démonologie. En avril 1972, la CIA tenta une approche discrète de l'exorciste de l'archidiocèse catholique de New-York. Celui-ci refusa catégoriquement toute coopération. L'agence a également approché Sybil Leek, une sorcière de Houston qui jetait des sorts à l'aide de son corbeau apprivoisé. Avec l'oiseau perché sur son épaule, Sybil Leek donna des cours de magie noire à de "beaux gentlemen" de Washington et elle fit le point avec eux sur l'état de l'occultisme aux États-Unis à cette époque-là : 400 groupes axés sur la sorcellerie, dirigés par 5000 sorcières ou sorciers initiés… un marché florissant proposant des milliers de "diseuses de bonne aventure" ainsi qu'un éventail de plus en plus varié de produits et d'articles anti-chrétiens. Satan n'était pas seulement en vie, mais il fleurissait dans tout le pays."[212]

Dans "L'Amérique en pleine Transe-Formation", Mark Phillips écrit : "En 1971, le New York Times publia un article sur la Central Intelligence Agency (CIA) et la recherche occulte, qui s'inspirait d'un ensemble de documents obtenus auprès de l'Imprimerie du Gouvernement américain en vertu du Freedom of Information Act (loi sur la Liberté de l'Information). Il s'agissait d'un rapport destiné au Congrès, qui montrait clairement que la CIA s'intéressait aux découvertes cliniques concernant les relations de cause à effet à propos de l'impact qu'ont les pratiques religieuses sur les utilisateurs de magie noire et/ou l'esprit d'un observateur. Ce qui intéressait particulièrement la CIA, c'était les niveaux accrus de suggestibilité que certains rituels occultes engendraient dans l'esprit des pratiquants. Le cannibalisme et les rituels du sang occupaient une place prépondérante dans leurs recherches."[213]

---

[211] "New Age Menace : The Secret War Against the Followers of Christ" - David N. Balmforth, 1997, p.76.

[212] "Les armes secrètes de la CIA : Tortures, manipulations et armes chimiques" - Gordon Thomas, 2006.

[213] *"L'Amérique en pleine transe-formation"* - Cathy O'Brien & Mark Phillips - Éditions Nouvelle Terre, 2013, p.22.

7 - Conclusion

Nous voilà donc dans les années 70 et le programme MK-Ultra est officiellement clôturé... pour laisser la place à de nouveaux projets de contrôle mental qui combinent les acquis précédents sur la programmation mentale avec de l'occultisme, de la magie noire, de la démonologie mais aussi avec la technologie noire psychotronique.

Le projet Monarch est la continuité de toutes ces recherches qui ont débuté à la fin de la seconde guerre mondiale. Monarch qui semble être le programme le plus important, est encore classé top-secret et sous couvert de *"Sécurité Nationale"* (voir chapitre 10). Les programmes Bluebird, Artichoke et MK-Ultra ont fini par sortir dans le domaine public après 30, 40 ou 50 ans... Les projets de recherche sur le contrôle mental sont toujours opérationnels, ils ont simplement été déplacés encore plus profondément dans les méandres des institutions gouvernementales. Les esclaves sous programmation mentale sont d'actualité, vous en avez tous les jours sur vos écrans de télévision...

Bill Schnoebelen, décrit ainsi la programmation MK-Monarch : "Nous avons de bonnes raisons de croire que le MK-Ultra existe toujours aujourd'hui sous une forme encore plus atroce en tant que projet Monarch. La différence entre le projet Monarch et le projet MK-Ultra est qu'il fusionne l'abus d'enfants avec le satanisme, toujours sous les auspices du gouvernement... Les enfants ne sont pas seulement torturés, drogués, électrocutés, etc... mais ils sont également hypnotisés et subissent l'insertion scientifique de démons à l'intérieur de leur personnalité multiple résultant d'un Trouble Dissociatf de l'Identité (TDI)... En faisant cela, ils créent différents types de "super-esclaves"..."[214]

Ces "super-esclaves" peuvent être utilisés comme esclaves sexuels, espions, passeurs de drogues, assassins... Les personnalités alter satanistes/lucifériennes de prêtre ou grande prêtresse feront partie des programmations les plus profondes. Les esclaves MK peuvent être injectés dans beaucoup de domaines comme la politique, la magistrature, la science, etc. Il s'agit d'avoir les meilleurs sujets à des postes clés de domination où l'option "maillon faible" n'est pas envisageable. On les trouve également dans l'industrie du divertissement et le sport de haut niveau. (Sujet qui sera largement développé dans le chapitre 7)

Le *"réseau Monarch"* s'est formé par la rencontre de deux milieux s'accordant parfaitement en raison de leur côté caché et cloisonné, d'une sous-culture occulte commune mais aussi en raison de leurs intérêts mutuels : ce sont d'une part les services de renseignements, les militaires et le crime organisé, et d'autre part les réseaux composés de familles pratiquant l'inceste systématique, la prostitution d'enfants, la pédo-pornographie, l'abus rituel satanique, etc. Des familles engluées dans ces pratiques occultes de génération en génération. Outre le fait d'avoir en commun un goût pour la dépravation, la violence, l'occultisme et le pouvoir, les enfants dissociés par les traumatismes vivant dans les familles des uns sont des candidats idéaux pour les programmes de contrôle mental des autres... Que ce soit les groupes mafieux, religieux, politiques ou militaires, d'une manière

---

[214] "Exposing the illuminati from within" - The Prophecy Club, Bill Schnoebelen.

générale et internationale, ils savent tous que la dissociation, la fragmentation de la personnalité, est le pivot et la pierre angulaire du secret et du pouvoir. La thérapeute canadienne Alison Miller écrit à ce propos : *"Quelle meilleure source qu'un enfant déjà dissocié dont les parents ont abusés dans un groupe pratiquant les abus rituels ?"*

Pour ces programmes de contrôle mental de type MK-Ultra et aujourd'hui MK-Monarch, les enfants ayant des troubles dissociatifs de l'identité sont donc recherchés car ils sont plus facilement programmables qu'un enfant au psychisme non fractionné. Cela a été le cas de Cathy O'Brien, ayant été soumise aux viols répétés de son père et de ses oncles durant sa petite enfance et ayant fatalement développé de gros troubles dissociatifs. Son père qui produisait de la pédo-pornographie s'est fait 'pincé' par les renseignements. Il fut contraint de mettre à disposition ses enfants pour le projet gouvernemental MK-Monarch en échange d'une impunité et d'une protection pour son trafic. Voici comment Cathy O'Brien décrit sa famille dans son autobiographie *"L'Amérique en pleine Transe-formation"* :

"Les séjours dans la maison de mon père étaient dévastateurs, mais instructifs. Ma mère avait fini par souffrir de profondes blessures psychologiques du fait de sa propre condition de "T.D.I."(trouble dissociatif de l'identité) et était devenue insomniaque. Mon père voyageait à ce moment-là régulièrement à Londres, en Allemagne et au Mexique, de même qu'il emmenait sa famille aux Disney World de Floride et de Washington D.C. Mon frère aîné Bill travaillait toujours pour et avec mon père, et se rendait tous les ans avec lui au pavillon de chasse de Cheney à Greybull, dans le Wyoming, pour "chasser", et il suivait les instructions de mon père pour maintenir sa femme et ses trois enfants sous contrôle de l'esprit à coup de traumas. Mon frère Mike tenait un commerce de vidéos pour servir de façade à une partie des juteuses affaires de vidéos pornos de mon père et de l'oncle Bob Tanis. Ma sœur Kelly Jo devint une danseuse du ventre contorsionniste excellant en "gymnastique", étant donné qu'elle devint "aussi souple que Gumby" conformément à sa programmation de prostitution. Son bagage scolaire lui permit de travailler dans des garderies, où elle repérait en réalité pour mon père des enfants abusés en tant que candidats potentiels à la fonction d'"élu". En 1990, elle passa un diplôme pour ouvrir une garderie officielle, "Les petits apprentis", à Grand Haven, dans le Michigan, pour mon père. Mon frère Tom ("Castor") est un "Compu-Kid" (litt. "Gosse-Ordi") (projet de la CIA), à savoir un génie informatique programmé. Mon frère Tim se cassa la jambe (à l'endroit même où ma mère s'était brisée la sienne des années plus tôt) pour avoir suivi les programmations sportives de mon père dépassant largement les capacités humaines. Ma sœur cadette Kimmy, enfin, développa une obsession hystérique vis-à-vis d'un certain "M. Rogers". Elle exprimait une crainte démesurée concernant son énorme maison de poupée "électrique", qui s'allumait la nuit pour ressembler à la Maison-Blanche, et était à sept ans suivie par un médecin pour cause d'anorexie."[215]

Les organisations et institutions pratiquant le contrôle mental de type Monarch infiltrent les cultes sataniques et les familles lucifériennes et incestueuses pour avoir accès à ces enfants qui sont déjà profondément dissociés. En échange de pouvoir en disposer pour y installer une programmation servant leurs intérêts,

---

[215] *"L'Amérique en pleine transe-formation"* - Cathy O'Brien & Mark Phillips - Éditions Nouvelle Terre, 2013, p.275.

ces organisations fournissent au réseau ou aux parents une généreuse rémunération, des faveurs pouvant être une protection face à la justice, un appui dans leurs activités occultes ou illégales mais aussi des informations concernant les techniques de programmation MK. En effet, la programmation MK basée sur les traumatismes n'est pas "réservée" aux projets gouvernementaux, c'est une pratique systématique sur les enfants des sectes sataniques/lucifériennes qui remonte à beaucoup plus loin que les expérimentations au niveau gouvernemental. Ces diverses sectes pratiquant les abus rituels traumatiques sur leur descendance, appliquent des protocoles de MK selon le niveau de connaissance qu'elles ont sur le sujet.

CHAPITRE 4

LES ABUS RITUELS

... une salle voûtée en forme de caveau où l'on prévoyait de célébrer des fêtes religieuses. L'atmosphère fait penser à ces rites de destruction de la personnalité individuelle, à cet état second dans lequel l'homme devient un réceptacle vide où l'on déverse dans l'ivresse des sentiments édifiants. Description de la crypte du Château de Wewelsburg en Allemagne. Extrait du documentaire *Schwarze Sonne* (Le Soleil Noir des Nazis - Les racines occultes du nazisme, 1998)

1 - INTRODUCTION

Les recherches sur le contrôle mental menées par les nazis, puis par la CIA, ont été développées pour faire des abus rituels "religieux" et des troubles de la personnalité qui en découlent, une véritable science psychiatrique. Les programmes gouvernementaux secrets de MK et les abus rituels sataniques pratiqués de manière transgénérationnelle sont donc intimement liés. Cette doctrine qui consiste à réduire un humain à l'état d'objet est d'ordre satanique, qu'elle soit pratiquée par un médecin en blouse blanche ou par un prêtre en toge noire. L'un des buts des abus rituels traumatiques pratiqués par ces cultes est d'*initier* l'enfant via la dissociation. Ce processus dissociatif provoque une brèche, une fragmentation de l'âme ouvrant la porte vers d'autres dimensions, autrement dit les profonds traumatismes créent un *déverrouillage* des corps énergétiques de l'enfant, c'est un véritable braquage spirituel... (Sujet que nous aborderons plus en profondeur dans le chapitre 6). Durant ces rituels traumatiques, l'enfant devient "initié et sacré", il est ainsi lié malgré lui au monde des esprits et cette connexion ouvre la voie aux possessions démoniaques et aux facultés psychiques paranormales. Suite à ces protocoles *"initiatiques"*, à cette sanctification inversée, l'enfant se retrouve donc fractionné et parasité par une ou plusieurs entités, la fêlure laissant passer la *lumière*... Un fait est que la plupart des survivants d'abus rituels sataniques souffrent d'un trouble dissociatif de l'identité (anciennement nommé trouble de la personnalité multiple). S'agit-il d'une réelle possession démoniaque, d'une personnalité multiple ou d'un mélange des deux ? Nous y reviendrons...

Voici ce que le Père Georges Morand, qui a été prêtre exorciste pendant dix ans, a déclaré sur *France Culture* en 2011 dans l'émission *"Sur les docks"* à propos des abus rituels sataniques :

- Journaliste : Père Morand, quand vous parlez d'une jeune fille mise nue sur une croix, arrosée de sang animal... Quand vous parlez de fœtus qu'on arrache du ventre de leur mère et qu'on sacrifie... Vous nous parlez de quoi ?

- George Morand : Je vous parle de personnes que j'ai rencontrées, que j'ai aidées, accompagnées pendant des années, qui ne se sont tirées de leurs affaires que par la prière d'exorcisme. Des personnes dont je pourrais vous citer le nom... qui ont été la proie de groupuscules satanistes extrêmement redoutables pratiquant ce que l'on appelle les messes noires liées à des rites de sorcellerie et de magie, avec des meurtres rituels... sous le double couvert, et je pèse mes mots, d'une part de la mafia, tous les réseaux mondiaux de la prostitution de bas et de haut étage, du trafic de drogues et d'autre part de personnalités que l'on pourrait dire au-delà de tout soupçon qui tiennent des postes clés dans notre civilisation, que ce soit dans le monde de la politique, toute tendance politique confondue... dans le monde de la magistrature, dans le monde scientifique, dans le monde de la finance, dans le monde intellectuel... et je dirais même hélas, trois fois hélas, dans le monde ecclésiastique."[216]

En 2012, Le Père Gary Thomas, exorciste du diocèse de San José aux États-Unis, a déclaré lors d'une conférence donnée à l'Université Rutgers : *"Je pratique parfois le rite d'exorcisme pour des survivants d'abus rituels. L'abus rituel satanique est une réalité. C'est aussi quelque chose d'incroyablement criminel, d'illégal et de hautement secret. Ces cultes sataniques qui sont liés avec les 'illuminati' sont réels et ils sont actifs, certains depuis des centaines d'années. Ils vont tuer des gens, ils vont abuser sexuellement de tous les membres du culte dans le but de les contrôler. Ils sélectionnent parfois des personnes extérieures pour pratiquer des sacrifices humains. Tout ceci est réel. Si vous allez voir votre police locale, ils ne pourront pas vous en parler ouvertement, mais les forces de l'ordre ont régulièrement affaire à ce genre de choses."*

En 1990, l'évêque mormon Elder Glenn Pace a publié un mémorandum pour dénoncer les pratiques d'abus rituels au sein de son Église, en voici un extrait : *"Cette maltraitance ritualisée est la plus ignoble de tous les abus perpétrés sur des enfants. L'objectif fondamental et prémédité est de torturer et de terroriser ces enfants jusqu'à ce qu'ils soient obligés de se dissocier systématiquement et méthodiquement. Ces tortures ne sont pas une conséquence d'une "colère", il s'agit de l'exécution de rituels parfaitement pensés et bien planifiés, souvent effectués par des parents proches. La seule issue pour ces enfants est de se dissocier."*

En 1989, le programme télévisé *"The Cook Report"* diffusé sur la chaîne anglaise *ITV*, a consacré un de ses épisodes à la question des abus rituels sataniques. Dans ce documentaire, le révérend Kevin Logan a déclaré : *"Dans ma fonction d'écoute et de conseil, j'ai vu des choses terribles. J'ai entendu des choses vraiment répugnantes qui étaient arrivées à des jeunes, à des enfants qui avaient été violés sur l'autel, l'initiation au satanisme. Des enfants qui devaient manger des excréments et boire du sang, toutes ces choses horribles dans lesquelles sont impliqués les satanistes, et surtout j'ai vu l'effet que tout cela provoque sur ces jeunes."*[217]

Dans une enquête menée sur 125 officiers de la police de Chicago en 1992 et rapportée dans le livre *"What Cops Know"* (ce que savent les policiers), l'auteur Connie Fletcher conclu que *"les meurtres rituels sataniques existent. Il ne s'agit pas de dire que c'est généralisé, mais des gens pratiquent effectivement ce genre de choses. Dans un meurtre satanique, le bras droit de la victime peut être noué derrière le corps; le testicule droit peut être*

---

[216] "Esprits, êtes-vous là ? Sorcellerie et exorcisme en France" - Sur les docks, France Culture, 12/2011.
[217] "The Cook Report : The Devil's Work" - Roger Cook, ITV, 17/07/1989.

manquant; le corps peut être vidé de son sang; le cœur peut être retiré; des excréments humains ou animaux peuvent être retrouvés dans les cavités du corps. Il y aura des parties du corps manquantes : le cœur, les parties génitales, un index, la langue... Voilà pour ce qui est des confidences.[218]

2 - L'ABUS RITUEL DANS LE MONDE MODERNE

"Il est temps de venir à bout de cette réalité. Il y a 20 ans, si vous parliez de pédophilie, on vous enfermait. Il y a 15 ans, c'était la même chose avec l'inceste. Aujourd'hui, c'est le cas avec l'abus rituel. Les enfants continuent de souffrir." David Poulton, ex-sergent de la police fédérale australienne - Preston 1990[219]

"On vient de comprendre que la pédophilie existait. On ne peut pas encore comprendre qu'il existe encore pire que la pédophilie dirais-je "simple", et il y a des gens qui résistent encore de toute leur force et de tout leur intérieur." Martine Bouillon, ex substitut du procureur de Bobigny.[220]

a/ Définition

Une des premières références aux abus rituels sataniques à avoir été rapportée dans un ouvrage date de 1930 dans *"The Human Mind"* (l'esprit humain) de Karl Menniger, un livre de référence sur la psychiatrie. L'ouvrage mentionnait l'existence des messes noires, du satanisme et de l'adoration du démon comme étant des faits réels qui se passent dans des grandes villes d'Europe et des États-Unis.[221]

Le terme *"Abus Rituel"* a été employé pour la première fois en 1980 par un psychiatre canadien du nom de Lawrence Pazder, qui a défini ainsi le phénomène : *"Attaques physiques, émotionnelles, mentales et spirituelles répétitives, combinées avec l'usage systématique de symboles, de cérémonies et de manipulations à des fins malveillantes."*

Dans un numéro du "Journal of Child Sexual Abuse" de 1992, David W. Lloyd définissait ainsi les abus rituels : "Abus intentionnels physiques, sexuels ou psychologiques d'un enfant par une personne normalement chargée de son bien-être. De tels abus sont répétés et pratiqués durant des cérémonies religieuses, et impliquent typiquement des actes de cruautés sur des animaux et des menaces sur l'enfant."[222]

---

[218] *"What Cops Know"* - Connie Fletcher, 1992, p.90.
[219] Preston Y. - 'Annie's Agony', Sydney Morning Herald, 1990 / "Ritual Abuse & Torture in Australia", ASCA, avril 2006.
[220] "Viols d'Enfants, la Fin du Silence ?" - France 3, 2000.
[221] *"Cult and Ritual Abuse"* - James Randall Noblitt & Pamela Perskin Noblitt, 2014.
[222] "Ritual Child Abuse : Definition and Assumptions" - David W. Lloyd, The Journal of Child Sexual Abuse, Vol.1(3), 1992.

Pour David Finkelhor, l'auteur de "Child Sexual Abuse" et de "Nursery Crime", il s'agit d'abus se produisant dans un contexte lié à certains symboles ou à certaines activités de groupe ayant une connotation religieuse, magique ou surnaturelle. Ces activités, répétées dans le temps, sont utilisées pour effrayer et intimider les enfants." Les abus rituels impliquent systématiquement du contrôle mental sur les petites victimes.

En Grande Bretagne il existe un document du ministère de la santé dédié à la protection de l'enfance, il s'intitule *"Working Together under the Children Act"*. Le document ne parle pas d'abus rituels mais il utilise le terme d'*abus organisés*, c'est à dire des réseaux pédocriminels. Un rapport qui a au moins le mérite de reconnaître l'existence de ces réseaux qui sont généralement niés par les institutions politiques, juridiques et journalistiques, une omerta qui semble internationale...

En 1991, ce document gouvernemental définissait ainsi la chose : "Abus organisé est un terme générique qui concerne des abus impliquant un certain nombre d'agresseurs, un certain nombre d'enfants, et qui englobe généralement différentes formes d'abus (…) Un large éventail d'activités sont couvertes par ce terme, allant des petits réseaux de pédophilie ou de pornographie, souvent mais non systématiquement organisés pour faire du profit, dont la plupart des participants se connaissent les uns les autres, aux grands réseaux d'individus ou de familles qui peuvent être répartis plus largement et dans lesquels tous les membres ne se connaissent pas forcément entre eux. Certains groupes organisés peuvent avoir un comportement étrange et ritualisé, parfois associé avec des "croyances" particulières. Cela peut être un puissant mécanisme pour terrifier les enfants maltraités afin qu'ils ne divulguent pas ce qu'ils subissent."[223]

En 2004, la mise à jour du document ne mentionnait plus "comportement étrange et ritualisé" mais il rajoutait que "les agresseurs agissent de concert pour abuser les enfants, parfois isolément ou en utilisant un réseau institutionnel ou une position d'autorité pour recruter des enfants dans le but de les abuser. Les abus organisés et multiples se produisent à la fois dans le cadre d'un réseau de maltraitance impliquant des familles ou une communauté, et au sein des institutions telles que les écoles ou les foyers résidentiels. De tels abus sont profondément traumatisants pour les enfants qui y sont impliqués. Les enquêtes prennent du temps et exigent un travail nécessitant des compétences spécialisées à la fois de la police et des travailleurs sociaux. Certaines enquêtes deviennent extrêmement complexes en raison du nombre de lieux et de personnes qui y sont impliqués."[224]

Valerie Sinason, psychothérapeute pour enfants et directrice de la clinique d'étude sur la dissociation (*Clinic for Dissociative Studies*) de Londres, a défini l'abus rituel et spirituel lors d'une série de conférences intitulées *"Safeguarding London's Children"* en 2007 : *"La violence spirituelle est la mise en place d'une position de pouvoir et d'attachement qui entraîne une totale obéissance aveugle par la pensée, la parole et l'action, sur un enfant, un adolescent ou un adulte, par des menaces de punitions physiques et spirituelles de la victime elle-même, de sa famille ou de ceux qui veulent l'aider. Dans ce type d'abus, il n'y a pas*

---

[223] "Working Together under the Children Act 1989" - Department of Health 1991 : 38 - "Beyond disbelief : The Politics and Experience of Ritual Abuse" - Sara Scott, 2001, p.2.
[224] "Working Together under the Children Act 2004" p.225.

de place pour une relation avec le divin, la victime n'a pas le droit d'avoir une relation spirituelle autre que celle qu'elle a avec ses bourreaux. Un grand nombre d'abus impliquent un protocole ritualisé, avec des dates précises, des heures précises et la répétition des mêmes gestes et des mêmes actions. L'abus rituel concerne des enfants impliqués contre leur volonté dans de la violence physique, psychologique, émotionnelle, sexuelle et spirituelle. Cela sous le couvert de croyances de type religieuses, magiques ou surnaturelles. La totale soumission et l'obéissance sont obtenues par les menaces de violences sur les victimes, leurs familles ou ceux qui voudraient les aider."[225]

En 2006, l'*ASCA* (*Advocates for Survivors Child Abuse*), une organisation australienne réunissant des avocats, a publié un rapport intitulé *"Ritual Abuse & Torture in Australia"* (Abus rituels et torture en Australie), dont voici quelques extraits : *"L'abus rituel est un crime ayant plusieurs niveaux, dans lequel des familles dysfonctionnelles font bloc pour organiser ces crimes, ceci en exploitant les enfants dans un but lucratif. L'exploiteur et l'agresseur principal de l'enfant maltraité rituellement est le plus souvent un parent. Ces groupes d'agresseurs sont habituellement constitués de deux ou trois familles formant un réseau qui offre leurs propres enfants aux maltraitances infligées par les autres membres de ce réseau. Dans son livre "Trauma Organised Systems : Physical and Sexual Abuse in Families", Arnon Bentovim décrit ces familles comme un "système traumatique organisé" dans lequel de graves traumatismes définissent et façonnent la structure familiale et l'interaction entre ses membres. Les victimes grandissent depuis leur enfance dans un environnement où la violence, les abus sexuels et les traumas extrêmes sont la norme. Dans ce contexte d'exploitation sexuelle organisée, la violence et l'inceste commis par les agresseurs contre leurs propres enfants peuvent être vus non seulement comme un comportement sadique, mais aussi comme une sorte de formation à ces pratiques d'exploitation sexuelle."*[226]

En 1992, le bureau du procureur général de L'Utah aux États-Unis avait mis en place une unité consacrée aux crimes/abus rituels (*Ritualistic Abuse Crime Unit*), en lien avec l'unité chargée des abus sur mineurs (*Child Abuse Prosecution Assistance Unit*). Cette unité spécialisée était dirigée par les officiers de police Matt Jacobson et Michael King. Elle était chargée d'enquêter et d'offrir une assistance aux policiers de l'Utah concernant les crimes rituels ou autres activités illégales des sectes locales. Après une année d'enquête sur ce sujet, le procureur général de l'Utah, Jan Graham, a demandé à rencontrer individuellement chaque chef de canton, chaque chérif, chaque policier gradé, ainsi que les magistrats, ceci afin de discuter de la création d'une éventuelle juridiction concernant ce problème. Pendant deux ans, cette unité a enquêté sur plus de 125 dossiers liés à des abus rituels, parmi eux quarante affaires concernaient des homicides. En parallèle, les enquêteurs ont rencontré des centaines de citoyens déclarant avoir eux-mêmes été victimes de ces pratiques satanistes. Cette initiative gouvernementale a produit un rapport de 60 pages intitulé *"Ritual Crime in the State of Utah"* rédigé en 1995 par les enquêteurs Jacobson et King pour le bureau du procureur général. Le rapport définit ainsi les crimes rituels : *"L'abus rituel est une forme brutale d'abus sur un enfant, un adolescent ou un adulte, impliquant des violences physiques, sexuelles et psychologiques avec l'utilisation de rituels. Les abus rituels sont rarement isolés, il s'agit de violences répétées pendant une longue période de temps. Les violences physiques sont extrêmes, incluant de la torture, parfois*

---

[225] "Ritual Abuse and Mind-Control, The Manipulation of Attachement" - chap. "What has changed in twenty years ?" - Valerie Sinason, 2011, p.11.
[226] "Ritual Abuse & Torture in Australia" - Advocate for Survivors of Child Abuse, 04/2006, p.12-13.

jusqu'au meurtre. Les abus sexuels sont douloureux, sadiques et humiliants. Par définition, l'abus rituel n'est pas un crime impulsif, mais plutôt un crime malicieusement réfléchi.[227]

Ce rapport gouvernemental n'avait visiblement pas pour but de décrédibiliser la question des abus rituels sataniques et son contenu est plutôt objectif. Il mentionne par exemple : *"Des preuves montrent qu'il existe de nombreux cas d'abus rituels perpétrés sur des enfants par des individus ou des petits groupes. Parfois ces personnes utilisent le satanisme ou une autre religion, ainsi que des pratiques "magiques" dans le cadre des abus. Ce qui n'a pas été corroboré est la multitude de témoignages de "survivants" disant avoir participé à des sacrifices humains, des abus sexuels sur de jeunes enfants, de la torture ou d'autres atrocités commises par des groupes très bien organisés, touchant tous les niveaux du gouvernement, toutes les couches sociales et tous les états du pays. L'absence d'enquêtes et de poursuites lors de telles plaintes ne signifie pas que ces témoignages sont faux. Ce rapport a pour but de faire ressortir en détail les problèmes associés avec les enquêtes et les évaluations concernant les dossiers de crimes rituels. L'aide et l'assistance des policiers gradés, des magistrats, des thérapeutes, etc, est grandement appréciée (…) En conclusion, les dossiers de crimes rituels doivent être traités comme toute autre affaire. Les enquêteurs sont encouragés à garder l'esprit ouvert lorsqu'ils ont à traiter avec des dossiers impliquant de l'occultisme, des croyances religieuses ou des activités criminelles rituelles (…) La formation et l'éducation concernant les multiples facettes des crimes/abus rituels est nécessaire et devrait être d'une grande utilité à tous les échelons des forces de police. Les fonctionnaires de police devraient recevoir des instructions sur les éléments basiques des crimes rituels. Cette formation devrait inclure les types d'organisations impliquées dans des activités occultes, leurs buts ainsi que les symboles utilisés par leurs membres (…) Cette formation devrait inclure des informations sur la nature bizarre des abus rituels ainsi que sur les problèmes associés avec le trouble de la personnalité multiple, les amnésies et les mémoires refoulées, l'hypnose, etc."*[228]

En dépit des preuves détaillées d'abus rituels venant de témoignages d'enfants, de familles, de survivants adultes, de policiers, de thérapeutes et d'associations travaillant avec des victimes ; en dépit de la remarquable cohérence de ces rapports à la fois nationaux et internationaux ; en dépit des ressemblances et des recoupements entre les différentes affaires et les divers témoignages ; la société dans son ensemble résiste encore à croire en cette dure réalité des abus rituels. Il reste cette croyance erronée que le satanisme et autres activités occultes sont isolés et rares (voir totalement inexistantes). Ce problème n'est pas nouveau, mais la société ne fait que commencer à reconnaître la gravité et l'étendue de ce phénomène. Nous avons tous besoin d'apprendre sur ce sujet. Beaucoup de professionnels rencontrent des victimes de ces abus rituels mais ne saisissent pas forcément l'ampleur des abus qu'il y a derrière les troubles psychiques de leurs patients. Le concept de l'abus rituel, selon lequel des groupes d'adultes terroriseraient et tortureraient des enfants afin de les contrôler et de les exploiter est terrifiant et donc très controversé (toujours cette notion de paradigme à préserver).

Une secte destructrice pratiquant les abus rituels peut-être définie comme un réseau, un système ou un groupe fermé, dont les adeptes sont manipulés et conditionnés par l'utilisation de techniques de contrôle mental. C'est un système

---

[227] "Ritual Crime in the State of Utah, Investigation, Analysis & A Look Forward" - Utah Attorney General's Office, Michael R. King, Matt Jacobson, 1995, p.7.
[228] Ibid, p.5, 44, 46.

qui est imposé sans le consentement de la personne, il vise à modifier sa personnalité et son comportement. Le ou les leaders sont tout-puissants, l'idéologie du groupe est totalitaire et la volonté de l'individu est totalement subordonnée au groupe. La secte destructrice crée ses propres valeurs avec peu ou aucun respect pour l'éthique et la morale. Elle est engagée dans des activités illégales comme l'exploitation sexuelle des enfants et des adultes : la prostitution et la pédo-pornographie, la production de snuff-films, le trafic de drogues et d'armes à feu, mais également toutes sortes de magouilles qui permettent des rentrées d'argent. Dans ce genre de réseaux, tous les membres se tiennent par la "barbichette" étant donné qu'ils sont tous impliqués dans des activités hautement criminelles.

La plupart des victimes déclarent avoir été abusées sexuellement et torturées par plusieurs personnes en même temps et en compagnie d'autres petites victimes. Les témoignages rapportent que les femmes sont tout aussi actives que les hommes dans ces maltraitances ritualisées. Le mot "rituel" ne signifie pas nécessairement "satanique" mais plutôt protocolaire ou méthodique, mais aussi répétitif. Par exemple, le culte juju en Afrique de l'ouest décrit par Isiah Oke pratique l'abus rituel avec des états de conscience altérés mais sans aucune croyance particulière en Satan. Certains groupes d'occultistes Gnostiques pourraient certainement être pris pour des cultes sataniques, cependant dans certains cas, il serait plus approprié de les étiqueter comme lucifériens ou néo-gnostiques. Il existe de nombreux cultes qui incorporent des rituels où Satan est invoqué parmi d'autres entités mais il n'est pas systématiquement considéré comme le dieu central et unique du culte. Cependant, la plupart des survivants dans nos sociétés occidentales déclarent qu'ils ont été abusés rituellement dans le cadre d'un culte satanique, le but étant de les endoctriner dans des croyances et des pratiques satanistes. L'abus rituel est rarement isolé, il est généralement répété sur une longue période de temps, d'une façon systématique. La violence physique est extrême, la torture, les viols et les meurtres (simulés ou réels) servent à traumatiser et créer de profonds états dissociatifs chez les victimes. Les abus sexuels sadiques visent à humilier et à faire souffrir. Cette pratique a pour but de dominer, de créer une dissociation et une soumission de la victime. D'après la psychotraumatologue Muriel Salmona, les violences sexuelles sont ce qu'il y a de pire en matière de traumatismes psychiques. L'OMS a également déclaré que les mutilations sexuelles sont les sévices les plus traumatisants qui puissent être infligés à un être humain. Ce type de barbarie est donc utilisé de manière récurrente dans ces sectes hyper-violentes. Le harcèlement et la violence psychologique qui s'ajoutent aux violences physiques sont dévastateurs, l'endoctrinement implique l'utilisation de drogues, d'hypnose et de techniques de contrôle mental. L'intimidation et la violence extrême des membres de la secte terrorisent profondément la victime, suite aux traumatismes, elle se retrouve dans un état de dissociation et de contrôle mental (confusion mentale et même amnésie traumatique), et la communication vers l'extérieur est donc extrêmement difficile. Si le contact avec le réseau n'a pas été rompu et qu'une thérapie n'a pas été entreprise, les victimes risquent de vivre sous ce contrôle pendant très longtemps. Il est important de comprendre qu'abus rituels et contrôle mental sont indissociablement liés, les mémoires traumatiques constituent une véritable prison sans mur.

Ces violences ritualisées semblent avoir trois buts :

1- Les rituels de certains groupes font partie d'une croyance religieuse dans laquelle la victime est endoctrinée.

2- Les rituels sont utilisés pour intimider et rendre silencieuses les victimes.

3- Les éléments du rituel (culte au diable, symboles sataniques, sacrifices d'animaux ou d'humains…) semblent tellement incroyables qu'ils nuisent à la crédibilité des témoignages et rendent les poursuites de ces crimes très difficiles.[229]

La survivante Belge, Regina Louf (le témoin *X1* de l'affaire Dutroux), a rapporté lors d'une interview donnée à Annemie Bulté et Douglas De Coninck (les auteurs de *"Les dossiers X : Ce que la Belgique ne devait pas savoir sur l'affaire Dutroux"*, 1999) que *"lorsqu'ils recevaient une nouvelle victime dans leur réseau, il était extrêmement important qu'elle ne puisse parler à personne de ce qui lui arrivait. C'est pourquoi ils organisaient des "cérémonies"… Le seul objectif de ces rituels était de désorienter totalement les victimes."*[230]

Dans son livre "Trauma and Recovery", Judith Lewis Herman écrit : "Le secret et le silence sont la première protection des agresseurs. Si le secret est brisé, l'agresseur attaquera sur la crédibilité de sa victime. S'il ne peut pas la réduire totalement au silence, il va essayer de faire en sorte que personne ne l'écoute." Les rituels participent à cet objectif de décrédibilisation, d'autant plus dans une société moderne de plus en plus matérialiste et totalement hermétique à l'existence de pratiques religieuses "diaboliques" qualifiées de "moyenâgeuses". La force du diable est de faire croire qu'il n'existe pas… Pourtant il semble ne plus faire aucun doute que ces pratiques "diaboliques" existent et sont pratiquées dans nos sociétés dites "civilisées" et "modernes", peut-être plus que jamais...

Une thèse de 218 pages intitulée *"L'abus rituel : le point de vue d'intervenantes en agression sexuelle"* a été déposée en 2008 à l'Université du Québec en Outaouais. Voici le texte de présentation de cette thèse : *"L'abus rituel demeure un sujet très peu connu des différents milieux d'intervention. Le manque de consensus quant à la façon de conceptualiser l'abus rituel et la controverse qui l'entoure nuisent à sa reconnaissance. Cette recherche qualitative comporte trois objectifs : documenter et analyser l'information concernant l'abus rituel, faire avancer les connaissances et la compréhension de ce genre d'abus à partir du point de vue d'intervenantes en agression sexuelle qui ont soutenu des femmes l'ayant subi dès la petite enfance, et contribuer à l'avancement des connaissances sur le sujet dans le milieu d'intervention francophone. Des entrevues semi-structurées ont été effectuées auprès de huit intervenantes qui pratiquent dans différents services d'aide aux victimes d'agressions sexuelles et qui ont reconnu être intervenues auprès d'au moins deux survivantes d'abus rituels. Les résultats obtenus sont présentés en trois parties distinctes soit les résultats décrivant l'ensemble des caractéristiques appartenant au concept de l'abus rituel, ceux permettant de prendre connaissance des séquelles causées par ce genre d'abus et ceux qui découlent des expériences des participantes dans leurs interventions auprès des survivantes d'abus rituel. Cette recherche permet de reconnaître certains des problèmes relatifs à la conceptualisation de l'abus rituel dont l'utilisation*

---

[229] "Report of the Ritual Abuse Task Force Los Angeles County Commission for Women" - 15/09/1989.
[230] *"Interview with Regina Louf, Witness XI at Neufchateau"* - Annemie Bulté et Douglas De Coninck, De Morgen, 1998.

du mot culte pour traiter du sujet. Il est d'ailleurs souhaité que la définition de l'abus rituel élaborée dans le cadre de cette recherche serve de point de départ lors de concertation entre intervenantes qui ont de l'expérience pratique auprès de survivantes d'abus rituel afin qu'elles s'entendent sur la façon de définir ce genre d'abus. Il est également recommandé que plus de recherches soient faites sur l'abus rituel notamment en ce qui a trait à la programmation, une méthode de contrôle de la pensée, et en matière de dissociation chez les survivantes d'abus rituel. Il est surtout nécessaire de développer plus de connaissances pratiques en intervention dans ce domaine. Plus de recherches devront également se pencher sur les liens existants entre l'abus rituel et le sadisme sexuel, ainsi que l'abus rituel et les réseaux d'exploitation sexuelle d'enfants."[231]

En 2011 le journal "Trauma & Dissociation" (International Society for the Study of Trauma and Dissociation) a publié un dossier francophone intitulé "Lignes directrices pour le traitement du trouble dissociatif de l'identité chez l'adulte". Ce dossier contient un chapitre intitulé "Abus organisés" montrant que ce sujet des abus rituels est totalement lié au phénomène des troubles dissociatifs, en voici un extrait :

"Une minorité substantielle de patients souffrant de Trouble Dissociatif de l'Identité (TDI) font état d'abus sadiques, d'exploitation, de coercition aux mains de groupes organisés. Ce type d'abus organisé victimise les individus via le contrôle extrême de leurs environnements dans l'enfance et implique fréquemment plusieurs agresseurs. Il peut être organisé autour des activités de réseaux pédophiles, de la pornographie infantile ou dans les cercles de prostitution infantile, divers groupes "religieux" ou cultes, des systèmes de famille multi-générationnels et des réseaux de trafic et de prostitution d'humains. L'abus organisé incorpore fréquemment des activités qui sont sexuellement perverses, horribles et sadiques, pouvant impliquer de la coercition sur l'enfant comme témoin ou participant à l'abus d'autres enfants. Les survivants d'abus organisés – particulièrement de l'abus continu – sont ceux parmi les plus traumatisés des patients dissociatifs. Ils sont les plus enclins à s'autodétruire et à de sérieuses tentatives de suicide. Ils apparaissent très souvent pris dans des attachements très ambivalents vis-à-vis de leurs agresseurs et présentent souvent des formes complexes de TDI. Certains de ces patients très traumatisés présentent une amnésie marquée pour une grande part de leur abus et l'histoire de l'abus organisé n'émerge qu'en cours de traitement."[232]

Les abus rituels entraînant de profonds traumatismes vont développer une forme complexe de stress post-traumatique qui peut entraîner de nombreux symptômes chez les victimes : crises de paniques, pleurs incontrôlables, colères incontrôlables, troubles alimentaires, tendances suicidaires, automutilation, hyper-vigilance, symptômes somatiques, obsessions, terreurs, troubles du sommeil, cauchemars, flash-backs, mémoire photographique, addictions : alcool, drogues, sexe, sur-réaction à un stress mineur, réactions violentes ou de fuite, sautes d'humeur extrêmes, comportement à risques, honte et culpabilité, déshumanisation, préoccupation démesurée des relations avec l'agresseur,

---

[231] *"L'abus rituel : le point de vue d'intervenantes en agression sexuelle"* - Jacques, Christine (2008). Mémoire. Gatineau, Université du Québec en Outaouais (UQO), Département de travail social. Date de dépôt : 11 oct. 2011 - http://dpndev.uqo.ca/id/eprint/339.
[232] Guidelines for Treating Dissociative Identity Disorder in Adults - Journal of Trauma & Dissociation - ISSTD : International Society for the Study of Trauma and Dissociation.

attribution d'un total pouvoir à l'agresseur, idéalisation de l'agresseur, gratitude envers l'agresseur, croyance dans une forme de relation spéciale ou surnaturelle avec l'agresseur, acceptation des croyances et des affirmations de l'agresseur, échecs répétés pour se protéger, impuissance et désespoir.[233]

Ces abus rituels font partie intégrante de la vie de certaines familles dont l'un ou les deux parents participent ou collaborent à un réseau. Ce type de pratiques est aussi mis en application par des groupes militaires ou politiques possédant la connaissance pour programmer des individus, généralement des enfants. Les enfants sont donc victimes de sévices sexuels avec des rituels et une intimidation visant à les terroriser et à leur imposer le silence; mais le but est également de les convertir et les formater à un système de croyance, à un culte. Dans ces groupes satanistes ou lucifériens, la programmation de base inculquée à l'enfant est la loyauté et la fidélité au groupe ainsi que la loi du silence. L'enfant sera endoctriné pour croire que le mode de vie du groupe est la seule voie à suivre et que ses chefs et les entités (déité et démons) doivent recevoir obéissance et loyauté. Le culte, le réseau, doit représenter sa seule "famille". L'enfant est conditionné pour croire que les maltraitances sont faites pour son bien, c'est un conditionnement de type militaire dans lequel penser par soi-même n'est pas toléré, les enfants doivent obéir sans réfléchir. Dans ces protocoles de contrôle mental, les bourreaux séparent et isolent la victime du reste de l'humanité en la forçant à pratiquer des choses ignobles et impensables pour un humain normalement constitué. Très vite, les enfants devront participer aux viols et aux tortures. C'est un moyen de les culpabiliser et de les rendre complices afin qu'ils ne divulguent pas les activités criminelles à l'extérieur du groupe. Cela signifie que l'enfant va assister et participer lui-même à des viols, à des sacrifices d'animaux mais aussi à des sacrifices humains réels ou simulés. Ces enfants sont manipulés pour leur faire croire que les abus qu'ils ont pu commettre sur des animaux ou sur d'autres enfants venaient de leur propre choix. Ils se sentent donc coupables et honteux, craignant une vengeance ou même la police et la prison. Cela cimente la loi du silence ainsi que le sentiment atroce et accablant d'être soi-même un bourreau et un criminel. Tout cela combiné aux troubles dissociatifs va conduire l'enfant à isoler psychologiquement les expériences douloureuses et à poursuivre sa vie "comme si de rien n'était" et évidemment sans aucune divulgation à l'extérieur.

Ces pratiques impliquent donc d'un côté les enfants de ces familles lucifériennes, destinés à occuper des postes clés au sein de notre société, et de l'autre, des petites victimes destinées à être torturées et sacrifiées par les premiers. Il s'agit littéralement de chair fraîche servant lors des rituels pour programmer la jeune génération du culte élitiste. De la même manière qu'il existe deux catégories d'esclaves MK-Monarch : tout d'abord ceux de "seconde zone", utilisés pour la prostitution, le trafic de drogues, etc, destinés à être sacrifiés; et puis ceux qui font partie des lignées de sang lucifériennes qui seront destinés à servir la hiérarchie tout au long de leur vie en occupant des postes stratégiques (nous y reviendrons dans le chapitre 7 consacré à la programmation MK-Monarch). Cette participation forcée des enfants aux abus rituels a également pour but de leur faire extérioriser

---

[233] "Ritual Abuse & Torture in Australia" - ASCA, 2006.

leur "rage intérieure" accumulée lorsqu'ils ont été eux-mêmes abusés et torturés. L'enfant développe une charge émotionnelle négative (mémoire traumatique) considérable lors des abus, qu'il peut soit retourner contre lui-même ou bien contre autrui, contre d'autres enfants ou contre des animaux. La formation de ces "enfants de la rage" se fait aussi en les obligeant à tuer un animal de compagnie auquel ils se seront étroitement liés auparavant. Tout est fait pour "briser" l'enfant, pour neutraliser dès ses premières années toute empathie naturelle et toute innocence en créant de profonds troubles dissociatifs chez lui. Les abus rituels sont pratiqués dans des familles qui répètent systématiquement les violences sur leur descendance. Des familles engluées dans une continuité pathologique transgénérationnelle et chargée de liens démoniaques en raison de l'occultisme auquel elles s'adonnent de génération en génération. Les enfants de ces lignées de sang sont programmés pour perpétuer la malheureuse *tradition*, l'enfant victime deviendra à son tour un bourreau reproduisant les sévices qu'il a lui-même subis s'il n'a pas été prit en charge et éloigné de la secte destructrice. Dans le documentaire allemand *"Sexzwang"* (sexe forcé), le Dr. Jim Phillips (ancien médecin légiste pour la police britannique) déclare : *"Tous les satanistes ont été abusés, tous ! Je ne peux pas m'imaginer qu'un être humain normal puisse être capable de faire quelque chose d'aussi horrible, dégoûtant et répugnant…"*

La psychologue clinicienne Ellen P. Lacter a écrit à ce sujet : "Toutes les victimes ont été forcées de commettre des violences sur autrui, souvent depuis la petite enfance. Tous les agresseurs ont été eux-mêmes victimes de graves abus. Il est essentiel de garder cela à l'esprit dans le traitement des survivants. Le schéma 'Blanc-Noir' ou 'Bien-Mal' est à proscrire car il va alimenter la crainte du patient qu'il pourrait être irrémédiablement mauvais."[234]

Vivre dans un tel milieu chaotique va engendrer des brusques changements dans la chimie du corps de l'enfant. Ce type de vie traumatisante entraîne des niveaux élevés d'adrénaline qui peuvent créer une réelle addiction chez l'enfant ou l'adolescent. À l'âge adulte (et même avant) la victime provoquera consciemment ou inconsciemment des situations pour faire monter son niveau d'adrénaline. La violence est un moyen très efficace pour cela. Il est donc important de prendre en compte ce phénomène d'addiction à la violence et de sa répétition systématique d'une génération à l'autre dans les familles violentes liées ou non aux abus rituels. Cette violence contre autrui déclenche chez le bourreau une brusque production d'endorphines lors du passage à l'acte, cela lui permet également de se dissocier lui-même et d'anesthésier sa propre mémoire traumatique toujours plus explosive, tout cela de manière inconsciente. L'agresseur (lui-même ancienne victime) soulage ainsi sa propre douleur intérieure par un *"shoot"* d'endorphines. Il s'agit donc d'un cercle vicieux et d'une véritable addiction aux endorphines et à la violence (nous y reviendrons plus en détail au chapitre 5). Le livre *"Ritual Abuse and Mind Control : The Manipulation of Attachment Needs"* contient le témoignage d'une survivante qui illustre ce phénomène de troubles dissociatifs qui se répètent de génération en génération : *"Mon premier souvenir avec X a été lorsqu'il est entré dans la pièce et qu'il m'a attrapé par les cheveux pour me faire tournoyer en tournant en rond. Lorsqu'il s'est arrêté, tout le monde a rigolé parce que j'étais toute désorientée. Il pouvait passer d'un état*

---

[234] *"Advocating for Ritualistically Abused Children"* - Dr. Ellen P. Lacter, 2002, CALAPT Newsletter.

d'une froideur et d'une incroyable cruauté à un état d'une extrême gentillesse. Beaucoup de fois j'ai essayé de lui plaire pour accéder à son côté gentil (…) elle (ndlr : la mère) *a aussi abusé de moi depuis la naissance, pas seulement dans des rituels, mais aussi à la maison. Il y avait une partie d'elle qui perdait le contrôle, elle montrait ses dents, ses yeux s'éclairaient d'une certaine manière et elle devenait folle…"*[235]

Ce phénomène dissociatif avec des alternances de comportements totalement immoraux et violents avec des comportements normaux et affectueux va créer une sorte de dissonance cognitive dans l'esprit de l'enfant. Ce dernier va inconsciemment bloquer les souvenirs contradictoires dans lesquels un parent censé l'aimer et prendre soin de lui se comporte d'une façon totalement anormale et dangereuse. Cela renforce les amnésies et les états dissociatifs chez les enfants. Les traumas répétitifs vont fractionner l'enfant en plusieurs personnalités et il va répondre d'une manière différente selon qu'il ait affaire à la "bonne" mère où à la "mauvaise" mère. Par exemple lorsque la "mauvaise" mère inflige des tortures, l'enfant bascule dans une personnalité qui sait comment réagir face à cette "mauvaise" mère. Si c'est la "bonne" mère qui s'occupe de lui, l'enfant est dans un autre état de conscience et n'a pas connaissance de la "mauvaise" mère ni de son autre alter lié à la facette obscure de sa mère. Ce phénomène de dissociation et d'amnésie explique certains témoignages de victimes qui disent qu'il y avait *"l'enfant de la nuit"* et *"l'enfant du jour"*, deux personnalités qui n'avaient aucunement conscience l'une de l'autre et qui permettaient à l'enfant de mener une vie normale, jusqu'au jour où les mémoires traumatiques finissent par remonter à l'âge adulte (voir le chapitre 5).

Dans son livre intitulé *"Unshackled"*, Kathleen Sullivan, une survivante d'abus rituels et de contrôle mental, décrit également les états dissociatifs dans lesquels ses parents se trouvaient lorsqu'ils maltraitaient leur fille : *"Chaque fois, elle utilisait un drap blanc pour me suspendre à une poutre. Lorsqu'elle faisait cela, sa voix devenait celle d'une petite fille. Elle semblait rejouer ce que quelqu'un lui avait fait subir lorsqu'elle était enfant. Puis étrangement, sa voix devenait celle d'une personne âgée disant des choses horribles sur moi (…) À plusieurs reprises, elle m'a aussi enfermée dans une caisse en bois au sous-sol. Parfois je restais des heures enfermée dans la douleur à l'intérieur de cette boîte exigue. Lorsqu'elle descendait pour venir me chercher, elle me "délivrait et me sauvait" de cette caisse en me demandant comment j'étais arrivée là. Elle ne semblait pas se souvenir et je n'arrivais pas à lui dire que c'était elle la responsable."*[236]

La psychotraumatologue Muriel Salmona décrit ainsi ce processus de dissociation de la personnalité : "D'ailleurs souvent les femmes le disent, elles ne reconnaissent plus leur agresseur, leur compagnon, quand il devient violent. Il se met à avoir un autre regard, une autre expression, d'autres manières de parler, de crier, une autre voix… Parce que souvent ils reproduisent à l'identique la voix de leur père par exemple. C'est impressionnant parce que ce n'est plus la même personne, les agresseurs sont du coup colonisés par quelqu'un d'autre qu'ils ne contrôlent pas."[237]

---

[235] *"Ritual Abuse and Mind Control : The Manipulation of Attachment Needs"* - Orit Badouk Epstein, Joseph Schwartz, Rachel Wingfield Schwartz, 2011, p.144.
[236] "Unshackled : a Survivor's Story of Mind-Control" - Kathleen Sullivan, 2003, p.34.
[237] Muriel Salmona - Pratis TV, 20/01/2014.

Beaucoup de victimes ou de bourreaux qui ont été sous l'influence de ces pratiques extrêmement traumatiques durant l'enfance et l'adolescence développent donc de sévères troubles dissociatifs ; y compris un syndrome de personnalité multiple (Trouble Dissociatif de l'Identité, T.D.I.) qui est le niveau de dissociation psychique le plus extrême. Le bourreau peut donc être une seconde personnalité (un alter) de l'individu qui n'aura pas conscience de son fonctionnement à la *Dr Jekyll & Mr Hide* en raison des murs amnésiques qui cloisonnent les différentes personnalités. Il peut être parfaitement intégré dans la société et sa personnalité publique ne laissera rien entrevoir de ses activités occultes et violentes. La personnalité alter publique peut-être celle d'un bon chrétien sincère tandis qu'une personnalité alter beaucoup plus profonde sera le pire des satanistes. L'abus rituel visant le fractionnement de la personnalité est la pierre angulaire du contrôle mental, l'élément clé pour soumettre, exploiter et réduire au silence les victimes. Ce contrôle est obtenu par la création délibérée d'un trouble dissociatif de l'identité par des traumatismes répétitifs, en combinaison avec de l'endoctrinement, du conditionnement, de l'hypnose et de divers psychotropes, le tout accompagné d'une programmation dont l'efficacité dépendra du niveau d'instruction que possède le réseau sur ce type de contrôle mental.

Le Dr. Lawrence Pazder décrit une certaine omniprésence des bourreaux dans notre société qui ont "une apparence normale et qui mènent une vie tout aussi normale au premier abord. Ils sont présents dans toutes les couches de la société qu'ils ont soigneusement infiltrée. Toute position de pouvoir ou d'influence sur la société doit être considérée pour eux comme une cible pour l'infiltration. Les bourreaux ont de l'argent disponible, beaucoup ont des situations impeccables : docteurs, ministres, professions de tous types."[238]

Le Dr. Catherine Gould, un des membres fondateurs du groupe d'étude de Los Angeles sur les abus rituels (*Task Force*), est reconnue internationalement pour son travail thérapeutique avec les enfants victimes de satanisme. En 1994, dans le documentaire *"In Satan's Name"* (Au Nom de Satan) de Antony Thomas, elle a décrit la même chose que le Dr. Pazder concernant l'infiltration et le contrôle de la société par ces cultes : *"Il y a certainement des banquiers, des psychologues, des gens des médias, nous avons aussi entendu parler des services de protection de l'enfance mais également d'officiers de police, car ils ont plutôt intérêt à être présent dans tous ces milieux socioprofessionnels. Lorsque j'ai commencé ce travail, je pensais que les motivations derrière la pédophilie se limitaient au sexe et à l'argent, mais j'ai commencé à réaliser au court de mes dix années de recherche que les motivations sont bien plus sinistres encore... Les enfants sont abusés dans un but d'endoctrinement. L'abus rituel sur les enfants est un protocole servant à formater des humains à un culte. Il s'agit de formater des enfants qui ont tellement été abusés, tellement été soumis au contrôle mental qu'ils deviennent très utiles à la secte, à tous les niveaux... Je pense que le but de tout cela est d'obtenir le maximum de contrôle, que ce soit dans ce pays ou bien dans un autre."*

La psychiatre Britannique Vera Diamond, qui travaille elle aussi avec des rescapés d'abus rituels, déclare dans ce même documentaire : *"Les gens sont endoctrinés d'une façon très difficile à comprendre. Je travaille actuellement avec des personnes*

---

[238] Dr. Lawrence Pazder : *The Emergence of Ritualistic Crime in Today's Society,* Article présenté au North Colorado-South Wyoming Detectives Association. Fort Collins, CO : September 9-12,1986. *Occult crime : a law enforcement primer.*

ayant subi ce genre de conditionnement. C'est ce que l'on appelle du "Contrôle Mental", ils formatent complètement la victime. D'après nos sources, cela implique de hautes organisations telles que la CIA. J'ai même entendu parler de l'implication de la famille Royale, mais également d'autres familles tout aussi élevées."

Le pasteur américain Bob Larson parle également d'une infiltration systématique des institutions pour établir leur contrôle : "Il est parfaitement possible que ces activités soient même au-dessus de la mafia et des autres organisations criminelles. Il est possible qu'il s'agisse du plus grand réseau et organisation criminelle du monde. Ils infiltrent le système judiciaire, les branches législatives et exécutives des gouvernements, les postes et les professions de pouvoir et d'autorité. Ainsi ils peuvent avoir un certain contrôle. Ils croient, comme la Bible le prophétise, qu'un jour l'Antéchrist règnera sur le monde entier."

Le rapport gouvernemental "Ritual Crime in the State of Utah" mentionné plus haut dans ce chapitre décrit ainsi ce qu'il nomme le "Satanisme Générationnel" : "Ce type de groupe comprend des membres de sexe masculin et féminin de tous les âges. Ils sont généralement nés au sein même du groupe et ne semblent pas pouvoir en sortir, si ce n'est par la mort. Ils sont très organisés, très disciplinés et extrêmement discrets. Les groupes locaux ont des liens solides avec les groupes nationaux et internationaux (ndlr : vaste réseau). Les rituels qu'ils pratiquent sont élaborés et complètement planifiés. Ce sont des adorateurs de Satan et ils font tout pour faire avancer leur cause (…) Leurs racines et leurs pratiques remontent à des centaines d'années. Ces gens pratiquent les abus rituels et le sacrifice d'enfants (…) Des femmes dans ces groupes sont utilisées comme des "éleveurs" pour fournir des bébés au culte. Ces sectes parviennent à un contrôle parfait sur les membres qui ne laissent aucunes preuves de leurs activités (…) Les sceptiques ne peuvent pas croire en l'existence de tels groupes, argumentant que personne ne peut torturer et sacrifier des bébés et des enfants. Cependant, autrefois des enfants étaient sacrifiés à Satan mais sous d'autres noms comme Moloch par exemple. Il existe également des cas historiques documentés concernant des sacrifices d'enfants. À notre époque, de nombreuses personnes rapportent l'existence de ce genre de satanisme. Elles sont discréditées par les sceptiques tout comme les nombreuses personnes qui suivent une thérapie pour des troubles dissociatifs entraînés par les sévères traumatismes psychiques et physiques."[239]

Dans le livre *"Breaking the Circle of Satanic Ritual"*, Daniel Ryder écrit que pour le sergent Jon Hinchcliff (retraité de la police de Mineapolis), un des facteurs qui permet à ces activités occultes de perdurer est le statut social des membres du réseau. Hinchcliff rapporte que des témoignages de victimes montrent que certains de ces membres sont des médecins, des avocats, des hommes d'affaires respectés, des religieux, des magistrats, etc. L'ex-policier a déclaré : *"Il semblerait que toutes leurs bases soient couvertes et protégées."* De par leur façade de respectabilité et leur placement stratégique, ces gens peuvent faire des contre-attaques très calculées avant que toute divulgation publique des activités criminelles ne puisse être faite.

---

[239] "Ritual Crime in the State of Utah : Investigation, Analysis & A Look Forward" - Utah Attorney General's Office, Michael R. King et Matt Jacobson, 1995, p.15.

Dans son livre *"The New Satanists"*, Linda Blood (Ancienne membre du *Temple de Set* et ancienne maîtresse de Michael Aquino) rapporte le témoignage d'un certain *Bill Carmody* qui est le pseudonyme d'un instructeur supérieur du renseignement au *FLETC (Federal Law Enforcement Training Center)* : *"Carmody a enquêté pendant un certain temps sur des disparitions d'enfants qui semblaient reliées à des activités sectaires. En tant que membre d'une équipe spécialisée, il a mené une enquête sur un réseau qui opérait dans plusieurs états du Sud-Ouest des États-Unis. Carmody a ainsi pu infiltrer au total trois cultes satanistes criminels. Carmody a déclaré à propos de ces sectes : "Celles qui sont les plus sérieuses sont celles qui sont les plus dissimulées et couvertes, en effet ces clans ont des organisations très sophistiquées tout en ayant les meilleurs moyens de communication, il s'agit d'un réseau international." Carmody déclare que ces groupes se livrent au trafic de stupéfiants, d'armes et d'êtres humains, ainsi qu'à la pédo-pornographie (…) Selon lui, les cultes criminels les mieux organisés sont dirigés par des gens intelligents et très éduqués, il s'agit de personnes venant des classes supérieures de la société où elles occupent des postes importants dans leur communauté, des positions dites "respectables". Ces groupes sectaires constituent une sous-culture très secrète qui relève de la pègre au sens le plus large. Ils sont généralement composés de membres de familles transgénérationelles dont les liens de sang aident à maintenir le silence et le secret."*[240]

Lors de son passage sur la web-télé *Meta-TV* en 2015, l'ex-gendarme et activiste français Christian 'Stan' Maillaud a décrit en partie ce réseau élitiste pratiquant les abus rituels systématique consistant à former l'élite de demain :

"À l'heure actuelle où tous les postes clés ne sont pas encore tenus par des "MK-Ultra", où toute l'élite sociétale n'est pas encore tenue par ces malades mentaux, il y a encore des êtres humains dans le camps des forces armées et il faut mettre toute notre énergie dans leur direction (…) Parce qu'il faut qu'il y ait une scission au sein de leurs forces et qu'ils viennent dans le camp du peuple souverain qui doit se libérer de cette emprise (…) Je parle de la morsure du vampire, c'est à dire que pour moi l'acte de sodomiser un enfant martyr correspond au vampire qui mord une créature pour la changer en vampire. Un enfant qui est violé, torturé, martyrisé pendant toute son enfance, qui ne trouve ni justice ni protection et qui arrive à l'âge adulte comme ça, maintenu dans les réseaux qui le martyrisent, devient lui-même un prédateur. Surtout quand on lui explique que s'il s'en prend à son tour à d'autres enfants qui sont torturés et violés, cela va le soulager de ses propres souffrances. Voilà le protocole qu'ils appliquent (…) C'est quelque chose de récurent (…) les gens qui sont placés dans l'élite sociétale sont ceux qui sont sélectionnés par la Franc-maçonnerie ou la Rose-croix (…) Il faut savoir que dans la Franc-maçonnerie, pour prendre du grade vous devez passer des rituels, donc cette petite pyramide est à superposer avec la pyramide de votre carrière. Vous voulez monter en grade ? Donc il faut passer des rituels dans la loge dont vous faite partie. Plus vous êtes avide de pouvoir et de réussite, plus vous demanderez à passer les grades et vous serez alors happé dans des rituels sataniques. Les premières pratiques sont donc le viol collectif d'enfants, puis la mise à mort, etc… Ce qui fait que vous avez des personnes complètement dégénérées qui arrivent à la tête des institutions et qu'en plus ces gens là par la suite apportent leurs propres enfants dès le bas âge dans des

---

[240] *"The New Satanists"* - Linda Blood, 1994, p.29-30.

rituels de ce genre pour en faire la future élite sociétale. Et ça c'est quelque chose que les gens ne comprennent pas encore à l'heure actuelle. On a vu quand on enquêtait qu'il existe un protocole où il y a deux types de victimes : il y a les enfants défavorisés, des enfants enlevés, des enfants nés sous X, de viols, qui servent de "matière première" pour l'initiation des autres enfants. C'est à dire que vous avez d'un côté les enfants qui sont emmenés par un père franc-maçon dans ces soirées, et de l'autre côté, ces enfants qui sortent de cages et qui sont mis là pour que l'enfant de l'élite finisse par ouvrir le ventre de ce malheureux qui a été violé collectivement et torturé par tout le monde... Pourquoi ? Parce que cela va créer la fragmentation de la personnalité ou cloisonnement des mémoires (...) Vous imaginez les monstres que l'on met sur le marché... Donc c'est pour cela qu'à l'heure actuelle dans toute la petite élite sociétale, toutes les places sont en train d'être prises par ces monstres suivant ces protocoles formels qui trouvent leur réelle origine à Auschwitz."

Malgré le silence total des grands médias sur le sujet, de nombreuses personnes travaillent pour divulguer ces pratiques inhumaines. En 1996, un article intitulé *"An Analysis of Ritualistic and Religion-Related Child Abuse Allegations"* (une analyse de témoignages d'abus rituels et religieux sur des enfants)[241] a été rédigé par trois professeurs d'université en psychologie : Bette Bottoms, Phillip Shaver et Gail Goodman. L'article contient une liste pouvant servir à définir les cas d'abus rituels, ces critères ont été répertoriés à partir de témoignages de victimes et de thérapeutes :

- Abus par une ou plusieurs personnes d'un groupe dans lequel les membres semblent suivre les ordres d'un ou de plusieurs leaders.
- Abus liés à toute pratique ou comportement se répétant d'une manière bien définie (pouvant inclure des prières, des chants, des incantations, le port de vêtements particuliers...)
- Abus liés à des symboles (par exemple le 666, le pentagramme inversé, des croix inversées ou brisées), des invocations, tenues vestimentaires avec des symboles, croyances associées à Satan.
- Abus liés à une croyance dans le surnaturel, le paranormal, l'occultisme ou des pouvoirs spéciaux (par exemple la *"chirurgie magique"* - détaillée dans le chapitre 7- , le spiritisme, etc)
- Rituels associés à des activités impliquant des tombeaux, des cryptes, des os...
- Rituels impliquant des excréments ou du sang animal ou humain.
- Rituels impliquant des poignards spécifiques, des bougies, des autels...
- Rituels impliquant des tortures et des sacrifices réels ou simulés d'animaux.
- Rituels impliquant des sacrifices avec meurtres réels ou simulés d'humains.
- Rituels impliquant des actes de cannibalisme réels ou simulés.
- Rituels impliquant l'obligation d'assister ou de participer à des pratiques sexuelles.
- Rituels impliquant de la pédo-pornographie.

---

[241] "An Analysis of Ritualistic and Religion-Related Child Abuse Allegations" - "Law and Human Behaviour" Vol. 20, N°1, 1996.

- Rituels impliquant des drogues.
- Rituels pour lier un enfant à Satan ou à une entité démoniaque.
- Abus perpétrés par un prêtre, un rabbin ou un pasteur.
- Abus commis dans un cadre religieux, une école religieuse ou un centre religieux.
- "Élevage" de nouveau-nés pour des rituels de sacrifices.
- Abus provoquant des périodes d'amnésie ou de troubles revenant lors de certaines dates.
- Abus divulgués par un individu ayant un trouble dissociatif ou une personnalité multiple provoqué par des abus rituels ou religieux.

Cette liste n'est pas exhaustive. En 1989, le document intitulé Ritual Abuse Task Force, "Rapport d'un groupe de travail sur l'abus rituel et le contrôle mental" a été publié par la "Commission pour les femmes de Los Angeles", présidé par Myra B. Riddell et auquel ont participé le Dr. Catherine Gould et le Dr. Lynn Laboriel. La commission d'étude était composée de professionnels du domaine médical, de la santé mentale, de l'éducation, de la justice ainsi que des membres d'associations d'aide aux victimes. Ce rapport mentionne les types de violences physiques et psychologiques décrites par les survivants et leurs thérapeutes :

- Enfermer la victime dans une cage, un placard, une cave ou tout autre endroit confiné, en lui disant qu'elle va y mourir. Certaines victimes rapportent avoir été enfermées dans un cercueil et enterrées vivantes pour simuler une mort. Un des membres du groupe vient alors "au secours" de l'enfant traumatisé qui va établir un lien privilégié avec son sauveur qui sera perçu comme un allié. L'enfermement peut se faire avec des insectes ou des animaux. Ce "jeu" d'isolement et de délivrance de l'enfant va le rendre encore plus vulnérable à l'endoctrinement et aux pratiques destructrices du groupe.

- Humiliation par la violence verbale, nudité forcée devant le groupe, ingestion forcée d'urine, de selles, de sang, de chair humaine ou de sperme. Obligation de commettre des actes odieux comme des mutilations, des meurtres, des viols sur un enfant ou sur un nourrisson.

- Culpabilisation et menaces de dénonciation, la victime est trompée et elle finit par croire que sa participation aux atrocités était volontaire. Ce sentiment de culpabilité et de honte contribue à montrer de la fidélité et de la loyauté à la secte et à ses doctrines. Les victimes sont endoctrinées pour croire que le groupe hyper violent est le seul refuge qui puisse les accepter et les protéger et que cela ne sert à rien de demander de l'aide à l'extérieur. L'enfant est endoctriné pour croire que Dieu l'a rejeté et abandonné, qu'il est lié à Satan, et qu'il n'y a aucun moyen de sortir du groupe.

- Violences physiques impliquant des viols et des tortures sexuelles pratiquées généralement en groupe, de la zoophilie, des chocs électriques, des pendaisons par les mains ou par les pieds, l'immersion dans l'eau jusqu'à la quasi-noyade, privations de nourriture, d'eau et de sommeil. Une victime dans un état d'épuisement est beaucoup plus ouverte au contrôle mental parce que la fatigue va entraver sa capacité de jugement. Les douloureuses tortures amènent l'enfant à se dissocier, et tout comme un prisonnier de guerre soumis à la torture il devient prêt à faire tout ce que l'on exigera de lui pour que la douleur cesse. La douleur physique est souvent associée à une excitation sexuelle à laquelle un enfant n'est pas préparé à faire face. La douleur et le plaisir sont combinés pour contribuer à établir une relation malsaine entre les enfants et les bourreaux. Le syndrome de Stockholm est exploité au maximum pour créer un attachement entre victimes et agresseurs.

- Faire sentir à la victime qu'elle est constamment surveillée et contrôlée par les bourreaux et leurs alliés spirituels (esprits, démons, déités). L'enfant est manipulé pour croire que les "murs ont des oreilles" et qu'un "œil qui voit tout" observe en permanence ses actions. L'enfant est soumis à toutes sortes de mensonges dont le but est de renforcer la toute puissance et l'omniprésence des bourreaux.

- Serment du Secret sous peine de mort si la victime divulgue quoique ce soit. Programmation mentale pour que la victime se suicide en cas de souvenirs ou de divulgation des activités sectaires et criminelles. Forte vulnérabilité aux pulsions d'auto-sabotage et aux pulsions d'autodestruction lorsque la victime commence une thérapie et tente de quitter le groupe sectaire.

- Utilisation de psychotropes altérant et embrouillant la conscience de la victime, facilitant ainsi les agressions sexuelles. Les psychotropes peuvent être injectés, administrés oralement, sous forme de suppositoires ou incorporés à la nourriture ou à la boisson. Les effets hypnotiques et paralytiques provoquent chez la victime de la confusion mentale, de la somnolence mais aussi une altération de sa mémoire. Les bourreaux misent sur ces altérations de la conscience provoquées par les drogues pour renforcer l'illusion qu'ils ont un pouvoir absolu auquel l'enfant doit se soumettre. Les victimes perdent également la notion de frontière entre le groupe et le soi, ils en arrivent à s'identifier au groupe et se sentent comme une extension de celui-ci. La perte d'estime de soi contribue au développement de la méchanceté et de la rage intérieure.

- Utilisation du contrôle mental, de l'hypnose, du conditionnement et de la programmation avec l'utilisation de "déclencheurs" pour manipuler les différentes personnalités de la victime. Des survivants d'abus rituels rapportent avoir subi d'intenses projections de lumières dans les yeux lors des séances de programmation. Ces lumières semblent provoquer une désorientation et induire un état de transe, diminuant ainsi la résistance de la victime et augmentant leur suggestibilité à la programmation.

- Contraindre la victime à travailler pour la secte à l'extérieur, en se livrant à la prostitution, au trafic de drogue et autres activités illégales. Infiltration des institutions sociales (écoles, églises, forces de l'ordre, tribunaux, psychiatrie, politique…) afin d'étendre la sphère d'influence du groupe.

- Exploitation des grossesses répétitives suite aux viols de certaines jeunes filles du groupe utilisées comme "reproductrices". Le but est de fournir régulièrement au culte des bébés non déclarés. Ces bébés servent à alimenter les sacrifices rituels ou le marché noir, tandis que ces grossesses et ces accouchements traumatiques servent à "briser" et à contrôler encore davantage la victime. Les jeunes victimes peuvent être contraintes à suivre un traitement hormonal afin d'accélérer leur puberté.

- Utilisation de rituels comme la *"chirurgie magique"* (nous y reviendrons au chapitre 7), de divers rituels "de passage" comme le *"rituel de renaissance"* et le *"mariage rituel"*, ceci afin de renforcer l'assujettissement à la secte. L'endoctrinement spirituel est un point essentiel dans ces groupes. Un mariage rituel peut se faire entre un enfant et son bourreau, entre deux enfants ou bien entre l'enfant et Satan. Ces rituels de "renaissance" et de "mariage" ont pour conséquence de lier la victime psychologiquement mais aussi spirituellement au groupe et aux puissances du mal. Le jumelage "non-biologique" est aussi utilisé comme moyen de contrôle mental. Par exemple deux jeunes enfants seront initiés lors d'une cérémonie avec une *union magique* de leurs âmes, ils deviennent alors des *jumeaux inséparables pour l'éternité*. Ils vont partager chacun la moitié d'une même programmation mentale les rendant interdépendants l'un de l'autre. Ces alliances rituelles enchaînent les personnalités alter créées par les traumatismes extrêmes, des alter qui resteront fidèles au culte tant qu'il n'y aura pas eu un éloignement de la secte avec un travail de déprogrammation.

b/ Symbolique de mort et de renaissance

Comme nous l'avons vu dans le chapitre 2, les "rituels de renaissance" avec un passage par une mort et une renaissance symbolique étaient quelque chose de répandu dans les religions à Mystères. Cette pratique de la "résurrection" symbolique est également présente dans les traditions chamaniques. Ici, Lloyd deMause reprend la description d'un rituel chamanique en le comparant au véritable accouchement : *"Lorsque le roulement de tambour accélère (battements du cœur et contractions)... l'ensemble de la structure craque comme une vague cosmique sur ma tête (rupture des eaux amniotiques)... et dans un suprême effort, je dois continuer à avancer, mes jambes sont bloquées (passage dans le canal de naissance)... mon crâne est un tambour, mes veines vont éclater et percer ma peau (anoxie)... Je suis aspiré et écartelé à la fois vers le bas et vers le haut (naissance)... Enfin, c'est comme si je revenais de très loin, d'une profondeur infinie où j'étais bien blotti. Puis tout à coup la surface, tout à coup l'air, tout à coup ce blanc éblouissant."*[242]

Ce type de résurrection initiatique revient fréquemment dans les témoignages de survivants d'abus rituels modernes. Cette mort et cette renaissance peuvent être symbolisées par un véritable enterrement dans un cercueil ou un caveau dans un cimetière. Certains survivants rapportent même avoir été placés dans la carcasse d'un animal mort et dans certains cas dans un cadavre humain. Le Dr. Judianne Densen-Gerber, avocate et psychiatre américaine, spécialiste des abus sur les enfants, parle d'un rituel satanique dans lequel un enfant est placé dans la cavité béante du ventre d'une femme à qui l'on vient de faire une césarienne pour retirer son bébé. Ce rituel a également été décrit par Kathleen Sorenson et le rescapé Paul Bonacci (nous reviendrons plus loin sur leurs témoignages). Le sénateur John De Camp rapporte les propos de Densen-Gerber dans son livre *"The Franklin Cover-up"* : *"Je suis dans ce domaine depuis suffisamment longtemps et j'ai dû réaliser ce que ces trois patients me disaient. C'était quelque chose de tellement horrible pour moi à m'imaginer. Prendre un enfant de deux ans et le placer dans l'utérus ouvert d'une femme mourante. Pour avoir cet enfant couvert de sang. J'utilise moi-même le déni après toutes ces années... Selon Sorenson, cela s'est produit dans le Nebraska,*

---

[242] "The Emotional Life of Nations" - Lloyd deMause, 2002.

aujourd'hui elle est morte. Mais la même chose, la même cérémonie, a été décrite par Bonacci, également dans le Nebraska.[243]

L'ex-sataniste Stella Katz décrit ainsi la cérémonie de renaissance lors de laquelle la personnalité de l'enfant est fractionnée : *"Cela peut être une carcasse de vache, de grande chèvre ou de mouton. Il est dit aux enfants qu'ils ne pourront entrer dans le royaume de l'obscurité seulement s'ils naissent du sang et de la bête. Cela est similaire, mais d'une manière inversée aux croyances Chrétiennes que seuls ceux qui sont nés par l'eau et par l'Esprit-Saint pourront entrer dans le Royaume de Dieu. L'enfant est drogué et placé nu dans une carcasse. Il ou elle est cousu dans le corps (…) La main du "délivreur" s'insère et l'enfant est entraîné à travers l'incision qui a été faite sur l'animal. Lors de cette expérience, l'enfant habitué à se fractionner lorsqu'il est terrorisé, va créer une nouvelle scission (ndlr : nouvel alter/personnalité). L'alter de l'enfant est alors généralement identifié avec un nom de démon par celui qui le délivre."*[244]

Fritz Springmeier décrit également le même type de rituels servant aussi de baptême satanique : "Cette cérémonie peut varier dans certains détails, mais voici le rituel effectué pour un enfant destiné au contrôle mental Monarch : l'enfant est déshabillé et on lui fait mettre une robe pourpre. Il est placé à l'intérieur d'un pentagramme où se trouve une femme nue faisant office d'autel devant lequel l'enfant est présenté. Un cheval ou un chacal avec l'inscription "Nebebka" sur le cou ou sur le front est ensuite sacrifié au nom de Satan (le nom qui lui est donné peut varier selon les groupes, cela peut-être "Set" ou "Saman" par exemple). L'abdomen de la bête est entièrement ouvert et le foie est retiré. Les quatre esprits gardiens des quatre points cardinaux, les"watchtowers" (tours de guet), sont alors invoqués. L'enfant Monarch est ensuite enduit avec la graisse de l'animal mort. Un esprit gardien, "gatekeeper", est alors appelé avec une cloche, puis l'enfant est placé dans le ventre de l'animal. Une partie du foie cru est donnée à l'enfant et le reste est consommé par le groupe. L'enfant finit par être baptisé avec le sang de l'animal sacrifié."[245]

La reconstitution du traumatisme de la naissance (voir même la régression intra-utérine) est une caractéristique commune aux abus rituels sataniques (peut-être est-ce une pratique inconsciemment liée avec le traumatisme initial des grossesses gémellaires où le fœtus fait l'expérience de ressentir son ou ses jumeaux mourir à ses côtés dans l'utérus…). Il semblerait que l'angoisse de l'initié qui vise à rester en permanence en union avec la mère, et donc à éviter ainsi la répétition du traumatisme de la naissance est illustrée dans les anciens cultes gnostiques. Ces religions à Mystères exprimaient leur refus de Dieu le Père par une volonté d'un retour à la Déesse Mère. Les rituels de naissance, ou de renaissance, viennent des anciens cultes de la fertilité liés à la Déesse Mère. "La Mère" et l'orgie incestueuse a été élevée à un statut de rituel divin en opposition à "Dieu le Père". Dans les anciens Mystères, l'initié recevait la promesse d'une toute puissance divine, une union cosmique avec le "tout", grâce à l'union symbolique avec "La Mère". Dans

---

[243] "The Franklin Cover-Up : Child Abuse, Satanism, and Murder in Nebraska" - John W. De Camp, 2011, p.212.

[244] "Healing The Unimaginable : Treating Ritual Abuse And Mind-Control" - Alison Miller, 2012, p.110.

[245] "The Illuminati Formula Used to Create an Undetectable Total Mind Controlled Slave" - Fritz Springmeier & Cisco Wheeler, 1996.

les Mystères d'Éleusis, il y avait une initiation nommée la "Descente Sombre" dans la mère. L'hiérophante était accompagné dans cette obscure initiation par une prêtresse qui représentait la Déesse Mère, la descente dans son utérus. Dans le culte à Mystères Phrygien, l'initié descend dans une fosse et le sang d'un animal est versé sur lui, suite à cette renaissance, il reçoit le *"lait nourricier"*. Comme nous l'avons vu dans le chapitre 2, la secte des Phibionites visait à rassembler la semence masculine et les menstruations féminines dans une sorte de *"culte du sperme"* où l'on consommait même des fœtus humains. Tous ces rites tournent autour de la fertilité, mélangeant à la fois fertilité de la *"terre mère"* et la fertilité humaine, aboutissant bien souvent à des pratiques totalement dépravées et criminelles.

Pour le psycho-historien Loyd deMause, la seule manière de donner un sens à certains éléments présents dans les abus rituels est de considérer qu'ils font revivre symboliquement et même physiquement le traumatisme de la naissance. On y retrouve le confinement dans des ventres symboliques (cages, boîtes, cercueils, mais aussi des ventres organiques réels), la pendaison la tête en bas qui reproduit la sensation qu'éprouve le fœtus dans le ventre de sa mère. La submersion de la tête dans l'eau lors des tortures reproduit l'expérience du liquide amniotique tandis que la suffocation reproduit l'anoxie que tous les bébés vivent lors de l'accouchement. La victime est forcée de boire du sang et de l'urine, tout comme le fœtus "boit" du sang placentaire et "baigne" dans son urine. Les rituels sont souvent effectués dans des tunnels ou des caves, des lieux souterrains sombres et humides symbolisant le confinement du canal vaginal ou du ventre de la *terre mère*. Les seize éléments caractéristiques des abus rituels que les chercheurs Jean Goodwin et David Finkelhor ont répertoriés sont tous liés à la reconstitution du traumatisme de la naissance. Sans une "naissance" symbolique, tous ces actes n'auraient aucun sens. Certains chercheurs se sont posés une question à propos de ces protocoles systématiques dans les abus rituels : *"Pourquoi violer d'une manière aussi compliquée ?"* Parce que ce processus représente le *drame fœtal* qui doit être reproduit et revécu, cela d'une manière certainement inconsciente.

Dans le livre *"The Witches' Way : Principles, Rituals and Beliefs of Modern Witchcraft"* (la voie des sorcières : principes, rites et croyances de la sorcellerie moderne), Janet et Stewart Fenar rapportent le témoignage d'une victime qui décrit que nue et en état de transe, elle a été attachée et transportée jusqu'à une grotte par un groupe de femmes elles aussi totalement nues. Une fois dans la grotte, les femmes l'ont faite passer sous leurs jambes en gesticulant et en hurlant, comme s'il s'agissait d'un accouchement. Ensuite un cordon ombilical symbolique a été coupé et la victime a été arrosée d'eau. Dans son livre intitulé *"Symbolic Wounds"*, Bruno Bettelheim décrit également des rites liés à la puberté lors desquels les jeunes garçons doivent ramper sous les jambes des hommes plus âgés, dans une symbolique de renaissance. Dans le livre *"Michelle Remembers"*, la survivante Michelle Smith se souvient de son rituel de "naissance". Un bébé a d'abord été poignardé, puis il a été placé entre les jambes de Michelle et son sang étalé sur elle, comme s'il possédait du "pouvoir". Ensuite on a peint des symboles rouges sur son corps et elle a dû mettre sa tête entre les jambes d'une femme et ramper comme si cette femme accouchait d'elle. Elle décrit également un autre rituel où elle a été placée à l'intérieur d'une statue de plâtre à l'effigie du diable et couverte de sang. Elle dit qu'elle se sentait comme dans un "tube de dentifrice" au moment où elle en était expulsée : *"Je suis en train de naître, j'ai quelque chose d'épais d'enroulé autour de mon cou mais un homme coupe cette corde afin que je ne m'étouffe pas."*[246]

La société secrète *Skull and Bones* pratique un rituel de mort symbolique où l'initié est placé nu dans un cercueil, il doit subir diverses étapes traumatisantes dans le but d'une renaissance et d'une transformation de sa vie. Dans ce cercueil, il doit également confesser ses plus sombres activités sexuelles. Pour les *Skull and Bones*, durant la nuit du rituel l'initié *"meurt au monde pour renaître dans l'Ordre (…) Alors qu'il est dans le cercueil pour un voyage symbolique à travers les enfers pour sa renaissance, qui aura lieu dans la chambre n°322, l'Ordre revêt alors le chevalier "nouveau-né" avec des vêtements spéciaux, indiquant que désormais il devra s'adapter à la mission de l'Ordre."*[247] Le serment prononcé par l'initié lors de ce rituel de renaissance jure une allégeance à l'Ordre secret qui surpasse tout ce qui concerne le monde profane. C'est une allégeance totale au groupe…

Ce type de rituel est quelque chose de courant dans le satanisme. Dans son livre *"The Satanic Rituals : Companion to the Satanic Bible"*, Anton Lavey le fondateur de l'église de Satan, a écrit : *"La cérémonie de la renaissance se passe dans un grand cercueil, de façon similaire cette symbolique du cercueil se retrouve dans la plupart des rituels de loges."*[248]

L'ex-illuminati "Svali", survivante d'abus rituels et de contrôle mental qui a tant bien que mal déserté le culte pour livrer son témoignage, a affirmé qu'un des plus anciens de leurs rituels est la *"cérémonie de résurrection"*. Le Phénix est l'un des symboles qu'ils apprécient le plus, la mort et la renaissance à une nouvelle vie est très présente dans les rituels de l'élite luciférienne. Nous verrons dans le chapitre 6 en quoi consiste ce rituel de "résurrection" (et de programmation MK), qui va jusqu'à provoquer une expérience de mort imminente (NDE) chez la petite victime.

c/ Le sacrifice de sang

"Les groupes satanistes les plus durs croient que le meilleur moyen d'élever l'énergie est soit par l'acte sexuel, soit par le sacrifice, que ce soit un animal ou un humain… Une énorme quantité d'énergie est alors libérée, d'autant plus avec un être humain. Si vous voulez faire s'élever cette ultime puissance, vous sacrifiez quelqu'un. C'est avec un bébé qu'il y aura la plus grande quantité d'énergie, ensuite avec une vierge." - Bill Schnoebelen

Un sacrifice peut-être un objet qui sert d'offrande à un dieu, une entité ou une déité en vue d'établir, de restaurer ou de maintenir une bonne relation de l'homme avec le sacré. Il s'agit également d'obtenir de l'aide, des faveurs matérielles ou de la puissance spirituelle comme des pouvoirs psychiques et magiques. La crémation est un moyen de mettre directement l'offrande à disposition des dieux. Les rituels de sang (sacrifices ou saignées) sont basés sur la croyance que la force vitale de l'humain ou de l'animal réside dans son sang. Les sacrifices suivent un certain calendrier religieux qui varie selon les cultes, ils

---

[246] "Why Cults Terrorize and Kill Children" - Lloyd de Mause, The journal of Psychohistory 21, 1994.

[247] "The Last Secrets of Skull and Bones" - Ron Rosenbaum, Esquire Magazine, 1977.

[248] "The Satanic Rituals : Companion to the Satanic Bible" - Aton Lavey, 1976, p.57.

peuvent aussi être effectués ponctuellement pour une date d'anniversaire par exemple. Anciennement, l'offrande d'une vie humaine à un dieu (démon) servait généralement de rituel pour la fertilité terrestre et les récoltes, de nos jours les sacrifices servent d'avantage à l'obtention de pouvoirs et de faveurs personnelles. Le cannibalisme est souvent combiné avec le sacrifice humain en raison de la croyance que l'ingestion de sang et de chair humaine permet d'absorber l'énergie vitale de la victime. Les adultes et enfants rescapés d'abus rituels rapportent que le but de telles pratiques est d'obtenir certains pouvoirs magiques. Les survivants expliquent que la consommation de sang et le cannibalisme sont une manière pour le ou les bourreaux de prendre possession du pouvoir spirituel de la victime. Wallis Budge a écrit à propos des actes cannibales rapportés dans *le Livre des Morts Égyptien* : *"La notion selon laquelle en mangeant de la chair, ou plus particulièrement en buvant le sang d'un autre être vivant, l'homme absorbe la vie de la victime dans sa propre vie, est quelque chose qui apparaît dans les cultures primitives sous diverses formes."*[249]

Ces témoignages de sacrifices humains posent toujours une question de crédibilité face au public. D'où viennent les victimes sacrifiées et où sont les *restes* ? Certains témoignages rapportent que les victimes viennent souvent de l'intérieur même de la secte, c'est à dire que ce sont des bébés nés de viols pour être sacrifiés. Mais il peut aussi s'agir de sans-abris, d'adultes ou d'enfants disparus. Il existe un silence assourdissant des médias ainsi qu'un manque de chiffres officiels sur le nombre annuel de disparitions… L'explication de l'absence de reste peut-être aussi le cannibalisme, l'accès aux morgues et aux crématorium par la secte, la congélation de la chair, la conservation des os pour des pratiques magiques…etc. En 2000, sur un plateau de télévision de France 3 (*Viols d'Enfants, la Fin du Silence ?*), l'ex-substitut du procureur de Bobigny Martine Bouillon a déclaré que plusieurs charniers d'enfants avaient été découverts en région parisienne et qu'une instruction était en cours à l'époque…

La victime, adulte ou enfant, qui a été torturée et terrorisée durant le rituel précédant sa mise à mort, aura son sang chargé d'endorphines (morphine endogène). Ces endorphines sont sécrétées naturellement par l'organisme lors d'un stress intense ou lors d'une activité physique intense, il s'agit d'une opiacée naturelle qui agit comme un anti-douleur. Chez les sportifs, la libération d'endorphines permet de maintenir des efforts importants et ceux-ci développent souvent une addiction à cette sensation que procure les hormones, c'est ce que l'on appelle le *"runner's high"* (l'ivresse du coureur). Une victime de viols et de tortures, dont la douleur aura été poussée à son paroxysme, aura un taux d'endorphines extrêmement élevé dans son sang. Ce sang sera consommé comme une drogue par les participants au rituel, eux-mêmes déjà dans un état dissociatif. Une forme d'addiction peut donc se développer par la consommation de sang humain ou animal chargé en endorphines.

L'ex-luciférienne Svali rapporte que "La branche celtique (de la secte "illuminati") croit que le pouvoir se transmet au moment du passage de la vie à la mort. Ils font des rituels initiatiques avec les enfants ou avec des adeptes plus anciens. L'initié est attaché et un animal est saigné à mort au-dessus de lui. La croyance est que la personne reçoit alors la puissance de l'esprit qui sort du corps,

---

[249] "The Egyptian Book of The Dead (The Papyrus of Ani) Egyptian Text Transliteration and Translation" - E. A. Wallis Budge, 1967.

cette puissance "entre" dans l'initié (...) Ces gens croient réellement qu'il existe d'autres dimensions spirituelles, et que pour y accéder, un grand sacrifice doit être fait pour "ouvrir un portail", généralement par le sacrifice de plusieurs animaux. J'ai également vu des sacrifices d'animaux effectués pour une protection, le sang est utilisé pour "fermer le cercle" de sorte que certaines entités démoniaques ne peuvent pas y pénétrer." Nous retrouvons encore cette notion de baptême par le sang, l'animal saigné au-dessus de l'initié pour le couvrir d'hémoglobine, tout comme dans le culte à Mystère de Mithras.

Pour le sataniste Aleister Crowley, le *"meilleur sang"* est le sang menstruel de la femme, ensuite le *"sang frais d'un enfant"* et enfin celui des *"ennemis"*[250] Dans son livre *"Magick in Theory and Practice"*, Crowley a écrit : *"Le sang est la vie. Cette simple déclaration est expliquée par les Hindous pour qui le sang est le principal véhicule du 'Prana' vital... Ceci est la théorie des anciens Magiciens, pour qui tout être vivant est une réserve d'énergie variant en quantité selon la taille et la santé de l'animal, et en qualité selon son mental et son caractère moral. À la mort de l'animal, cette énergie est brusquement libérée. (Pour des buts magiques) L'animal doit avant cela être tué dans un cercle, ou un triangle selon les cas, afin que l'énergie ne puisse pas s'échapper. La nature de l'animal sélectionné doit s'accorder avec celle de la cérémonie. Pour le travail spirituel le plus élevé, il faut donc choisir la victime la plus pure et qui contient le plus de force. Un enfant mâle, d'une parfaite innocence et d'une grande intelligence est la victime la plus appropriée et la plus souhaitable. Certains magiciens qui refusent l'utilisation du sang se sont efforcés de le remplacer par de l'encens... Mais le sacrifice de sang, bien que plus dangereux, est le plus efficace, et dans presque tous les cas, le sacrifice humain est ce qu'il y a de mieux."*[251]

Fritz Springmeier explique que le sexe et les sacrifices de sang sont utilisés pour interagir avec des démons. Les messes noires avec des sacrifices de sang impliquent également des orgies. La dépravation et la magie sexuelle sont des moyens d'interagir avec les démons, cela permet également de relâcher la tension présente pendant la cérémonie meurtrière. Certaines entités particulièrement puissantes ne peuvent être invoquées que s'il y a des sacrifices. Les démons ne viennent pas gratuitement et le prix à payer est le sang. Satan exige un sacrifice et l'enfant est l'offrande la plus grande car la plus pure, ajoutez-y des tortures et des abus sexuels et vous obtenez l'ultime offrande. Tout comme pour le sacrifice humain, où la pureté de l'enfant est sacrifiée et vampirisée, la magie sexuelle satanique requiert également cette innocence et cette pureté pour être la plus efficace possible. La combinaison des deux est l'ultime souillure et donc l'ultime offrande. Le bourreau terrorisera l'enfant pour faire monter au maximum sa peur, son *énergie*... Puis il le viole, et le tue au moment de l'orgasme afin de vampiriser la totalité de l'énergie vitale. Dans la messe noire, c'est le sacrifice de sang (la magie rouge) puis l'élément orgiaque (magie sexuelle) qui vont constituer la *"Vibration"* recherchée par les satanistes. Le sang, lorsqu'il s'épanche, attire certaines puissances démoniaques plus ou moins hiérarchiquement élevées, mais aussi les larves grouillantes qui peuplent le bas astral.

---

[250] "Painted Black : From Drug Killings to Heavy Metal : The Alarming True Story of How Satanism Is Terrorizing Our Communities" - Carl A. Raschke, 1990.
[251] "Magick : in Theory and Practice" - Aleister Crowley, 1973, p.219.

Le serial-killer Ottis Tool a déclaré avoir été impliqué dans des cérémonies sataniques extrêmes, voici ce qu'il a confié à Stephane Bourgoin qui l'a interviewé en prison pour son documentaire *"Paroles de Serial-Killers"* :

\- L'initié, qui tranchait la gorge de la personne, "baise" d'abord la personne, et les animaux la "baisent" aussi. Puis ils "baisent" les animaux pour ensuite les tuer. Ils cuisaient la personne et les animaux et ils faisaient un grand festin.

\- C'était quand vous faisiez partie de la secte satanique ?

\- Oui... Ils faisaient ça... Ils étaient très nombreux. On ne pouvait pas... on avait du mal à les reconnaître, le plus souvent ils avaient un masque ou une cagoule couvrant leur visage. Dans certains cas, on savait qui était membre, mais... on ne peut pas renoncer aux principales obligations, parce que ce serait l'enfer, pire que ça l'est déjà... On ne peut pas révéler les mots de passe et ces conneries...

Que ce soit dans les cultes lucifériens/satanistes, l'objectif est de prouver que Satan ou Lucifer sont plus puissants que Dieu le Créateur. Certains groupes strictement satanistes utilisent un système basé sur l'inversion de la tradition Chrétienne, autant dans les cérémonies que dans les symboles. La croix sera retournée, le mariage à Dieu est remplacé par le mariage avec Satan. Le baptême d'eau et du Saint-Esprit est remplacé par le baptême de sang animal ou humain. La messe noire inverse la messe catholique dans le sens où les participants mangent réellement de la chair sacrifiée (humaine ou animale) et boivent le sang de la victime, c'est ainsi que des satanistes pratiquent une sorte de communion avec leur Maître, une sanctification inversée. Comme nous allons le voir maintenant, il existe aussi un *"sacrifice vivant"*, qui est également un détournement et une inversion totale des enseignements Christiques.

d/ Le sacrifice vivant

La thérapeute Patricia Baird Clarke, dans son livre *"Sanctification in Reverse : The Essence of Satanic Ritual Abuse"* (L'inversement de la sanctification : l'essence même de l'abus rituel satanique) a décrit comment fonctionne le "sacrifice vivant" d'un enfant chez les satanistes :

\- Les personnes impliquées dans des activités occultes ont un certain degré de séparation entre l'âme et l'esprit leur permettant de voir, entendre et sentir les entités vivant sur un autre plan. Ces gens sont tous, sans exception, trompés et dans la confusion mentale. Beaucoup pensent, entre autre, qu'ils peuvent communiquer avec les morts, bien que la Bible déclare clairement que ceci est impossible. Les esprits démoniaques peuvent apparaître ou prendre n'importe quelle forme, y compris la forme humaine et tromper ainsi les humains en leur faisant croire qu'ils peuvent donner la gloire, la fortune, et même la bénédiction et la vie éternelle.

La puissance spirituelle ne peut venir que de deux sources : Jésus-Christ ou Satan. Dieu donne le pouvoir de vaincre tout péché et toute tentation en donnant son Saint-Esprit à ceux qui croient dans le sacrifice expiatoire de son Fils Jésus-Christ. Les personnes impliquées dans les ténèbres de l'occultisme sont alimentées par des démons. Dans le monde du culte satanique, les démons sont des puissances. Si quelqu'un venait à dire qu'il a le pouvoir de la perception extrasensorielle, il pourrait également dire qu'il a le démon de la perception extrasensorielle. Les êtres humains n'ont pas de pouvoirs surnaturels, ces pouvoirs proviennent d'entités spirituelles. Plus on a de démons, plus on a de pouvoirs disponibles pour réaliser ses propres intérêts égoïstes. Les grandes puissances (les démons) doivent passer par la pratique ignoble des abus rituels sataniques.

Dans l'abus rituel satanique, un nourrisson ou un enfant sera "élu" et choisi en tant qu'individu "spécial" à travers lequel les adeptes pourront recevoir de l'énergie. Pour recevoir de l'énergie, il doit toujours y avoir un sacrifice; c'est un principe du Royaume. Jésus-Christ était le sacrifice parfait qui s'est donné une fois pour toutes, et en croyant en Lui, les chrétiens reçoivent la puissance de surmonter le mal et de vivre une vie chrétienne victorieuse. Cependant ce pouvoir est uniquement accessible aux chrétiens s'ils sont disposés à vivre selon les instructions de Dieu, y compris Romains 12 :1 où l'on nous dit : "offrir vos corps comme un sacrifice vivant, saint, agréable à Dieu, ce qui sera de votre part un culte raisonnable.". La plupart des personnes qui connaissent un peu le culte Satanique ont entendu parler de meurtres de bébés comme sacrifice pour Satan. Cependant, peu de gens ont entendu parler de la notion de sacrifice vivant exigé par Satan.

Dieu ordonne aux chrétiens de devenir un sacrifice vivant pour lui. Un adorateur de Satan ne serait prêt à être un sacrifice vivant pour personne, car l'essence même du satanisme est basée sur l'égoïsme et la cupidité mais dans le but d'accéder aux pouvoirs et à la puissance, il doit y avoir un sacrifice vivant. Par conséquent, un bébé sans défense ou un enfant sera choisi pour être le sacrifice vivant à Satan. L'enfant est alors soumis à de nombreux rituels douloureux et terrifiants lors desquels des démons sont appelés à posséder l'enfant, faisant ainsi de lui ou d'elle un "réservoir" ou une "batterie" servant à stocker des puissances sataniques qui peuvent être utilisées à volonté par les membres du culte. La façon la plus courante par laquelle ces pouvoirs sont accessibles est par la perversion sexuelle sur l'enfant. L'enfant va bien sûr grandir et mûrir pour devenir adulte, mais en raison de la gravité des abus et de la programmation psychologique, il ne réalisera jamais qu'il possède ces pouvoirs. Il souffrira tout au long de sa vie autant du harcèlement des démons que de sa programmation mentale et des bourreaux eux-mêmes. Cette personne est devenue un sacrifice vivant à Satan et sa vie est un enfer.

Ceci est un détournement et une odieuse perversion d'une glorieuse vérité scripturaire donnée par Dieu pour amener son peuple dans une relation étroite et aimante avec Lui et pour remplir ainsi leur vie de bénédictions !

Il devient maintenant évident que ces conséquences d'abus rituels sataniques nécessitent un ministère spirituel. Les meilleurs techniques ou expertises psychologiques connues pour l'homme ne pourront jamais délivrer une personne dans une tourmente provoquée par des esprits démoniaques. Seuls les chrétiens habilités par le Saint-Esprit ont le discernement et le pouvoir pour délivrer les gens torturés par les démons. Notre pouvoir sur ces entités est directement proportionnel à la mesure par laquelle nous avons été prêts à mourir à nous-même pour permettre au Christ de nous remplir de Lui-même. Si nous sommes disposés à être un sacrifice vivant à Dieu, nous avons l'amour et le pouvoir de délivrer ceux qui, contre leur volonté, ont été des sacrifices vivants pour Satan.[252]

Lorsque Patricia Baird Clarke écrit "La façon la plus courante par laquelle ces pouvoirs sont accessibles est la perversion sexuelle sur l'enfant", il s'agit là d'une véritable magie sexuelle.

e/ Les enfants de la rage

"… l'émergence soudaine, chez un enfant docile et aimable, d'une personnalité qui délire, qui crie, qui rit aux éclats, qui profère des blasphèmes épouvantables et qui semble être envahit par un être étranger." "Witchcraft in England" - Barbara Rosen

"Nous les thérapeutes, nous nous identifions beaucoup plus avec la douleur et la souffrance de nos patients, plus qu'avec l'autre côté de la scission, c'est à dire la rage, la vengeance, la perpétration… Ces sentiments, comme tous les autres sont difficiles, mais ils ont besoin d'être traités dans une thérapie." - "Multiple Personality and Dissociation : Understanding Incest, Abuse, and MPD" - David Calof

En raison de l'extrême violence qu'ils comportent, les abus rituels entraînent chez l'enfant une énorme tension intérieure. Cette rage intériorisée est exploitée par le groupe pour endoctriner l'enfant dans un système où la violence et la furie sont valorisées et même encouragées. L'enfant qui a subi des viols et des tortures en réunion de manière répétitive n'est pas autorisé à exprimer sa colère, cette violence (ou charge négative) qu'il a à évacuer ne peut se faire autrement que par la torture sur d'autres enfants et même parfois le meurtre. Ces comportements hyper-violents sont donc encouragés et récompensés par les adultes qui utilisent cela pour faire sentir à l'enfant qu'il est déjà aussi violent qu'eux et que c'est la preuve qu'il devient véritablement un membre du groupe, et de ce fait, tout aussi coupable que les autres…

"Les comportements très violents trouvent leur origine dans les deux premières années de la vie ; il en est de même du sentiment de culpabilité, précieux car lui seul permet d'éviter que les actes violents ne se répètent. Lorsque ce sentiment n'est pas constitué à cette période précoce, il est difficile de l'acquérir par la suite ; derrière des gestes violents d'aspect "primitif", sommaire, se tiennent des processus complexes dont les caractéristiques principales sont l'indifférenciation entre soi et autrui, les troubles du schéma corporel et du tonus musculaire, l'incapacité de faire semblant, et des dysfonctionnements neurologiques dus à des soins de maternage très inadéquats." Maurice Berger, "Soigner les enfants violents" (2012)

Pour les groupes pratiquant l'abus rituel et le contrôle mental, l'esprit de l'enfant doit être *brisé* dès le plus jeune âge. Pour cela les expériences extrêmement traumatiques vont se multiplier, le but est de corrompre l'innocence et de créer

---

[252] "Sanctification in Reverse : the essence of satanic ritual abuse" - Patricia Baird Clarke, Five Stone Publishing, 2013.

des états dissociatifs. Les enfants qui ont normalement une empathie et une joie de vivre naturelle, deviennent des "soldats" ou des "prêtres" capables de blesser et même de tuer sans ressentir aucune empathie. La seule façon d'obtenir un tel comportement passe par le processus de dissociation. La fracturation de l'enfant en plusieurs personnalités dissociées est un phénomène de protection face aux graves traumatismes. Ce sont les troubles dissociatifs profonds qui permettent de torturer et de tuer d'une manière robotique sans qu'il n'y ait véritablement de prise de conscience sur la gravité des actes. Pour ces groupes hyper-violents, la compassion n'est pas acceptable et doit être neutralisée dès les premières années de vie de l'enfant ; qui très vite sous le poids des traumatismes va développer des personnalités multiples déshumanisées.

Les enfants victimes de violences physiques, psychologiques et d'abus sexuels développent une charge négative intérieure proportionnelle à la souffrance et à la répétition des traumatismes. Cette charge négative est une mémoire traumatique latente, mais elle n'en demeure pas moins présente dans l'enfant qui devra survivre aux conséquences psychotraumatiques des violences. Pour pouvoir gérer le réveil de cette mémoire traumatique, l'enfant aura recours à des conduites dissociantes pour créer une disjonction anesthésiant cette tension intolérable, cette charge émotionnelle négative. Cette disjonction se produira lors de conduites dissociantes de deux manières : soit par un stress extrême qui provoquera une brusque production d'hormones, soit en consommant des drogues. Chez un jeune enfant, ces conduites dissociantes peuvent se traduire par des comportements autodestructeurs comme de l'auto-mutilation, de la scarification, se frapper, se mordre, se brûler ; mais encore des mises en danger avec des jeux risqués ou des conduites violentes contre autrui, l'autre servant alors de fusible lors d'un rapport de force pour se faire *disjoncter* et *s'anesthésier*. Les sectes destructrices encouragent cette chaîne de violence en poussant l'enfant (déjà traumatisé) à devenir lui-même un bourreau et à comprendre ainsi très vite que cette conduite dissociante qu'est la violence sur autrui le soulage et anesthésie sa propre mémoire traumatique : c'est un cercle vicieux. (Nous reviendrons plus en détail sur ces notions de dissociation et de mémoire traumatique dans le chapitre suivant).

Jean Cartry, auteur et éducateur spécialisé, a écrit à propos du livre de Maurice Berger "Voulons-nous des enfants barbares ?" : "Pendant une dizaine d'années, nous avons accueilli quatre frères, les deux aînés ayant vécu pendant un an avec leur mère une alternance de relations érotisées ou de grande violence. Par contre, les deux plus jeunes ont bénéficié d'une protection judiciaire précoce, surtout le dernier que nous avons accueilli à l'âge de cinq mois. Le juge n'a pas tremblé et l'a retiré à la maternité même. Les deux premiers garçons, trente et dix-neuf mois, furent les petits enfants les plus violents et les plus dangereux que nous ayons connus. Par contre, leurs jeunes frères n'ont jamais été violents."

En 1990, Un documentaire intitulé *"Child of rage"* (enfant de la rage) a été diffusé par la chaîne *HBO* dans sa série *"America Undercover"*. Ce troublant documentaire révèle comment une petite fille de six ans, Beth Thomas, torturait des animaux et violentait sexuellement son petit frère Jonathan. Il s'agit d'une compilation d'enregistrements vidéo que le Dr. Ken Magid, un psychologue clinicien spécialisé dans le traitement des enfants sévèrement abusés, a réalisés lors des séances de thérapie avec la petite Beth. Ces enfants ont été tellement traumatisés dans leurs premiers mois ou premières années de vie qu'ils ne développent aucun lien avec les autres enfants ou adultes. Ce sont des enfants qui ne peuvent pas aimer ni accepter de recevoir de l'amour. Ils n'ont même pas conscience qu'ils peuvent blesser ou même tuer (sans remords).

La mère de Beth est décédée lorsqu'elle avait un an, elle et son petit frère Jonathan ont alors été laissés à la merci de leur père, un pédophile sadique. Les enfants ont été victimes de sévères négligences et Beth a été abusée sexuellement jusqu'à l'âge de 19 mois, lorsque que les services sociaux les ont retirés au père pour les placer à l'adoption. En 1984, les deux enfants ont été remis à un couple, Tim et Julie, qui n'ont reçu aucune information quant au passé traumatique des petits. Au moment de l'adoption, Jonathan était âgé de sept mois, il ne tenait pas sa tête et n'arrivait pas à rouler sur le côté. Il avait grandement manqué de stimulation mais aussi d'alimentation. Au bout de quelques mois, Tim et Julie ont commencé à observer les comportements étranges des enfants et à apprendre certaines choses à propos de leur passé. Ils ont alors pensé que Beth avait probablement subi des abus sexuels et il n'a pas fallu longtemps pour qu'elle en montre les signes. Elle faisait un cauchemar récurrent dans lequel *un homme était couché sur elle en lui faisant mal.*

Les viols commis par son père biologique ont amené Beth à avoir des comportements violents et sexualisés, surtout avec son petit frère Jonathan. Elle avait également des tendances à se masturber de façon répétitive, jusqu'au point d'avoir une infection et de devoir être hospitalisée. Julie l'a surprise un jour en train d'agresser sexuellement Jonathan, il pleurait et son pantalon était baissé. Lorsque Julie lui demanda ce qu'il s'était passé, elle a répondu qu'elle avait *pincé son pénis et mis un doigt dans ses fesses*, qu'il lui avait supplié d'arrêter mais qu'elle avait continué. Parfois, Beth plantait des aiguilles dans son frère et dans les animaux de compagnie. Lorsqu'elle a été un peu plus âgée, elle a même fracassé la tête de Jonathan sur le sol en ciment du garage, plusieurs points de suture ont alors été nécessaires. La nuit, les parents adoptifs devaient l'enfermer à clé dans sa chambre. L'intention de Beth n'était pas seulement de faire mal à son frère, mais elle voulait le tuer… Sur les enregistrements vidéo, elle exprime d'une manière très calme et surtout très froide son désir de tuer son frère, mais aussi ses parents. L'aspect le plus inquiétant du comportement de Beth était son absence totale de remords et d'embarras par rapport à ses comportements destructeurs. Elle avait bien conscience que ses actes étaient mauvais et dangereux, mais cela n'avait aucune importance pour elle.

Beth a été diagnostiquée avec un *"trouble de l'attachement"*, caractérisé par des désordres émotionnels, comportementaux et sociaux. Cela peut prendre la forme d'une incapacité à établir des interactions sociales appropriées. L'enfant peut montrer un détachement excessif ou au contraire une familiarité excessive avec des étrangers. Le cas de Beth impliquait une incapacité totale à développer de l'empathie et une incapacité à nouer des liens affectifs normaux avec un humain. Le comportement de Beth était si extrême qu'en avril 1989, elle a été retirée de chez ses parents adoptifs pour être placée en thérapie intensive avec la thérapeute Connell Watkins. Malgré le comportement très dangereux de Beth, cette thérapeute était convaincue qu'elle pourrait l'aider comme elle l'avait fait avec d'autres enfants, parfois des meurtriers n'ayant pas encore dix ans… Petit à petit, au cours de la thérapie, Beth Thomas a commencé à développer de l'empathie, ainsi que des remords. Elle a appris ce qu'étaient le bien et le mal. Il lui arrivait de pleurer ouvertement lorsqu'elle se remémorait ses comportements violents vis à vis de son petit frère. Il a fallu plusieurs années pour rééquilibrer Beth, mais comme tous les enfants victimes de graves maltraitances, les marques resteront à vie. À l'âge adulte, Beth a obtenu un diplôme en soins infirmiers. Elle a écrit un livre intitulé : *"More Than a Thread of Hope"* (plus qu'un fil d'espoir).

Un autre cas célèbre d'enfant hyper-violent, et même meurtrier, est celui de la britannique Mary Flora Bell. À onze ans, elle a été jugée coupable du meurtre de deux garçons de trois et quatre ans. Durant sa petite enfance, Mary a été sévèrement abusée sexuellement et physiquement. Sa mère, qui était une prostituée sado-masochiste, utilisait sa fille durant les séances avec ses clients, la petite subissait donc des atrocités. En grandissant, Mary a développé une rage importante qui se manifestait par de la torture sur des animaux et par des tentatives d'étranglement d'autres enfants. Pour elle, il s'agissait simplement de *"massages"*, elle n'avait pas conscience du danger mortel de telles pratiques. Il est probable qu'elle avait appris la strangulation durant les séances de SM avec sa mère. Tout comme Beth Thomas, Mary n'a développé aucun lien affectif avec ses parents, elle n'a pas connu son père et son beau-père était un criminel alcoolique, le chaos régnait donc constamment dans la maison.

En mai 1968, Mary a étranglé le jeune Martin Brown, âgé de quatre ans. Quelques mois plus tard, en compagnie de son amie Norma, elle a étranglé un autre garçon, Brian Howe âgé de trois ans. Mary a signé son initiale *"M"* avec une lame de rasoir sur l'abdomen de la petite victime, les fillettes auraient également mutilé sexuellement le corps avec des ciseaux. Mary a été reconnue coupable d'homicide involontaire en raison d'une responsabilité atténuée mais a été condamnée à la prison à perpétuité même si elle était encore enfant au moment des faits : elle passera douze années en prison. Lors de son incarcération, Mary a reçu une thérapie comportementale grâce à laquelle elle a développé un sens du bien et du mal. Elle montrait des signes de remords pour les violences et les meurtres qu'elle avait commis.

Le Dr. Robert Orton, le premier à s'être entretenu avec Mary Bell pendant son incarcération, déclara à son propos qu'elle montrait les symptômes classiques d'une personnalité psychopathique de par son total manque de sentiments envers autrui. *"Elle n'a pas montré le moindre remords, la moindre larme ou la moindre anxiété. Elle était complètement impassible et sans ressentiment pour ses actes ou sa détention."* Le psychiatre déclara également qu'il avait vu beaucoup d'enfants psychopathes, mais qu'il n'avait encore jamais rencontré un cas comme Mary, aussi intelligente, aussi manipulatrice et aussi dangereuse. Un autre psychiatre, le Dr. Westbury, a déclaré : *"La manipulation des personnes est son objectif principal."* Une biographie basée sur des entretiens avec Mary Bell a été rédigée en 1998 par Gitta Sereny sous le titre *"Cries Unheard : Why Children Kill, The Story of Mary Bell."* (Les pleurs non entendus, pourquoi l'enfant tue, l'histoire de Mary Bell)

En 1998 est paru le livre *"The Magic Castle"* (le château magique), il s'agit du récit d'une maman qui a adopté le jeune Alex, un enfant multiple et hyper-violent. En 1984, à l'âge de 10 ans, Alex est venu vivre chez Carole et Sam Smith. Il avait alors dans ses bagages un dossier contenant beaucoup d'informations sur son passé. Alex avait vécu avec sa mère et son beau-père jusqu'à l'âge de 5 ans quand il a été confié à la garde de son père biologique en raison du fait que sa mère était alcoolique. Puis suite à de graves abus et négligences, Alex a été placé dans un foyer jusqu'à l'âge de 7 ans. Il a ensuite passé 3 ans dans une famille d'accueil avant d'arriver chez Carole Smith. Lorsque Carole est allée le chercher pour la première fois, elle vit le jeune Alex assis sur la pelouse avec deux grands sacs poubelles contenant ses affaires posés à côté de lui. Elle a déclaré par la suite : *"Je l'ai gardé deux semaines et cela a été les deux plus longues semaines de ma vie !"*.

Les ennuis ont commencé pour Carole et Sam dès qu'Alex est arrivé chez eux. Il était constamment en colère et renfermé sur lui-même. De plus, il avait des réactions d'un enfant de 2 ans. Son comportement était hors de contrôle et il a cassé des choses à plusieurs reprises. Carole craignait même de le sortir en public, *"Les courses devenaient des missiles et le caddie du supermarché un tank destructeur"* raconte-t-elle. Il n'a pas fallu longtemps à Carole pour se rendre compte des graves répercussions psychologiques des abus qu'il avait subis et qu'ils allaient en conséquence avoir besoin de beaucoup d'aide et de soutien. L'assistante sociale en charge de son dossier n'a pas beaucoup apporté d'aide, Carole et Sam se sont donc finalement adressés à des psychiatres et des travailleurs sociaux gouvernementaux pour obtenir de l'aide.

Alors qu'Alex grandissait, ses problèmes s'amplifiaient, mais Carole a persévéré dans sa prise en charge du garçon, qui était maintenant devenu un membre de sa famille. Les problèmes causés par Alex s'intensifiant, Carole a senti que ces troubles du comportement pouvaient avoir quelque chose d'encore plus profond. Un thérapeute a alors pensé qu'il pourrait peut-être y avoir chez lui plusieurs personnalités, Alex avait alors 14 ans. À cette époque il voyait un thérapeute qui utilisait l'hypnose comme forme de traitement. À la surprise de Carole, Alex a pu être hypnotisé, c'est à ce moment-là que les autres personnalités ont commencé à se révéler. Les trois années qui suivirent ont été un chamboulement constant pour Carole et Sam. Ils ne savaient jamais quelle personnalité émergerait et ils en apprenaient de plus en plus sur les horreurs qu'avait subies Alex dans sa petite enfance. Grâce à la thérapie, Alex a appris à construire un *"Château Magique"* pour l'aider à gérer son fractionnement de personnalité. C'est en tout huit personnalités qui ont été découvertes, des personnalités qui se sont créées dans l'enfance pour l'aider à faire face au stress immense des abus répétitifs. Dans la conclusion du livre, Carole cite une déclaration de Alex : *"Être multiple est un moyen de survie et non un signe d'aliénation mentale"*. Lors de l'écriture de ce livre, en 1998, Alex vivait toujours avec Carole et Sam, travaillant aux côtés de son père adoptif.[253]

Prenez un enfant de 7 ans élevé dans les abus rituels à qui l'on remet lors d'une initiation le poignard du grand prêtre pour sacrifier un bébé… imaginez ce que deviendra cet enfant à l'âge de trente ans s'il n'a pas quitté la secte et qu'il n'a pas été pris en charge. Très probablement qu'il aura développé un profond trouble dissociatif avec une personnalité multiple contenant un ou plusieurs alter hyper-violents profondément enfouis dans son système interne et émergeant lors de certaines cérémonies.

---

[253] The Magic Castle : A Mother's Harrowing True Story Of Her Adoptive Son's Multiple Personalities-- And The Triumph Of Healing - Carole Smith, 1998 / Book Review by Annette Petersmeyer Graduate Student University of Minnesota-Duluth, Duluth, MN.

f/ Les snuff-films

Georges Glatz est un homme politique suisse, il est le fondateur du CIDE : *Comité International pour la Dignité de l'Enfant*. Cette ONG basée à Lausanne a produit en 2012 un rapport explosif montrant l'ampleur du phénomène de la pédocriminalité de réseau. Ce rapport vise à expliquer pourquoi une chape de plomb recouvre toutes ces affaires. En 2000, sur le plateau de télévision de France 3, George Glatz déclarait face à Élise Lucet que des films montrant la mort réelle d'enfants avaient été retrouvés en Belgique :

\- Georges Glatz : Les cassettes de snuff-movies se vendent entre dix et vingt-mille francs suisse…

\- Élise Lucet : Qu'est ce que vous voulez dire par "snuff-movies" ?…

\- Georges Glatz : Des cassettes avec mort réelle d'enfants…

\- Élise Lucet : …. ?!?!!…

\- Georges Glatz : Oui, ces cassettes existent, on en a découvert il y a déjà quelques années en Belgique, mais on en parle effectivement assez peu dans les médias…"

"Viols d'enfants : La fin du silence", France 3 - 2000.

Une déclaration plutôt fracassante qui laissa la journaliste Élise Lucet sans voix...

En 2008, Le Père François Brune, dans un entretien vidéo[254] consacré à son livre *"Dieu et Satan, le combat continue"*, a déclaré :

\- C'est le récit d'un jeune garçon qui a été entraîné malgré lui par un ami dans des cercles sataniques… mais vraiment sataniques, c'est à dire que personne ne connaît, même pas les journalistes ni les enquêteurs spécialisés (…) mais qui peuvent atteindre des gens ayant des postes officiels dans l'administration de très haut niveau (…) Quand je parle moi-même de satanisme en tant que prêtre, je ne suis pas très crédible; mais par ailleurs vous avez des enquêteurs spécialisés, notamment sur la pornographie et la pédo-pornographie, qui vont vous révéler qu'effectivement il y a des gens qui filment des enfants qu'on est en train de torturer… et que cela se vend à prix d'or…

\- Cela s'appelle des snuff-movies….

\- Voilà…

\- Donc pour vous, derrière ça il y a Satan ?

\- Bien sûr ! Ça existe… Quand c'est dit par des psychologues, des gens de la police ou des renseignements, là on les prend au sérieux, mais c'est la même chose, c'est le même phénomène…

\- C'est la destruction de la Création de Dieu…

\- Bien sûr… et dans ce qu'elle a de plus pur et de plus fragile… dès que Satan peut le salir...

Un *snuff-movie* ou *snuff-film* (*To Snuff* signifiant assassiner en argot anglais), est une vidéo authentique de tortures et de meurtres d'enfants ou d'adultes, il n'y a aucun truquage, il s'agit de la capture directe sur pellicules d'actes criminels. Ces

---

[254] *"Dieu et Satan, le combat continue"* - Yann-Erick interview le Père François Brune, *Élévation*, 2008.

productions sont vendues au marché noir plusieurs milliers d'euros et touchent donc un public plutôt élevé dans l'échelle sociale.

Beaucoup de témoignages de survivants d'abus rituels rapportent la présence de caméras durant les sévices et les sacrifices, c'est une caractéristique assez commune. Le but est d'immortaliser les actes sadiques et criminels mais aussi d'avoir des éléments de preuves afin que tous les participants (quand ils n'ont pas le visage masqué) soient tenus par le secret. Mais ces enregistrements permettent avant tout de rapporter un maximum d'argent, que ce soit par le chantage ou par le commerce en réseaux spécialisés.

Officiellement, les snuff-films ne sont qu'une "légende urbaine", une sorte de *"vieux fantasme"*. En 1978, Roman Polanski déclarait dans le documentaire *"Confessions of a Blue Movie Star"* :

"Tous les tabous sexuels ont été montrés à l'écran et nous pouvons nous demander quelle sera la prochaine étape ? Cela pourrait être le meurtre de quelqu'un sans truquages…"

La production de *"snuff"* est pourtant une épouvantable réalité. Un trafic de ce genre a été démantelé en Grande-Bretagne où s'était établi Dimitri Vladimirovitch Kouznetsov, un russe de 30 ans. Ce monstre a été arrêté par la police britannique en 2000, il produisait des vidéos pour une liste de clients italiens, anglais, américains et allemands. Lors de l'enquête, plus de 600 domiciles ont été perquisitionnés et 1500 personnes se sont retrouvées sous le coup d'une enquête policière, parmi eux des hommes d'affaires et des fonctionnaires. La police italienne a saisi environ 3000 vidéos produites par Kouznetsov. Les enquêteurs ont alors déclaré aux journalistes que ce matériel audiovisuel comprenait des séquences où des enfants meurent lors de tortures et de viols. Le parquet de Naples a alors envisagé des charges à l'encontre des clients pour complicité de meurtre, certains d'entre eux réclamaient spécifiquement des enregistrements avec la mise à mort d'enfants. Un officier supérieur des douanes a déclaré : *"Nous avons vu des choses très très violentes, des abus sadiques impliquant de très jeunes enfants, mais les décès réels nous amène à un tout autre niveau…"*

Le journal de Naples *"Il Mattino"* a publié la transcription d'un échange entre un client italien et le fournisseur russe, il s'agit d'un enregistrement du *MI5* :

- Promets-moi que tu ne m'arnaqueras pas, dit moi la vérité, demande l'italien.

- Détends toi, je peux t'assurer que celui-là meurt vraiment, lui répond le russe.

- La dernière fois que j'ai payé, je n'ai pas eu ce que je voulais.

- Que veux-tu ?

- Les voir mourir…

- Voilà pourquoi je suis là…

Le prix d'une seule vidéo variait de 340 à 6 000 Euro, le tarif était fixé en fonction du type de contenu. Les films avec de jeunes enfants nus étaient nommés *"snipe video"*. La catégorie la plus épouvantable dans laquelle les enfants sont violés et torturés à mort avait comme nom de code *"necros pedo"*.[255]

---

[255] *"British link to 'snuff' video"* - theguardian.com / Jason Burke pour *"The Observer"* 01/10/2000.

En 1997, s'est ouvert le "Procès de Draguignan". Pour la première fois en France, la loi contre le tourisme sexuel pouvait s'appliquer et les investigations permirent de mettre à jour un vaste réseau de pédophiles organisé autant en France qu'à l'étranger. Durant ce procès il y eu la diffusion des snuff-films qui avaient été saisis par la police... La projection sera stoppée au bout de 20 minutes et le procureur Etienne Ceccaldi a ensuite déclaré devant les caméras de Canal + : *"La vision d'enfants torturés à mort, et tout cela à des fins mercantiles, est proprement insoutenable."*

Toujours en 1997, la chaîne anglaise *ITV* a diffusé un documentaire intitulé *"The Boy Business"* qui avait pour sujet la production de pédo-pornographie à Amsterdam. Des productions de films dans lesquels des enfants sont violés, torturés et tués. Dans ce documentaire anglais, trois britanniques qui ont vécu à Amsterdam au début des années 90 témoignent indépendamment les uns des autres. Ils décrivent ces tournages de *snuff* auxquels ils ont assisté étant enfants ou adolescents.

Dans le documentaire *""Dutsh Injustice : When Child traffickers rule a nation."* (L'injustice hollandaise : quand les trafiquants d'enfants dirigent la nation), qui traite de l'affaire Rolodex, une victime du réseau hollandais témoigne : *"J'ai également rencontré des individus qui faisaient des snuff-movies. Les snuff-movies sont des vidéos où plusieurs enfants, ou un seul, sont abusés sexuellement puis assassinés à la fin du film. On m'a demandé de participer dans un de ces films en échange de beaucoup d'argent mais j'ai refusé car je savais, d'après ce que m'avaient dit d'autres garçons, que c'était très dangereux car on y survivait pas."*

Le rapport du CIDE de 2012 mentionné plus haut, confirme l'existence des snuff-films par le biais de Michel Thirion, un détective privé qui était chargé d'enquêter sur la disparition de Julie Lejeune et Mélissa Russo dans l'affaire Dutroux. Ses enquêtes l'ont mené vers une filière de *snuff* aux Pays-Bas (le même réseau que celui mentionné par les témoins du documentaire *"The Boy Business"*). Il a raconté à Jean Nicolas et Frédéric Lavachery sa rencontre avec un anglais propriétaire d'une péniche à Amsterdam : *"L'Anglais me propose alors ce qu'il a de meilleur : la mise à mort d'enfants. Il s'agit d'embarquer à plusieurs sur sa péniche, de prendre la mer et de se satisfaire sexuellement avec un gosse avant que ce dernier ne soit jeté à l'eau, m'explique l'Anglais."*[256]

En Belgique aussi la production de *snuff-films* semble avoir dépassé le simple "fantasme"... En 1997, une affaire de pédophilie et de pédo-pornographie a éclaté en parallèle de l'affaire Dutroux. Le 22 janvier 1997, la Nouvelle Gazette de Charleroi publia un article qui mentionnait l'existence de ce type de films : *"C'est chez Michel (et chez lui seul, tiennent à souligner les enquêteurs) que les gendarmes vont faire l'horrible découverte. Ils ont en effet saisi une petite dizaine de snuff movies, des cassettes vidéo qui mettent en scène l'horreur absolue. Les enfants qu'on peut y voir (des petits européens dont les plus jeunes paraissent âgés de 7 à 8 ans et les plus âgés de 16 à 17 ans) ne sont pas seulement violés par des adultes inconnus. Ils sont également torturés par des sadiques : pudiquement, les enquêteurs évoquent des scènes sado-maso hard. Et, comble de l'immonde, ces scènes infernales s'achèvent par la mise à mort (réelle ou simulée) des petites victimes. On ignore si ces enfants sont vraiment morts, reconnaissent les enquêteurs. Il faudrait pour en être sûr*

---

[256] "Dossier pédophilie, le scandale de l'affaire Dutroux" - Jean Nicolas et Frédéric Lavachery, 2001.

retrouver leurs cadavres. Mais s'il s'agit de mises en scène, elles sont d'un réalisme aûsolu. Selon les enquêteurs, on se doutait que pareilles horreurs circulaient, même chez nous. Toutefois, on n'avait jamais saisi de snuff-movies dans notre pays. J'avais vu une cassette de ce genre, saisie en France, raconte un enquêteur. On y voyait un pédophile étranglant un enfant. Mais ce que j'ai vu ici dépasse tout ce que l'on peut imaginer."[257]

Dans le document contenant les procès-verbaux et les auditions enregistrés lors de l'affaire Dutroux, on peut y lire qu'en 1997, a été interceptée à la poste de Ixelles une lettre relative à la pédophilie parlant de cassettes avec mises à mort et/ou viols. On y parle d'une "Baronne et de Dutroux". (PV 150.123/97)

En 2004, le député belge Albert Mahieu a écrit une lettre au Président de la Cour d'Assises d'Arlon, Stéphane Goux, dans laquelle il mentionne l'existence d'une cassette vidéo du meurtre de Julie Lejeune et Mélissa Russo. Il s'agit des deux petites victimes retrouvées mortes dans la cave de Marc Dutroux. Officiellement, elles sont mortes de faim enfermées dans la cave de Marc Dutroux alors que celui-ci était en prison. Le député Mahieu débute sa lettre en disant qu'elles ne sont pas mortes de faim mais de viols, de sévices et de tortures. Il indique selon ses sources que *"l'enregistrement, en couleur et sonorisé, atteste du calvaire qu'ont enduré Julie et Mélissa avant d'être mises à mort, dans des circonstances atroces, par un bourreau masqué qui officie en présence d'un groupe de dix à douze personnes."* Selon le député (aujourd'hui décédé), il existerait plusieurs copies de cet enregistrement vidéo.

Toujours dans l'affaire Dutroux, le témoin X1 (Régina Louf) a décrit un monde de violence sexuelle, de tortures mais aussi de meurtres. Son témoignage a démontré qu'elle connaissait certains détails de meurtres non élucidés, chose impossible sans avoir eu accès aux fichiers de la police. Régina Louf a cité dans son témoignage l'entreprise belge *ASCO*. Elle nomme cet endroit : *"l'usine d'enregistrements vidéos"*, et elle donne les noms de ceux qui participaient aux tortures et aux meurtres d'enfants sur le site de l'usine, le tout enregistré sur cassettes vidéos.[258]

Dans le livre *"L'enfant sacrifié à Satan"*, qui raconte le calvaire qu'a vécu Samir Aouchiche, Bruno Fouchereau note que INTERPOL a lancé à plusieurs reprises des alertes au niveau européen en ce qui concerne les crimes sataniques, voici ce qu'il écrit dans son livre : *"Scotland Yard a fait encore récemment, en janvier 1996 à Lyon, une conférence dans les locaux d'INTERPOL, visant à alerter les polices européennes de la multiplication des crimes rituels. Le juge Sengelin, doyen des juges d'instruction de Mulhouse enquêtant sur l'enlèvement d'une petite fille en 1990, a été informé par ces mêmes policiers de Scotland Yard, qu'ils avaient saisi un lot de snuff movies dans lesquels on assistait à des meurtres d'enfants. Ces enfants, dont au moins quinze sont d'origine européenne, ont été tués devant la caméra après avoir subi viols et tortures."*

g/ Quelques chiffres

---

[257] "Les snuff-movies, une réalité "impensable"", Donde Vamos, 13/08/2014.
[258] "Scientology, the CIA & MIVILUDES : Cults of Abuse" (documentaire vidéo).

En 1984 a eu lieu à Chicago la première réunion du *ISSTD* (*International Society for Study of Trauma and Dissociation*). Suite à cette rencontre, Naomi Mattis (qui devint plus tard co-présidente de l'*Utah Legislative Satanic Ritual Abuse Committee*), a déclaré au *Deseret News* : "*Sur les 420 thérapeutes présents, environ 75% ont levé la main lorsqu'on leur a demandé s'ils avaient déjà eu à traiter des victimes d'abus rituels.*"

Le psychiatre Roland Summit, spécialisé dans les abus sexuels sur les enfants, a dit à propos des abus rituels qu'il s'agissait *de la menace la plus grave pour l'enfant et pour la société à laquelle nous avons à faire face*. Le Dr. Summit souligne qu'il a eu à faire à *pas moins de 1000 enfants ayant manifesté une implication dans des abus rituels.*[259]

Alors qu'obtenir de vrais chiffres de la prévalence du trauma rituel est une tâche difficile étant donné le secret et la criminalité entourant le phénomène, il existe néanmoins de plus en plus de preuves montrant que le problème des traumas rituels est considérablement plus répandu que jamais. Le Dr. Kathleen Coulborn Faller, de l'Université de Michigan, a réalisé une analyse et une recherche empirique sur les abus rituels. Elle note qu'il y a une grande similitude dans les déclarations d'abus faites individuellement par des enfants ou des adultes, et que des études démontrent indépendamment une confirmation de telles allégations. Sur les 2709 membres de la Société Américaine de Psychologie (*APA*) qui ont répondu à une enquête, 30% ont répondu qu'ils avaient eu affaire à des cas d'abus rituels ou en lien avec la religion. Dans ce groupe, 93% ont répondu qu'ils pensaient que des dommages liés à des rituels avaient bien eu lieu. Dans un article de 1995 intitulé *"Barrières culturelles et économiques à la protection des enfants de l'abus rituel et du contrôle mental"*, le Dr. Catherine Gould indique que pour la seule année 1992, *Childhelp USA* a consigné 1741 appels liés à un abus rituel, *Monarch Resources* à Los Angeles en a consigné approximativement 5000, *Real Active Survivors* en a enregistré presque 3600, *Justus Unlimited* au Colorado en a reçu presque 7000 et *Looking Up* dans le Maine en a traité environ 6000. Cela dénote un nombre très alarmant de demandes par assistance téléphonique.

Une des premières études concernant l'existence des abus rituels a été menée par Deborah Cole en 1992. L'enquête était intitulée *"The Incidence of Ritual Abuse : A Preliminary Survey"* (l'incidence des abus rituels : enquête préliminaire). Sur 250 thérapeutes, 46% indiquaient qu'ils avaient déjà eu des patients ayant rapporté des abus rituels ou correspondant à au moins un des critères de la liste établie par Cole.[260]

En 1995, une étude concernant les abus rituels a été faite par des psychologues britanniques (Andrews, Morton, Bekerian, Brewin, Davies, Mollon). Ces chercheurs ont collecté des données provenant de 810 membres de la Société de Psychologie Britannique (*British Psychological Society*) qui avaient eu à traiter des cas d'abus sexuels. 50% des thérapeutes ont dit avoir travaillé avec des patients qui ont rapporté avoir subi des abus rituels sataniques. 80% des thérapeutes qui ont eu un ou plusieurs patients avec une histoire d'abus rituel croyaient dans ses déclarations. Dans une étude britannique plus récente datant de 2013, Ost, Wright, Easton, Hope et French, ont collecté les données d'une étude en ligne concernant

---

[259] Letter to California State Social Services Advisory Board. Summit, Roland - 26/10/1988, Occult crime : a law enforcement primer.

[260] *"Cult and Ritual Abuse"* James & Pamela Noblitt, 2014, p.53.

183 psychologues cliniciens et 119 hypno-thérapeutes. Chez les psychologues, 38% d'entre eux avaient déjà eu affaire à un ou plusieurs cas d'abus rituels. L'étude a montré que 25% des hypno-thérapeutes avaient déjà eu un ou plusieurs cas d'abus rituels.[261]

En Australie, Schmuttermaier et Veno ont publié en 1999 dans *Journal of Child Sexual Abuse* une étude intitulée *"Counselor's belief about ritual abuse : An Australian study"*. L'étude visait les travailleurs de 74 centres spécialisés sur les abus sexuels (*Center Against Sexual Assault, CASA*), 48 psychologues et 27 psychiatres de l'état de Victoria ont été interrogés. 70% des thérapeutes ont validé la définition de l'abus rituel et 26 d'entre eux ont rapporté 153 cas d'abus rituels identifiés entre 1985 et 1995. Schmuttermaier et Veno concluent leur étude en disant que l'identification et le diagnostic de l'abus rituel par les professionnels sont toujours similaires, que ce soit en Australie, aux USA ou au Royaume-Uni.[262]

En Afrique du Sud, des études sur l'abus des enfants y compris l'abus rituel ont été faites sur des adolescents et de jeunes adultes. L'étude menée par Madu S.N. et Peltze K. a été publiée en 1998 dans le *Southern African Journal of Child and Adolescent Mental Health* (Journal de la santé mentale de l'enfant et de l'adolescent d'Afrique du Sud). 414 lycéens ont été interrogés sur les abus qu'ils avaient vécus avant l'âge de 17 ans, 8% d'entre eux ont rapporté des expériences d'abus rituels. Dans une autre étude menée sur 559 étudiants de trois lycées de la province de Mpumalanga, Madu a noté que 10% avaient rapporté des abus rituels avant l'âge de 17 ans. Sur 722 étudiants universitaires, 6% ont rapporté ce type d'abus avant l'âge de 17 ans.[263]

Dans l'article *"Ritual Abuse : A review of research"* (1994), Kathleen Faller cite une étude de Susan Kelley sur l'abus rituel transgénérationnel. Cette étude intitulée *"Ritualistic Abuse : Recognition, Impact, and Current Controversy"* a été présentée par Kelley en 1992 lors d'une conférence de San Diego qui avait pour thème la maltraitance des enfants. Kelley a enquêté sur les témoignages de 26 enfants provenant de 14 familles. Les agresseurs étaient les parents, les grands-parents, les arrières grands-parents, les oncles, les tantes, les cousins et les frères et sœurs. De façon similaire à d'autres rapports, un nombre significatif d'agresseurs étaient des femmes (45%) et 61% des enfants étaient abusés par les deux générations précédentes. Les abus rapportés incluaient des menaces et des actes terrorisants (89%), des menaces de mort (77%), de la production de pédo-pornographie (81%), des menaces avec de la magie (89%), des références sataniques (92%), des animaux tués (54%), des ingestions de drogues (92%), des chansons et des chants (69%), des ingestions ou contacts avec des excréments (85%).[264]

Une étude internationale concernant les abus rituels et le contrôle mental a été conduite par des chercheurs allemands et américains : Carol Rutz, Thorsten Becker, Bettina Overcamp et Wanda Karriker. Cette étude lancée en 2007, disponible en anglais et en allemand, est intitulée *"Extreme Abuse Survey"* (*EAS*). Tous les questionnaires et les résultats de cette étude sont disponibles sur le site

---

[261] Ibid p.55.
[262] Ibid p.55.
[263] Ibid p. 68.
[264] Ibid p. 67-68.

extreme-abuse-survey.net. Elle comporte une partie réservée aux professionnels, *"Professional Extreme Abuse Survey"* (P-EAS), qui est un questionnaire comprenant 215 questions. 451 professionnels de 20 pays différents ont répondu à cette étude qui montre que 86% des professionnels qui ont travaillé avec au moins un survivant de traumas extrêmes rapportent avoir eu au moins un cas d'abus rituel satanique :

- 61% d'entre eux ont eu des patients rapportant des abus rituels dans le clergé.

- 85% ont déclaré que la majorité des adultes survivants d'Abus Rituels (AR) / Contrôle Mental (CM) avaient un diagnostic de Trouble Dissociatif de l'Identité.

- 65% ont rapporté que leurs patients témoignant de AR/CM se basaient sur des mémoires continuelles et non dissociées.

- 89% ont rapporté que les mémoires de AR/CM avaient une articulation logique avec les autres aspects de la vie du patient, ce qui formait un tout plutôt cohérent.

- 86% ont rapporté que les personnalités dissociées observées rapportaient des AR/CM

- 79% ont rapporté que le contenu des dessins, peintures et poèmes de leurs patients avaient du contenu relatif aux AR/CM.

- 75% rapportent que certaines séquelles médicales et physiques de leurs patients peuvent être expliquées par des AR/CM.

- 47% rapportent que certaines mémoires de leurs patients ont été confirmées et validées par d'autres personnes.

L'étude comporte également une partie consacrée aux survivants, voici quelques résultats sur un échantillon de 1000 personnes à avoir répondu au questionnaire :

- 79% rapportent des viols en réunion.

- 53% rapportent l'enfermement en cage.

- 44% rapportent du cannibalisme.

- 52% rapportent de la zoophilie.

- 45% rapportent avoir été enterrés vivants.

- 50% rapportent avoir reçu des électrochocs.

- 52% rapportent avoir participé à de la pédo-pornographie.

- 46% rapportent de la prostitution infantile.

- 65% rapportent avoir été diagnostiqué avec un Trouble Dissociatif de l'Identité.

- 63% rapportent que le(s) bourreau(x) ont délibérément créé des états dissociatifs (personnalité alter) pour effectuer une programmation sur eux.

- 41% rapportent avoir été programmés comme esclave sexuel.

- 18% rapportent avoir été programmés pour être assassin.

- 21% rapportent avoir été programmés pour développer des pouvoirs psychiques.

- 57% rapportent avoir été programmés à une auto-destruction lorsqu'ils commencent à se remémorer les abus et la programmation.

- 34% rapportent qu'une ou plusieurs de leurs personnalités alter ont un code d'accès.

- 28% rapportent avoir une personnalité alter de robot.

- 53% rapportent que les bourreaux leur ont fait croire que des entités, esprits ou démons ont pris le contrôle de leur corps.
- 15% rapportent des expériences de voyages dans le temps.
- 26% rapportent avoir été victime des expérimentations gouvernementales sur le contrôle mental.

Les abus rituels traumatiques ont été ou sont encore pratiqués dans de nombreuses cultures, avec des victimes qui témoignent d'états modifiés de conscience comme la dissociation, l'amnésie et l'altération de leur personnalité. Il a été constaté que cette liste de symptômes propres aux traumatismes psychologiques se retrouve presque systématiquement chez les individus qui rapportent des témoignages d'abus rituels. En occident, ces témoignages proviennent de personnes qui se disent être des "survivants", beaucoup d'entre eux ont les symptômes typiques liés à une sévère dissociation, et beaucoup de leurs mémoires sont remontées lors d'une thérapie. Cependant, il faut préciser que ces mémoires d'abus rituels reviennent également sous forme de flash-backs en dehors des thérapies, point important à souligner car les thérapeutes sont parfois accusés d'induire de "faux souvenirs" chez leurs patients (voir le chapitre 10). Étant donné qu'il existe des récits historiques d'abus rituels remontant à plusieurs siècles et que des enfants dès l'âge de deux ans et des adultes de quatre-vingt-dix ans continuent dans le monde entier à faire des récits d'abus traumatiques lors de rituels, il serait temps de tirer la sonnette d'alarme quant au peu qui a été réalisé pour accroître la prise de conscience du problème par les professionnels et les institutions ! Bien que dans l'impossibilité totale de stopper ou d'éradiquer le problème, nous devons dépasser le déni et commencer à comprendre la dynamique de ces abus pour que nos paradigmes d'investigation puissent changer en conséquence.

Dans une société à prédominance chrétienne, des symboles sataniques peuvent convoyer un message archétypal puissant aux victimes, particulièrement s'il est utilisé conjointement avec des tortures et de graves traumatismes. Il n'est donc pas nécessaire que les responsables aient un quelconque système de croyance spirituelle derrière leurs pratiques ou activités. Autant dire que quelle que soit la motivation, une croyance religieuse, la pulsion sexuelle, le pouvoir ou le contrôle mental, ces groupes utilisent systématiquement un cadre ritualisé pour maltraiter, exploiter et manipuler des enfants ou des adultes. Leurs structures fonctionnent pour fournir un approvisionnement constant en enfants et pour protéger les membres du Réseau des éventuelles poursuites judiciaires.[265]

3 - QUELQUES TÉMOIGNAGES

a/ Introduction

---

[265] "Forensic Consideration in Ritual Trauma Cases" - Sylvia Gilotte.

Les témoignages d'abus rituels décrivent tous la même chose : des viols en réunions, des tortures, des rituels occultes, des drogues, de l'hypnose, des états de transes et de dissociation, des sacrifices (réels ou simulés), des enregistrements vidéo, etc. et l'on retrouve ces témoignages sur tous les continents.

Un grand nombre des témoignages sont anglophones, nous pouvons citer : Cathy O'Brien, Mark Philips, "Svali", Jeannie Riseman, Kathleen Sullivan, Kim Campbell, Brice Taylor, Jay Parker, Fritz Springmeier, Cisco Wheeler, Ted Gunderson, Paul Bonacci, John DeCamp, David Shurter, Dejoly Labrier, Anne A. Johnson Davis, Vicki Polin, Linda Wiegand, Jenny Hill, Lynn Moss Sharman, Kristin Constance, Kim Noble, Lynn Schirmer, Bill Schnoebelen, Neil Brick, Carol Rutz, Caryn Stardancer, Kathleen Sorenson, Patricia Baird Clarke, Ruth Zandstra, Glenn Hobbs, etc... La plupart de ces témoignages d'abus rituels comportent également du contrôle mental basé sur les traumatismes, les deux choses étant complètement imbriquées. Mais nous verrons plus en détail l'aspect "programmation MK" dans le chapitre 7.

Le contenu de ces témoignages est particulièrement atroce et choquant. La suite de ce chapitre pourra parfois contenir des répétitions morbides tant certains témoignages peuvent se ressembler. Veuillez excuser ces lourdeurs mais il s'agit ici d'exposer la parole des enfants victimes et des adultes survivants. Une parole qui doit être entendue et prise en compte malgré son aspect évidemment très dérangeant. Il s'agit également de montrer à quel point les pratiques d'abus rituels sataniques se ressemblent d'un pays à l'autre et d'un continent à l'autre.

b/ États-Unis

En 1989, le Lieutenant Larry Jones de la police de Boise et directeur du *CCIN* (*Cult Crime Impact Network*) a déclaré que ceux qui discréditaient les témoignages sur les abus rituels étaient *"des ordures ! Nous avons retrouvé des bébés rituellement sacrifiés dans le Connecticut, à Bend, dans l'Oregon et à Los Angeles… Lorsque vous ajoutez à cela les témoignages crédibles de survivants qui peuvent être vérifiés de manière circonstancielle, il n'y a plus de questions à se poser."*[266]

Dans le documentaire "Devil Worship : The Rise of Satanism" (le culte au diable : la montée du satanisme), Kurt Jackson de la police de Beaumont déclare : "Est-ce que des êtres humains sont sacrifiés ? Oui ! Ils le sont ! Il y a beaucoup de choses que j'observe pour déterminer s'il s'agit d'un crime rituel. Cela peut-être quelque chose comme un pentagramme, ça peut être une croix inversée, le nombre 666, le corps vidé de son sang, certaines parties du corps retirées d'une certaine manière, etc."

Dans ce même documentaire, le Sergent Randy Emon déclare : "Un problème auquel nous avons à faire face est que les hauts fonctionnaires des organismes publics ne veulent pas reconnaître que cela est une réalité. Nous devons lever ce voile d'incompréhension et leur dire : Hé ! Ce sont des crimes que nous devons traiter !"

---

[266] *"Occult Crime : a Law Enforcement Primer"*, Interview Lieutenant Larry Jones, Boise, Idaho Police Department and Director, Cult Crime Impact Network.

• Ted Gunderson

Ted Gunderson a dirigé le bureau du FBI de Memphis (1973) puis celui de Dallas (1975) pour ensuite être nommé en 1977 à la tête du FBI de Los Angeles. Il est l'un des rares hauts-fonctionnaires (pour ne pas dire le seul) américain à avoir dénoncé la pédocriminalité de réseau qui contrôle clandestinement le système judiciaire. Il s'est intéressé de près à l'affaire de l'école Mc Martin et à l'affaire Franklin.

En 1988, Ted Gunderson a participé à une émission télévisée animée par Geraldo Rivera intitulée *"Devil Worship : Exposing Satan's Underground"* (Le culte au diable : lumière sur les dessous du satanisme). Le débat portait sur l'ampleur des crimes sataniques aux États-Unis, en voici un extrait :

- Ted Gunderson, agent FBI à la retraite, ancien chef de la division de Los Angeles. Existe-t-il vraiment un réseau responsable de tous ces meurtres sataniques selon vous ?

- Ce que je peux dire, en me basant sur des informations que m'ont fourni des sources confidentielles, des informateurs, j'ai également interrogé des dizaines de rescapés de cultes sataniques lors de ces dernières années : j'affirme qu'il y a un réseau composé d'individus qui sont très actifs dans le pays.

- Est-ce que vous pensez que ces terribles accusations évoquant des bébés sacrifiés sont fondées ?

- J'en suis persuadé, aucun doute là-dessus. Cela d'après les informations que j'ai recueillies un peu partout dans le pays, grâce à plusieurs survivants et de nombreux informateurs.

En 1987, Ted Gunderson a donné une conférence intitulée *"Satanisme et trafic international d'enfants par la CIA"*. Durant cette conférence, il est revenu en détail sur l'affaire de l'école maternelle Mc Martin, située à Manhattan Beach dans la banlieue de Los Angeles, une affaire qui a fait énormément de bruit à l'époque. En effet, certains enfants affirmaient avoir été forcés de participer à des sacrifices d'animaux, mais aussi de bébés et d'autres enfants. Ils ont dit avoir été obligés de boire du sang et soumis à des pratiques nécrophiles, zoophiles et scatologiques. Voici quelques extraits de cette conférence :

"Parlons un peu de l'affaire Mc Martin. En avril 1985, les autorités se sont penchées sur cette affaire et ont cherché des tunnels sous l'école. Les enfants avaient dit qu'on les avait emmenés dans des tunnels sous l'école, notamment dans une chambre au sous-sol. Là, ils ont été agressés sexuellement, ils ont décrit des cérémonies avec des adultes en robes, des bougies, des chants religieux (…) Les adultes étaient nus sous leurs robes. On les a menés dans un tunnel, par une trappe située dans la salle de bain d'un triplex. Ils ont été emmenés en voiture… nous parlons là d'enfants de 2, 3 et 4 ans qui étaient prostitués dans ce réseau (…)

Au cours du printemps 1993, j'ai entendu dire que la propriété de l'école Mc Martin avait été vendue par la famille Mc Martin à l'avocat de la défense, comme cela avait été convenu. Celui-ci l'a revendue à un entrepreneur qui devait construire un immeuble de bureaux à la place de l'école. Je l'ai donc contacté immédiatement en lui disant : "Cher monsieur, j'aimerais avoir un accès à la propriété." Il m'a alors donné deux semaines. J'ai signé un papier afin d'assumer les responsabilités, puis avec quelques parents nous avons embauché un archéologue de l'UCLA, le Dr. Gary Stickel, sachant très bien que je n'étais pas qualifié pour valider l'existence de ces tunnels même si je les avais moi-même trouvés. Nous avons donc commencé les fouilles (…) Le Dr. Stickel nous a déclaré : "je peux affirmer à présent et sans le moindre doute, qu'il y avait bien des tunnels sous l'école et qu'ils ont été comblés (…) J'ai un rapport scientifique de 186 pages disponible là-dessus. Nous avons trouvé une grande entrée souterraine à 2,70 mètres sous le mur ouest (…) Nous avons trouvé ces tunnels alors que se déroulait le second procès de Ray Buckey, cela aurait donc pu être utilisé pour le condamner. Nous en avons informé le procureur qui a envoyé son enquêteur (…) Cet enquêteur, non qualifié en matière d'archéologie, a simplement déclaré : "Il n'y a pas de tunnels ici." Et bien sûr l'archéologue a fait le dos rond. Quoi qu'il en soit, ils n'ont pas utilisé ces preuves, des preuves solides pour ce second procès, qu'ils ont ignorées (…)

Dans ce tunnel nous avons retrouvé un sac plastique de Disney datant de 1982 à environ 1,40 mètre en dessous du plancher en béton de la classe, à 1 ou 2 mètres de l'entrée des fondations (…) Le tunnel est orienté vers le sud sur 14 mètres en dessous des classes n°3 et 4 (…) Une chambre de 2,70 mètres de large a été découverte le long du tunnel sous la classe n°4, le plafond de la chambre et le haut des sections du tunnel avaient des couches de contreplaqué recouvertes de papier goudronné et consolidées par des parpaings. Les caractéristiques des tunnels confirmaient qu'ils avaient été creusés à la main (…) Les enfants ont bien décrit l'entrée et la sortie des tunnels et cela concorde exactement avec les tunnels découverts avec l'archéologue (…) Un autre fait significatif a été la découverte par cet archéologue d'une petite assiette en plastique avec trois pentagrammes dessinés à la main (…) Plus de 2000 artefacts ont été retrouvés sous le plancher de l'école, y compris une centaine d'os d'animaux (…)

L'équipe de l'archéologue Gary E. Stickel a donc retrouvé sous l'école exactement ce que les enfants avaient décrit. Les tunnels avaient été remblayés avec différents types de terre. Dans l'affaire Mc Martin, la directrice du *CII* et membre du *Preschool-Age Molested Children's Professional Group*, Kee MacFarlane, avait été mandatée en 1983 par le bureau du procureur. Elle a reçu environ 400 enfants qui étaient tous passés par l'école Mc Martin, dont d'anciens élèves, et elle a estimé que 80% d'entre eux avaient bien subi des abus sexuels. Sur ces centaines d'enfants, seulement 11 ont été entendus lors du procès. Le détective privé Paul Bynum, recruté à l'époque par les avocats des parents de petites victimes, était lui aussi arrivé à la conclusion que des enfants avaient bien été abusés dans cette école. Il se suicidera juste avant de pouvoir témoigner devant le jury au sujet des ossements d'animaux qu'il avait trouvés dans les tunnels. Son entourage a fortement démenti le fait qu'il était suicidaire.

Nous retrouvons ce même système de tunnels dans l'affaire de l'orphelinat "Haut de la Garenne" à Jersey, où des enfants étaient également torturés et violés pendant la nuit. Une affaire étouffée tout comme l'a été celle de l'école Mc Martin. En 2012, la journaliste d'investigation américaine Leah MacGrath Goodman a été bannie du sol anglais pour avoir voulu enquêter sur cette affaire à Jersey, qui remonte à 2008. Des enfants pensionnaires de cet orphelinat auraient été torturés, violés et même assassinés et de nombreuses petites victimes ont témoigné mais elles ont été totalement ignorées. Selon cette journaliste, toutes les personnes qui ont cherché à enquêter sur ce dossier ont été expulsées de l'île ou bien renvoyées de leurs emplois. Tout semble indiquer qu'il s'agit là d'une grosse affaire à étouffer. Tout comme la découverte d'un charnier d'enfants fin 2011 sur le terrain de l'institut Mohawk à Brantford en Ontario au Canada. Il s'agissait d'enfants autochtones amérindiens provenant de pensionnats.

Le cas de l'école maternelle Mc Martin n'est donc pas isolé. En 1988, une étude intitulée *"Sexual Abuse in Day Care : a National Study"* (abus sexuels dans les maternelles : une étude nationale) portait sur 270 cas d'abus sexuels dans des crèches et des maternelles, concernant 1639 victimes. Selon les spécialistes qui ont rédigé l'étude, des abus rituels sont évoqués dans 13% des cas, pouvant s'agir de vrais rituels sataniques ou de pseudo rituels destinés à intimider les enfants.[267]

Par la suite, Ted Gunderson a également travaillé sur l'affaire Franklin, un des plus grands scandales de pédocriminalité en réseau de l'histoire des États-Unis, une affaire qui a été étouffée par tous les moyens possibles, y compris des assassinats. L'affaire Franklin concernait un réseau qui prostituait des enfants provenant principalement de *Boys Town* (une sorte de village d'orphelins fondé en 1917, environ 5000 enfants y vivaient dans les années 80). Les clients de ce réseau, les violeurs désignés par les enfants, faisaient partie des citoyens les plus riches et les plus influents de l'état du Nebraska, il s'agissait de grands hommes d'affaires, des hommes politiques, des journalistes et même des policiers. Dans l'affaire Franklin, certains témoignages rapportaient également des abus rituels avec des sacrifices d'enfants.

• John de Camp et Paul Bonacci

John de Camp a été sénateur républicain du Nebraska de 1971 à 1987, il était aussi juriste. Dans l'affaire Franklin, il a été chargé du dossier afin de prouver que ces accusations extrêmement graves n'étaient pas fondées. Mais suite à ses investigations, il est entré en possession de preuves incontestables prouvant que la pédocriminalité était pratiquée par certains politiciens américains y compris à la Maison-Blanche. Il ne pouvait donc plus remplir sa mission qui consistait à étouffer l'affaire. Afin de se protéger lui et sa famille, John De Camp a écrit un livre sur ce dossier intitulé *"The Franklin Cover-up : Child Abuse, Satanism and Murder in Nebraska"* (l'étouffement de l'affaire Franklin : abus d'enfants, satanisme et meurtres dans le Nebraska), un livre qui apporte les preuves de l'existence et du fonctionnement de ce réseau pédocriminel et satanique. Cette publication fait également le rapprochement important entre pédocriminalité de réseau et expériences gouvernementales de contrôle mental sur les citoyens, plus spécialement sur des enfants.

Il existe également un reportage journalistique intitulé *"Conspiracy of Silence"* (La conspiration du silence), qui décrit en détail toute cette affaire. Un documentaire qui devait être à l'origine diffusé par la chaîne *Discovery*, qui s'est rétractée quelques jours avant suite à des pressions ou à des menaces. Les droits ont été rachetés afin de garder le matériel dans les cartons. Cependant une copie avait été envoyée anonymement au sénateur John de Camp qui l'a ensuite remise à

---

[267] "Abus sexuels rituels : le cas de la maternelle Mc Martin aux États-Unis" - Donde Vamos 20/05/2012.

Ted Gunderson. Aujourd'hui, cette importante archive vidéo est en ligne sur internet.

Dans ce documentaire le sénateur John de Camp déclare que ce réseau remontait jusqu'aux plus hautes autorités des États-Unis : "Évidemment, le FBI protégeait quelque chose de beaucoup plus important qu'un tas de vieux pédophiles ayant des relations douteuses avec des petits garçons. Ils protégeaient quelque chose de bien plus important qu'une bande de revendeurs de drogue. À mon avis, ils veillaient aux intérêts de certains politiciens très en vue. Des personnes très riches et puissantes étaient associées à ces politiciens et au système politique en général, incluant les plus hautes autorités du pays."

Nous pouvons voir également dans ce documentaire un des survivants du réseau, Paul Bonacci, qui rapporte au sénateur John de Camp l'existence de soirées organisées dans la maison de Larry King (Lawrence E. King), louée 5000 $ par mois, mais aussi ses escapades à la Maison Blanche :

- J'avais environ 14 ans en 1981. Au début il y a eu 3 ou 4 soirées dans l'année, puis cela a été environ une par mois (…) Certains des enfants étaient gardés dans des pièces à l'étage du dessous, au cas où ils s'agiteraient ou paniqueraient à cause de la drogue, car ils étaient drogués. Ils les enfermaient dans une pièce pour ne pas qu'ils s'échappent.

- Quel genre de drogue ?

- Tout ce que vous pouvez imaginer, de la cocaïne, de l'héroïne, du speed…

- Vous me dites que tout cela se passait dans ces soirées, au même endroit où vous avez vu Larry King et d'autres éminents politiciens ?

- Oui.

(…)

- Vous aussi vous êtes allés à la Maison Blanche ?

- Oui.

- Et comment y avez-vous eu accès ?

- J'y suis allé avec Larry King, mais Craig Spencer faisait partie des gens qui organisaient ça pour nous. C'était une sorte de cadeau pour les "services" qui nous lui rendions.

- Combien de fois avez-vous fait ce genre de soirées là-bas ?

- J'y ai participé deux fois.

- Et avez-vous été prostitué à ces occasions ?

- Oui, après avoir quitté la Maison-Blanche, tard dans la nuit. C'était vraiment bizarre d'être dans la Maison Blanche à cette heure-là, pendant la nuit et surtout d'aller dans des endroits où le gars nous disait que personne n'y allait jamais.

Paul Bonacci a également témoigné avoir assisté à des scènes bien plus sanglantes lors de rituels sataniques au cours desquels des bébés ou de très jeunes enfants pouvaient être assassinés après avoir été violés. Le rituel se poursuivait ensuite avec des actes de cannibalisme. Selon Bonacci, Larry King participait à un culte satanique depuis au moins décembre 1980. Dans son témoignage écrit, il rapporte qu'il a été amené par King en décembre 80 dans un *"Triangle"* situé dans une zone boisée vers *Sarpy County* (Nebraska). Là-bas, il a assisté au sacrifice d'un bébé. Le sang du garçon a été récupéré pour être mélangé à de l'urine et être consommé par l'assemblée. Lui-même a été obligé d'en boire dans le calice.

Toujours selon Bonacci, les participants chantaient tous en faisant des sons étranges, terrifié, il savait qu'il ne fallait pas dire un mot de ce qu'il avait vu, craignant d'être lui-même la prochaine victime sacrifiée.

Bonacci a été diagnostiqué avec un trouble dissociatif de l'identité causé par les multiples traumatismes qu'il a vécu dès la petite enfance. Le sénateur John DeCamp rapporte certaines choses à ce sujet dans son livre *"The Franklin Cover-up"* :

Le Dr. Judianne Densen-Gerber, une psychiatre et avocate déjà citée plus haut est également membre de l'*International Society of Multiple Personality and Dissociative States* (société internationale de la personnalité multiple et des états dissociatifs). Elle a bien confirmé que Paul Bonacci souffrait d'un Trouble de la Personnalité Multiple (aujourd'hui renommé Trouble Dissociatif de l'Identité, T.D.I.). Il ne s'agit pas d'une psychose, dit-elle, mais d'une névrose résultant du mécanisme de défense de l'esprit d'un enfant, une fonction visant à le protéger de "l'atrocité inimaginable". C'est en tout trois psychiatres qui ont examiné Paul Bonacci et qui ont tous validé le diagnostic du trouble de la personnalité multiple.

Le 29 décembre 1990, Le Dr. Densen-Gerber a témoigné devant le comité législatif Franklin de Omaha. Elle a été interrogée par Robert Creager à propos de Paul Bonacci :

- Docteur, je crois que le grand jury est arrivé à la conclusion que Mr Bonacci n'était pas capable de mentir. Avez-vous un commentaire à faire sur ce sujet ?

- Je pense qu'il serait très difficile pour Mr Bonacci de mentir… Lorsque vous avez une personnalité multiple, vous n'avez pas besoin de mentir, vous changez (ndlr : de personnalité)… Il n'y a rien que Mr Bonacci ne m'ait dit que je n'avais pas déjà entendu venant d'autres patients ou individus. Ce ne sont pas des élucubrations et il avoue souvent lui-même qu'il ne sait pas. Il n'a rien fabriqué et il n'essaye pas de donner des réponses comme le font la plupart des gens qui veulent plaire. Il ne veut même pas vous donner l'impression qu'il veut plaire.[268]

Voici ce que le Dr. Densen-Gerber a rédigé suite à sa visite de Bonacci en prison (celui-ci fut en effet condamné pour parjure) :

1) Il a une mémoire des détails extraordinaire, faisant de lui un précieux témoin.

2) Il ne ment pas.

3) Il a décrit précisément des rituels sataniques pratiqués de façon internationale par les sectes, une chose qui lui était impossible de connaître sans y avoir lui-même participé.

Il décrit une de ses personnalités comme une puce d'ordinateur dans sa tête qui lui permet de maintenir une attention obsessionnelle sur les détails. Il peut vous donner des dates et des horaires d'une extrême précision. Je n'ai jamais vu un enfant capable de faire cela. Il est donc un témoin précieux. Il n'invente pas, il dira plutôt "je ne sais pas" s'il ne sait véritablement pas.[269]

---

[268] *"The Franklin Cover Up : Child Abuse, Satanism, and Murder in Nebraska"* - John W. DeCamp, 1992, p.127.
[269] Ibid, p.212.

En octobre 1990, peu de temps avant l'ouverture du comité Franklin, une psychiatre de la police, le Dr. Beverly Mead, a répondu aux questions du sénateur Schmit toujours à propos du témoin Bonacci :

- Sénateur De Camp : Docteur, maintenant y croyez-vous suite à ces entretiens que nous avons entendus ici et ceux que nous avons écoutés ensemble plus tôt ?

- Dr. Beverly Mead : Je pense personnellement que ces détails qu'il nous a livrés viennent d'expériences qu'il a réellement vécues…

- Sénateur Schmit : Nous avons entendu les témoignages de plusieurs de ses personnalités (alter) qui nommaient des noms comme Larry King, Robert Wadman, etc. D'après votre expérience professionnelle, pensez-vous que ces descriptions sont exactes ?

- Mead : J'aimerais les voir confirmer par d'autres sources, c'est sûr. Mais actuellement, mon impression est que Paul ou Alexandrew (ndlr : une des personnalités alter de Bonacci) rapporte les choses de façon honnête, comme il s'en souvient.

- Schmit : Se pourrait-il qu'il ait pu imaginer cela ou le rêver et ensuite nous le raconter ici aujourd'hui ? Serait-ce possible ?

- Mead : Ce serait assez phénoménal de faire une chose pareille. Je ne pense pas que ce soit possible. Je pense qu'il parle de choses dont il se souvient effectivement (…) Il se peut qu'il y ait quelques détails qui ne soient pas très précis, mais je pense que l'histoire s'est globalement passée comme il le dit.[270]

Malgré plusieurs rapports de psychiatres expliquant le phénomène des troubles dissociatifs sévères, Paul Bonacci, tout comme Alisha Owen, une autre survivante du réseau Franklin, seront tous les deux condamnés à de la prison ferme pour parjure. Il a été jugé que l'état psychologique fractionné de Bonacci avec ses incohérences et ses contradictions, décrédibilisait son témoignage et que cela nécessitait sa mise en accusation pour parjure ! Il est classique dans ce genre de dossiers de mettre en avant l'état psychologique de la victime dissociée afin de décrédibiliser son témoignage. Le diagnostic de trouble dissociatif de l'identité, devrait être au contraire une pièce de plus à mettre dans le dossier pour appuyer le fait que la victime a bien vécu de sévères traumatismes, voir même du contrôle mental, et que l'enquête doit être approfondie plutôt que classée d'office. Les victimes doivent être écoutées et soignées plutôt que condamnées. Mais dans ce genre d'affaires, la triste logique consiste plutôt à étouffer le dossier pour protéger un réseau d'*intouchables*.

John De Camp dit avoir parlé avec plusieurs des personnalités alter de Paul Bonacci. Il a décrit comment son style d'écriture varie selon l'alter qui est au contrôle et comment les mémoires peuvent également varier d'un alter à l'autre. Bonacci a même une personnalité qui parle et écrit allemand, alors qu'il n'a quasiment pas fait d'études. Les psychiatres qui ont travaillé avec lui ont rapporté que ses différentes personnalités étaient incapables de mentir et qu'elles avaient une mémoire photographique ultra performante. Il semblerait que Bonacci ai subi depuis tout petit un programme de contrôle mental basé sur les traumatismes dans le but d'en faire un esclave Monarch. Des enquêteurs ont rapporté que le réseau

---

[270] Ibid, p.127.

qui l'avait plongé dans le satanisme était centré à la base militaire de Offutt à côté d'Omaha, une base importante de l'armée de l'air. C'est là qu'il était transporté pour être violenté sexuellement lorsqu'il n'avait que trois ans, au début des années 70. À Offutt, et plus tard dans d'autres installations militaires, le réseau l'a "entraîné" par la torture, la drogue et la violence sexuelle dans le but de le former militairement, y compris pour les assassinats. Il s'agissait donc de fractionner sa personnalité par les traumatismes, pour ensuite le programmer.[271]

Paul Bonacci est une de ces nombreuses victimes, proies du Réseau, ayant été soumises à des programmes de MK. L'éclatement de l'affaire Franklin dans les tribunaux a permis de dévoiler publiquement son témoignage, mais combien d'autres victimes restent prisonnières, dont la parole ne sera jamais entendue ?

En 2004, le sénateur John de Camp a donné une interview radio à Alex Jones. Voici quelques extraits concernant un témoignage de Paul Bonacci qui rapporte un tournage de snuff-film auquel il a participé : *"J'ai tout simplement pris le journal de Paul Bonacci et j'en ai publié une bonne partie dans mon livre, un passage concerne un voyage qu'il a fait en 1984. Il raconte qu'il a été emmené dans un endroit près de Sacramento "avec de grands arbres". Puis ils sont allés à un endroit il y avait une chouette, une sorte de grand hibou sculpté ou quelque chose dans le genre (…) Je ne savais pas alors qu'il y avait un endroit appelé "Bohemian Grove" qui correspondait à la description, je n'ai pas écrit "Bohemian Grove" dans le livre parce que je ne savais pas ce que c'était à l'époque.* (ndlr : Le *"Bohemian Grove"* ou *"Bohemian Club"* est un groupe réservé à l'élite mondiale (principalement des américains), c'est l'un des plus fermé au monde. Les membres se réunissent une fois par an sur une propriété privée située dans une forêt de Séquoia à Monte Rio en Californie. Des cérémonies d'inspirations païennes, druidiques et babyloniennes s'y déroulent au bord d'un lac, au pied d'une statue géante de hibou représentant Moloch, une divinité babylonienne qui est le symbole de ce club élitiste) *Quoi qu'il en soit, c'est sûr, il a été amené là-bas pour une cérémonie lors de laquelle ils ont commis des choses horribles sur un autre garçon. Il y avait en tout trois garçons, et ils ont filmé. J'ai juste noté ses paroles avec les noms qu'il a entendus là-bas (…) Rappelez-vous que je ne savais pas ce qu'était le Bohemian Grove à cette époque, le gamin qui a écrit ça ne le savait pas non plus. Tout ce qu'il savait, c'est qu'il a été amené à cet endroit. Permettez-moi de vous lire le passage, c'est Paul Bonacci qui a écrit cela. Voici mot pour mot ce qui est écrit dans son journal :*

"J'y suis allé en janvier 1984. J'étais payé par les hommes qui fréquentaient King pour les histoires de prostitutions. Durant l'été, en 1984, je suis allé plusieurs fois à Dallas, au Texas et j'ai eu des rapports sexuels avec différents hommes que King connaissait, c'était dans un hôtel. J'ai voyagé avec la compagnie aérienne YNR (charter privé) et la compagnie aérienne Cam (autre compagnie privée), que King utilisait couramment. Je n'ai jamais vraiment eu personnellement affaire avec King, à part lorsqu'il me disait où je devais me rendre. Le 26 juillet, je suis allé à Sacramento, en Californie. King m'a mis dans un avion privé à partir d'un aérodrome à Omaha pour Denver, là-bas nous avons récupéré Nicolas. Un garçon qui avait environ 12 ou 13 ans, puis nous avons volé jusqu'à Las Vegas où on nous a conduit vers des ranchs pour aller chercher du matériel. Puis on est reparti vers Sacramento. Nous avons été pris par une limousine blanche qui nous a

---

[271] Ibid, p.327.

emmenés à un hôtel. Nous (Nicolas et moi) avons ensuite été conduits dans une zone où il y avait de grands arbres, il a fallu environ une heure pour s'y rendre. Il y avait une cage avec un garçon nu à l'intérieur. Nicolas et moi avons dû nous déguiser avec une panoplie de Tarzan et des trucs dans le genre. Ils m'ont dit de *** le garçon (je n'emploierai pas le mot). Au début j'ai refusé et l'un d'eux a brandi un pistolet sur mes parties génitales (je vais utiliser ce mot) en me disant fait le ou tu vas les perdre. J'ai commencé à *** le garçon. Nicolas a subi du sexe anal et d'autres trucs. On nous a dit qu'il était vierge et qu'il fallait se défouler sur lui. J'ai tout fait pour ne pas lui faire de mal. On nous a dit de mettre notre *** dans sa bouche et d'autres trucs… ils ont tout filmé. Nous avons fait ces choses au garçon pendant environ 30 minutes ou une heure lorsqu'un homme est arrivé et a commencé à nous frapper sur les organes génitaux. Il a attrapé le garçon et a commencé à le *** et lui faire d'autres choses (…) Puis ils a mis le garçon à côté de moi, l'un d'eux a pris une arme et a fait exploser le tête du garçon. J'avais plein de sang sur moi… J'ai commencé à crier et à pleurer, puis les hommes nous ont attrapés Nicolas et moi, ils nous ont forcés à nous allonger. Ils ont mis le garçon mort sur Nicolas qui pleurait et ils ont mis ses mains sur le sexe du garçon. Ils ont mis le garçon sur moi aussi et ils m'ont forcé à faire la même chose. Ils m'ont ensuite forcé à *** avec l'enfant mort. Ils ont mis un pistolet sur nos têtes pour nous obliger, j'avais du sang partout. Ils nous ont fait embrasser le garçon sur la bouche. Ensuite ils m'ont fait faire autre chose mais je ne veux même pas l'écrire. Après ça, les hommes ont attrapé Nicolas et l'ont drogué pendant qu'il hurlait. Ils m'ont mis contre un arbre et ont braqué un pistolet sur ma tête, mais ils ont tiré en l'air. J'ai entendu un autre coup de feu, puis j'ai vu l'homme qui avait tué le garçon, trainant au sol ce dernier comme un jouet. Toutes ces choses, y compris lorsque les hommes ont mis le garçon dans une malle, tout a été filmé (…) Plus tard, on nous a conduit dans une maison où des hommes étaient rassemblés, ils avaient le film et ils l'ont regardé. Pendant que les hommes le regardaient, Nicolas et moi passions entre leurs mains comme si nous étions des jouets."[272]

Paul Bonacci décrira précisément cette même scène de tournage de snuff-film, en pleurant, dans un entretien filmé en prison avec Gary Caradori, le principal enquêteur privé de cette affaire Franklin. En 1990, Caradori décédera brutalement dans l'accident de son petit avion privé alors qu'il était sur le point de divulguer certaines preuves accablantes.

• Kathleen Sorenson

Kathleen Sorenson était travailleuse sociale, elle et son mari Ron formaient une famille d'accueil pour les enfants en grande difficulté. Au total, le couple a recueilli une trentaine de témoignages d'enfants qu'ils ont eus en garde de quelques mois à plusieurs années. Kathleen Sorenson a décidé de parler de ce qu'elle avait appris par certains des enfants à sa charge. Avec sa fille aînée adoptive, rescapée d'abus rituels, elle a témoigné publiquement lors de forums et de conférences dans tous le Nebraska. Elle a donné des interviews à la radio et à la télévision. En 1988, elle est apparue dans une émission de Geraldo Rivera,

---

[272] *"The Alex Jones Show"* - Interview de John DeCamp, 21/07/2004.

consacrée au satanisme. Kathleen Sorenson était très consciente du danger que représentait le fait de parler publiquement de ces choses-là. Elle est décédée dans un accident de voiture en octobre 1989, peu de temps après avoir témoigné dans un programme de télévision chrétienne diffusée dans le Nebraska. C'est le sénateur John De Camp qui a publié son témoignage dans son livre *"The Franklin Cover-Up"*. Voici la transcription d'une partie de ce qu'elle avait dénoncé à l'époque :

Nous avons pris connaissance de ce sujet parce que nous étions une famille d'accueil et que nous avons travaillé avec un certain nombre d'enfants. Il y a quelques années, plusieurs enfants ont commencé à parler suite à une période de mise en confiance. Ils ont rapporté des choses très étranges qui s'étaient passées dans leur vie, cela était effrayant et à la fois très déroutant. Je ne savais vraiment pas quoi en penser. Nous sommes d'abord allés à la police puis nous sommes allés aux services sociaux mais il n'y avait vraiment rien que l'on puisse faire d'autre. Ces enfants avec qui nous avons travaillé ont maintenant été adoptés dans des familles sûres. Ils n'auraient probablement jamais parlé s'ils n'avaient pas eu confiance dans les gens avec qui ils vivaient.

Il y a certaines similarités dans les histoires des enfants en ce qui concerne les cultes sataniques. Il y a des choses identiques qui reviennent dans chaque témoignage, comme les bougies par exemple. Ils parlent tous de viols. Le sexe est sans aucun doute une part importante dans tout cela, toutes sortes de pratiques sexuelles perverses. C'est la première chose que vous entendrez, le sexe, le viol, l'inceste, et il est donc alors difficile d'y croire. Mais une fois cela accepté, nous pouvons continuer à questionner doucement pour en savoir davantage. On apprend alors qu'il s'agit de pédo-pornographie, c'est une pratique systématique. Cela leur sert entre autre pour menacer les enfants : "Nous avons des photos, nous allons les montrer à la police si vous parlez." Les enfants ressentent alors un grand danger, une grande peur de la police. Ils parlent de maquillages bizarres que les gens du groupe portent, ils parlent de chansons qu'ils ne comprenaient pas. Il s'agissait évidemment de chants, c'est encore quelque chose qui revient dans chacune des histoires, mais aucun des enfants n'appelait cela du "chant". Il y avait aussi des danses. La plupart du temps, cela implique des pratiques sexuelles. Il y a toujours un chef de groupe dont les enfants ont très peur.

Ces enfants, depuis un très jeune âge, je parle là d'enfants en bas âges, sont nés dans des familles pour adorer le diable. C'est tout ce dont je peux témoigner et je ne prétends pas être une experte en la matière. Tout ce que je peux vous répéter, c'est ce que les enfants m'ont dit. Mon mari et moi sommes maintenant au courant de certaines choses que nous ne devrions pas connaître, c'est vrai. C'est pour cela que j'y ai beaucoup réfléchi avant de m'engager dans cette émission, nous avons entendu des choses si laides et si effrayantes qu'on a hésité à le révéler publiquement. C'est quelque chose de très lourd et je ne veux pas faire fuir les gens, chambouler leur vie ou encore leur donner certaines idées. Je ne veux pas qu'ils se disent que si un enfant commence à parler de choses pareilles, c'est probablement qu'il a vu cette émission de télévision dans laquelle j'en parle. Mais nous en entendons de plus en plus, et cela devient très très clair. Je pense qu'il est temps que les gens sachent que ce n'est pas de la rigolade ou du jeu, il ne s'agit pas de quelque chose que nous pouvons ignorer ou dont nous pouvons rire.

Les enfants à qui j'ai parlé ont tous eu à tuer à un très jeune âge. C'est quelque chose qui dépassait tout ce que je pouvais comprendre. D'une certaine façon, avec l'aide de la main d'un adulte et en les faisant participer à la cérémonie, ils font commettre un assassinat à l'enfant. Et ce qui est grave, c'est que les enfants croient véritablement qu'ils ont voulu le faire de leur plein gré. Ils veulent reproduire ce que font les adultes et ils y sont encouragés. Cela devient leur objectif, devenir comme les adultes. Il reste toujours une petite partie en eux qui garde cette notion naturelle du bien et du mal qui nous est donnée par Dieu, mais avec l'excitation du groupe, ils veulent le faire. Ils aiment aussi le sexe, je ne savais pas que les enfants pouvaient aimer le sexe. Pourquoi lutteraient-ils contre cela ? Un enfant mangera un sac entier de bonbons si vous le lui laissez. Ils prendront part à ces choses volontairement. Quand ils en sortent et qu'ils commencent à en parler, il est très difficile pour eux de réaliser. Dans un premier temps, nous n'avions nous-même pas réalisé qu'ils étaient "volontaires" pour le faire.

On leur dit qu'ils ne pourront pas s'en sortir, que personne ne voudra jamais les croire, qu'il n'y a pas de liberté possible. Ils sont sans espoir jusqu'au jour où ils rencontrent quelqu'un qui est prêt à les écouter. Ils sont systématiquement menacés de mort. À chaque fois qu'un enfant est tué dans le groupe, on leur dit : "Si vous parlez, voilà ce qui va vous arriver." Et ils ont toutes les raisons d'y croire… Ainsi, même quand ils arrivent dans une famille d'accueil et qu'ils commencent à se sentir un peu en sécurité, ils s'attendent toujours à ce qu'un des membres du culte se présente un jour à la porte pour s'en prendre à eux. Ils croient que ces gens savent tout ce qu'ils font et tout ce qu'ils disent. Une adolescente m'a raconté qu'on lui avait dit que si jamais elle se mariait et que son mari la trompait, ce serait avec l'un d'entre eux. Ils les vouent à l'échec dans tous les domaines. Ces pratiques semblent être très présentes dans l'Iowa, le Nebraska et le Missouri. Certaines personnes ont récemment avancé que ces états pourraient être une sorte de quartier général.

Alors que vous m'écoutez parler de ces choses-là, il y aura certainement une partie en vous qui refusera naturellement beaucoup de ce que vous entendez là, et croyez-moi, nous aussi nous l'avons d'abord refusé. Je voudrais partager avec vous une partie de ce que les enfants nous ont révélé, des choses qu'aucun enfant ne peut savoir ou inventer. C'est cela qui m'a finalement convaincu avec une profonde émotion. Il y a ce mal et cette peine qui ressort lorsque ces écorchés à vif se mettent à parler.

Les enfants dont je parle sont ceux que j'ai personnellement connus chez moi. Ils ont aujourd'hui entre 5 et 17 ans. Lorsqu'ils ont parlé pour la première fois, ils avaient entre 5 et 15 ans et lorsque ces choses se sont produites, ils étaient encore bébés, nous parlons là de très jeunes enfants… Nous parlons d'enfants dont la conscience et l'apprentissage du bien et du mal est alors en pleine formation. Ces enfants ne savent pas, ils ne peuvent pas savoir ce qui est juste. Ils sont dans la confusion la plus totale. Les monstruosités qu'ils ont faites auparavant et pour lesquelles ils ont été récompensés, sont d'une telle horreur qu'ils seront systématiquement rejetés par les autres en en parlant. Généralement, ils ont été placés à plusieurs reprises. Lorsqu'ils arrivent dans une famille, ils vont voler, ils vont faire du mal aux animaux, etc. Le gamin pourra par exemple tailler ses crayons pour essayer de poignarder les gens. Évidemment, les familles refusent ce genre de comportements dans leur maison, mais ils n'ont pas la moindre idée de ce qu'il y a derrière, ils vont juste se dire : "Nous avons là un enfant très bizarre." Beaucoup de ces petits sont envoyés dans des hôpitaux psychiatriques où ils seront étiquetés "psychotiques" ou "schizophrènes", qui voudrait d'eux par la suite ? Je loue le Seigneur qui a apporté beaucoup d'entre eux dans ma vie, dans notre famille. Il existe d'autres familles comme la nôtre, c'est juste un moyen pour le Saint-Esprit... C'est la seule façon dont je peux l'expliquer...

Je vais commencer par les premières histoires que nous avons entendues. Celle-ci vous semblera horrible, mais elle est plutôt "soft" pour moi, car nous avons eu affaire à des témoignages beaucoup plus difficiles. La première est celle de deux petits garçons qui avaient 7 et 9 ans lorsqu'ils ont commencé à parler de la violence sexuelle, ils avaient beaucoup de tristesse en eux. Un après-midi où nous étions en train de parler de diverses choses personnelles, autant négatives que positives, le plus petit a commencé à pleurer. Comme nous n'arrivions pas à obtenir une explication, son frère aîné nous a avoué : "Il pleure sûrement parce qu'il était dans la pièce quand ils ont tué son ami." C'était le premier cas que nous entendions. Ils ont commencé à nous décrire la scène, ils ont parlé de cette petite victime dont les mains étaient attachées et la bouche bâillonnée. Il y avait des croix marquées sur son corps, situées aux endroits des organes vitaux. C'était très malsain... Quelques semaines plus tard, nous avons appris que ce n'étaient pas des adultes qui avaient tué cet enfant, mais que c'était ce garçon plus âgé, celui qui nous en avait parlé.

Le prochain cas dont nous allons parler est celui d'un petit garçon qui était très limité mentalement. Il avait des problèmes de langage, il était très difficile pour lui de s'exprimer oralement. Lorsqu'il a commencé à parler de ces choses-là, tout le monde a été surpris de la manière dont il s'exprimait. Nous en étions sûr, nous savions qu'il n'avait pas pu entendre cela par d'autres enfants. Mais nous avons commencé à nous interroger, il y avait en effet quelque chose d'étrange avec ces enfants qui venaient déverser toutes ces atrocités sur nous... La chose qui m'a faite croire en la véracité de l'histoire de cet enfant est qu'il a parlé de plusieurs bébés qui ont été tués, mais une certaine fois, il s'est recroquevillé en position fœtale pendant qu'il racontait l'histoire du nourrisson poignardé, il avait alors 9 ans. Il était en position fœtale tandis que ses yeux sont devenus vitreux et il a dit : "Ils cuisent le bébé sur le grill... ça sent comme le poulet pourri ou le cerf pourri." Il nous a ensuite dit comment ils ont découpé le cœur et les organes génitaux pour les conserver au réfrigérateur. Une chose typique qui revient sans cesse dans les témoignages est l'intérêt qu'ils portent aux organes génitaux. Je lui ai demandé où étaient mis les restes des corps, je n'ai pas eu de réponse de la part de cet enfant. Mais les deux autres garçons dont j'ai parlé juste avant m'ont affirmé par la suite que des "bébés étaient jetés dans le feu." Je leur ai demandé s'ils étaient morts quand ils étaient mis au feu, le plus petit m'a dit : "Non, non, eux étaient vivants." À cette époque nous étions vraiment paniqués par toutes ces choses ! Qu'allions nous faire ?! Comment pouvions-nous aider ces enfants ? Où trouver un thérapeute pouvant traiter ce problème ?... Mais Dieu a mis en place un système de soutien. D'autres familles nous ont aidé et cela nous a vraiment beaucoup soutenu.

L'enfant suivant est une petite fille qui avait 9 ans quand elle a parlé. Cela a été très douloureux lorsqu'elle a d'abord commencé à témoigner d'abus sexuels. Les abus sexuels sont tellement nocifs pour les enfants... Ils sont gênés d'en parler, c'est tellement intime. Elle a commencé par dessiner des chats... Tous ces chats avaient leur queue dessinée à l'autre bout de la page, ou bien c'était leurs jambes qui étaient séparées de leurs corps. Alors que nous avons commencé à discuter avec elle, elle nous a confié qu'elle avait dû tuer une chatte qui attendait des petits. Elle nous a avoué que c'était elle qui avait dû tuer la chatte : "Avec un couteau, je l'ai mis dans son derrière et je l'ai tourné." Maintenant vous allez me dire est-ce qu'un enfant peut inventer des choses pareilles ?! Si je demande à un enfant comment il pourrait tuer un chat, pensez-vous qu'il répondra de cette manière-là ?! Voilà le genre de détails horribles que les enfants nous rapportaient. Ensuite la petite nous a confié qu'ils ont fini par ouvrir et découper la chatte, voilà comment elle savait qu'elle attendait des petits. D'après elle, ils ont mangé des parties de l'animal, ainsi que les excréments. Ils ont aussi bu le sang. Cela n'était que le début, elle a également dû tuer un bébé, de la même manière, "mettre le couteau dans le derrière et tourner". Le bébé était vivant et il hurlait... Cette enfant jusqu'à ce jour fait encore de terribles cauchemars ainsi que de violents flashbacks. Elle nous a raconté qu'ils ont découpé le bébé et qu'ils l'ont mangé. Les restes ont été brûlés et les os broyés. La petite a parlé d'essence qui a été versée sur les restes pour les brûler dans l'arrière-cour. J'ai souvent cru que j'étais folle, mais j'ai entendu cela tellement de fois que maintenant je sais qu'il doit en être ainsi... Nous savons qu'il y a des morgues impliquées dans l'incinération des corps de victimes.

L'histoire d'incinération la plus horrible que j'ai à raconter, quelque chose de très inquiétant, vient d'une victime qui était adolescente au moment où elle me l'a raconté. Elle a décrit un rassemblement devant une grange où les personnes chantaient. Puis lorsqu'ils sont entrés dans la grange, ils se sont divisés en deux groupes. Elle n'était jamais avec toute sa famille, ils étaient systématiquement séparés pour aller à différents endroits. Je lui ai demandé alors où elle devait se rendre et elle m'a répondu "J'ai toujours été à la chambre d'incinération." Alors qu'elle me décrivait cette chambre d'incinération, je pensais en moi-même "comment a-t-elle pu s'en sortir en gardant toute sa santé mentale", je ne sais pas. Elle était alors un tout petit enfant.

Cette jeune fille nous a raconté que ces groupes kidnappent des enfants en bas âge et qu'ils les attachent. Il peut y en avoir 5 ou même 10 d'accrochés en rang. Dans le rituel qu'elle m'a raconté, ils étaient entièrement habillés, ce qui est inhabituel puisque généralement ils sont nus. On donnait alors des bougies à d'autres enfants, dont faisait partie cette adolescente, enfant à l'époque des faits. Les bougies étaient allumées, puis les adultes versaient du liquide sur les vêtements des enfants attachés, liquide qui était évidemment de l'essence. Ils donnaient ensuite un signal aux enfants qui devaient s'avancer avec les bougies pour mettre le feu aux petites victimes. Une fois cela terminé, certains d'entre eux étaient abattus. Le premier enfant que cette fille a dû tuer était un de ses petits cousins. Elle dit qu'elle ne pouvait pas s'y opposer, parce que ceux qui s'y opposent sont également tués (...) Il y a deux ans, cette fille s'est effondrée au moment de Noël. Tout le monde pense que Noël est un moment merveilleux. Elle nous a avoué qu'elle détestait Noël, qu'elle ne pouvait pas supporter cette fête parce que tout ce qu'elle pouvait entendre était des bébés en pleurs. Pour elle, Noël est le moment où la plupart des bébés meurent. Elle a couvert ses oreilles et elle a pleuré pendant des heures en criant : "Arrêtez ! Arrêtez ! Parlez à Dieu et dites Lui de faire arrêter ça !" Tout ce qu'elle pouvait entendre était des cris et des bébés en pleurs... Noël pour les enfants à qui j'ai parlé, est l'un des pires moments. Trois enfants m'ont parlé d'une cérémonie très similaire. Ils ont été amenés dans une église où tous les enfants étaient réunis, c'était apparemment très festif. Un jeune enfant est mis en avant, deux d'entre eux ont parlé de bébés sur un autel. Les adultes sont tous en train de célébrer, de chanter et de danser. Les enfants sont entraînés dans cette euphorie et un cercle se forme autour de celui qui a été mis en avant, bien sûr il représente l'enfant Jésus. Les adultes commencent alors à se moquer de lui, à lui cracher dessus, à l'insulter puis ils encouragent les autres enfants à faire de même... Vous pouvez vous imaginer comment cela devient vite hors de contrôle. À un moment donné, ils remettent à tous les enfants un couteau pour qu'ils aillent ensuite poignarder et découper l'enfant ou le bébé jusqu'à sa mort. Puis ils célèbrent la mort de l'enfant Jésus...[273]

• Sandi Gallant

En 1988, Sandi Gallant était officier de police à San Francisco quand elle a rédigé un rapport en recensant de nombreux cas d'abus rituels à travers les États-Unis, mais aussi au Canada où le phénomène est également présent. Voici ce qu'elle a écrit pour les parents de victimes :

"Au cours des dernières années, les policiers ont été confrontés à des investigations qui impliquent un changement de vocabulaire. Ce vocabulaire doit s'adapter à des crimes désormais identifiés comme des cas d'"abus sexuels rituels" ou "abus rituels contre les enfants" (...) Jusqu'à récemment, les lois étaient appliquées dans ces cas de la même manière que pour la maltraitance habituelle des enfants. Cela n'a pas été fait pour nier l'existence des abus rituels, mais parce que ces cas n'ont jamais été catégorisés avant cela. En d'autres termes, ces cas ont été traités de la façon dont tous les dossiers ont été traités parce que personne ne savait qu'ils correspondaient à un scénario de crimes particuliers alors en développement dans le pays. Toutefois, cela a posé des problèmes en termes de réussite des enquêtes (...) Les allégations concernent des types d'abus aussi insupportables qu'incroyables. Les enquêteurs croient les victimes, mais ils sont incapables de trouver des preuves qui puissent les amener à des poursuites judiciaires. Dans le dédale des problèmes qui ont surgi, les enquêteurs se sont retrouvés, dans de nombreux cas, face à des affaires dont ils étaient incapables de prouver la véracité. Les parents des victimes, désormais totalement frustrés par ces échecs du système, ont besoin de réponses et, en fait, ont le droit d'avoir des réponses et de savoir pourquoi leurs enfants qui ont été abusés n'ont pas le droit à la justice. C'est pour cette raison que cet article a été écrit. Vous, les parents, êtes dignes de voir les lois appliquées. Dans le même temps, nous avons besoin de vous pour comprendre la situation.

Pourquoi les lois sont-elles ainsi ? En tant qu'enquêteur sur les crimes rituels pendant ces dernières années, je peux honnêtement vous dire que nous faisons des progrès et que ce domaine des crimes est reconnu comme spécifique

---

[273] "The Franklin Cover-Up : Child Abuse, Satanism, and Murder in Nebraska" - John W. DeCamp, 1992, p.204-210.

et réel. Je dis cela parce que pas un jour ne passe sans que je ne sois en contact avec d'autres services de police à travers les États-Unis et au Canada, qui cherchent à obtenir des informations concernant le modus operandi et la manière dont se passent les abus rituels. À cet égard, nous faisons des progrès. Là où auparavant les agents n'étaient pas au courant de ce qu'ils voyaient, ils sont maintenant en mesure d'identifier les choses plus facilement, alors qu'auparavant les enquêteurs n'avaient pas de formation sur la façon d'identifier ces crimes quand ils y font face. Ils reçoivent maintenant une formation. Tout cela est très bien, mais les parents ne voient toujours pas les résultats escomptés. Dans de nombreux cas, les suspects ne vont même pas jusqu'au procès, et sont encore moins reconnus coupables. Au moment d'écrire ces lignes, il n'y a eu que quelques poursuites qui ont abouti aux États-Unis (…)

Dans son rapport Sandi Gallant écrira à ses supérieurs :

"Les informations contenues dans ce document sont désagréables et étranges, à un tel degré que l'on pourrait choisir de les discréditer. Cependant, les recherches que j'ai faites dans ce domaine ont révélé que de nombreux cas de ce type font leur apparition dans le pays et au Canada. Les similitudes dans les histoires de chaque enfant victime utilisé dans ces crimes ont tendance à donner une crédibilité à l'information révélée par d'autres. En outre, les psychiatres et thérapeutes qui ont suivi les victimes, affirment que la cohérence des histoires et les détails explicites révélés les amènent à croire que les enfants disent bien la vérité. Chaque agent des services de police qui a soumis des informations pour ce rapport pense que les victimes disent la vérité et que, en fait, les enfants seraient incapables d'élaborer de telles histoires.

Au cours de mes recherches, des similitudes ont commencé à faire surface, indiquant la forte probabilité qu'il existe un réseau de personnes dans ce pays, impliqué dans les abus sexuels et de probables homicides de jeunes enfants. Ces cas semblent différer de cas isolés d'abus envers les enfants car les crimes mentionnés ici sont commis avec une intention délibérée de mutiler et de massacrer des enfants à des fins rituelles ou sacrificielles. Bon nombre des cas signalés révèlent également une pornographie juvénile qui va au-delà du type normal de pornographie juvénile car les enfants sont photographiés au cours des rituels lors desquels certaines personnes portent des robes, des costumes et des bougies, présence également de serpents, d'épées, d'autels, mais il y a encore d'autres types de matériel rituel".

Ce rapport n'a jamais été transmis au FBI, et le ministère de la Justice a également refusé de l'examiner.[274]

• Elder Glenn Pace

Le 19 juillet 1990, Glenn Pace, alors évêque Mormon, a envoyé une note interne à son Église pour dénoncer les abus rituels. En effet, Glenn Pace avait mené une enquête sur les abus rituels sataniques au sein même de *l'Église des saints des derniers jours* (Mormons) afin de dénoncer la prolifération systématique et

---

[274] "Abus sexuels rituels : le cas de la maternelle Mc Martin aux États-Unis" - Donde Vamos 20/05/2012.

largement répandue du contrôle mental. Il avait ainsi recueilli une soixantaine de témoignages concernant des rituels traumatiques et des sacrifices humains. À l'époque, ce mémorandum a fait beaucoup de bruit au point qu'une enquête gouvernementale sur les abus rituels en Utah a été lancée l'année suivante (débouchant sur un rapport cité plus haut dans ce chapitre : *"Ritual Crime in the State of Utah"*). À noter que dans son livre intitulé *"The Darker Side of Evil, Corruption, Scandal and the Mormon Empire"* (La face obscure, corruption et scandale chez les Mormons), Anson Shupe rapporte à la page 109 de son livre que dans l'affaire Hadfield, des enfants ont parlé *d'histoires d'orgies sexuelles pendant lesquelles les participants portaient des costumes et où les adultes prenaient des photos.*

Voici la traduction du mémorandum de cet évêque qui a eu le courage de dénoncer ces horreurs :

Conformément à la demande du Comité, je vous écris cette note pour vous transmettre ce que j'ai appris à propos de la maltraitance ritualisée des enfants. En espérant que cela ait une certaine valeur et vous permette de continuer à surveiller ce problème. Vous avez déjà reçu le rapport "LDS Social Services" sur le satanisme daté du 24 mai 1989, un rapport de Brent Ward, ainsi qu'un mémorandum venant de moi-même daté du 20 octobre 1989 en réponse au rapport du Frère Ward. Par conséquent, je vais limiter cette lettre en vous transmettant uniquement les informations qui ne figuraient pas dans ces documents.

J'ai rencontré soixante victimes. Ce nombre pourrait être à multiplier par deux ou par trois si je ne me cantonais pas à une seule séance par semaine. Au départ je ne souhaitais pas m'impliquer sur cette question qui pouvait devenir un handicap pour mon poste à responsabilité. Mais par la suite, j'ai ressenti qu'il fallait en payer le prix afin d'obtenir une conviction intellectuelle et spirituelle face à la gravité de ce problème au sein de l'Église.

Sur la soixantaine de victimes que j'ai rencontré, il y a cinquante-trois femmes et sept hommes, huit d'entre-elles sont encore des enfants. Ces violences ont eu lieu dans les endroits suivants : Utah (37), Idaho (3), Californie (5), Mexique (2), ainsi que d'autres lieux (14). Cinquante-trois victimes ont déclaré qu'elles avaient assisté ou participé à des sacrifices humains. La majorité a été maltraitée par des proches, souvent par leurs propres parents. Tous ont développé des problèmes psychologiques et la plupart ont été diagnostiqués avec un trouble de la personnalité multiple ou d'autres formes de troubles dissociatifs.

Cette maltraitance ritualisée des enfants est la plus ignoble de tous les abus perpétrés sur des enfants. L'objectif fondamental et prémédité est de torturer et de terroriser ces enfants jusqu'à ce qu'ils soient obligés de se dissocier systématiquement et méthodiquement. Ces tortures ne sont pas la conséquence d'une "colère", il s'agit de l'exécution de rituels parfaitement pensés et bien planifiés, souvent effectués par des parents proches. La seule issue pour ces enfants est de se dissocier. Ils vont alors développer une nouvelle personnalité pour leur permettre de supporter les diverses formes d'abus. Lorsque l'épisode traumatique est terminé, la personnalité de base reprend le contrôle de l'individu qui n'a pas conscience de ce qui vient de lui arriver. La dissociation sert également pour occulter toutes ces choses-là, au fil du temps les enfants ne se souviennent plus de ces atrocités. Ils arrivent à l'adolescence et à l'âge adulte sans avoir aucune mémoire active de ce qu'il se passe (ou de ce qu'il s'est passé). Généralement, ils continuent à être impliqués dans les rituels tout au long de leur adolescence et au début de l'âge adulte, sans être pleinement conscient de leur participation à ces activités occultes. Beaucoup de personnes avec qui je me suis entretenu ont été utilisées pour certaines missions et ce n'est que beaucoup plus tard qu'elles ont commencé à s'en souvenir. Un individu peut avoir des mémoires concernant sa participation à des rituels, tout en servant toujours à plein temps le culte.

Les victimes mènent une vie relativement normale, les souvenirs sont enfermés et compartimentés dans leur esprit. Elles ne savent pas comment faire face à certaines de leurs émotions car elles n'arrivent pas à en trouver la source. Lorsqu'elles deviennent adultes et qu'elles se retrouvent dans un autre environnement, certaines choses peuvent alors déclencher des souvenirs et des flashbacks ou des cauchemars peuvent aussi se produire. Ces personnes vont vivre une vie tout à fait normale, et du jour au lendemain elles se retrouveront hospitalisées dans un hôpital psychiatrique en position foetale. Les mémoires de leur enfance remontent d'une manière tellement détaillée que les victimes ressentent de nouveau la douleur qui a provoqué cette dissociation initiale.

Il y a deux raisons pour lesquelles les adultes peuvent se souvenir de tels événements dans les moindres détails à propos de leur passé : d'abord la terreur qu'ils ont vécue était si intense que cela a été marqué d'une manière indélébile dans leur esprit. Deuxièmement, la mémoire a été compartimentée de manière à ce qu'une partie de l'esprit ne soit pas soumis au trauma. Lorsque ces mémoires refont surface, elles sont aussi fraîches que si cela s'était produit hier.

Les souvenirs semblent remonter par couches. Par exemple, la première mémoire peut concerner l'inceste, puis ressurgissent des mémoires de robes et de bougies. Ensuite, les victimes se rendent compte que leur père ou leur mère (ou les deux) étaient présents lors des abus. Une autre couche contiendra le souvenir d'avoir vu d'autres personnes torturées et même tuées, y compris des bébés, pour enfin se rendre compte que la personne a elle-même participé à des sacrifices. Une des mémoires les plus douloureuses est parfois le fait qu'ils ont dû sacrifier eux-mêmes leur propre bébé. Avec chaque couche de mémoire remonte de nouveaux problèmes auxquels les victimes doivent faire face.

Certaines personnes affirment que les témoins dénonçant ce type de traitement ne peuvent pas être fiables en raison de l'état instable de la victime et parce que la quasi-totalité d'entre eux souffrent de troubles dissociatifs. En fait ces histoires sont tellement bizarres qu'elles soulèvent en effet la question de la crédibilité. L'ironie est que l'un des objectifs de ces sectes est de justement créer des personnalités multiples chez ces enfants, afin de garder les "secrets". Ils vivent ainsi dans la société sans que celle-ci ait la moindre idée que quelque chose cloche puisque ces enfants et ces adolescents ne réalisent même pas eux-mêmes qu'ils ont une autre vie dans l'ombre et dans le secret. Toutefois, lorsque soixante victimes viennent témoigner du même type de tortures et de sacrifices, il devient personnellement impossible pour moi de ne pas les croire (…)

La doctrine spirituelle qui est liée à ces violences physiques est particulièrement difficile à surmonter. En plus de la douleur et de la terreur, les enfants sont également instruits dans la doctrine satanique. Tout est complètement inversé : le blanc est le noir, le noir devient le blanc, le bien devient le mal et le mal devient le bien, etc…

Les enfants sont mis dans des situations où ils croient réellement qu'ils vont mourir, comme d'être enterrés vivants ou immergés dans l'eau par exemple. Avant de faire cela, le bourreau dit à l'enfant de prier Jésus-Christ pour voir s'il va venir le sauver. Imaginez une petite fille de sept ans, à qui l'on a dit qu'elle allait mourir et qu'elle devait prier Jésus… et que pour elle, rien ne vient la sauver jusqu'au dernier moment où elle est finalement secourue par une personne se disant être un représentant de Satan. Elle devient une enfant de Satan et risque fort de devenir fidèle à lui.

Juste avant ou peu après leur baptême dans l'Église, les enfants sont baptisés par le sang dans l'ordre satanique qui est destiné à annuler leur baptême Chrétien (…) Toutes ces choses se font avec la personnalité qui a vu le jour afin de supporter la douleur physique, mentale et spirituelle. Par conséquent, il se développe au sein de ces personnes une sorte de "guerre civile". Lorsque les souvenirs commencent à refaire surface, il y a des personnalités qui se sentent elles-mêmes vouées à Satan, sans aucun espoir de pardon, tandis que la personnalité de base est un membre actif de L'Église. Lorsque l'intégration (fusion des alter) a lieu, c'est là que la "guerre civile" éclate. Parfois, lors d'un entretien, la personnalité du côté obscur émerge, elle peut-être pétrifiée ou bien remplie de haine envers moi et ce que je représente. Ces personnalités doivent être traitées autant spirituellement que psychologiquement.

La plupart des victimes sont suicidaires. Elles ont été endoctrinées à l'aide de drogues, d'hypnose et autres moyens techniques visant à les rendre suicidaires dès qu'elles commencent à révéler les secrets. La victime est menacée de mort, on menace également ses proches, etc. La victime a toutes les raisons de croire ces menaces car elle a déjà vu des gens se faire tuer (…)

Le but de ce mémorandum est d'insister sur la complexité de la thérapie psychologique et spirituelle pour ces personnes. Nos prêtres, lorsqu'ils sont confrontés à de tels cas, se retrouvent naturellement démunis, ne sachant pas comment y répondre. Quant à la magistrature, elle est totalement inefficace. Par exemple certaines victimes affirment parfois que toutes ces choses font partie du passé et qu'elles doivent les mettre de côté en se concentrant sur leur vie présente. Cela est tout simplement impossible. Une partie de la thérapie spirituelle consiste à convertir les personnalités qui ont été endoctrinées dans le satanisme. Les victimes doivent intégrer toutes leurs personnalités afin qu'elles puissent fonctionner dans un ensemble cohérent qui leur permette ainsi de faire face aux problèmes pour ensuite se consacrer pleinement à leur vie (…)

Les auteurs vivent une double vie, beaucoup sont des membres reconnus du temple (Mormon), c'est la raison pour laquelle l'Église a besoin de considérer la gravité de ce problème (…) J'ai refusé aux victimes de me donner les noms des agresseurs. Je leur ai dit que ma responsabilité était de les aider dans leur guérison spirituelle et que les noms des auteurs devaient être confiés à des thérapeutes et à des fonctionnaires de police (…) Je ne prétends pas affirmer que ce problème est répandu, tout ce que je sais, c'est que j'ai rencontré soixante victimes. Lorsque soixante victimes témoignent des mêmes types de tortures et de meurtres, personnellement il me devient impossible de ne pas les croire (…) Évidemment, je n'ai rencontré que ceux qui cherchaient de l'aide. Pour la plupart ils étaient dans la vingtaine ou la trentaine. Je peux seulement supposer, et j'en suis horrifié, du nombre d'enfants et d'adolescents actuellement impliqués dans ces pratiques occultes (…)

• Jenny Hill

En octobre 2012, la chaîne de télévision américaine *ABC4* a diffusé un court reportage de Kimberley Nelson consacré au témoignage de Jenny Hill, une femme survivante d'abus rituels qui a été diagnostiquée avec 22 personnalités différentes. L'histoire de Jenny Hill est rapportée dans *"22 faces"* (22 visages), un livre écrit par sa thérapeute, Judy Byington, qui a déclaré à la journaliste :

"Elle a été agressée sexuellement lors de rituels alors qu'elle était toute petite, elle a développé ces multiples personnalités à chaque fois qu'elle était dans une situation traumatisante."

Sa première personnalité alter est *"née"* lorsqu'elle avait 4 ans. Au moment où son père, un fervent mormon, a commencé à faire l'impensable…

"Il m'a dit qu'il m'aimait plus que ma mère et que cela était notre secret."

C'est quelques années plus tard, lorsque les abus rituels ont commencé, que sa personnalité s'est de nouveau fractionnée pour faire face aux viols et à la torture. Jenny ne se souvenait pas des abus, tout ce qu'elle savait, c'est qu'elle avait de sérieuses pertes de mémoire… Jusqu'au jour où elle s'est réveillée confuse dans un hôpital psychiatrique. C'est le Dr. Weston Whatcott qui s'est alors occupé d'elle. Il a déclaré à la journaliste avoir rencontré plusieurs des personnalités alter de Jenny Hill :

"Si cela était du cinéma, elle mérite alors de recevoir plusieurs Oscars (…) Elle avait une voix complètement différente ! Je veux dire un véritable changement de voix, un changement d'accent, mais aussi un changement de comportement, de mimiques, tout cela changeait radicalement."

Le Dr. Whatcott a également découvert que ses différentes personnalités alter ressortent dans les écrits de Jenny. Que ce soit dans le journal qu'elle écrivait quand elle était enfant mais aussi dans celui qu'elle a tenu à l'âge adulte. Dans ce journal, les personnalités alter révèlent ce qui est arrivé dans son passé. Jenny n'était elle-même pas convaincue qu'elle puisse avoir toutes ces personnalités différentes, jusqu'au jour où le Dr. Whatcott a fait un enregistrement vidéo d'une des séances de thérapie : *"Elle était fascinée par ce qu'elle voyait là, elle était comme un petit enfant, elle s'est mise à genoux et s'est rapprochée de l'écran… Elle n'arrivait pas à croire que c'était elle qui était sur cette vidéo."* Le Dr. Whatcott raconte que cette découverte des enregistrements a été un véritable tournant pour Jenny. Les souvenirs ont alors commencé à refaire surface, y compris des souvenirs de sacrifices humains : *"J'étais ligotée et ils menaçaient de me faire la même chose qu'à la victime. À un certain moment de la cérémonie, la douleur était si intense que la victime pleurait de manière hystérique… et je n'ai pas pleuré, je n'ai pas fait un seul bruit… comme si j'avais été programmée pour cela."*

Jenny affirme que le 21 juin 1965, elle a vu cette petite fille être assassinée. Elle dit qu'elle aurait probablement été la prochaine victime mais qu'elle a été sauvée par une intervention divine…

Judy Byington : "Jenny dit avoir vu les pieds d'un homme dans une lumière blanche, elle était couchée sur l'autel et il était juste au-dessus d'elle, et cela a rompu la cérémonie."

Jenny pensait qu'elle était vraiment seule face à ses souvenirs, mais sa mère, avant son décès, a admis lors d'une conversation téléphonique avoir été impliquée dans des rituels sataniques. Elle a aussi confirmé et validé la mémoire de Jenny à propos de cette lumière blanche salvatrice. La conversation téléphonique entre Mercy Hill (la mère de Jenny), et Judy Byington, a été enregistrée et diffusée lors de ce reportage de *ABC4* :

- Journaliste : Vous avez parlé de cette lumière blanche, pouvez-vous nous en dire plus ?

- Mercy Hill : Je ne sais plus, je ne m'en souviens pas beaucoup, mais il me semble qu'il y avait une lumière blanche. Elle était un peu éloignée de nous et elle descendait.

- Journaliste : Avez-vous vu quelque chose dans la lumière ?

- Mercy Hill : Non, elle était si brillante vous savez… elle était aveuglante…

• Vicki Polin

En 1989, Oprah Winfrey a consacré une de ses émissions *"The Oprah Winfrey Show"* aux abus rituels sataniques. L'émission était intitulée *"Mexican Satanic Cult Murders"* (meurtres du culte satanique mexicain). Durant cette soirée, une femme a témoigné des horreurs dont elle a été victime, elle a affirmé que sa famille était impliquée dans des rituels depuis des générations et des générations. À l'époque de son témoignage, elle suivait une intense thérapie en raison de son trouble de personnalité multiple ou trouble dissociatif de l'identité. Voici la retranscription de son interview avec Oprah Winfrey :

- Oprah Winfrey : Vous aussi avez vécu des abus rituels dans votre famille ?

- Vicki Polin : Oui, ma famille descend d'une longue lignée qui répète les abus, cela remonte au XVI è siècle.

- OW : Et donc ils ont abusé de vous ?

- VP : Je viens d'une famille qui croit à cela…

- OW : Et de l'extérieur, tout le monde pensait qu'il s'agissait d'une respectable famille juive ?

- VP : C'est exactement cela.

- OW : Alors qu'il y avait un culte à Satan à l'intérieur même de la maison…

- VP : Oui… Il y a beaucoup de familles juives à travers tous le pays, pas seulement la mienne.

- OW : Vraiment ? Et qui est au courant de ces choses là ?… Beaucoup de gens maintenant. (rires)

- VP : J'en ai parlé à un enquêteur de la police de Chicago, et plusieurs de mes amis le savent. J'en ai aussi déjà parlé publiquement avant…

- OW : Donc vous avez été élevée au milieu de toute cette horreur. Vous pensiez que c'était normal ?

- VP : J'ai enfoui en moi beaucoup de mes souvenirs à cause de mon trouble de personnalité multiple, mais oui… quand vous grandissez avec quelque chose, vous pensez que c'est normal. J'ai toujours cru que…

- OW : Mais quel genre de choses ? Vous n'avez pas à nous donner des détails gore, mais quel genre de choses se passait dans votre famille ?

- VP : Eh bien il y avait des rituels dans lesquels des bébés étaient sacrifiés et vous deviez...

- OW : Les bébés de qui ?

- VP : Il y avait des gens qui ramenaient des bébés à notre famille. Personne ne s'en rendait compte, beaucoup de femmes étaient obèses, on ne voyait pas si elles étaient enceintes ou non. Et s'il y avait des soupçons, elles s'en allaient un moment puis elles revenaient. Une autre chose que je veux dire, c'est que tous les juifs ne sacrifient pas des bébés, ce n'est pas quelque chose de traditionnel.

- OW : Donc vous avez été témoin d'un sacrifice ?

- VP : Oui, quand j'étais très jeune, j'ai été forcée à participer à cela et j'ai dû sacrifier un enfant.

- OW : Quel est le but de ces sacrifices, qu'est-ce que cela vous apporte ?

- VP : C'est pour le Pouvoir, la Puissance...

- OW : Avez-vous vous-même été utilisée ?

- VP : J'ai été agressée sexuellement, violée à plusieurs reprises...

- OW : Que faisait votre mère ? Quel était son rôle ?

- VP : Je ne suis pas sûre du rôle qu'elle pouvait avoir, je n'ai pas encore récupéré tous mes souvenirs, mais ma famille était extrêmement impliquée là-dedans... Vous savez, elle m'a menée à ça, mes deux parents m'y ont menée.

- OW : Et où est-elle maintenant ?

- VP : Elle habite dans la métropole de Chicago, elle travaille à la Commission des Relations Humaines de la ville où elle réside. C'est une citoyenne modèle, personne ne la soupçonnerait...

- OW : Avez-vous été élevée avec la notion du bien et du mal ?

- VP : Oui... j'avais ces deux notions. Ce que je veux dire, c'est que pour le monde extérieur, tout ce que nous faisions était bien et respectable, puis il y avait certaines nuits où les choses étaient différentes... où ce qui était mal devenait le bien, et ce qui était bien était quelque chose de mal. Tout ceci dans le but de développer des troubles de la personnalité multiples.

- OW : Dans votre famille, on appelait cela véritablement "un culte au diable" ou c'était juste les choses que vous faisiez qui étaient diaboliques ?

- VP : Non, je ne sais pas. Enfin, moi je disais que c'était mal, et eux disaient que c'était bien. Il y a un livre sur lequel je suis tombé intitulé "La grotte de Lilith", un livre sur le mysticisme juif et le surnaturel. Il y a beaucoup de choses là-dedans en rapport avec ce que j'ai vécu dans mon enfance."

• Linda Weegan

Linda Weegan est une maman dont les deux enfants ont été les proies d'abus rituels. Elle a livré son témoignage durant une conférence avec Ted Gunderson. Elle décrit ici le protocole systématique d'injustice consistant à attaquer et à harceler judiciairement le parent protecteur (généralement la mère) pour protéger les présumés bourreaux et réseaux au lieu de mener une véritable enquête. Voici la retranscription de son témoignage :

Je suis ici pour vous parler d'un exemple vécu sur ce qu'il se passe lorsqu'un culte satanique abuse de vos enfants. Il y a à peu près 10 ans, pour moi le démon était quelque chose de... Je vais à l'Église, je suis Catholique... J'allais à l'Église et pourtant le diable était quelque chose d'extérieur dont on ne parlait pas et qui était même caché. C'était quelque chose relevant carrément de la science-fiction. Mes enfants ont commencé à parler d'abus sexuels en 1993. Ils se masturbaient, ils essayaient des choses avec le chien comme de lui introduire un crayon ou un pinceau dans le rectum. Ces comportements se sont aggravés et sont allés crescendo (...) Je savais que j'avais là un très gros problème mais je n'avais aucune idée de ce que c'était réellement. J'ai alors cherché de l'aide à travers tout le pays. J'ai transmis les dessins de mes enfants à la police. J'avais donc tous ces dessins avec des cercles, des gens, des bougies noires au milieu de tables, des représentations de sodomie, etc. Je me suis rendue à l'Église pour leur dire : "Je ne sais pas ce que c'est mais ces dessins ont l'air très significatifs. Il y a des symboles que je ne comprends pas, des têtes de diable, des fantômes..." À cette époque-là, je n'avais aucune idée de ce qu'était un abus rituel satanique. Pour seule réponse, l'Église m'a demandé si j'avais déjà fait un examen psychiatrique... Aujourd'hui, je peux le dire, je sais à quoi correspondent les symboles de ces dessins.

Malgré que le père ait été inculpé pour sodomie et sexe oral sur ses enfants, personne n'a voulu m'aider. Même s'il y a des poursuites en cours, ils disent que vous avez inventé ces histoires d'abus rituels sataniques. Votre crédibilité est nulle, cela n'existe tout simplement pas, "rien de tel ne se passe aux États-Unis"... Focalisez-vous juste sur la "simple" pédophilie qu'ont subi vos enfants...

J'ai donc amené mes garçons dans un institut spécialisé sur les abus sexuels sur les enfants. Les mamans pouvaient y être également admises et j'avais alors la garde légale de mes deux fils. Mon mari, ses avocats et le juge ont découvert que mes enfants étaient dans un institut spécialisé... Ils ont alors confisqué ma maison, tout ce que j'avais, des photos de mes bébés jusqu'à mes vêtements, je n'avais plus qu'une valise avec moi. Ils ont pris ma voiture, mon courrier, mes revenus, mes actifs... J'ai tout perdu pour avoir présenté mes enfants à un spécialiste des abus sexuels ! Ils essayaient de me stopper à cause de ce que mes enfants pourraient éventuellement divulguer. Ils ont tenté de me briser financièrement afin que mes enfants n'aient plus aucune aide thérapeutique dans cet institut. Il a été clairement reconnu que mes fils avaient subi des abus sexuels et je peux le prouver par des documents.

Un jour, la thérapeute qui s'occupait d'eux m'a invitée dans son bureau, et là elle m'a dit qu'il s'agissait d'un cas classique de S.R.A. (Satanic Ritual Abuse = Abu Rituel Satanique)... Je n'avais aucune idée de quoi elle parlait, S.R.A. ??... Elle m'a alors expliqué ce qu'était l'abus rituel satanique. Elle m'a montré les dessins que les enfants avaient faits dans son bureau. Il y avait la représentation d'un sacrifice de sang, où des gens se coupaient le bras et recueillaient le sang dans un calice. Le calice avait une forme de tête de diable... etc... Cela inclut des orgies, des sacrifices d'enfants... Ce fut un choc énorme, je ne savais plus quoi faire, je ne savais plus où aller...

J'ai appelé toutes les associations et organisations de protection de l'enfance du pays pour demander de l'aide, personne n'admettait l'existence des abus rituels sataniques. De plus toutes les associations de protection de l'enfance ne font que clamer "qu'elles aiment les enfants"… mais elles n'aident en réalité personne. Donc mon combat pour sauver mes enfants m'a conduit jusqu'ici, et je peux vous dire maintenant qu'il y a d'autres mamans présentes aujourd'hui qui m'ont demandé de l'aide car leurs enfants sont également victimes d'abus rituels. Cela est très dur pour moi, ma vie a été détruite mais je dois dire qu'elle a été reconstruite pour le meilleur. John et Ben, qui ont 11 et 8 ans, ont vécu 15 et 16 mois dans la maison d'un sataniste qui est membre d'un groupe de 25 personnes situé à Turney dans le Connecticut. Ils sont impliqués activement dans les abus rituels sexuels. Ni le gouverneur, ni personne n'a protégé mes enfants. Je me questionne donc : Jusqu'où cela ira-t-il ? (…)

• Glenn Hobbs

En 1988, *Jeremiah Films* a produit un documentaire intitulé *"Halloween, Trick or Treat ?"* (Halloween, amusement ou menace ?) dans lequel Caryl Matrisciana interview un ex-sataniste, Glenn Hobbs, né dans un culte pratiquant les abus rituels. Voici la retranscription de cette interview :

- Caryl Matrisciana : Glenn Hobbs a été initié par son grand-père dans une secte sataniste lorsqu'il était enfant et il continua à participer à ces activités pendant des années. J'ai récemment interrogé Glenn à propos de son implication et de l'importance d'Halloween pour ces occultistes.

- Glenn Hobbs : Mon implication dans l'adoration satanique a commencé dans l'enfance car j'étais un sataniste générationnel… C'est à dire que ma famille et ses générations précédentes étaient impliquées dans ces pratiques occultes. Aujourd'hui, mes plus anciens souvenirs concernant Halloween et tout ce qui y est relié me rappellent que c'était une période très sombre de mon enfance…

- CM : Glenn, pouvez-vous nous parler des rituels d'Halloween dans lesquels vous avez été impliquée durant votre enfance ?

- GH : Il y a eu une autre petite fille d'impliquée là-dedans avec moi. Son nom était Becky. Becky n'était pas comme moi, elle était destinée à être sacrifiée. Moi j'étais destiné à devenir un grand prêtre. Elle était née dans cette secte pour être destinée à un sacrifice humain. Elle et moi, nous avons été mariés ensemble lors d'un rituel. C'était un mariage offert à "la Bête". Lorsque moi et cette petite fille avons été mariés, il y a eu beaucoup d'abus sexuels, beaucoup de sang a coulé, tout cela afin de nous unir.

- CM : Quand est-ce que le rituel d'Halloween commence ? Quel est le but véritable d'Halloween ?

- GH : Les rituels dont je me souviens le plus clairement débutent fin septembre. Moi et la petite fille que je viens de mentionner, Becky… Les abus étaient très répétitifs durant cette période de l'année. Nous étions amenés dans plusieurs pièces où nous étions déshabillés. Nous avons passé les deux semaines suivantes dans des sortes de cabanes dans lesquelles il s'est passé beaucoup de rituels, beaucoup d'animaux ont été sacrifiés. Des incantations à Lucifer et à ses démons étaient faites pour qu'ils viennent et prennent possession de moi. J'étais destiné à devenir un grand prêtre au moment venu. Lors de la nuit d'Halloween ils nous ont emmenés, moi et la petite fille, à l'arrière d'une camionnette. La route a semblé longue, encore une fois nous avons été drogués… Finalement nous nous sommes arrêtés, ils ont fait sortir la petite fille et ils m'ont laissé dans la camionnette. J'entendais beaucoup d'agitation à l'extérieur, des gens criaient et hurlaient avec en fond cet espèce de murmure... une sorte de chant. J'avais donc conscience qu'un rituel était en cours car j'avais déjà entendu ce genre de choses beaucoup de fois auparavant. C'était quelque chose d'habituel pour moi de voir des personnes couchées au sol et prises de convulsions durant ces rituels, avec toujours cette présence démoniaque que l'on ressent tout autour... Finalement une femme est venue me dire qu'il était temps pour moi d'y aller... Elle m'a donc sorti de la camionnette et là j'ai pu voir qu'il y avait beaucoup de monde présent. Certaines personnes étaient vêtues de sortes de robes sombres avec de grandes capuches. Ils m'ont emmené vers un autel en pierre. Je me souviens avoir vu la petite fille, elle se trouvait sur l'autel... Je me suis d'abord demandé ce qui allait arriver, parce que vous ne savez jamais, ils peuvent utiliser l'autel pour beaucoup de choses, cela peut être un sacrifice animal, des abus sexuels par le grand prêtre sur une victime, c'est difficile de savoir à l'avance... Ils ont finalement fini par me diriger devant cet autel, là j'ai vu qu'ils lui avaient ligoté les pieds et qu'elle était attachée à l'autel. Ses bras étaient également liés à l'autel avec des sortes de crochets. Elle était très blanche... je me souviens qu'elle était d'une blancheur incroyable... Ils avaient fait des incisions au niveau de ses pieds et de ses poignets. Ils avaient recueilli le sang qui coulait des blessures dans un calice, puis ils ont fait passer ce récipient aux personnes qui étaient présentes. Ensuite le grand prêtre a pris le poignard rituel... Il l'a pointé sur la petite victime, il a pris ensuite ma main pour la mettre sur le poignard et m'a forcé à poignarder la poitrine...

Donc en ce qui concerne Halloween... Vous savez, c'était une période de l'année culminante, la nuit d'Halloween où ils ont tué cette petite fille innocente. C'est quelque chose qui se passe à chaque nuit d'Halloween, ce n'est pas juste un événement isolé. Il y a des enfants dans le monde entier qui sont sacrifiés la nuit d'Halloween, et dans nos sociétés, nous la célébrons en allant de porte en porte pour demander des bonbons, c'est une "grande fête" pour nous. Mais je pense que c'est très ironique, une partie des gens pensent que c'est quelque chose d'amusant, tandis que d'autres prennent pendant ce temps-là des vies humaines... Et pourtant personne ne veut faire face à ce qui se passe réellement (...)

• Anne A. Johnson Davis

Anne A. Johnson Davis est l'auteur de *"Hell Minus One"*, un livre autobiographique publié en 2008 dans lequel elle raconte son enfance traumatisée par les abus rituels de l'âge de 3 ans jusqu'à 17 ans où elle a finalement prit la fuite. Anne, de son vrai nom Rachel Hopkins a mis longtemps avant de rendre son témoignage public et de sortir de l'anonymat, la rédaction de son autobiographie a pris 7 ans 1/2.

Le livre contient un avant-propos du Lieutenant-inspecteur Matt Jacobson, du bureau du Procureur général de l'Utah (Jacobson est l'un des rédacteurs du rapport *"Ritual Crime in the State of Utah"* mentionné plus haut dans ce chapitre). Dans cet avant-propos, Jacobson valide le témoignage contenu dans le livre, indiquant qu'il a lui-même personnellement rencontré et questionné les agresseurs qui se sont confessés en sa présence. Plus tard, Anne a même reçu les aveux écrits de ses bourreaux, qui n'étaient autres que sa mère et son beau-père.

Voici une interview de Anne Johnson Davis qui a été réalisée et mise en ligne par le groupe S.M.A.R.T. (*Stop Mind-control And Ritual abuse Today*)[275]

- Quel est le sujet du livre 'Hell Minus One' ?

- Ce livre parle avant tout d'espoir et de liberté, il s'agit d'une biographie, d'un segment de ma vie. Comme le précise le sous-titre de mon livre, c'est "mon récit d'une délivrance d'abus rituels sataniques et mon retour à la liberté".

Ce livre révèle qu'il y a réellement des personnes qui pratiquent les abus rituels sataniques. Ceci n'est pas un mythe, comme certains le prétendent. Dès l'âge de 3 ans, mes parents m'ont utilisée comme un objet lors de rituels jusqu'à ce que je quitte la maison à l'âge de 17 ans. Ce livre rapporte les abus que j'ai subis ainsi que les différentes étapes franchies pour retrouver ma liberté, pour me guérir et pour finalement pardonner à mes bourreaux. Dans ce livre, il est question des choix que j'ai faits, de certains miracles et d'une aide cruciale que j'ai reçue. Une aide qui m'a permis de triompher de ce passé tragique. Cela concerne aussi l'engagement que j'ai pris pour vivre une nouvelle vie dans l'amour, la détermination et les résolutions positives.

- Pourquoi avez-vous écrit ce livre ?

- Lorsque j'étais en phase de guérison, j'ai commencé à comprendre que ma vie et ma santé mentale ne s'amélioreraient pas uniquement grâce à moi. J'ai alors ressenti une vocation pour apporter la liberté et l'espoir aux autres. Mon mari, Bruce, a également été convaincu de cette vocation et il m'a toujours encouragée à écrire ce livre. Il estimait que mon expérience pouvait apporter une contribution. Au début, j'ai résisté parce que je n'étais pas prête à m'engager dans quelque chose qui demandait un effort immense et douloureux. Mais en guérissant, ce désir d'inspirer du courage à d'autres a grandi en moi. À partir de mon expérience, je voulais que les victimes d'abus retrouvent un certain espoir de pouvoir s'en sortir, de pouvoir surmonter les obstacles qui semblent totalement insurmontables. Ce à quoi nous avons à faire face, nous pouvons le surmonter - et même faire encore mieux. Les portes s'ouvriront alors et l'aide viendra lorsque nous donnerons tout de nous-mêmes pour le BIEN.

J'ai des preuves concernant les abus rituels sataniques. J'ai également des souvenirs qui me sont remontés et j'ai noté tout cela clairement dans des lettres. Ces lettres ont eu pour retour des confessions écrites de mes bourreaux, qui étaient ma propre mère et mon beau-père. Mes demi-frères ont également envoyé des lettres aux autorités pour confirmer mes accusations. Deux inspecteurs reliés au bureau du Procureur général ont par la suite obtenu les aveux verbaux et écrits des agresseurs.

- Qui devrait lire votre livre ?

- Le récit de mon livre a pour vocation d'apporter de l'espoir aux victimes. De l'espoi pour ceux qui sont encore captifs. De l'espoir pour qu'ils sachent qu'il existe d'autres options et qu'ils ont le choix. C'est aussi un appel pour ceux qui sont en mesure de les aider, comme les hommes de loi, les professionnels de la santé mentale, l'Église et même les personnes qui s'ouvrent aux témoignages qui

---

[275] *"Interview With the Author of Hell Minus One"* - Anne A Johnson Davis, S.M.A.R.T. /ritualabuse.us.

leur sont parfois confiés. Ce livre est aussi destiné à ceux qui souhaitent lire une biographie ou la bonté et la lumière ont vaincu le mal et l'obscurité.

- Quels sont le ou les messages les plus importants de votre livre ?

- Que notre adversité n'est pas notre identité. Ce que nous avons fait ou ce que l'on nous a fait, n'est pas ce que nous sommes. Peu importe ce qui nous a été infligé - ou les erreurs que nous avons faites - nous pouvons surmonter cela et être fidèle à notre authenticité, notre véritable moi. La bonté et la lumière surmontent toujours le mal et l'obscurité. Notre capacité donnée par Dieu à diriger notre propre vie n'est jamais perdue, jamais !

Ce livre est destiné à ceux qui ont besoin d'encouragements, ou qui sont dans une situation professionnelle ou personnelle où ils doivent soutenir et encourager quelqu'un. Le sous-titre de mon livre est : "Mon récit de la délivrance d'abus rituels sataniques et mon retour à la liberté". Je dis "délivrance" plutôt que "évasion" parce que je n'aurais pas pu faire cela par moi-même. J'ai reçu l'aide d'une puissance supérieure. Je ne pense pas que quelqu'un puisse sortir complètement de cet asservissement uniquement par ses propres moyens. Le message de ce livre va au-delà que simplement surmonter les abus rituels sataniques, il est également valable pour tout le monde, les individus, les associations, les entreprises, car il traite de la question du franchissement des obstacles qui semblent insurmontables. Nous avons tous des Goliaths à affronter et à surmonter. Ce processus d'affrontement pour surmonter l'obstacle n'est jamais facile et il nécessite un engagement et un dur travail. Mais le résultat de ce travail change votre vie à tout jamais. Le seul moyen de s'en sortir est de passer par là.

- Combien de temps vous a-t-il fallu pour écrire ce livre ?

- Voyons voir... Quel est mon âge ?... Il m'a fallu toute une vie ! 47 ans d'abord pour le vivre, puis il a fallu le "revivre" et traiter tout ça. Ensuite cela a pris 6 ans d'écriture et enfin 18 mois pour le travail de relecture et d'édition du manuscrit final. Le livre a été publié en décembre 2008.

- Quelles recherches avez-vous faites ?

- Des recherches ? Je n'ai pas eu à faire de recherches. Je l'ai vécu, puis je m'en suis souvenu. Les mémoires sont revenues avec une clarté cristalline, une par une, jour après jour, semaine après semaine, mois après mois. Cela a reconstitué un puzzle choquant dont j'étais totalement ignorante. J'ai écrit des lettres explicites sur les faits commis et j'ai finalement reçu des confessions écrites de mes parents : ma mère et mon beau-père. Ces aveux écrits ont été complétés pour des aveux verbaux devant le procureur général de l'Utah.

- Quelle a été la chose, ou le défi, le plus difficile dans l'écriture de votre livre "Hell Minus One" ?

- Trouver la détermination et le courage de rester sur ce projet pendant plus de sept ans, avec l'écriture et les relectures d'un manuscrit racontant des détails horribles et douloureux. Mais le côté sombre de mon histoire était rééquilibré par le côté lumineux qui est finalement le plus important. Ces sources de positivité sont ma foi et mes expériences spirituelles, ainsi que des circonstances et des personnes formidables ayant traversé ma vie.

- Dans les premiers chapitres du livre, vous décrivez quantité de souvenirs détaillés lorsque vous aviez 3 ans. Comment vous êtes-vous rappelée de tout cela ?

Était-ce présent depuis toujours, ou est-ce que cela est remonté à vous comme vous l'avez écrit ?

- La plupart des mémoires sont remontées lors de la thérapie. Les détails supplémentaires ont émergé au fil des années lorsque je me suis efforcée de poser mon histoire par écrit. Mon éditeur et moi avons travaillé ensemble pour finaliser le manuscrit. À un certain moment, il m'a demandé si j'en savais plus. Afin de préserver l'authenticité et l'exactitude, j'ai pris tout mon temps, calmement, pour tout simplement laisser émerger les détails.

- Vos frères et sœurs ont-ils été victimes comme vous ? Ou étaient-ils satanistes comme vos parents ?

- Mes demi-frères ont écrit des lettres aux autorités ecclésiastiques venant appuyer et confirmer mon témoignage. Je respecte leur vie privée et je ne veux pas parler pour eux. Ils n'ont pas été victimes comme je l'ai été, moi j'étais "une pièce rapportée" dans la famille, considérée comme un "bâtard" et utilisée comme un objet sacrificiel.

- Comment êtes-vous arrivée à obtenir ces lettres d'aveux de vos parents ?

- Au début de ma thérapie, quand j'avais encore des contacts avec eux, je les ai appelés et leur ai demandé s'ils pouvaient écrire aux autorités ecclésiastiques pour confirmer mes accusations. Et ils l'ont fait.

- Les lettres d'aveux de vos parents sont publiées en détail dans votre livre. Vous avez utilisé des ellipses dans plusieurs paragraphes. Qu'avez-vous laissé de côté et pourquoi ?

- Ce sont des paragraphes qui étaient trop déments et trop violents pour être publiés. Ce livre transmet avant tout un message d'espoir et d'encouragement, de délivrance et de guérison. Mon intention en incluant ces lettres d'aveux était de donner au lecteur suffisamment d'informations pour qu'il sache à quel point cela était malsain. Mais je n'ai pas voulu que le contenu soit offensant et choquant au point que le lecteur referme le livre.

Il y avait aussi des références à mes demi-frères et sœurs, et par respect de leur vie privée, j'ai retiré ces passages.

- Où sont les lettres d'aveux de vos parents aujourd'hui ?

- Les originaux sont en sécurité dans un coffre.

- Sont-ils disponibles pour le public ? Si non, pourquoi ?

- Ils ne sont pas accessibles au public. Ils ont été mis à la disposition du procureur général de l'Utah au cours de son enquête. Ils ont également été mis à la disposition de la maison d'édition lors de l'écriture du manuscrit final. Mais en raison de la nature du contenu de ces lettres avec souvent des détails imagés choquants, ainsi que pour une question diffamatoire, car des noms y sont cités, elles ne sont pas disponibles pour le public.

- Vos parents ont commencé à vous soumettre aux abus rituels dès l'âge de 3 ans et cela a continué jusqu'à ce que vous quittiez la maison à l'âge de 17 ans. Par la suite, vous avez commencé à avoir des crises de rage dans la trentaine... À la fin des années 90, vous aviez terminé votre thérapie et vous étiez sur le chemin de la guérison. C'était il y a plus d'une décennie et aujourd'hui vous êtes dans votre cinquantaine. Vous dites qu'il a fallu 7 ans pour écrire "Hell Minus One". Pourquoi n'avez-vous pas écrit votre livre plus tôt ? Était-ce une question émotionnelle, deviez-vous vous sentir prête avant de révéler ces mémoires ?

- Avant 2001, je ne ressentais pas l'utilité d'écrire un livre pouvant éventuellement aider les autres. L'écriture de "Hell Minus One" a pris beaucoup plus de temps que je ne l'avais prévu. Mais je voulais que le manuscrit soit authentique dans les moindres détails et qu'il soit aussi d'une bonne qualité d'écriture. Cela a pris 18 mois pour re-travailler et éditer le manuscrit, après 7 ans d'écriture.

- Vos parents faisaient des choses horribles et sadiques sur vous. Après ces épisodes, vous ne vous souveniez de rien, vous n'aviez même pas de sentiments hostiles vis à vis d'eux. Quelle est la définition médicale ou psychologique de ce phénomène ? Comment et pourquoi le cerveau fonctionne-t-il de cette manière ? Est-ce que certaines choses vécues peuvent s'effacer ?

- Les définitions des professionnels que j'ai entendues ne sont pas convaincantes. J'ai tendance à me fier à ma propre expérience plutôt que d'utiliser des étiquettes qui peuvent être contradictoires et incomprises. Dans mon cas, mon psychisme m'a empêché de prendre conscience des abus jusqu'à ce que je sois assez mature pour réagir. Avant ça, les menaces de mes bourreaux disant que je serais détruite si je parlais de quoique ce soit ont gardé ces mémoires d'abus dans un cloisonnement, un silence psychologique.

- En quoi consiste exactement un abus rituel satanique ?

- Pour moi, c'est une forme criminelle, inhumaine et perverse de rendre un culte au diable. Ces crimes incluent la torture physique, sexuelle, mentale et spirituelle sur d'innocentes victimes.

- Quelle est son origine ? Son histoire ?

- Tout d'abord, je ne suis pas experte sur l'abus rituel satanique et je ne souhaite pas l'être. Parfois, lors des abus, j'ai entendu mes parents et leurs complices parler du retour à une époque lointaine, par conséquent, tout ce qui était fait durant ces nuits-là ne se référait pas à l'époque présente. Il existe plusieurs sources sur internet décrivant en détail l'origine des abus rituels. Malheureusement, on trouve aussi beaucoup de sources proclamant que tout cela est faux et qu'il s'agit d'une légende urbaine née dans les années 80 et discréditée à la fin des années 90. Principalement en raison de déclarations sans preuves ni fondements.

Ce qui m'est arrivé - Les lettres d'aveux de mes parents - est un argument de plus à mettre dans la balance. En fait, les lettres de mes parents, leurs aveux verbaux à la police et leur excommunication de l'Église, fournit de nouvelles preuves que les chercheurs et les sceptiques sur l'abus rituel satanique n'avaient pas auparavant. Sans preuves, je peux comprendre que ce sujet n'ait pas reçu plus de soutien par le passé. Une de mes espérances, c'est que "Hell Minus One" recevra de bonnes critiques, de la part de la justice, des professionnels de la santé mentale et même des médias. Ceci afin de reconsidérer cette question des abus rituels.

- Pourquoi ces gens se livrent-t-ils à de tels comportements ? Qu'en retirent-ils ?

- De mon point de vue, cela est un moyen pour assouvir une dépendance à la violence sexuelle et à la perversion. Je les ai vu avoir des comportements complètement démentiels - déterminés à faire appel aux puissances des ténèbres et du mal - croyant que cela leur donnerait une puissance et un pouvoir supérieur aux autres personnes, ainsi qu'un moyen extraordinaire pour obtenir de l'argent.

- Les abus rituels que vous avez vécus ont eu lieu dans les années 50 et 60. Si vous faites une recherche sur internet avec "Abus Rituels Sataniques", des centaines de sites sont répertoriés. Certains offrent de l'aide, certains décrivent de troublants détails sur les pratiques d'aujourd'hui. Quelle comparaison pouvez-nous donner sur ce que vous avez vécu et ce qui se fait aujourd'hui ?

- Il y a plus d'un an, après quelques heures de recherches sur ce sujet sur internet, j'ai décidé que je ne me soumettrais plus jamais à la vue ou à la lecture de ces choses-là. Ce que je comprends, c'est que le but et les intentions des abus rituels ne semblent pas avoir changé, même si les techniques se sont considérablement développées. Cela est de plus en plus bizarre, de plus en plus brutal et inhumain.

- Pour les lecteurs qui sont victimes d'abus rituels, que leur recommandez-vous ?

- Surtout je voudrais qu'ils sachent qu'ils ont le choix. Je voudrais les exhorter à faire preuve de courage et à demander de l'aide de quelque façon que ce soit, de sortir et de rester à l'écart de ce mal, de cette servitude. Si votre famille est toxique et complètement malade, qu'elle baigne dans des activités criminelles, il ne faut plus se tourner vers elle. Vous ne pouvez pas les sauver, mais vous pouvez vous épargner. Je voudrais qu'ils se rendent compte qu'ils ont un droit sur leur identité et leur vie qui leur est donné par Dieu. Ils ont et ils auront des signes intérieurs et une intuition qui les guidera de la meilleure façon possible.

- Pour les lecteurs vouant un culte à Satan, ou pratiquant l'abus rituel, que leur recommandez-vous ?

- Pour ceux qui pratiquent le satanisme, ils ont le droit de faire ce qu'ils veulent dès qu'il ne s'agit pas d'actes criminels. Après avoir connu les pratiques sataniques de ces âmes nauséabondes, je leur conseille d'en sortir, quel que soit le prix, avant qu'il ne soit trop tard.

- Quel est le but que vous espérez pouvoir accomplir avec votre livre "Hell Minus One" ?

- Mon espoir et ma prière sont que ce livre soit un phare, une lumière au milieu des ténèbres. Un message d'espoir et d'encouragement. Nous pouvons tous surmonter des obstacles apparemment insurmontables. L'épigraphe de mon livre rappelle que nous avons toutes et tous été dotés par le Créateur d'un droit inaliénable sur notre vie, un droit à la liberté et au bonheur.

- Dans votre livre, vous expliquez pourquoi vous et votre mari avez choisi de ne pas porter plainte contre vos parents pour leurs actes criminels. Maintenant que plusieurs années se sont écoulées depuis cette décision, le regrettez-vous ? Pourquoi avoir pris une telle décision ?

- Non, je ne le regrette pas. À l'époque, avec le "syndrome des faux-souvenirs", le procès n'aurait pas abouti en ma faveur. Que je dise la vérité ou non, c'est ma personne qui aurait été mise sous les projecteurs médiatiques plutôt que mes parents ; même s'ils ont fait des aveux écrits et verbaux et qu'ils ont été excommuniés de leur Église. Une force en moi m'avait alors avertie que cela aurait entraîné une explosion médiatique qui aurait déchiré ma propre petite famille et moi avec.

c/ Canada

• Manon et Josée

En 1995, le journal canadien *La Presse* a publié un article de la journaliste Marie-Claude Lortie intitulé : *"La SQ a ouvert une enquête sur une mystérieuse secte satanique en Estrie"* (SQ signifiant Sûreté du Québec, la police nationale québécoise). Une publication qui est toujours disponible dans les archives du site www.lapresse.ca.

L'article rapporte les témoignages de deux jeunes femmes, 'Manon' et 'Josée', nées dans une secte satanique et qui en sont sorties malgré tout. À l'âge de 28 ans, Manon a décidé de parler à Luc Grégoire, un enquêteur de l'escouade des crimes majeurs de la Sûreté du Québec. La femme lui a alors décrit des messes noires, des viols en réunion, des sévices corporels et des sacrifices. Marie-Claude Lortie introduit son article par ces quelques paroles de Manon :

- Je suis née dans une secte satanique. Dans une famille où tous les membres devaient adorer Satan, lui porter un amour inconditionnel, tout faire pour lui obéir. J'ai subi des sévices dès l'âge de trois ans et demi, j'ai été torturée, martyrisée, violée. J'ai vu des sacrifices d'animaux, mais aussi des sacrifices humains...

- Humains ?

- Oui, humains...

Manon raconte qu'elle a subi des rituels initiatiques et traumatiques comme être enterrée vivante dans un cercueil. Elle parle de viols collectifs et de tortures, de sacrifices lors desquels elle était obligée de boire le sang et manger la chair des offrandes sacrifiées. Tout comme dans de nombreux témoignages, elle raconte que sa famille était impliquée dans ces activités sataniques depuis des générations et des générations : *"C'est un culte qui se transmet par le sang. Et c'est avec leur sang aussi que les adeptes doivent signer le pacte obligatoire avant l'entrée à toute messe noire, pacte par lequel ils s'engagent à ne jamais rien dire de ce qu'ils ont vu ou entendu durant les cérémonies."*

La jeune femme a expliqué à l'enquêteur qu'à chaque pleine lune, des dizaines de personnes s'entassent dans des sous-sols pour assister à des rituels dirigés par des prêtres sataniques. Elle parle de cérémonies qui réunissent habituellement une centaine de personnes. Le groupe auquel elle appartenait se déplaçait souvent sur de longues distances pour assister à des messes noires et elle parle de certaines cérémonies au Québec réunissant pas moins de 500 adeptes. Elle dit avoir participé à un rituel aux États-Unis où il devait bien y avoir 1500 personnes, selon elle *"beaucoup de gens devaient être là simplement par voyeurisme, pour le sensationnalisme, et pour profiter des orgies sexuelles qui avaient lieu après les messes noires"*.

Les jeunes femmes affirment toutes les deux qu'elles ont été forcées de se prostituer et que c'est le sort qui est réservé à toutes les filles membres du réseau. Les viols avaient lieu durant les cérémonies, mais elles subissaient les abus sexuels également dans leur famille, *"La plupart des atrocités n'ont été épargnées à aucune jeune femme de la secte"* explique Josée. C'est un prêtre des frères du Sacré-Cœur à Bromptonville, Guy Roux, qui a apporté de l'aide à Manon par la prière afin de la "libérer" de ce qu'elle avait vécu. Le prêtre affirme que la jeune femme était aux prises avec le démon. Sa psychothérapeute l'a également beaucoup aidée à surmonter ces expériences traumatiques.

• Pierre Antoine Cotnareanu

Un autre témoignage est celui du psychanalyste Pierre Antoine Cotnareanu. Il a décrit un cas troublant d'une de ses patientes canadiennes. Son témoignage a été filmé et diffusé sur internet, en voici la retranscription :

- C'était une personne qui venait d'une secte sataniste, ce qu'elle nous a raconté était assez atroce, je ne pensais pas que cela existait près de chez moi. Elle disait qu'elle faisait partie d'une famille qui pratiquait un culte sataniste de génération en génération. Quand elle était petite, elle a été éduquée, hypnotisée, pour être une espèce de prêtresse, un autel pour les cérémonies de magie noire.

- Qui pratiquait ces choses-là ?
- Elle disait qu'il s'agissait de gens importants (…)
- Toi en tant que thérapeute, tu as été déstabilisé par cette découverte ?
- Tout à fait… c'était très déstabilisant.
- Quels sont les détails qui t'ont déstabilisé ?
- Le fait qu'elle servait d'autel, qu'il y avait une certaine magie sexuelle autour de tout cela et qu'il y avait des sacrifices d'enfants… Je pense que cela suffit à déstabiliser quelqu'un.
- Des sacrifices d'enfants de quel âge ?
- Des jeunes enfants, très jeunes…
- Des bébés ?
- Oui, des bébés surtout… Elle était l'autel sur lequel les sacrifices étaient faits (…) C'était une personne en grande détresse lorsque je l'ai rencontrée et l'on pouvait déceler qu'elle avait subi de l'hypnose, c'est pour cela que nous avons travaillé à la sortir de cet espèce de "cercle"…
- Est-ce qu'elle a donné des chiffres sur le nombre de personnes ?
- Il devait y avoir 15 ou 20 personnes durant les cérémonies, des fois moins. C'était des familles, et autour de ces familles-là, il y avait d'autres personnes plus ou moins importantes qui gravitaient.
- Est-ce qu'il y avait un côté génétique important à leurs yeux ?
- Oui, ça fait des générations qu'ils sont comme ça, donc les parents élèvent leurs enfants de cette manière et ainsi de suite… Il n'y a pas tellement de tendresse là-dedans.
- Est-ce qu'il est arrivé qu'ils sacrifient l'un de leurs enfants ?
- Je ne sais pas… Mais déjà, cette patiente, c'est tout comme un sacrifice, parce que lui faire vivre cela, c'est plutôt démoniaque.
- Quelle était la fréquence de ces rituels ?
- Cela arrivait assez régulièrement, ça commençait par un coup de téléphone, puis là je pense que la voix de la personne la faisait rentrer en transe et après cela elle était disponible pour faire ce qu'elle devait faire.
- Est-ce que l'on peut se sortir d'un traumatisme pareil ?
- Oui, je pense qu'elle s'en est sortie. Cela demande beaucoup de travail, il faut quelqu'un qui connaisse bien les mécanismes de l'hypnose pour pouvoir décoder et désamorcer le processus. Je l'ai vue certaines fois où elle pleurait, elle pleurait… quand elle s'en apercevait… quand il y avait ce choc des différentes personnalités qui se rencontraient à l'intérieur d'elle : c'était assez intense. Assez intense pour me déstabiliser et que je me dise qu'il y a des gens plus qualifiés que

moi pour cela. C'est vraiment une qualification spéciale ce travail avec ces victimes de sectes qui ont subi de l'hypnose (ndlr : contrôle mental).

d/ France

• Véronique Liaigre

Le 5 juillet 2001, le Journal Télévisé de TF1 a diffusé le témoignage de Véronique Liaigre qui déclarait sans détour avoir été violée et prostituée par ses parents dès l'âge de 5 ans. Elle a clairement décrit une secte sataniste *Martiniste* de la région d'Agen qui pratiquait des sacrifices d'enfants nés de viols et non déclarés ou bien des enfants étrangers. Elle dit avoir été forcée de participer aux rituels de sang sous les menaces. Voici la retranscription de ce reportage diffusé à une heure de grande écoute :

- Patrick Poivre d'Arvor : Voici maintenant un dossier terrible sur lequel Alain Ammar et son équipe travaillent depuis plusieurs semaines. Les accusations qui sont portées dans son enquête par une jeune femme mineure à l'époque des faits, sont extrêmement graves, on a même peine à y croire pour certaines d'entre-elles, mais c'est sa parole. Les noms qu'elle cite ont été recouverts d'un "bip" pour ne pas atteindre à la présomption d'innocence.

- Voix off : Véronique a 20 ans, depuis l'âge de 5 ans elle a vécu l'enfer. Violée, prostituée par ses parents qu'elle a dénoncés et qui attendent de comparaître devant la cour d'assise, elle est parvenue à échapper à ceux qu'elle désigne comme ses bourreaux. Son histoire n'est pas ordinaire et peut même paraître inventée. Toutefois, s'il est légitime de douter, ce que nous a dit et répété spontanément cette jeune femme a de quoi révolter. En particulier lorsqu'elle affirme, malgré les menaces qui pèsent dit-elle sur elle, avoir fréquenté une secte sataniste, des martinistes, et avoir subi des tortures et torturé elle-même.

- Véronique Liaigre : On se fait battre, on se fait mettre des objets dans les orifices, il y a des fois des sacrifices d'enfants pour rendre grâce à Satan, il y a beaucoup de choses comme ça… On tue un animal, on nous verse le sang sur la tête et le reste dans une coupole qu'on met sur l'autel.

- Journaliste : Donc en fait, vos parents, comme tous les parents de ces enfants dont vous nous parlez vendaient leurs enfants ?

- VL : Exactement, puisque ça rapporte un certain pourcentage d'argent. Un enfant qui a moins de 8 ans vaut 22 000 francs.

- J : D'où viennent-ils ces enfants ?

- VL : Les enfants qui sont sacrifiés ne sont pas déclarés, ou sont des enfants étrangers. Notamment quand j'étais sur Agen, c'était des petits africains, ils étaient noirs. Sur Jallais j'en ai vu aussi, sur Nanterre aussi, mais c'était des petits blancs, des français, mais c'était des enfants nés de viols.

- J : Des enfants nés de viols ?

- VL : Oui, qui n'avaient pas été déclarés. Ce sont des accouchements qui sont fait chez les parents dans des conditions abominables.

- J : Donc, dans la mesure où ils n'étaient pas déclarés, ils étaient sacrifiés ?

- VL : Voilà…

- J : Non seulement vous faisiez partie de la secte, mais vous avez participé à ces rituels…

- VL : Oui. En 1994, j'ai dû sacrifier sous la menace d'une arme, avec deux de mes amies, un enfant à Jallais. Et on a dû toutes les trois l'assassiner… Sous la menace d'une arme, si on ne le faisait pas, on se serait fait… Ils l'auraient fait avec encore plus de violence et ils nous auraient fait encore plus mal. Donc on était obligées de le faire…

- J : Et qui vous menaçait d'une arme ?

- VL : "bip" celui qui dirige la gendarmerie de "bip".

- J : Et ces cadavres, qu'est-ce qu'ils en font après ?

- VL : Celui qui m'a le plus marqué, c'est celui auquel j'ai participé. Ils l'ont amené dans une cave qui était à Cholet, transporté dans un sac noir avec une croix blanche renversé… Et ils avaient un gros bidon, ils ont mis quelque chose… Je ne sais pas si c'était de l'essence ou de l'acide ou quelque chose comme ça, mais Cécile, Sophie et moi-même, nous nous sommes toutes les trois sauvées.

- J : Donc en fait ils brûlent les cadavres.

- VL : Ils doivent les brûler oui.

- J : Vous pensez que tout cela est une sorte de réseau, des gens qui se tiennent un petit peu pour ne pas tomber…

- VL : Voilà, et puis c'est pour se protéger aussi, parce qu'étant donné qu'il y a des hommes de lois qui sont dedans, c'est vrai que cela ferait un drôle de tapage si on apprenait qu'il y avait des juges et tout ça qui font partie de ce réseau-là.

- J : Vous en avez vu vous personnellement ?

- VL : J'ai vu un e-mail de "bip", de monsieur "bip" mais je ne savais pas qui c'était…

- J : Qui disait quoi ?

- VL : C'était pour un transfert de fonds…

- J : Et vous pensez que ces gens-là font partie des sectes elles-mêmes ? Cette élite dont vous parlez ?

- VL : Ils les couvrent… Je ne dirai pas forcément qu'ils en font partie, mais ils les couvrent, ça c'est sûr.

- Voix off : Jean-Claude Disses est l'avocat de Véronique à Agen. Ville où elle fut transférée du Maine-et-Loire vers un foyer fréquenté par des pédophiles. D'abord sceptique sur les accusations de sa cliente, il est aujourd'hui convaincu qu'elle dit la vérité.

- Jean-Claude Disses (avocat de Véronique Liaigre) : Je la crois lorsqu'elle me dit qu'elle a été violée dans sa famille. Je la crois lorsqu'elle dit qu'elle a été prostituée par certains membres de sa famille. Je la crois lorsqu'elle explique que cette prostitution est forcément et nécessairement passée par de nombreuses personnes adultes qui sont venues abuser d'elle pour de l'argent. Je la crois lorsqu'elle dit en même temps qu'elle était photographiée pendant ces scènes et je la crois d'autant plus que nous retrouvons apparemment, c'est le point qu'il faut vérifier, ces photos sur un CD-Rom à Amsterdam (ndlr : Affaire Zandvoort).

- Journaliste : Donc c'est bien elle, elle s'est reconnue et a dit "ça c'est moi".

- JCD : Voilà, c'est tout à fait ça. Elle dit "c'est moi", elle le dit devant un inspecteur de police et en même temps qu'elle s'identifie, elle identifie également cinq de ses copains et copines d'enfance. Cela signifie que si ce point s'avère exact, il faut nécessairement que ces enfants aient été soumis à des scènes pornographiques, que ces scènes aient été filmées, et que ces photos aient été envoyées à Amsterdam pour atterrir sur un CD-Rom pédophile qui a été saisi par la police hollandaise dans le cadre d'une procédure en Hollande. Et donc ça nécessite forcément qu'il y ait une organisation qui prend des photos, qui les diffuse, il y a donc une organisation et un réseau !

- Voix off : Véronique nous a conduits devant l'un des nombreux lieux où se passaient selon elle le 21 de chaque mois des cérémonies sataniques.

Véronique Liaigre (au pied d'un immeuble de centre-ville devant une porte cochère) : Voilà, c'est ici que je suis venue plusieurs fois. Notamment je me rappelle bien d'une fois en 1994, où je me suis retrouvée à un rituel satanique avec un meurtre d'enfant. On était montés au second étage. Là, il y a eu des viols, on devait être 5 ou 6 enfants, ce n'était pas une très grosse réunion. Il y avait "bip", "bip", il y avait beaucoup de gens, notamment des notables dont je ne connais pas forcément les noms.

- Journaliste : Et vous-même, vous avez subi…

- VL : Oui j'étais là et j'ai subi… Il y avait mon père, ma mère n'était pas là cette fois-là.

- Voix off : Son incroyable mémoire permet aussi à Véronique de se souvenir d'un coup de téléphone où elle entend parler de la petite Marion Wagon, disparue le 14 novembre 1996.

- Véronique Liaigre : J'étais chez un des pédophiles, "bip", et donc là le téléphone a sonné. Elle s'est mise à hurler, elle était à l'étage, moi j'étais dans sa chambre en bas. J'ai donc décroché le téléphone qui se trouvait dans sa chambre et j'ai entendu un homme que je connaissais, Walter, qui réclamait plus d'argent sinon il allait tout dénoncer à la police. Il disait lui-même : "De toute façon, j'irai pas en prison, c'est pas moi qui l'ai tuée, moi je n'ai fait que l'héberger sous vos ordres, et que six jours. Et maintenant je veux l'argent, moi je n'irai pas en prison." Et là j'ai entendu Jean-Marc qui a dit : "De toute façon, là où sont enterrés les 'macabés', ils ne sont pas près de les retrouver."

- Journaliste : Et vous savez où ils sont enterrés vous ?

- VL : Je pense qu'ils sont enterrés à Granges sur Lot dans l'arrière-cour.

- J : Le cadavre de Marion serait éventuellement là…

- VL : Oui, je pense.

- Voix off : Des fouilles auraient été effectuées récemment, en vain… Véronique aurait-elle affabulé ? En tout cas sa déclaration laisse incrédule le père de la disparue.

- Journaliste : Quand on parle de secte, vous n'y avez jamais pensé ?

- Michel Wagon : Bien sûr que si. On a reçu des tas de courriers, des centaines et des centaines de lettres. Mais c'est le côté auquel on ne veut pas penser, sur lequel on se refuse. Maintenant c'est vrai que les événements de l'époque, avec l'affaire Dutroux, nous ont fait… On s'est dit, bon ça n'arrive qu'en Belgique mais en fin de compte, ça peut se passer en France. C'est le côté auquel on ne pense pas…

- Voix off : Un ancien commandant de gendarmerie à l'époque chargé de l'affaire Marion se souvient du coup de téléphone dont parle Véronique :

- Michel Louvet : On a pas été capable de savoir d'où venait l'appel, l'appel arrivait chez un particulier. Nous n'avons pas été capable de remonter l'appel, donc on ne sait pas qui l'a passé. Heu… C'est vrai que j'ai entendu dire qu'il y avait une jeune fille qui avait fait des dépositions mais je ne les connais pas parce que je ne suis plus actuellement dans la gendarmerie. Ce que je veux dire, c'est que je fais confiance à mes anciens collaborateurs pour vérifier toutes les pistes.

- Jean-Claude Disses : Comment se fait-il que ces cinq enfants violés à Angers, on retrouve leurs photos à Amsterdam dix ans après… Voilà la question ! Et cette question-là, vous comprenez bien qu'elle est trop grave pour qu'on puisse s'amuser à ne pas se la poser !!

- Véronique Liaigre : C'est très dur, ça revient dans les cauchemars toutes les nuits. Chaque seconde, quand un enfant crie ou qu'un enfant pleure… Dans la rue, à n'importe quel moment quand on voit un enfant, on se dit que peut-être maintenant il serait aussi grand que celui-là.

- Voix-off : Police et justice ont pris les déclarations de Véronique au sérieux et s'attèlent à les vérifier une par une aussi invraisemblables qu'elles paraissent. De ces vérifications, dépend peut-être l'éradication de certains réseaux pédophiles et criminels…

- Patrick Poivre d'Arvor : Accusations gravissimes donc, que la gendarmerie et la justice s'emploient maintenant à vérifier…

Il s'agissait là d'un reportage de 10 minutes abordant explicitement les abus rituels sataniques et le réseau pédocriminel qui sévit en France. Un reportage relativement long qui a été diffusé à une heure de grande écoute dans le journal de Patrick Poivre d'Arvor, une chose impensable aujourd'hui ! Tout comme la diffusion le 27 mars 2000 par France 3 du reportage *"Viols d'enfants, la fin du silence ?"* qui a été suivi d'un débat où un certain malaise était palpable sur le plateau, et pour cause… Deux enfants "Pierre et Marie" dénoncent l'impensable…

• Pierre et Marie

En 2000, le reportage *"Viols d'enfants, la fin du silence ?"* montrait le témoignage de deux enfants (10 et 13 ans) disant avoir été amenés par leur père dans des cérémonies avec des hommes et des femmes en toges. Ces enfants ont décrit, face cachée, devant les caméras de France 3 : des séances d'hypnose, de la drogue, des tortures, des viols et des meurtres rituels d'enfants. La petite Marie décrit les sous-sols d'un grand hôtel particulier, des sortes de catacombes sous un bâtiment chic dans Paris ou sa région, là où se déroulaient les abominations. Lors du débat suite au reportage, Martine Bouillon, ex substitut du procureur de Bobigny, a déclaré avoir eu connaissance de charniers d'enfants en région parisienne et qu'une instruction était en cours ! Georges Glatz, présent aussi sur le plateau, confirmera lui aussi l'existence des charniers d'enfants, en rajoutant une couche sur la réalité des *snuff-movies*. Martine Bouillon sera mutée dans les 24 heures suite à cette déclaration fracassante. Elle a également affirmé lors de cette émission : *"On vient de se rendre compte que la pédophilie existait… On ne peut pas encore comprendre qu'il existe encore pire que la pédophilie dirais-je "simple"…"*. Bizarrement, ce documentaire n'est pas disponible dans les archives de France 3, mais il a été à l'époque enregistré sur VHS, puis numérisé. Il est aujourd'hui très largement diffusé sur internet. Il s'agit d'un documentaire de référence concernant les témoignages d'abus rituels. En voici quelques extraits :

- Voix off : Des deux enfants, c'est surtout l'aînée, Marie (pseudonyme) qui raconte. Ici, elle nous parle de son père et des lieux où il les aurait emmenés.

- Marie (en train de dessiner) : Il y avait un endroit à Paris, dont lui était le chef. Il disait qu'il était un grand mage et qu'il s'appelait "Bouknoubour". Dans cet endroit, ils portaient des grandes robes blanches avec des bords dorés (elle dessine ici un personnage portant une toge avec sur le buste un triangle dans un cercle). Puis ils faisaient des prières, ils violaient les enfants, ils leur faisaient peur... Il y avait plusieurs autres personnes qui nous violaient, ils nous endormaient avec des espèces de bouillies. Ils nous attachaient aussi sur des tables puis nous frappaient ou ils nous mettaient des aiguilles auprès des yeux pour nous faire croire qu'ils voulaient nous crever les yeux.

- Journaliste : Est-ce qu'ils vous faisaient réellement du mal ? Est-ce qu'ils vous donnaient des coups ?

- M : Oui, ils nous frappaient...

- J : Qu'est-ce que tu nous as dessiné Pierre (pseudonyme) ?

- Pierre (qui dessine tout en pleurant) : ...Y'avait des monstres... C'était horrible... Ils m'ont violé...

- J : Ils t'ont violé ? C'est quoi violer Pierre ?

- P : C'était toucher le zizi... jouer avec... faire des... J'avais 6 ans, je comprenais pas encore ce qu'ils faisaient...

(...)

Marie (qui dessine également en pleurs) : *Ils les tuaient...*

- J : Ils tuaient les enfants ?

- M : ...oui...

- J : Comment tu le sais ça ?

- M : Parce que je l'ai vu... C'était des petits enfants qui étaient un peu arabes ou des choses comme ça.... Ils leurs coupaient la tête...

- J : Quand tu voyais qu'ils coupaient la tête à un enfant, c'était la vérité, ça se passait devant toi ou ça aurait pu être un film ?

- M : Non, c'était pour de vrai, parce que les enfants criaient. Et puis après ils nous disaient qu'ils allaient nous couper la tête aussi, alors ils nous mettaient pareil sur ça... Et après on avait très peur et on croyait qu'on était mort...

- J : Mais pourquoi ils faisaient ça ces gens-là ?

- M : Je sais pas, parce qu'ils sont méchants, ils sont fous ! Je sais pas pourquoi ils faisaient ça, ils sont méchants ! Nous on n'a rien fait, on était des enfants (Marie est en pleurs).

- Voix off : Dès juillet 1996, dès les premières révélations, la mère confie les enfants à un pédopsychiatre qui a déjà traité des cas semblables. Durant trois ans, c'est avec des dessins que le Dr. Sabourin a recueilli leur témoignage. Des dizaines de dessins, des dizaines d'heures d'écoutes qui ont forgé sa conviction : il croit les enfants.

- Dr. Sabourin : Bien sûr, je crois qu'ils ont vécu des choses incroyables, très difficiles à synthétiser pour eux et à mettre en scène. Ils ont tous les deux une capacité personnelle à les dessiner, ce qui n'est pas toujours le cas...

- Voix off : Marie a dessiné une immense statue plantée, dit-elle, au milieu de la salle de cérémonie. Puis elle a dessiné le pendule et la roue qui auraient servi à des séances d'hypnose sur les enfants, et toujours les déguisements, de grandes capes rouges ou blanches, et des crucifix. Nous avons soumis au Dr. Sabourin le dernier dessin que Marie nous a fait.

- Dr. Sabourin : Dans ses dessins récents, je retrouve plusieurs thèmes... 4 thèmes qui existaient déjà, où on a une cérémonie avec des gens qui sont visiblement déguisés, avec des croix sur les épaules, ce qu'on retrouve ici (montrant d'autres dessins), on en a trois ici... et le crucifix ici, c'est un crucifix très spécial... Elle disait que c'était un crucifix entouré d'herbe. Alors d'où a-t-elle sorti ça ?! Je n'en sais rien... Est-ce que c'est son imagination, est-ce que c'est une enfant qui délire ? Je ne le crois pas... C'est à dire que face à ce type de choses extrêmement précises et surprenantes, moi j'ai plutôt tendance à dire que c'est un élément de la mémoire qui réapparaît. Toujours lorsqu'il s'agit d'un enfant et bien sûr quand il s'agit d'un adolescent ou d'un adulte, ces mémoires de traumatismes précoces sont en mille morceaux. Et c'est avec beaucoup de difficultés, avec beaucoup d'émotions, beaucoup de tensions intérieures et de craintes - ce sont des enfants qui ont peur, ils sont sous la terreur - qu'ils arrivent à livrer un petit passage, un petit morceau de souvenir, ce qui laisse tout le monde sidéré. On se dit mais enfin, comment se fait-il qu'ils n'ont pas parlé plus tôt ? Comment se fait-il qu'ils ne peuvent pas décrire cela tout comme un adulte qui décrirait un scénario, c'est là le gros travail des thérapeutes et des policiers (...)

- Voix off : C'est une véritable organisation impliquant de nombreux adultes que décrivent ces enfants ; et s'ils sont incapables d'indiquer le lieu des cérémonies, en revanche Marie nous a dessiné un plan très précis de l'immeuble et de ses sous-sols.

- Marie (décrivant son dessin) : Alors on arrive en voiture ici... On tournait à un rond-point. Il y avait un groom qui venait nous ouvrir la porte. Ensuite on rentrait dans un endroit qui semblait être un hôtel assez chic. Il allait chercher les clés et ensuite on continuait dans un couloir jusqu'à un ascenseur. Ensuite on descendait dans un labyrinthe où il faisait froid, il faisait noir, et ça avait l'air d'être un sous-sol. Ici, il y avait un vestiaire où on allait pour s'habiller avec les vêtements blancs et rouges, ensuite on allait ici : une salle où ils violaient les enfants. Ici c'était la partie où il y avait surtout les filles qui violaient les garçons et mon petit frère, puis ici c'était les hommes qui violaient les filles. Ensuite ici, c'était une grande salle, comme une grande grotte en forme de cathédrale ou de crèche et il y avait beaucoup beaucoup de monde. Il y avait aussi ici une très très grande statue d'un dieu africain ou noir, et quand il grognait, les gens mettaient de l'argent dans de grandes corbeilles qui circulaient. Autour de cette statue, il y avait des cendres, avec des têtes d'enfants sur des piques dans ces cendres...

- Voix off : Des têtes d'enfants au bout de piques... Des têtes d'enfants dont Marie nous dit qu'ils auraient été décapités sous ses yeux, et qu'on retrouve dans plusieurs de ses dessins. Pour accéder à ces sous-sols, Marie décrit en surface un immeuble, une sorte de grand hôtel avec tapis rouge face à un rond-point dans Paris ou sa région. Un bâtiment chic orné d'un perron en arrondi (...)

- Marie (parlant de son père) : Comme il nous violait aussi chez lui, il y avait quelqu'un qui venait à la maison et il se déshabillait. Ils nous mettaient leur zizi dans notre bouche et ils nous filmaient, ou alors, avec mon frère, ils nous disaient de faire des choses...

- Journaliste : Et tout ça ils le filmaient ?

- M : Oui ils filmaient... et après ils amenaient les cassettes dans un endroit qui était je pense à Paris, où il y avait plein de livres sur le sexe et tout ça... et ils déposaient les cassettes là-bas. (...)

- Voix off : Le cadre sectaire et les faits décrits par les enfants sont-ils donc crédibles ou inimaginables comme l'a écrit la juge d'instruction ? Nous avons posé la question à Paul Ariès, sociologue spécialiste des sectes et de la maltraitance des enfants, qui a mené des études pour le ministère de la santé. Nous lui avons soumis l'ensemble des déclarations de Pierre et Marie :

- Enregistrement de Marie : Ils faisaient des prières, ils disaient qu'ils étaient des "pures femmes", ils disaient qu'un jour tous les gens de cette planète s'étaient éparpillés sur la terre et que maintenant il fallait qu'ils les rassemblent, le peuple... en fait il y avait un espèce de dieu, un messager des dieux... qui venait leur dire qu'il fallait bientôt partir sur leur planète ou un truc comme ça...

- Paul Ariès : Moi j'aurais tendance à dire que ce qui nous est raconté ici est complètement inimaginable, c'est à dire qu'un enfant ne peut pas l'imaginer, un enfant ne peut pas l'inventer. Premier élément, ce sont ces éléments de doctrine. C'est à dire que nous faisons partie - si l'on se situe du point de vue des adeptes de ce groupe - nous faisons partie d'une élite qui provient d'une autre planète et qui est pour l'instant sur terre et qui sera bientôt appelée à partir. Ça fait partie globalement du fond commun de toutes sortes de réseaux aujourd'hui. La nécessité de tuer quelqu'un pour le sauver ou pour sauver l'humanité. Il y a également toutes sortes de rites où l'on nous parle à un moment donné de ces hommes en disant que ce sont des "pures femmes". Alors ça c'est quelque chose que l'on trouve relativement fréquemment dans la littérature, la femme est celle qui féconde, ce qu'il faut faire ici, c'est arriver effectivement à féconder ce que l'on appelle l''Homonculus', c'est à dire le sur-homme. Il me semble que l'on se trouve ici finalement à un croisement entre deux types de réseaux : d'un côté des réseaux soucoupistes - qui croient aux extra-terrestres - et puis d'un autre côté des réseaux de magie sexuelle, et on sait que ces connexions s'établissent de plus en plus.

Cette croyance "soucoupiste" se retrouve également dans l'affaire de Samir Aouchiche avec la secte "Alliance Kripten", comme nous le verrons plus loin. Dans le chapitre 2, nous avons vu que des Gnostiques, en l'occurrence la secte des Phibionites (ou barbotiens) pratiquaient des cérémonies orgiaques en rapport avec la vision que les adeptes ont du cosmos et de la façon de s'en libérer. Outre le fait de satisfaire aux exigences des archontes (démons), ces "mœurs" répondent au besoin de rassembler la semence divine implantée dans le monde, qui est actuellement dispersée dans la semence masculine et le sang féminin.

- Enregistrement de Marie : Il y avait des gens qui avaient des espèces de... pas des masques de plongées, mais des espèces de lunettes avec un truc sur la bouche (masques à gaz ?)... habillés avec des blouses. Et il y avait une table avec dessus des mains d'enfants découpées, une tête d'enfant et puis des espèces de... je sais pas si c'était des boyaux... des trucs comme ça. Et ils mettaient ces choses, les mains et tout ça, dans des bocaux.

- Paul Ariès : Ces mains coupées dans des bocaux, c'est quelque chose qui existe... Alors là encore, il y a plusieurs interprétations possibles. L'on peut avoir tout simplement des pratiques de type cannibalisme, l'objectif étant d'arriver à augmenter sa propre puissance, apprendre aussi à souffrir, j'allais dire apprendre à faire souffrir pour devenir plus puissant...

Cette investigation de France 3 fait également la connexion entre l'affaire de Pierre et Marie et une autre affaire d'inceste dans l'est de la France avec la petite Sylvie qui décrit elle aussi des viols en réunions pratiqués par son père et son grand-père, elle parle également d'un meurtre d'enfant. Le plus troublant est que la petite Sylvie a reconnu sur des photos le géniteur-bourreau de Pierre et Marie, et ceux-ci ont également reconnu sur des photos le géniteur-bourreau de Sylvie. Tout comme la mère de Pierre et Marie, la maman de Sylvie a porté plainte, elle a aussi remis aux policiers l'enregistrement d'un message téléphonique laissé sur le répondeur personnel de son ex-compagnon par l'un de ses amis, en voici la retranscription dont l'audio est diffusé dans le reportage :

"Salut, "bip" à l'appareil, on est samedi, 12h40, je rappelle parce que tu m'as appelé à plusieurs reprises en me disant que c'était urgent, on ne s'est pas eu depuis. Ce que je voudrais surtout savoir... il faut déjà qu'on prépare les week-ends diaboliques et les groupes que l'on veut faire. Il faudrait que tu me dises à combien vous allez venir. Salut."

La justice établira un non-lieu en déclarant qu'il n'y avait aucun lien entre les deux affaires et elle décidera même de retirer à la mère la garde de Sylvie et de sa sœur pour la confier au père, un procédé classique de la "justice" française dans les affaires de pédocriminalité. La maman s'est alors réfugiée à l'étranger avec ses enfants pour éviter qu'ils ne soient remis entre les mains de leur bourreau. Cette même "justice" ne poursuivra pas le père de Pierre et Marie et lui laissera donc son droit de garde et aucune enquête poussée ne sera menée pour déterminer si les enfants disaient la vérité, malgré l'extrême gravité des témoignages ! La mère est elle aussi allée se réfugier à l'étranger avec ses deux enfants...

Il existe en France de nombreux cas similaires où la mère doit littéralement fuir le pays pour protéger ses enfants, qui dans ce genre d'affaires sont systématiquement remis à la garde du présumé pédocriminel par la *justice*. Le parent protecteur se retrouve généralement harcelé, accablé, voir même emprisonné ou interné, tandis que le parent agresseur est totalement protégé par un système institutionnel bien huilé...

Il est important de noter ici qu'en 2003, une enquête a été menée en France par le rapporteur de l'ONU Juan Miguel Petit au sujet de la pédocriminalité. Un rapport qui a été présenté devant la 59è session de la commission des droits de l'homme de l'ONU. Ce rapport officiel préconisait qu'*un organe indépendant mène de toute urgence une enquête sur les carences de la justice à l'égard des enfants victimes de sévices sexuels et des personnes essayant de les protéger (...) Étant donné le nombre de cas laissant apparaître un grave déni de justice pour les enfants victimes de sévices sexuels et les personnes qui tentent de les protéger, il serait bon qu'un organe indépendant, de préférence la Commission nationale consultative des droits de l'homme, mène de toute urgence une enquête sur la situation actuelle.*

Il est par exemple noté en page 14 de ce rapport : "Le Rapporteur spécial a évoqué les énormes difficultés auxquelles sont confrontées les personnes, en particulier les mères, qui portent plainte contre ceux qu'elles soupçonnent d'abuser de leurs enfants sachant qu'elles s'exposent à des mesures éventuelles pour accusations fallacieuses, mesures qui dans certains cas, peuvent conduire à la perte de la garde de leur(s) enfant(s). Certaines de ces mères utilisent les voies de recours légales jusqu'à ce qu'elles n'aient plus les moyens de payer les frais d'assistance juridique; il leur reste alors seulement le choix entre continuer de remettre l'enfant à celui qui, selon elles, abuse d'elle ou de lui, ou de chercher refuge avec l'enfant à l'étranger. Il semblerait même que certains juges et avocats, conscients des faiblesses du système judiciaire, ont conseillé officieusement à certains parents d'agir de la sorte. Ces parents s'exposent à des poursuites pénales pour de tels actes en France et, souvent, dans le pays où ils se rendent."

• Deborah, Noémie et Pierre

Au début des années 2000, la chaîne allemande *N24* a diffusé un documentaire qui montre les témoignages de plusieurs enfants victimes d'un réseau pédo-sataniste en France. Le reportage sous-titré en français s'intitule *"Snuff-Movies et Messes Noires en France"*. Comme à l'accoutumée, ces enfants proviennent de familles qui pratiquent ces atrocités de génération en génération. Devant les caméras, ils racontent les soirées sataniques avec des crimes rituels, du cannibalisme et le tournage de snuff-films. Pierre témoigne avoir participé dès l'âge de 5 ans à des messes noires et avoir à l'âge de 7 ans été initié pour devenir un grand prêtre, il a alors dû sacrifier un bébé lors d'une cérémonie. Certains de ces témoignages sont reliés à l'affaire Dutroux, mais ils n'ont jamais été pris en compte. Voici quelques extraits de ce documentaire :

- La mère d'une petite victime : J'ai toujours ignoré les problèmes de pédophilie, comme la plupart des gens. Je pense qu'il faut en faire l'expérience avant de pouvoir comprendre ce qu'est la pédophilie. Petit à petit, Robert a commencé à nous raconter des choses… Ce qui était déconcertant, c'est que Robert me racontait des soirées où il allait avec son père et d'autres adultes déguisés avec des robes et des masques. Ce qui m'a particulièrement interpellée dans son histoire était qu'il a dit : "Papa s'est déguisé, mais j'ai quand même reconnu sa voix." Et il a aussi mentionné des sacrifices d'animaux ainsi que des sacrifices d'enfants. Il expliquait beaucoup de choses en les imitant avec des gestes. Il n'a pas dit littéralement "sacrifices d'enfants", il a dit qu'ils les faisaient saigner puis ils les enterraient.

- Voix off : Comme beaucoup d'autres enfants, Robert mentionne qu'il y avait aussi des caméras. Nous avons retrouvé des photos de Robert sur les CD-Rom pédo-pornographiques de Zandvoort. La maman a clairement reconnu son fils sur les photos. Mais même cela n'est pas une preuve suffisante pour poursuivre les violeurs. (…)

Sur la route de Scientrier au lac de Genève, il y a une maison que Deborah appelle "la maison verte". Selon elle, il n'y avait pas que des abus sexuels sur les enfants ici… Deborah, qui a aujourd'hui 15 ans, dit qu'il y avait des rituels sataniques.

- Deborah : Il y avait une table avec des bougies… Il y en avait sur la table et tout autour et il y avait mes agresseurs.

- Journaliste : Tu dis qu'ils ont mis deux des autres enfants qui étaient là, sur la table ? Que s'est-il passé ? Sans rentrer dans les détails.

- D :… Ils découpaient l'enfant… des parties du corps.

- J : Avec quoi ont-ils fait cela ?
- D : Avec un couteau électrique.
- J : L'enfant était en vie ?
- D : … oui…
- J : Ils le tuaient ensuite ?
- D : Non, ils le laissaient souffrir… Il finissait pas mourir.
- J : Ils découpaient un doigt par exemple ?
- D : Un pied… et ils le violaient en même temps.
- J : Ils le violaient et les autres devaient regarder ?
- D : … oui…

- Voix off : Noémie a 18 ans, c'est une jeune femme qui tente de reconstruire sa vie. Une vie apparemment normale, sauf le fait qu'elle ne sera jamais capable d'oublier les horreurs qu'elle a vécues.

- Noémie : Si je témoigne aujourd'hui, c'est évidemment pour coopérer avec ce reportage, mais c'est surtout parce que les gens doivent entendre parler de ces choses-là. Pour que les gens sachent que c'est vrai, que les enfants sont violés et assassinés quotidiennement. C'est une réalité ! Je l'ai vécu, je l'ai vu de mes propres yeux et c'est pourquoi je tiens à transmettre ce message. C'est nécessaire afin de s'assurer que ces choses ne puissent pas arriver à d'autres enfants, pour que les enfants arrêtent de se faire violer. Les gens doivent se réveiller et prendre conscience de ce qui se passe, et qu'on arrête de dire que les enfants sont des menteurs ou des fabulateurs. Ce n'est pas vrai, les enfants disent la vérité, mais vous devez être disposé à l'entendre.

- Voix off : Noémie a été initiée par son père et par d'autres criminels, des hommes de toutes sortes de milieux, aux pratiques barbares qui avaient lieu en face d'une caméra (…) Noémie avait 5 ans lors des premiers abus, elle a perdu sa virginité à l'âge de 8 ans.

- Noémie : C'est allé très vite et brutalement. Ils l'ont juste fait pour moi et ma cousine Camille. Un jour mon père m'a emmenée chez ma cousine, j'aimais y aller parce que je l'aimais beaucoup. Mon oncle André était là ainsi que les cousines Camille et Marie. Et puis ça s'est fait (…)

- Voix off : Le père de Noémie la comblait de mots tendres, il la rassurait en lui disant que les attouchements étaient parfaitement normaux ; elle le croyait. Et puis il lui a révélé son grand secret : un complexe, une cave souterraine où il gardait des enfants dans des cages. Noémie devenait ainsi la complice de son père.

- Noémie : Les enfants enfermés dans ces cages ne restaient jamais longtemps en vie, entre la torture et le viol, les enfants étaient finalement assassinés. Ils étaient tous seuls là-bas, ils ne pouvaient pas s'échapper, parce qu'ils étaient trop battus, trop violés ou trop drogués… ou morts (…)

Mon père et d'autres hommes avaient déjà violé la petite fille. Quand je suis entrée, j'étais un peu jalouse parce que je savais que mon père avait également participé à ça. Mais ensuite, j'ai été satisfaite, probablement parce que je pouvais assister à la cérémonie et de tous les enfants qui appartenaient à ce réseau pédophile et qui ont été violés par ces hommes, j'étais la seule qui était autorisée à regarder les viols. Ainsi, au lieu d'être simplement abusée, je pouvais participer aux abus. Ils m'ont ordonné de faire bouillir de l'eau et de la verser sur l'enfant. Pendant ce temps, ils la frappaient, d'abord avec une ceinture, puis avec un morceau de bois. Ils ont mis des cigarettes sur son corps et lui ont coupé les cheveux. Ils m'ont ordonné de couper le clitoris de la petite fille. Je ne savais pas ce que c'était, ils m'ont montré en me disant "coupe ici !". Mon père m'a dit que je devais le faire, puis il m'a montré où couper.

- Voix off : Noémie parle d'une dizaine de meurtres d'enfants en une année. Elle montre les entrées de souterrains sur une carte. La justice continue de nier que de tels complexes souterrains, des catacombes, existent à Saint-Victor (Ardèche).

- Jacques Berthelot : J'ai été à Saint-Victor, il y a des tunnels souterrains là-bas. J'ai eu la chance de pouvoir les prendre en photos. J'ai donné ces photos à la police de Privas, à Mr Marron. Il a promis qu'il allait mettre mon témoignage dans les rapports de police. J'ai été entendu par la police en avril 1999. Mais aujourd'hui, le dossier semble avoir été soudainement perdu. Mes photos et mes dépositions à la police sont introuvables.

- Voix off : Pourquoi les auteurs présumés ne sont pas traduits en justice ? Après avoir mené plusieurs années d'enquête, j'en arrive à une conclusion. Parmi les coupables, nombreux sont ceux qui exercent dans les hauts postes, ils ont le pouvoir de se couvrir les uns les autres et de plus il y a beaucoup d'argent d'impliqué. Noémie dit au sujet des enfants qu'ils sont maltraités, torturés, violés et sacrifiés face à une caméra. Ces snuff-films se vendraient jusqu'à 20 000 euros pièce.

- Noémie : Quand je suis rentrée, les rideaux étaient fermés, il faisait noir. Il y avait des tapis sur le plancher, on m'a dit de m'asseoir, je me suis assise à une table. Les prêtres étaient debout avec des bougies… Ils portaient des robes rouges sombres, presque noires. Ils chantaient autour de la table. Ça a duré longtemps… Il y avait quelque chose qui était recouvert d'un tissu de la même couleur que leurs robes. Il y avait un enfant, mon grand-père l'a pris dans ses bras, mon frère Pierre était à côté de moi. Mon grand-père a ensuite montré à mon frère comment tuer l'enfant. Et puis évidemment l'enfant a commencé à crier… puis ils ont dit quelques prières, et on est sorti. Après 45 minutes ou une heure, je ne me souviens pas exactement, ils sont sortis. Les cérémonies se terminent toujours de la même manière. La première messe noire que j'ai vue, c'était à peu près la même chose, il y avait le sacrifice de l'enfant et à la fin sur la terrasse il y avait deux grandes assiettes… avec de la chair… de la viande, maintenant je sais que c'était de la chair humaine.

- Journaliste : Vous êtes sûre qu'il s'agissait de chair humaine ?

- N : Oui, j'en suis sûre, cela faisait partie du culte. Vous faites partie de ce culte sans vous en apercevoir, tout ce que vous avez à faire est d'assister à une cérémonie et d'effectuer certains rituels. Mais moi je n'en avais pas conscience quand c'est arrivé. Maintenant avec le recul, je pense à toutes ces choses qu'on m'a fait faire sur d'autres enfants pendant les rituels, comme de couper des parties de leurs sexes. (…)

- J : L'aboutissement de ces rituels une fois terminé n'est rien d'autre que du cannibalisme ?

- N : … hmm …

- J : C'est du cannibalisme ?

- N : Oui.

- Voix off : Après avoir parlé à la psychologue, je prends conscience que le père de Noémie avait dû la programmer à un âge précoce. Noémie ne pouvant pas supporter les atrocités qu'elle endurait s'est fractionnée en différentes personnalités. L'une de ces personnalités est un robot qui suit son père mécaniquement et puis il y a la fille qui joue avec ses poupées à la maison.

- La psychologue : Il y a de multiples facteurs dans son histoire qui font que pour moi, elle est absolument crédible. Le premier est le fait qu'aujourd'hui à l'âge de 18 ans, elle a raconté de façon identique la même histoire qu'à l'âge de 11 ans. Le deuxième point est qu'elle décrit tous les détails et elle ne se contredit jamais. Elle ne donne jamais deux versions différentes de tout ce qui s'est passé. De plus elle m'a donné la même impression que d'autres personnes traumatisées que j'ai rencontrées, c'est à dire ce même détachement dans la façon qu'elle a de parler de ses expériences traumatisantes. Cela semble paradoxal, mais c'est exactement cela qui me fait penser que ce qu'elle dit est la vérité... Elle semble parfaitement normale malgré son passé, elle a besoin de garder cette distance, sinon elle s'effondrerait. Je ne doute pas du tout de son histoire.

- Pierre (le frère de Noémie) : Les fenêtres sont fermées, tout est fermé, les rideaux tirés et les stores baissés. Les enfants sont ligotés sur des chaises, les mains derrière le dos. Ils sont bâillonnés pour ne pas parler ou crier. Dans cette pièce il y avait mon père, Christian N. le propriétaire du lieu, André D. et André L. Tous ceux-là étaient présents aux deux séances auxquelles j'ai été forcé de participer. Ce qu'il se passe : premièrement les enfants sont violés, l'enfant est presque mort, il gît parterre... Mon père prend sa ceinture et frappe l'enfant, partout, sur le visage et sur le corps. Tout le monde y passe. Ils frappent l'enfant avec un manche à balai et après ils me disent que maintenant c'est à mon tour. Moi je ne veux pas... parce que c'est comme si j'étais là, sans être là (ndlr : dissociation). Ils me prennent et me disent vas-y fais-le ! Fais-le ! Je ne pouvais rien faire, il n'y avait aucune échappatoire. Je devais le faire, ils me l'ordonnaient. Je l'ai frappé quoi... 10 secondes et puis je suis parti.

- Voix off : Pierre n'a pas seulement été abusé sexuellement par son père mais pire encore. Son grand-père paternel, un grand prêtre d'une secte le viole également. Depuis l'âge de 5 ans, Pierre est programmé par son grand-père.

- Pierre : Il me dit que je suis l'élu, qu'un jour je lui succéderai et que je vais rentrer dans un cercle de personnes importantes qui seront ma nouvelle famille. Il me dit qu'un jour je serai moi aussi un grand-prêtre et que c'est une grande chance pour moi. Naturellement j'y croyais comme un petit enfant de 5 ans. Puis arrivent effectivement des cérémonies, elles existent vraiment et des gens y participent. Ils m'ont expliqué des rituels, des messes, des prières (...)

- Pierre décrit la cérémonie d'initiation qu'il a vécu à l'âge de 7 ans : La cérémonie a commencé comme toujours avec des chants et des prières. On priait sur des tapis rouges, un tapis rouge pour chacun des participants. J'étais toujours à côté de mon grand-père, les autres prêtres ensemble. On suivait une certaine chronologie entre les chants et les danses. On a fait ça pendant environ 20 minutes. Ensuite ma grand-mère, qui ne fait pas vraiment partie de la secte, qui ne participe jamais aux grandes cérémonies, a apporté un bébé qu'elle portait dans ses bras. Elle a donné le bébé à ma marraine Collette. Collette s'est alors dirigée vers nous et a donné le bébé à mon grand-père. Il a fait quelques signes que je ne comprenais pas, ensuite ils se passèrent le bébé les uns aux autres de main en main, jusqu'à ce qu'il revienne dans les mains de mon grand-père. Mon grand-père a redonné le bébé à ma marraine, après il a sorti un couteau assez long, avec des symboles et des pictogrammes gravés sur le manche. Là aussi le couteau est passé de main en main… Et là j'avais le couteau dans la main, mes parrains tenaient le bébé… Mon grand-père m'a pris la main, on s'est approché du nouveau-né et on lui a tranché la gorge. Le bébé n'a fait aucun bruit, il n'a même pas crié. Il s'est vidé de son sang et le sang était récupéré avec une coupelle, une sorte de grosse coupe.....

- Voix off : L'initiation d'un nouveau membre se passe toujours selon le même rituel. À chaque fois les nouveaux membres reçoivent l'ordre de tuer. Cela doit les rendre plus forts et ils doivent jurer de garder le silence. Nous pensions avoir atteint l'abomination… Mais Pierre nous a décrit un autre rituel pratiqué par cette secte : le cannibalisme.

- Pierre : Ma grand-mère apporta un grand plateau, il y avait les sept prêtres, on était dix en tout autour de la table. Après on a été servis avec un morceau de viande provenant du bébé. On devait le manger pour célébrer mon arrivée en tant que nouveau prêtre de la secte. Il y avait aussi un verre où il y avait le sang. On devait manger et boire, on a bu le sang. Mon grand-père récita une prière au début et une autre à la fin. Il m'a félicité en me disant que j'avais été très bien, il m'a flatté en me disant que j'étais le meilleur etc…

• Les enfants du juge Roche

Dans l'affaire Allègre qui s'est déroulée dans la région de Toulouse, certaines pratiques d'abus rituels avec des meurtres ont été révélées en privé par le juge Pierre Roche en personne. Peu avant son décès, hanté par l'idée qu'il en savait trop (et les remords ?), le haut magistrat a livré à ses deux enfants, Diane et Charles-Louis, le témoignage de ce à quoi il a assisté lors de soirées surréalistes entre *gens de pouvoirs* (selon les termes du fils Roche). Les enfants Roche ont témoigné face caméra en septembre 2005 sur ce qu'ils appellent *"le volet secret de l'affaire Allègre"*. Dans leur témoignage, on retrouve encore cette dépravation extrême où il ne semble plus y avoir aucune limite et où la torture et les meurtres d'enfants semblent être quelque chose de courant. Selon les enfants Roche, ces soirées d'abus rituels étaient filmées et ces enregistrements faisaient l'objet d'un trafic très lucratif. Voici quelques extraits du témoignage de Charles-Louis :

Notre père est venu à Toulouse pour nous dévoiler l'existence d'un groupe secret, de gens de pouvoirs de tout type de milieu, la politique, la finance… Il nous a parlé de gens des milieux médicaux, même universitaires. Ce groupe secret recrutait beaucoup dans les milieux judiciaires et même les policiers hauts gradés y étaient très appréciés. Il s'agirait donc d'un groupe secret dont les activités consistent à mener des sortes de cérémonies dans le plus grand secret, où l'on conjugue des pratiques aussi étranges et uniformément dégoûtantes que la sexualité de groupe, la scarification… Il a évoqué devant nous des images à vous faire dresser les cheveux sur la tête. Il nous parlait de chair calcinée, de brûlures de cigarettes, de chair transpercée. Il nous disait que les personnes qui étaient torturées, parfois tuées à l'occasion de ces séances - bon déjà les personnes tuées n'étaient jamais consentantes - et que parmi les personnes torturées, il y avait des malades qui réclamaient ce genre de traitement, et puis il y avait des personnes non consentantes, parfois des enfants, qui étaient d'abord torturés, puis mis à mort, le tout filmé et faisant l'objet d'un trafic de vidéos illégal qui s'échangeraient sous le manteau à des prix fous. Il nous a dit que les proies de ce groupe de prédateurs de la haute société étaient recrutées dans les couches les plus basses de la société dans les catégories de personnes qui ne seront jamais recherchées. Il nous a parlé de prostituées, il nous a parlé de "clodos", je cite le terme employé par un magistrat, il a même mentionné parfois des étrangers en situation irrégulière selon ce qui leur passait sous la main j'imagine. C'est à dire des gens qui ont soit rompu les liens avec leur environnement, soit n'ont pas d'existence légale, des gens que personne ne va aller chercher ou à propos desquels toute enquête sera plus ou moins vouée à l'échec dès le départ. Et puis alors bien entendu, les membres de ce groupe de par les positions influentes qu'ils occupent sont à même, dans le cas où certaines affaires menaceraient de sortir, et bien de couper dans l'oeuf en manipulant les leviers qui sont les leurs, d'autant qu'ils se tiennent tous entre eux par la barbichette…

• Samir Aouchiche

En France, nous avons également le témoignage de Samir Aouchiche, révélé dans le livre de Bruno Fouchereau intitulé *"L'Enfant sacrifié à Satan"*, une enquête publiée en 1997. Cette même année, le journal télévisé de France 2 a consacré un petit reportage sur cette affaire d'abus rituels sataniques pratiqués par un groupe sectaire nommé *"Alliance Kripten"*. Voici la retranscription du reportage :

- Daniel Bilalian : La France n'est malheureusement pas à l'écart de ces problèmes posés par les réseaux pédophiles. Un jeune homme de 26 ans, Samir, vient de raconter sa terrible histoire dans un livre qui vient de paraître. Dès l'âge de 12 ans à Paris, il été victime d'une secte satanique, torturé puis violenté pendant près d'une dizaine d'années…

- Voix off : Lorsqu'il avait à emprunter ce couloir, Samir savait que l'horreur était au bout. À l'époque il n'avait que 12 ans, mais depuis un an déjà il subissait dans sa chair les fantasmes de véritables bourreaux. Viols répétés, séances de tortures, ici en plein Paris, rien ne lui a été épargné. Et la vie de cet enfant martyr plonge encore un peu plus loin dans le délire, aux viols s'ajoutent de véritables séances de tortures et de barbarie.

- Samir : Oui c'était là… Ils m'ont amené ici, ils m'ont attaché, ils m'ont mis des menottes et ils m'ont mis des produits dessus…

- Journaliste : Quel type de produits ?

- S : D'après le médecin, c'était de l'acide.

- Voix off : Brûlé à l'acide par les chefs de la secte, un groupuscule d'une vingtaine de personnes dénommé "Alliance Kripten". Samir, comme d'autres enfants, en est devenu le jouet. Un jouet mutilé sur 2500 cm carré de peau…

- S : Ils ne pouvaient pas vivre sans torturer des enfants. Au départ ça se passait par des rituels, par des cérémonies et après ça finissait en orgies… ça finissait par des actes sexuels… Et puis il fallait faire l'amour avec des adultes quoi…

- J : Plusieurs adultes ?

- S : Oui.

- J : Il y avait plusieurs enfants ?
- S : Oui il y avait plusieurs enfants…
- Voix off : Le regard fixe, Samir porte encore les stigmates de ses souffrances physiques et morales. Mardi dernier, accompagné de son ami Willy qui l'a sorti de son calvaire, Samir a déposé plainte contre deux membres de l'Alliance Kripten. Ce calvaire qui aurait pourtant pu être interrompu. Entre 1986 et 1988, soit deux ans après les premiers viols, la brigade de protection des mineurs a eu connaissance de son cas par l'intermédiaire d'affaires impliquant d'autres enfants. L'avocat de Samir, Maître Jean-Paul Baduel dispose aujourd'hui de pièces qui en attestent.

- Jean Paul Baduel : Il y a des éléments qui sont des éléments incontournables, ce sont les séquelles que porte mon client sur son corps. Il y a des éléments qui sont des éléments objectifs, ce sont des photocopies de pièces qui m'ont été communiquées par mon client qui démontrent qu'au cours des années 1986, 1987, voir 1988, les autorités de police qui ont été en charge de la protection des mineurs, voir des magistrats, ont été pleinement informés de l'existence d'un groupe appelé "Kripten" et de la conduite de ses membres à l'égard de certains mineurs.

Le 26 février 1997, le journal francophone *"La Nouvelle Gazette"* a publié un article sur cette affaire d'abus rituels sataniques. Le papier était intitulé *"La secte pédophile torturait les enfants"*. Dans l'article, l'avocat de Samir, Maître Baduel, déclare que celui-ci était devenu *un sujet passif soumis aux perversions des dirigeants de Kripten (…) Ils ont tous fait l'objet de sévices, certains ont même été marqués au fer rouge, il s'agissait en fait de jeux de rôles sataniques avec tortures et viols (…) Les réunions auxquelles il va assister n'auront plus rien à voir avec des jeux de rôle, même pour adultes, mais correspondent à un rituel de magie sexuelle.*

Samir est resté sous l'influence de Kripten jusqu'en 1994. Une "dépendance" entretenue selon lui par le biais d'hypnotiques et autres lavages de cerveau. L'article contient également une interview de Samir dont voici quelques extraits : *"J'ai rencontré quelqu'un de Kripten à la Foire du Trône. Nous étions une quinzaine d'enfants, des garçons, tous mineurs (…) On nous obligeait à nous prostituer avec des adultes, parfois lors de cérémonies. C'était comme dans une secte, les adultes avaient des aubes noires avec un triangle mauve. Pendant des années, les cérémonies ont eu lieu dans les sous-sols de la gare Saint-Lazare. Au début, ça commençait par un petit discours sur des extraterrestres. Il y avait en général autant d'adultes que d'enfants. Et puis il y avait des trucs assez sordides avec du sang, et ça finissait toujours par des orgies sexuelles. Ils disaient que c'était pour "purifier l'âme". Certains adultes étaient masqués. (…) J'ai été emmené à deux reprises en Belgique, dans la région de Charleroi et de Forchies-la-Marche. Je me souviens d'une grande maison blanche avec un grand jardin. Les murs intérieurs étaient tapissés de mauve. Il y a eu plusieurs messes noires qui, elles aussi se sont terminées par des orgies. Il y avait une vingtaine d'adultes et une dizaine d'enfants. Je me souviens de la présence de croix gammées et du viol d'une petite fille. Je sais aussi que des enfants ne revenaient pas… on nous disait qu'ils étaient partis pour Uranus."*

Dans le livre *"l'Enfant sacrifié à Satan"* nous avons la description du déroulement d'une cérémonie de la secte "Alliance Kripten". Il s'agit d'abus rituels sur des enfants qui se déroulent en plein cœur de Paris, l'auteur rajoute en note qu'il s'agit d'un des rituels de la *Golden Dawn*, une société secrète qui a déjà été évoquée dans le chapitre 2 :

"Quelques minutes plus tard, tous les trois descendent dans les sous-sols de la gare pour gagner la salle de tai-chi-chuan (…) Là encore, le décor a changé. Les murs sont maintenant tendus de tissu noir, les néons sont éteints et des halogènes éclairent la pièce indirectement. Un immense triangle mauve est dessiné sur le sol, et une sorte de damier a été posé en son centre. De chaque côté du triangle, deux espèces de colonnes d'environ deux mètres se dressent tels des obélisques. L'une est noire et blanche, l'autre rouge et verte. Au fond de la pièce, face à l'entrée, sur une sorte d'estrade encadrée de quatre candélabres, deux gros fauteuils rouge et or semblent attendre un couple royal d'opérette.

Cinq à six enfants sont là, certains visiblement accompagnés de leur père ou de personnes qui leurs sont proches. Un petit garçon d'environ six ans qui refusait de lâcher la main de son père reçoit une gifle monumentale qui l'envoie rouler au sol sous les rires des adultes, visiblement ravis par le spectacle de ce garçonnet à moitié assommé (…)

Samir n'en croit pas ses yeux ! Les adultes sont vêtus de façon singulière. La plupart porte de grandes saies blanches, certaines sont vertes et rouges. D'autres sont tout habillés de cuir, ce qui est le cas d'Ondathom, que Samir vient de voir passer devant lui. D'autres sont torse nu mais portent un masque. Ils sont une vingtaine en tout à arborer des tenues hétéroclites. Tous sont agglutinés près de la petite pièce attenante à la salle. En l'occurrence, elle semble servir de vestiaire, car les hommes et les femmes en sortent tous avec une tenue plus ou moins bizarre, alors qu'ils y étaient entrés en tenue de ville. Ajouilark est là aussi, drapé dans une saie rouge. Sur sa poitrine est dessiné un énorme triangle mauve bordé de noir et surmonté d'une croix blanche. Son visage est masqué, mais Samir connaît trop bien ses yeux pour ne pas le reconnaître. Ajouilark attrape Steelarow et lui désigne une grosse coupe en métal. Avec ce calice, le jeune homme fait le tour des participants, afin que chacun y dépose une grosse liasse de billets. Samir n'a jamais vu autant d'argent (…)

Une musique de messe retentit et l'"Empereur", suivie du commandeur, se dirige vers l'estrade. Pendant ce temps, Steerlarow s'affaire et prépare sur des plateaux d'argent de grandes lignes de ce que Samir apprendra plus tard être de la cocaïne. Ondathom saisit le bras de Samir pour le guider, avec les gagneuses et les autres enfants, devant l'estrade, où tous se mettent en rang. Les adultes se répartissent, avec une sorte de bonne humeur grivoise, sur les côtés du triangle, face aux colonnes et à l'estrade. Pröhne, qui un instant s'était absenté, revient avec son chien et l'attache à la poignée de la porte de sortie. Pendant que les plateaux passent dans l'assistance, Ondathom et le Chinois déshabillent sans ménagement les enfants. Certains sanglotent, d'autres se protègent le visage comme s'ils s'attendaient à recevoir des coups d'un instant à l'autre. Une fois que tout semble en ordre, le Chinois va se placer à la droite de l'estrade et Ondathom à sa gauche. Les conversations vont bon train : un homme qui porte un masque rouge se déclare sensible aux fesses de Samir, une femme habillée d'une saie blanche n'a déloges que pour les gagneuses de Steerlarow (…)

"Saluons le triangle symbole de notre ordre, saluons la swastika, éternel soleil qui régénère nos âmes, saluons les forces secrètes qui, dans la nuit, marchent à nos côtés."

"Tous hurlent "Ave !" en levant le bras. Ondathom et le Chinois ont fait s'agenouiller les enfants (…) Pendant le discours de l'Empereur, Ondathom, un ciboire en cuivre à la main, a fait boire aux enfants une gorgée d'un liquide rouge amer. Tous ressentent alors rapidement la même chose. La tête leur tourne. Ils ne sombrent pas dans l'inconscience, mais ils sont pris, soudainement, dans une sorte de brouillard. Les adultes constatent les effets de la drogue car les enfants s'avachissent les uns sur les autres (…) Samir n'entend presque plus les paroles de l'Empereur, il a l'impression de tomber, d'être pris dans un tourbillon. Tout tourne, les visages se mélangent, et c'est à peine s'il entend le commandeur déclamer :

"Les corps de ces enfants sont le pain que nous partageons. Ils cèlent nos liens et, par notre sexualité enfin libérée du joug des oppresseurs judéo-chrétiens, nous nous purifions, nous réintégrons le plan sacré des chevaliers célestes de l'ordre de l'Alliance Kripten. Le sexe et tous les plaisirs de nos sens sont la seule loi à satisfaire. Servez-vous mes frères, au nom du prince notre seigneur, et honneur à Thulé…"

Le commandeur a joint le geste à la parole et a relevé sa saie, laissant apparaître un sexe dressé. Il s'approche d'une petite fille d'environ douze ans qui sanglote depuis le début de la cérémonie. L'enfant résiste à peine à Ajouilark lorsque celui-ci l'oblige à le recevoir dans sa bouche. Déjà, des hommes et des femmes se sont écartés pour se livrer à leur jouissance, d'autres saisissent des enfants... Samir se sent palpé, retourné... puis sombre dans une sorte de coma éveillé, une insensibilité totale comme si tout cela n'était pas vrai, que son corps n'était pas son corps, comme s'il n'était qu'un observateur de cette odieuse réunion... (ndlr : un état dissociatif)

Lorsque Samir rouvre les yeux, il ne reconnaît rien. Ni le lit, ni la chambre, ni les étranges tableaux qui décorent les murs. Il se lève pour regarder à la fenêtre, mais ni le jardin ni les maisons voisines qu'il peut voir ne lui sont davantage familiers. Des bruits de vaisselle lui parviennent de la pièce d'à côté, et une odeur de café chatouille bientôt ses narines. Samir a faim et il prend soudainement conscience qu'il est nu. Il cherche ses vêtements. Ils sont là, en tas, sur une chaise. En enfilant ses habits, Samir sent les douleurs de son corps se réveiller. Son ventre lui fait mal, son sexe aussi, la tête lui tourne... Le pantalon sur les genoux, il est obligé de se rasseoir. La porte s'ouvre alors sur un homme rondouillard d'une cinquantaine d'années qui lui sourit :

- Et bien mon petit, ça ne va pas ?"

Samir ne répond pas.

- Hier soir, la cérémonie t'a mis K.O. et l'Empereur a pensé que tu serais mieux chez moi pour passer la nuit... Je t'avoue que je me suis laissé faire."

Un sourire passe sur les lèvres de l'homme, encore vêtu d'un peignoir rouge, qui reste un moment silencieux devant l'enfant recroquevillé sur lui-même....[276]

e/ Allemagne

---

[276] *"L'Enfant sacrifié à Satan"* - Samir Aouchiche & Bruno Fouchereau, 1997, p. 66-71.

En octobre 1998, le gouvernement Australien a donné le statut de réfugié avec un visa de protection à un ressortissant Allemand, survivant d'abus rituels, ayant passé 15 ans dans une secte pratiquant la pédo-pornographie et le trafic d'enfants. Le *Refugee Review Tribunal* Australien a déclaré lors de l'audience finale : *"Il est admis que (…) troisièmement, de tels groupes existent en Allemagne, et les autorités ont été largement inefficaces pour faire stopper leurs activités illégales."* La décision, prise par le gouvernement Australien, a été de donner à cette victime un statut de réfugié ayant besoin d'une protection, mais il n'existe aucune loi pour statuer sur ce genre de cas. Ce tribunal australien a même déclaré que *"le gouvernement Allemand est réticent ou incapable de protéger les victimes d'abus rituels."*[277]

• Antje, Nicki et Lucie

En 2003, un reportage de Liz Wieskerstrauch intitulé "Vivre l'Enfer - Le Combat des Victimes : Abus Rituels en Allemagne" (Höllenleben - Der Kampf der Opfer : Ritueller Missbrauch in Deutschland) a été diffusé par la chaîne allemande NDR Fernsehen. Le documentaire donne la parole à plusieurs survivants d'abus rituels. Encore une fois les témoignages se recoupent et décrivent les horreurs qui sont là aussi systématiquement filmées par des caméras. La plupart des femmes qui témoignent dans ce documentaire souffrent d'un trouble dissociatif de l'identité. Voici quelques extraits en retranscription :

- Voix off : Des messes noires dans des églises, des rituels dans des cimetières. Tortures et meurtres de nouveau-nés… Ce sont les souvenirs d'Antje qui a passé son enfance dans un milieu sataniste. Elle a gardé le silence jusqu'à maintenant en raison des atrocités… Aujourd'hui elle veut parler et porter plainte contre les coupables. Dans son cas et dans beaucoup d'autres, des inconnus étaient cachés derrière des masques, mais ses propres parents participaient également aux rituels.

- Antje : Ma mère est toujours vivante, elle était la "puissante", la sataniste (ndlr : prêtresse ?). Mon père était le "messager", le conducteur, le livreur, le transporteur… Mon père est décédé en 1979 et la police n'a pas su s'il s'agissait d'un meurtre ou d'un suicide. Aucune autopsie n'a été réalisée et je soupçonne qu'il ait été assassiné par ma mère…

- Journaliste : Vous êtes-vous confié à quelqu'un ?

- A : Non.

- J : Pourquoi cela ?

- A : J'avais peur de mourir… Sous la torture, on m'a plusieurs fois "programmé" que si je parlais de ce qu'il se passait… J'allais mourir.

- Nicki : On m'a fait m'allonger sur une table, puis on m'a piqué avec des aiguilles, parfois très profondément sous les ongles. Je ressentais cette intense douleur au point que je pensais que j'allais mourir… À ce moment-là, une nouvelle personnalité est créée pour prendre la relève face à cette douleur et terreur insurmontable…

- Journaliste : Quand est-ce que les abus ont commencé ?

---

[277] "Ritual Abuse : An European Cross-Country Perspective" - Thorsten Becker & Joan Coleman, Conférence ISSD "The Spectrum of Dissociation", Manchester, 09/05/1999.

- N : Nous ne nous rappelons pas exactement quand cela a commencé, ça a commencé très tôt.

- Voix off : Nicki utilise le terme "nous" parce qu'elle a une personnalité multiple, un diagnostic qui est encore controversé. Comme elle l'explique, pour pouvoir supporter ces atroces douleurs, elle s'est divisée en différentes personnalités. Ses souvenirs sont tellement fractionnés que faire un lien entre les atrocités et l'endroit où cela s'est passé est très difficile. Cela pose un problème pour apporter des preuves (…) Plus tard, Nicki a eu le courage de porter plainte. Depuis d'autres victimes ont aussi témoigné, certaines ouvertement, d'autres anonymement par peur des criminels (…) Antje aussi a porté plainte. Comme Nicki, elle a une personnalité multiple, ce qui complique les détails sur les lieux, les dates et l'identité des bourreaux… Cependant le procureur prend ces témoignages au sérieux. Pour que la suite de l'enquête ne soit pas compromise par les autorités, son avocate témoignera anonymement dans notre documentaire.

- L'avocate de Antje : Lorsqu'on a affaire à une personne souffrant d'un problème psychique tel qu'une personnalité multiple (ndlr : trouble dissociatif de l'identité), alors surviennent des questions : qu'est ce qui est fantaisiste, qu'est ce qui appartient à telle "identité" ou à telle personnalité ? Est-ce que tout cela colle ensemble, est-ce cohérent ? Le problème est qu'au niveau juridique, ces personnes sont moins crédibles qu'une personne qui ne présente aucun trouble de la personnalité.

- Voix off : Dans ce reportage, il y a aussi des femmes qui témoignent de rituels sataniques mais qui n'ont pas de personnalité multiple. Elles aussi sont poussées par Nicki à porter plainte, mais beaucoup n'osent pas briser la loi du silence, ou bien alors elles restent dans l'anonymat. Elles disent également qu'elles ont été endoctrinées par leur famille pour perpétuer les rituels de génération en génération. De cette façon, chaque victime devient aussi complice… Pour Annegret, c'est une raison de plus pour ne pas aller voir la police.

- Annegret : Le problème… ce n'est pas aussi simple que ça… Premièrement, on sait à quel point il est difficile de trouver des chiffres, des données ou des preuves. Deuxièmement, nous avons un enfant, et si l'on commence à parler de ces choses-là, nous avons peur que l'on nous en enlève la garde…

- Voix off : La signification des symboles occultes et la pratique du satanisme est un terrain inconnu pour les policiers et les procureurs.

- Ingolf Christiansen (spécialiste allemand sur la question de l'occultisme et du satanisme, donnant une conférence) : Au début, dans les premiers degrés, je me soumets à la discipline "Arcanum", "Arcanum" est un nom latin signifiant "le secret". Cette discipline de l'Arcane ne tolère en aucun cas que l'organisation du groupe soit divulguée à une personne extérieure n'ayant pas été initiée. Le non-respect de cette discipline a pour conséquence la punition martiale (ndlr : la mise à mort). Plus communément, ils disent : si tu parles à quelqu'un de n'importe quelle manière que ce soit, on te le fera payer… et les gens y croient.

- Voix off : Les jours de fêtes sataniques, les enseignements, les symboles… Les victimes ne les oublieront jamais, souvent sans les comprendre réellement. Pour eux, ce sont des signes d'atroces douleurs, comme pour Lucie, qui s'exprime ici avec une personnalité alter de petit enfant.

- Lucie (assise au sol en tailleur) : Ils avaient toujours des signes bizarres, parfois dessinés sur notre corps… Ça se dessinait comme ça je crois… (faisant les gestes au sol avec son doigt)…

- Journaliste : Trois fois le chiffre six ?

- L : Je ne sais pas mais c'était dessiné en cercle…

- J : Trois fois le chiffre six entrelacé. Il y avait d'autres signes ?

- L : Oui, des étoiles… je n'aime pas les étoiles (dessinant un pentagramme avec son doigt).

(…)

- J : Que signifie le rituel d'initiation ?

- L : Qu'ils nous… qu'ils nous… qu'ils nous apprennent, ils nous enseignent… ce qui est important pour vivre… Par exemple de se réjouir lorsque l'on fait du mal à quelqu'un… parce que c'est mieux ainsi, pour tous… Par exemple, ils nous branchaient sur du courant électrique… Ils nous enfermaient dans une cage… Ensuite ils lâchaient des chiens sur la cage… C'est fait pour nous rendre obéissants…

- Ingolf Christiansen : Dans un premier temps, il ne s'agit pas d'adorer Satan, le diable ou Lucifer, mais c'est un moyen de se sentir puissant. L'homme veut devenir Dieu, et à partir de là, selon la vision des satanistes ou l'idéologie occulte, il s'agit de s'approvisionner en énergie et en puissance, et celle-ci est disponible en forte quantité par la consommation de sang. Parce que le sang est la vie et si ce sang est consommé, il approvisionne de cette énergie, de cette puissance. (…)

- Voix off : Annette a porté plainte à Hamburg, contre ses parents, mais aussi contre elle-même… car on l'a obligé à tuer. Elle n'a pas été diagnostiquée avec une personnalité multiple mais elle explique pourtant qu'elle menait une double vie. Une vie tranquille dans la maison d'un pasteur à Bielefeld parallèlement à une vie violente et destructrice dans une secte.

- Annette : Mes parents m'y ont emmenée lorsque j'avais 4 ans. Mes premiers souvenirs remontent au moment où j'ai été amenée à tuer un chat au même âge… Petit à petit j'ai été plus active au sein de ce groupe, je devais regarder comment d'autres personnes violaient des enfants. Une fois j'ai vu mes parents et mon frère… Il avait 11 ou 12 ans, moi j'avais 2 ans de moins que lui… Je l'ai vu pendant qu'il était violé, et puis juste après… il était comme un corps sans vie, gémissant au sol en bougeant à peine… C'était juste un corps qui se trouvait près de moi… Je m'étais jurée à l'époque qu'ils n'arriveraient pas à me faire une chose pareille.

- Journaliste : Qu'est-il arrivé à votre frère ?

- A : Mon frère s'est suicidé il y a 3 ans. Il s'est tiré une balle…

- Voix off : Antje aussi cherche de son côté des pistes, des témoins, des preuves… Elle est sûre que derrière ces criminels masqués, il y avait aussi ses parents. Elle a un témoin, Sandra, sa sœur qui a 4 ans de moins qu'elle. Cela fait plus de 10 ans qu'elles ne se voient plus. Elles ont rompu le contact comme elles l'ont fait avec leur mère… le passé étant trop douloureux. Les deux sœurs ont été vendues à des pédophiles.

- Antje (montrant une photo d'elle enfant) : Cette photo est typiquement destinée à circuler dans les réseaux pédophiles. Nous sommes là positionnées à quatre pattes, sur ma main droite, on voit clairement une bague en or, ce qui signifie que je suis disponible pour tout, serviable et obéissante. Que je ferais tout ce que l'on me demandera de faire.

- Voix off : Nous avons cherché la sœur d'Antje et nous l'avons retrouvée, mais elle restera anonyme. Sandra n'a pas une personnalité multiple comme sa sœur plus âgée. Elle se propose pour aider dans la recherche d'indices et de preuves mais aussi pour faire une déposition à la police. Les deux femmes ont donc témoigné séparément et sans s'être parlées auparavant, elles ont décrit en détails les mêmes rituels… Mais elles ne veulent toujours pas se revoir.

- Journaliste : Croyaient-ils en Satan ?

- Sandra : Pour la mère oui… Elle croit en cette puissance des ténèbres, elle pense que cela lui donne la puissance d'être quelqu'un qu'elle n'est pas… de ne plus être une victime… Avoir la sensation d'être puissante, oui, elle… oui !

- L'avocate d'Antje : Des faits concrets se ressemblent et se complètent partiellement.

- Journaliste : Cela authentifie-t-il ce cas ?

- Avocate : Oui absolument ! Il est bien connu qu'une histoire de ce genre racontée par une seule personne parait invraisemblable. Quand elles sont racontées par un seul individu, ces histoires sont plutôt considérées comme fantaisistes, alors que si quelqu'un d'autre vient confirmer et ainsi valider le témoignage, si possible indépendamment, là c'est différent.

- Voix off : Antje se rappelle particulièrement d'une nuit lorsqu'elle avait 9 ans. Cela devait être une nuit avec un rituel très spécial…

- Antje : Cette nuit-là, ça s'est passé dans une église, j'en suis tout à fait certaine. J'ai revu mon initiation, si on peut l'appeler ainsi… Je devais recevoir et canaliser certaines puissances sataniques. Nous sommes allés dans le cimetière, l'église était toute proche… un caveau a été ouvert… le cercueil également… À l'intérieur il y avait un homme mort il y a peu. Tout avait été nettoyé et je devais entrer dans cette tombe pour lui ôter son cœur… Le grand prêtre a pris cette coupe, et les autres membres de la loge l'ont suivi jusque dans l'église. Au pied des marches, il y avait le symbole de la loge, je ne sais pas si c'était dessiné ou juste posé là… Je devais m'allonger sur l'autel… On a dessiné des choses sur mon corps… Il y a eu des abus sexuels. À la fin de la soirée… j'avais un nouveau statut au sein de la loge et je devenais tout d'un coup une personne importante.

- Sandra : Ils l'ont préparée et conditionnée pour qu'elle devienne une personne mauvaise. Ils avaient véritablement réussi à lui inculquer un sentiment de puissance et surtout de faire en sorte que cette puissance lui plaise…

- Antje : On m'a enseigné l'usage des pratiques rituelles… Par exemple le sacrifice d'un enfant, ou le privilège d'être à côté du grand prêtre lorsqu'une personne était allongée sur l'autel.

- Sandra : Antje avait vraiment développé ce sentiment de puissance, elle s'est alors rapprochée de plus en plus du culte où elle a monté les grades… Cela était pour elle une reconnaissance, car sinon elle n'était rien du tout… C'est comme cela qu'ils font les initiations, systématiquement…

- Voix off : Presque toutes les victimes témoignent que pendant ces rituels, des films et des photos "immortalisent" les scènes : de la pédo-pornographie… Il s'agit donc également d'argent et de réseaux criminels bien organisés. Sans preuves, Lucie ne peut pas porter plainte. Elle a une personnalité multiple… qui la croirait ? Aujourd'hui elle cherche des preuves en images sur internet (…) Des femmes de l'époque de la RDA ont aussi rapporté ce genre d'abus rituels, Lucie est l'une d'entre elles. Elle cherche les lieux de son enfance, elle fouille ses mémoires, elle trouve des preuves.

- Lucie : À l'époque je ne me rendais pas compte parce que je ne connaissais rien d'autre. Aujourd'hui je prends conscience que ma famille avait un niveau de vie très élevé. Nous avions des magnétoscopes, plusieurs voitures (…)

Il y a 3 pièces, ces pièces n'ont pas de fenêtres, elles étaient froides, nous pensons qu'il s'agissait de caves (ndlr : le "nous" correspondant aux différentes personnalités alter). Le sol était inégal, poussiéreux et sale. Les murs aussi étaient en mauvais état, il y avait des lampes sur ces murs. Il y avait une pièce où l'on attendait et une autre pièce où ça se passait… On se souvient aussi d'une autre pièce, plutôt une sorte de grand hall avec des sortes de poutres d'acier… Je ne sais pas exactement, nous savons juste que ce sont des poutrelles d'acier… et que ce hall n'était pas très propre…

- Journaliste : Que s'est-il passé dans ce hall ?

- L : Ça fait partie de nos mémoires, il y avait un feu au milieu, il y avait des hommes, des hommes noirs, si l'on peut dire… Et on a alors vu quelqu'un qui était amené en direction du feu, il y avait de la peur…

- J : Savez-vous comment vous êtes arrivée là ?

- L : Nous sommes arrivés là par un transporteur… Là aussi il n'y avait pas de fenêtres. Oui nous sommes arrivés là par un transporteur. Il y avait parfois d'autres enfants, mais on ne se parlait jamais… Dans ces situations-là, cela ne se fait pas…

- Voix off : Des pièces souterraines avec un grand hall… Les chercher, c'est comme chercher une aiguille dans une botte de foin. Les voisins, les instituteurs et les habitants du village ne peuvent pas être questionnés, les parents de Lucie se douteraient de quelque chose et le risque pour elle et ses sœurs est trop grand (…) Autre lieu possible de meurtres d'enfants : Le château de Wewelsborn. Mais pour la police et le procureur de Paderborn, les faits remontent à trop longtemps (…) Karine, qui a aussi une personnalité multiple a témoigné d'abus rituels pratiqués au sein même du château de Wewelsburg…

- Karine : J'ignorais qu'il existait un château avec ce nom-là mais j'ai reconnu les ornements de cette salle… avec les colonnes… Il s'agit bien du château qui revenait souvent dans mes cauchemars d'enfants. J'ai souvent reproduit ces ornements dans des dessins quand j'étais petite. Dans la crypte, d'abord il y a cette croix gammée au plafond… Je me rappelle que dans cette crypte, il y a un foyer au milieu pour faire un feu. Il y a une sorte de pierre ou d'autel, et c'est sur cet autel qu'un enfant a été sacrifié. Cet enfant était le mien, il a été sacrifié à l'âge de 6 mois.

(…)

Le documentaire *Schwarze Sonne* (Le Soleil Noir des Nazis), sorti en 1998, revient sur l'histoire de ce château de Wewelsburg. Un château que les nazis ont entièrement restauré pour y établir un lieu de culte et de formation de la S.S. durant le troisième Reich. Voici la description qui est faite de la crypte citée dans le témoignage de Karine :

"Juste en dessous de la salle des "Obergruppenführer", se trouve ce que l'on a appelé "la crypte". Une salle voûtée en forme de caveau où l'on prévoyait de célébrer des fêtes religieuses. L'atmosphère fait penser à ces rites de destruction de la personnalité individuelle, à cet état second dans lequel l'homme devient un réceptacle vide où l'on déverse dans l'ivresse des sentiments édifiants… Des groupes clandestins de l'extrême droite actuelle se sentent eux aussi attirés par cette salle. La nuit, ils y entrent parfois même par effraction pour y tenir des rituels mystiques…"

Le directeur du musée du Wewelsburg, Wulff E. Brebeck, déclare dans ce documentaire : "La veille de Noël, en 1992, nous avons trouvé la porte fracturée. Sur les 12 podiums se trouvaient des draps blancs décorés de runes. Bien sûr, nous n'avons jamais su qui avait fait ça, mais nous savons grâce à nos contacts avec quelques visiteurs ou groupes de visiteurs que la tour passe volontiers pour un lieu où l'on tient des messes noires ou des cérémonies du même genre… Et l'on tente sans arrêt de soudoyer nos portiers, d'obtenir la clé ou d'entrer dans cette salle à des horaires inhabituels sous toutes sortes de prétextes. Nous devons prendre des mesures de protection très strictes pour empêcher ce genre de choses. Une fois, nous avons reçu une confession écrite d'un groupe qui disait qu'ils avaient pu y organiser un baptême, un baptême noir, une admission dans leur ordre… et ils nous remerciaient."

• Claudia Fliss

La psychothérapeute allemande Claudia Fliss est spécialisée dans les traumatismes causés par les abus rituels. Elle a aidé de nombreuses victimes durant ces vingt dernières années et a ainsi pu examiner de nombreux cas. Dans le documentaire *"Sexzwang"* (sexe forcé), du controversé Ivo Sasek, elle déclare :

- Les formes de violences sont : violences corporelles, violences sexuelles, violences psychiques, menaces, extorsions, loi du silence, sacrifices d'animaux et d'humains dans le cadre de rituels, meurtres de nourrissons, d'enfants, de femmes. Parfois c'est une personne qui est tuée, parfois ce sont plusieurs personnes (…) Les meurtres sont toujours décrits d'une façon similaire, il y a différentes manières, mais les témoignages se recoupent systématiquement. Cela a toujours quelque chose à voir avec le sang, cela à trait avec une frénésie meurtrière, une ivresse du pouvoir, cela à trait au cannibalisme : boire du sang et manger de la chair humaine (…) Il s'agit de cultes qui existent depuis des générations, ils recrutent leurs membres dans leurs propres rangs, les enfants naissent là-dedans. Dès leur plus tendre enfance ils sont habitués à ces rituels, ils seront formés quotidiennement à devenir aptes pour ces choses-là… C'est brutal, mais c'est exactement comme cela que ça se passe.

- Avez-vous entendu parler de cas similaires en Allemagne où des personnes seraient tuées par un culte satanique ?

- Oui, c'est ce que les personnes rapportent presque toujours. J'ai vécu et travaillé dans différentes régions d'Allemagne et j'avais des personnes en thérapie qui ne se connaissaient pas mais qui témoignaient exactement des mêmes choses. Je sais par des collègues actifs sur tout le territoire qu'il y a des victimes, qui ne se connaissent pas entre elles, mais qui rapportent des choses similaires. On réalise alors qu'il s'agit de quelque chose de structuré.

• Gaby Breitenbach

Toujours en Allemagne, la psychothérapeute Gaby Breitenbach a créé en début d'année 2014 un lieu sécurisé pour accueillir et aider les victimes d'abus rituels et de contrôle mental. Le centre se nomme *"Vielseits"* et il est une première en son genre en Europe. Toutes les femmes qui arrivent dans ce centre ont subi du contrôle mental. Ces femmes souffrent de graves troubles dissociatifs et d'amnésie traumatique. Gaby Breitenbach a été interviewée par la journaliste Antonia Oettingen, voici quelques extraits de cette interview :

"D'un point de vue extérieur, ce sont des femmes qui semblent apparemment avoir un comportement normal et une vie qui semble l'être tout autant. Leur personnalité du quotidien n'a pas conscience des abus auxquels elles sont soumises la nuit, le week-end où pendant les périodes de vacances. Ces expériences traumatiques sont compartimentées dans les différentes parties de la personnalité, de sorte que ces mémoires sont tenues à l'écart de la conscience. La personne n'a donc pas connaissance des abus et des traumatismes vécus (…) Les victimes sont soumises à un âge précoce à des situations de mort imminente, par des chocs électriques, des simulacres de noyade, toutes sortes de tortures lors desquelles leurs bourreaux se posent en "sauveurs". À un certain point, la psyché de la victime va agir d'une manière automatique : elle va se fractionner, cela dans un but de survie. Les conséquences de ces tortures systématiques font que les victimes peuvent développer différentes identités. Les criminels qui pratiquent ces abus détiennent la clé de ce système interne composé par une personnalité fragmentée. Ils ont donc la capacité d'induire des comportements particuliers en utilisant des déclencheurs, des "triggers". Cela peut-être des signes de main, des odeurs ou des sons comme une sonnerie particulière (…) Les jeunes victimes d'abus rituels sont le plus souvent utilisées pour la prostitution pédocriminelle et formées pour prendre part elles-mêmes aux maltraitances sadiques sur des enfants qui sont filmés et photographiés. Ces femmes seront prostituées une grande partie de leur vie, elles peuvent aussi être utilisées pour de la violence sadique et parfois pour de l'espionnage. Beaucoup des personnalités alter mise en place par les traumatismes ne ressentent pas la douleur."[278]

f/ Angleterre

Dans le documentaire datant de 1989, *"Devil Worship : The Rise of Satanism"* (Le culte au diable : la montée du satanisme), le politicien et membre du parlement David Wilshire affirme :

"Le satanisme est présent dans ce pays tout comme il est présent ailleurs. C'est quelque chose de terriblement violent, il s'agit de la maltraitance d'enfants, il s'agit d'abus sexuels. Ceci n'est pas de la rigolade, ça doit être pris très au sérieux, c'est un problème qui doit être traité. Ce qui est le plus tragique dans cette histoire, ce sont les enfants qui en parlent et à qui l'on répond : 'Ne sois pas stupide, cela n'arrive pas dans notre pays', ou : 'Tu inventes des histoires, tu mens'."

---

[278] *"The Shelter for Women Having Their Minds Controlled By Criminal Gangs"* - Interview de Gaby Breitenbach par Antonia Oettingen - Vice.com, 12/02/2014.

En 1989, la psychiatre Joan Coleman avec l'aide d'autres médecins a fondé l'association *RAINS* (*Ritual Abuse Information Network & Support*). Elle a également dirigé la *Clinic for Dissociative Studies* de Londres. L'association *RAINS* vient en aide aux victimes d'abus rituels, elle publie également des études sur les traumatismes et sur leurs conséquences. Dans le livre *"Forensic Aspects of Dissociative Identity Disorder"*, Joan Coleman revient sur le cas de plusieurs victimes d'abus rituels qu'elle a rencontrées, elle rapporte notamment les témoignages de 'Margaret', 'Theresa' et 'Monica' (pseudonymes).

• Margaret

En 1986, Joan Coleman exerçait dans un hôpital psychiatrique depuis 17 ans. Elle travaillait avec des personnes qui avaient des troubles mentaux entraînant des répercussions physiques. Margaret était une de ses patientes, c'était une femme d'une quarantaine d'années qui revenait fréquemment depuis 4 ans faire des séjours à l'hôpital. Coleman s'inquiétait de ses problèmes de santé, elle souffrait d'asthme ainsi que d'un ulcère et de sévères migraines. Cela était évidemment en lien avec ses troubles psychologiques mais Coleman n'arrivait pas à identifier la cause du problème. Margaret avait beaucoup de visites et selon elle il n'y avait aucun problème familial. Il lui a été prescrit des médicaments, particulièrement lorsqu'elle était de sortie les week-ends. Fatalement, il y eu un jour un accident de surdosage et elle a été rapatriée en urgence à l'hôpital. Peu de temps après cet incident, elle commença à se confier à une infirmières, Eileen, à propos d'un ami de sa famille qu'elle n'aimait apparemment pas du tout. C'est à partir de ce moment-là que les vannes se sont ouvertes pour la divulgation...

Au départ, elle a parlé de ce qui semblait être un vaste réseau pédophile : elle décrivait des abus sexuels sadiques pratiqués par des hommes sur des enfants. Selon elle, certaines de ces personnes étaient des membres de sa famille ou des connaissances, mais aussi des politiciens et des figures médiatiques bien connues. Lors de cette première période de divulgation, ses symptômes physiques se sont remarquablement atténués. Elle a cessé de vomir et elle n'avait quasiment plus d'asthme ni de migraines. Elle a alors stoppé le traitement et elle semblait prête à continuer de parler... Coleman et l'infirmière ont alors décidé de contacter la police, que ces déclarations soient véridiques ou non. Cependant, les noms des agresseurs présumés n'étant pas sur les fichiers de la police, il n'y a pas eu d'enquête.

En été 1987, Margaret a appris qu'elle avait une maladie en phase terminale. Elle a alors voulu rentrer chez elle tout en se rétractant quand à toutes les révélations qu'elle avait pu faire à propos d'abus rituels. Après seulement quelques semaines, elle était de retour à l'hôpital après avoir été retrouvée en train de divaguer sur la route, totalement droguée. C'est alors qu'elle a été internée dans une autre section de l'hôpital où elle a dû se sentir plus en sécurité car elle recommença à parler et à détailler ses premières déclarations. Elle a donné des précisions sur des enfants fugueurs rencontrés à la station centrale de Londres et qui étaient ramenés dans un hôtel. Là ils étaient drogués de force si bien qu'ils devenaient très vite dépendants, le but étant d'abuser d'eux sexuellement. Margaret a ensuite décrit une maison où certains de ces enfants étaient emmenés pour être également drogués et violés. Elle a expliqué que bien qu'elle le refusait, elle était forcée de regarder les abus et elle était photographiée en même temps pour qu'elle garde le silence. Après avoir été violés ou frappés par plusieurs hommes, certains de ces enfants étaient ramenés à "l'hôtel", d'autres étaient tués… Elle dit que les meurtres se faisaient toujours au couteau. Les corps étaient ensuite démembrés et mis en sacs plastiques pour être emmenés à ce qu'elle décrit comme étant une usine, un endroit où ils sont incinérés. Les meurtres sont filmés et les enregistrements revendus à un prix d'or.

Margaret décrivait à chaque fois le même schéma en disant que *"ça semblait être une sorte de rituel"*. Elle a rapporté que les bourreaux portaient des robes et des masques. Elle a parlé d'une petite vietnamienne qui a été liée sur un autel et sur une croix inversée. C'est suite à ces révélations que Joan Coleman a commencé à faire des recherches sur le satanisme et sur les abus rituels. Margaret avouera plus tard que sa famille était sataniste de génération en génération, de plus, elle ne s'est plus jamais rétractée une seule fois concernant son témoignage. Son état mental s'était grandement amélioré après qu'elle se soit confiée.

Joan Coleman et ses collègues ont de nouveau contacté la police suite au témoignage de meurtres d'enfants, en leur fournissant cette fois-ci des noms, des adresses avec des détails sur les présumés bourreaux et les enfants, fournissant également l'adresse de "l'usine". Mais tout cela n'a mené à rien… La police a alors désigné un psychiatre pour s'entretenir avec Margaret : la conclusion de cet "expert" a été de dire que c'était la psychiatre, Joan Coleman, qui avait inventé toute cette histoire. Margaret a pourtant divulgué beaucoup de choses concernant des activités rituelles, avec la description des cérémonies, les lieux, mais aussi sur la hiérarchie du culte. Elle a fait une distinction très claire entre les meurtres purement sadiques d'enfants à Londres et les sacrifices rituels, c'est à dire les cérémonies religieuses auxquelles participaient à la fois des hommes et des femmes. Les sacrifices étaient toujours faits par le grand prêtre lors de certaines dates du calendrier. Margaret a décrit les méthodes de contrôle mental utilisées par la secte, elle a décrit comment les enfants sont drogués et hypnotisés pour croire à *la magie de Satan*. À certaines dates de cérémonies, Maragret se barricadait encore dans sa chambre…

Joan Coleman et l'infirmière Eileen ont vu Margaret juste avant son décès, elle leur a certifié que tout ce qu'elle avait déclaré à propos des abus rituels était véridique et qu'elle voulait que tout le monde le sache.

• Theresa

En 1989, dans le cadre de son travail, Joan Coleman a rencontré une jeune fille de 15 ans qui déclarait avoir été abusée par des membres de sa famille auxquels elle venait d'échapper depuis une année. Theresa a décrit des activités sectaires dont les protocoles étaient quasiment identiques à ce qu'avait décrit Margaret. Elle a donné de nombreux détails sur une sorte de château dans lequel elle-même et d'autres enfants étaient amenés régulièrement. Avant d'y aller ils étaient drogués, ce qui fait qu'elle n'avait aucune idée de l'endroit exact où se trouvait ce lieu. D'après elle, cet endroit était tenu par un médecin car une partie de l'habitation était utilisée pour des opérations expérimentales. Dans une autre partie se trouvaient de jeunes enfants emprisonnés dans des cages, ils en sortaient uniquement pour les abus sexuels et les tortures, pour les expérimentations et finalement pour le sacrifice.

Dans cette affaire, la police s'est mobilisée et a arrêté cinq hommes pour des viols sur mineurs ainsi qu'une femme pour complicité et avortement clandestin. Bien que Theresa ait témoigné devant la police, il n'y avait aucune preuve valable pour prouver les activités rituelles, cela n'a donc pas été retenu dans les charges. Peu avant le procès, la police s'est rendue à l'école de Theresa pour obtenir les enregistrements de sa présence, le directeur de l'école leur a alors remis des notes et des dessins produits par Theresa quelques mois plus tôt : un des dessins représentait le sacrifice rituel d'un clochard. Theresa avait monté un dossier complet sur ce qu'elle avait vécu, mais malgré cela les abus rituels sataniques ne furent pas retenus par manque de preuves.

• Monica

À la fin des années 90, Joan Coleman a reçu un coup de téléphone venant d'une infirmière lui demandant un avis sur une de ses patientes. Il s'agissait d'une jeune femme de 37 ans nommée Monica, elle était au départ traitée pour un problème de boulimie mais elle s'était mise à parler d'abus rituels remontant à sa petite enfance. Joan Coleman commença donc à rencontrer régulièrement cette patiente. Au début, Monica était terrifiée à l'idée de parler de la secte, mais après quelques semaines elle a commencé à donner des détails à propos de ses mémoires, qui lui faisaient revivre le traumatisme lorsqu'elles refaisaient surface. Elle décrivait alors ses souvenirs traumatiques avec une voix, un comportement et des mimiques d'enfant. Cette "enfant" déclarait qu'*ils*" avaient différents noms et différents âges, parfois elle écrivait avec une écriture d'un enfant de 5 ans. D'autres fois, elle semblait totalement différente et devenait même hostile envers Joan Coleman et l'infirmière. Petit à petit il a été découvert que certaines de ses personnalités étaient restées fidèles à la secte. Alors que Monica pensait qu'elle n'était plus impliquée dans les rituels depuis l'âge de 15 ans, certaines de ses personnalités alter n'avaient jamais cessé ces activités et elles n'avaient aucune intention d'arrêter... Ces personnalités alter se rendaient régulièrement aux cérémonies, sans que la personnalité "Monica" n'en ait aucune conscience.

C'est avec le cas de Monica que Joan Coleman a été confrontée pour la première fois au trouble dissociatif de l'identité (TDI). Elle a beaucoup appris avec cette patiente, autant au niveau des abus rituels sataniques qu'au niveau du fonctionnement d'un système de personnalité multiple, plus particulièrement sur la manière de travailler avec des personnalités alter qui sont encore fidèles au culte. Alors que les barrières amnésiques s'estompaient, Monica devenait de plus en plus consciente de son implication dans les activités occultes et sectaires, tout autant que sa prise de conscience sur ses autres personnalités. Elle a donné des noms et des lieux où se passaient les cérémonies. Alors que Joan Coleman ne lui avait jamais parlé d'autres survivantes d'abus rituels, certaines informations qu'elle donnait correspondaient non seulement avec celles données par Margaret, mais aussi avec des détails concernant d'autres affaires. Elle a parlé d'un "grand prêtre" en donnant son nom de culte mais aussi en donnant son véritable nom. Coleman avait déjà entendu parler de lui, il s'agissait d'un homme important au niveau national.

Une de ses personnalités alter était une petite fille de 10 ans nommée *"Scumbag"* (traduction indécente). L'alter s'était créé lorsque sa mère la prostituait dans une arrière salle d'un pub. L'argent récolté était destiné au culte satanique. *Scumbag* était une grande buveuse de bière, tandis que Monica ne buvait pas d'alcool. Monica était une femme courageuse, elle a témoigné dans une émission de radio en 1996, et pour cela elle a été punie... c'est certainement ça qui l'a conduite à la mort peu de temps après.[279]

L'association de Joan Coleman, RAINS, avait mis en place une ligne téléphonique qui recevait de nombreux appels provenant de thérapeutes à la recherche d'aide et de conseils. Leurs patients parlaient exactement des mêmes activités rituelles de type satanique. En 2014, RAINS a établi une liste de personnes impliquées dans les abus rituels en Angleterre. La liste qui donne à la fois des noms mais aussi des lieux de culte, a été dressée à partir du témoignage d'une victime, mais aussi grâce à un membre du réseau qui a décidé de parler. On retrouve dans cette liste noire des politiciens, acteurs, journalistes, policiers, médecins, entrepreneurs, hommes d'église... Nous reviendrons notamment sur le cas de la *"star"* Jimmy Savile dans le chapitre sur l'industrie du divertissement.

g/ Belgique

• Le Dossier X (affaire Dutroux)

En Belgique, lors de l'affaire Dutroux, le dossier X était rempli de témoignages liés aux abus rituels. C'est aussi le dossier X qui menait au réseau élitiste belge... C'est pour cette raison qu'il a vite été refermé, Marc Dutroux est alors resté le *"prédateur isolé"* et les médias ont tous crié en cœur que les réseaux pédocriminels : *"Ça n'existe pas !"*

Le juge Jean-Marc Connerotte avait pourtant bien mené l'enquête, tellement bien qu'on lui a retiré le dossier lorsqu'il aboutissait finalement à la piste d'un réseau très embarrassant avec des témoignages d'abus rituels sataniques liés au gratin belge... C'est alors le juge Jacques Langlois qui a été désigné pour reprendre le dossier en main, ne semblant aucunement s'intéresser à ces témoins X parlant d'abus rituels ni aux quelques 30 témoins morts dans cette affaire... C'est aussi lui qui ne jugera pas nécessaire de faire analyser les 6 000 cheveux/poils retrouvés dans la cave de Marc Dutroux. De plus, il faut souligner que les autorités belges ont estimé que l'analyse de toutes ces traces ADN coûterait trop cher... C'est ainsi que le dossier bis de l'affaire Dutroux a pu être refermé aussi facilement. L'ex-député belge Laurent Louis a déclaré à ce propos sur son blog : *"Comment peut-on accepter que le Dossier BIS Dutroux ait pu être classé sans suite alors qu'il y avait des milliers de traces génétiques retrouvées dans la cache de Marcinelle à analyser. Peut-on accepter que l'argument utilisé fut le coût de ces analyses alors que chaque*

---

[279] "Forensic Aspects of Dissociative Identity Disorder" - Adah Sachs et Graeme Galton, 2008, p.11-20.

année on dépense des sommes folles pour assurer le train de vie de nos Ministres et de la famille royale. La recherche de la vérité et l'incrimination de pédophiles, de tueurs d'enfants, ne valent-elles pas tout l'argent du monde ?"

À l'époque, les témoins X avaient pourtant clairement décrit des abus rituels sataniques avec des meurtres d'enfants. En avril 2009, le site *Wikileaks* a mis en ligne un document PDF de 1235 pages contenant les auditions et les procès-verbaux de l'affaire Dutroux,[280] le document contient des témoignages décrivant des pratiques extrêmes comme par exemple des chasses à courre avec des enfants comme gibier ! Il s'agit de faits présumés car évidemment jamais aucune enquête digne de ce nom n'a été menée pour vérifier les déclarations. Voici quelques extraits du document :

PV 151.044 - Audition du témoin X2 - 27/03/97 (page 1065)

Faits commis à Chimay : Elle est allée 5 ou 6 fois dans un immense bois pour des chasses. Elle était obligée d'y aller (…) Y Participaient : les plus violents de la bande de Knokke dont les frères L. A Chimay elle a entendu crier et tirer mais elle ne sait pas sur quoi, elle n'a jamais vu de gibier (…) C'était autour du château de Chimay - description du château qu'elle connaissait déjà avant. Le bois est muré. C'était des cris d'enfants de peut-être 10 ans. Elle pense qu'il y avait 4 ou 5 enfants. Les cris s'arrêtent net. Elle est restée avec L. et à ce moment les frères L. sont partis avec 1 ou 2 autres personnes dont le "garde-chasse". Les participants étaient tous de Knokke et de Eindhoven (…) Les cris étaient horribles et indescriptibles (…) Au départ les cris n'étaient pas forts, plutôt des cris de douleur puis des cris beaucoup plus forts pendant quelques secondes et arrêt net. À Faulx, il y avait aussi des cris mais ils ne s'arrêtaient pas. Elle n'a jamais vu une fille revenir entière de chez L.L.. Quand les cris se sont arrêtés L. a arrêté de lui 'faire l'amour' et est retourné très vite à la voiture avec elle.

PV 151.150 - Audition du témoin X2 - 03/04/97 (page 1066) :

Une partie de chasse dans le sud du pays avec des gens à cheval - beaucoup étaient armés - Pendant la chasse il y a viol sur X2 - Elle y va avec C. en Ranch ou Land Rover ou Cherokkee (…) Les cavaliers sont arrivés à cheval, on tire mais elle ne sait pas sur quoi, elle n'a vu aucun gibier ni de chien. Un des cavaliers est arrivé vers elle, est descendu de cheval et l'a violée. Le même a aussi violé Eva. La chasse a lieu vers 17.00 heures. Elle a aussi été violée par un plus petit. Violences mais moins qu'à Eindhoven (coups au visage et étranglement). On étrangle X2 parce qu'elle crie. Eva a seulement été frappée au visage et au ventre. Il y avait une autre mineure de moins de 15 ans (blonde) mais elle ne sait pas si elle a été violée - elle était avec une femme.

PV 116. 022 - Audition du témoin X1 - 31/10/96 (page 411) :

Meurtre d'enfants dans les Ardennes et au Luxenbourg dans des parties de chasses. Villa au toit de chaume. (…)

Précise avoir été emmenée un jour par une personne venue la chercher : homme qu'elle ne connaissait pas bien - elle l'associe à des choses graves : rituel. (30 ans, lunettes, cheveux courts bruns frisés, moustaches). Il roulait en BMW noire (…) X1 décrit l'intérieur du bâtiment (photo aérienne, carrelage, tapis brun foncé dans le bureau...). Présent, la personne qui l'a amenée, Tony, le vieux du

---

[280] *Belgium : Dutroux X-Dossier summary*, 1235 pages, Wikileaks.org, 2005.

'décascoop', et 2 autres hommes. X1 doit se déshabiller et est amenée dans un local. Présence d'un certain pierrot l'éclairagiste + caméra (…) L'homme qui l'a amenée entre avec une petite fille de 2 ou 3 ans (blonde aux cheveux raides). Devant X1 l'homme à la BMW joue avec l'enfant puis sort un couteau et l'enfonce entre les jambes de l'enfant qui hurle. L'homme à la BMW achève l'enfant. X1 est ensuite violée par celui-ci, Tony et les autres.

X1 avait 12 ans et c'était la première fois qu'elle assistait à de tels faits. Elle n'avait jamais vu l'enfant auparavant.

PV 100.403 - Renseignements (14/01/97) (page 435)

Château d'Ameroix. Lettre d'un Gd à la retraite (M.) Début avril 96 il héberge un prêtre mexicain. Un ami hollandais du prêtre est venu le chercher Le hollandais a cité le château de Ameroix comme étant un lieu où se déroulent des soirées de type satanique et pédophile avec sacrifice d'enfants. L'information lui a été donnée par un américain de l'OTAN qui est rentré aux USA. Cet américain a participé à une soirée et a été écœuré (…) Peut-être à mettre en relation avec les parties de chasse décrites par le témoin X1.

PV 150.364 - Audition du témoin X1 - 01/03/97 (page 478)

X1 dit être allée 15 ou 20 fois au château d'Antwerpen entre 1990-95. Elle a assisté à 6 ou 7 meurtres d'enfants dont Katrien De Cuyper. Description des personnes ayant amené les enfants en camionnette (blanche - rouillée - diesel). Elle peut faire des portraits-robot. Les hommes déposent les enfants et repartent (…) X1 confirme que c'est le château vu à Gravenwezel. X1 ne sait pas ce que l'on faisait des cadavres - Tony s'en occupait peut-être. Il l'amenait toujours sur place et ne la ramenait que lorsqu'il n'y avait pas eu de mort (…)

PV 118.452 - Audition du témoin X1 - 10/12/96 (page 542)

M. a été tuée en novembre 1984 à Knokke dans la villa de la grand-mère de X1. Première fête : B. a amené un petit garçon de 8 ans. Propriétaire de la villa = homme de plus ou moins 40 ans et sa femme aux alentours de 20 ans. Description de la villa. X1 a tué deux lapins et un bouc nain sur ordre de B.. La partouze avait lieu dans le garage. Deux dobermans et un berger allemand participaient à la partouze. Description du garage : anneaux scellés dans le mur, armoire emmurée avec matériels sado-maso et cassettes de pédophilie. Participants avec costumes particuliers : cuir, capes, masques. C. a été violée par T., N., B. et le propriétaire. C. Elle doit manger le cœur du lapin sacrifié. Enfants attachés aux anneaux dans le garage. Le sang du bouc est versé sur C.

PV 151.829 - Audition du témoin X3 - 02/06/97 (page 1072)

(Volet famille royale)

Prise en charge dans voiture américaine rose avec toit blanc conduite par Charly. Toujours maisons luxueuses (…) Sur place la voiture s'arrêtait sur un parterre devant la maison entourée d'un parc. Deux surveillants sur place : Ralf et Walter. Les enfants étaient amenés dans une tourelle en pierre naturelle avec porte en bois. Il y avait probablement un étage à la tourelle. Un souterrain partait de la tourelle vers des caves. Souterrain sans lumière - en terre et en pente. Dans les caves il y avait des cellules où les enfants étaient enfermés en attendant leur tour. Il y avait aussi des cellules pour des chiens (dobermans). Le couloir donnait sur une salle de spectacle. Dans la tourelle : corps d'enfants morts à divers stades de décomposition (parfois démembrés et/ou morceaux manquants) et carcasses de chiens. Spectateurs : toujours les mêmes mais difficilement identifiables - une cinquantaine. Elle a reconnu C., B. et .A. et deux autres qu'elle appelle Charly et Polo. Elle pense avoir reconnu W.C. et le docteur V.E.. Les Chiens étaient drogués pour être excités. Spectacles = orgies, mises à mort d'enfants et de chiens. Salle de spectacle avec forte odeur d'excréments de chiens. Chiens en liberté dans le jardin. Gilles (12 ans) a été émasculé par POLO. Les autres enfants ont dû boire son sang. Elle croit l'avoir revu découpé dans la pièce aux morts. Filles tailladées avec lames de rasoir (…) Chasse préparée par Charly et Polo.

Sur un autre lieu :

Grosse maison blanche avec étage et écuries. Parc avec bassin rond et fontaine sortant d'une statue. Les enfants étaient lâchés nus et lorsqu'ils étaient attrapés, ils étaient violés. La chasse se terminait par des tortures dans la salle de spectacle (…) (détails insoutenables)

PV 466 - Audition de **** - 16/01/97 (page 260)

Il a très peur. Il était trésorier des Jeunes PSC. Il fréquentait beaucoup M.D., P.S. et J.P.D. Il ont essayé de le diriger vers l'OPUS DEI ce qui était le 'nec plus ultra' selon eux. Sous prétexte de tests d'initiation à l'OPUS DEI, il a été amené à des Messes Noires avec actes sexuels. Il mentionne la présence de jeunes filles venant de pays de l'Est (13-14 ans). En 1986 après une réunion politique bien arrosée, il est allé avec S. et D. à une réunion qu'ils annonçaient pimentée. Sur place il a été drogué avant d'être amené dans une salle avec des gens masqués et habillés en 'djellabas' noires. Les participants buvaient du sang. Il a été mis en présence d'une fillette nue couchée sur un autel - elle était morte (12 ans) Il a voulu partir mais a été drogué à nouveau. Il s'est réveillé le lendemain dans sa voiture. Il a quitté le parti et a fait une déclaration à la BSR de Charleroi (…)

PV 114.039 - Audition du témoin X1 - 13/01/96 (page 407)

Dans la maison on parlait le français, l'anglais, l'allemand et le néerlandais (…) Soirée avec ambiance comparable à la fête du Nouvel An. Après une heure ou deux, lorsque tout le monde était présent, descente dans la cave où les enfants attendaient. Description de la pièce : (…) Une armoire avec objets sado-maso (…) Généralement de 2 à 5 enfants pour environ 10 personnes dont des couples (…) Violences vis à vis des enfants : attachés au cou, coupés avec des couteaux (…) Plusieurs enfants violés par V.. Photos prises (films ?). Une fillette a été coupée au vagin, un médecin qui participait à la partouze l'a recousue. Plus de violence en période de vacances scolaires. Consommation de drogues et de médicaments lors des partouzes. Tuer des animaux (lapin, chat, poulet…) dans le but de faire souffrir les enfants.

Lettre de **** - 13/12/96 (page 261)

Secte - Orgies - Ballets roses en Hollande.

Lettre adressée à la Justice Hollandaise au sujet de sectes dans ce pays.

Il existe en HOLLANDE un groupe de 300 personnes qui forment une secte. Ils organisent des partouzes avec mineurs (3 ans et plus). Membres = avocats - juristes - juges - policiers...

Réunions dans propriétés campagnardes, hôtels ou chez un des membres (…) Assemblée le premier samedi après la pleine lune ainsi qu'aux dates de fêtes chrétiennes ou les jours d'anniversaires. Groupes de 12 personnes avec des enfants. Viols et tortures des enfants. Grandes assemblées = 50 adultes et 50 enfants - drogues, boissons, orgies, viols, enregistrement vidéo des abus sur les enfants. Les enfants des membres du groupe participent aux fêtes. Cela entraîne la création de multiples personnalités chez les enfants. À Noël on simule le sacrifice d'un enfant de 1 an qui subit des sévices mais qui est remplacé par une poupée au moment des véritables tortures. Simulacre d'un enterrement d'un enfant de 15 ans comme punition. On provoque les personnalités multiples par exemple en faisant croire aux petits enfants que l'on introduit en eux un chat qui grandit et devient une panthère qui va les surveiller s'ils veulent parler ou quitter le clan. Ces personnalités multiples sont entretenues par des psychothérapeutes. Les personnalités multiples provoquées permettent un contrôle continu même des adultes en créant un certain équilibre. Cela fait de tous les auteurs des victimes (…)

• La personnalité multiple de Régina Louf

Dans le document relatif à l'affaire Dutroux cité plus haut, le PV N°116.231 daté de novembre 1996 rapporte que X1 (Régina Louf) parle de ses différentes personnalités et les policiers notent chez elle d'importantes différences d'écriture. Le PV N° 116.232 rapporte que Régina Louf parle d'une autre personnalité nommée *"Hoop"* ("espoir" en flamand) qui peut *"disparaître très profondément et réapparaître en une fois."* Dans le PV N°116.234, il est noté à propos de Régina Louf : *"Elle se retrouve entière et comprend le pourquoi de ses multiples personnalités. Elle comprend qu'une seule personne n'aurait pas pu supporter."*

Dans le dossier X de l'affaire Dutroux, c'est le témoignage de Régina Louf (le témoin X1) qui est le plus complet et le plus connu. Depuis sa naissance, sa famille l'a conditionnée pour servir d'esclave sexuelle. Elle déclare elle-même qu'il s'agissait d'une pratique transmise de génération en génération, que sa grand-mère avait abusé de sa mère et ainsi de suite… Les abus et les violences extrêmes qu'elle a subis depuis la petite enfance dans ce réseau ont fini par créer chez elle une personnalité multiple, un trouble dissociatif de l'identité. Ce trouble a été diagnostiqué par cinq thérapeutes désignés par la justice belge lors de l'étude du dossier X de l'affaire Dutroux.

Voici un extrait du livre *"Les dossiers X : Ce que la Belgique ne devait pas savoir sur l'affaire Dutroux"* qui aborde clairement la question de la personnalité multiple du témoin X1, Régina Louf :

"L'une des rares décisions prises pendant une réunion Obélix, le 25 avril, est d'engager un collège de cinq experts psychiatres pour examiner X1. La demande en a été faite quelques mois plus tôt par l'adjudant De Baets, mais depuis que des magistrats des quatre coins du pays s'occupent de l'affaire, tout se déroule un peu plus lentement. Chacun des cinq experts a sa propre spécialisation. Et chacun doit évaluer X1 et son témoignage de son angle professionnel. Le collège est dirigé par le professeur Paul Igodt, un neuropsychiatre louvaniste, et composé pour le reste de ses collègues Peter Adriaenssens et Herman Vertommen, de Johan Vanderlinden, un médecin de l'hôpital psychiatrique de Kortenberg, et du psychiatre Rudy Verelst. En raison de sa spécialisation, le pédopsychiatre Peter Adriaenssens a pour mission particulière d'examiner les enfants de X1, mais cela ne se fera jamais.

Le collège des experts doit vérifier les capacités de mémoire de X1 et examiner s'il a été question de suggestivité de la part des enquêteurs lors des auditions. Ce qui est ainsi littéralement écrit dans l'apostille du juge Van Espen montre qu'il a déjà été briefé, fin avril, sur les relectures qui ont démarré en secret sous la houlette du commandant Duterme. Jusqu'alors, personne n'a jamais formulé de remarques sur le déroulement des auditions, qui sont au contraire qualifiées d'exemplaires". Seuls Duterme et quelques-uns de ses fidèles ne partagent pas cet avis. "Je l'ai clairement senti", dit Regina Louf, "les psychiatres ont su très vite que leur travail ne changerait plus rien. Ils ont commencé à peu près au moment où De Baets était mis à l'écart. Au total, j'ai passé plus de trente heures à parler et à subir des tests psychologiques. Parfois, c'étaient vraiment des tests ridicules, mais ces gens essayaient de faire leur boulot honnêtement. Je pense qu'ils se sont retrouvés entre deux feux. Ils étaient en contact avec les enquêteurs qui leur ont certainement raconté que j'étais folle à lier. Lorsqu'ils me parlaient, il planait toujours une ambiance du genre : nous, on trouve que vous allez bien, mais on nous dit que... Lors du dernier entretien, Vertommen m'a déconseillé d'accepter de me faire auditionner sous hypnose. Il m'a dit de penser à ma famille et de me résigner au fait qu'on ne pourrait pas faire grand-chose de mon témoignage."

Lorsqu'on demande l'avis de scientifiques, il est rare que la réponse soit noire ou blanche, et le plus souvent, elle est grise avec beaucoup de nuances changeantes. C'est également le cas du rapport de huit pages que le professeur Igodt envoie le 8 octobre 1997 à Van Espen. Ce rapport indique – tout comme X1 l'avait fait dès le premier jour – qu'on a affaire à une personne souffrant de troubles dissociatifs de l'identité. Igodt parle même, dans son rapport, d'un "trouble de personnalité-limite" (borderline). Mais, ajoute-t-il : "Grâce à de nombreuses années de thérapie l'intéressée a cependant réussi (...) à parvenir à un mode de fonctionnement intégré; ses différentes personnalités (alter), dont elle peut nommer certaines, collaborent assez bien et l'intéressée parvient à contrôler chacune de ces personnalités partielles, de telle sorte que les pertes de contrôle ne surviennent que rarement et de manière limitée. Une situation qui a d'ailleurs pu être remarquée au cours de l'examen clinique psychiatrique anamnestique : en dehors de rires quelque peu incontrôlés, plus particulièrement lorsqu'il est question des abus sexuels les plus horribles, la patiente se contrôle assez bien et aucune modification dissociative n'a pu être constatée. Comme il a déjà été mentionné, il faut attribuer cela en grande partie à la période assez longue de psychothérapie qu'a déjà accomplie l'intéressée."

En ce qui concerne les causes de ces troubles, Igodt plaide formellement en faveur de X1 : "L'examen clinique psychiatrique anamnestique confirme cependant le soupçon d'abus sexuels massifs dans le passé de l'intéressée. A la question de savoir si ces abus se sont produits et ont effectivement été importants en intensité, il semble qu'il faille répondre par l'affirmative. Ces abus massifs semblent d'ailleurs constituer le principal facteur étiologique des syndromes psychiatriques constatés, ce qui est conforme aux abondants résultats d'examens en la matière."

Le rapport Igodt peut sans doute être considéré comme un des rares éléments d'enquête objectifs qui sont encore versés au dossier après l'été 1997. Igodt attire l'attention sur les dangers de "contamination" en ce qui concerne la mémoire de X1 – "sans qu'il ne soit question chez elle de mensonges intentionnels" – en raison de sa thérapie, de son attention à sa propre situation, ainsi que sa motivation évidente de lutter contre les abus sexuels sur les enfants. Igodt explique que la crédibilité des souvenirs d'une personne concernant sa jeunesse peut être mesurée d'après la façon dont ils sont racontés. Si le récit prend la forme d'une "histoire fluide" d'où le doute est absent, il y a beaucoup de chances que cette histoire soit inventée ou "reconstituée". Plus le témoignage paraît embrouillé, plus il sera authentique, estime-t-il. Car un témoignage sur des choses qu'on a vécues au cours de son enfance doit presque sonner comme s'il était raconté par un enfant."[281]

Dans un documentaire de France 3 intitulé *"Passé sous silence : Témoin X1 - Régina Louf"* diffusé en 2002, le psychiatre Paul Igodt, a déclaré à propos des troubles dissociatifs de Régina Louf : *"Lors de l'examen de Régina Louf, il était évident par beaucoup d'indices qu'il s'agissait d'une personne qui était gravement perturbée par des abus sexuels prolongés dans la petite enfance. Mais c'est en même temps, et on voit cela très souvent, quelqu'un de solide et d'intelligent, qui a gardé intacts des mécanismes de défense et de survie formidables. Je crois que l'on peut dire que les abus sexuels prolongés et très graves qu'elle a subis ont donné naissance au développement d'une personnalité multiple avec des alter-ego. Les victimes de viols ou d'abus sexuels vous diront : "je n'étais pas là dans ce corps, j'étais ailleurs… Je me dissociais." Mais cela n'est pas de la folie, ce n'est pas de la schizophrénie, ni de la mythomanie. C'est évidemment la recherche de sa propre histoire, de sa vérité, et c'est un processus douloureux et tâtonnant."*

À l'âge de 11 ans, la mère de Régina louf lui a présenté un certain Tony V. en lui disant : *"Désormais tu lui appartiens, il est ton propriétaire."* Cet individu est alors devenu son *"maître"*. Il entretenait avec elle une relation ambiguë mêlant proxénétisme avec un attachement malsain passant pour de l'amour entre l'enfant et son maître. Il ne s'agit ni plus ni moins que d'un contrôle mental basé sur les traumatismes. C'est ce Tony qui avait la charge de Régina et c'est lui qui la "téléguidait" dans le réseau pédocriminel. Même après ses 18 ans, Tony a continué à la poursuivre, et bien qu'elle se soit mariée, il a réussi à la manipuler pour la convaincre certaines fois de retourner participer à des abus rituels : elle n'avait pas réussi à s'en détacher totalement. L'avocate de Régina Louf, Patricia van der Smissen, déclare dans le documentaire *"Les Dossiers X"* qu'elle pensait *que Tony l'avait en quelque sorte "protégée" et que cela expliquait le fait qu'elle soit restée en vie.*[282] Les esclaves sous contrôle mental sont généralement sous la direction d'une ou plusieurs personnes qui détiennent les codes, les déclencheurs, pour contrôler et manipuler la victime. Nous retrouvons la même chose dans le témoignage de Cathy O'Brien qui "appartenait" à un certain Alex Houston, qui n'était ni son mari, ni son ami, ni son tuteur… il était son *"Handler"*, son "propriétaire", son "exploiteur", son "maître", son "dresseur" détenant les clés de son esprit et dirigeant sa vie de A à Z.

Dans son autobiographie *'Zwijgen is voor daders - De getuigenis van X1'* (Le silence est pour les coupables, le témoignage de X1) publié en 1998, Régina Louf décrit comment ses personnalités alter ont toujours le même âge qu'à leur création

---

[281] "Les dossiers X : Ce que la Belgique ne devait pas savoir sur l'affaire Dutroux" - Annemie Bulte et Douglas de Coninck, 1999, p.249-250.
[282] Zembla TV NED3 – 2004.

lors des expériences traumatiques. Elle explique également comment son écriture diffère selon l'alter qui est actif. Dans ce livre, elle décrit clairement le phénomène de dissociation qui arrive lors des traumatismes, des troubles dissociatifs pouvant aller jusqu'à un fractionnement de personnalité.

"Ce livre a commencé à prendre forme en juillet 1988, lorsque pour la première fois j'ai posé par écrit mes mémoires et mes cauchemars dans un carnet. J'ai alors découvert que j'avais différents styles d'écriture, et chaque type d'écriture était une partie bien distincte de "moi". Cela était très effrayant, d'autant plus que souvent, je ne me rappelais pas de ce que j'avais écris. Lorsque je relisais les pages, je trébuchais sur des mémoires qui étaient enfouies en moi depuis longtemps. Je n'avais jamais vraiment oublié les faits, ils avaient simplement été dispersés dans différentes personnalités, chacune avec ses propres traumatismes... En l'espace de six semaines, j'avais déjà écrit beaucoup du contenu du livre, un livre qui s'est terminé auprès des enquêteurs du BOB (...)

Plus que jamais, j'ai découvert que j'avais des trous noirs. J'ai été à l'école, j'ai eu de bonnes notes, j'ai même eu plusieurs camarades de classe, mais d'une certaine façon tout cela s'était déroulé sans moi. C'était comme si quelqu'un d'autre prenait le dessus dès que les portes de l'école se refermaient derrière moi. Comme si la 'Ginie' maltraitée était mise de côté jusqu'à ce que Tony se tienne à nouveau dans mon lit ou à la porte de l'école. La 'Ginie' maltraitée était difficilement consciente de la vie à l'école et de la vie de famille, l'autre 'Ginie' ne semblait pas présente durant les abus, et donc elle pouvait vivre 'normalement' (...)

À Knokke, chez ma grand-mère, les adultes s'étaient rendus compte que je parlais avec les voix dans ma tête, que je changeais rapidement d'humeur, ou même que je parlais parfois avec une autre voix ou un autre accent. Bien que je n'aie que 5 ou 6 ans, je compris que ces choses-là étaient bizarres et que ce n'était pas permis. J'ai donc appris à cacher mes voix intérieures, mes autres 'moi'. Après ce qui est arrivé à Clo, ce sentiment bizarre que j'étais parfois dirigée par ces voix intérieures devint plus fort. Après l'initiation, je ne résistais plus aux voix dans ma tête. J'étais heureuse de disparaître dans le néant, pour seulement reprendre conscience quand Tony était là. La douleur semblait ainsi plus supportable (...)

Tony était le seul adulte qui comprit que quelque chose n'allait pas dans ma tête. Cela ne le dérangea pas du tout, au contraire, il le cultivait... Il me donnait différents noms : "Pietemuis", "Meisje", "Hoer", "Bo". Les noms devinrent lentement une part de moi. La chose étrange était que s'il mentionnait un nom, la personnalité qui correspondait au nom était immédiatement appelée.

"Pietemuis" (petite souris) devint le nom de la petite fille qu'il ramenait à la maison après l'abus - une petite fille effrayée et nerveuse qu'il pouvait réconforter en lui parlant d'une façon bienveillante et paternelle.

"Meisje" (fille) était le nom de la partie de moi qui lui appartenait exclusivement. S'il m'abusait dans mon lit tôt le matin, par exemple, ou s'il n'y avait personne autour de nous.

"Hoer" (pute), était le nom de la partie de moi qui travaillait pour lui.

"Bo" était la jeune femme qui s'occupait de lui s'il était saoul et avait besoin qu'on veille sur lui.

"'Maintenant tu me laisses m'occuper de ça", disait-il quand je lui demandais avec curiosité pourquoi il me donnait tant de noms, il rajoutait : "Papa

Tony te connait mieux que tu ne te connais-toi même"... Et c'était malheureusement vrai."[283]

La question que l'on peut se poser est qui a initié ce Tony sur la manière de cultiver et d'exploiter le trouble dissociatif de l'identité de Regina Louf ? À quel endroit a-t-il reçu les enseignements sur ces techniques de contrôle mental ? Est-il lui-même membre d'un réseau occulte, d'une société secrète ? A-t-il été victime d'abus rituels dans son enfance et a-t-il lui-même une personnalité fractionnée et multiple ? Le fractionnement de la personnalité est-il systématique chez les victimes, et par voie de conséquence chez les agresseurs qui ont été généralement eux-mêmes victimes dans ces réseaux infernaux ?

Un des procès-verbaux de l'affaire Dutroux contient un rapport particulièrement intéressant d'une séance d'hypnose pratiquée par le Dr. Mairlot sur le témoin Nathalie W., entendu dans l'enquête sur les dossiers X : *"Le 12 décembre, alors que Nathalie témoigne, il faut trois gendarmes et un psychologue pour la maîtriser et la calmer. Elle vient de commencer une série d'auditions où elle parle de sadisme sexuel extrême, de meurtres rituels de bébés et de cérémonies qui ressemblent fort à des messes noires. C'est l'époque où certains enquêteurs étudient le plus sérieusement du monde des groupes sataniques secrets avec lesquels Dutroux et Weinstein auraient eu des contacts. Les 16, 23 et 30 janvier 1997, Nathalie est hypnotisée dans la salle d'audition par le docteur Mairlot, un spécialiste en la matière. L'enquête ne s'en trouve pas clarifiée. "On mélange le sang du bébé à celui du mouton égorgé (...). Ils brûlent le bébé et le mouton, et tout le monde couche avec tout le monde (...) Le monstre est parti. Ils arrachent le cœur du bébé." À l'issue de cette séance, Nathalie déclare qu'elle a l'impression d'avoir assisté à ce spectacle sous plusieurs angles à la fois, comme si elle-même était présente au travers de plusieurs personnalités. "Si seulement une partie de ce qu'elle nous raconte est exacte, il est parfaitement normal que cela se passe ainsi", affirme Théo Vandyck à ses collègues."*[284]

Lors de la transe hypnotique, Nathalie W. a rapporté par écrit des abus rituels sataniques qui ont eu lieu dans un château lors d'une pleine lune. Elle décrit ainsi le sacrifice d'un mouton et d'un bébé autour d'un feu, une cérémonie suivie d'une orgie. La fin du procès-verbal rapporte d'une manière énigmatique :

"Au réveil, elle avait l'impression qu'il y avait plusieurs personnes qui assistaient à ce qu'elle a décrit et que ces personnes (ces Nathalie) s'effaçaient les unes devant les autres. Elle pense avoir disparu une dizaine de fois."[285]

Si l'on ne connaît pas le phénomène de fractionnement de la personnalité, le trouble dissociatif de l'identité (T.D.I.), il est difficile de saisir ce que signifie ce passage du procès-verbal. En effet, ici il est rapporté qu'à son réveil de la transe hypnotique, Nathalie a décrit que plusieurs de ses personnalités alter ont émergé pour se succéder lors de cette séance d'hypnose. Chacune d'entre elles (*ces Nathalie*) apportant des morceaux de mémoire sur cet événement précis. Il est noté que *"ces personnes s'effaçaient l'une devant l'autre, elle pense avoir disparu une dizaine de fois"*. Cela signifie qu'une dizaine de personnalités alter (ou d'alternance de personnalités) se sont succédées lors de la séance d'hypnose, chacune ayant vécu

---

[283] "Zwijgen is voor daders - De getuigenis van X1" - Regina Louf, Éd. Houtekiet, 1998.

[284] "Les dossiers X : Ce que la Belgique ne devait pas savoir sur l'affaire Dutroux" - Annemie Bulte et Douglas de Coninck, 1999, p.218.

[285] *"Belgium : Dutroux X-Dossier summary"*, Wikileaks.org, 2005 - PV 150.035, 30/01/97, p.756.

une partie de la cérémonie à un moment ou à un autre. La mémoire de l'événement est donc éclatée en plusieurs morceaux, tels des pièces de puzzle conservées par les différents fragments de la personnalité de Nathalie. Il est donc difficile pour une victime de se rappeler de façon détaillée, cohérente et chronologique l'ensemble de l'événement, sauf si vous accédez aux souvenirs de chaque personnalité alter qui y était impliquée et que vous puissiez ainsi reconstituer le puzzle. La survivante Carole Rutz décrit très bien ce phénomène d'éclatement mémoriel d'un moment de vie traumatique chez un enfant déjà fractionné : la petite victime passe d'une personnalité alter à l'autre tout au long de l'événement, une personnalité vivra le transport, l'autre les abus, une autre encore assistera ou participera aux sacrifices, etc…

Dans le reportage de France 3 *"Passé sous silence : Témoin X1 - Régina Louf"*, l'adjudant Patrick de Baets chargé alors du dossier X dans l'affaire Dutroux, a déclaré à propos de Régina Louf : *"Elle avait un problème pour tout mettre sur une ligne de temps, mais elle donnait assez d'éléments pour faire une bonne enquête. C'était en fait un puzzle que l'on jetait sur une table mais qui tenait la route et qui était cohérent."*

Un grand pourcentage des victimes d'abus rituels et de contrôle mental ont donc un Trouble Dissociatif de l'Identité, anciennement nommé "Trouble de la Personnalité Multiple", le trouble dissociatif de l'identité étant le stade ultime dans l'échelle des états dissociatifs. Mais il est important de rappeler que toute personne ayant développé des troubles dissociatifs n'a pas forcément subi des traumatismes relevant d'abus rituels tels que décrits dans ce chapitre.

CHAPITRE 5

LA PERSONNALITÉ FRACTIONNÉE

ET AMNÉSIQUE

"Au niveau des enfants, des petits enfants, c'est très compliqué… Le traumatisme de cette nature, d'agression sexuelle, déclenche des effets psychologiques tout à fait spécifiques qui fabriquent chez la victime une sorte de dissociation psychologique. Cela veut dire, pour faire simple, que son corps est là mais que sa tête est ailleurs pour pouvoir survivre à l'événement."[286] Martine Nisse, co-fondatrice du centre des Buttes-Chaumont

"Les gens ont toute une gamme de capacités pour faire face aux expériences bouleversantes. Certaines personnes, particulièrement les enfants, sont capables de disparaître dans un monde de fantaisie, de se dissocier, de faire comme si cela n'était jamais arrivé. Ils sont ainsi capables de continuer leur vie comme si de rien n'était. Mais parfois, cela revient les hanter." Bessel van der Kolk - Trauma and Memory, 1993

"Alors que nous en apprenons de plus en plus sur la dissociation, nous en arrivons à la conclusion que chez les individus fortement traumatisés, il s'agit d'un processus de défense assez courant visant à se maintenir en sécurité et à cloisonner ces choses séparément car étant beaucoup trop difficile à intégrer." Christine Courtois, auteur de "Healing the Incest Wound : Adult Survivors in Therapy"

1 - INTRODUCTION

La connaissance et la compréhension des troubles dissociatifs et plus particulièrement du trouble dissociatif de l'identité (personnalité multiple) et de l'amnésie traumatique est un point essentiel lorsque l'on cherche à comprendre le processus de contrôle mental basé sur les traumatismes. La connaissance de ces troubles psychotraumatiques permet en effet de saisir que l'esprit humain peut se fractionner en plusieurs identités indépendantes les unes des autres, séparées, cloisonnées, par des murs amnésiques. Nous pouvons ainsi comprendre que l'esprit d'un individu est potentiellement programmable tel un ordinateur avec des fichiers et des codes d'accès. Ce phénomène de fracturation de la personnalité est la pierre angulaire

---

[286] "Viols d'Enfants, la Fin du Silence ?" - France 3, 2000.

des abus rituels car il "déverrouille" la psyché qui devient alors accessible pour y intégrer une programmation.

L'horreur et la peur vécues par un enfant abusé rituellement fait que son cerveau va réagir par divers degrés de dissociation proportionnels à la gravité et à la répétition des expériences traumatiques. C'est un mécanisme de défense naturel face à une terreur psychique intense et à une douleur physique extrême. La plupart des enfants qui ont été abusés ainsi durant la petite enfance se dissocieront totalement des événements vécus et seront souvent incapables de se rappeler consciemment ce qu'il s'est passé. La dissociation peut aller jusqu'à l'éclatement de la personnalité en de multiples alter, ce qui est le stade le plus extrême, celui recherché par les bourreaux qui visent à établir un contrôle mental sur la victime.

2 - LA DISSOCIATION

Chez l'être humain, le phénomène de dissociation se manifeste à plusieurs degrés. Il peut s'agir d'une légère transe, une dissociation mineure de la vie de tous les jours, comme lorsque vous lisez une page de livre pour réaliser à la fin que vous n'avez absolument rien retenu de ce que vous venez pourtant bien de lire. Mais cette fonction naturelle peut aller jusqu'à une psychopathologie lourde nommée le trouble dissociatif de l'identité (T.D.I.) : le degré de dissociation le plus extrême résultant de graves traumatismes. Le terme *"Dissociation"* fut employé pour la première fois en 1812, dans un texte médical rédigé par Benjamin Rush, un des pères de la psychiatrie américaine.

En 1889, le Dr. Pierre Janet (un des pères français du concept de dissociation) a écrit une thèse intitulée *"l'automatisme mental"*, dans laquelle il présente 21 cas d'hystérie et de neurasthénie, dont plus de la moitié sont traumatiques. Janet démontre que ces états peuvent être traités et réduits grâce à l'hypnose. Pour lui, il s'agit d'une *"dissociation de la conscience"*, l'hystérie étant provoquée par la mémoire brute de l'expérience traumatique faisant bande à part dans un recoin de la conscience. Tel un corps étranger, cette mémoire inconsciente suscite des actes et des rêveries archaïques, inadaptés, automatiques, sans liaison avec le reste de la conscience, qui elle, continue d'inspirer des pensées et des actes circonstanciés et adaptés.[287]

Dès le début du XXème siècle, Pierre Janet et Charles Myers ont décrit ce processus de dissociation comme un *"scindement de la personnalité"*. Janet, bien avant que les causes neurochimiques de ce phénomène ne soient établies, a expliqué qu'il s'agissait, dans une forme primaire, d'une dissociation entre le système de défense de l'individu et les systèmes qui impliquent la gestion de la vie quotidienne et la survie de l'espèce. Myers décrit cette dissociation structurelle primaire en termes de division entre *"la personnalité apparemment normale"* (PAN) et la *"personnalité émotionnelle"* (PE). La PE se trouve bloquée dans l'expérience traumatique et n'arrive pas à devenir un récit de souvenir du trauma, c'est à dire

---

[287] "Le Psychotraumatisme : abords théoriques. Tempête Xynthia, étude sur les sinistrés de La Faute-sur-Mer deux ans après" - Thèse de Anne-Sophie Baron, 2012.

une mémoire narrative. Tandis que la PAN est associée à l'évitement des souvenirs traumatiques, au détachement, à l'anesthésie et à une amnésie partielle ou totale. Ce sont en effet deux entités bien distinctes. Certaines observations cliniques indiquent, par exemple, qu'elles sont associées à un sens de soi différent, et des découvertes préliminaires en recherche expérimentale sur les troubles dissociatifs de l'identité (T.D.I.) suggèrent qu'elles répondent différemment aux souvenirs de traumatismes et aux stimulus menaçants traités de façon préconsciente.[288]

Les troubles psychotraumatiques ont été définis dans les années 80 en commençant par l'État de Stress Post-Traumatique (E.S.P.T.) qui se manifeste à la suite d'une expérience traumatisante et qui va persister dans le temps avec des flashbacks, des insomnies, des cauchemars, une hypervigilance, etc. La définition des troubles dissociatifs est arrivée par la suite dans le DSM-IV (Manuel diagnostic et statistique des troubles mentaux - USA) qui les caractérise par *une perturbation soudaine ou progressive, transitoire ou chronique de fonctions normalement intégrées (conscience, mémoire, identité ou perception de l'environnement)*. Ils comprennent les cinq troubles suivants :

- L'amnésie dissociative : caractérisée par une incapacité à évoquer des souvenirs personnels importants, habituellement traumatiques ou stressants.

- La fugue dissociative : caractérisée par un départ soudain et inattendu du domicile ou du lieu de travail, avec incapacité de se souvenir de son passé, soit l'adoption d'une nouvelle identité, soit une confusion concernant l'identité personnelle.

- Le trouble dissociatif de l'identité (personnalité multiple) : caractérisé par la présence d'au minimum deux identités distinctes qui prennent tout à tour le contrôle de l'individu ; ce dernier se trouve incapable d'évoquer des souvenirs personnels.

- Le trouble de dépersonnalisation : caractérisé par un sentiment prolongé ou récurrent de détachement de son propre fonctionnement mental ou de son corps, l'appréciation de la réalité demeurant intacte.

- Le trouble dissociatif non spécifié dont la caractéristique principale est un symptôme dissociatif qui ne répond pas aux critères précédents des troubles dissociatifs spécifiques.

Le psychologue clinicien américain James Randall Noblitt a classé les types de dissociation en cinq catégories :

- Dissociation de la conscience : Arrive lors des états de transe. De tels états varient en intensité, pouvant aller d'un état légèrement embrumé à un profond état de stupéfaction et d'engourdissement physique.

- Dissociation de la mémoire : Lorsque la personne a de larges portions de sa mémoire qui disparaissent sans explication. L'amnésie dissociative ne s'explique pas par un choc à la tête ou par des effets neurochimiques (drogues, alcool).

- Dissociation de l'identité : Lorsque l'individu expérimente soudainement (consciemment ou non) qu'il est lui-même une autre personne ou une entité extérieure. Ce phénomène est le principal point commun entre le trouble dissociatif de l'identité et la possession démoniaque.

---

[288] *"Dissociation structurelle de la personnalité et trauma"* - Nijenhuis, van der Hart, Steele, de Soir, Matthess, Revue francophone du stress et du trauma, 2006.

- <u>Dissociation de la perception</u> : Se manifeste par la modification des perceptions auditives, visuelles et tactiles pouvant être considérée comme des hallucinations. La dissociation des perceptions peut également inclure une déformation du sens des réalités par l'individu qui la subit.

- <u>Dissociation de la volonté</u> : La dissociation de la volonté comporte des automatismes, des comportements automatiques et une cataplexie ou un trouble dissociatif de conversion (une impossibilité de bouger et d'exercer la tonicité musculaire).

Le livre *"Thanks for the Memories"* de la survivante Brice Taylor contient une description intéressante du phénomène de dissociation physique et psychique. Il s'agit du témoignage d'une femme (Penny) qui a subi des abus sexuels répétés durant son enfance : *"La dissociation est un moyen d'échapper à l'intolérable. Cela s'est passé dès le premier traumatisme, c'était une façon de faire face à la douleur physique insupportable mais aussi à la douleur psychologique. Pour moi, cela a pris la forme d'un engourdissement et d'un refroidissement du corps, et depuis ce jour, lorsque je me dissocie je deviens toute engourdie. Tout d'abord ce sont mes mains, puis mes pieds, je ne peux plus les sentir et si mes yeux sont fermés, je n'ai alors plus aucun moyen de situer mes membres dans l'espace. Puis c'est l'engourdissement de mon visage qui commence, je ne sens plus mes lèvres, ni mes joues. Lorsque je me dissocie profondément, cela prend le corps en entier et je me sens comme un morceau de bois… Pire encore que la dissociation physique, c'est ce qu'il se passe au niveau mental lorsque tout le corps est engourdi. La seule chose avec laquelle je pourrais comparer cela, c'est au bruit blanc de la radio statique, cela me laisse étourdie avec les yeux perdus dans l'espace. Les pensées qui arrivent passent à la vitesse de la lumière sans aucune cohérence, aucune organisation ni aucune forme. Je suis dans la confusion la plus totale. Cela peut aller d'un état un peu brumeux et légèrement planant jusqu'à la véritable page blanche où je ne vois plus rien et où je n'entends plus rien (…) Lorsque je reviens à moi-même, je ne réalise pas immédiatement et consciemment que j'ai perdu des heures."*[289]

La dissociation est un mécanisme de défense psychologique et neurologique qui se manifeste au moment d'un traumatisme. Lors d'un stress sévère, l'amygdale cérébrale va s'activer pour produire des hormones de stress et ainsi fournir à l'organisme de quoi faire face au danger. Ces hormones produites immédiatement, telle une alarme, sont l'adrénaline et le cortisol. Dans un second temps, c'est le cortex frontal qui va gérer et moduler cette production d'hormones, voir même l'éteindre, selon le degré de stress. Dans le cas d'une situation extrême où l'on est bloqué et séquestré, comme un viol ou des tortures, il se produit alors une sidération psychologique, c'est à dire que le cortex se retrouve paralysé, il ne répond plus. La conséquence est qu'il ne va pas pouvoir réguler la réponse émotionnelle en contrôlant le flot d'hormones de stress provenant de l'amygdale en alerte. L'amygdale va donc produire de l'adrénaline et du cortisol en grande quantité, en trop grande quantité… Ces deux hormones ont leur utilité pour préparer l'organisme à faire des efforts inhabituels, mais en trop grande quantité, elles peuvent représenter un risque vital au niveau cardio-vasculaire et neurologique (arrêt cardiaque et épilepsie). Face à cette saturation en hormones de stress, l'organisme a une fonction de protection ultime, il va disjoncter tout comme le fait un circuit électrique qui est en survoltage. Pour cela

---

[289] "Thanks For The Memories : The Truth Has Set Me Free" - Brice Taylor, 1999, p.27.

il va isoler l'amygdale cérébrale qui ne pourra plus secréter d'adrénaline ni de cortisol.

Lorsque ce processus de disjonction se produit, la victime se retrouve alors dans un état "second", dans une sorte d'irréalité... c'est ce que l'on nomme la dissociation. Comme l'adrénaline et le cortisol ne sont plus injectés dans l'organisme par l'amygdale, brusquement la victime ne ressent plus cette forte émotion et c'est comme si elle devenait étrangère à la situation qu'elle est en train de vivre. L'individu devient comme spectateur de la scène traumatique dans laquelle il est impliqué, il est déconnecté, de plus il peut y avoir une sorte de décorporation. Certaines victimes rapportent qu'elles n'étaient plus dans leur corps physique au moment de la dissociation, elles voyaient clairement la scène de l'extérieur (nous approfondirons cela dans le prochain chapitre).

Selon la psychotraumatologue Muriel Salmona,[290] ce processus ultime de disjonction cérébrale se produit lorsque le cerveau sécrète de la morphine et de la kétamine-like. C'est ce cocktail chimique qui semblerait donc être à l'origine du phénomène naturel de dissociation lors d'un traumatisme extrême. Ce cocktail crée une anesthésie émotionnelle mais aussi une forte anesthésie physique. La victime ne ressent alors plus rien et accède à une sorte de monde parallèle avec parfois une sortie hors du corps physique. Il est dit alors que la victime est passée à travers le *Miroir d'Alice au Pays des Merveilles*, elle est allée *Au-Delà de l'Arc-en-Ciel* (en référence au Magicien d'Oz). Ce sont les images métaphoriques qui sont utilisées par les bourreaux programmeurs MK pour représenter le processus de dissociation. Les programmeurs poussent ainsi les petites victimes à se dissocier pendant les traumas en les guidant vers une réalité alternative afin d'échapper à la terreur et à la douleur physique qu'ils infligent. Une fois que l'enfant se trouve dans cet état complètement dissocié, le travail profond de programmation peut commencer car c'est dans cet état que l'enfant a son subconscient et ses *portes spirituelles* grandes ouvertes. Une fois l'enfant totalement dissocié et déconnecté de son corps, il se produit un fractionnement, une autre personnalité alter se crée alors pour "prendre en charge" le corps de la petite victime. C'est cet alter, ce fractionnement de personnalité, qui enregistre la mémoire traumatique qui se déroule, tandis que la victime (la personnalité qui s'est éclipsée durant l'expérience traumatique) sera totalement amnésique de cette mémoire. Lors de cette disjonction, tout le travail de mémorisation habituel par l'hippocampe va être interrompu et la mémoire de l'événement va rester stockée en attente, comme dans une "boîte noire" qui aurait enregistré toutes les données. C'est ce que l'on appelle la mémoire traumatique, ou l'amnésie traumatique. Dans un trouble dissociatif de l'identité, ces "boîtes noires" de mémoires sont détenues par les différentes personnalités alter.

Suite à ces expériences douloureuses, les victimes vont généralement continuer à s'auto-traiter, à s'auto-dissocier pour pouvoir continuer à vivre relativement normalement. C'est à dire qu'elles vont adopter des stratégies pour anesthésier cette mémoire traumatique. L'organisme ayant déjà fait une première expérience d'anesthésie lors de l'agression va rechercher à reproduire ce processus. Cela peut se faire par la prise d'alcool ou de drogues qui ont des effets

---

[290] Muriel Salmona - Pratis TV, 16/01/2012.

dissociatifs, il peut donc y avoir des addictions fortes qui se mettent en place chez une victime. Mais une chose importante à rajouter est que le stress peut aussi engendrer ces états dissociatifs, il peut donc également créer une forte addiction. Lors du réveil d'une mémoire traumatique, la victime revit l'événement et son organisme reproduit la disjonction avec le cocktail morphine/kétamine, qui sont des drogues dures. Il y a donc très rapidement un phénomène de tolérance et d'accoutumance qui se met en place, d'où les comportements extrêmes de victimes qui se scarifient, qui se brûlent, etc., afin de se calmer et de s'anesthésier en faisant monter le niveau de stress pour provoquer la disjonction, la dissociation. Elles n'ont pas conscience du processus en cours, mais ressentent bien l'effet "apaisant" de ces actes d'automutilation. Il ne s'agit ni plus ni moins qu'une question de substances chimiques dans le cerveau, une sorte de *"shoot dissociatif"*. La violence contre autrui engendre également ce stress qui injecte certaines substances dans le sang.

Le rescapé d'abus rituels et de contrôle mental Jay Parker, a décrit comment le système de contrôle mental Monarch entraîne une addiction à cette chimie endogène sécrétée par le cerveau et qui fait que les victimes perpétuent leurs états dissociatifs. Dans le réseau mondial pratiquant l'abus rituel et le contrôle mental, les bourreaux ne font que répéter sur d'autres ce qu'ils ont généralement subi eux-mêmes. Il s'agit d'un cercle vicieux, un processus infernal. Les enfants victimes vont développer une forte addiction à la violence contre autrui pour engendrer ces états anesthésiants et dissociatifs, ils deviendront à leur tour des agresseurs. Tout comme un toxicomane et le phénomène d'accoutumance qui le fait sans arrêt augmenter les doses, les bourreaux devront sans cesse aller plus loin dans l'horreur pour continuer à s'anesthésier.

Plus l'individu a commencé tôt à pratiquer les abus rituels, plus il aura besoin de pratiques extrêmes pour se dissocier lui-même... C'est peut-être une des raisons qui explique pourquoi le sang des victimes terrorisées puis sacrifiées est parfois consommé : il contient un cocktail d'hormones agissant comme des drogues qui vont aider le bourreau à atteindre cet état de disjonction, perché dans une anesthésie dissociative extrême. Les pratiquants d'abus rituels sataniques cherchent à se faire disjoncter, consciemment ou non, afin d'auto-traiter leurs propres mémoires traumatiques. Plus les actes de barbarie seront inhumains, plus cela sera tristement efficace. Dans les familles satanistes transgénérationnelles, il s'agit d'un véritable cercle vicieux où la dissociation devient un véritable mode de vie. C'est un processus qui est l'échappatoire automatique, naturel et vital, pour ces enfants lors des abus rituels et du contrôle mental. Mais ces troubles dissociatifs continueront à interférer tout au long de la vie de l'individu. Un enfant se dissocie facilement, face à des situations traumatisantes il divise sa propre conscience en plusieurs parties, souvent pour de longues périodes. Son *"moi"* est mis de côté, il est enfoui afin d'être protégé. Il s'agit de la sauvegarde de ce qu'il a de plus précieux au monde, son essence divine, sa véritable identité, la perle que Satan ne peut pas toucher. La victime conservera toujours quelque part en elle cette racine divine, son "moi" véritable. Cette graine précieuse est protégée par les personnalités alter qui servent de cuirasse face aux violences car elles *encapsulent* les mémoires traumatiques.

3 - L'AMNÉSIE TRAUMATIQUE (OU DISSOCIATIVE)

L'amnésie traumatique est intimement liée à la dissociation et au trouble dissociatif de l'identité. Elle est caractérisée par une incapacité à évoquer des souvenirs personnels importants, habituellement traumatiques ou stressants, cette incapacité ne s'expliquant pas par *une mauvaise mémoire*. Le trouble comprend une atteinte réversible de la mémoire, durant laquelle les souvenirs d'expériences personnelles ne peuvent pas être exprimés verbalement. Il ne peut pas s'expliquer non plus par l'effet physiologique direct d'une substance ou d'un facteur de maladie neurologique ou autre facteur médical. L'amnésie traumatique se manifeste la plupart du temps en tant que trou de mémoire ou d'un certain nombre d'oublis des aspects de l'histoire personnelle de l'individu. Ces trous de mémoire sont souvent associés à des événements traumatiques ou extrêmement lourds. Lors d'une amnésie localisée, la personne ne se souvient pas des événements d'une période précise, généralement celle des premières heures suivant un événement extrêmement lourd.

L'amnésie traumatique qui peut-être complète ou parcellaire est un phénomène fréquent chez les victimes de violences sexuelles dans l'enfance. Cette conséquence psychotraumatique est malheureusement peu prise en compte dans la législation ; ce qui signifie qu'une victime ayant eu une longue période d'amnésie avec l'impossibilité de dénoncer à temps les crimes sexuels ne pourra pas porter plainte en raison du délai de prescription qui sera dépassé. De nombreuses études cliniques ont pourtant décrit ce phénomène qui est connu depuis le début du XXème siècle et qui avait été décrit chez des soldats traumatisés et amnésiques suite à des combats. Mais c'est chez les victimes de violences sexuelles que l'on retrouve le plus d'amnésies traumatiques. Des études ont également démontré que les souvenirs retrouvés étaient fiables et en tout point comparables avec des souvenirs traumatiques qui avaient été toujours présents dans la conscience de l'individu. Ces mémoires réapparaissent le plus souvent brutalement et de façon non contrôlée, avec des détails très précis et avec évidemment beaucoup d'émotions, de détresse et de sidération, car la victime revit la mémoire comme si celle-ci se déroulait à l'instant présent.

En 1996, lors d'un congrès de psychiatrie et de neurologie à Toulon, Jean-Michel Darves-Bornoz a expliqué que les mémoires traumatiques ne sont pas des mémoires comme les autres. En effet, le traumatisme va modifier les mécanismes normaux d'encodage et de recouvrement des souvenirs de l'expérience traumatique. D'un côté les traumatismes peuvent provoquer des phénomènes hypermnésiques (c'est à dire une exaltation de la mémoire qui permet d'avoir accès à des souvenirs autobiographiques extrêmement détaillés et connectés à tout le système sensoriel) tout comme des phénomènes amnésiques. En matière de psychotraumatologie, l'hypermnésie et l'amnésie sont donc paradoxalement liées (il s'agit là d'un point clé, nous y reviendrons au chapitre 8). En effet, lorsque les mémoires traumatiques amnésiques refont surface dans la conscience, c'est avec une telle force que cela devient de l'hypermnésie, c'est à dire que les souvenirs qui émergent deviennent extrêmement clairs, bien plus clairs qu'un souvenir banal, assimilé par la mémoire explicite (narrative) et consciente. L'expérience traumatique *s'imprime* bien plus profondément dans la victime que n'importe quelle autre expérience vécue, c'est pourquoi lorsque ces mémoires dissociatives refont surface, elles sont particulièrement invasives et très détaillées car tous les sens revivent la scène. Cette question de l'encodage et du recouvrement des mémoires traumatiques est importante car il existe une controverse concernant les vrais et faux souvenirs de violences sexuelles et d'abus rituels. Il faut savoir que seuls les souvenirs ayant été encodés sous une forme langagière (mémoire explicite) sont susceptibles d'être accessibles, tandis que la mémoire non langagière (mémoire implicite) n'est pas susceptible d'être accessible à la conscience. Cet encodage non verbal de la mémoire, pouvant donc difficilement être remis dans un contexte narratif, chronologique et autobiographique, ne va pas être pleinement conscientisé par la victime.[291]

Ces amnésies traumatiques sont le résultat du mécanisme dissociatif déclenché par le cerveau pour se protéger de la terreur et du stress extrême généré par une violence. Il se passe alors une disjonction du circuit émotionnel mais aussi du circuit de la mémoire en lien avec l'hippocampe : zone du cerveau qui gère la mémoire et le repérage spatio-temporel, sans elle, aucun souvenir ne peut être mémorisé, ni remémoré, ni temporalisé. Tant qu'il y a cette disjonction du circuit de la mémoire, l'hippocampe ne peut pas faire son travail et cette mémoire émotionnelle, telle la *"boîte noire des violences"*, se retrouve piégée hors du temps et de la conscience... c'est la mémoire traumatique. De nos jours, il est possible de détecter les signes d'une altération de la mémoire grâce aux scanners cérébraux, en effet le complexe amygdalien et l'hippocampe montrent un volume significativement plus petit chez les personnes ayant subi de graves traumatismes.

Lorsque la dissociation cesse, la mémoire traumatique peut enfin se reconnecter à la conscience et re-surgir par exemple lors d'un événement rappelant les violences. Elle envahit alors l'espace psychique de la victime lui faisant revivre les violences comme une machine à remonter le temps. Ces mémoires qui remontent à la conscience sont insupportables pour la victime, elle va donc mettre en place des conduites d'évitement pour se protéger de tout ce qui pourrait déclencher à nouveau ces mémoires. Comme nous l'avons vu plus haut, elle va aussi mettre en place des conduites dissociantes pour s'anesthésier et faire à nouveau se déconnecter le circuit émotionnel et mémoriel. L'alcool, les drogues, les conduites à risque, les mises en danger, mais aussi la violence sur autrui, permettent cette dissociation et cette disjonction en produisant à nouveau un stress extrême. La victime peut donc osciller entre des périodes de dissociation avec d'importants troubles de la mémoire, et des périodes d'activation de la mémoire traumatique où elle va revivre les violences.

La mémoire traumatique peut être traitée, mais malheureusement les professionnels ne semblent pas formés à la psycho-traumatologie et l'immense majorité des victimes de violences sexuelles dans l'enfance sont abandonnées et ne sont ni identifiées, ni protégées et encore moins soignées. Bien souvent, les victimes dont la mémoire traumatique refait surface ne sont pas crues. Il leur est

---

[291] *"Syndromes traumatiques du viol et de l'inceste"* - Jean Michel Darves-Bornoz. Congrès de psychiatrie et de neurologie, Toulon, 1996.

répondu qu'il s'agit de fantasmes, d'hallucinations psychotiques ou bien de *"faux souvenirs"* induis.[292]

Pour compliquer encore plus les choses, les traumatismes peuvent provoquer une fermeture de l'aire de Broca, la zone de l'hémisphère gauche du cerveau qui permet de transmettre verbalement une expérience, de mettre des mots sur le traumatisme vécu. La communication verbale étant le moyen que nous utilisons généralement pour raconter nos expériences aux autres, la perturbation de cette fonction sera un frein de plus à la reconnaissance de la victime.[293]

En 1993, une étude sur l'amnésie traumatique a été publiée dans le *Journal of Traumatic Stress*. Cette étude intitulée *"Sef-reported amnesia for abuse in adults molested as children"* (Témoignages d'adultes rapportant une amnésie suite à des abus sexuels durant l'enfance) a été menée par le Dr. John Briere. Dans cette étude, un échantillon de 450 patients adultes (420 femmes et 30 hommes) ayant rapporté des abus sexuels ont été soumis à un questionnaire. La question relative à l'amnésie traumatique était la suivante : *"Entre le moment où se sont produits les abus sexuels et vos 18 ans, y a-t-il eu un moment où vous ne vous rappeliez pas de ce vécu d'abus sexuel ?"* Les résultats ont montré que sur un total de 450 sujets, 267 soit 59,3%, ont répondu qu'ils n'avaient aucune mémoire de leurs abus avant leurs 18 ans.[294]

Le phénomène des amnésies (mémoires traumatiques) provoquées par la dissociation lors d'un traumatisme est quelque chose d'encore très controversé au sein des institutions psychiatriques et judiciaires. Pourquoi ce domaine de la psychotraumatologie, pourtant très sérieux, est-il autant négligé et même discrédité au sein des institutions garantes de la justice, de la sécurité et de la prise en charge des victimes ? Pourtant les exemples concrets d'amnésies dissociatives ne manquent pas, tout comme les recherches sur cette fonction particulière du cerveau humain. Les quelques témoignages qui vont suivre nous montrent qu'il s'agit de quelque chose de récurrent, mais qui pourtant reste couvert par une chape de plomb institutionnelle et médiatique qui empêche que cette question des amnésies traumatiques, pourtant si cruciale pour la compréhension du système pédocriminel, ne vienne à se retrouver sur la place publique… En effet, il s'agit toujours et encore du contrôle de l'information cher à nos "sorciers-contrôleurs" et à l'ingénierie sociale ambiante…

Lors de la campagne française *"Stop au Déni"* (2015) en soutien aux petites victimes de violences sexuelles, une contributrice a témoigné sur les abus sexuels dans les écoles. Voici ce qu'elle rapporte à propos de son amnésie traumatique : *"Il m'a fallu plus de 35 années pour lever le brouillard qui s'est abattu sur mes yeux ce jour-là, pour savoir, pour intégrer dans ma mémoire, en quelle année et dans quelle région j'étais au CP. et deux années de plus pour sortir de cette amnésie traumatique, pour trier, démonter, et comprendre la stratégie punition-viol utilisée. Aujourd'hui, je me perds encore dans les couloirs lorsque j'entre dans une école, je sens encore la tête de cet homme, là tout près, j'entends et je sens encore son souffle sur mon visage, je me sens encore transpercée, griffée dedans, j'ai mal. Je*

---

[292] "Violée à 5 ans, elle s'en souvient à 37 : avec la terreur, le cerveau peut disjoncter" - Muriel Salmona, nouvelobs.com 2013.

[293] "The Myth of Sanity : Divided Consciousness and the Promise of Awareness" - Martha Stout, 2002.

[294] *"Sef-reported amnesia for abuse in adults molested as children"* - John Briere, Jon Conte, Journal of Traumatic Stress, Vol.6, N°1, 1993.

voudrais enfin pouvoir laisser sortir les larmes ravalées dans ma gorge ce jour-là, et je n'y arrive pas. Pas encore.'[295]

Voici également un témoignage d'amnésie traumatique rapporté par Isabelle Aubry, fondatrice de l'Association Internationale des Victimes de l'Inceste (*AIVI*) : *"Il y a maintenant six mois que je me suis rappelé de choses que celui qui a détruit ma vie m'a fait subir. Pendant sept, huit, neuf ans... je ne sais plus... j'avais tout oublié ou du moins tout enfoui au fond de ma mémoire... Maintenant des flashs me sont réapparus et je n'arrive plus à ne pas y penser. Je me souviens d'une phrase que je ne peux entendre aujourd'hui sans penser à tout ça. Quand mes parents n'étaient pas là et comme ils n'étaient pas souvent là, je ne sais plus comment ça a commencé, je ne sais plus combien de temps ça a duré, je ne sais plus jusqu'où il est allé, je ne sais plus quand cela s'est passé je sais juste que c'était quand j'étais au primaire... il voulait que je le masse... je ne sais plus, je sais que ce massage n'était pas un massage seulement du dos... je crois bien qu'il était nu mais je ne sais plus. Il me manque beaucoup de choses de ces moments et je trouve cela très dur de ne pas savoir jusqu'où c'est allé. Je crois que j'aimerais savoir ce qu'il s'est réellement passé. A cette époque, je pensais que c'était normal ce que je faisais, j'étais consentante. Mais maintenant j'en souffre beaucoup. Je me mutile, je me fais vomir, parfois je mange énormément et parfois pas du tout. Dans des moments de désespoir je me mets à boire, à prendre des médicaments par boîte entière. Ce passé me ronge et je n'arrive pas à en faire abstraction. Je crois que ce que je suis devenue fait souffrir mes amis et ils doivent être vraiment compréhensifs pour arriver encore à me supporter. Je voudrais aller voir quelqu'un, un psy, j'ai les numéros mais je n'arrive pas à décrocher le téléphone. Je fais de plus en plus de cauchemars de viols, d'inceste, de suicide. Mes amis ne savent plus quoi faire. Je n'en ai parlé à personne de ma famille et ça me semble impossible !"*[296]

En 2013, dans un article pour le Nouvel Obs intitulé "Violée à 5 ans, elle s'en souvient à 37 ans : avec la terreur, le cerveau peut disjoncter", la psychiatre Muriel Salmona écrit : "Quand en 2009, lors d'une première séance d'hypnothérapie, après avoir revécu très brutalement et de façon précise - comme un film - une scène de violences sexuelles commise par un proche de sa famille alors qu'elle avait 5 ans, Cécile B. a voulu porter plainte, elle a appris que les faits étaient prescrits (...) Elle avait alors 37 ans. Cécile B. avait déposé ce pourvoi pour contester la validité du délai de prescription en ce qui la concernait, puisqu'une amnésie traumatique de 32 ans l'avait empêchée d'avoir connaissance des faits de viols subis à l'âge de 5 ans et qui ont duré pendant 10 ans, et que par conséquent elle n'avait jamais été en mesure de les dénoncer avant leur remémoration (...) En tant que spécialiste en psychotraumatologie prenant en charge des victimes de violences sexuelles, je ne peux que parfaitement la comprendre et la soutenir. Beaucoup de mes patientes et patients sont dans le même cas qu'elle, ils ont eu de longues périodes d'amnésie traumatique et ont été dans l'impossibilité de dénoncer à temps les crimes sexuels subis dans leur enfance en raison de délais de prescription dépassés (parfois de seulement quelques jours), d'autres ont été empêchés pendant de longues années de les dénoncer du fait de conduites d'évitement, ou de l'emprise et des menaces de l'entourage, et lorsqu'ils sont enfin prêts, ils ne peuvent plus porter plainte."

En 2015, la journaliste française Mathilde Brasilier a publié un livre autobiographique intitulé *"Il y avait le jour, il y avait la nuit, il y avait l'inceste"* dans

---

[295] *"Viol à l'école..."* - stopaudeni.com, 2015.

[296] "Comment j'ai surmonté l'inceste : des conséquences aux soins" - Isabelle Aubry, 2010.

lequel elle rapporte son amnésie traumatique. Durant 30 ans, cette femme a eu une amnésie qui a totalement occulté les mémoires de viols de son père qu'elle avait subis durant l'enfance. Son frère a également été victime des abus du père et il s'est malheureusement suicidé en 1985 quelques jours après avoir dit à son géniteur *"Après ce que tu m'as fait, je n'ai plus rien à te dire"*. C'est suite à ce drame que Mathilde Brasilier a commencé à se questionner et à consulter un thérapeute... Pendant longtemps elle pensait *avoir vécu une enfance parfaitement heureuse dans un milieu privilégié*, sans avoir aucun souvenir des abus sexuels. Lors d'une interview radio, elle a déclaré à propos de son père : *"La relation était difficile parce que je ne supportais pas de le regarder dans les yeux (...) Cela faisait parti des sujets dont je débattais avec ma mère : "C'est curieux, j'aime bien papa, mais le regarder dans les yeux, ça m'est insupportable." Mais je ne savais pas pourquoi (...)* Mathilde Brasilier a déclaré que ses mémoires traumatiques *sont revenues d'un coup (...) à un instant T les unes après les autres (...) C'est comme un film qui d'un seul coup se déroule.*[297]

Le 16 janvier 1998, l'actrice et chanteuse française Marie Laforêt a témoigné au JT de 20 Heures de France 2 à propos d'une amnésie traumatique. En effet, à l'âge de 3 ans elle a été violée à plusieurs reprises par *"un voisin"*, cette mémoire a été refoulée pendant des années pour ressurgir vers la quarantaine. Voici la retranscription de son témoignage :

- Marie Laforêt : J'ai revécu très exactement ce qui c'était passé, le nom du monsieur, son costume, sa manière de faire, tout... Tout est revenu en même temps. Il m'a été impossible d'en parler pendant trois jours et trois nuits de crises de larmes... J'ai reçu cela en pleine figure, vous ne pouvez en aucun cas le confondre avec autre chose, ni avec une prémonition, ni avec une histoire de confusion mentale... Il ne s'agit pas de confusion mentale, au contraire, vous êtes d'une excessive précision.

- Journaliste : Comment vous pouvez expliquer que votre mémoire ait enfoui cet événement là pendant de si longues années ?

- ML : Je crois que c'est du même domaine que l'autisme, l'évanouissement ou le coma. Il y a un épisode douloureux, et l'on va décider d'y mettre fin.

- Carole Damiani (Psychologue) : Le souvenir resté dans l'inconscient n'a pas été détruit et parfois c'est à la faveur de liens associatifs, c'est à dire que de souvenirs en souvenirs on finit par se rapprocher de l'événement traumatique. Cela veut peut-être aussi dire que la personne était prête à ce moment-là à l'affronter, alors que jusque-là elle ne l'était pas.

Marilyn Van Derbur, la *Miss America* de 1958, fille du millionnaire Francis Van Derbur, a révélé dans son autobiographie les conséquences de l'inceste paternel qu'elle a subi durant son enfance. Elle raconte que jusqu'à l'âge de 24 ans, elle avait totalement refoulé le souvenir des viols de son père. Dans son autobiographie intitulée *"Miss America By Day"*, elle révèle publiquement : *"Afin de survivre, je me suis divisée en une "enfant du jour", joyeuse et souriante, et une "enfant de la nuit" recroquevillée sur elle-même, à la merci de mon père... Jusqu'à mes 24 ans, l'enfant du jour n'avait aucune conscience de l'existence de l'enfant de la nuit (...) Durant la journée, il n'y avait aucune colère ni aucun regard gênant entre mon père et moi, parce que je n'étais pas consciente des traumatismes et des terreurs de l'enfant de la nuit. Mais plus l'enfant de la nuit se*

---

[297] "Inceste : Après l'amnésie, une douloureuse reconstruction" - Mathilde Brasilier, VivreFm.com, 20/05/2015.

dégradait, plus il était nécessaire que l'enfant du jour excelle ; de l'équipe de ski de l'Université du Colorado, du club Phi Beta Kappa (ndlr : prestigieux club d'étudiants) *jusqu'à ma nomination de Miss America, je croyais être la personne la plus heureuse qui ait jamais vécu."*

C'est un jeune pasteur de son Église qui a pressenti ce lourd secret. À ses 24 ans, il a réussi à casser les barricades qu'elle s'était construites dans son esprit et c'est alors que les souvenirs ont émergé. Suite à cela, elle s'est investie à un rythme fou dans sa carrière publique afin de refouler une seconde fois toutes ces lourdes mémoires traumatiques. À l'âge de 45 ans, sa vie a basculé… De 45 ans à 51 ans, elle a totalement sombré, de violentes mémoires sont à nouveau remontées avec cette fois des douleurs physiques et des paralysies. Son corps déraillait complètement, elle n'arrivait plus à bouger ses bras ni ses jambes et elle a été hospitalisée dans un institut psychiatrique. Elle a écrit que jamais elle *n'aurait pu imaginer que l'inceste pouvait avoir de telles répercutions ! Qui pourrait croire que l'inceste puisse avoir de tels effets sur le corps 30 ans plus tard ?*

Marilyn Van Derbur a donc eu une amnésie traumatique, dissociative, pendant plusieurs années suite aux viols répétés de son père. Ce qu'elle décrit par la suite, à partir de 45 ans, est un trouble de conversion (ou trouble dissociatif de conversion), c'est à dire une perte soudaine de ses fonctions motrices et de sa sensibilité, sans explication médicale. Pour Marilyn Van Derbur, il s'agissait d'une paralysie très probablement liée aux abus sexuels qu'elle avait vécus dans son enfance. Elle écrit également dans son livre à propos de son père : *Il me "travaillait" nuit après nuit. Comme un délicat morceau de cristal brisé dans du béton, mon père m'a dépouillée de mon propre système de croyance et de mon "moi", mais également de mon âme qu'il a brisée en morceaux."*

L'autobiographie de cette Miss America contient à la fois l'histoire glorieuse de Marilyn Van Derbur, une ascension vertigineuse vers la gloire, mais aussi une source essentielle d'informations concernant les abus sexuels sur les enfants avec ce mécanisme de dissociation et de cloisonnement des mémoires traumatiques.[298]

L'actrice et chanteuse américaine Laura Mackenzie raconte également que durant son enfance, elle était régulièrement violée par son père, John Phillips, une légende du rock… En 2009, elle lira un passage de ses mémoires *"High on Arrival"* dans l'émission de télévision *"The Oprah Winfrey Show"* : *"Je me réveille cette nuit-là sortant d'un black-out, réalisant avoir été violée par mon père… Je ne me souviens pas du début de l'abus, ni de comment il a pris fin, était-ce la première fois ? Était-ce déjà arrivé auparavant ? Je n'en sais rien et je reste dans le doute. Tout ce que je peux dire, c'est que c'était la première fois que j'en prenais conscience. Pendant un moment j'étais dans mon corps, dans cette horrible réalité, et ensuite j'ai re-basculé dans un black-out. Votre père est supposé vous protéger, il est supposé vous protéger, pas vous "baiser"."*[299]

Mackenzie dit qu'elle avait 17 ou 18 ans lorsqu'elle a commencé à se souvenir des viols de son père. À cette époque, elle était connue par des millions de gens comme l'enfant star du sitcom *"One Day at a Time"*. Personne ne réalisait alors ce qu'elle vivait en privé…

---

[298] "Miss America By Day : Lessons Learned from Ultimate Betrayals and Unconditional Love" - Marilyn Van Derbur, 2003.
[299] "High on Arrivals : A Memoir" - Laura Mackenzie, 2011.

"Très tôt j'ai commencé à compartimenter et à refouler les mémoires difficiles. Et c'est cela la racine de toutes les expériences difficiles qui sont survenues par la suite."

Elle a aussi déclaré à propos de son père : "Je n'ai pas de haine contre lui. Je comprends que c'est un homme vraiment torturé, d'une certaine manière il passe ce mal-être à travers moi (…) C'est une sorte de syndrome de Stockholm où vous commencez à aimer votre agresseur. Je ressentais un grand amour pour mon père."

Cathy O'Brien, victime du MK-Monarch, décrit également comment les mémoires traumatiques et dissociatives fonctionnent chez un petit enfant qui subit l'inceste jour après jour : *"Même si je ne pouvais pas comprendre que ce que mon père me faisait était quelque chose de mal, la douleur et la suffocation lors de ses sévices étaient si insupportables que j'ai développé un trouble dissociatif de l'identité. Cela était impossible à comprendre, il n'y avait aucun endroit dans mon esprit pour pouvoir gérer une telle horreur. J'ai ainsi compartimenté mon cerveau, des petites zones séparées par des barrières amnésiques servant à cloisonner les souvenirs des sévices afin que le reste de mon esprit puisse continuer à fonctionner normalement, comme si rien n'était arrivé… Lorsque je voyais mon père à table lors du dîner, je ne me souvenais pas des abus sexuels. Mais dès lors qu'il déboutonnait son pantalon, une partie de moi, la partie de mon cerveau qui savait comment gérer ces horribles sévices se réveillait, c'était comme si une jonction neuronale s'ouvrait pour que cette partie de mon esprit puisse subir mon père encore et encore, selon les besoins… J'avais certainement beaucoup d'expérience dans ce "compartiment cérébral" qui gérait les abus de mon père, mais je n'avais pas toute l'étendue des perceptions, j'avais une perception très limitée, une vision très limitée."*[300]

Régina Louf, Le témoin X1 dans l'affaire Dutroux, a rapporté qu'une partie d'elle-même dissociée n'était jamais "présente" lors des abus sexuels. Cette part d'elle-même pouvait donc continuer à vivre "normalement" sans avoir à gérer ce lourd souvenir des abus dans sa conscience. Inversement, la partie d'elle-même qui était présente et donc violée lors des abus, *Ginie*, était difficilement consciente de la vie menée à l'école ou dans la famille. C'était comme si *Ginie* était mise de côté jusqu'à ce qu'elle refasse surface à nouveau et prenne le relais lorsque le bourreau était de retour auprès de Régina.[301]

Dans un article intitulé *"Multiple Personality Disorder in Childhood"* (Personnalité multiple dans l'enfance), M.Vincent et M.R. Pickering donnent l'exemple d'une femme qui leur a décrit son vécu à l'âge de 3 et 4 ans lorsqu'elle a été violée à répétition par son père adoptif. C'est une description de l'état dissociatif avec un passage dans une réalité alternative, nous retrouvons là le scindement en deux "moi" différents : *"C'était devenu habituel pour elle de rester passive et d'attendre le changement d'état de conscience qui allait la transporter d'une lourde agonie à un état de calme et même de joie. Elle faisait cela sans même savoir qu'elle sauvait sa peau à chaque fois, nourrissant deux "moi" à l'intérieur d'elle, chacun ignorant l'existence de l'autre… Aimer ce qui est en train de vous tuer est impossible. Elle ne pouvait pas le faire. C'est un dilemme*

---

[300] *"Mind-control hors de contrôle"* - conférence de Cathy O'Brien et Mark Phillips, Granada Forum, 31/10/1996.
[301] "Zwijgen is voor daders - De getuigenis van X1" - Regina Louf, Éditions Houtekiet, 1998.

infernal dans l'esprit de l'enfant. Elle se laissait donc libre d'aimer, et laissait "l'autre" libre d'haïr... "[302]

Pour diagnostiquer correctement un trouble dissociatif de l'identité, ce sont les personnalités alter qui sont tout d'abord recherchées, et non l'amnésie traumatique en elle-même. Les personnes atteintes d'un trouble de stress post-traumatique, d'un trouble de la personnalité limite (*borderline*) ou d'autres troubles dissociatifs spécifiés peuvent également connaître des amnésies ponctuelles. L'amnésie dissociative est causée par des événements traumatiques qui peuvent remonter par des flashbacks, tandis que la véritable amnésie dans le trouble dissociatif de l'identité est causée par l'alternance entre des personnalités alter bien distinctes les unes des autres.

4 - LE TROUBLE DISSOCIATIF
DE L'IDENTITÉ (T.D.I.)

a/ Quelques cas historiques

En 1793, le Dr. Eberhardt Gmelin a écrit le premier rapport détaillé de 87 pages sur un cas de "double personnalité", qu'il qualifie de *"umgetaushte Persönlichkeit"* (échange de personnalité) dans sa publication intitulée *"Materialien für die Anthropologie"*. Le cas a été repris et décrit en détails en 1970 par Henri Hellenberger dans *"Discovery of the Unconscious"* (À la découverte de l'inconscient). Il s'agissait d'une jeune femme de 21 ans, originaire de Stuttgart, qui montrait soudainement une nouvelle personnalité parlant le français bien mieux que l'allemand tout en adoptant un changement complet de comportement. Les deux personnalités, qui parlaient chacune une langue différente, n'avaient aucunement conscience l'une de l'autre. La "femme française" se rappelait systématiquement de tout ce qu'elle avait dit ou fait, tandis la "femme allemande" oubliait ses faits et gestes. Gmelin avait découvert qu'il avait la possibilité de déclencher facilement le changement de personnalité simplement par un mouvement des mains... Ce qui rappelle le système de codes déclencheurs programmés chez les esclaves MK, comme nous le verrons au chapitre 7.

En 1840, le psychothérapeute Antoine Despine a décrit le cas d'Estelle, une fillette suisse de 11 ans qui présentait une paralysie avec une extrême sensibilité au toucher. Elle avait une seconde personnalité qui pouvait marcher et jouer mais qui ne pouvait pas supporter la présence de sa mère, une réaction peut-être due à une mémoire traumatique liée à sa mère. Estelle montrait une différence flagrante de comportements d'une personnalité à l'autre. À la fin du XIXème et au début du XXème siècle, le Dr. Pierre Janet a rapporté un certain nombre de cas de personnalités multiples chez ses patientes : Léonie, Lucie, Rose, Marie et Marceline. Léonie avait trois, si ce n'est plus encore de personnalités incluant un

---

[302] *"The Canadian Journal of Psychiatry"* / La Revue canadienne de psychiatrie, Vol 33(6), 08/1988.

alter d'enfant nommé "Nichette". Dans le cas de Lucie, qui était également décrite avec trois personnalités, il y avait un alter nommé "Adrienne" qui avait régulièrement des flash-backs d'un traumatisme remontant à sa petite enfance. Rose présentait des états somnambuliques ainsi qu'une alternance entre paralysie et capacité à marcher.[303]

La première observation d'un dédoublement de personnalité popularisé dans le grand public est connue sous l'appellation de *"Dame de Mac Nish"*. Un cas célèbre qui fera l'objet de plusieurs publications entre 1816 et 1889. Cette jeune femme, de son vrai nom Mary Reynolds, a présenté une alternance de deux personnalités entre l'âge de 19 ans et 35 ans. Finalement l'une des deux personnalités a fini par s'imposer sur l'autre. Son cas est mentionné dans l'ouvrage *"De l'intelligence"* du philosophe et historien français Hippolyte Taine, c'est lui qui renommera Mary Reynolds la *"Dame de Mac Nish"*. La jeune fille, qui vivait aux États-Unis, était de nature calme, plutôt réservée et mélancolique et d'une bonne santé. Ses troubles commencèrent vers l'âge de 18 ans suite à des syncopes prolongées, elle commença alors à présenter une alternance entre deux personnalités très différentes l'une de l'autre. L'une d'entre elles était de nature très enjouée et sociable, une personnalité avec un caractère vif et joyeux qui ne s'effrayait de rien et qui n'obéissait à personne. Au bout d'une dizaine de semaines, elle eut de nouveau une sorte d'étrange syncope et elle se réveilla à nouveau avec sa personnalité d'origine. Elle n'avait aucun souvenir de la période qui venait de s'écouler mais elle avait bien retrouvé le même caractère réservé et mélancolique. L'alternance entre ces deux personnalités continua ainsi pendant des années, la transition se faisait souvent la nuit, pendant son sommeil. Lorsqu'une des personnalités disparaissait, Mary Reynolds se retrouvait exactement dans l'état où elle avait *"disjonctée"* la fois d'avant, mais sans aucun souvenir de ce qui s'était passé dans l'intervalle. C'est à dire qu'avec une personnalité ou une autre, elle ignorait tout de son second caractère. Si par exemple on lui présentait quelqu'un dans un de ces états, elle ne le reconnaissait plus dans l'autre état. C'est vers l'âge de 35 ans que la personnalité sociable a commencé à s'imposer plus souvent et pendant des périodes plus longues. Cette personnalité a fini par s'imposer définitivement jusqu'en 1853, où *Dame Mc Nish* est morte à l'âge de 61 ans.

Un autre cas connu du XIXème siècle est celui de Félida, décrit par le Dr. Azam qui l'a suivie de 1860 à 1890. Azam est l'auteur du livre *"Hypnotisme et Double Conscience"* (1893) dans lequel il décrit le cas de cette jeune femme. En 1860, il a fait connaître sa patiente à la Société de Chirurgie et à l'Académie de Médecine, ce cas a eu une influence considérable sur la question du phénomène de dédoublement de la personnalité. Il existe aujourd'hui toute une bibliothèque sur ce cas. Le Dr. Azam a rencontré Félida pour la première fois en 1856, il va alors la suivre pendant 32 ans. Voici comment il décrit les changements de personnalité :

"Presque chaque jour, sans cause connue ou sous l'emprise d'une émotion, elle est prise de ce qu'elle appelle sa crise, en fait, elle entre dans son deuxième état. Ayant été témoin des centaines de fois de ce phénomène, je puis le décrire avec exactitude... Je le décris actuellement d'après ce que j'ai vu.

---

[303] "Diagnosis and Treatment of Multiple Personality Disorder" - Frank W. Putnam, 1989.

Félida est assise, un ouvrage quelconque de couture sur les genoux; tout d'un coup, sans que rien puisse le faire prévoir et après une douleur aux tempes plus violente qu'à l'habitude, sa tête tombe sur sa poitrine, ses mains demeurent inactives et descendent inertes le long du corps, elle dort ou paraît dormir, mais d'un sommeil spécial (...) Après ce temps, Félida s'éveille, mais elle n'est plus dans l'état intellectuel où elle était quand elle s'est endormie. Tout paraît différent. Elle lève la tête et, ouvrant les yeux, salue en souriant les nouveaux venus, sa physionomie s'éclaire et respire la gaieté, sa parole est brève, et elle continue, en fredonnant, l'ouvrage d'aiguille que dans l'état précédent elle avait commencé. Elle se lève, sa démarche est agile et elle se plaint à peine des milles douleurs qui, quelques minutes auparavant, la faisait souffrir (...) Son caractère est complètement changé : de triste elle est devenue gaie, pour le moindre motif, elle s'émotionne en tristesse ou en joie. Indifférente à tout qu'elle était, elle est devenue sensible à l'excès (...) Dans cette vie comme dans l'autre, ses facultés intellectuelles et morales, bien que différentes, sont incontestablement entières : aucune idée délirante, aucune fausse appréciation, aucune hallucination. Je dirais même que dans ce deuxième état, dans cette condition seconde, toutes ses facultés paraissent plus développées et plus complètes. Cette deuxième vie où la douleur physique ne se fait pas sentir est de beaucoup supérieure à l'autre; elle l'est surtout par le fait considérable que Félida se souvient non seulement de ce qui s'est passé pendant les accès précédents, mais aussi de toute sa vie normale, tandis que pendant sa vie normale, elle n'a aucun souvenir de ce qui s'est passé pendant son accès."[304]

Félida présente donc cette particularité d'être amnésique que dans un seul sens, sa personnalité d'origine n'ayant aucun souvenir de sa personnalité seconde tandis que celle-ci accède à toutes les mémoires (nous y reviendrons en ce qui concerne la programmation MK-Monarch). Le Dr. Azam nomme ce phénomène "amnésie périodique".

Petit à petit la seconde personnalité, la plus enjouée, a commencé à empiéter sur la première pour finir par s'imposer la majeure partie du temps. Lorsque son ancienne personnalité réapparaissait par moments, elle se retrouvait donc confrontée à de grands trous noirs où elle avait oublié les trois quarts de son existence...

Félida a montré de façon épisodique une troisième personnalité que Azam n'aura vue émerger que deux ou trois fois, le mari de Félida ne l'avait observé qu'une trentaine de fois en seize ans. Cette troisième personnalité alter apparaissait dans un état de terreur indicible, ses premiers mots étaient : *"J'ai peur... J'ai peur..."*, elle ne reconnaissait personne excepté son mari. S'agissait-il d'un alter traumatisé par ses mémoires ? Il faut noter qu'à cette époque, le lien entre dissociation de l'identité et traumatismes n'avait pas encore été établi par les médecins qui s'occupaient de ces patients.

L'un des cas français le plus remarquable est celui de Louis Vivet. Entre 1882 et 1889, il a été étudié par de nombreux auteurs scientifiques, notamment par Bourru et Burot qui écrivaient en 1895 : *"Ces faits de variation de la personnalité sont moins rares qu'on ne le suppose"*. En 1882, Camuset notait dans son rapport sur

---

[304] "Hypnotisme et Double Conscience" - Dr. Azam,1893, p.43-44.

Louis Vivet : *"Nous sommes tentés de croire que ces cas sont plus nombreux qu'on ne le supposerait, malgré les observations assez rares que l'on possède".* C'est avec Louis Vivet que le terme *"personnalité multiple"* fut employé pour la première fois en remplacement de *"personnalité double".* Louis Vivet avait six personnalités différentes caractérisées par des modifications de la mémoire, des modifications du caractère, ainsi que des modifications de la sensibilité et du comportement. À chaque changement de personnalité, il a été noté que ses mémoires changeaient en conséquence et que les personnalités s'ignoraient toutes mutuellement. Voici comment Bourru et Burot décrivent son changement de personnalité : *"Tout d'un coup, les goûts du sujet se sont complètement modifiés : le caractère, le langage, la physionomie, tout est nouveau. Le sujet est réservé dans sa tenue. Il n'aime plus le lait; c'est cependant le seul aliment qu'il prend habituellement. L'expression de sa physionomie est devenue plus douce, presque timide : le langage est correct et poli. Le malade tout à l'heure si arrogant est maintenant d'une politesse remarquable, ne tutoie plus personne et appelle chacun 'Monsieur'. Il fume, mais sans passion. Il n'a pas d'opinion, ni en politique ni en religion, et ces questions, semble-t-il dire, ne regardent pas un ignorant comme lui. Il se montre respectueux et discipliné. La parole est beaucoup plus nette qu'avant le transfert, la lecture à haute voix est remarquablement claire, la prononciation est bien distincte, il lit parfaitement et écrit passablement. Ce n'est plus le même personnage (…) En quelques minutes la transformation est complète. Ce n'est plus le même personnage : la constitution du corps a varié avec les tendances, et les sentiments qui la traduisent. C'est un transfert total. La mémoire s'est modifiée, le sujet ne reconnaît plus ni les lieux où il se trouve, ni les personnes qui l'entourent et avec lesquelles, il y a quelques instants, il échangeait ses idées. Un changement aussi inattendu et aussi radical était bien de nature à nous étonner et à nous faire réfléchir (…) Nous avons renouvelé cette application plusieurs fois dans les conditions les plus diverses et le résultat était constant. Le même personnage reparaissait, toujours identique à lui-même. C'était une transformation pour ainsi dire mathématique, toujours la même pour le même agent physique et le même point d'application."*[305]

Citons également le cas de Clara Norton Fowler (sous pseudonyme *Miss Christine Beauchamp*) que le Dr. Morton Prince, neurologue de Boston, rencontra en 1898 alors qu'elle avait 23 ans. L'utilisation de l'hypnose révéla chez elle l'existence de quatre personnalités différentes. Dans ce cas précis, il était rapporté que la jeune fille avait subi de nombreux traumatismes durant son enfance. *Miss Beauchamp* était une jeune femme réservée et timide alors que ses autres personnalités étaient extraverties, capricieuses et colériques. Mais les polarités amnésiques entre chaque personnalité étaient plutôt compliquées : l'une ignorait l'existence de toutes les autres, une autre avait conscience de l'existence d'une seule autre personnalité, etc. Une de ses personnalités a montré une amnésie totale des six dernières années qui précédèrent son apparition. Une particularité dans le cas de *Miss Beauchamp* a été l'utilisation de prénoms pour les différents alter, une des personnalités a choisi elle-même de se faire appeler "Sally". Le Dr. Morton Prince considéra Sally comme la personnalité la plus intéressante et c'est avec elle qu'il collabora le plus facilement. Prince recherchait parmi les personnalités quelle était celle qui était l'authentique *Miss Beauchamp*, la véritable personnalité d'origine. Il arriva à la conclusion que cette personnalité originelle s'était en fait désintégrée pour laisser la place à plusieurs identités spécifiques. En utilisant l'hypnose, il a

---

[305] *"Variations de la personnalité"* - H. Bourru et P. Burot, 1888, p.39-16.

progressivement dissous les barrières amnésiques cloisonnant les alter pour les faire fusionner ensemble.[306]

Un autre cas a été rapporté en 1916 par le Dr. James Hyslop et le Dr. Walter Prince dans le *"Journal of the American Society for the Psychological Research"*. Il s'agit de Doris Fischer, née en Allemagne en 1889. Cette femme a développé cinq personnalités distinctes, chacune ayant un nom particulier. Les cinq personnalités alter montraient des caractéristiques variées et très différentes d'un point de vue psychologique. Comme c'est généralement le cas, elles se sont développées suite à des chocs émotionnels profonds. Derrière la personnalité de Doris, *"Real Doris"* (la vraie Doris), se trouvaient :

- *"Margaret"* : La personnalité alter qui a été créée par le premier choc dissociatif. Un alter ayant un état émotionnel et mental de petit garçon de cinq ou six ans.

- *"Sick Doris"* (Doris la malade) : C'est la personnalité alter née suite au deuxième choc traumatique. *Sick Doris* n'avait aucune mémoire des événements ni même aucune notion de langage verbal, elle ne reconnaissait personne et ne savait plus utiliser les objets de la vie courante. Elle ne montrait aucune affection.

- *"Sleeping Margaret"* (Margaret la dormeuse) : cette personnalité alter semblait dormir tout le temps, elle ne parlait pratiquement jamais sauf dans une sorte de discours embrumé dont la compréhension était difficile.

- *"Sleeping Real Doris"* (Doris la vraie dormeuse) : C'est le nom qui a été donné par *"Margaret"* à la personnalité somnambulique qui a été créée à l'âge de huit ans. Elle avait des mémoires que n'avait pas *"Real Doris"*.

"Real Doris" n'avait aucune connaissance des pensées ou des actes de ses personnalités secondaires. Elle ne pouvait pas se rappeler quoi que ce soit de ce qui se passait durant les périodes où un autre alter avait émergé. Les personnalités alter ont fusionné une par une lors des séances de thérapie, pour ne laisser la place finalement qu'à la "Vraie Doris".

En 1928, un autre cas de personnalité multiple a été rapporté dans le livre *"Multiple Personality"* (W. Taylor et M. Martin, 1944). Le patient était un homme du nom de Sorgel qui vivait en Bavière et qui était épileptique. Il montrait deux organisations de conscience bien distinctes : une personnalité criminelle et une personnalité honnête. La personnalité honnête n'avait pratiquement aucun souvenir de son autre vie, tandis que la personnalité criminelle se rappelait très bien des deux vies.[307]

Nous retrouvons là encore une fois cette notion d'amnésie à "sens unique", c'est à dire qu'une personnalité alter plus profonde accède à toutes les mémoires, tandis qu'une autre, de surface, reste totalement inconsciente de "son autre vie"... Un point clé sur lequel nous reviendrons dans le chapitre 7 sur la programmation MK-Monarch.

Les cas les plus médiatisés et donc les plus connus du XXème siècle sont ceux de Christine Costner Sizemore (*Les 3 Visages d'Eve*), Shirley Ardell Mason

---

[306] *"La Femme Possédée"*, sorcières, hystériques et personnalités multiples" - Jacques Antoine Malarewicz, 2005.
[307] *"Multiple Personnality and Channeling"* - Rayna L. Rogers, Jefferson Journal of Psychiatry : Vol. 9 : Iss. 1, Article 3, 1991.

(*Sybil*), Truddi Chase (*When Rabbit Howls*) et Billy Milligan (*L'homme aux 24 personnalités*).

L'histoire de Christine Costner Sizemore a été rapportée dans un livre écrit par ses psychiatres, Corbett Thipgen et Hervey M. Cleckly. La douce et timide jeune femme s'était adressée à eux car elle souffrait de terribles migraines qui semblaient incurables. Lors de sa thérapie, une nouvelle personnalité rebelle et turbulente a émergé. La première personnalité n'avait aucune conscience de l'existence de cet autre alter, la turbulente, qui elle, avait parfaitement conscience de l'existence de la première. Ce cas de personnalité multiple a été porté à l'écran par Nunaly Johnson en 1957, dans un film intitulé *'Les 3 visages d'Eve'*. C'est l'actrice Joanne Woodward qui incarna successivement les trois personnalités, *Eve White*, une jeune femme docile et timide, *Eve Black*, la séductrice turbulente et enfin *Jane*, une personnalité beaucoup plus équilibrée, une sorte de fusion des deux *Eve*. Ce film est l'un des rares à ne pas être tombé dans la représentation stéréotypée d'un T.D.I. avec une personnalité alter criminelle. La version du film de 1957 est introduite par le journaliste Alistair Cooke qui déclare : *"Ceci est une histoire vraie. Vous avez souvent vu des films qui affirmaient une telle chose. Cela veut parfois dire qu'un certain Napoléon a bien existé, mais que toute ressemblance entre sa vie réelle et le film en question tiendrait du miracle. Notre histoire à nous est vraie. C'est celle d'une ménagère gentille et effacée, qui, en 1951, alors qu'elle vivait dans sa Géorgie natale, fit très peur à son mari par une conduite totalement insolite. Cela n'a rien de rare : nous avons tous nos lubies, tous nous réprimons une envie de singer un être que nous admirons. Un écrivain a affirmé que dans tout homme gras, sommeille un homme maigre. Dans cette jeune ménagère, de façon effrayante, deux personnalités bien marquées se débattaient littéralement pour lui imposer leur volonté. C'était un cas de "personnalité multiple". On lit cela dans les livres, mais peu de psychiatres en ont vu eux-mêmes. Jusqu'au jour où les Dr. Thigpen et Cleckley, du Medical College de Géorgie furent en présence d'une femme possédant une personnalité de plus que le Dr. Jekyll. En 1953, ils exposèrent ce cas devant l'Association de Psychiatrie Américaine, un cas devenu un classique de la littérature psychiatrique. Ce film n'avait donc que faire de l'imagination d'un scénariste. La vérité elle-même dépassait la fiction. Tout ce que vous verrez est effectivement arrivé à celle qu'on a baptisé "Eve White". Une bonne partie des dialogues viennent des notes cliniques du dénommé Dr. Luther."*

Cependant le film qui ne montre que deux personnalités (qui finissent à la fin par fusionner) ne reflète pas la réalité exacte puisque Christine Costner développa en fait plus de vingt personnalités différentes, comme elle le révélera plus tard dans ses mémoires, publiées seulement un an après sous un pseudonyme.

Durant les années 70, le cas de *Sybil* est certainement celui qui a fait le plus connaître le trouble dissociatif de l'identité. Shirley Ardell Mason était une jeune femme de 25 ans qui en raison de ses visions, de ses cauchemars et de ses terribles souvenirs, est allée consultée le Dr. Cornelia Wilbur. C'est alors que six personnalités différentes émergèrent durant la thérapie. Shirley découvrit qu'elle avait été victime de sévères humiliations et d'abus sexuels par sa mère lorsqu'elle était enfant. Ce cas aurait pu rester dans l'ombre comme pour de nombreux autres, mais Flora Rheta Schreiber a publié en 1973 un roman basé sur la véritable histoire de Shirley, un roman intitulé *"Sybil"* qui devint un véritable best-seller. Suite à cet énorme succès, quelques années plus tard en 1976, Daniel Petries a produit un film à partir du roman. Un film qui portera d'ailleurs le même nom,

Sybil, et qui fut également un grand succès. Pour de nombreux thérapeutes, ce cas a marqué l'histoire du T.D.I.. Il y a eu un avant et un après Sybil, entraînant toute une polémique qui entoure encore de nos jours ce mystérieux trouble de la personnalité multiple...

Truddi Chase, née en 1935, est l'auteur d'une autobiographie intitulée *"When Rabbit Howls"* (1987), son cas a également fait l'objet d'un téléfilm : *"Voices Whithin The Lives of Truddi Chase"* (Démons Intérieurs en V.F.), diffusé en 1990 par la chaîne américaine *ABC* (*American Broadcasting Company*). C'est lors d'une thérapie qu'il a été découvert que Truddi souffrait d'une personnalité multiple. Elle a été maltraitée dès l'âge de 2 ans jusque dans son adolescence. Son beau-père la violentait physiquement et sexuellement tandis que sa mère la négligeait. Elle a toujours eu le souvenir des abus sexuels et des maltraitances, mais sans jamais pouvoir se les rappeler en détails, cela jusqu'à ce qu'elle entame une thérapie avec le Dr. Robert Phillips. Truddi Chase a toujours refusé de faire fusionner ses nombreuses personnalités, pensant qu'elles formaient une équipe coopérante. Elle est décédée en mars 2010 à l'âge de 75 ans.

Un autre cas historique de personnalité multiple est celui de Billy Milligan, né en 1955 aux États-Unis. En 1975, Milligan est arrêté pour plusieurs crimes dont des viols. Cette affaire a été sur-médiatisée à l'époque du procès en raison du profil psychologique particulier de l'accusé... Son procès pour viols a provoqué l'indignation lorsque la défense a plaidé non coupable pour cause de *personnalité multiple*. Milligan affirmait que ce n'était pas lui qui était présent lors des agressions sexuelles sur des étudiantes, mais une personnalité alter lesbienne. La population avait évidemment beaucoup de mal à croire à la version des faits du violeur. Le "cas Milligan" a été étudié durant de longues années et rapporté en détail par Daniel Keyes, le biographe de Milligan. Keyes a consacré seize ans de sa vie à collecter des informations, à enquêter et à s'entretenir avec *"le Professeur"* (les multiples personnalités alter de Miligan fusionnées en une seule personnalité) ainsi qu'avec les personnes qui l'ont côtoyé de près. Il en est sorti deux livres : *"The Minds of Billy Milligan"* et *"The Milligan Wars"*, disponibles en français sous les titres : *"Billy Milligan, l'homme aux 24 personnalités"* et *"Les mille et une vies de Billy Milligan"*.

Dans la biographie de Milligan rédigée par Keyes, il est précisé que son fractionnement de personnalité se serait produit lorsque l'enfant était constamment humilié et frappé par son beau-père qui de plus abusait sexuellement de lui. C'est en tout 24 personnalités qui ont été diagnostiquées chez Milligan. Parmi ces personnalités alter, certaines avaient des tendances criminelles et destructrices, c'est ce qui lui attira de sévères ennuis. Par contre, ses autres personnalités montraient des aptitudes et des compétences extraordinaires. *"Arthur"* était un de ses alter qui avait appris la médecine tout seul et qui parlait plusieurs langues, c'est lui qui est parvenu à mettre en relation l'ensemble des personnalités alter : *Arthur* jouait le rôle de médiateur dans le système interne. D'autres personnalités alter avaient un réel talent artistique pour la peinture, chacune avec un style différent. Il y avait également des personnalités alter ayant l'âge d'un enfant, une chose courante dans les T.D.I.. Dans sa biographie, Milligan explique les avantages qu'il y a à avoir plusieurs personnalités, notamment des alter enfants : *"Cela permet d'avoir un regard nouveau sur le monde. Un regard complètement différent qui permet de voir des choses qu'un autre n'aurait pas vues."*

En 1979, Billy Milligan a été interné à l'hôpital d'État pour malades mentaux criminels de Lima en Ohio. Là-bas, il subira un véritable enfer : racket, passages à tabac, électrochocs, camisole chimique... Il restera à Lima jusqu'en 1983, date à laquelle il réintègre l'hôpital psychiatrique d'Athènes où il va progresser dans sa thérapie pour parvenir finalement à fusionner toutes ses personnalités alter. Voici ce qu'il déclare à propos de la fusion (intégration, concepts qui seront développés plus loin) de ses personnalités alter : *"On m'avait dit que l'union de toutes mes parties serait encore plus forte que la somme de mes personnalités individuelles. Mais dans mon cas ce n'est pas vrai, l'union de mes personnalités est moins forte."*

Malgré la fusion de ses alter, son état mental restait très précaire et instable en raison des nombreuses années pendant lesquelles il a subi la prison, les internements psychiatriques, les attaques psychologiques et physiques, les menaces de mort, mais aussi l'instrumentalisation politique par des sénateurs, magistrats, directeurs d'hôpitaux ou de prisons... sa guérison était donc loin d'être favorisée par un climat de sécurité et de stabilité. Il a été rapporté des comportements sadiques par du "personnel soignant" et partout semblait régner brutalité et instrumentalisation autour de lui. Daniel Keyes dénonce le système carcéral américain avec son opportunisme, la corruption au sein même de sa direction ainsi que son incapacité à traiter efficacement des cas sensibles comme celui de Billy Milligan.

Un cas qui est moins connu car non criminel et bien moins médiatisé est celui de Robert Oxnam. Cet homme a été le président pendant plus d'une dizaine d'année de l'*Asia Society*, une prestigieuse institution culturelle américaine. Robert Oxnam est spécialiste de la culture et de la langue chinoise, il a accompagné des gens comme Bill Gates, Warren Buffet ou Georges Bush durant leurs déplacements en Asie. Il est l'auteur d'une autobiographie intitulée *"A Fractured Mind"* (un esprit fracturé) dans laquelle il révèle qu'il souffre d'un trouble dissociatif de l'identité. En 2005, l'émission *60 Minutes* de la chaîne *CBS News* lui a consacré un reportage[308] pour exposer ce trouble psychique particulier.

Robert Oxnam a reçu une éducation très rigide et une forte pression était faite sur lui pour sa réussite sociale et professionnelle. Son père était président d'université et son grand-père était évêque mais aussi président du Conseil œcuménique des Églises (COE). Suite à de brillantes études, Oxnam a très vite été mis en avant dans les grands médias et il a rapidement obtenu un poste prestigieux et élitiste. Dès l'âge de trente ans, il a été nommé président de l'*Asia Society*. Robert Oxnam était sur le *toit du monde* mais à l'intérieur de lui, il y avait un mélange de dépression, de colère et de rage. D'un côté, il y avait ce succès social et professionnel étincelant, et de l'autre un mal-être et une dépression permanente qui s'empiraient. Dans les années 80, Oxnam a été suivi pour de l'alcoolisme et de la boulimie, c'est aussi dans cette période que son premier mariage s'est effondré. Les consultations chez un psychiatre pour ses problèmes d'addictions et ses trous de mémoires récurrents n'amélioraient rien du tout. Il lui arrivait parfois de se réveiller avec des traces de coups et des blessures sur son corps sans avoir aucune idée de ce qui pouvait bien en être la cause, ni même dans quel contexte cela aurait pu arriver. Il avait apparemment une autre vie en parallèle... Un jour, il s'est

---

[308] *"Inside A Fractured Mind"* - Morley Safer, CBS News, 09/2005.

retrouvé perdu dans la foule de Central Station à New-York, il était dans un état de transe et il entendait des voix qui le harcelaient en lui disant qu'il était mauvais, qu'il était la pire des personnes ayant jamais vécu. En 1990, lors d'une séance de thérapie avec le Dr. Jeffrey Smith, Robert Oxnam est soudainement devenu quelqu'un d'autre... Son psychiatre rapporte qu'il y a eu un changement complet, dans sa voix, dans son attitude et dans ses mouvements. Durant une séance, le Dr. Smith a rapporté que les mains d'Oxnam étaient *comme des griffes*, il était dans une terrible colère. Cette colère venait d'un petit garçon nommé *"Tommy"*. Lorsque Smith a raconté à Oxnam ce qu'il s'était déroulé durant la séance, celui-ci a affirmé qu'il ne connaissait nullement ce *Tommy* et qu'il n'avait aucun souvenir de ce qui venait de se passer dans le cabinet du thérapeute. C'est alors que le Dr. Smith réalisa qu'il avait peut-être affaire à un cas de personnalité multiple. À l'annonce de cet éventuel diagnostic, Robert Oxnam a fortement réagi en déclarant : *"C'est de la foutaise, j'ai vu Sybil, je ne suis pas comme Sybil !"*

Au cours de la thérapie, onze personnalités alter bien distinctes ont émergé indépendamment les unes des autres. Parmi elles se trouvaient donc *"Tommy"*, un jeune garçon colérique, la *"Sorcière"*, un alter terrifiant ou encore *"Bobby"* et *"Robby"*. *"Bob"* était la personnalité dominante, c'est à dire la personnalité "hôte" : la façade publique, ici en l'occurrence un intellectuel qui travaille à l'*Asia Society*. Dans sa vie publique, Robert Oxnam vaquait à ses occupations et à ses affaires, multipliant les rencontres avec de hauts dignitaires comme le Dalaï-Lama. Mais cette vie publique ne laissait rien entrevoir de ses profonds troubles de la personnalité... Les traumatismes dans l'enfance sont généralement à l'origine du T.D.I., et Oxnam ne semble pas faire exception. Pendant sa thérapie, un alter nommé *"Baby"* a rapporté des mémoires sur des violences durant l'enfance. Il s'agissait de sévères abus sexuels et physiques, toujours accompagnés par ce genre de paroles : *"Tu es mauvais, ceci est une punition."*[309]

Robert Oxnam a-t-il vécu des abus rituels ? A-t-il subi un fractionnement intentionnel de la personnalité durant l'enfance ? Fait-il parti d'une de ces familles élitistes pratiquant le contrôle mental systématique sur sa descendance ? D'où sortait le terrifiant alter *"Sorcière"* ? A-t-il subi une programmation mentale en préparation de la future carrière élitiste dans laquelle il a été rapidement propulsé ? Toujours est-il que son cas démontre bien comment un individu peut avoir un trouble dissociatif de l'identité tout en menant des affaires à un haut poste en maintenant une façade publique tout à fait normale. Est-ce ce à quoi fait référence Fritz Springmeier lorsqu'il parle d'*esclaves sous contrôle mental totalement indétectables*, pour décrire ces individus volontairement fractionnés et programmés ?

b/ Définition du T.D.I.

Durant les trente dernières années, l'évaluation et le traitement des troubles dissociatifs ont été améliorés par un meilleur repérage clinique, par de nombreuses publications de recherches et de travaux académiques ainsi que par

---

[309] "A Fractured Mind : My Life with Multiple Personality Disorder" - Robert B. Oxnam, 2006.

des instruments spécialisés. Des publications internationales provenant de cliniciens et de chercheurs sont apparues dans de nombreux pays, elles concernent des études de cas cliniques, des études de psychophysiologie, de neurobiologie, de neuro-imagerie, etc. Toutes ces publications confirment l'existence du T.D.I. et lui donnent donc une validité comparable aux autres diagnostics psychiatriques bien établis. Une étude de 2001 intitulée *"An examination of the diagnostic validity of dissociative identity disorder"* (un examen de la validité du diagnostic de trouble dissociatif de l'identité) faite par David H. Gleaves, Mary C. May et Etzel Cardena démontre bien que ce trouble psychiatrique est à prendre très au sérieux.[310]

Le Trouble Dissociatif de l'Identité a eu de nombreuses appellations durant l'histoire : "double existence", "double personnalité", "double conscience", "état de personnalité", "transfert de personnalité", "personnalité duelle", "personnalité plurielle", "personnalité dissociée" (DSM-I, 1952), "personnalité multiple", "personnalité divisée", "identité alternante" et "trouble de la personnalité multiple" (DSM-IV, 1980).

Il s'agit d'un trouble dissociatif post-traumatique complexe et chronique qui se développe, dans la plupart des cas, à la suite d'abus sexuels et/ou de violences physiques graves et répétées pendant la petite enfance. C'est une perturbation des fonctions de l'identité, de la mémoire ou de la conscience. L'altération peut-être soudaine ou progressive, transitoire ou chronique. L'identité, ou personnalité habituelle de la personne est alors oubliée et une nouvelle personnalité s'impose (un alter). Cela est souvent accompagné par un trouble de la mémoire avec des événements importants ne pouvant pas être remémorés (DSM III, 1987). Le Dr. Richard Kluft définit ainsi un alter : *"Il fonctionne à la fois comme un récepteur, processeur, centre de stockage pour les perceptions, les expériences et leur élaboration en connexion avec les événements et les pensées du passé et/ou du présent et même du futur. Il a le sens de sa propre identité et de sa propre idéation ainsi qu'une capacité d'initier des processus de pensées et d'actions."*

La plupart des patients ayant un T.D.I. souffriront également de divers troubles mentaux comme de la dépression chronique, un stress post-traumatique, de l'anxiété, de fortes addictions, des troubles alimentaires, des troubles narcissiques et de la somatisation. Ils pourront être diagnostiqués avec un trouble de la personnalité limite (trouble *borderline*), une schizophrénie, ou encore un trouble bipolaire ou psychotique si la dissociation et la présence des personnalités alter n'a pas été détectée ni même recherchée. Ces diagnostics erronés surviennent surtout si l'entretien d'évaluation ne contient pas de questions relatives à la dissociation et au trauma ou qu'il se focalise uniquement sur les problèmes de comorbidité les plus apparents (c'est à dire les troubles associés cités ci-dessus).

Le manuel de diagnostics et statistiques des troubles mentaux, DSM-IV (2000), définit les critères suivants pour le Trouble Dissociatif de l'Identité :

A. Présence de deux identités (ou davantage) ou états de personnalité - chacun avec son mode relativement permanent de perception, de relation, de pensée sur l'environnement et sur soi.

---

[310] Lignes directrices pour le traitement du trouble dissociatif de l'identité chez les adultes (2011), Société Internationale pour l'Etude du Trauma et de la Dissociation (SIETD, en anglais ISSTD.

B. Au moins deux de ces identités ou états de personnalité prennent le contrôle - de manière récurrente - du comportement de la personne.

C. Incapacité de se souvenir d'informations très personnelles : oubli important qui doit être distingué de ce qui s'oublie communément.

D. La perturbation n'est pas due aux effets physiologiques directs d'une substance (intoxication aux drogues ou alcoolique) ou à un problème médical général (par exemple les épilepsies partielles complexes). Note : chez les enfants, les symptômes ne sont pas attribuables à des compagnons imaginaires ou d'autres jeux fantasques.

L'individu est incapable de se rappeler certaines informations personnelles importantes et il montre des lacunes de mémoire trop importantes et profondes pour que cela soit un simple oubli. De nombreux patients se plaignent aussi d'avoir de fortes migraines. Ce trouble peut mener à une *fugue dissociative*, qui se manifeste par un départ soudain et inattendu du domicile ou du lieu de travail, s'accompagnant d'une incapacité à se souvenir de son passé. Il y a alors une confusion concernant l'identité personnelle ou bien l'adoption d'une nouvelle identité (partielle ou complète).

Dans son ouvrage *"Discovery of the Unconscious"*, Henri F. Ellenberger a établi à partir de différents cas historiques, une classification des différents aspects que pouvaient présenter ces personnalités fractionnées :

1 : Personnalités multiples simultanées.

2 : Personnalités multiples successives :

a/ mutuellement conscientes l'une de l'autre.

b/ mutuellement amnésiques.

c/ amnésiques dans un seul sens.

Chaque personnalité vit avec son histoire personnelle et individuelle, ses propres souvenirs, son propre caractère et elles peuvent même avoir chacune un nom différent. Ces personnalités peuvent également se connaître et interagir les unes avec les autres au sein d'un monde intérieur complexe. C'est un système interne où les alter peuvent coexister pacifiquement mais des conflits plus ou moins sévères peuvent également les diviser. Dans la plupart des cas, il y a une personnalité dominante, appelée la "personnalité première" ou "personnalité hôte", qui est entourée par une série de personnalités secondaires généralement organisées hiérarchiquement.

Les deux plus grandes études de cas sur ce sujet sont celles du Dr. Frank Putnam : *"The clinical phenomenology of multiple personality disorder : Review of 100 recent cases"* (*Journal of clinical Psychiatry* 47 - 1986) et celle du Dr. Colin Ross qui a étudié 236 cas.

Lorsque l'on demande aux personnalités alter ce qu'elles pensent être, elles répondent : un enfant (86%), un assistant ou une aide (84%), un démon (29%), une personne du sexe opposé (63%) ou elles citent une autre personne (en vie) (28%) ou un mort de la famille (21%).[311]

---

[311] "Multiple Personality Disorder - Demons and Angels or Archetypal aspects of the inner self" - Dr. Haraldur Erlendsson, 2003.

Les thérapeutes allemands Angelika Vogler et Imke Deister ont listé les types de personnalités alter se retrouvant fréquemment chez les patients souffrant d'un T.DI. :[312]

- *L'Hôte/Hôtesse* : La première fonction de l'hôte ou de l'hôtesse est d'assurer le bon fonctionnement du système multiple dans la vie quotidienne. Son âge correspond habituellement à l'âge physique du corps et son identité sexuelle correspond au sexe du corps. Généralement, l'hôte/ l'hôtesse ne sait que très peu de choses ou même ignore l'existence des autres personnalités du système et elle a de grands trous de mémoire. L'hôte/ l'hôtesse passe d'ordinaire pour quelqu'un de très fiable mais son tempérament de base est souvent dépressif. Comme nous allons le voir dans le chapitre 7 sur la programmation Monarch, ce sont ces personnalités "Hôtes" qui servent de personnalité de façade, de personnalité publique, chez les esclaves MK.

- *L'Observateur/Observatrice* : Pratiquement dans chaque système il y a au moins un(e) observateur/observatrice qui surveille tout ce qui se passe et qui n'a donc aucun trou de mémoire. Cette personnalité réagit plutôt de manière rationnelle et ne montre pas de sentiments puisqu'elle a besoin de garder une grande distance par rapport au monde intérieur et extérieur afin d'assurer son rôle. C'est pour cette raison que l'observateur/ l'observatrice n'émerge pas en premier plan (ne prend pas le contrôle du corps) mais il/elle peut prendre contact avec différents alter du système.

- *Le Protecteur/Protectrice* : Les personnalités protectrices d'un système émergent et prennent le contrôle du corps dès qu'un alter ou que le système se sentent menacés par une certaine situation. Ces personnalités protectrices peuvent se montrer très agressives et il est important de comprendre et de valoriser leur fonction protectrice.

- *Les personnalités s'identifiant aux bourreaux* : Ce sont les personnalités qui restent fidèles à la secte. Ces personnalités s'identifient avec leurs bourreaux et leurs valeurs. Elles ont souvent pour fonction de punir les autres personnalités alter (par exemple par de l'automutilation) qui souhaitent rompre le contact avec la secte ou qui voudraient par exemple révéler des informations sur celle-ci lors d'une séance de thérapie. Si la personne multiple est encore en contact avec la secte, ces personnalités alter peuvent leur transmettre le contenu de la séance de thérapie sans que les autres personnalités du système s'en aperçoivent.

- *Les enfants et adolescents "captifs"* : Dans pratiquement chaque système multiple il y a des enfants. Ils sont restés captifs dans une certaine période du temps. Il y a des enfants qui gardent un certain âge pendant une longue période tandis que d'autres mûrissent. Il est possible aussi qu'un alter-enfant qui a gardé le même âge pendant longtemps commence à vieillir par la suite.

Une particularité étonnante du T.D.I. est que chez un même individu, les personnalités alter peuvent montrer de remarquables différences physiologiques dans l'acuité visuelle, dans la réaction aux médications et aux psychotropes, dans les allergies, dans le rythme cardiaque, la tension artérielle, la tension musculaire, la fonction immunitaire mais également dans le tracé électro-encéphalographique.

---

[312] "Imke Deistler und Angelika Vogler : Einführung in die Dissoziative Identitätsstörung – Multiple Persönlichkeit, Junfermann Verlag Paderborn, 2005 - Traduction : www.multiples-pages.net.

Des différences physiologiques irrationnelles puisque ces personnalités alter partagent un même corps physique.

Déjà en 1887, Pierre Janet, avait démontré que certains individus pouvaient développer plusieurs centres psychiques, dont chacun avait ses propres particularités et activités. Il avait déjà nommé ces centres dissociés des "Personnalités". Janet travaillait avec ce que l'on appelait à l'époque des "hystériques", des femmes dont les différentes personnalités coexistaient et opéraient à un niveau subconscient, ne prenant qu'occasionnellement le contrôle de la conscience normale lors de séances d'hypnose ou d'écriture automatique. Janet avait découvert que les personnalités subconscientes de ces "hystériques" s'étaient créées en réponse à un événement traumatique s'étant fixé dans le subconscient pour devenir la graine des nouvelles personnalités. Avec cette compréhension, le système thérapeutique de Janet devenait enfin efficace pour comprendre et traiter ce trouble dans lequel une variété de personnalités émergeait spontanément pour interagir avec le monde extérieur. À partir de là, le modèle *Dissociation / Traumatisme* était établi en psychothérapie et il commença à apparaître dans les descriptions de cas de personnalité multiple.[313]

En 1993, lors de ses recherches sur le trouble de la personnalité multiple, le Dr. Adam Crabtree a écrit : "La reconnaissance du phénomène de dissociation servant à traiter un épisode traumatique par la création de plusieurs centres psychiques, conduit à une psychothérapie efficace du trouble de la personnalité multiple. Le rôle étiologique de la maltraitance des enfants n'a pas du tout été reconnu jusqu'à notre époque moderne. Mais les preuves statistiques de crimes sur enfants de la fin du XIXème siècle peuvent offrir une voie de recherche féconde. Un examen des cas historiques soulève des questions sur l'équivocité du phénomène de personnalité multiple, il révèle également des données qui n'ont pas encore été pleinement reconnues par les cliniciens modernes."[314]

Le T.D.I. se développe au cours de l'enfance. Comme nous l'avons vu, le processus de dissociation est un mécanisme de protection naturel face à une situation psychologiquement insurmontable. Tout comme un disjoncteur permet d'éviter un court-circuit, cette fonction humaine permet de survivre à des traumatismes sévères et répétitifs, ceci afin de pouvoir continuer à vivre ensuite de manière relativement normale. Ce processus a pour effet d'encapsuler des souvenirs, des affects, des sensations ou même des croyances afin d'atténuer leurs effets sur le développement global de l'enfant. Selon la gravité des traumatismes, l'impact de la dissociation peut aller jusqu'au fractionnement de la personnalité. Le T.D.I. semble être le niveau de dissociation le plus extrême. Pierre Janet reconnaissait lui-même que *"l'extrême dissociation"* aboutissait à la création d'une personnalité multiple. L'origine de ce trouble, dans au moins 80% des cas traités par la psychiatrie, réside dans des traumatismes vécus durant l'enfance, particulièrement avant l'âge de 5 ans. Le Dr. Philip M. Coons a comparé vingt patients ayant un T.D.I. à un groupe témoin de vingt personnes du même sexe et du même âge, non dissociés, non schizophréniques, non psychotiques. Alors que deux personnes du groupe témoin avaient souffert de négligences ou d'abus

---

[313] "Multiple Personnality Before "Eve" - Adam Crabtree, Journal "Dissociation", Vol.1 N°1, 03/1993.
[314] Ibid.

sexuels dans l'enfance, 85% des patients avec un T.D.I. avaient subi des violences physiques et/ou sexuelles.[315]

Le Dr. Richard Kluft aboutit à des données similaires reliant le T.D.I. aux traumatismes infantiles précoces : "Dans deux grands groupes, 97% et 98% avaient été victimes de violences physiques et sexuelles durant l'enfance, ou de mauvais traitements psychologiques ainsi que des négligences."[316]

Le Dr. James P. Bloch a écrit que les traumatismes de l'enfance sont aujourd'hui perçus comme un facteur étiologique primaire dans la formation des troubles dissociatifs.[317]

Selon le Dr. Colin Ross, *"le degré de dissociation est clairement relié à la sévérité et à la chronicité des abus"*. Ross considère que, en moyenne statistique, les patients ayant développé un T.D.I. auraient subi des abus physiques durant quinze ans et des abus sexuels durant près de treize ans.[318]

Nous pouvons donc comprendre pourquoi de nombreuses victimes d'abus rituels sataniques ont développé un trouble dissociatif de l'identité. Le T.D.I. est même certainement un indicateur fort d'un passé en lien avec des abus rituels. Le Dr. Frank Putnam a déclaré en 1989 : *"Je suis frappé par le niveau d'extrême sadisme rapporté par la plupart des victimes ayant un T.D.I.. Bon nombre d'entre-elles m'ont dit avoir été abusées sexuellement par des groupes de gens, forcées à la prostitution par leur famille, ou offertes comme appât sexuel pour les amants de leur mère. Après avoir travaillé avec un certain nombre de patients ayant un T.D.I., il est devenu évident que les abus sévères et répétés dans l'enfance sont une cause majeure du trouble de la personnalité multiple."*

Des mémoires traumatiques peuvent donc être "stockées", ou "encapsulées", dans une personnalité alter et la personnalité hôte n'aura aucune conscience de cette réalité. C'est lorsque cette personnalité alter émergera qu'elle pourra exprimer et transmettre cette mémoire (généralement en revivant physiquement et émotionnellement le traumatisme, phénomène que l'on nomme l'abréaction). Elle décrira très précisément comment les abus se sont passés, puisque c'est lui (ou elle) qui les a vécus directement, tandis que la personnalité hôte était "désactivée"/ dissociée pour laisser la place à l'alter. Le Dr. Adam Crabtree rapporte qu'en 1926, le psychologue américain Henry Herbert Goddard a publié un rapport qui décrivait le traitement d'une jeune femme, Bernice R., diagnostiquée avec une personnalité multiple. Goddard utilisait l'hypnose pour tenter de fusionner deux personnalités. Pour cela, il mettait une des personnalités alter en état de transe pour tenter de la rendre consciente de l'existence de l'autre afin de les faire fusionner. Par ce procédé, Goddard a fait du très bon travail pour la libération émotionnelle des mémoires traumatiques de la patiente. Parmi ces mémoires, la jeune femme avait des souvenirs clairs et persistants des viols de son

---

[315] "Psychophysiologic Aspects of Multiple Personality Disorder : A Review" - Philip M. Coons, Journal "Dissociation", 03/1988.

[316] Kluft, R.P. (1988). The dissociative disorders. In : J.A. Talbott, R.E. Hales & S.C. Yudofsky (Eds.). Textbook of Psychiatry, 557-585. Washington, DC : American Psychiatric Press.

[317] "Assessment and Treatment of Multiple Personality and Dissociative Disorders" - James P. Bloch, 1991, p.3.

[318] "Multiple Personality Disorder, Diagnosis, Clinical Features and Treatment" - Colin Ross, 1989.

père. Malheureusement Goddard a classé ces mémoires d'abus sexuels comme des hallucinations, en expliquant que les actes incestueux prétendument arrivés à l'âge de 14 ans n'avaient pas été mentionnés par Bernice avant l'âge de 19 ans. Cela nous indique que Henry Goddard n'avait pas vraiment connaissance du fonctionnement de la dissociation et de l'amnésie traumatique. Il validait donc la théorie fumeuse de *"l'hallucination sexuelle hystérique"*... Théorie servant encore de nos jours à discréditer les victimes, *"l'hystérie"* ayant laissé la place au *"syndrôme de faux souvenirs"* (que nous développerons dans le chapitre 10).[319]

Il faudra quand même un certain temps pour que la question du traumatisme infantile soit réellement prise en compte et reconnue comme l'une des causes majeure du fractionnement de la personnalité. De nos jours de nombreux cliniciens ont dans l'idée que le T.D.I. est un trouble très rare ou bien ne reconnaissent tout simplement pas son existence. Cela est avant tout dû au manque d'information et de formation des cliniciens à propos de la dissociation, des troubles dissociatifs et des effets du trauma psychologique ; ce diagnostic est donc rarement envisagé et encore moins retenu. Pourtant, le T.D.I. et les troubles dissociatifs ne sont pas rares. Des études en Amérique du Nord, en Europe et en Turquie ont montré que entre 1 et 5% des patients dans les unités psychiatriques pour adultes et adolescents, ainsi que dans les services de traitement des abus de substances, des troubles alimentaires et du trouble obsessionnel compulsif (TOC) peuvent répondre aux critères diagnostics pour le T.D.I.. Mais beaucoup de ces patients ne seront jamais diagnostiqués cliniquement avec un trouble dissociatif.[320]

Dans son ouvrage *"Cult and Ritual Abuse"*, le Dr. James Randall Noblitt donne quelques statistiques concernant la reconnaissance du T.D.I. dans le milieu professionnel psychiatrique :

Une étude menée en 1994 a interrogé 1120 psychologues et psychiatres employés par l'administration des anciens combattants (*Veterans Administration*), 80% d'entre eux ont répondu qu'ils approuvaient le diagnostic de T.D.I..[321]

Une autre étude menée en 1995 sur 180 psychiatres canadiens a rapporté que 66,1% d'entre eux croyaient en la validité du diagnostic de T.D.I. contre 27,8% qui ne validaient pas ce diagnostic, 3,3% étaient indécis.[322]

En 1999, une étude menée auprès de 301 psychiatres a montré que 15% d'entre eux pensaient que le T.D.I. n'avait pas à être inclus dans le manuel de diagnostics (DSM), 43% pensaient qu'il devait y être inclus avec des réserves et 35% pensaient qu'il devait y être inclus sans réserves. Sur la question des preuves pour la validité scientifique du diagnostic de T.D.I., 20% ont répondu qu'il y avait peu ou aucune preuve de validité, 51% ont répondu qu'il y avait des preuves

---

[319] "Multiple Personnality Before "Eve" - Adam Crabtree, Journal "Dissociation", Vol.1 N°1, 03/1993.

[320] Lignes directrices pour le traitement du trouble dissociatif de l'identité chez les adultes (2011), Société Internationale pour l'Etude du Trauma et de la Dissociation (SIETD, en anglais ISSTD).

[321] "Belief in the existence of multiple personality disorder among psychologists and psychiatrists" - Dunn, Paolo, Ryan, Van Fleet, Journal of clinical psychology, 1994.

[322] "Psychiatrists attitudes to multiple personality disorder : A questionnaire study" - F.M. Mai, The Canadian Journal of Psychiatry, 1995.

partielles de validité et 21% estimaient qu'il y avait des preuves évidentes qui validaient le T.D.I..[323]

En 1999, la Cour suprême de l'État de Washington a déclaré que le diagnostic de T.D.I. remplissait les critères pour la norme *Frye* (le *Frye test* sert à déterminer la recevabilité des preuves scientifiques dans un cadre juridique). Cela signifie que les témoignages des experts sur le T.D.I. sont recevables à la Cour Fédérale car il a été déterminé que ce diagnostic était globalement reconnu dans le milieu de la santé mentale.[324]

Il existe aujourd'hui quelques tests qui servent à détecter la présence de troubles dissociatifs chez un patient. Le *"Dissociative Experiences Scale"* (DES) (l'échelle d'expériences dissociatives) a été conçu par les psychiatres Eve Bernstein Carlson et Frank W. Putnam en 1986 (annexe N°3). Un autre test est le *"Multidimensional Inventory of Dissociation"* (MID) (Inventaire Multidimensionnel de Dissociation) mis au point par Paul Dell. Ce test est du même type que le précédent mais avec beaucoup plus d'items. Ces tests ne permettent cependant pas d'établir un diagnostic, c'est uniquement par des entretiens professionnels plus structurés qu'un T.D.I. peut-être constaté ou exclu.

c/ T.D.I. et neurologie

Durant les dernières décennies, les outils d'imageries médicales permettant d'étudier le fonctionnement du cerveau se sont considérablement améliorées. Les techniques telles que l'imagerie par résonance magnétique (IRM) et la tomographie par émission de positrons (TEP) permettent entre autre de visualiser l'activation des différentes zones du cerveau lors de certaines tâches ou de certains comportements.

En novembre 2001, des chercheurs de Melbourne en Australie se sont rassemblés dans ce que le *Herald Sun* a décrit à l'époque comme "la première étude mondiale" sur le trouble de la personnalité multiple. Le but de cette rencontre était de tenter de résoudre la controverse au sein de la communauté scientifique psychiatrique. L'étude a abouti à la conclusion que *"les individus souffrant du trouble de la personnalité multiple (T.D.I.) ne simulaient pas leurs changements d'identité"*. Les ondes cérébrales d'individus diagnostiqués avec un T.D.I. ont été comparées avec celles d'acteurs simulant des changements de personnalités. Bien que les acteurs reproduisent de façon convaincante des changements d'identité, les chercheurs ont trouvé qu'il y avait des modifications bien distinctes dans les ondes cérébrales de ceux qui changeaient réellement de personnalité tandis que ces changements n'apparaissaient pas dans le cerveau de ceux qui simulaient une autre personnalité.[325]

---

[323] "Attitudes toward DSM-IV dissociative disorders diagnoses among board-certified American psychiatrists" - Pope, Oliva, Hudson, Bodkin, Gruber, American Journal of Psychiatry, 1999.

[324] U.S. v. Greene, 1999 / "Dissociative identity disorder and criminal responsability" Farmer, Middleton, Devereux, dans "Forensic aspects of dissociative identity disorder", Sachs & Galton, 2008.

[325] "Programmed to Kill : The Politics of Serial Murder" - David McGowan, 2004, p.xiv.

Ce même type d'étude comparative a été mené par Annedore Hopper et le Dr. Joseph Ciorciari à l'université de Swiburne dans l'état de Victoria en Australie. Cinq patients ayant un T.D.I. et cinq acteurs professionnels ont participé à l'expérience. L'étude a montré clairement une différence d'électro-encéphalographie (EEG) entre la personnalité hôte et les personnalités alter chez les patients ayant un T.D.I., tandis que ce changement d'EEG n'a pas été constaté chez les acteurs qui simulaient par exemple une personnalité d'enfant. Pour le Dr. Joseph Ciorciari, cette étude démontre bien que les patients souffrant d'un T.D.I ne simulent pas leurs différentes personnalités, il a déclaré : *"Les patients ayant un T.D.I. ont été comparés avec des acteurs professionnels qui ont reproduit l'âge et la personnalité correspondant à chaque personnalité alter des patients et à chacune de leur personnalité hôte. Les différences significatives de l'EEG entre les personnalités alter et les personnalités hôte n'ont pas été constatées lorsque c'était les acteurs qui jouaient le rôle des personnalités, ce qui est une preuve physiologique évidente de l'authenticité du T.D.I."[326]*

En décembre 1999, l'émission *"Tomorrow's World"* de la BBC diffusa un reportage montrant une étude neurologique sur le T.D.I. menée par le Dr. Guochuan Tsai (*Harvard Medical School*). Pour la première fois, un patient ayant un trouble dissociatif de l'identité a été soumis à un scanner IRM pendant la transition d'une personnalité à l'autre. Louise, la patiente qui s'est portée volontaire pour cette étude, avait développé avec l'aide du Dr. Condie (son thérapeute), une aptitude à pouvoir déclencher volontairement les changements de personnalité. Cette capacité à changer de personnalité à la demande a permis d'observer en direct le fonctionnement de son cerveau dans le scanner IRM lors des transitions entre une personnalité alter et une autre. Le Dr. Tsai précise qu'*avant nous n'avions pas de scanner IRM, nous ne pouvions donc pas faire ce genre d'étude rapidement et correctement. De plus, nous n'avions pas le bon sujet sachant contrôler les changements de personnalités alter. Parce que nous avons besoin qu'il y ait ce changement pendant l'IRM.*

Le scanner a montré des changements significatifs au niveau du cerveau juste au moment où Louise change de personnalité. Curieusement l'hippocampe, une zone associée à la mémoire du long terme, s'est éteint pendant le changement d'alter et il s'est réactivé une fois la transition effectuée. Un test de contrôle a également été réalisé : on a demandé à Louise de simplement s'imaginer être une petite fille de huit ans, sans basculer dans un autre alter. Le test n'a montré aucun des changements constatés précédemment. Pour le Dr. Tsai, c'est une base scientifique suffisante sur laquelle s'appuyer pour approfondir les recherches. Pour Louise, c'est une preuve à apporter face à toutes ces personnes qui nient l'existence du T.D.I.. Suite au documentaire, le Dr. Raj Persaud a déclaré sur le plateau de la BBC : *"Comme la plupart des psychiatres, avant la sortie de cette étude, j'étais très sceptique sur ce trouble de la personnalité multiple. Cela est dû au fait qu'en Angleterre, nous faisons moins fréquemment ce diagnostic qu'aux États-Unis. En Angleterre, nous pensons généralement que ces gens peuvent faire semblant d'avoir ce trouble pour attirer une certaine attention sur eux. Mais la chose importante et très persuasive de cette nouvelle étude est que lorsque cette femme était dans le scanner et qu'elle a basculé dans une autre personnalité, il y a eu un changement significatif dans son activité cérébrale, contrairement à lorsqu'elle imagine*

---

[326] "EEG Coherence and Dissociative Identity Disorder", Journal "Trauma & Dissociation", Vol.3, 2002.

seulement avoir une autre personnalité. Cela est une preuve que le trouble de la personnalité multiple n'est pas juste simulé mais qu'il existe vraiment."

Des recherches neurologiques ont démontré que les violences répétées dans l'enfance avaient un effet considérable et mesurable sur le volume de certaines zones du cerveau comme l'hippocampe et le complexe amygdalien. Une étude menée en 2006 a révélé que le volume de l'hippocampe et de l'amygdale est significativement plus petit chez les personnes diagnostiquées avec un T.D.I. en comparaison avec un groupe de sujets sans T.D.I..[327]

Une étude publiée en 2003, intitulée *"One brain, two selves"* (un cerveau, deux soi) a comparé les aires activées du cerveau de deux différentes personnalités d'un sujet ayant un T.D.I.. Les régions cérébrales de 11 femmes atteintes du T.D.I. ont été explorées en utilisant une technique de neuro-imagerie, la TEP (tomographie par émission de positrons). Suite à un certain travail thérapeutique, les femmes étaient capables, comme Louise, de contrôler les changements de personnalité requis pour l'étude. Lors de la TEP, les sujets écoutaient des enregistrements avec un contenu autobiographique et traumatique dans deux états de personnalité différents. Seule une des deux personnalités étudiées confirmait que le contenu était autobiographique puisque c'était la personnalité qui avait elle-même vécu le traumatisme, l'autre personnalité n'avait pas le souvenir d'avoir vécu le trauma. Les résultats de l'étude ont montré que cette perception différente d'un même contenu se retrouve dans les différentes zones activées du cerveau : la personnalité alter qui reconnaît le contenu car enregistré dans sa mémoire, montre un profil d'activation cérébral différent que celui de la personnalité alter qui ne reconnaît pas le contenu. Pour les chercheurs, une telle différence de niveau d'activité de certaines zones cérébrales ne peut pas s'expliquer simplement par l'imagination ou par un changement d'humeur chez le sujet.[328]

Lorsque nous sommes inondés par des stimuli de danger dans une situation traumatisante, la collaboration du complexe amygdalien avec l'hippocampe est fortement perturbée. Le traitement incomplet des informations va faire que celles-ci ne seront pas intégrées dans un ordre spatio-temporel et restent donc des souvenirs isolés.

Chez des personnes traumatisées, des recherches sur les processus physiologiques cérébraux par tomographie permettent de localiser des zones du cerveau où des modifications du métabolisme ont lieu, ici le glucose. Avec cette technique d'imagerie, il est possible · de visualiser l'augmentation de la consommation du glucose dans certaines aires cérébrales et en déduire les zones qui sont plus ou moins activées. Dans une étude menée par Bessel Van der Kolk, les personnes traumatisées devaient se souvenir d'un traumatisme personnel. En comparaison avec des personnes non traumatisées (groupe de contrôle) qui devaient se rappeler d'un événement grave de leur vie, les personnes traumatisées ont montré une activation significativement élevée du complexe amygdalien, de l'insula, de la face médiale du lobe temporal et du cortex visuel droit. Durant l'évocation des souvenirs traumatiques, l'hémisphère droit du cerveau était

---

[327] "Hippocampal and Amygdala Volumes in Dissociative Identiy Disorder, American Journal of Psychiatry" - Vermetten, Schmahl, Lindner, Loewenstein, Bremner, 2006.
[328] *"One Brain, Two Selves" NeuroImage 20* - Reinders, Nijenhuis, Paans, Korf, Willemsen, J.den Boer, 2003.

particulièrement actif tandis qu'une diminution de l'activation de l'hémisphère gauche était observée. Une diminution particulièrement prononcée dans la face inférieure du lobe frontal et dans l'aire de Broca qui joue un rôle important pour le langage. Le professeur Van der Kolk a déduit de ces résultats que le cerveau ne peut pas traiter et comprendre complètement un stimulus traumatisant puisque l'aire de Broca, responsable de la verbalisation, est alors inhibée. Ces études neurologiques nous montrent comment il est physiologiquement difficile, voire impossible, pour les victimes de profonds traumatismes de verbaliser et d'expliquer clairement ce qu'elles ont vécu ou ce qu'elles sont en train de vivre lorsqu'une mémoire traumatique remonte à la surface. Van der Kolk nous explique que *"lorsque ces personnes revivent leurs expériences traumatiques, leurs lobes frontaux sont impactés, avec pour conséquence que la pensée et la parole se retrouvent endommagées. Elles ne sont plus capables de communiquer aux autres ce qu'il se passe (...) L'empreinte du trauma ne siège pas au niveau verbal, au niveau de la partie du cerveau liée à la compréhension. Elle siège beaucoup plus profondément dans les régions de l'amygdale, de l'hippocampe, de l'hypothalamus et du tronc cérébral, des zones qui ne sont que marginalement reliées à la pensée et à la cognition."*[329]

Les expériences traumatiques ne sont donc pas enregistrées via le langage, mais principalement via le souvenir de sensations corporelles, par les odeurs et les sons. Quand un stimulus (comme un contact physique, certaines odeurs, des bruits de moteur, des cris) active le souvenir d'un événement traumatique, il n'y a pas forcément une remontée de mémoire avec un contenu narratif. Alors que la mémoire narrative est capable d'intégration et d'adaptation, les souvenirs traumatiques non narratifs semblent être inflexibles, activés de manière automatique et totalement dissociés de l'événement. Cette dissociation des souvenirs traumatiques explique pourquoi ceux-ci ne s'estompent pas avec le temps, mais gardent leur force initiale et deviennent ce que Van der Kolk appelle des *"parasites de l'âme"* (Nous verrons dans le chapitre suivant que ces mémoires traumatiques isolées seraient plutôt liées à des *"fragments d'âme"*). Les informations relatives aux expériences traumatiques sont présentes dans la mémoire à un certain niveau, mais elles sont donc totalement dissociées de la mémoire narrative. Sans un traitement ultérieur visant à les intégrer dans la mémoire narrative et analytique, c'est à dire la mémoire autobiographique, ces souvenirs traumatiques peuvent potentiellement être réactivés négativement durant toute la vie. Ils se manifesteront par exemple par de l'hypermnésie, des flashbacks, de l'hyperactivité, de l'amnésie, des troubles émotionnels et un comportement d'évitement. Dans le cadre de la programmation MK basée sur les traumatismes, ce sont ces mémoires traumatiques inconscientes qui permettent d'accéder aux personnalités alter par des codes faisant office de stimulus et de déclencher de la même manière certaines commandes implantées lors des traumatismes.

Les études physiologiques du cerveau sont aujourd'hui capables d'expliquer pourquoi des personnes traumatisées n'ont souvent pas la possibilité de situer dans le temps leurs souvenirs traumatiques. Lorsqu'ils y accèdent, ils vivent cette mémoire traumatique comme si elle était en train de se passer à l'instant présent. Certaines recherches expliquent également pourquoi les

---

[329] "Bessel van der Kolk wants to transform the treatment of trauma" - Mary Sykes Wylie, Psychotherapy Networker Magazine, 2004.

méthodes thérapeutiques reposant uniquement sur le langage verbal ne sont généralement pas efficaces pour traiter les traumatismes. Une psychothérapie efficace doit prendre en compte la mémoire narrative et explicite (localisée dans l'hémisphère gauche du cerveau) mais également la mémoire implicite liée aux sensations et aux émotions (localisée dans l'hémisphère droit du cerveau). Les événements uniquement enregistrés comme une mémoire implicite doivent être intégrés pour devenir une mémoire explicite et autobiographique. Autrement dit, il faudrait remplacer les intrusions négatives de ces mémoires par un souvenir intégré, cohérent et chronologique afin qu'il ne nuise plus à la personne.[330]

d/ T.D.I et schizophrénie

Au niveau phénoménologique, il existe un chevauchement important entre les symptômes des troubles dissociatifs (particulièrement le T.D.I.) et la schizophrénie. Ces similitudes créent une confusion dans les milieux hospitaliers et entraînent donc des erreurs de diagnostic avec des répercussions importantes sur les patients.

La dissociation provoquée par une division en plusieurs personnalités implique la séparation de structures normalement bien intégrées comme la perception sensorielle, la mémoire, l'attention, la pensée ; tandis que dans la schizophrénie ces processus restent intégrés, ils sont simplement détériorés. Dans le T.D.I., le lien avec la réalité reste intact, tandis que dans la schizophrénie il y a une rupture presque totale avec la réalité. Dans le T.D.I. le fractionnement de la personnalité se fait par une division au sein de la personne, tout comme une division cellulaire, comme si chaque cellule était une nouvelle et différente personnalité. Dans la schizophrénie, cette division se produit entre le "moi intérieur" et le monde extérieur, la connexion avec la réalité est perdue et la personne vit alors dans son monde.[331]

Une étude a montré qu'un groupe de patients diagnostiqués avec une schizophrénie par un psychiatre ou un psychologue, auquel vous faites passer un entretien standardisé lié aux symptômes dissociatifs a montré que 35 à 40% de ces patients, censés être schizophrènes, en ressortiront avec le diagnostic de trouble dissociatif de l'identité. Inversement, dans un groupe de patients diagnostiqués avec un T.D.I. auquel vous faites passer un entretien lié aux symptômes schizophréniques, les deux tiers ressortiront avec un diagnostic de schizophrénie. Un groupe de 236 patients souffrant d'un T.D.I. a montré que 40,8% d'entre eux avaient reçu auparavant un diagnostic de schizophrénie.[332]

Un des points communs entre schizophrénie et T.D.I. peut être des hallucinations auditives, il s'agit souvent de "voix dans la tête". Ces voix peuvent venir soit de l'intérieur, soit de l'extérieur, elles peuvent être amicales ou hostiles.

---

[330] "Imke Deistler und Angelika Vogler : Einführung in die Dissoziative Identitätsstörung – Multiple Persönlichkeit, Junfermann Verlag Paderborn" 2005-www.multiples-pages.net.
[331] "I Was The Murderer ! Or the Dissociative Identity Disorder In The Cinema" - Beatriz Vera Posek, 2006.
[332] "Multiple personality disorder patients with a prior diagnosis of schizophrenia" - Colin Ross, G. Ron Norton, Journal "Dissociation", Vol.1 N°2, 06/1988.

Il n'y a pas de caractéristique fiable pour déterminer automatiquement et avec certitude qu'il s'agit d'une "voix schizophrénique" ou d'une "voix dissociative". Certains thérapeutes utilisent le critère de voix extérieure ou voix intérieure pour discerner s'il s'agit de schizophrénie ou de T.D.I.. Les hallucinations auditives semblant venir de l'extérieur montreront plus une tendance schizophrénique alors que les voix venant de l'intérieur peuvent être celles de personnalités alter, dans ce cas-là, il y a probablement un fractionnement de la personnalité. Selon le Dr. Colin Ross, un autre indice est que les personnalités fractionnées entendent généralement plus de voix d'enfants que les schizophrènes. Dans l'édition de 1994 du DSM, les symptômes de voix qui dialoguent entre elles ou qui commentent systématiquement le comportement de la personne étaient considérés comme schizophréniques. Le médecin pouvait donc poser un diagnostic de schizophrénie sur ce seul symptôme, cependant de nombreux professionnels ont découvert que ces voix sont plus courantes chez les personnalités multiples que chez les schizophrènes.[333]

Beaucoup de psychothérapeutes travaillant avec des patients ayant un T.D.I. ont constaté que ce phénomène des voix dans la tête était quelque chose de courant chez ces personnes. De plus en plus d'études semblent faire le lien entre la dissociation et ces "hallucinations auditives". Certaines études se sont consacrées exclusivement à cette question, notamment celle de Charlotte Connor et Max Birchwood intitulée : *"Abuse and dysfonctionnal affiliations in childhood : An exploration of their impact on voice-hearer's appraisals of power and expressed emotion"*, ou encore celle de Vasiliki Fenekou et Eugenie Georgaca : *"Exploring the experience of hearing voices : A qualitative study"*.

La question des *"voix dans la tête"* est délicate, sachant que des technologies psychotroniques comme *"The Voice of God"* ou *"Voice to Skull"* peuvent également produire ce genre de phénomène. (Voir dans chapitre 1 : Psychotronique)

Une étude[334] menée avec la *Dissociative Experience Scale* (annexe N°3) a montré que 21% des patients psychiatriques hospitalisés et 13% des patients psychiatriques non hospitalisés présentent un score dissociatif supérieur au seuil pathologique. Ils en concluent que les troubles dissociatifs sont encore nettement sous-diagnostiqués.[335] Dans une étude intitulée *"Dissociation and Schizophrenia"* parue en 2004 dans le journal *"Trauma and Dissociation"*, le Dr. Colin Ross et le Dr. Benjamin Keyes ont évalué les symptômes dissociatifs dans un groupe de 60 individus traités pour une schizophrénie. Ils ont trouvé que 36 sujets présentaient des caractéristiques dissociatives importantes, soit 60% de leur échantillon. Ces symptômes dissociatifs étaient accompagnés d'un taux élevé de traumatismes dans l'enfance ainsi que d'importants troubles tels que la dépression, le trouble de la personnalité limite (*Borderline*) ou encore le T.D.I.. Que ce soit dans le cas du T.D.I. ou de la schizophrénie, la dissociation est quelque chose de sous-jacent, tout comme l'origine traumatique de ces troubles de la personnalité.

---

[333] "Les médecins de la C.I.A. et l'escroquerie de la psychiatrie" - Interview du Dr. Colin Ross, sott.net, 2013.
[334] *"Dissociative disorder among psychiatric patients"* - T.Lipsanen, J.Korkeila, P.Pelolta, J.Järvinen, K.Langen, H.Lauerma, Eur Psychiatry 2004.
[335] "Dissociation et passage à l'acte violent : une revue de littérature" - Jérémie Vandevoorde, Peggy Le Borgne, 2014.

En dépit des études qui ont clairement montré le lien entre troubles psychotiques et troubles dissociatifs, on remarque un fort déclin de l'utilisation du diagnostic de troubles dissociatifs. Ce déclin s'expliquerait notamment par l'introduction du terme "schizophrénie" pour décrire les patients montrant ce type de symptômes. Entre 1911 et 1927, le nombre de cas rapportés de personnalité multiple, aujourd'hui nommé T.D.I., a diminué de près de la moitié suite au remplacement du terme *"dementia preacox"* par "schizophrénie" par le psychiatre suisse Eugen Bleuler. Le Dr. Rosenbaum explique cela en détail dans son article *"The role of the term schizophrenia in the decline of diagnoses of multiple personality"* (le rôle du terme schizophrénie dans le déclin du diagnostic de personnalité multiple).[336] Dans *"Oxford Textbook of Psychopathology"*, Paul H. Blaney nous apprend qu'une recherche sur PubMed (le principal moteur de recherche de données bibliographiques de l'ensemble des domaines de spécialisation de la biologie et de la médecine) liée à la schizophrénie génère un résultat de 25 421 articles, tandis qu'une recherche liée au T.D.I. ne donne que 73 publications.

Une des conséquences négatives de ces mauvais diagnostics est que le traitement donné pour une "schizophrénie" se basera principalement sur une médication lourde et addictive voir même dangereuse. Alors que comme nous allons le voir, dans la thérapie du T.D.I., le traitement par les médicaments est quelque chose de secondaire. Ils peuvent servir pour traiter la comorbidité mais ils ne sont pas thérapeutiques en tant que tels. Nous avons vu que premièrement, le T.D.I. a été remplacé par un diagnostic fourre-tout nommé "schizophrénie", et que deuxièmement le protocole de traitement pour le "schizophrène" sera une lourde médication chimique généralement inappropriée, qui n'aidera jamais le patient à comprendre ses troubles et à s'en libérer. Des troubles dans la plupart du temps liés à des traumatismes dans l'enfance. En effet, l'institution psychiatrique semble avoir peu de volonté pour venir véritablement en aide aux victimes et aux survivants de traumatismes en négligeant ou en ignorant totalement le sujet de la psychotraumatologie. Voici ce que déclare la psycho-traumatologue Muriel Salmona à ce sujet : *"Nous sommes très peu informés dans le cadre de la psychotraumatologie, il n'y a pas de formation dans les études médicales, pas de formation pendant la spécialisation en psychiatrie. Il y a aussi beaucoup d'experts qui ne sont pas formés en psychotraumatologie, donc ils n'ont pas connaissance de la mémoire traumatique et des processus (...) Souvent les psychiatres qui prennent en charge les agresseurs n'ont pas du tout de formation en psychotraumatologie. Ils vont les prendre en charge sans prendre en charge la mémoire traumatique, et du coup, ils ne vont pas traiter ce qui rend les personnes très dangereuses."*[337]

La survivante d'abus rituels et de contrôle mental, Lynn Moss Sharman, a déclaré lors d'une interview radio avec Wayne Morris (témoignage au chapitre 7) : *"J'étais tombée sur quelques informations - dans une bibliothèque - indiquant que le Rite Écossais (Franc-maçonnerie) aux États-Unis avait financé, de par ses dons de "bienfaisance", la recherche sur la schizophrénie. Je me souviens à cette lecture avoir pensé que c'était plutôt curieux, cela m'a même fait froid dans le dos, que les hauts grades de cette société secrète choisissent d'utiliser leurs fonds de "bienfaisance" pour financer la recherche sur la schizophrénie* (ndlr : *Scottish Rite Schizophrenia Research Program, SRSRP*). *Un trouble qui est très*

---

[336] *"La schizophrénie discociative existe-t-elle ?"* Marie-Christine Laferrière-Simard et Tania Lecomte, 2010.

[337] "Les conséquences psychotraumatiques" - Muriel Salmona, Pratis TV, 2011.

similaire à certains égards au diagnostic sur le trouble de la personnalité multiple ou trouble dissociatif de l'identité qui est diagnostiqué chez 99% des survivants de sévices rituels, et certainement aussi chez les survivants du contrôle mental. J'ai très naïvement demandé à Mr Tooey (Peter Tooey, franc-maçon, ex policier) s'il était au courant que des fonds étaient utilisés à ces fins, et il m'a très fièrement répondu : "Eh bien oui, ici à Thunder Bay, tout l'argent que le Rite Écossais a versé a servi à financer un projet de recherche sur l'étude de la schizophrénie à l'Université de la Colombie-Britannique." J'ai trouvé cela très inquiétant, et encore une fois, très effrayant que l'argent de cette communauté dans le Nord-Ouest de l'Ontario, reçu par cette société secrète, soit directement acheminé vers une université de la côte Ouest du Canada. Et puis je suis tombé sur une autre information peu de temps après : Il existe des subventions de recherche disponibles à l'Université York - quelque chose appelé l'Institut Rohr, financé par la Fondation maçonnique du Canada et qui a son siège social à Hamilton en Ontario. Cet institut offre des subventions pour des recherches et la subvention de 35 000 $ vient directement de la Fondation 'Scottish Rite Charitable' du Canada, via l'Institut Rohr. Le but est d'offrir des bourses pour des études/recherches dans le domaine de la "déficience intellectuelle". Je ne pense pas que c'est quelque chose qui soit très connu et je me demande quel genre d'études sont effectivement menées à l'Université York avec ces fonds."[338]

Nous avons vu que le T.D.I. et la schizophrénie sont deux troubles psychiatriques imbriqués l'un dans l'autre, mais la schizophrénie semble être une sorte de *"tiroir fourre-tout"* servant plutôt à évincer des diagnostics qui pourraient être plus précis, plus détaillés, et par conséquent plus appropriés pour le traitement des patients.

e/ T.D.I. et variations psychophysiologiques

Un certain nombre d'études et de rapports indiquent l'existence d'importantes variations psychophysiologiques entre les personnalités alter d'un patient ayant un T.D.I.. Il peut s'agir de différences au niveau des réactions allergiques ou gastro-intestinales, la qualité de la vue peut également varier d'un alter à l'autre : certains cas démontrent qu'une cécité peut varier en fonction de la personnalité alter. Le changement de voix et d'écriture est quelque chose de récurrent. Il existe aussi des différences au niveau de la sensibilité à la douleur, rythme cardiaque, pression artérielle, circulation sanguine et fonctions immunitaires. D'autres différences ont été notées notamment dans les niveaux de glucose chez les alter de patients diabétiques.[339] Il a été démontré que les personnes qui simulent des personnalités alter ne peuvent pas provoquer de telles différences physiologiques. Ces variations parfois extrêmes valident donc le fait que les patients avec un T.D.I. ne jouent pas un rôle, mais qu'ils subissent un

---

[338] "Wayne Morris, interview with Lynne Moss-Sharman" - CKLN-FM Mind-Control Series, Part 16.

[339] "Guidelines for Treating Dissociaitve Identity Disorder in Adults, Third Revision", Journal of Trauma & Dissociation, vol.12, 2011 - International Society for the Study of Trauma and Dissociation – ISSTD.

véritable changement de personnalité agissant sur des fonctions biologiques qui ne sont normalement pas contrôlables.[340]

Dans une conférence donnée en 2009 sur le phénomène des personnalités multiples, le père François Brune évoque plusieurs exemples de ces changements physiologiques remarquables : *"En réalité ils ont déjà fait des découvertes absolument extraordinaires, notamment que l'on peut avoir affaire à des différences très fortes selon les personnalités qui envahissent la personnalité principale. Nous sommes donc finalement obligés de parler de "personnes principales" et de "personnes secondaires". Comment les distingue-t-on ? La personne principale est celle qui contrôle le corps la majeure partie du temps, contrairement aux autres (...) On va par exemple s'apercevoir qu'elles n'ont pas besoin des mêmes lunettes (…) On va s'apercevoir également que pour certains médicaments il va falloir changer les doses, notamment pour des diabétiques. On va s'apercevoir que certains sont gauchers à un moment donné et droitiers à un autre moment lorsque la personnalité change. On va aussi s'apercevoir qu'ils ne sont pas tous sensibles aux mêmes anesthésiants (…) Un malade mental (considéré comme tel officiellement) souffrant de dédoublement et même de triplement et de quadruplement de personnalité, qui devait être opéré, a démontré que son anesthésie a évité la souffrance à quelques-unes des personnalités qui l'habitaient tandis que les autres se sont plaintes d'avoir souffert. Elles pouvaient d'ailleurs décrire toute l'opération, elles n'étaient donc pas du tout endormies. Lorsque quelques années plus tard, cette même personne a dû se faire de nouveau opérer, il a alors fallu attendre patiemment que toutes les personnalités émergent une par une afin de savoir quel anesthésiant conviendrait à chacune (...) nous sommes là en Californie avec des médecins compétents... mais en France, évidemment c'est difficilement envisageable... Imaginez un hôpital français acceptant de rentrer là-dedans ? Alors là leur carrière serait très vite terminée ! Il y a également les allergies qui ne sont pas les mêmes. Il y a des cas de personnes qui normalement ne voient pas les couleurs, qui lorsqu'elles sont habitées par d'autres, rapportent qu'elles peuvent à nouveau les distinguer. Un autre cas étudié de façon très scientifique a été celui d'une personne à qui l'on demandait d'observer une lampe à flashs pour étudier avec un électroencéphalogramme les réactions dans son cerveau. Lorsque ce n'était pas la même personnalité qui était au contrôle, les réactions du cerveau n'étaient pas du tout les mêmes. Cela a été constaté scientifiquement lors de recherches très sérieuses et très rigoureuses."* (Pour le père François Brune, ce phénomène de personnalité multiple relève d'une possession par des âmes humaines désincarnées. Nous aborderons cette question des possessions dans le prochain chapitre)

Un aspect particulièrement étrange de ces changements physiologiques concerne les effets des médications sur les personnalités alter. Selon certains rapports, il semblerait que leurs effets puissent être totalement cloisonnés et même annihilés. La survivante d'abus rituels et de contrôle mental australienne Kristin Constance a été hospitalisée trois fois avant d'être finalement diagnostiquée avec un T.D.I.. En 2011, lors d'une conférence, elle a décrit comment elle a fait une tentative de suicide en avalant un cocktail d'anxiolytiques, d'antidépresseurs et d'antipsychotiques... Elle ne s'est même pas endormie... Le cocktail chimique aurait été cloisonné dans une certaine personnalité alter et n'aurait eu aucun impact sur la personnalité qui était aux commandes du corps (son témoignage est retranscrit en intégralité au chapitre 7).

---

[340] *"Psychobiological characteristics of dissociative identity disorder : a symptom provocation study."* - Reinders, Nijenhuis, Quak, Korf, Haaksma, Paans, Willemsen, den Boer, Biol Psychiatry, volume 60, 2006.

Un phénomène qui est totalement irrationnel, mais comme nous allons le voir dans le prochain chapitre, le T.D.I. peut aussi relever du domaine paranormal.

Une autre survivante d'abus rituels ayant un T.D.I. a également témoigné en 1997 dans l'émission *"Your Turn"* sur la chaîne américaine *FOX13 News*. Dejoly Labrier a décrit comment une de ses personnalités alter nommée *"Ginger"*, avait besoin de *Prozac* car elle était déprimée. *"Ils"* (le système d'alter) ont donc prit ce médicament pour cet alter *Ginger* pendant deux ans… mais d'après Labrier, il n'y avait que *Ginger* à en ressentir les effets… (son témoignage est également retranscrit en intégralité au chapitre 7).

Des personnalités alter semblent pouvoir bloquer ou au contraire majorer les effets des médications, de même qu'elles peuvent "duper" d'autres alter en ne prenant pas les médicaments ou en en prenant des doses plus fortes tandis que les autres alter voudraient suivre le traitement correctement, mais ils n'ont pas conscience de ces comportements de sabotage provenant d'autres alter en raison des murs amnésiques.

Un article du journal *"Dissociation"*, paru en septembre 1994, relate le cas d'une série d'opérations chirurgicales avec anesthésie générale pratiquées sur une patiente atteinte d'un T.D.I.. Il a été constaté que ses besoins en anesthésiques étaient plutôt atypiques : Elle recevait une dose normale de relaxant musculaire, cependant la dose d'antalgiques différait totalement de la norme, elle ne nécessitait que seulement 16 à 33% de la dose qui est habituellement utilisée pour un patient adulte sans T.D.I.. La dose d'anesthésiques était également inférieure à la norme, avec 50 à 80% de la dose normale utilisée lors des opérations chirurgicales habituelles. La patiente a expliqué qu'une personnalité alter d'enfant était au contrôle du corps avant chaque opération, le changement d'alter semblerait avoir été provoqué par l'anxiété. Cela pourrait expliquer pourquoi les doses d'antalgiques et d'anesthésiques requises étaient bien plus faibles que pour une posologie d'adulte. Ce phénomène a été couramment observé par des cliniciens de plusieurs pays, ils rapportent que les patients ayant un T.D.I. nécessitent de plus petites doses de sédatifs lorsqu'un alter enfant est au contrôle du corps.[341]

Les variations psychophysiologiques concernent aussi la cécité. En novembre 2015, le Dailymail a publié un article intitulé "Blind woman, 37, with multiple personalities lost her sight after an accident but can still see when in her teenage boy character" (une femme de 37 ans avec plusieurs personnalités, devenue aveugle suite à un accident, retrouve la vue lorsqu'a émergé son alter de garçon adolescent). Cet article décrit le cas d'une femme allemande ayant été diagnostiquée avec une cécité corticale à l'âge de 20 ans suite à un accident. Depuis, elle marchait avec l'aide d'un chien guide. Son dossier médical démontre qu'elle a reçu une série de tests qui ont bien confirmé une cécité. Comme il n'y avait aucune atteinte physique sur ses yeux, il a été supposé que le problème provenait certainement de dommages au cerveau survenus lors de l'accident. 13 ans plus tard, en psychothérapie, elle a été diagnostiquée comme souffrant d'un T.D.I. avec une dizaine de personnalités alter… C'est au cours du traitement de ses troubles dissociatifs qu'il est arrivé quelque chose de remarquable : alors que son

---

[341] *"The effect of multiple personality disorder on anesthesia : a case report"* - Moleman, Hulscher, van der Hart, Scheepstra, Journal "Dissociation" Vol.7 N°3, 09/1994.

alter de garçon adolescent était aux "commandes", sa vue s'est rétablie. Ses thérapeutes ont rapporté que la vision de cette femme passait de l'obscurité à la lumière en quelques secondes, en fonction des personnalités alter qui émergeaient. Les psychologues allemands Hans Strasburger et Bruno Waldvogel, qui ont mené l'étude, ont utilisé un EEG (électroencéphalogramme) pour mesurer comment la zone de son cortex liée à la vue réagissait face à des stimuli visuels. Il a alors été constaté que lorsque la patiente était dans un alter "aveugle", son cerveau ne répondait pas aux images, tandis qu'avec une personnalité alter "voyante", les mesures étaient normales. Sa cécité allait et venait en fonction des personnalités alter aux commandes du corps. Les médecins pensent que son aveuglement a été provoqué par une forte réaction émotionnelle lors de l'accident. Le Dr. Strasburger a déclaré : "Cela sert vraisemblablement comme fonction de repli (…) Lors d'une situation émotionnellement très intense, le patient peut parfois réagir en devenant aveugle, et donc de ne plus avoir "besoin de voir"." Il existe d'autres cas où la cécité varie en fonction de l'alter qui émerge, notamment le témoignage de Diana dans un documentaire de la série "The Extraordinary" consacré au T.D.I., diffusé sur la chaîne australienne Seven Network dans les années 90.

À noter ici que tout comme la psychophysiologie peut varier d'un alter à l'autre, le style d'écriture peut aussi totalement changer d'une personnalité à l'autre. L'écriture d'un individu est une marque permettant de l'identifier et d'analyser son profil psychologique, elle est unique et définitive, de ce fait la police utilise parfois les techniques de graphologie dans ses enquêtes. Les psychothérapeutes travaillant avec des patients ayant un T.D.I. ont noté des différences flagrantes de style d'écriture entre les personnalités alter d'une même personne, et l'analyse graphologique de cette écriture peut révéler des informations sur un alter en particulier. Il est donc possible d'identifier les personnalités alter par leur type d'écriture.[342]

f/ T.D.I. transgénérationnel

"Il est courant que des femmes adultes traitées pour un T.D.I. décrivent clairement des symptômes de T.D.I. chez un de leurs parents ou même chez les deux parents. Des témoignages pouvant inclure des descriptions claires d'alternances de personnalités mais aussi les noms des personnalités alter des parents." "The Osiris Complex" - Dr. Colin Ross

Dans son livre *"Childhood Antecedents of Multiple Personality"*, le Dr. Richard Kluft rapporte des cas de patients dont plusieurs membres de leur famille souffraient d'états dissociatifs, cela de génération en génération. Il décrit notamment le cas d'un jeune homme de 22 ans qui a été soumis à un examen psychiatrique par un juge, la possibilité qu'il souffrait d'un T.D.I. avait alors été envisagée. L'homme était poursuivi en justice pour le meurtre de son géniteur. Il a déclaré à la police que son père était un pharmacien réputé, un des "piliers" de la communauté locale. Mais il a aussi rapporté que son père était impliqué dans du

---

[342] *"Handwriting variations in individuals with MPD"* - Jane Redfield Yank, Journal "Dissociation", Vol.4 N°1, 03/1991.

trafic de drogue et qu'il avait des connexions avec le crime organisé. L'inculpé a avoué qu'il était lui-même complice du trafic de drogue de son père car il faisait parfois des livraisons de marchandises. Il a également avoué que son père avait d'importantes dettes et que c'est lui-même qui lui avait demandé de le tuer pour que l'argent de l'assurance vie serve à combler ces dettes. Le père pensait aussi qu'un "suicide" pourrait annuler l'endettement. Toutes ces informations ont été validées par d'autres personnes lors de l'enquête. Le jeune homme ne pouvant pas tuer son père lui-même a donc recruté une autre personne pour commettre le meurtre. Le fils et le meurtrier furent finalement tous les deux arrêtés par la police.

Le Dr. Kluft s'est entretenu quotidiennement avec ce jeune homme durant un certain temps et il a bien confirmé le diagnostic de personnalité multiple. Kluft a lui-même observé les changements d'attitudes, de voix, d'expression faciale et corporelle chez l'individu. De plus, des entretiens avec ses deux frères, sa sœur, sa femme, ses cousins et ses voisins, ont confirmé que le jeune homme avait des changements de comportement caractéristiques d'un T.D.I.. En se basant sur les déclarations de l'inculpé, de sa famille et de sa femme, il a également été décelé que le père avait très probablement lui aussi un T.D.I.. Il était décrit comme un homme imprévisible qui entrait dans des rages inappropriées avec des changements de voix et des comportements inhabituels. L'inculpé tout comme certains membres de sa famille ont rapporté que le père agissait comme si *"il était deux personnes différentes"*, affirmant qu'il était à la fois un *"dealer de drogue"* et un *"pilier de la communauté"* (c'est à dire qu'il avait d'un côté une activité criminelle occulte et de l'autre une façade publique très respectable). Ces déclarations peuvent concorder avec un T.D.I..

Les informations collectées auprès du jeune inculpé, de sa femme, de ses frères et de sa sœur, laissent également penser que la mère vivait elle aussi des épisodes dissociatifs. Toutes les sources ont certifié qu'elle était instable et qu'elle avait une humeur très variable, elle était décrite comme une *hystérique*. Cette femme qui était habituellement en fauteuil roulant avait des périodes d'amélioration étonnantes de son état physique lors desquelles elle marchait sans problème, une chose qui était médicalement inexplicable (il est possible qu'il s'agissait d'un trouble dissociatif de conversion, pouvant se manifester par une paralysie ponctuelle). Les informations données par le fils et sa famille suggèrent également que la grand-mère paternelle souffrait d'un T.D.I. : elle était constamment décrite comme *"imprévisible"*, *"changeante"*, et en proie à des *"problèmes de mémoire"*. Tous les membres de la famille l'ont décrite comme une *"terreur"* en raison de ses hurlements inappropriés et de ses comportements incontrôlables. De plus, son attitude avec ses enfants était totalement aléatoire. Il a été rapporté des maltraitances physiques sur ses enfants, mais paradoxalement elle montrait parfois une grande affection. Cela illustre le schéma incompatible entre amour et maltraitance fréquemment rapporté dans les familles de patients atteints d'un T.D.I.. Dans cette affaire, le jury n'a pas tenu compte du rapport psychiatrique apporté par la défense et le patient a été condamné à 25 ans de prison.

Les données recueillies par le Dr. Richard Kluft auprès de plusieurs patients étayent l'hypothèse que la dissociation et le T.D.I. sont vraisemblablement transgénérationnels. Des preuves de troubles dissociatifs ont été observées et rapportées dans dix-huit familles de patients diagnostiqués avec un T.D.I. et suivis par le Dr. Kluft. Cela démontre un certain lien transgénérationnel, cependant plusieurs facteurs demandent encore des éclaircissements sur les mécanismes de cette connexion. Le Dr. Kluft affirme légitimement que ce type d'informations est collecté de manière ponctuelle alors qu'il faudrait les étudier systématiquement et méthodiquement pour pouvoir en tirer des statistiques et des conclusions. Des études poussées permettraient ainsi de pouvoir identifier les mécanismes sous-jacents à cette transmission du T.D.I. de génération en génération.[343]

Par quel biais se transmettent ces troubles dissociatifs d'une génération à l'autre ? Peut-être pouvons-nous répondre en partie à cette question par la pratique des abus rituels transgénérationnels au sein des réseaux occultes ? Le cas rapporté ci-dessus par Richard Kluft nous montre un jeune homme souffrant d'un T.D.I., donc profondément traumatisé depuis sa petite enfance. Son père étant un notable pharmacien avec une solide réputation menant visiblement une double vie en faisant du trafic de drogues en parallèle de son activité professionnelle. Tout porte à croire, selon Kluft, que le père souffrait lui-même d'un T.D.I., tout comme sa femme et sa mère… Nous avons donc là le contexte classique d'une famille pratiquant les abus rituels de génération en génération, dont tous les membres sont englués dans des états dissociatifs. Les T.D.I. sont provoqués par des traumatismes extrêmes et répétitifs, ils n'apparaissent pas du jour au lendemain suite à une *mauvaise grippe*. De plus les activités illégales du père menant une double vie, renforcent l'idée qu'il s'agit là d'une famille faisant partie d'un réseau occulte, le trafic de drogues étant une chose courante dans ces milieux.

Le processus de répétition systématique des traumas sur la descendance est un cercle vicieux alimenté par les mémoires traumatiques qui nécessitent une anesthésie dissociative. Ce processus a certainement une grande part de responsabilité dans la transmission générationnelle des états dissociatifs et particulièrement du T.D.I.. La victime va s'auto-traiter par de la violence physique et psychique contre autrui, généralement ses enfants, qui vont à leur tour se dissocier et répéter les violences, et ainsi de suite de génération en génération. Ce phénomène peut se passer sans qu'il s'agisse de rituels de type sataniques, la "simple" violence familiale récurrente et l'inceste peuvent créer ce cercle vicieux si les troubles ne sont pas traités et guéris. Les abus sexuels marquent également l'ADN de la victime, les prédispositions à la dissociation et autres conséquences néfastes (dépression, bipolarité…) se transmettent donc également par voie génétique. Ce facteur génétique lié à la dissociation est une marque recherchée et cultivée par certaines familles lucifériennes (nous reviendrons sur la question des traumatismes qui marquent l'ADN dans le chapitre 7).

Rappelons ici une affaire qui s'est déroulée à Paris en 2012. L'affaire relayée par *BFMTV* concernait les enfants d'un couple parisien dont l'homme était (justement) pharmacien. *"Ce sont les médecins de l'hôpital Necker qui ont alerté la police. La petite fille de 2 ans et demi est transportée aux urgences pour des convulsions il y a un mois. Ses résultats de sang et d'urine laissent apparaître qu'elle absorbe depuis près d'un an régulièrement de la cocaïne. Son grand frère de 4 ans subit les mêmes examens. Même conclusion. Sauf que le garçon consomme aussi du crack et en forte quantité (!!)"* Comment des enfants en bas âge peuvent-ils consommer de la cocaïne et du crack ? Nul doute que ces

---

[343] "Childhood Antecedents of Multiple Personality", Chap : "The transgenerational incidence of dissociation and multiple personality" - Richard P. Kluft, 1985, p.127-150.

enfants étaient volontairement drogués par des adultes… dans quelles circonstances et dans quels buts ? Une information judiciaire avait été ouverte par le parquet de Paris, où en est cette grave affaire aujourd'hui ? Où sont ces enfants à l'heure actuelle ?[344]

g/ T.D.I. et alter animal

Dans un T.D.I., la présence de personnalités alter enfants ou de sexe opposé est quelque chose de très courant. Ce qui est moins courant est la présence d'un alter non humain. Dans certains cas, la personnalité alter peut-être totalement déshumanisée au point de croire qu'elle est réellement un animal. La présence de ces "alter animaux" indique généralement que la personne a vécu des abus rituels. Le développement d'un alter animal se fait durant des traumatismes extrêmes dans la petite enfance. L'enfant a pu être forcé de se comporter et de vivre comme un animal. Il a pu être par exemple témoin de la mutilation d'un animal, forcé à participer ou à être témoin d'actes de zoophilie ou encore avoir été forcé de tuer un animal. Dans le contrôle mental de type Monarch, la déshumanisation et l'alter animal sont volontairement créés par le programmeur d'une manière extrêmement sadique. Cependant, ces alter déshumanisés peuvent être présents sans qu'il y ait eu une programmation mentale volontaire, mais dans tous les cas c'est l'aboutissement d'un traitement traumatique inhumain, déshumanisant volontairement la petite victime.

Voici quelques cas que le journal *"Dissociation"* a rapporté en 1990 dans un article intitulé : *"Animal alters : case reports"*. Il a été rédigé par la psychiatre Kate M. Hendrickson, le professeur Jean M. Goodwin et Teresita McCarty. Le contenu de cet article a été présenté à la sixième conférence annuelle sur la dissociation et les personnalités multiples à Chicago en octobre 1989.

Le premier cas rapporté est celui d'une femme de 38 ans qui faisait très souvent référence aux animaux durant sa thérapie. La patiente racontait comment son père attrapait parfois des oiseaux pour les enfermer avec elle dans les toilettes lorsqu'elle était punie, ils venaient alors lui piquer la tête avec leurs becs. Cela la terrorisait, elle explique : *"Lorsque je suis trop terrifiée, je me transforme en oiseau et je vole dans les toilettes."* Parfois son père accrochait des lapins ou des oiseaux morts au-dessus de son lit. Il disait alors à sa fille qu'elle pourrait être étranglée tout comme ces animaux si elle ne faisait pas ce qu'on lui disait de faire ou bien si elle parlait des maltraitances. Elle était aussi forcée de manger des restes dans une gamelle de chien, etc. Lorsque la chatte de la famille mettait bas ses petits, le père montrait à sa fille ce qu'il lui ferait si elle tombait enceinte. Pour cela il ouvrait l'abdomen des chatons après les avoir étranglés et démembrés. Ces horreurs faites sur les animaux étaient un moyen de terroriser et de traumatiser la petite fille.

Lorsque son père l'a violée à l'âge de huit ans, elle commença a être terrorisée à l'idée de tomber enceinte et de subir le sort des chatons. Lorsque ces horreurs ont commencé à remonter en thérapie, elle a déclaré qu'elle entendait des

---

[344] "Paris : deux enfants de 2 et 4 ans drogués à la cocaïne et au crack" - Sarah-Lou Cohen et Cathelinne Bonnin, BFMTV, 02/03/2012.

"cris de bébés étranges à l'intérieur d'elle". Ces cris qu'elle entendait étaient inconsolables et elle était terrifiée à l'idée de quitter le bureau du thérapeute parce que selon elle *"tout le monde le saurait"*. Elle était terrifiée à l'idée que d'autres personnes puissent entendre ces cris et savoir ainsi qu'elle avait elle-même participé à la mutilation des petits chatons. Elle a affirmé qu'elle avait essayé d'aider la maman chat en la prenant avec ses chatons à l'intérieur d'elle pour que son père ne puisse plus leur faire de mal. Elle était terrorisée par un de ses alter dans lequel était intériorisée la souffrance de la mère des chatons. Cet alter de chat lui-même terrifié par le père de la patiente. Après avoir décrit et compris comment les chatons avaient été intériorisés, il est alors devenu possible pour elle de parler de ses grossesses par inceste survenues à l'âge de quatorze ans et seize ans. Le père ayant tué les bébés dès leur naissance, d'où ces *cris étranges de bébés inconsolables* à l'intérieur d'elle. Elle dit qu'un de ses bébés a été démembré comme les chatons.

Après que la patiente ait parlé des chatons à l'intérieur d'elle, elle a été capable de se rappeler les mémoires dissociées et refoulées de l'inceste, les grossesses et les infanticides. Au tout début, elle ne pouvait parler de ces lourdes mémoires traumatiques qu'à travers son alter de chat. Cet alter chat pouvait *"parler"* de ces affreuses histoires alors que la personnalité principale de la patiente ne le pouvait pas. Il a été constaté que lorsque la patiente était "déclenchée" par l'évocation du fait qu'elle n'avait pas pu sauver ses enfants ni les chatons, elle s'automutilait avec une lame de rasoir à l'extrémité de ses doigts, des doigts qui ont fini par ressembler à des griffes. Elle décrira aussi un comportement similaire lorsqu'elle se retrouvait d'une manière ambivalente au lit avec des hommes : l'alter chat pouvait faire de nombreuses griffures sur leur visage ou leur poitrine.

Un autre cas rapporté est celui d'une femme de 35 ans qui lorsqu'elle était terrifiée se transformait en chien. Cela peut prêter à sourire mais le fond du problème n'a absolument rien de comique. Ses parents d'origine allemande la punissaient en la faisant manger à quatre pattes dans une gamelle de chien, ils l'obligeaient à se comporter comme un chien. Lors d'une thérapie individuelle, un T.D.I. a été diagnostiqué et elle a révélé qu'elle avait été violée par son père qui en plus de cela impliquait le chien de la famille dans des actes zoophiles. Toute référence au sexe, au fait qu'elle était méchante ou bien mauvaise la faisait se "transformer" en chien. Lorsque cela arrivait en séance de thérapie, la patiente commençait à avoir un comportement de chien et à parler en allemand (sa langue habituelle était l'anglais, il est possible que les parents parlaient en allemand lors des actes traumatiques). Les déclarations concernant les traitements déshumanisants consistant à l'obliger à se comporter comme un animal ont précédé les déclarations sur les abus sexuels.

L'article du journal *Dissociation* rapporte également un cas criminel, celui d'une femme avec un trouble dissociatif qui a été condamnée pour meurtre par éviscération. Certaines preuves ont montré qu'elle aurait utilisé à un moment donné ses dents et ses ongles lors du crime. C'est ce qu'elle pensait également en raison du goût de sang qui restait dans sa bouche car elle était totalement amnésique concernant ce crime. Lors de l'enquête, elle a été interrogée sous hypnose. Lorsqu'elle était en transe hypnotique, il lui a été suggéré de s'imaginer dans un endroit paisible, elle a alors décrit qu'elle se trouvait dans une jungle et qu'elle était elle-même une panthère dans les branches d'un arbre. Après plusieurs séances d'hypnose pour tenter de reconstituer et comprendre le crime, elle a déclaré lors d'une transe qu'un phacochère avait attaqué la panthère et qu'il s'était fait éventrer. Des preuves ont montré que les ongles de ses mains avaient servis pour le crime mais bizarrement aucune trace de sang n'avait été retrouvée sous ses ongles. Une explication serait qu'elle les aurait léchés tout comme un félin se lave les pattes. L'amnésie de cette femme couvrait également une grande partie de sa petite enfance, mais aucun antécédent de violence n'a pu être découvert.

Lorsqu'un patient se conduit comme un animal, cela peut sembler être un comportement psychotique particulièrement sévère. Mais ces symptômes étranges doivent être observés et examinés attentivement, au même titre que les rêves et les fragments de mémoires qui devraient être systématiquement explorés et décortiqués. Les alter animaux peuvent être en partie reliés à des souvenirs dissociés et ils peuvent servir à bloquer l'accès à une zone de mémoire spécifique. Lorsque les raisons de son développement et les fonctions de l'alter animal ont été découvertes et comprises, cet alter peut alors être connecté avec les mémoires de la petite enfance et au trauma qui en est la cause. Le contact avec ces alter animaux est une porte ouverte vers les alter les plus violents de la victime (qui peuvent être animal ou humain). Ces alter représentent l'identification de la victime avec les actes les plus violents des bourreaux.[345]

Dans les abus rituels sataniques, la torture et la mise à mort d'animaux est couramment utilisée pour intimider et réduire au silence les victimes. Il est dit à l'enfant qu'il subira le même sort s'il parle de quoi que ce soit. De plus, il est forcé de participer aux actes barbares afin de le culpabiliser pour le rendre à son tour "coupable", comme nous l'avons vu dans le chapitre 4. L'animal peut donc s'intérioriser pour devenir un fractionnement de la personnalité dissociée par les traumatismes, un alter pouvant faire preuve d'une rage extrême. Mais par un contact et une réconciliation, une alliance peut-être créée avec l'alter animal afin d'en faire un outil précieux pouvant aider la victime dans sa guérison.

h/ T.D.I et thérapies

Ce sous-chapitre consacré à la thérapie n'a pas vocation à servir de guide médical ou thérapeutique. Il a pour but de donner quelques informations supplémentaires pour permettre de comprendre encore un peu mieux le fonctionnement d'une personnalité fractionnée, ainsi que la manière dont on peut aborder le problème pour apporter un soutien et une aide.

La stratégie thérapeutique pour le T.D.I. consiste à "ressouder", ou "fusionner", les personnalités alter entre elles. Il s'agit de diminuer leur nombre jusqu'à n'en avoir plus qu'une seule, généralement celle qui était présente à l'origine, la personnalité dite "hôte". Ce mécanisme est nommé *"l'intégration"*, il s'appuie sur les principes suivants listés par le Dr. Colin Ross :
- Contacter toutes les personnalités en utilisant l'hypnose.
- Rassembler tous les éléments constitutifs de l'histoire de toutes les personnalités alter.

---

[345] *"Animal alters : case reports"* - Kate M. Hendrickson, Jean M. Goodwin, Teresita McCarty, Journal "Dissociation", Vol.3 N°4, 12/1990.

- Considérer que chaque personnalité est une partie de l'ensemble.
- Développer l'entente mutuelle et la coopération entre les différentes personnalités alter.
- Contrôler les changements de personnalité alter. (*switch*)
- Passer des accords avec chaque personnalité afin de superviser l'ensemble du système.
- Établir d'abord des fusions entre les personnalités en fonction de leurs affinités.
- Progresser vers l'intégration finale et l'affermir en s'appuyant sur l'aide aux relations sociales du patient.

Voici le type de questions qui peuvent être posées lorsque l'on rentre en contact avec une personnalité alter, en prenant soin de respecter le libre arbitre et de demander la permission pour poser certaines questions :

- Comment vous appelez vous ?
- Quel âge avez-vous ?
- Quelle est votre fonction ?
- Pourquoi êtes-vous là ?
- Depuis quand êtes-vous là ?
- Suite à quel événement ?
- Quels sont vos souvenirs ?
- Y a-t-il quelqu'un d'autre ?
- Combien êtes-vous ?
- Y a-t-il des enfants ?
- Qui est en détresse ?
etc...

Dans un article intitulé *"Dissociative phenomena in the everyday lives of trauma survivors"*, la psychothérapeute Janina Fisher donne quatre "lois" simples pour comprendre le système interne d'une personnalité dissociée et pouvoir ainsi travailler sereinement avec elle(s) :

- Un alter n'est qu'une fraction d'un tout : Peu importe l'état dans lequel le patient peut se retrouver à un moment donné, peu importe son état de régression, d'impuissance et de confusion, il y aura toujours d'autres alter adultes qui seront confiants et compétents pour avancer positivement dans la thérapie. Peu importe l'aspect autodestructeur que peut montrer à un moment donné le patient, il existe d'autres alter qui veulent vivre et lutter pour survivre. Il existe toujours des alter qui se battront pour vivre et qui lutteront pour garder le contrôle sur ces sentiments accablants d'impuissance et de démoralisation. Le patient doit garder à l'idée que peu importe le ou les alter qui dominent à un moment donné, il ne s'agit que d'une fraction d'un système conçu pour être en équilibre.

- Le système est conçu pour la survie et non pour la destruction : Cette "loi" permettra au thérapeute d'économiser un épuisement inutile lors des crises récurrentes et de prévenir des hospitalisations inutiles. Le travail thérapeutique consiste à aider le patient à s'adapter à ce système pour qu'il puisse faire face à sa complexité et aux défis que cela pose dans sa vie présente d'adulte. Ces fonctions dissociatives, ces changements de personnalité, peuvent être exploités de manière constructive pour pouvoir tenir le cap et être capable de mener une vie qui a du sens, être en mesure de trouver du plaisir à la vivre et à la créer. Le fait que ce système a été conçu pour être adaptatif signifie également que chaque crise, chaque nouveau "pépin" qui se produit, fournit en fait la possibilité de réajuster le système d'une autre façon pour le rendre encore plus adapté à la vie du patient. Ces crises permettent donc de comprendre un peu mieux encore le fonctionnement du système interne.

- <u>Pour chaque action, il y aura une réaction opposée et égale</u> : Cela signifie que chaque fraction, chaque partie du "Moi", aura sa polarité inverse ou son opposé. Par exemple des alter suicidaires et autodestructeurs auront par opposition des alter déterminés à vivre et à combattre et des alter terrifiés à l'idée de mourir ou d'avoir à ressentir de la douleur. Des alter qui vivent dans la honte en voulant se cacher et être invisibles seront équilibrés par des alter narcissiques voir même exhibitionnistes. À tout moment, un sentiment, une prise de décision ou un point de vue exprimé extérieurement s'équilibrera intérieurement par une réaction opposée égale. Cet équilibre systématique des contraires peut avoir à la fois des conséquences positives ou négatives car il se produit également une réponse opposée lors des changements ou des événements positifs. Par exemple si certains alter développent une plus grande confiance et une proximité avec le thérapeute, d'autres alter se sentiront menacés et tenteront de saboter la thérapie pour mettre de la distance avec le thérapeute. Si certains alter vont tester implacablement les compétences, la cohérence et la fiabilité du thérapeute, d'autres alter en ressentiront de la tristesse et de la désolation et voudront alors redoubler d'efforts pour plaire au thérapeute.

- <u>Le thérapeute est le thérapeute de tous les alter</u> : Le thérapeute est le thérapeute de l'ensemble du système et donc de toutes les parties qui le composent. Ne travailler qu'avec certains alter en négligeant d'autres parties reviendrait à dire que l'on ne travaille seulement qu'avec la moitié du patient. Que ce soit avec la "moitié sympa", la "jeune moitié", la "moitié autodestructrice" ou encore la "bonne moitié" du patient, le travail thérapeutique ne peut pas être efficace en prenant seulement en compte une partie d'un tout. Si le thérapeute est le thérapeute de toutes les parties, il sera neutre, il ne prendra pas parti et il ne gardera pas de secrets. Il découvrira ainsi le potentiel et l'utilité que chaque alter amène dans la thérapie et au système dans son ensemble, y compris les alter violents, suicidaires ou autodestructeurs. Il verra les interactions entre les différents alter, ce qui mettra en évidence les conflits internes, tout comme un thérapeute familial le ferait. De la même manière que fonctionne le système familial, le patient ne sera identifié à aucun de ses alter mais plutôt au système global d'alter. En raison du fait que chez les patients dissociatifs le système et le patient sont une seule et même personne, le thérapeute doit éviter un piège courant dans le traitement de la dissociation : c'est à dire de parler au système comme s'il s'agissait d'une personne unique faisant office de "porte tournante" donnant accès aux différents "membres de la famille" pour qu'ils viennent raconter leurs histoires successivement. Il est généralement plus utile de travailler principalement avec le(s) "parent(s)", c'est à dire l'alter adulte ou la personnalité hôte, afin de leur enseigner à acquérir les compétences nécessaires pour favoriser la communication et la coopération interne entre tous les alter.

En début de thérapie, en raison de son amnésie traumatique dissociative, le patient ayant un T.D.I. fera tout d'abord état d'un vécu fragmenté et incohérent. Son histoire personnelle complète et chronologique viendra avec le temps, par l'intégration progressive des mémoires et des personnalités dissociées. Le processus d'intégration peut être comparé à la construction d'un puzzle qui ne pourrait pas prendre forme sans les différentes pièces qui constituent les expériences de vie qui ont été fractionnées par la dissociation. L'intégration consiste donc à assembler ces pièces de puzzle pour recréer un ensemble cohérent comprenant tous les souvenirs, qu'ils soient valides ou non. Les morceaux de la mémoire appartenant aux différents sens (ouïe, odorat, toucher, vue, goût : la mémoire non sémantique) sont gérés par l'hippocampe dont le rôle est de les transférer vers le cortex cérébral pour qu'ils soient traités et intégrés consciemment. Ainsi, ils passent d'un mode inconscient à un mode conscient, d'un mode dissocié à un mode associé ou *ressoudé*. Ils deviennent une mémoire intégrée qui peut à présent être verbalisée de manière cohérente.[346]

Le terme de fusion est également employé pour décrire le processus d'intégration. Un esprit n'ayant pas subi de traumas et de dissociation travaille de manière unifiée. Pour un esprit dissocié et fractionné, la fusion est le moment où deux (voir plus) personnalités alter prennent conscience mutuellement de leurs existences respectives. Elles expérimentent alors une sorte de fusion, une dissolution des murs amnésiques qui fait qu'elles n'auront plus aucune séparation et partageront donc les mêmes mémoires. La "fusion finale" est le but recherché de la thérapie. Le patient passe d'un état avec plusieurs identités à celui d'un soi subjectif unifié, c'est *l'unification*.

Il est reconnu par les thérapeutes qu'il existe trois grandes étapes dans le processus d'intégration. Mais avant toute chose il faut absolument établir un sentiment de sécurité physique et psychique chez le patient, ainsi qu'une stabilisation et une réduction des symptômes (comorbidité). Cette stabilisation va permettre de pouvoir travailler sur les souvenirs traumatiques, des mémoires qui doivent être intégrées consciemment. L'intégration, ou fusion des personnalités alter, ainsi que la réhabilitation, arrivent en phase finale. Ces trois étapes peuvent se chevaucher en raison d'un alter qui pourrait traîner plus que d'autres, mais habituellement le thérapeute traite une étape à la fois.

- Phase 1 : Sécurité, stabilisation et réduction des symptômes :

Il s'agit tout d'abord de créer une sorte d'alliance entre le patient et le thérapeute pour établir une mise en confiance et une stabilité. Dans cette étape, il s'agit de minimiser les comportements qui peuvent être dangereux autant pour le patient que pour son entourage. Il faut également réduire les pensées négatives qui peuvent le rendre vulnérable à de nouvelles attaques extérieures. La gestion et le contrôle du stress post-traumatique est également une priorité en phase 1. Les autres comportements qui vont devoir être régulés sont les troubles alimentaires, les prises de risques, la violence, les agressions, etc. Les personnalités alter impliquées dans des comportements violents et s'identifiant avec le(s) agresseur(s) peuvent être particulièrement difficiles à gérer. Il s'agit donc de les identifier rapidement pour essayer de passer un accord, une sorte de contrat avec elles pour aider le patient à se sécuriser. Ces alter effrayants, colériques et violents ont souvent un rôle de protecteur, malgré les apparences, ils sont là pour protéger le patient.

---

[346] "Healing The Unimaginable : Treating Ritual Abuse and Mind Control" - Alison Miller, 2012.

Les alter "observateurs" quant à eux peuvent être très utiles pour reconstituer chronologiquement les mémoires éclatées afin de savoir ce qu'il s'est passé, le déroulement des événements (ou bien l'illusion et la manipulation que les bourreaux ont voulu créer).

Généralement, les personnalités alter se considèrent elles-mêmes comme une personne véritablement séparée, extérieure au groupe d'alter et autonome. C'est lorsqu'elles vont prendre conscience de l'existence des autres alter, qu'elles vont réaliser qu'elles sont multiples et qu'elles appartiennent à un même corps physique. Cette prise de conscience va par exemple éviter les automutilations et un engagement pourra être conclu avec chacune d'entre elles pour éviter les comportements autodestructeurs. Beaucoup d'alter se sentent vides, dépersonnalisés ou incertains de leur identité, c'est précisément parce qu'ils ne sont qu'une partie d'un tout. C'est tous ensemble qu'ils forment une personne complète. Il s'agit donc de créer une forme de cohésion ou chaque alter connaît les autres et trouve sa place dans le groupe, ou système interne.

Faire des alter des assistants dans la thérapie est un atout majeur, il faut également développer des stratégies pour améliorer leur entente et leur communication mutuelle car le patient perd beaucoup d'énergie à devoir gérer les conflits internes entre eux. Le développement d'une relation de confiance et d'un dialogue avec les personnalités alter sera la clé pour découvrir les traumatismes (phase 2) et aboutir à une stabilité et à une intégration (phase 3).

La communication non verbale et émotionnelle est aussi un point important. Certains alter auront besoin d'être serrés dans les bras, tandis que d'autres prendront ce geste pour une tentative d'approche sexuelle. Certains alter sont incapables de regarder droit dans les yeux la personne qu'il y a en face d'eux. Certains s'exprimeront de manière extravertie tandis que d'autres seront totalement terrifiés et auront juste besoin d'écouter des paroles rassurantes. Certains ne peuvent donc pas parler, ils auront besoin de communiquer à travers l'écriture, le dessin ou grâce à un autre alter qui aura un rôle de médiateur. Le thérapeute ne doit pas tomber dans le favoritisme et doit traiter chaque alter de manière égale. Il ne doit pas non plus être effrayé par ceux qui paraissent hostiles car ceux-ci utilisent la colère pour protéger les alter plus vulnérables, qui sont généralement des jeunes enfants. Durant cette phase, il peut aussi y avoir l'utilisation de techniques d'ancrage dans l'instant présent et de méthodes d'auto-hypnose. Parfois il sera nécessaire d'avoir recours à des médications pour pallier aux comportements à risques, mais cela ne doit pas être le cœur du traitement. Il s'agit également dans cette première phase de développer chez le patient l'acceptation et l'empathie pour chaque partie de sa personnalité fractionnée, chaque alter doit être considéré pour ce qu'il est et comme ayant son rôle à jouer dans la thérapie et dans la vie du patient.

- Phase 2 : Confrontation et intégration des souvenirs traumatiques :

La deuxième phase se concentre sur les mémoires traumatiques du patient. À ce niveau-là, il y a encore un gros travail pour l'aider à accepter les différentes parties de sa personnalité et les alter doivent continuer à apprendre à se connaître et à vivre ensemble. Dans cette étape, le travail consiste également à surmonter les problèmes de blocage du patient dans son passé. L'une des tâches les plus difficiles dans cette phase va être de surmonter la peur des souvenirs traumatiques pour pouvoir les intégrer efficacement. Le patient et le thérapeute devront discuter ensemble pour arriver à un accord sur les mémoires qui doivent être traitées prioritairement. Une fois que ces mémoires traumatiques sont traitées et intégrées, elles doivent être partagées avec chaque personnalité alter qui n'en avait pas conscience. Cette mise en commun des expériences traumatisantes avec tous les alter du système s'appelle la *"Synthèse"*. Une fois cette Synthèse réussie, elle doit se poursuivre pour aboutir à la pleine conscience que les traumas ont été vécus, traités, et qu'ils font maintenant partie du passé : il s'agit de la *"Réalisation"*. Ainsi le patient va pouvoir donner une place précise au traumatisme dans la chronologie de sa vie. De ce fait, les pièces du puzzle mémoriel vont se reconstituer petit à petit pour former une véritable frise chronologique. La Synthèse est également suivie par la *"Personnification"*, c'est à dire la prise de conscience que ces mémoires traumatiques appartiennent bien au patient, et à personne d'autre. Enfin, grâce à ce travail sur les mémoires traumatiques, le patient peut transformer ses souvenirs, auparavant dissociés et éparpillés, en un récit cohérent et compréhensible, c'est la *"Narration"*. C'est le passage d'une mémoire non verbale à une mémoire narrative et analytique.

Durant cette étape, de fortes émotions vont éclater lorsque le contenu traumatique des souvenirs va émerger à la conscience. Le patient peut alors manifester de la honte, de l'horreur, du dégoût, de la terreur, de la colère, de l'impuissance, de la confusion ou du chagrin. Il s'agit alors de donner un temps de récupération adéquat entre chaque séance afin de ne pas déstabiliser ou re-traumatiser le patient. Mais même avec un planning thérapeutique soigneux, il peut être nécessaire de faire des retours en phase 1 pour une nouvelle stabilisation lorsque la remontée d'une mémoire s'avère particulièrement violente. À mesure que les vécus traumatiques seront intégrés, les personnalités alter deviendront de moins en moins séparées et distinctes. Une fusion spontanée peut aussi survenir mais un essai prématuré d'unification globale peut causer un stress qui serait négatif pour le patient. Au fur et à mesure que la fragmentation du patient se résorbera, il va acquérir un certain calme intérieur avec un sentiment de paix, d'autant plus lorsque la thérapie s'accompagne d'un renouveau spirituel. Grâce à ce nouvel état intérieur, le patient sera plus à même d'appréhender son histoire traumatique et d'assumer les problèmes de la vie courante. Le patient va commencer à moins se focaliser sur les traumas de son passé pour canaliser son énergie dans l'instant présent, ce qui l'aidera beaucoup à développer de nouvelles perspectives pour se projeter dans le futur.

- Phase 3 : Intégration et réhabilitation :

La troisième phase vise l'intégration (l'unification finale) de la personnalité. Dans les deux premières étapes, le patient a appris à surmonter la peur des autres parties de sa personnalité et la peur de ses mémoires traumatiques. Il a également accepté et intégré l'idée d'avoir été abusé dans l'enfance. Tel un deuil douloureux, le patient devra abandonner d'anciennes croyances pour envisager de nouvelles perspectives. Il va maintenant devoir apprendre à gérer les émotions qui peuvent survenir comme la honte, la peur, la terreur, la colère et le chagrin. La manifestation émotionnelle des traumatismes peut se produire pendant plus de deux ans, suite à cela l'unification est considérée comme sûre. Durant cette période, le patient pourra spontanément revenir en phase 2 car de nouvelles mémoires traumatiques pourront encore émerger. Après l'intégration finale, l'unification de toutes les personnalités alter, le patient conservera généralement les compétences et les attributs des différents alter qui étaient dissociés de sa personnalité.

Ces trois phases de traitement du T.D.I. sont probablement inspirées des travaux menés au XIXème siècle par Pierre Janet. Sa méthode psychothérapeutique pour le traitement du stress post-traumatique comprenait les trois étapes suivantes :

1 : La stabilisation des symptômes en préparation de la liquidation des souvenirs traumatiques.

2 : L'identification, l'exploration et la modification des souvenirs traumatiques.

3 : Soulagement des résidus symptomatologiques. Réintégration et réhabilitation de la personnalité. Prévention de la rechute.

Concernant l'usage des médicaments, ce n'est pas un traitement de premier ordre pour les troubles dissociatifs, mais cela peut avoir son utilité. En effet, certains patients requièrent un traitement spécialisé contre l'abus de substances ou les troubles alimentaires. Beaucoup de thérapeutes emploient l'hypnose, cette technique est destinée à calmer, à apaiser, à contenir ou à renforcer le "moi". L'hypnose permet également d'accéder aux personnalités alter qui ne sont pas accessibles directement sans état modifié de conscience. Dès le début du XIXème siècle l'hypnose a été utilisée pour le traitement du T.D.I., il en est sorti de nombreuses études démontrant que ces patients sont hautement hypnotisables en comparaison avec d'autres groupes cliniques. Plus l'hypnotisabilité de l'individu est élevée, plus elle sera efficace dans la thérapie. L'hypnose et l'auto-hypnose peuvent aussi avoir une grande efficacité dans le traitement du stress post-traumatique généralement présent chez les patient ayant un T.D.I..

D'autres méthodes thérapeutiques spécialisées peuvent être utiles pour ces patients, citons par exemple la thérapie familiale ou expressive, la remodulation et la thérapie comportementale dialectique (TCD), la psychothérapie sensori-motrice, la thérapie "primale", l'intégration neuro-émotionnelle par les mouvements oculaires (EMDR), etc...

L'EMDR (*Eye Movement desensitization and reprocessing*) est une thérapie de désensibilisation et de retraitement par le mouvement rapide des yeux, cette technique tout d'abord utilisée pour effacer des chocs post-traumatiques permet de traiter de très nombreux traumatismes psychiques. Les appareils de *biofeedback* ou *neurofeedback* peuvent aussi être une aide supplémentaire pour le patient, tout comme l'acupuncture et même les changements de mode alimentaire.

La thérapie de groupe n'est pas recommandée dans le cas du T.D.I., beaucoup de ces patients ont en effet du mal à tolérer le processus qui encourage les discussions de groupe sur les expériences traumatiques des participants. Toutefois, à partir d'un certain stade d'intégration, l'énergie de groupe peut-être un soutien efficace pour le patient. Le traitement du T.D.I. se fait généralement en ambulatoire (ne nécessitant pas une hospitalisation), cependant, le traitement hospitalier sera nécessaire si le patient montre des risques contre lui-même (auto-mutilation, tentative de suicide) ou contre autrui lors des phases dissociatives.

Les thérapies expressives vont aussi jouer un rôle positif dans la guérison du patient. La tenue d'un ou plusieurs journal, l'art-thérapie, la thérapie par la musique, la thérapie par l'horticulture et par les animaux (notamment avec les chevaux), la thérapie par le mouvement, le psychodrame, la thérapie occupationnelle et la thérapie récréative offrent au patient l'occasion de mettre en application une vaste gamme de techniques pouvant lui apporter un moyen d'expression et de stabilisation. Cela va faciliter la concentration, la pensée pragmatique, l'organisation et la coopération du monde interne (les alter). Les pratiques artistiques comme la peinture, l'écriture, le collage, la sculpture, etc, peuvent servir comme enregistrement visuel et palpable du vécu des personnalités alter, des productions qui pourront ainsi être examinées à tout moment du traitement.

Pour finir ce sous-chapitre sur les thérapies, voici quelques conseils pratiques et exercices[347] s'adressant directement aux patients souffrant de troubles dissociatifs :

Il s'agit de prendre conscience de *"l'ici et maintenant"*. Pour cela, il est utile de s'observer et de se percevoir soi-même consciemment, sans porter de jugement. Lorsque vous remarquez que vous entrez dans un état dissociatif, autrement dit que vous commencez à partir, que vous n'êtes plus tout à fait là, que vous vous percevez moins bien, essayez de marquer un temps d'arrêt. En vous exerçant, et peut-être même avec un soutien thérapeutique, vous pourrez apprendre à répondre aux questions suivantes :

- Dans quelle situation me trouvais-je lorsque j'ai commencé à me dissocier ?

- Qu'est-ce que je ressentais sur le plan corporel et sur le plan psychique ?

- Quelle est la dernière chose dont je me souvienne ?

- Je savais que j'entrais dans un état dissociatif parce que :

1/ J'ai commencé par exemple à me balancer, à me percevoir comme dans un brouillard, à avoir des maux de tête....

2/ J'ai arrêté par exemple de parler, de penser clairement, d'être en contact visuel...

3/ J'ai commencé à me dire que je pourrais mourir, que l'on ne pouvait faire confiance à personne, que je ne fais jamais rien de bien...

- Qu'ai-je essayé d'éviter ?

- Qu'aurai-je pu faire à la place ?

Si, avec le temps, le patient parvient à répondre à ces questions de mieux en mieux, il sera en mesure de mieux contrôler ses comportements dissociatifs et aura davantage les choses en main.

Que pouvez-vous faire quand vous entrez dans un état dissociatif ?

- Prenez conscience que vous êtes dans un état dissociatif, un état qui va passer comme tout passe.

- Prenez conscience également du fait que ce comportement survient parce qu'il vous a protégé autrefois. Maintenant, vous n'en avez plus besoin, vous disposez d'autres moyens.

- Trouvez une formule comme : *"Maintenant je suis adulte et en sûreté"*. Dites-vous cette phrase à voix haute, à vous-même.

- Gardez les yeux ouverts et sentez le sol sous vos pieds.

- Avez-vous un objet que vous aimiez (par exemple une peluche ou autre accompagnant bienveillant) ? Percevez-le consciemment.

---

[347] *EMDR Europe HAP Suisse romande* par Eva Zimmermann et Thomas Renz, d'après le Dr Reddemann et le Dr Cornélia Dehner-Rau.

- Activez vos sens à l'aide de quelque chose de froid (passez-vous par exemple des glaçons ou de l'eau froide sur les mains, les bras, le visage).

- Prenez conscience de la différence entre autrefois et maintenant. Dites-vous à voix haute la date du jour, où vous vous trouvez et quel âge vous avez.

- Respirez consciemment. Sentez l'air entrer puis sortir de vos poumons. Respirez les yeux ouverts, concentrez-vous un peu plus sur l'expiration.

- Faites quelque chose qui demande votre attention et active vos sens : lisez ou regardez une image, écoutez de la musique, touchez une pierre, sentez l'odeur d'une fleur ou d'une huile essentielle, goûtez consciemment l'arôme d'un raisin sec, de graines de tournesol ou de quelque chose d'épicé.

- Bougez : promenez-vous, secouez vos membres, tapez des pieds, dansez...

- Faites quelque chose avec vos mains : écrire, peindre, du jardinage, un puzzle, des travaux manuels, etc.

- Prenez une douche et concentrez-vous sur le contact de l'eau.

- Soyez compréhensif envers vous-même. Vous méritez de faire preuve de douceur envers vous.

- Veillez à vous entourer de personnes qui vous font du bien et auprès desquelles vous ne vous sentez pas menacé.

- Lorsque vous êtes sûr de cela, vous pouvez vous dire : je suis maintenant avec untel, je sais qu'il me veut du bien. Si j'entre maintenant dans un état dissociatif, cela a à voir avec d'anciennes mémoires. A l'instant présent, je suis en sécurité.

- Imaginez que vous mettez dans un coffre-fort tous les éléments du passé qui vous pèsent. Une fois enfermés, ils ne vous gêneront plus.

5 - DÉVELOPPEMENT DU T.D.I. CHEZ L'ENFANT

a/ Introduction

Le T.D.I. prend naissance dans la petite enfance, son développement va se faire sur le long terme et il sera généralement plus flagrant et plus reconnaissable à l'âge adulte. Le Dr. Greaves écrit que *"Les fractions de personnalité se manifestent habituellement d'elles-mêmes dans la petite enfance, dès l'âge de 2 ans 1/2 et typiquement vers l'âge de 6 ou 8 ans."*[348]

Dans un article intitulé *"Incipient multiple personality in children : Four cases"* (naissance d'une personnalité multiple chez l'enfant : quatre cas), le Dr. Fagan et le Dr. Mc Mahon ont rapporté le cas de quatre enfants qui développaient un début de fractionnement de personnalité. Le plus jeune avait 4 ans et le plus âgé avait 6 ans. Fagan et Mc Mahon déclarent dans cet article que *"la multiplicité s'établit vers 5*

---

[348] "Multiple personality : 165 years after Mary Reynolds" - G.B. Greaves, Journal of Nervous Mental Disease, 1980.

ans jusqu'à 8 ans au plus tard, mais cela ne sera généralement pas diagnostiqué avant l'âge adulte.[349]

Dans un article intitulé "Psychotherapy with a ritually abused 3-year-old : deceptive innocence", la psychothérapeute Leslie Ironside rapporte que "des identités dissociées ont été diagnostiquées chez une enfant aussi jeune que trois ans, rituellement abusée et ayant endurée des niveaux extrêmes de traumatismes."[350]

L'existence du T.D.I. chez des enfants a été établie par le Dr. Antoine Despine en 1840. Il a rapporté le cas d'une fillette suisse de 11 ans, Estelle, qui a été décrit plus haut dans ce chapitre. Le Dr. Richard Kluft a également publié plusieurs documents sur les enfants et le T.D.I. dont le cas d'un enfant de 8 ans, Tom, que nous décrirons plus loin. Morris Weiss, Patricia Sutton et A.J. Utecht ont rapporté en 1985 dans le *Journal of the American Academy of Child Psychiatry* le cas d'une fillette de 10 ans dans un article intitulé "*Multiple Personality in a 10-Year-Old Girl*" (personnalité multiple chez une fillette de 10 ans).

Dans son livre "Healing The Unimaginable" (Guérir l'inimaginable), la thérapeute canadienne Alison Miller écrit : "J'ai traité le cas d'une fillette de 10 ans qui avait juste une personnalité alter en plus de sa personnalité hôte, un alter de 3 ans (...) Lorsqu'elle s'ennuyait à l'école, la petite fille de 10 ans "rentrait à l'intérieur de sa tête", l'alter âgé de 3 ans émergeait alors et prenait le contrôle du corps en se comportant comme une enfant de 3 ans, ce qui était bien entendu inapproprié dans une salle de classe. La fillette de 10 ans se retrouvait donc dans le bureau du directeur de l'école sans avoir aucune idée de ce qu'il s'était passé."[351]

Bien entendu, la réponse systématique face à un tel comportement chez un enfant sera de dire qu'il s'agit de caprices, d'une régression volontaire de l'enfant *"qui fait son bébé"*. Mais le trouble dissociatif et l'amnésie dissociative éclairent d'un tout autre point de vue ce genre de comportements *"capricieux"*. Bien entendu, les enfants font des caprices et agissent parfois d'une manière non appropriée pour leur âge, mais certains critères permettent de déterminer s'il s'agit d'un trouble dissociatif, comme dans ce cas où la petite fille ne semble pas se souvenir de son comportement de bébé.

De nombreux patients ont déclaré que leurs personnalités alter étaient nées pendant leur enfance. Malheureusement chez les enfants, les troubles dissociatifs sont généralement non diagnostiqués pour plusieurs raisons :

- Les enfants atteints d'un T.D.I. présentent habituellement des signes et des symptômes secondaires du trouble. Ils auront fréquemment un déficit de l'attention, une hyperactivité, des troubles du comportement, une forte anxiété, de la dépression, de la somatisation, un stress post-traumatique, une dissociation et des symptômes pouvant sembler de nature psychotique. Les vomissements et les nausées, les maux de tête et les évanouissements sont les somatisations les plus fréquentes chez un enfant. Les états de transe ou les symptômes de conversion

---

[349] "Incipient multiple personality in children : Four cases" - J. Flagan & P. Mc Mahon, Journal of Nervous Mental Disease, 1984.

[350] "Psychotherapy with a ritually abused 3-year-old : deceptive innocence" L. Ironside, 1994, dans "Treating Survivors of Satanist Abuse" V. Sinason.

[351] "Healing The Unimaginable : Treating Ritual Abuse and Mind Control" - Alison Miller, 2012, p.28.

(paralysie dissociative), qui sont courant chez les patients adultes, sont plus rares chez les enfants. Les voix intérieures que l'enfant peut entendre peuvent être à tort diagnostiquées comme une "schizophrénie".

- En raison du fait que la dissociation et les états pouvant y ressembler sont des phénomènes plus courants chez les enfants sains que chez les adultes sains, ces symptômes dissociatifs pourront être ignorés et interprétés à tort comme un comportement normal de l'enfant.

- Les abus intrafamiliaux, un environnement familial chaotique et les troubles psychiatriques des membres de sa famille ne vont pas seulement compliquer le diagnostic mais vont également empêcher un bon suivi de l'enfant.

- Mais par-dessus tout, la plus importante cause d'erreur de diagnostic est la formation insuffisante des cliniciens et leur manque d'expérience avec le T.D.I.. Leur incrédulité sur la légitimité de ce diagnostic de trouble de la personnalité multiple va faire qu'ils ne cherchent aucunement à détecter sa présence.[352]

Chez l'enfant, les amnésies, les alternances de comportements totalement différents et les hallucinations (généralement auditives) sont les symptômes d'un trouble dissociatif. L'amnésie peut se manifester par des "trous" durant la journée, signifiant qu'une dissociation s'est produite à un moment donné. À l'adolescence, les symptômes commenceront à être plus marqués que chez l'enfant de moins de 11 ans, les adolescents seront donc plus facilement diagnostiqués avec un T.D.I.. Tout enfant ayant un passé lié à des abus physiques ou sexuels devrait recevoir une évaluation pour détecter la présence d'un trouble dissociatif. Lorsque les abus ont commencé dans la petite enfance, qu'ils ont été récurrents et sadiques, qu'ils impliquaient des pratiques rituelles et que les parents ont eux-mêmes de sévères troubles psychiques, une observation prolongée de l'enfant doit alors être faite, ainsi qu'un historique concernant toutes les rencontres que l'enfant a pu faire avec des adultes. Ce travail doit être accompagné par des séances d'entretiens attentionnés pour établir un diagnostic précis. Les enfants dont les parents souffrent eux-mêmes d'un trouble dissociatif doivent être particulièrement surveillés, de façon régulière. Plusieurs auteurs ont rapporté le lien qui existe entre les patients dissociés et leur famille dissociée. La majorité de ces parents dissociés ont eux-mêmes une histoire d'abus physiques ou sexuels remontant à leur petite enfance.[353] Un cercle vicieux qu'il faut bien comprendre, notamment en ce qui concerne les familles sataniques transgénérationnelles...

Voici une liste des troubles comportementaux de l'enfant pouvant être éventuellement liés à un T.D.I. :

Dépression intermittente - État de transe ou auto-hypnotique - Fluctuation dans les capacités intellectuelles et les humeurs, rapides régressions - Amnésies - Hallucinations auditives (particulièrement avec des voix intérieures) - Compagnons imaginaires récurrents - Parle tout seul - Somnambulisme - Terreurs nocturnes - Paralysies soudaines - Symptômes hystériques - Se réfère à lui-même à la troisième personne - Répond à un autre nom, ou utilise un autre nom - Changements importants dans la personnalité et le comportement - Oubli ou

---

[352] "Dissociative identity disorder in childhood : five turkish cases" - Journal "Dissociation", Vol.9 N°4, 12/1996.
[353] "Recognition and differential diagnosis of dissociative disorders in children ans adolescents" - Nancy L. Hornstein, Journal "Dissociation", Vol.6 N°2/3, juin/sept 1993.

confusion à propos de choses élémentaires et basiques - Travail scolaire fluctuant d'un opposé à l'autre - Comportement hyper-destructeur - Automutilation - Violence contre autrui - Paroles ou comportements suicidaires - Comportement sexuel inapproprié - Isolement social, comportement anti-social.[354]

b/ Le cas d'une enfant de trois ans

En septembre 1988, le journal *"Dissociation"* de l'*International Society for the Trauma and Dissociation* (ISSTD) a publié un article décrivant le cas d'une petite fille montrant une dissociation de la personnalité causée par des traumas répétitifs. Les auteurs de cet article intitulé *"The development of symptoms of multiple personality disorder in a child of three"* (le développement de symptômes du trouble de la personnalité multiple chez une enfant de 3 ans) sont le Dr. Richard Riley, qui a travaillé pour l'armée U.S. dans le programme EFMP (*Exceptional Family Member Program*) en Belgique, et le Dr. John Mead, un praticien privé de Pasadena en Californie.

L'enfant a été suivie dès l'âge de 14 mois, elle a souffert de multiples traumas répétitifs qui ont développé chez elle un état dissociatif. La progression de son trouble dissociatif a été enregistrée sur bande vidéo lors d'un suivi ordonné juridiquement.

Cindy (pseudonyme) a d'abord été suivie par le Dr. Riley à l'âge de 14 mois. Il avait été décidé qu'elle devait être examinée pour une évaluation suite à un conflit entre la famille d'accueil, Joan et David (pseudonymes) et la mère biologique Diane (pseudonyme). Cindy avait été remise à la garde de la famille d'accueil dès le deuxième jour après sa naissance. Elle n'avait eu un contact que très limité avec sa mère biologique entre l'âge de 3 mois et 4 mois et demi, mais n'en avait plus eu depuis.

Lors de la première séance d'évaluation, Cindy a montré une attitude très positive. Elle était curieuse et explorait le bureau, visiblement joyeuse et confiante. Elle est apparue comme une enfant recevant beaucoup d'amour et d'affection, il apparaissait clairement un fort attachement entre elle et sa famille d'accueil. Elle était également capable de laisser le couple quitter la pièce sans montrer d'anxiété.

Lorsque Cindy a été revue en clinique à l'âge de 16 mois, sa mère biologique venait la visiter quelques heures deux fois par semaine chez la famille d'accueil. Il a alors été rapporté que Cindy dormait mal, que son appétit s'était détérioré et qu'elle avait des crises de colère. Contrairement à la rencontre précédente, elle était agitée, elle s'accrochait à sa mère d'accueil et devenait très anxieuse quand celle-ci quittait la pièce pour la laisser seule avec le docteur. Toutes ces constatations ont été rapportées au juge, cependant la garde de l'enfant a été confiée à la mère biologique avec un droit de visite graduel des parents d'accueil pour que Cindy puisse s'adapter au changement. Cependant, la mère biologique respectait ce calendrier de visite de manière très sporadique et il a été appris trop tard que pendant cette période, elle avait donné naissance à une autre petite fille, décédée d'une mort subite du nourrisson à l'âge de 3 mois.

---

[354] *"Diagnosis of childhood multiple personality disorder"* - Gary Peterson, Journal "Dissociation", Vol.4 N°3, 09/1991.

À l'âge de 20 mois, Cindy est retournée en visite clinique, accompagnée de Diane, la mère biologique et de Joan, la mère d'accueil. Cindy avait accepté la compagnie de tout le monde et elle semblait à l'aise dans cette situation. À l'âge de 23 mois, lors d'une autre visite en compagnie de sa mère d'accueil, Cindy était très effrayée et restait accrochée à cette dernière. Les mois qui suivirent, son état émotionnel s'est totalement dégradé, elle insistait pour qu'on la prenne dans les bras et elle pleurait si elle n'était pas en contact physique avec sa mère d'accueil. Elle avait des problèmes de santé récurrents et elle est arrivée une fois en visite avec un hématome sur son lobe d'oreille. Elle a alors avoué que sa mère biologique l'avait frappée. Elle a aussi déclaré qu'elle était appelée *"Lila"* par les membres de sa famille biologique. Elle a plusieurs fois fait comprendre que son demi-frère touchait ses parties génitales et qu'il insérait des objets dans son vagin. Elle a régulièrement rapporté subir des abus physiques et sexuels.

Suite à ces déclarations, une décision a été prise pour que la garde dans la famille biologique ne se limite plus que durant la journée, Cindy avait alors 2 ans et demi. Son état s'est alors amélioré et son anxiété a diminué, mais elle était encore très colérique et continuait à rester accrochée à sa mère d'accueil. Elle voulait même dormir avec elle et se réveillait plusieurs fois par nuit pour vérifier qu'elle était bien là. Joan a rapporté que la petite parlait durant son sommeil en répétant de façon répétitive *"mon nom est Cindy R."* (le nom de la famille d'accueil). Cindy a continué à parler d'abus physiques et sexuels perpétrés durant les visites de jour dans sa famille biologique et elle commença à reproduire ces abus sur sa sœur d'adoption, la fille biologique de David et Joan...

Un autre médecin *expert* a alors été désigné pour examiner l'enfant dans l'environnement de sa famille biologique. Il a rapporté que Cindy était *"joyeuse et extravertie et qu'elle n'avait aucun comportement anormal ou inhabituel."* Durant cette période, la mère d'accueil a rendu une visite inattendue à Cindy dans sa famille biologique et la petite n'a pas semblé la reconnaître ou a fait comme si elle ne la connaissait pas...

La première séance filmée s'est passée lorsque Cindy avait 3 ans. Trois séances avaient été fixées pour déterminer l'état des relations entre Cindy, sa mère biologique et sa famille d'accueil, mais aussi pour enregistrer toutes les déclarations d'abus sur bande vidéo. Elle a réitéré spontanément son témoignage à propos des abus sexuels perpétrés par ses frères ainsi que le fait que sa famille biologique l'appelait systématiquement *"Lila"* au lieu d'employer son véritable prénom. À un moment donné lors d'une séance, elle a réagi lorsque le mot Lila était mentionné en disant *"Quoi ?"*, comme si c'était elle que l'on appelait. Elle niait ses visites dans sa famille biologique, tout en parlant d'eux d'une manière directe. Elle a également rapporté que sa mère biologique l'appelait *"petite chienne"*. Lorsqu'elle parlait des membres de cette famille biologique, sa façon d'en parler et son comportement devenaient totalement différents. Son langage devenait immature, les postures de son corps et ses manières étaient comme celles d'une poupée. Cette série d'enregistrements vidéo a été apportée comme preuve de maltraitance devant le jury. Suite à cela, la durée des gardes chez la famille biologique a encore été diminuée.

Trois mois plus tard, la mère biologique a fait une demande par son avocat pour qu'une séance avec sa fille soit filmée avec elle : la personnalité alter *Lila* se présenta d'elle-même directement lors de cette séance avec la mère biologique. Il y eut ensuite cinq séances dont quatre ont été enregistrées. Durant la première, Cindy était prête à répondre à toutes les questions sur la famille d'accueil sans hésitation. Elle donnait des réponses affectives et émotives à propos de la mort du grand-père paternel de la famille d'accueil, tandis que les questions sur la famille biologique étaient généralement ignorées ou avaient pour seule réponse : *"Je ne sais pas"*. Lorsqu'il lui a été annoncé qu'elle reviendrait le lendemain pour une autre séance, elle acquiesça ; mais lorsqu'il a été rajouté qu'elle viendrait en compagnie de sa mère biologique, elle est d'abord restée silencieuse, ensuite elle a répondu négativement et elle a fini par nier que l'on venait de lui avoir dit qu'elle devait faire une séance le lendemain avec sa mère biologique.

Suite à cela, l'enfant se présentait alternativement avec l'une des deux personnalités distinctes, cela dépendait des questions qui lui étaient posées. Ces personnalités étaient celles de Cindy ou de Lila. Lila disait qu'elle voulait qu'on l'appelle ainsi, de plus elle ne répondait pas aux questions concernant la famille d'accueil ou bien elle répondait qu'elle ne savait pas. Parfois, elle se cachait derrière la maison de poupées ou la chaise, hors de la vue de sa mère biologique, et Cindy pouvait alors émerger. À la fin d'une séance, la petite a voulu rester pour ranger le désordre qu'elle avait mis dans la pièce, ce qui était totalement étranger au caractère de Cindy. Durant les trois séances suivantes, Cindy et Lila apparaissaient alternativement : avec la présence de la mère biologique, Lila était la personnalité active, mais Cindy pouvait parfois émerger pour jouer de façon agressive tout en critiquant Lila pour son comportement. Lila pouvait répondre à certaines questions sur la famille d'accueil mais elle avait une connaissance très limitée sur cette famille. Elle identifiait Joan R., la mère d'accueil, comme la "baby-sitter". En plus de ce décalage de mémoire dans son histoire personnelle, Lila semblait psychologiquement plus jeune et ses connaissances générales étaient plus limitées que celles de Cindy. Lorsque Lila faisait une faute, Cindy pouvait émerger pour la corriger. Lila avait également des comportements sexués inappropriés dans certains jeux. Son langage était moins développé que celui de Cindy et phonétiquement plus immature. Un point important à souligner est que Lila ne semblait pas connaître Cindy, tandis que Cindy était consciente de Lila, elle se souvenait des moindres petites choses que celle-ci avait faites. Elle ne l'aimait pas et elle n'aimait personne de sa famille biologique. Cindy était sûre d'elle et dominante lorsqu'elle n'était pas menacée. Elle montrait aussi de la culpabilité et des remords lorsque son comportement avait heurté quelqu'un.

Les enregistrements vidéo des séances ont été apportés comme preuves mais n'ont jamais été exploités. La justice a expliqué que du fait que tous les *experts* n'étaient pas d'accord dans leurs conclusions et recommandations, la Cour n'avait pas besoin de ces enregistrements. Par contre, toutes les gardes et les visites avec la mère biologique furent stoppées, et un suivi en psychothérapie a été mis en place pour la petite fille. Douze séances ont été programmées sur une période de quatre mois. Sa mère d'accueil était systématiquement présente et sa sœur d'adoption, Cheri, fut présente lors de trois séances. Lors de la première séance, Cindy montrait de la colère contre ses agresseurs et a été encouragée à l'exprimer dans ses jeux. C'est alors qu'elle laissa sortir la peur de sa mère biologique. L'alter Lila a émergé par intermittence durant cette séance et quelques autres par la suite. Alors que les séances progressaient, Cindy s'est mise à appeler sa sœur d'adoption par le nom de l'alter Lila. Elle lui faisait des demandes ou lui donnait des ordres en employant le même ton sévère que sa mère biologique. Petit à petit, Cindy a commencé à aimer l'alter et à vouloir que Lila vive avec elle dans la famille d'accueil. Elle laissa alors plus librement l'alter prendre part dans les jeux. Les deux personnalités commencèrent aussi à donner des informations sur la famille biologique sans montrer d'anxiété. Un jour Cindy a déclaré qu'elle était plus vieille que Lila, elle a aussi étrangement identifié sa mère d'accueil comme la *"maman de Lila"*. Durant une autre séance, Cindy a répondu positivement à l'idée qu'elle et Lila puissent se regrouper ensemble. Suite à cela, elle semblait aller beaucoup mieux et elle a commencé à aller à l'école. Lors d'une des dernières séances, elle a expliqué qu'elle et sa sœur étaient toutes les deux Lila, mais qu'une des deux avait grandi plus vite.

Le cas de la petite Cindy montrait donc deux critères reliés au T.D.I. :

- Présence de deux identités ou états de personnalité, chacune avec son propre mode de perception, de relation avec autrui et de pensée, autant sur l'environnement que sur soi.

- Au moins deux de ces identités ou états de personnalité prennent le contrôle du comportement de la personne, de manière récurrente.

Cindy et Lila sont toutes les deux des personnalités complexes, chacune ayant ses propres mémoires, son propre comportement avec des relations sociales différentes. Cindy a déclaré qu'elle était plus âgée mais aussi plus grosse que Lila. Elle se référait à Lila comme quelqu'un de séparé d'elle et vivant ailleurs. Lila était plus immature que Cindy, autant dans son langage que dans ses manières. Son niveau de connaissances générales était inférieur à celui de Cindy. L'alter Lila semblait également plus dépendant et soumis tandis que la personnalité de Cindy était agressive, pleine d'assurance et entreprenante : elle blâmait Lila pour des choses qu'elle avait dites ou faites. Pour Cindy, Joan était sa mère alors que pour Lila, c'était simplement sa "baby-sitter". Cindy connaissait Lila alors que Lila ne semblait pas connaître Cindy. Les deux personnalités montraient des amnésies. L'enfant pouvait changer de personnalité simplement en se déplaçant ou en changeant son corps de position : les transitions (*switch*) étaient très rapides.

Le cas de la petite Cindy répond à cinq symptômes du T.D.I. listés par le Dr. Fagan et le Dr. McMahon dans leur article cité plus haut :

1- Elle montrait parfois un comportement hébété ou semblable à un état de transe.

2- Elle répondait à plus d'un nom.

3- Elle montrait des changements de comportement très marqués.

4- Elle avait des pertes de mémoire concernant des événements récents.

5- Elle montrait une variation dans ses connaissances et dans ses compétences.

Les auteurs de l'article concluent : "Que serait-il arrivé à cette enfant si elle n'avait pas été retirée de sa famille biologique ? Probablement qu'elle aurait continué à développer et à renforcer son trouble de la personnalité avec cet alter Lila lui permettant de pouvoir gérer les circonstances de vie traumatiques."[355]

---

[355] "The development of symptoms of multiple personality disorder in a child of three" - Richard Riley, John Mead, Journal "Dissociation", Vol.3 N°1, 09/1988.

c/ Le cas d'une enfant de sept ans

La psychologue Wanda Karriker a rapporté le cas d'une fillette de 7 ans, qu'elle nomme Katie (pseudonyme). Ses parents la lui avaient amenée pour une évaluation psychologique suite aux conseils de son enseignante car elle se comportait bizarrement à l'école. Elle avait des résultats extrêmement variables et il arrivait qu'elle suce son pouce tout en ayant un comportement de bébé. Parfois, elle semblait être comme enfermée dans son propre monde. Lors de l'entretien avec les parents, la mère a déclaré : *"C'est comme si elle avait deux extrêmes, parfois elle est totalement passive et parfois elle devient violente, elle est d'une humeur massacrante."*

Suite à une séance d'évaluation de son Q.I., la petite Katie a regardé le tableau effaçable en demandant si elle pouvait y dessiner quelque chose, ce à quoi la psychologue répondit évidemment par l'affirmative. La petite demanda alors *"Dites-moi quoi dessiner ?, Pourquoi pas une image de ta famille ?"* rétorqua Karriker. Katie s'est alors mise à dessiner trois figures fantomatiques sur le tableau en les sous-titrant "papa", "maman" et … "Lucy". Elle représentait dans sa famille un enfant nommé Lucy, mais sans se représenter elle-même en tant que Katie… *"Vous savez quoi ?"* dit-elle en regardant sous sa chemise, *"Je peux appuyer sur mon nombril pour faire sortir Lucy"*. La psychologue demanda alors si cette Lucy lui ressemblait et la petite fille répondit : *"Elle est mignonne, elle a des cheveux courts et blonds avec des yeux bleus"*. (Katie avait de longs cheveux bruns avec des yeux sombres). La petite a continué : *"Vous savez quoi ? Elle me donne toujours les réponses en mathématiques."* Suite à cela la psychologue lui a demandé si elle pouvait parler directement avec Lucy et encore une fois, Katie a regardé sous sa chemise en appuyant sur son nombril et en disant : *"Lucy, viens ici !"*. C'est alors que son expression faciale s'est transformée en une enfant beaucoup plus mature, avec un changement de langage corporel évident. Elle s'est présentée en disant : *"Salut, je suis Lucie"*. La psychologue demanda alors où se trouvait Katie à présent, ce à quoi la petite fille répondit *"Là-haut"*, tout en pointant du doigt un coin du plafond… *"Tu ne peux pas la voir là-haut ?"* dit-elle. L'enfant semblait vivre une dépersonnalisation, un phénomène dans lequel une personne se sent détachée de son corps (nous y reviendrons dans le prochain chapitre).

Lorsque la petite a vu la caméra dans le bureau de la thérapeute, elle a tout de suite commencé à danser et à chanter, puis tout à coup elle s'est jetée au sol en donnant des coups de pieds en l'air et en gémissant : *"Non, non ! Ne me fais pas ça"*, tout en mettant ses mains sur sa bouche et en se roulant en position fœtale. C'est suite à cela que Wanda Karriker a sérieusement commencé à se questionner sur les mauvais traitements qu'aurait pu subir la petite Katie au point de développer ces profonds troubles dissociatifs. Des troubles que son enseignante décrivait comme un retrait dans son *propre monde*.

Lorsque Karriker a donné ses conclusions aux parents, elle leur a spécifié le changement de comportement entre Katie et Lucie, un changement radical qui avait été filmé. La psychologue a déclaré aux parents : *"Je ne dois pas faire un diagnostic formel, mais je crois que votre fille a créé au moins un ami imaginaire, si ce n'est peut-être une personnalité alter, afin de l'aider à faire face à quelque chose qu'elle n'a pas pu supporter."* La psychologue a expliqué aux parents dubitatifs qu'elle n'avait elle-même jamais observé un trouble de la personnalité multiple chez un enfant avant cela. Elle leur a expliqué que lorsqu'un enfant est confronté à un traumatisme insupportable, il peut inconsciemment créer différents *"états d'esprits"* afin de l'aider à surmonter mentalement et émotionnellement la douleur. Suite à cet entretien avec les parents et aux explications concernant la question des traumatismes, la psychologue n'a jamais plus revue la petite Katie pour pouvoir lui dire en revoir...

Quelques semaines plus tard, la mère de Katie a rappelé Karriker pour lui dire qu'une MST (Maladie Sexuellement Transmissible) lui avait été diagnostiquée et que le pédiatre avait recommandé un psychiatre pour la petite. Peu de temps après, Wanda Karriker a été contactée par l'avocat du père de Katie, l'informant qu'elle recevrait bientôt une citation à comparaître... En effet, la petite venait de confier au psychiatre que son père lui avait fait faire des *mauvaises choses...* des abus sexuels qui ont donc été signalés aux services sociaux.

Lors de sa déposition en présence des avocats de la défense, la psychologue Wanda Karriker a déclaré que l'enfant n'avait jamais verbalisé les abus devant elle, mais qu'elle avait été écartée de la thérapie dès lors qu'elle a suggéré la possibilité qu'un traumatisme aurait pu induire les comportements dissociatifs de la petite fille... Wanda Karriker n'a pu connaître les suites de l'affaire que par le biais des avocats, mais il semblerait que les accusations d'abus sexuels ont bien été confirmées. La petite Katie a été retirée à ses parents et a été mise sous la garde des services sociaux.

Par la suite, un thérapeute a contacté Karriker afin d'obtenir les copies des différents tests psychologiques qu'elle avait pu faire à l'époque avec la petite Katie ; ce thérapeute lui a écrit : *"Katie est une énigme. Nous n'arrivons pas à faire beaucoup de progrès avec elle. Elle se retrouve toujours dans des conflits, mais ensuite elle nie avoir fait quelque chose de mal. Parfois elle se comporte comme un bébé, elle a beaucoup de crises colériques tandis qu'elle peut être parfois totalement passive, ne répondant à rien. Par exemple la manière dont elle refuse de voir sa mère ou son père lorsqu'ils viennent pour des visites supervisées."*

Wanda Karriker n'a alors pas pu s'empêcher de demander à ce thérapeute si la petite avait été traitée pour ses profonds troubles dissociatifs... Ce à quoi le thérapeute lui a répondu : *"Mais Dr. Karriker, cette petite ne montre aucuns symptômes de personnalité multiple"...*

Par la suite, en se remémorant le degré de dissociation de la petite Katie, ainsi que la façon dont elle se comportait lorsqu'une caméra tournait dans le cabinet, Karriker a réalisé que si elle avait pu travailler plus longtemps avec elle, la petite lui aurait certainement révélé plus de choses sur les abus. Son comportement face à une caméra a laissé penser à la psychologue que ses parents l'utilisaient pour produire de la pédo-pornographie et Dieu sait quelles autres horreurs...[356]

Le cas de cette petite fille illustre certaines pratiques dénoncées dans le chapitre 3. C'est à dire tous ces enfants dissociés et fractionnés par les abus intrafamiliaux, des enfants retirés à leur famille pour être placés et qui deviennent potentiellement des cibles et des proies pour les réseaux pédocriminels et les programmes de contrôle mental. Dans le cas rapporté ici par le Dr. Wanda

---

[356] "Incest – The ultimate betrayal : Findings from a series of international extreme abuse surveys" - Wanda Karriker, 2008.

Karriker, nous avons donc une petite fille visiblement fractionnée par des traumas qui se retrouve séparée de ses parents et il est intéressant de noter que le psychiatre chargé de s'occuper de la petite Katie une fois qu'elle a été placée, déclare qu'elle ne montre absolument aucun symptôme de personnalité multiple… En d'autres termes, il maintient fermé la boîte de Pandore en ignorant totalement les troubles dissociatifs de la petite fille, ou alors il n'est aucunement formé pour ça…

d/ le cas d'un enfant de huit ans

Le livre intitulé *"Childhood Antecedents of Multiple Personality"*, publié par le Dr. Richard Kluft rapporte quelques cas d'enfants dont la personnalité est fractionnée. Il décrit notamment en détail le cas d'un jeune garçon de huit ans.

Tom était un garçon qui souffrait d'un trouble de la personnalité multiple. Il a par la suite été découvert que sa grand-mère avait également un T.D.I.… Un des alter de cette grand-mère a reconnu avoir abusé de la mère qui souffrait probablement elle aussi de sévères troubles dissociatifs. Nous sommes donc encore ici dans un contexte de T.D.I. transgénérationnel.

Tom était habituellement un enfant sage et exemplaire, mais il pouvait brusquement devenir extrêmement difficile tout en niant tout mauvais comportement qu'il aurait pu avoir, même si cela venait de se produire quelques instants plus tôt. Il se mettait à mentir d'une manière flagrante tout en réfutant totalement sa participation à des actes dont pourtant toute sa famille avait été témoin. Sa voix, son langage verbal et corporel, ainsi que ses amitiés, variaient avec ce qui semblait être ses "humeurs"… Parfois, il disait même être une fille et il se comportait alors d'une manière efféminée. Suite à ces épisodes il admettait d'une manière très embarrassée qu'il pensait être une fille, mais que cependant il n'avait aucun souvenir de s'être comporté de la sorte… Il avait une prédisposition pour les accidents mais ne semblait en retirer aucune leçon. Ses résultats scolaires étaient extrêmement erratiques. Souvent il a été constaté par ses professeurs qu'il n'avait pas compris certains sujets et lorsqu'on l'interrogeait, il affirmait qu'on ne lui avait jamais enseigné ces choses-là… Ses professeurs ont donc conclu qu'il était *lent d'esprit* et qu'il avait simplement des difficultés d'apprentissage.

Tom disait aussi fréquemment que certains vêtements de son armoire n'étaient pas les siens et il devenait confus lorsque sa mère essayait de lui rappeler le moment où ils les avaient achetés ensemble. L'enfant était souvent déprimé, particulièrement lorsqu'il se faisait traiter de menteur, notamment lorsqu'il était confronté à des actes auxquels il venait juste de nier avoir participé. L'enfant était parfaitement conscient de ses efforts pour couvrir ses trous de mémoires récurrents car il savait bien qu'il était souvent *"dans la lune"*.

Tom a avoué qu'il entendait des voix dans sa tête, à la fois des voix de filles et de garçons.

Durant l'entretien avec le thérapeute, plusieurs types de comportements ont été notés, ainsi que des changements dans sa voix. De plus il est apparu des amnésies flagrantes concernant le contenu de l'entretien. Son thérapeute a utilisé l'hypnose pour explorer la personnalité de Tom. Le thérapeute a rapporté que dès que Tom s'est retrouvé en transe hypnotique, une personnalité avec une voix profonde a spontanément émergé. Cet alter disait s'appeler *"Marvin"* et qu'il était un astronaute. Marvin indiqua au thérapeute que Tom avait besoin d'aide car il *"voulait être une fille"*, cet alter donna également quelques conseils par écrit au thérapeute. Suite à cette séance d'hypnose, Tom était totalement amnésique de cette conversation entre Marvin et le thérapeute. Il a également été constaté que les écritures de Tom et de Marvin étaient totalement différentes. C'est en tout cinq personnalités alter qui ont été découvertes chez cet enfant. Tom était dépressif et plutôt faible, ce qui est classique pour la personnalité "hôte". L'alter Marvin avait pour rôle de l'aider face à une colère et à une peur inconcevables. Tom avait un autre alter du nom de Teddy, ainsi que deux personnalités de sexe féminin nommées Wilma et Betty. Leurs caractéristiques étaient celles d'une mère, tandis que Marvin et Teddy étaient plutôt une représentation du père avec un caractère rationnel et brutal.

Il est apparu lors de la thérapie que le jeune patient s'était dissocié notamment lors d'une *NDE* (expérience aux frontières de la mort) à l'âge de deux ans et demi. Il était tombé dans un étang et s'y était presque noyé. Il avait été sorti de l'eau sans vie pour finalement "ressusciter".[357]

e/ Rapport sur cinq cas

Voici maintenant cinq cas qui ont été décrits dans le cadre d'un programme sur les troubles dissociatifs mis en place au département psychiatrique de l'Université d'Istanbul en Turquie. L'étude a été menée par le Dr. Salih Zoroglu. Les cas ont été rapportés en 1996 par le journal *"Dissociation"* dans un article intitulé *"Dissociative disorder in childhood : five turkish cases"*.

Hale :

Hale était une fillette de dix ans qui avait des migraines et des nausées récurrentes. Elle était irritable et pleurait sans aucune raison apparente, elle se parlait à elle-même, elle riait de façon inappropriée, elle avait des états de transe et elle s'automutilait. Elle avait même un comportement de délinquante et se maquillait et s'habillait également de manière inappropriée. De plus elle avait des terreurs nocturnes et des hallucinations visuelles.

Sa mère l'a tout d'abord amenée consulter un *"Hoca"* (guérisseur traditionnel) qui a déclaré qu'elle était possédée par des *djinns* (les démons dans la tradition musulmane), mais cette consultation n'a pas amélioré son état psychique.

Durant la première séance clinique, elle a raconté au thérapeute qu'elle entendait des voix dans sa tête depuis longtemps déjà. Une de ces voix était celle de *"Cisem"*, une fille très gentille. Les autres voix étaient mauvaises, elles appartenaient à des "personnes" d'âges et de sexes différents. Ce sont ces voix qui la forçaient à faire de mauvaises choses et qui commentaient systématiquement son comportement. Au fur et à mesure que la thérapie avançait, ce sont onze

---

[357] "Childhood Antecedents of Multiple Personality" - Richard P. Kluft, 1985, p.179-180.

personnalités alter qui se sont manifestées. Parmi elles, il y avait donc Cisem, une fille plus âgée qui voulait que Hale soit heureuse et se comporte bien. Cisem était effrayée par les autres alter qui pouvaient la punir lorsqu'elle voulait aider Hale. Le *"Grand Patron"* était un homme âgé qui était le chef du groupe des mauvais alter. Hale a confié que cet alter *"Grand Patron"* et ses acolytes pouvaient se connecter directement à ce qu'elle disait et à ce qu'elle faisait grâce à un ordinateur (interne). Ils pouvaient aussi utiliser cet ordinateur en mode *observation* et ainsi connaître tout ce qu'elle faisait dans les moindres détails. Hale se sentait donc parfois comme un robot lorsqu'elle était sous le contrôle de cet ordinateur. Il y avait en tout six personnalités alter qui étaient sous le contrôle du *"Grand Patron"*. De plus, il y avait deux autres alter suicidaires complètement séparés des autres.

Hale a été sévèrement battue pendant la petite enfance. Durant la thérapie, elle révéla que Cisem avait été violée par un homme du nom de Erhan. Celui-ci est ensuite devenu un des alter persécuteurs, un des assistants du *"Grand Patron"*. Les souvenirs du viol sont remontés par des flashs, mais Hale n'acceptait pas le fait que c'était elle qui s'était faite violée et elle insistait en disant qu'elle était totalement séparée de Cisem. Finalement, après un long travail thérapeutique, toutes les personnalités alter ont été intégrées et tous les symptômes ont disparu.

Mine :

Cette fillette de neuf ans a été amenée dans l'unité psychiatrique pour enfants de la clinique où se trouvait déjà sa mère. Son père et son frère avaient remarqué que son comportement changeait de manière abrupte lorsque le père rentrait à la maison. Elle avait un comportement très lunatique et agressif. Elle pleurait souvent et agissait comme si elle voyait des visages dont elle semblait avoir peur et à qui elle parlait continuellement.

Un jour, elle s'est rendue à la police en disant que deux hommes la suivaient. Ces deux hommes étaient en fait son père et son frère qu'elle ne reconnaissait plus... Elle a alors passé la nuit au poste de police (pour sa sécurité), et le lendemain matin, après avoir retrouvé son état normal, elle ne se rappelait plus rien de ce qui s'était passé la veille.

La fillette a raconté à sa mère qu'elle avait une amie à l'intérieur d'elle. Une amie qu'elle pouvait voir et avec qui elle pouvait jouer, elle l'aidait aussi à garder à distance son père et les garçons de l'école. Mine entendait des voix dans sa tête, l'une d'entre elles était celle d'une fillette âgée d'un an de moins qu'elle. Cet alter a émergé lors d'une séance de thérapie en se nommant *"Ayse"*. Cette personnalité alter a déclaré qu'elle était avec Mine depuis trois ans et qu'elle était en bon terme avec elle. Lorsqu'il lui a été demandé où était Mine à cet instant, elle a répondu qu'elle ne savait pas tout en continuant de jouer avec un puzzle. Plus tard, lorsque Mine est "revenue", elle a regardé le puzzle à moitié reconstitué par Ayse mais sans avoir aucune notion du temps qu'il s'était passé ni ce qu'avait bien pu faire Ayse pendant ce temps-là. Plus tard, une autre personnalité alter du sexe opposé a été identifiée. Il a été rapporté que son père était un alcoolique chronique qui battait sa femme et ses enfants. Dans le cas de Mine, la thérapie était malheureusement très aléatoire car elle se faisait en fonction des hospitalisations de sa mère.

Mehmet :

La famille de Mehmet avait régulièrement constaté que son comportement changeait radicalement. Ce garçon de 11 ans se mettait parfois à lire et à écrire d'une manière totalement immature pour son âge. Il n'arrivait plus à prononcer la lettre "R", il ne connaissait même plus son nom ni son âge. La seule chose dont il se rappelait était ses parents. Dans ces moments-là, il devenait comme un petit enfant introverti et il s'amusait avec des jouets inappropriés pour son âge. De plus il n'avait plus aucune notion du temps lors de ses "crises".

Mehmet a été suivi en thérapie une fois par semaine pendant deux mois. Lors de la quatrième séance, il est arrivé avec sa personnalité prémorbide, il ne reconnaissait alors plus sa thérapeute et ne semblait plus se rappeler des séances précédentes. Cette personnalité était celle d'un garçon amical avec un comportement et un discours très matures pour son âge. Il s'intéressait particulièrement aux sciences. Il était totalement amnésique des périodes pendant lesquelles il agissait comme un très jeune enfant.

Ses parents ont rapporté que les changements de personnalités avaient commencé trois mois plus tôt. Chaque personnalité émergeait pendant trois ou quatre jours, ensuite il ne se rappelait de rien du tout lorsqu'un autre alter avait pris le relais. Mehmet avait parfois une paralysie d'un bras qui durait de dix à trente minutes suite à quoi il a été hospitalisé quatre fois dans différents hôpitaux, y compris deux cliniques universitaires. Des examens complets (neurologiques, crâniens, électroencéphalogramme n'ont rien montré d'anormal, les paralysies du bras ont été diagnostiquées comme un trouble dissociatif de conversion. La prescription d'anti-psychotiques, d'antidépresseurs, de tranquillisants et d'anti-épileptiques ne l'ont aucunement aidé, au contraire, ces médicaments ont provoqué chez lui un comportement violent.

Au cours de son suivi thérapeutique, deux autres personnalités alter ont été observées. L'une avec laquelle il perdait sa capacité à marcher et à parler : il s'agissait clairement d'un alter au stade de bébé, sa voix et ses expressions en attestaient. Dans l'autre personnalité alter, il s'écriait *"Je suis fou, je suis fou !"* et il ne reconnaissait strictement plus personne.

Dans son cas, aucun traumatisme psychique ni physique n'a été révélé. Sa sœur ainée a également affirmé qu'il n'y avait eu aucun abus ni aucune négligence dans la famille. Aucune des personnalités alter de Mehmet n'avait des hallucinations visuelles ou auditives, ni aucune manifestation de ce type par laquelle un alter pourrait communiquer. Le garçon pouvait facilement être hypnotisé mais les personnalités alter n'émergeaient pas par cette méthode. Les changements arrivaient plutôt spontanément et Mehmet restait totalement amnésique de ces "crises". La famille a fini pas stopper la thérapie et elle a rapporté un an plus tard que les troubles dissociatifs auraient cessé et que Mehmet avait retrouvé un bon niveau de maturité.

Emre :

Emre était un petit garçon de cinq ans lorsqu'il a été hospitalisé dans une clinique à la demande de sa mère. Le garçon avait de brusques comportements agressifs durant lesquels il cassait des objets, il attaquait ses amis, des étrangers et même sa mère. Il avait aussi de courtes périodes où il était en état de transe, de plus il entendait des voix, il avait d'horribles visions et de nombreux symptômes somatiques comme des migraines et des nausées. Parfois il semblait se parler à lui-même, riant et discutant pendant des heures avec on ne sait qui... Son comportement était complètement polarisé et il avait des attitudes sexualisées inappropriées pour son âge.

Il a confié qu'il entendait les voix de quatre filles et de six garçons dans sa tête, tous âgés entre quatre et douze ans. Il pouvait les voir, jouer avec eux et discuter avec lorsqu'il était tout seul. Une des filles, *"Gamze la sorcière"* avait un pistolet avec lequel elle effrayait Emre et les autres enfants. Parfois elle frappait Emre et cassait ses jouets, ou encore elle s'amusait à l'effrayer pendant la nuit. Lors de la troisième séance de thérapie, Emre déclara qu'une fille de douze ans nommée *"Cunyet"* voulait parler aux personnes présentes. C'est ainsi que l'alter Cunyet se présenta : elle était l'aînée et c'est elle qui protégeait Emre et les autres enfants de la sorcière Gamze, l'alter persécuteur. Lorsque le thérapeute a demandé où était Emre, Cunyet a désigné une chaise vide en disant qu'il était assis là à les écouter. Bien qu'il ait été rapporté par ses parents que l'enfant était souvent amnésique, il n'a pas été constaté une amnésie entre ces deux personnalités alter lors de la thérapie. Aucun passé traumatique n'a été rapporté dans le cas de ce garçon.

Nilgun :

Cette petite fille de 10 ans a un jour été amenée en thérapie par son père. Ses symptômes étaient un ennui récurrent, de la tristesse, des pleurs sans aucune raison apparente, une perte d'appétit, des états de transe, de sévères migraines, des évanouissements, des nausées, des douleurs d'estomac et des crises de colères extrêmes.

Nilgun a été diagnostiquée comme souffrant d'une dépression par deux psychiatres. Durant le premier entretien, la fillette a déclaré qu'il y avait une fille plus âgée à l'intérieur d'elle qui s'appelait *"Fatma"*. Elle a confié qu'elle entendait sa voix presque tous les jours depuis plus de deux mois. Cette voix la réconfortait et l'encourageait, elle commentait aussi ses comportements, ses sentiments et ses pensées. Elle mettait aussi en garde Nilgun de ne jamais parler de cela à personne y compris au thérapeute. Au début l'alter Fatma refusait de parler au thérapeute, puis il a commencé à communiquer par le biais de Nilgun, pour finir par émerger totalement : Fatma a alors déclaré au thérapeute qu'elle avait dû "aller" dans Nilgun suite à un événement désastreux qu'elle seule connaît, ceci afin d'aider la fillette. Elle a raconté qu'elle n'avait pas les mêmes parents que Nilgun et qu'elle avait pris le contrôle plusieurs fois pour l'aider mais que Nilgun ne savait pas ce qu'elle faisait parce qu'elle ne la voyait pas. Elle a aussi déclaré qu'elle ne savait pas tout ce que faisait Nilgun...

Lorsque l'alter Fatma émergeait, les mimiques de Nilgun, sa façon de parler et sa manière de se comporter avec les gens se transformait totalement. Elle semblait très sérieuse et elle donnait des réponses concises et précises. Lors des séances, Nilgun aimait s'amuser avec des jouets ou avec des puzzles, mais Fatma ne s'y intéressait pas du tout. Elle disait qu'elle était trop vieille pour jouer de cette manière. Elle affirmait aussi que Nilgun était à l'intérieur d'elle. Alors que Nilgun était une petite fille blonde aux yeux bleus, Fatma se décrivait comme ayant les yeux et les cheveux marrons. Nilgun était amnésique concernant les périodes de temps où Fatma prenait le contrôle. Aucune expérience traumatique passée n'a été découverte dans le cas de cette petite fille.[358]

6 - LE T.D.I. DANS LES MÉDIAS

a/ Les documentaires

Durant les années 90, la chaîne de télévision australienne *Seven Network* a consacré un documentaire au phénomène des personnalités multiples dans sa série *"The Extraordinary"*.

En 1993, le chaîne américaine *HBO* a diffusé *"Multiple Personalities : The Search for Deadly Memories"* (Personnalité multiple : à la recherche des mémoires refoulées), un documentaire entièrement consacré au T.D.I..

En 1999 est sorti un documentaire francophone dans la série *"Phénomènes inexpliqués"* intitulé *"Dédoublement de la personnalité"* (réalisé à l'origine par *Gloria Sykes* et produit par *A&E Television Network*). Il semblerait que ce soit le seul documentaire en français sur le sujet.

En 1999, un documentaire intitulé *"Mistaken Identity"* (Erreur d'identité) a été diffusé sur la chaîne anglaise *BBC2* (dans la série d'émissions *"Horizon"*), il donne la parole à plusieurs patients souffrant d'un T.D.I. ainsi qu'à des thérapeutes.

En 2004, un reportage intitulé *"The Woman With Seven Personalities"* (la femme avec sept personnalités), nous montre le Dr. Ruth Selwyn accompagnant Helen, une femme qui a développé plusieurs personnalités à la suite d'abus rituels comprenant des violences sexuelles.

Le documentaire semblant être le plus récent date de 2010, il est intitulé *"When The Devil Knocks"* (Lorsque le diable frappe à la porte) et a été produit par *Bountiful Films* (Canada). Il raconte l'histoire d'Hilary Stanton, une femme diagnostiquée avec un T.D.I. et suivie par la thérapeute Cheryl Malmo.

b/ Le cinéma et les séries TV

Il est intéressant de noter que malgré le fait que ce trouble psychiatrique soit plus ou moins dissimulé au grand public, nombreuses sont les productions cinématographiques à l'avoir utilisé comme base pour établir leur scénario, voici quelques exemples de films :

---

[358] *"Dissociative identity disorder in childhood : five turkish cases"* - S. Zoroglu, L. Yargic, M. Ozturk, Journal *"Dissociation"*, Vol.9 N°4, 12/1996.

- The Case of Becky (1921)
- Dr Jekyll & Mr Hyde (1941)
- *The Dark Mirror* (La Double Énigme, 1946)
- *The Three Face of Eve* (Les Trois Visages d'Ève, 1957)
- *The Manchurian Candidate* (Un crime dans la tête, 1962)
- The Nutty Professor (1963)
- *A Clockwork Orange* (Orange Mécanique, 1971)
- *Sybil* (1976)
- *Dressed to Kill* (Pulsions, 1980)
- *Zelig* (1983)
- Voices Within : The Lives Of Truddi Chase (Démons Intérieurs, 1990)
- *Raising Cain* (L'Esprit de Caïn, 1992)
- Complots (1997)
- Fight-Club (1999)
- Session 9 (2001)
- *The Bourne Identity* (La Mémoire dans la peau, 2002)
- *Dédales* (2002)
- Identity (2003)
- *Secret Window* (Fenêtre Secrète, 2004)
- *Hide & Seek* (Trouble jeu, 2005)
- Mr Brooks (2007)
- Shutter Island (2010)
- Frankie & Alice (2010)
- The Crowded Room (2015)

Nous pouvons également citer les séries télévisées *Dollhouse,* mettant en scène l'exploitation de *"poupées"* humaines programmées et amnésiques ou encore *"United State of Tara"* qui raconte l'histoire d'une mère de famille souffrant d'un T.D.I., mais aussi la série canadienne *"Shattered"* dont le personnage principal est un policier à la personnalité multiple... Le court métrage *"Inside"* de Trevor Sands met en scène un patient avec une personnalité multiple plutôt hétéroclite. La websérie *"Neuroblaste"*, produite en 2011 par *Radio-Canada* en format *motion comic* (bande dessinée animée), s'inspire quant à elle des travaux sur le lavage de cerveau de type MK-Ultra menés à Montréal dans les années 1960 par le psychiatre Ewen Cameron.

Généralement dans les productions cinématographiques, le T.D.I. est représenté d'une manière stéréotypée et partiale, ne montrant que le côté attractif et sensationnel de la personnalité multiple et en éclipsant les autres caractéristiques de la maladie. De plus, la plupart des films traitant ce sujet mettent en avant des personnages extrêmement conflictuels, violents, voir même meurtriers. Cette vision du T.D.I. est limitative. De plus le cinéma a tendance à mélanger et à confondre schizophrénie et T.D.I., ce qui aggrave encore la confusion générale entre ces deux diagnostics. Le cinéma étant un art visuel, la représentation cinématographique habituelle du T.D.I. ne permet pas de distinguer le véritable dédoublement de personnalité de l'hallucination, ce qui renforce la confusion entre schizophrénie et T.D.I..[359]

---

[359] "I was the murderer ! Or the Dissociative Identity Disorder in the cinema" - Beatriz Vera Posek, 2006.

Pour ce qui est de l'image médiatique du contrôle mental basé sur le T.D.I., voici ce qu'écrit la thérapeute Alison Miller : "La représentation populaire du contrôle mental par les mass-médias implique généralement des espions ou des assassins qui travaillent pour la CIA ou d'autres groupes militaires, politiques ou même des entreprises privées, sans qu'ils en aient conscience. Cela parce qu'ils ont d'autres "personnalités" qui agissent dans ces activités. Prenons par exemple Jason Bourne, le héros du film "Complots", ou Echo dans la série "Dollhouse", parmi d'autres productions américaines. Ces fictions qui mettent en scène des agents spéciaux suggèrent au public qu'ils ont été recrutés à l'âge adulte, faisant même un choix délibéré pour participer à ces choses-là. Une fois qu'ils ont été recrutés, l'histoire commence, leurs anciennes mémoires sont effacées et une nouvelle personnalité avec des compétences spécifiques est alors créée. Cependant, il n'y a qu'une seule étape de la vie durant laquelle les programmeurs peuvent créer un individu pouvant pratiquer de telles activités sans en avoir aucune conscience, sans avoir aucune résistance... Il n'y a qu'une seule façon de le faire et c'est par les abus et la torture sur un jeune enfant. L'affreuse réalité est qu'il n'existe aucun adulte qui s'engagerait volontairement dans de telles choses, il n'y a que des petites victimes."[360]

c/ L'incroyable Hulk…

Tout le monde connaît le personnage "Hulk", cet homme qui se transforme en une sorte de géant vert à la force décuplée lorsque quelque chose déclenche en lui une rage extrême. L'incroyable Hulk est une création du scénariste Stan Lee et du dessinateur Jack Kirby. Ce personnage de fiction a été popularisé par la maison d'édition *Marvel Comics* où il est apparu pour la première fois aux États-Unis en 1962. Ce que les gens savent moins, c'est que l'histoire de l'incroyable Hulk est basée sur un trouble psychiatrique qui n'est rien d'autre que le T.D.I. avec son amnésie dissociative. Sans un fractionnement de sa personnalité, le héros Bruce Banner ne se transformerait pas en l'incroyable Hulk…

Sur le site internet de la maison d'édition[361] nous pouvons lire une description très détaillée sur le monde de Hulk et particulièrement sur son fractionnement de personnalité. La maison d'édition décrit parfaitement le contexte traumatique et dissociatif qu'il y a derrière l'histoire du "géant vert". Nous y apprenons que Bruce Banner est le fils d'un alcoolique qui le haïssait profondément. Son père le maltraitait et le terrorisait, allant même jusqu'à tuer sa mère avant de se retrouver interné en hôpital psychiatrique. Très tôt, Bruce a montré les signes d'une grande intelligence mais aussi d'un repli sur lui-même. Sur pouvons lire sur *Marvel.com* qu'il aurait *"développé un dédoublement de la personnalité pour l'aider à traiter sa douleur et sa rage"*, le célèbre et incroyable Hulk souffre donc bien d'un trouble dissociatif de l'identité…

---

[360] "Becoming Yourself : Overcoming Mind Control and Ritual Abuse" - Alison Miller, 2014, p.15.
[361] Marvel Universe Wiki : Hulk (Bruce Banner), www.marvel.com.

À l'école, Bruce Banner était tellement insociable et violent qu'il a fini par poser une bombe dans le sous-sol de son établissement... ce qui a attiré l'attention de l'armée sur ce petit génie qui deviendra plus tard physicien travaillant pour cette dernière. C'est une irradiation accidentelle aux rayons gamma qui a provoqué ce phénomène de transformation physique radicale. Au début de la saga, Bruce se transformait en un Hulk gris au coucher du soleil et il retrouvait sa forme humaine à l'aube. Par la suite, son changement en "géant vert" sera déclenché par une forte libération d'adrénaline lorsque Bruce entre dans une rage extrême, cela à n'importe quelle heure de la journée. Le Hulk vert n'a pas les mêmes capacités d'intelligence que Bruce, ni la même mémoire, c'est un alter fou furieux pouvant être une réelle menace pour la société. Il est important de noter que Bruce Banner souffre d'amnésies, il ne se rappelle jamais de ce qu'a fait Hulk et il doit reconstituer les événements à partir des dégâts que son alter vert a provoqué sur son passage... Il s'agit clairement d'une rage incontrôlable où Bruce Banner entre dans un état dissociatif. On nous dit qu'il lutte en permanence pour contrôler ces "*switch*" et maintenir une stabilité de sa propre personnalité...

L'histoire continue... Un jour, le psychiatre Leonard *"Doc"* Samson capture Hulk et arrive à séparer la personnalité de Bruce Banner de celle de Hulk. Sans la personnalité de Bruce pour le canaliser et le retenir, Hulk devient encore plus dangereux. Bruce juge alors que la seule solution pour lui de contrôler le "géant vert" est de fusionner avec le monstre. Mais le stress de la réintégration crée un autre alter : *"Joe Fixit"*. Cet alter est une brute au mauvais caractère dont la personnalité ressemble à celle du père de Bruce. C'est à partir de ce moment-là qu'il se crée une véritable bataille dans le subconscient de Bruce pour savoir quelle personnalité alter prendra le contrôle et aura la suprématie. Cependant, grâce à des séances d'hypnose, Banner, Hulk et Joe Fixit sont tous les trois mis au même niveau de conscience afin qu'ils affrontent ensemble les questions non résolues, qu'ils affrontent enfin leurs démons intérieurs... Bruce Banner doit alors se confronter aux mémoires concernant son père qui l'a violenté et qui a assassiné sa mère. En intégrant cela, Bruce devient capable de fusionner les personnalités alter pour enfin trouver un apaisement intérieur : une autre personnalité va alors émerger, un nouveau Hulk qui aura les capacités mentales et l'intelligence de Bruce Banner tout en gardant la force de l'incroyable Hulk. Cette nouvelle personnalité sera appelée *"Le Professeur"*...

Comme vous pouvez le constater, nous nageons ici en plein dans le sujet du fonctionnement des personnalités multiples, voir même du processus de contrôle mental.

Hulk fait partie de ces super-héros américains (l'univers Marvel des *Comics*) qui sont souvent liés de manière implicite au trouble dissociatif de l'identité. Des super-héros avec d'un côté une identité civile tout à fait classique et par ailleurs une identité secrète avec des super pouvoirs comme *Batman*, *Superman* ou encore *Spiderman* (ces trois-là gardent la mémoire de leur transformation). Nous pouvons citer des personnages comme *Double Face* (un des *super-vilains* de l'univers Batman) ayant une personnalité bienveillante et une personnalité malveillante, ou encore le personnage *Legion*, habité par de multiples personnalités ayant chacune des pouvoirs psychiques. Citons également le super-héros *Moon Knight* (Chevalier de la Lune) qui lui aussi a un T.D.I. avec trois personnalités alter. De plus il est en relation avec un dieu égyptien lui permettant de devenir encore plus fort, notamment les nuits de pleine Lune... Tous ces personnages illustrent bien la présence marquée du T.D.I. dans la culture des *Comics* et des super-héros. L'amnésie dissociative est également présente : Le personnage des *X-Men*, James Howlett, possède un alter nommé *Wolverine* qui est coutumier des amnésies, il ne se rappelle jamais des massacres auxquels il se livre régulièrement, tout comme Hulk ne se rappelle pas de ses rages destructrices. C'est une parfaite illustration du phénomène des murs amnésiques traumatiques dans les états dissociés.

À noter qu'en 1992, la série *X-Men* a fait une référence claire au programme MK-Ultra dans un des épisodes de la saison 4 intitulé *"Weapon X, Lies and Videotape"*. Dans cet épisode les *X-Men* découvrent un laboratoire où ils ont subi du contrôle mental des années auparavant. Ils y trouvent notamment un enregistrement vidéo qui contient la description des expérimentations qui ont été faites sur eux, voici ce que le dessin animé nous dévoile : *"Des sujets anonymes ont été testés et conditionnés avec des traumatismes. Nous sommes capables de réintégrer ces hommes dans la société lorsque les services secrets en ont besoin, sans qu'ils n'aient aucune mémoire d'avoir été programmés. Ils sont conditionnés et ils ne se rappellent de rien... La clé est d'atteindre leur subconscient. Pour cela le sujet doit être exposé de façon répétitive à des simulations de traumas émotionnels extrêmes. En utilisant des drogues, nous imprimons de faux souvenirs dans l'esprit du sujet afin de le saturer émotionnellement et de le fractionner pour le rendre contrôlable... Ce processus semble mieux fonctionner lorsque les traumatismes sont réels..."* ... Le programme MK-Ultra résumé en quelques lignes, mais bien entendu tout ceci n'est que de la science-fiction pour adolescents attardés...

7 - CONCLUSION

Pour le Dr. Colin Ross, l'étude sérieuse du T.D.I. aurait dû provoquer un véritable basculement de paradigme dans la psychiatrie moderne, il écrit : *"le T.D.I. est le plus important et le plus intéressant trouble dans la psychiatrie, c'est pourquoi je l'étudie. Je crois que c'est un diagnostic-clé dans cet imminent changement de paradigme de la psychiatrie, car le T.D.I. illustre le mieux la réponse caractéristique de l'organisme humain face à un sévère traumatisme psychique ; mais aussi parce que le trauma est une cause majeure des maladies mentales d'un point de vue de santé publique. Je pense que le trauma est une cause sous-jacente majeure dans de nombreuses maladies mentales, comme la dépression, les troubles alimentaires, les troubles de la personnalité, l'abus de substances, les troubles psychosomatiques et toutes les formes d'autodestruction et de violence. La psychiatrie biologique devrait obtenir de bien meilleurs résultats si elle se focalisait sur la psychobiologie du trauma."* [362]

Il semblerait que la psychiatrie francophone soit mal formée, voir aucunement formée en psychotraumatologie et encore moins en matière de troubles dissociatifs.... Les ressources francophones (publications d'études scientifiques, publications de témoignages, ouvrages spécialisés, enquêtes et reportages journalistiques) concernant le T.D.I., et plus globalement la psychotraumatologie, semblent très restreintes pour ne pas dire inexistantes. Fait

---

[362] "The Osiris Complex : Case Studies in Multiple Personality Disorder" - Colin Ross, 1994, p.xii.

plutôt étrange alors que ce trouble est officiellement reconnu dans le DSM et qu'il existe un très grand nombre d'ouvrages anglophones sur le sujet. Pourquoi une telle lacune en francophonie ? Pourquoi la psychotraumatologie n'est-elle pas plus développée ? Ce qui permettrait de mieux venir en aide aux victimes. Pourquoi l'existence du T.D.I. est-elle vigoureusement attaquée et discréditée par une certaine élite médicale ou pseudo experts ? Qui non seulement ne reconnaissent pas les phénomènes de fractionnement de la personnalité, mais de surcroît relativisent les conséquences que peuvent avoir les traumatismes infantiles sur la vie future de l'enfant.

C'est une véritable chape de plomb qui recouvre cette boîte de Pandore que représentent les abus rituels et le contrôle mental basé sur les traumatismes : c'est à dire le processus neurologique de la dissociation et de l'amnésie traumatique. Enseigner dans les facultés de médecine le fonctionnement scientifique de la dissociation, des murs amnésiques et du fractionnement de la personnalité reviendrait à révéler publiquement et académiquement une certaine connaissance occulte. Une connaissance pourtant vieille comme le monde et utilisée de nos jours de façon systématique et malveillante par certains groupes de pouvoirs. Le processus de fonctionnement des esclaves sous programmation mentale n'est pas censé atteindre la sphère publique et profane. La plupart des étudiants en psychologie et en psychiatrie ne croient pas qu'un tel contrôle mental soit possible. Cela pour la bonne raison qu'ils n'ont aucune connaissance du concept basique qu'il y a derrière le MK, c'est à dire le T.D.I., un trouble de la personnalité indispensable pour qu'un humain puisse travailler comme un robot dans des opérations clandestines… ou non.

Dans un article intitulé *"The Dissociative Disorders, Rarely Considered and Underdiagnosed"* (les troubles dissociatifs, rarement considérés et sous-diagnostiqués), le Dr. Philip M. Coons confirme que les troubles dissociatifs sont généralement sous-diagnostiqués car non pris en considération, faute de formation. Le Dr. Coons constate que les professionnels de la psychiatrie ne sont pas familiarisés avec ce diagnostic ni même avec la symptomatologie dissociative car selon lui, *les professionnels manquent sérieusement de données épidémiologiques concernant les troubles dissociatifs*. Pourquoi une telle omission dans le milieu psychiatrique ?

Nous avons un début de réponse dans l'autobiographie de Cathy O'Brien, *"L'Amérique en pleine Transe-formation"*. Voici ce que Mark Phillips écrit à propos des institutions psychiatriques : *"À ce jour, ni l'American Psychiatric Association, ni l'American Psychological Association n'ont publié de modèle de développement d'un protocole thérapeutique efficace sur les troubles dissociatifs (considérés comme résultant de traumas répétés). Un certain nombre de facteurs rendent le développement d'un tel modèle difficile. Le premier de ces facteurs concerne le secret que la Sécurité Nationale applique aux recherches classifiées sur le contrôle de l'esprit. Dans le climat actuel, adresser des victimes du contrôle de l'esprit à des professionnels de la psychiatrie pour un traitement équivaudrait à confier un patient nécessitant une opération d'urgence à un chirurgien auquel on aurait bandé les yeux et passé des menottes (…) Ce qui nous permettrait peut-être de jeter les bases d'une explication serait d'identifier "qui", au sein de notre gouvernement, aurait intérêt à bloquer de cruciales découvertes de la recherche médicale et autres informations d'ordre technologique vis-à-vis des professions psychiatriques (…) Passant à l'étape suivante et vous procurant alors un exemplaire de l'Oxford's Companion To The Mind (Oxford Press, 1987) du professeur de faculté, vous pouvez pratiquement y trouver tout ce qui concerne les recherches sur l'esprit sans la moindre référence au contrôle de l'esprit. Peut-être aurez-vous maintenant le loisir de réaliser à travers les omissions des Random House, Webster et autre Oxford Press, que vous êtes victime du contrôle de l'information."*[363]

La rescapée du programme MK-Monarch, Cathy O'Brien, écrit dans ce livre : "Il y a de nombreuses installations du même type dans notre pays, au sein de divers complexes de la CIA, de l'armée et de la NASA, où les connaissances hyper-avancées du gouvernement sont développées, testées et modifiées. Les gens que j'ai rencontrés, qui avaient étudié en profondeur les mécanismes scientifiques du cerveau et les tenants et aboutissants de l'esprit, se servaient de cette accumulation de connaissances secrètes pour manipuler et/ou contrôler les autres (…) (ndlr : le sénateur) Byrd m'expliquait que le 'Nouvel Ordre Mondial' "voyait ses pouvoirs renforcés" en ne permettant à son lobby, l'American Psychiatric Association (APA), qu'une information partielle et/ou une désinformation délibérée de la communauté psychiatrique en ce qui concerne les modalités de traitement de troubles dissociatifs graves résultant du contrôle de l'esprit ! Ses auteurs pensaient que la rétention des connaissances et la prolifération d'une désinformation délibérée leur permettaient de contrôler leurs secrets et, subséquemment, l'humanité. Il pourrait bien en être ainsi si personne ne pouvait ou ne voulait réagir aux informations présentées dans ce livre."[364]

Voici un dialogue tiré du livre *"Pour cause de Sécurité Nationale"* qui illustre le manque de connaissance du monde psychiatrique sur ce sujet :

- J'ai passé un grand nombre de coups de fil, commence Marsha, c'est vraiment compliqué d'approcher les professionnels de la psychiatrie sur un sujet "classifié" tel que le contrôle de l'esprit. Ils aiment croire qu'ils en savent déjà tout. Mark et moi acquiesçons de la tête.

- Avez-vous essayé en utilisant l'expression " lavage de cerveau " ? lui demandais-je.

- Oui, me répond Marsha, je me suis même résolue à employer l'expression "modification du comportement", et je rencontre encore des difficultés à décrire les troubles, et plus encore à trouver un établissement en mesure de les prendre en charge. Si vous êtes d'accord, je vais relancer une recherche, mais cette fois pour trouver quelqu'un qui pourrait lui diagnostiquer un TPM (T.D.I.).

- Y a-t-il quelqu'un dans cet État qui sache traiter ces troubles ? demande Mark. Selon les standards psychiatriques actuels, il faut en moyenne 8 ans et demi pour diagnostiquer ce syndrome, et pendant ce temps il doit y avoir un traitement. En attendant que les "types du renseignement" aient fait diffuser dans les milieux psychiatriques les données permettant le diagnostic précis et le traitement adéquat, notre seule solution réside dans les vieilles thérapies obsolètes au long cours. Comment envisagez-vous de trouver quelqu'un dans cet État pour diagnostiquer les conséquences des sévices que la CIA a fait subir à Cathy ?[365]

Les professionnels du monde de la santé mentale ne sont visiblement pas formés pour pouvoir diagnostiquer correctement une personne souffrant d'un trouble dissociatif de l'identité… Ce trouble psychiatrique n'est pas enseigné dans les facultés, donc on ne cherche pas à le détecter et si vous ne cherchez pas une

---

[363] *"L'Amérique en pleine Transe-formation"* - Cathy O'Brien & Mark Phillips, 2013, p.62-19.
[364] Ibid, p.327-328.
[365] *"Pour cause de Sécurité Nationale"* - Cathy O'Brien & Mark Phillips, 2015, p.101-102.

chose, vous ne la trouvez pas… donc elle n'existe pas, la boucle est bouclée. L'absence de diagnostic correct, en privant le patient d'un traitement adéquat, est le problème le plus important et le plus courant pour les patients souffrant d'un T.D.I.. Ce dernier sera généralement diagnostiqué comme schizophrène, bipolaire ou *borderline*… sans oublier évidemment la lourde ordonnance de psychotropes faisant partie du protocole *thérapeutique*, engraissant copieusement les laboratoires pharmaceutiques, cela dit en passant…

Dans le livre de la thérapeute canadienne Alison Miller, "Healing the Unimaginable", une patiente (LisaBri) témoigne : "Au début des années 90, j'ai été diagnostiquée avec toute sorte de troubles, allant de la schizophrénie jusqu'au syndrome prémenstruel. On m'a dit de trouver un hobby et de ne plus boire le soir. Le psychiatre sortait de son bureau une boîte de pilules blanches à chaque fois que je montrais un signe émotionnel. Tous les thérapeutes, docteurs et psychiatres que j'ai pu rencontrer voulaient que j'étouffe mes émotions ou que je les éloigne loin de moi. Mais où pouvaient-elles aller ces émotions ? Plus je les étouffais, plus j'allais mal, jusqu'au jour où je me suis retrouvée à déambuler dans le quartier sécurisé d'un hôpital psychiatrique… J'ai réussi à décrocher des médicaments et de l'alcool et j'ai finalement trouvé un thérapeute compétent avec qui travailler. J'étais bien décidée à tout faire pour freiner ces états émotionnels intenses que je subissais. J'ai rapidement été diagnostiquée avec un T.D.I.."[366]

En étudiant de plus près la question du T.D.I., on comprend aisément que les fonctions dissociatives et amnésiques de l'esprit humain peuvent être exploitées dans un but de manipulation et d'exploitation de l'individu. Il s'agit là d'une véritable science psychiatrique parallèle, qui mise entre de mauvaises mains devient une science traumatique et une arme de contrôle mental indétectable. Si ce trouble de la personnalité fractionnée avec ses murs amnésiques n'est pas enseigné dans les facultés de médecine et qu'il est systématiquement controversé et décrédibilisé par une élite d'*experts*, c'est pour la simple raison qu'il est l'axe principal du contrôle mental pratiqué par certaines organisations occultes dominantes. Il s'agit là de la pierre angulaire de la "religion sans nom" : les abus rituels permettant la programmation MK, elle-même basée sur la structuration et l'organisation d'un système interne résultant d'un T.D.I..

De plus, le T.D.I. ouvre la voie à la question de la possession démoniaque et de l'éventuelle existence d'une science occulte maîtrisant les paramètres de cette possession par certaines entités. Car comme nous allons le voir dans le prochain chapitre, T.D.I. et possessions démoniaques sont intimement liés. De nos jours la capacité à étudier à la fois les aspects spirituels et psychologiques des phénomènes de contrôle mental manque souvent mais il y a des exceptions tel le livre du Dr. Loreda Fox : *"The Spiritual Dimensions of MPD"* (les dimensions spirituelles du T.D.I.). Il est inévitable d'aborder à un moment ou un autre la question de la possession démoniaque dans le processus de contrôle mental basé sur les traumatismes. Traugott Konstantin Oesterreich, qui était professeur de philosophie à l'Université de Tubingen en Allemagne, a étudié de près les personnalités multiples et la possession démoniaque. Il en a écrit un livre de référence qui a été traduit en anglais en 1930 sous le titre *"Possession : Demoniacal*

---

[366] "Healing the Unimaginable : Treating Ritual Abuse and Mind Control" - Alison Miller, 2012, p.136.

and Other". Son ouvrage d'anthologie sur le sujet fournit des cas documentés révélant indirectement que le contrôle mental induit par traumatismes était pratiqué en Allemagne, en France et en Belgique bien avant le XXème siècle. Les recherches d'Oesterreich du début des années 1900 étaient le genre de recherches dont les programmeurs MK Nazis étaient très conscients. En 1921, les Allemands tels Oesterreich décrivaient les changements abrupts de personnalité par le terme *"possession somnambuliforme"* (états hypnotiques) ou *"somnambulisme démoniaque"* ou ce qui peut être appelé *"Besessenheit von Hypnotismus und bösen Geistern"* (possession par hypnose et mauvais esprits).[367]

---

[367] "The Illuminati Formula Used to Create an Undetectable Total Mind Controlled Slave" - Fritz Springmeier & Cisco Wheeler, 1996.

CHAPITRE 6

TRAUMATISME, DISSOCIATION
ET CONNEXION AUX AUTRES DIMENSIONS

Si nous marchons dans la chair, nous ne combattons pas selon la chair. Car les armes avec lesquelles nous combattons ne sont pas charnelles, mais elles sont puissantes devant Dieu, pour renverser des forteresses. 2 Corinthiens 10 :3-4

Le père Hilarion Tissot croit que toutes les maladies nerveuses accompagnées d'hallucinations et de délires sont des possessions démoniaques, et en comprenant les choses dans le sens des kabbalistes, il aurait pleinement raison. "The History of Magic" - Éliphas Lévi, 1913

Dans 1 Cor 15 :44, nous lisons : "Il est semé corps animal, il ressuscite corps spirituel, il y a un corps animal et il y a un corps spirituel". Nous savons ainsi que nous avons un corps physique et un corps spirituel. C'est à travers ce corps biologique que nous avons un contact physique avec le monde matériel qui nous entoure. Nous ne sommes pas conscients d'avoir un corps spirituel jusqu'à la mort de notre corps physique. C'est ce à quoi Dieu nous a destiné. À travers les rituels, les satanistes utilisent les démons pour séparer le corps spirituel du corps physique. Quand l'âme et l'esprit ont été séparés et que le corps spirituel a été séparé du corps physique, alors la personne entre d'une manière pleinement consciente dans une toute autre dimension. C'est la dimension que je nomme le monde intérieur. Ce monde est aussi vaste et aussi réel pour l'individu que ne l'est le monde physique pour nous. Nous pensons aux esprits comme s'ils avaient un état 'vaporeux', mais les personnes étant allées dans cette dimension m'ont rapporté que les démons avaient bien un poids et une substance. "Restoring Survivors of Satanic Ritual Abuse" - Patricia Baird Clark, 2000

1 - INTRODUCTION

Nous allons maintenant mettre un pied dans une autre dimension, dans le paranormal… Il s'agit d'établir s'il existe un lien entre le trouble dissociatif de l'identité et les possessions démoniaques ; la dissociation et les pouvoirs psychiques ; avec ce qui semble être un facteur commun : les traumatismes de l'enfance. Nous allons voir que les traumatismes sévères provoquent une sorte de "déverrouillage" spirituel créant une ouverture vers ce que l'on peut nommer le *monde des esprits*, c'est à dire des dimensions dépassant notre réalité physique et matérielle. La dissociation qu'entraînent les traumatismes sévères ouvre certaines portes spirituelles mais elle façonne également la construction neurologique chez l'enfant. Comme nous allons le voir, ces deux choses combinées peuvent provoquer des facultés psychiques paranormales telles que la médiumnité, la clairvoyance, la vision à distance, etc. Mais ce processus traumatique est également la porte ouverte à certaines entités qui profiteront de ces brèches, ou fracturations, pour s'introduire dans le monde spirituel de la victime.

Les rituels *initiatiques* provoquant volontairement des traumatismes sont pratiqués pour ouvrir des portes vers d'autres dimensions et lier spirituellement l'*initié* (l'enfant victime) avec le monde des esprits. Le phénomène de dissociation psychique lié aux traumatismes serait donc une sorte de pont reliant les fonctions cognitives *normales* aux fonctions cognitives *paranormales*, reliant le monde physique au monde métaphysique. La métaphore correspondant est celle d'Alice *qui traverse le miroir* pour accéder à un autre monde. C'est l'accès à ce *"monde intérieur"* dont parle beaucoup de survivants d'abus rituels et de contrôle mental, une fracturation psychique et spirituelle qui crée une ouverture vers une autre dimension de l'être humain… Le processus de dissociation est la base de toutes les pratiques spirituelles visant à accéder à d'autres dimensions (de la médiumnité jusqu'au *"Voyage Astral"*), et les sociétés secrètes de type maçonnique étudient et enseignent ces choses-là.

L'exploration du lien entre le phénomène de la dissociation et le phénomène de la possession démoniaque peut poser un certain problème qu'il faut savoir dépasser. En effet, les cliniciens et autres thérapeutes qui travaillent sur la psychotraumatologie et la dissociation ont déjà beaucoup de mal à faire reconnaître de manière crédible la réalité des troubles dissociatifs, sans avoir en plus à devoir être liés à l'image du monde *"archaïque, sauvage et primitif"* des guérisseurs indigènes traditionnels et autres exorcistes *chassant les démons*. Pourtant, ces deux mondes sont indissociables pour avoir une bonne compréhension du sujet : dissociation et possession font partie intégrante des traditions religieuses pré-industrielles et même antiques. Le monde de la médecine moderne aurait beaucoup à apprendre du monde des guérisseurs traditionnels, particulièrement dans le domaine psychiatrique. Le côté spirituel des troubles de la personnalité est généralement négligé par les thérapeutes et raillé par les esprits cartésiens qui critiqueront rapidement le sujet de la démonologie, reléguant cela à de la *diablerie superstitieuse*, le vestige d'un *obscur passé moyenâgeux*… Pourquoi pas ? Mais sachant qu'il existe de véritables adeptes d'occultisme, de rituels en tout genre et de magie noire, des gens qui croient fermement travailler main dans la main avec Lucifer, le prince de ce monde, ainsi qu'avec son armée de démons : rejeter le problème du "diable" n'est pas une option car cela reviendrait à tomber dans son piège, c'est à dire à nier son existence… Nous nous retrouverions alors totalement soumis à ses ruses et à la merci de ses attaques spirituelles. Même si vous n'y croyez pas, sachez que certains y croient dur comme fer et appliquent certains rituels à la lettre...

L'auteur Fritz Springmeier fait une analogie intéressante entre démonologie et microbiologie. La plupart des gens n'ont jamais vu un démon tout comme ils n'ont jamais vu un virus. Pourtant ils nient l'existence de l'un et prennent des antiviraux pour se prémunir contre l'autre. Il y aura toujours des divergences d'opinions sur la démonologie, mais tout comme il a été utile à la santé de nombreux malades de traiter les virus, des victimes d'abus rituels et de contrôle mental ont eu l'utilité de traiter les démons, c'est à dire le côté spirituel de leurs troubles psychiques. N'est-ce pas le père Georges Morand qui a déclaré sur France Culture en 2011 que les victimes de cultes sataniques qu'il avait rencontrées ne s'en étaient sorties que par la prière d'exorcisme ? Les entités que côtoient ou combattent les chamans de Sibérie dans leurs virées astrales ne sont-elles que du vent glacé ? L'une des principales activités de Jésus-Christ lorsqu'il foulait du pied cette terre n'était-elle pas de chasser les démons, de délivrer les malades par la prière ? Certains de ces malades guéris par le Christ avaient-ils un fractionnement de la personnalité et même de l'âme ? Dans son livre *"Jesus : The Evidence"*, Ian Wilson avance la thèse que les nombreuses personnes possédées ayant été guéries par Jésus-Christ souffraient possiblement d'un T.D.I..

- Aussitôt que Jésus eut débarqué, un homme sortant des tombeaux et possédé d'un esprit impur vint au-devant de lui. Il avait sa demeure dans les tombeaux, et personne ne pouvait plus le lier, même avec une chaîne. Car souvent il avait eu les fers aux pieds et avait été lié de chaînes, mais il avait rompu les chaînes et brisé les fers, et personne n'avait la force de le dompter. Il était sans cesse nuit et jour dans les tombes et sur les montagnes, criant et se meurtrissant avec des pierres. Il vit Jésus de loin, accourut, se prosterna devant lui et s'écria d'une voix forte :

- Que me veux-tu, Jésus, Fils du Très Haut ? Je t'en conjure au nom de Dieu, ne me tourmente pas. Car Jésus lui disait :

- Sors de cet homme, esprit impur. Et Jésus lui demanda :

- Quel est ton nom ?"

- Légion est mon nom, lui répondit-il, car nous sommes plusieurs.

Marc 5 :2-9

Le possédé répond à Jésus-Christ qu'il est *légion*, et qu'ils sont *plusieurs*. Est-ce une armée de démons ? Une personnalité fractionnée en mille morceaux ? Ou bien un mélange des deux ? Quelle que soit la réponse, le Seigneur a délivré et libéré cet homme.

L'Esprit du Seigneur, l'Éternel, est sur moi,

Car l'Éternel m'a donné l'onction.

Il m'a envoyé pour porter de bonnes nouvelles à ceux qui sont humiliés;

Pour panser ceux qui ont le cœur brisé,

Pour proclamer aux captifs leur libération

Et aux prisonniers la délivrance.

(Ésaïe 61 :1)

Lorsque la Bible parle de *"cœur brisé"*, il est naturel de penser au premier abord qu'il s'agit du sens figuratif, une métaphore que l'on utilise parfois pour qualifier une relation romantique : *"il lui a brisé le cœur"*. Mais tout comme Jésus-Christ a déclaré *"mangez, ceci est Mon Corps, buvez, ceci est Mon Sang"*, cette expression de *"cœur brisé"* n'a rien de figuratif ou de symbolique.

Voici ce qu'explique John Eldredge, l'auteur de *"Wild at Heart : Discovering the Secret's of a Man's Soul"* à ce propos :

"Lorsque que Ésaïe parle du "cœur brisé", Dieu n'utilise pas une métaphore. En Hébreux, cela se dit "leb shabar ("leb" pour "cœur", et "shabar" pour "cassé"). Ésaïe utilise le mot "shabar" pour décrire un buisson dont les brindilles sèches sont brisées (27 :11), pour décrire également les idoles de Babylone couchées et brisées au sol (21 :9) tout comme une statue se brise en mille morceaux lorsque vous la jetez au sol; ou encore pour décrire un os brisé (38 :13). Ici Dieu parle de façon littérale, il dit : "Ton cœur est en morceaux, Je veux le guérir."

Le mot hébreux *"leb"*, en plus de signifier *"cœur"*, peut également se traduire par *"esprit"*, *"âme"* ou *"conscience"*. Les théologiens nous disent que dans le Nouveau et l'Ancien Testament, les références à l'esprit, l'âme et le cœur se rapportent à une seule et même chose. Ce qui signifie que dans Ésaïe, le *"cœur brisé"* équivaut à la conscience brisée ou à l'esprit brisé, littéralement fractionné en mille morceaux. S'agit-il d'une référence à une dissociation ? À un fractionnement de la personnalité ? Notons que dans l'Ancien Testament, le mot hébreu qui désigne le mal est *"ra"*, de la racine *"Ra'a"*, un mot qui signifie également briser, casser, mettre en morceaux.

Les rituels traumatiques entraînant des états de transe, de possession, avec ce processus psycho-spirituel qu'est la dissociation de la personnalité, étaient forcément présents à l'époque biblique, mais aussi à l'époque antédiluvienne et Babylonienne. L'*Épopée de Gilgamesh*, écrite au troisième millénaire avant J.C. en Mésopotamie, ou encore l'*Iliade d'Omer vers 800* avant J.C., rapportent des témoignages qui correspondent à ce que nous appellerions aujourd'hui une dissociation lors d'un traumatisme. De nos jours l'image de la fêlure et de la cassure est quelque chose de récurrent dans la symbolique du contrôle mental Monarch affichée dans l'industrie du divertissement. Une poupée ou un mannequin au visage fissuré ou brisé, qui symbolise un alter, est une représentation classique d'un esclave MK à la personnalité fractionnée (Nous y reviendrons dans le chapitre 9)

2 - PERSONNALITÉ MULTIPLE
ET POSSESSION DÉMONIAQUE

"Un phénomène curieux qui a été observé depuis des siècles mais qui n'a pas encore reçu son explication complète, est celui dans lequel l'individu semble être le véhicule d'une personnalité qui n'est pas la sienne. La personnalité de quelqu'un d'autre semble le "posséder" et s'exprimer à travers ses paroles et ses actes, alors que la véritable personnalité de l'individu est temporairement absente." Dr. D.Laing - "The Divided Self"

Le Dr. James Randall Noblitt, en référence aux découvertes récentes sur les troubles dissociatifs a déclaré : "Peut-être approchons nous d'une nouvelle théorie naturaliste sur la possession par un esprit. Une théorie non seulement applicable à la santé mentale, mais également à l'anthropologie et aux interprétations historiques sur la sorcellerie européenne."

Dans le trouble dissociatif de l'identité, le *"Moi"* est fragmenté tandis que dans la possession, le corps est partagé. Dans le T.D.I., c'est l'entité *Moi* (la personnalité principale) qui est éclatée en plusieurs morceaux, alors que dans la possession il y a invasion d'une entité extérieure. En d'autres termes, dans le

T.D.I., les alter bien que séparés, sont considérés comme plusieurs aspects d'un seul et unique individu. Alors que dans la possession, il est censé y avoir plusieurs entités extérieures indépendantes et bien distinctes de l'individu. Dans le T.D.I., les alter devront être intégrés et fusionnés pour reconstruire la personnalité lors d'une psychothérapie, tandis que dans la possession, les entités extérieures sont exorcisées et chassées hors de la personne lors d'un exorcisme. Mais comme nous allons le voir, ces deux phénomènes très proches l'un de l'autre se chevauchent parfois et semblent même se confondre. Il est donc difficile d'affirmer que tous les cas de possession démoniaque relèvent systématiquement d'un trouble psychiatrique tout comme d'affirmer que l'intervention d'une entité extérieure n'est qu'une superstition.

Dans son livre "Occult Bondage and Delivrance" (liens occultes et délivrance), le Dr. Kurt E. Koch écrit : "Le médecin et célèbre prédicateur, Dr Martyn Lloyd-Jones m'avait invité à prendre la parole devant un groupe de psychiatres à propos d'ésotérisme et d'occultisme (…) Suite à quoi, j'ai été attaqué par deux psychiatres qui affirmaient que les récits bibliques de possessions démoniaques auxquels je me référais étaient en fait des cas de maladie mentale, telles que l'épilepsie ou l'hystérie (…) Un homme s'est alors levé pour prendre ma défense en déclarant que par sa propre expérience de praticien, à lui seul il pouvait citer onze cas différents de possessions démoniaques. Un autre psychiatre a ensuite approuvé ce que son collègue venait de dire, ajoutant que lui-même avait rencontré trois ou quatre cas."[368] Comme nous l'avons vu dans le chapitre précédent avec les travaux du Dr. Janet, ce qui était nommé "hystérie" à une certaine époque se rapportait généralement à des cas de personnalité multiple.

Dans l'ouvrage *"The Discovery of the Unconscious"* (la découverte de l'inconscient), Henri Ellenberger a retracé les origines de la psychiatrie dynamique en remontant aux mondes magiques des chamans et des hommes-médecines, notamment à travers les rapports historiques de possessions démoniaques en Europe. Il écrit dans son livre que *"La "possession" a peut-être disparu, mais elle a été remplacée par la "Personnalité Multiple".* Avec l'époque moderne du scientisme, le phénomène de la possession démoniaque a laissé la place à un symptôme psychiatrique peu rationnel dont aujourd'hui encore, la médecine académique ignore véritablement les tenants et les aboutissants...

S'agit-il de balayer de la main un phénomène "diabolique", "superstitieux", pour le remplacer par un phénomène purement "neurologique" ? Les deux ne sont-ils pas liés ? Certains troubles psychiques causés par des fractures traumatiques, ne pourraient-ils pas provoquer une "ouverture" pour des entités extérieures ? Mais cherche-t-on réellement à connaître la cause profonde de ces troubles de la personnalité ? Certes, aujourd'hui, on commence à pointer sérieusement du doigt les traumatismes et à comprendre leur impact au niveau neurologique. Mais ce phénomène de la personnalité multiple cache encore beaucoup de secrets, et nous constatons que très peu de moyens sont mis en œuvre pour étudier sérieusement la question... qui comme nous l'avons vu, reste enfouie sous une épaisse chape de plomb.

---

[368] "Occult Bondage and Deliverance : Counseling the Occultly Oppressed" - Kurt E. Kock, 1972, p.11.

Les premiers cas rapportés de *personnalités multiples* mentionnent des individus possédés par le diable ou les démons. C'est le cas de Jeanne Fery, une jeune none Dominicaine française de 25 ans qui vivait dans la région de Mons au XVIème siècle. Son cas a été décrit par le Dr. Désiré Bourneville en 1886 dans l'ouvrage *"La Possession de Jeanne Fery"*. Bourneville dira lui-même que Jeanne Fery représente *"le cas le plus parfait d'un dédoublement de la personnalité"*.

Bourneville parle d'un cas de "dédoublement de personnalité" et la description qu'il en fait contient tous les critères référencés aujourd'hui dans le manuel psychiatrique DSM pour décrire le T.D.I.. Le prêtre exorciste de Jeanne Fery a décrit une *"fragmentation de son identité"* et évoque également une histoire de trauma dans sa petite enfance. Jeanne Fery était possédée par plusieurs "démons" qui avaient différentes fonctions. Il y avait un démon qui contrôlait ses troubles alimentaires et un autre nommé le *"Sanguinaire"* qui la faisait s'automutiler par scarification parce qu'il *voulait des morceaux de chair*. Un troisième "diable" se nommait *"Garga"*, sa fonction était de la protéger pour ne pas qu'elle ressente la douleur des coups reçus dans son enfance. Cependant, il lui refaisait vivre les traumas en la faisant se cogner la tête et se frapper sur le corps. Garga lui a également fait faire plusieurs tentatives de suicide par scarification ou strangulation.

Jeanne Fery montrait également des symptômes dissociatifs tels qu'une amnésie lors de ces changements de *personnalité*, des états de transes, des voix intérieures et des états seconds où elle montrait une rage extrême ou bien une tristesse tout aussi extrême. Elle était parfois décrite comme *"forcenée de rage"*, incapable de s'asseoir et encore moins de se coucher, et cela jusqu'à sept jours et sept nuit durant. Fery a déclaré qu'elle avait des visions de sainte Marie-Madeleine qui faisait parfois rempart entre elle et les démons. Certains auteurs prétendent qu'il s'agirait d'une autre de ses personnalités, l'alter *Marie Madeleine*, la personnalité la plus rationnelle et la plus utile, elle apparaissait généralement dans les moments les plus critiques pour apaiser la situation.

"Cornau" a été le premier "diable" à l'avoir possédée, et il révèlera de la bouche de la religieuse qu'il tenait lieu de père à la jeune femme depuis qu'elle avait 4 ans. On apprendra alors que la petite fille avait été maudite par son père biologique lorsqu'elle avait 2 ans, ce qui avait ouvert la voie à ce *Cornau* qui lui provoquait des troubles alimentaires très étranges. Jeanne pouvait voir ces "diables", elle les entendait à l'intérieur d'elle et ils prenaient parfois violemment le contrôle de son corps par des crises de colères durant lesquelles elle devait être maîtrisée et enfermée. Ils se manifestaient également par un comportement d'enfant, ou par des sanglots et une douleur physique intense. Le tableau clinique correspondait tout à fait à celui des patients d'aujourd'hui qui souffrent de sévères troubles dissociatifs.

Durant la période où les rituels d'exorcisme ont été pratiqués, il y a eu des améliorations et des rechutes où les symptômes se sont exacerbés, mais globalement, l'état de Jeanne s'est amélioré. Son traitement qui a duré 21 mois comprenait les soins permanents des sœurs et le consentement de Jeanne pour qu'elle accepte que ses "démons" qui jouaient le rôle de *père* et de *grand-père* soient exorcisés. Jeanne Fery a tenu un journal concernant son propre exorcisme effectué en 1584, un exorcisme qui a aussi été décrit en détails par le prêtre chargé du rituel :

- 12 avril 1584 : Le démon "Namon" révèle son nom. Jeanne a perdu toutes ses connaissances religieuses.

- 28 juin 1584 : Marie Madeleine apparaît de nouveau et Jeanne lui parle de contrats écrits cachés à l'intérieur de son corps, ceux qui sont écrits avec du sang la lient aux démons.

- 25 août 1584 : Marie Madeleine apparaît et parle pour la première fois. Jeanne signe un contrat écrit pour rompre le lien avec ses démons. Nouvel épisode de scarification, mais la décision est prise de continuer l'exorcisme. Les démons redonnent un bout de sa chair que Jeanne leur avait donné. L'exorcisme est considéré comme un succès parce que les démons ont brisé une tuile lors de leur départ, un signal qui avait été conclu auparavant.

- septembre 1584 : Jeanne est très malade et souffre de ses blessures qu'elle s'est infligées. Elle se sent désormais libérée de ses démons, hormis Garga et Cornau.

- 9 novembre 1584 : Lorsqu'elle avait 4 ans, Cornau est devenu son père. Il l'a séduite avec des bonbons et des sucreries. Sans lui, elle serait muette et ignorante. Le chanoine Jean Mainsent parle à Cornau et lui promet de devenir le père de Jeanne à sa place. Marie Madeleine apparaît encore et offre une protection. Jeanne devient comme une enfant. Elle demande à l'archevêque de devenir son grand-père, ce qu'il accepte.

- 12 novembre 1584 : Durant la messe, elle joue avec l'image sainte de Marie-Madeleine comme une enfant avec une poupée. Elle montre aussi son cœur indiquant qu'il y a là de la douleur. Jeanne régresse jusqu'au stade pré-verbal. L'archevêque commence alors à lui enseigner comme si elle avait véritablement 4 ans. Il bénit chaque partie de son corps et lit sa précédente confession écrite. Suite à l'écoute de sa confession, Jeanne se comporte encore comme une enfant, mais elle peut à nouveau marcher et parler d'une manière plus affirmée. Durant 9 jours, l'archevêque va la questionner sur sa petite enfance. Elle reçoit l'absolution et part vivre une année à l'archevêché avec son infirmière, sœur Barbe, afin d'achever sa libération des démons et pour sa rééducation. Marie-Madeleine disparaît. Le trouble de la vue de son œil droit présent depuis 10 ans, disparaît également.

- 6 janvier 1586 : Jeanne tombe en extase durant la messe et voit Marie-Madeleine. Jeanne dit à l'archevêque que Marie-Madeleine a tenu la promesse qu'elle avait faite une année auparavant et qu'elle est maintenant libérée des démons. Elle a retrouvé sa force spirituelle et elle retourne au couvent pour reprendre sa place dans la vie communautaire.

Voici quelques notes basées sur ce que Jeanne a elle-même rapporté dans son journal quant à l'évolution de ses troubles : "À 2 ans, elle est donnée au diable par son père qui la maudit. À 4 ans, elle est séduite par le diable Cornau qui apparaît comme un beau jeune homme lui offrant des pommes et du pain blanc. Elle l'accepte alors comme son père. De 4 à 12 ans, un autre diable apparaît (Peut-être Garga). Le diable Garga lui promet qu'elle ne sentira plus jamais les coups qu'elle reçoit. À l'adolescence, pour plus de liberté, elle vit chez sa mère. Elle est en apprentissage chez une couturière de la ville de Mons. Elle doit faire tout ce que ses démons lui demandent sous peine d'être torturée. Une multitude de nouveaux démons entrent en elle. Auparavant, elle n'en avait que deux ou trois (probablement Namon, Cornau et Garga). Elle promet aux démons de garder le secret sur leur présence. Lors de sa première communion, elle doit lutter contre eux. Ils minent ses résolutions par tous les moyens, prennent le contrôle de sa langue pendant la confession, un lui donne des bonbons pendant le jeûne eucharistique, un autre lui fait mal à la gorge pour qu'elle recrache l'hostie, etc. En dépit de ces obstacles, Jeanne entre au couvent dominicain mais le conflit intérieur continue. De nouveaux démons apparaissent : "Traître", "Art Magique", "Hérésie", et bien d'autres encore. Ils exigent le contrôle de sa mémoire, de son intelligence et de sa volonté. Elle commence à s'impliquer dans de fausses cérémonies, elle signe des pactes écrits dans des alphabets étrangers avec son sang. Les démons exigent qu'elle renonce à tous les liens, exceptés ceux qui la lient à eux. Ils lui donnent des banquets, ils lui font plaisir, ils provoquent également de la douleur lorsqu'elle essaie de manger les jours de fêtes chrétiennes, ils font en sorte que son corps rejette alors la nourriture. Les démons "Vraie Liberté", "Hérésie" et "Namon" iront même jusqu'à l'impliquer dans des sacrilèges. "Sanguinaire", "Arc" et d'autres lui font se taillader des bouts de chair, elle consentira même à être pendue par les démons et frôlera la mort. Elle sent qu'elle n'aime uniquement que les démons et qu'elle a peur des gens."

Jeanne Fery déclara qu'elle n'était plus capable de contrôler son corps et qu'elle disait toujours l'opposé de ce qu'elle voulait dire, un symptôme qui est aujourd'hui considéré comme un signe clinique du T.D.I.. Un autre signe clinique est l'amnésie qu'elle présentait lorsqu'elle avait une identité d'enfant ou qu'elle perdait des objets "cachés" par les démons. L'alternance entre un bon fonctionnement et un extrême dysfonctionnement, la vision des "démons", qu'elle entend et qui conversent entre eux, font également penser qu'il s'agit d'un fractionnement de personnalité. En plus des amnésies et des manifestations de différentes personnalités, Jeanne Fery avait de sérieux troubles somatiques : elle souffrait régulièrement de pertes de sang, de vomissements, de suffocations, de mouvements spasmodiques de ses membres, de douleurs physiques (tête, cœur et abdomen), d'insomnies, de perte d'appétit, de perte de parole, d'un aveuglement... mais aussi parfois d'une extrême force musculaire... ce qui est un critère des possessions démoniaques selon les prêtres exorcistes. Elle disait que certain "diables" habitaient et dérangeaient des zones particulières de son corps, comme sa langue blasphématrice, son œil aveugle, ou encore sa gorge douloureuse.

Le cas de Jeanne Fery donne quelques indications sur des abus physiques qu'elle aurait subis pendant la petite enfance, peut-être même des abus sexuels. Une de ses premières dissociations est apparue comme un "diable" lorsqu'elle a été battue quand elle était petite. Par la suite, le diable *Garga* l'a aidée à ne plus sentir les coups. Jeanne mentionne également que son père l'a maudite et qu'il *"l'a offerte à la puissance du diable"* lorsqu'elle avait deux ans. Elle a ensuite été séduite par le diable *Cornau* à l'âge de 4 ans et elle a pris ce diable pour père. Cela peut éventuellement suggérer un abus sexuel de la part de son père lorsqu'elle avait 4 ans car Jeanne semble avoir créé un alter pour remplacer celui-ci. En effet, une enfant de 4 ans est incapable de fusionner l'image du bon père avec celle de l'agresseur. De nos jours, de très jeunes enfants vont attribuer leurs abus à des monstres ou à des vampires. Le contexte culturel dans lequel Jeanne vivait aurait pu lui donner cette image du diable.[369]

Un autre cas, datant de 1623, est celui de Sœur Benedetta Carlini en Italie. Cette femme a été décrite comme étant possédée par trois *"garçons angéliques"* qui parfois prenaient le contrôle de son corps. Chacun de ces "garçons" parlait à travers elle avec un dialecte différent, une voix différente et avait des expressions faciales différentes. Benedetta était totalement amnésique de ce qui se passait lorsque les différents "garçons" émergeaient.

Elle avait également des troubles de l'alimentation et elle s'automutilait. Dans son cas, il a également été fait allusion à des traumatismes qu'elle aurait subis dans l'enfance, ses parents étaient eux-mêmes possédés, disait-on... L'enfant avait été mise au couvent à l'âge de 9 ans, l'âge auquel son alter *"Splenditello"*, sexuellement abusé, était resté fixé. Ses symptômes devinrent incontrôlables après la mort de son père....

Jeanne Fery et Benedetta Carlini avaient-elles "simplement" une personnalité fractionnée sans aucune intervention d'entités malveillantes extérieures ? Difficile d'affirmer quoique ce soit... Un psychiatre lambda nous répondrait que cela relève uniquement d'un trouble dissociatif sévère alors qu'un prêtre lambda nous dirait qu'il s'agit bien d'esprits malins extérieurs à la personne. Mais des chercheurs pensent que ces deux phénomènes sont intimement liés...

Dans une conférence donnée en 2008, le père François Brune cite un cas de possession qui s'est passé en Italie. Un cas rapporté par le démonologue Mgr Corrado Balducci. Cette affaire a duré pendant sept ans, de 1913 date du début de l'infestation, à 1920 date de la délivrance : *"Suite à la bénédiction, elle se confia au prêtre. Elle lui raconta qu'à certaines heures du jour, une force mystérieuse, supérieure à la sienne, s'emparait de son corps, de son âme, et qu'alors, malgré sa résistance, elle se mettait à danser sur un rythme de tango pendant des heures et des heures jusqu'à tomber d'épuisement. Elle disait qu'avec une voix magnifique, elle chantait des couplets, des romances, des morceaux d'opéra qu'elle n'avait jamais entendus auparavant. Elle tenait des conférences interminables dans des langues étrangères qu'elle ne connaissait pas, devant une foule imaginaire. Elle chantonnait des poésies qui annonçaient sa mort prochaine et celle de toutes ses sœurs. Souvent, elle déchirait avec ses dents tout ce qu'elle pouvait déchirer. Elle terrorisait tous ceux qui se trouvaient là, elle rugissait, elle miaulait, elle hurlait de plus en plus fort, semant la terreur à tel point qu'à certaines heures, toute la maison se transformait en une sorte de ménagerie de bêtes féroces."*

Le père Brune nous raconte que la femme aurait même montré un phénomène de lévitation à 50 centimètres au-dessus du sol... Chose qu'une psychotique à elle seule ne peut pas faire, personne ne peux faire habituellement une telle chose. Cette femme avait parfaitement conscience de ses actes étranges dirigés par une force maléfique extérieure à elle. C'était une situation qui la désespérait et lui faisait même envisager le suicide. Dans ce cas précis, il n'y avait pas de mur amnésique entre ses états de possession et son état normal, de plus il est question d'une "force extérieure" influençant la personne. Les possédés démoniaques ont souvent montré des comportements relevant du surnaturel et dépassant même l'inimaginable. Les possessions démoniaques les plus *'spectaculaires'* ne sont absolument pas explicables par un trouble mental

---

[369] "Jeanne Fery : A Sixteen Century Case of Dissociative Identity Disorder" - Onno van der Hart, Ruth Lierens and Jean Goodwin, The Journal of Psychotherapy 24, 1996.

psychotique, même le plus extrême. Il y a forcément une intervention de forces extérieures qui transcendent les lois de la physique. Dans une conférence de 2008 intitulée *"Les Possessions Démoniaques"*, le père François Brune a décrit quelques cas plutôt impressionnants. Il raconte notamment un exorcisme qui a été mené en Allemagne en 1842 par un pasteur protestant pour délivrer une jeune femme nommée Gottliebin. La seule arme du pasteur était la prière, la foi et le jeûne… Les médecins de l'époque qui assistaient à ces phénomènes n'y comprenaient strictement rien. Les entités qui possédaient la jeune femme se révélèrent être une véritable légion. Les démons ont d'abord déclaré être 3, puis 7, puis 14, puis 175, puis 425… Il se peut que les chiffres donnés par ces entités soient évidemment fantaisistes mais une chose est sûre, c'est qu'une foule de démons *habitaient* cette femme. Dans ce cas, il n'est apparemment mentionné aucun changement de personnalité, aucune amnésie ni aucun passé traumatique concernant la femme, le pasteur parle uniquement d'actes de sorcellerie. Dans sa conférence, le père Brune a cité quelques passages du rapport de ce pasteur allemand, Johan Christoph Blumhardt, traduit en français par ses soins :

"C'était pour moi terrifiant de réaliser que ce qui était considéré jusqu'ici comme une superstition populaire des plus ridicule sortait du monde des contes pour émerger dans le réel. Cela commença pour des vomissements de sable et de morceaux de verre. Peu à peu arrivèrent des morceaux d'acier de toutes sortes, de vieux clous à bois tous courbés. J'en ai vu un jour, après un long étouffement, tomber douze de suite dans le bassin que nous tenions devant sa bouche. Puis ce furent des lacets de chaussures de différentes formes et tailles, souvent si longs que l'on avait peine à comprendre comment ils pouvaient sortir du gosier. Une fois aussi un morceau de métal si grand et si large qu'elle en perdit le souffle et resta comme morte pendant plusieurs minutes. Il y eut aussi des quantités incroyables d'épingles, d'aiguilles, et des morceaux d'aiguilles à tricoter, parfois seuls et parfois mêlés à du papier et des plumes (…) Du nez aussi j'ai tiré beaucoup d'épingles (…) Des aiguilles, j'en ai retiré des quantités des mâchoires inférieures et supérieures. Elle ressentait d'abord des maux de dents terribles alors que l'on ne pouvait rien voir, et finalement on pouvait commencer à sentir les pointes. Elles continuaient à ressortir toujours davantage et venait un moment où je pouvais les saisir mais il me fallait encore beaucoup d'efforts pour arriver à les arracher. Deux vieux morceaux de fil de fer tous courbés de la longueur d'un doigt se manifestèrent un jour dans sa langue. Une autre fois, elle avait sous la peau du corps deux longs fils de fer tordus et emmêlés en plusieurs endroits. Avec ma femme, il nous fallut bien une heure pour les extraire complètement et Gottliebin perdit connaissance plus d'une fois, comme cela arrivait souvent. En outre, il lui sortait de toute la partie du haut du corps, des morceaux d'aiguilles à tricoter ou des aiguilles entières si souvent à divers moments que je peux en estimer le nombre à au moins trente. Elles se trouvaient soit couchées, soit plantées verticalement, dans ce dernier cas, souvent en plein dans la région du cœur. Si les aiguilles ressortaient déjà à moitié, il me fallait bien une demi-heure en tirant de toutes mes forces. Je ne peux vraiment en vouloir à personne de rester sceptique devant de tels récits car cela dépasse trop tout ce que l'on peut croire ou imaginer. Mais j'ai pu faire toutes ces observations et ces expériences pendant presque une année entière et toujours en présence de nombreux témoins. J'y tenais beaucoup pour éviter les mauvaises rumeurs, c'est pourquoi je peux raconter ces événements en toute sérénité, car je suis absolument sûr, ne serait-ce qu'en raison du caractère de Gottliebin qu'il n'y a jamais eu ni ne pouvait y avoir la moindre supercherie. À chaque fois que j'allais la voir à cette époque-là, que l'on m'ait appelé ou non, il se passait à nouveau quelque chose et après un moment, un nouveau tour de sorcellerie se produisait dans l'une ou l'autre partie de son corps. La douleur était toujours terrible et presque à chaque fois, elle perdait connaissance. Elle s'écriait généralement "Je vais y passer !", mais la prière venait à bout de tout, à elle toute seule. Si elle commençait à se plaindre de souffrir quelque part, il suffisait que je pose la main, habituellement sur sa tête. Instruit par une longue expérience dans la Foi, j'étais certain de constater aussitôt l'efficacité de la courte prière que je disais. Elle sentait aussitôt que la chose bougeait en elle ou se retournait pour trouver un chemin vers la sortie. Le plus difficile était la traversée de la peau, et on sentait souvent longtemps que quelque chose poussait de l'intérieur vers l'extérieur. Elle ne saignait jamais, cela n'était pas comme pour une blessure. Tout au plus pouvions nous reconnaître pendant un instant l'endroit d'où était sorti quelque chose, du moins tant que tout s'était passé par la force de la seule prière."

Dans une émission de la chaîne *Planète* sur les exorcistes diffusée en avril 2004, Msg Laroche, un évêque orthodoxe, a affirmé avoir vu personnellement une possédée cracher de minuscules crapauds et des petits vers…

Inversement, certains phénomènes surnaturels, cette fois-ci d'ordre divin, se sont régulièrement manifestés dans la vie des saints, comme le jaillissement par la bouche de pétales de roses fraîches. Le Père Brune note qu'il y a un parallélisme entre les phénomènes de possessions et de mystiques. Il s'agit du même genre de manifestations mais en positif, en quelque chose de beau. C'est le cas de Mère Yvonne-Aimée de Jésus du monastère de Malestroit qui dans son lit, se sentant oppressée, a vu un œillet rouge lui sortir du corps au niveau du cœur. *"Il me semble que j'entends craquer la chair, ça se déchire, puis quand l'œillet est sorti, la plaie du cœur s'est refermée sans cicatrice."* (…) *"Les roses continuaient à sortir du cœur d'Aimée. Nous en avons maintenant cinq. La dernière est venue tandis qu'elle était au pied de l'autel. (…) La rose montait vers le cou, je la tirais avec force, sa longue tige couverte d'épines avait du mal à sortir. C'est cette dernière rose qui a le plus fait souffrir Aimée, les autres étaient sans épine."*

Dans son livre intitulé "Que faire avec tous ces diables ?", l'exorciste italien Raul Salvucci écrit : "Lors de la possession ou l'obsession diabolique, la personnalité de l'être humain disparaît; à sa place, s'immisce une autre entité qui en prend le corps, le sens, les facultés et qui parle, agit, se déplace, s'exprime au moyen de ce corps humain. Quand survient la libération, la personne a deux sensations :

- La première, c'est qu'elle ne se souvient de rien de ce qu'elle a dit ni de ce qui est arrivé, comme si elle avait été anesthésiée pour une opération chirurgicale. Parfois elle demande aussi : "Quelle heure est-il, où est-ce que je me trouve ?" Après sa libération, en regardant les bleus qu'elle avait sur les poignets, provoqués par ceux qui avaient essayé de la maintenir depuis plusieurs heures, une possédée dit : "Qui est-ce qui m'a fait cela ?"

- La seconde, c'est qu'elle se sent complètement épuisée par la violence qui lui a été faite pour mettre hors d'usage sa personnalité "du mal".

Pour quelles raisons certaines personnes peuvent-elles être si cruellement frappées et comment arrive-t-on à cette forme épouvantable de possession diabolique, il est difficile de le dire."[370]

En 2010, une étude a été menée en Ouganda. Son but était d'explorer les relations entre les possessions démoniaques, les symptômes dissociatifs et les traumatismes. L'étude se composait d'un groupe de 119 individus diagnostiqués par des guérisseurs traditionnels comme possédés, comparé à un groupe témoin de 71 individus non possédés. Les évaluations comprenaient des éléments démographiques, des critères de dissociation et des éléments de la vie des individus potentiellement traumatisants. En comparaison du groupe témoin, le groupe de possédés a montré des troubles dissociatifs plus sévères mais aussi d'avantage d'éléments traumatisants dans leur vie. Les liens entre ces événements traumatisants et les troubles dissociatifs étaient significatifs. L'étude a conclu que la possession par des entités relevait de troubles dissociatifs, ou plus exactement d'un *"état de transe dissociatif"* lié à des événements traumatisants. Voici un court extrait de l'étude montrant la forte similarité entre possession démoniaque et troubles dissociatifs : *"Entrant dans un autre état de conscience et parlant dans un langage que les personnes n'ont jamais appris auparavant. Plus tard, ils ne se rappellent plus avoir parlé dans ces langues."*[371]

Le DSM-IV définit ainsi l'état de transe dissociatif :

Perturbations de l'état de conscience, de l'identité ou de la mémoire se produisant une fois ou bien de façon épisodique, propres à certains lieux et à certaines cultures. La transe dissociative implique un rétrécissement du champ de perception de l'environnement proche, ainsi que des comportements ou des mouvements stéréotypés que les sujets ressentent comme échappant à leur contrôle. Dans l'état de possession, il y a, à la place du sentiment de son identité propre, une identité nouvelle, attribuée à l'influence d'un esprit, d'une puissance, d'une divinité ou d'une autre personne. Cela peut s'accompagner d'une amnésie. C'est peut-être le trouble dissociatif le plus fréquent en Asie. L'Amok (Indonésie), le Behainan (Indonésie), le Latab, (Malaisie), le Pibloktoq (Arctique), l'Ataque de Nervios (Amérique Latine) en sont des exemples connus.

Une autre étude qui concerne le lien entre possession, état de transe dissociatif et T.D.I., a été menée en Italie par Stefano Ferracuti en 1995. Le recrutement des sujets s'est fait par l'intermédiaire de l'exorciste du diocèse de Rome, Don Gabriele Amorth. Dans cette étude, dix personnes qui suivaient des séances d'exorcisme contre des possessions démoniaques, ont été étudiées avec les critères de diagnostic des troubles dissociatifs ainsi qu'avec le test de Rorschach. Ces personnes étaient accablées par des manifestations paranormales, se disant être possédées par un démon. Elles avaient évidemment beaucoup de mal à maintenir une vie sociale normale. Ces personnes avaient de nombreux points communs avec les patients souffrant d'un T.D.I. et les tests de Rorschach ont montré qu'elles avaient elles aussi une organisation complexe de la personnalité.

---

[370] "Que faire avec tous ces diables ? Le témoignage d'un exorciste" - Raul Salvucci, 2001, p.41-42.
[371] "Dissociative Symptoms and Reported Trauma Among Patients with Spirit Possession and Matched Healthy Controls in Uganda" - van Duijl, Nijenhuis, Komproe, Gernaat, de Jong, 2010.

Les transes dissociatives de ces personnes "possédées" montraient de grandes similarités avec le T.D.I.. Le rapport de l'étude précise que les états de transe dissociatif, en particulier le trouble de la possession, sont probablement plus communs que l'on ne pense, mais que des données cliniques précises sur ce sujet sont trop peu nombreuses. Lors de cette étude, les sujets ont déclaré que le traitement psychiatrique n'avait en rien amélioré leurs symptômes tandis que les rituels d'exorcisme avaient apporté une certaine amélioration. Presque toutes ces personnes ont dit que l'exorcisme avait contribué à maintenir le démon sous contrôle, que celui-ci les harcelait moins après les prières.[372]

Pour le père Angelo, exorciste d'un diocèse italien, la possession n'a rien à voir avec le T.D.I.. Dans le livre *"Confidences d'un Exorciste"*, voici ce qu'il confie aux deux journalistes françaises Nathalie Duplan et Valérie Raulin :

"Le démon, dans le cas de la possession, envahit le corps de l'homme et il en prend le contrôle, comme si c'était le sien propre. Les créatures spirituelles en étant dépourvues, elles utilisent les organes et les membres du possédé pour se mouvoir, parler, sans que le malheureux puisse les en empêcher. Malgré les tourments infligés par le démon, l'âme reste libre. Cela prouve que le diable n'a pas un pouvoir illimité sur l'homme, Dieu ne lui permettant pas de posséder l'âme. J'ai également insisté sur le fait que la possession n'est pas un "trouble de la personnalité multiple" ou un "trouble dissociatif de personnalité", comme l'avancent les psychiatres, mais une réalité spirituelle qui dépasse notre compréhension et fait partie, d'une façon mystérieuse, du dessein de Dieu. Le démon ne peut pas entreprendre ce que Dieu lui interdit et son pouvoir de nuisance n'est pas illimité (…) Il est très impressionnant de voir Satan, ou quelque autre démon, habiter un corps, le bouger à sa guise, le manipuler de manière invraisemblable, et puis être soumis, incapable de résister quand le prêtre impose les mains sur lui. Encore une fois, la soumission n'est pas immédiate, surtout si l'on a affaire à des démons très puissants. Je rappelle que, à l'instar des anges, les démons sont des esprits au sein desquels existe une hiérarchie. Les archanges sont plus puissants que les anges. Parmi les démons, il en va de même, certains sont supérieurs aux autres. On reconnaît vite les démons puissants car, au début, ils ne réagissent pas, ils résistent, tandis que les démons d'un rang inférieur sont contraints de s'en aller les premiers."[373]

Dans son livre "Exorcismes et pouvoirs des laïcs : Influences diaboliques", le père Ovila Melançon écrit : "On ignore qu'il y a des névroses-maladies et des névroses-démoniaques. On attribuera parfois à un dédoublement de la personnalité ce qui ne sera, en fait, que l'intervention d'un esprit déchu. Il faut savoir aussi qu'une vraie possession diabolique est accompagnée presque toujours de troubles mentaux et nerveux, qui sont produits et amplifiés par le démon et dont les manifestations et symptômes sont médicalement identiques à ceux que produisent les névroses (…) Le père Francesco Palau, béatifié par le Pape Jean-Paul II le 25 avril 1988, avait bien raison d'accueillir les malades mentaux et de tous les exorciser, alors "ceux qui étaient possédés guérissaient ; ceux qui étaient

---

[372] "Dissociative Trance Disorder : clinical and rorschach findings in ten persons reporting demon possession and treated by exorcism" - Stefano Ferracuti, Roberto Sacco et Renato Lazzari, Département de psychiatrie et de psychologie de l'université de Rome. 1995.
[373] *"Confidences d'un Exorciste"* - Nathalie Duplan et Valérie Raulin, 2012.

malades restaient malades", comme l'indiquait le père Gabriele Amorth dans son volume intitulé "Un exorciste raconte". Le même auteur avait bien raison d'écrire aussi : "Je suis tombé d'accord avec tous les autres exorcistes que j'ai consultés pour affirmer que jamais le recours à un exorcisme, dans des cas où il n'était pas nécessaire, n'a été nuisible". Voilà la vraie pastorale qu'on devrait retrouver dans l'Eglise, pastorale qui correspond à la doctrine authentique de l'Eglise concernant les exorcismes !"[374]

Dans une interview datant de 2011, l'exorciste du diocèse de San José aux États-Unis, le Père Gary Thomas, a déclaré : "Généralement, les gens peuvent être touchés (par le démon) lorsqu'ils ont vécu des choses difficiles dans leur vie. C'est mon opinion qui se base sur mon expérience. Avec les personnes qui ont des antécédents d'abus sexuels, c'est encore plus révélateur. Ce sont de profondes blessures de l'âme et cela affecte la personne dans sa vie à tous les niveaux (…) Les démons veulent s'attacher aux personnes ayant une histoire d'abus sexuels. Je dirais que huit personnes sur dix qui viennent me voir pour des questions de possessions démoniaques ont été sexuellement abusées, généralement par un parent, un frère ou un autre membre de la famille. Cela ne signifie pas que toute personne qui a été agressée sexuellement aura des problèmes de possession démoniaque, mais le risque est plus grand."[375]

Dans le DSM-IV, la possession et le T.D.I. étaient tous les deux classés comme "troubles dissociatifs". Dans sa nouvelle définition du trouble dissociatif de l'identité, le DSM-V de 2013 précise : *"Perturbation de l'identité par au minimum deux personnalités distinctes, qui peuvent être décrites dans certaines cultures comme une expérience de possession."*

Nous constatons donc que l'ambiguïté est réelle et qu'aucune étude sérieuse, tout au moins rendue publique, n'est faite pour comprendre ce phénomène. Les symptômes de possession démoniaque et de personnalité multiple sont en effet remarquablement similaires, le professeur et psychologue clinicien James Randall Noblitt a dressé la liste de ces points communs :[376]

- La possession et le T.D.I. sont tous les deux plus fréquents chez les femmes que chez les hommes. Un phénomène sept fois plus fréquent chez les femmes que chez les hommes, les femmes semblant se dissocier plus facilement que les hommes.

- Ils sont tous les deux rapportés suite à des expériences traumatiques, des rituels ou des épreuves initiatiques.

- Ils sont tous les deux associés avec des cultes primitifs ou préindustriels, mais aussi modernes.

- Le secret est souvent un facteur commun dans la possession et dans le T.D.I.

- Les individus rapportent des amnésies autant dans la possession que dans le T.D.I.

- Les expériences de transe y sont communes.

---

[374] "Exorcismes et pouvoirs des laïcs - Influences diaboliques" - Père Ovila Melançon, 1996, p.62.
[375] "Interview : Father Gary Thomas, inspiration for 'The Rite'" - Peg Aloi, 2011.
[376] *"Cult & Ritual Abuse"* - James Randall Noblitt & Pamela Perskin Noblitt, 2014, p.45.

- Les individus expérimentent à un moment donné une conscience commune partagée avec la personnalité alter ou l'entité.
- Les individus agissent avec un comportement qui n'est pas dans leurs caractéristiques habituelles.
- L'identité présente habituellement est généralement nommée *"hôte"*.
- Les entités ou alter qui prennent le contrôle du corps peuvent se présenter comme un animal, un esprit, un démon ou une déité.
- Les individus peuvent avoir un comportement dépassant les limites physiques du corps humain, en particulier en ce qui concerne la douleur.
- Un nombre important d'individus affectés par une possession ou un T.D.I pensent qu'ils ont des pouvoirs psychiques particuliers.

Dans les troubles psychiques ou "maladies mentales", le côté spirituel touchant aux autres dimensions de l'être, est aujourd'hui totalement ignoré par la médecine moderne. Tandis que dans les cultures traditionnelles préindustrielles, ce côté spirituel était au contraire la première chose qui était traitée lors de troubles physiques ou psychiques, notamment par le chamanisme et l'exorcisme. Par exemple en Inde, il a été rapporté que 75% des patients en psychiatrie consultaient également en parallèle un guérisseur religieux. De la même manière, dans une communauté rurale de Corée du Sud, 15 à 25% des patients psychotiques étaient traités avec des thérapies chamaniques.[377]

Il est important de prendre en compte toutes les dimensions de l'être humain pour aborder la question du T.D.I. qui semble largement dépasser le simple fonctionnement physique / neurologique.

Le professeur Emilio Servadio, expert en psychanalyse et président honoraire de la Société Psychanalytique Italienne, également spécialiste des manifestations paranormales a déclaré au journaliste Renzo Allegri à propos des exorcismes : *"Il y a partout des individus avec des problèmes beaucoup plus compliqués et des manifestations pathologiques inexplicables et parfois effrayantes, que nous ne sommes pas en mesure de classer et encore moins de soigner. Devant ces cas, la science profane s'arrête, elle cesse ses recherches, parce qu'elle ne sait plus dans quelle direction faire des investigations et se refuse à formuler des hypothèses. Mais les psychiatres et les psychanalystes les plus ouverts pressentent qu'ils se trouvent devant des phénomènes dépassant les limites de la science médicale pour s'engager dans des zones inexplorables par la raison humaine. Ils ont conscience de ne rien pouvoir faire et comprennent qu'il est de leur devoir de laisser champ libre aux théologiens et, éventuellement, aux exorcistes eux-mêmes. Je considère que la science doit effectivement reconnaître ses propres limites."*[378]

Le professeur Chris Cook du Département de Théologie et de Religion de l'Université de Durham a écrit un article intitulé *"Demon Possession and Mental Illness : Should We Be Making a Differential Diagnosis ?"* (Possession démoniaque et maladie mentale : devrions nous faire un diagnostic différent ?), dont voici quelques extraits : *"La possession démoniaque et la maladie mentale ne sont pas simplement deux diagnostics différents (…) Cependant, si ces deux choses sont reliées, nous devons connaître la nature de la connexion entre les deux (…) Nous devons distinguer à laquelle de ces deux choses nous avons affaire, mais nous devons aussi identifier lequel des deux problèmes entraine*

---

[377] "Historical, religious, and medical perspectives of possession phenomen" - SN Chiu, Hong-Kong Journal of Psychiatry, 2000.
[378] *"Gente"* - Renzo Allegri, 30/12/1984, p.113.

l'autre comme une "complication" secondaire (...) La possession démoniaque est essentiellement un problème spirituel, mais la maladie mentale est une affaire multifactorielle, dont les facteurs spirituels, sociaux, psychologiques et physiques doivent jouer un rôle étiologique. La relation entre ces deux concepts est donc complexe. Différents diagnostics peuvent avoir un rôle à jouer pour aider ceux dont le problème pourrait être d'origine démoniaque ou médical / psychiatrique. Toutefois, le discernement spirituel a une importance égale sinon supérieure au discernement scientifique."[379]

Le pasteur James Friesen est l'auteur des livres *"Uncovering the Mystery of M.P.D."* (Découvrir le mystère du T.D.I.) et *"More Than Survivors"* (Plus que des survivants). Il a travaillé avec de nombreux patients et a décrit en détails comment le trouble de la personnalité multiple était lié aux abus rituels sataniques. Selon lui, la possession démoniaque est directement à relier avec le T.D.I.. Il affirme que les individus ayant un trouble dissociatif de l'identité expérimentent à la fois une personnalité fractionnée et à la fois une possession par des entités extérieures, mais que ces deux sortes de *"prise de contrôle"* sont bien à distinguer l'une de l'autre.

Le Dr. Haraldur Erlendsson arrive également à la même conclusion concernant la simultanéité de la possession et du T.D.I.. Dans un article de 2003 intitulé *"Multiple Personality Disorder - Demons and Angels or Archetypal Aspects of the Inner Self"* (Trouble de la personnalité multiple - démons et anges ou les aspects archétypaux de l'homme intérieur), il écrit : *"Si les différentes personnalités prétendent avoir une histoire différente de celle de la personnalité principale, devons-nous le prendre en compte après avoir posé une série de questions telles que : "Y-a-t-il quelqu'un ?", "Qui êtes-vous ?", "Depuis quand êtes-vous là ?", "Où étiez-vous avant ?", "Quel effet avez-vous sur la personne ?", "Pourquoi n'avez-vous pas évolué ?". Lorsque les réponses donnent clairement la conviction que l'entité provient de l'extérieur de la personne, devrions-nous prendre ces réponses pour argent comptant ? Faut-il utiliser les réponses données pour établir une différenciation entre possession et personnalité multiple ? Peut-être que le diagnostic de T.D.I. devrait inclure la transe de possession. Le problème ici est que de nombreux cliniciens ne sont pas à l'aise avec la notion de vie après la mort ou d'entités pouvant vivre dans différents mondes. Le Dr. Colin Ross, qui a écrit l'ouvrage le plus complet sur le T.D.I. (Dissociative Identity Disorder, Diagnosis, Clinical Features, and Treatment of Multiple Personality Disorder, 1997), a lui-même parfois utilisé des techniques liées au monde des esprits, tout comme beaucoup d'autres dans ce domaine. Cependant, il préfère traiter les alter prétendant venir de l'extérieur de la même manière que toutes les autres parties de la personnalité fractionnée. Il les aide à faire face au contenu traumatique des mémoires et cherche à aboutir à une intégration complète avec le reste de la personne. Mon point de vue est que la possession et la personnalité multiple n'arrivent pas séparément mais se produisent plutôt ensemble."*

Nous avons vu que le lien de causalité entre traumatismes sévères et troubles dissociatifs menant à une personnalité multiple est aujourd'hui établi. Les possessions démoniaques ont-elles également comme origine un traumatisme ? Il semblerait que ce soit en effet un des nombreux points communs entre T.D.I. et Possession. Le Père Jeffrey Steffon dans son livre *"Satanism : Is It Real ?"* (Satanisme : est-ce une réalité ?) décrit un certain nombre de causes pouvant entraîner une possession par une ou plusieurs entités : *"Tout d'abord, un esprit démoniaque peut s'attacher à quelqu'un à travers une blessure ou un traumatisme (...) Un*

---

[379] "Demon Possession and Mental Illness : Should We Be Making a Differential Diagnosis?" - Chris Cook, Christian Medical Fellowship - Nucleus magazine, 09/1997.

esprit démoniaque peut également s'attacher à une personne à travers son implication dans l'occultisme."

L'abus rituel satanique attire particulièrement les entités démoniaques en raison des pratiques de magie noire, mais aussi en raison des traumatismes extrêmes qui se produisent lors des cérémonies. Les démons sont attirés par la souffrance, la douleur et la terreur qui provoquent l'impuissance de la victime totalement soumise aux bourreaux... mais aussi aux esprits. Ce type d'émotions extrêmes est une force d'attraction et d'alimentation pour les esprits déchus, d'autant plus si le sang coule. Les victimes profondément dissociées deviennent alors de véritables réceptacles pour ces entités attirées par les protocoles de magie et les incantations qui accompagnent le rituel. De plus, ces cérémonies sont souvent pratiquées dans des sites aux énergies telluriques particulières facilitant les interactions entre différentes dimensions. Tout comme un vase fêlé qui laisse passer la *lumière*, le fractionnement va laisser passer certaines entités qui vont se mêler aux brisures de la personnalité que sont les *fragments d'âme*, une notion qui sera développée plus loin...

En 2010, le révérend Thomas J. Euteneuer a identifié "sept niveaux de persécution démoniaque", Selon lui, l'abus rituel satanique est le niveau le plus critique : *"Les enfants nés dans une lignée familiale de sorcières ou dans un culte satanique y sont initiés à travers les rituels et les consécrations. Ce sont eux les plus difficiles à guérir. Le traumatisme émotionnel et physique des rituels, infligé depuis la plus tendre enfance, voir même dans l'utérus, est tellement extrême qu'il fracture la personnalité de l'enfant et le rend totalement soumis à la possession, il est délibérément remis entre les mains des démons du culte. De tels individus blessés et meurtris ont besoin d'une aide compatissante de l'Église, mais ils ne peuvent pas être guéris par l'exorcisme seul. En fait ils ont besoin de plusieurs éléments combinés ensemble pour qu'une véritable guérison se mette en place. Premièrement ils doivent faire une coupure totale avec toutes les activités occultes et toutes les personnes impliquées dans leurs abus. Deuxièmement, ils ont besoin d'un thérapeute qualifié ayant une bonne connaissance pour traiter leur trouble dissociatif de l'identité. Troisièmement, ils ont besoin d'un exorciste qualifié et d'une bonne équipe de soutien pour faire régulièrement des prières et mobiliser toutes les ressources spirituelles de la paroisse pour ce cas précis. Pour finir, ils ont besoin d'un groupe de soutien pour les réadapter dans une véritable fraternité chrétienne basée sur de fortes relations d'amour et de vérité. Ils ont un long parcours de guérison devant eux et ils ont donc besoin d'un maximum de support et d'aide. Comme dans toutes les afflictions démoniaques, la guérison n'est possible qu'avec la grâce de Dieu et la coopération active de l'individu. Une pleine guérison peut prendre des années de dur travail par tous ceux qui y sont impliqués, mais cela est vraiment possible."*[380]

Dans le livre *"Healing the Unimaginable"*, la survivante d'abus rituels Stella Katz, qui a elle-même pratiqué le contrôle mental sur de jeunes enfants au sein d'un culte sataniste, témoigne : *"Selon certains écrits anciens, il ressort clairement que le fractionnement des enfants est quelque chose qui est pratiqué depuis de nombreuses générations dans certaines de ces religions, ceci dans le but de lier des démons aux enfants. Lorsqu'un alter émerge, c'est son comportement qui déterminera de quel type de démon il s'agit, le groupe appellera donc cet alter par un nom particulier de démon. Par la suite, le groupe pourra utiliser le nom du démon pour l'appeler et le faire émerger afin qu'il prenne possession du corps. Cependant, lorsqu'un démon sort sans en avoir la permission, ce qu'il finit généralement par faire, l'enfant*

---

[380] "Seven Degrees of Demonic Persecution"- Thomas J. Euteneuer, "Libera nos a malo", New Oxford Review, p.39, 05/2010.

devra être soumis à un exorcisme. Les enfants ne pouvant pas être exorcisés peuvent finir par se retrouver dans un hôpital psychiatrique. Ces groupes occultes ont fini par acquérir une grande compréhension sur le processus et sur les conséquences du fractionnement d'un enfant, leurs activités et les protocoles qu'ils ont créés sont devenus de plus en plus sophistiqués."[381] Là encore, il y a cette ambigüité entre personnalité alter interne et entité démoniaque externe, mais la notion de fractionnement (*déverrouillage spirituel*) de l'enfant est toujours présente.

L'auteur Fritz Springmeier fait une distinction entre possession démoniaque et T.D.I., mais il reconnaît qu'il y a de nombreuses caractéristiques communes et que ces deux choses sont intrinsèquement liés dans les protocoles de contrôle mental basé sur les traumatismes : *"Si nous prenons la programmation MK du point de vue du programmeur, celui-ci croit à la fois au fractionnement de la personnalité mais aussi à la possession démoniaque. Pour un programmeur MK, il faut créer des personnalités alter et en même temps les "démoniser", c'est à dire les lier à des démons. Plusieurs anciens programmeurs ont confié à Springmeier que si quelqu'un veut véritablement comprendre le contrôle mental Monarch, il doit réaliser que c'est quelque chose de fondamentalement démoniaque (…) La programmation et le contrôle mental ne peuvent pas être séparés de la démonologie et des rituels occultes."*[382]

Les entités démoniaques pourraient donc se lier aux alter dissociés. C'est ce que prétend également le révérend Tom Ball pour qui les démons sont de véritables entités qui ont été *"attachées"* aux personnalités alter à travers des *"malédictions"*, c'est à dire des protocoles de magie noire.[383]

Comme l'a écrit le Dr. Haraldur Erlendsson : "Mon point de vue est que la possession et la personnalité multiple n'arrivent pas séparément mais se produisent plutôt ensemble."

Selon les différentes données que nous avons, il est plus que probable que ces deux phénomènes soient en effet intimement liés. Contrairement aux personnalités alter qui ont un rôle basique de protection (même si certaines se montrent très hostiles et même violentes), les entités démoniaques venant de l'extérieur ne sont pas là pour aider la personne fractionnée, leur but est de voler, de détruire, de tromper et de tuer : elles conduisent à la folie et à l'autodestruction. Dans un cadre de programmation MK de type Monarch, ces entités démoniaques ont pour rôle de coopérer avec le programmeur pour maintenir en place le contrôle de l'esclave (sujet qui sera développé dans le prochain chapitre). Les personnalités alter, elles, ont pour rôle de soutenir et d'aider la personne à survivre au traumatisme tant bien que mal. Elles ont une fonction qui n'est pas destructrice mais plutôt de protection. Les personnalités alter prennent généralement grand soin de la personnalité d'origine. Les lourdes mémoires traumatiques et la douleur qu'elles contiennent sont "encapsulées" dans les différents alter, ce qui a pour fonction de préserver la victime pour qu'elle puisse continuer à vivre. C'est pour cette raison que les personnalités alter doivent être comprises, acceptées et

---

[381] "Healing the Unimaginable : Treating Ritual Abuse and Mind Control" - Alison Miller, 2012, p.94.

[382] "The Illuminati Formula Used to Create an Undetectable Total Mind Controlled Slave" - Fritz Springmeier & Cisco Wheeler, 1996.

[383] "Ritual Abuse in the 21st Century", Chap : "The use of prayer for inner healing of memories and delivrance with ritual abuse survivons" - Tom Ball, 2008.

aimées ; à l'opposé des entités extérieures destructrices qui peuvent également tourmenter ces alter comme ils tourmentent la personnalité hôte. Dans le livre de référence sur le phénomène des possessions, *"Possession Demoniacal and Other"*, Oesterreich parle de mauvais esprits mais il parle aussi de "bonnes" possessions. Il cite un cas rapporté par un certain van Müller dans l'ouvrage *"Gründliche Nachricht"* où la possession alternait entre un esprit diabolique malsain et un bon esprit.[384] Il se peut que le "bon esprit" ne provenait pas de l'extérieur mais qu'il était en fait une fraction de la personnalité de la personne, un alter dont le rôle était de l'aider et de le protéger. Si l'autre "conscience" est considérée comme une partie de la personnalité fractionnée, le traitement consistera à l'intégrer (fusion ou intégration) à la personnalité principale, par contre, si l'autre "conscience" est considérée comme étant un esprit ou un démon extérieur, le traitement consistera à l'expulser (expulsion par la prière d'exorcisme).

Le psychiatre Ralph B. Allison a parfois été confronté occasionnellement lors de son travail avec des patients souffrant d'un T.D.I. à des entités qui se comportaient de façon inhabituelle. Leur "naissance" ne pouvait pas être localisée dans le temps, elles ne servaient visiblement à rien et généralement elles se présentaient elles-mêmes comme des "esprits".[385] Avec une personnalité alter, il est habituellement possible de connaître le moment où le fractionnement (dissociation) s'est produit, c'est à dire le moment de sa "naissance". De plus chaque alter a normalement une fonction bien définie au sein du système interne : observateur, protecteur, enfant, etc.

Dans son livre intitulé *"Uncovering the mystery of MPD"* (découvrir les mystères du TDI), le Dr. James G. Friesen a établi une distinction afin de pouvoir déterminer ce qui relève d'une personnalité alter ou d'une entité extérieure (démon) :

---

[384] "Possession Demoniacal and Other Among Primitive Races, In Antiquity, The Middle Ages, And Modern Time" - Traugott Konstantin Oesterreich, 1930, p.27.
[385] "How About Demons ? Possession and Exorcism in the Modern World" - Felicitas D. Goodman, 1984.

Personnalités Alter	Démons
La plupart des alter, et même les "alter bourreaux", peuvent devenir de puissants alliés dans la thérapie. Il est possible d'établir avec eux une relation positive (même si elle peut s'avérer négative au départ)	Les démons sont arrogants et il n'y a aucune manière d'établir une relation avec eux
Avec le temps, les alter deviennent ego-syntone, c'est à dire qu'ils peuvent fusionner et s'harmoniser avec la personnalité d'origine	Les démons restent comme des *"ego-alien"*, des entités extérieures impossibles à fusionner et à "intégrer"
La confusion et la peur se résorbent lorsqu'il s'agit seulement d'alter	La confusion, le peur et la luxure persistent malgré la thérapie lorsque des démons sont présents
Les alter ont tendance à se conformer avec leur environnement	Les démons forcent à des comportements indésirables pour ensuite blâmer une personnalité
Les alter ont des personnalités propres avec des voix spécifiques	Les démons ont une voix négative sans aucune personnalité correspondante
Les irritations, les mécontentements et les rivalités entre les alter sont très courants	La haine et l'amertume sont les sentiments les plus courants chez les démons
L'imagerie des alter représente une forme humaine et reste cohérente	L'imagerie des démons varie entre des formes humaines et non-humaines, avec de nombreuses variantes

Le Dr. James Friesen met bien en garde en ce qui concerne la pratique de l'exorcisme : le combat contre les démons. Il faut en effet avoir de solides bases spirituelles et ne jamais s'engager dans ce genre de chose par simple curiosité ou pour un intérêt financier. Le risque étant de "combattre des démons" qui n'en sont pas, ou pire encore, combattre des démons sans en avoir la réelle capacité.

Selon le père Gabriele Amorth, exorciste en chef du Vatican, dans une possession il peut y avoir la présence de démons, mais aussi la présence d'*âmes damnées*, c'est à dire une âme de personne décédée qui est servilement attachée à Satan. Dans son livre *"Confessions"*, le père Amorth rapporte le cas d'une femme possédée. Lors des premières prières d'exorcisme, elle entrait en transe et devenait très violente, elle parlait plusieurs langues avec des voix différentes. Après chaque séance, la femme sortait de son état de transe et elle demandait ce qu'elle avait fait et ce qu'elle avait dit. Étant totalement amnésique, elle n'avait aucune mémoire de ce qu'il s'était passé, elle était seulement fatiguée et endolorie. Après plusieurs exorcismes, obéissant aux ordres du prêtre, un premier démon révéla son nom : *"Zago"*. Il déclara être le chef d'un culte pratiqué dans un village voisin, près d'une église en ruine, il disait aussi qu'il y avait une légion de démons mineurs dans cette possession. L'autre démon se présenta comme *"Astarot"*, celui-là s'occupait de détruire l'amour du couple et l'affection entre les parents et les enfants. Un troisième démon nommé *"Serpent"* avait pour mission de pousser la femme au suicide. À la grande surprise du prêtre exorciste Gabriele Amorth, parmi ces entités démoniaques, il y avait trois âmes damnées : *"Michelle"*, une femme qui avait travaillé au Moulin Rouge et que la drogue avait tué à l'âge de 39 ans. C'est Michelle qui faisait souvent prononcer à la femme italienne possédée les phrases en français qu'elle répétait pour racoler les clients. Pendant ces moments-là, le visage de la femme devenait doux et persuasif. Il y avait aussi *"Belzébuth"*, un marocain qui avait décapité trois missionnaires en 1872, puis qui s'était suicidé, accablé par les remords. La troisième âme damnée était *"Jordan"*, un écossais qui avait assassiné sa mère. Il intervenait souvent en parlant en anglais durant les transes de possession. Plus tard, lors d'un exorcisme, Amorth entendit une nouvelle voix féminine, il lui demanda alors avec force : *"Qui es-tu ?"*, ce à quoi la voix répondit : *"Je suis Vanessa, j'ai vingt-trois ans. J'étais étudiante à l'université. J'ai rencontré un jeune homme qui m'a emmenée à des messes noires près de l'église en ruine. C'est ce jour-là que j'ai commencé à servir le démon. Une nuit où j'avais bu du sang et que j'étais ivre de la cérémonie, j'ai traversé la rue et je suis morte, renversée par une voiture."* Il y avait donc la présence d'une quatrième âme damnée. Durant les dernières prières d'exorcisme, une croix d'un rouge décoloré est apparue sur le front de la femme. Le mari en touchant cette croix découvrit que c'était du sang. L'exorciste a alors interrogé l'entité pour en connaître la cause, la réponse du démon fut : *"C'est le sang d'un enfant de quatre jours qui m'a été offert par sa mère, une de mes adeptes d'autrefois."*[386]

Un autre cas de ce qui semble être une possession par une âme humaine a été décrit dans l'étude menée en Ouganda mentionnée plus haut dans ce chapitre.[387] Il s'agit d'une femme de 33 ans qui souffrait d'attaques spirituelles depuis des années, d'après sa sœur elle avait des comportements étranges et agressifs pendant lesquels elle parlait avec différentes voix. Ces attaques se passaient lorsque la famille s'apprêtait à aller à l'église ou à réciter certaines prières. À la clinique, la patiente entrait en transe, elle se mettait à agiter les mains comme si elle avait des griffes tout en grognant comme un animal sauvage. Après quoi elle commençait à parler dans une langue étrange avec une voix tout aussi étrange. Sa sœur a expliqué qu'il s'agissait de la voix d'un oncle qui était mort depuis plusieurs années. Cet oncle avait gardé les valeurs et les croyances de la culture païenne traditionnelle, alors que leur père s'était tourné vers le Christianisme. Il y eut alors

---

[386] "Confessions : Mémoires de l'exorciste officiel du Vatican" - Père Gabriele Amorth, 2010, p.145.

[387] "Dissociative Symptoms and Reported Trauma Among Patients with Spirit Possession and Matched Healthy Controls in Uganda" - van Duijl, Nijenhuis, Komproe, Gernaat, de Jong, 2010.

un conflit non résolu entre leur père et cet oncle parce que le père refusait de pratiquer les rituels pour les ancêtres. Cette femme était-elle possédée par l'âme de son oncle ?

Une étude menée en 2000 dans un hôpital psychiatrique de Singapour a rapporté le cas d'un homme malaisien qui lorsqu'il était possédé par les esprits des ancêtres, se mettait à parler le *"Sundak"*, un dialecte javanais qui n'était plus utilisé par son peuple et qu'il n'avait lui-même jamais appris.[388]

Pour le père François Brune, il y a une distinction entre la possession démoniaque et la personnalité multiple, pour lui le phénomène de personnalité multiple s'explique uniquement par l'incorporation d'une âme humaine désincarnée et errante. Âme qui s'accaparerait du corps de l'individu pour s'exprimer à travers lui.

Cette question de la possession par des âmes de défunts est peut-être à mettre en relation avec une forme de "culte des ancêtres" pratiqué par les satanistes et les lucifériens. Certaines familles qui pratiquent les abus rituels et le fractionnement de personnalité systématique sur sa descendance offriraient ainsi une porte ouverte à leurs ancêtres pour qu'ils puissent "revivre" dans la chair par le biais de la possession ponctuelle ou permanente de leurs descendants (fractionnés et donc ouverts à la médiumnité). Si l'ancêtre était déjà fractionné durant son incarnation, des fragments de son esprit peuvent également rester liés à sa descendance incarnée. Ils obtiendraient ainsi une sorte "d'immortalité", tant recherchée par certains occultistes.

Le livre *"Possession Demoniacal and Other"* est une étude sur le phénomène de la possession qui a été mondialement reconnue et qui reste aujourd'hui une référence en la matière. Oesterrich y fait une différenciation claire entre possession *volontaire* et *involontaire* et également une distinction entre la possession *lucide* et *somnambulique*. Dans la possession lucide, l'individu est conscient et il s'en rappelle ultérieurement. Un exemple contemporain de possession volontaire est celui des *"channels"*, les médiums du *New-Âge* qui se laissent volontairement posséder par une entité. Certains de ces médiums sont lucides, d'autres non. La possession somnambulique arrive lorsque l'individu est incapable de se rappeler de son comportement et de ce qu'il se passait autour de lui lors de l'état de transe ; tandis que dans la possession lucide, il est le spectateur passif de ce qui se passe en lui et de ses actes dirigés par une autre force. Les personnes ayant un T.D.I. décrivent les épisodes dissociatifs de la même manière que Oesterrich a décrit les états de possession, ils peuvent être lucides, on parle alors de conscience commune entre la personnalité principale et l'alter, ou bien séparés par un mur amnésique.

Il semblerait donc qu'un traumatisme sévère entraînant une profonde dissociation puisse provoquer à la fois une fragmentation du *"Moi"* en différentes personnalités alter, ou *fragments d'âme* comme nous allons le voir ; et en parallèle un phénomène de possession par des entités extérieures qui peuvent être de nature démoniaque, ou humaine, ou encore des fragments d'âmes humaines désincarnées. Le T.D.I. est donc intimement lié au phénomène de médiumnité et de possession de par la "brèche spirituelle" qui a été provoquée lors des

---

[388] "Phenomenology of Trance States Seen at a Psychiatric Hospital in Singapore : A Cross-Cultural Perspective" - Transcultural Psychiatry, 12/2000.

traumatismes. Des cas pouvant être pris pour une possession démoniaque peuvent donc se révéler être un T.D.I avec des alternances de personnalités alter pouvant laisser croire qu'il s'agit d'entités extérieures, tout comme des entités extérieures peuvent effectivement parasiter et infester une personne "fracturée", ayant une personnalité éclatée et multiple.

Dans son autobiographie intitulée "Thanks For The Memories", Brice Taylor (survivante du MK Monarch) écrit : "J'ai rencontré des personnes atteintes de troubles de la personnalité multiple qui pensaient qu'elles étaient médium et qu'elles canalisaient des entités, alors qu'en fait elles contactaient une partie de leur propre structure de personnalité. Un jour, une femme 'channel' (ndlr : channels = les médiums du new-âge) nommée Shirley m'a gracieusement offert une séance de 'channeling' privée (…) Je lui ai dit que je serais heureuse de poser toutes les questions qu'elle se posait sur elle-même lorsqu'elle serait en état de transe, ce qu'elle accepta. À la question pour savoir si Shirley avait été impliquée dans des activités de type abus rituels, la réponse a été que "Shirley n'était pas encore prête à faire face à cette réalité". Faire du 'channeling' peut-être un moyen astucieux pour couvrir la réalité d'un trouble de la personnalité multiple lorsque les fragments de personnalité remontent à la conscience, en expliquant qu'il s'agit d'une "entité" extérieure."[389]

Dans un article intitulé *"Multiple Personality and Channeling"* (*Jefferson Journal of Psychiatry*), le Dr. Rayna L. Rogers fait le parallèle entre les *channels* du *new-âge* et les personnes souffrant d'un T.D.I.. Elle conclut que les transes de ces médiums (lorsqu'elles sont authentiques et qu'il ne s'agit pas d'une fraude) sont très similaires sur de nombreux points aux personnes souffrant d'un fractionnement de la personnalité. Comme nous le verrons plus loin, les personnes fractionnées sont également plus ouvertes au "monde des esprits", aux autres dimensions, donc plus susceptibles d'accéder à des facultés médiumniques (une séance de *"channeling"* n'est rien d'autre qu'une possession ponctuelle, elle peut-être inconsciente ou consciente, s'évaporant alors tout comme le souvenir d'un rêve). D'un point de vue extérieur, par exemple pour un public assistant à une séance, il est difficile de déterminer si le *channel* canalise une entité extérieure, ou si c'est un alter intérieur qui communique vers l'extérieur (nous reviendrons sur la canalisation des esprits au chapitre 9).

3 - DISSOCIATION ET SORTIE HORS DU CORPS :
LA PORTE OUVERTE À LA POSSESSION ?

Dans le livre *"Diagnosis and Treatment of Multiple Personality Disorder"*, le Dr. Frank Putnam dit qu'il y a deux camps sur la question de la sortie hors du corps, un groupe qu'il qualifie de "séparationistes", ceux qui croient qu'il existe une "âme", un "corps astral", qui peut quitter véritablement le corps physique pour se déplacer vers d'autres lieux, et puis il y a des psychologues pour qui ces expériences de sorties du corps sont simplement un état de conscience modifié et

---

[389] "Thanks For The Memories : The Truth Has Set Me Free" - Brice Taylor, 1999, p.114.

qu'il s'agit d'une simple hallucination. Les nombreux témoignages tendent à prouver qu'en effet, il existe un corps astral pouvant se mouvoir hors du corps physique.

Les personnes décrivent une sensation de flottement en apesanteur, en dehors de leur corps. Certaines personnes qui ont vécu une *N.D.E* (*Near Death Experience*), une expérience de mort imminente ou encore expérience aux frontières de la mort, ont pu décrire précisément l'opération chirurgicale qui était effectuée sur elles suite à un accident, alors qu'elles étaient dans le coma... Elles étaient également capables de rapporter le nombre de personnes présentes dans le bloc opératoire et ce qu'elles se disaient entre elles. Leur corps énergétique était au-dessus de la scène et pouvait ainsi tout observer dans les moindres détails pendant que leur corps physique était inconscient, allongé sur la table d'opération. Ces expériences de mort imminente étudiées par le Dr. Raymond Moody, mais également les travaux de Robert Monroe ou du Dr. Jean Jacques Charbonier, montrent qu'un corps énergétique, dit corps éthérique ou corps astral, avec une conscience, peut quitter le corps physique puis le réintégrer. Certaines personnes maîtrisent ce phénomène et peuvent le provoquer à volonté, chose qui n'est évidemment pas conseillée. D'après un sondage Gallup datant de 1982, il y aurait 25 à 30% de gens qui auraient vécu ce genre d'expérience suite à une hospitalisation ou à un traumatisme sévère.

Les occultistes connaissent bien cette technique du *"Voyage Astral"*, dite de la projection astrale du *"corps de lumière"* hors du corps physique. C'est une discipline étudiée par les sociétés secrètes telles que la Golden Dawn ou la Franc-maçonnerie, mais c'est une pratique avant tout maîtrisée par les chamans des cultures préindustrielles, qui voyagent à travers les différentes dimensions grâce à cette technique.

Le phénomène de dissociation décrit dans le chapitre précédant s'accompagne parfois d'une sensation de séparation de l'esprit et du corps. Certaines victimes d'abus sexuels décrivent clairement une sortie concrète hors du corps physique lors de leur dissociation déclenchée par la violence extrême, la douleur et la terreur. La psychotraumatologue Muriel Salmona, spécialiste de la dissociation, parle dans ces cas là d'une "décorporation". Marie-Ange Le Boulaire, l'auteur du livre *"Le viol"*, décrit bien comment elle s'est retrouvée en dehors de son corps, observant son viol et analysant de manière très lucide la situation dans laquelle elle se trouvait. Elle a décrit ce phénomène lors de son passage dans l'émission de télévision *"Allô Docteur"* sur France 5 en janvier 2014 : *"Je me sentais à un mètre, comme dans un film. J'étais à un mètre derrière et je regardais la scène que j'analysais d'ailleurs très clairement en me demandant ce que je pouvais faire pour m'en sortir... Ça c'était très clair."*

Dans le documentaire intitulé *"Une vie après la secte"* (*Planète +*, 2014), Flora Jessop, née dans une famille d'intégristes mormons, témoigne sur son enfance martyrisée : *"Cela a commencé par des caresses, il me disait que je ne devais pas en parler, que c'était notre secret. Au début, j'étais fière, mais en même temps je me sentais sale et je ne comprenais pas pourquoi. Cela était très bizarre, je partageais un secret avec mon père et cela me donnait envie de vomir. J'étais terrifiée à chaque fois qu'il voulait me parler. Je suis devenue très douée pour me détacher de moi-même. Je flottais au-dessus de moi et je le regardais me toucher en ayant l'impression que cela arrivait à quelqu'un d'autre. Comme ça, je pouvais encore aimer mon père. Chaque enfant considère son père comme son héros, c'est le premier héros d'un enfant. Ce que j'ai appris très tôt, c'est que les monstres ne se cachent pas sous notre lit, les monstres passent les portes et ont des visages familiers. Mon héros était un monstre…"*

Le livre *"Wife Rape"* (Femme violée) rapporte un certain nombre de témoignages de dissociation avec une sortie hors du corps lors d'un viol : *"Une des stratégies de survie la plus répandue est décrite par Debbie comme une "sortie en orbite", elle se souvient : "Il était entièrement couché sur moi, et alors je suis juste sortie avec mon esprit, je n'étais tout simplement plus là. Je m'étais transportée ailleurs et j'ai réalisé plus tard que je l'avais souvent fait, même en grandissant, lorsque quelque chose me blessait, je sortais… je devenais totalement engourdie."* (…) *Karen décrit aussi avoir eu une sortie hors du corps : "C'est comme si j'étais en train de regarder la scène du coin de la chambre et je ne pouvais plus rien ressentir."* Cela est arrivé seulement durant les abus sexuels mais pas pendant la violence physique. *Annabel a également décrit avoir eu une expérience hors du corps durant son viol, elle raconte : "Je me focalisais sur mon bras tout en étant quelque part au-dessus, mon bras était tordu sous mon corps, comme une poupée de chiffon. Je ne voyais pas le viol comme s'il m'arrivait à moi, mais comme si cela arrivait à quelqu'un d'autre avec un bras tordu."*[390]

Dans le livre *"Reach for the Rainbow"* (Atteindre l'arc-en-ciel), Lynn Finney rapporte le récit d'une survivante qui décrit sa dissociation psychique puis la sortie hors de son corps :

"Je ne peux plus supporter cela une minute de plus. Je sens que je vais mourir. Je veux mourir. Oh, s'il vous plaît, laissez-moi mourir. Que se passe-t-il ? Je ne sens plus la douleur. Pourquoi je ne ressens plus de douleur ? Je ne ressens plus rien… Je me sens tellement paisible. Je flotte, je flotte jusqu'au plafond. Que se passe-t-il ? Je peux voir le corps nu de mon père sur le lit en dessous de moi. Je vois son dos et l'arrière de ses jambes. Il est sur une petite fille, une fille avec de longs cheveux noirs comme moi. Mais c'est moi ! Je suis tellement confuse… Je ne comprends pas. Comment puis-je être là-bas et ici au plafond en même temps ? Je peux voir mon père et la fille (moi) bouger sur le lit, mais mes émotions et la douleur ont totalement disparues. Je ne ressens plus rien mais je peux entendre ses pleurs. Je suis contente de ne plus être en bas, je ne veux pas y retourner."[391]

Le Dr. David Gersten a rapporté un témoignage concernant ce processus de dissociation extrême. Dans son livre intitulé *"Are You Getting Enlightened or Losing Your Mind ?"* (Êtes-vous en train d'atteindre l'illumination ou de perdre la tête ?) il écrit : *"Amanda a été victime d'abus physiques et psychologiques et aussi d'abus sexuels. Son père, un alcoolique, a commencé à la violer lorsqu'elle avait huit ans, et cela a continué pendant six ans. Un frère plus âgé abusait d'elle également (…) Amanda a appris à faire face à l'agonie en "quittant son corps". Dans la psychiatrie traditionnelle, nous pourrions dire qu'elle se "dissociait". La question à laquelle la psychiatrie ne répond pas est "où s'en va la conscience lorsqu'elle se dissocie ?". Je crois que ce que nous appelons la dissociation doit souvent être une expérience de sortie hors du corps. La conscience d'Amanda se dissociait, ou se séparait de son corps physique. Son esprit et sa conscience quittaient temporairement les limites de son corps physique. Ainsi, Amanda n'expérimentait plus personnellement les ravages émotionnels et physiques. En fait, elle a appris à "quitter son corps" à volonté et elle se retrouvait souvent dans des états de béatitude extatique alors qu'elle était sortie de son corps. J'ai depuis interrogé des*

---

[390] "Wife Rape : Understanding the Response of Survivors and Service Providers" - Raquel Kennedy Bergen, 1996, p.30-31.
[391] "Reach for the Rainbow : Advanced Healing for Survivors of Sexual Abuse" - Lynne D. Finney, 1992.

douzaines d'autres personnes qui ont été victimes d'abus extrêmes, et plus de la moitié d'entre elles ont rapporté qu'elles avaient quitté leurs corps durant les violences.[392]

Les rituels traumatiques extrêmes servent à provoquer cette *"illumination"* : la transcendance du corps physique par le biais du phénomène dissociatif. Le cœur de la perversion satanique consiste à *"arracher l'âme"* de la victime pour vampiriser son énergie et contrôler son esprit. Ce ne sont pas les rituels en eux-mêmes qui comptent vraiment mais plutôt leurs effets à des niveaux qui dépassent le monde matériel.....

Certains énergéticiens expliquent qu'un choc ou un traumatisme, surtout en début de vie, va déverrouiller le corps astral qui pourra donc se détacher du corps physique. Eileen Nauman décrit ainsi ce phénomène : *"Les personnes qui ont subi un choc et un traumatisme, surtout dans leur petite enfance, ont leur corps astral qui sort au-dessus de leur tête. Le corps astral déverrouillé ressemble à un ballon coloré flottant autour de la tête. Un clairvoyant peut le voir et savoir ainsi que vous êtes "déraciné" (déconnecté) en raison de cet événement. La raison pour laquelle le corps astral veut "s'échapper" est qu'il est notre "carte mère" pour toutes nos émotions et nos sentiments. Lors de l'attaque, lorsqu'une personne est profondément blessée et traumatisée, le corps astral va sortir par la partie supérieure de notre tête (Chakra de la Couronne), il ne veut tout simplement pas vivre cette douleur et cette souffrance, il fuit l'angoisse, le chagrin ou l'agonie. S'il se déverrouille et se détache pour sortir, alors vous sentirez moins ces émotions traumatiques. Les gens qui vivent cela signalent également une sensation d'engourdissement et de paralysie. C'est un autre signe que le corps astral est déverrouillé et sorti. Sous la violence extrême, le corps astral se déverrouille et s'échappe. Est-ce aussi simple que cela ? Qu'advient-il lorsque cela se produit ? Nous nous sentons déconnectés de la violence et du traumatisme, il n'y a plus ou beaucoup moins d'émotions. De nombreuses personnes disent avoir "flotté" au-dessus de la scène de violence, avec un détachement total et sans aucune émotion. Elles décrivent cela comme si elles regardaient un film en couleur, mais sans qu'il n'y ait aucun lien émotionnel avec la scène. Au fil du temps, le corps astral apprend comment s'échapper au lieu de rester dans le corps physique et de ressentir les puissantes émotions liées à la violence, aux traumas et au stress post-traumatique. Il peut ainsi rester déverrouillé à la suite d'un événement ou d'une série d'événements. Toute personne qui a eu une enfance traumatique ou très perturbée peut avoir eu son corps astral déverrouillé afin d'échapper à la douleur émotionnelle continuelle.*[393]

Il semblerait que le phénomène neurochimique qui provoque la dissociation avec une anesthésie physique autant qu'émotionnelle soit donc lié avec ce détachement du corps astral où la victime voit la scène de l'extérieur et ne ressent plus aucune émotion. Ainsi donc, des parties "énergétiques" de notre corps peuvent s'en détacher pour évoluer sur d'autres plans. Comme nous allons le voir plus loin, il peut s'agir de simples fragments d'âme qui se "déchirent" lors des traumatismes. Dans les cas de T.D.I., on parle de fractionnement de personnalité, mais il s'agit en réalité de l'éclatement "énergétique" d'un tout unifié que forme l'humain à sa naissance.

Il est intéressant de noter que les indiens Quechua du Pérou utilisent le mot *"Susto"*, qui signifie la *"peur"*, pour parler de ce phénomène de sortie hors du corps qu'ils nomment la "perte de l'âme" (ou de fragments d'âme). Pour eux, cette

---

[392] "Are You Getting Enlightened or Losing Your Mind ?" - David Gersten, 1997, p.147.
[393] "The Astral Body – And How to 'Ground' it to Your Physical Body" - Eileen Nauman, allthingshealing.com.

"perte de l'âme" se nomme la maladie de *Susto* : la maladie de la peur… Dans son livre *"El mito del Jani o Susto de la medecina indigena del Peru"*, Le Dr. Frederico Sal y Rosas rapporte que *les indiens Quechua croient que l'âme (ou peut-être une partie d'elle) peut quitter le corps, spontanément ou en étant forcée de le faire. La maladie de "Susto" peut arriver de deux manières : soit par une grande frayeur, comme par exemple le tonnerre, la vue d'un taureau qui charge ou d'un serpent, etc, soit d'une manière malveillante ne nécessitant pas de frayeur."*[394]

Que penser des exemples donnés ci-dessus comme la peur du tonnerre, d'un taureau ou d'un serpent qui peuvent déclencher un fractionnement de l'âme, en comparaison avec les abus rituels sataniques ? Des rituels comprenant des scènes on ne peut plus terrorisantes et douloureuses, des viols, de la torture et des sacrifices (réels ou même simulés). Lors des abus rituels, la terreur de l'enfant est volontairement poussée à son paroxysme pour aboutir à une extrême dissociation. Dans cet état profondément dissocié, l'esprit se détache du corps. Les portes énergétiques et spirituelles de l'enfant se retrouvent alors grandes ouvertes, permettant l'intrusion d'entités démoniaques attirées par les rituels, la terreur, le sang, la magie noire et les incantations. La nature ayant horreur du vide, lorsqu'une partie de l'âme se fractionne et "s'échappe", cela crée un "espace" pouvant être envahi par une entité extérieure. Ce phénomène de possession par un esprit lors d'un fractionnement de l'âme est quelque chose que l'on retrouve dans les traditions chamaniques. Suite aux traumatismes, l'enfant se retrouve donc déconnecté de son "Moi", il n'est plus *ancré*. Tout comme sa personnalité est fragmentée, son âme (son corps spirituel) est également scindée. De plus l'enfant peut se retrouver parasité par une ou plusieurs entités démoniaques qui vont s'attacher à lui et interagir avec son monde intérieur, cette dimension particulière à laquelle il a été connecté lors des rituels traumatiques.

Voici maintenant le témoignage troublant d'une ancienne membre de l'ordre luciférien *"illuminati"*. La femme qui est sortie tant bien que mal de ce culte s'est convertie à Jésus-Christ et a décidé de dévoiler ce qu'elle avait vécu depuis sa toute petite enfance, étant née dans une famille pratiquant ces horreurs. 'Svali' (son pseudonyme) a été victime d'abus rituels et de programmation mentale mais elle a elle-même pratiqué le contrôle mental sur des enfants du groupe de San Diego aux États-Unis, dont elle dépendait. Le témoignage suivant a été mis en ligne en 2001, il concerne un rituel allant jusqu'à provoquer une mort imminente chez la victime. C'est à dire que celle-ci va se décorporer en raison des traumatismes extrêmes qui poussent volontairement son corps physique aux frontières de la mort. Ce type de pratiques fait partie des programmations MK les plus extrêmes et les plus complexes. Nous allons donc anticiper un peu sur le chapitre suivant consacré au contrôle mental de type Monarch.

Les traumatismes sont la base du contrôle mental luciférien et la méthode la plus extrême est certainement ce que Svali nomme la *"cérémonie de résurrection"*. Selon elle c'est l'une des plus anciennes méthodes de l'Ordre *illuminati*. La cérémonie ou rituel, se fait généralement pour un enfant de 2 ou 3 ans. Celui-ci sera fortement traumatisé par divers moyens : violences physiques et sexuelles, électro-chocs, asphyxie, drogues, ayant pour but de le faire se dissocier au

---

[394] "The Discovery of the Unconscious : The History and Evolution of Dynamic Psychiatry" - Henri F. Ellenberger, 1981, p.8.

maximum et de l'amener dans un état proche de la mort. C'est une méthode de programmation mentale qui pousse volontairement un enfant jusqu'aux frontières de la mort. La petite victime ressent alors à ce moment-là des présences autour d'elle, ce sont des entités observant ce petit corps inconscient entre la vie et la mort... Dans ces rituels de *"résurrection"*, il y aura toujours la présence d'un personnel médical compétent avec du matériel adéquat afin de surveiller l'état de l'enfant et pour pouvoir le *"réssusciter"* le temps venu... Lorsqu'il reprendra conscience dans d'extrêmes souffrances, on le mettra face à un choix : affronter une mort certaine ou choisir de vivre en intégrant en lui une puissance démoniaque. L'enfant choisit évidemment de vivre et une entité parasite s'accroche alors à lui. Plus tard, l'enfant se réveillera dans des vêtements propres, dans un lit douillet, enduit d'onguents guérisseurs, mais dans un état de choc et d'extrême faiblesse. C'est alors qu'une personne viendra lui dire d'une voix douce et rassurante qu'il était mort mais que le démon *"l'a ramené à la vie"*, qu'il doit donc lui en être redevable tout comme aux personnes qui l'ont sauvé en relançant les battements de son cœur. Il est dit aussi à l'enfant que s'il demande à l'entité démoniaque de partir, on le ramènera dans cet état proche de la mort dans lequel il se trouvait lorsqu'elle y est entrée.

Ce type de programmation basée sur la mort imminente est utilisé pour terrifier, fractionner, démoniser et finalement contrôler totalement un très jeune enfant au niveau physique, psychique et spirituel. Cela l'oblige à accepter une spiritualité totalement satanique / luciférienne dans les pires circonstances traumatiques et coercitives possibles. Le rituel marquera profondément les croyances de l'enfant et cette expérience traumatique modifiera surtout sa réalité la plus fondamentale. Le but de cette programmation est d'enlever le libre arbitre et la volonté chez les jeunes sujets pour en faire les esclaves de forces supérieures non incarnées.

Une autre technique de contrôle mental basée sur la *N.D.E.*, ou mort imminente, a été décrite par Svali comme étant pratiquée dans un cadre gouvernemental, de type MK-Ultra. Le sujet est attaché par la taille et au cou, il est enveloppé dans un caisson d'isolation sensorielle (supprimant toutes les sensations de ses membres). Dans cet état de privation sensorielle, il est nourri par intraveineuse et se fait bombarder le cerveau par des bruits sonores extrêmement violents. L'obscurité totale de la pièce sera entrecoupée de lumières blanches éblouissantes et le sujet va vite perdre la notion du jour et de la nuit. Lorsque la victime se rapproche du *point de rupture* et qu'elle est sur le point de se *briser*, elle reçoit alors des électrochocs et des drogues. Le niveau de douleur et de terreur est à son paroxysme et on lui répète qu'elle est en train de mourir, ce qui est le cas... au besoin, elle peut être mise sous respirateur artificiel. C'est alors que le sujet expérimente cet état de mort imminente et il se retrouve à flotter hors de son corps, enfin libéré de la torture physique et psychologique. C'est alors qu'un programmeur vient se poser en "sauveur" en lui disant qu'il mérite de vivre et qu'il ne le laissera pas mourir... Au final, la victime va lui devoir la vie... Des messages pré-enregistrés sont également diffusés en boucle (la méthode du *psychic driving* du programme MK-Ultra). Des messages qui contiennent la programmation et la destinée future du sujet dans la *"Famille"*. Hyper traumatisée, la victime est alors très réceptive à ces messages qui seront profondément intégrés dans son subconscient. Finalement, la victime est ramenée doucement à un état de conscience *correct*, toujours accompagnée du message constant lui répétant qu'elle est *"née de nouveau"* pour la *"Famille"*.

Là encore, une ou plusieurs personnes viendront réconforter aimablement la victime et elle se sentira extrêmement reconnaissante d'être encore en vie, d'avoir été libérée de toutes ces horreurs. Elle sera même comme un jeune enfant s'agrippant aux personnes autour d'elle…

Ce type de programmation MK basé sur la mort imminente et la sortie hors du corps va s'implanter chez la victime au niveau le plus profond, car touchant le cœur même de l'être : Sa vie. Par la suite, la personne qui a subi ce genre de protocole aura la certitude (programmation) qu'elle va mourir si elle tente de rompre le contrôle mental, et qu'elle va se retrouver de nouveau dans un état proche de la mort avec le risque que son cœur s'arrête définitivement. Peu importe les mensonges et les horreurs proférés et implantés dans ces états de quasi inconscience, ils seront profondément intégrés au niveau subconscient. L'enfant dans une telle situation a un besoin désespéré de croire les adultes qui tiennent sa vie entre leurs mains. L'enfant, totalement brisé et programmé, intègrera toutes les données reçues comme une profonde vérité.[395]

Dans son autobiographie, Cathy O'Brien écrit : "Que je l'aie voulu ou pas, j'ai surpris une conversation entre Aquino (ndlr : fondateur du Temple de Set) et un assistant du labo' à propos de la mort et du cerveau alors que j'étais allongée, profondément hypnotisée, sur une table métallique glacée. Aquino disait que j'avais souvent frôlé la mort, ce qui "augmentait ma capacité, étant en train de mourir, à pénétrer d'autres dimensions (de l'esprit)." J'avais écouté Aquino parler interminablement de ce genre de concepts, comme s'il essayait de se convaincre de l'existence d'une théorie des voyages interdimensionnels dans le temps. "Que ce soit un principe ou une théorie, cela ne change rien aux résultats, prétendait-il – le concept du temps est en lui-même abstrait." Le fait de m'hypnotiser avec un verbiage passé-présent-futur me donnait une impulsion qui, combinée aux concepts d'Alice au pays des merveilles/du monde en miroir de la NASA, faisait naître en moi l'illusion de dimensions intemporelles (…) Après m'avoir fait passer de la table à un contenant à l'aspect complexe (ndlr : caisson d'isolation sensorielle), Aquino fit alors basculer mon esprit vers une autre zone de mon cerveau, affirmant m'avoir emmenée dans une autre dimension au moyen de la "porte de la mort". Il le fit pendant que je subissais une privation de tous mes sens, combinée à une reprogrammation utilisant hypnose et harmoniques. La structure en question, qui faisait penser à un cercueil, fut transformée dans mon esprit en un crématorium, où je fus soumise à une sensation de chaleur croissante tandis que "je brûlais lentement" tel qu'il me l'était hypnotiquement suggéré. Aquino, ensuite, "me fit passer le seuil de la mort" pour entrer dans une autre dimension "vide de temps"."[396]

4 - À LA POURSUITE DES FRAGMENTS D'ÂME PERDUS

---

[395] "Near Death Experiences / Near Death Programming" - Svali, 2001.
[396] *L'Amérique en pleine Transe-formation"* - Cathy O'Brien & Mark Phillips, 2013, p.328.

Comme nous venons de le voir, l'âme humaine peut se détacher du corps physique lors d'un traumatisme extrême. La victime reste en vie, ce qui indique que son âme ne s'est pas totalement détachée du corps mais plutôt qu'elle s'est fragmentée. Bien que la vie reprenne tant bien que mal après cette expérience extrême, des "fragments d'âme" peuvent rester séparés du "Moi", des fragments perdus, chargés d'une mémoire traumatique et naviguant dans d'autres dimensions… Dans son livre *"Wife Rape"* (Femme violée), Raquel K. Bergen rapporte les paroles de Sonya : *"J'ai perdu une partie de moi. Je pense qu'une partie profonde en moi est morte."*[397]

Dans le livre *"The Discovery of the Unconscious"*, Henri F. Ellenberger explique que dans les anciennes traditions, les maladies et les troubles mentaux peuvent survenir lorsque l'âme quitte le corps (spontanément ou par accident) ou bien alors si elle est volée par un esprit ou par un sorcier. Le guérisseur, ou chaman, va alors partir à la cherche de cette âme perdue afin de la ramener et de restaurer ainsi le corps et le psychisme du malade. C'est ce que l'on nomme la "récupération de l'âme". Cette pratique est répandue mais elle n'est pas universelle, elle est présente chez les Negritos de la péninsule Malaisienne, chez les autochtones des Philippines et d'Australie entre autres. Cette croyance est également présente dans d'autres cultures comme en Sibérie, en Afrique du nord-ouest, en Indonésie ou en Nouvelle-Guinée. La nature de l'âme, les causes de la perte de l'âme, la destination de l'âme perdue et la manière de guérir le malade peuvent varier selon chaque culture locale.

Ces cultures traditionnelles nous apprennent que durant le sommeil ou un évanouissement, l'âme peut se séparer du corps physique. C'est la théorie selon laquelle un "fantôme-esprit" est présent dans le corps durant la vie normale, mais qu'il est capable de quitter ce corps physique temporairement, en particulier pendant le sommeil. L'*esprit voyageur* peut alors se perdre, être attaqué, capturé et gardé prisonnier par un mauvais esprit ou un sorcier. L'esprit peut aussi brusquement quitter le corps lors d'un état d'éveil, en particulier lors d'un choc provoquant une grande peur. Il peut également être forcé à quitter le corps par des fantômes, des démons ou même des sorciers. Le traitement du guérisseur traditionnel consiste donc à partir en *chasse astrale* pour retrouver le fragment d'âme, le ramener et restaurer ainsi le malade. En Sibérie, cette guérison ne peut-être pratiquée que par un chaman qui a été mis en contact avec le monde des esprits durant son initiation. Il a donc la capacité de jouer le rôle de médiateur entre cette autre dimension et celle des vivants. L'ethnologue Russe Ksenofontov rapporte : *"Lorsqu'un être humain "perd son âme", le chaman se met en état de transe par une technique spéciale lors de laquelle son âme part en voyage vers le monde des esprits. Les chamans sont capables d'aller traquer l'âme perdue dans l'autre monde de la même manière qu'un chasseur traque un animal dans le monde physique. Ils doivent souvent passer un marché avec les esprits qui ont capturé l'âme, se concilier avec eux et leur faire des présents. Parfois ils doivent aussi combattre les esprits, de préférence avec l'aide d'autres esprits qui sont leurs alliés. Même s'ils sont vainqueurs dans leur quête, ils doivent toujours anticiper la vengeance des esprits*

---

[397] "Wife Rape : Understanding the Response of Survivors and Service Providers" - Raquel Kennedy Bergen, 1996, p.60.

mauvais. Une fois qu'ils ont récupéré l'âme perdue, ils la ramènent pour la réintégrer au corps, ce qui aboutit à la guérison du malade."[398]

L'ethnologue Guy Moréchand décrit ainsi le rôle du chaman : "L'exercice du chamanisme se traduit matériellement par la transe. Lorsqu'il entre en transe, le chaman est censé entreprendre un voyage. Il quitte son corps qui va, sur place, au fur et à mesure du déroulement de la séance, mimer et conter les efforts et les épisodes d'aventures qui ont lieu dans des mondes différents du monde terrestre. Les représentations de ces voyages chamaniques trouvent leur aboutissement dans une cosmogonie à trois mondes, avec un ciel et un enfer, symétriques par rapport à la terre, situés au-dessus et au-dessous d'elle, l'enfer étant tantôt souterrain, tantôt sous-marin. Les trois mondes (ou séries de mondes) sont traversés par un axe vertical qui est leur voie d'accès. On atteint le ciel en s'élevant avec l'aide d'un génie animal ailé. Le cheval est, chez plusieurs populations, la monture qui conduit aux enfers. Dans ces mondes, inconnus concrètement des humains ordinaires et qui leur sont inaccessibles, le chaman part à la recherche d'une âme en fuite ayant provoqué par son absence la maladie. Le terme des pérégrinations ou de l'enlèvement de cette âme par un mauvais esprit, est parfois le royaume d'une divinité, céleste ou infernale, auprès de qui le chaman est obligé d'aller la réclamer et l'acheter."[399]

Dans son livre intitulé "Animisme et chamanisme pour tous", Igor Chamanovich décrit ainsi les transes des "hommes-médecines" : "Le 'medecine-man' est un extatique par excellence. Or, au niveau des religions primitives, l'extase signifie l'envol de l'âme dans le ciel, ou son vagabondage à travers la terre, ou enfin sa descente aux régions souterraines parmi les morts. Le 'medecine-man' entreprend de tels voyages extatiques pour rencontrer face à face le dieu du ciel et lui présenter une offrande de la part de la communauté, pour chercher l'âme d'un malade supposée égarée loin de son corps ou ravie par les démons (…) L'abandon du corps par l'âme, durant l'extase, équivaut à une mort provisoire. Le 'medecine-man' est donc l'homme capable de "mourir" et de "ressusciter" un nombre considérable de fois."[400]

L'extase (*ekstasis* = sortie du corps) correspond ici à un profond état dissociatif maîtrisé lors duquel le chaman voyage dans d'autres dimensions. Comme nous l'avons vu dans le chapitre 2, lors de son initiation, le chaman est probablement lui-même passé à travers des rituels traumatiques ayant créé chez lui un fractionnement entraînant l'ouverture d'une brèche vers le monde des esprits. Il est un guérisseur qui s'est auto-guéri et qui contrôle ses états dissociatifs.

Dans d'autres traditions, le chaman ne travaille pas en état de transe et il ne s'aventure pas aussi loin dans le monde des esprits. Sa technique consiste simplement à faire des conjurations, une sorte d'exorcisme, comme chez les indiens Quechua qui comme nous l'avons vu nomment cette fracturation de l'âme : *la maladie de la peur (Susto).*

---

[398] *"Schamanen-Geschichten aus Sibirien"* - J.G. Ksenofontov, Adolf Fiedrich et Georges Buddrus, 1955.
[399] *"Principaux traits du chamanisme mèo blanc en Indochine"* - Guy Moréchand, Bulletin de l'Ecole française d'Extrême- Orient. Tome 47 N°2, 1955. p. 511.
[400] "Animisme et chamanisme pour tous" - Igor Chamanovich, 2010, p.108.

Dans la tradition Kahuna on retrouve également cette notion de fractionnement de l'âme. Pour ce peuple d'Hawaï, l'esprit d'un homme peut se diviser en différentes parties lors d'un accident ou d'une maladie. Dans son livre *"The Secret Science Behind Miracles"* (La science secrète derrière les miracles), Max Freedom Long rapporte les quatre types de *"fantômes"* ou *"esprits"* humains que la tradition Kahunas a répertoriés. Ces descriptions peuvent être mises en parallèle avec les différentes personnalités alter et les amnésies traumatiques qui caractérisent un T.D.I. :

- 1/ L'esprit dans un état normal d'un homme décédé : Cette entité est composée d'un esprit subconscient et d'un esprit conscient, tout comme dans la vie physique. Il pense et il se souvient comme n'importe quel homme incarné ordinaire (…)
- 2/ L'esprit subconscient de l'homme séparé de sa conscience par un accident ou une maladie, avant ou après la mort. Cet esprit se souvient très bien, mais il est illogique, il a la capacité de raisonnement d'un animal. Il répond aux suggestions hypnotiques. Il est comme un enfant et provoque souvent des "poltergeists" pour s'amuser (…)
- 3/ L'esprit conscient de l'homme séparé de son subconscient avant ou après la mort. Cet esprit ne se souvient de rien, il est un spectre presque totalement impuissant, errant sans but (…) il se comportera comme une véritable "âme perdue" tant qu'il ne sera pas secouru et reconnecté à son esprit subconscient qui lui fournira alors les mémoires pour lui rendre son pouvoir (…)
- 4/ L'esprit de la super-conscience, y compris ce que l'on nomme "esprits de la nature" ou "âmes de groupe" d'après une terminologie théosophique. Les informations concernant cette catégorie d'esprits sont vagues, même si nous pouvons conclure qu'ils prennent souvent le dessus sur les deux catégories d'esprits inférieurs cités plus haut, unihipili (subconscient) et uhane (conscience), les aidant parfois à faire des choses de nature spectaculaire.[401]

La *"perte de l'âme"*, qui serait plutôt une perte de *"fragments d'âme"*, est donc une croyance répandue dans les cultures traditionnelles chamaniques. Elle se caractérise par une perte d'énergie vitale, de pouvoir personnel et d'une partie de l'identité. Ces fragments d'âme peuvent se perdre dans un autre monde, une autre dimension, notamment lorsqu'il y a eu des abus, des souffrances et des traumatismes dans l'enfance. Tout comme pour certains chamans d'Amérique du Sud qui associent la perte de l'âme à la peur, pour certains chamans d'Asie du Sud-Est la "chute de la *pli*" résulte généralement d'un accident matériel, par exemple d'un coup, d'une chute ou bien d'une peur, d'une inquiétude vive ou d'un surmenage.

Un corps avec une âme fragmentée est comme un arbre sans racines, il est affaibli. Cela rejoint ce que rapportent certains clairvoyants concernant le "déverrouillage" du corps astral qui se scinde du corps physique lors de traumas extrêmes, laissant ainsi la victime dans une sorte d'état "déconnecté". Elle n'est plus physiquement ancrée dans la matière et cela l'affaibli considérablement.

---

[401] "The Secret Science Behind Miracles" - Max Freedom Long, 1948, Chap.5.

Les chamans font systématiquement un travail d'ancrage avant d'entreprendre un voyage dans une autre dimension, il est important et même nécessaire pour eux de garder les *"pieds sur terre"* lors d'une sortie astrale. Dans son livre *"The Way of the Shaman"* (La voie du chaman), Michael Harner note que dans toutes les traditions préindustrielles, lorsqu'une personne était malade physiquement ou qu'elle avait un comportement anormal, c'est que généralement elle avait perdu une partie d'elle-même qui s'était déracinée. Ce problème pouvait parfois être aggravé par des entités extérieures car le traumatisme, l'élément déclencheur de la perte d'une partie de l'âme, risquait de permettre l'intrusion d'esprits démoniaques dans l'espace psychique de la personne et causer des dégâts importants.

Dans toutes ces traditions, il est clairement reconnu que la perte de l'âme a lieu en raison d'un traumatisme psychique, physique ou spirituel. Comme nous l'avons déjà vu, le chaman a pour mission de retrouver les morceaux d'âme égarés pour les restituer à la personne fractionnée, mais il effectuera parfois un exorcisme pour chasser les entités pouvant parasiter le malade. Certains anthropologues qui ont étudié les techniques de guérison des chamans traditionnels ont décrit des cérémonies visant à tout d'abord restaurer l'âme fractionnée puis à l'exorciser des entités parasites.

Nous avons donc là le schéma : Traumatisme - Fractionnement de l'âme/personnalité - Possession.

Un schéma qui semble être le point commun des survivants d'abus rituels sataniques ayant développé un T.D.I.. Tout comme le degré de gravité des traumatismes va influencer le niveau de dissociation, c'est aussi ce degré de gravité du traumatisme qui va influencer la possibilité de possession par des entités. Le fractionnement de la personnalité est lié à cette *"perte de l'âme"*.

Le phénomène que la psychologie nomme dissociation a donc à la fois un aspect neurochimique et un aspect métaphysique, cependant la psychiatrie est incapable de nous expliquer *où s'en vont* les différents morceaux de la personnalité avec leur amnésie dissociative... et encore moins nous expliquer où s'en vont les *fragments d'âmes* que les chamans recherchent dans leurs virées astrales pour guérir des malades...

Certains psychotraumatologues nous expliquent schématiquement qu'une mémoire traumatique oubliée est *égarée et conservée dans une "boîte noire" coincée dans l'hippocampe au fin fond du cerveau...* Mais sait-on déjà définir ce qu'est exactement une mémoire ? La mémoire n'est pas une chose mais un processus. Elle n'est ni solide, ni statique, pas plus qu'elle n'est littéralement "stockée" sous une forme tangible. Elle ne se trouve pas quelque part dans une armoire et elle n'a pas de forme physique manifeste dans le sens où on ne peut pas la toucher, la voir ou l'entendre.[402]

Nos mémoires ne sont pas constituées de neurones mais plutôt d'une énergie "subatomique" dépassant notre dimension physique, les neurones n'étant qu'une interface biologique pour l'expression de l'information. À partir de là, plusieurs questions peuvent être posées :

---

[402] "L'insoutenable vérité de l'eau" - Jacques Collin, 1997.

- Une personnalité alter d'enfant chez un adulte dissocié est-elle un fragment de l'âme (plus que de "personnalité") qui est resté bloqué dans le passé, dans une dimension alternative, gardant l'âge et la mémoire qu'elle avait au moment où elle s'est séparée du corps physique lors du traumatisme ? Ces alter d'enfants traumatisés s'expliquent-t-ils par cette théorie des fragments d'âmes perdues dans une autre dimension en dehors de notre espace-temps ?

- Le T.D.I. est-il lié à un autre espace-temps dans lequel les "personnalités alter" peuvent être contactées, traitées, délivrées et réintégrées dans l'instant présent avec toutes les mémoires qui les accompagne ?

Dans son livre "The Lost Secret of Death" (Le secret perdu de la mort), Peter Novak nous donne un début de réponse : "Lorsque les chamans voyagent dans ces autres réalités pour retrouver les fragments d'âme perdus d'autres personnes, ils rapportent que ces fragments ne sont pas du tout dormants. Au contraire, ils semblent être autonomes, ce sont des entités conscientes d'elles-mêmes, engagées dans leur réalité parallèle. Cependant, aussi longtemps qu'elles sont séparées de la conscience de la personne, ces fragments ne semblent pas progresser du tout. Elles restent congelées dans le même état de développement émotionnel et intellectuel qu'elles avaient lorsqu'elles se sont fractionnées de l'esprit de la personne. Le fragment d'âme qui s'est scindé lorsque l'enfant avait 4 ans continuera à se comporter et à penser comme s'il avait 4 ans. Il croira lui-même avoir 4 ans, même si le reste de la personne a grandi jusqu'à être même un vieillard. Ces fragments aliénés ne semblent pas grandir et devenir mature tant que la guérison n'arrive pas et que la pièce manquante n'est pas restaurée. Ces fragments auront généralement leurs propres qualités personnelles, leurs habilités, leurs ressentis, ainsi qu'une conscience d'eux-mêmes menant leur propre vie dans ce monde de fantaisie. La partie de l'âme qui a été perdue durant la petite enfance va rester à jouer dans la cour de l'école, ou peut-être à trembler sous l'escalier, se cachant pour éviter une punition qui s'est déjà déroulée 40 ans plus tôt.

C'est le travail du chaman d'essayer de faire comprendre à ce fragment d'âme la réalité de sa situation difficile afin de le convaincre de revenir et de rejoindre le reste de l'esprit de la personne vivant dans "l'instant présent". Bien souvent, le fragment d'âme n'aura aucune idée de quoi parle le chaman, pensant être une véritable personne autonome (…) quelques jours ou quelques semaines après la réintégration du fragment d'âme égaré, les mémoires associées avec ce fragment vont commencer à émerger à la conscience de la personne. Lorsque le fragment d'âme revient, les mémoires qui y sont reliées reviennent avec lui. Ces mémoires sont perdues et oubliées lorsque l'âme se fractionne, la personne n'a alors plus accès à ce fragment de mémoire. Une fois de retour, ces mémoires requièrent généralement beaucoup d'attention car elles contiennent des émotions et des sensations traumatiques qui ont besoin d'être intégrées. C'est généralement ce qui a causé le fractionnement de l'esprit."[403]

Nous retrouvons ici exactement les mêmes symptômes et les mêmes caractéristiques que le fonctionnement du T.D.I., avec des murs amnésiques traumatiques qui disparaissent lorsque les personnalités alter émergent et

---

[403] "The Lost Secret of Death : Our Divided Souls and the Afterlife" - Peter Novak, 2003, Chap.6.

fusionnent, tandis que les mémoires dissociées qui y sont reliées sont petit à petit conscientisées et intégrées. Les personnalités alter d'un T.D.I. sembleraient bien être des fragments d'âme égarés avec leur contenu mémoriel. La thérapeute Alison Miller a écrit : *"Des patients* (T.D.I.) *m'ont dit qu'il était impossible de garder les alter séparés les uns des autres une fois que les mémoires traumatiques qui les avaient fractionnés avaient été entièrement traitées."*[404] Ce qui signifie que l'intégration et la fusion des personnalités alter se fait automatiquement lorsque l'amnésie dissociative disparaît et que les mémoires deviennent conscientes.

En 2006, la survivante d'abus rituels et de contrôle mental Lynn Schirmer a décrit lors d'une conférence le processus de fusion avec ses personnalités alter *"congelées"* dans un autre espace temps : *"Ils s'intègrent dans le présent, en fait ils… je ne sais pas comment expliquer tout cela : ils passent par une sorte de processus… Il y a une certaine intégration, mais lorsque je récupère une mémoire, généralement le processus consiste à sortir cet alter de son état "congelé", dissocié… Je dois conduire l'alter qui détient cette mémoire dans le présent, je le familiarise avec l'instant présent et je transfère cette mémoire isolée dans une chronologie cohérente. Ensuite, mes alter n'ont plus qu'à s'adapter à ce nouveau monde, c'est à dire le présent. Ils doivent donc évoluer et s'y habituer."*[405]

Lorsque Lynn Schirmer récupère une mémoire, elle doit donc conduire l'alter qui y est associé dans l'instant présent où il doit évoluer pour s'adapter… elle parle ici très clairement de fragments d'âme bloqués, "congelés" comme elle le dit, dans ce qui semble être un autre espace-temps. Un obscur passé dans lequel les alter continuent à vivre "en boucle" avec cette mémoire traumatique…

La survivante Jen Callow décrit la réticence que peuvent avoir les fragments d'âme à fusionner avec leur personnalité principale : *"J'ai des parties* (alter) *enfants qui sont impatients de "grandir" en fusionnant avec une autre partie. Cependant, il y a beaucoup de parties qui restent effrayées par l'intégration. Certaines voient alors le monde intérieur se réduire, avec la perte de leurs compagnons de jeux, leurs amis… lorsque ces différentes parties fusionnent, cela peut entraîner un grand sentiment de perte pour d'autres. Cette réduction dans le nombre des alter peut aussi être interprétée comme de véritables personnes qui "disparaissent" et certaines parties peuvent avoir peur de disparaître également (…) Pour beaucoup de mes alter, l'intégration est quelque chose de terrifiant, parce que cela signifie renoncer à leur propre identité et devenir quelqu'un de nouveau et d'inconnu."*[406]

L'existence de ces fragments d'âme perdus dans un autre espace temps a été validée par les expériences de voyage astral de Robert Monroe, le fondateur de l'Institut Monroe créé en 1974 en Virginie aux États-Unis. C'était un homme d'affaire fortuné qui possédait de nombreux médias et ayant lui-même vécu de nombreuses expériences de sorties hors du corps. Monroe est devenu un des spécialistes mondial du voyage astral. Le but initial de cet institut était de faire des recherches sur le *remote viewing* (la vision à distance), c'est aujourd'hui l'un des plus grands centres de recherche sur la sortie hors du corps, la relaxation, la méditation et les techniques de *Hemi-sync* (synchronisation des hémisphères cérébraux par des

---

[404] "Healing the Unimaginable : Treating Ritual Abuse and Mind Control" - Alison Miller, 2012, p.268.

[405] Lynn Schirmer - The Ninth Annual Ritual Abuse, Secretive Organizations and Mind Control Conference, S.M.A.R.T., 08/2006.

[406] "Healing the Unimaginable : Treating Ritual Abuse and Mind Control" - Alison Miller, 2012, p.269-270.

fréquences sonores). Selon certains auteurs, l'Institut Monroe est également impliqué (probablement par la récupération de cet institut par la CIA) dans le contrôle mental basé sur les traumatismes, les techniques de *Hemi-sync* pouvant être utilisées pour travailler sur les hémisphères cérébraux dans des programmes MK de type *Delta* et *Theta* (nous y reviendrons dans le chapitre suivant).

Selon le chercheur Tom Porter, Robert Monroe serait le fils de James Monroe qui a travaillé pendant des années pour la CIA mais qui a aussi été le directeur d'une société écran nommée *"Human Ecology Society"*. Comme indiqué dans le chapitre 3, cette société écran servait à la CIA pour le financement du programme MK-Ultra. James Monroe aurait personnellement supervisé des gens comme le Dr. Ewen Cameron. Il est donc possible que Robert Monroe, le chantre mondial du voyage astral, ait lui-même été soumis aux programmes de contrôle mental MK-Ultra. Selon Andrijah Puharich, Robert Monroe stimulait lui-même ses capacités pour le voyage astral pour lequel il semblait avoir une certaine prédisposition, peut-être en raison des traumatismes vécus dans son enfance ? Un point commun aux personnes expérimentant des sorties astrales spontanées sont les traumatismes.

Monroe a beaucoup écrit sur ses expériences de sorties hors du corps qui ont commencé en 1958. En 1994, il a publié le livre *"Ultimate Journey"* (Le dernier voyage) dans lequel il décrit de profonds voyages hors de son corps durant lesquels il a parfois rencontré des âmes de personnes décédées. Monroe décrit ces entités comme étant confuses, désorientées, semblant prisonnières d'un espace temps, d'une émotion et d'une mémoire particulière. Il les décrit comme étant des entités semi-conscientes incapables de réaliser qu'elles sont mortes. Comme noté plus haut, la tradition Kahuna décrit ce type d'entités comme étant l'esprit conscient séparé de son esprit subconscient qui se retrouve alors comme une âme errante amnésique ayant besoin de se reconnecter à sa partie manquante pour accéder aux mémoires restauratrices. Monroe raconte également comment ces entités, ces âmes perdues, pouvaient parfois même être les siennes. Ce n'était donc pas que des âmes de personnes décédées, il s'agissait aussi de fragments d'âmes de personnes vivantes, dont les siens... Il rapporte dans son livre qu'il rencontrait parfois ce qui semblait être une autre partie de son propre esprit, des fragments perdus qui semblaient être prisonniers du passé et incapables d'évoluer. Lorsqu'il rencontrait et qu'il délivrait ses fragments d'âmes perdues, elles se réincorporaient dans son esprit à un niveau particulier qu'il nomme le *"Moi-Ici"*.[407]

Tout comme Lynn Schirmer le décrit pour ses alter, il ramenait ses fragments d'âme perdus dans l'instant présent, dans notre espace temps. Ces expériences qu'a vécues Monroe dans d'autres dimensions pourraient donc valider la tradition chamanique qui consiste à *"partir à la chasse aux âmes perdues"* lors d'un voyage astral pour récupérer les fragments de l'âme brisée d'une personne à guérir. Cependant, ce serait plutôt la tradition ancestrale chamanique qui devrait valider le témoignage de Monroe car ce qu'il venait de découvrir était précisément ce que les chamans pratiquaient depuis des siècles...

Dans son livre *"The Ultimate Journey"*, Monroe nous parle de ses étudiants qui partent à la chasse aux fragments d'âmes égarés pour les ramener dans l'instant

---

[407] "The Lost Secret of Death : Our Divided Souls and the Afterlife" - Peter Novak, 2003, Chap.6.

présent : *"Ce qui surprend beaucoup de candidats, c'est que lorsqu'ils s'engagent dans cette mission, ils découvrent qu'en même temps ils récupèrent des parties égarées d'eux-mêmes... D'autres peuvent apparaître comme des fragments de personnalité de la vie courante, qui avaient fui ou qui avaient été arrachés de la personnalité de base. Par exemple des enfants qui avaient fui un traumatisme et la douleur de la violence physique et psychologique qu'ils vivaient dans leur famille et qui cherchaient maintenant à être réunifiés avec les autres fragments (...) Des grappes de lumière, des feux d'énergie humaine formant un tapis multidimensionnel sans fin... comment ai-je pu ne pas les voir avant cela ? Maintenant je comprends les flux d'entrée et de sortie... mon flux est là et je dois rester sur la bonne voie... le flux de sortie de ceux qui viennent aider et qui trouvent les parties perdues de leur grappe... le flux d'entrée qui les ramène... des milliers et des milliers... des insertions de groupes d'unités de personnalités dans des individus humains du système de vie de la Terre."[408]*

Si Robert Monroe est passé par un programme de type MK-Ultra dans son enfance, avait-il lui-même un T.D.I. et des facultés psychiques particulières causées par un violent "déverrouillage" spirituel précoce ? Le livre de Ron Russell *"Journey of Robert Monroe"* (Le voyage de Robert Monroe) rapporte une citation de Lesley Frans montrant qu'il avait visiblement une personnalité complexe et multiple : *"Parmi les choses dont nous parlions souvent à propos de Bob (Robert) étaient les différents aspects de sa personnalité qui s'exprimaient par moment. Oncle Bob ou Papa, Bob Business-man, Bob le Directeur, Bob le Vieux Gars, Bob Cosmique, Bob Parano, etc. C'était les principaux Bob que je connaissais, mais c'était loin d'être les seuls. Une fois que vous aviez enfin pu déterminer quel Bob était présent en face de vous pour tenter de communiquer avec lui : hop ! Il changeait en un rien de temps. Il y avait un Bob Jongleur qui causait beaucoup de frustration. Bob Business-man avait laissé son éthique au placard, il était dur et sans émotions (...) Certains autres Bob réfutaient le mal qu'il avait fait, et Bob Parano tentait de retrouver et de suivre une certaine éthique."[409]*

Dans le cas d'abus rituels sataniques et de contrôle mental, les sorciers-bourreaux capturent-ils les fragments d'âme des victimes ? Des fragments d'âme peuvent-ils être captifs d'entités extérieures, qui pourraient ainsi influencer et manipuler les pensées, le comportement et créer des problèmes émotionnels et physiques à la victime ? C'est ce que semblent affirmer certaines traditions chamaniques pour qui *l'âme perdue* peut-être retenue prisonnière par des mauvais esprits ou par des sorciers. C'est aussi ce que déclarent certains survivants d'abus rituels. Est-ce une simple croyance superstitieuse ou bien s'agit-il réellement de techniques occultes opératives ?

Dans le satanisme, la violence sexuelle est utilisée pour accéder à l'esprit de la victime, la prostitution des enfants et la production de pédo-pornographie a uniquement un but pécunier. Les abus sexuels sont utilisés pour blesser et dominer l'esprit de la victime, lui *"arracher l'âme"*. Les victimes décrivent comment les satanistes peuvent capturer une partie de leur esprit pour la garder auprès d'eux en permanence. Inversement, les bourreaux peuvent également introduire une partie de leur âme, un fragment de leur esprit, à l'intérieur de la victime lorsqu'elle se trouve dans des états de conscience modifiée (ouverture spirituelle). Pour cela ils utilisent leurs fluides corporels (sang menstruel, sperme, etc) ou d'autres

---

[408] *"The Ultimate Journey"* - Robert Monroe, 1996, Chap.15.
[409] "The Journey of Robert Monroe : From Out-of-body Explorer to Consciousness Pioneer" - Ronald Russell, 2007.

substances pour *s'implanter* à l'intérieur de la victime lors d'un viol par exemple. Les fragments d'âme des sorciers-bourreaux vont alors rester attachés à la victime pour renforcer continuellement les commandes pour le contrôle et l'obéissance. Tout ceci est de la pure sorcellerie, qui combine également l'orgasme et la douleur pour *apaiser les divinités de la fertilité*.

La théorie des fragments d'esprits créés par des traumas et pouvant s'attacher à une personne est quelque chose de connu dans le domaine du paranormal et de la possession. Comme nous l'avons vu, les satanistes qui pratiquent les abus rituels sont généralement eux-mêmes dissociés et fractionnés, il est donc envisageable qu'ils puissent délibérément lier certains de leurs fragments aux victimes. Ce type de manipulations combinées avec le T.D.I. crée un esclavage à la fois spirituel, psychologique et physique. Le pasteur américain Tom Hawkins a écrit à ce sujet : *"La plupart des survivants d'abus rituels ont été forcés de participer à des rituels incluant des vœux, des serments, des sacrifices ou des alliances faites avec le royaume spirituel du mal. Ces "transactions légales" donnent aux mauvais esprits, ou démons, le droit de lier certains alter spécifiques qui ont été impliqués dans ces pratiques et d'exercer sur eux une influence et un contrôle à divers degrés. Ils pourront jouer un rôle, par exemple en renforçant la programmation, en bloquant des mémoires ou en re-traumatisant des alter qui ont échoué dans leurs fonctions, qui ont divulgué des secrets ou demandé de l'aide à l'extérieur. Ces alter démonisés ont généralement été asservis à Satan et à son plan (...) Ces connexions peuvent aussi être faites avec des entités d'un échelon supérieur aux démons (...) Des personnalités dissociées peuvent être torturées et poussées à entrer dans des profonds états de transe qui va les connecter à ce que nous appelons le "deuxième ciel", en référence au "royaume de l'air" dont Satan est le prince régnant (Eph. 2 :2). Là-bas, les alter peuvent être retenus "captifs" par des entités maléfiques et utilisés pour le plan mondial de Satan, transmis directement depuis le domaine spirituel. Dans le système interne de ces personnes, ces alter semblent généralement hors du corps physique et sont considérés comme absents ou même morts par les autres alter."*[410]

Cette autre dimension où évoluent les fragments d'âme se remarque par les distorsions de temps et de réalité qui sont très fréquentes et parfois intenses chez les patients souffrant d'un T.D.I. Il peut même arriver des pertes complètes de la notion du temps. Les remontées de mémoires traumatiques lors desquelles la personne revit véritablement la scène avec les images, les sons, les odeurs, ainsi que la douleur physique et la terreur psychologique ne sont-elles pas un voyage dans le temps ? C'est un accès à un autre espace temps dans lequel une scène précise est belle et bien enregistrée *"quelque part"* dans les moindres détails, avec tout le système sensoriel et émotionnel lié à cette capsule de mémoire. Les psychotraumatologues expliqueront ce phénomène par le processus neurologique et chimique des mémoires dissociatives non traitées par l'hippocampe, mais ils ne prennent pas en compte cette notion de *"fragments d'âme égarés"*... Comment expliquent-ils les voyages chamaniques dans une autre dimension pour chercher et ramener ces fragments d'âme... avec leurs morceaux de mémoires dissociées ?

Dans son livre *"Being and Time"* (L'être et le temps), Martin Heidegger se réfère aux passé, présent et futur comme les *extases* de la temporalité, le mot extase signifiant "être à l'extérieur". Dans son analyse sur la temporalité Heidegger écrit que le passé, le présent et le futur peuvent se retrouver transcendés et

---

[410] "Dissociative Identity Disorder, Vol.1 Psychological Dynamics" - Tom R. Hawkins, 2010, p.62.

indissolublement unifiés. Il nomme cela l'*unité extatique de la temporalité*. L'*"illumination dissociative"* est parfois décrite comme une sortie de notre espace-temps où présent, passé et futur se retrouvent sur une même ligne temporelle. L'expérience du trauma devient en quelque sorte congelée et prisonnière d'un éternel présent.

Pierre Janet avait remarqué que lorsqu'une mémoire traumatique se réactivait, la personne perdait généralement la notion du temps et de l'instant présent, son "présent" était alors l'expérience traumatique qui se produisait à nouveau. Dans un article intitulé *"Functional disorders of memory"* (Désordres fonctionnels de la mémoire), il est noté que *l'immersion dans le souvenir automatique est parfois si intense que l'orientation temporelle est perdue et le traumatisme est revécu comme s'il se produisait dans l'instant présent, plutôt que comme un simple souvenir."*[411]

Dans l'article *"Time Distortions in Dissociative Identity Disorder"* (Distorsions du temps dans le trouble dissociatif de l'identité), le Dr. Onno van der Hart et la psychothérapeute Kathy Steele rapportent le témoignage d'une personnalité alter subissant des troubles de la notion du temps lors des flashbacks de mémoires traumatiques : *"Cela continue à être la tempête dans ma tête. Il y a beaucoup de bruit avec en permanence toutes sortes de flashs, parfois des films. J'ai peur, je ne peux pas les regarder et ils sont difficiles à arrêter (…) C'est effrayant parce que cela arrive si soudainement, mais aussi parce que cela me rend totalement confus. Une confusion par rapport au temps principalement, il est difficile de savoir si ces choses font partie du moment présent ou du passé. Il devient également de plus en plus difficile de garder une emprise sur le temps présent. Il me semble que je ne puisse plus faire confiance à l'horloge. Il est tout à coup une heure plus tard, puis cinq minutes apparaissent avoir duré plus de trois jours."*[412]

Ce témoignage nous montre que ce trouble est un phénomène qui dépasse notre "matrice" et qu'il faut donc prendre en compte son aspect multidimensionnel si l'on veut commencer à l'étudier sérieusement… Les cliniciens, avec leur formation scientifique "classique", ne sont généralement pas intellectuellement équipés pour traiter cette face du problème.

Les personnalités alter d'enfants sont souvent dans l'incapacité de se donner une notion de temps, de marquer les heures ou les jours. Ils sont dans un espace sans fin, sans limites, enfermés dans une intemporalité ou "congelés dans l'éternel présent" de leur expérience traumatique. La notion de temps semble être quelque chose de spécifique à notre existence dans ce monde physique en trois dimensions, mais cette notion de temps semble disparaître pour ces alter, ce qui prouverait qu'ils évoluent (ou stagnent devrait-on dire) dans une autre dimension. D'une certaine manière, nous pouvons dire que les traumatismes peuvent créer des "trous" ou des "brèches" dans notre espace-temps. D'où les connexions avec certaines entités et les pouvoirs psychiques paranormaux qui peuvent se développer chez certaines victimes comme nous le verrons plus loin.

Cette notion de fragments d'âme bloqués ou même captifs dans une autre dimension est un point essentiel pour comprendre la nature du T.D.I. et le fonctionnement de la programmation MK-Monarch. Le contrôle mental de type

---

[411] "Functional disorders of memory" - Spiegel, D., Frischholz, EJ., & Spira,J., American Psychiatric Press Review of Psychiatry, 1993.

[412] "Time Distortions in Dissociative Identity Disorder : Janetian Concepts and Treatment" - Onno van der Hart et Kathy Steele, Journal Dissociation, 1997.

Monarch créé délibérément ces fragments d'âme afin de les contrôler et de les exploiter. Le "monde intérieur" de l'esclave Monarch ne serait rien d'autre que cette dimension où vivent ces fragments d'âme, prisonniers de structures mises en place par le programmeur et liés à des entités démoniaques qui ont une fonction de gardiens. Les programmeurs interagissent donc avec cet espace-temps pour emprisonner et dominer ces fragments dissociés. La thérapeute Patricia Baird Clarke décrit ainsi cette dimension : *"À travers les rituels, les satanistes utilisent les démons pour séparer le corps spirituel du corps physique. Quand l'âme et l'esprit ont été séparés et le corps spirituel séparé du corps physique, alors la personne entre d'une manière pleinement consciente dans une toute autre dimension. C'est la dimension que je nomme le "monde intérieur". Ce monde est aussi vaste et aussi réel pour l'individu que ne l'est le monde physique pour nous. Nous pensons aux esprits comme s'ils avaient un état "vaporeux", mais les personnes étant allées dans cette dimension m'ont rapporté que les démons avaient bien un poids et une substance."*[413]

Voici comment la thérapeute Alison Miller décrit ce monde intérieur, cet espace-temps où vivent les alter : "Les mondes intérieurs des patients ne sont pas tous les mêmes. Certains, comme celui qu'a décrit Trish Fotheringham, ont des châteaux magiques et des forêts ; d'autres ont des prisons, des forteresses, des salles de tortures et diverses installations militaires (ndlr : des structures volontairement introduites dans le monde intérieur par les programmeurs). Certains décrivent des endroits semblant représenter un autre monde ou d'autres planètes. Les personnes dont le T.D.I a été créé spontanément (ndlr : sans une volonté délibérée d'autrui à les fractionner pour les programmer), ont généralement des maisons intérieures dans lesquelles vivent les alter. Ce sont souvent des représentations internes de la maison où elles vivaient à l'époque des abus."[414]

Jen Callow a subi des abus rituels et des protocoles de programmation mentale, voici comment elle décrit ce monde intérieur où se trouvent ses fragments d'âme : *"Lorsque nous (les alter) démarrons finalement une thérapie avec une personne qui a compris ce qu'est la dissociation, beaucoup d'entre nous sont isolés et vivent dans la terreur. Nous sommes enfermés dans notre monde intérieur : dans des boîtes, dans des sous-sols froids, ou dans d'autres endroits en lien avec nos mémoires. Nous sommes enfermés dans nos programmes, souvent affamés ou dans la douleur. Notre système intérieur peut infliger des tortures et des abus similaires à ce que nos agresseurs nous ont fait subir."*[415]

Cette notion de monde intérieur où stagnent les alter, un monde sans limites et totalement abstrait, aménagé avec toutes sortes de choses, pourrait paraître invraisemblable, absurde et psychotique si nous ne prenions pas en compte ce phénomène de dimension alternative à la nôtre. Nous détaillerons les techniques de structuration de ce monde intérieur dans le chapitre suivant consacré à la programmation Monarch.

Les croyances chamaniques traditionnelles sur le fractionnement de l'âme ne sont probablement pas si éloignées que ça de notre propre conception psychiatrique d'une *âme perdue*. Même si nous ignorons les éléments culturels et les

---

[413] "Restoring Survivors of Satanic Ritual Abuse" - Patricia Baird Clark, 2000.
[414] "Healing the Unimaginable : Treating Ritual Abuse and Mind Control" - Alison Miller, 2012, p.69.
[415] Ibid, p.272.

racines ancestrales de ces choses-là, nous avons certains points communs avec ces concepts ancestraux : ne dit-on pas qu'un patient est "aliéné", "étranger" à lui-même, que sa personnalité s'est détériorée ou a même été détruite ? Le thérapeute qui travaille avec un patient dit *"schizophrénique"* ne cherche-t-il pas à établir un contact avec la partie restante de la personnalité qui a encore *"les pieds sur terre"* ? Ne cherche-t-il pas à reconstruire la personnalité fractionnée tout comme le successeur moderne de ces chamans qui traquent les âmes perdues dans le monde des esprits et combattent les démons qui les gardent prisonnières, ceci afin de les ramener dans le monde des vivants ?[416]

5 - TRAUMATISMES ET FACULTÉS PSYCHIQUES PARANORMALES

"Voici quelques facteurs que j'ai relevés concernant les "personnes hantées". Elles sont généralement bipolaires, elles ont généralement souffert d'abus sexuels ou de traumatismes dans leur passé (souvent pendant l'enfance). La majorité des cas implique des dysfonctionnements extrêmes au niveau familial. Ce sont des personnes qui ont expérimenté le paranormal depuis la toute petite enfance." "Haunted People, Haunted Minds" - Bobbie Atristain, 2006

En 1784, le marquis de Puységur (Armand Marie Jacques de Chastenet), qui travaillait sur le magnétisme animal et l'imposition des mains, rapporta un cas particulier avec un de ses employés, un paysan du nom de Victor Race qui montrait un changement évident de personnalité avec une séparation de conscience accompagnée d'une amnésie. Lors d'une séance d'imposition des mains pour soulager Victor d'une congestion pulmonaire, le marquis fut surpris de voir que le jeune homme s'était tranquillement endormi... Il découvrit en fait qu'il ne s'agissait pas d'un sommeil normal mais d'un état de conscience particulier dans lequel il était en transe. Une fois dans cet état, Victor Race montrait des capacités particulières : il devenait extrêmement sensible à la suggestion et sa personnalité changeait totalement. Alors qu'il était habituellement plutôt lent d'esprit, cette autre personnalité montrait une remarquable intelligence avec une agilité mentale phénoménale. De plus, dans ces états modifiés de conscience, il était capable de lire dans les pensées du marquis et de faire des diagnostics médicaux précis autant pour lui que pour d'autres personnes. Il pouvait aussi prédire l'avancement d'une maladie et prescrire un traitement, souvent avec beaucoup de succès. Victor montrait aussi d'étranges troubles de mémoires. En effet, lorsqu'il sortait de cet état de conscience inhabituel, il n'avait absolument aucun souvenir de ce qu'il s'était passé, alors que dans l'état de transe il avait une pleine conscience de ses deux personnalités. Le marquis de Puységur décida de nommer cette découverte l'état de *"sommeil magnétique"*, qu'il relia aux états de somnambulisme artificiels qu'il appelait aussi *"somnambulisme magnétique"*.[417]

---

[416] "The Discovery of the Unconscious", Henri F. Ellenberger, 1970.
[417] "Multiple Personality Before "Eve" - Adam Crabtree, Journal "Dissociation", Vol.6 N°1, 03/1993.

34 ans plus tard, le marquis rencontra de nouveau Victor Race et le plongea alors dans un état de transe. Quelle ne fut pas sa surprise de voir que son ancien employé se rappelait dans les moindres détails de tous ses précédents états de *sommeil magnétique*. Dans son livre *"The Discovery of Unconscious"* Ellenberger nous raconte qu'en août 1785, le marquis de Puységur fut ordonné au commandement du régiment d'artillerie de Strasbourg. C'est alors que la loge Maçonnique locale lui demanda d'enseigner les principes du magnétisme animal à ses membres, toujours très intéressés pour acquérir des pouvoirs paranormaux pouvant les conduire vers la *"lumière"* et les élever au dessus des profanes. L'histoire ne nous dit pas si Victor Race avait subi des traumatismes durant sa petite enfance, mais elle nous montre qu'une personnalité multiple peut développer des pouvoirs psychiques paranormaux.

Les traumatismes peuvent-ils être à l'origine de certains phénomènes paranormaux ? Peuvent-ils ouvrir la voie à certaines facultés psychiques ? Créent-ils une brèche, l'ouverture d'une porte vers d'autres dimensions ? Comme nous l'avons vu plus haut, il semblerait que oui. Les émotions ouvrent des portes vers d'autres mondes et celles qui émanent de traumatismes sont particulièrement puissantes. Toutefois les pouvoirs psychiques ne viennent pas forcément d'un traumatisme infantile. Ils peuvent venir de certains "dons" transgénérationnels plus ou moins aiguisés. Ils peuvent se développer par certaines pratiques et exercices énergétiques. Mais ils peuvent aussi être le résultat de pactes passés avec des entités. Les satanistes et les lucifériens recherchent ces pouvoirs paranormaux pour accroître leur puissance, mais ils n'obtiennent qu'un asservissement aux démons en échange de ces "pouvoirs"... Le Saint-Esprit peut également transmettre des grâces de ce type, telle que la clairvoyance par exemple.

Joseph Mahoney, un prêtre catholique de Détroit (États-Unis) qui travaille avec des patients souffrant d'un T.D.I, a listé une série de phénomènes étranges qui sont observés chez ces personnes fractionnées.[418] Généralement, une faculté paranormale sera spécifique à une personnalité alter et elle sera absente chez les autres. Voici ce que le prêtre écrit à propos de ces phénomènes paranormaux reliés au trouble dissociatif de l'identité (à noter que certains phénomènes rapportés dans cette liste, sont souvent également rapportés dans des cas de possession démoniaque) :

- Une grande sensibilité à l'hypnose et une rare capacité à provoquer des états hypnotiques et de transe chez les autres.

- Des mémoires du corps qui se manifestent physiquement. Ce sont des traumatismes du passé qui surgissent sur le corps de la même manière que le phénomène classique des stigmates. Ils peuvent apparaître et disparaître sans aucune intervention extérieure. Cela peut être des éruptions cutanées, des marques, des coupures, des brûlures, des pertes de sang, des bleus, des enflures ou d'autres changements physiologiques importants.

- De la télépathie, de la clairvoyance et des connaissances inexpliquées, une mémoire photographique, une hypersensibilité entraînant une lecture du langage corporel des autres extrêmement développée, des prouesses mentales inhabituelles.

---

[418] "Exorcism and multiple personality disorder from a catholic perspective" - Fr. Joseph Mahoney.

- Une force physique dépassant ce qui est humainement possible.

- Des guérisons accélérées, le contrôle du saignement et la capacité d'autoréguler les états physiologiques d'une manière habituellement impossible à faire.

- Une capacité à provoquer chez l'observateur un sentiment de froid, de mal-être ou de menace.

- Des actes d'automutilation extrêmes, une haine de Dieu et des objets religieux.

- Une capacité à passer de longues périodes sans nourriture ni sommeil.

- Une capacité à anesthésier une personnalité alter spécifique ou à bloquer une transmission nerveuse de douleur.

Dans son livre *"The Secrets of Psychic Success"* (Les secrets du succès psychique), la médium Angela Donovan écrit que selon sa propre expérience, il existe trois voies par lesquelles peuvent se développer des facultés psychiques, dont une qui est directement reliée aux expériences traumatiques : *"Il y a ceux qui ont expérimenté un sévère traumatisme émotionnel. J'ai rencontré de nombreux psychiques qui sont arrivés dans ce domaine suite à la mort d'un proche, ou qui ont souffert d'un choc physique, comme un coup à la tête. Cela peut littéralement ouvrir les "portes" et créer un état réceptif. C'est quelque chose qui peut être positif si la personne cherche à comprendre ce qui lui arrive, mais si ce n'est pas le cas, cela peut-être très déconcertant."[419]*

Le développement de pouvoirs psychiques paranormaux a parfois été rapporté suite à des accidents causant un traumatisme physique ou à des expériences aux frontières de la mort. C'est le cas de la célèbre médium italienne Eusapia Paladino qui a été victime d'un traumatisme crânien (os pariétal) lors d'un accident durant sa petite enfance. C'est le cas également du célèbre médium hollandais Peter Hurkos qui a acquis des pouvoirs extrasensoriels suite à un traumatisme à la tête et à un coma de trois jours en tombant d'une échelle... Hurkos était considéré comme étant l'un des plus éminents clairvoyants du monde, il a travaillé pour résoudre de nombreux cas de disparitions ou de meurtres non élucidés. Hurkos a déclaré : *"Je vois des images dans mon esprit comme sur un écran de télévision. Quand je touche quelque chose, je peux alors dire ce que je vois en lien avec cette chose."*

Dans le livre *"The Psychic World of Peter Hurkos"* (Le monde psychique de Peter Hurkos), Norma Lee Browning rapporte ce que lui a confié Hurkos concernant son traumatisme :

"Je me souviens lorsque je suis tombé et que je ne voulais pas mourir, ensuite cela a été le noir complet. Lorsque je me suis réveillé je n'avais plus mon propre esprit. C'est à partir de là que j'ai eu mon don. J'étais dans l'esprit de quelqu'un d'autre et j'étais effrayé parce que je ne savais pas ce qu'il se passait. Mon père et ma mère disaient que je n'étais plus du tout le même Peter qu'avant. Ils disaient que j'étais mort et que j'étais revenu avec deux esprits. Vous pouvez demander à mon père, je le jure. Il vous dira que son vrai fils Peter est mort et que je suis revenu avec deux esprits différents. Il y a deux esprits ici ma chère, deux esprits, vous comprenez ? (…) Vous savez qu'il existe des gens avec deux personnalités ? Eh bien j'ai deux esprits. Mon père avait raison lorsqu'il disait que

---

[419] "The Secrets of Psychic Success : The Complete Guide to Unlocking Your Psychic Gifts" - Angela Donovan, 2007, Chap.1.

je n'étais plus le même Peter. Celui-ci est mort et il est revenu en entendant des voix et en voyant des images (…) Était-il vraiment un psychique ou un psychotique ? Était-il possible qu'il soit schizophrène ou bien une véritable personnalité multiple ? Était-il "né à nouveau" comme clairvoyant à cause du traumatisme crânien, tout comme Bridey Murphy était né à nouveau sous hypnose ? Avait-il réellement un sixième sens, ou était-il un malade mental ? Ces questions m'intriguaient. Si l'histoire de l'accident de Peter pouvait être vérifiée, une lumière serait faite sur ce que l'on nomme les "pouvoirs psychiques". J'ai toujours eu à l'idée que ces phénomènes psychiques paranormaux étaient quelque chose de naturel, plutôt que surnaturel. Un phénomène physique plutôt que métaphysique, physiologique plutôt que psychologique. Je suis convaincue qu'un jour, il sera prouvé que tout ce que l'on appelle "expériences psychiques" a une explication d'ordre physique avec les différents composants électrochimiques de la plus merveilleuse machine informatique qui soit : le cerveau humain."[420]

Les états de conscience altérés, ou états dissociatifs, sont la clé des facultés psychiques paranormales. Comme nous l'avons vu, un trauma extrême provoque une dissociation, qui est un profond état altéré de conscience. La dissociation crée une certaine ouverture vers un monde alternatif, vers d'autres dimensions, vers l'immatériel et l'invisible… C'est sûrement la raison pour laquelle des phénomènes plus ou moins extraordinaires peuvent se produire avec certains individus. Les personnes ayant développé un T.D.I. (ayant donc subi des traumatismes et une forte dissociation) ont montré des capacités physiques hors-normes, dépassant le potentiel humain habituel, mais ils peuvent aussi montrer certains pouvoirs psychiques paranormaux. Les traumatismes extrêmes et répétitifs semblent modifier ou créer des synapses particulières (connexions neuronales, nous y reviendrons dans le prochain chapitre) mais aussi activer certaines parties du cerveau habituellement dormantes. Cela provoque ainsi une sorte de *"bug dans la matrice"*, sachant que notre "réalité" toute entière n'est basée que sur nos perceptions, et que ces perceptions (nos cinq sens) ne dépendent uniquement que de ces connexions neuronales et des flux électriques qui y circulent. Si l'on rajoute à cela le fait que nous n'utilisons en moyenne que 10% de notre cerveau, alors nous pouvons dire que notre perception de la "réalité" est en fait très limitée et qu'il est donc possible qu'elle puisse être grandement modifiée par quelques connexions neuronales se créant ou se modifiant lors des traumatismes. Comme nous allons le voir dans le chapitre suivant, c'est le vécu de l'enfant qui façonne les synapses et le fonctionnement de son cerveau. Les traumatismes extrêmes façonnent le cerveau tout en fractionnant les corps énergétiques, créant une ouverture vers d'autres dimensions et le développement de certaines facultés psychiques.

Le Dr. John Smythies nous explique ainsi ce phénomène de "Matrice" sur laquelle notre cerveau est branché : "Les preuves neurologiques sont assez nombreuses pour montrer que nos données sensorielles, y compris somatiques, ne peuvent être identiques à des objets extérieurs mais uniquement à des états cérébraux précis. Si nous ôtions le cerveau d'un enfant pour le relier à un ordinateur géant qui enverrait des stimuli appropriés aux nerfs sensoriels,

---

[420] "The Psychic World of Peter Hurkos" - Norma Lee Browning, 2000, Chap.1.

l'individu en question mènerait une sorte de vie moyenne parfaite ; en fait, il vivrait toute vie que nous programmerions. Les champs sensoriels de la conscience sont des constructions du système nerveux, et non l'appréhension directe d'objets matériels extérieurs. En d'autres termes, les mécanismes physiologiques de la perception fonctionnent comme la télévision et non pas comme un téléscope."[421]

Les facultés psychiques et extrasensorielles que peuvent provoquer la dissociation et la connexion avec d'autres dimensions est une réalité totalement intégrée et utilisée dans la plupart des traditions préindustrielles, mais aussi par la "religion sans nom" dominatrice, pour qui la capacité de dissociation est un critère génétique très important. L'anthropologiste Ruth Inge-Heinz, qui a étudié les possessions dans de nombreuses cultures écrit : *"Le concept qui définit un "esprit sain" diffère considérablement d'une culture à l'autre (...) Il peut être très destructeur de poser l'étiquette de "maladie mentale" sur un état extraordinaire de conscience. Un état de dissociation mentale ne veut pas forcément dire qu'il s'agit d'un individu auquel l'on doit mettre une camisole de force. De nombreux états dissociatifs qui se produisent en Asie du sud-est par exemple sont tout à fait contrôlés et intégrés dans la culture traditionnelle."[422]*

Comme nous l'avons vu au chapitre 2, le chaman transforme un état subit en un état dominé, une dissociation passive en une dissociation active : c'est un guérisseur qui s'est auto-guéri. Dans certaines cultures, les personnes qui se comportent avec des caractéristiques de maladie mentale sont traditionnellement associées avec le divin, surtout si elles reçoivent des visions ou des messages spécifiques. La possession par une entité extérieure est souvent considérée comme une aide pour devenir guérisseur ou devin. Le *DSM-IV Casebook* (complément du *DSM* apportant des cas pratiques et des témoignages) rapporte le cas d'une femme reconnue par sa communauté comme étant capable de communiquer avec les ancêtres et de prédire l'avenir : *"Parfois Dieu entre dans moi, il fait très chaud lorsqu'il me donne des visions."* (...) *"Cette femme a des symptômes qui seraient considérés comme psychotiques s'ils étaient constatés par une personne venant d'une société ne partageant pas sa culture et ses croyances (Guinée). Elle croit qu'elle a des pouvoirs spéciaux, alors que pour certains elle a juste des hallucinations. Dans sa culture locale, ces phénomènes sont très fréquents. Sa communauté lui attribue le rôle de guérisseuse et accepte ses expériences et ses comportements anormaux comme quelque chose de tout à fait normal pour quelqu'un qui tient ce rôle. En effet, elle est une guérisseuse qui a beaucoup de succès. Sa communauté lui attribue donc le rôle de guérisseuse et son comportement n'est pas considéré comme quelque chose à traiter et à guérir."*

Dans le livre "Le Défi Magique : Satanisme et Sorcellerie", Jean Baptiste Martin écrit :

"Ernesto De Martino commence par relever que dans les cultures qui sont habituellement l'objet d'études ethnologiques, on a très souvent observé que certains états psychiques particuliers étaient très courants, comme si les indigènes semblaient y être naturellement prédisposés. Ces états s'installent à la suite de

---

[421] "Les Pouvoirs inconnus de l'Homme : Le Savoir antérieur" - Chap : "Conclusion sur l'esprit et le cerveau" - Dr John R. Smythies, 1977, p.284.
[422] "Shamans or mediums : Toward a definition of different states of consciousness. Ruth Inge-Heinz, Journal of Transpersonal Anthropology, 1982.

traumatismes ou d'émotions qui précipitent le sujet dans une condition particulière, caractérisée par la perte de l'unité du Moi..."[423]

Autrement dit, l'ethnologue De Martino décrit ici une dissociation pouvant provoquer un fractionnement (*perte de l'unité du 'Moi'*) et une séparation du corps physique et du corps spirituel créant une ouverture vers une autre dimension et l'accès à la possession et aux pouvoirs paranormaux. C'est un processus courant dans les cultures préindustrielles, mais également pratiqué par les cultes sataniques / lucifériens.

En octobre 2014, l'émission *Sept à huit* de TF1 a diffusé un reportage consacré aux *"Mah Song"* de Thaïlande, aussi appelés les *"chevaux possédés"*. Ces hommes, vénérés comme des dieux, entrent dans de profonds états de transe dissociative se disant être possédés par des dieux. Dans ces états altérés de conscience, les Mah Song accomplissent des choses tout à fait extraordinaires. Le reportage a notamment suivi *Ae*, un homme de 36 ans, qui lorsqu'il est en transe, parle avec la voix d'un petit garçon dans un dialecte chinois que pourtant il n'a jamais appris. Là encore, il est possible qu'il s'agisse d'un T.D.I. mais le reportage ne parle pas de traumatismes antérieurs ni d'amnésies suite aux états de transe de *Ae*.

Selon *Ae*, la divinité qui prend possession de lui est un "dieu-enfant", c'est pourquoi il a cette voix particulière lorsqu'il est possédé. Le journaliste nous dit qu'il existerait même des "dieux-bébés" prenant possession des Mah Song...

Une fois en transe, ces hommes se transpercent les joues, les oreilles et la peau du corps avec de longues tiges métalliques. Ils ne montrent aucun signe de douleur et aucune goutte de sang ne coule. De grands chirurgiens français qui ont observés le phénomène ne l'expliquent pas car les joues sont normalement une région très vascularisée et les sectionner peut même provoquer une paralysie faciale. Durant les cérémonies, les Mah Song, en transe, vont également prouver leurs pouvoirs par des défis insensés comme de grimper sur une échelle de 18 mètres dont les barreaux sont des lames finement aiguisées, sans aucunement s'ouvrir la plante des pieds, ou encore de marcher sur des braises incandescentes sans se brûler. Des performances impossibles à faire sans de graves conséquences physiques, l'état de transe dissociatif (et l'aide des démons) est donc grandement conseillé dans ce genre de pratiques…

Mircéa Eliade écrit que "chez les Mandchous, la cérémonie de l'initiation publique comportait jadis le passage du candidat (chaman) sur des charbons brûlants : si l'apprenti disposait effectivement des "esprits" qu'il prétendait avoir, il pouvait marcher impunément sur le feu."[424]

En 1992, dans un article intitulé *'Paranormal experiences in the general population* (*Journal of Nervous and Mental Disease*), le Dr. Colin Ross et le Dr. Joshi affirment qu'il y a un lien entre les expériences paranormales et dissociatives. Selon eux, les expériences paranormales seraient un aspect de la dissociation tout à fait naturel. Tout comme pour la dissociation, ces facultés psychiques peuvent être déclenchées par un trauma physique ou psychologique, généralement pendant

---

[423] *"Le Défi Magique : Satanisme et Sorcellerie"*, Vol.2 - Jean Baptiste Martin, François Laplantine, Massimo Introvigne, 1994, p.154.
[424] *"Le Chamanisme et les Techniques Archaïques de l'Extase"* - Mircéa Eliade, 1951, p.104.

l'enfance. Plusieurs études démontrent que de telles expériences paranormales sont plus communes chez des individus ayant un passé traumatique.

Dans son livre *"The Osiris Complex"*, le Dr. Collin Ross est très clair sur le lien qui existe entre traumatismes, dissociation et facultés psychiques : *"Selon mes données, analogiquement parlant, les gènes pour la dissociation et le paranormal sont étroitement liés les uns aux autres sur le même chromosome (...) Tout facteur extra-génétique activant l'un aura tendance à activer l'autre car ils sont reliés. Les traumatismes sévères et répétitifs de la petite enfance sont un de ces facteurs (...) Les personnes hautement psychiques ont tendance à être dissociatives (...) Une autre manière de voir cela serait de dire que les traumatismes ouvrent une porte vers le paranormal. Cette porte est habituellement fermée dans nos cultures occidentales plutôt hostiles à ces choses-là. La fragmentation dissociative de la psyché suite à un traumatisme infantile va agir sur cette porte qui reste normalement fermée (...) Ces facettes de la psyché humaine (traumatismes, dissociation et paranormal) ont soudainement été bannies à la fin du 19è siècle en conjonction avec le renoncement de Freud à sa théorie de la séduction. Freud avait décidé que l'inceste que lui révélait sa patiente avec un trouble dissociatif devait être des fantaisies, ce qui a entraîné un problème pour lui : si le trauma n'avait jamais existé, pourquoi sa patiente avait-elle ces symptômes et ces pseudo-mémoires ? Pour résoudre ce problème, il abandonna l'hypnose comme traitement de fond, écarta la dissociation en faveur de la répression, continua à ignorer le paranormal, rompit avec Jung et s'éloigna totalement des théories mettant les traumatismes sévères et leurs conséquences psychologiques au cœur de la psychopathologie. Pour supprimer un élément qu'il ne comprenait pas, il a dû supprimer quatre composantes essentielles, c'est ce qui a provoqué son éloignement de Jung, qui lui continua à s'intéresser de près à la dissociation et au paranormal."*[425]

Dans une étude sur le lien entre dissociation et phénomènes paranormaux, Douglas G. Richards note que : "Les expériences psychiques liées de près à la dissociation révèlent de la clairvoyance, des précognitions, des apparitions, de la psychokinésie et de la télépathie (...) Les expériences psy sont une composante évidente de la dissociation." Richards précise bien que ces expériences psychiques peuvent aussi être une fonction naturelle dans un processus de développement sain sans passé traumatique.[426]

Dans un article de 2003 intitulé *"Multiple Personality Disorder - Demons and Angels or Archetypal aspects of the inner self"* (Trouble de la personnalité multiple : démons et anges ou aspect archétypal du moi intérieur), le Dr. Haraldur Erlendsson écrit : *"Un aspect particulier du T.D.I. est la fréquence des céphalées (79%) et des perceptions extra-sensorielles ; comme la télépathie, la télékinésie, la clairvoyance, la vision de "fantômes", la sortie hors du corps... Ce sont les principales caractéristiques non cliniques du T.D.I."*

Dans l'ouvrage "Les pouvoirs inconnus de l'homme : les extra-sensoriels", Le Dr. Gustave Geley écrit que les problèmes principaux que pose la mise au jour des personnalités secondes sont au nombre de deux, également ardus :

1° Le problème de la différence psychologique avec la personnalité normale : différence non seulement de direction, de volonté; mais de caractère général, de tendances, de facultés, de connaissances; différences tellement

---

[425] "The Osiris Complex : Case studies in Mulitple Personality Disorder" - Colin A. Ross, 1994, p.69-70.
[426] "Hauntings and Poltergeists : Multidisciplinary Perspectives" - James Houran, Rense Lange, 2008.

radicales parfois, qu'elles impliquent, entre le moi normal et la personnalité seconde, opposition complète et hostilité.

2° Le problème des capacités supra-normales, qui sont liées fréquemment aux manifestations de la personnalité seconde.

Or, si les travaux sur les personnalités multiples sont aujourd'hui innombrables et ont mis en lumière la fréquence, l'importance et le caractère polymorphe de ces manifestations, ils n'ont rien fait pour la solution du second problème, qui reste entier (…) Ils ont montré surtout l'impuissance totale des explications de la psycho-physiologie classique vis-à-vis des facultés supra-normales.[427]

Le Dr. James Randall Noblitt rapporte dans son livre *"Cult and Ritual Abuse"* le cas d'une de ses patientes victime d'abus rituels. Elle avait développé un T.D.I. avec une personnalité alter qui voyait les "auras" (le halo énergétique qui entoure une personne). *"Pour une raison quelconque, ces patients rapportent parfois avoir des facultés psychiques, comme par exemple la croyance qu'ils ont la capacité de voir les auras. Ces personnes pensent parfois qu'elles ont reçu un don qui leur permet de voir la lumière autour du corps des autres ; et qu'à partir de la couleur et les autres aspects de cette lumière, ils peuvent l'interpréter et faire une sorte de diagnostic sur la personne (…) Alors que je me renseignais davantage sur cette personnalité alter, elle m'a expliqué qu'elle avait la capacité de voir les auras en raison des rituels auxquels elle a été forcée de participer. Son père l'a avertie que ces expériences devaient rester strictement secrètes."*[428]

Le psychiatre Milton H. Erickson voyait le trouble de la personnalité multiple comme quelque chose de non nécessairement pathologique mais plutôt comme une ressource phénoménale de potentialités à exploiter. Il employait l'hypnose pour accéder aux personnalités alter et pour transformer un comportement involontaire en des actions volontaires. Il s'agit là d'inverser une force à priori négative, incontrôlable et parfois destructrice, en une force contrôlable pour en tirer un avantage positif et constructif. Le contrôle mental de type MK-Monarch cherche à développer et à exploiter tout le potentiel que recèle un individu ayant un T.D.I....

En 2014, une étude a été menée en Turquie pour déterminer la relation possible entre les expériences de possession, les phénomènes paranormaux, le stress traumatique et la dissociation. L'étude a été menée sur un échantillon représentatif de 628 femmes qui ont été testées lors d'entretiens cliniques structurés autour des troubles dissociatifs, du trouble de stress post-traumatique, du trouble de la personnalité limite (*borderline*) ainsi que sur les abus et les négligences dans l'enfance.

Chez les femmes ayant un trouble dissociatif, les phénomènes paranormaux et les possessions étaient plus fréquents que chez celles ne présentant aucun trouble dissociatif. Les femmes qui avaient des antécédents de traumatismes dans l'enfance, ou à l'âge adulte, avec un stress post-traumatique, ont signalé des phénomènes de possession plus fréquemment que celles sans traumas. Les phénomènes paranormaux étaient également associés aux traumatismes dans l'enfance. Le groupe de femmes avec des troubles dissociatifs

---

[427] "Les Pouvoirs inconnus de l'Homme : Les Extra-sensoriels" - Chap : "Rôle du subconscient" - Dr. Gustave Geley, 1976, p.221.
[428] *"Cult and Ritual Abuse"* - James Randall Noblitt & Pamela Perskin Noblitt, 2014, p.33.

liés à des traumatismes avait le score le plus élevé concernant les phénomènes de possession ou de contact avec des entités démoniaques, les communications extrasensorielles, la possession par une entité humaine et les précognitions. Cette étude montre que les phénomènes paranormaux et de possession sont à relier à la question du traumatisme et de la dissociation. Cependant, les médecins qui ont mené cette étude estiment qu'elle est encore préliminaire en raison du petit nombre de l'échantillon.[429]

Dans sa thèse de doctorat, la psychologue Margo Chandley a constaté que *"de nombreux "channels"* (ndlr : médiums) *semblent avoir vécu des négligences ou des abus."*[430]

Dans une étude intitulée *"A Study of the correlations between subjective psychic expérience and dissociative expériences"* (étude sur les corrélations entre les expériences psychiques subjectives et les expériences dissociatives - Journal *"Dissociation"*, 1991) Douglas Richards conclut que la dissociation est très souvent liée aux phénomènes de clairvoyance, de prémonitions, de psychokinésie et de télépathie. Il rapporte que les sorties hors du corps, les transes médiumniques (*channeling*) et le contact avec des *"esprits guides"* impliquent nécessairement un processus dissociatif....

Dans son autobiographie, *"Adventures in the Supernormal"* (Aventures dans le paranormal), la célèbre médium Eileen Garrett décrit la connexion qu'il y a entre les traumatismes de la petite enfance, les phénomènes paranormaux et le développement de facultés psychiques particulières. Garrett a perdu ses deux parents qui se sont suicidés quelques jours après sa naissance. Dans sa petite enfance, elle subissait presque quotidiennement des abus par une tante qui l'élevait...

À l'âge de quatre ans, elle a senti la présence de ce que l'on appelle habituellement "un ami imaginaire", elle commença à voir les auras et à avoir des visions et des prémonitions. À l'âge adulte, Garrett a cherché à comprendre comment elle avait acquis ses facultés de médium, elle écrit : *"Je pense que l'état de transe est une partie de l'explication sur la manière dont j'ai développé mes facultés psychiques. J'ai commencé à comprendre comment la douleur et la souffrance de mes premiers jours m'avaient fait me retirer du monde matériel. Je me retirais de ce monde à tel point que même si je voyais les lèvres de ma tante s'agiter lorsqu'elle me violentait, pas un mot de ce qu'elle pouvait dire ne pénétrait mes oreilles. Je me souviens que lorsque la douleur et la peur devenaient insupportables, je pouvais rentrer à l'intérieur de moi et je devenais alors toute engourdie, je ne sentais plus la douleur. J'avais inconsciemment développé une technique d'évasion afin d'éviter la souffrance. Je peux aujourd'hui comprendre comment ce processus a ouvert la voie pour le développement des mes états de transe médiumniques."*[431]

Kenneth Ring, l'auteur de *"The Omega Project"* a observé que les adultes qui témoignaient d'expériences aux frontières de la mort et de contact avec un phénomène d'OVNI, rapportaient aussi fréquemment des abus et des traumas

---

[429] "Experiences of possession and paranormal phenomena among women in the general population : are they related to traumatic stress and dissociation ?" - Sar, Alioğlu, Akyüz, Journal "Trauma & Dissociation", 2014.
[430] "Multiple Personnality and Channeling" - Rayna L. Rogers, Jefferson Journal of Psychiatry : Vol. 9 : Iss. 1, Article 3.
[431] *"Adventures in the Supernormal"* - Eilen Garrett, 2002, p.90-91.

durant la petite enfance. Pour Ring, ces épreuves dans l'enfance ont pu développer chez ces personnes une sensibilité particulière aux autres dimensions de l'être et aux mondes parallèles : *"Après tout, un enfant qui est exposé à une violence physique, une violence sexuelle ou un autre traumatisme sévère, sera fortement poussé à se déconnecter de son monde physique et social en se dissociant. Mais en faisant cela, il est plus susceptible de se connecter avec d'autres réalités."*[432]

Dans le livre "Reframing Consciousness", l'artiste Kristine Stiles aborde le rapport entre dissociation, hyper-vigilance et mondes parallèles : "Je pense que la capacité à se dissocier peut être reliée aux facultés psychiques à travers l'hyper-vigilance, qui est un symptôme courant en réponse à un traumatisme. L'hyper-vigilance se traduit par une attention excessive sur un stimuli extérieur allant au-delà de ce que nécessite le niveau de menace. L'hyper-vigilance joue un rôle vital pour protéger la victime d'un environnement à risque (...) L'hyper-vigilance permet aussi le développement d'un très grand pouvoir de concentration. Les états hypnotiques et dissociatifs sont depuis longtemps associés à des effets inhabituels sur le corps. Ce sont des fonctions mentales dans lesquelles les ressources cognitives sont entièrement focalisées sur un point précis, avec peu ou pas de distractions et avec un contrôle accru des fonctions somatiques et neurophysiologiques. Dans le cas de Joseph McMoneagle aux prises avec ses facultés psychiques nouvellement acquises après son expérience de mort imminente, il se souvient qu'un psychologue lui a suggéré que cette expérience aux frontières de la mort l'avait rendu plus sensible aux autres formes de détails. Il décrit cette nouvelle faculté comme une "connaissance spontanée", un "nouveau fonctionnement psychique". L'hyper-vigilance dissociative bloque littéralement le bruit, ou la pollution extérieure, qui interfère habituellement avec le point de focalisation, permettant ainsi à la conscience d'accéder à une vision à distance ou d'autres phénomènes psychiques (...) Mon hypothèse est que l'hyper-vigilance pourrait très bien être une caractéristique de première importance dans la connexion entre le traumatisme et les capacités multidimensionnelles. Ce qui peut également expliquer pourquoi à la fois les formes de méditations orientales et les techniques de concentration occidentales prennent une place de plus en plus importantes dans les processus tels que la visualisation à distance (...) Selon moi, la dissociation traumatique et l'hyper-vigilance peuvent entraîner un processus filtrant le "bruit mental" et permettant ainsi à la conscience de fonctionner sur un mode multidimensionnel."[433]

Dans le livre *"The Shattered Self : A Psychoanalytic Study of Trauma"* (le *Moi* en lambeaux : une étude psychanalytique du trauma), les psychanalystes Richard Ulman et Doris Brothers rapportent le témoignage d'une femme de 36 ans, Jean, ayant été victime d'inceste qui débuta à l'âge de 10 ans avec son oncle et qui continua avec son beau-père et son beau-frère. Les traumatismes semblent avoir développé certaines facultés psychiques particulières chez cette femme : *"La réaction habituelle de Jean face aux viols était de se "déconnecter complètement de son corps", se répétant à elle-même que "cela n'est pas vraiment réel". Jean était fière de sa capacité à garder le contrôle lors des viols en ne montrant aucun signe visible d'angoisse. Elle se rappelait aussi un*

---

[432] "The Omega Project : Near-Death Experiences" - Kenneth Ring, 1992, p.142-144.
[433] "Reframing Consciousness : Art, Mind and Technology" - Chap : "Transcendence" - Kristine Stiles, 1999, p.53-54.

rituel avant d'aller se coucher où elle ralentissait sa respiration au maximum et restait ainsi immobile comme une morte afin de se rassurer sur le "contrôle total" qu'elle pouvait avoir sur son corps. Jean a raconté que souvent durant la journée, elle "écoutait le silence", convaincue qu'elle possédait des pouvoirs extrasensoriels pour détecter les dangers. Elle marchait entre les bungalows avec ses yeux fermés afin de tester ses facultés paranormales consistant à ressentir toute chose pouvant menacer sa sécurité (…)

Jean a également rapporté avoir eu des prémonitions sur la tentative de suicide de sa mère. Elle a décrit des "visions" répétitives de sa mère se coupant la gorge quelques mois avant que cela n'arrive. Elle décrira une prémonition similaire à l'âge de 17 ans, avant que son père biologique réapparaisse soudainement à sa porte (…)

Jean a aussi décrit sa relation avec un homme "psychique" et charismatique qui produisait et vendait des films pornographiques sadomasochistes (…) Jean a raconté qu'elle a souvent participé à des scènes sadomasochistes, des fois cela durait plusieurs jours et elle se retrouvait alors dans un état de détachement : "Je quittais mon corps en quelque sorte et je me concentrais pour ne pas être blessée." Après ces séances, Jean affirme que ses souvenirs sur ce qu'il s'était passé étaient extrêmement vagues et que seules les douleurs et les marques sur son corps pouvaient lui rappeler son expérience. Jean tirait une grande satisfaction de pouvoir ainsi séparer ses émotions de la douleur physique de son corps. "Les courbatures et la douleur renforcent mon sentiment d'être quelqu'un de spécial. Les marques et les ecchymoses sont la manière dont je mesure l'estime que j'ai de moi." déclare-t-elle.

Plusieurs années après, Jean s'est remise à étudier pour obtenir un diplôme en criminologie pour pouvoir faire carrière dans la police. Cependant, après avoir passé l'examen d'entrée, elle décida de ne pas rejoindre la fonction publique. Elle avait elle-même ouvert un bureau d'enquête privé en relation avec les forces de police (…) Elle a contribué à résoudre des affaires criminelles grâce à ses "pouvoirs psychiques" dit-elle. Elle entrait en état de transe dans lequel elle fournissait aux enquêteurs des informations comme des plaques d'immatriculations ou les lieux de planques des criminels (…)

Un matin, Jean s'est réveillée avec une forte fièvre, d'intenses douleurs et des enflures aux articulations. Les symptômes étaient si sévères qu'elle devait marcher avec des béquilles puis avec un fauteuil roulant. Le médecin qu'elle a consulté a été incapable de trouver la cause des symptômes. Il a tenté plusieurs traitements médicaux, mais sans succès. Désespérée, Jean s'est mise dans un état de transe dans lequel elle a revécu les abus sexuels de son beau-père et de son beau-frère (…) Selon elle, après chaque épisode de transe, les symptômes inexplicables disparaissaient, pour réapparaître de nouveau plus tard, ce qui nécessitait la répétition du processus (…)

Pendant quelques années, Jean a travaillé dans un magasin de santé alternative. Elle a alors découvert qu'elle avait un succès remarquable pour la guérison de divers troubles physiques grâce à l'utilisation des herbes et des gemmes (pierres fines, semi précieuses ou précieuses). Elle nota que sans aucune formation, elle "connaissait" instinctivement comment guérir les gens qui se présentaient à elle (…) Elle a également rapporté qu'elle avait de nombreux symptômes de stress post-traumatique comme l'hyper-vigilance, une réactivité exacerbée et des troubles du sommeil."[434]

Pour Gardner Murphy, l'ancien président de l'*American Psychological Association*, les maladies graves, ou plus globalement les éléments perturbateurs ou les situations d'alertes, peuvent conduire à développer une sensibilité psychique plus accrue. Nous pouvons prendre comme exemple le cas des personnes avec un T.D.I. dont le sens de la vue s'est modifié, ce qui a eu pour conséquence de créer chez elles une mémoire photographique exceptionnelle. Cette mémoire photographique est également liée à l'hypervigilance et à l'hypersensibilité développée en réponse aux traumatismes. Le cerveau des survivants d'abus met en place une hypervigilance constante et une capacité à *lire* les autres personnes de manière très précise. Ces personnes vont être capables de décrypter et d'analyser automatiquement et inconsciemment les comportements, le langage du corps, les expressions faciales, le ton de la voix et les autres signaux venant des bourreaux pour tenter d'obtenir une petite avance pouvant éventuellement leur éviter les violences, voir même la mort. Cette hypervigilance systématique restera présente pendant longtemps et dans toutes sortes de situations. Avec le stress post-traumatique, le cerveau développe également des facultés sensorielles très fortes, décuplant l'ouïe, l'odorat, le goût, la vue et le toucher. Dans une personnalité fractionnée, un des cinq sens pourra être hyperdéveloppé chez un alter, tandis qu'un autre alter aura d'autres particularités.

La thérapeute et assistante sociale Susan Pease Banitt, l'auteur de *"The Trauma Tool Kit"* (La boîte à outil du trauma), explique elle aussi comment certaines facultés paranormales peuvent se développer chez un individu ayant vécu de sévères traumatismes. Le fait de grandir dans un milieu violent oblige l'enfant à anticiper les humeurs des agresseurs et pour cela il va devenir hyper intuitif, une conséquence de son hypervigilance. L'enfant peut ainsi développer des capacités télépathiques ainsi qu'une sensibilité accrue de ses neurones miroirs et une sensibilité aux énergies électromagnétiques émanant des personnes. Les violences physiques ou les abus sexuels vont aussi perturber le fonctionnement des *chakras* (centres énergétiques) chez la victime. L'énergéticienne Barbara Brennan qui a travaillé sur la circulation de l'énergie dans le corps humain a noté que certains types de violences, comme les abus sexuels peuvent *"déchirer"* les *chakras*, cela les déverrouille d'une manière brutale et inappropriée, provoquant ainsi une ouverture énergétique déséquilibrée. Cette brèche anormale va rendre le corps énergétique de la personne plus perméable et donc plus vulnérable. Comme nous l'avons vu, cela peut entraîner une connexion particulière aux autres dimensions avec des phénomènes paranormaux incontrôlables. La dissociation est un état altéré de conscience, tous les chamans qui se dissocient, qui entrent en transe, ont besoin d'apprendre à s'ancrer, à se "relier à la terre" lorsqu'ils accèdent aux autres dimensions. Un enfant qui subit une profonde dissociation lors d'un traumatisme n'a pas cette connaissance et cette capacité pour s'ancrer, pour "garder les pieds sur terre" afin de préserver son équilibre. Il n'est alors plus ancré, plus centré, c'est ainsi qu'il peut devenir sujet à des attaques d'entités démoniaques et à des expériences paranormales incontrôlables.

---

[434] "The Shattered Self : A Psychoanalytic Study of Trauma" - Richard Ulman et Doris Brothers, 1993, p.92-96.

Dans un article publié par le *"Journal of Spirituality and Paranormal Studies"* intitulé *"Childhood Influences That Heighten Psychic Powers"* (Les influences dans l'enfance qui augmentent les pouvoirs psychiques), Sylvia Hart Wright cite plusieurs études et plusieurs témoignages sur le lien qui existe entre traumatismes et pouvoirs paranormaux. Durant des années Wright a interviewé des centaines de personnes ayant vécu des expériences aux frontières de la mort, ayant des facultés médiumniques ou autres capacités extrasensorielles. Il ressort de ces entretiens que le stress durant la petite enfance est un facteur important dans le développement des pouvoirs psychiques chez l'adulte. Elle a notamment interviewé un *remote viewer* (une personne ayant des facultés de vision à distance) internationalement connu ayant vécu une enfance très difficile, il lui a déclaré : *"Toutes ces choses avec lesquelles les enfants ne devraient pas avoir à traiter, nous y avions affaire très souvent. C'est en quelque sorte l'histoire de Jekyll et Hyde. Vous devenez ultra-sensible afin de pouvoir jauger l'état de la situation avec l'un ou l'autre des parents. Plus ils buvaient, plus ils devenaient Mr Hyde."*

Plusieurs autres personnes avec des facultés psychiques particulières ont rapporté que leur père alcoolique avait lui-même certaines capacités extrasensorielles. Cela vient renforcer le fait que les pouvoirs psychiques se transmettraient possiblement de façon génétique, tout comme les facultés dissociatives. De plus, un parent qui a été lui-même victime, et qui reproduit les violences ou les abus sur ses enfants va déclencher et renforcer chez ces derniers cette prédisposition à la dissociation et aux facultés extrasensorielles : toujours ce cercle vicieux transgénérationnel…

Une étude qui a été menée sur 1400 américains (*NORC-Luce Foundation Basic Belief Study, National Opinion Center*, Université de Chicago) a montré que les personnes ayant des facultés psychiques avaient vécu davantage de conflits familiaux durant leur petite enfance comparé aux autres. Le sociologue américain Andrew Greeley conclut entre autre que les expériences psychiques paranormales semblent avoir en partie pour cause une enfance avec de sérieuses tensions familiales.[435]

Une étude canadienne a également montré un lien entre la créativité chez l'adulte et la qualité des relations familiales durant la petite enfance. Il a été rapporté que les adultes créatifs venaient souvent de familles très conflictuelles et que ces traumatismes avaient eu un impact significatif sur le niveau de créativité du futur adulte.[436]

Une autre étude datant de 2011 montre qu'il pourrait y avoir en effet une connexion entre la créativité et les traumatismes, en particulier avec le stress post-traumatique. Au début de leurs recherches, Robert Miller et David Johnson pensaient que le stress post-traumatique aurait diminué les facultés créatives de la personne. Mais l'étude a révélé que le groupe d'individus ayant subi un traumatisme comparé à un groupe sans trauma, avait de bien meilleures capacités à faire des représentations symboliques.[437]

---

[435] "The Sociology of the Paranormal : A Reconnaissance" - Andrew Greeley, 1975.
[436] "Childhood parenting experiences and adult creativity" - R. Koestner, M. Walker, Journal of Research in Personality, 1999.
[437] "The Capacity for Symbolization in Posttraumatic Stress Disorder" - R. Miller et D. Johnson; Psychological Trauma : Theory, Research, Practice, and Policy, 2011.

Les troubles psychiques, particulièrement les troubles de la personnalité semblent aussi liés à ce que l'on nomme communément le "génie". Le trouble bipolaire a été qualifié par certains comme une *"brillante folie"* à cause de l'expansion psychique qu'il peut parfois entraîner, autant vers la créativité constructive que vers la psychose destructrice. Daniel Smith, professeur à l'université de Glasgow a mené une étude démontrant que les troubles psychiques, notamment la bipolarité, se retrouvent en effet plus fréquemment chez les gens disposant d'un quotient intellectuel et d'une créativité supérieure à la moyenne. Il a déclaré au journal anglais *The Gardian* : *"Il est possible que de sérieux troubles du comportement, comme la bipolarité, soient le prix à payer pour disposer de qualités d'adaptation comme l'intelligence, la créativité et la maîtrise verbale."* Cependant, comme Daniel Smith l'explique, si une corrélation existe, le mécanisme n'a rien d'automatique, le trouble bipolaire ne produit évidemment pas des génies à la chaîne…

Autrefois, la *maladie* psychique était même considérée comme un don et elle l'est encore de nos jours dans certaines cultures. Aristote déclarait : *"Aucun grand génie n'a jamais existé sans un brin de folie"*. Un des savants le plus représentatif est certainement Nikola Tesla, ce génie américano-serbe qui est l'inventeur d'innombrables brevets comme le moteur électrique, le courant électrique alternatif, la radio, la télécommande, la robotique, le laser, les ampoules fluorescentes, l'énergie libre, etc. Tesla maîtrisait pas moins de douze langues et sa mémoire photographique associée à sa capacité d'animation mentale était un atout exceptionnel pour son travail d'ingénieur. Cet homme extrêmement ingénieux et hyper-productif souffrait de plusieurs maladies mentales : un trouble du déficit de l'attention (souvent lié à de l'hyperactivité), un trouble obsessionnel compulsif (TOC) et un trouble bipolaire. Nikola Tesla souffrait également de nombreuses phobies ou au contraire de passions démesurées. Une explication de ses troubles psychiques et de son génie viendrait des expériences de mort imminente qu'il aurait vécues dans sa jeunesse. Lorsqu'il était enfant, il a failli se noyer et il aurait alors fait une sortie hors de son corps physique. Plus tard durant sa carrière, Tesla eu un accident en travaillant sur une bobine électrique, il entra en contact avec une charge électromagnétique de plusieurs millions de volts. Il a rapporté que durant cette expérience aux frontières de la mort, il est entré dans un état où il pouvait voir le passé, le futur et le présent sur un même plan, dans ce qu'il qualifia de *"vision mystique"*. Il déclara qu'il avait voyagé à travers l'espace et le temps, chose commune aux témoignages de sortie hors du corps lors des expériences de mort imminente. Cette notion d'espace-temps alternatif que l'on retrouve également avec les fragments d'âme perdus.

Certains scientifiques comme le Dr. Yehuda Elkana et le Dr. Gerald Holton ont soutenu que les découvertes et les grandes innovations scientifiques étaient associées à l'intuition créatrice. L'intuition" est définie comme *"la capacité de sentir ou de savoir immédiatement les choses sans aucun raisonnement."* Carl Jung définit l'intuition comme une *"perception par l'inconscient"*. Les traumatismes qui provoquent une hypervigilance et une hyper-intuitivité peuvent donc indirectement développer une certaine créativité chez la victime. Selon une étude scientifique suédoise : *"Les personnes créatives (domaines artistiques et scientifiques) présenteraient un risque plus élevé de troubles bipolaires et de schizophrénie…* Précisons ici qu'il s'agit de la configuration du cerveau et de l'état psychique qui engendrent des capacités créatrices supérieures à la normale, et non la créativité qui engendre des risques de troubles mentaux…

L'équipe scientifique du *Karolinska Institute* a montré que les artistes et les scientifiques étaient plus nombreux dans les familles touchées par les troubles bipolaires et la schizophrénie, en comparaison avec la population en général.[438]

Si l'on se rapporte à certaines études montrant que les troubles de la personnalité tels que le trouble bipolaire, le trouble *borderline* ou la schizophrénie ont le plus souvent une origine traumatique remontant à l'enfance, le lien entre traumatismes et créativité peut donc être établi. Le génie artistique ou scientifique pourrait avoir pour origine une *défaillance* dans l'organisation des connexions cérébrales, ou devrait-on dire plutôt un *câblage* particulier du cerveau. Câblage qui se développerait lors des expériences de vie du jeune enfant, car c'est son vécu qui va façonner l'organisation neuronale de son cerveau. Voici ce que l'artiste peintre Lynn Schirmer, survivante d'abus rituels et de contrôle mental, a déclaré à ce sujet lors d'une conférence *S.M.A.R.T.* de 2006 :

- Pensez-vous que les abus vous ont rendue plus créative ?

- Tout à fait. Auparavant, je pensais que les artistes étaient nés avec leur talent, mais je n'y crois plus du tout. Je crois que cela arrive à cause des effets des traumatismes de la petite enfance sur les différentes parties du cerveau.

L'actrice Meg Ryan a déclaré en 2003 dans le Los Angeles Times : "Je ne pense pas que vous vouliez volontairement cultiver des expériences traumatiques ou dramatiques dans votre vie dans le but de devenir un artiste. Je pense alors que vous auriez tout faux. Mais vous pouvez l'utiliser… Il y a un pouvoir rédempteur dans votre vie lorsque vous passez à travers des difficultés."

Le processus créatif artistique et scientifique a parfois été décrit avec des termes se rapprochant beaucoup de la dissociation, de la transe, voir même de la possession. En effet, l'état second qui accompagne l'activité de certains créateurs débouche parfois sur des phénomènes si déroutants qu'ils ont parfois été classés dans les phénomènes occultes et paranormaux. La personne s'efface et laisse la place au génie artistique ou scientifique, elle devient alors le médium de quelque chose qui souvent le dépasse, quelque chose qui s'exprime à travers elle. Voilà un trait commun à beaucoup de grands artistes de notre monde, comme nous allons le voir dans le chapitre 9 sur l'industrie du divertissement. Il existe une relation étroite entre hypnose, dissociation, imagination et expériences paranormales comme la médiumnité, à la fois chez les artistes et chez les personnes ayant un passé traumatique, qui sont souvent les mêmes...

Durant les années 80, certains psychologues avaient constaté que les personnes qui avaient vécu des traumatismes sévères durant la petite enfance témoignaient très souvent d'expériences psychiques paranormales. Ils avaient alors conclu que les traumas de l'enfance les avaient conduits à se dissocier et qu'au lieu d'être dans l'instant présent, ils avaient tourné leur attention vers leur monde imaginaire… ce qui expliquait leurs "délires" paranormaux. Mais par la suite, le psychologue britannique Tony Lawrence a travaillé sur une série d'études statistiques montrant que le lien existant entre les traumas et les expériences psychiques paranormales était plus fort que le lien existant entre les traumas et le

---

[438] "Mental illness, suicide and creativity : 40-year prospective to a population study" - Dr Simon Kyaga, Journal of Psychiatric Research, 2012.

monde imaginaire. *"Vous avez un lien direct entre les traumatismes de la petite enfance et les expériences paranormales. Vous n'avez pas nécessairement à avoir une bonne imagination pour vivre une expérience paranormale. Même les personnes qui ont un monde imaginaire faible peuvent expérimenter un vécu paranormal, en raison du fait qu'ils ont eu un trauma durant leur enfance."*[439]

Le Dr. Richard Boylan qui a beaucoup écrit sur le sujet des extra-terrestres et des OVNI, a rencontré et interviewé de nombreux témoins. Il a trouvé cinq points communs chez les personnes ayant été enlevées ou ayant observé des extra-terrestres ou des OVNI :

- Ces individus possèdent un haut niveau de capacités psychiques.

- Des phénomènes similaires sont constatés avec d'autres membres de la famille (multi ou transgénérationnel)

- Des enfants qui ont subi de sévères abus ou traumatismes.

- Des individus ou des familles entières liées au gouvernement et/ ou aux agences de renseignements ou ministères.

- Il s'agissait très souvent d'Amérindiens, d'indigènes.

Il existe également une forte corrélation entre les sites où sont pratiqués des activités occultes, telles que les abus rituels, les installations militaires secrètes et les manifestations d'OVNI et témoignages d'abductions (enlèvements) par des E.T.. Nous ne nous étalerons pas ici sur la question des extra-terrestres qui est à mettre en lien avec l'existence des anges déchus, les "démons", l'armée Luciférienne. Voici un extrait du livre *"Satanic Ritual Abuse, Principle of Treatment"* dans lequel le Dr. Colin Ross nous explique les fortes similitudes entre abus rituels sataniques et abductions : *"Il y a des milliers de personnes en Amérique du Nord aujourd'hui qui ont des mémoires qui remontent concernant un enlèvement extra-terrestre dans un vaisseau spatial, avec des expérimentations effectuées sur elles (…) Ces "abductés" arrivent en thérapie avec des périodes de temps manquantes ainsi que des symptômes post-traumatiques inexplicables, tout comme les survivants d'abus rituels sataniques. Les abductés rapportent qu'ils ont eu des barrières amnésiques hypnotiques délibérément implantées par les E.T., les survivants de cultes sataniques décrivent exactement la même programmation faite par leurs bourreaux. Les survivants d'abus rituels sataniques décrivent aussi des grossesses forcées, des expérimentations médicales en laboratoires et des avortements avant le terme de la grossesse. La différence est que les satanistes utiliseraient les fœtus pour les cérémonies tandis que les E.T. les élèveraient."*[440]

Dans son livre intitulé *"Mind-Control, World Control"*, Jim Keith écrit que les affaires d'abductions extra-terrestres serviraient à couvrir les expérimentations sur le contrôle mental effectuées par des humains en chair et en os.

Brad Steiger, auteur d'ouvrages sur le paranormal et sur l'ufologie, a interviewé de nombreux médiums et autres personnes ayant des facultés extrasensorielles. Il rapporte que la plupart d'entre eux sont passés au travers une série de traumatismes durant leur petite enfance ou leur jeunesse.[441] Selon lui, ces individus ayant un passé traumatique semblent être des candidats de premier choix pour certains programmes militaires, notamment pour les expérimentations psychiques paranormales telles que la vision à distance, ou *"remote viewing"*. Lyn Buchanan est un ancien *"remote viewer"*, il définit ainsi ces techniques psychiques :

---

[439] "Paranormal experience and the traumatized mind" - Tony Lawrence, 1999.
[440] "Satanic Ritual Abuse, Principle of Treatment" - Colin A. Ross, 1995, p.26.
[441] *"The World Beyond Death"* - Brad Steiger, 1982.

"Il s'agit de l'exploitation structurée et scientifique du potentiel naturel humain à des fins de renseignement. Cela sans avoir à passer par les cinq sens habituels ou par des équipements tels que la photographie, l'électronique ou autres dispositifs."[442]

Joseph McMoneagle, un autre vétéran des programmes de *remote viewing* du gouvernement U.S. a reconnu que ces techniques servent à faire de l'identification, c'est à dire à connaître des détails précis sur quelque chose qui ne peut être accessible que par des perceptions extrasensorielles. Des personnes comme McMoneagle ou encore David Morehouse ont été recrutées dans ces programmes suite à des événements paranormaux qui sont arrivés dans leurs vies : une expérience de mort imminente, un contact avec un OVNI puis des sorties spontanées hors du corps. Il explique que pour les programmes de *remote viewing*, le gouvernement U.S. recrutait des vétérans du Vietnam qui avaient vécu des situations extrêmement traumatisantes durant la guerre. Dans son livre *"Mind Trek"*, McMoneagle affirme que le traumatisme est quelque chose de nécessaire pour pouvoir développer des capacités de vision à distance. Il déclare que suite à son expérience aux frontières de la mort, la première conséquence a été un état dépressif. La deuxième conséquence était ce qu'il nomme la *"connaissance spontanée"*, c'est à dire qu'il savait ce que les personnes étaient en train de penser lorsqu'elles lui parlaient. Il connaissait certaines choses privées sur les gens, des choses que ceux-ci n'avaient jamais divulguées ouvertement et dont il n'était pas censé être au courant. Le troisième effet de cette N.D.E. a été des sorties spontanées hors de son corps physique, il se retrouvait parfois à planer au-dessus de côtes océaniques inconnues.[443] Un des élèves en *remote viewing* de Lyn Buchanan décrit une de ses expériences ressemblant à tout point à une dissociation de la personnalité : *"Je flottais avec une base de personnalité différente, je ressentais un léger mais notable changement de personnalité qui s'opérait."*[444]

Comme nous l'avons vu dans le chapitre sur le MK-Ultra, la CIA s'est intéressée de près aux phénomènes psychiques paranormaux. Lorsqu'elle a travaillé sur la dissociation et le fractionnement de la personnalité, elle a ouvert une porte vers les autres dimensions (que les chamans connaissent depuis des milliers d'années). La NASA a également fait des recherches dans le domaine du paranormal. Dans l'émission de radio *Coast to Coast*, présentée par Mike Siegel, l'astronaute Gordon Cooper a confirmé l'existence d'un programme de contrôle mental impliquant de jeunes enfants. Un projet mené par la NASA dans les années 50 et 60. Durant l'émission, Mike Siegel a questionné l'astronaute à propos de ces *"Star Kids"* (enfants des étoiles). Cooper a déclaré qu'il s'agissait d'enfants ayant des capacités mentales exceptionnelles, exploités dans une sorte de programme MK. Il a décrit comment ce programme de la NASA cultivait et exploitait les pouvoirs psychiques de certains enfants. Des facultés telles que la télépathie, le *remote viewing* et les sorties hors du corps. Les "groupes d'études" incluaient également des protocoles d'apprentissage permettant aux sujets d'assimiler de grandes quantités de connaissances d'une manière très rapide, ainsi

---

[442] "The Emergence of Project SCANATE The First Espionage-Worthy Remote Viewing Experiment Requested by the CIA, 1973" - Ingo Swann, 1995.
[443] "Mind Trek : Exploring Consciousness, Time, and Space Through Remote Viewing" - Joseph McMoneagle, 1993.
[444] "Reframing Consciousness : Art, Mind and Technology" - Roy Ascott, 1999.

que de développer une mémoire ultra performante. Le programme consistait également à développer chez ces enfants la clairvoyance et l'imagination guidée qui sont les bases pour pratiquer efficacement le *remote viewing*.[445]

Voici ce que la survivante du programme MK-Monarch, Cathy O'Brien, rapporte à propos du lien entre la NASA et les programmes gouvernementaux de contrôle mental : *Que je sois dans des bâtiments militaires, dans ceux de la NASA ou dans ceux du gouvernement, la procédure consistant à maintenir mon esprit sous contrôle absolu continuait de correspondre aux exigences du projet "Monarque". Cela incluait, préalablement à tout traumatisme physique et/ou psychologique, la privation de sommeil, de nourriture et d'eau, des électrochocs à haut voltage et la programmation hypnotique et/ ou par harmoniques de compartimentations/personnalités spécifiques de ma mémoire. Ce que j'endurais à partir de cette époque-là via divers équipements high-tech et autres méthodes, donna au gouvernement américain un contrôle absolu sur mon esprit et sur mon existence (…) Wayne Cox et moi nous rendîmes en plusieurs occasions en Floride, les parents de sa mère vivant à Mims, qui n'était qu'à quelques minutes du 'Kennedy Space Center' de la NASA à Titusville. Comme mon père, il veillait conformément aux ordres à ce que j'aille là-bas pour des tests et autres séances de programmation liés au contrôle de l'esprit. Cox me considérait comme une "Élue", et employait souvent ce terme du projet "Monarque" de la CIA en parlant de moi pour fièrement "justifier" de me laisser dans les installations de la NASA (…) Le contrôle de l'esprit par l'armée était rapide, effectif et synonyme de haute technologie, mais ce fut ma programmation par la NASA qui me lança en tant que "mannequin présidentiel". Même si Aquino effectuait ma programmation autant dans des installations de l'armée que dans celles de la NASA, c'est par la NASA qu'il avait accès aux ultimes avancées de la technologie et des techniques utilisées. Celles-ci incluaient des "trompe-l'esprit" tels que les conteneurs à privation sensorielle, réalités virtuelles, simulateurs de vol et autres harmoniques. À l'âge de deux ans, Kelly (la fille de Cathy) avait déjà été soumise à Aquino et à ses programmations via ces ultimes avancées technologiques, lesquelles brisèrent son fragile esprit d'enfant avant même que sa personnalité de base n'ait eu la possibilité de se former (…) dans les profonds sous-sols du labo' de contrôle de l'esprit de la NASA au 'Godard Space Flight' Center proche de D.C., Bill Bennett commença à me préparer pour le programme en question. La NASA utilise diverses "drogues de synthèse de la CIA" pour engendrer chimiquement des transformations neuronales et induire l'état d'esprit requis à un moment précis. "'Train'-quility", la drogue de prédilection de la NASA de Huntsville, dans l'Alabama, créait une sensation de tranquille servilité et donnait l'impression de marcher sur un nuage."[446]*

Kathleen Sullivan est également une rescapée qui a subi des abus rituels et de la programmation MK dans un cadre gouvernemental et militaire. Elle décrit dans son livre *"Unshackled"* comment son trouble de la personnalité multiple a été exploité pour développer chez elle des facultés psychiques particulières : *"Mes personnalités alter 'Theta' ont reçu une formation psychique spécialisée. Des enfants comme moi ont été choisis pour ce type de programmation car comme toute victime d'abus traumatiques, nous étions très sensibles aux humeurs et aux pensées des autres, surtout celles de nos agresseurs. Je suis convaincue que certaines personnes qui travaillent ou qui sont en lien avec la CIA étaient au courant de ce lien qui existe entre les traumatismes et le paranormal, cela bien avant que les professionnels de la santé mentale ne le découvrent. Je pense que la rétention permanente des*

---

[445] "Astronaut Reveals NASA Mind Control Program Involving Children" - Andrew D. Basiago, 2000.
[446] *"L'Amérique en pleine Transe-formation"* - Cathy O'Brien & Mark Phillips, 2012, p.164.

informations sur ces facultés humaines, ainsi que leur décrédibilisation et la désinformation systématique, a eu lieu parce que la CIA et d'autres agences de renseignements qui ont financé des recherches sur le paranormal avaient tout intérêt à maintenir cette connaissance hors du domaine public.

J'ai des mémoires récurrentes de mon enfance concernant une partie de ma programmation Theta mise en place par James Jesus Angleton, chef du contre-espionnage de la CIA. En raison du fait qu'il savait peut-être que je fréquentais une église chrétienne chaque semaine, il a utilisé le contenu du Nouveau Testament pour m'apprendre à élargir ma conscience. Il a commencé ma programmation mentale en me citant les paroles Jésus-Christ : "Vous ferez de plus grandes œuvres que celles que j'ai faites"… avec nos esprits, ajoutait-il. Angleton m'a alors appris que le plus grand mur empêchant les gens d'accéder à leurs facultés psychiques naturelles pour les utiliser, était leur conviction qu'ils ne le pouvaient pas ou qu'ils ne devaient pas le faire. Il m'a appris que si je contournais ce blocage mental, je pourrais alors faire ce que je veux avec mon énergie psychique. Selon lui, je pouvais même déplacer une montagne par la télépathie aussi longtemps que j'aurais la croyance de pouvoir le faire (…) Il disait que le cerveau humain a un potentiel que nous n'avons même pas encore commencé à exploiter et il m'encourageait à l'utiliser autant que possible. D'autres programmeurs MK ont aussi conditionné mes alter Theta à croire qu'ils pouvaient lire les pensées des autres, à communiquer par télépathie et à effectuer de la vision à distance. Certaines de ces programmations ont été un succès (…) Si ces capacités sont légitimes, alors je ne pense pas qu'elles soient autre chose qu'une faculté humaine naturelle. Cependant, je pense qu'elles peuvent être considérées comme faisant partie du fruit défendu mentionné dans le livre de la Genèse, car une personne les utilisant pourrait facilement se prendre pour un Dieu. J'ai choisi de ne plus utiliser ma programmation Theta, non par crainte des démons, mais parce que je veux simplement respecter l'intégrité mentale, émotionnelle et physique d'autrui."[447]

Revenons maintenant sur les expériences de mort imminente. Le traumatisme évident d'une sortie hors du corps physique semble déclencher des expériences psychologiques et physiologiques particulières. Comme si quelque chose se déverrouillait dans les corps énergétiques / électromagnétiques de la personne. Phyllis Marie Atwater, l'auteur de *"Dying to Know You : Proof of God in the Near-Death Experience"* (Mourir pour se connaître : preuve de Dieu dans les expériences aux frontières de la mort), qui a elle-même vécu trois N.D.E a écrit :

"Quatre-vingt pour cent environ de gens ayant expérimenté un état aux frontières de la mort ont déclaré que leur vie avait changé à tout jamais. Un examen plus poussé montre malgré tout l'émergence de surprenantes dimensions. Les gens ayant vécu cette expérience ne revenaient pas avec uniquement un enthousiasme accru pour la vie et une vision plus spirituelle. Ils manifestaient des différences psychologiques et physiologiques spécifiques d'une ampleur jamais vécue auparavant."

Atwater a interviewé plus de 4 000 personnes ayant expérimenté une N.D.E. pour chercher à connaître les conséquences que cela avait eu sur leur vie. Elle a découvert qu'il y avait généralement une augmentation notable des capacités

---

[447] "Unshackled : A survivor Story of Mind Control" - Kathleen Sullivan, 2003, p.66-67.

intuitives et médiumniques, une communication avec les esprits, les plantes et les animaux par exemple. Mais ses recherches ont également révélé que de nombreuses personnes avaient subi un changement dans le champ électromagnétique de leur corps : *"Dès le début de ma recherche sur les états aux frontières de la mort en 1978, j'ai remarqué constamment qu'une grande majorité des expérimentateurs (ceux qui faisaient aussi bien partie de mon étude que pendant une conversation extérieure avec eux) racontaient qu'ils devenaient plus sensibles aux champs électriques et magnétiques – perturbations des équipements, appareils, bracelets-montres – après leur épisode de NDE."*

Ces changements physiologiques durables, qui créent une sorte d'électrosensibilité, entrainent des interférences entre la personne et le matériel électronique qui l'entoure : des problèmes de pannes et de dérèglements d'appareils, les piles qui se déchargent plus rapidement, les ampoules qui grillent systématiquement, etc, mais aussi une extrême sensibilité aux manifestations terrestres comme les orages, les séismes ou les tornades.[448]

6 - L'HOMME MÉDECINE

ET SES ANIMAUX TOTEM...

Voici maintenant un cas intéressant concernant un "homme-médecine" (guérisseur) amérindien. En 1989, le journal *Dissociation* a publié un article intitulé *"Multiple personality disorder with human and non-human subpersonality components"* (personnalité multiple avec des composantes de sous-personnalités humaines et non-humaines). Cet article décrit le cas d'un patient amérindien de 70 ans diagnostiqué avec un T.D.I.. Cet homme avait des pouvoirs de guérisseur et c'était un *"Medecine-man"* reconnu et respecté dans sa communauté, une tribu amérindienne ayant conservée ses traditions ancestrales. Sa personnalité était scindée en onze alter, dont quatre alter humains et sept alter non-humains. Il a été découvert que des abus dans la petite enfance étaient à l'origine de son T.D.I.. De plus, le développement et la manifestation de ces personnalités alter avait été renforcés et maintenus par le contexte culturel dans lequel avait grandi cet amérindien. Le lien fort qui existe avec les esprits de la nature et les animaux totem dans la culture traditionnelle amérindienne a renforcé son système de personnalités alter. L'homme s'était présenté de lui-même pour recevoir une aide thérapeutique. En effet, la bataille intérieure entre les alter humains et animaux devenait trop violente et cela interférait avec ses capacités à pratiquer les rituels de guérison.

Le premier alter à s'être formé était celui d'un jeune garçon de onze ans, appelé *"Le Petit"*. Il a été découvert que toutes les autres personnalités alter s'étaient dissociées à partir de celui-là. À l'âge de trois ans, le patient avait subi un viol par un oncle. Lors de la thérapie, l'alter a décrit qu'il était en train de jouer avec une tortue lorsque le viol s'est produit. Il raconte comment il s'est alors

---

[448] "The bizarre electromagnetic after effects of near death experiences" - Buck Rogers, Waking Times, 2014 / Traduction BistroBarBlog : "Les bizarres conséquences électromagnétiques des NDE".

focalisé sur la tortue comme s'il s'échappait en rampant, tout comme elle, se dissociant ainsi de la réalité traumatique. L'oncle viola l'enfant de plus en plus fréquemment et c'est l'alter *Le Petit* qui supportait systématiquement les abus grâce à cette dissociation liée à la tortue. Un jour, à l'âge de cinq ans, *Le Petit* a observé un guérisseur utiliser une carapace de tortue dans ses rituels thérapeutiques. Peu après cela, un homme de sa famille est tombé malade d'un cancer et s'est retrouvé alité. La personnalité alter *Le Petit* a raconté que lorsqu'il était dissocié en alter tortue, il s'approchait souvent pour toucher le malade et au bout d'un certain temps, l'homme s'est rétabli, son cancer était en rémission. C'est alors que *Le Petit* a reçu une place d'honneur dans sa famille. Sa mère a déclaré qu'il avait un arc-en-ciel au-dessus de la tête le jour de son anniversaire, ce qui était le signe qu'il avait en lui le pouvoir pour devenir un grand homme médecine. À partir de ce moment-là, sa famille et ses voisins commencèrent à venir le voir pour des consultations.

Son alter de tortue (nommé *Pouvoir*) possédait des facultés liées au monde des esprits, pouvant être utilisées pour contrôler la douleur et traiter des maladies graves. Cet alter a commencé à se développer quand le patient avait trois ans. Les caractéristiques physiques de cette personnalité alter étaient une posture voûtée, des mouvements très lents, sa tête qui se balançait de droite à gauche ainsi qu'un langage également très lent et très limité.

Un autre alter était *"Le Vieux"*, une personnalité de 70 ans. Ce fractionnement est survenu lorsque le patient était en formation avec un vieil homme médecine. Il a suivi une initiation durant laquelle il devait rester dans la forêt plusieurs jours en suivant des rites de purification avec l'interdiction de manger et de boire. De plus il devait consommer des herbes hallucinogènes et courir de longues distances. Durant cette période d'initiation intense, il lui était répété que pour devenir un bon homme médecine, il devait devenir comme son enseignant. Sous l'effet traumatique du jeûne, de l'exercice physique intense, des herbes hallucinogènes et des demandes constantes de l'alter *Le Petit* pour devenir similaire à l'enseignant, ce vieil homme médecine qui le violentait durant l'initiation, il s'est dissocié en cet alter *Vieux*, représentant son enseignant. C'est cet alter *Le Vieux* qui a donc permis au patient de devenir un véritable homme médecine. Il est à noter que la violence et les coups ne font normalement pas partis des rituels initiatiques d'apprentissage chez les amérindiens, il s'agit ici d'une grave dérive. Les comportements de cet alter étaient ceux d'un vieillard, autant dans sa posture que dans ses manières et dans sa voix.

L'homme avait aussi un alter d'aigle mâle nommé *Esprit du vent*, également apparu durant son initiation avec le vieil homme médecine. Selon lui, la plume d'aigle est une grande source de pouvoir pour la *"médecine dissociative"* des guérisseurs amérindiens. Durant l'initiation, *Le Petit* a reçu l'enseignement selon lequel l'aigle est un médium entre la terre et les *"oiseaux du tonnerre"*, de puissants esprits dans la tradition amérindienne. Toujours sous l'effet du jeûne, de l'épuisement physique, des coups et des herbes hallucinogènes, *Le Petit* s'est également dissocié en cet alter d'aigle : l'*Esprit du Vent*. Dans le système T.D.I. de cet homme médecine, cet alter permet la communication avec les oiseaux du tonnerre afin d'obtenir des informations pour diagnostiquer un malade et obtenir du pouvoir pour sa guérison. Un de ces pouvoirs est la capacité d'induire chez la personne souffrante une sensation de légèreté, similaire à un oiseau, qui aurait un effet antalgique.

Ce patient amérindien avait aussi un alter de loup, un alter de panthère, un alter d'ours, un alter de hibou et un alter de serpent. Ses autres personnalités alter humaines étaient celles d'une jeune femme de 28 ans (*Moon Walker*), créée lorsque l'oncle a commencé à partager sexuellement *Le Petit* avec ses amis alcooliques. Il y avait aussi un alter guerrier nommé *"l'homme-tueur"*.

Durant la thérapie, la fusion / intégration des personnalités alter a été compliquée pour plusieurs raisons. Tout d'abord la femme du patient ainsi que les personnes qu'il traitait pensaient qu'avec cette fusion, l'homme médecine allait perdre ses pouvoirs et ses capacités à contacter le monde des esprits. De plus le groupe d'alter animaux et le groupe d'alter humains étaient en conflit et leur fusion était très compliquée. Il a donc fallu faire fusionner les animaux entre eux et les humains entre eux tout en préservant les besoins spirituels du patient, ainsi que ses capacités d'homme médecine pour qu'il puisse continuer à aider sa communauté. Durant cette thérapie, chaque personnalité alter s'est montrée hautement hypnotisable. Les tests d'acuité visuelle et les évaluations neuro-sensorielles ont démontré des différences considérables entre chaque personnalité alter.[449]

Ce cas indique que le T.D.I., ce mécanisme dissociatif de défense face au traumatisme, peut se retrouver dans diverses cultures et peut éventuellement parfois expliquer pourquoi certains chamans possèdent des personnalités alter d'animaux. Des alter qui se révèlent lors des états de transe, comme nous l'avons vu dans le chapitre 2 avec les guerriers *Berserk* devenant des *loups*, des *ours* ou des *sangliers* sur-puissants, capables d'exploits invraisemblables.

7 - CONCLUSION

Nous constatons donc que traumatismes, dissociation, sorties astrales, expériences paranormales et pouvoirs psychiques vont main dans la main, l'un déclenchant les autres, bien ce ne soit pas systématique. Ce lien entre traumatismes / dissociation et connexion avec d'autres dimensions est un point clé dans la programmation mentale de type MK-Monarch. Lors des abus rituels, il s'agit de "déverrouiller" l'enfant pour l'initier et ainsi le sacraliser aux yeux du culte luciférien. L'aspect spirituel et métaphysique de la programmation est tout aussi important, et même certainement plus important que l'aspect purement scientifique (neurologique et psychiatrique). En effet, la connexion reliant les membres de ce culte/réseau mondial au monde des esprits est indispensable pour mener à bien le projet de domination ici-bas. D'une manière systématique, la descendance chargée de mener à son terme l'Ordre mondial doit donc être d'un côté spirituellement connectée aux milices lucifériennes tout en étant psychologiquement et physiquement rattachée au réseau terrestre (familles et

---

[449] "Multiple personality disorder with human and non-human subpersonality components" - Stanley G. Smith, Journal "Dissociation", Vol.2 N°1, 03/1989.

réseaux de pouvoirs, sociétés secrètes). Un réseau terrestre bien incarné dans le monde matériel et accomplissant donc un plan établit depuis d'autres sphères : la rébellion luciférienne continuant son accomplissement sur terre... Sans ce protocole de fractionnement systématique des enfants dans ces lignées de sang et plus globalement dans tous ces cultes luci-fériens, la connexion aux autres dimensions et la "racine de la violence" ne pourraient pas se transmettre d'une génération à l'autre et le *culte de l'horreur* ne pourrait certainement pas subsister durant les siècles. La dissociation profonde provoquée par les traumatismes, que l'on peut qualifier comme un violent "déverrouillage spirituel" (un véritable viol spirituel), pratiqué de manière systématique sur *l'équipe au sol* produit donc des médiums recevant *l'illumination* et la connexion au *porteur de lumière :* Lucifer. Ces individus totalement fractionnés et multiples possèdent donc certaines personnalités alter connectées et liées au royaume spirituel de Satan. C'est ce que décrit le pasteur Tom Hawkins lorsqu'il écrit que *des personnalités dissociées peuvent être entraînées lors des traumatismes à entrer dans des états de transe qui vont les connecter au "deuxième ciel", au "royaume de l'air" dont Satan est le prince. Ces fragments de personnalités sont liés et retenus captifs dans ce royaume et ils sont utilisés pour appliquer ici-bas le plan mondial de Satan.*

Satan aurait donc un plan établi pour régner sur terre et il utiliserait certains humains (lui vouant un culte) comme catalyseurs pour mettre en place son projet terrestre, des humains passés par la contre-initiation, une inversion de la sanctification aboutissant à des pouvoirs et des connexions d'ordre surnaturel... Il est intéressant de noter ici que la franc-maçonnerie se réfère également à de mystérieuses entités d'une autre dimension qui inspirent (pour ne pas dire qu'elles dictent) ses propres actions pour la mise en place de l'Ordre mondial. Le franc-maçon Charles Webster Leadbeater (prêtre anglican et théosophe, lui-même accusé de pédomanie) a clairement écrit que la franc-maçonnerie établissait certaines connexions avec des *"êtres resplendissants"* de l'au-delà : *"Lorsqu'un de ces esprits lumineux s'attache à nous par une cérémonie maçonnique, nous ne devons pas penser à lui en terme de dirigeant ou d'attendant, mais simplement comme un frère. Notre égocentrisme est tellement enraciné que lorsque nous entendons parler d'une telle association merveilleuse, notre première pensée, même inconsciemment, est de se demander ce que nous pourrions obtenir de cette relation. Que pourrions-nous apprendre de cet être resplendissant ? Va-t-il nous guider, nous conseiller, nous protéger ? Ou bien au contraire, est-il un serviteur que nous pouvons utiliser pour notre propre volonté ?*[450]

Le franc-maçon Oswald Wirth évoque également cela d'une manière explicite lorsqu'il écrit que les Maîtres - car ainsi les désignent les Initiés - s'enveloppent dans un mystère impénétrable ; ils restent invisibles derrière l'épais rideau qui nous sépare de l'au-delà... Ils ne travaillent plus que sur la planche à tracer, c'est à dire intellectuellement, en concevant ce qui doit se construire. Ce sont les intelligences constructives du Monde, puissances effectives pour les Initiés qui entrent en rapport avec les Supérieurs Inconnus de la tradition.[451]

Voici donc un franc-maçon qui déclare clairement que des *Maîtres* venant de *l'au-delà*, dictent aux *Supérieurs Inconnus* des arrières loges maçonniques,

---

[450] "The Hidden Life in Freemasonry" - Charles Webster Leadbeater, p.334.
[451] "La Franc-maçonnerie rendue intelligible à ses adeptes" Tome III - Oswald Wirth, 1986, p.219-130.

comment construire le monde, car ce sont selon ses termes les *intelligences constructives du Monde…*

La croyance que l'humain peut entrer en contact et être utilisé et manipulé par des entités dites "supérieures" dans un but spécifique n'est pas quelque chose de nouveau. En effet, l'humain peut servir d'outil pour des forces qui relèvent d'une autre dimension. L'auteur Malidoma Somé écrit dans son livre *"The Healing Wisdom of Africa"* : *"Les ancêtres sont désavantagés parce qu'ils savent comment améliorer les choses mais ils n'ont pas le corps physique nécessaire pour agir avec ce qu'ils connaissent. Nous-mêmes sommes désavantagés parce que même si nous avons des corps physiques, il nous manque souvent la connaissance nécessaire pour effectuer les choses correctement. Voilà pourquoi l'Esprit aime travailler à travers nous. Une personne avec un corps physique est un véhicule idéal pour l'Esprit afin qu'il puisse manifester des choses dans ce monde."*

Le corps humain physique est donc potentiellement un outil d'expression pour des entités dépassant notre dimension terrestre. L'humain peut être l'outil des entités lucifériennes tout comme il peut aussi servir d'outil à l'Esprit Saint. Dans ce monde de dualité s'affrontent deux forces, mais l'on pourrait dire également qu'elles se complètent pour organiser ce grand théâtre, cette grande école dans laquelle nous évoluons. Ces deux forces que l'on appelle communément le "Bien" et le "Mal" ont de nombreuses similitudes, l'une étant évidemment le calque négatif de l'autre, l'une imitant l'autre à sa manière car dans l'incapacité de créer véritablement quoi que ce soit. Nous retrouvons cette dualité à tous les niveaux, y compris avec ce lien que les humains peuvent établir avec d'autres dimensions. Les abus rituels ultra-violents vont forcer brusquement les portes spirituelles de l'enfant par la torture, le viol, le baptême de sang et les traumatismes de toutes sortes ; tandis que dans la tradition divine, les portes spirituelles s'ouvrent progressivement par l'amour bienveillant des parents pour l'enfant, par le baptême d'eau et d'Esprit Saint, par la bonté et l'aide des anges et archanges fidèles à Dieu. D'un côté les forces spirituelles sont acquises par la connexion aux entités rebelles lucifériennes, les anges déchus, et de l'autre côté, ces forces sont données par l'Esprit Saint venant directement de Dieu. D'un côté les messes noires avec le sacrifice et la consommation de sang et de chair humaine, de l'autre côté, la Sainte Messe avec le sacrifice de Jésus-Christ qui donne son corps et son sang dans l'eucharistie : la réforme de ces anciens cultes Babyloniens liés aux démons et basés sur les sacrifices de sang, pratiques que la "religion sans nom" continue de perpétuer. Le processus des abus rituels traumatiques visant à "initier", "sacraliser" et "baptiser" des enfants n'est ni plus ni moins qu'une inversion de la sanctification, une contre-initiation ou contre-révélation, visant à établir un règne luciférien d'ordre surnaturel. Lucifer étant considéré par ces groupes comme le dieu civilisateur, apportant la connaissance et la lumière aux humains…

"Dieu pardonne ça", dit (le sénateur) Leahy, faisant autant référence à mon rôle dans l'ALÉNA qu'à ses pratiques pédophiles sur ma fille. "Ce n'est bien sûr pas ce Dieu-là dont il faut que tu te soucies. C'est un Dieu passif, un Dieu qui s'est éteint et qui vit seulement dans une Bible. Le Dieu dont il faut que tu te soucies, c'est ce Dieu omniscient qui voit tout. Ce gros et grand Œil dans le Ciel. Il voit tout, enregistre tout et transmet des informations précisément là où elles sont nécessaires. Laisse-moi te donner un bon conseil – ne l'ouvre pas, car on n'a nulle part besoin de savoir quoi que ce soit de tout cela. Il n'y a sûrement que ton vice-Président (Bush) qui sera au courant, et lui, il a gardé des secrets toute sa vie. Je ne veux pas dire que George Bush est Dieu. Oh non, il est bien plus que ça. C'est un demi-dieu, ce qui signifie qu'il est à cheval entre les plans terrestre et céleste, de manière à agir selon ce qu'il voit avec son Œil dans le Ciel éternellement vigilant." - "L'Amérique en pleine Transe-formation" - Cathy O'Brien

Certaines choses rapportées dans ce chapitre dépassent les lois de la physique admises communément, mais les faits sont là. Certains diront qu'il leur faut *voir pour croire*, ce qui est compréhensible... Mais comme il est précisé dans l'introduction du chapitre, vous ne voyez pas le microbe, mais vous vous en préservez pourtant avec de l'antibiotique, car la science vous l'a appris. Les capacités humaines à interagir avec d'autres dimensions ainsi qu'avec certaines entités est un vaste domaine que cette science moderne rationaliste a longtemps délaissé. Elle ne semble pas encore avoir exploré ces domaines, elle ne peut donc pas les comprendre et encore moins vous les enseigner. Pourtant, petit à petit, en entrant de plus en plus profondément dans la matière, cette science finit par rejoindre de façon paradoxale le domaine immatériel et spirituel. L'étude strictement matérialiste qui a abouti à creuser le cœur de la matière avec la physique quantique arrive aujourd'hui à transcender cette matière pour entrer dans le monde spirituel... qui n'est autre que le cœur du monde matériel, une sorte de fractale infinie. La boucle sera un jour bouclée, les sciences physiques et biologiques trouveront leur chaînon manquant "invisible" pour une pleine compréhension du monde dans lequel nous vivons, une sorte de champ unifié. Pour le moment, tout comme avec le T.D.I., la physique quantique est peu abordée dans les universités... la filtration de l'information et de l'enseignement est évidemment une clé de contrôle de la masse. Il est probable qu'aujourd'hui dans certains laboratoires, les physiciens les plus avancés, notamment sur la physique quantique se mettent à réaliser qu'il existe effectivement un Créateur avec sa Création. À moins que ces messieurs ne se prennent du coup eux-mêmes pour des dieux créateurs de leur propre réalité et qu'ils en oublient le principal Créateur... et leur condition de simple créature...

CHAPITRE 7

LA PROGRAMMATION MONARCH

Il y a peut-être une raison qui empêche les médias d'information d'ouvrir publiquement la boîte de Pandore de la légende. Serait-il à partir de là plausible de considérer qu'un examen plus attentif – par les médias et le public – des dirigeants de ces sectes destructrices, pourrait révéler des liens très concrets avec des recherches sur le contrôle de l'esprit financées par le gouvernement ? Ce sont là des questions qui, si on les abordait vraiment pour ce qu'elles sont, fourniraient d'importantes réponses à cette épidémie sociale qui inclut des maltraitances physiques et psychologiques. Les réponses que fournirait ainsi une enquête sérieuse et approfondie pourraient constituer un début de résolution de la myriade de problèmes que ces sectes destructrices, tueurs en série et autres violeurs d'enfants font peser sur la société - Mark Phillips*

Pour un programmeur MK, il faut créer des personnalités alter et en même temps les démoniser, c'est à dire les lier à des démons (…) si quelqu'un veut véritablement comprendre le contrôle mental Monarch, il doit réaliser que c'est quelque chose de fondamentalement démoniaque (…) La programmation et le contrôle mental ne peuvent pas être séparés de la démonologie et des rituels occultes - Fritz Springmeier.

1 - INTRODUCTION

Pour débuter ce chapitre sur la programmation Monarch, voici trois exemples rapportés par le Dr. James Randall Noblitt dans son livre *"Cult and Ritual Abuse"* montrant des cas d'abus sexuels avec un contrôle mental plutôt mystérieux. Le premier cas est tiré du livre *"Criminal History of Mindkind"* (L'histoire criminelle de l'humanité), dans lequel Colin Wilson raconte l'histoire d'une femme qui voyage en train vers Heidelberg en Allemagne. Elle souhaite consulter là-bas un médecin pour des douleurs d'estomac persistantes. Selon Wilson, durant son voyage elle a rencontré un certain Franz Walter qui s'est présenté à elle comme un "guérisseur" affirmant pouvoir la soigner… Il a réussi à la persuader de quitter le train à une station pour aller prendre un café…

"Elle était réticente, mais elle s'est laissée persuader. Alors qu'ils marchaient tous les deux le long du quai, il attrapa son bras et "il me sembla que c'était comme si je n'avais plus aucune volonté", dit-elle. Il l'amena dans une chambre d'hôtel à Heidelberg, la plongea dans une transe en touchant son front, puis il l'a violée. Elle a essayé de le repousser mais elle était totalement incapable de bouger (…) Il m'a caressée et il a dit : "Tu dors profondément, tu ne peux pas appeler à l'aide, et tu ne peux rien faire d'autre." Ensuite il a bloqué mes bras et mes mains dans mon dos en disant : "Tu ne peux plus bouger du tout. Lorsque tu te réveilleras, tu ne te souviendras de rien sur ce qu'il vient de se passer."… Plus tard, Walter a prostitué cette femme à plusieurs hommes, en confiant à ses clients le mot de code servant à l'immobiliser (…) La police commença à suspecter qu'elle avait été hypnotisée et un psychiatre, le Dr. Ludwig Mayer, réussit à faire remonter les mémoires enfouies de ces séances d'hypnoses. Walter fut condamné à dix ans de prison… Comment Franz Walter a-t-il pu la mettre sous contrôle mental aussi rapidement et aussi facilement ?"[452]

Colin Wilson s'interroge donc à propos d'un tel pouvoir de contrôle, mais il n'apporte aucune réponse si ce n'est d'éventuelles facultés paranormales que Walter aurait pu développer pour induire une profonde transe chez cette femme. Le cas rapporté par Wilson est similaire à beaucoup de témoignages de survivants d'abus rituels. Le Dr. James Randall Noblitt note qu'il a eu plusieurs patientes qui ont décrit un scénario identique. Elles se rappelaient avoir été violées ou sexuellement abusées par quelqu'un qui les mettait en totale incapacité de réagir après qu'il ait prononcé un mot, une phrase, ou fait une sorte de signe avec la main ou encore en touchant leur visage d'une certaine manière. Lors de la thérapie, ces patientes étaient au départ incapables d'expliquer ce phénomène avec ces signaux ou codes déclencheurs. Après quelques séances de thérapie, fréquemment, une personnalité alter émergeait avec la capacité d'expliquer le processus et en donnant même une explication sur comment la programmation avait été installée. Il s'agit des personnalités alter qui servent d'objets sexuels et qui sont accessibles par certains *"triggers"* (déclencheurs). Ces programmations sont généralement installées durant la petite enfance et peuvent rester en place pendant très longtemps. Toute personne ayant les codes déclencheurs pour induire l'état de transe ou faire émerger la personnalité alter peut alors abuser sexuellement de la victime.

Dans le cas rapporté par Wilson, il n'est pas indiqué que le violeur Walter connaissait déjà la femme rencontrée dans le train. Pour cette raison, comment pouvons-nous savoir s'il s'agit ici d'une programmation préalable ? Selon le Dr. Noblitt, il serait possible à un individu de cerner et comprendre les leviers sous-jacents à une programmation afin d'en identifier les codes déclencheurs. Cela simplement en parlant avec la personne et en observant ses paupières et autres réponses corporelles en réaction aux déclencheurs potentiels introduits discrètement durant la conversation. Il existe en effet certains mots clés, ou gestes, basiques systématiquement utilisés dans les programmations MK. Nous pourrions appeler cela des déclencheurs "standards".

Un autre cas rapporté par Colin Wilson, cette fois-ci dans le livre "Beyond The Occult", décrit une histoire datant de 1865 : "Après le repas de midi, Castellan fit un signe avec ses doigts, comme s'il laissait tomber quelque chose dans l'assiette de la fille, celle-ci sentit alors tous ses sens la quitter. Suite à quoi il l'amena dans la pièce d'à côté pour la violer. Elle témoignera ensuite qu'elle était consciente mais qu'elle était totalement incapable de bouger."[453]

Ces deux cas rapportés par Colin Wilson décrivent une victime qui se retrouve totalement paralysée et à la merci de l'agresseur. Il peut s'agir ici d'un

---

[452] "A Criminal History of Mankind" - Colin Wilson, 1984.
[453] *"Beyond The Occult"* - Colin Wilson, 1988.

trouble dissociatif de conversion (pouvant se manifester par une paralysie ponctuelle).

Dans son livre *"Transe : A Natural History of Altered States of Mind"*, Brian Inglis décrit un cas qui a été jugé au Pays de Galles en 1988, celui de l'hypnotiseur Michael Gill. Il utilisait un appareil à flashs lumineux pour hypnotiser une femme et pour la violer lorsqu'elle était dans un état de conscience altéré. Les techniques de contrôle mental impliquant des flashs lumineux ont été rapportés par des survivants de contrôle mental, notamment dans le programme MK-Ultra. Ces trois cas criminels illustrent comment des femmes peuvent être abusées sexuellement lorsqu'elles sont dans des états de transe induits d'une manière rapide et puissante par un stimulus déclencheur. L'hypnose à elle seule n'est pas en mesure de permettre de tels abus sur une personne.[454]

Lors d'une conférence *S.M.A.R.T.* en 2003, la survivante Carole Rutz a expliqué que sa programmation basée sur les traumatismes pouvait être accessible et déclenchée avec de l'hypnose : *"Toutes les programmations qui ont été faites sur moi par la CIA et les 'illuminati' étaient basées sur les traumas comme les électrochocs, la privation sensorielle et les drogues. Plus tard, les traumas n'étaient plus nécessaires, l'hypnose seule, combinée avec les déclencheurs implantés et parfois des mises à jours pouvait suffire."*[455]

Dans le contrôle mental Monarch, les programmations pour asservir sexuellement une personne sont les plus courantes. Ces programmations de type *"Beta"* servent à créer des esclaves sexuels, parfois nommés *"mannequins présidentiels"* dans le cas des esclaves MK réservés à l'élite. Mais n'importe quel sujet Monarch pourra avoir une ou plusieurs personnalités alter programmées pour cette fonction, ce type d'alter est aussi nommé *"Kitten"* ou *"Sex Kitten"* (chaton).

En octobre 2001, une célèbre mannequin française a fait des révélations fracassantes lors de l'enregistrement d'une émission de télévision. Elle dénonçait sa présumée exploitation sexuelle par sa famille, son entourage et certaines hautes personnalités. Elle a déclaré avoir été violée par son père dès l'âge de deux ans, disant s'en être rendue compte quelques mois auparavant, ses souvenirs ayant refait surface sous forme de flashbacks. Elle a également révélé qu'elle était régulièrement violée par ses employeurs (une célèbre agence de mannequin), par des personnes de son entourage et par des membres du gotha (familles royales). Elle dira que l'oubli de ses sévices était dû à de l'hypnose ou à ce qu'elle pensait être de l'hypnose…

Peu de temps après ces révélations lors de l'enregistrement d'une émission de télévision avec Thierry Ardisson, elle a donné une interview au magazine *VSD*, un dossier intitulée *"Le cri de détresse d'un grand top model"* paru en janvier 2002 dans le *VSD* N°1271. Le magazine révèle que cette femme a été reçue par le patron de la brigade de répression du proxénétisme et qu'elle lui a relaté des dîners organisés entre jeunes tops models et *vieux messieurs fortunés*. L'interview donne plusieurs indices pouvant laisser penser qu'elle a subi un contrôle mental de type Monarch. Voici quelques extraits de cette interview :

---

[454] *"Cult and Ritual Abuse"* - James Randall Noblitt & Pamela Perskin Noblitt, 2014, p.86-87.
[455] "Healing From Ritual Abuse and Mind Control, a Presentation to the Sixth Annual Ritual Abuse, Secretive Organizations and Mind Control Conference", Rutz, C., 2003, S.M.A.R.T. Conférences.

"Une personne de mon entourage familial (elle cite un nom) a abusé de moi sexuellement, j'avais deux ans. C'est un psychopathe. Il m'avait placée sous hypnose. Depuis, toute personne ayant de l'autorité et connaissant mon secret peut me manipuler. Tant que je n'avais pas évacué la terreur de mon enfance, n'importe qui, en me faisant peur, pouvait avoir une emprise sur moi (…) On a essayé de faire de moi une prostituée : c'était tellement facile, je ne me souvenais de rien, j'oubliais tout (…) J'étais un jouet que tout le monde voulait avoir. Tous ont profité de moi (…) Je n'avais pas de volonté à moi, donc on m'organisait ma vie : tout, tout, tout (…) On m'a fait des trucs hypnotiques (…) Oui, c'est énorme. Il y a tout un complot autour de moi, depuis longtemps, ça concerne des gens dans le gouvernement, dans la police. Tout dans ma vie a été organisé ! Tout, tout, tout ! Je n'avais pas de volonté à moi (…) Pendant les 'Restos du Cœur', un artiste m'a dit : "Un proche t'a abusée, ils sont en train de s'organiser pour que tu te fasses violer encore et pour que tu ne saches rien." Une chanteuse célèbre m'a dit : "Un de tes proches (elle cite un nom) m'a dit qu'on t'a violée, peux-tu l'oublier ? Regarde-moi, tu vas l'oublier !" Et elle a rigolé. Et ça a marché : j'ai oublié (…) Je suis vraiment entrée dans la souffrance, c'est là que j'ai eu les premiers flashs. D'abord d'un proche qui me violait. Je me suis dit : voilà, j'ai trouvé pourquoi j'étais si mal (…) En fait, tous les gens que ma famille fréquentait sont des pédophiles. C'est un cercle vicieux, et aujourd'hui je le casse ! (…) J'étais un atout. Mon image, ma gentillesse, ma bonté, servaient à ceux qui voulaient cacher les choses. Et là, on a affaire à des gens très, très, très mauvais… Ceux qui ont voulu parler sont morts aujourd'hui (…) C'est une de mes proches à New-York, qui m'a faite violer par le président d'une grande société. Un jour, elle m'appelle et me dit : "Tu te rappelles de ce qu'on te faisait quand tu étais tout petite ?" Je dis : "Ah oui, ah oui !" "Eh bien X va venir te voir, il va faire l'amour avec toi et tu auras le plus grand contrat qui existe." Je ne voulais pas, mais j'étais comme une poupée sans volonté (…) Je veux la justice, c'est tout ! La pédophilie est toujours un tel tabou. C'est des filles comme ça qui veulent être mannequin. Donc c'est facile pour les voyous d'avoir ensuite du pouvoir sur elles."

Cette femme est-elle sous contrôle mental de type Monarch ? Est-elle un *"mannequin présidentiel"* ? Ce qu'elle décrit comme des trous de mémoires suite aux viols, *"je ne me souvenais de rien"*, pourraient correspondre à un sévère trouble dissociatif avec des murs amnésiques. Le fait qu'elle a déclaré au magazine *VSD* avoir été violée sous hypnose *dès l'âge de deux ans*, que sa famille *ne fréquentait que des pédophiles*, qu'il s'agit d'un *cercle vicieux qu'elle veut casser*, et que son exploitation sexuelle semble s'être poursuivie tout au long de sa vie, laisse fortement penser qu'elle aurait pu subir le triste parcours d'une esclave MK-Monarch, prisonnière d'un réseau exploitant ses troubles dissociatifs. Lors de l'enregistrement de l'émission de télévision en novembre 2001, elle a également cité plusieurs noms liés à l'industrie du divertissement, disant que ces gens-là étaient soit au courant, soit eux-mêmes violeurs ou victimes. Elle cita le nom d'une autre star française bien connue en disant qu'elle aussi subissait ce genre de traitements.

Malgré un dépôt de plainte et l'ouverture d'une information judiciaire, sa famille la fera rapidement interner en hôpital psychiatrique peu de temps après ses révélations… Elle n'en sortira que trois mois plus tard. Une mise à jour de la programmation MK s'imposait- elle alors ? En effet, passé un certain âge les murs amnésiques ont tendance à se dissoudre d'où la remontée de certaines mémoires sous forme de flashbacks. Sa famille a tenté de faire passer l'*incident* pour une crise délirante paranoïaque sauf que personne n'a pu prouver qu'il s'agissait véritablement d'un coup de folie et que ce qu'elle avait dit était faux. La plainte que cette femme a déposée a très vite été classée sans suite, aucune enquête n'a donc été menée pour confirmer ou démentir ces très graves accusations… Quelques temps après son hospitalisation forcée, le top-model a donné une interview à Benjamain Castaldi dans l'émission de la chaîne M6 *"C'est leur destin"* en septembre 2002. Une interview dans laquelle plane encore le doute qu'elle a réellement tenté de divulguer sa condition d'esclave MK, sans même savoir elle-même exactement dans quoi elle était embourbée. En voici quelques extraits :

- Benjamin Castaldi : Si vous deviez résumer en quelques mots votre destin, vous diriez quoi ?

- Top-model : D'un côté c'est un conte de fée, et d'un autre côté c'est un film d'horreur, un vrai cauchemar. Et quand tout est remonté, il y a des gens qui ont essayé de m'empêcher de parler. On m'a mis dans une clinique pour m'empêcher de parler. J'en suis sortie avec l'aide d'un avocat, c'était tout un truc… Oh là, c'était assez compliqué ! (…) L'avocate m'a directement téléphoné dans ma chambre. Elle m'a dit : "Écoutez, vous n'avez pas du tout l'air d'une folle ! Je viens vous chercher dans les deux heures qui viennent". J'ai fait mes bagages et je suis sortie comme ça. (…) Une fois que j'ai atteint mon objectif dans le mannequinat, tout allait bien en apparence mais au fond de moi je sentais que quelque chose n'allait pas. Alors j'ai suivi une psychanalyse pendant cinq ans, il y a des choses qui me sont revenues, qui étaient tellement graves que je devenais en quelque sorte paranoïaque (…) moi j'ai essayé de parler, mais on n'a pas voulu me croire. Il y a eu une certaine partie qui était de la paranoïa, parce qu'il est vrai que quand des choses sont aussi énormes, après ça dégénère un petit peu. Il y a un petit peu de délire. Mais plus le temps avance, plus je me rends compte qu'en fait, pas du tout (…) Vous avez vu le film True Romance ? C'est un peu ça ma vie. Tout a été organisé. Tout était manipulé. J'étais quelqu'un qui ne voyait rien. En fait, je crois que j'étais vraiment folle, mais aujourd'hui je ne le suis pas.

L'actrice Marie Laforêt a déclaré à propos de cette affaire : "Je ne sais pas ce qu'est devenu X, c'est la même histoire, elle parlait des mêmes personnes, sauf qu'on l'a coupée carrément elle… Alors on lui a fait faire un petit disque pour la tamponner depuis. Donc elle sait que si jamais elle dit quoi que ce soit de ce qu'elle avait envie de dire à ce moment-là, elle aura un sort encore plus misérable que celui qu'elle a en ce moment. Donc elle a tout intérêt à s'écraser… Voilà c'est tout… Mais elle a fait une tentative ! Elle a fait une tentative et elle en a payé ce qu'elle en a payé. On l'a amusée en lui faisant faire un disque, une promo… Mais alors tout le monde est dans la combine ? Vous répondrez par vous-même… Évidemment !"

2 - DÉFINITION

Le terme Monarch vient du papillon "Monarque", un insecte qui commence sa vie en tant que chenille (le potentiel non développé), qui évolue ensuite dans un cocon (le processus de fractionnement et de programmation) pour devenir un papillon (l'esclave Monarch). Une chenille a-t-elle conscience qu'elle deviendra un papillon ? Le papillon a-t-il conscience qu'il était une chenille ? Non, et cette image convient parfaitement avec celle de la programmation basée sur la dissociation et l'amnésie traumatique. Les papillons virevoltants représentent les fragments d'âme éparpillés. Le terme Monarch se réfère également à la sensation que provoque la dissociation, qui peut être une sensation de flottement, tel un papillon, suite à un électrochoc par exemple. Les chocs électriques sont couramment utilisés par les programmeurs car c'est une méthode de torture très efficace et laissant peu de traces.

Dans l'autobiographie de Brice Taylor (ex-mannequin présidentiel), "Thanks For The Memories", la programmation Monarch est définie de cette manière : "Une marionnette est une poupée qui est attachée à des ficelles et contrôlée par un maître. La programmation Monarch est aussi appelée "Syndrome de la Marionnette", le "Conditionnement Impérial" est un autre terme utilisé. Certains thérapeutes en santé mentale reconnaissent ce type de contrôle mental comme un "conditionnement par des séquences de stimuli-réponses". Le projet Monarch peut-être décrit comme une combinaison de traumatologie structurée, de dissociation et d'occultisme afin de compartimenter l'esprit en plusieurs personnalités, cela de manière systématique. Lors du processus, un rituel satanique, comprenant généralement du mysticisme kabbalistique est effectué dans le but de lier un démon ou un groupe de démons à l'alter correspondant. Bien sûr, la plupart des personnes verront cela comme un simple moyen de renforcer les traumatismes au sein de la personne, en niant cette croyance irrationnelle qu'une possession démoniaque puisse réellement se produire…"[456]

Le papillon Monarque semble être le symbole fort revenant régulièrement dans l'industrie du divertissement pour représenter ce processus de fractionnement de la personnalité. Ce papillon bien connu a la particularité de migrer du sud au nord sur plusieurs générations alors que le voyage du nord au sud se fait en une seule génération. Ces créatures uniques et fascinantes reviennent toujours vers les mêmes arbres que les générations précédentes, alors qu'ils n'y sont jamais allés. Comment est-ce possible ? Cela signifie que le papillon Monarque transmet génétiquement à sa descendance l'information sur l'endroit où il est né. Cet insecte a été étudié scientifiquement pour cette étonnante particularité génétique.

Il s'agirait là d'une des raisons principales de l'appellation du projet Monarch, la génétique étant un point important dans la sélection des sujets. Certaines informations liées aux ancêtres traversent le temps et les siècles et se transmettent donc de génération en génération. C'est une sorte d'influence transcendante rejoignant les études sur la psychogénéalogie, une *charge* aussi bien positive que négative qui se transmet à la descendance. Dans le livre *"Satanism : Is it real ?"*, le père Jeffrey Steffon explique : *"Une troisième voie (de liens démoniaques) est l'héritage générationnel. Si les parents ont été impliqués dans l'occultisme, ce lien générationnel se transmettra à leurs enfants."* Dans les cultures chamaniques, le rôle du chaman est souvent héréditaire et est généralement transmis de père en fils. Tout comme les

---

[456] "Thanks for the memories : the truth has set me free" - Brice Taylor, 1999, p.16.

lignées de chamans d'Asie se transmettent certaines facultés paranormales ou pouvoirs psychiques, les lignées lucifériennes pratiquant l'occultisme et l'abus rituel se transmettent un patrimoine immatériel avec un lourd bagage de liens démoniaques. Les facultés pour la dissociation, l'hypersensibilité, la médiumnité et autres pouvoirs psychiques font aussi partie du bagage génétique et seront activés et renforcés par les rituels et les traumatismes durant la petite enfance.

Il est intéressant de noter ici qu'une étude scientifique suisse datant de 2012 a démontré que les traumatismes (en particulier les abus sexuels) durant l'enfance laissent des traces dans l'ADN jusqu'à la 3ème génération. Est-ce ce dont parle la Bible lorsqu'elle précise que *la faute du père* est transmise à sa descendance jusqu'à la troisième et à la quatrième génération ? (Exode 20 :5-6)

"L'équipe a observé que l'ADN d'une petite fille dont la grand-mère avait été violée par son père, portait les mêmes modifications épi-génétiques que sa grand-mère et que ces modifications étaient beaucoup plus importantes que chez la mère et la grand-mère. La petite fille issue du produit de l'inceste et qui n'a jamais été violée porte la plus grande cicatrice dans le génome de toutes ses cellules." (Recherche UNIGE 2012)

Il a été découvert que ces marques génétiques ne vont pas faire muter l'ADN, mais qu'elles vont avoir une influence sur le développement du cerveau et qu'elles se transmettront aux générations suivantes. Le groupe de recherche du professeur Alain Malafosse, du Département de psychiatrie de la Faculté de médecine de Genève a mené une recherche sur des sujets adultes ayant été maltraités durant leur enfance (abus physiques, sexuels et émotionnels, carences affectives, négligences) et souffrant d'un trouble de la personnalité limite (*borderline*). En examinant leur ADN, issu d'une simple prise de sang, les chercheurs ont observé des modifications épi-génétiques, c'est à dire dans les mécanismes de régulation des gènes : *"C'est la première fois que l'on voit un lien aussi clair entre un facteur environnemental et une modification épi-génétique. Lien d'autant plus fort que plus la maltraitance a été sévère durant l'enfance, plus la modification génétique est importante"*, souligne Ariane Giacobino du Département de génétique et de développement.[457] De plus, il a été constaté que les traumatismes vécus à l'âge adulte ne vont pas marquer les gènes d'une manière aussi profonde et permanente qu'un traumatisme vécu durant l'enfance.[458]

Il semblerait qu'un encodage génétique entraînant des comportements autogénérés totalement déviants se produit après trois générations ayant pratiqué les abus sur les enfants, ce qui expliquerait pourquoi certaines familles sont totalement engluées dans ces choses-là. Les familles lucifériennes qui pratiquent systématiquement l'abus rituel et le contrôle mental sur leur descendance sont donc profondément marquées dans leur génétique. Ces lignées de sang sont préservées par l'arrangement quasi-systématique des unions et des mariages.

À une époque lointaine, les humains (particulièrement les enfants) avaient de bonnes capacités dissociatives. Lorsqu'ils étaient exposés à un traumatisme, ils avaient alors un avantage pour la survie bien supérieur à ceux qui n'avaient pas cette faculté. Comme nous l'avons vu, la dissociation a un objectif initial visant la

---

[457] "La maltraitance dans l'enfance laisse des traces génétiques" - 24 Heures, 2012.
[458] "Childhood maltreatment is associated with distinct genomic and epigenetic profiles in posttraumatic stress disorder" - Divya Metha, PNAS, 2012.

survie de l'individu face à un profond trauma, c'est à dire le préserver pour qu'il soit capable de continuer à fonctionner correctement. La vie tribale nomade a petit à petit été remplacée par une vie sédentaire dans des villages, faisant ainsi diminuer les facteurs traumatiques naturels, cette génétique humaine associée à la dissociation a donc également régressé. Certaines lignées perpétuent et entretiennent encore aujourd'hui cette transmission génétique de la *"précieuse"* dissociation, la porte communiquant avec le monde des esprits. Le bagage génétique joue un rôle important dans les hiérarchies lucifériennes et les capacités dissociatives font parties de ces marques génétiques recherchées.

Pourquoi la dissociation a-t-elle une telle importance pour ces cultes ? Chez un jeune cerveau en construction, les traumatismes et la dissociation qu'ils entraînent vont façonner les voies neuronales d'une manière particulière et créent ainsi certaines facultés intellectuelles, physiques et psychiques. Comme nous l'avons vu dans le chapitre précédent les traumatismes extrêmes et la profonde dissociation vont également ouvrir des brèches vers d'autres dimensions. Ce sont ces ponts vers le monde des esprits qui vont permettre d'établir certaines communications et de recevoir de la "puissance". De plus, le fractionnement de la personnalité de l'individu avec les murs amnésiques permet un contrôle et une programmation de la descendance pour mener à bien les objectifs de ces lignées de sang lucifériennes, qui s'étalent sur des siècles. Tous les enfants de la "religion sans nom" passent systématiquement *"à la moulinette"* : le processus consistant à les fractionner et à "voiler" leurs synapses à l'aide de techniques extrêmement traumatisantes et dissociantes.

Le conditionnement et la programmation MK seront systématiques et très tôt les facultés dissociatives de l'enfant seront testées et renforcées. Plus l'enfant va se dissocier facilement, plus le travail de programmation se fera rapidement. Dans son livre *"Ascent From Evil"*, la psychothérapeute et survivante Wendy Hoffman explique : *"Le culte enseigne l'art de la dissociation. La vie des victimes va dépendre de leurs capacités à apprendre cela rapidement et dès le plus jeune âge. La dissociation est une matière qui est enseignée, tout comme les mathématiques (…) Il est facile pour les membres du culte de dire en regardant simplement quelqu'un s'il est en état de dissociation. Ils peuvent vérifier les compétences dissociatives d'un membre aussi facilement qu'ils peuvent vérifier si son addition est correcte."*[459]

Comme nous l'avons vu dans le chapitre 2, les anciens rituels initiatiques des religions à Mystères incorporaient des éléments symbolisant la mort et la résurrection. L'initiation comprenait parfois aussi des amnésies (liées aux drogues, aux privations et aux traumas), un effacement de la mémoire pour la formation d'une nouvelle identité : c'est alors que l'initié recevait un nouveau nom. Les survivants d'abus rituels et de contrôle mental rapportent exactement les mêmes choses. La programmation Monarch est en quelque sorte une forme d'initiation par le trauma, créant chez l'*initié* (les enfants victimes) une connexion au monde des esprits et donnant naissance à une ou plusieurs autres personnalités alter. Des alter qui recevront différents noms et qui seront programmés pour diverses fonctions. L'enfant *"Monarch"* de l'Ordre hiérarchique luciférien est un élu, il est considéré comme sacré. Ce sont des rituels initiatiques qui visent à sacraliser

---

[459] "Ascent From Evil : The Healing Journey Out Of Satanic Cult Abuse" - Wendy Hoffman, 1995.

l'enfant grâce à de profonds états dissociatifs et à une renaissance en tant qu'enfant Monarch ; en faire un *tueur* plutôt qu'une *victime*, un membre à part entière du culte luciférien relié à des entités supérieures.

En 2009, le Dr. Lowell Routley a rédigé un article dans lequel il décrit la programmation Monarch, même s'il n'emploie pas ce terme. L'article intitulé *"Restoring The Lost Self : Finding Answers to Healing from Traumatic Socialization and Mind Control in Twenty-first Century Neurocognitive Research"* (restaurer le Soi perdu : trouver des réponses pour la guérison d'une socialisation traumatique et du contrôle mental grâce aux recherches neurocognitives du 21ème siècle) a été présenté par Routley lors d'une conférence à Genève au congrès annuel international de l'*ICSA* (*International Cultic Studies Association*) le 4 juillet 2009. Voici un extrait de l'introduction : *"Ces survivants ont appris à se dissocier à un très jeune âge lors de certaines pratiques transgénérationnelles transmises au sein des familles. L'utilisation d'une socialisation traumatique est destinée à compartimenter l'esprit de l'enfant, à maintenir le secret et à entretenir un statu quo. L'asphyxie, la privation, l'isolement et la douleur sont connus comme étant des moyens de dissocier l'enfant, d'assurer une certaine conformité comportementale, de supprimer son autonomie et son identité, de créer une amnésie concernant les activités anormales, ainsi qu'une loyauté incontestable (…) la terreur maintient et renforce le cloisonnement dissociatif. Le degré de dissociation qui en résulte dans l'esprit de la victime est déterminé par l'âge auquel est apparue cette socialisation traumatique, sa fréquence et son intensité. Le travail clinique avec les survivants a conduit à une nouvelle découverte sur des modifications programmées de la structure de "l'esprit", du "soi", et de la conscience qui auraient été faites par des moyens technologiques ou scientifiques. Alors que la phénoménologie de la programmation a été explorée cliniquement, les schémas de cloisonnement du mental qui sont apparus indiquaient qu'il y avait là une manipulation sophistiquée de l'esprit de l'enfant (…) Les observations cliniques ont en outre indiqué que la sophistication des "programmations" a évolué en parallèle des découvertes scientifiques. L'intervention thérapeutique nécessite d'abord un diagnostic approprié des symptômes traumatiques, et ensuite un moyen de résoudre les croyances entretenues par les barrières dissociatives et amnésiques. Ces facteurs ont conduit les recherches pour déterminer des outils efficaces pour la guérison. Les observations cliniques des survivants élevés dans ces familles transgénérationnelles ainsi que les résultats des recherches neurocognitives du 21ème siècle sont devenus des bases sur lesquelles un modèle d'intervention a émergé."*[460]

Le terme "programmation" est utilisé de deux manières pour les méthodes de contrôle mental. Le plus communément, il se réfère à une persuasion coercitive pratiquée dans les sectes destructrices ou les groupes militaires, mafieux, etc. La seconde utilisation du terme "programmation" est beaucoup plus spécifique, il s'agit de *la manipulation ou la traumatisation des personnalités alter, des fragments, des états mentaux dissociés ou d'entités dans un but de contrôle mental.*[461]

C'est ce dernier type de programmation qui s'applique dans le protocole MK-Monarch. Dans le livre *"Healing From The Unimaginable"*, la thérapeute Alison Miller donne cette définition de la programmation : *"La programmation est l'acte d'installer de façon interne, des réactions prédéfinies en réponse à des stimuli externes de manière à ce que la personne réagisse automatiquement et de façon prédéterminée à des choses comme des*

---

[460] "Restoring the Lost Self : Finding Answers to Healing from Traumatic Socialization and Mind Control in Twenty-first Century Neurocognitive Research" - Lowell Routley, 2009.
[461] *"Cult and Ritual Abuse"* - James Randall Noblitt & Pamela Perskin Noblitt, 2014, p.85.

signaux auditifs, visuels, tactiles, ou pourra effectuer une série d'actions en lien avec une date ou une heure précise."

Dans un de ses ouvrages, la psychotraumatologue allemande Michaela Huber donne sa définition de ce type de programmation mentale : *"La programmation dans le contexte traumatique est un processus que l'on peut décrire comme un apprentissage sous la torture. La métaphore "programmation" est certainement d'origine informatique et représente dans ce contexte, ce que les psychologues appellent un conditionnement. Ce qui veut dire que la personne qui a été "programmée" doit réagir de manière stéréotypée à certains stimuli. La réaction de la personne à un stimulus est dans ce cas automatique, donc il ne s'agit ni d'un réflexe naturel ni d'une réaction consciente et volontaire. Pour arriver à ses fins, "le programmeur" que j'appellerai le bourreau a utilisé le fait que sa victime soit un jeune enfant, de préférence déjà dissocié (à la personnalité fractionnée) pour effectuer l'apprentissage en le torturant. La torture peut comprendre des abus physiques, sexuels, émotionnels et souvent on menace la victime qu'elle va mourir si elle n'est pas obéissante. Une fois qu'une victime a été programmée, il est possible de la contrôler avec les stimuli qu'on lui a "implantés" (ce sont les 'triggers' ou déclencheurs). Une personnalité alter qui a été programmée n'est généralement pas une identité complexe et pour cela on l'appelle aussi "programme". Généralement, cette personne a été programmée pour servir à certaines fins : se prostituer pour enrichir le maître, voler, faire de la contrebande de drogues, etc. À l'aide de la programmation le maître peut également s'assurer que la victime soit amnésique concernant les abus et la programmation, il peut également faire en sorte que la victime commette un suicide lorsqu'elle est sur le point de dénoncer ses bourreaux."* [462]

Jeannie Riseman, membre du groupe d'activistes américain *Survivorship*, décrit ainsi la programmation MK de haut niveau, c'est à dire employant des technologies sophistiquées : *"Ce à quoi nous nous référons lorsque nous parlons d'expérimentations sur le contrôle mental, c'est à une manipulation délibérée et habile des différentes parties de l'esprit d'une personne, celle-ci tombe alors sous le contrôle d'autrui. Les expérimentateurs, les programmeurs et les contrôleurs ont un but bien précis en tête et ils vont sélectionner les techniques qui vont leur permettre d'accomplir au mieux ce but. Ils sont familiers avec un certain nombre de techniques et lorsqu'ils ne sont pas satisfaits avec les résultats d'une d'entre elles, ils modifient et adaptent leurs méthodes. Ils savent parfaitement ce qu'ils font. La technologie qu'ils ont à leur disposition est bien plus complexe et sophistiquée que ce dont dispose habituellement les groupes qui pratiquent l'abus rituel. Ils utilisent du matériel qui est à la pointe de la technologie, un matériel qui peut coûter très cher. Cette technologie inclus les électrochocs, les implants, les équipements pour injecter de l'information dans certaines parties du cerveau, la technologie pour diviser les hémisphères cérébraux, etc."* [463]

C'est ce dont parle plus haut le Dr. Lowell Routley lorsqu'il écrit que les observations cliniques ont en outre indiqué que la sophistication des "programmations" a évolué en parallèle des découvertes scientifiques.

Comme nous l'avons vu dans le chapitre 2, la programmation Monarch est un lointain héritage des anciens cultes à Mystères et des rituels traumatiques entrainant de profonds états dissociatifs. Le MK-Monarch est l'aboutissement de plusieurs siècles d'efforts des diverses sectes lucifériennes pour accéder au contrôle total d'un être humain. Aujourd'hui ces techniques de programmation

---

[462] "Multiple Persönlichkeit, Überlebende extremer Gewalt, Ein Handbuch" - Michaela Huber, 1995.
[463] "Healing The Unimaginable : Treating Ritual Abuse and Mind Control" - Alison Miller, 2012, p.15.

mentale sont très sophistiquées et utilisent généralement du matériel électronique, notamment lié à l'utilisation des harmoniques (fréquences vibratoires). En effet, tout sur cette planète vibre à une certaine fréquence et cette multitude de fréquences peut être utilisée pour influencer le cerveau humain via les voies neuronales (voir le sujet de la psychotronique développé dans le chapitre 1). Dans le domaine de la recherche sur le MK, les harmoniques servent à activer tel ou tel réseau neuronal afin de compartimenter un souvenir donné. Dans les laboratoires qui développaient déjà ces techniques électroniques de contrôle mental dans les années 70 et 80, l'application d'harmoniques était appelée *"entraînement cérébral"*.[464] Ces harmoniques visent à pénétrer profondément le subconscient de l'esclave MK pour pouvoir contrôler par exemple sa respiration, son rythme cardiaque, etc. Cette technologie pouvant aisément remplacer la pilule de cyanure pour s'assurer que les espions et autres agents meurent avec leurs secrets…

Ce qui est présenté dans ce chapitre est basé sur des témoignages de survivants et de thérapeutes datant déjà de plusieurs années. L'évolution de toute technologie est exponentielle et les pratiques de MK le sont tout autant, nous en saurons peut-être davantage lorsque des documents seront déclassifiés, tout comme certains l'ont été concernant le MK-Ultra des années 50 et 60.

Le MK-Monarch regroupe plusieurs disciplines, dont voici les principales (les trois premières étant intimement liées) :
- La science de la torture et du traumatisme.
- La science des drogues.
- La science des états de conscience altérés (hypnotiques, dissociatifs, transes)
- La science du développement psychologique et comportemental de l'enfant.
- La science neurologique et psycho-traumatologique.
- La science psycho-électronique ou psychotronique.
- La science du mensonge et de la manipulation du langage (psychologie inversée).

Et sans doute la principale :
- La science paranormale, ou la manière d'employer des moyens spirituels et occultes pour contrôler quelqu'un. On citera également dans cette catégorie la démonologie.

Dans les hauts niveaux de la hiérarchie luciférienne, le résultat obtenu est des sujets aptes à travailler pour le "Réseau" en étant parfaitement intégrés dans des postes clés de la société. "Le Réseau" étant toutes les organisations appliquant une doctrine luciférienne et œuvrant plus ou moins ardemment à l'établissement d'un *Nouvel Ordre Mondial* (La "religion sans nom"). Ces méthodes de MK sont donc réservées à une certaine "élite", à des initiés. Le niveau de programmation des enfants dans ces familles transgénérationnelles ou groupes militaires et politiques va varier en fonction de plusieurs critères :
- La connaissance et la compréhension que le groupe (ou la famille) possède sur ce type de contrôle mental.

---

[464] *"Pour cause de Sécurité Nationale"* - Cathy O'Brien & Mark Phillips, 2015, p.404.

- Les capacités de l'enfant à se dissocier, son quotient intellectuel et son niveau de créativité.
- La région ou le pays dans lequel il grandit.
- Les ressources financières et l'équipement disponible pour les programmeurs.

La composante essentielle du contrôle mental Monarch est la création délibérée d'un T.D.I. avec un certain nombre d'identités, fragments de personnalités/âme, séparés par des murs amnésiques. Chaque personnalité alter est créée pour recevoir une formation particulière lui assignant un rôle spécifique à l'intérieur du culte ou à l'extérieur, dans la société. Plus complexes seront les abus rituels et le contrôle mental qu'aura subis l'enfant, plus complexe sera son T.D.I. et son monde intérieur. Globalement, il s'agit de mettre en place un système comprenant des personnalités alter dites *de surface* ou *de façade* qui vont pouvoir interagir avec le monde profane, c'est à dire dans la société civile, tandis que d'autres personnalités alter beaucoup plus profondes auront des rôles et des activités occultes uniquement liées avec la secte et son réseau.

Le 25 juin 1992, a eu lieu le quatrième congrès annuel de la région Est sur les abus rituels et les personnalités multiples à l'hôtel Radisson Plaza à Alexandrie en Virginie. Le Dr. Corydon Hammond y a tenu une conférence initialement intitulée : *"L'hypnose dans le trouble de la personnalité multiple"* et qui a été par la suite renommé *"L'Exposé Greenbaum"* en raison du contenu de la conférence qui fût totalement différent de ce qu'avait annoncé initialement le programme.[465]

Au grand étonnement du public, Corydon Hammond a décrit alors ce qu'il avait découvert chez certains de ses patients. Il a dévoilé publiquement l'existence de personnes victimes de contrôle mental et de programmation. Des personnes qui souffraient toutes d'un trouble dissociatif de l'identité. Il a entre autre révélé les différents niveaux de programmation : *Alpha, Beta, Theta, Delta, Oméga* et *Gamma* qui avaient émergé chez certains de ses patients. Il a ainsi décrit les caractéristiques de ces différents types de programmation :

- *Alpha* est la programmation de base, ce sont les premiers fractionnements de personnalité qui vont établir les fondations pour permettre le contrôle mental sur l'esclave, avec une dissociation des deux hémisphères cérébraux.
- *Bêta* est la programmation sexuelle visant à éliminer toute morale et stimulant les instincts sexuels primitifs.
- *Delta* et *Thêta* sont des programmations de tueurs, agents spéciaux, soldats d'élite pouvant avoir certaines facultés psychiques.
- *Oméga* est la programmation d'autodestruction, comprenant des tendances suicidaires et/ou d'automutilation s'activant lorsque la récupération des mémoires commence à être trop importante.
- *Gamma* serait la programmation de protection du système interne, c'est à dire une fonction destinée à tromper et à désinformer.

Fritz Springemeier cite également les programmations *Epsilon* (alter animal) et *Zeta* (alter liés à la production de snuff-films).

---

[465] *"The Greenbaum Speach"* ou *"Exposé Greenbaum"* - Conférence organisée avec l'aide du *Center for Abuse Recovery and Empowerment* (Centre pour le rétablissement et la réhabilitation des victimes de sévices), et du *Psychiatric Institute de Washington, D.C.*.

En 1997, Dans une interview avec Wayne Morris sur la radio de l'Université Polytechnique Ryerson de Toronto en Ontario (CKLN FM 88.1), la survivante Kathleen Sullivan a décrit les différents niveaux de programmation qu'elle a elle-même subis : *"Le programme Alpha était le programme de base. C'est ce qu'affirmait mon père. C'est le programme qui activait les ondes Alpha du cerveau. Il fallait commencer par celui-là avant de passer aux autres. Le programme Bêta, pour moi, s'appelait "Barbie". Un homme politique qui est lié de très près à ces programmes de MK m'a dit un jour que c'était Klaus Barbie qui était à l'origine de cette programmation, qui a plus tard été appelée "Bêta". C'était une programmation qui me transformait en véritable robot, notamment dans le domaine sexuel. J'étais l'esclave sexuelle d'un certain nombre de personnalités, depuis ma tendre enfance jusqu'à l'âge adulte. Dans cet état "Bêta", je ne pouvais plus résister, je n'avais même plus de réactions de colère. J'étais une esclave sexuelle absolument docile et je faisais tout ce que ces hommes me demandaient de faire. Je n'aurais jamais fait ces choses-là si j'avais été dans mon état conscient normal. Le programme Delta concernait surtout le domaine militaire. On me plongeait dans un état "Delta"quand j'étais sous les ordres des militaires. Par cette programmation, j'étais absolument loyale à mes supérieurs. Il y avait plusieurs sous-codes pour activer différentes parties du programme Delta, il y en avait trois : Delta 1, Delta 2 et Delta 3. Ils étaient activés par des nombres codés. Quand j'étais dans l'état mental Delta, s'ils prononçaient ces codes je pouvais tuer une personne présente dans la pièce. Je le faisais sans discuter car j'obéissais d'une manière absolue à la personne qui me contrôlait. Dans cet état, je ne pensais plus, je ne réfléchissais plus. Ce programme fait beaucoup appel à l'amnésie, ceci dans l'intérêt de ma survie. Je le savais, et j'y étais habituée. Le programme Thêta faisait surtout appel à des facultés paranormales. Je n'aime pas trop ce mot car il est associé à beaucoup de connotations négatives. Mais ils employaient mon énergie mentale pour faire un certain nombre de choses qui sont considérées comme paranormales... Certains films ou romans présentent ces scénarios... On nous avait appris que l'on pouvait avoir recours à ces techniques pour faire du mal aux gens. On nous remplissait d'une rage extrême et nous utilisions cette énergie très violente pour attaquer des gens par la pensée."*[466]

Le système interne des personnes qui ont subi des abus rituels et du contrôle mental est différent de celui des personnes avec un T.D.I. résultant de violences moins sévères et moins systématiques, n'ayant pas un but direct de programmation MK. Les victimes de ces organisations criminelles qui créent délibérément un T.D.I. pour effectuer une programmation complexe vont donc montrer certaines particularités identifiables dans leurs troubles dissociatifs. La thérapeute canadienne Alison Miller a noté[467] plusieurs de ces caractéristiques communes aux survivants de contrôle mental :

- Présence d'un monde intérieur complexe et de structures internes imbriquées les unes dans les autres dans lesquelles les personnalités dissociées (les fragments d'âme) sont emprisonnées.
- Utilisation de jeux et d'activités appropriées à l'âge de l'enfant pour faciliter la programmation.
- Les personnalités alter sont programmées pour avoir une fonction bien précise.

---

[466] *"Survivants des Illuminati"* (3) - A.204 : Interview de Kathleen Sullivan, traduction Parole de Vie.
[467] "Healing the Unimaginable : Treating Ritual Abuse and Mind Control" - Alison Miller, 2012, p.46.

- Présence d'une "décharge" pour les alter qui n'ont pas été exploitables, ils ne sont donc pas utilisés par les programmeurs mais ils restent présents dans le système.
- Présence d'une hiérarchie dans les alter.
- Affectation des alter à des couleurs particulières.
- Présence d'alter observateurs et rapporteurs qui connaissent tout ce qui est arrivé à la personne, tous ses faits et gestes et qui peuvent le rapporter aux maîtres ou programmeurs.
- Présence d'un système de sécurité incluant des punitions en cas de désobéissance.
- Présence d'alter ayant une fonction de gardien.
- Présence d'un système de classement pour les mémoires, spécialement pour les séances de programmation.
- Présence d'alter qui croient être des animaux, des démons ou des extra-terrestres.
- Blocage des alter à un certain âge afin qu'ils ne puissent pas discerner la réalité de la fantaisie.
- Création de copies internes des agresseurs (alter bourreaux, identiques aux agresseurs)
- Présence d'un calendrier interne avec des rôles à tenir lors de certaines dates.
- Présence d'alter ayant pour fonction d'envoyer certains sentiments ou certaines pulsions.
- Présence de "déclencheurs" placés délibérément pour provoquer certains comportements ou certains symptômes.
- Présence de "pièges" provoquant du désespoir ou déclenchant un comportement suicidaire lorsque les mémoires remontent et que les abus sont dénoncés.
- Utilisation de matériel technologique pour la programmation.

Les techniques de MK visent à briser la victime, à atteindre le *point de rupture* d'où découlent de profonds états dissociatifs. Il s'agit ensuite de manipuler ces états de conscience dissociés afin de programmer les fragments. Voici une liste de techniques barbares visant à créer les états dissociatifs nécessaires à la programmation. Ce sont des méthodes que l'on retrouve systématiquement dans les témoignages de survivants et les rapports de thérapeutes. Il s'agit de pratiques on ne peut plus violentes et traumatisantes car les pires traumas seront les plus efficaces pour la dissociation et le "déverrouillage" spirituel :

- Privation sensorielle, alimentaire et de sommeil, mais aussi saturation sensorielle (odeurs, sons, flashs lumineux).
- Confinement et emprisonnement dans des boîtes, des cages, des cercueils, etc.
- Modification comportementale systématique et utilisation de l'hypnose.
- Contention avec des cordes, des chaînes, des menottes.
- Pendaison dans des positions douloureuses ou la tête en bas.
- Suffocation, quasi-noyade.
- Expériences aux frontières de la mort.
- Rotation extrême sur pivot, "comme une toupie".
- Lumière aveuglante ou flashs lumineux.

- Chocs électriques.
- Viols et tortures sexuelles.
- Drogues (ingestion ou intraveineuse).
- Culpabilité, honte, humiliation et rabaissement.
- Menaces avec des armes à feu.
- Confinement avec des insectes, des araignées, des rats, des serpents, etc.
- Ingestion forcée de sang, d'excréments, d'urine ou de chair.
- Tortures et/ou viols forcés sur des animaux ou sur des humains (enfants, bébés).
- Double contrainte rendant une situation a priori insoluble.
- Profanation des croyances chrétiennes et engagement auprès de Satan.
- Utilisation de berceuses, contes de fées, livres, films et musiques pour la programmation.
- Théâtralité, supercheries, manipulations verbales, inversions, illusions et mensonges.
- Acteurs, accessoires, costumes et maquillages lors de rituels.

Fritz Springmeier explique que les sujets MK-Monarch sont créés pour différents objectifs, des objectifs hiérarchiques ou non-hiérarchiques. Certains sujets seront destinés à œuvrer à l'intérieur de puissants cercles de pouvoirs, sous une excellente couverture. Ce sont ceux qui font partie de la hiérarchie, les lignées de sang. Ils recevront généralement une programmation complexe et multi-fonctionnelle et serviront à aider à la programmation d'autres esclaves. Sur eux, les abus ne seront pas visibles physiquement, contrairement à ceux qui ne sont pas destinés à faire partie de l'élite tels les sujets sacrifiables comme les esclaves sexuels, les passeurs de drogues, les reproducteurs, etc. Les enfants MK-Monarch sacrifiables sont ceux qui ne descendent pas des lignées de sang élitistes, ils seront programmés pour certaines fonctions puis seront généralement *"jetés du train de la liberté"* (sacrifiés, assassinés, "suicidés") lorsqu'ils atteindront une trentaine d'années. Voilà pourquoi un *mannequin présidentiel* finira généralement par être sacrifié. Une grande distinction doit donc être faite entre les esclaves Monarch de la haute hiérarchie, l'Ordre Luciférien, et ceux qui n'en font pas partie. Comme nous l'avons vu, les lignées de sang sont extrêmement importantes dans ces groupes, pour qui le sang permet d'acquérir du pouvoir (à travers les rituels). Pour ces cultes, la puissance est stockée dans le sang donc le moyen le plus efficace de la transmettre est par la lignée transgénérationnelle.

L'enfant d'une lignée luciférienne est conçu selon certains rituels. Toutes les étapes que cet enfant va traverser pour sa programmation sont bien réfléchies et suivent un protocole détaillé, contrairement aux enfants dissociés provenant de foyers ou de familles incestueuses lambda qui ne subiront pas le même régime. Les sujets MK de la hiérarchie serviront à leur tour à programmer et à former d'autres enfants de l'élite, tandis que les esclaves de seconde zone seront délaissés à partir d'un certain âge. Les femmes et les hommes de la hiérarchie luciférienne continueront à travailler pour le groupe durant toute leur vie avec une mise à jour régulière de leur programmation.

La préparation d'une personne à la programmation concerne également son potentiel pour la possession démoniaque, un point qui est étroitement lié à son potentiel pour la dissociation. Les familles transgénérationnelles lucifériennes sont toutes vendues et liées à Satan, et leurs enfants lui appartiennent. Du fait des liens occultes transgénérationnels génétiquement gravés et du lien avec ces forces démoniaques, ces enfants sont des candidats de premier choix pour la programmation Monarch. Tandis qu'un enfant n'appartenant pas à la hiérarchie pourra être programmé pour devenir par exemple un joueur de baseball ou un passeur de drogues, les programmations les plus complexes menant l'enfant aux plus hautes positions seront attribuées aux sujets qui ont déjà un pouvoir démoniaque générationnel exceptionnel. En effet, les entités démoniaques liées à ces familles lucifériennes sont un critère majeur qui va certifier la réussite d'une programmation.

Une partie du processus MK-Monarch implique la participation à des rituels de sang afin d'invoquer les démons les plus puissants. Les rituels de l'*Enfant de Lune* (*Moon Child*) sont voués à lier le fœtus à des entités démoniaques. La création de ces *Moon Child* au sein du Projet Monarch implique donc de la haute magie noire et de puissants démons.[468]

Aleister Crowley est l'auteur du livre *"Moonchild"* qui fut publié pour la première fois en 1917. Les rituels devant être appliqués pour capturer une âme et créer un *Enfant de Lune* sont plus ou moins décrits dans trois de ses ouvrages. Le protocole magique débute bien avant la naissance de l'enfant élu, qui aura évidemment des parents biologiques d'une certaine lignée. Sa conception sera ritualisée d'une manière bien définie, il s'agit ni plus ni moins de consacrer un enfant aux démons par la magie sexuelle lors de sa conception. Les traumatismes pour fractionner l'enfant commenceront dans l'utérus, un fœtus peut-être violenté de différentes manières : électrochocs, coups d'aiguilles, traumatismes divers de la mère se répercutant sur l'enfant. Le but est de faire de lui un *Enfant Magique* qui servira d'hôte à une entité supérieure. L'*Enfant de Lune* serait donc une sorte d'avatar élevé selon la programmation Monarch pour mener son incarnation ici-bas en servant un plan d'ordre supérieur. Dans son livre *"Du sang sur l'autel"*, Craig Heimbichner affirme que dans une instruction secrète du neuvième degré de l'O.T.O. (Ordo Templi Orientis), il est mentionné la création d'un *"Enfant de Lune"* par la possession démoniaque d'un fœtus lors d'une copulation ritualisée... Voilà l'héritage de la tradition assyro-babylonienne, entretenue par des satanistes comme Aleister Crowley.

Le film *"Rosemary's Baby"*, réalisé par Roman Polanski en 1968, représente la naissance de cet *Enfant de Lune* démoniaque, dont la conception s'est faite lors d'un rituel spécifique. Ce film met en scène un obscur réseau sataniste dont les membres sont socialement insoupçonnables. Notons ici que la jeune chanteuse *Kerli*, dont le clip très populaire *"Walking On Air"* (Marcher sur l'air = flotter = dissociation) qui représente explicitement dans sa symbolique le processus de programmation Monarch, a nommé ses fans les *"Moonchild"* (Nous reviendrons sur cette jeune artiste dans le chapitre 9 sur l'industrie du divertissement).

L'enfance est au centre de toutes ces pratiques. Dans le livre de Alison Miller, *"Healing the Unimaginable"*, l'ex-sataniste Stella Katz décrit un type d'organisation hiérarchique composé de trois *Cercles* illustrant comment peuvent fonctionner les réseaux satanistes/lucifériens :

---

[468] The Illuminati Formula Used to Create an Undetectable Total Mind Controlled Slave - Fritz Springmeier & Cisco Wheeler, 1996, chap.1.

- Le 'Premier Cercle' du groupe dans lequel j'ai été élevée comprend les membres du groupe qui sont nés dans ce Premier Cercle ou dans l'échelon le plus élevé du Second Cercle. Les enfants nés dans ce Cercle sont formés depuis la naissance en subissant une programmation.

- Le 'Second Cercle' comprend les personnes qui ne sont pas nées dans le groupe mais qui y ont été introduites à un très jeune âge, généralement avant l'âge d'un an. Par exemple, l'enfant d'un membre du Troisième Cercle ou un enfant recruté par une baby-sitter ou un voisin. Ils reçoivent également une programmation mais qui ne commencera pas aussi tôt que dans le Premier Cercle.

- Le 'Troisième Cercle' comprend les personnes qui ont rejoint le groupe à l'adolescence ou à l'âge adulte. Si ces personnes ont des enfants ayant moins de deux ans, ou des enfants d'une brillante intelligence de moins de quatre ans, ceux-ci rejoindront alors le Second Cercle. Les enfants plus âgés resteront dans le Troisième Cercle. Ils serviront à "produire" des bébés, à la prostitution, ou encore à faire les "taupes" (infiltration, espionnage). Ils ne sont jamais autorisés à assister de près à un rituel, ils sont cloîtrés dans les derniers rangs, leurs corps vont former le cercle extérieur tout en tournant le dos à la cérémonie, ou alors ils seront placés plus loin pour la surveillance des lieux. Les personnes qui sont introduites dans un groupe à l'adolescence ou à l'âge adulte n'auront généralement pas de troubles dissociatifs de l'identité car après l'âge de neuf ans, vous ne pouvez plus fractionner un individu.[469]

Nous retrouvons là cette notion de hiérarchie élitiste décrite plus haut, qui préserve les lignées de sang dans le *Premier Cercle*, tandis que les enfants des niveaux inférieurs du réseau seront les esclaves MK de seconde zone (*Troisième Cercle*). Cet exemple d'organisation hiérarchique nous montre l'importance que représentent les enfants pour ces cultes qui ne peuvent perpétrer leurs pratiques hyper-violentes et meurtrières d'une génération à l'autre que par la corruption et la programmation d'une descendance. Le contrôle mental basé sur la dissociation est donc la fondation de cette "religion sans nom", une programmation systématique sans laquelle elle s'effondrerait probablement. De plus, si le *"déverrouillage spirituel"* des enfants s'arrêtait, le contact - puissance et "guidance" - avec les démons serait largement diminué.

Les sujets qui passent par ces protocoles systématiques de MK sont également soumis à des règles strictes qui constituent le ciment protecteur du réseau :

- La loi du silence : ne pas divulguer les activités du culte à l'extérieur du réseau.
- Être loyal envers ses agresseurs du passé et du présent.
- Obéir à tous les agresseurs du passé et du présent ainsi qu'aux alter chargés du système T.D.I.
- Ne pas établir de relations étroites avec des personnes extérieures au réseau.

---

[469] "Healing the Unimaginable : Treating Ritual Abuse and Mind Control" - Alison Miller, 2012, p.94.

- Maintenir une façade publique de normalité, ou de folie s'il y a eu bannissement du groupe.

La loyauté et la fidélité au groupe ainsi que la loi du silence sont donc les premières choses qui sont profondément gravées chez l'enfant. Mais toute sa programmation sera basée sur trois principes fondamentaux sans lesquels cette dernière ne pourrait pas se maintenir dans le temps, il s'agit de :

- La terreur.
- Le rejet de Dieu.
- Le lien (enchaînement) aux entités démoniaques.

Si la victime est paralysée psychologiquement et physiquement par la terreur, elle sera incapable de se tourner vers Dieu pour demander de l'aide. De plus, si elle est liée/enchaînée à des démons, alors la programmation se maintiendra efficacement dans le temps. La secte veut s'assurer que tout le potentiel d'émancipation et d'empathie avec lequel l'enfant est naturellement né sera totalement neutralisé, le but étant même d'anéantir ces potentiels positifs. La victime devra aussi se sentir totalement rejetée et ignorée par Dieu, c'est pour cette raison que le travail de sabotage spirituel commence dès le plus jeune âge. La programmation spirituelle est une part très importante du contrôle mental. Un individu traumatisé et fractionné, qui est forcément très instable et à la merci des doctrines lucifériennes/sataniques du programmeur, va subir ce qui peut s'apparenter à l'œuvre alchimique : *"Disolve - Coagula"* : dissoudre pour recomposer. Dans le cas du MK-Ultra ou du MK-Monarch, cela correspond au traumatisme entraînant une dissociation, un fractionnement (la dissolution, la *tabula rasa*), vient ensuite la recomposition (programmation avec une nouvelle identité et de nouvelles fonctions). La formule maçonnique *"ordo ab chao"* (l'ordre par le chaos) s'applique également pour le contrôle mental basé sur les traumatismes. En effet, le programmeur est le seul qui va pouvoir mettre de l'*ordre* (organisation et programmation du système interne) dans le *chaos* psychique qu'il a volontairement créé chez la victime (traumatismes successifs entraînant l'éclatement de la personnalité et des mémoires). L'esclave MK va donc avoir besoin du programmeur ou de son maître pour pouvoir à nouveau fonctionner, pour que l'ordre puisse revenir suite au chaos... Ces formules alchimiques sont neutres à la base, mais elles peuvent être utilisées pour asservir et contrôler l'humain, et elles le sont. Ces techniques sont d'autant plus efficaces chez un très jeune enfant dont le subconscient est encore une page blanche *en mode enregistrement*.

Dans les protocoles élaborés de MK visant à créer une future élite, les enfants sont profilés dès l'âge de 18 mois. C'est à dire que les programmeurs font une évaluation du caractère et de la personnalité de l'enfant afin de déterminer son potentiel. John Gittinger (qui a rejoint le projet MK-Ultra en 1950) est le concepteur du P.A.S. (*Personality Assessment System*), un système d'évaluation de la personnalité permettant d'évaluer le comportement futur d'un individu. Ce système permet de distinguer les différents types de personnes et donc de cerner le potentiel de l'enfant afin d'adapter sa programmation pour son rôle futur dans la société. Le P.A.S. est resté classé confidentiel bien qu'une partie du travail de Gittinger ait échappé au secret des agences de renseignement pour tomber dans le domaine public.[470] Les EEG (électro-encéphalogrammes) sont également utilisés en parallèle du P.A.S.. Ces techniques d'évaluations neurologiques et psychologiques fournissent donc aux programmeurs MK l'outil parfait pour évaluer le jeune enfant avant même qu'il n'acquiert des compétences linguistiques. Ainsi, ils peuvent affiner la programmation en fonction de chaque enfant. Celui-ci suivra donc le script qui a été établi pour lui dès ses premières années... Plus tard à l'adolescence et à l'âge adulte, il recevra tous les soutiens et l'argent nécessaire de la part du Réseau pour être injecté stratégiquement dans la société où il apparaîtra avec une personnalité de façade.[471] Le but étant de placer aux postes clés des individus "sûrs", les "maillons faibles" n'étant pas envisageables dans un tel système. La programmation MK permet d'optimiser le potentiel initial des individus et d'en faire les meilleurs dans différents domaines d'activités, de la politique jusqu'au sport de haut niveau en passant par les domaines scientifiques et artistiques.

L'enfant aura généralement le même programmeur durant plusieurs années. Il vivra alternativement avec sa famille et avec son programmeur, ses parents recevront des directives précises afin de maintenir et renforcer le travail en cours. Le témoignage de Cathy O'Brien montre comment son père recevait des informations concernant les techniques de contrôle mental afin de les mettre en application sur ses enfants : *"Peu de temps après cela, mon père s'envola en direction de Boston pour deux semaines de cours à Harvard sur la façon de m'élever en rapport avec cette branche du projet "Monarque" lié à "MK-Ultra". Quand il revint de Boston, mon père souriait et se montrait ravi de ses nouvelles connaissances sur ce qu'il appelait la "psychologie inversée". Cela s'assimile à des "inversions sataniques", et implique des jeux de mots tels que des calembours et autres phrases qui se gravaient dans mon esprit comme : "Tu gagnes de quoi être hébergée, et moi j'hébergerai ce que tu gagnes." À moi, il m'offrit une babiole, un bracelet commémoratif fait de petits chiens, et à ma mère la nouvelle qu'ils "auraient d'autres enfants" pour les élever dans le cadre du projet (j'ai aujourd'hui deux sœurs et quatre frères dont les âges vont de 16 à 37 ans et qui sont toujours soumis au contrôle de l'esprit). Ma mère suivit les suggestions de mon père, maîtrisant peu à peu l'art de manipuler le langage. Par exemple, lorsque je n'arrivais pas à fermer les boutons-pression de mon propre pyjama de haut en bas, en une infantile tentative d'en interdire l'accès à mon père, je demandais à ma mère : "Ferme-les-moi s'il te plaît." Elle s'exécutait en pressant ses index sur ma peau comme si c'était des aiguillons. La douleur que j'éprouvais alors était d'ordre psychologique, car cela me prouvait une fois de plus qu'elle n'avait aucune intention de me protéger des agressions sexuelles de mon père. Tout en se conformant aux instructions que lui avait fournies le gouvernement, mon père commença également à me faire travailler comme la Cendrillon du conte. Je vidais la cheminée de ses cendres, amenait les bûches pour le feu et les empilait, ratissait les feuilles mortes, pilait la glace et balayait – "parce que, disait mon père, tes petites mains sont vraiment faites pour le manche du râteau, la balayette, la pelle à cendre et le balai." À ce moment-là, son exploitation sexuelle de ma personne incluait de me prostituer à ses amis, à des mafieux et francs-maçons de la région,*

---

[470] An Introduction to the Personality Assessment System - John Winne et John Gittinger, Journal of Community Psychology Monograph Supplement No.38. Rutland, Vermont : Clinical Psychology Publishing Co., Inc. 1973. "The CIA Won't Go Public" - Rolling Stone magazine, 18/07/74.
[471] The Illuminati Formula Used to Create an Undetectable Total Mind Controlled Slave - Fritz Springmeier & Cisco Wheeler, 1996.

des gens de la famille, des satanistes, des inconnus et des agents de police. Quand on ne me faisait pas travailler jusqu'à en être exténuée, ne me filmait pas sur un mode pornographique, ne me prostituait ou ne m'embarquait pas dans des rapports incestueux, je me dissociais de moi-même dans les livres. J'avais appris à lire à l'âge précoce de quatre ans du fait de ma mémoire photographique, une conséquence naturelle de mon T.D.I."[472]

L'état déjà lourdement dissocié de l'enfant était la porte ouverte pour enclencher un processus de programmation Monarch. Earl O'Brien a vendu sa fille à une élite sans foi ni loi qui couvrait en échange ses activités illégales de pédo-pornographie.

Une grande partie des médecins qui pratiquent la programmation MK sont aussi actifs dans les sectes, s'ils ne participent pas aux rituels ils sont au moins au courant de ces activités occultes et utilisent les alter créés par les traumatismes dans diverses programmations. C'est une des raisons pour laquelle les enfants qui naissent dans des milieux incestueux, lucifériens/sataniques sont des proies idéales pour les projets gouvernementaux de MK. Il faut également bien comprendre qu'un programmeur est lui-même dans un état dissocié lorsqu'il violente et qu'il fractionne l'enfant pour le programmer. C'est généralement une de ses personnalités alter totalement dépourvue d'empathie qui est au contrôle lors de ces séances. La plupart des programmeurs actuels souffrent donc eux-mêmes d'une personnalité fractionnée. Selon Fritz Springmeier, nous sommes actuellement à la deuxième ou à la troisième génération d'esclaves MK-Monarch, qui sont parfois eux-mêmes devenus des programmeurs. Selon lui, ce sont des humains programmés qui font actuellement la plus grande part du travail en matière de contrôle mental basé sur les traumas.

3 - ROMPRE LE CŒUR ET RECÂBLER LE CERVEAU

a/ le cœur

L'enfant naîtra de préférence prématurément. Selon Fritz Springmeier, une naissance prématurée est importante car les soins déployés pour un tel bébé sont "naturellement" traumatisants : cathéter dans la vessie, intraveineuses, masque à oxygène, etc.

Le Réseau s'assurera que la première chose que voit l'enfant à sa naissance soit l'un des individus qui le programmera. Au cours des mois suivants, le programmeur parlera régulièrement au bébé d'une manière très douce, aimante et hypnotique afin que ce dernier se lie naturellement à son futur *dresseur*. Un nourrisson est dans un état de totale dépendance vis à vis de ses parents ou d'un tuteur et c'est en grandissant qu'il devra acquérir progressivement de l'autonomie et de l'indépendance. Mais sur le plan relationnel, il restera longtemps très dépendant de la protection et de la bienveillance de ses parents ou tuteurs. Cela

---

[472] *'L'Amérique en pleine Transe-formation"* - Cathy O'Brien & Mark Phillips, 2013, p.129.

nécessite évidemment une bonne disponibilité de ceux-ci pour offrir à l'enfant une présence encourageante, aimante et rassurante.

Lorsque les parents ou les tuteurs se montrent hostiles voir même sadiques et violents, l'enfant se retrouve alors face à un dilemme pour lequel il n'a pas de solution ; car quoiqu'il arrive il est obligé de faire confiance et de s'en remettre totalement à ses parents, même s'il ressent une forte négativité émanant d'eux. Il n'a pas le choix et face à cette mission impossible, l'enfant en bas âge va perdre beaucoup d'énergie psychique, il va se scinder dans une *"double pensée"*, une prémisse de la dissociation. L'enfant ne peut pas fuir à l'extérieur, donc il va fuir à l'intérieur de lui-même par un détachement, une passivité, une "absence".[473]

Dans le protocole de programmation Monarch décrit par Fritz Springmeier, l'enfant sera inondé d'amour (le *"Love bombing"*, technique sectaire classique) pendant les premiers mois de sa vie en préparation du retrait brutal de soins et de tendresse à partir d'environ 1 an et demi. Selon Stella Katz, d'autres protocoles de MK n'attendent pas que l'enfant ait 18 mois pour fractionner sa personnalité et la programmation Alpha (les premiers fractionnements de base) se fait entre l'âge de 6 et 10 mois, le processus dissociatif pouvant même commencer sur un fœtus.

Cette première étape décrite par Springmeier consiste donc à priver brutalement l'enfant de tout ce qui est tendre et agréable en ce monde. Par les traumatismes et la saturation sensorielle, il va profondément se dissocier de la dure réalité : mise en cage, chocs électriques, nudité, privations alimentaires, contacts et consommation forcée d'excréments… C'est alors que le *secours* arrive : le programmeur qui jouait jusque-là un rôle de *"papa poule"* entre en scène pour faire subir à l'enfant son côté le plus sadique et le plus violent… L'individu qui l'a aimé et couvé pendant 18 mois ne fait pas seulement que le rejeter mais il le fait même volontairement souffrir. Cette situation extrême et inextricable créé chez l'enfant un fractionnement venant s'ajouter au traumatisme de la naissance prématurée.

Durant les premiers mois, une fusion d'*amour* entre l'enfant et le programmeur doit nécessairement s'établir afin de créer une fracture nette lors du premier grand traumatisme imposé à l'enfant. Une fracturation *"nette"* de l'enfant se produit lorsque celui-ci est confronté à la dualité extrême d'une personne comptant beaucoup pour lui. L'enfant ne peut pas réconcilier les deux aspects totalement opposés du même individu, l'un étant un être aimant et protecteur, et l'autre le pire des bourreaux. La personne en qui l'enfant avait le plus confiance devient celle que l'enfant va craindre le plus. Springmeier nomme cette violence initiale qui est le premier grand fractionnement de jeune enfant : *"Rompre le Cœur"*.

Paradoxalement, suite à cette violente rupture va s'installer un attachement malsain entre la victime et son bourreau. L'ambiguïté entre amour et haine ainsi que le mélange entre plaisir et souffrance seront cultivés et entretenus en permanence chez l'enfant dissocié. Le syndrome de Stockholm est une réalité et ces réseaux qui pratiquent l'abus rituel et le contrôle mental l'exploitent délibérément : les victimes s'attachent à leurs bourreaux.

---

[473] "Trauma et mémoire : Quand la douleur infiltre la corps et l'âme" - Dr Ansgar Rougemont-Bücking.

Dans son livre "Dialogues with Forgotten Voices : Relational Perspectives on Child Abuse Trauma and the Treatment of Severe Dissociative Disorders" (Dialogues avec les voix oubliées : les relations entre les traumatismes des enfants liés aux abus et le traitement des troubles dissociatifs graves), Harvey Schwartz explique que l'absence choquante de toute colère contre les agresseurs est ancrée et va rester intacte. Comme si cette immersion prolongée dans l'abus sadique et les traumatismes extrêmes avait presque entièrement inversé le système d'auto-protection de la victime.

Judith Herman décrit un processus qu'elle nomme *"traumatic bonding"* (l'attachement traumatique) entre la victime et le bourreau. Dans son livre intitulé *"Trauma and Recovery"*, elle décrit ainsi ce processus : *"Il s'agit du lien traumatique qui se produit avec les otages ou avec les victimes d'abus, qui voient leurs ravisseurs comme des sauveurs... La répétition de la terreur et des menaces, en particulier dans un contexte d'isolement, peut entraîner un intense sentiment de dépendance, presque d'adoration d'une certaine autorité toute-puissante quasi divine. Certaines victimes ont rapporté qu'elles entraient dans une sorte de monde exclusif, presque délirant, embrassant totalement le système de croyance grandiloquent du bourreau et supprimant volontairement leur propre esprit critique, cela comme une preuve de loyauté et de soumission. De tels comportements sont régulièrement rapportés par des gens qui ont été soumis à des cultes religieux totalitaires."*[474]

Ce phénomène de syndrome de Stockholm se retrouve fréquemment chez les otages. Brian Keenan a été retenu prisonnier pendant une année à Beyrouth, au Liban. Dans son autobiographie *"An Evil Cradling"* (Un bercement malsain), il décrit comment il s'est attaché à son emprisonnement : *"Mes journées se passèrent dans un lent et doux délire, tout comme ce confort et cette sécurité que l'enfant doit ressentir lorsque sa mère lui chante une berceuse. Dans ma cellule, je regardais sauvagement un insecte mort pendu dans son cocon et je ressentais alors un étrange contentement. Je ne ressentais aucune envie de quitter cet endroit. Je me suis même surpris à avoir un début de panique montant en moi à l'idée de partir d'ici, je ne voulais pas partir. J'ai alors commencé à redouter ma liberté si celle-ci devait arriver."*[475]

Le processus d'attachement à une situation d'emprisonnement ou d'asservissement se retrouve également dans les cultes sataniques/lucifériens pratiquant le MK. La victime grandit dans un environnement où il lui semble impossible de s'échapper, où il lui semble impossible de casser l'attachement psychologique ambigu la liant à ses bourreaux, ces derniers renforçant volontairement ce syndrome de Stockholm. Les chaînes de la programmation vont tisser méticuleusement une sorte de cocon... le berceau du papillon esclave Monarch.

Ce processus d'attachement est renforcé lorsque l'individu se sent en danger et qu'il a grandement besoin d'aide. C'est pourquoi les abus rituels mettent parfois en scène une situation où la victime (généralement un enfant) croit réellement qu'elle va mourir, ou comme nous l'avons vu, vont même jusqu'à provoquer une *N.D.E.*. Ces techniques vont créer un fort attachement psychologique entre le *"sauveur"* et la victime totalement terrorisée et dissociée. C'est la mise en application de la méthode du *"pompier-pyromane"*, qui consiste à

---

[474] "Trauma and Recovering : The Aftermath of Violence, from Domestic Abuse to Political Terror" - Judith Lewis Herman, 1997, p.92.
[475] *"An Evil Cradling"* - Brian Keenan, 1993, p.73.

créer volontairement un désordre pour apporter de "l'ordre"... Toujours les mêmes manipulations sataniques, que ce soit à l'échelle individuelle ou globale.

Le programmeur travaille donc sur l'attachement entre victime et bourreau, sur l'addiction au trauma, ce que le psychanalyste allemand Karl Abraham a nommé la *"traumatophilie"* (probablement liée à la neurochimie), mais aussi sur le mélange des notions de plaisir et de douleur, ceci afin de manipuler les victimes et leurs personnalités alter. Ce phénomène "d'attachement traumatique" ou syndrome de Stockholm est un point important dans une programmation MK car le programmeur devient le seul qui puisse mettre de l'ordre dans le chaos intérieur qu'il a provoqué chez l'esclave qui s'en remet fatalement à lui.

Voici le témoignage d'une victime de contrôle mental ayant été programmée par le Dr. Joseph Mengele à Kansas City au début des années soixante. Ce témoignage est rapporté par Carol Rutz dans son livre *"A Nation Betrayed"* (Une nation trahie) : *"En programmation basique (Alpha), c'est à dire les traumas visant à multiplier le nombre d'alter qui seront ensuite programmés et utilisés pour des fonctions spécifiques dans la structure interne; j'ai une mémoire de Mengele créant un lien traumatique spécifique. Il a brisé l'alter avec d'un côté une fraction qui se souvenait de lui avec énormément d'affection (mais incluant beaucoup d'abus sexuels), tandis que l'autre fraction était totalement terrorisée par sa cruauté. Avec le premier fractionnement de l'alter, il programmait la croyance qu'il était à l'intérieur de celui-ci et qu'il le nourrissait et l'enseignait tellement bien que cette fraction de personnalité s'y attachait et ne voulait plus s'en séparer. Puis plus tard, il l'a brusquement rejeté, lui faisant sentir qu'elle n'avait plus aucune valeur et il l'a abandonné."*[476]

Rutz rapporte également le témoignage d'une femme survivante, programmée à plusieurs reprises par le Dr. Joseph Mengele en Floride en 1954 et dans le Tennessee en 1955 et 1956 :

"Comme il avait vieilli et était devenu grisonnant, il (Mengele) se faisait appeler "grand-père". Il a utilisé le film "Heidi" avec moi et il a pris le rôle du grand-père de Heidi. Je pense que la partie insidieuse de son travail sur moi était "l'amour". Il m'aimait et il me torturait. Il devait avoir également formé mon père parce que celui-ci faisait exactement la même chose. L'une des phrases favorites de Mengele était "La douleur est un plaisir et le plaisir est une douleur ma chère. Je suis ici pour vous rendre très heureuse. Vous m'aimerez pour toujours !"[477]

La plupart des survivants de contrôle mental rapportent que les programmeurs induisent ce lien d'attachement malsain avec leurs petites victimes dès les premières années de leur vie. Carol Rutz se souvient que son programmeur, Sydney Gottlieb, répétait à un de ses nouveaux alter : *"Je suis ta maman et ton papa, tu n'aimes que moi et je suis le seul à t'aimer. Je te nourris et je te porte, tu n'appartiens qu'à moi."... Notre "partie bébé" (alter) grandissait pour dépendre de "Papa Sid" et pour l'aimer car il était sa seule source d'amour et d'alimentation. Depuis lors, un profond lien s'était établi... Peu importe les expériences qu'il faisait sur moi, je l'aimais et je restais fidèle à*

---

[476] "A Nation Betrayed : The Chilling True Story of Secret Cold War Experiments Performed on Our Children and Other Innocent People" - Carol Rutz, 2001.
[477] Ibid.

l'homme que mon alter bébé considérait comme son unique fournisseur des choses les plus élémentaires à la vie : l'amour et la nourriture.'[478]

b/ Le cerveau

Le biologiste américain Bruce Harold Lipton a découvert que les enfants construisent les fondations de leur subconscient entre la naissance et l'âge de 6 ans. Durant cette période, nous pouvons dire que le cerveau de l'enfant est en *mode enregistrement*. Le subconscient façonné durant ces premières années sera la fondation de la psychologie du futur adulte. Bruce Lipton affirme que tous les enfants jusqu'à l'âge de 2 ans ont des ondes cérébrales en fréquence *delta*, une fréquence d'ondes ultra lentes. Puis de 2 ans jusqu'à 6 ans, les enfants sont la plupart du temps dans un état d'ondes *theta*. Ces faibles fréquences cérébrales *delta* et *theta* vont faire que l'enfant est dans un état particulièrement programmable, un état nommé "transe hypnagogique". Il s'agit du même état cérébral que les hypno-thérapeutes utilisent pour induire des nouveaux comportements dans le subconscient de leurs patients. En d'autres termes, pendant ses six premières années, l'enfant passe sa vie dans une sorte d'état de *transe hypnotique* permanente. Voilà pourquoi à cet âge-là ils sont capables d'emmagasiner de grandes quantités d'informations... et qu'ils n'arrêtent pas de poser des questions. Par contre, l'enfant est incapable de différencier de manière critique la multitude d'informations qu'il reçoit par ses cinq sens, il va tout enregistrer comme un disque dur vierge, intégrant toute chose comme une vérité. C'est cette construction du subconscient, en quelque sorte la programmation de l'ordinateur, qui conduira la vie future de l'enfant. Chaque enfant est donc *programmé* par la manière dont il est élevé et par ses expériences de vie. C'est une ardoise blanche, un disque dur vierge, un morceau d'argile sur un tour de potier, la question étant de savoir quelle sera la nature du "sculpteur"...

Même sans états dissociatifs, il est très facile de programmer et d'endoctriner un enfant avant l'âge de 6 ans. Comme nous l'avons vu, les enfants provenant des cultes lucifériens sont systématiquement programmés en premier lieu pour rester fidèles et loyaux au groupe. C'est la première chose qui leur est profondément inculquée, une base pour pouvoir mener à bien des projets sur du long terme avec des individus sûrs et loyaux.

Durant les années 90, les neurobiologistes ont commencé à comprendre que le cerveau de l'enfant contenait un nombre gigantesque de connexions non définies entre les neurones, en attente de se mettre en place selon les expériences de vie. Ces neurones se lient entre eux par des synapses (ou connexions neuronales) qui vont donc se développer en réponse au vécu de l'enfant et à ses besoins. Pendant le développement et l'apprentissage de l'enfant, ces connexions vont s'affiner et se préciser sous l'effet des données entrantes. Les expériences durant la petite enfance ont donc un impact crucial sur la manière dont le cerveau va organiser ses fondations. Les vécus traumatiques durant les premières années

---

[478] Ibid.

de la vie auront évidemment une répercussion majeure sur les structures basiques les plus profondes du cerveau.

Face à un traumatisme, le cerveau doit répondre à ce stress d'une certaine manière, tout d'abord par une modification chimique avec la libération de certaines hormones, mais aussi par la modification ou la création de connexions neuronales. Les stimulations ordinaires de la vie vont enrichir d'une certaine manière les réseaux neuronaux, en revanche, la forte surcharge que représentent les traumatismes précoces va également avoir un impact majeur sur les synapses. Les gènes contiennent l'information pour l'organisation générale de la structure du cerveau mais ce sont les expériences de la vie qui déterminent quels gènes seront actifs, comment et quand. L'expression de ces gènes est liée à la production de protéines qui vont permettre la croissance neuronale et la formation de nouveaux synapses. C'est donc le vécu de l'enfant, autant positif que négatif, qui va agir directement sur l'activation de voies synaptiques spécifiques et qui va globalement façonner le substrat neuronal de son cerveau. Le Dr. Daniel Siegel nomme cela la "neurobiologie communicative", qui est la façon dont le développement du cerveau humain se fait en fonction des expériences de vie de l'enfant. Des études récentes en neurosciences ont montré que le cerveau modifie et adapte les synapses en permanence tout au long de la vie, en fonction de l'environnement et des expériences de l'adulte, mais il est clair que ce processus d'adaptation neuronale est particulièrement actif lors de la phase de croissance du cerveau.[479]

Dans un article intitulé "Retraining the Brain : Harnessing our Neuralplasticity", la psychothérapeute Janina Fisher écrit : "Depuis la révolution des neurosciences au début des années 1970 (avec les avancées radicales dans la technologie des scanners qui ont permis d'étudier le fonctionnement du cerveau en temps réel) nous savons aujourd'hui que toutes les zones du cerveau sont "plastiques". Elles sont capables de se réorganiser, de faire croître de nouvelles cellules et de nouveaux réseaux neuronaux tout en rendant d'autres zones obsolètes, ceci en réponse aux expériences de vie. Le psychiatre et chercheur Norman Doidge, l'auteur de "The Brain That Changes Itself" (le cerveau qui se transforme lui-même), appelle cette neuroplasticité : le "paradoxe plastique".

Un enfant subissant des traumatismes répétitifs et extrêmes durant la petite enfance (provoquant la dissociation et la modification chimique de son cerveau) va donc développer un réseau neuronal avec des connexions particulières qu'il ne développerait pas en temps normal. Il va donc utiliser des parties de son cerveau qui ne sont habituellement pas utilisées afin de faire face à des expériences de vie extrêmes. Le dérèglement chimique du cerveau traumatisé va également entraîner une addiction dissociative qui participera à l'asservissement de l'esclave Monarch. Tout ce travail de construction neuronale s'effectuant principalement durant la petite enfance, les traumatismes précoces vont influencer à la fois le quotient intellectuel tout comme la créativité de l'enfant : l'hyperactivité, l'hypersensibilité, l'hypervigilance, l'hypermnésie, tout cela débouchant potentiellement sur les perceptions extrasensorielles et les facultés paranormales. Dans un processus de MK, un programme d'entraînement et de stimulation va travailler à renforcer certaines zones du cerveau habituellement non actives. L'enfant traumatisé se

---

[479] "The developing mind : toward a neurobiology of interpersonal experience" - Daniel Siegel, UCLA School of Medecine, 1999.

fractionnera en plusieurs personnalités alter dont les facultés physiques, intellectuelles et psychiques pourront donc être cultivées et exploitées lors de leur programmation. La dissociation sévère résultant de traumatismes extrêmes chez un jeune cerveau en construction entraîne donc une profonde modification des synapses et va développer les trois critères principaux du contrôle mental de type Monarch :

- Une personnalité multiple avec des murs amnésiques.
- Des capacités physiques, intellectuelles et psychiques hors normes.

- Un "déverrouillage spirituel" provoquant l'ouverture d'une brèche vers d'autres dimensions et une connexion avec certaines entités. Ce *déchirement de l'âme* donne accès au vaste monde intérieur de la victime dont nous avons parlé dans le chapitre précédent, une dimension où se trouvent les fragments d'âme dissociés, dimension qui sera aménagée et structurée par le programmeur comme nous allons le voir plus loin.

La génétique de l'enfant a une grande importance car elle contient son potentiel d'intelligence et de créativité, mais elle contient aussi le potentiel pour la dissociation et les facultés extrasensorielles. La programmation va travailler pour renforcer telle ou telle capacité en fonction du rôle futur qui sera déterminé et attribué à l'enfant. Un esprit faible peut difficilement être programmé avec ces méthodes extrêmes basées sur les traumas. Les individus qui passent par ce genre de programmation basée sur le T.D.I. sont formatés pour dépasser les 10% habituels de nos capacités cérébrales.

Une bonne intelligence et une forte créativité du sujet est quelque chose d'extrêmement important pour un programmeur. Dans la programmation MK, la stimulation de l'hémisphère droit (analogique et intuitif) ou gauche (logique et analytique) du cerveau va servir à faire fonctionner les deux côtés du cerveau indépendamment l'un de l'autre. Ces techniques visent à développer et renforcer telle ou telle aptitude, mais aussi à bloquer certaines fonctions pour en favoriser d'autres. Le neuro-scientifique Roger Wolcott Sperry a démontré que les hémisphères cérébraux séparés (par callosotomie, *"split-brain"*) pouvaient fonctionner de façon indépendante et aboutir à des raisonnements distincts à partir des informations auxquelles chacun de ces hémisphères avait accès. Sperry a même émis une hypothèse très débattue selon laquelle il y aurait des personnalités ou des formes de consciences distinctes au sein de chaque hémisphère. Tout comme il y a un fractionnement de la personnalité lors du processus Monarch, il y a également un travail effectué sur le fractionnement du cerveau au niveau des deux hémisphères afin de les désolidariser, faire en sorte qu'ils puissent fonctionner indépendamment l'un de l'autre.

Une personnalité alter peut-être par exemple programmée pour fonctionner avec l'hémisphère gauche tandis qu'une autre fonctionnera avec l'hémisphère droit. Le côté gauche et le côté droit du corps, liés aux hémisphères cérébraux opposés - le phénomène de controlatéralité - peuvent contenir d'un côté (gauche) les alter liés aux activités occultes et de l'autre côté (droit) les alter de la vie quotidienne et publique. Ce travail de séparation des hémisphères cérébraux va aussi permettre d'intégrer des programmes ou des mémoires qui n'affecteront qu'une moitié du corps de la victime (voir le témoignage de l'australienne Kristin Constance dans la seconde partie de ce chapitre, elle décrit clairement des techniques de programmation visant à désolidariser les parties gauches et droites du corps et donc du cerveau). Le processus consiste à déconnecter, ou débrancher, un des hémisphères pour pouvoir travailler pleinement avec l'autre et ainsi pouvoir les alimenter avec des informations différentes. Les techniques pour stimuler tel ou tel hémisphère peuvent consister à envoyer par exemple des messages clairs et audibles dans l'oreille droite tandis que l'oreille gauche sera saturée par un bruit confus. Ou encore de diffuser certaines images ou certains films à un œil tandis que l'autre œil recevra des visuels totalement différents. Une partie du cerveau peut visionner un film d'horreur sanglant tandis que l'autre visionnera des scènes familiales joyeuses. Cela crée évidemment un fractionnement du cerveau et les deux hémisphères vont alors travailler différemment, l'un essayant de se dissocier de la scène d'horreur, tandis que l'autre expérimentera quelque chose de totalement différent. Une personnalité alter de façade, de la vie quotidienne, visionnera les scènes joyeuses par l'hémisphère gauche, par l'œil droit, en pensant vivre dans un monde parfait, tandis que les alter sataniques liés à l'hémisphère droit, visionneront les scènes d'horreur par l'œil gauche. Ces méthodes de programmation peuvent sembler grotesques et relever d'un mauvais film de science-fiction, mais la réalité dépasse la fiction... D'autant plus avec la technologie actuelle.

Pour créer des alter hyper-intuitifs et capables d'accéder à d'autres dimensions de l'être, il est nécessaire de bloquer l'hémisphère de la logique, c'est à dire le côté gauche du cerveau. Lorsque cet hémisphère est "éteint", ou mis en veilleuse, alors l'hémisphère droit (qui contrôle le côté gauche du corps) peut fonctionner pleinement sans être en *"compétition"* avec l'autre hémisphère. Lorsque cet hémisphère droit fonctionne à plein régime, le côté intuitif, subjectif et spontané fonctionne alors également à plein régime... Le sujet Monarch doit ainsi pouvoir développer à 100% ses facultés intuitives pour accéder à certaines dimensions. Les personnalités alter les plus profondes (liées à l'occultisme le plus noir) auront cette programmation particulière du cerveau droit afin de renforcer au maximum cette hyper-intuitivité créant des facultés extrasensorielles. Cette maîtrise des deux hémisphères cérébraux ainsi que le plein accès aux fonctions du cerveau droit font partie des objectifs à atteindre dans l'occultisme, le cerveau droit permettant d'accéder à l'intemporalité, aux autres espaces-temps. Le journaliste Pierre Manoury écrit à propos du cerveau droit : *"Cet hémisphère droit est trop "magique", ses vérités même quand elles sont évidentes sont rejetées comme appartenant au domaine de l'irrationnel. Le cerveau droit est capable de faire des "ponts", d'envisager des solutions totalement nouvelles, de recevoir et d'intégrer des sentiments, des impressions issues de l'inconscient collectif, de percevoir des influx non recevables ordinairement par les cinq sens. C'est une source d'inspiration. C'est lui qu'il convient de réveiller pour en faire l'apprentissage pour acquérir la conscience magique."*[480]

Par opposition, un alter travaillant avec le cerveau gauche aura de grandes facultés pour les langues, le calcul, les mathématiques, la pensée rationnelle et analytique. Ce sont des capacités indispensables pour former des scientifiques ou des génies de l'informatique qui travailleront pour le Réseau. Cathy O'Brien, dont presque toute la fratrie a été soumise au programme de contrôle mental Monarch, rapporte que son frère Tom O'Brien a été formaté pour être un *"Compu-Kid"*

---

[480] "Cours de haute magie de sorcellerie pratique et de voyance", Vol.2 - Pierre Manoury, 1989, chap.1.

(littéralement un *Gosse-Ordi*). C'est à dire un génie informatique ayant subi une programmation MK. Dans les protocoles consistant à créer des super-esclaves, la manipulation du tronc cérébral est utilisée pour créer des enfants prodiges qui pourront travailler notamment sur des programmes informatiques surpuissants. Selon Fritz Sprinmeier, cela consiste en une chirurgie sur le tronc cérébral afin que le cerveau face une surcompensation au niveau de la cicatrice, entraînant certaines facultés comme une mémoire photographique exceptionnelle. Le travail de programmation mentale avec la torture, la drogue, l'hypnose et le T.D.I. améliore la capacité de stockage de la mémoire chez les victimes (mémoires conscientes ou inconscientes).

"Les chercheurs fédéraux impliqués dans le projet "Monarque" lié à "MK-Ultra" connaissaient bien entendu cet aspect de mémoire photographique du T.D.I., de même que les autres caractéristiques "surhumaines" qui en résultaient. L'acuité visuelle liée au T.D.I. est 44 fois supérieure à celle de la moyenne des individus. Mon acquisition d'un seuil de tolérance à la douleur anormalement élevé, ajouté au compartimentage de ma mémoire, étaient "nécessaires" pour les applications liées aux activités militaires et autres opérations secrètes. Ma sexualité avait en outre été déformée dès l'enfance. L'attrait et l'utilité d'une telle programmation (ndlr : mannequin présidentiel) s'adressaient à des politiciens pervers qui pensaient pouvoir dissimuler leurs actes dans les profondeurs de ma mémoire compartimentée, à laquelle les cliniciens se réfèrent comme autant de personnalités." - Cathy O'Brien, "L'Amérique en pleine Transe-formation", p.130

Tout comme la dissociation, la créativité de l'enfant est un point important pour la réussite d'une programmation MK-Monarch. C'est pour cette raison que le programmeur va la stimuler au maximum. L'enfant est naturellement créatif et il se construit très facilement un monde imaginaire. Son programmeur pourra lui raconter des histoires, des scripts ou scénarios de programmation d'une manière très imagée et très vivante de sorte que cela s'imprègne profondément dans l'esprit de l'enfant : le but étant que celui-ci puisse "toucher", "goûter" et "sentir" véritablement le scénario mis en scène dans son esprit. La terreur et la drogue améliorent la focalisation de la petite victime pour qu'elle puisse intégrer au mieux et au plus profond d'elle-même un monde imaginaire et fantastique. Comme nous l'avons vu dans le chapitre précédent, la créativité est renforcée au niveau neurologique par les traumatismes de la petite enfance ; si tout a été en ordre et en harmonie dans la vie d'une personne, son énergie réellement créative ne fonctionnera pas ou que très peu.

Pour que la créativité soit optimisée, elle doit être canalisée. Selon Fritz Springmeier, le programmeur va donc guider attentivement la créativité de l'enfant et en définir les limites, l'étincelle de créativité se produisant lorsqu'il y a une alternance entre concentration (focalisation) intense et détente (relâchement). Le programmeur va donc travailler à la fois le côté souffrance avec les tortures (focalisation) et le côté bonté avec une attention sécurisante et bienveillante (relâchement). Une transe légère permettra aux idées créatives de faire surface, un processus que les artistes connaissent bien. Dans le cadre de la programmation Monarch, la créativité tout comme la dissociation doit être enseignée et encouragée car si l'enfant ne développe pas ces capacités, il peut finir par perdre la raison et finalement la vie. La richesse de sa créativité va alimenter son monde imaginaire qui joue le rôle d'une bouée de sauvetage tout comme la dissociation est un disjoncteur de secours. Dissociation et créativité travaillent ensemble pour préserver d'une certaine manière la vie de l'enfant face aux horreurs traumatiques.[481]

La programmation Monarch travaille également avec ce que l'on appelle le *Biofeedback*, ou la rétroaction biologique. La pression sanguine, la fréquence du pouls, le rythme cardiaque, la température du corps ou d'une partie du corps, etc, peuvent être contrôlés consciemment et volontairement par le cerveau. Ce sont des capacités psychophysiologiques que les yogis indiens maîtrisent depuis des siècles. Le contrôle de la pression sanguine, entre autre, ainsi que la capacité d'atteindre de profonds états de transes d'une manière contrôlée, sont des facultés qui sont programmées chez un sujet MK. Selon Fritz Springmeier, dans le cadre d'une programmation Monarch, il s'agit de contrôler le corps physique de la victime afin de renforcer ce phénomène de "poupée" totalement soumise et contrôlée par un maître extérieur. Si un programmeur a le pouvoir, par un déclencheur hypnotique, de modifier par exemple le rythme cardiaque, la pression sanguine ou la température du corps du sujet, celui-ci se sentira ni plus ni moins comme une poupée ou un jouet dont on active telle ou telle fonction biologique à volonté. Le corps, autant que l'esprit de l'esclave est la propriété du maître et l'esclave n'est pas autorisé à contrôler son propre corps, ce sont les personnalités alter qui sont soumises à ces rétroactions biologiques provoquées par des déclencheurs extérieurs.[482]

4 - LA MULTIPLICATION DES PERSONNALITÉS ALTER

Les méthodes et les protocoles pour créer délibérément un T.D.I. chez une victime afin de la programmer varient certainement d'un groupe à l'autre mais les bases restent les mêmes.

La programmation Alpha consiste à établir les premiers fragments de personnalité qui serviront de base / racine pour créer tous les autres alter qui seront cloisonnés dans différents groupes et différents niveaux du système interne.

La survivante Stella Katz a décrit le protocole qu'appliquait le culte satanique, auquel elle appartenait, en matière de fractionnement de la personnalité des enfants : le premier fractionnement de l'enfant, l'alter primitif, est nommé le "premier-né" (*Firstborn*) et il aura un rôle de gardien pour l'enfant. Toutes les autres personnalités alter seront créées à partir de ce "premier-né" (Il est intéressant de noter ici que dans certaines cultures chamaniques, il existe différentes techniques pour que le très jeune enfant obtienne un "esprit-gardien", notamment par la consommation de drogues hallucinogènes. Les "esprits-gardiens" des chamans sont-ils des personnalités alter dissociées ? Certains auteurs le pensent mais une chose est certaine, c'est que l'occultisme qui se trouve derrière le contrôle mental satanique / luciférien est en connexion directe avec une connaissance ancestrale présente aux quatre coins de la planète. Une connaissance

---

[481] "The Illuminati Formula Used to Create an Undetectable Total Mind Controlled Slave" - Fritz Springmeier & Cisco Wheeler, 1996.
[482] Ibid.

dont le point central est la dissociation de la psyché humaine). Ensuite Stella Katz décrit le deuxième fractionnement de personnalité qu'elle nomme le "gardien de la porte" (*Gatekeeper*). Un alter qui sera toujours présent lors de la création d'une nouvelle personnalité alter. Le "gardien de la porte" ne subira plus aucun traumatisme (division) suite à sa naissance, son rôle est d'observer tout ce qu'il se passe et d'enregistrer tous les nouveaux alter créés. Selon Stella Katz, ces deux premiers alter au rôle de "gardiens" auront le même âge que le corps physique, ils grandiront en même temps car ils ne reçoivent plus de traumatismes après leur naissance. Katz affirme que l'alter qui sera en charge du système, celui auquel tous les autres devront se soumettre, est désigné lors d'une cérémonie de renaissance traumatique dans une carcasse d'animal. C'est alors lui qui contrôlera tous les autres alter liés aux pratiques occultes : *"Si un alter déjà existant émerge lors de la renaissance, il deviendra le nouveau leader, car si cet alter est suffisamment fort pour prendre en charge la cérémonie de renaissance sans quitter le corps, il sera suffisamment fort pour diriger le système en entier, donc il mérite cette position."*[483]

Elle explique également que le processus de fractionnement de la personnalité doit se faire méticuleusement afin de pouvoir obtenir des alter maîtrisables et exploitables : *"Nous (par là je veux dire le groupe avec lequel je travaillais) fractionnions volontairement l'enfant parce que lorsqu'il se fractionne par lui-même, sans être guidé, les alter qui sont alors créés sont incapables de devenir des membres productifs pour le groupe, ils ne peuvent pas être contrôlés. Nous sommes conscients qu'un enfant qui doit supporter toute la douleur et la torture que nous lui infligeons mourrait s'il n'avait pas des parties en lui pour absorber le traumatisme. Il est aussi important que l'enfant que nous formons ait une personnalité "normale" et acceptable pour le monde extérieur. Une personnalité qui puisse aller à l'école et jouer avec des enfants extérieurs sans rien montrer ni divulguer."*[484]

Les années qui suivent les premiers grands fractionnements formant les alter de base verront se succéder des séances de traumatismes inimaginables afin de créer une multitude de fragments séparés les uns des autres par des murs amnésiques. Le processus dissociatif est la clé de voûte pour la programmation et tout va donc être fait pour provoquer ces états modifiés de conscience : une violente ouverture psychique et spirituelle. Lors des séances, une forte pression est mise sur l'enfant pour l'inciter à échapper à la douleur en se dissociant, en *traversant le miroir*, il s'échappe ainsi d'une situation insupportable en accédant à d'autres dimensions de l'être. La dissociation face à un traumatisme extrême et à la menace de mort évidente, se manifeste paradoxalement par un calme soudain et surprenant avec une absence de peur et de douleur, quelle que soit la gravité de la violence. C'est le résultat neurochimique du processus dissociatif que nous avons décrit dans le chapitre 5. Dans cet état, la victime devient alors intensément concentrée, elle développe une hyperacuité sensorielle, une rapidité mentale et une sorte d'expansion de la notion du temps.[485]

Dans un tel état dissocié et hypnotique, l'enfant devient alors hyper-réceptif à l'apprentissage et à la programmation. C'est pour cette raison que lors

---

[483] "Healing the Unimaginable : Treating Ritual Abuse and Mind Control" - Alison Miller, 2012, p.110.
[484] Ibid, p.94.
[485] "Dissociation and the Dissociative Disorders : DSM-V and Beyond" - P. Dell & J. O'Neil, 2009.

des séances de programmation par traumas, l'enfant est verbalement encouragé à se dissocier, à *passer à travers le miroir* ou à *aller au-delà de l'arc-en-ciel* pour échapper à la douleur = *le point de rupture*.

Beaucoup de survivants décrivent cet état de profonde dissociation comme un état basique et neutre, sans aucune identité. Ellen P. Lacter rapporte le cas d'un survivant qui compare cela à *une sorte de clé USB pour un ordinateur : un simple objet sur lequel on va inscrire quelque chose*. On retrouve dans cette comparaison le principe de *"tabula rasa"*, l'ardoise vierge décrite par les pères de l'ingénierie sociale de l'Institut Tavistock.

Selon certains survivants de MK, un programmeur expérimenté peut facilement reconnaître le *"point de rupture"*, c'est à dire l'instant lors duquel se crée un nouvel alter. Il s'agit du moment où l'enfant ne réagit plus à la terreur et à la douleur. Chaque nouveau fragment, ou alter, sera immédiatement nommé avec un code, un prénom, etc.

La dissociation extrême va déverrouiller le subconscient, elle met en quelque sorte l'esprit à nu et permet d'y enregistrer des informations sans que celui-ci soit en capacité de questionner ou de critiquer quoi que ce soit car il n'y a plus aucune barrière émotive ou de conscience de soi. Cette porte vers le subconscient serait accessible avant que la victime ne crée un nouvel alter (qui rappelons-le a une fonction de protection), c'est une fenêtre psychique profondément dissociée où aucun alter n'est encore au contrôle du corps physique. C'est dans ces états de profonde dissociation, où le subconscient est totalement déverrouillé, que sont installées les structures du monde intérieur, de profonds états dissociatifs laissant également la porte ouverte à des entités qui joueront un rôle dans le maintien de la programmation. Des entités qui ne sont pas perçues par les victimes comme faisant partie de leur fractionnement de personnalité, ce sont des "corps étrangers" dans le système interne du T.D.I.. Elles sont "installées" (démonisation) par le programmeur lorsque l'enfant est totalement dissocié et déverrouillé. Les informations, les structures, les programmations stockées dans le subconscient lors de l'ouverture de cette fenêtre ne seront jamais intégrées consciemment par les différents alter, ce sont des données qui sont beaucoup plus profondes mais qui vont énormément influencer et contrôler l'esclave MK-Monarch.

Lors des *séances* de MK, le cerveau de la victime peut être mis sous monitoring afin de déceler le moment propice où les ondes cérébrales permettront d'intégrer au mieux la programmation.

Le psychologue allemand Hans Ulrich Gresch, lui-même survivant de MK, décrit ainsi ce processus de programmation lorsque le *"point de rupture"* est atteint : *"Pour obtenir cette "ardoise vierge", la torture doit continuer jusqu'à ce que la victime cesse de résister, jusqu'au point de totale soumission lorsqu'elle abandonne toute volonté personnelle. Puis les programmeurs poussent le processus encore plus loin, jusqu'à obtenir cet état "d'ardoise vierge"… C'est alors que la victime devient calme et réceptive. Ce processus est une réaction physiologique à la torture lorsqu'elle est appliquée "correctement" (...) La victime atteint un état dans lequel elle devient extrêmement influençable, un état profondément hypnotique dans lequel elle est prête à tout accepter. Grâce à cet état d'hyper-réceptivité, les programmeurs peuvent alors implanter une "personnalité", un script de personnalité (...) Ce nouvel état* (alter) *n'enregistrera pas consciemment la torture qui a servi à le créer. Mais cette terreur et cette douleur inconscientes vont continuellement alimenter sa réceptivité et son hyper-vigilance. Bien que l'état dissociatif isole la manière (mémoire) dont cette expérience s'est produite, elle reste inscrite dans une certaine mesure dans son esprit. Les informations programmées vont être conservées de manière intacte, avec très peu de détérioration au fil du temps, en grande partie grâce à un réseau de neurones qui vont connecter ces informations avec la douleur et la terreur qui ont précédé leur implantation.* [486]

Les programmeurs se focalisent donc essentiellement sur la création d'une dissociation chez la victime. Par l'utilisation de la torture et des drogues, ils arrivent à déconnecter de la conscience des expériences qui resteront cloisonnées dans les identités dissociées qu'ils auront créées. Il s'agit ni plus ni moins d'exploiter les fonctions de défenses neurologiques naturelles que nous avons décrites dans le chapitre 5. Le livre *"Ritual Abuse and Mind Control : The Manipulation of Attachment Needs"* contient le témoignage d'une survivante de MK qui décrit ce processus de création d'alter : *"Ce que le programmeur faisait par exemple, c'était de vous affamer, vous faire tourner (chaise rotative) pendant des heures, vous faire subir certaines fréquences sonores, vous attacher pour vous infliger des chocs électriques jusqu'à ce qu'il détecte le moment où votre esprit s'est "brisé"* (le point de rupture) *et qu'il voit que vous avez quitté votre corps* (dissociation). *C'est là qu'il va vous donner un autre nom, il va nommer ce nouvel alter et il va lui dire par exemple : "Tu es une déesse Égyptienne et ta vie est dédiée à la mort et à la destruction". Il y aura un rituel où des gens sont habillés avec des robes, chantant et brûlant des choses. Au début, pour mon conditionnement et ma programmation, on m'apprenait comment tuer des animaux et comment torturer d'autres enfants, et par la suite plein d'autres choses...* [487]

Stella Katz décrit ainsi le processus d'après les pratiques du groupe auquel elle appartenait : "Le programmeur observe attentivement l'enfant. On pense qu'un fractionnement se produit lorsque les cris de l'enfant deviennent particuliers (…) quand ses yeux se révulsent, qu'il se relâche soudainement et qu'il devient tout à coup silencieux. À ce moment-là, le programmeur a une fenêtre allant de quinze secondes à une minute dans laquelle il va nommer le nouvel alter de l'enfant et lui assigner une couleur et un symbole magique. Le programmeur porte cette couleur avec un symbole en noir sur l'épaule ou la poitrine. Ensuite il prend l'enfant et l'enveloppe dans une couverture de cette même couleur. L'enfant reçoit alors beaucoup d'attention et d'affection durant approximativement une heure. Il est alimenté, lavé, changé et dorloté. On lui parle continuellement dans sa propre langue, qui peut-être celle ou non de sa mère, en utilisant son nouveau nom qui vient de lui être attribué. Puis enfin il est bercé pour être endormi (…) Ce processus peut prendre quelques heures ou quelques jours en fonction des enfants." [488]

La survivante Trish Fotheringham décrit la dissociation et la programmation de la manière suivante : "Leurs abus étaient soigneusement planifiés. Mes formateurs (programmeurs) utilisaient suffisamment de traumas pour accomplir leurs buts. "Fumée et miroirs" (tromperies et illusions,

---

[486] "Ritual Abuse and Mind-Control" - Chap : Torture-based mind control : psychological mechanisms and psychotherapeutic approaches to overcoming mind control - Ellen P. Lacter, 2011, p.78.
[487] *"Ritual Abuse and Mind Control : The Manipulation of Attachment Needs"* - Orit Badouk Epstein, Joseph Schwartz, Rachel Wingfield Schwartz, 2011, p.146-147.
[488] "Healing the Unimaginable : Treating Ritual Abuse and Mind Control" - Alison Miller, 2012, p.101.

accompagnées de drogues) faisaient que chaque aspect spécifique de la formation (programmation) était lié à une personnalité alter en particulier, et cela d'une manière très étudiée. Pour un maximum d'efficacité et de potentialité, la science du développement mental de l'enfant était prise en compte afin d'y adapter les niveaux de programmation. Ces formations, que mes alter comprenaient comme des "leçons de vie", devenaient progressivement plus fréquentes et plus traumatiques au fur et à mesure que je grandissais (…) "JE", la personne qui gérait la vie quotidienne à la maison et à l'extérieur, n'étais pas consciente que des personnalités alternatives détenaient d'autres morceaux de ma vie. Cela me semblait naturel que ma vie soit brisée en morceaux, du coup les "trous" dans mon emploi du temps passaient inaperçus. La continuité chronologique était quelque chose d'inconnu pour moi, je ne pouvais donc pas prendre conscience qu'il existait une discontinuité. Je n'étais pas au courant qu'un mode de vie dissocié s'était établi et que pour pouvoir faire face aux difficultés, mon cerveau disjonctait pour simplement créer un autre alter !"[489]

La programmation Alpha va constituer les bases du système par la création d'un certain nombre d'alter primaires formant une sorte de fondation. Ensuite ces alter seront à leur tour fractionnés en une multitude de fragments potentiellement programmables. Ces fragments d'âme, ou de personnalité, sont des sortes de fichiers neutres et vides en attente d'une programmation. Un alter de base, ou primaire, peut donc être lui-même fractionné en une multitude d'autres "sous-alter" par des traumatismes répétitifs, et ainsi de suite… tout comme des poupées russes rattachées à une même grande poupée. C'est une véritable chaîne de programmation qui est mise en place. La survivante Kathleen Sullivan décrit comment son père fractionnait à la chaîne ses alter primaires : *"Bien que l'hypnose non traumatique aurait pu être efficace pour contrôler mon esprit, papa préférait clairement la programmation basée sur les traumatismes pour créer un nouveau système (groupe) d'alter. Il déclenchait (appelait) d'abord un alter primaire qu'il avait précédemment créé, et lorsque cet alter émergeait il le torturait (avec de l'électricité par exemple) jusqu'à ce que ce fragment ne puisse plus supporter la douleur. En se dissociant, cet alter laissait la place à une autre partie de mon esprit (un nouveau fragment) pour supporter le prochain trauma. Papa appelait cela la technique de programmation à la chaîne. Il traumatisait les alter les uns après les autres, attribuant verbalement à chacun un nom de code, jusqu'à ce que je n'en puisse plus du tout et que ce processus s'arrête de lui-même. Arrivé à ce stade, il savait qu'il était allé aussi loin qu'il le pouvait. Il recommencera alors un autre jour lors d'une autre séance, faisant encore émerger un alter primaire pour le traumatiser et créer ainsi une nouvelle série de personnalités liées à cet alter primaire (…) Il répétait souvent que j'étais son prototype et il m'expliquait que si une technique fonctionnait bien avec moi, il l'utiliserait alors sur d'autres enfants."*[490]

Le système interne, qui n'est rien d'autre que la création et l'exploitation délibérée d'un T.D.I., peut donc devenir une sorte *d'arbre généalogique* complexe composé d'une multitude d'alter dissociés et amnésiques. Il est alors indispensable aux programmeurs et aux maîtres d'avoir une sorte de *mind map* (carte cognitive) ou schéma structurel avec des codes d'accès pour pouvoir gérer l'esclave Monarch multiple. Les "maîtres" étant les personnes qui auront à leur charge l'esclave MK (de seconde zone) une fois la programmation terminée. Dans les états altérés de

---

[489] Ibid, p.74.
[490] "Unshackled : A Survivor Story of Mind Control" - Kathleen Sullivan, 2003, p.59.

conscience et de profonde dissociation, le programmeur va pouvoir intégrer les "logiciels", ou programmes, dans les différents fragments de personnalité pour leur donner diverses fonctions. Il y a donc plusieurs stades de développement des alter. Certains peuvent être des "dommages collatéraux", c'est à dire des fragments créés involontairement lors des traumas et non exploités, certains peuvent avoir été laissés volontairement de côté car inexploitables (c'est la raison pour laquelle on retrouve parfois une "décharge" dans le monde intérieur, contenant les alter inexploités), certains peuvent être des fragments entraînés pour obéir à des commandes simples et basiques, d'une manière robotique. Mais les alter peuvent aussi être entraînés et perfectionnés en suivant un processus de conditionnement plus long et plus complexe afin de programmer des fonctions beaucoup plus élaborées et spécifiques. La plupart des alter d'un sujet Monarch ne prendront le contrôle du corps seulement lorsqu'ils sont appelés (avec des codes déclencheurs) par les programmeurs ou les maîtres.

Les alter seront organisés, ou "logés", dans différents niveaux, ou couches, du système interne du sujet. Tels des dossiers dans un ordinateur, les données doivent être facilement accessibles et ne surtout pas se mélanger, d'où l'importance des "murs amnésiques" pour cloisonner les fragments de personnalité et toutes les mémoires qu'ils contiennent. Les nombreux alter seront regroupés en "blocs" ou groupes les réunissant selon les différentes catégories d'activités qui leur seront assignées et programmées. Le programmeur organise et assemble ces multiples fragments et ces groupes comme il le veut avec des schémas structurels, des symboles, des sous-systèmes, des codes d'accès, des scripts, etc. Il s'agit véritablement de créer un monde interne hyper-structuré pour y loger toutes les différentes personnalités alter et pour évidemment pouvoir s'y retrouver et y naviguer facilement. Toutes les données de la programmation d'un enfant sont enregistrées dans un carnet ou un ordinateur portable que le programmeur tient régulièrement à jour. Ces données incluent ce qui a été fait sur l'enfant, le temps qu'il a fallu pour créer un fractionnement et ce qui a le mieux fonctionné pour aboutir à ce fractionnement. Les noms des personnalités alter sont archivées avec leur ordre de naissance, le sexe de l'alter, la langue qu'il parle, ainsi que les couleurs, les symboles et les mots ou phrases qui lui sont associés (les déclencheurs). Il est également précisé la fonction de chaque alter et quel est le type de "corps physique" qui lui a été programmé : humain, animal, robot, etc. Toutes ces informations seront transmises aux différents maîtres successifs qui auront à leur charge l'exploitation de l'esclave Monarch.

Cette multitude d'alter sera organisée en une hiérarchie très stricte où chaque fragment aura une fonction bien précise. Les cultes sataniques / lucifériens sont eux-mêmes organisés d'une manière très hiérarchique, ils reproduisent donc ce schéma pyramidal à l'intérieur de la victime pour renforcer la loyauté envers l'organisation du culte. Les alter les plus élevés dans cette hiérarchie intérieure seront ceux qui ont reçu les pires abus et qui auront été forcés à pratiquer eux-mêmes les pires atrocités. Ce sont les alter les plus obscurs et les plus profonds du système, ceux qui sont liés à l'occultisme le plus noir. Les bourreaux prennent plaisir à faire croire à l'enfant qu'il est si mauvais que personne ne voudrait de lui, excepté le groupe dans lequel il vit. L'enfant est programmé pour croire qu'il est lui-même un bourreau, un agresseur et un criminel plutôt qu'une victime et si jamais il commence à se rappeler de certaines mémoires cette programmation va le submerger. Comme nous l'avons vu dans le chapitre sur les abus rituels, il s'agit de créer des *enfants de la rage*. Ces personnalités alter auront pour fonction de faire se rappeler à la victime qu'elle n'est qu'un tueur ou un violeur qui ira en enfer lorsqu'elle mourra. La fonction humaine naturelle consistant à choisir le bien plutôt que le mal et d'éprouver de l'empathie envers les autres est une cible à détruire chez l'enfant subissant une programmation MK. La programmation de type Monarch retire le libre arbitre à la victime, les abus forcés sur des animaux et d'autres enfants lui retirent cette possibilité de faire les bons choix. Le goût de la dissociation, de l'adrénaline et des endorphines qui soulagent ses propres mémoires traumatiques, finit par l'emporter sur l'empathie naturelle. Cette programmation systématique à la violence permet à ces groupes de continuer leur existence à travers les générations. Il est nécessaire de rappeler encore une fois qu'une telle culture hyper-violente ne peut pas perdurer sans qu'il y ait une mise en place systématique de la "Violence Initiale" corrompant l'innocence de l'enfance dès les premières années de la vie. Généralement, un des alter du système s'identifiera avec son agresseur. La plupart des patients atteints d'un T.D.I ont une fraction de leur personnalité qui représente le bourreau, avec le même type de comportement sadique et violent. Dans une étude publiée en 1997, le Dr. Colin Ross a trouvé que sur 236 patients avec un T.D.I., 84% disaient avoir un alter persécuteur / bourreau : *"À la première rencontre, ils étaient effroyables, détestables, tout comme des démons totalement focalisés sur les abus et le harcèlement malicieux du patient."*

Dans le cas d'une programmation Monarch, l'alter bourreau est volontairement créé et programmé avec les caractéristiques du programmeur, souvent il portera même le nom ou le pseudonyme de celui-ci. La victime devra alors exécuter ses ordres même lorsqu'il n'est pas présent, c'est ainsi qu'il va jusqu'à s'implanter dans l'esprit de la victime. Cet alter 'bourreau' aura pour rôle de maintenir en permanence la présence du programmeur dans la victime afin de la contrôler en supervisant tous les alter. Cela va bien plus loin qu'une simple obéissance, c'est ici l'injection interne du prédateur. La secte cultive donc le côté prédateur de sa descendance en créant volontairement des bourreaux alimentés par une rage intérieure. Ce sont ces alter ultra-violents qui à leur tour deviendront agresseurs et parfois programmeurs sur d'autres petites victimes. La survivante Svali explique que *beaucoup de formateurs* (programmeurs) *vont se mettre dans la victime, afin de superviser les programmes internes… Le survivant peut être horrifié de découvrir une représentation de son propre bourreau en lui-même, mais cela est un mécanisme de survie… Le survivant* (l'alter bourreau) *pourra reproduire les mimiques, l'accent, les manières et même raconter la vie du programmeur comme étant sa propre vie."*

Kathleen Sullivan écrit également à ce propos : "Du fait que j'ai eu moi-même beaucoup de conflits et de luttes pour accepter le côté "mauvais" ou "démoniaque" de ma personnalité, je comprends pourquoi certains survivants fortement dissociés ne veulent pas croire que leurs personnalités alter malveillantes ou "obscures" sont des morceaux de leur propre personnalité originale. Ma personnalité a été polarisée avec d'un côté le "trop bon" et de l'autre le "trop mauvais". Cela m'a empêchée de fusionner les deux et de pouvoir l'intégrer dans une seule personnalité équilibrée. L'acceptation de notre "côté obscur" pleinement humain nécessite un grand courage mais aussi une forte volonté pour se pardonner à soi-même."[491]

D'une manière générale, lorsqu'un programmeur implante quelque chose dans la victime, ce sera à un certain niveau un reflet de lui-même, tout comme l'écriture et l'art reflètent la personne qui les a produits. Bien que la comparaison entre création artistique et programmation mentale puisse paraître déplacée, elle ne l'est pas pour les programmeurs.

Les groupes militaires ou politiques programment leurs assassins en utilisant un endoctrinement et un entraînement pour que l'enfant fractionné devienne un soldat d'élite. Ces enfants seront généralement torturés pour produire des personnalités alter pouvant commettre des actes d'une extrême cruauté sans avoir à faire face aux conséquences psychologiques. En Ouganda, *"l'Armée de Résistance du Seigneur"* (LRA - *Lord's Resistance Army*) pratique ce genre de formation basée sur les traumatismes et le contrôle mental, les victimes sont les "enfants soldats". Un documentaire canadien intitulé *"Uganda Rising"* (2006) a été consacré à ces enfants intégrés de force dans les rangs de la LRA. Ces enfants qui ont été enlevés de force à leurs familles (souvent décimées) racontent qu'ils ont subi des tortures, des mutilations, des viols, qu'ils ont parfois été forcés de commettre des meurtres avant d'être parqués dans des camps et utilisés comme soldats. Le documentaire ne parle pas d'*abus rituels* ni de *contrôle mental* mais la stratégie semble être la même.

Dans la programmation Monarch, une grande partie des personnalités alter seront déshumanisées et conditionnées pour croire qu'elles sont autre chose qu'un être humain. La déshumanisation d'un alter va se faire en lui faisant vivre par exemple les conditions extrêmes d'un animal en cage. Tout comme pour la chirurgie magique que nous allons décrire plus loin, toutes sortes de manipulations mentales peuvent être faites pour implanter chez l'alter la croyance qu'il est un chat, une déesse, un robot, une marionnette, etc…

Un ou plusieurs alter seront programmés pour faire les rapporteurs. C'est à dire qu'ils seront conditionnés pour tout enregistrer et pour rapporter aux bourreaux les désobéissances ou les divulgations de secrets par l'esclave. Ces alter "rapporteurs" sont aussi programmés pour informer le culte sur tous les déplacements que fait la victime. Ce qui est paradoxal, c'est que ce type d'alter est conditionné par la douleur et la terreur pour croire que les bourreaux "savent (déjà) tout" et qu'il sera lui-même puni s'il ne rapporte pas ce que fait la victime.

Pour que l'esclave Monarch puisse fonctionner correctement en société sans être détecté, il lui faut une personnalité alter de façade, une sorte de coquille masquant l'état multiple de l'individu. Il s'agit de la personnalité "hôte", ou "personnalité publique", c'est la personnalité principale qui se comporte "normalement" et qui est totalement amnésique des abus et de l'existence du système interne avec les multiples alter. La thérapeute Alison Miller nomme ce type d'alter la *"personnalité apparemment normale"*. La plupart des personnalités alter seront déshumanisées, tandis que celle-ci sera autorisée à être humaine, à avoir un sens de la famille, une vie sociale et affective, etc. La personnalité hôte est généralement bien orientée dans l'espace et le temps, c'est à dire qu'elle évolue en

---

[491] Ibid, p.289.

suivant notre calendrier, tandis que beaucoup d'autres alter seront bloqués dans l'espace-temps où les traumatismes se sont passés. Pour comprendre comment fonctionne l'interface entre cette personnalité hôte et les autres alter, prenons l'exemple d'un cas connu d'une expérience hypnotique de Pierre Janet : Janet hypnotise Lucie pour lui faire exécuter des suggestions post-hypnotiques. Lucie exécute les commandes mais elle oublie tout immédiatement après. En revanche, un autre alter de Lucie nommé Adrienne se rappelle de tout ce qui est arrivé lorsque Lucie a été hypnotisée et elle affirme que c'est même elle qui a exécuté les suggestions post-hypnotiques sans que Lucie en ait connaissance. Il s'agit d'une amnésie n'allant que dans un seul sens. Le mur amnésique isole la personnalité hôte mais certains alter qui ne subissent pas ce mur ont pleine conscience de l'existence de cette personnalité hôte et gardent la mémoire de tous ses faits et gestes. Dans la programmation Monarch, la personnalité hôte est donc totalement ignorante de la programmation mais les alter les plus profonds du système T.D.I., les plus importants, ont parfaitement conscience de son existence et ils peuvent donc la contrôler. D'après la thérapeute Elle P. Lacter, il est généralement mis en place une structure fondamentale qui sépare le système des personnalités alter en deux parties. Le côté "hôte" qui n'aura pas conscience de l'existence du système T.D.I., puis de l'autre côté le groupe des alter plus profonds, liés à l'occultisme, qui eux auront conscience de l'existence de ces personnalités de surface et qui pourront même les contrôler.

Le système interne d'un esclave MK comprend donc une ou plusieurs personnalités hôte cloisonnées et totalement amnésiques, diverses personnalités alter avec différentes fonctions installées plus ou moins profondément dans le système, et enfin il reste toujours le noyau, l'essence du *"Moi"*, la personnalité originelle que Satan (ou le programmeur) ne peut pas toucher ni détruire. Il peut juste l'isoler du mieux qu'il le peut, mais cette graine divine sera toujours présente chez la victime pour sa restructuration et guérison éventuelle. La personnalité alter décelée comme étant la plus jeune est probablement la personnalité originale à partir de laquelle les autres se sont scindées.

Certains alter auront aussi une programmation de déni. Leur but est de nier les abus rituels et toutes les activités occultes du réseau. Si des fuites se produisent, leur but est de mettre en avant des explications comme "les faux souvenirs", des cauchemars qui ne sont aucunement réels, un livre ou un film qui aurait pu influencer la personne, etc. Ces personnalités alter croient ainsi qu'elles préservent la victime et qu'elles lui sauvent même la vie. Ces alter ont un intérêt direct à agir ainsi : ils croient que leur existence même et leur survie en dépend et que si une prise de conscience réelle sur les événements traumatiques se produisait, des violences et même la mort surviendrait alors pour les punir de ne pas avoir fait leur travail. Cette programmation de déni débute dans les premières années de la vie de l'enfant. Il sera par exemple terriblement violenté et traumatisé, puis le lendemain matin les adultes autour de lui agissent normalement, comme si rien ne s'était passé. C'est ainsi qu'ils modélisent chez l'enfant un mode de vie basé sur le déni. Cela est renforcé par des phrases du type : *"C'était juste un mauvais rêve"*, *"Comment peux-tu croire une chose pareille ?"*, *"C'est juste ton imagination, cela ne s'est pas réellement passé"*. Des membres de la famille souffrant d'états dissociatifs seront eux aussi dans un certain déni concernant les activités nocturnes occultes. Le déni est aussi renforcé en disant à l'enfant que de toute façon personne ne le croira s'il en parle. Le but final est de formater l'enfant pour qu'il ne fasse plus confiance à sa propre réalité, mais qu'il se tourne plutôt vers les adultes pour connaître la *réalité*. Par exemple, l'adulte montrera une orange à l'enfant en lui demandant de quoi il s'agit et celui-ci sera violenté systématiquement quand il répondra que c'est une orange et on lui martèlera que c'est une pomme… Le processus se répétera jusqu'à ce que l'enfant, terrorisé et craignant la douleur, réponde qu'il s'agit d'une pomme et finisse même par y croire…[492]

Une autre méthode pour prouver à l'enfant que ses mémoires ne sont pas fiables est de mettre en scène la simulation du meurtre d'une personne auquel l'enfant est forcé de participer. Le jour suivant, l'enfant verra cette personne bien vivante devant lui, alors qu'elle est censée avoir été assassinée sous ses yeux la veille, cela entraînant une forme de dissonance cognitive. Si l'enfant pose des questions, il lui sera répondu que cet événement atroce n'était sûrement qu'un mauvais rêve et un produit de son imagination. En raison du fait que les victimes subissent souvent une amnésie traumatique avec un éclatement chronologique des mémoires, il est très facile pour les gens qui ont le pouvoir sur leurs vies de les convaincre que rien ne leur est arrivé. Lorsque des parents disent à la petite victime que ses cauchemars ou ses flashbacks sont de la pure imagination et que ce genre de chose n'arrive jamais, cela rassure évidemment l'enfant qui va rester dans ces états dissociés entre deux mondes, deux réalités opposées…

Le contrôle mental Monarch basé sur les traumatismes est pratiqué sur les enfants avant l'âge de 6 ans. Après cet âge, il devient plus compliqué de pratiquer ce genre de programmation fonctionnant avec un T.D.I., mais cela ne veut pas dire que des gens ne sont pas programmés après l'âge de 6 ans. Des fragments de personnalité induits par traumatismes et dissociation demeurent mieux isolés dans l'esprit que des fragments de personnalité induits par simple hypnose, mais la plupart des gens peuvent être hypnotisés pour susciter des personnalités alter. Certains survivants d'abus rituels sataniques ont été programmés mais ils n'ont pas de système interne avec des personnalités alter, ils ont seulement quelques états dissociatifs, comme par exemple un *moi nocturne*, et *un moi diurne*.[493]

5 - LA "CHIRURGIE MAGIQUE" ET LA STRUCTURATION DU "MONDE INTÉRIEUR"

Pour saisir de quoi il est question ici, il faut bien comprendre que l'esclave Monarch est passé à travers un processus traumatique de fractionnement psychique et spirituel qui ouvre les portes vers d'autres dimensions de l'être. Il a ainsi accès à un monde *intérieur* (allant bien au-delà de sa *tête*) très vaste et aussi réel que ne l'est le monde physique pour nous, un monde composé de ses différents fragments d'âme (les alter), d'entités démoniaques et du matériel mis en place dans le cadre de la programmation. Ce monde intérieur, ou "système interne", va être

---

[492] "Breaking The Chains : Breaking free of cult programming" - Svali, 2000.
[493] "The Illuminati Formula Used to Create an Undetectable Total Mind Controlled Slave" - Fritz Springmeier & Cisco Wheeler, 1996.

aménagé par le programmeur avec différentes structures, architectures, objets, paysages, etc, des représentations matérielles ou symboliques servant de support pour travailler dans cette dimension particulière. Il est parfois possible d'identifier le type de secte ayant perpétué la programmation par le type de structures et de symboles qui forment le monde intérieur. L'organisation hiérarchique des personnalités alter reflète également souvent le type de groupe qui a programmé la victime, ça peut être un groupe militaire, satanique, druidique, kabbaliste, néo-nazi, etc.

La "chirurgie magique" est un outil servant à alimenter et à organiser ce système interne. Elle consiste à hypnotiser et/ou droguer l'enfant en lui disant que l'on va l'opérer pour insérer un objet ou un animal en lui. L'opération chirurgicale ne sera qu'une mise en scène à la suite de laquelle l'enfant va croire qu'il a réellement cet objet à l'intérieur de lui (cette programmation est censée rester implantée durant toute sa vie). Une douleur extrême pourra être provoquée à l'endroit de la chirurgie et du sang pourra être étalé sur lui pour renforcer sa croyance qu'il a véritablement subi une intervention chirurgicale. L'enfant sait de quel objet ou de quel animal il s'agit et quelle en est sa fonction. Il est programmé pour croire que cette "chose" placée en lui l'attaquera, explosera ou le dénoncera, si jamais il parle, que désormais elle scrute ses pensées et qu'elle va l'influencer à devenir méchant et à avoir des comportements mauvais. L'enfant est programmé pour croire que ces corps étrangers vont le tourmenter et le harceler s'il ne se conforme pas aux doctrines du culte. Les enfants maltraités rituellement rapportent souvent des somatisations telles que des douleurs abdominales en rapport avec ce phénomène de "chirurgie magique".

Dans le dossier des procès-verbaux et dépositions de l'affaire Dutroux, la page 261 contient une lettre d'un certain *Van Aller* datée du 13 décembre 1996 faisant référence à ce qui s'apparente à de la chirurgie magique. Il s'agit d'un témoignage concernant des abus rituels qui seraient pratiqués dans des villas par des notables néerlandais : *"On provoque par exemple ces troubles (T.D.I.) en faisant croire aux petits enfants que l'on introduit en eux un chat qui grandira et qui deviendra une panthère qui va les surveiller s'ils veulent parler ou quitter le clan, cela permet un contrôle continu, même chez les adultes, cela fait de tous les auteurs, des victimes. Les TDI sont entretenus par des psychothérapeutes."*[494]

Un psychiatre britannique a rapporté un exemple de contrôle mental basé sur le même principe : l'enfant est forcé de manger une araignée et on lui dit qu'elle va se multiplier et que toutes ces araignées vont ensuite le surveiller de l'intérieur. En étant forcé de manger des asticots, l'enfant va croire qu'ils pourront se transformer en mouches qui iront le dénoncer à ses agresseurs s'il parle. Fritz Springemier dit que le *"Pénis d'or d'Osiris"* est placé à l'intérieur des esclaves Monarch. Il peut aussi s'agir de *"l'Œil de Lucifer"* ou *"l'Œil d'Horus"* qui est *placé* dans le ventre de l'enfant pour l'observer et le surveiller en permanence. Ce processus de surveillance abstraite du monde intérieur semble être quelque chose d'essentiel et de systématique dans la programmation MK. Il peut aussi être dit à l'enfant que l'on a remplacé son cœur de chair par une pierre noire et froide, renforçant ainsi sa déshumanisation face à l'horreur. Cette "chirurgie magique" a

---

[494] Lettre de Van Aller du 13/12/1996 (Z200) - *Belgium : Dutroux X-Dossier summary*, 1235 pages, 2005 - Wikileaks.org.

pour seule limite l'imagination des bourreaux programmeurs. Les possibilités sont infinies, car tout dans ce monde physique peut-être transféré dans le monde intérieur. Mais comme nous allons le voir par la suite, ce monde intérieur très malléable peut aussi servir à aider le survivant lors d'une thérapie.

Dans le cerveau humain, l'hémisphère droit et l'hémisphère gauche sont reliés entre eux par le corps calleux, il est le médiateur et c'est grâce à lui que les analyses rationnelles sont possibles. Mais cette structure n'arrive à maturité que vers l'âge de 10 ans. Les expériences du cerveau droit (qui perçoit le monde en données brutes) d'un enfant ne sont donc pas transmises au cerveau gauche pour une analyse rationnelle. L'hémisphère gauche traduit les perceptions en données sémantiques et phonétiques, autrement dit en mots, en concepts et en langage. Avant sa dixième année, beaucoup de choses vont donc rester inconscientes pour l'enfant car le réseau informatif de son cerveau n'est pas encore totalement construit. Tant que le corps calleux n'est pas pleinement développé, l'enfant peut par exemple parfaitement croire que le Père Noël lui apportera ses cadeaux le 25 décembre dans son salon, tout en sachant qu'il est trop gros pour passer par la cheminée.[495] Le processus de la "chirurgie magique" exploite donc ce manque de maturité cérébrale. L'enfant de moins de 10 ans pourra croire que l'on a inséré en lui une maison de poupée, un château, un manège ou un animal car il n'a pas encore la possibilité de rationaliser quelque chose d'aussi fantaisiste. Il ne s'agit pas de naïveté ou de "rêverie imaginaire" de sa part, mais bien d'une limitation cérébrale qui dans le cadre d'une programmation MK permet une manipulation pour un contrôle mental redoutable. Ces "chirurgies" s'implanteront d'autant plus profondément que l'enfant les reçoit dans des états de transe, d'extrême dissociation et sous l'effet de drogues.

Avant l'âge de 5 ou 6 ans, le jeune enfant n'est absolument pas doté de toutes les capacités cérébrales lui permettant de se défendre face à du contrôle mental "invasif". Le cortex cérébral qui permet de raisonner, de faire des déductions, de réfléchir pour analyser logiquement des situations, de prendre des décisions, de gérer les émotions ou encore de faire preuve de moralité et de s'organiser, n'est absolument pas mature avant l'âge de 6 ans, âge à partir duquel il commence à le devenir que très progressivement. Donc nous comprenons pourquoi certaines sources affirment que la programmation MK doit s'implanter avant l'âge de 6 ans.

Les supports, ou structures, servant à organiser le monde intérieur peuvent être introduits ou "programmés" par d'autres manières que la "chirurgie magique". Voici quelques exemples de supports pouvant servir à structurer et à organiser le système interne d'un T.D.I. Ces choses ont été rapportées par des survivants et des thérapeutes :

La double hélice (symbole de l'infini), des lettres ou des symboles, des géométries en 2D comme le pentagramme, le triangle ou le cercle, des volumes géométriques élaborés en 3D, des poupées, des toiles d'araignées, des miroirs ou des éclats de verre, des échiquiers (dualité du damier noir et blanc avec disposition des pièces selon les programmations), des masques, des châteaux, des labyrinthes, des temples, des pyramides, des murs pour renforcer les amnésies, des démons /

---

[495] "Neuropsychologie de la souffrance, cause du refoulement" - Jean-Luc Lasserre.

monstres / extra-terrestres, des robots, des coquillages, des sabliers, des horloges, des papillons, des serpents, des soleils représentant le dieu Ra, des rubans, des fleurs, des diagrammes de commandes, des circuits informatiques pouvant servir d'organigramme pour les programmations complexes. Une grille en deux dimensions peut contenir une catégorie d'alter logés et fonctionnant sur un même niveau. Une troisième dimension peut-être créée pour former un cube dont chaque face correspondra à un niveau particulier du système interne avec une catégorie particulière d'alter. Un cube qui pourra pivoter selon le groupe d'alter qui doit être accessible. Cette structure cubique est placée dans une cage d'ascenseur spiralée telle que l'ADN : par ce système, les alter peuvent "monter" (émerger) ou "descendre" (sombrer) selon les besoins.

La complexité des structures va varier en fonction des capacités de l'enfant à les mémoriser et à se les représenter dans son monde intérieur. L'*Arbre de Vie* cabalistique (arbre des *Sephiroth*) est une structure qui a également été rapportée par des survivants de MK et qui semble être un élément essentiel pour l'organisation intérieure de l'esclave. L'alter *"Key"* de l'artiste peintre fractionnée, Kim Noble, a représenté l'arbre cabalistique dans plusieurs de ses œuvres, notamment dans sa peinture intitulée *"Seven Level"* (sept niveaux) semblant décrire point par point le processus de programmation (une peinture qui est analysée plus loin dans ce chapitre et visible en annexe n°4). L'arbre des *Sephiroth* représente la structure de l'homme et de l'univers. Il contient et met à disposition un "système" de correspondance cohérent et prêt à l'emploi : chaque *Sephiroth* (monde, dimension, champ de conscience) est associé à un chiffre, une planète, une note, une qualité, un défaut, un jour de la semaine, etc. C'est une structure parfaite pour organiser et classer les multiples personnalités alter, les fragments d'âmes. Cet arbre cabalistique représente basiquement la structure de l'homme et des différents mondes, les dimensions parallèles dont nous avons parlé dans le chapitre précédant.

Selon Fritz Springmeier, certaines formes géométriques incorporées dans le monde intérieur de l'esclave servent de point focal pour les entités démoniaques, ce sont des portes par lesquelles les démons peuvent entrer dans le corps humain. En effet, des géométries dégageant une certaine onde de forme sont utilisées dans les rituels de magie afin d'interagir avec d'autres dimensions.

Une autre structure que l'on retrouve est le carrousel, un manège classique avec des chevaux de bois qui montent et qui descendent tout en tournant en rond. Le carrousel fait aussi partie des systèmes permettant de structurer le monde intérieur et d'accéder à ses différents niveaux. Il va servir à faire "monter" ou "descendre" les personnalités alter lors des états de transe et de dissociation. Dans son autobiographie *"Thanks For The Memories"*, l'ex "mannequin présidentiel" Brice Taylor décrit ainsi ce carrousel intérieur : *"Ce jour-là, le carrousel a été créé dans mon esprit, je me tenais debout au milieu de ce carrousel pendant que la programmation se faisait lentement au fur et à mesure qu'il tournait. Ensuite, il s'est arrêté à la demande de Henry dans un endroit de mon esprit, tout comme la "Roue de la Fortune". Il m'a alors dit : "Il y a un tout autre monde dans les fichiers de ton esprit. Le carrousel permet aux fichiers contenus dans ta tête de tourner facilement et sans effort"* (...) *Je n'étais pas en mesure de récupérer l'intégralité de cette mémoire, car elle tournait comme un manège, tourbillonnant et tournant comme une toupie, je ne pouvais donc pas la saisir pour m'en rappeler. Cette programmation est nommée "programmation de rotation", elle est destinée à désorienter et induire de la confusion."*[496]

Lorsque la victime subit une rotation extrême sur une chaise pivotante, cela la rend malade et terrifiée, elle passe par toutes sortes de sensations physiques et émotionnelles. Ces sensations vont se transférer dans les personnalités alter qui ont le contrôle du corps à ce moment-là et qui subissent donc ce traitement. Plus tard, ces sensations de tournoiement programmées seront déclenchées par ces alter à chaque fois que l'individu se rappellera quoi que ce soit au sujet des abus, cette mémoire remontera avec la sensation de tourbillon qui provoquera une confusion mentale et un mal-être physique.

Voici comment la survivante Svali décrit le protocole que son groupe utilisait pour insérer une structure dans le monde intérieur de l'enfant, ceci afin d'y loger un ou plusieurs alter : *"Les structures vont être intégrées au monde intérieur de la victime lorsqu'elle est droguée, sous hypnose, et subissant des électrochocs. La personne est totalement traumatisée et dans un profond état de transe. C'est dans cet état altéré de conscience qu'on va la forcer à ouvrir les yeux et à regarder la projection d'une image de la structure. Cela peut être un modèle en 3D de celle-ci, une image holographique ou bien encore par l'utilisation d'un casque de réalité virtuelle. L'image sera "injectée et imprimée" en utilisant des chocs successifs et en la rapprochant de plus en plus dans le champ visuel du sujet. Il peut lui être ordonné de rentrer à l'intérieur de la structure s'il s'agit d'un temple ou d'une pyramide. Sous l'effet de l'hypnose profonde, ils (les personnalités alter concernées) vivront désormais "à l'intérieur" de cette structure. Celle-ci sera également utilisée pour renforcer l'amnésie et la programmation de d'isolement interne, cette structure va renforcer les murs de cloisonnement entre le fragment de personnalité qui y est enfermé et les autres alter du système."*

Les personnalités alter peuvent être emprisonnées à l'intérieur de ces structures, ou bien elles peuvent y être reliées ou connectées de diverses manières. Les alter se définissent eux-mêmes par la réalité que le programmeur leur a implantée. Les objets, les structures et les symboles servent donc à organiser et à contrôler le système intérieur mais celui-ci est également structuré avec des scénarios ou des scripts servant de supports imagés et symboliques sur lesquels vont s'appuyer les programmeurs pour façonner les alter. D'une manière générale, tout ce qui fait habituellement rêver un enfant sera utilisé pour le programmer. Un livre, un film ou un jeu vidéo peut en théorie être utilisé comme support pour une programmation MK, d'autant plus efficacement sur de jeunes enfants. Il s'agit de crypter son esprit avec des thèmes de contes de fées ou autres scénarios fantastiques afin de semer la confusion entre imaginaire et réalité, c'est à dire se faire chevaucher deux mondes. *"Alice au Pays des Merveilles"* est un script classique de programmation, tout comme *"Le Magicien d'Oz"* ou certaines productions de Disney comme *"Pinocchio"* le pantin de bois sculpté et *"Cendrillon"*, la petite esclave crasseuse qui se transforme en une magnifique princesse. Les esclaves Monarch, ou plutôt leurs personnalités alter, sont conditionnés à être placés dans des scénarios de ce genre afin de renforcer l'effet de la programmation. Ils vivent donc dans un monde totalement imaginaire. Certaines phrases du script serviront de langage crypté implanté pour contrôler les esclaves. Dans *Alice au Pays des Merveilles*, la petite fille doit suivre le lapin blanc qui lui permet d'accéder à des

---

[496] "Thanks For The Memories : The Truth Has Set Me Free" - Brice Taylor, 1999, p.68.

endroits mystérieux et normalement inaccessibles. Dans un cadre d'une programmation MK, ce lapin blanc est une figure importante, il représente le maître ou le programmeur qui hypnotise sa victime ou l'incite à se dissocier de la réalité pour accéder à un monde alternatif lors des tortures. Le célèbre passage à travers le miroir représente l'accès à un état dissociatif, un changement de réalité. Le programmeur incite l'enfant à *traverser le miroir* comme Alice, il l'incite à passer la porte vers une autre dimension de son être, le miroir étant la porte qui va faciliter la programmation... Dans le film *"Matrix"*, lorsque Néo sort de la matrice pour la première fois, il touche un miroir qui devient liquide et qui finit par entièrement le recouvrir pour l'engloutir et le mener dans un autre monde... où il sera déprogrammé. Pour en arriver là, Néo avait *suivi le lapin blanc* tatoué sur l'épaule d'une femme... Ce sont des symboliques très fortes, ancrées dans cette culture occulte. Dans le *Magicien d'Oz*, le sujet se dissocie de la réalité en allant *au-delà de l'arc-en-ciel* (*"Somewhere over the Rainbow"*, "quelque part au-delà de l'arc-en-ciel" qui est la chanson thématique du film), c'est à dire en allant au-delà de la terreur et de la douleur grâce à la dissociation. L'horreur devient alors un rêve, la réalité devient une fiction et le monde imaginaire devient la réalité. La victime dissociée enregistrera le traumatisme comme une illusion, une réalité qu'elle a pourtant vécue pendant un moment, mais qui est néanmoins enregistrée par l'esprit comme une sorte de rêve. Il s'agit d'une crypto-amnésie qui sabote le processus habituel de mémorisation par le trauma et l'hypnose. Le monde intérieur de l'esclave devient sa "réalité" et le monde extérieur devient par exemple le pays d'Oz. À noter que dans certaines cultures chamaniques, l'ascension céleste se fait par le chevauchement de l'arc-en-ciel. Un nombre considérable de cultures voient dans l'arc-en-ciel un pont reliant la terre et le ciel, un pont entre les dieux et les hommes. C'est souvent par l'arc-en-ciel que les héros mythiques atteignent le ciel, son escalade servant à atteindre le monde des esprits. Les "hommes-médecine" montent vers les sphères célestes en utilisant, entre bien d'autres moyens, l'arc-en-ciel. Il semblerait que les techniques de programmation MK-Monarch reprennent cette symbolique de l'arc-en-ciel qui représente ni plus ni moins qu'un processus dissociatif ouvrant la porte vers d'autres dimensions. Comme nous l'avons déjà vu, les techniques de contrôle mental basées sur les traumatismes sont intimement liées à certaines cultures ancestrales et aux pratiques psycho-spirituelles, particulièrement l'exploitation des états dissociatifs.

Une autre symbolique importante dans le Magicien d'Oz est *la route de briques jaunes*. L'esclave doit suivre *la route de briques jaunes* par laquelle les alter émergent du monde intérieur pour prendre le contrôle du corps. *"Suivre la route de briques jaunes"* sont des mots clés servant à déclencher une programmation particulière chez un esclave. Un autre exemple concernant le Magicien d'Oz est le personnage *Tin Man* qui est une sorte de carcasse métallique vide. Ce personnage va servir pour créer *une machine bien huilée* effectuant parfaitement les commandes, c'est la programmation de l'homme de fer blanc que recevront certains alter.

L'auteur du Magicien d'Oz, L. Frank Baum, occultiste et membre de la société Théosophique, a été selon lui inspiré par un esprit qui lui a donné la *"clé magique"* pour écrire ce conte pour enfants. En d'autres termes, Baum était médium et a écrit cette histoire en canalisant une entité. Dans le livre *"The Annotated Wizard of Oz"*, Baum a écrit : *"C'était de la pure inspiration... Cela m'est venu d'une manière inexplicable. Je pense que parfois, le "Grand Auteur" a un message à faire passer et qu'il doit utiliser l'instrument qu'il a à portée de main. Il se trouve que j'ai été ce médium, et je crois qu'une clé magique m'a été donnée pour ouvrir les portes de la sympathie, de la compréhension, de la joie et de la paix."*[497] Le Magicien d'Oz en 14 volumes est sorti en 1900, ce conte que l'on peut qualifier de "théosophique" incorpore "l'ancienne sagesse" des religions à Mystères, que d'autres appellerons sataniques ou lucifériennes... son contenu initiatique a été repris et utilisé comme un support pour le contrôle mental basé sur les traumatismes. Les entités qui ont inspiré cette histoire connaissaient probablement le potentiel qu'elle contenait et l'utilisation occulte qui en serait faite.

Le film *"Frankie et Alice"*, basé sur l'histoire vraie d'une femme ayant développé un T.D.I., contient une scène montrant une séance d'hypnose où une personnalité alter d'enfant émerge en se mettant à parler du Magicien d'Oz... simple clin d'œil. En 2009, dans une vidéo du *New York Times (Screen Test)*, l'actrice et mannequin Megan Fox a confié à Lynn Hirschberg l'obsession qu'elle avait pour le Magicien d'Oz lorsqu'elle était petite : *"Je me rappelle très bien du Magicien d'Oz car ça a été pendant longtemps mon film favori. J'étais obsédée par ce film et je le regardais encore et encore en boucle. Pendant des années j'ai voulu être Dorothy ! Jusqu'à mes 6 ans, je portais des couettes et je crois que ma grand-mère m'avait fait le costume de Dorothy, j'avais aussi les petites pantoufles couleur rubis. Ma mère m'appelait Dorothy, je ne lui répondais pas et ne l'écoutais pas si elle m'appelait Megan, car ce n'était pas mon nom."*

La survivante Svali a décrit les méthodes utilisées pour qu'un script de film puisse être implanté chez un jeune enfant fractionné : *"Le programmeur projette le film à l'enfant en lui disant qu'il sera ensuite interrogé sur ce qu'il a vu, ce qui déclenche automatiquement chez l'enfant l'utilisation de sa mémoire photographique. Le programmeur pourra montrer à l'enfant le film intégral ou juste quelques scènes, voir même une seule scène. Après avoir regardé le film entier ou seulement quelques passages, l'enfant est drogué pour qu'il se détende, puis on lui demande ce dont il se souvient. Il sera violenté s'il ne se rappelle pas de ce que juge comme important le programmeur et il sera forcé à regarder ces scènes en boucle. Lorsque l'enfant a enfin mémorisé la totalité de ce qui est jugé bon de l'être, le programmeur lui dira qu'il est l'un des personnages du film. L'enfant sera fortement traumatisé pour créer une personnalité alter vierge qui deviendra le personnage en question. La première chose que verra cette nouvelle ardoise vierge (le nouvel alter) sera le film en entier ou une scène du film, ce sera donc sa première mémoire. Le programmeur va ensuite relier la scène du film à l'idéologie "illuminati" (luciférienne), il va enseigner à l'enfant le "sens caché" du film et le féliciter pour être un des rares "illuminés" pouvant comprendre sa réelle signification. La programmation des scripts sera généralement reliée à d'autres programmations déjà présentes chez l'enfant. Par exemple la programmation de type militaire peut-être reliée au film Star Wars, la programmation du labyrinthe interne peut-être reliée au film "Labyrinth", etc... Les possibilités sont très variées. La musique du film, ou une scène particulière, peut être utilisée comme un déclencheur pour accéder à la programmation ou faire émerger la personnalité alter correspondante."*

Selon Fritz Springmeier, la culture populaire américaine de la deuxième partie du XXème siècle a été transformée en un grand catalogue servant de support pour les programmations MK. Des séries comme *Star Trek* ou *Star Wars* ont été exploitées par les programmeurs, tout comme l'ont été les productions *Walt Disney*, *Alice au Pays des Merveilles* ou le *Magicien D'Oz*. De nos jours, il est

---

[497] *"The Annotated Wizard of Oz"* - Michael Patrick Hearn edition, New York : Clarkson N. Potter, 1973.

probable que les programmations utilisent des productions récentes, bien que les *classiques* restent très certainement des supports efficaces et importants. Par exemple dans la culture *Star Trek*, il a été publié toute une série de manuels hautement techniques décrivant en détail tout l'univers de cette série, c'est à dire les équipements, les vaisseaux, les planètes, etc. D'après Springmeier, lorsque vous examinez ces manuels ultra détaillés, la meilleure façon d'expliquer le temps et l'argent dépensés pour développer des descriptifs si complexes pour une simple fiction est qu'ils servent dans des buts de programmation MK. Ces manuels contiennent par exemple des cartes de l'univers *Star Trek* et une telle carte peut être utilisée comme support pour organiser un système T.D.I. Lorsque vous fractionnez la personnalité d'une victime, vous avez alors besoin de ce type de schéma / supports pour la restructurer, comme s'il s'agissait de recréer ou réorganiser leur âme éclatée en mille morceaux. Un amas d'étoiles ou une planète peut servir à isoler ou regrouper des alter, ne pouvant quitter cet endroit qu'en entrant dans une dissociation et en voyageant dans l'espace-temps lorsqu'un électrochoc, un flash lumineux ou autre déclencheur est induit. Comme pour la chirurgie magique, le nombre de scripts dépendra de l'imagination des programmeurs, ayant à disposition tout un catalogue de structures exploitables pour organiser le monde intérieur du sujet fractionné.

Brice Taylor rapporte comment son monde intérieur pouvait être un véritable cosmos : "Henry a travaillé avec moi plutôt vers le début, afin de mettre en place tous mes systèmes. Il a même marqué sur mon front une croix pour délimiter ce qu'il appelait la "carte stellaire" de mon système. Puis il m'a mis devant le miroir pour que je puisse voir ce petit visage de 5 ou 6 ans, aux cheveux courts, avec cette croix noire sur moi. Il disait qu'il y avait des planètes au sein de mon univers intérieur et qu'elles dormaient en attendant le jour où elles seraient occupées. Plus tard, il y a rajouté d'autres zones en disant que c'était des petits mondes pour les différentes planètes. Ce système permettait de garder l'information totalement séparée et isolée car les planètes n'avaient aucun moyen de communiquer les unes avec les autres. Toutes les données et les informations restaient donc cloisonnées, autonomes et maintenues en orbite dans la grande immensité bleue des étoiles. Toutes ces étoiles étaient utilisées comme des fichiers pour des vedettes du cinéma ou des politiciens qui avaient l'habitude de m'utiliser. Les étoiles plus grandes contenaient des fichiers de personnalités alter plus volumineux et elles étaient liées à des gens que je côtoyais régulièrement, tandis que les petites étoiles étaient réservées à des gens que je ne voyais qu'à l'occasion. Les plus grandes étoiles étaient réservées pour les élites. Le groupe d'hommes tout puissant qui orchestrait secrètement cette horreur, avait mis en place un système satellitaire perfectionné pouvant voyager partout à l'intérieur de mon esprit, surveillant constamment mes "mondes intérieurs". Ils pouvaient ainsi accéder à chacune des planètes, à n'importe quel endroit du système, et donc à toutes les informations qu'ils voulaient sur n'importe lesquelles de ces personnes que les alter côtoyaient,... Henry me disait que les fichiers de mon esprit sont illimités parce que l'univers est sans limite et d'une immensité absolue, il me disait également qu'il y aura toujours des nouvelles zones à cartographier."[498]

---

[498] "Thanks For The Memories : the truth has set me free" - Brice Taylor, 1999, p.66.

Les objets peuvent être transférés dans le monde intérieur avec la chirurgie magique mais ils peuvent aussi servir de support extérieur pour la programmation. Certains objets peuvent servir d'outils pour manipuler l'enfant dissocié. Dans son autobiographie, Brice Taylor explique que son père avait spécialement créé pour elle une armoire à poupée. Cette armoire était remplie d'une collection de poupées diverses et variées. C'était des poupées qui provenaient des quatre coins du monde, des jouets qu'on lui offrait toujours avec "amour". Son père les utilisait comme support pour manipuler et programmer les personnalités alter de sa fille fractionnée par les abus répétitifs, nuit après nuit : *"Souvent lorsque mon père me torturait, il me donnait une nouvelle poupée afin de créer une autre partie en moi avec une nouvelle identité, je m'occupais alors d'elle et mon jeune esprit (dissocié) s'identifiait alors avec cette poupée que je tenais. Il me disait que cette poupée dans ma main était une partie de moi-même tout en étant toutes les deux séparées, puis il lui donnait un nom. Il y avait la petite poupée aux cheveux roux et avec des taches de rousseur, la poupée Bébé, Cindy la mariée, Rebecca, Sally, Barbie, Madame Alexander... pour en nommer quelques-unes. J'étais littéralement entourée de poupées (…) mon père disait que je ne pouvais pas jouer avec ces poupées tant qu'il ne m'en avait pas donné l'autorisation, tant qu'il ne m'avait pas dit qu'il était temps pour elles de sortir de l'armoire. La nuit, lorsqu'il me réveillait pour abuser de moi, il sortait la poupée liée à la personnalité alter qui devait émerger de mon système interne. Quand il sortait une poupée, il disait : "elle n'est plus dans l'armoire, maintenant elle peut sortir et jouer", et à cet âge tendre, je basculais tout de suite dans la personnalité que mon père appelait. Puis il disait : "Toi Susie, tu vas te retirer lorsque Poupée sera complètement entrée dans ton corps. À chaque fois que je claquerai trois fois des doigts, Poupée entrera dans le corps et Susie se retirera sur le côté." Et il faisait claquer ses doigts trois fois et je suivais parfaitement le commandement de mon père."*[499]

La programmation MK utilise également les couleurs pour organiser les systèmes internes et manipuler facilement les alter. Avec un fractionnement de personnalité en une multitude d'alter, les couleurs vont être une façon d'organiser un groupe et d'y accéder facilement. De plus, les jeunes enfants reconnaissent les couleurs avant de savoir lire, ils y sont très sensibles. Cette programmation peut donc se faire très tôt, dès l'âge de deux ans. L'enfant sera programmé dans une pièce peinte ou éclairée d'une certaine couleur. S'il s'agit de la couleur bleu, le programmeur fera remonter un des alter de l'enfant pour lui dire qu'il va apprendre à *devenir bleu* et apprendre ce que signifie cette couleur. La pièce sera baignée de bleu, le programmeur sera habillé en bleu avec éventuellement un masque bleu. Tous les objets seront également bleus. Une personnalité alter sera appelée à émerger puis elle sera droguée, hypnotisée et traumatisée sur une table ou un brancard. Lorsqu'elle sera en état de transe, on lui dira que le bleu est quelque chose de bon et qu'elle est elle-même de couleur bleue. On lui dira que le bleu va le protéger du danger, que les gens bleus ne se blessent pas, qu'elle va porter des beaux vêtements bleus, etc… Si l'enfant résiste et qu'il ne veut pas *devenir bleu*, il sera torturé jusqu'à ce qu'il se soumette. Suite à ces séances de programmation, l'enfant baignera dans le bleu pendant un certain temps, on lui mettra des lunettes ou des lentilles teintées en bleu et il portera des vêtements de la même couleur. Puis par étapes progressives, on enseigne à l'alter concerné la

---

[499] Ibid, p.48.

signification de cette couleur ainsi que la fonction qui y est reliée et qu'il doit intégrer. Les séances de traumatismes se multiplieront tandis que cette couleur sera imprimée de plus en plus profondément dans son subconscient. La couleur devient ainsi un déclencheur par lequel le programmeur ou le maître peut accéder à un groupe d'alter ou à un alter particulier de la victime. Le code couleur est une méthode basique pour organiser les systèmes internes.[500]

Voici un extrait de conférence de la survivante australienne Kristin Constance qui décrit un processus de programmation MK par les couleurs (la transcription intégrale de son témoignage se trouve plus bas dans ce chapitre) : *"La programmation par les couleurs que j'ai subie avait lieu dans des chambres souterraines. Chaque pièce avait une couleur différente, correspondant à différentes programmations. Les couleurs semblaient correspondre à celles de l'Étoile Orientale : bleu, jaune, blanc, vert, rouge et noir pour le centre. La chambre rouge avait une lumière rouge, un brancard, une table pleine d'instruments de torture et un équipement pour les électrochocs. Le côté droit de mon corps était recouvert tandis que le côté gauche subissait des tortures électriques. Des électrodes étaient placées sur mes articulations gauches, ce qui provoquait une douleur paralysante... que je ressens encore aujourd'hui. On me chuchotait des choses à l'oreille gauche et des décharges électriques étaient appliquées sur mes tempes. Voilà comment "Rouge" a été créé, et renforcé... Une femme me posait des questions pour la programmation, et peu importe ce que je répondais, j'avais systématiquement tort. Je me suis dissociée de nombreuses fois... "Rouge" et ses alter semblent être programmés pour que lors des abus sexuels, il n'y ait aucune réaction à la douleur, en toute circonstance. Rouge a subi beaucoup de rituels de sang et de viols, et c'est elle (ndlr : un groupe d'alter) qui a encaissé la plupart de mes douleurs."*

Dans le livre de la thérapeute Alison Miller *"Healing the Unimaginable"*, la suvivante Trish Fotheringham décrit également comment les couleurs ont été utilisées pour organiser et structurer ses personnalités alter : *"Mes alter créés d'une manière délibérée étaient tous associés avec des couleurs particulières, chaque couleur représentant une "voie" ou un type de programmation. Un alter qui aura été formé pour suivre une voie rouge ne portera que des vêtements de cette couleur, on lui parlera d'une certaine façon et il vivra des situations spécifiques avec un type particulier de personnes. Les chances sont minces pour que même les jouets avec lesquels l'enfant est autorisé à jouer ne fassent pas partie de sa programmation (...) La programmation va ensuite consister à inclure de plus en plus de connexions avec les couleurs, reliant progressivement chaque couleur à des sons, des mots, des formes, des symboles, etc (...) toute petite, lorsque j'étais placée sur les genoux d'un homme, mon premier alter de la voie rouge (sexuelle) devait avoir systématiquement un comportement sexualisé, il devait par exemple se tortiller et rire de façon explicite. De l'âge de 6 mois à 2 ans, ma programmation s'est focalisée sur l'installation des commandes basiques et des déclencheurs chez les alter primaires. Certains programmes comme "Obéi", "Ne parle Pas", "Sois Loyale", ainsi que les sécurités et les alarmes internes, ont été mises en place dès le début et renforcées au fur et à mesure que je grandissais. Plus tard, mes maîtres appelaient ces alter en utilisant les phrases contenant les codes déclencheurs ou en induisant l'état émotionnel dans lequel j'étais lors du fractionnement initial (...) Lumières, vêtements et accessoires, mots, phrases, contacts physiques spécifiques, odeurs, drogues, ainsi que plusieurs codes de couleurs spécifiques étaient tous utilisés méthodiquement. Cela permettait à mes maîtres et à mes programmeurs de créer et de développer chez chaque alter un système de croyance individuel et autonome formé avec des valeurs*

---

[500] "Breaking the Chain : Breaking free of cult programming" - Svali, 2000.

modelant systématiquement sa conception et sa compréhension sur le fonctionnement du monde, sur "les règles de vie", et sur presque tout ce qu'il pense, ressent, dit ou fait."[501]

Fortheringham a aussi décrit les méthodes utilisées pour aménager son monde intérieur lors de ses états dissociés : "Je devais avoir deux ans lorsque mes programmeurs ont utilisé pour la première fois une chaise spéciale avec des sangles et un casque. Elle pouvait pivoter, tourner, basculer et envoyer des électrochocs. Mes programmeurs me disaient toujours que cette chaise était une "porte magique" qui me permettait de "chevaucher à travers l'arc-en-ciel" vers des royaumes lointains et étranges. Au début, la vibration et la stimulation électrique de la chaise, combinées avec la drogue et le vent d'un ventilateur braqué sur moi, me faisait ressentir comme si je flottais et que je me déplaçais réellement dans l'espace. Ils donnaient à la chaise différents buts et différentes "destinations" en fonction des alter qui émergeaient. Par l'utilisation d'éclairages spécifiques, de sons ou de musique, ils créaient des ambiances particulières, des réalités alternatives. La chaise qui basculait et tournait sur elle-même, combinée à des impulsions électriques, pouvait créer une véritable tornade avec des éclairs dans le monde intérieur (...) Lorsque je "chevauchais l'arc-en-ciel" sur cette chaise, les lumières et les effets spéciaux me faisaient voyager. Par la suite, j'ai violemment été "réparée" et punie sur cette chaise (...) Le monde intérieur était facilement aménagé, parfois cela se faisait dehors, parfois avec une mise en scène. Les "phénomènes météo" étaient injectés dans le monde intérieur de la même manière que tout le reste, simplement par des suggestions, en affirmant qu'ils étaient là, accompagnés de quelques effets spéciaux. Comme tous les enfants de cet âge-là, je croyais naturellement tout ce que l'on me disait. Les tornades de poussière et les tourbillons étaient produits avec des ventilateurs braqués sur moi lorsque j'étais dans la "chaise magique". Au début, on me disait de "contrôler" ces phénomènes, puis ensuite de devenir moi-même ces phénomènes. Des arcs-en-ciel étaient créés autour de moi dans cette chaise, apparemment grâce à des projecteurs et de la vaporisation d'eau. On me disait que ces arcs-en-ciel étaient des chemins magiques multicolores menant vers d'autres mondes et que c'était la chaise qui fixait la destination finale. Ces autres mondes étaient d'abord mis en scène extérieurement, puis ils étaient intégrés et devenaient une partie de mon monde intérieur. Les arcs-en-ciel contiennent toutes les couleurs, ils peuvent donc être utilisés pour appeler simultanément tous les alter reliés aux couleurs (...) Après que des tests aient confirmé que la programmation est bien intégrée de manière satisfaisante, le monde intérieur est scellé, piégeant ainsi les personnalités alter à l'intérieur avec chacune leur réalité pré-programmée. Ces alter piégés dans des structures intérieures sont bloqués à un certain âge et à un certain niveau de développement où ils croient encore aux contes de fées et à la magie. Ils sont incapables de discerner la réalité de la fiction. Ils sont aussi totalement incapables de faire une distinction entre le monde intérieur et le monde extérieur (...) Ils sont isolés avec pour seuls repères leur système de croyance personnel, leurs traits de personnalité et leurs compétences, tout ce qui a été programmé pour eux."[502]

---

[501] "Healing the Unimaginable : Treating Ritual Abuse and Mind Control" - Alison Miller, 2012, p.75-76.
[502] Ibid, p.77-78.

Dans son livre *"Restoring Survivors of Satanic Ritual Abuse : Equipping and Releasing God's People for Spirit-Empowered Ministry"*, la thérapeute Patricia Baird Clarke a écrit un chapitre sur les structures du monde intérieur et la chirurgie magique. En se basant sur les Écritures Saintes, elle explique aussi que les abus rituels sataniques (par les traumatismes et l'extrême dissociation) vont scinder le corps physique et le corps spirituel ouvrant une brèche sur d'autres dimensions, comme nous l'avons vu dans le chapitre précédent. Voici l'intégralité de ce chapitre qui nous explique ce qu'est ce "monde intérieur" du point de vue d'une thérapeute :

Nous allons nous pencher sur ce que nous pouvons rencontrer chez une personne ayant subi des abus rituels sataniques, provoquant un état psychique d'une grande complexité. Ces personnes sont généralement nées dans des familles pratiquant le satanisme et l'abus rituel de génération en génération. Toute personne ayant subi ce genre d'abus n'aura pas forcément les structures internes complexes que nous allons maintenant aborder et détailler ; cependant il faut s'attendre à trouver de telles structures et de telles fragmentations de personnalité car ces gens ne sont pas rares du tout. Les personnes appelées à travailler spirituellement sur ce sujet des abus rituels auront besoin des connaissances pratiques données dans ce chapitre.

L'abus rituel satanique et le T.D.I. qu'il provoque créent un état intérieur d'une incroyable complexité. Les concepts suivants pourront paraître bizarres ou surréalistes pour qui découvre le sujet. Cependant nous devons garder en tête que ces choses que nous allons décrire, qui semblent extraordinaires, représentent la perception qu'ont de la vie et de la réalité les victimes. Tout ce qu'elles disent doit être traité avec respect et avec une grande attention, peu importe si cela peut paraître fantasque à vos yeux. Des démons sont invoqués et "placés" dans la personne afin de maintenir la séparation entre les alter, inaccessibles pour la victime. Des émotions négatives et des activités sectaires spécifiques sont attribuées à chaque alter. Ces alter travaillent afin que la victime soit totalement sous le contrôle de la secte. Elle devient alors une sorte de 'zombie', c'est un véritable enfer. L'individu fractionné est contraint de se former un monde intérieur obscur de par les incessantes violences et les programmations démoniaques. Le mot hébreu qui désigne l'obscurité est "cho-shek", qui signifie la misère, la destruction, la mort, l'ignorance, la tristesse et la méchanceté. L'objectif des bourreaux occultistes est d'emprisonner leur victime dans une toile de misère, de destruction, de zombification où il n'y a pas d'échappatoire possible. L'âme de la personne est brisée et chaque morceau (fraction, alter) est empêtré dans un dédale de donjons, de prisons, de pièges, etc… C'est leur monde intérieur.

Les victimes se retrouvent extrêmement traumatisées et brisées, elles sont dans une grande confusion. La plupart d'entre elles ne comprennent pas ce qui leur est arrivé. Tout ce qu'elles savent, c'est qu'elles souffrent et qu'elles ont besoin d'aide. La seule compréhension que nous ayons quand à ces pratiques occultes, ce qu'ils font et pourquoi ils le font, nous l'apprenons par ces précieuses personnes, des victimes dans un grand mal-être et totalement perdues. Il est difficile de reconstituer une image exacte de leur monde intérieur, de son fonctionnement et de la raison pour laquelle il a été créé. En combinant mon expérience auprès de victimes d'abus rituels avec ma connaissance des Saintes Écritures, j'ai élaboré ma propre théorie pour expliquer ce à quoi nous avons affaire. Nous savons par les Écritures que nous avons un esprit, une âme et un corps.

1 Thess 5.23 : "Que le Dieux de paix vous sanctifie lui-même tout entier, et que tout votre être, l'esprit, l'âme et le corps, soit conservé irréprehensible, lors de l'avènement de notre Seigneur Jésus-Christ ! Celui qui vous appelle est fidèle, et c'est lui qui le fera."

Dans la Génèse 2 :7, il nous est montré comment nous avons été créés en trois parties. "L'Éternel Dieu forma l'homme de la poussière du sol, il insuffla dans ses narines un souffle vital et l'homme devint un être vivant."

Le souffle de Dieu est devenu l'esprit de l'homme. Lorsque le souffle de Dieu est entré en contact avec le corps de l'homme, l'âme fût alors formée et ces trois éléments sont assemblés en nous. Dans Hébreux 4 :12, nous lisons que Jésus (Lui-même étant la Parole de Dieu) a séparé à un moment donné l'âme de l'esprit. "Car la Parole de Dieu est vivante et efficace, plus acérée qu'aucune épée à double tranchant, elle pénètre jusqu'à la division, âme et esprit, des jointures et des moelles; elle est juge des sentiments et des pensées du cœur".

Je crois que tant que notre esprit est relié à notre âme et à notre corps, nous ne sommes pas en mesure de "voir" dans le domaine spirituel. C'est ce à quoi nous a destiné Dieu puisque Satan et les démons peuvent apparaître comme des "anges de lumière" et nous tromper. Dieu veut que nous soyons innocents concernant le mal.

Romains 16 :19b : "Je désire que vous soyez sages quand au bien et simples concernant le mal". Ce concept de séparation entre l'esprit et l'âme est difficile à expliquer parce qu'il y a une séparation de l'âme et de l'esprit effectuée par Jésus, qui est bon. Quand nous avons fait mûrir notre foi chrétienne et fait mourir nos motifs égoïstes, nous prenons conscience de la séparation de l'âme et de l'esprit. Cela signifie que nos bonnes œuvres qui proviennent de notre âme ne sont pas liées aux motifs charnels de notre esprit. Cette séparation n'est pas totale, car il y a toujours un lien qui maintient notre âme dans notre corps. Nous devenons plus conscients de l'Esprit Saint et nous avons alors plus de discernement spirituel, mais cependant nous restons encore "branchés/connectés" au corps physique. Cependant, par les abus rituels sataniques, il y a une séparation apparemment soudaine et totale de l'âme et de l'esprit, ce qui permet ensuite à la personne de voir et d'entendre les démons.

Dans Cor 15 :44, nous lisons : "Il est semé corps animal, il ressuscite corps spirituel, il y a un corps animal et il y a un corps spirituel". Nous savons ainsi que nous avons un corps physique et un corps spirituel. C'est à travers ce corps biologique que nous avons un contact physique avec le monde matériel qui nous entoure. Nous ne sommes pas conscients d'avoir un corps spirituel jusqu'à la mort de notre corps physique. C'est ce à quoi Dieu nous a destiné. À travers les rituels, les satanistes utilisent les démons pour séparer le corps spirituel du corps physique. Quand l'âme et l'esprit ont été séparés et que le corps spirituel a été séparé du corps physique, alors la personne entre d'une manière pleinement consciente dans une toute autre dimension. C'est la dimension que je nomme le monde intérieur. Ce monde est aussi vaste et aussi réel pour l'individu que ne l'est le monde physique pour nous. Nous pensons aux esprits comme s'ils avaient un état 'vaporeux', mais les personnes étant allées dans cette dimension m'ont rapporté que les démons avaient bien un poids et une substance.

Ce monde intérieur est un monde constitué d'esprits démoniaques et de personnalités alter, il est accessible par l'esprit, par la pensée, plus spécifiquement par l'imagination. Les personnes qui pratiquent la méditation transcendantale ou qui recherchent des guides spirituels (non incarnés) par exemple, utilisent leur imagination pour communiquer avec le domaine des esprits maléfiques. Dieu nous a donné une imagination, ce n'est pas une mauvaise chose en soi car nous pouvons l'utiliser pour de fabuleuses inventions d'une grande utilité pour l'humanité. Nous pouvons utiliser notre imagination à l'image de Jésus lorsqu'il enseigne à ses disciples et leur dit de jeter leurs filets du côté droit de la barque. L'imagination peut être utilisée pour le bien comme elle peut être utilisée pour le mal.

Lorsqu'un travail spirituel est fait sur les personnalités alter, lorsque les mémoires remontent, il arrive un moment donné où la personne est prise d'une grande détresse déclarant que son "côté droit semble être séparé de son côté gauche". À ce stade, un démon doit être expulsé hors de la personne. Ce sera utile pour elle, mais cela ne la délivrera pas de la connexion à cette dimension spirituelle particulière qu'elle subit. Ce sentiment de division peut se produire par la mémoire du rituel qui a provoqué le fractionnement. Une femme a décrit une cérémonie où les satanistes utilisent les Écritures de 'Hébreux 4 :12', mais d'une façon complètement tordue. Dans ce rituel, une véritable épée est tenue au-dessus de la victime et des démons sont invoqués pour la fractionner et la diviser.

La "chirurgie magique" permet d'accompagner ce monde spirituel avec différentes structures et objets (…) En raison de la dimension spirituelle où se trouve cette personne, elle est capable de voir et d'expérimenter ces objets comme s'il s'agissait d'une chose réelle identique à notre monde tridimensionnel. Les satanistes utilisent cela à des fins de contrôle. L'enfant pourra par exemple être emmené en voyage en Allemagne et là-bas on va lui faire visiter un château dans les moindres détails, autant l'intérieur que l'extérieur. L'enfant vivra quelques jours très éprouvants dans ce château, il passera par des différents rituels dans les diverses chambres. L'enfant est forcé à mémoriser le plan du château. Une réplique miniature de ce château à la façon d'une maison de poupées sera construite, une maquette en trois dimensions avec laquelle l'enfant pourra intégrer profondément sa structure. Une fois que le château a été mémorisé, l'enfant est soumis à la "chirurgie magique", c'est à dire qu'on lui dit que la maquette miniature du château va être placée à l'intérieur de lui tout comme il est lui-même placé à l'intérieur du château (ndlr : Nous retrouvons là un schéma de mise en abîme, tout comme les représentations graphiques du peintre Escher basées sur la dualité et les effets de miroirs. Selon Fritz Springmeier, les inversements, les images miroirs, les illusions et autres trompes l'œil contenus dans les peintures de Escher sont des excellents supports pour la programmation mentale de sujets fractionnés). Le château est maintenant "à l'intérieur" de l'enfant et il devient une structure exploitable pour le monde interne. Dans ce monde intérieur, il est maintenant possible de se promener dans les différentes salles du château, cela d'une manière aussi réelle que dans le monde physique. Dans les rituels qui vont suivre cette "chirurgie", l'enfant va se dissocier de nombreuses fois et les personnalités alter qui vont naître seront alors programmées pour s'établir dans différentes pièces du château. Ces pièces seront gardées par des entités extérieures, des démons, et des pièges seront placés stratégiquement de sorte qu'il n'y ait pas d'échappatoire pour les alter cloisonnés. Ces châteaux sont froids et sombres, ils sont remplis de rats et de serpents ainsi que de salles de tortures, il s'agit d'une puissante structure de contrôle. Si un alter ne se soumet pas, qu'il n'exécute pas exactement les commandes, il sera remis aux démons dans une chambre de torture du château. Cela est extrêmement douloureux pour la victime car les sens spirituels sont exacerbés. D'après certains témoignages, les sens spirituels sont plus forts que les sens physiques. La douleur subie dans ce monde intérieur se propage même dans le corps physique. Lorsqu'un Chrétien se montre disposé à vouer sa vie pour le Christ, une autorité exceptionnelle lui est accordée par le Seigneur sur ce sujet-là. Jésus-Christ sait comment protéger les alter lorsqu'ils commencent à parler. IL nous donne le pouvoir d'enfermer tous les démons et IL met à l'abri les alter là où ils ne peuvent pas être retrouvés et subir des représailles.

Avec cette chirurgie magique, les occultistes placent des pièges partout dans le monde intérieur de la personne. Bien sûr, ces choses ne sont pas réellement à l'intérieur, mais en raison du fait que l'enfant croit qu'elles sont là, les démons peuvent les utiliser pour le contrôler. Les satanistes savent bien qu'un alter aura un jour ou l'autre la possibilité de commencer à parler et à témoigner à l'extérieur du culte. Afin de les maintenir silencieux, ou pour les punir s'ils parlent, des pièges sont placés stratégiquement et ils se déclencheront avec certains "triggers" (déclencheurs) à chaque fois que le système sera menacé. Ces pièges peuvent être aussi pervers qu'un démon puisse l'imaginer. Un piège très commun est la bombe. Un après-midi, je me suis rendu compte qu'une femme qui venait d'accéder à certaines mémoires concernant des abus n'avait rien bu de toute la journée. Après avoir consulté le Seigneur, celui-ci m'a révélé qu'il y avait une bombe à l'intérieur d'elle prête à exploser si elle buvait quoi que ce soit. Elle était absolument terrifiée. J'ai demandé au Seigneur de la lui retirer, ce qu'Il fit. Elle a pu ensuite boire deux grands verres d'eau. Dans ce monde intérieur, ce sont ses croyances qui lient et tiennent la victime. Un démon peut simuler l'explosion interne d'une bombe et la personne aura le son et la douleur de cette "explosion". Beaucoup de ces outils ont pour but de détruire la vie ou la santé mentale de la personne qui commence à parler. Ce n'est là qu'un exemple qui nous montre la raison pour laquelle ce type de traitement ne peut-être fait qu'avec succès par un chrétien qui va s'en remettre à Jésus-Christ pour lui laisser faire le travail. Si un athée avait essayé de retirer cette bombe, elle aurait explosé et la femme aurait eu besoin d'une médication et même éventuellement d'une hospitalisation. Une dame m'a un jour décrit ce qu'il s'était passé en elle lorsque des croyants bien intentionnés avaient essayé de chasser les démons hors d'elle. Une bombe a alors explosé et elle a littéralement ressenti des éclats transpercer chaque partie de son corps. Les éclats étaient en fait des entités démoniaques propulsées dans ses bras, ses jambes, sa tête… dans chaque partie du corps… l'éclatement de la bombe était accompagné par une commande implantée lui disant de tuer ceux qui tentent de l'aider, et de courir ensuite dehors pour se jeter sous une voiture. Elle savait ce qu'il se passait, mais c'était totalement hors de contrôle. Deux hommes étaient présents pour la contrôler mais deux autres personnes ont dû intervenir pour les aider à la maintenir.

Par la chirurgie magique, toute chose du monde physique peut être placée dans le monde intérieur d'une personne. Voici quelques-unes des choses que l'on trouve couramment dans cette autre dimension de l'être. Ces objets, ayant pour but de contrôler la victime, ne peuvent être retirés que par la Grâce du Seigneur. La plupart d'entre eux sont reliés à de douloureuses mémoires d'abus et ils seront supprimés au moment où la mémoire sera traitée et intégrée, mais ce n'est pas toujours le cas. C'est pour cela qu'il est important de laisser les rênes au Seigneur.

- Ordinateurs : L'ordinateur peut être utilisé par les démons et/ou un alter pour contrôler un objet ou une personnalité alter du système.

- Téléphones : La personne peut réellement entendre la voix du bourreau qui lui donne des instructions, la voix est évidemment celle d'un démon. Si l'agresseur veut que la personne se rende à un endroit précis à tel moment, il fait appel à un démon qui activera le téléphone pour transmettre les instructions à la victime. Un démon a la possibilité de reproduire parfaitement la voix d'un humain mais aussi son apparence physique.

- Magnétophones : Ceux-ci peuvent diffuser des choses humiliantes, des remarques méchantes et blessantes. Ils peuvent diffuser des instructions en boucle pour obtenir certains comportements. Par exemple, si la personne reçoit un compliment extérieur, une voix "enregistrée" contredira en disant des choses humiliantes. Encore une fois, c'est de la ruse démoniaque.

- Cassettes vidéos/DVD : Avec ces outils, des scènes horribles de tortures humaines ou autres peuvent être projetées dans l'esprit de la personne.

- Réveils : Ceux-ci peuvent être réglés pour sonner à différents moments de la nuit ou de la journée pour que la personne ne puisse jamais avoir un sommeil réparateur. (ndlr : Cathy O'Brien rapporte dans son autobiographie comment des "réveils mentaux" automatiques étaient implantés en elle, tout comme dans sa fille, afin qu'elles n'aient jamais plus de deux heures de sommeil consécutives.)

- Four : Un four pourra être utilisé pour aspirer toute l'énergie de la personne ou vider énergétiquement un alter pour sa destruction. Le four peut garder la personne en surchauffe pour perpétuer la traumatisation.

- Labyrinthes : Les alter sont souvent pris au piège dans des labyrinthes. Jésus sera capable de les en faire sortir et de détruire ce labyrinthe.

Ce ne sont là que quelques exemples de choses que l'on retrouve communément dans le monde intérieur des victimes d'abus rituels sataniques. Les possibilités sont infinies, car avec cette chirurgie magique, tout dans ce monde physique peut être transféré dans le monde intérieur.

Pour des personnes nées dans des familles satanistes transgénérationnelles, les abus peuvent commencer dès la gestation, dans l'utérus. Un fœtus peut-être traumatisé de diverses manières, par électrochocs, coups d'aiguilles, chocs sur le ventre de la mère, viols de la mère, etc.

Il est probable qu'ils utilisent un appareil pour mesurer le rythme cardiaque du bébé. Lorsque le rythme cardiaque s'accélère puis qu'il redescend soudainement d'une manière significative, c'est le signe que le bébé entre en état de dissociation dans l'utérus. Les occultistes tentent d'obtenir 6, 13 ou même 18 fragmentations dès la gestation, ce sont des nombres sataniques de pouvoir. Cependant ils ne réussissent pas toujours à obtenir ces nombres désirés. Chaque fragmentation du fœtus dans l'utérus devient alors une "graine" qui sera par la suite de nouveau fractionnée pour alimenter en personnalités alter les différents niveaux de la structure interne de la personne.

L'organisation du monde interne ne se fait pas au hasard. Il s'agit d'une structure dans laquelle chaque personnalité alter et chaque objet vont être placés méticuleusement et stratégiquement.

Cette structure aura autant de niveaux, qu'il y a eu de fragmentations dans l'utérus. Si la victime a été fragmentée 13 fois dans le ventre de sa mère, sa structure interne aura 13 niveaux. Dans certains cas, le nombre de divisions dans l'utérus ne sera pas autant que souhaité, le nouveau-né sera alors immédiatement fractionné pour compléter le nombre de niveaux. Ces différents niveaux, que l'on peut aussi nommer strates ou couches, doivent avoir une forme géométrique qui sera souvent la même pour chaque niveau. Par exemple, si c'est un carré qui a été utilisé, chaque niveau sera de forme carrée. Ils peuvent aussi être formés par des combinaisons de figures géométriques, par exemple des carrés combinés avec des triangles ou des cercles.

Chaque niveau est divisé en sections, ou chambres, dans lesquelles les alter sont "assignés à résidence". Des gardiens (démons) sont postés aux endroits stratégiques à chaque niveau. En dessous de toutes ces strates, il y a généralement une sorte de fosse qui parfois aura autant de niveaux que la structure de base elle-même. Les différents niveaux sont reliés entre eux par des escaliers (souvent circulaires, en colimaçon) avec une porte cloisonnant chaque niveau. Ce système est semblable à un immeuble composé d'appartements mais la conception peut-être plus sophistiquée. Les niveaux ne sont pas nécessairement de la même taille et ils peuvent avoir des angles différents les uns des autres. Souvent, les niveaux sont conçus pour tourner ou spiraler (ndlr : système de carrousel). Toute cette structure complexe est donc "injectée" à un très jeune âge dans le monde intérieur de l'enfant. Une maquette de la structure pourra être construite pour que l'enfant puisse bien la visualiser et la mémoriser. Il finira donc par la mémoriser parfaitement, y compris l'emplacement des entités gardiennes de chaque niveau et l'emplacement des graines-alter de chaque niveau. Ensuite, en employant la chirurgie magique, la structure est placée en lui et on lui dit qu'il va devoir grandir avec elle. Durant la "chirurgie", l'enfant croit qu'il a été ouvert de la gorge jusqu'à son bas-ventre et que cette structure remplie désormais entièrement le tronc de son corps.

Chaque alter créé dans l'utérus par un fractionnement dissociatif sera affecté à un niveau particulier de la structure. Cet alter devient la "graine fondatrice" qui remplira ce niveau de la structure avec de multiples autres alter, tous des fractionnements de cet alter-noyau. C'est à dire que cet alter-noyau subira toute une série de fractionnements lors de traumatismes successifs.

Le niveau supérieur de la structure est appelé "le niveau public". C'est là où les alter effectuant les tâches de la vie quotidienne (personnalités hôtes) sont logés. Ce sont ceux qui vont gérer la vie de famille, etc, ce sont ceux qui communiquent avec le monde extérieur… Ces alter ignorent généralement l'existence des autres alter plus profonds jusqu'à ce que ceux-ci se révèlent un jour par une aide extérieure. Ces alter "publics" ne savent rien sur les alter des niveaux inférieurs, ni même qu'une structure complexe à plusieurs niveaux puisse exister. Les alter du niveau supérieur ont été programmés chez la victime pour qu'elle puisse faire face à la vie quotidienne, ces groupes d'alter sont parfois appelés le "système maison" ou le "niveau public". Ce niveau a généralement un petit nombre de personnalités : 7 ou 8. La superficie de ce niveau supérieur sera la plus petite de tous les niveaux (la pointe de l'iceberg). En progressant dans la structure vers ses profondeurs, nous allons trouver des niveaux de plus en plus grands et de plus en plus densément peuplés. Il est courant de trouver des centaines d'alter dans les niveaux inférieurs. Plus le niveau sera ancré profondément dans le monde intérieur, plus les alter seront sombres car engagés dans le "côté obscur", c'est à dire les activités occultes du groupe. Les alter qui résident dans les niveaux inférieurs les plus profonds savent absolument tout des niveaux supérieurs et ils sont capables de prendre le contrôle de tout le système supérieur. Les alter les plus puissants et les plus obscurs sont au plus bas niveau, dans la couche de programmation la plus profonde. Lorsque ces alter des couches profondes veulent prendre le contrôle du corps, ils remontent par les portes, donnent un mot de passe aux démons gardiens et accèdent ainsi aux niveaux supérieurs, les niveaux publics. Les personnalités hôtes de ce niveau public ne sont pas habilitées à résister aux alter occultistes des profondeurs. Un alter des profondeurs peut punir et torturer un alter du "niveau public" si jamais celui-ci a parlé ou commis toute autre infraction aux règles. Après un certain temps de ministère, il peut être utile de prier et demander au Seigneur de sceller les portes afin que les alter des plus bas niveaux et les démons ne puissent plus remonter au "niveau public" pour entraîner du désordre. Cependant il ne s'agit pas d'une chose à faire systématiquement... Dieu m'a conduit à le faire pour certaines personnes, mais avec d'autres, Il m'a instruit différemment. Nous devons être ouverts à la guidance du Seigneur.

Un alter peut-être programmé pour être n'importe qui ou n'importe quoi, c'est selon la volonté du programmeur ou selon les besoins de la victime. Quelqu'un qui a été torturé d'une manière aussi complexe ne connaît qu'un seul mécanisme d'adaptation : la dissociation. Par ce moyen, le culte crée délibérément des alter servant son objectif malsain, et la victime crée de son côté des alter pour faire face à la vie qu'elle doit continuer de mener. Par conséquent, certaines personnalités alter seront désignées pour travailler pour le culte, tandis que d'autres auront un rôle pour aider et soutenir la personne abusée. Il y a aussi des alter neutres, qui n'entrent dans aucune de ces deux catégories. Les alter travaillant pour le culte sont créés par des rituels particuliers, ils ont diverses fonctions telles que l'enseignement, le stockage d'informations, la pratique de rituels spécifiques, faire en sorte que la victime suive un certain calendrier en se rendant aux cérémonies, attirer les démons sur elle, stocker de l'énergie satanique, bloquer tous conseils émanant de chrétiens, gérer les programmations, etc. Ce système complexe va faire en sorte qu'il y aura de nombreux alter qui auront en charge de tuer la victime (ndlr : programmation Oméga d'autodestruction) si elle entre en relation avec des conseillers chrétiens pouvant commencer à la libérer. Les programmeurs donnent une identité complète aux alter de culte avec parfois même leurs propres caractéristiques physiques. Par exemple, la victime peut être en surpoids et âgée, mais pour l'alter au contrôle, son corps est celui d'un jeune adolescent svelte. Ces alter de culte pourront aller à l'encontre du bien-être de l'individu au point même d'essayer de le tuer, alors qu'il est nécessaire de rappeler qu'ils habitent le même corps... pourtant ils nient souvent cette réalité avec véhémence en disant des choses dégradantes sur l'apparence physique ou la personnalité de la personne. À ce moment-là, il est utile de les faire se regarder dans un miroir pour montrer comment le culte les a trompés. Il n'est pas rare aussi qu'ils déclarent que les miroirs sont des objets contre lesquels la secte les a mis en garde. Je leur dis alors de se taire pendant qu'ils se regardent dans le miroir, cela les convaincra souvent qu'ils ont été totalement trompés. Beaucoup d'entre eux renonceront avec plaisir à leur programmation d'assassin auto-destructeur lorsqu'ils réalisent qu'ils se seraient en fait suicidés.   Les satanistes accèdent aux alter par l'utilisation de 'triggers' (déclencheurs), comme des noms, des flashs lumineux, des tonalités, des chiffres, etc. À travers les abus et la programmation, la victime devient effectivement un peu comme un ordinateur humain accessible à toute personne détenant le programme et les codes d'accès. Ces alter peuvent également être activés par d'autres moyens. Certains d'entre eux sont activés par des démons que le culte invoque durant des rituels. D'autres alter ont été créés et programmés pour émerger et devenir actifs à une date précise. Par exemple si le culte a décidé qu'une personne devait mourir à l'âge de 50 ans, un alter avec une programmation d'autodestruction s'activera à ses 50 ans. Les astrologues du culte connaissent depuis des éons le moment ou certains phénomènes célestes se produiront. Par exemple, une pleine lune tombant le même jour qu'une éclipse à la date d'un vendredi 13 (ce qui a eu lieu en mars 1998). Ces choses-là sont anticipées des années à l'avance par les satanistes. Certains alter peuvent donc avoir été programmés à émerger ce jour-là pour mener la personne à un rituel où elle aura une fonction particulière.   Chaque alter de culte doit être délivré des démons et converti à Jésus-Christ. Ceci se réalise habituellement en 15 à 30 minutes. Jésus leur donne une nouvelle fonction pour qu'ils puissent travailler d'une manière constructive et participer au bien-être de la personne. Ces alter de culte possèdent beaucoup d'informations qui seront très utiles pour atteindre d'autres alter. Par exemple, j'ai rencontré un cas où un alter nommé Bobby avait tenté en ma présence de tuer la personnalité hôte. Jésus lui a assigné la mission de me révéler où se trouvaient tous les pièges du système. Bobby avait été programmé pour mémoriser les pièges des 7 premiers niveaux sur une totalité de 13 niveaux composant la structure interne. Une fois qu'il est passé "de notre côté", cet alter était devenu un atout précieux pour la guérison de la victime. D'autres alter de culte ont parfaitement conscience qu'ils vivent dans le corps de la personnalité hôte, mais ils travaillent tout de même contre celle-ci. Certains de ces alter, que je nomme "alter kamikazes" sont tellement attachés au côté obscur qu'ils se feront un plaisir de sacrifier leur propre vie pour tuer la victime. Certains seront gagnés par Jésus-Christ, d'autres non, même s'ils peuvent le voir et l'entendre. Dans ce cas-là, Jésus les supprime tout simplement.   Une femme avec un T.D.I. d'une grande complexité aura de nombreux alter masculins. Ils peuvent apparaître tôt dans le ministère de guérison ou alors se manifester qu'après plusieurs mois, mais ils sont bien présents. Il est commun de rencontrer aussi un alter qui croit qu'il est un chien. Il ne sera pas capable de parler mais juste d'aboyer. Il faut alors demander à un autre alter observateur de parler pour lui, il sera d'une aide précieuse. Une question que l'on peut se poser est comment quelqu'un peut-il en arriver à croire qu'il est un chien ? Les satanistes aiment déshumaniser leurs victimes. Le moins elles se sentiront humain, le mieux elles entreront en contact avec les démons en adoptant leurs comportements (Les démons sont bestiaux). Ce type de programmation est vraiment très brutal. Par exemple, ils vont placer l'enfant nu dans un enclos avec des chiens durant une période pouvant atteindre une semaine. L'enfant n'est pas autorisé à se comporter comme un humain. Il lui est interdit de se tenir debout, de parler, de manger et boire avec ses mains et il dormira à même le sol. Il doit donc se déplacer à quatre pattes pour manger et boire dans une gamelle à la façon d'un chien. Il se fera violer à plusieurs reprises par les chiens mâles. Certains alter peuvent être un chaton. J'ai rencontré un de ces alter en écoutant la victime parler de ses techniques/tentatives pour faire face à la violence. Un alter de petite fille m'a alors dit qu'elle avait remarqué que les chatons de la ferme de sa famille étaient délaissés. Elle a pensé que peut-être que si elle devenait elle-même un chaton, ses agresseurs la laisseraient tranquille. Certains de ces alter animaux ne pourront prendre la parole autrement que par un simple "miaou", mais d'autres nécessiteront qu'un alter médiateur parle en leur nom. D'autres encore, en raison de diverses programmations, peuvent croire qu'ils sont des extra-terrestres ou des robots. Une femme se souvenait d'avoir été soumise pendant une semaine à une programmation de chien, suivie d'une semaine de programmation E.T. et une troisième de programmation de robot. À la fin de ces 3 semaines, elle n'avait aucune idée de qui elle était, tout ce qu'elle savait c'est qu'elle n'était pas humaine.

Un des alter le plus mémorable que j'ai rencontré était "Rubber Man" (l'homme caoutchouc). Il faisait partie du "niveau public", il avait été créé par la victime pour accomplir d'incroyables choses que son horrible belle-mère l'obligeait à faire. "Étant en caoutchouc", il pouvait étirer ses bras et ses jambes pour atteindre des endroits inaccessibles et accomplir des tâches apparemment impossibles. Il était particulièrement doué pour laver les vitres ou pour nettoyer les gouttières. Mais "l'homme caoutchouc" ne parlait jamais... il chantait en rimes d'une voix forte et il aimait remonter le moral de la personnalité hôte quand elle se sentait triste. (ndlr : Cathy O'Brien rapporte qu'une de ses sœurs, Kelly Jo, possède un alter avec une programmation pour la prostitution avec laquelle elle devient aussi souple que "Gumby".) Beaucoup d'alter, en particulier les alter bébés ou enfants, n'auront pas de fonction particulière. Ils peuvent être enfermés dans de sombres cachots, des puits, des prisons, etc, ils sont terrifiés et misérables. Ces alter sont souvent des "résidus", ou "dommages collatéraux", créés lorsque la personne est soumise à des degrés croissants de douleur et de terreur pendant les rituels et la programmation. Afin de produire l'alter de culte souhaité, les satanistes soumettent la personne à une douleur insupportable qui engendrera plusieurs dissociations, chaque alter créé successivement étant plus fort et plus relié à l'obscurité que le précédent. Par exemple, si la personne se dissocie à cinq reprises avant que l'alter souhaité ne soit créé, les quatre premiers alter ne sont pas pris en compte par le culte qui n'y accordera aucun intérêt. Ceux-ci seront donc considérés comme inutiles et ils sont enfermés dans des sortes de prisons ou cachots, ils sont "mis au placard". Parfois un alter avec très peu de perspicacité peut se manifester mais sans répondre aux questions. Il y a alors des chances que ce soit un alter pré-verbal (nourrisson ou bébé). Il faut demander si un autre alter peut alors venir parler en son nom. J'ai rencontré le cas d'une femme de 53 ans récemment. Avec ses cheveux lui couvrant le visage, elle me fixait tout en suçant son pouce et en frottant le haut de son nez avec son index. Elle était visiblement très effrayée mais aussi curieuse. Alors qu'elle ne répondait à aucune des questions que je lui posais, j'ai demandé si quelqu'un pouvait parler pour elle. C'est à ce moment-là que j'ai rencontré Lisa, 11 ans, qui m'a parlé des abus qu'avait subis "Rini". Rini est ensuite revenue et j'ai demandé à Jésus de la délivrer, et comme il le fait souvent, il a envoyé un petit agneau vers elle. J'ai vu comment elle caressait l'agneau, comment elle a rit quand il s'est blotti dans son cou. Après un court moment passé avec l'agneau, elle a levé les yeux vers Jésus avec une totale admiration, puis elle a levé les bras pour qu'Il vienne la chercher. Elle a alors semblé se détendre puis elle reposa sa tête sur Son épaule alors qu'Il l'emmenait dans un endroit sûr.[503]

6 - L'ÉTAT DE TRANSE ET LES "DÉCLENCHEURS"

L'état de transe peut se définir par trois critères :
- Une altération de la conscience.
- Une amnésie partielle ou totale suite à la transe.
- Présence d'au moins une personnalité alternative lors de la transe.

Les conditions physiques et émotionnelles extrêmes lors des abus rituels ont un lourd impact sur l'enfant, en particulier avec la combinaison de ces états de transe. Il est important de se pencher sur le rôle de ces états modifiés de conscience dans le processus de contrôle mental des enfants. Lorsqu'ils sont en état de transe, ils sont plus ouverts à l'endoctrinement et aux techniques ayant pour but le contrôle de leurs esprits et de leurs comportements. Par exemple un enfant en transe qui entend un adulte lui répéter que c'est Satan qui a le pouvoir, va intégrer profondément cette croyance, beaucoup plus que s'il était en état de veille normal. Il existe de nombreux moyens pour mettre l'enfant dans ces états modifiés de conscience lors des abus rituels. Le rituel en lui-même contient plusieurs éléments induisant une transe : le chant, l'isolement, la privation sensorielle et la douleur par toutes formes de tortures extrêmes. Les états de transe sont également induits par de l'hypnose et des drogues. Ces expériences ont un impact profond et durable sur les croyances, les sentiments et les comportements des victimes, en dépit du fait qu'elles ne peuvent pas toujours s'en souvenir consciemment. C'est seulement plus tard dans la vie, généralement avec l'aide d'un thérapeute qualifié, que certaines victimes rituellement abusées seront capables de reconstruire laborieusement ce qui s'est passé lorsqu'elles étaient en état de transe ou de dissociation.[504]

Les programmations fonctionnent avec des déclencheurs (*triggers*), ce sont des codes d'accès comme des noms, des phrases, des flashs lumineux, une tonalité, une voix avec un ton particulier, qui permettent aux programmeurs, aux maîtres ou aux supérieurs hiérarchiques de la secte d'avoir un accès aux personnalités alter des victimes. Cela permet également au programmeur d'avoir accès aux structures internes afin de pouvoir les modifier ou récupérer de

---

[503] "Restoring Survivors of Satanic Ritual Abuse : Equipping and Releasing God's People for Spirit-Empowered Ministry" - Patricia Baird Clark, 2000.
[504] Report of the Ritual Abuse Task Force Los Angeles County Commission for Women, 1989.

l'information si besoin est. Le système interne peut en effet servir à stocker de l'information qui sera détenue par un alter hypermnésique, des données ne pouvant être accessibles qu'avec certains codes d'accès. L'information peut être également stockée dans le subconscient, utilisé alors comme un véritable disque dur sécurisé. Toutes ces manipulations se font sans que la victime en ait conscience.

Les fonctions préalablement programmées sont effectuées de manière inconsciente, ou avec une certaine conscience d'obligation de faire ou de ne pas faire quelque chose. Les alter piégés dans les structures internes obéiront à des commandes implantées tant qu'ils n'en seront pas libérés. Ces types de programmations peuvent contrôler les pensées et les actions de la personne pendant des décennies, généralement sans aucune prise de conscience. Les survivants d'abus rituels et de MK commencent à récupérer des mémoires entre l'âge de 30 et 50 ans. Il faut des années de plus avant que la victime devienne consciente de la programmation et de ses effets continus sur elle. La découverte de ces structures internes nécessite souvent une aide extérieure pour permettre au survivant d'accéder à ces informations en toute sécurité en raison des programmations d'autodestruction.[505]

L'attribution de noms aux personnalités alter est un point central dans le contrôle mental. Le programmeur nommera systématiquement l'alter créé car celui-ci se percevra automatiquement comme appartenant à celui qui l'a identifié en lui attribuant un nom. Les noms d'alter, les codes d'accès, les divers stimuli déclencheurs, vont permettre de déclencher les mécanismes du contrôle mental et d'accéder aux programmations.

Le contrôle mental basé sur les traumatismes repose sur la capacité d'induire inconsciemment chez la victime la peur de revivre les abus et les tortures, ceci afin qu'elle respecte les directives et les commandes implantées lors de la programmation. Le psychologue américain Joseph LeDoux qui a étudié la mémoire émotionnelle a axé ses recherches sur le lien entre mémoire et émotion, particulièrement sur les mécanismes de la peur. Ses travaux nous donnent un éclairage sur le fonctionnement de la programmation MK. Dans son livre *"The Emotional Brain : The Mysterious Underpinnings of Emotional Life"*, il montre qu'il existe chez l'humain deux systèmes de mémoire à long terme : un système de mémoire explicite, conscient, cognitif et verbal et un système de mémoire implicite, inconscient, émotionnel et non verbal (c'est ce que nous avons déjà vu au chapitre 5). Ses recherches révèlent que le système de mémoire inconsciente de la peur et de la douleur peut *"représenter une forme indélébile d'apprentissage"*. Dans des réponses post-traumatiques, il écrit qu'un *"stimulus associé au danger du traumatisme peut devenir un déclencheur intégré qui pourra provoquer des réactions émotionnelles en nous."* LeDoux appelle cette forme de conditionnement *"le conditionnement de la crainte"*. C'est ce conditionnement de la crainte qui semble être un élément fondamental pour le fonctionnement de la programmation MK. Les recherches de LeDoux montrent que l'information émotionnelle est relayée par l'amygdale lors des mécanismes automatiques et inconscients de survie lors des traumas, et que ce *conditionnement par la crainte* fonctionne indépendamment de la conscience, c'est ce qu'il appelle

---

[505] "The Relationship Between Mind Control Programming and Ritual Abuse", Ellen P. Lacter.

l'inconscient émotionnel. Ce système émotionnel, en grande partie inconscient, affecte plus fortement le système cognitif conscient que l'inverse. Ainsi, selon lui *"les gens font habituellement toutes sortes de choses pour des raisons dont ils ne sont pas conscients, parce que ces comportements sont produits par des mécanismes du cerveau qui fonctionnent inconsciemment."* Les survivants rapportent que les programmeurs utilisent intentionnellement la torture et les drogues pour essayer de bloquer la capacité de traitement cognitif conscient des victimes. Ce conditionnement par la crainte du trauma va donc contrôler les personnalités alter. Les réponses conditionnées par la crainte seront automatiquement exécutées sans en avoir conscience, sans conscience cognitive. Des déclencheurs conditionnés et programmés, comme la voix du bourreau, un signal de la main, un mot ou une série de mots, etc, peuvent alors induire une peur et une douleur incontrôlées dans la mémoire émotionnelle inconsciente. Cela va donc pousser la personne à avoir un comportement conditionné et programmé pour éviter de ressentir réellement cette douleur et cette terreur qu'elle perçoit déjà inconsciemment dans cette mémoire émotionnelle traumatique.[506]

Le fait que certains événements ne sont pas retenus consciemment ne signifie donc pas qu'ils n'ont aucun impact significatif sur la vie de l'individu. Jusqu'à ce que les mémoires reviennent et puissent être travaillées et intégrées dans un environnement sécurisé, la victime de tels abus sera toujours contrôlée, dans une certaine mesure, par ses expériences passées. Le survivant pourra donc fortement réagir lorsqu'un élément ou un événement lui rappellera ce lourd passé (consciemment ou inconsciemment). Par exemple, si le survivant subissait des sévices rituels dans l'enfance lors de chaque pleine lune, à l'âge adulte, il pourra se sentir contraint de rejoindre la secte pour participer aux cérémonies lors des pleines lunes. Ou bien il ou elle pourra être "poussé" à faire un acte de violence physique ou sexuelle à une date particulière ou en réaction à un élément déclencheur de son environnement. Cela peut aussi se manifester par des compulsions autodestructrices afin de faire face à l'anxiété associée à cette mémoire dissociative liée à l'événement traumatique.

La thérapeute Ellen P. Lacter a observé plusieurs indicateurs de programmation chez ses patients. Celui-ci va par exemple soudainement changer d'état en réponse à un détail qui déclenche chez lui une sorte d'état robotique avec une posture rigide, les yeux dans le vide et une incapacité à entendre ou à répondre quoi que ce soit. Puis il va commencer à vouloir se rendre quelque part ou à aller téléphoner... Quatre de ses patients ont rapporté un code déclencheur identique lié au même genre de programmation. Le code avait une dizaine de caractères avec les mêmes préfixes ou suffixes et avec seulement quelques variantes orthographiques. Pourtant ce code n'est pas référencé dans des livres ni sur internet et ces gens vivaient dans des régions éloignées.[507]

Le Dr. James Randall Noblitt rapporte que certains de ses patients ont déclaré que des appels téléphoniques ou des coups frappés à leur porte d'une manière particulière faisaient émerger une personnalité alter programmée à se

---

[506] "Ritual Abuse and Mind-Control", Chap : The manipulation of attachment" - Torture-based mind control : psychological mechanisms and psychotherapeutic approaches to overcoming mind control, Ellen P. Lacter.
[507] Ibid.

soumettre à toute personne utilisant ce signal déclencheur. De nombreux thérapeutes ont rapporté des informations similaires qui se recoupent d'un patient à l'autre, le Dr. Cory Hammond, lors de sa conférence intitulée *"l'Exposé Greenbaum"* a déclaré : *"Quand on commence à recueillir les mêmes informations, d'une nature hautement ésotérique, dans différents états allant de la Floride jusqu'en Californie, ainsi que dans différents pays, on en vient à se dire qu'il se passe quelque chose… Qu'il s'agit d'un phénomène à grande échelle, très bien coordonné, systématique et hautement organisé (…) Nous procédions évidemment avec prudence, et nous prenions le temps de croiser les informations. C'est ainsi que nous avons découvert le même phénomène dans des tas d'endroits différents (…) Il est temps de partager davantage d'informations entre thérapeutes."*

Dans son livre *"Cult and Ritual Abuse"*, le Dr. James Randall Noblitt rapporte que certains de ses patients décrivent les mêmes types de maltraitances d'enfants impliquant des rituels et des actes sadiques. Ces patients n'avaient pourtant aucune interaction les uns avec les autres, ils venaient de différentes localités géographiques, de différentes religions et situations socio-économiques. Malgré ces différences notoires, ces individus partageaient des mémoires similaires concernant des rituels traumatiques mais ils présentaient également des systèmes internes de T.D.I. structurés de la même manière. Certaines personnalités alter de patients semblaient même reconnaître d'autres patients, le Dr. Noblitt écrit : *"J'étais en train de dire au revoir à un patient homme diagnostiqué avec un T.D.I. et j'invitais une autre patiente, "Alice", à rentrer dans mon bureau. Une fois dans la pièce, Alice bascula dans un autre alter, elle avait maintenant le comportement d'une enfant effrayée, "Pourquoi Robert James vient-il vous voir ? Ne savez-vous pas qu'il est très dangereux ?" À cause du secret médical, je ne pouvais rien dire à propos de ce patient qui venait juste de quitter mon cabinet. Je ne pouvais même pas dire qu'il était un de mes patients. Son vrai nom était "Robert Dale". "Robert James" était un des ses noms secret de culte. Comment se fait-il qu'Alice l'ait reconnu, de plus en l'identifiant avec son nom de culte ? À ma connaissance, il n'avait parlé de ce nom à personne, tout au moins en dehors de la secte, tout comme à ma connaissance il n'avait jamais rencontré Alice auparavant. Il n'a même pas eu l'air de la reconnaître lorsqu'ils se sont croisés dans la salle d'attente. Alice avait aussi identifié trois autres de mes patients, dont deux d'entre eux par leur nom de culte, qui selon elle étaient liés aux rituels qu'elle a subis dans la petite enfance (…) Alice a aussi été reconnue par des personnalités alter de deux autres patients qui, en consultation, ont révélé qu'ils se connaissaient chacun par les activités de culte du passé."*[508]

Noblitt écrit également que le pouvoir qui existe au sein des cultes sataniques/lucifériens transparaît dans une organisation hiérarchique pyramidale très stricte. Certaines positions de hauts rangs sont occupées en permanence par les mêmes individus, cependant dans certaines traditions Gnostiques, les postes relativement importants (prêtresse, prêtre) peuvent êtres rotatifs. Ces niveaux hiérarchiques varient en nombres d'une organisation à l'autre et auront aussi des appellations différentes telles que "Chevalier", "Prince" (ou Princesse), "Prêtre" (ou Prêtresse), "Grand-prêtre" (ou Grande-prêtresse), "Roi" (ou Reine), etc.

Lorsqu'un des membres monte en grade hiérarchique, il lui est alors révélé d'avantage d'informations concernant les programmations et les codes déclencheurs utilisés lors des cérémonies sur les autres membres du culte. Certains

---

[508] *"Cult and Ritual Abuse"* - James Randall Noblitt et Pamela Perskin Noblitt, 2014, p.90.

de ces déclencheurs sont génériques, ce sont des codes d'accès basiques qui peuvent être utilisés pour contrôler un nombre relativement important de personnes. C'est la raison pour laquelle la thérapeute Ellen Lacter a rapporté que quatre de ses patients avaient des déclencheurs identiques liés à la même programmation. Selon le Dr. Noblitt, le déclencheur *"Deep"* ou *"Deeper"* (profond, profondément) semble être un mot-clé courant. Lorsqu'il est utilisé de façon répétitive ou discrètement placé dans une conversation, beaucoup de survivants de ces cultes entreront généralement en état de transe où vont montrer des signes notoires de changement d'état de conscience, comme un changement dans le regard et dans la posture.

Noblitt explique que les membres du culte qui s'élèvent dans la hiérarchie n'auront pas seulement accès à une variété de codes déclencheurs qu'ils pourront utiliser pour contrôler les personnes des niveaux inférieurs, mais ils subiront aussi une "mise à jour" afin que ces déclencheurs génériques n'aient plus autant d'emprise et de contrôle sur eux-mêmes. Ainsi, les survivants ayant accédé aux rangs les plus élevés de ces groupes sectaires ont été conditionnés et programmés avec des déclencheurs beaucoup plus spécifiques et complexes afin que la majorité des autres membres ne puissent pas les contrôler en ayant accès à leurs programmations. Un tel contrôle est réservé à l'élite des hautes sphères hiérarchiques, ils ont une connaissance plus avancée sur les déclencheurs et des codes d'accès à leurs propres programmations plus sophistiqués. Alors que les membres du culte des bas niveaux sont utilisés par les leaders pour toutes sortes de choses, ils peuvent dans certains cas monter dans la hiérarchie et recevoir les enseignements sur les protocoles pour accéder aux programmations des autres membres, et pour ainsi à leur tour détenir un incroyable pouvoir de contrôle.[509]

Le contrôle mental avec ses codes d'accès aux programmations est donc un point essentiel dans l'occultisme luciférien, dans la "religion sans nom". C'est l'outil de domination majeur car à priori indétectable. Dans l'exposé Greenbaum, le Dr. Cory Hammond rapporte que certains survivants peuvent aussi avoir des codes d'identification. Ce code inclut leur date de naissance, il peut aussi inclure les lieux où ils ont subi la programmation, ainsi que d'autres informations sur sa famille ou sur le culte. Comme il a été noté plus haut, le subconscient et les alter peuvent servir de disque dur pour stocker toutes sortes d'informations. Lorsque Mark Phillips a commencé à déprogrammer Cathy O'Brien, il a découvert par exemple des numéros de comptes bancaires. Selon lui la déprogrammation est tout comme un piratage informatique. Tout comme l'on peut pirater un ordinateur, on peut pirater le "disque dur" d'un esclave MK...

Très tôt, une fois les personnalités alter créées, les enfants de ces groupes seront programmés avec des déclencheurs simples et basiques utilisant les sens tactiles et visuels. Ces déclencheurs par le toucher sont très importants pour contrôler un enfant. Pour le monde extérieur, la plupart de ces gestes anodins ressemblent juste à des contacts affectueux. Ces déclencheurs seront généralement appris par la combinaison de jeux et de douleurs, de punitions et de récompenses. Ces programmations se font par la répétition lorsque l'enfant se trouve dans des états altérés de conscience.

---

[509] Ibid p.158.

Les personnalités alter de *Grand Maître*, de *Grand Prêtre* ou de *Grande Prêtresse*, sont considérées comme les plus importantes et les plus élevées hiérarchiquement. Un enfant destiné à de telles fonctions possédera des alter qui recevront différentes formations sur les langues ésotériques secrètes, les hautes formes de magie noire et la démonologie. Selon Fritz Springmeier, dans les hiérarchies lucifériennes, ces personnalités alter les plus profondes, c'est à dire liées au monde de l'occultisme, auront des noms de déesse ou de dieu, des noms de roi ou de reine. Ce sont les noms que le programmeur ou la secte va utiliser pour les identifier, mais ce ne sont pas des codes déclencheurs en soi. Les codes d'accès suivent des schémas, cela peut-être un code standard et unique. Des passages de la Bible sont très souvent utilisés pour encoder des déclencheurs, mais aussi des extraits de livres de fictions populaires. Les codes d'accès pour les couches de programmation les plus profondes auront un contenu ésotérique, par exemple en langue énochienne, souvent des langues étrangères au pays d'origine seront employées. La nature des codes sera aussi en relation avec la branche du culte, par exemple un groupe druidique utilisera des symboles druidiques, un groupe kabbaliste utilisera des codes cabalistiques. Un système interne peut avoir facilement six langues différentes utilisées comme codes de programmation, mais des mots imaginaires peuvent aussi être implantés tout comme des codes en langue des signes. La guématrie (les enseignements cabalistiques sur les nombres) joue aussi un rôle important pour la création des codes d'accès aux personnalités alter les plus profondes et les plus sombres, liées à l'occultisme et à la sorcellerie. Cela dit la plupart des personnalités alter ont toutes plus ou moins été endoctrinées dans de l'occultisme. Il y a plusieurs raisons pour lesquelles les esclaves Monarch ont beaucoup de codes et de structures internes liés à l'ésotérisme et à la sorcellerie. Tout d'abord, c'est parce que les programmeurs pratiquent généralement eux-mêmes le haut occultisme et leur vision du monde est basée sur ces choses-là, donc ils retranscrivent cela dans la programmation MK. Deuxièmement, les esclaves sont replongés dans leur lien à Satan et à son culte dès qu'ils sont déclenchés par ces codes de nature occulte. Troisièmement, l'emploi de mots "magiques" comme déclencheurs va également renforcer la croyance que la programmation est une véritable magie.[510] D'une manière globale, tout ce qui est lié avec les abus rituels que la victime a subis peut potentiellement être un déclencheur de la mémoire traumatique : des couleurs, des bijoux, des vêtements, des livres, des films, des aliments, des boissons, un accouchement ou une date d'anniversaire…

Le survivant Jay Parker affirme que le système MK-Monarch utilise également la nature et sa symbologie pour renforcer et perpétuer les programmations. La répétition des abus rituels suivant un certain calendrier occulte basé sur les cycles lunaires et planétaires va imprégner chaque cellule des petites victimes, d'autant plus lorsqu'elles sont spirituellement "déverrouillées" lors des rituels, comme nous l'avons vu dans le chapitre précédent. Par la suite, ce sont les champs gravitationnels spécifiques à certaines dates qui feront offices de déclencheurs. Lors des pleines lunes par exemple, lorsque la mémoire traumatique est particulièrement chargée en raison des rituels importants qui y ont lieu

---

[510] "The Illuminati Formula Used to Create an Undetectable Total Mind Controlled Slave" - Fritz Springmeier & Cisco Wheeler 1996.

systématiquement, tout comme aux solstices d'été (20-21 juin) ou d'hiver (21-22 décembre). Lorsque les planètes sont à certaines positions, que la victime ait 15 ans ou 50 ans, le champ gravitationnel perçu inconsciemment au niveau cellulaire, participera à déclencher chez elle de nouveau la mémoire traumatique pour la mettre en "phase" avec les cérémonies qui doivent avoir lieu. Pour qu'une programmation soit efficace, elle doit être activée, renforcée et mise à jour régulièrement par des stimuli visuels ou auditifs. Ces "rappels" ou "déclencheurs" doivent être omniprésents dans la vie de tous les jours pour toucher les sujets MK. La survivante Trish Fotheringham a écrit à ce sujet : *"Des berceuses, des chansons, des contes, des productions télévisées et des films bien connus; à chaque fois que j'entends ces choses-là dans ma vie quotidienne, en dehors des programmations formelles, les croyances de mes personnalités alter sont solidifiées de manière subconsciente."*[511]

Selon certains auteurs, c'est une des raisons pour laquelle nous voyons fleurir de plus en plus de symbolique occulte dans les mass-médias, particulièrement dans l'industrie du divertissement (musique et mode) ; le signe "déclencheur" le plus récurrent étant *l'œil unique* généralement représenté par un individu qui a d'une manière ou d'une autre un œil masqué (déclencheur générique). Ces différents signes servent d'un côté à stimuler les commandes implantées chez les sujets MK, de l'autre ils s'implantent dans la culture populaire profane, dans l'inconscient collectif. Les programmations de type MK sont également coordonnées avec la propagande médiatique générale à laquelle est soumis le grand public. Cela crée une sorte de continuum de programmation mentale qui consiste à contrôler la masse mais aussi des dirigeants de la société. Beaucoup d'hommes politiques à des postes clés sont des individus sous contrôle mental qui ont été programmés avec des commandes implantées. La coordination (concordance) d'une phrase implantée chez une victime avec une phrase de propagande répétée en boucle dans un média de grande ampleur empêche la discordance de l'esprit de la victime programmée. Le politicien qui a subi un lavage de cerveau va croire qu'il est parfaitement aligné avec la société parce que sa programmation y est constamment reflétée à travers les mass-médias : la matrice. La société moderne est basée sur le contrôle mental individuel et global ainsi que sur la propagande massive qui entretient toutes ces programmations. Comme nous allons le voir dans le chapitre 9 sur l'industrie du divertissement, l'occultisme luciférien se vulgarise pour créer une sorte de culture MK hégémonique s'imprimant petit à petit dans l'inconscient collectif. Cela signifie que ces pratiques occultes sont appliquées à grande échelle, avec de très grands moyens, et qu'elles touchent directement les classes dirigeantes.

7 - Quelques témoignages :

a/ Jay Parker

---

[511] "Healing the Unimaginable : Treating Ritual Abuse and Mind Control" - Alison Miller, 2012, p.77.

Jay Parker est né dans une famille pratiquant l'abus rituel satanique et la programmation MK-Monarch de génération en génération. En avril 2011, Parker a donné une conférence à Philadelphie (*Free Your Mind : A Conference On Consciousness, Mind-Control & The Occult*) dont voici quelques extraits :

L'abus rituel satanique est un système occulte de contrôle de l'esprit. Ce système occulte est l'opposé de la Vérité, de la vie, il est en totale opposition avec les lois naturelles. Il s'agit essentiellement de l'antithèse de la nature… un énorme mensonge. C'est un système qui est cloisonné et contrôlé par une minorité, alors que la nature et notre réalité sont en fait un système basé sur l'ouverture où nous devons tout partager équitablement. Le système religieux des abus rituels sataniques et de l'occultisme se trouve dans un certain mysticisme. Leur mysticisme est une pratique religieuse dans laquelle un pouvoir extérieur va contrôler votre vie et votre destinée. Vous n'êtes plus alors qu'un simple rouage dans une machine. Ce mysticisme est un mensonge intégral car nous sommes nés avec des facultés spirituelles, mentales et émotionnelles nous donnant l'opportunité de vivre une vie créative et pleinement positive. Les Illuminati ont un système de caste et ce système est basé sur les lignées de sang. C'est une hiérarchie très stricte, donc si vous êtes né par exemple dans la famille Rockefeller, vous êtes déjà "dans le bain", vous ferez partie des grands contrôleurs. Dans ce système, si le culte décèle que vous avez des facultés mentales ou médiumniques particulières, vous pourrez accéder à des postes spécifiques. Aujourd'hui, ce sont ces lignées Illuminati originaires de l'ancienne Babylone qui contrôlent entièrement le système. Il n'existe strictement aucun partage avec ce groupe, tout cela se passe entre eux, ils travaillent entre eux… avec cette ancienne vibration très particulière…

L'abus rituel est un système de traumatismes physiques et émotionnels, dont le but est de créer un esclave sous contrôle mental qui obéira et servira aux pires occultistes tout au long de sa vie. À votre naissance, vous êtes en alignement et en harmonie avec les énergies naturelles de cette planète. Vos connexions synaptiques, lors des six premières années, sont en plein développement, vous êtes en mode "enregistrement", vous ne pouvez pas différencier de manière critique les informations qui vous arrivent. Vous les emmagasinez et vous construisez votre subconscient avec, lequel dirigera par la suite 99% de votre vie d'adulte. Alors imaginez le résultat si durant vos six premières années de vie, vous avez été programmé avec de la négativité, des mensonges et du mysticisme, au lieu de la Vérité… Lorsque les voies synaptiques, ou neuronales, sont perturbées par exemple par des électro-chocs, votre corps mental et votre corps émotionnel se retrouvent dans un tel état de terreur que votre corps physique va produire et libérer certaines hormones. Ces hormones vont devenir une chimie dont votre corps se nourrira quotidiennement. Tout comme les chiens de Pavlov, qui salivaient en entendant le son de la cloche, pensant être affamés… Le système de contrôle mental Monarch a le même effet qu'avec les chiens conditionnés de Pavlov.

Cela prend des années pour programmer un individu. C'est quelque chose de systématique et cela se passe depuis des centaines d'années. 10% de la population mondiale pratique cette ancienne religion qui remonte aux vieilles lignées satanistes. Toute personne passant par ce système, que vous soyez un simple mécanicien né dans une famille sataniste, ou que vous soyez un banquier nommé Rockefeller : tous passent par ce système pour "voiler" les connexions neuronales ! L'énergie qu'ils diffusent et l'énergie qu'ils reçoivent est l'antithèse même de la nature, c'est totalement négatif. Voilà pourquoi nous sommes dans une telle situation sur cette terre. Lorsque les voies neuronales sont voilées, cela finit par entraîner une chimie particulière dans le corps, c'est ainsi que petit à petit vous êtes programmé comme esclave Monarch. Vous allez par exemple souffrir de dépression à certains moments du cycle lunaire où des rituels particuliers sont pratiqués, et cela continuellement durant vos six premières années de vie. Cela est lié aux cycles lunaires… Donc lorsque la Lune sera à certains points, que vous ayez 15, 20 ou 40 ans, le champ gravitationnel déclenchera de nouveau l'expérience du traumatisme, à un niveau subconscient. C'est un système très sophistiqué qui utilise tout ce qui est dans la nature, que ce soit les champs gravitationnels ou la symbologie, dans le but de déclencher et perpétrer continuellement la programmation. C'est ainsi que vous restez dans un état d'obéissance permanent (…) Au niveau politique, c'est autant les républicains que les démocrates qui sont impliqués dans ces affaires de contrôle mental. Ce n'est pas juste quelques personnes, c'est un système global de contrôle (…)

Je vais vous parler un peu de ma famille… Mon père provenait d'une lignée Illuminati. Sa famille qui venait d'Irlande du Nord avait rejoint cet Ordre aux alentours de 1720. Lorsque l'on dit que l'Ordre des Illuminati a été fondé en Bavière en 1776, il ne s'agissait en fait que d'une réorganisation de la secte pour annoncer leur projet de révolution globale visant la mise en place d'un Nouvel Ordre Mondial. Nous l'avons vu avec la révolution française et la révolution américaine, ils agissent internationalement, de façon globalisée et coordonnée. Donc cette date de 1776 en Bavière, n'est pas la date de fondation de l'Ordre Illuminati, c'était juste un point de départ pour débuter activement la prise de contrôle des nations du monde.

Dans la vie publique, mon père n'était pas quelqu'un d'important, il était professeur. Mais dans le monde occulte, de par sa lignée familiale, sa connaissance et sa puissance occulte, il avait évidemment un certain charisme. Ma mère affirmait qu'elle descendait d'une lignée vieille de 5 000 ans, un héritage de sorcellerie se transmettant de mère en fille et provenant directement d'une ancienne civilisation. Mon grand-père paternel quand à lui était un homme d'affaire modeste d'une petite ville du New-Jersey. Mais une chose intéressante à noter est que lorsqu'il est mort, 300 personnes de cinq états voisins, que ma famille et la population locale n'avaient jamais vues auparavant, sont venues assister à ses funérailles… Aujourd'hui j'ai 54 ans, j'ai donc assisté à quelques funérailles, c'est généralement des gens de la ville où vous vivez qui sont présents… et mon grand-père était un modeste commerçant dans cette ville… Et là il y avait 300 personnes pour assister à ses funérailles, dont certaines venaient de l'Ohio ! Qu'est ce qui a déclenché un tel rassemblement ? La réponse est qu'il s'agissait d'un authentique leader Illuminati. Il n'était pas très important derrière son bureau… Mais dans le domaine de la manipulation occulte de la société, il était quelqu'un d'important…

À l'âge de 5 ans, lors d'une visite à mes grands-parents maternels en Pennsylvanie, ils m'ont offert une petite statue de la liberté. Je me suis écrié : "Cool ! Une statue de la liberté…" Ils m'ont alors dit que ce n'était pas ce que je pensais mais que c'était Semiramis, la reine de Babylone… Je me rappelle parfaitement avoir insisté pendant au moins dix minutes en répétant que c'était bien la statue de la liberté et non une stupide reine de Babylone ! Une chose que je voudrais dire à propos de ma famille est que même s'ils sont tous satanistes, qu'ils pratiquent le contrôle mental et qu'ils travaillent pour le pouvoir en place; il y aura un moment donné où la véritable conscience émergera leur véritable humanité... Vous pouvez programmer une personne pour en faire un véritable psychopathe, mais vous ne pouvez pas détruire sa conscience. J'ai vu mes parents disjoncter complètement de par leurs programmations. Ils tuaient avec jubilation car ils étaient sous contrôle, influencés par une certaine "puissance". Il devrait arriver un jour où ils voudront savoir qui ils ont été, savoir pourquoi ils sont nés afin de réaliser que tout cela est allé beaucoup trop loin, pour qu'ils puissent enfin dire "Non" à ce culte... Mais ils ne le font pas.

b/ Svali

L'auteur anonyme connu sous le pseudonyme de 'Svali' est une ancienne occultiste, née dans une famille de lignée luciférienne et qui a été formatrice (programmeuse) dans le groupe *Illuminati* de San Diego. Après être difficilement sortie du culte et de la programmation, elle s'est convertie à Jésus-Christ. Tout en gardant l'anonymat, elle a décidé de dévoiler tout ce qu'elle savait sur ce réseau et sur les dangers de cette secte luciférienne mondiale.

Elle a écrit deux livres, *"Breaking the chain"* et *"Svali speaks"*, qui n'ont pas été édités mais qui sont disponibles librement au format PDF sur internet. En 2006, Elle a également donné une interview radio exclusive au journaliste Greg Szymanski (*The Investigative Journal*). Svali a mystérieusement disparue de la circulation peu de temps après cette interview, son site internet fut fermé et sa ligne téléphonique coupée.

Dans cette interview, elle dévoile ce qu'elle sait à son niveau de la structure et de l'organisation hiérarchique de l'Ordre *Illuminati*. Elle décrit leur façon de programmer systématiquement leurs enfants, la programmation d'obéissance, de loyauté et de fidélité envers le groupe étant la première à être installée car la plus importante. Elle explique que d'un côté vous pouvez avoir un enfant formé pour la prostitution et à l'autre extrémité, un enfant formé pour devenir une figure gouvernementale importante, ce qui nécessite une programmation beaucoup plus complexe. Les adultes reçoivent des mises à jour de leur programmation tout au long de leur vie, il s'agit d'un processus permanent.

Svali explique que ce culte travaille sur six branches principales d'apprentissage : sciences, militaire, politique, leadership (dirigeants de haut niveau), éducation et spiritualité. Les enfants doivent être formés dans chaque branche. Ils seront testés et profilés dès le plus jeune âge afin de connaître leurs compétences, puis ils seront dirigés pour se spécialiser dans une ou deux branches particulières en fonction de leurs potentiels et des activités futures prévues par la secte. La formation des enfants comprend également douze disciplines de vie qui sont :

1/ Pas de besoin.
2/ Pas d'envie.

3/ Pas de souhaits.

4/ Pas de scrupules.

5/ Être le plus apte possible à la survie.

6/ Loi du silence.

7/ Valeurs de la trahison.

8/ Voyages dans l'espace-temps (l'enfant apprendra les principes du "voyage", autant intérieur en conscience qu'extérieur en esprit. L'objectif étant également d'atteindre *"l'illumination"*, un état extatique de dissociation.

9,10,11/ Traumatismes sexuels, apprentissage de la dissociation, effacement des sentiments, ces trois étapes variant en fonction du rôle futur de l'enfant dans le réseau.

12/ Être fidèle aux cérémonies/rituels. Un des objectifs est également de créer chez l'enfant une séparation complète entre les activités du jour et les activités de la nuit.

Svali témoigne avoir été programmée et en même temps formée dès l'âge de cinq ans par un médecin de l'Université de G. Washington pour devenir elle-même programmeuse. Elle dit que ces gens sont persuadés que leurs méthodes sont bénéfiques et utiles aux enfants et à leur culte, elle-même croyait sincèrement aider les autres à développer leur potentiel. Svali divise la programmation en cinq grandes "spécialités" :

1/ l'entraînement au silence :

Cette première formation commence dès le plus jeune âge, avant même que l'enfant ne sache parler. Cette programmation se fera de différentes manières : l'enfant est interrogé suite à une cérémonie sur ce qu'il a vu et entendu, s'il parle des "vilaines choses", il sera puni, c'est à dire sévèrement violenté. Cela se répétera jusqu'à ce que l'enfant ait intégré qu'il lui faut absolument occulter les rituels. Généralement, ces punitions extrêmes vont créer un alter qui sera un "gardien/protecteur" dont le rôle sera de s'assurer que l'enfant ne se souvienne pas de ce qu'il voit lors des abus rituels. Cet alter est conditionné pour craindre la violence si l'enfant se souvient. L'enfant peut également subir des transes hypnotiques afin de faire passer les pires atrocités pour un "mauvais rêve".

2/ l'entraînement à la force :

Ce type de formation commence également à un très jeune âge, souvent même bébé. L'enfant est soumis à une série d'exercices de conditionnement visant à :

- Augmenter la résistance à la douleur.
- Augmenter la forme physique.
- Augmenter la capacité de dissociation.
- Créer une mémoire photographique.
- Créer la peur et la soumission par le désir de plaire.

3/ l'entraînement à la loyauté :

La programmation à la loyauté envers le culte est la plus importante. La loyauté est un ralliement total aux croyances et aux doctrines du groupe. Les désertions ou les remises en question de ces doctrines sont rares et les représailles sont évidemment très sévères. Une personne qui remet en doute la doctrine ou qui refuse de faire son travail retournera se "réentrainer", c'est à dire que sa programmation sera mise à jour et renforcée. Pour cela elle subira des chocs et des tortures jusqu'à ce qu'elle se soumette. Généralement les adultes sont suffisamment conditionnés pour croire que les pratiques et les objectifs du groupe sont des choses réellement positives et constructives. Ils sont convaincus qu'ils aident véritablement les enfants. Ces derniers entendent parler d'évolution hiérarchique au sein du réseau et on leur met en tête qu'ils pourront à leur tour devenir des leaders. Les positions de pouvoir dans la hiérarchie sont des carottes au bout d'un bâton afin que les membres travaillent dur pour leur réussite. Car une position plus élevée dans la hiérarchie signifie moins de maltraitance et plus de contrôle sur autrui, ce qui est important dans une vie qui a tellement peu de contrôle sur elle-même.

4/ l'entraînement pour une ou plusieurs fonctions au sein du groupe :

Cette formation est orientée vers le travail effectué au sein même du culte. Chaque membre a un rôle spécifique qui lui sera attribué dès la petite enfance. Voici une liste non exhaustive de fonctions :

- Prêtres et prêtresses.
- Nettoyeurs (après les rituels).
- Messagers/transporteurs.
- Bourreaux chargés de punir les membres récalcitrants ou ayant fait des erreurs.
- Enseignants (histoire du culte, langues mortes, etc).
- Prostituées (Beta Kitten).
- Assassins (Theta, Delta).
- Formateurs (programmeurs MK).
- Scientifiques (science du comportement).
- Médecins, infirmières, personnel médical, psychologues, psychiatres.
- Chefs militaires (pour les exercices de type militaires).
etc...

Ces rôles sont interchangeables et un membre peut avoir plusieurs fonctions en même temps. La durée de l'entraînement qu'il faudra à un enfant va dépendre de la complexité du rôle futur qui lui a été attribué. Ces formations sont basées sur la reproduction d'un "modèle" de comportement, il s'agit de programmations neuro-linguistiques (PNL). On montre à l'enfant comment l'adulte ou l'adolescent remplit sa fonction, puis une fois le modèle de comportement visualisé et intégré, on dit à l'enfant que l'on va le lui apprendre en lui donnant des directives claires sur ce que l'on attend de lui. Le travail est divisé en plusieurs étapes chronologiques. L'enfant peut être violenté pour provoquer une "tabula rasa", une personnalité "vierge" qui fera tout ce qu'on lui demande de faire. La programmation utilise beaucoup le schéma gratification versus punition. Si l'enfant effectue correctement les commandes, il est félicité et même cajolé, sinon il est sévèrement violenté. Une fois le conditionnement intégré, le programmeur félicite l'enfant en lui disant qu'il est doué et qu'ils font tous les deux un merveilleux travail pour la "Famille" (la secte mondiale *Illuminati*). Les personnalités alter de l'enfant veulent absolument exécuter les commandes d'une manière la plus parfaite possible car elles cherchent constamment une approbation de la part du ou des bourreaux : le programmeur et les parents. Ce lien malsain basé sur les traumatismes et l'attachement affectif durera toute sa vie d'adulte, les personnalités alter sont souvent à la recherche d'une approbation et restent au stade de maturité où elles ont été formatées mais dans un corps d'adulte.

5/ l'entraînement spirituel :

L'occultisme et la démonologie jouent un rôle important dans le groupe, les enfants sont donc soumis à une programmation spirituelle intense. L'enfant est dédié à une "mère céleste" ou à une divinité, cela même avant sa naissance. Très vite il baignera dans un cadre religieux où sa participation aux cérémonies l'obligera à répéter ces activités occultes. L'enfant passera par un baptême de sang, il subira de nombreuses consécrations et autres rituels créant un attachement aux esprits de membres de sa famille, comme celui de sa mère ou de son grand-père. Toute séance de programmation MK nécessite l'invocation de démons pour guider le programmeur ou pour insuffler de l'énergie à la programmation en cours. Le spiritisme, la médiumnité / canalisation d'esprits, les prédictions, les guerres psychiques pour le pouvoir, la magie de toute sorte, toutes ces pratiques sont courantes et nécessaires dans ces groupes lucifériens.

c/ Kristin Constance

Kristin Constance est née en Australie dans une famille pratiquant les abus rituels de génération en génération, elle a donc elle-même subi les horreurs et a suivi une thérapie pendant une vingtaine d'années. Elle est aujourd'hui assistante sociale et conseillère. Elle travaille avec des personnes handicapées, dont certains ont subi de graves maltraitances.

En août 2011, Kristin Constance a donné une conférence lors des rencontres annuelles *S.M.A.R.T.* consacrées aux abus rituels, aux sociétés secrètes et au contrôle mental (Connecticut, États-Unis). La conférence était intitulée *"Présomption d'abus rituels par des francs-maçons de l'Ordre de l'Étoile Orientale en Australie."* Voici la transcription intégrale de son témoignage :

Mon nom est Kristin Constance, j'ai 43 ans. Je suis née en Australie. J'ai été rituellement abusée et programmée mentalement entre l'âge de 3 ans et 9 ans, à l'est de l'Australie. L'abus rituel est quelque chose de présent en Australie et il est au cœur d'un réseau criminel produisant de la pédo-pornographie. Certaines personnes appartenant à ces groupes criminels ont bien été arrêtées, mais les groupes eux-mêmes et les réseaux ne sont jamais inquiétés. Les survivants d'abus rituels en Australie sont confrontés à un certain nombre d'obstacles qui les empêche d'assurer leur sécurité. Un ex-policier de New South Wales, qui a enquêté sur des cas d'abus rituels, a déclaré : "Dès que vous rencontrez quelqu'un qui est déterminé à témoigner, il peut rapidement se retrouver au fond du port." En Australie, il y a peu d'organisations venant en aide aux victimes et c'est un sujet qui est peu reconnu par la loi et le gouvernement. Bien que l'Australie ait reconnu l'abus rituel comme une raison légitime pour obtenir le statut de réfugié, elle ne compte qu'une poignée de poursuites judiciaires prouvant le lien entre le viol d'enfants et l'adoration de Satan. Les abus rituels incluent des actes sadiques, mais ça ne se limite pas à cela.

En 1998, le Tribunal Australien pour les Réfugiés a accepté d'accueillir un Allemand victime d'abus rituels. Le tribunal a déclaré, je cite : "Le gouvernement allemand a été inefficace pour arrêter ces activités illégales."… Peut-être que les abus rituels n'ont lieu qu'à l'étranger… À Melbourne, en Australie, une enquête a identifié 153 cas de violences rituelles entre 1985 et 1995. 98 travailleurs sociaux, des psychologues et des conseillers ont contribué à cette enquête (ASCA - Advocates for Survivors of Child Abuse - 2006). 38 citoyens australiens ont répondu au questionnaire "Extreme Abuse Survey" (EAS - 2007), plus de la moitié d'entre-eux (55%) ont rapporté des sévices rituels et du contrôle mental. J'étais l'une de ces personnes à avoir répondu au questionnaire... Michael Salter, qui a écrit un chapitre sur les abus rituels dans le livre : "Ritual Abuse in the Twenty-First Century", vient juste de terminer un doctorat intitulé : "Témoignages d'adultes sur les abus sexuels organisés sur enfants en Australie." Dans son étude, il a interrogé 15 survivants d'abus rituels et j'étais l'une de ces personnes. Dans mon entretien avec lui, sous un pseudonyme, j'ai décrit les détails d'une programmation mentale par les couleurs. J'ai également interrogé une psychologue australienne réputée qui a travaillé avec des survivants d'abus rituels pendant plus de 20 ans. Elle a eu une vingtaine de patients ayant été victimes de violences rituelles et de contrôle mental et sur ces 20 patients, deux d'entre eux avaient été abusés par des francs-maçons. Mon grand-père était un franc-maçon du 33ème degré, il était rattaché à plusieurs loges. Lui et ma grand-mère avaient fondé une loge de l'Ordre de l'Étoile Orientale dans la banlieue de Sydney.

J'ai été en thérapie pendant 20 ans... 16 ans avec ma thérapeute actuelle. La partie la plus difficile de mon rétablissement a été de guérir d'une programmation mentale basée sur les couleurs et sur l'exploitation de la partie gauche ou droite de mon corps. Cette programmation provoquait régulièrement une dissociation chez moi. À l'âge de 18 ans, dans ma deuxième année d'étude d'infirmière, j'ai commencé à avoir des problèmes de mémoire et c'est cela qui m'a empêchée de passer mes examens. J'ai commencé à me rappeler de l'inceste à l'âge de 24 ans, puis des abus rituels et du contrôle mental peu de temps après. J'ai été hospitalisée à trois reprises. Lors de mon premier séjour dans un grand hôpital psychiatrique de la côte ouest d'Australie, j'ai été diagnostiquée avec une "brève psychose réactionnelle", une Thyroïdite de Hashimoto, de plus un électroencéphalogramme anormal indiquait une épilepsie du lobe temporal. Ce jour-là j'avais oublié de manger et de boire et je ne pouvais pas m'arrêter de pleurer... C'est moi-même qui me suis donc rendue à l'hôpital. Mon premier psychiatre m'a diagnostiquée avec un trouble de personnalité limite ("borderline"). Mais elle a rapidement rectifié le diagnostic en trouble dissociatif de l'identité (T.D.I.) lorsque des personnalités alter ont commencé à émerger. Peu de temps après cela, j'ai tenté de me suicider dans un parc, face à un bâtiment maçonnique. J'ai alors survécu à un cocktail de médicaments plutôt corsé, j'avais avalé une fiole d'anxiolytiques, une boîte d'antidépresseurs plus des anti-psychotiques... Je ne me suis même pas endormie...

Je me considère chanceuse car ma famille a migré de la côte est à la côte ouest lorsque j'avais 9 ans. À partir de ce moment-là, les abus rituels par les membres de la secte se sont arrêtés. D'autres types d'abus ont continué, mais être emmenée au milieu de la nuit pour des rituels, ça c'était fini. Ma sœur, qui a 7 ans de plus que moi, se souvient également avoir subi des abus rituels. Un jour, lorsque j'avais 26 ans, elle m'a demandé si je me souvenais des chambres souterraines, je lui ai répondu que oui... Elle m'a ensuite demandé si je me souvenais des enfants qui criaient, j'ai répondu que non mais que je savais qu'ils étaient là à côté, dans d'autres pièces. Ma sœur n'a pas autant de souvenirs, mais je suis sûre qu'elle a beaucoup plus de séquelles que moi car elle n'a pas quitté la côte Est avant l'âge de 16 ans. Elle pense qu'elle est passée par un processus que les scientologues nomment P.D.H. "Pain, Drug, Hypnosis" (douleur, drogue, hypnose). Certaines organisations emploient cette technique utilisant la douleur combinée aux drogues et aux suggestions hypnotiques. Ces suggestions ou "commandes" sont également connues comme "implants". Les scientologues décrivaient ce protocole dès les années 50 (Science of Survival, 1951). Lorsque ma sœur a fait une séance avec un "Galvanic Skin Response Monitor" ou "E-meter", que les scientologues utilisent, l'appareil indiquait qu'elle avait en effet subi de l'hypnose par le passé. Le E-meter est un appareil de biofeedback qui donne instantanément l'état nerveux et les réactions émotionnelles du patient. Juste avant de venir à ce week-end de conférences, ma sœur m'a dit que le E-meter avait donné une réponse positive à certaines mémoires concernant des viols sur un autel, des électrochocs, des hommes en robes noires, l'obligation de boire du sang et de manger des excréments humains.

Je me considère également chanceuse car il y a 17 ans, lorsque j'ai confronté ma mère et mon père sur le sujet des abus rituels, ma mère m'a répondu qu'elle n'était pas impliquée là-dedans mais elle m'a remis la valise avec tout l'attirail maçonnique de mon grand-père. Elle s'est excusée de ne pas avoir été une bonne mère pour moi. Je pense que ce sera la seule réponse que j'aurais d'elle concernant les abus rituels. Cette valise m'a confirmé beaucoup de choses. Il y avait des papiers avec des mots de passe, des signes de mains et des informations pour les rituels maçonniques. Il y avait aussi les tabliers, les bijoux et les médailles que mon grand-père et ma grand-mère portaient lors des réunions. Je me suis alors souvenue des couleurs de l'Étoile et de mes personnalités alter emprisonnées dans les pointes de cette Étoile. J'ai ressenti alors comme si j'avais enfin trouvé la clé… Sur l'emblème de l'Ordre de l'Étoile Orientale (ndlr : un pentagramme inversé avec les branches de différentes couleurs), la couleur rouge est dans la branche en haut à gauche et la couleur bleue dans la branche en haut à droite. Dans mon esprit, le Rouge a le contrôle de la partie gauche de mon corps, et le Bleu contrôle la partie droite de mon corps. Cet emblème maçonnique se trouvait sur des attirails présents partout chez mon grand-père.

J'ai intégré en tout 26 personnalités au cours de mes années en thérapie. Aujourd'hui je n'en ai plus que 2 qui restent tenaces et qui demandent plus d'approfondissement et de questions avant de pouvoir les intégrer définitivement. J'ai eu des personnalités alter d'animaux, qui pour la plupart étaient des chats et des tigres. Mes alter d'animaux m'ont aidée à survivre dans des situations aux frontières de la mort, mes tigres m'ont soutenue lors des privations et des enfermements. Mon fractionnement Rouge/Gauche (ndlr : groupe d'alter lié à la couleur rouge et au côté gauche du corps) a encaissé toutes les douleurs, tandis que mon fractionnement Bleu/Droit (ndlr : groupe d'alter lié à la couleur bleue et au côté droit du corps) a été fort et il continue de se renforcer. J'ai encore beaucoup de questions sans réponses concernant mes abus, j'ai donc besoin de voyager pour trouver plus d'informations. Je n'ai jamais pu travailler de manière stable, mais aujourd'hui, je travaille à plein temps avec des malades.

Je me souviens avoir été mise en cages, je me souviens des électrochocs, des scarifications, des viols, des prises de photos, de la drogue, de l'hypnose, des privations alimentaires / lumière / oxygène / sommeil. J'ai aussi été enfermée dans un cercueil avec des araignées. J'ai participé à des rituels en intérieur mais aussi en pleine nature. J'ai été attachée sur des autels. J'ai participé à des simulacres de mort et de naissance. Je me souviens de trappes souterraines dans les salles mais aussi d'avoir été d'innombrables fois réveillée au milieu de la nuit pour être emmenée aux rituels. J'ai été tailladée, percée, piquée afin que mon sang soit utilisé dans les rituels. J'ai subi des mutilations génitales, ce qui est le sévice le plus traumatisant qui puisse être infligé à un être humain, selon l'Organisation Mondiale de la Santé.

La programmation par les couleurs que j'ai subie avait lieu dans des chambres souterraines. Chaque pièce avait une couleur différente, correspondant à différentes programmations. Les couleurs semblaient correspondre à celles de l'Étoile Orientale : bleu, jaune, blanc, vert, rouge et noir pour le centre. La chambre rouge avait une lumière rouge, un brancard, une table pleine d'instruments de torture et un équipement pour les électrochocs. Dans cette pièce, le côté droit de mon corps était recouvert tandis que le côté gauche subissait les tortures électriques. Des électrodes étaient placées sur mes articulations, ce qui provoquait une douleur paralysante que je ressens encore aujourd'hui. On me chuchotait des choses à l'oreille gauche et des décharges électriques étaient appliquées sur mes tempes. Voilà comment "Rouge" a été créé et renforcé... Une femme me posait des questions pour la programmation, et peu importe ce que je lui répondais, j'avais systématiquement tort. Je me suis dissociée de nombreuses fois... "Rouge" et ses différents alter semble être conçus pour que lors des abus sexuels, il y ait une réaction passive à la douleur, en toute circonstance. "Rouge" a subi beaucoup de rituels de sang et de viols, et c'est lui qui a encaissé la plupart de mes douleurs.

Dans la chambre bleue, il y avait une lumière bleue, un brancard, un équipement pour les électrochocs, des seaux et un évier. Le côté gauche de mon corps était recouvert, et c'est le côté droit qui recevait des chocs électriques. Ici, les décharges étaient appliquées sur mes muscles, et souvent je me sentais renforcée après ces séances. "Bleu" semble être une personnalité créée pour obéir aux ordres et ne ressentir aucune douleur. Elle peut être très colérique et très agressive et elle fera tout pour survivre. Je me sens principalement programmée avec ces deux couleurs. Ma sœur quand à elle serait davantage programmée avec le Blanc. Je ne comprends pas encore très bien le but qu'il y a derrière ce fractionnement Gauche/Rouge et Droit/Bleu. Mais j'espère trouver un jour plus de réponses... J'ai pris conscience de cette division Rouge / Bleu au début de ma thérapie, il y a 20 ans. Au fur et à mesure que j'en prenais conscience, j'en arrivais à comprendre comment ils pouvaient contrôler chaque côté de mon corps indépendamment l'un de l'autre. J'ai trouvé cinq sources de témoignages concernant la programmation par la couleur et on y retrouve de fortes similitudes. Le Bleu est décrit comme protecteur, il ne ressent pas la douleur, il ne se blesse pas, il est fort, il est parfois de type militaire. Le Rouge concerne l'esclavage sexuel et les rituels de sang. Je ne sais pas si chaque personne programmée par des francs-maçons reçoit ce type de protocole basé sur les couleurs. Je soupçonne que selon le type de personnalité, certaines couleurs seront accentuées et travaillées plus que d'autres. Peut-être que les dates de naissances influencent les couleurs choisies. Je ne comprends pas ce qu'ils essayent de faire ou de créer... Je me demande vraiment quelle est la ligne directrice qu'il y a derrière tout cela.

"Rouge" a expérimenté la douleur dans ma cheville gauche, mon genou gauche, ma hanche gauche, mon coude gauche, mon oreille gauche et ma tempe gauche... Lorsque j'étais "déclenchée", je me retrouvais recroquevillée sur mon côté gauche en face d'un radiateur, dans la douleur... Je ressens mon côté Droit / Bleu comme non affecté par les abus. Je ne fais plus autant de cauchemars qu'avant, mais j'ai encore des problèmes de sommeil. Je n'ai jamais été capable d'entretenir des relations mais je suis fière d'avoir aujourd'hui un cercle d'amis qui s'élargit. Je n'ai jamais voulu avoir d'enfants. Je me suis toujours demandé pourquoi les gens veulent mettre des enfants au monde... certainement parce que je dois inconsciemment penser que tous les enfants subiraient automatiquement ce que j'ai subi, et j'ai donc choisi de ne pas en avoir...

Les méthodes qui m'ont le plus aidée dans ma guérison sont la "Gestalt-Thérapie", le massage et l'exercice physique. Je fais beaucoup de marche et de cross training en ce moment, cela aide à la synchronisation de mes deux hémisphères cérébraux. C'est un long processus pour que les côtés gauche et droit de mon cerveau réapprennent à communiquer et à se synchroniser. Le côté gauche de mon corps a subi beaucoup de blessures et c'est comme si mon cerveau avait presque sacrifié toute cette partie-là pour ma survie.

Les abus rituels se sont donc arrêtés lorsque ma famille a déménagé à l'autre bout de l'Australie. Mais l'inceste et les viols ont continué jusqu'à mes 18 ans, lorsque je suis définitivement partie. Mon père était alcoolique et ma mère continue de vivre dans le déni, même si elle répond à mes questions quand elle le peut... Ma sœur continue de lutter contre ses troubles mentaux... Aujourd'hui je travaille auprès de malades et ma thérapie touche à sa fin. J'ai réalisé que je ne pourrais jamais être pleinement intégrée/fusionnée, mais le travail de conscientisation m'a aidée à atteindre de nombreux objectifs que je n'aurais jamais pensé réalisables... Comme de donner cette conférence... Mais ma plus grande réalisation est bien d'être restée en vie... et tout ce qui arrive maintenant est du bonus.

d/ Lynn Moss Sharman

Lynn Moss-Sharman est la fondatrice du journal *The Stone Angels* (les anges de pierre) et porte-parole de *ACHES-MC* Canada (*Advocacy Committee for Human Experimentation Survivors & Mind-Control*). Elle a été victime d'abus rituels et de contrôle mental dans son enfance. Lorsqu'elle a fondé le journal *The Stone Angels* en 1993, elle a commencé à entrer en contact avec d'autres survivants. C'est ainsi qu'elle a pu rencontrer une soixantaine d'adultes de la région de Thunder Bay et du Nord-Ouest de l'Ontario au Canada. Ils ont alors décidé ensemble de publier dans ce journal des écrits et des dessins de survivants et de thérapeutes mais aussi des informations sur le contrôle mental moderne. Le comité *ACHES-MC* Canada a été formé en 1996 lorsque Sharman a assisté à une conférence de Claudia Mullen et de Chris Denicola au Texas (dont les témoignages sont retranscrits dans le chapitre 3). Lors de cet événement, elle a également rencontré d'autres survivants, dont Blanche Chavoustie. C'est à ce moment-là qu'elle a décidé de faire tout le nécessaire pour former un comité de défense des droits des victimes de contrôle mental au Canada. Petit à petit, une base de données s'est constituée et le comité a officiellement été créé en octobre 1996, le but était de réunir suffisamment d'informations pour rédiger un rapport fiable. Les données recueillies indiquaient les zones géographiques où les expérimentations avaient eu lieu aux États-Unis et au Canada, mais aussi une liste d'auteurs présumés.

Au fur et à mesure que les contacts se nouaient avec d'autres victimes, Sharman a réalisé que bon nombre d'entre elles avaient été impliquées dans des abus rituels liés à la Franc-maçonnerie. Leur père ou leur grand-père étaient franc-maçon, notamment des Shriners (*AAONMS : Ancient Arabic Order of the Nobles of the Mystic Shrine*), c'est quelque chose qui semblait être un dénominateur commun dans tous ces témoignages. Elle a également constaté de fortes similitudes entre les témoignages de citoyens des États-Unis victimes de contrôle mental de type MK-Ultra et ceux de victimes canadiennes qui relatent le même genre d'expériences. De plus, les victimes avaient souvent grandi à proximité d'une base militaire. Un autre dénominateur commun chez les victimes est que souvent le père était dans les forces armées (canadiennes ou américaines). Selon Sharman, 90% des victimes qu'elle a rencontrées disent avoir été "offertes" aux abus rituels avec le fractionnement de personnalité et le contrôle mental qui en découle. Dans ces dossiers, il ne s'agit pas d'enlèvements d'enfants, mais c'est systématiquement l'un des parents (ou les deux) qui sont consentants et qui participent même activement au processus de programmation MK sur l'enfant.

En 1994, Lynn Moss Sharman a organisé une série de conférences et de rencontres à Thunder Bay. L'événement était intitulé *"Making Up for The Lost Time"* (rattraper le temps perdu), c'était une série de trois conférences qui se sont déroulées entre novembre 1994 et juin 1995. Le but était d'apporter un maximum d'informations et de témoignages de victimes et de thérapeutes auprès du public. Il s'agissait de rendre l'information disponible publiquement et de sécuriser ainsi les personnes qui commençaient à en parler ouvertement, tout en permettant de mettre en contact les victimes entre elles. Ce genre de rassemblement est important car il met les victimes en confiance et les rassure vis à vis de leur vécu. En effet, elles ne sont plus seules et cela les rassure sur le fait qu'elles ne sont pas folles. La conférencière principale lors de la première rencontre en novembre 1994 était Shirley Turcotte, une consultante et thérapeute clinicienne agréée, basée à Vancouver en Colombie-Britannique. Elle s'est fait connaître par le documentaire *"To a Safer Place"* (Un endroit plus sûr) qui montre son parcours de victime, elle-même survivante d'un réseau de pédo-pornographie. Parmi les nombreux autres intervenants, il y avait également le Dr. Louise Million, psychologue et auteur de *"Breaking The Silence"* (Briser le silence), une étude sur les mauvais traitements et les tortures perpétuées sur les autochtones amérindiens (*First Nations*) dans des foyers ou des écoles. Les enfants amérindiens du Canada ont particulièrement été la cible du Réseau pédocriminel avec de l'expérimentation sur le contrôle mental.

Sharman rapporte que ces rencontres à Thunder Bay ont reçu une grande couverture médiatique. Elle raconte que le premier ministre canadien de l'époque, Robert Keith Rae, a reçu des réclamations en provenance de francs-maçons de toute la province pour dénoncer les agissements des *"Stone Angels"*... cette organisation qui mettait les pieds dans le plat, en pointant du doigt la pédocriminalité de réseau et le contrôle mental ! Car en effet, la Franc-maçonnerie était régulièrement citée dans les conférences et les témoignages comme étant liée aux abus rituels et au MK. Sharman a elle-même reçu des messages de francs-maçons sur son répondeur. Elle affirme même que la femme d'un franc-maçon haut placé à *Moose Factory* qui était éditrice d'un journal à Dryden a refusé d'imprimer l'annonce des conférences en raison du fait que son mari était franc-maçon. En tant que rédactrice en chef d'un journal régional, elle avait choisi délibérément de ne pas laisser les gens prendre connaissance d'un tel rassemblement. Ces rencontres publiques visant à dénoncer les abus rituels et le contrôle mental ont fait un tollé général chez les francs-maçons car il avait été annoncé que ces derniers n'étaient pas autorisés à assister aux conférences (bien qu'il fût évidemment impossible de faire une telle filtration à l'entrée, l'effet d'annonce a eu un certain impact...). De plus, les enregistrements des conférences étaient strictement réservés aux victimes, aux thérapeutes et à certaines associations.

Une majorité des survivants que Sharman a rencontrés étaient des autochtones amérindiens, des *Ojibway* de Thunder Bay ou des réserves du Nord-Ouest de l'Ontario. Rapidement, des similitudes ont été constatées dans les témoignages d'anciens pensionnaires de foyers. Il a par exemple été rapporté l'existence d'une chaise électrique au pensionnat de Fort Albany, près de *Moose Factory*, où des squelettes d'enfants ont également été retrouvés. D'anciens pensionnaires ont raconté avoir été violés au milieu de la nuit par des hommes en robes blanches, certains ont aussi parlé d'avortements forcés, etc. Ce sont les pratiques sectaires identiques à celles décrites par les survivants d'abus rituels américains. Des activités sectaires de ce type se seraient également déroulées sur l'île Manitoulin et quelques victimes ont même indiqué que des blancs fortunés faisaient le voyage en avion de New-York ou de Californie pour participer aux abus rituels sur cette île. Tout cela est bien connu par la communauté autochtone du Canada car ils font eux-mêmes leurs propres enquêtes sur ce sujet. Ils ont parfaitement conscience de l'existence de telles pratiques et connaissent les endroits où se déroulent ces activités. Selon eux, ce réseau sectaire implique entre autre des travailleurs sociaux liés à l'enfance et à la famille, beaucoup d'enfants amérindiens ont été victimes de ces gens là (cette connexion du Réseau avec les services sociaux liés à l'enfance est récurrente, que ce soit en Amérique ou en Europe). Les aînés constatent ce qui est arrivé à un grand nombre de leurs frères et sœurs dans les pensionnats et les foyers, mais aussi dans le système pénitencier, beaucoup de ces pensionnats se trouvaient à proximité de bases militaires américaines ou canadiennes (*NORAD* et réseau *DEW*). Le père de Lynn Moss-Sharman a lui-même travaillé dans l'armée canadienne.

Les mémoires de Sharman ont commencé à émerger avec les abus sexuels de son père, de son oncle et d'un groupe d'hommes de l'armée, également impliqués dans l'exploitation sexuelle des enfants. Ses mémoires concernaient ce groupe d'hommes mais elle avait du mal à déterminer le lien qu'ils pouvaient avoir avec son père, ni du rôle exact que celui-ci jouait dans ce groupe. Sharman a des souvenirs d'abus rituels à un âge très précoce (dès trois ans) lorsqu'elle habitait avec ses parents rue Maria à Toronto. Elle se souvient d'un rituel qu'elle nomme *"pardonner par le sang"*, qui avait lieu près de l'abattoir ou dans des églises à proximité de Hamilton et de Toronto. Elle se souvient également avoir été transportée à différents endroits dont des sites affiliés à l'armée, elle cite notamment les souterrains de *Stone Mountain* ou la base aérienne d'Uplands à Ottawa. Sharman a subi des séances de privations sensorielles et d'électrochocs, elle se souvient que l'on lui disait alors : *"D'abord nous te cassons, ensuite nous te reconstruisons..."* (*Ordo Ab Chao*). Elle a été soumise à des projets de MK financés par l'Université de Rochester à la fin des années 40 et au début des années 50. Elle cite un certain Dr. George Estabrooks du département de psychologie de l'université Colgate à Hamilton (USA) et affilié avec le *Oswego State Teatcher's College*. Le Dr. Estabrooks a directement contribué à créer les candidats Mandchous, il a été en contact avec J. Edgar Hoover (FBI) dès 1937, ainsi qu'avec José Delgado, Martin Orme, Ewen Cameron et bien d'autres encore... Nous retrouvons là toute la clique de scientifiques qui travaillaient à l'époque sur le lavage de cerveau et le contrôle mental basé sur les traumatismes.

Sharman insiste sur le fait qu'il est essentiel que les gens prennent conscience que ces expérimentations sur le contrôle mental se font principalement sur des enfants et qu'il s'agit de recherches d'une grande ampleur qui ont permis de mettre au point des techniques de plus en plus sophistiquées. Des enfants naissent même dans ces laboratoires pour être soumis aux expérimentations sans jamais voir la lumière du jour. Ces petites victimes subissent l'enfermement dans des cages, ils sont soumis à des électrochocs, des drogues, de la privation sensorielle, etc, toutes les techniques qui vont servir à profondément les dissocier et à fractionner leur personnalité. Sharman rapporte également des expérimentations génétiques et d'irradiations, ou encore des traitements chimiques pour accélérer la puberté, cela pour obtenir rapidement des sujets reproducteurs. Les victimes servent littéralement de cobayes pour tester les drogues afin de déterminer lesquelles seront les plus efficaces et les plus rapides dans le processus de lavage de cerveau précédant la programmation MK. Sharman s'interroge sur l'ampleur qu'ont pu avoir ces expérimentations sur le contrôle mental au sein de la communauté amérindienne du Canada. Elle a le souvenir d'avoir été emmenée dans un endroit où il y avait une femme inuit au crâne rasé avec un bébé dans les bras. Elle se questionne également sur le sort d'un certain nombre d'autochtones qui ont été envoyés dans le sud de l'Ontario où vers les frontières des états pour un soi-disant traitement contre la tuberculose dans les années cinquante et soixante.

Le processus de guérison de Sharman a été très long et elle a encore aujourd'hui un statut d'handicapée. En effet, une telle fragmentation est dévastatrice et selon elle irréversible. Elle décrit comment son corps a gardé la mémoire de chaque niveau de programmation en raison du fait que la mémoire cellulaire enregistre tous ce que la victime a subi. Ces mémoires traumatiques émergent généralement avec une puissante abréaction (décharge émotionnelle, la personne revit en direct la mémoire traumatique). Pour Sharman, ses souvenirs ont commencé à émerger lorsqu'elle a traversé une crise personnelle, une énième relation violente et malsaine qui a fini par la faire totalement sombrer. Les premières mémoires à avoir percé étaient celles des viols, puis au fil du temps, des fragments de mémoires plus énigmatiques tels que le souvenir d'avoir été enfermée en cage ou d'avoir subi des électrochocs, sont aussi remontés violemment. Lorsque ces flashbacks émergeaient, elle pouvait par exemple entrevoir le visage de quelqu'un mais une intense douleur physique lui saisissait tout le corps et elle devenait totalement incapable de parler. Elle ne pouvait donc pas expliquer à son thérapeute ce dont elle se rappelait, ou ce qu'il se passait dans sa tête. Elle a ainsi vécu une longue période où elle se retrouvait muette face à ses mémoires traumatiques. Il lui fallait alors parfois les écrire ou les dessiner. Lors de ces violentes remontées de mémoires, elle se retrouvait dans des situations où elle se cachait par exemple sous la table basse en s'enveloppant dans le tapis de la thérapeute. Son corps et son esprit revivaient littéralement l'expérience traumatique qu'elle avait subie des années auparavant, avec une douleur tout aussi intense. Elle raconte qu'elle se retrouvait dans des postures physiques qu'elle était absolument incapable de prendre dans un état normal. Son corps faisait des contorsions inouïes et elle était prise de spasmes lorsque la mémoire cellulaire des électrochocs remontait.

Sa thérapeute lui a fait comprendre que l'hypnose ne serait pas une bonne chose pour elle en raison de l'intensité de ses réactions physiques lorsque les souvenirs remontaient. En effet, l'hypnose aurait pu l'inonder d'une trop grande quantité de mémoires qui auraient un tel effet sur son corps qu'elle ne pourrait pas le supporter. La thérapeute a donc préféré traiter les choses en douceur, étape par étape, afin que Sharman soit en mesure de le supporter, autant émotionnellement que physiquement. Il fallait qu'à la fois son corps, son esprit, son mental et son "Moi" soient capables de traiter les informations traumatiques et de comprendre comment ces différentes mémoires pouvaient être liées entre elles. Encore un puzzle qui devait être reconstitué…

Un point important à noter est que Lynn Moss Sharman n'a jamais eu à prendre de médicaments pendant sa thérapie et elle a soigneusement évité toute intervention en milieu psychiatrique. Pourtant à de nombreuses reprises, elle a voulu mettre fin à ses jours et se faire interner en hôpital pour recevoir un traitement qui aurait pu la soulager. Elle a également réussi à éviter les addictions systématiques et l'autodestruction.

e/ Dejoly Labrier

Dejoly Labrier a grandi dans un milieu militaire, ses deux parents étaient dans l'armée et pratiquaient les abus rituels. Dejoly a développé une personnalité multiple à la suite de sévères traumatismes qu'elle a subis dans ces groupes militaires. Elle est l'auteur de *"All Together Now : A Multiple Story of Hope & Healing"* (Aujourd'hui tous ensemble : une histoire multiple d'espérance et de guérison). En 1997, elle a été invitée sur la chaîne américaine *FOX 13 News* dans l'émission de Kathy Fountain *"Your Turn"*. Voici la transcription de l'émission lors de laquelle cette femme a témoigné :

- Kathy Foutain : Les dessins que vous allez voir maintenant ont été dessinés par différentes personnalités ayant différents noms, mais ils viennent tous d'une seule et même personne… Une femme ayant un trouble dissociatif de l'identité. Un trouble qui serait causé par des traumatismes répétitifs infligés durant la petite enfance. Cette femme dit avoir été abusée par sa mère et son père dans un étrange culte ultra-violent agissant dans un cadre militaire (…) Nous accueillons donc Dejoly Labrier. Il faut beaucoup de courage pour parler de telles choses et je suis ravie de pouvoir en parler avec vous. J'aimerais aider les gens à comprendre à travers quoi vous êtes passée... Vos parents étaient tous les deux des militaires, des "Marines".

- Dejoly Labrier : Ils étaient tous les deux "Marines".

- KF : Une discipline de fer ?

- DL : Oui, très rigide. Dès la petite enfance, ma mère se vantait que ses enfants de 3 ans étaient aussi disciplinés qu'un "Marines" pour faire leurs lits ou répondre au garde à vous en criant : "Yes sir !" ou "No Sir !" Nous étions continuellement restreints à faire nos tâches quotidiennes. Chaque samedi, nous devions également nettoyer la maison de fond en comble.

- KF : Qu'en est-il du culte, de la secte ? En faisaient-ils tous les deux partie ? Était-ce un culte satanique ou autre chose ? Qu'est-ce qu'ils faisaient ?

- DL : Il y avait des rituels sataniques qui étaient pratiqués... Ce que j'en ai compris grâce à ce que m'ont révélé les mémoires de mes personnalités alter, c'est qu'ils étaient tous les deux impliqués. Mon père était le chef et ma mère était sa complice, je l'appelle sa "complice" parce qu'elle ne nous a jamais protégé de toutes ces violences (...) Il y a des enfants qui sont violés, mais qui sont aussi découpés... Cela "alimente la fête" pour que les membres du culte reçoivent du pouvoir et de la puissance. Il y a la consommation du sang, mais il y a aussi du cannibalisme avec les bébés sacrifiés.

- KF : Où prennent-ils les bébés ?

- DL : À l'intérieur même du groupe, certaines femmes font des bébés. Il y a aussi les jeunes filles en âge d'avoir des enfants. Dès qu'elles sont pubères, elles se font engrosser par les viols lors des rituels. Cela se produit continuellement... Ils trouvent également des bébés là où personne ne s'en occupe vraiment.

- KF : Vous dites dans votre livre d'une manière détaillée que vous avez été utilisée sexuellement par ce culte, vous avez donc été violée par votre père et par d'autres hommes.

- DL : J'ai été violée par de nombreuses personnes, y compris par des femmes, par beaucoup de "Marines"... Nous nous déplacions régulièrement dans tout le pays. Dans l'armée mon père était un recruteur et il a également été en poste de réserve dans différentes bases du pays pour recruter et former, en particulier des formations pour maîtriser les appareils amphibiens.

- KF : Et à chaque endroit où il était affecté, il trouvait un nouveau groupe de gens pour faire ce genre de choses ?

- DL : Oui, voilà...

- KF : L'armée est-elle au courant de ces choses-là ? On ne les entend jamais là-dessus...

- DL : Il y a beaucoup de colère de certains de mes alter envers les militaires. Mais ce que je peux dire, c'est que la hiérarchie supérieure de l'armée avait bien connaissance de ce qu'il se passait. Il y a beaucoup de choses qui se passent dont ils sont au courant mais ils ne font rien pour stopper cela. Ils n'arrêtent jamais les responsables.

- KF : Lorsque votre père arrivait sur un nouveau site, d'après ce que vous nous dites il avait juste à mettre une petite annonce dans le journal militaire local pour trouver des gens intéressés par ça...

- DL : Il existe un réseau militaire d'exploitation sexuelle au niveau national. Vous y accédez selon qui vous êtes et quelles sont vos relations. De fil en aiguille, par des rencontres et des discussions, vous finissez par rencontrer des gens liés à ce genre de choses. Ils peuvent ainsi monter un réseau très rapidement, parfois il suffit de trois personnes mais des fois il y a beaucoup plus de gens : 20 ou 30 personnes.

- KF : Quels sont les objectifs de ces rituels ? Quels sont leurs buts ? Vous avez dit que cela était satanique… Est-ce du sacrifice ? Pourquoi font-ils cela ?

- DL : Il y a une croyance selon laquelle la consommation de sang et de chair humaine lors des rituels vous donnera un certain pouvoir. Ils pensent ainsi devenir très puissants. D'un autre côté, il y a une sorte de satanisme où ils prennent les croyances chrétiennes afin de les inverser, c'est quelque chose d'essentiel pour eux. Cela leur procure un sentiment de supériorité face aux autres : "Nous sommes puissants, nous pouvons tuer sans que personne ne le sache, qui sera le prochain ?" Ils se sentent donc très puissants et supérieurs aux autres.

- KF : J'ai eu la chance d'avoir au téléphone votre thérapeute il y a peu de temps et elle m'a confirmé qu'il s'agissait bien d'un trouble dissociatif de l'identité. Elle m'a aussi dit qu'elle avait vu vos différentes personnalités émerger dans son cabinet. Cela fait partie de la thérapie d'amener ces alter dans un lieu où ils seront en sécurité pour être en mesure de raconter leurs vécus. Parfois ils peuvent avoir un comportement violent contre vous-même ou contre d'autres personnes. Il s'agit de savoir pourquoi ces personnalités alter agissent de la sorte afin de pouvoir vous aider, il faut que les alter puissent s'exprimer par eux-mêmes. Vous avez dessiné une carte, une sorte de schéma qui représente une cinquantaine de différentes personnalités. Il a été dessiné il y a plusieurs années, ce sont les alter qui ont successivement émergé et qui ont donné leurs noms. Qui est le grand au milieu, "Competent one"… Est-ce vous ou un autre ?

- DL : C'est un alter, ce n'est pas moi. Je suis tout cela… combiné en une seule personne.

- KF : Vous avez des personnalités très destructrices…

- DL : Oui… contre moi, intérieurement mais ils ne font rien aux autres. Ce que je voudrais souligner, c'est qu'ils ont chacun leur propre comportement, parce qu'ils ont été créés pour protéger un autre alter ou bien moi-même. Donc ils peuvent avoir l'air de mal se comporter, mais ils ne sont pas vraiment mauvais dans le fond, ils font cela pour nous protéger.

- KF : Sur le dessin, cette femme noire est un de vos alter ?

- DL : Oui.

- KF : Quel rôle joue-t-elle ?

- DL : Elle est la gardienne de notre système. Elle protège et elle aime inconditionnellement chacune des personnalités alter. Lorsqu'il y a des conflits entre certains, c'est elle qui les prend à part pour leur parler individuellement.

- KF : Et qui est "Silent one ?"

- DL : "Silent one" est un des alter qui a été abusé militairement et sataniquement. Elle ne parle pas, elle est muette…

- KF : Vous dites que vous avez aujourd'hui établi un consensus avec toutes les personnalités alter. Cela signifie qu'ils sont tous d'accord pour s'entendre et pour coopérer. Sont-ils ici, en train d'écouter notre conversation ?

- DL : Oui… Beaucoup d'alter font ce qu'ils appellent des "conseils d'administration", des réunions entre eux, ce genre de choses…

- KF : Vous avez donc eu une sorte de réunion avant de venir parler à la télévision ?

- DL : (rires) Tout à fait.

- KF : Ils ont tous dit que c'était une bonne idée parce que….

- DJ : … Parce que cela doit être dit, les gens ont besoin de savoir que ce genre d'abus existe, et que ce genre de trouble psychique (T.D.I.) se produit également. Beaucoup de victimes avec la personnalité fractionnée sont mal diagnostiquées en psychiatrie. Elles sont parfois traitées avec des médicaments inadaptés qui ne règlent rien au problème des personnalités multiples.

- KF : Oui, votre thérapeute a mentionné que souvent les victimes sont mal diagnostiquées et reçoivent un lourd traitement chimique qui ne les aide pas du tout. Il vaut mieux laisser venir, faire émerger les personnalités alter lors de la thérapie et reconnaître leurs différentes fonctions pour essayer d'avoir une bonne coopération…

- DL : Oui, les aider à avoir des fonctions différentes. J'ai un alter nommé "Druggie", sa fonction est de mettre le système en sommeil, comme une mesure de protection. S'il y a un élément déclencheur qui se produit et qui peut poser problème pour un des alter, alors Druggie émerge et nous plonge tous dans le sommeil. Il nous fait littéralement dormir…

- KF : Maintenant une question de Lydia qui nous appelle de Ruskin.

- Lydia : Est-ce qu'elle a essayé de parler à quelqu'un de ce qui se passait à l'époque ? Y avait-il quelqu'un à qui parler ?

- DL : Malheureusement, il n'y avait personne à qui parler… Toute ma famille était impliquée. Quand vous êtes si violemment abusée toute petite, vous apprenez vite à vous taire et à ne parler à personne car c'est peut-être vous qui serez la prochaine victime sacrifiée… Donc la peur est là…

- KF : Vous aviez peur d'être tuée ?

- DL : J'étais complètement terrifiée à l'idée de me faire tuer.

- KF : Vous savez, les sceptiques sur votre témoignage diront : "Comment puis-je savoir si ce culte existe vraiment ? Est-ce que tout cela est bien réel ? Des bébés sont-ils vraiment tués et mutilés ? Certains pourront également dire que vous avez peut-être été abusée sexuellement par votre famille mais que c'est votre esprit qui aurait créé tout le reste de l'histoire.

- DL : Je peux comprendre cette réaction, parce que tout cela peut sembler en effet très étrange. Cependant aujourd'hui il y a de plus en plus de gens à révéler la vérité sur ce qu'ils ont vécu. Ceci est ma vie. Je ne dis pas que toute personne agressée sexuellement va développer une personnalité multiple, ou qu'elle vient d'un culte satanique, ou encore que les militaires sont tous des violeurs… Ce que j'ai à dire, c'est que cela est ma vérité mais vous n'êtes pas obligés de me croire. Il existe beaucoup de gens qui savent que tout cela est bien réel et ils se manifestent. Au début de mon processus de guérison, j'ai rencontré des gens du monde entier qui dessinaient le même genre de choses, racontaient les mêmes histoires, ils avaient des personnalités alter avec les mêmes noms, et ils avaient tous ce même trouble psychiatrique en raison de leur enfance traumatique…

- KF : Vous avez deux sœurs et un frère, sont-ils en sécurité aujourd'hui ?

- DL : Non, parce que cela demande beaucoup de courage et de travail pour traverser cela et pour pouvoir se rétablir. C'est tout comme un oignon que vous pelez couche par couche pour découvrir un autre niveau de douleur et pour en prendre conscience. Mon frère a été sévèrement abusé dans son enfance (…) Mon père m'a écrit une lettre dans laquelle il avoue m'avoir violée, ainsi que d'autres enfants… y compris mon frère. Ma mère est dans le déni le plus total et elle accuse mon père d'être celui qui nous a trahis…

- KF : Votre père ne veut pas quitter le culte ?

- DL : Aujourd'hui je n'en ai aucune idée…

- KF : Quelques personnes ont appelé en posant cette question : Est-il possible que le thérapeute puisse implanter ces souvenirs dans votre esprit ?

- DL : Ils (ndlr : le Réseau) ont beaucoup de pouvoir, et partout dans le monde ils tentent de mettre dans la tête des gens que ce genre de choses relève de l'imaginaire, que toutes ces horreurs ne peuvent pas réellement exister… Tout cela est venu par mon propre travail, si je suis allée voir un thérapeute, c'était pour qu'il me guide, pas pour qu'il fasse le travail à ma place, ou qu'il me dise quoi penser…

- KF : Nous avons Tammi en ligne, posez votre question.

- Tammi : Bonjour Dejoly, j'aimerais savoir quel âge aviez-vous lorsque vous êtes finalement sortie de tout cela ? Et comment vous en êtes-vous sortie ? Vous avez dit que les abus sexuels s'étaient arrêtés à la fin de votre adolescence…

- DL : Oui, en fait les abus sexuels ont stoppé à mon vingtième anniversaire. Je rentrais à la maison pour la fête et mon père était là, tout seul… Ce jour-là, il m'a violée. Après cela, je ne l'ai plus jamais revu, parce que je me suis enfuie. Je me suis enfuie après avoir réalisé qu'il y aurait de l'aide à l'extérieur, des gens qui pourraient réellement m'aider (…) Lorsque l'on est dissocié, avec une personnalité multiple, nous sommes aussi déconnectés des relations humaines. J'ai été mariée quatre fois… et aujourd'hui, dans mon quatrième mariage, je peux enfin dire que j'aime mon mari et que j'ai pu établir de véritables liens avec lui. Avant cela, je n'étais pas capable d'établir une vraie relation, maintenant j'y arrive…

- KF : La thérapie vous a beaucoup aidée…

- DL : Oui.

- KF : Maintenant une question de Barbara…

- Barbara : Bonjour, quel genre de thérapie avez-vous suivie ? En particulier en ce qui concerne l'hypnose et le type de médicaments.

- DL : J'ai eu une thérapeute pendant 5 ans, mais elle est décédée soudainement… Pendant 5 ans, nous avons travaillé sans médicaments, parce que cela n'est pas vraiment efficace… Mais j'ai un alter, "Ginger", qui avait besoin de Prozac lorsqu'elle était déprimée. Nous avons donc pris du Prozac pendant 2 ans et demi.

- KF : Était-ce l'alter ou tout le monde qui en prenait ?

- DL : C'est très difficile à expliquer… Je le prenais pour elle, mais c'est elle qui en avait les effets… Ma thérapeute de l'époque a également utilisé l'hypnose. Nous faisions aussi du dessin, je tenais un journal dans lequel j'écrivais des questions avec des réponses, ensuite nous y revenions avec la thérapeute. Nous avons aussi fait de la thérapie expérimentale avec le mouvement, la musique, etc.

- KF : Mais vous n'avez jamais "intégré" et fusionné pour ne faire plus qu'un avec tous les alter ?

- DL : Non. Je pense personnellement que parfois le plan ou la méthode du thérapeute n'est pas nécessairement dans l'intérêt de tous les alter.

- KF : Il y a une sorte de coopération et un consensus entre les alter…

- DL : *Oui*. (…)

Il semblerait qu'en Europe aussi, il y ait ce genre de pratiques dans le milieu militaire. En juillet 2011, le magistrat italien Paolo Ferraro a dénoncé publiquement lors d'une conférence de presse dans son pays l'existence d'une *"secte satanico-militaire"*. Une chaîne de TV italienne diffusa les déclarations du magistrat. Voici la transcription du court reportage italien sur le sujet :

"Une secte satanique basée sur le sexe et la drogue, formant un réseau de haut niveau, pratiquerait des manœuvres obscures pour faire en sorte que les enquêtes n'aboutissent jamais. Après la décision du Conseil Supérieur de la Magistrature de suspendre un magistrat pour une durée de quatre mois pour un soi-disant problème de santé, celui-ci a décidé de rendre publique cette affaire qui a débuté en 2008.

Paolo Ferraro : Je me suis limité à un simple constat : dans une maison, plusieurs personnes, dont certaines étaient des "officiels", vivaient là, avec des femmes et des enfants, et participaient à des activités qui n'étaient pas du tout normales… J'ai découvert un monde souterrain, inconnu, obscur et ambigu… Il y avait également des activités sexuelles pratiquées dans un contexte qui était pour moi jusqu'alors complètement inconnu.

Les défenseurs du Ministère Public dénoncent des anomalies dans les agissements du Conseil Supérieur de la Magistrature et ont déjà prévu un recours pour invalider cette suspension pendant que le magistrat Ferraro fera appel.

Paolo Ferraro : Le choix qu'ils ont fait vient peut-être du fait qu'ils n'ont pas lu correctement tout ce que j'ai dénoncé dans mon rapport. Mais aussi de ne pas avoir vraiment compris le fond du problème."

f/ Cisco Wheeler

Cisco Wheeler est une rescapée du réseau luciférien *Illuminati*. Elle est la co-auteur avec Fritz Springmeier des livres : *"The Illuminati Formula to Create an Undetectable Total Mind Control Slave"* (La formule *Illuminati* pour créer un esclave sous contrôle mental totalement indétectable) et *"Deeper Insights Into The Illuminati Formula"* (Encore plus profondément dans la formule *Illuminati*)

Wheeler a été programmée dès sa petite enfance par son père qui venait lui-même d'une famille luciférienne transgénérationnelle. Selon elle, son père était programmeur pour l'Ordre *Illuminati* et pour le gouvernement américain. Sa famille était très liée au milieu politique. Son grand-oncle (descendant direct du Général Ulysse Grant) était le Général Earl Grant Wheeler, un Chef d'Etat Major qui a commandé les forces américaines au Vietnam. Son père était un franc-maçon du 33è degré et Grand Maître chez les *Illuminati*, de plus il siégeait au *Grand Conseil des Druides*. De par ce statut, il était fortement lié au milieu politique américain. D'après elle, son père était aussi un "programmé multiple", c'est à dire qu'il avait lui-même subi des traumas dans l'enfance qui avaient fractionné sa personnalité. C'est donc un problème qui se répète de génération en génération et il était lui-même prisonnier des états dissociatifs, tout comme sa fille Cisco l'a été. C'était un génie à tous les niveaux, un musicien hors pair. Extérieurement ce sataniste donnait une image de lui très brillante, aimant sa famille et faisant du bon travail au sein de l'armée. À première vue, il était sociable, il aimait les gens et les gens l'aimaient également. Wheeler pense qu'à un moment de sa vie, il a pris conscience de ce qu'il était et de ce qu'il faisait réellement en privé et en secret, certaines barrières amnésiques se sont brisées mais cela devait complètement le dépasser… changer de direction lui aurait coûté la vie car il était allé beaucoup trop loin.

Dès sa naissance Wheeler est entrée dans un monde très structuré avec des protocoles systématiques. Toute petite, elle a été entraînée à servir d'esclave sexuelle à ce que l'on nomme "l'élite" de la scène politique américaine. Cisco Wheeler a commencé à avoir des flashbacks suite à la mort de son père. Pendant longtemps, sa personnalité hôte, ou de façade, n'avait pas accès aux mémoires des personnalités alter plus profondes, associées aux activités occultes, jusqu'au jour où les murs amnésiques traumatiques se sont enfin brisés vers l'âge de quarante ans. Ne comprenant pas ces flashs de mémoires et ses tendances suicidaires, elle a demandé de l'aide et a été hospitalisée pendant neuf semaines. Ce fut le début de sa thérapie et de l'exploration de son trouble dissociatif de l'identité.

Sa famille avait programmé sa vie de A à Z. Ils l'avaient structurée et conditionnée pour qu'elle devienne ce qu'ils avaient décidé à sa place. Cette programmation a été conçue pour la déshumaniser et l'avilir au point que par moment elle croyait véritablement être une petite chatte. En se regardant dans un miroir, elle voyait une poupée de porcelaine avec une tête de chaton. Un de ses alter avait été programmé pour être une esclave sexuelle, un chaton docile, c'est la programmation *"Bêta Kitten"* dont nous avons déjà parlé en début de chapitre. Pour la déshumaniser et créer ces alter d'animaux, elle décrit comment ils avaient installé deux cages, l'une remplie de jolis chatons en pleine forme et l'autre pour elle… Enfermée dans la cage, elle avait à côté d'elle une gamelle reliée à un fil électrique qui lui donnait des décharges dès qu'elle voulait boire ou manger. Dans cette cage, on l'humiliait, on lui crachait dessus dès qu'elle se comportait comme une petite fille. Dans la cage d'à côté, les chatons étaient toujours bien nourris, ils ne manquaient de rien, ils recevaient beaucoup d'amour, on leur faisait des caresses, etc. Ce calvaire et ces tortures, qui n'étaient autre qu'une séance de programmation MK, duraient plusieurs jours et Wheeler raconte comment son petit cerveau a décidé à un moment donné qu'elle ne devait plus être une petite fille mais qu'elle était elle aussi une petite chatte. Les chats étaient nourris et ils n'étaient pas obligés de se coucher dans leurs excréments comme la petite fille, ils n'étaient pas frappés comme elle l'était. Sa personnalité dissociée par cette situation profondément traumatique s'est donc identifiée aux chatons. Lorsque ses souvenirs sont remontés, son corps avait gardé la mémoire de tous les coups qu'elle avait reçus au cours de cette programmation. La douleur se manifestait au fur et à mesure que les souvenirs émergeaient. Elle parle également d'enfermement en cage avec des singes. Lorsqu'elle a récupéré ses mémoires pour reconstituer son identité réelle, il lui a été extrêmement difficile et pénible d'accepter qu'elle avait été une véritable petite fille. À chaque fois qu'elle exprimait quelque chose d'humain, elle était sévèrement torturée jusqu'à ce qu'elle finisse par totalement chasser de sa tête cette réalité qu'elle était une petite fille humaine, parce que *c'était trop pénible d'être une petite fille* ! dit-elle.

Elle dit également avoir subi une "chirurgie magique" durant laquelle son cœur lui a été "retiré" lors d'un simulacre d'opération accompagnée d'hypnose et de drogue. Ainsi elle devenait une petite fille qui n'avait même plus de cœur... Elle a rapidement suivi les traces de son père en étant formée pour devenir elle-même programmeuse. Elle cite quelques lieux où se passaient les séances de programmation MK : la base navale de China Lake en Californie, la base de Presidio au nord de San Francisco, l'Hôpital Letterman près de la base de Presidio, la prison d'Alcatraz, le Scotty Castle dans le parc national de la *vallée de la Mort*, à l'hôpital psychiatrique de Salem dans l'Oregon et dans le grand hôpital maçonnique Dorenbecker à Portland. Tout cela s'étalant du milieu des années 40 jusqu'au milieu des années 60.

Wheeler raconte comment avec un groupe de quatre ou cinq survivantes de MK venant du même milieu social, elles se sont encouragées mutuellement et ont trouvé la force, grâce à Dieu, de lutter contre les programmations, le harcèlement et les intimidations permanentes du réseau. Ensemble, elles se sont battues pour retrouver leur liberté et leur santé. Pendant ses cinq premières années de thérapie, Wheeler raconte que le réseau était encore en contact avec elle et qu'ils la ramenaient régulièrement pour la torturer à nouveau : électrochocs, drogues, viols à répétition, etc. Malgré ces violences répétées durant cinq ans, elle dit que la force qui l'a poussée à continuer sa thérapie était que pour la première fois, elle avait conscience d'être véritablement un être humain : *"Je ne suis pas un chaton !, Je suis une femme ! J'ai été une petite fille ! Ces programmes n'étaient que des mensonges !"*. Elle était prête à mourir pour que la vérité sorte.

Wheeler décrit bien le phénomène d'ambiguïté qui se crée dans les liens entre la victime et son bourreau. Petite fille, elle raconte comment un enfant n'appartenant pas à la hiérarchie luciférienne a été froidement tué devant elle. C'est de cette manière que les bourreaux affichent leur puissance et il se crée alors un lien affectif morbide faisant que l'enfant va s'attacher inconditionnellement à l'assassin... parce que celui-ci l'a épargné, pour tuer l'autre enfant... Essayez de comprendre ce qui peut se passer à ce moment-là dans le cerveau d'un enfant qui n'a que quatre ou cinq ans. Comme déjà noté plus haut dans ce chapitre, le traumatisme est un facteur important dans le lien affectif qui va lier l'enfant à son bourreau. La victime ne sait jamais quand elle va être "aimée" ou quand elle va être "détestée". En effet, les bourreaux changent d'attitude *comme de chemise"* et peuvent à n'importe quel moment basculer dans l'horreur en raison de leurs propres états dissociatifs. Le père de Wheeler pouvait se montrer d'une gentillesse extrême au cours d'une programmation tout comme il pouvait se montrer abominable et sans aucun sentiment humain. Il devenait alors plus méchant qu'un animal sauvage et n'aurait reculé devant rien pour faire comprendre quelque chose à sa victime. Elle dit que certaines de ses personnalités alter aiment encore beaucoup son père et qu'elles l'aimeront probablement pour toujours. Pour elle, l'inceste était une preuve d'amour, elle considérait que l'amour d'un père ou d'une mère consistait à violer ses enfants... C'est une croyance qu'elle avait tant qu'elle baignait dans ce système luciférien où l'inceste est une pratique "culturelle".

Wheeler avait trois *"mères"* qui formaient les fondations de son système interne. Ces *"mères"* étaient ses trois grands alter de base qui étaient placés sur un piédestal dans son monde intérieur. Ce sont des alter profondément liés à l'occultisme dont le seul but est de régner avec l'Antichrist en tant que reines, lorsqu'il montera sur son trône. Lucifer a une épouse qui est composée de toutes les *"Mères des Ténèbres"* (*Mother of Darkness*), c'est à dire tous les alter de Grandes Prêtresses.

Selon Wheeler, c'est l'aspect essentiel de leur système, la programmation mentale et les actions de ce réseau sortent vraiment du cœur même de Lucifer. Il veut écraser le peuple de Dieu, et le monde dans son ensemble. Les *Illuminati* se considèrent eux-mêmes comme des dieux et leur seul maître est Lucifer. Ils ont prêté serment à leur prince, leur *"père de lumière"*. Ils ont signé pour mettre en œuvre ses plans par tous les moyens, pour réaliser ce qui est prévu pour la fin des temps et finalement installer l'Antichrist sur son trône. Ils travaillent dans ce sens depuis des siècles et la programmation MK des enfants de l'Ordre luciférien en est un point essentiel.

Ces gens n'ont aucune crainte de l'enfer. S'ils règnent comme des dieux, s'ils obéissent à l'appel de Lucifer et qu'ils restent fidèles à leurs serments de sang, ils règneront avec lui en enfer, voilà leur croyance… Ils sont persuadés que s'ils respectent cela, ils seront des dieux en enfer, avec Satan. C'est un énorme mensonge mais ils y croient… Ils veulent tous devenir des dieux, c'est vraiment le fondement de leur doctrine et le seul maître à qui ils obéissent est Lucifer. Cisco Wheeler déclare : *"Ils sont motivés par la puissance, l'argent et la gloire, mais ce sont en fait les démons qui les motivent depuis des générations… Lucifer et ses démons. Ils sont complètement possédés."*

g/ Brice Taylor

Le témoignage de Susan Ford est apparu pour la première fois en 1978 sous le pseudonyme de *"Lois"* dans le livre de Walter Bowart intitulé *"Operation Mind Control"*, un ouvrage de référence sur le sujet du contrôle mental. En 1999 elle publia son témoignage sous le pseudonyme de Brice Taylor dans un livre intitulé *"Thanks for the Memories"* (Merci pour les mémoires) dans lequel elle décrit son parcours d'esclave Monarch depuis sa toute petite enfance. Brice Taylor a fait partie de ces "mannequins présidentiels" complètement dissociés et exploités par une certaine élite américaine. Elle a été utilisée en tant qu'esclave MK au plus haut niveau de la société et elle est une des rares à avoir témoigné publiquement sur ces pratiques occultes.

C'est en 1985 que Susan Ford a commencé à travailler sur ses mémoires fractionnées pour trouver le chemin de la guérison. Toute petite, les abus et la programmation ont commencé avec son père. Sa mère souffrait également de troubles dissociatifs et d'une certaine forme de programmation, elle participait elle aussi aux abus sur sa fille. Toute sa famille était impliquée, à la fois ses grands-parents paternels et maternels, ses tantes, ses oncles et même ses frères. Nous avons donc là encore une fois affaire à du satanisme transgénérationnel. Son père l'entraînait dans des cérémonies sataniques, notamment chez son grand-père qui était un homme politique aisé, appartenant lui-même à une famille pratiquant les abus rituels depuis des générations. Brice Taylor pense que son père était lui-même un "programmé multiple" ayant subi des horreurs dans son enfance, elle dit l'avoir souvent vu changer de personnalité. Nous retrouvons donc là le schéma familial classique du cercle vicieux traumatique se transmettant tel une morsure de vampire d'une génération à l'autre…

Dès l'âge de 5 ans, elle était régulièrement conduite dans des bases militaires de Californie pour y subir des protocoles de programmation MK. Elle cite également l'Institut Neuropsychiatrique de l'Université *UCLA* ainsi que des centres de la *NASA* dans lesquels se pratiquerait ce genre de choses. La connexion de sa famille avec le milieu militaire passait par son grand-père politicien. C'est ce dernier qui lorsqu'elle a atteint l'âge de 10 ans, l'a introduite dans un réseau pédocriminel composé d'hommes politiques et de diverses hautes personnalités de tous les milieux.

Taylor témoigne que les abus rituels qu'elle a subis comprenaient des piqûres avec des épingles et des aiguilles, des brûlures, elle raconte aussi qu'elle était suspendue par les pieds et parfois attachée en croix. Les bourreaux la faisaient également tournoyer comme une toupie, elle subissait des viols, des privations de nourriture et de sommeil. Elle était aussi obligée de participer aux orgies lors des rituels. Sur les sites militaires, elle subissait des électrochocs, des flashs de lumières et des sons ainsi que des tortures avec toutes sortes d'instruments sophistiqués, le tout combiné avec l'effet des drogues qui lui étaient administrées. Toutes ces pratiques barbares avaient pour unique but de fractionner sa personnalité en une multitude d'alter, créés pour être ensuite programmés. Elle décrit que lors de ces séances de programmation MK, elle était attachée à une chaise spéciale, tout comme celles qui sont utilisées pour entraîner les astronautes. D'après elle, ils utilisaient les mêmes équipements que ceux servant aux astronautes : des centrifugeuses, des simulateurs d'apesanteur, des caissons d'isolation sensorielle, etc. Certains appareils utilisaient des signaux lumineux ou sonores combinés à des électrochocs. Taylor explique par exemple qu'elle recevait un son dans l'oreille droite et qu'un autre son complètement différent était envoyé dans son oreille gauche. Elle a été programmée pour associer un son à une commande spécifique, généralement dans un état hypnotique.

Parallèlement à ces séances de programmations dans des institutions militaires, son père participait quotidiennement à renforcer son contrôle mental. Elle raconte qu'il avait une personnalité de façade complètement insoupçonnable. Extérieurement, il se comportait comme un homme charmant, personne n'aurait pu soupçonner ce qu'il pouvait faire en privé, les tortures qu'il infligeait à ses enfants, afin de les fractionner et de les programmer. Selon Taylor, sa mère participait aussi aux tortures, et lorsque sa fille a retrouvé ses mémoires et qu'elle l'a confrontée avec cette dure réalité, elle était dans un déni total, elle ne se rappelait aucunement l'avoir traitée de la sorte. La mère n'a pas contesté ni démenti ce que lui disait sa fille, mais elle semblait visiblement très troublée par ses problèmes de mémoires. Par la suite, elle aida même sa fille à publier son livre autobiographique.

Faisons ici une petite parenthèse avec Svali qui rapporte exactement la même chose avec sa mère qui avait elle aussi de profonds troubles dissociatifs. La dissociation a l'effet d'une sorte de "colle" qui maintient en place le déni et qui participe à perpétuer l'obscurité sur toutes ces pratiques. Dans un article publié en

2001, Svali écrivait à propos de sa mère : *"'Tu es en train d'inventer tout ça, tu sais très bien que ce n'est pas vrai ! Je ne me souviens absolument pas des choses dont tu me parles !" La personne qui me disait cela, c'était ma mère il y a aujourd'hui deux ans. Elle me disait clairement qu'elle ne me croyait pas. Son amnésie est intacte et elle la protège. Je voulais m'expliquer avec elle sur le fait qu'elle et moi avions passé une partie de notre vie dans une secte, que je l'aimais et que je voulais qu'elle en sorte elle aussi. Lors de cet appel téléphonique, le premier depuis un an, je lui ai donné le nom exact des gens impliqués et que nous connaissions toutes les deux. "Maman, tu es en état de dissociation, c'est pourquoi tu ne te souviens pas", lui ai-je dit. "Non, c'est faux, rien de tel ne s'est passé", a-t-elle maintenu. Je décidais alors de la bousculer un peu plus dans son déni... Elle savait très bien que je n'avais jamais appris l'allemand consciemment durant la journée, cependant c'était dans cette langue qu'elle me parlait pendant la nuit depuis mon plus jeune âge. Elle-même ne comprenait pas du tout cette langue consciemment... "Pourquoi est-ce que je parle couramment l'allemand aujourd'hui ?" lui demandais-je en allemand et continuant : "Je n'ai jamais appris cette langue, tu le sais bien. C'est l'espagnol et le latin que j'ai appris à l'école"... Il y a alors eu un blanc et elle m'a répondu : "Tu es peut-être médium et tu l'as appris par télépathie"... Il fallait donc que ma mère entretienne son déni à tout prix en expliquant même l'inexplicable... Mais comment avait-t-elle compris ma question, que je lui avais posée en allemand ?!? (...) Je pense que le déni est une sérieuse barrière pour la guérison. Quand un survivant commence à retrouver la mémoire, il ira généralement confronter les membres de sa famille avec ses mémoires pour tenter de valider ces dernières. Le survivant se retrouve aussi fréquemment à faire face à un manque de reconnaissance, à du déni grossier, et même à de la violence verbale de la part des membres de sa famille. Des personnes qui ont besoin de rester dans le déni pour se protéger des douloureuses vérités. "Tu es fou", "Tu es malade", "Tu as une imagination malsaine", "Comment peux-tu inventer des choses pareilles ?", "Tu as besoin d'aide", des phrases encore plus cruelles pourront être lancées à la figure de celui ou celle dont l'amnésie commence à se dissiper, face à ceux qui veulent la conserver."*[512]

En 1985 et en 1987 Brice Taylor a eu deux graves accidents. Ce sont les chocs provoqués par ces accidents qui ont commencé à faire remonter les souvenirs de son passé... beaucoup de souvenirs. Cela a d'abord déclenché une programmation lui faisant croire qu'elle devenait complètement folle. Elle avait des flashbacks avec des visions de plus en plus précises, accompagnées de douleurs physiques dans certaines parties de son corps. À cette époque-là, elle préparait une maîtrise en psychologie clinique et elle a dû interrompre ses études, tant ses mémoires traumatiques émergeaient avec violence. Elle a notamment été en contact avec la thérapeute Catherine Gould qui l'a beaucoup aidée. Ce sont d'abord les abus sexuels dans l'enfance qui sont remontés, puis les souvenirs d'abus rituels sataniques et enfin les mémoires concernant la programmation MK. Nous retrouvons ici le même processus de récupération des mémoires traumatiques que pour Lynn Moss Sharman ou Kristin Constance : d'abord l'inceste puis les abus rituels et enfin la programmation MK, les mémoires les plus violentes remontant en dernier, bien qu'il soit difficile d'établir une échelle traumatique dans ce genre de choses.

Taylor déclare que pendant sa thérapie, elle a travaillé avec une personne des services secrets qui lui a révélé ce qu'il savait sur la programmation MK,

---

[512] "Svali Speaks" - Overcoming Denial - Svali, 05/2001.

notamment au sujet des clés, ou codes, permettant de déclencher et de manipuler les personnalités alter. Elle décrit comment il la faisait basculer d'une personnalité à l'autre afin de faire remonter à la surface toutes les mémoires fractionnées détenues par les nombreux alter. Lorsque les alter émergeaient successivement, elle prenait un crayon pour écrire des pages et des pages sur ce qu'il s'était passé lorsque telle ou telle personnalité alter était active. Comme chez la plupart des personnes fractionnées ayant développé un T.D.I., certaines des personnalités alter possèdent une mémoire photographique ou une hypermnésie qui permet de révéler des souvenirs dans les moindres détails. De plus, les fragments d'âme qui restent "congelés" dans un espace-temps où l'expérience du trauma est constamment présente peuvent faire revivre une scène comme si la personne la vivait en temps réel, à l'instant présent, c'est ce qui permet d'en faire une description très détaillée. Ce phénomène explique comment certains survivants sont capables de donner des informations ultra précises concernant des faits qui peuvent dater de vingt ans, que ce soit des dialogues ou des descriptions de lieux.

Taylor a subi de l'hypnose associée à des drogues, cela était constamment utilisé par son père pour ancrer profondément les commandes dans son subconscient et pour pouvoir ainsi la programmer petit à petit. Elle décrit également comment l'électricité était utilisée comme outil pour fragmenter sa personnalité. Selon elle les électrochocs, en plus de créer un profond état dissociatif, affectent tout le champ énergétique du corps humain et permet ainsi de toucher l'individu à un niveau très profond. Lorsqu'elle était toute petite, elle recevait des électrochocs avec de simples fils électriques, par la suite les bourreaux utilisaient des aiguillons électriques conçus à l'origine pour le bétail. Les équipements électroniques des bases militaires étaient encore bien plus sophistiqués. Selon Brice Taylor et Fritz Springmeier, les aiguillons électriques sont employés pour effacer la mémoire à court terme, cependant la mémoire ne semble pas pouvoir être détruite totalement, les nombreux témoignages de survivants l'attestent.

Taylor décrit bien comment un seul élément de son environnement pouvait faire remonter d'un seul coup des mémoires. Dès qu'un de ces souvenirs se présentait à elle, elle se focalisait au maximum dessus afin de le rendre le plus clair possible dans sa conscience. L'étape suivante était de le mettre sur papier et de le valider autant que possible. Elle décrit très bien comment ses mémoires remontaient sous forme de flashs extrêmement précis, comme si l'événement venait de se passer à l'instant, alors que cela remontait à 10 ou 20 ans. Il s'agissait de bribes d'informations qui avec le temps ont permis d'assembler un puzzle complet, le puzzle de sa vie d'esclave MK.

Certaines programmations visaient à troubler son fonctionnement physique et mental lorsqu'elle commencerait à accéder aux mémoires traumatiques. Il a fallu qu'elle se batte pendant plusieurs années pour rester en vie, luttant contre ces "bombes à retardement" qui avaient été placées en elle pour la rendre folle ou pour la tuer.

Sa programmation MK servait des intérêts gouvernementaux, sa mémoire photographique était exploitée comme un outil de communication dans le Réseau. Elle servait aussi d'esclave sexuelle pour l'élite de ce même réseau, elle était utilisée pour du blanchiment d'argent, pour de la pornographie et de la prostitution, tout comme la survivante Cathy O'Brien, elle aussi exploitée comme "mannequin présidentiel".

Brice Taylor a révélé qu'un agent des renseignements lui avait bien parlé du dossier concernant les esclaves sexuelles réservées aux élites, les "mannequins présidentiels". Cet agent a donné le chiffre de 3000 femmes programmées de la sorte aux États-Unis. Mais ce type de programmation MK ne concerne pas que l'esclavage sexuel, selon elle, certains acteurs d'Hollywood mais aussi des chefs d'états ont une personnalité totalement fractionnée et programmée, des personnes qui auraient également grandement besoin de guérir leurs profonds traumatismes...

h/ Kathleen Sullivan

Kathleen Sullivan est l'auteur du livre *"Unshackled : A Survivor's Story of Mind Control"* (Déchaîné (libéré) : l'histoire d'une survivante de contrôle mental).

Lorsque ses mémoires ont émergé après le suicide de son père en 1990, elle s'est totalement renfermée et déconnectée de ses émotions, elle agissait alors comme un robot. Les mémoires traumatiques ont refait surface, d'abord les abus sexuels puis les rituels toujours plus traumatiques...

En 1991, elle a été hospitalisée à Dallas et c'est là qu'elle a commencé à faire face à ses douloureux souvenirs et à comprendre petit à petit qu'elle avait subi une programmation MK. C'est lors de cette hospitalisation qu'elle s'est rendue compte qu'elle avait plusieurs personnalités et que chacune d'entre elle portait un prénom, un numéro, et un nom de code.

Sullivan raconte que ses mémoires traumatiques remontaient par des sons, par la voix de son père ou d'autres personnes, des voix qu'elle entendait très clairement. Elle savait au fond d'elle que c'était des voix qu'elle avait entendues dans son enfance. Une mémoire pouvait aussi remonter par une odeur ou par de la nourriture qui semblait tout à coup devenir infecte... lorsque la mémoire traumatique (et cellulaire) remontait, elle ressentait physiquement les viols qu'elle avait subis. Beaucoup de souvenirs visuels remontaient par des flashbacks ou par des rêves récurrents. C'est alors qu'elle s'est décidée à tout mettre par écrit. Elle a donc passé des heures et des heures à écrire un journal tout en revivant physiquement et émotionnellement les traumas encapsulés dans ses mémoires. Notamment des mémoires qui concernaient sa programmation d'assassin, quelque chose qui la rendait folle, ne sachant pas s'il s'agissait de son imagination ou de la réalité. En effet, elle refusait obstinément d'accepter ces choses qui lui remontaient à la conscience, mais lorsque ses autres personnalités alter ont commencé à se manifester, elle ne pouvait plus rester dans le déni.

Lors de son hospitalisation en 1991, un psychiatre de l'Université de Dallas lui a demandé de mettre par écrit "la carte de sa personnalité". C'est alors que cinq niveaux de programmation lui sont revenus : Alpha, Bêta, Delta, Thêta et Omicron. Évidemment personne ne s'est soucié de la rassurer et de lui expliquer ce que cela signifiait car aucun autre patient ne décrivait des termes semblables. Par la suite, elle a réalisé qu'il s'agissait de programmes qui avaient été implantés dans son esprit par de l'hypnose et d'autres techniques. Il s'agissait là d'une programmation MK à un niveau gouvernemental.

C'est le père de Sullivan qui a été son programmeur principal depuis sa petite enfance. Elle a appris plus tard que lui-même avait subi des traumatismes extrêmes dans son enfance et qu'il était donc totalement détraqué. C'était pourtant un ingénieur compétent de la société *AT&T* (ancienne *Western Electric*), avec un esprit très scientifique. Il disait régulièrement à sa fille qu'il était un "dieu" pour elle, et naturellement la petite Kathleen le croyait... Mais elle était tout simplement un cobaye et un prototype ; mieux le père réussirait à fractionner la personnalité de sa fille, mieux il se ferait voir par la CIA, pour qui il travaillait. Comme tous les autres bourreaux, le père utilisait l'électricité ainsi que les privations de sommeil et de nourriture pour la programmer. C'était un occultiste complètement trempé dans les abus rituels sataniques, il dirigeait un petit groupe à Reading en Pennsylvanie dans lequel beaucoup d'enfants étaient impliqués. Tout petite, dès l'âge de quatre ans, Kathleen Sullivan a dû participer à des sacrifices, des rituels visant à la désensibiliser et à la conditionner pour sa programmation d'assassin.

Son grand-père paternel était Gallois et attaché à une tradition druidique. Les gens impliqués dans ces pratiques occultes de nature luciférienne ne veulent pas abandonner leur religion antique et c'est ainsi que ces traditions se perpétuent aujourd'hui d'une manière "clandestine" ("la religion sans nom"). Le père Sullivan pratiquait sur sa fille le fractionnement de personnalité *"à la chaîne"*, donnant systématiquement un nouveau nom à chaque alter qui prenait naissance. Il implantait ensuite dans ces fragments ce qu'il voulait : c'est à dire des croyances, des sentiments et des pensées. Selon Sullivan, son père avait lui-même été programmé dans son enfance. Il était d'origine allemande et avait été recruté comme interprète par l'armée de l'air pendant la guerre. Plus tard, il a passé beaucoup de temps avec des groupes néo-nazis, c'est alors qu'il s'est intéressé aux doctrines sataniques. Il était très proche de certains groupes Templiers, selon sa fille il n'a jamais été lui-même franc-maçon mais il travaillait régulièrement avec des initiés de haut degré.

Kathleen Sullivan estime qu'elle a été exploitée en tant qu'esclave MK pendant une vingtaine d'année. Elle avait une programmation polyvalente et a été utilisée pour diverses fonctions : vols, trafic d'enfants (fournir les petites victimes aux réseaux pédocriminels), sécurité (garde du corps pour personnalités politiques ou autres), règlement de comptes (assassinats), interrogatoires, transmission d'informations, mais aussi programmation sur des enfants et participation aux sacrifices rituels... Elle était utilisée par *beaucoup de monde* dit-elle, principalement par la CIA, ensuite par le Pentagone, les Rangers, des Forces Delta, les forces militaires spéciales, mais aussi la mafia qui selon elle est totalement connectée à la CIA.

Lorsqu'elle n'était pas en *mission spéciale*, elle était utilisée comme garde du corps pour des hommes politiques. Elle raconte que ceux-ci aiment bien avoir sous la main un esclave MK pour faire les sales besognes, comme leur fournir de la drogue ou des enfants. Un garde du corps rentre généralement dans l'intimité des personnalités qu'il protège et un sujet MK qui ne parlera pas de ce qu'il voit et ce qu'il entend est donc préférable à un individu non programmé qui serait un maillon faible dans ce vaste réseau qui est pour le moment aux commandes de cette planète.

Toutes ces personnes engagées dans des actes autant immoraux qu'illégaux voudraient bien évidemment pouvoir agir publiquement en toute impunité et inverser totalement les valeurs morales de la société. Pour Sullivan, ces gens sont animés par une puissante motivation visant à établir et diriger un gouvernement mondial qui leur permettra de commettre en toute tranquillité tout ce qui est actuellement jugé comme immoral et illégal, comme par exemple la pédophilie. En effet, l'inceste est une pratique *culturelle* propre à ce milieu luciférien, chose qu'ils voudraient donc injecter dans la société en légalisant la pédomanie. Ils ne souhaitent qu'une seule chose : se débarrasser du code moral Chrétien, et pour cela ils avancent leurs pions étape par étape pour établir le règne de leur doctrine : celui du *Nouvel Ordre Mondial Luciférien*.

i/ Cathy O'Brien

Cathy O'Brien est encore une autre victime du processus MK-Monarch visant à la réduire à l'état d'esclave sexuelle, servir de courrier diplomatique ou encore de mule pour transporter de la cocaïne (le carburant de nos élites)... Son fractionnement de personnalité avec murs amnésiques a été utilisé par les plus hautes sphères du gouvernement américain. Elle et sa fille Kelly (qui a également été soumise à la programmation MK) ont été secourues en 1988 par Mark Phillips qui les a conduites jusqu'en Alaska pour les mettre à l'abri du Réseau auquel elles étaient pieds et poings liées. Là-bas, les mémoires de Cathy ont pu commencer à se remettre en ordre en la libérant petit à petit des chaînes que représentent les murs amnésiques traumatiques, pour qu'enfin elle accède à son libre arbitre. Il en est sorti un livre autobiographique intitulé *"L'Amérique en pleine Transe-Formation"*.

En 1996, les lanceurs d'alerte Cathy O'Brien et Mark Phillips ont donné une conférence intitulée *"Mind-control hors de contrôle"* dans laquelle ils décrivent à la fois leur parcours mais aussi notre situation face à ce *Nouvel Ordre Mondial*. La retranscription intégrale se trouve dans l'annexe N°2 de ce livre.

j/ L'artiste aux multiples personnalités : Kim Noble

Kim Noble est une artiste peintre anglaise. À partir de l'âge de 14 ans et pendant une vingtaine d'années, elle a régulièrement fait des séjours en hôpital psychiatrique, jusqu'au jour où elle a rencontré le Dr. Valerie Sinason et le Dr. Rob Hale. En 1995 elle a finalement été diagnostiquée avec un T.D.I., un diagnostic qui a été validé par le professeur John Morton de l'*UCL* (*University College London*). En 2004, au cours de séances d'art-thérapie, Kim Noble et ses treize personnalités découvrent un grand intérêt pour le dessin... Une douzaine d'alter commencent alors à s'exprimer avec des pinceaux et de la peinture, chacun ayant un nom et un style tout à fait différent. Les thèmes sont également totalement différents, certains peignent des paysages ou des personnages apparemment anodins, tandis que d'autres œuvres sont beaucoup plus sombres et explicites quant aux abus rituels que Noble a pu subir durant son enfance. La personnalité alter nommée *"Ria Pratt"* dépeint clairement des scènes de viols et de tortures sur des enfants, des scènes que Noble a incontestablement vécues et dont les mémoires traumatiques ont été conservées par certains alter. Dans ces peintures représentant les abus rituels, nous retrouvons une grande similitude avec les divers témoignages d'autres survivants de MK.

Kim Noble a fait de nombreuses expositions de peinture et des journaux tels que *The Telegraph*, *The Guardian* ou *The Independant*, ont relayé son travail et l'ont aussi interviewée. Elle est également passée dans l'émission de télévision *The Oprah Winfrey Show*. Ces médias la décrivent comme une "originale", une artiste aux multiples personnalités, mais rarement ils approfondissent le sujet pour expliquer les causes d'un tel état psychique. Les journalistes abordent encore moins le sujet des abus rituels et du contrôle mental, pourtant symboliquement bien présent dans certaines de ses peintures. La plupart des articles la concernant mentionnent son grand courage et son talent, mais aucun n'ose toucher du doigt le contenu essentiel de son travail artistique et ce qu'il décrit : les rituels traumatiques provoquant des états dissociatifs. Les gens sont fascinés par les styles de peinture extrêmement variés, mais il est clair que ses œuvres décrivent également son passé de victime MK-Monarch.

Voici quelques extraits d'un article intitulé *"Kim Noble : une femme divisée"*, publié en 2006 par de *The Independant* :

"Chacune des personnalités alter de Kim est un artiste à part entière : Patricia peint des paysages désertiques solitaires, Bonny dessine souvent des personnages robotiques en train de danser, Suzy a peint à plusieurs reprises une mère agenouillée, les toiles de Judy sont de très grands formats tandis que les travaux de Ria révèlent des événements profondément traumatiques impliquant des enfants. Ces représentations troublantes sont à l'origine de l'état psychologique de Kim, elle souffre d'un trouble dissociatif de l'identité, un trouble qui est une stratégie de survie mentale ou la personnalité se divise à un jeune âge en raison de traumatismes graves et répétés. Le nombre de personnalités dépend souvent de la répétition des traumatismes. Kim n'a elle-même aucun souvenir d'avoir été maltraitée dans son enfance. Elle a été protégée au cours des années par ses alter : "On m'a dit que j'ai été abusée, mais pour moi c'est encore trop tôt, ça rentre par une oreille et ça sort par l'autre. Ce n'est pas bon de remémorer des choses que je ne veux pas savoir."

Kim a de bonnes raisons de craindre le retour des mémoires sur son passé car il est possible que si elle reçoit trop d'informations, elle ne sera pas en mesure d'y faire face et elle "disparaîtra". C'est arrivé deux fois auparavant (…) C'est là que ça devient vraiment bizarre - Pour Kim qui n'est pas tout à fait Kim...

La personnalité alter que j'interview est Patricia, c'est elle qui gère sa vie et celle d'Aimée (sa fille), mais Patricia n'était pas toujours la personnalité dominante. Avant que Patricia ne ré-émerge, Bonny était l'alter dominant et deux années auparavant encore, c'était l'alter Hayley.

Kim me regarde avec beaucoup d'attention lorsqu'elle m'explique : "Vous voyez, Kim est juste la "maison", le corps. Il n'y a pas vraiment de "Kim", elle est complètement divisée. Nous répondons au nom de Kim mais je suis Patricia. Quand les gens nous appellent "Kim" nous prenons cela comme un surnom. Mais une fois que les gens vous connaissent bien, généralement ils n'utilisent plus ce nom-là." (…) Sur les vingt (ou plus) personnalités qui partagent "Kim", certaines ont été identifiées il y a déjà 15 ans : Judy qui est anorexique ou boulimique, la mère : Bonny, la religieuse : Salomé, la déprimée : Ken, les sensibles : Hayley, Dawn et Patricia, la muette : MJ.

Il y a aussi une poignée d'enfants "gelés" dans le temps (bloqués à un certain âge et à un certain endroit). Quelques-uns des alter savent qu'ils font partie d'un système de T.D.I., mais beaucoup n'en ont pas conscience ou refusent de l'accepter. "Judy ne croit pas à cette réalité", explique Kim : "Elle n'est qu'une adolescente qui insulte le thérapeute lorsqu'il essaie de lui expliquer la situation. Elle est si jeune, elle ne pense même pas à Aimée qui est pourtant sa fille. Elle me connaît et pour elle, je suis une mauvaise mère car je délaisse toujours Aimée. Pour elle, c'est tout à fait normal d'aller et venir constamment (dissociation). Elle pense sans doute que tout le monde fonctionne de cette manière." Il y a certains déclencheurs qui provoquent la dissociation, le changement de personnalité, mais progressivement Kim a appris à les éviter. Cependant il peut y avoir jusqu'à trois ou quatre changements d'alter par jour."[513]

Les peintures de la personnalité alter *Ria Pratt* sont certainement les plus choquantes de toute son œuvre. On y découvre des enfants mis en cages, des viols en réunion, une scène d'avortement… Les bourreaux sont ici souvent représentés tenant à la main ce qui peut être interprété comme étant des aiguillons électriques. La chose commune à chaque peinture de *Ria Pratt* est, que ce soit les enfants ou les agresseurs, chaque personnage est peint avec son "double" flottant au-dessus de lui ou à côté de lui. Les doubles représentent la même silhouette que le personnage, mais d'une manière transparente et fantomatique. Cela symbolise très probablement la dissociation du corps et de l'esprit lors des abus rituels. *Ria Pratt* représente systématiquement les enfants avec leur double, mais les bourreaux sont eux aussi représentés avec ce dédoublement, ce qui confirme qu'eux-mêmes seraient en état de dissociation ou de possession lorsqu'ils déchaînent leur violence lors des abus rituels. Un détail morbide est que les bourreaux sont systématiquement représentés dans ces peintures avec un sourire aux lèvres…

L'alter *Golden Dawn* produit des tableaux représentant pour la plupart des mannequins désarticulés et amputés. Dans ses œuvres, l'alter *Judy* donne une place importante à la dualité, notamment en peignant des damiers noirs et blancs. Les peintures de l'alter *Key* (clé en anglais) méritent une attention toute particulière. Comme son nom l'indique, cet alter expose dans ses peintures des éléments clés de cryptage, c'est à dire des protocoles et de la méthodologie quant à la programmation MK. Son tableau *"Seven Level"* (Sept niveaux) décrit de façon détaillée sept étapes pour la conception d'un esclave Monarch (représentation du tableau en annexe N°4). Le chiffre sept est un chiffre magique que l'on retrouve associé aux notes de musique, aux couleurs de l'arc-en-ciel, aux jours de la semaine, aux merveilles du monde, aux sept niveaux de conscience, etc. Cette production est construite en strates horizontales représentant différentes scènes. Le processus décrit se lisant chronologiquement du bas vers le haut :

- Phase n°1 : Naissance en enfer

---

[513] *"Kim Noble : a woman divided"* - independent.co.uk, 08/2006.

Cette scène représente clairement l'enfer, le cadre où l'enfant va naître : une famille vouée à Satan / Lucifer. C'est le début du processus de programmation MK. Nous pouvons lire plusieurs mots inscrits : *"Deep"* (profond), *"Satan"*, *"Dark"* (sombre), *"No Help"* (pas d'aide), *"Blood"* (sang), *"Death"* (mort), *"All Around"* (tout autour) et *"No Life"* (pas de vie).

Dans cette première scène, il y a deux représentations du diable personnifié, avec des cornes et une fourche ainsi que des croix chrétiennes inversées qui confirment le caractère satanique des lieux. Des corps rampant sont représentés ainsi qu'une femme semblant être en train d'accoucher ou d'avorter. Un serpent et un dragon sont également représentés dans cette scène.

- Phase n°2 : Chocs traumatiques

Cette scène représente les multiples tortures que subissent les petites victimes du MK-Monarch. Cette étape consiste à infliger des sévices extrêmes au sujet pour créer les états dissociatifs nécessaires à la programmation. Dans cette partie de la peinture, au moins 28 enfants sont représentés. Au sol, 13 enfants sont réduits à l'état d'esclaves et marchent à quatre pattes en file indienne. Au centre de la scène se trouve une table ou un lit sur lequel un sujet est allongé avec des fils reliés à sa tête et à ses mains, un dessin qui représente certainement les tortures à l'électricité. Deux personnages poussent ce qui semble être des brancards sur lesquels sont allongés des enfants. Nous pouvons également voir dans cette scène de nombreuses cages dans lesquelles sont enfermés des enfants, d'autres encore sont pendus par les pieds. Les violences sexuelles ne sont pas représentées dans cette scène mais on les retrouve d'une manière explicite dans des peintures de l'alter *Ria Pratt*.

- Phase n°3 : Dissociation et fractionnement

Cette scène nous montre les différentes personnalités alter créées par les chocs traumatiques lors de la phase précédente. Les alter sont représentés comme des petits bonhommes flottant et se perdant dans des méandres dessinés par des sinuosités totalement dépourvues de toute organisation. Cependant, les sinuosités dans lesquelles évoluent les alter finissent par confluer pour se rejoindre vers la phase suivante dont le point central est l'arbre de vie kabbalistique. Ces sinuosités contenant les personnalités alter forment en quelque sorte les racines de l'arbre de vie, qui va servir de base, de fondation, à la phase n°4. Dans cette scène, les alter sont isolés les uns des autres par ces racines sinueuses qui cloisonnent les mémoires de chacun d'entre eux. Cela symbolise les murs amnésiques traumatiques créés lors de la phase précédente.

- Phase n°4 : Conditionnement et structuration du système interne

Une fois les alter créés, une structure doit être organisée pour les compartimenter et faire en sorte qu'ils soient facilement exploitables. C'est ce que représente cette scène n°4 : la structuration du monde intérieur de l'esclave MK. Le dessin semble représenter une sorte de labyrinthe ou de plan technique dont les différentes zones correspondent à des symboles. On y voit des signes du zodiaque ainsi que des yeux qui sont là pour surveiller les fragments dissociés dans le monde intérieur. Le point central de cette phase est l'arbre de vie de la Kabbale, aussi appelé l'arbre des Sephiroth. Plusieurs survivants ont rapporté avoir été programmés avec une telle structure qui servirait de trame pour organiser et accéder aux différents groupes d'alter. Il est probable que la personnalité alter *Key* qui a peint ce tableau a représenté ici le schéma réel d'assemblage et de structuration de la personnalité fractionnée de Kim Noble.

- Phase n°5 : Intégration des codes d'accès
Cette scène montre un amas de chiffres et de lettres avec un livre au centre. Du côté gauche se trouvent les chiffres et du côté droit se trouvent les lettres. Le nombre 666 est inscrit sous la page gauche du livre. Il s'agit là de la phase d'encodage des séries de mots et de chiffres qui vont servir à faire émerger tel ou tel alter. Des codes pour accéder au monde intérieur de l'esclave sont aussi programmés. Le livre au centre de la scène représente probablement le matériel d'archivage qui va contenir toutes les données concernant la programmation de l'esclave MK.

- Phase n°6 : Le passage
La phase n°6 représente une sorte d'autoroute, un pont surplombant une mer ou une rivière. Le rituel initiatique est accompli, le papillon Monarch peut sortir de la chrysalide… Cette autoroute, dont la perspective donne l'apparence d'un triangle ou d'une pyramide, symbolise également la voie à suivre pour la dissociation, la *"route de briques jaunes"* du Magicien d'Oz sur laquelle la victime est encouragée à se dissocier et par laquelle peuvent émerger les différents alter selon les besoins des contrôleurs. Une route qui mène ici à la scène suivante représentant l'état dissociatif en tant que tel, où la victime flotte à *travers l'arc-en-ciel*.

- Phase n°7 : La libération
Cette scène représente le ciel de la scène précédente, la dimension où évolue l'esprit dissocié de la victime. Ce ciel comporte deux soleils, un arc-en-ciel et une silhouette avec des ailes et une auréole, est-ce un ange, un papillon ou une colombe ? Cette scène symbolise à la fois l'état final de l'esclave qui a été fractionné puis recomposé par le processus Monarch, il peut à présent être "relâché" dans le monde profane pour remplir sa fonction d'esclave. Mais cette scène finale représente également l'état dissociatif, hors du temps, qui sera à présent la pierre angulaire de la vie de l'esclave. Nous voyons également dans cette scène un œil… l'œil de Lucifer (*qui voit tout*) qui surveillera en permanence le nouvel esclave MK-Monarch.
Cette peinture de l'alter *Key* représente l'évolution de l'esclave, passant de l'enfer des traumatismes dans les sous-sols des premiers niveaux, au "paradis" céleste (*l'illumination*) que représentent les profonds états de dissociation causés par la douleur et la terreur. La phase finale nous montre que l'esclave a finalement accédé à l'arc-en-ciel pour transcender sa réalité… dans d'autres dimensions. Cependant cette évasion psychique n'est pas la véritable liberté, car l'Œil veille…
Il est important de noter en position centrale du tableau, la présence de l'arbre des Séphiroth, c'est un élément symbolique primordial de la Kabbale, elle-même à l'origine de nombreuses pratiques magiques. Le Dr. Cory Hammond

décrit dans l'exposé Greenbaum la présence de l'arbre kabbalistique comme étant un élément structurel du système interne de certains de ses patients.

La sorcellerie et l'occultisme semblent être au cœur du processus de contrôle mental de type Monarch. Bien que Kim Noble refuse d'admettre qu'elle a subi des abus rituels, ses personnalités alter *Ria Pratt* et *Key* possèdent des mémoires qui sont clairement reliées à des abus rituels et du contrôle mental basé sur les traumatismes. Un thérapeute aurait probablement beaucoup de choses à apprendre en discutant avec la personnalité alter *Key*... La véritable source d'inspiration intérieure de Kim Noble est la programmation MK-Monarch enfouie dans ses mémoires traumatiques, mais bien sûr cela ne sera jamais mentionné dans les médias qui s'intéressent à son travail...

Nous pouvons également citer Lynn Schirmer qui est une autre artiste peintre souffrant d'un T.D.I. suite à des abus rituels et à du contrôle mental. Une femme qui a témoigné publiquement et qui a produit une exposition nommée *"DIDiva & The Mad Machines"*, en références aux outils barbares utilisés par les programmeurs.

8 - Synthèse

En 1997, Wayne Morris a fait une enquête approfondie sur le problème du contrôle mental basé sur le traumatisme. Pendant huit mois, il a interviewé 24 personnes (des survivants et des thérapeutes) sur *CKLN FM 88.1*, la radio de l'Université Polytechnique Ryerson de Toronto en Ontario (Canada). Cette série d'interviews intitulée *"Mind-Control Series"* a été entièrement retranscrite. Une partie a été traduite en français par le groupe Chrétien *"Parole de Vie"* et mis en ligne sur internet sous le titre *"Survivants des illuminati"*. À l'issue de l'examen de tous ces documents et témoignages, *"Parole de Vie"* en a produit une synthèse intéressante, que voici :

- 1 / La programmation mentale d'êtres humains existe. C'est un fait indéniable. Il s'agit d'un phénomène dont la communauté scientifique n'a pris connaissance qu'assez récemment, à l'échelle historique. Il y a quelques dizaines d'années, presque personne n'en parlait, et il n'existait presque aucun document sérieux publié sur ce sujet.
- 2 / En revanche, la technique de la programmation mentale est extrêmement ancienne, et semble remonter déjà à l'époque de Babylone et de l'Égypte antique. Les hommes semblent avoir compris très tôt qu'il leur était possible de transformer d'autres êtres humains en esclaves mentaux, moyennant un conditionnement approprié, basé sur des traumatismes répétés.
- 3 / Les Illuminati, ou encore ceux qui composent "l'élite dirigeante" de la planète, semblent eux aussi avoir très vite compris l'avantage qu'ils pouvaient retirer de ces techniques pour dominer le monde. En fait, les Chrétiens auront reconnu que derrière ces techniques et ces tortures abominables, se cache la main de Satan, qui veut réduire l'humanité en

esclavage, et se faire adorer comme Dieu, sous la forme de l'Antichrist annoncé par la Bible.

- 4 / La programmation mentale s'appuie sur le phénomène appelé "dissociation", ou "fragmentation" de la personnalité en personnalités multiples. Tout se passe comme si la personnalité d'un individu pouvait être fragmentée en plusieurs personnalités toutes différentes, qui peuvent prendre le contrôle du corps à tour de rôle. Par ailleurs, il existe comme des "murs d'amnésie" entre ces différents fragments de la personnalité, de sorte que chaque fragment ne se souvient pas de ce qui s'est passé au niveau des autres fragments. En fait, il ne s'agit pas de personnalités multiples au sens absolu du terme. L'individu conserve une seule personnalité unique, mais elle est fragmentée en différents composants apparemment indépendants les uns des autres.

- 5 / Ce fractionnement de la personnalité est provoqué en général par un traumatisme violent et douloureux. Ce traumatisme provoque des réactions physico-chimiques au niveau du cerveau. Le fractionnement de la personnalité serait une réaction de défense de notre organisme contre un traumatisme trop violent. Le cerveau crée une "zone de mémoire spéciale", qui va enregistrer le traumatisme à un niveau subconscient ou inconscient, pour épargner une douleur trop vive à la mémoire consciente. Il se crée donc une fragmentation de la personnalité, qui va permettre de conserver la mémoire du traumatisme, mais à un niveau qui n'est plus conscient. Cette mémoire cachée sera entourée d'un "mur amnésique", afin que la personnalité de veille n'en soit pas consciente. Ce sont donc les victimes de ces traumatismes qui créent "naturellement" ce fractionnement de leur personnalité, pour pouvoir gérer et absorber les traumatismes subis. Ce fractionnement de la personnalité peut donc se produire naturellement chez tous ceux qui vivent des traumatismes violents. Mais il peut aussi être artificiellement provoqué, en infligeant à des victimes des traumatismes contrôlés, associés à l'hypnose ou à diverses drogues. Il est alors possible non seulement de fragmenter la personnalité, mais aussi de conditionner, ou de programmer chaque fragment de la personnalité. Tous ces fragments programmés restent dormants au niveau subconscient. Mais ils peuvent être activés, c'est-à-dire remonter au niveau conscient, et prendre le contrôle du corps. Ils sont activés au moyen de codes secrets définis à l'avance. La réception de ce code par la victime la plonge dans un état hypnotique ou second, et le fragment de sa personnalité qui a été activé prend alors le contrôle de son corps, pour effectuer le programme codé à l'avance : espionner, assassiner, séduire, etc… On comprend l'avantage de cette technique abominable pour tous les services secrets. Ce sont d'ailleurs la CIA ou le KGB qui ont effectué ou commandité les plus importantes recherches dans ce domaine, recherches financées par les gouvernements américain et russe. Ils ont aussi "bénéficié" des recherches effectuées par les médecins nazis dans les camps de la mort, sous la direction du tristement célèbre Docteur Josef Mengele, réfugié par la suite aux États-Unis.

- 6 / Depuis quelques dizaines d'années, de nombreux médecins, psychiatres, psychologues et thérapeutes divers ont vu affluer dans leurs cabinets de plus en plus de patients qui présentaient des symptômes similaires. Ils avaient tous subi des traumatismes sexuels pendant leur enfance, présentaient des troubles graves de la personnalité, et divers symptômes caractéristiques : dépression, alcoolisme, toxicomanie, désordres alimentaires, troubles du sommeil, anxiété... Tous ces malades racontaient aussi toutes sortes de souvenirs personnels très inquiétants, qui parlaient de cérémonies sataniques, d'assassinats programmés, de blanchiment d'argent, de contacts avec les milieux politiques, religieux et économiques, de conspiration mondiale, de Nouvel Ordre Mondial... Beaucoup de thérapeutes se sont contentés de considérer ces malades comme des dérangés mentaux graves. Mais d'autres ont été étonnés par la similitude de leurs témoignages et de leurs symptômes, et ont décidé de faire des enquêtes sérieuses sur ce phénomène, de manière scientifique et systématique. C'est ainsi qu'ils ont commencé à vérifier les souvenirs des victimes, à s'informer sur les sectes sataniques et leurs pratiques, et à avoir accès à des informations ou des documents ultra confidentiels, prouvant que le gouvernement avait financé des recherches approfondies sur la programmation mentale, et fait effectuer toutes sortes d'expériences dans des bases militaires, des hôpitaux et centres de recherches, des centres de la NASA, etc... Ils ont calculé que des centaines de milliers de citoyens innocents avaient servi de cobayes involontaires à ces expériences très traumatisantes. Les populations favorites étaient les malades mentaux, les prisonniers, les militaires, les prostituées, les orphelins et les enfants en général. A mesure que le nombre des survivants croissait, ils se sont organisés et, aidés par un grand nombre de thérapeutes, ont exigé que des enquêtes officielles soient effectuées. Des Commissions d'Enquête présidentielles ont été nommées, qui ont recommandé que des dossiers secrets, notamment de la CIA, soient rendus publics. Le Président Clinton a reconnu les faits, et certaines pratiques, notamment en ce qui concerne les expériences impliquant l'usage de radiations. Il a présenté des excuses publiques aux victimes, et a fait dégager des crédits pour les indemniser. Mais seul le sommet de l'iceberg a été repéré. La plupart des spécialistes et des survivants sont convaincus que ces expériences se déroulent toujours, et que tout est fait au contraire pour étouffer l'affaire et déconsidérer les victimes ou les chercheurs les plus actifs. Le gouvernement se retranche souvent derrière le "secret défense" ou les exigences de la sécurité nationale. Comme aucun des tortionnaires impliqués dans la programmation mentale n'a jamais été attaqué en justice pour activités illégales ou immorales, cela a, bien entendu, encouragé la poursuite de ces pratiques.

- 7 / L'étude des témoignages des survivants et des thérapeutes que nous avons publiés nous conduit par ailleurs à faire les remarques suivantes :

Même si les témoignages des survivants ont été confiés à des thérapeutes compétents qui les ont analysés et vérifiés, ils restent des témoignages personnels. Compte tenu de la complexité du psychisme humain et des techniques de programmation mentale, il faut toujours rester prudent quand on est confronté à un témoignage personnel. Si les survivants sont des Chrétiens nés de nouveau, ce qui est le cas pour certains, il convient d'analyser leur témoignage de survivants à la lumière de leur témoignage chrétien, et des fruits que produit leur vie.

Ce qui peut nous inciter à croire que ces témoignages sont véridiques dans leur ensemble, c'est leur nombre important, ainsi que la variété de l'origine géographique et sociale des survivants, qui, pour la plupart, ne se connaissent pas entre eux. La probabilité mathématique pour qu'il s'agisse d'une invention ou d'une manipulation est pratiquement nulle. Mais cela ne signifie pas qu'il faille automatiquement accepter en bloc tous les détails de ces témoignages. Il est connu que la mémoire humaine peut ne pas être très fiable. À cela s'ajoute le problème de certains faux souvenirs, volontairement programmés par les tortionnaires, dans leur désir de brouiller les pistes.

Étant donné que les Illuminati ne vont pas manquer de discréditer, souvent sans raisons, le témoignage des survivants et même des thérapeutes ou des personnes qui aident les survivants, il faut que ces derniers veillent toujours à adopter une conduite et une méthodologie de recherche aussi irréprochables que possible, afin de ne pas prêter le flanc à la critique, même si l'on ne peut jamais éviter les calomnies.

Nous avons récemment appris, par exemple, que la maison de Fritz Springmeier, dans l'Oregon, avait fait l'objet d'une descente du FBI et de la police, qui y auraient découvert du "matériel de production de marijuana" et des armes. Il est parfaitement possible que ces choses aient été intentionnellement placées dans sa maison par les enquêteurs, quand on connaît le peu de scrupules de la CIA. En tout cas, le juge a placé Fritz Springmeier en liberté électronique surveillée (avec un bracelet électronique), en attendant le jugement. Springmeier lui-même clame son innocence totale dans cette affaire, et se prétend victime d'un coup monté, ce qui est fort probable. (ndlr : Fritz Springmeier aura finalement été condamné à 8 ans de prison, il a été relâché en 2011 et mis sous liberté surveillée pendant 5 ans.)

De même, il est certain que la plupart des survivants ont été drogués et soumis à l'hypnose. Cela ne facilite pas leur désir d'être crédibilisés, et il est relativement facile de rejeter en bloc leur témoignage pour ces raisons. Un chercheur sérieux sera conscient de ces dangers, et veillera à ne pas avoir son jugement faussé, pour s'en tenir aux faits.

Il est important que ceux qui aident les survivants soient donc bien conscients de tous ces dangers, et prennent toutes les précautions nécessaires pour ne pas être pris en faute. Nous pourrions reprocher à cet égard à Fritz Springmeier d'avoir fait pour le moins preuve d'une grande imprudence, en s'occupant personnellement de Cisco Wheeler, comme elle l'affirme elle-même, "24 heures sur 24 et 365 jours sur 365". Nous croyons qu'un Chrétien engagé ne devrait jamais s'occuper ainsi à long terme d'une personne du sexe opposé (sauf s'il fait partie d'une équipe étoffée, et ne se retrouve jamais seul avec la victime), sous peine de prêter le flanc à la tentation ou à la critique. Il pourrait être facilement accusé d'adultère ou de fornication par un calomniateur extérieur qui jugerait selon l'apparence, même si rien de mal n'a été commis.

Les Chrétiens (comme Fritz Springmeier et Cisco Wheeler) insistent trop sur les aspects psychiques ou psychologiques de la programmation mentale, et pas assez sur les aspects démoniaques. Il est vrai qu'ils étaient interviewés dans le cadre d'émissions de radio destinées au grand public, non chrétien en majorité. Mais ils auraient pu cependant parler davantage de l'intervention des démons dans ces troubles de la personnalité. Certaines "fractions" de la personnalité peuvent très bien être des démons qui prennent le contrôle du corps des victimes, et qu'il aurait fallu chasser au nom de Jésus-Christ, au lieu de s'engager dans une psychothérapie inefficace dans ce domaine. Cisco Wheeler admet pourtant, dans son interview, que tous les Illuminati sont complètement possédés. Il est très probable que leurs victimes le sont aussi, et seule leur conversion à Jésus-Christ peut leur permettre de régler définitivement ce problème spirituel.

Cela nous permet de parler des thérapies et des soins apportés aux victimes. C'est sans doute le point le plus faible de ces témoignages. Il est clair que ces thérapies, qui utilisent les compétences de la psychiatrie, de la psychologie et des sciences humaines, sont parfaitement insuffisantes pour guérir complètement les victimes de la programmation mentale. En effet, ces thérapies se limitent à une action au niveau du psychisme, c'est-à-dire de l'âme (pensées, sentiments et volonté), ou du corps (action sur les ondes cérébrales pour contrôler les divers états de conscience). L'esprit des victimes n'est pas touché par ces thérapies. Ainsi, même si ces thérapies peuvent produire des effets bénéfiques au niveau du psychisme et de la restructuration de la personnalité des victimes, elles sont impuissantes pour résoudre leurs problèmes spirituels profonds. La vraie thérapie consisterait à les conduire à Jésus-Christ, pour qu'elles passent par une nouvelle naissance spirituelle, puisqu'on leur enseigne tous les aspects de la croix, pour apprendre à marcher par l'esprit. Seule la puissance de la prédication de la croix peut permettre aux survivants de rompre définitivement avec une hérédité et un passé aussi chargés, et leur faire comprendre qu'en Christ, toutes choses anciennes sont passées, et toutes choses sont devenues nouvelles ![514]

Nous pouvons rajouter dans cette synthèse l'importance de la notion de fragments d'âme lors du processus traumatique de programmation Monarch. Comme nous l'avons vu dans le chapitre précédent, le fractionnement de la personnalité correspondrait à une fragmentation de l'âme dont les différentes parties égarées, restent bloquées, comme "congelées" dans un autre espace-temps. Il s'agit d'une dimension différente de la nôtre utilisée par les programmeurs pour gérer et contrôler les alter. C'est dans cette dimension qu'ils mettent en place les structures cloisonnantes pour enfermer, dominer et conditionner les fragments d'âme.

Dans ce processus de dissociation de la personnalité lors des traumas, il y a donc d'un côté les conséquences purement biologiques et physiques que sont les changements neurologiques et chimiques, aujourd'hui bien compris par les psychotraumatologues ; et de l'autre côté les conséquences métaphysiques que sont la séparation des corps physiques et énergétiques, "l'arrachement de l'âme", créant une brèche vers d'autres dimensions de l'être. La programmation Monarch est donc à la fois un processus scientifique mais aussi et surtout un processus spirituel et occulte lors duquel des entités extérieures peuvent interagir.

Tout a une face matérielle et une face spirituelle... L'aspect spirituel affecte l'aspect matériel et vice versa, ce sont deux mondes qui interagissent continuellement. La métaphore du miroir d'Alice au pays des Merveilles explique très bien cette notion du monde spirituel versus le monde matériel. Que font les

---

[514] *"Survivants des Illuminati"* (8), A209 - Parole de Vie.

occultistes pour voir dans le futur ou dans le passé, ou pour communiquer avec les démons ? Ils utilisent (entre autre) un miroir pour transcender notre espace-temps (la catoptromancie)…

La démonologie est une clé dans la programmation de type Monarch, les entités démoniaques coopèrent et ont un rôle de gardien pour chaque programmation et chaque mémoire. Il est donc impératif de prendre en compte ce domaine spirituel et énergétique pour comprendre le sujet dans sa globalité.

CHAPITRE 8

PROTOCOLES DE DÉPROGRAMMATION

"Il n'y a qu'un seul moyen de tuer les monstres : les accepter" Julio Cortázar

1 - INTRODUCTION

C e chapitre n'a pas pour vocation à servir de guide médical ou thérapeutique. Il s'agit ici de donner un complément d'informations servant à comprendre du mieux possible comment fonctionne la mémoire, la programmation mentale et le système interne d'un T.D.I. Ce chapitre est le développement de la partie intitulée *"T.D.I. et Thérapie"* du chapitre 5.

Le terme "déprogrammation" peut paraître exagéré ou inapproprié dans le sens où un esprit humain n'est pas un matériel informatique et ne sera jamais programmable ou déprogrammable à volonté tout comme peut l'être un ordinateur ; bien que le transhumanisme qui prône l'usage des sciences et des technologies afin d'améliorer les caractéristiques physiques et mentales des êtres humains laisse craindre ce genre de choses. En fait, c'est la victime qui se "déprogramme" toute seule, le thérapeute ne faisant que l'aiguiller dans le processus de conscientisation du conditionnement basé sur les mémoires traumatiques. Une déprogrammation consiste à découvrir le type de structure présente dans le monde intérieur, déterminer les codes déclencheurs et délivrer les alter (fragments d'âmes) prisonniers de l'espace-temps où ils ont vécu les abus et la programmation. La déprogrammation se fera également par la reconstitution du puzzle mémoriel afin qu'une compréhension rationnelle et chronologique en soit faite. Les victimes ont généralement des programmations visant à lutter contre une éventuelle thérapie, que ce soit par autodestruction ou le sabotage du travail thérapeutique, le but de ces programmations est de réduire au silence la victime si elle commence à se souvenir de certaines choses et à en parler à l'extérieur du culte.

La question de la déprogrammation est évidemment très délicate dans le sens où il n'y a aucun protocole ni aucune thérapie officielle d'établis pour désamorcer et annuler une programmation MK. Comme nous l'avons vu dans le chapitre 5, la psychiatrie moderne a totalement délaissé l'étude et le traitement des troubles dissociatifs et du T.D.I., et plus globalement de la psychotraumatologie. De nos jours, elle n'apporte donc aucune réponse pour établir des diagnostics et des protocoles thérapeutiques efficaces. Le peu de thérapeutes travaillant avec des survivants cherchent par eux-mêmes les meilleures méthodes pour stabiliser le patient, désamorcer les programmations, décharger les mémoires traumatiques et fusionner finalement les personnalités alter. Parfois des prières de délivrance et même d'exorcisme peuvent se révéler d'une grande aide pour faire le "nettoyage" des entités parasites. L'intervention d'un chaman compétent pour la récupération des fragments d'âme peut également apporter une aide au survivant. La rescapée Lynn Moss-Sharman a rapporté comment les autochtones amérindiens du Canada pratiquaient des séances de guérison intensives pour aider les victimes d'abus rituels et de contrôle mental de leur communauté. Elle-même a assisté à des cérémonies de guérison en *sweat lodges* (huttes de sudation) où les aînés travaillent avec les victimes. Selon elle, ce sont eux qui ont le plus d'impact pour la guérison et elle déclare qu'elle ne serait certainement plus en vie s'il n'y avait pas eu leur intervention. L'aspect spirituel est donc tout aussi important, si ce n'est plus encore, que l'aspect purement psychiatrique et la prière pour l'aide de ces victimes est essentielle. De nombreux témoignages rapportent un rétablissement apporté par la grâce de Dieu et par la conversion à Jésus-Christ. Le Christ est certainement le mieux placé pour remettre en ordre une âme fractionnée par des traumatismes extrêmes, programmée et liée à des entités démoniaques.

2 - Rétablir une spiritualité saine

Les programmeurs connaissent bien la puissance de la prière pour la guérison autant physique que psychique, c'est pour cette raison qu'ils vont installer très tôt des conditionnements pour que la victime soit réfractaire et même totalement allergique à l'idée d'un Dieu aimant et sauveur. Conditionnée depuis sa plus tendre enfance, elle ne peut donc pas se tourner vers quelque chose à laquelle elle ne croit pas, voir même qu'elle rejette violemment. Couper la victime de Dieu est un point essentiel pour pouvoir la maintenir sous contrôle spirituel, la faire revenir vers le bon Dieu peut donc être également un point crucial pour sa guérison. D'autant plus qu'il y a généralement une certaine forme de spiritualité qui est déjà présente chez ces victimes de par l'omniprésence de l'occultisme dans le milieu d'où elles viennent : il faut donc les aiguiller pour les canaliser dans la bonne direction. Les survivants sortant d'un réseau satanique/luciférien auront des croyances fortement ancrées depuis leur toute petite enfance, en voici quelques-unes qu'il faut désamorcer et briser :

- Satan est plus fort que Dieu, il a le pouvoir, Dieu n'est pas en mesure de faire quelque chose pour me protéger.

- Dieu ne m'aime pas, il me méprise et me rejette. Je suis coupable de crimes que Dieu ne pourra jamais me pardonner, je n'ai aucun espoir de rédemption.

- Dieu veut me punir, j'en ai profondément peur.

- Ma vie est contrôlée par Satan, j'appartiens irrévocablement à Satan, il a pris ma vie et je suis possédée par un esprit ou un démon qui contrôle ma vie. Beaucoup de survivants auront du mal à accepter qu'ils ont un T.D.I. du fait qu'ils peuvent croire que leurs personnalités alter sont des démons qui les contrôlent. Cela maintient la victime isolée et séparée de sa personnalité d'origine. Il est donc essentiel d'aider la personne à comprendre qu'elle a été utilisée et maintenue dans ces états de conscience dans un but de contrôle et qu'elle n'est responsable de rien.

- Je suis consacrée à Satan, j'ai fait vœu de le servir tout au long de ma vie en échange de sa protection et de ses cadeaux. Ces liens ou ces pactes, nécessitent un travail spirituel puissant, la délivrance doit passer par le renoncement à Satan, par la prière d'exorcisme et si possible par une conversion à Jésus-Christ, seul Sauveur et Guérisseur véritable. Il faut également bien réaliser et garder à l'esprit que les croyances religieuses dans lesquelles étaient impliquées les personnalités alter sont fondées sur quelque chose de réel. Essayer de les changer du jour au lendemain reviendrait à dire à un Chrétien ou à un Musulman que les fondements de sa religion n'ont aucun sens. Tout l'aspect "Magique" tient également une part importante dans les croyances d'un survivant sorti d'un culte sataniste. Le côté religieux et spirituel est une partie importante du conditionnement de l'enfant, mais ce sont les traumatismes physiques et psychologiques (fractionnement) qui restent le point central permettant la programmation MK.

La survivante Svali rapporte que dans certains groupes, un programme spécifique orientera l'enfant contre le Christianisme. Le Christianisme est l'antithèse des pratiques occultes lucifériennes, de ce fait ils veulent que leurs membres soient incapables d'entrer en contact avec l'espérance que pourrait apporter Jésus-Christ. Lors des tortures, l'enfant réclamera souvent de l'aide ou en appellera à Dieu. À ce moment-là, le programmeur dira à l'enfant : "Dieu t'a abandonné, Il ne pouvait pas t'aimer, c'est pourquoi tu as si mal. S'Il était si puissant, Il pourrait arrêter ça." Ils demanderont même à l'enfant de prier et de demander à Dieu d'intervenir. L'enfant va alors prier Dieu et ensuite le bourreau violentera davantage l'enfant. Cette situation va créer un profond sentiment de désespoir chez la petite victime, l'enfant croira véritablement qu'il a été abandonné par Dieu, qu'Il est resté sourd à son appel. L'enfant sera aussi systématiquement violenté et torturé lorsque le nom de Jésus-Christ sera prononcé, ceci afin de créer une barrière psychologique à la simple évocation de Son nom.[515]

Beaucoup de lecteurs se poserons peut-être ici une question légitime : *"Mais pourquoi Dieu n'intervient-il-pas ?"*. Pourquoi n'intervient-il pas non plus dans les guerres ? Pourquoi tant de misère sur cette planète, notamment toute la souffrance des enfants si Dieu existait ? Ce sont des questions qui reviennent très souvent. Nous vivons dans un monde déchu sous le joug de Lucifer. L'ange déchu n'est-il pas nommé *le prince de ce monde* dans la Bible : *Maintenant a lieu le jugement de ce monde; maintenant le prince de ce monde sera jeté dehors* (Jean 12 :31), *Mon Royaume n'est pas de ce monde* (Jean 18 :36). C'est la raison pour laquelle ces sectes sataniques/lucifériennes toutes connectées aux anges déchus/démons règnent pour le moment en maîtres sur cette planète sans être aucunement inquiétées. La question de la souffrance de ces enfants dans les réseaux est évidemment inacceptable et même inconcevable pour beaucoup d'entre nous. Mais c'est à nous, créatures humaines, de prendre conscience de la situation, de réagir et de travailler pour faire cesser ces choses-là à notre niveau.

Ce conditionnement extrême combiné à de l'occultisme et à la démonologie créé une puissante programmation spirituelle (une sanctification

---

[515] "How the Cult Programs People" - Svali, 2000.

inversée) qu'il est donc primordial de briser afin d'établir de nouvelles notions spirituelles saines et constructives. Cette programmation spirituelle peut être la partie la plus dommageable dans le système d'un esclave MK-Monarch car il a pour but de le couper de la véritable Source de guérison. C'est une déformation intentionnelle de la Vérité qui enseigne et renforce des concepts erronés et inversés de Dieu. Certaines personnalités alter pourront être très violentes vis à vis de tout ce qui se réfère au monde chrétien, il faut donc beaucoup de patience et beaucoup de compréhension pour réconcilier le survivant avec une spiritualité positive fondée sur l'amour, la douceur, l'espoir, la grâce et la miséricorde. Une nouvelle source de spiritualité aidera beaucoup le patient à dissoudre les puissants attachements occultes le liant à la secte, à ne plus s'identifier aux agresseurs et à récupérer les parties de lui-même qui ont été "capturées". Tout acte intentionnel pour contrôler et asservir spirituellement un enfant par la terreur, qui n'est donc pas apte à faire un choix contraire, peut être inversé durant la thérapie par une simple mise en application du libre arbitre, car nous avons tous le contrôle de notre spiritualité. La prise de conscience des traumatismes et de la programmation MK ainsi que la mise en application du libre arbitre, vont permettre d'accéder à ce détachement et à cette autonomie. Il s'agit de mettre en place une séparation physique, psychologique et spirituelle avec le groupe de bourreaux. Cette séparation se fera progressivement au fur et à mesure que :

- La (ou les) figure(s) d'autorités du groupe seront discrédité(s)
- Les contradictions seront mises en lumière (idéologie versus réalité), par exemple "comment peuvent-ils prêcher l'amour alors qu'ils violentent et exploitent les victimes."
- Le patient commence à écouter le thérapeute, c'est à dire lorsque la réalité commence à prendre le dessus sur l'idéologie sectaire.
- Le patient commence à réaliser et à exprimer certains reproches envers le groupe sectaire.
- Le patient commence à se considérer comme un adversaire de la secte plutôt que comme un membre de celle-ci.[516]

3 - SÉCURITÉ ET STABILITÉ

Un point essentiel est que le ou la survivant(e) doit être en sécurité avant d'entamer une déprogrammation. Il s'agit d'assurer à la victime une sécurité autant physique que psychologique pour qu'un travail thérapeutique efficace puisse commencer, car il serait inutile de débuter quoi que ce soit s'il y avait un risque que la victime se fasse sévèrement violenter pour avoir parlé. Si les abus sont toujours en cours, la fonction dissociative de protection continuera encore et encore à opérer et à déstabiliser la personne. Essayer de démanteler et de stopper ce processus dissociatif reviendrait alors à essayer de stopper le seul moyen de survie et de protection de la victime. C'est pour cela que la première mesure à

---

[516] "All Gods Children : The Cult Experience - Salvation Or Slavery ?" - Carroll Stoner, Jo Anne Parke, 1977, p.231.

prendre est de couper tout contact avec les bourreaux afin d'entamer une thérapie sécurisée permettant une déprogrammation. Si la question de la sécurité se pose, cela va ralentir la thérapie car l'énergie sera déviée vers cette crainte plutôt que vers le travail consistant à décharger les mémoires traumatiques. Beaucoup de survivants sont toujours en contact avec le culte lorsqu'ils entament une thérapie, mais elle avancera beaucoup plus rapidement une fois ce contact définitivement rompu.[517]

La stabilisation consiste à réduire les comportements à risques et les alternances anarchiques de personnalités. Dans l'autobiographie de Cathy O'Brien, Mark Phillips dresse point par point les directives qu'il avait mises en place pour stabiliser O'Brien lorsqu'ils s'étaient réfugiés en Alaska afin de la mettre à l'abri du Réseau[518] :

1. Je maintenais une vigilance constante pour m'assurer que Cathy serait physiquement et psychologiquement protégée de toute influence extérieure.

2. Aucun souvenir ne pouvait être verbalisé par Cathy tant qu'elle ne l'avait pas écrit. Les seules questions que je pouvais poser devaient être en rapport avec son récit et adressées à la personnalité consultée qui revivait ses souvenirs. Ces questions devaient uniquement concerner le "qui", le "quoi", le "quand", le "comment" et le "où" du souvenir. Même s'il m'avait été donné de connaître les réponses à l'avance, je ne devais pas intervenir. Nos perceptions auraient pu être radicalement différentes, ce qui pouvait créer des barrières mémorielles supplémentaires entre ses fragments de personnalité.

3. J'ai fondamentalement expliqué à Cathy ce qu'était le contrôle de l'esprit et elle a alors compris que ce qui lui était arrivé n'était pas de sa faute. Elle a néanmoins également compris qu'elle devenait ici et maintenant responsable de ses actes. C'est au travers de la thérapie qu'elle affirmait son contrôle sur son propre esprit.

4. Nous avons consacré un grand nombre d'heures à des "discussions intellectuelles" concernant les croyances religieuses apprises par Cathy, au cours desquelles ces dernières étaient "logiquement" démontées – tout simplement comme si j'expliquais comment l'illusion induite par les tours d'un magicien participait à brouiller la réalité.

5. Cathy ne serait pas autorisée à exprimer la moindre émotion lors de la remontée des souvenirs et de leur inscription dans son journal. Je ne lui ai jamais demandé : "Qu'est-ce que cela te fait ?". Ceci est aussi important que l'est la question de la sécurité pour un rétablissement rapide de la mémoire.

6. Je procurais à Cathy la nourriture, les vitamines, l'eau nécessaires et la faisais dormir pour améliorer sa santé physique défaillante.

7. J'appris à Cathy à visualiser ses souvenirs sur un "écran de cinéma mental" plutôt que de les revivre par le biais du mécanisme de "réalité virtuelle" de l'esprit.

---

[517] "Breaking the Chain : breaking free of cult programming" - Svali, 2000.
[518] *"L'Amérique en pleine Transe-formation"* - Cathy O'Brien & Mark Phillips, 2013, p.47-48.

8. J'ai enseigné à Cathy comment se mettre elle-même en transe et contrôler la profondeur de sa transe à travers une certaine technique d'auto-hypnose (certains la considèrent comme une méditation). Ceci a été mis en place pour éviter toute possibilité de contamination de ses souvenirs ou de confusion entre eux qui auraient pu se produire au cas où j'aurais utilisé cette technique de suggestion hypnotique connue sous le nom d'"imagerie induite".

9. Cathy n'était pas autorisée à lire des livres, des journaux ou des magazines, pas plus qu'elle ne pouvait aborder avec Kelly (sa fille) le moindre des souvenirs retrouvés. Cathy avait toute sa vie vécu le contrôle de l'information et n'avait par conséquent que peu l'occasion de se débattre avec la contamination des souvenirs. Cette règle était également comprise et respectée par Kelly dont les souvenirs commençaient à faire surface.

10. Toutes les façons de se comporter et autres conventions sociales adoptées par Cathy étaient réexaminées au cours de discussions logiques que nous avions entre nous. Toutes les façons préétablies de se comporter, y compris les habitudes quotidiennes, étaient soit remaniées, soit totalement supprimées.

11. J'exigeai d'elle qu'elle portât jour et nuit une montre au poignet pour m'alerter à chaque fois qu'elle aurait le sentiment de vivre le moindre "trou noir". En l'absence de traumatisme, le temps manquant est un signe majeur du passage d'une personnalité à une autre. En revanche, le fait de retrouver la notion du temps indique que l'on est en train de récupérer.

"Écris-moi ça, m'ordonne Mark. Je ne veux pas l'entendre, je veux pouvoir le lire, de sorte que je puisse bien le comprendre (…) Mettre cela par écrit va raviver la partie logique de ton cerveau. Quand tu mets par écrit tes souvenirs, cela transforme un émotionnel incompréhensible en quelque chose de logique et le rend ainsi compréhensible. Une fois que ce sera compréhensible, tu pourras gérer la réalité de ton passé d'une façon logique (…) Transfère simplement cette vision des choses sur un écran de ton esprit, comme sur un écran de cinéma. Ça va te permettre d'accéder à tes souvenirs sans abréaction (…) C'est-à-dire, m'explique-t-il, sans le revivre. Comme je le disais, tu y as déjà survécu une fois. Ça ne sert à rien de le revivre. Ce ne sont plus que des souvenirs, et tu le sais déjà. Observe l'écran de ton esprit à travers les yeux de celle qui a enduré ces événements. Sens les odeurs. Et mets alors tout par écrit. C'est pour ça que j'ai dit que le stylo est plus fort que l'épée. Cette technique va te redonner le contrôle de ta mémoire, et en fin de compte de ton esprit."[519]

Avant de commencer le travail pour conscientiser et surmonter la programmation, la thérapeute Ellen P. Lacter a dressé une liste d'outils pouvant stabiliser et sécuriser le patient[520] :

1 - Obtenir un arbre généalogique de la famille, un historique scolaire, professionnel et résidentiel, afin de pouvoir s'y référer par la suite.

---

[519] *"Pour cause de Sécurité Nationale"* - Cathy O'Brien & Mark Phillips, 2015, p.21.
[520] "Ritual Abuse and Mind-Control : The manipulation of attachment", chap : Torture-based mind control : psychological mechanisms and psychotherapeutic approaches to overcoming mind control, Ellen P. Lacter, 2011, p.116.

2 - Créer une formule particulière ou une prière pour "protéger l'espace" au début de chaque séance.

3 - Maintenir un profond respect du libre arbitre du patient.

4 - Explorer les valeurs et croyances spirituelles les plus profondes du patient, afin de déterminer le rôle que pourra jouer cette "source spirituelle" dans le travail thérapeutique.

5 - Créer une "boîte" (ou un container) interne pour y stocker la douleur, la peur, les états toxiques (drogue, alcool…), tous ce qui peut être indésirable et nuisible à l'avancement de la thérapie. Il peut y avoir plusieurs "boîtes de stockage" dans le monde intérieur.

6 - Créer un endroit intérieur de guérison et de récupération. Une "salle de repos" paisible et sereine dans laquelle les personnalités alter peuvent être "délivrées" des lieux où se sont produits les abus et y recevoir l'aide des autres alter pour guérir émotionnellement et physiquement.

7 - Créer un endroit intérieur pour travailler à la prise de conscience de la programmation et à sa résolution. Cette "salle de travail" ou "salle de réunion" aura pour fonction de travailler avec une vue d'ensemble du système, mais aussi sur les traumatismes et sur la récupération d'informations. C'est le patient qui décidera quels sont les alter qui travailleront dans cet endroit et il aménagera à sa manière cette salle.

8 - Établir une procédure pour obtenir les informations dans cette "salle de travail".

4 - LA RÉAPPROPRIATION DU "MONDE INTÉRIEUR"

La création virtuelle d'une "boîte de stockage" ou de différentes "salles" peut paraître quelque chose d'étrange ou de fantaisiste en matière de thérapie. Mais comme indiqué dans le chapitre précédent, le monde intérieur d'une personnalité fractionnée est très vaste, c'est une dimension qui forme un véritable univers qu'il est possible d'aménager. Tout comme le programmeur aménage et structure le monde intérieur pour un asservissement, le thérapeute ainsi que le patient peuvent également utiliser leur créativité pour apporter des éléments dans cette dimension. Des éléments qui vont aider à sécuriser le système intérieur avec les alter, ainsi qu'à structurer la thérapie. Le Dr. Ellen Lacter a rapporté par exemple le cas d'un patient qui mettait ses questions dans un seau qu'il plongeait ensuite au fond d'un puits (symbolisant son subconscient) pour le remonter afin d'obtenir des informations ou des images.

Lors d'une conférence *S.M.A.R.T.* datant de 2003, la survivante d'abus rituels et de contrôle mental Carol Rutz explique l'utilité de ces éléments thérapeutiques injectés dans ce monde intérieur. Il peut s'agir d'une zone de stockage des mémoires ou d'un endroit apaisant et sécurisant pour les alter :
"Lorsque je quittais le bureau du thérapeute, je devais mettre de côté les choses sur lesquelles je venais de travailler, ceci afin de pouvoir vivre correctement durant la semaine sans avoir à être bombardée par les nouvelles informations qui venaient de remonter. J'ai donc créé un endroit intérieur sûr pour mettre les mémoires que nous travaillions à chaque séance, le but étant que je

ne sois pas noyée par toutes ces choses entre deux séances. C'était une boîte à jouet et je mettais un ours en peluche dessus à chaque fin de séance avant de quitter le bureau. Pendant la semaine, nous (ndlr : les alter) *pouvions aussi tenir un journal, puis nous laissions les mémoires ressortir de la boîte pendant la thérapie de la semaine suivante. Cette boîte était différente du lieu sécurisé que mes alter avaient pu construire pour s'abriter et pour guérir (…) La même visualisation qui avait été utilisée par les bourreaux pour la programmation nous a permis d'annuler cette même programmation. Nous avons créé un endroit de guérison intérieur où n'importe quel alter le souhaitant, peut entrer et y séjourner pour recevoir l'aide des autres alter. J'ai découvert des alter qui ne pouvaient pas parler en raison d'une programmation ou parce qu'ils étaient des alter préverbaux; c'est alors une autre personnalité alter qui se portait volontaire pour être utilisée afin de travailler sur la récupération des mémoires.*[521]

Pour Svali, la bonne nouvelle est que ce "paysage intérieur" est très malléable. Une fois que les différentes parties (ndlr : alter) ont été "trouvées", que les structures les maintenant prisonnières sont découvertes et qu'elles en sont enfin délivrées, elles peuvent être encouragées et aidées à s'installer de manière permanente dans les endroits sécurisés du monde intérieur. Les structures installées dans l'esprit pour nuire et contrôler la victime peuvent alors être retirées. Le travail de guérison et de déprogrammation du survivant utilise ainsi à son avantage ce que les programmeurs utilisent pour asservir : c'est à dire la malléabilité illimitée du "paysage intérieur."

Les patients peuvent créer beaucoup d'autres nouveaux lieux apaisant dans leurs mondes intérieurs car il n'y a pas de limites dans cette dimension de l'être. La survivante Jen Callow écrit : *"L'environnement de notre monde intérieur a aussi évolué. À la fin de chaque séance, notre thérapeute s'assure que toute nouvelle personnalité alter venant d'être découverte, trouvera une place confortable lui apportant ses besoins fondamentaux. Nous construisons un manoir rempli de chambres avec un grand espace commun, des salles de bains avec de grandes baignoires pour des bains moussant, une grande cuisine avec de grands bacs et une grande table, des espaces de jeux, etc. Chaque chambre peut-être aménagée et décorée selon les désirs de son résident, elle peut avoir une porte pouvant être fermée à clé ainsi qu'une fenêtre (…) Nous pouvons aussi créer beaucoup plus de constructions si nous le souhaitons. Nous avons maintenant une zone de guérison remplie de plantes médicinales, de remèdes divers et variés, avec une vue très agréable : des jardins et des prairies, un océan avec des plages, des forêts (…) Nous créons des espaces pour le sport, la danse, les arts… Chaque chose créée nous* (ndlr : les alter) *encourage à travailler ensemble, à coopérer, à interagir et à avoir plus de moments de relaxation et d'amusement."*[522]

Ce monde intérieur a été aménagé par les programmeurs avec différentes structures internes ; connaître leur nature va aider le thérapeute à découvrir le nombre de personnalités alter présentes dans le système et avec lesquelles il est le plus important de travailler. L'approche consiste à explorer chaque partie de la structure pour en connaître ses fonctions et savoir combien d'alter "vivent" dedans ou y sont connectés indirectement. Lorsque la programmation est conscientisée par le patient et que les personnalités alter emprisonnées dans les structures comprennent qu'il s'agit là d'une illusion, la structure se dissout

---

[521] "Healing from ritual abuse and mind control" - Ritual Abuse Secretive Organizations and Mind Control Conference, SMART 2003, www.ritualabuse.us.
[522] "Healing the Unimaginable : Treating Ritual Abuse and Mind Control" - Alison Miller, 2012, p.273.

généralement d'elle-même. Lorsque de grandes structures disparaissent ainsi, certains patients peuvent ressentir comme un "vide", elles peuvent alors être remplacées par tout autre chose. Les programmeurs sécurisent généralement ces structures avec des pièges et des gardiens (démons), voir même par un alter programmé pour être un *bon soldat loyal*.

5 - L'ALLIANCE AVEC LES PERSONNALITÉS ALTER

La programmation MK étant basée sur le T.D.I., les protocoles de stabilisation et la fusion des alter s'appliquent donc dans la déprogrammation (voir *"T.D.I. et Thérapie"* au chapitre 5). *L'alliance* avec les alter va consister à s'associer et à coopérer avec eux afin de les faire participer au travail thérapeutique. Chaque personnalité alter dans un système qui a été programmé prend bien soin d'exécuter la fonction qui lui a été assignée et elles sont généralement terrifiées à l'idée d'échouer dans leur mission. Il est important de cartographier ce système de personnalités alter autant horizontalement (leur nombre et leurs fonctions) que verticalement (leur organisation hiérarchique). Comme nous l'avons déjà noté, les personnalités alter sont organisées hiérarchiquement, et celles qui sont dans les plus bas niveaux de la hiérarchie seront punies par celles se trouvant dans les niveaux supérieurs. Les alter des niveaux hiérarchiques supérieurs craignent, eux, d'être punis ou tués par les bourreaux extérieurs. Il ne faut négliger aucun alter, toutes et tous ont leur rôle à jouer dans la thérapie. Selon la thérapeute Alison Miller, il est important de travailler avec les alter les plus "charismatiques" du système, ceux qui sont au sommet de la hiérarchie, spécialement ceux qui ont cru aux mensonges, aux fausses promesses et aux menaces de leurs bourreaux et qui ont finalement pris conscience de cette tromperie. Ce sont les alter "bourreaux", les persécuteurs dont on a déjà parlé. Il est très important de reconnaître que ces alter ne sont pas différents de tous les autres dans le sens où leur travail consiste aussi à maintenir la survie de la victime. Il ne faut surtout pas bannir ou tenter de masquer ou d'écarter certains alter en qualifiant certains de "bons" et d'autres de "mauvais". En travaillant avec ces "leaders", le thérapeute pourra ainsi obtenir la coopération des autres alter inférieurs dans la hiérarchie interne. Dans le documentaire *"When the Devil Knocks"* (Lorsque le diable frappe à la porte), la thérapeute Cheryl Malmo déclare à propos de ces alter : *"J'ai immédiatement su que je devais me lier d'amitié avec 'Tim' car vous voulez avoir comme assistants ces alter hostiles et coléreux. Lorsque le diable frappe à la porte, invitez le à prendre le thé."*

Le thérapeute va ainsi établir progressivement une confiance avec cette hiérarchie d'alter. Le but étant de petit à petit leur démontrer de manière apaisée ce qui leur est véritablement arrivé, mais aussi leurs fausses croyances. Les alter observateurs et rapporteurs peuvent également beaucoup aider le thérapeute en participant à la reconstitution du puzzle car ils aideront à déterminer quels sont les mémoires qui ont le plus besoin d'être travaillées. Les mémoires sont éclatées en mille morceaux telles des pièces de puzzle et chaque alter contient certaines pièces. Il faut donc que les alter coopèrent ensemble pour reconstituer ce puzzle mémoriel. Certains thérapeutes invitent donc toutes les personnalités alter touchées par une expérience particulière à se réunir dans une salle de réunion intérieure, afin de travailler à reconstituer chronologiquement cette mémoire. Comme nous l'avons vu, beaucoup de survivants ont témoigné avoir eu des parties d'eux-mêmes qui sortaient hors de leur corps physique lors des abus. Ils voyaient donc la scène avec l'œil perçant d'un oiseau, d'une manière détachée et objective tandis que d'autres alter semblaient se cacher profondément dans le corps lorsque la violence se produisait. Ces différents points de vue autant extérieurs qu'intérieurs vont faire que ces scènes seront enregistrées d'une manière beaucoup plus détaillée que ne peut le faire l'alter qui était directement violé et torturé. La survivante Trish Fotheringham explique que *les expériences sont souvent fragmentées au moment où elles se produisent. Cela signifie qu'un alter pouvait être "out"* (ndlr : possiblement hors du corps) *lors d'un événement, tandis qu'un ou plusieurs autres alter se détournaient des sentiments, de l'état émotionnel et des douleurs liés avec ce qui était vécu, sans vraiment être hors du corps. C'est pour cette raison qu'il faut accéder et consulter chaque morceau de mémoire de chaque alter afin que les vécus puissent être considérés comme récupérés et guéris.*"[523]

Dans le livre "Ritual Abuse and Mind Control", la thérapeute Ellen P. Lecter cite un extrait de conversation qu'elle a eu avec la survivante Carol Rutz : "S'il s'agissait d'abus rituels, il pouvait y avoir quatre ou cinq alter qui y participaient : un pour la douleur, un pour le rituel, un pour le transport, etc… Je pense que c'est la raison pour laquelle les gens avec un T.D.I. ont du mal à se rappeler ce qui est arrivé. C'est parce que vous avez généralement différentes personnalités alter qui émergent successivement lors d'un même événement. Il n'est donc pas possible de se rappeler l'ensemble de l'expérience sauf si vous accédez aux mémoires de chaque alter qui y était impliqué. Si vous arrivez à faire que l'alter qui se présente dépasse sa crainte et sa douleur, vous aurez alors la possibilité d'atteindre le reste. Plusieurs fois je me suis souvenue d'événements bien antérieurs, qui m'aidaient à enfin pouvoir recoller l'ensemble et comprendre les ramifications de tout cela."[524]

Ce que décrit ici Carol Rutz peut s'illustrer dans un des procès-verbaux de l'affaire Dutroux que nous avons déjà décrit dans le chapitre 4 sur les abus rituels à propos d'un témoin X : "*Au réveil* (de la transe hypnotique), *elle avait l'impression qu'il y avait plusieurs personnes qui assistaient à ce qu'elle a décrit* (rituel de sacrifice et orgie) *et que ces personnes (ces Nathalie) s'effaçaient l'une devant l'autre. Elle pense avoir disparu une dizaine de fois.*"

Dans *"Breaking the Chain"*, Svali écrit que les toutes premières programmations sur l'enfant, consistant à "rompre le cœur", sont difficiles à défaire car elles touchent à la question de l'abandon et du rejet de la personnalité originelle, celle de l'enfant en bas âge. Cela concerne les premières expériences de vie de l'enfant et implique sa relation avec ses parents et les membres de sa famille proche. Le travail sur ces mémoires requiert un effort de tous le système interne d'alter qui doivent s'unir pour aider les fragments de personnalité qui ont subi ce

---

[523] "Ritual Abuse in the Twenty-first Century : Psychological, Forensic, Social and Political Considerations" - James Randall Noblitt & Pamela Perskin Noblitt, 2008, p.497.
[524] "Ritual Abuse and Mind-Control : The manipulation of attachment", chap : Torture-based mind control : psychological mechanisms and psychotherapeutic approaches to overcoming mind control, Ellen P. Lacter, p.113.

rejet initial parental extrême, ceci afin de les aider à reconnaître l'importance de l'instant présent et du fait que ces adultes étaient véritablement malsains. Leur faire prendre conscience de l'instant présent est essentiel car ils vivent généralement bloqués dans l'espace-temps où se sont produits ces traumatismes. Ces personnalités alter enfant et même bébé se sentiront souvent déprimées et colériques. Certains alter peuvent prendre alors un rôle de "nourrice" pour les réconforter et leur faire comprendre qu'ils sont d'adorables enfants, peu importe ce que ces adultes ont pu leur faire. Une aide thérapeutique extérieure et un bon système interne d'alter "nourrices" pourront grandement aider dans le processus de guérison en apportant une nouvelle perspective et un apaisement pour ces jeunes alter blessés et abandonnés.

Les premiers abus visant à fractionner la personnalité arrivent très tôt dans la vie de l'enfant (0 à 24 mois). Certains alter qui ne les auront jamais oubliés pourront partager les mémoires avec les autres alter totalement amnésiques. Cela doit se faire très progressivement car ces abus sont survenus très tôt dans la vie. Pour cela, la création d'une "pouponnière" interne (aménagée à guise) peut aider au processus. L'alter "nourrice" plus âgée et compatissante va pouvoir aider et prendre soin des enfants dans cette pouponnière. Il est important de croire et de valider ce que diront ces alter enfants lorsqu'ils commenceront à avancer dans la thérapie et à partager leur vécu. Souvent, il s'agira d'alter préverbaux car encore très jeunes, il leur faut donc un moyen de s'exprimer. La présence d'alter enfants plus âgés, proches des alter bébés, peuvent aider à verbaliser leurs besoins et leurs craintes. Généralement, les alter enfants n'ont aucune confiance dans les adultes même dans les personnalités alter adultes du système auquel ils appartiennent. Une aide thérapeutique extérieure est également importante pour la guérison, afin de former et structurer le système interne pour qu'il puisse apporter une aide et des bons soins aux enfants blessés. Il s'agit d'équilibrer les besoins de l'alter enfant entre les soins extérieurs et la nécessité des soins intérieurs apportés par le système d'alter. L'alter enfant peut être aidé par des séances d'ancrage, une focalisation sur l'instant présent et la prise de conscience que le corps physique est aujourd'hui plus âgé et qu'il mène une vie où il est en sécurité.[525]

Il faut garder à l'esprit que beaucoup des alter qui ont subi de telles horreurs ont été délibérément maintenus à l'âge où se sont déroulés les abus. Comme nous l'avons vu, ce sont des fragments d'âme bloqués dans un certain espace-temps. Ils sont bloqués à un âge où ils croient encore tout ce qui leur a été dit par leurs agresseurs, quel que soit le niveau de fantaisie et d'irréalité. Lorsque le patient tentera de se rappeler ce qui lui est arrivé, la terreur qui est encore présente chez ses jeunes alter va l'inonder, quel que soit son âge. Beaucoup d'alter sont donc bloqués dans le passé, dans un *éternel présent* où ils sont encore physiquement cet enfant en contact avec le ou les agresseur(s). Il faut les informer au maximum de leur situation actuelle pour qu'ils réalisent qu'ils ne sont plus en danger. C'est à partir de là qu'ils pourront arrêter de punir les autres alter et apprendre à travailler en groupe pour retrouver de la sérénité. Il faut expliquer à ces fragments qu'ils ont eu affaire à des gens malsains et violents mais qu'aujourd'hui tout cela est fini, qu'ils ne sont plus en contact avec eux et qu'ils n'ont plus à suivre les directives et

---

[525] "Breaking the Chain : Breaking free of cult programming" - Svali, 2000.

les règles de ces bourreaux. Ils peuvent maintenant revenir dans l'instant présent pour établir leurs propres règles. Il est également possible de changer la fonction programmée d'un alter pour lui donner un nouveau rôle dans lequel il va utiliser ses compétences et ses qualités au service de la thérapie. Il peut être bon d'expliquer aux alter, avec des mots simples pour les plus jeunes, ce que sont stress post-traumatique, dissociation, amnésie, alter et flashbacks.

Certains alter peuvent aussi avoir été programmés pour ne pas directement communiquer à l'extérieur (n'émergeant jamais pour parler à "haute voix"), cela peut donc prendre un temps considérable avant que ces alter ne soient détectés et qu'ils commencent à établir un contact avec le thérapeute. Beaucoup d'entre-eux n'auront pas émergé depuis l'enfance, ils ne connaissent donc rien du monde présent. Ce sont des alter qui ne sont pas supposés communiquer avec le monde extérieur tant qu'ils ne sont pas déclenchés par un contrôleur ou un programmeur. Ce sont des fragments qui seront donc très effrayés et hostiles lorsqu'ils "sortiront". Il est également possible de passer par un alter intermédiaire, un médiateur, pour dialoguer avec ces fragments réticents. Même s'ils ont déjà observé de l'intérieur le monde extérieur, le *vrai* monde (notre dimension), ils sont rarement "sorti" pour interagir directement avec, c'est à dire en prenant le contrôle du corps physique. Ils ont donc une expérience de vie très restreinte, se limitant aux activités du culte et aux "entraînements" (les programmations) ; leurs récompenses étaient le sexe, les drogues et le pouvoir. Le patient pourra être très effrayé à l'idée de divulguer certaines informations, par rapport à ses agresseurs, mais aussi du fait que certains alter seront terrifiés et humiliés par leurs propres mémoires. Ils auront donc peur du rejet de l'autre s'ils parlent de ce qu'ils ont fait. Le thérapeute doit les accepter, peu importe ce qu'ils ont pu être forcés à faire.

Lors de la thérapie, il est aussi conseillé de développer chez la victime une vision globale, une vue d'ensemble de son histoire traumatique et de son système d'alter. Une des manières d'accéder à cette vision globale est d'entrer en contact avec le *vrai moi* (la personnalité originelle) ou le *"guide intérieur"* du patient, qui sont parfois considérés comme la même chose mais pas systématiquement. Selon certains thérapeutes, il existerait dans chaque système interne une partie ayant pour fonction d'aider le patient à un niveau supérieur, une partie nommée *ISH* : *"Internal Self Helper"*, le *Moi Assistant Intérieur*. Cet alter (si cela en est un) peut être considéré comme supérieur aux autres, relié à Dieu. Il est une source de sagesse et un guide intérieur connaissant toutes les autres personnalités alter, il accède à toutes les mémoires et expériences de vie de la personne. *"Le 'Inner Self Helper' (ISH) doit être identifié le plus rapidement possible. Le thérapeute ne doit pas avoir peur de travailler étroitement avec l'ISH, qui sera toujours un protecteur des personnalités alter et qui veillera à ce que le traitement soit respecté. Il obtiendra les meilleurs accords possibles avec les alter."*[526]

Dans son livre intitulé "Reaching for the Light", la survivante Emilie Rose écrit à propos de cet Assistant Intérieur, cette source de sagesse particulière : "Chaque survivant d'abus rituel a une partie intérieure qui est en quelque sorte restée connectée à la vie, même au milieu des tortures et de la mort... Elle peut avoir plusieurs noms : le fort, le gardien de l'esprit, le guérisseur, le mystique, le

---

[526] "Treatment philosophies in the management of multiple personality" - D. Caul, American Psychiatric Association, Atlanta, Georgia, 1978.

grand-parent, le sage. Peu importe comment nous l'appelons, nous pouvons agir sur notre guérison en recherchant cette partie de nous-mêmes, en l'invitant à émerger, en se liant d'amitié avec elle, en la nourrissant et en l'assistant pour qu'elle s'implique plus dans notre vie... Cette partie forte de nous-même a un désir naturel et inné pour la vie et la guérison. Elle a la connaissance de la douleur, de la guérison et de l'esprit. C'est peut-être l'endroit où réside notre connexion avec un pouvoir supérieur et cela nous guide dans un véritable voyage de guérison si nous lui en donnons l'opportunité."[527]

Le Dr. Sarah Krakauer nomme cette partie : *la sagesse intérieure*. Dans son livre *"Treating Dissociative Identity Disorder : The Power of the Collective Heart"* (Traiter le trouble dissociatif de l'identité : le pouvoir du cœur collectif), elle rapporte le cas d'une patiente qui est entrée en lien avec ce guide intérieur : *"Sept mois après que Lynn ait entamé sa thérapie avec moi, elle a montré de la curiosité à propos du fonctionnement de la sagesse intérieure. Alors qu'elle était dans un état méditatif, elle a spontanément demandé à sa sagesse intérieure "Pourquoi sais-tu tout cela alors que moi non ?" La sagesse intérieure lui a alors répondu : "Parce que tu n'es seulement qu'une petite partie et qu'il y a tellement plus... Tu peux penser à moi comme au père que tu n'as jamais eu, quelqu'un sur qui tu peux compter et qui sera toujours là, peu importe ce qui arrive... Je sais tout ce que les différentes parties peuvent faire et comment elles peuvent s'emboîter les unes dans les autres, parce que je peux en voir la totalité..." Lynn a rapporté qu'elle avait vu une magnifique lumière jaune intérieure après avoir entendu cette sagesse. Elle a décrit : "C'est la première fois que je vois un jaune pareil. C'est tellement joli. C'est une expérience vraiment rassurante, que je ne sois plus seule. Un père est supposé être celui qui prend soin de vous... Je ressens un véritable calme, un sentiment de paix." Avant de découvrir cette lumière jaune, Lynn avait déjà trouvé qu'après avoir recherché une guidance dans le théâtre* (ndlr : technique thérapeutique servant de support pour travailler avec le système intérieur) *elle avait pu se rendre dans un endroit où elle avait vu une lumière violette qui était à la fois apaisante et énergisante. C'était quelque chose qu'elle avait découvert par elle-même et elle s'y rendait fréquemment lors de ses méditations."[528]*

Peut-être que le *ISH*, semblant être une partie supérieure de l'être, correspond à *"l'esprit de la superconscience"* décrit dans la tradition des Kahunas (en chapitre 6), pouvant prendre le dessus sur toutes les autres catégories de fragments d'âme. Dans son article intitulé *"The inner self helper concepts of inner guidance"*, la thérapeute Christine Comstock conclu en écrivant : *"Comme c'est le cas de toutes les hypothèses psychologiques, l'existence de l'ISH ne peut être ni prouvée ni réfutée. Cependant, il existe des faits historiques et cliniques suffisants pour qu'il soit raisonnable de penser qu'une telle structure puisse exister et être bénéfique. Par le passé, le concept de la dissociation du "Moi" en un alter qui observe et qui expérimente a pu être constaté comme étant quelque chose de bénéfique pour le patient. L'extension de la notion de "guidance intérieure" sous la forme de l'ISH chez les patients ayant un T.D.I. semble quelque chose de logique et correspondant à l'expérience décrite par ces patients. Selon de nombreux cliniciens expérimentés,*

---

[527] "Healing the Unimaginable : Treating Ritual Abuse and Mind Control" - Alison Miller , 2012, p.246.
[528] "Treating Dissociative Identity Disorder : The Power of the Collective Heart" - Sarah Y. Krakauer, 2001, p.130-131.

ce phénomène de guidance intérieure sous la forme d'une structure psychique séparée peut être une conceptualisation clinique utile dans le traitement du T.D.I. "[529]

Il est évident que le phénomène de T.D.I. mériterait une recherche scientifique très approfondie, car débouchant sur d'autres dimensions de l'être... mais rappelons encore une fois qu'il s'agit là de la boîte de Pandore de la "religion sans nom" : toutes les découvertes concernant les arcanes de la psyché humaine (et bien au-delà) permettant le contrôle individuel et global ne doivent pas être divulguées dans le monde profane, une règle essentielle qui permet de conserver le pouvoir.

Les mots qui ont été utilisés par les bourreaux et les programmeurs durant les abus, les tortures et les séances de programmation ont un profond effet dévastateur chez les victimes. Le travail sur les mémoires vise à faire en sorte que le survivant puisse se rappeler exactement ce que le programmeur lui disait avec l'imagerie mentale qui accompagnait ces phrases lors des séances. Ceci est un point essentiel qui va grandement participer à désactiver la programmation MK. Il est donc important de lister et de travailler sur ces mots afin qu'ils perdent de leur pouvoir d'emprise sur la victime. Ces mots ou phrases perdront d'autant plus de leur pouvoir lorsque les mémoires traumatiques se videront petit à petit de leur charge négative. La charge négative étant cette douleur intérieure subconsciente qui lorsqu'elle est déclenchée par des stimuli va activer des programmations. Ces mots ou phrases peuvent avoir servi à définir le rôle ou la nature d'un alter et à nommer ce dernier, cela peut aussi être des menaces, des insultes, des accords (obtenus sous la contrainte), des commandes et des directives, des mots déclencheurs spécifiques visant à faire émerger un alter, des codes d'accès pouvant aussi comprendre des chiffres, etc... Certaines de ces commandes peuvent être remplacées, par exemple en renommant les personnalités alter avec des nouveaux noms et en leur attribuant des nouveaux rôles. Les prières et les bénédictions peuvent aussi servir à contrer les attaques verbales (commandes lors de la programmation) qui restent marquées dans le subconscient.

Durant le processus thérapeutique, un des plus grands dangers est la programmation d'autodestruction et de suicide. Selon Svali, chez les élites lucifériennes, cette programmation est systématique. Depuis la petite enfance, la victime est conditionnée à croire qu'elle mourra si elle quitte "la Famille", le Réseau. Ceci est la base de la programmation de suicide, qui est étroitement liée avec la programmation de fidélité et de loyauté à la famille biologique et à l'Ordre hiérarchique. Si la victime commence à accéder à certaines mémoires et qu'elle décide de quitter le réseau, ou qu'elle entreprend une thérapie, cette programmation de sabotage ou d'autodestruction doit se déclencher. Cela se manifestera alors par un sentiment d'être tout à coup accablé d'une culpabilité écrasante et d'un état profondément dépressif. Seul le programmeur et quelques personnes détiennent le code pour désactiver cette programmation, ce qui assure que la victime re-contactera le groupe. Si la victime brise cette programmation, elle aura besoin d'une assistance et d'une aide, une hospitalisation peut-être nécessaire car la respiration ou le rythme cardiaque peuvent être lourdement impactés. Des

---

[529] "The inner self helper concepts of inner guidance : historical antecedents, its role within dissociation, and clinical utilization" - Christine M. Comstock, Journal Dissociation, Vol.4, N°3, 09/1991.

personnalités alter peuvent être programmées pour commettre de l'automutilation ou même un suicide s'il y a une tentative de divulgation extérieure ou de déprogrammation. Ces alter sont programmés pour croire que la seule façon d'échapper au suicide et à l'autodestruction est de re-contacter le programmeur connaissant les codes pour stopper le processus.

Un alter peut par exemple punir un autre alter en le scarifiant, c'est pourquoi il est important de faire prendre conscience à tout le système d'alter qu'ils partagent le même corps physique et qu'ils ne forment qu'un seul individu.

La programmation d'une personnalité alter pouvant conduire la victime jusqu'au suicide se fait en lui imprimant la croyance qu'il est honorable de mourir pour la cause de la "Famille" ; que les traîtres doivent se tuer eux-mêmes rapidement avant que le groupe ne les retrouve pour les tuer d'une manière lente et douloureuse ; que leur vie sera tellement insupportable qu'il vaut mieux se tuer, etc…

Selon Ellen Lacter, lorsque les commandes implantées *"ne te rappelle pas"* et *"ne parle pas"*, commencent à s'effriter, le reste de la programmation devient alors plus simple à conscientiser et à surmonter. L'accès aux différentes mémoires traumatiques entraînant la reconstitution du puzzle chronologique va permettre de libérer petit à petit toute la charge émotionnelle inconsciente qui cimente et permet le déclenchement des programmations. Plus les mémoires traumatiques éparpillées et refoulées sont conscientisées et ré-assemblées, plus la charge émotionnelle qu'elles contiennent va diminuer, et plus les programmations perdront de leur efficacité. C'est ainsi que petit à petit, la programmation MK est désamorcée.

6 - LE TRAITEMENT DES MÉMOIRES TRAUMATIQUES

a/ Généralités

Le travail sur les mémoires traumatiques (dissociatives) est un processus thérapeutique au cours duquel les fragments de mémoires autant psychologiques que physiques (mémoire cellulaire) sont réassociés. Le traitement d'une mémoire dissociative consiste donc à rassembler et à conscientiser toutes les parties qui la composent afin qu'elle soit définitivement intégrée, car comme nous l'avons vu, la mémoire d'un vécu peut être éclatée en plusieurs morceaux. Suite à cette intégration, les émotions et les sensations physiques associées à cette mémoire vont disparaître pour laisser la place à un souvenir de ce qu'il s'est passé similaire à n'importe quelle autre mémoire consciente. C'est à dire que le souvenir traumatique refoulé devient alors une mémoire chronologique et autobiographique n'ayant plus aucune charge négative. Une fois ce processus terminé, les différentes personnalités alter associées à ces mémoires peuvent alors être fusionnées entres-elles. Il semblerait que dans certains cas, cela se fasse même automatiquement dès que les mémoires sont traitées et conscientisées.

Au niveau biologique, les mémoires sont liées aux différents sens (la vue, l'ouïe, l'odorat, le toucher, le goût mais aussi la douleur physique ou le plaisir sexuel), elles sont aussi liées aux différents types d'émotions. Ces mémoires sont gérées par l'hippocampe qui les transmet au cortex cérébral afin qu'elles soient bien intégrées dans la conscience. C'est ainsi qu'elles passent du niveau inconscient au niveau conscient. Les mémoires dissociatives restent déconnectées de la conscience, c'est ce que l'on nomme l'amnésie traumatique, une mémoire "oubliée" qui n'a pas été conscientisée. Ces mémoires peuvent surgir d'une manière brusque et inopinée, généralement sous la forme de flashbacks qui sont des éruptions de souvenirs qui remontent brusquement à la conscience, ils peuvent être visuels, auditifs, émotionnels et même physiques. En effet, ces remontées peuvent déclencher des mémoires cellulaires liées à certaines zones du corps, cela peut se manifester par des douleurs, des paralysies et même par des marques physiques. Lorsque ces mémoires subconscientes surgissent, elles sont revécues comme si elles se passaient réellement dans l'instant présent. Lorsqu'une personne vit une remontée de mémoire traumatique entraînant un lourd état émotionnel, elle aura absolument besoin de s'ancrer dans l'instant présent. Il faut alors qu'elle ouvre les yeux (généralement fermés lors d'un flash-back) et qu'elle se focalise sur son environnement direct : les sons (la voix du thérapeute par exemple), qu'elle nomme et touche les objets autour d'elle dans la pièce, elle peut aussi toucher ses vêtements en les nommant un par un, etc. Les techniques d'ancrages sont importantes dans le travail sur les mémoires traumatiques, elles évitent que le patient soit submergé par l'émotion et la douleur.

Généralement, un patient ne sera pas prêt à faire ce travail sur les mémoires traumatiques tant que le système de ses personnalités alter ne sera pas coopératif. Comme nous l'avons vu précédemment, il faut établir une relation avec les alter afin que tous ceux qui ont été impliqués dans une même expérience, une même mémoire, puissent prendre part au processus. Selon la thérapeute Alison Miller, une mémoire ne pourra pas être entièrement intégrée (et la programmation dissoute) tant que tous les fragments de la personne impliquée dans la mémoire traumatique ne se seront pas alignés pour mettre en commun leur propre morceau de mémoire, leur pièce du puzzle, afin d'établir le tableau complet et chronologique de l'expérience. De plus, si tous les fragments du patient ne sont pas coopératifs, certains alter peuvent punir ceux qui divulgueraient des choses prématurément.

Les groupes qui pratiquent le contrôle mental créent délibérément des personnalités alter qui enregistrent tout et qui connaissent la totalité du système avec tout son historique. Stella Katz nomme cet alter le *"Gatekeeper"*, un gardien dont la fonction est d'observer de l'intérieur et de tout enregistrer sans jamais intervenir. Une fois que l'on n'y a accédé, ces personnalités alter peuvent être d'une grande aide pour déterminer à la fois le contenu d'une mémoire mais aussi la liste chronologique des alter du patient qui ont expérimenté successivement l'expérience traumatique.

Il y a également la question des mémoires traumatiques remontant à l'âge pré-verbal, lorsque la victime était encore bébé. Ce type de mémoire ne peut pas être verbalisé pour exprimer l'expérience et les ressentis. Entre l'âge de 0 et 3 ans, le système de mémoire déclarative ou explicite qui nécessite la maturation de l'hippocampe n'est pas encore opérationnel. Ce seront alors des mémoires implicites (émotionnelles, comportementales, somato-sensorielles, perceptrices, non verbales). Ces mémoires implicites sont liées à l'amygdale de l'hémisphère droit dont la maturation est plus précoce que celle de l'hippocampe

b/ Le processus de revivification

Le terme de *"revivification"* et son processus de restauration a été décrit par la survivante Brice Taylor. Contrairement à la thérapie Fabian dont nous allons aussi parler, qui ne traite que les mémoires conscientes non traumatiques, il s'agit ici du traitement des mémoires traumatiques inconscientes visant à les intégrer pleinement dans la conscience. Le côté le plus difficile de ce travail est certainement la douleur émotionnelle et parfois physique qui est associée à ces mémoires dissociées. La revivification est un outil pouvant être utile lorsqu'il n'est pas possible de faire une séance de thérapie à chaque fois qu'une mémoire traumatique remonte à la surface de la conscience.

Brice Taylor introduit ainsi cette technique : "En tant que survivante de traumatismes extrêmes dès la naissance, j'ai passé des années en thérapie. J'avais des abréactions et des flash-backs sur mon passé incestueux, sur les abus rituels et sur le contrôle mental gouvernemental, jusqu'au jour où j'ai pu pratiquer ce processus de revivification. Pour apprendre à utiliser cet outil, j'ai été aidée par un membre des renseignements qui avait certaines connaissances sur la programmation MK et la déprogrammation. La revivification est un outil extrêmement précieux qui m'a aidée à gérer et à archiver l'énorme quantité de souvenirs douloureux. Ainsi j'ai pu retrouver la mémoire de mon passé pour enfin pouvoir utiliser mon esprit d'une manière saine et constructive dans l'instant présent. Je pense qu'il est important de partager cette technique afin que les survivants puissent être aidés d'une manière simple dans leur processus de récupération de la mémoire."

La revivification peut commencer lorsque le patient n'est plus dans le déni vis à vis des traumatismes de son passé et après qu'il ait appris à ressentir et à exprimer ses émotions. Selon Brice Taylor, il n'est pas nécessaire de ré-expérimenter continuellement physiquement et émotionnellement les abréactions ou les flashbacks pour décortiquer les mémoires. Selon elle, les survivants ont besoin de ré-expérimenter les mémoires cellulaires seulement lorsqu'ils sont encore dans le déni face à cette réalité de leur passé. La revivification va également permettre au patient submergé par des mémoires intrusives, qui l'empêchent généralement de fonctionner au quotidien, d'apprendre à contenir, à canaliser et à gérer ces "bouffées" de souvenirs jusqu'à ce qu'il puisse enfin les traiter correctement.

Lorsqu'un patient a des flash-backs chez lui, ou lorsqu'une mémoire est "déclenchée" par un élément de son environnement, en public ou en privé, il peut prendre un bloc-notes et y inscrire un ou deux mots qui serviront plus tard à rafraîchir sa mémoire à propos de ce qui a déclenché ce souvenir dissocié ainsi que le contenu de celui-ci. Suite à ces quelques notes, il peut reprendre ses occupations sans avoir à être constamment "harcelé" par cette mémoire. Dans les 48 heures qui vont suivre le(s) flash-back(s), il est conseillé au patient de reprendre ses notes sur le(s) déclencheur(s) et d'examiner le contenu de cette mémoire. L'examen de celle-ci se fera au calme, par un profond travail d'introspection, visant à écrire en détail le contenu visuel et auditif, mais aussi les aspects odorants et gustatifs qui sont reliés à cette mémoire traumatique. Un critère qui permet de savoir s'il s'agit de véritables mémoires dissociées est qu'elles sont en trois dimensions au niveau visuel et qu'elles contiennent des éléments sensoriels bien marqués, comme les bruits et les odeurs.

Pour s'entraîner à ce type d'exercices sur les mémoires amnésiques, le patient peut d'abord s'exercer à projeter des mémoires conscientes et non traumatiques sur un "écran mental". Cela consiste à se focaliser sur les détails de cette mémoire avec les "yeux de l'esprit", c'est à dire fermer les yeux pour s'imaginer la scène d'une manière la plus réelle possible. Dans cette scène, la personne peut ainsi regarder, toucher, sentir et goûter ce qui était présent, mais aussi écouter les sons, les mots, les phrases, etc. Le travail peut donc commencer par des mémoires non dissociées n'ayant pas entraîné de chocs émotionnels ou de douleurs physiques. Une fois que le patient est à l'aise avec cet "écran mental", il peut s'attaquer à des mémoires qui étaient jusque-là amnésiques et qui commencent à émerger.

Voici comment Brice Taylor décrit les différentes phases du processus :
- 1/ Prendre un carnet de note.
- 2/ Le patient doit avoir listé au préalable des éléments potentiellement déclencheurs de mémoires traumatiques.
- 3/ Le patient doit être dans un endroit calme et sécurisé, propice pour traiter ce type de mémoires (de préférence dans les 48 heures qui ont suivi leur émergence). Il commencera par se référer à sa liste de déclencheurs.
- 4/ Il est utile pour le patient d'avoir un journal ou un ordinateur dans lequel il peut archiver les souvenirs dissociés qui lui sont remontés.
- 5/ Ensuite le patient visualise cette mémoire sur un écran imaginaire dans son esprit. Il doit se concentrer sur cette mémoire grâce à son œil mental, il va se focaliser sur le système sensoriel, c'est à dire le goût, l'odorat, l'ouïe, le toucher et la vue. Il doit s'intéresser à tout ce qui était présent au moment du déroulement de cette expérience traumatique. Il doit également bien se concentrer sur les mots et les phrases qui ont été prononcés à ce moment-là. Chez les personnes qui ont subi des abus rituels et du contrôle mental, les mots prononcés lors des états dissociatifs sont très importants car ils contiennent le conditionnement et la programmation. Les alter qui ont entendu ce qui a été dit peuvent ne pas les répéter lors d'une telle séance de thérapie, ils peuvent par exemple raconter la scène en omettant la "bande son". Il faut alors leur demander de donner l'intégralité du contenu de la mémoire, y compris auditif. Le patient doit essayer de voir la scène à travers les yeux de la (ou les) personnalité(s) alter qui a vécu l'événement. Il n'a pas besoin de revivre la scène ni de ré-expérimenter les émotions douloureuses ou les sensations douloureuses dans le corps. Il doit juste regarder cette mémoire tout comme l'on regarde un film sur un écran, mais en prenant bien soin de récupérer le maximum d'informations. Si le patient a survécu une fois à l'événement traumatique, il est maintenant en mesure de le visionner avec un certain recul pour la récupération du strict nécessaire : c'est à dire tous les détails qui vont l'aider à conscientiser ce qu'il s'est passé et à connaître

quelle(s) personnalité(s) alter y étai(en)t impliquée(s). Lors de cet exercice, le patient n'a pas à juger ce qu'il voit sur son écran mental, il ne faut pas non plus qu'il essaye d'en modifier le contenu. Lorsque le patient a dissocié le contenu émotionnel de la mémoire, il lui est alors possible de décrire précisément ce qu'il voit pendant que le thérapeute prend en note les informations. Il peut donc demander au patient de ralentir ou de répéter quelque chose sans craindre de le traumatiser à nouveau. C'est comme si le patient avait une télécommande avec laquelle il peut zoomer, ralentir ou accélérer la scène, faire une pause, rembobiner ou stopper l'histoire.

Pour ce travail de projection mentale d'une mémoire traumatique, la thérapeute Alison Miller conseille de démarrer l'histoire dans la "vie normale", c'est à dire dans la situation qui a précédé l'événement traumatique (par exemple le voyage en véhicule), puis de la terminer par la situation qui a suivi le traumatisme. Cela a pour but d'élargir la chronologie de la mémoire car les personnalités alter du début et de la fin d'une expérience traumatique ne sont généralement pas les mêmes que celles qui ont subi les traumatismes au cœur de l'histoire. Ainsi, cela va aider le patient à mieux comprendre comment ses expériences traumatiques sont liées à sa vie quotidienne, à sa mémoire consciente autobiographique et dans quel contexte elles ont eu lieu.

- 6/ Si le patient commence à éprouver une abréaction avec des sensations corporelles lors de la visualisation, il peut écrire rapidement sur un bout de papier : *"Mon corps essaie de réagir à cette mémoire"*, puis grâce au processus dissociatif déjà très développé chez lui, il va s'écarter de ce souvenir qui provoque une réaction physique. En se dissociant des douleurs physiques ou émotionnelles, il peut par exemple les cloisonner dans une boîte de son monde intérieur. Il peut également remplacer les images qui déclenchent l'abréaction par un problème de mathématiques. Cela va lui permettre de se détacher des sensations douloureuses car il fera alors fonctionner une autre zone de son cerveau. Dans le cas où le corps continue de réagir malgré ces mesures, le patient doit interrompre sa séance de projection mentale et s'ancrer dans l'instant présent avec les méthodes listées plus haut. Il peut ensuite reprendre la séance de projection mentale s'il est en mesure de maintenir la barrière dissociative entre les corps physique et émotionnel et la mémoire traumatique. Les mêmes techniques peuvent s'appliquer lorsque la douleur émotionnelle devient trop forte. Durant ce processus, le patient peut aussi choisir d'aller volontairement et pleinement dans le ressenti émotionnel de la mémoire afin de l'exprimer et la faire éclater autant qu'il le peut.

- 7/ Si le patient se sent triste, qu'il pleure ou qu'il est en colère suite aux souvenirs traumatiques, il peut entreprendre une autre activité. Un jeune enfant en pleine santé qui tombe et qui se fait mal va pleurer un petit moment, mais très vite il va fixer son attention vers quelque chose qui va le sortir de son état négatif. Les enfants sont ainsi capables de changer rapidement leurs états émotionnels. Le patient peut faire la même chose en choisissant rapidement de faire une activité qui va le mettre dans un état mental et émotionnel positif. Il peut faire du sport, jardiner, appeler un ami, promener le chien, peindre, chanter, prendre un bain, regarder une comédie, toutes ces choses qui peuvent lui apporter de la détente et de la joie. Cependant il ne s'agit pas ici de réprimer les émotions négatives comme la tristesse ou la colère. Le patient doit pouvoir les ressentir et les exprimer aussi longtemps qu'il en a besoin et qu'il le souhaite. Le processus de guérison du patient est en grande partie basé sur le contrôle qu'il doit avoir sur lui-même et sur ses propres expériences. Cette partie du processus de revivification peut convenir pour les patients qui se trouvent constamment coincés dans de vieilles émotions douloureuses.

Lorsque les survivants sont en mesure de se prendre en charge et de s'aimer au lieu de s'autodétruire, leurs agresseurs (ou contrôleurs) ont alors perdu. Les survivants ont besoin de prendre conscience qu'eux seuls peuvent choisir l'amour propre au lieu de la scarification par exemple. Lorsqu'ils arrêtent de se comporter comme la programmation les a conditionnés, ils deviennent autonomes et libres, avec pour seules limites leur propre esprit : ils récupèrent leur propre identité.

Brice Taylor précise que lors de ce processus il est plus facile d'écrire d'abord les mémoires traumatiques plutôt que de les verbaliser directement. C'est aussi ce que préconise Mark Phillips, c'est une des règles qu'il avait établie dans le protocole de récupération et de déprogrammation de Cathy O'Brien. L'acte qui consiste à écrire les souvenirs provoque, grâce à la coordination des yeux et de la main, certaines connexions neuronales du cerveau qui vont apporter au patient un meilleur accès à ses propres capacités cérébrales. De plus, poser par écrit les souvenirs fait qu'ils seront beaucoup plus riches en détails. Au fil du temps, les différentes "capsules" de mémoires traumatiques vont commencer à s'assembler pour former un tableau d'ensemble mettant en lumière ce qu'il s'est réellement passé dans la vie du patient. Ce puzzle plus ou moins bien reconstitué expliquera beaucoup de choses restées jusqu'alors incomprises, comme des comportements indésirables ou des phobies inexpliquées. Brice Taylor explique qu'il n'est pas nécessaire de s'attarder sur chaque détail de mémoire pour savoir s'il est valide ou non, car avec le temps et avec suffisamment de récupération de mémoires traumatiques, les morceaux de souvenirs vont commencer à se valider les uns les autres en s'emboîtant pour former le puzzle de vie. C'est cette vue d'ensemble sur sa propre vie, jusqu'alors éclatée en morceaux, qui participera à apporter au patient l'auto-compassion, l'amour propre et l'estime de soi si précieux pour sa guérison et sa nouvelle vie.

Voici un extrait du livre de Cathy O'Brien *"Pour cause de Sécurité Nationale"* qui illustre le processus de récupération des mémoires traumatiques :

"Les réponses ne remontent que lentement à la surface, mais elles font émerger des années de souvenirs articulées les unes aux autres. L'ensemble me semble n'être qu'un interminable cauchemar. Quand Mark rentre ce soir-là, il y a des feuilles de papier éparpillées partout, couvertes de fragments de souvenirs rédigés avec autant d'écritures différentes.

- Je me suis souvenue de beaucoup de choses, mais tout ça n'a aucun sens. Je n'arrive pas à remettre les événements dans l'ordre.

Je lui montre les morceaux de papier et me mets à pleurer :

- Comment puis-je me souvenir quand ces choses se sont produites alors que je n'avais aucune notion du temps ?

- C'est simple, reprend Mark, il faut que tu te poses les bonnes questions. Étends ta vision au-delà de l'instant. En quelle saison sommes-nous ? Y a-t-il de la neige ? Sens-tu la chaleur du soleil estival ? Sens-tu le parfum des fleurs du printemps ? Es-tu à l'école ? Qui est ton professeur ? Comment es-tu habillée ? Quand avais-tu ces vêtements-là ? Est-ce que tes frères ou tes sœurs sont déjà nés ? Quel âge a Kelly ? Regarde autour de toi à travers les yeux de la personne que tu étais et à qui tout cela est arrivé. Est-ce que les gens te semblent vraiment grands, comme quand tu étais une petite fille ? Que vois-tu au niveau de tes yeux ? Leurs genoux ? Leurs yeux ? Repère simplement le temps aussi précisément que tu le peux et laisse le reste aux enquêteurs (…)

Tu peux feuilleter des vieux magazines et des journaux (…) Tu devrais commencer à découper des images, des phrases, des gros titres – tout ce qui attire ton attention. Quand tu auras une boîte remplie de ces découpages, tu pourras en faire un collage. Ça sera comme si tu recollais les morceaux de ton esprit (…)

- Le Dr Patrick a utilisé le terme " polyfragmenté " pour décrire ces petits morceaux que tu recolles ensemble. Elle pense aussi que mon idée de faire du collage pourrait t'être bénéfique.

Soudainement, mes gribouillages de souvenirs me paraissent en fin de compte avoir un intérêt. Je note dès ce moment-là tous les flashes qui se présentent, qu'ils semblent significatifs ou pas. Je garde un stylo et du papier sur moi en permanence. Des souvenirs flashent souvent sur l'écran de mon esprit, parfois au point de me déconcentrer aux moments les moins opportuns. Noter rapidement un mot ou une phrase suffit déjà à arrêter ces encombrantes intrusions, et me permet de me remettre à ce que je faisais précédemment. On dirait que mon cerveau sait que je vais tout mettre par écrit plus tard, et les flashes s'arrêtent alors momentanément. Puis, lorsque je me trouve en situation de me concentrer correctement, je me laisse aller vers un état plus profond, me pose les questions que Mark m'a apprises, retrouve les odeurs et me mets à écrire ce qui attend d'être récupéré photographiquement.

- Garde à l'esprit, m'a conseillé Mark, que si un souvenir semble ne pas avoir pu se produire, tu dois alors l'examiner de près pour vérifier s'il s'agit de quelque chose qu'on t'a raconté ou que tu as pu entrevoir dans un film. Commence par déprogrammer le programme. Retrouve le début et la fin, ce qui s'est passé avant et ce qui est arrivé ensuite. Laisse l'écrit de ce souvenir de côté pendant trois semaines. La vérité ne disparaît pas. Le remplissage des trous avec ce qui aurait pu se produire, par contre, disparaîtra (…)

Mettre par écrit mes souvenirs comme Mark me l'a enseigné me permet de les reconstituer comme ils se sont produits, mais débarrassés de leur aspect dramatique. Je peux approfondir ma transe par de la relaxation, observer les événements se dérouler de manière photographique sur l'écran de mon esprit, sentir les odeurs et reconnaître les sensations physiques sans devoir les éprouver à nouveau. Les émotions n'avaient pas d'existence propre dans l'état dissociatif qui était alors le mien, et elles n'en ont toujours pas dans ce processus de recouvrement de ma mémoire. Mark m'a appris à éviter la question souvent posée par les thérapeutes : " Qu'est-ce que ça vous fait ?"[530]

c/ Le théâtre intérieur

Dans une conférence *S.M.A.R.T.* datant de 2006, la survivante Lynn Schirmer a décrit un outil qui aide à se focaliser sur des mémoires particulières et qui peut être combiné avec l'écran mental décrit précédemment. C'est un outil de psychologie qui a été mis au point par le Dr. Lowell Routley et ses collègues, un modèle de théâtre, une métaphore de la conscience et de l'esprit imaginée par le neurobiologiste Bernard J. Baars.

Dans *"In the Theater of Consciousness The Workspace of the Mind"*, Bernard J. Baars décrit comment fonctionne ce "théâtre" pouvant servir à travailler sur les mémoires. Dans un théâtre, il y a la scène, les acteurs, les projecteurs, le jeu de scène, le réalisateur et le public. Lorsque vous entrez dans un théâtre avant le spectacle, vous voyez la scène, les spectateurs et quelques portes sur le côté donnant accès aux loges. Alors que les lumières commencent à s'éteindre et que le public devient silencieux, un seul projecteur perce dans le noir pour éclairer la scène. Vous savez alors que les scénaristes, les acteurs, les ingénieurs du son et de la lumière sont tous là, invisibles mais travaillant ensemble dans une même direction et guidés par un scénario qui va se révéler au public. Alors que la salle s'éteint, seule reste la focalisation de la conscience, c'est à dire le projecteur éclairant la scène, tout le reste étant dans l'obscurité. Cette métaphore du théâtre permet de travailler sur les mémoires : le jeu des acteurs et les décors représentent le contenu de la mémoire, traumatique ou non, les projecteurs représentent la focalisation de l'attention sur cette mémoire, le contenu conscient émerge lorsque les spots se dirigent vers les acteurs sur la scène du souvenir. Ces projecteurs ont un rôle essentiel car dès qu'ils dirigent la lumière vers un personnage en particulier, celui-ci émerge dans la conscience. Seuls ces personnages éclairés par les projecteurs peuvent transmettre de l'information à l'audience. En retour l'audience, le public, peut applaudir ou siffler, demander à en entendre davantage ou au contraire faire évacuer un acteur de la scène en lui jetant des tomates. Le public de ce théâtre peut également interagir avec les acteurs en échangeant de l'information avec eux. Mais il n'y a qu'un seul moyen d'atteindre le public dans son ensemble, c'est par le biais d'un personnage éclairé par le projecteur sur scène. Le public est la raison d'être de tout ce théâtre expérimental.

La scène de théâtre représente l'intérieur du patient, où il expérimente les différentes perceptions, cet endroit est appelé l'espace de fusion. Un exercice simple permet d'accéder à ce lieu : la personne doit visualiser un objet de son choix et essayer de déterminer l'endroit où elle sent qu'il se passe quelque chose à l'intérieur d'elle. Cet exercice peut paraître très simple, mais pour les survivants de MK, conditionnés pour éviter toute sorte d'introspection, cela peut s'avérer être quelque chose de tout à fait nouveau et une découverte importante. La capacité de voir à l'intérieur de l'espace de fusion peut être un puissant outil. Avec la pratique,

---

[530] *"Pour cause de Sécurité Nationale"* - Cathy O'Brien & Mark Phillips, 2015, p.29-30.

c'est ici que la personne pourra observer les éléments de la programmation, dans ce "jeu de scène", et même y intervenir directement par elle-même.

L'acteur principal du scénario est généralement le noyau, le "Moi" véritable, la personnalité d'origine, qui peut parfois contrôler le corps. Les différents acteurs (alter) qui ne sont pas sous les projecteurs, qui sont hors de la scène, représentent des sous-ensembles, des routines, des compétences, des souvenirs, des sentiments destinés à agir par des comportements ou des expériences particulières. Ces différents acteurs peuvent entrer sur scène à tout moment pour partager la vedette avec l'acteur principal provoquant un processus de mélange dans cet espace de fusion. Un survivant de traumatismes peut soudainement éprouver une douleur physique intense qui est en fait une autre partie de lui-même coincée dans une mémoire traumatique, les alter pouvant se mélanger les uns avec les autres. Selon Lynn Schirmer, cette technique d'introspection dans le théâtre intérieur permet d'examiner cet espace de fusion. Le patient peut y voir des objets et des décors qui ont été mis en place et utilisés par les programmeurs. Il s'agit d'un outil servant à entrer en contact avec le monde intérieur et à interagir avec lui.

7 - LA THÉRAPIE FABIAN

Alors que les thérapies visant à faire remonter les mémoires dissociatives en utilisant l'hypnose ou d'autres techniques comme l'EMDR (désensibilisation et reprogrammation par mouvement des yeux) vont mettre le survivant face à son passé traumatique, il existe une méthode thérapeutique non frontale qui évite le "contact" direct avec les mémoires douloureuses. Des mémoires qui peuvent entraîner le déclenchement de certaines commandes implantées comme la programmation d'autodestruction et de suicide.

Cette technique de traitement de la mémoire a été divulguée par Kerth Barker, un *insider* lui-même survivant d'abus rituels sataniques ayant été connecté au Réseau à un certain niveau. Ce processus thérapeutique lui a été transmis par des initiés qui ont utilisé leurs connaissances en matière de programmation MK pour développer et établir un protocole efficace et sans danger, visant à décharger les mémoires traumatiques de manière progressive, sans avoir à les revivre directement (il semblerait que dans la "Famille", il y ait des avis divergents concernant la question MK).

Barker a nommé cette technique : la thérapie *'Fabian'*, en référence à la stratégie militaire Fabian qui consiste à éviter l'attaque frontale et directe en mettant en place une lutte indirecte et progressive. Le but de ce protocole thérapeutique est de décharger et d'annuler progressivement l'impact des mémoires traumatiques, ce qui a pour conséquence de désactiver la programmation qui s'appuie justement sur ces mémoires douloureuses refoulées à un niveau subconscient. Ces mémoires dissociatives sont des "capsules" toxiques qui restent bloquées dans le subconscient, leur présence va saboter les capacités de l'individu à penser rationnellement et à agir selon sa propre volonté. Le travail thérapeutique qui vise à décharger ces mémoires toxiques inconscientes est donc essentiel pour déprogrammer le conditionnement MK. Cette méthode va agir sur les mémoires traumatiques refoulées d'une manière indirecte grâce à un travail effectué sur les mémoires conscientes : c'est à dire la stimulation soutenue des mémoires sémantiques et épisodiques, deux formes distinctes de mémoire explicite.

La mémoire sémantique est celle qui contient toutes les informations qui ont été consciemment mémorisées : les numéros de téléphone, les cours d'histoire, etc… Cette mémoire sémantique est constituée de mots ou de symboles. La mémoire épisodique quand à elle se compose de vos expériences de vie. Ce sont les événements réels que vous avez vécus de manière consciente, comme une promenade en forêt ou un match de football. Cette mémoire épisodique est composée d'images, de sons, d'odeurs, de goûts et d'émotions. Les mémoires épisodiques sont donc comme des films qui contiennent des perceptions sensorielles ainsi que des émotions. Il existe également la mémoire des événements subjectifs, tels que les rêves (selon la capacité de chacun à se les remémorer) et l'imagination, c'est à dire la capacité d'imaginer un événement fictif avec la possibilité de s'en rappeler plus tard.

La thérapie Fabian est conçue pour éviter le déclenchement inapproprié de programmations implantées. Ce type de thérapie ne traite que les mémoires conscientes, c'est à dire les mémoires épisodiques, sémantiques et subjectives (rêves et imagination). Il n'y aura jamais de confrontation directe avec les mémoires traumatiques dissociées et refoulées. Un travail soutenu sur les souvenirs conscients va pouvoir agir indirectement sur les mémoires refoulées. En effet, toutes les strates de la mémoire, jusqu'aux plus profondes, sont interconnectées les unes aux autres dans ce qui peut être appelé un "champ mental énergétique" qui interagit avec le cerveau et le système nerveux. Selon la thérapie Fabian, les souvenirs ne sont pas constitués de neurones mais d'une énergie stable subatomique, les neurones n'étant qu'une interface physique pour ces énergies mnémoniques (ensemble des procédés qui facilitent les opérations de la mémoire). Dans ce "champ énergétique", chaque mémoire qu'elle soit consciente ou inconsciente est connectée avec toutes les autres par une sorte de toile. Cela signifie que si vous travaillez intensément une certaine zone de la mémoire, cela va influer automatiquement sur toutes les autres zones de la toile : appelée le *"champ de mémoire"*. En travaillant intensément la mémoire épisodique, vous allez ainsi travailler subtilement et indirectement sur la douleur, sur les traumatismes et sur l'amnésie des autres mémoires refoulées. Ces souvenirs traumatiques dissociés contiennent de fortes émotions qui représentent une puissante charge émotionnelle négative. Le fait de travailler sur des mémoires conscientes, d'une manière structurée et intense, va relâcher lentement la charge négative de ces mémoires refoulées. Lorsque suffisamment de charge négative est libérée, les programmations implantées liées à ces mémoires vont cesser d'avoir du pouvoir, cela va donc libérer petit à petit l'esclave MK.

Les commandes implantées lors de la programmation sont constituées de mots et d'images, principalement de mots, et les mots sont sémantiques. Il va donc falloir travailler sur la mémoire sémantique consciente afin de libérer progressivement la charge négative des commandes implantées dans la mémoire refoulée et inconsciente. Les scientifiques qui ont développé cette thérapie ont fait des expériences avec des personnes ayant été soumises à du contrôle mental. Elles ont été branchées sur un appareil de *biofeedback* mesurant la fréquence cardiaque et la respiration. Les chercheurs ont ensuite lu lentement et à haute voix une liste de vocabulaire mélangeant des mots neutres et des mots de commandes généralement utilisés dans la programmation MK. Lors de la lecture, le sujet n'apportait aucune attention particulière aux mots de commande, cependant à chaque fois qu'un de ces mots était prononcé, l'appareil de *biofeedback* montrait une réaction. Les victimes de MK branchées sur cet appareil n'avaient pas conscience que ces mots étaient des déclencheurs, pourtant ceux-ci stimulent l'esclave de manière inconsciente en raison de la douleur contenue dans la mémoire traumatique occultée. Le pouvoir de ces mots peut-être désactivé en travaillant sur le vocabulaire d'une manière structurée.

La thérapie Fabian se divise en quatre domaines :

- La tenue de journaux.

- L'A.M.E. (Analyse des Mémoires Épisodiques), il s'agit de l'analyse systématique de certaines mémoires conscientes non traumatiques.

- La technique de l'extraversion.

- Les exercices sur le vocabulaire afin d'influencer la mémoire sémantique, visant à libérer la charge négative contenue dans les mots liés aux commandes implantées.

a/ Le journal

Dans la thérapie Fabian, le patient tiendra trois journaux :
- Le journal quotidien de la mémoire épisodique.
- Le journal quotidien de la mémoire des rêves.
- Le journal cathartique et de la mémoire de l'imagination.

Le journal épisodique : Chaque soir, le patient va inscrire dans ce journal son nom complet (la personnalité hôte), la date et une mémoire épisodique du jour (la rencontre avec un vieil ami, une sortie au parc…). Le souvenir doit être de préférence un épisode marquant et positif, sans aucune émotion négative. Cette mémoire épisodique doit être quelque chose qui a été vécu dans le monde réel et non quelque chose qui aurait été vu à la télévision ou sur internet. Dans son journal, le patient va simplement décrire ce souvenir pour qu'il puisse facilement se le remémorer par la suite. À chaque fin de semaine, le patient devra passer en revue toutes les mémoires épisodiques de la semaine. De la même manière, à la fin du mois, il fera l'examen de tout ce qu'il a écrit dans son journal durant ces quelques semaines. Ces relectures de mémoires épisodiques doivent se faire en imaginant la scène le plus précisément possible dans l'esprit, ceci afin de l'enregistrer au mieux. Cet exercice peut aussi se faire en fin d'année.

D'une manière subtile, ce travail sur la mémoire épisodique participe à décharger les mémoires négatives pesant sur le subconscient. C'est un travail qui demande un engagement à moyen terme (quelques mois) voir à long terme (plusieurs années) pour espérer des résultats tangibles. En détectant des trous de mémoire certains jours, le patient saura qu'un changement d'alter s'est produit ce jour-là.

Le journal des rêves : Ce journal est également à remplir quotidiennement si la mémoire du rêve est présente. Un certain nombre de personnes ont découvert qu'une fois qu'elles commençaient à rédiger leur journal épisodique quotidiennement, elles commençaient aussi à faire des cauchemars marquants. De plus, une fois que le patient aura entrepris une A.M.E. (Analyse des Mémoires Épisodiques) de manière régulière, cela va également stimuler indirectement les cauchemars pendant son sommeil. Les cauchemars sont désagréables, mais c'est plutôt un bon signe car c'est à travers eux que le subconscient évacue la charge négative contenue dans les mémoires traumatiques.

Le patient n'a pas à faire une analyse de ses rêves dans son journal, il doit simplement noter son contenu d'une manière la plus objective possible, peu importe si le rêve était joyeux ou terrorisant. La focalisation sur les rêves qui consiste à se les remémorer pour les poser par écrit, va également libérer la charge négative contenue dans le champ de mémoire. C'est un processus de guérison naturel de l'esprit.

Le journal de l'imagination et cathartique : Ce journal n'a pas à être tenu quotidiennement mais seulement lorsque le patient en éprouve le besoin. Son but est d'utiliser l'imagination pour libérer des émotions négatives. Avec ce journal, le patient va essayer de purger la négativité, il ne s'agit pas d'intellectualiser ce qu'on y inscrit car c'est un processus uniquement cathartique. Le contenu du journal peut se constituer de mots, de dessins, de photos, etc, c'est un journal très personnel. L'idée est d'exprimer les mauvais sentiments qui remontent parfois sans raison apparente, en les mettant en images et en mots. C'est un processus uniquement émotionnel et non intellectuel, un moyen supplémentaire pour libérer la charge émotionnelle négative du champ de mémoire.

b/ A.M.E. - Analyse de la Mémoire Épisodique

L'A.M.E. est l'analyse systématique des souvenirs épisodiques non refoulés. Cette analyse nécessite un thérapeute. Ces souvenirs épisodiques non refoulés sont des souvenirs conscients qui ne doivent contenir aucune douleur et émotion négative. Ce sont les souvenirs des expériences ordinaires et heureuses de la vie quotidienne. Le thérapeute joue le rôle de guide, il va poser une série de questions pour aider le patient à se replonger profondément dans ses souvenirs. Dans ce processus thérapeutique, les mémoires inconscientes négatives sont indirectement influencées par cette focalisation intense sur les mémoires conscientes positives.

Le champ de mémoire est semblable à une toile d'araignée dans laquelle toutes les mémoires sont reliées entre elles par des fils. Si vous stimulez une zone de la toile, cela fera remuer tout le reste. Donc si vous stimulez intensément une zone de la mémoire consciente du patient, cela influencera plus ou moins tous les autres domaines de la mémoire, également les mémoires dissociées. L'objectif de ce type d'analyse est de faire en sorte que le patient s'immerge consciemment dans un souvenir pour se le remémorer le plus profondément possible dans son "écran mental". Le rôle du thérapeute est d'utiliser son intuition pour guider le processus en questionnant le patient sur cette mémoire afin de l'encourager à y plonger toujours plus profondément mais sans jamais rien intellectualiser. Ce protocole ne nécessite pas un état hypnotique ou un quelconque état modifié de conscience, le patient doit juste fermer les yeux lorsqu'il se remémore les souvenirs. Toutes les mémoires travaillées en A.M.E. doivent être de nature heureuse, elles ne doivent contenir aucune émotion négative. De plus, cela doit être des souvenirs récents n'ayant pas encore été traités, c'est à dire des souvenirs bruts dont le patient n'a pas encore parlé. Pour vous aider à comprendre ce processus, voici un exemple :

- Thérapeute : Pouvez-vous vous rappeler un souvenir approprié sur lequel nous pourrions travailler aujourd'hui ?

- Patient : Je suis allé à un match de football l'autre jour.

- T : Très bien. Pour un meilleur souvenir de cette mémoire, quelle était la date et à quelle heure cet épisode a-t-il commencé ?

- P : Cela s'est passé il y a deux jours. Je pense que c'était à 16 heures.

- T : Ok, commençons avec votre souvenir olfactif, vous souvenez-vous des odeurs ?

- P (les yeux fermés) : Je me souviens de l'odeur du pop-corn dans la queue où j'attendais pour acheter un hot-dog. Il y avait des odeurs de cuisine, de hot-dogs…. Voyons… Il y avait aussi cette odeur de la bière éventée sur le sol près de la buvette. Lorsque je suis allé aux sanitaires, je me souviens que cela sentait très fort l'urine. Dans les gradins, j'étais assis à côté d'un homme portant un après-rasage écœurant. Je me souviens aussi de quelqu'un qui fumait un cigare. C'était une chaude journée, je me souviens des odeurs corporelles.

- T : Était-ce votre propre odeur corporelle ou bien celle de quelqu'un d'autre ?

- P : Il y avait les odeurs de plusieurs personnes. Il y avait autre chose, je ne suis pas sûr de ce que c'était…. Ah si, mon ami avait mis de la crème solaire sur ses bras, il m'en a donné un peu…

- T : Quelle était cette odeur ?

- P : Il y avait une légère odeur de coco, mais surtout une odeur de produits chimiques.

- T : Bon…Y'a-t-il un autre souvenir d'odeur ?

- P : *Non.*

- T : Ok, alors maintenant passons en revue vos souvenirs concernant les goûts lors de cet épisode.

etc…

D'une façon méthodique et systématique, chacune des perceptions sensorielles contenues dans cette mémoire épisodique, cette scène de vie, sera passée en revue. Les questions du thérapeute sont destinées à maintenir l'attention du patient et à mettre l'accent sur l'expérience et son souvenir. Une séance de ce type doit durer d'une demi-heure à quarante-cinq minutes. L'esprit d'une victime de MK a été altéré, par conséquent, même le rappel d'une mémoire épisodique ordinaire peut contenir des distorsions. Si le thérapeute entend quelque chose qui semble totalement irrationnel, il n'a pas à le remettre en question ni à l'analyser, il doit simplement continuer le processus sans s'y attarder. Le thérapeute ne doit porter aucun jugement ni aucune évaluation, il doit simplement se contenter d'aider le patient à maintenir une focalisation sur l'expérience et son souvenir.

Il existe un certain nombre de perceptions contenues dans une mémoire épisodique, la thérapie Fabian travaille avec une liste de huit perceptions que voici :

N°1 : Olfactives (odeur)
N° 2 : Gustatives (goût)
N°3 : Auditives (son)
N°4 : Tactiles (toucher)
N°5 : Vision (vue)
N°6 : Cinétique (mouvements)
N°7 : Émotive (émotions)
N°8 : Linguistique (langage)

Le thérapeute va travailler avec chacune de ces perceptions en les prenant dans l'ordre exact de cette liste. Ces huit catégories sont utilisées séquentiellement, le thérapeute doit donc diriger le patient pour qu'il suive cette séquence dans le bon ordre. La séance se termine lorsque la dernière catégorie a été passée en revue. Le passage en revue de l'odeur, du goût et des bruits dès le début de la séance va permettre au patient de ré-expérimenter directement la mémoire sans altération personnelle, il ne va pas l'évaluer mais la ré-expérimenter. Le passage en revue des émotions et du langage va se faire en fin de séance car ces perceptions sont susceptibles d'être évaluées et modifiées par l'ego. Autant que possible, le thérapeute doit éviter de mélanger les différentes catégories de perceptions de la mémoire. Par exemple, lors de l'analyse de la catégorie n°3, qui est le souvenir des sons, il ne serait pas bon d'encourager le patient à se concentrer sur le contenu d'une conversation qu'il a entendue, parce que c'est ce qui est analysé par la suite en catégorie n°8 (le langage). En catégorie n°3, le thérapeute dirige le patient dans la perception pure de la mémoire auditive. Il demandera par exemple si la conversation était forte, douce avec une comparaison par rapport à d'autres perceptions auditives. En se concentrant sur les perceptions tactiles (catégorie n°4) d'une mémoire épisodique, le thérapeute peut poser ce genre de questions : *"Cela est-il chaud ou bien froid ?"* Ces perceptions comportent : température, pression/poids, inconfort/confort, humidité et sécheresse sur la peau, rassasiement/faim…

La catégorie n°5 passe en revue la mémoire visuelle, elle implique les couleurs, les formes, les motifs, la luminosité et l'obscurité. Elle se réfère aussi à la perception visuelle des mouvements, tels qu'une balle volant dans les airs ou des mouvements de foule. Mais ce type de perception visuelle des mouvements doit être à distinguer des mouvements ressentis par son propre corps qui sont les mouvements qui concernent la catégorie n°6 impliquant la perception du mouvement physique (cinétique) retenu par la mémoire, à la fois les mouvements personnels de l'individu et les mouvements d'objets qui influent directement sur l'individu. Par exemple, dans une voiture, il y aura la sensation du corps suivant les mouvements de l'automobile dans les virages ainsi que les accélérations et les freinages. S'il s'agit d'un souvenir d'une marche dans la rue, cela ne concerne que le mouvement du corps, à moins que celui-ci ne rentre en contact avec quelque chose. Lors d'un match de football, ou il y a beaucoup de contacts physiques, il y a les propres mouvements de l'individu ainsi que ceux des autres intervenants qui vont interférer et l'influencer. Ainsi il peut y avoir une certaine confusion des perceptions entre les catégories n°5 et 6. Les mouvements personnels relèvent de la catégorie n°6, mais un mouvement tel qu'un vol d'oiseau, relèvera de la catégorie n°5. Une manière de faire face à cette confusion est d'aborder en dernier les perceptions sur les mouvements dans la catégorie n°5 (sur le visuel), puis d'enchaîner dans cette logique avec la catégorie n°6. La catégorie n°7, celle des émotions, est à la fois la perception des émotions des autres et la perception subjective de ses propres émotions. Le patient peut connaître ses propres réactions émotionnelles subjectives, mais il ne peut pas connaître réellement les expériences subjectives des autres. Pour éviter que le patient ne spécule sur ce que les gens ressentaient réellement, le souvenir et la perception des émotions des autres doivent se limiter à décrire leur expression extérieure comme celle du visage, le ton de la voix et le langage corporel. Avec de tels indicateurs physiques, le patient peut être capable de détecter des réponses émotionnelles basiques telles que la colère, le dégoût, la peur, la joie, la tristesse, l'ennui, l'indifférence et la surprise. Le patient ne doit pas se focaliser sur ce qu'il se passait à l'intérieur des autres, mais uniquement sur leurs émotions affichées par le visage, le corps et le ton de la voix. Dans cette catégorie n°7, la perception par le patient des émotions d'autrui doit donc être objective, tandis que la perception de ses propres émotions est subjective. Les propres réactions émotionnelles subjectives du patient peuvent être en effet plus complexes. Le patient doit être autorisé à décrire ses réactions émotionnelles personnelles quel que soit le souvenir qu'il a choisi. Les émotions subjectives du patient peuvent être décrites avec par exemple de la mélancolie, de l'optimisme, de la perplexité, du conflit, de l'euphorie, de la colère, etc, alors que la description des émotions des autres est beaucoup plus simple et objective : par exemple, *"Il avait l'air en colère parce que son visage était rouge"*, ou *"Son visage exprimait un sentiment de dégoût"*. La catégorie n°8, la dernière, va traiter les perceptions en lien avec le langage et le sens qu'il prend. Cette phase est donc plus intellectuelle, ici le patient est guidé à se focaliser sur toutes les conversations ayant eu lieu dans cette mémoire épisodique. Le patient se focalisera aussi sur toutes les choses écrites qu'il a pu lire dans cet épisode ainsi que le sens des symboles visuels comme par exemple un panneau de signalisation ou une croix sur un clocher d'Église.

D'une manière générale, une mémoire épisodique choisie pour ce type de travail doit être un souvenir positif. Le patient peut donc choisir de programmer volontairement dans son emploi du temps une expérience "heureuse" pour pouvoir l'exploiter par la suite dans une séance d'A.M.E.. Il peut par exemple planifier d'aller à un match de football pour pouvoir repasser cette mémoire épisodique en revue quelques jours plus tard en séance de thérapie. Les souvenirs récents, qui sont faciles à se remémorer, sont un bon choix, mais d'anciens souvenirs également faciles à se remémorer fonctionneront de la même manière. Il est préférable de commencer avec des séances traitant de souvenirs récents, une fois que le patient devient à l'aise avec le processus, des souvenirs plus anciens peuvent alors être exploités.

Lors d'une séance, vous pouvez passer en revue un souvenir de la semaine précédente et lors de la séance suivante, passer en revue une mémoire épisodique d'il y a deux ans. Le procédé d'A.M.E. peut s'appliquer à n'importe quelle mémoire dont le patient peut raisonnablement se rappeler. Plus ce processus sera appliqué, plus la capacité du patient à se rappeler de ses mémoires épisodiques va augmenter. Avec la pratique, le patient peut même finir par accéder à des mémoires de la toute petite enfance.

Quelques règles impératives à respecter : il est essentiel que le patient n'ait pas consommé de drogues ou d'alcool durant les semaines ou les mois précédents les séances d'A.M.E. Il est également important qu'il évite de consommer des boissons contenant de la caféine avant une séance. Il doit avoir passé une bonne nuit avec un bon sommeil afin d'avoir ses pleines capacités. Tous les souvenirs traités doivent être positifs, ne contenant aucune perte de conscience, aucune douleur et aucune émotion négative.

Ainsi, le processus Fabian va permettre d'évacuer indirectement la charge négative des mémoires occultées ou refoulées. L'A.M.E. agit comme un catalyseur, les sentiments contenus dans les mémoires traumatiques refoulées remonteront à la surface de différentes manières, par des rêves, des dessins, des flash-backs de mémoires traumatiques, etc. Ce type de thérapie ne s'attarde pas sur les mémoires négatives qui surgissent, elle permet simplement de les faire émerger. C'est la focalisation sur la vie présente qui permet de ne pas s'y attarder.

c/ Les exercices d'extraversion

Les exercices d'extraversion vont aider le patient à sortir des douloureux souvenirs du passé qui peuvent surgir. La remontée de mémoires traumatiques peuvent faire totalement s'effondrer le patient, ces exercices consistent à le ramener dans l'instant présent pour le stabiliser. Lors de la pratique d'A.M.E., le thérapeute doit toujours conduire le patient à se focaliser sur des souvenirs positifs, mais si une mémoire négative remonte ou que le patient se met en colère sans raison apparente, il doit utiliser des techniques d'extraversion pour le ramener dans l'instant présent. Le principe de base étant que toute émotion négative inappropriée provient d'une dislocation du temps, c'est à dire qu'un événement dans le passé du patient l'a mis en colère, et aujourd'hui cette colère peut remonter de manière inappropriée face au thérapeute. Dans un tel cas, à la fois le patient et le thérapeute doivent se focaliser sur l'instant présent et l'environnement présent. Le thérapeute peut demander au patient de lui dire la date du jour, d'écrire sur un papier l'endroit où il se trouve à l'instant présent et de décrire la pièce en la passant totalement en revue. Ensuite, le patient peut se déplacer dans toute la pièce pour toucher les choses, les nommer, ressentir les textures, etc. Cela peut aussi se faire à l'extérieur durant une promenade. Comme déjà décrites précédemment, ces techniques d'ancrage dans l'instant présent utilisent les différentes perceptions comme la vue, l'ouïe, le toucher, etc. Les promenades, le sport, le jardinage, etc, sont des activités qui vont aider le patient à focaliser son attention "ici et maintenant". Il s'agit d'une attitude et d'un style de vie à adopter, signifiant que le patient doit avoir pour objectif d'être socialement extraverti : il doit développer un sentiment de sécurité dans ses relations sociales, ce qui l'aidera à ne pas rester focalisé "seul dans son coin" sur son passé d'une manière négative. L'extraversion est plus qu'une technique thérapeutique, c'est une attitude globale qui va faciliter l'accès à une vie équilibrée.

Au cours des séances d'A.M.E., par une revue des mémoires épisodiques, le thérapeute amène le patient à atteindre un profond état d'introversion (plongeon dans le passé), mais lorsque ce processus est terminé, il est important que le thérapeute ramène le patient dans un état d'extraversion : retour au moment présent.

Le patient qui suit une thérapie Fabian ne doit pas rester bloqué sur les mémoires traumatiques qui peuvent émerger lors du processus. Même si cela est un signe que les mémoires dissociées remontent, lorsque cela se produit, le patient doit comprendre que durant toute la thérapie, il est préférable de se tenir à l'écart de ces souvenirs. S'il y a un besoin de libération émotionnelle, il peut utiliser son journal cathartique pour libérer ce type d'émotions négatives. Après ce défoulement cathartique, le patient doit revenir à l'instant présent.

Selon Kerth Barker, la thérapie Fabian va guérir le champ de mémoire dans son ensemble à travers tous ces exercices thérapeutiques visant à travailler et stimuler intensément les souvenirs conscients. Il y a deux aspects dans ce "champ de mémoire" : les mémoires conscientes ou inconscientes et les mécanismes mentaux qui permettent d'y accéder. La thérapie Fabian restaure, par un processus indirect, la capacité de l'esprit à accéder à ces souvenirs traumatiques tout en le déchargeant des "capsules" négatives.

d/ Technique de destimulation sémantique

Ici le terme "sémantique" se réfère à la signification des mots et des symboles utilisés dans la programmation MK. Des mots et des symboles (graphiques ou gestuels) qui poussent inconsciemment la victime vers une action ou la répression d'une action. Par conséquent la victime est asservie par la stimulation de mots de commande ou de symboles. Pour la déprogrammer sémantiquement, il faut réduire le pouvoir de ces déclencheurs. Toutes ces commandes implantées contiennent systématiquement une charge émotionnelle négative.

Prenons une femme ayant une programmation de type MK-Monarch qui aura reçu une commande implantée affirmant par exemple : *"Vous êtes sexuellement au service de quiconque lorsque votre propriétaire vous l'ordonne"*. Les paroles de cette commande contiennent une charge émotionnelle négative qui a été induite lors du traumatisme et c'est l'incapacité à faire face à cette charge négative qui oblige la victime à obéir inconsciemment à cette programmation. Les mots clés dans cette phrase de commande sont *"sexuellement"*, *"propriétaire"* et *"ordonne"*. La technique de destimulation sémantique vise à décharger petit à petit cette implantation négative.

Le thérapeute va créer trois listes de mots, chaque liste contenant un des mots clés de commande, telle que par exemple : *ange, bateau, manteau, propriétaire, porche, arbre, cascade*. Le thérapeute demandera ensuite au patient de passer la liste en revue et de définir chaque mot avec l'aide d'un dictionnaire. Ensuite, il lui est demandé d'inventer des phrases avec chacun des mots de la liste. Le thérapeute n'accordera aucune attention particulière aux mots clés de commande, ils seront traités de la même manière que les mots neutres qui ne stimulent aucune réaction. En faisant cela, le processus pourra influencer la mémoire et subtilement décharger les émotions négatives de la mémoire traumatique contenant l'un de ces mots de commande. Le rappel de la mémoire sémantique est la capacité à comprendre et à utiliser des mots pour communiquer. En un sens, le processus de programmation MK détourne la fonction de rappel de la mémoire sémantique de sorte qu'elle puisse être utilisée pour contrôler la victime. Cependant, en demandant au patient de travailler sur du vocabulaire, celui-ci va progressivement reprendre le contrôle complet de sa capacité de rappel de la mémoire sémantique. L'idée ici est de renforcer cette fonction chez le patient. Cela va modifier la manière dont il a trait au langage contenu dans le champ de mémoire. Un principe de la thérapie Fabian est qu'en augmentant les capacités mnémoniques de l'esprit, vous diminuez la puissance des mémoires dissociées. En travaillant simplement avec le vocabulaire et en demandant au patient de faire des phrases avec des mots définis avec un dictionnaire, vous diminuez ainsi la puissance des commandes implantées.

e/ Séance type de thérapie

Dans une séance type de thérapie Fabian, le patient est assis en face de son thérapeute, chacun ayant un crayon et un carnet devant lui pour prendre des notes. Aucune hypnose ni aucun état altéré de conscience n'est nécessaire. Le thérapeute commence par demander au patient si quelque chose le tracasse, pouvant éventuellement nuire à sa concentration durant la séance. Le patient peut, s'il le souhaite, apporter son journal pour partager du contenu avec le thérapeute. Le premier exercice sera celui de la destimulation sémantique décrit ci-dessus. Lorsque le patient crée des phrases avec les listes de mots, le thérapeute n'intervient pas, il reste à l'écoute. Une fois ce protocole terminé, une pause de dix minutes peut être faite avant d'entamer l'analyse de la mémoire épisodique, l'A.M.E., qui constitue le cœur de la séance et qui durera de trente à quarante-cinq minutes. À la fin de la séance, le thérapeute doit faire en sorte que le patient remette les pieds sur terre dans l'instant présent, son attention doit se focaliser dans l'*ici et maintenant*. La séance peut-être suivie d'une promenade à l'extérieur afin de planifier la séance suivante. La fréquence des séances va dépendre de l'état émotionnel du patient. Généralement, les rencontres peuvent se faire une fois par semaine. Cela peut s'espacer jusqu'à une fois par mois, mais elles peuvent aussi se faire quotidiennement si le patient le juge nécessaire. Ces séances, tout en déchargeant les mémoires traumatiques vont aider à stabiliser émotionnellement le patient et à l'ancrer dans l'instant présent.

f/ Technique avancée d'A.M.E.

La technique d'A.M.E. décrite plus haut est le protocole classique, relativement facile à comprendre et à pratiquer. Mais il existe des techniques plus avancées, notamment un schéma pour effectuer un travail d'A.M.E beaucoup plus profond.

Cette méthode utilise un cercle divisé en huit sections égales formant un diagramme circulaire, des rayons entrecoupés par huit cercles concentriques qui divisent ce camembert en sections égales. Les huit rayons représentent les huit catégories citées plus haut : olfactive, gustative, auditive, tactile, visuelle, cinétique, émotionnel et linguistique. Tandis que chaque cercle concentrique représente une période de vie du patient : le cercle central représente les souvenirs inconscients de la période pré-natale et de la naissance, les autres cercles concentriques symbolisent l'évolution allant de la petite enfance, l'adolescence, le jeune adulte, etc, jusqu'au dernier cercle extérieur qui représente les expériences de vie les plus récentes.

Ce schéma sera utilisé pour aider le thérapeute à déplacer la focalisation du patient sur différentes zones de son vaste champ de mémoire. Celui-ci doit être calme, profondément détendu et sans conflit intérieur lors d'une telle séance. Il s'agit de le guider dans différentes zones du schéma circulaire de façon aléatoire. Par exemple, le thérapeute peut demander au patient de se remémorer un souvenir heureux récent en lui demandant de se plonger dans une seule perception de la mémoire dans l'une des huit catégories, comme le rappel d'une odeur par exemple. Puis il le guidera sur un souvenir situé dans une zone de temps différente en choisissant une catégorie de perception différente comme par exemple la vue ou le langage.

Une séance classique d'A.M.E. étudie intensément le souvenir d'une seule mémoire épisodique avec les huit perceptions qui y sont associées. Tandis que cette technique avancée d'A.M.E., au lieu d'analyser intensément toutes les perceptions d'un épisode, va jongler d'épisode en épisode en ne choisissant à chaque fois qu'une seule catégorie de perception de la mémoire. Ainsi le patient pourra se rappeler de l'odeur d'une fleur lorsqu'il jardinait il y a une semaine, puis du goût d'un épi de maïs d'un pique-nique d'il y a 10 ans, la sensation de la pluie froide suite à une chaude journée de randonnée d'il y a six mois, et ainsi de suite. Ce protocole doit durer une vingtaine de minutes. Il faut avoir déjà beaucoup pratiqué l'A.M.E. classique pour pouvoir faire cet exercice qui peut parfois permettre d'accéder à des souvenirs de la petite enfance (non traumatiques) totalement oubliés, voir même à des mémoires pré-natales.

8 - LE CHÂTEAU INTÉRIEUR (THÉRÈSE D'AVILA)

Pour conclure ce chapitre, voici quelques extraits du chef-d'œuvre de Thérèse d'Avila, *"Le Château intérieur"* ou *"le livre des demeures"*. Il s'agit d'un château qui représente métaphoriquement l'âme humaine devant passer par différents niveaux successifs afin d'accéder à la perfection. Tout comme le bourreau programmeur incorpore d'obscurs châteaux et donjons dans le monde intérieur des esclaves MK pour maintenir prisonniers les alter ; voici un château intérieur qui mène graduellement l'humain à l'Union divine avec son Créateur. Peut-être les rescapés peuvent-ils incorporer ce château à leur monde intérieur ?

"Aujourd'hui s'offrit à moi ce qui sera la base de cet écrit : considérer notre âme comme un château fait tout entier d'un seul diamant ou cristal très clair. Considérons que le château a nombre de demeures, les unes en haut, les autres en bas, les autres sur les côtés; et au centre, au milieu de toutes, se trouve la principale, où se passent les choses les plus secrètes entre Dieu et l'âme. Vous trouverez, je le crois, de la consolation à vous délecter de ce château intérieur.

Vous pouvez y entrer et vous y promener à n'importe quelle heure. La porte d'entrée de ce château est l'oraison. Vous ne devez pas vous représenter ces demeures l'une après l'autre, comme une enfilade, mais fixer votre regard au centre. Que l'âme s'abandonne donc dans les mains de Dieu, avec le moindre souci possible de ses progrès.

Avant d'aller plus loin, je tiens à vous demander de considérer ce qu'on peut éprouver à la vue de ce château si resplendissant et si beau. Cette perle orientale, cet arbre de vie planté à même les eaux vives de la vie. Cette eau se répand dans toutes les demeures et toutes les puissances. Il est vrai que vous ne pouvez pas pénétrer dans toutes les demeures par vos propres forces, si grandes qu'elles vous paraissent, à moins que le Seigneur du château lui-même ne vous y installe. Il aime beaucoup l'humilité. Et l'humilité, c'est marcher dans la vérité. Car la connaissance de soi est si nécessaire, que jamais vous ne pouvez mieux faire (que de vous connaître vous-même).

Bien que je ne parle que de sept demeures, elles sont nombreuses dans chacune d'elles, en bas, en haut, sur les côtés avec de beaux jardins, des fontaines, des labyrinthes… Vous souhaiterez vous laisser entraîner dans la louange du grand Dieu qui a créé ce château à son image et à sa ressemblance. Je ne vois rien qu'on puisse comparer à la grande beauté d'une âme et à sa vaste capacité. Puisqu'Il dit lui-même qu'Il nous a créés à son image et à sa ressemblance (Gn 1 :26). Or, s'il en est ainsi, et c'est un fait, nous n'avons aucune raison de nous fatiguer à chercher à comprendre la beauté de ce château. Fixez votre regard sur le Crucifié et tout vous semblera facile. Il ne manquera pas, un jour ou l'autre, de nous appeler pour nous inviter à nous approcher de Lui." (Extraits) "Le Château intérieur" - Sainte Thérèse d'Avila

- Il y a beaucoup de demeures dans la maison de mon Père - Jean 14 :2

CHAPITRE 9

LE CONTRÔLE MENTAL DANS
L'INDUSTRIE DU DIVERTISSEMENT

"J'ai appris que juste en dessous de la surface, il y a un autre monde, et puis encore différents mondes lorsque vous creusez encore plus profondément. Je le savais quand j'étais un gamin, mais je ne pouvais pas en trouver la preuve. C'était juste comme un sentiment. Il y a de la bonté dans le ciel bleu et les fleurs, mais une autre force, une douleur sauvage et décadente, accompagne également le tout." - David Lynch

1 - INTRODUCTION

Les anciens druides utilisaient les branches sacrées du houx (*holly* en anglais) pour confectionner leurs baguettes magiques grâce auxquelles ils canalisaient et amplifiaient des pouvoirs... Le houx était un symbole de mort et de résurrection, de vie éternelle et de fertilité, tout cela remontant jusqu'à l'époque de Nimrod et de la Grande Babylone. La Babylone de Nimrod est associée à l'esclavage et au culte du Gouvernement Mondial (Nimrod étant reconnu par les francs-maçons comme le premier *"Grand Maître"*).

Chaque année la remise des Oscars (symbole absolu de la culture Hollywoodienne) a lieu au théâtre Dolby (anciennement nommé théâtre Kodak avant la faillite du groupe en 2012) situé sur Hollywood Boulevard à Los Angeles. Adjacent au théâtre se trouve le *"Hollywood & Highland Center"* aussi nommé *"Babylon Courtyard"*. Il s'agit d'un immense centre commercial dont le décor reproduit exactement l'ancienne Babylone d'un film de 1916 intitulé *"Intolerance"*. En visitant les lieux, nous pouvons y découvrir quatre colonnes monumentales surmontées d'éléphants debouts sur leurs pattes arrière, entourant une gigantesque arche avec les représentations de deux curieux personnages mythiques : Enki, un dieu Sumérien, et le dieu Assyrien Nisroch... Le décor est planté pour un temple de la consommation dédié à Hollywood...

Si vous voulez voir le système de l'Ancienne Babylone à l'œuvre aujourd'hui, n'allez pas chercher plus loin qu'à Hollywood : *Le Bois Sacré* ; en référence au bois de houx utilisé par les druides pour façonner leurs outils de magie. Aujourd'hui, Hollywood est le centre névralgique de la propagande cinématographique et télévisuelle mondiale, la baguette magique plongeant les peuples dans l'illusion, les ensorcelant même par ses charmes...

Le spectateur qui regarde un film va encoder en lui inconsciemment des comportements qu'il reproduira ou tout au moins qu'il intégrera comme une possibilité de comportement à adopter. Les scénarios Hollywoodiens injectent dans l'esprit des spectateurs des pensées, des comportements et des attitudes qui deviennent donc des choses pouvant être potentiellement reproduites dans telle ou telle situation, tout comme l'acteur l'a fait... mais il se trouve qu'un acteur est payé pour reproduire des émotions et des comportements qui deviennent de ce fait humains... même s'ils sont totalement déviants et inhumains... Les scénarios (de Hollywood jusqu'à la télé-réalité) encodent ainsi dans la matrice des potentiels, c'est une forme de programmation globale.

Cette analyse peut sembler être une aberration tant les gens pensent que leur esprit critique veille systématiquement et que toutes ces productions ne les influencent aucunement, comme on dit : *"Ce n'est que du cinéma".* Mais comme nous l'avons vu dans le premier chapitre, l'ingénierie sociale est une clé du contrôle mental sur les masses, et le cinéma participe grandement à conditionner celles-ci par de la "psychiatrie culturelle" : l'art de la propagande visant a systématiquement cibler le subconscient des masses. Les séries télévisées et la télé-réalité, tout comme le cinéma, impriment littéralement dans l'esprit de la jeunesse des comportements à intégrer et à reproduire. Ce sont de véritables doctrines assénées indirectement via des scénarios sous la forme d'un "simple divertissement", qu'il soit humoristique ou totalement horrifique, ces deux choses se mélangeant d'ailleurs aujourd'hui d'une manière très malsaine (des productions toujours plus attractives et addictives). Les modes de vie sont donc programmés dans les scripts de l'industrie du divertissement avant de s'incarner réellement dans la vie de tous les jours, les gens singeant malheureusement ce qu'ils consomment à longueur de temps sur leurs écrans, petits ou grands. Les sorciers-contrôleurs maîtrisent cela, ils programment ainsi la jeunesse et encodent leurs doctrines dans des cerveaux préalablement *cuisinés* afin de préparer le monde de demain...

L'industrie du divertissement semble être particulièrement touchée par l'occultisme et le contrôle mental, cela est sans doute dû au fait que de toutes les industries, c'est celle-ci qui s'expose publiquement le plus ; donc fatalement des failles apparaissent sous les projecteurs et laissent parfois entrevoir les symptômes des traumatismes et des programmations. De plus, comme nous allons le voir, l'industrie de la musique et de la mode prend un malin plaisir à exposer au public une symbolique MK toujours plus explicite. Cette industrie du divertissement joue un rôle essentiel dans le contrôle mental des masses, il faut donc qu'elle soit elle-même parfaitement contrôlée et connectée au monde des esprits pour canaliser et diffuser la "lumière luciférienne" ici-bas. Les artistes destinés à la gloire mondiale doivent donc être de parfaits médiums et de parfaites marionnettes servant à infuser cette "lumière" dans la masse. La programmation mentale basée sur les traumatismes est l'outil idéal pour cela. Nous sommes toutes et tous victimes de contrôle mental à différents degrés mais les célébrités du show-business sont sûrement celles qui le sont le plus. Leur opulence et leurs comportements dégénérés sont mis en avant dans les médias afin que nous envions leur mode de vie et consommions leurs productions, ne sachant pas que pour obtenir une telle situation, ils sont sous le joug d'une servitude physique, psychique et spirituelle absolue. Les traumatismes qu'ils endurent s'expriment souvent à travers leur art mondialement diffusé, ainsi tout le monde peut-être indirectement traumatisé... et ils appellent cela du *divertissement*...

2 - LA PÉDOCRIMINALITÉ DANS LE SHOW-BUSINESS

Les petites stars qui sont introduites dans le "système Hollywoodien", passent souvent par toutes sortes de traumatismes et d'abus. Il devient aujourd'hui très clair que les abus sexuels sur des enfants ne sont pas quelque chose d'anecdotique à Hollywood et que globalement c'est tout le show-business qui est gravement touché. C'est un phénomène très répandu, une sorte "d'épidémie" se transmettant comme une morsure de vampire.

En août 2011, lors d'une interview dans l'émission *Nightline* sur la chaîne américaine *ABCNews*, l'ex enfant-star acteur Corey Feldman, le héros des *Goonies*, a dénoncé : *"Je peux vous dire que le problème numéro un à Hollywood a été, est et sera toujours la pédophilie. C'est le plus gros problème pour les enfants dans cette industrie... Tout cela se fait discrètement, c'est le grand secret (…) Il y a tellement de gens qui ont grandi dans cette industrie et qui baignent dedans depuis si longtemps qu'ils se sentent au-dessus des lois. Cela doit changer, cela doit s'arrêter."*

Feldman révèle également cela dans son autobiographie intitulée *"Coreyography"* sortie en 2014. Il a déclaré que quand il avait 14 ans, il était littéralement entouré par des pédophiles. Il n'a alors pas réalisé ce qu'étaient vraiment ces *"vautours"* et ce qu'ils voulaient jusqu'à ce qu'il soit plus âgé... mais le mal était fait...

En 2008, lui et son ami Corey Haim, avaient déjà révélé dans la série de télé-réalité *"Two Corey"* qu'ils avaient subi des viols en réunion. En 2011, Alison Arngrim, l'actrice qui jouait la "peste blonde" Nellie Oleson dans la série *"La petite maison dans la prairie"*, confirmera également que les deux Corey ont bien été abusés dans les années 80. Voici ce qu'elle a déclaré à *FoxNews* : *"Ce qu'il se disait à l'époque était qu'ils avaient été drogués pour être sexuellement abusés. C'est horrible, c'était des gamins qui n'étaient pas encore majeurs. Il y a toutes sortes d'histoires à leur sujet, par exemple qu'ils auraient été sexuellement abusés et totalement corrompus par tous les moyens possibles inimaginables, et cela par des gens qui étaient normalement censés veiller sur eux (…) Il n'y a pas qu'une seule personne à blâmer, je suis sûr qu'il n'y avait pas qu'une seule personne à violer Corey Haim, et qu'ils n'étaient certainement pas les seuls à subir ce genre de choses. Je suis sûr que des dizaines de personnes qui étaient au courant de la situation avaient choisi de se taire."*[531]

Alison Arngrim membre et porte-parole de *protect.org*, une organisation de protection des enfants contre les violences physiques et sexuelles confie également que toute cette convoitise hollywoodienne permet aux prédateurs sexuels de s'y épanouir : *"Personne ne veut stopper cette horreur"* explique-t-elle, *"C'est presque un sacrifice volontaire de leurs enfants que de nombreux parents font inconsciemment (…) J'ai entendu des victimes aux quatre coins du pays. Toutes racontent le même genre d'histoires et elles sont toutes menacées... Corey Feldman a peut-être ouvert une boîte de Pandore en osant enfin en parler, mais cela ne doit pas s'arrêter là."*[532]

---

[531] "Recent Charges of Sexual Abuse of Children in Hollywood Just Tip of Iceberg, Experts Say" - Meagan Murphy, FoxNews.com, 05/12/2011.
[532] Ibid.

En 2010, Allison Arngrim a elle-même révélé dans son autobiographie *"Confessions of a Prairie Bitch"* (Confessions d'une garce de prairie) les abus sexuels qu'elle a elle-même subis dans son enfance.

Un autre enfant star d'une autre époque confirme que Hollywood a depuis longtemps un problème avec la maltraitance et les abus sexuels sur mineurs. Il s'agit de Paul Peterson, la vedette du show de Donna Reed, un sitcom populaire des années 50 et 60. Il a déclaré à *FoxNews* : *"Quand j'ai vu cette interview* (ndlr : de Corey Feldman)*, toute une série de noms et de visages concernant ma propre histoire me sont revenus en tête (…) Certaines de ces personnes, que je connais très bien, sont toujours dans le circuit (…) De mon point de vue, Corey a été très courageux. Il serait vraiment merveilleux si ces allégations pouvaient traverser les différents niveaux de protections pour aboutir à une réelle identification de ces personnes. Celles qui font partie du réseau de pornographie infantile de ce monde, ce réseau est énorme et n'a aucune frontière, tout comme il n'a aucune limite d'âge pour les enfants."*[533]

Martin Weiss, un agent de casting d'Hollywood a été inculpé en 2011 pour avoir abusé sexuellement d'un enfant de moins de 12 ans. La victime aurait déclaré aux autorités que Weiss lui aurait confié que ce qu'il faisait *"était une pratique courante dans l'industrie du divertissement."*[534]

Un autre prédateur du réseau Hollywoodien est Jason James Murphy, également agent de casting, arrêté pour le kidnapping et le viol d'un enfant. Murphy avait entre autre recruté de jeunes acteurs pour les productions de *"Bad News Bears"*, *"The School of Rock"*, *"Cheaper by the Dozen II"* et *"Three Stooges"*.

Fernando Rivas, le réalisateur primé pour la très populaire série *"Sesame Street"*, a été inculpé quant à lui pour détention et distribution d'images pédo-pornographiques ainsi que pour *contrainte à caractère sexuel sur une enfant...*

En 2004, l'acteur Brian Peck, qui a joué dans les films *X-Men* et *Living Dead*, a écopé de 16 mois de prison pour des abus sexuels sur un acteur enfant. Il était le coach de la chaîne pour enfants *Nickelodeon*. Le documentaire intitulé *"An Open Secret"* (Amy Berg, 2015) raconte l'histoire de cinq victimes qui déclarent avoir été violées lorsqu'elles fréquentaient dans leur enfance les grands studios de cinémas hollywoodiens. On apprend dans ce documentaire que Brian Peck a initialement été inculpé avec les chefs d'accusation suivants : *acte obscène sur un enfant, sodomie d'une personne de moins de 16 ans, tentative de sodomie d'une personne de moins de 16 ans, pénétration sexuelle avec un objet, copulation orale sur une personne de moins de 16 ans, copulation orale avec anesthésie ou contrôle par substance.*

Le documentaire choc *"An Open Secret"* contient également le témoignage de Todd Bridges, le Willy de la célèbre série *"Arnold et Willy"*, qui a été abusé sexuellement dès l'âge de 11 ans. Il comprend aussi des entrevues avec Michael Egan qui accuse le directeur de production des films *X-Men*, Bryan Singer, de l'avoir violé.

Le célèbre Bill Cosby du *"Cosby Show"* est lui aussi accusé d'abus sexuels sur mineurs par des dizaines de femmes. Le scandale a éclaté en 2014 lorsque l'ancienne top-model, Janice Dickinson, a révélé publiquement que Bill Cosby l'avait droguée puis violée en 1982. L'actrice Barbara Bowman l'accuse également d'agressions sexuelles lorsqu'elle était adolescente, tout comme l'actrice Andrea

---

[533] Ibid.
[534] Ibid.

Constand. Un buste de l'acteur a même été descellé du parc *Disney's Hollywood Studios* de Floride suite à toutes ces accusations dérangeantes...

L'actrice Mia Farrow et sa fille adoptive Dylan ont déclaré publiquement que Woody Allen avait violé Dylan lorsqu'elle avait 7 ans. Woody Allen qui rappelons-le s'est marié en 1997 avec sa fille adoptive Soon-Yi... L'actrice Susan Sarandon a déclaré sur *The Daily Best* : *"Je pense qu'il a complètement détruit sa famille d'une façon immonde, et s'en est lavé les mains après. Il a toujours eu la réputation d'aimer les jeunes filles, je veux dire des filles vraiment jeunes. Et puis, cette femme, Soon-Yi était très vulnérable. Je pense que ce fut dur pour les enfants, et surtout pour Mia. Tu ne peux pas faire ce genre de choses. Tu ne peux tout simplement pas."*

Nous pouvons également citer le cas du réalisateur Roman Polanski accusé (mais jamais condamné) d'avoir violé une gamine de 13 ans, Samantha Geimer. Un jour de mars 1977, elle s'est retrouvée dans la maison de Jack Nicholson à Los Angeles, pour une séance photos avec Polanski. Il lui a fait boire du champagne, lui a donné un sédatif, puis il a abusé d'elle. Ce soir-là, en rentrant chez elle, Samatha écrira dans son journal intime : *"Roman Polanski m'a prise en photo aujourd'hui. Il m'a violée, merde !"*[535]

En 2003 dans l'émission *"Tout le monde en parle"* de Thierry Ardisson, l'obscur chanteur Marilyn Manson raconte comment enfant, il a découvert la sexualité dans la cave de son grand-père... Il décrit que dans cette cave se trouvaient des lingeries féminines, des godemichets *"enduits de vaseline"* selon ses propres termes, et des photos zoophiles... Marilyn Manson conclut sur son grand-père en déclarant : *"Voyez-vous, quand j'étais gamin, mon grand-père me paraissait monstrueux... mais en grandissant, je me suis rendu compte que mon grand-père était... bah je suis comme lui, donc il est pas si mal que ça."* Pourquoi donc son grand-père lui paraissait-il *monstrueux* ? Pourquoi est-il devenu par la suite *comme lui* ? Marilyn Manson a très probablement subi des abus rituels dans son enfance. Dans son morceau intitulé *"Disassociative"*, il décrit ses états dissociés : *"Je ne pourrais jamais me sortir de là, je ne veux pas juste flotter dans la peur tel un astronaute mort dans l'espace..."* La triste réalité des esclaves Monarch.

La situation de l'industrie du divertissement en Angleterre est également très préoccupante. En effet le témoignage de l'ex enfant-star Ben Fellows est accablant. Il a participé à de nombreuses séries et émissions de télévision lorsqu'il était petit, aujourd'hui adulte, il dénonce comment la drogue et les partouzes, y compris avec des mineurs, sont la norme dans ce milieu du show-business : *"En fait, dans toutes les productions dans lesquelles j'étais impliqué, que ce soit à la BBC ou d'autres chaînes de télévision, et même au théâtre, j'étais une cible d'une manière ou d'une autre. En regardant en arrière, il ne serait pas exagéré de dire que le problème est à la fois institutionnel et systémique dans l'industrie du divertissement (...) Après une audition pour un spot publicitaire de Coca Cola, la police s'est rendue chez mes parents. Ils ont averti ma mère que j'étais sans le savoir devenu une cible potentielle pour un réseau pédophile connu (jamais démantelé). En effet, il est apparu que ce directeur de casting très connu avait pris des photos de moi torse nu, et que ces photos s'étaient ensuite retrouvées dans ce qui a été décrit comme un catalogue qui était refilé aux autres pédophiles de la société, mais aussi à des pédophiles extérieurs."*[536]

---

[535] *"Affaire Polanski : Il m'a violé, merde !"* - Doan Bui, Le Nouvel Observateur, 10/2013.
[536] "Jimmy Savile wasn't the only one at the BBC', says investigative journalist and former child actor Ben Fellows" - 21stcenturywire.com, 10/2011.

Ben Fellows a beaucoup travaillé pour la *BBC*, cette chaîne de télévision anglaise qui s'est retrouvée au centre d'un énorme scandale pédocriminel impliquant de nombreuses célébrités suite à l'affaire Jimmy Savile. En 2013, lors d'une manifestation de protestation contre le groupe *Bilderberg*, Ben Fellows a publiquement déclaré lors d'une conférence de presse : *"Lorsqu'ils ont dit que Jimmy Savile était le seul pédophile de la BBC... J'étais moi-même un enfant de la BBC... et je peux vous dire qu'il y a plein de pédophiles à la BBC !! Les enfants de la BBC sont dirigés par des pédophiles !! Quand j'allais aux auditions, ils me demandaient d'enlever mon haut et de faire semblant de lécher une glace (...) On m'a drogué, on m'a saoulé, et ne croyez pas que c'était une ligne de coke dans les toilettes... C'était dans du milk-shake... Ils mettaient cette drogue dedans pour vous donner la pêche lors des émissions... J'ai été emmené dans la maison d'Esther Rantzen et on nous a donné de l'alcool et de la drogue alors que nous étions enfants !! Et elle aussi a des enfants ! A-t-elle été auditionnée par la police ? A-t-elle été interrogée ?! Non... Jimmy Savile a dû mourir avant qu'on ouvre le dossier..."*

Jimmy Savile, la star incontournable du petit écran anglais, apprécié du grand public, anobli par la *Reine Mère*, proche de Margaret Thatcher et ami du prince Charles, s'est révélé être un véritable "diable sur pattes" suite à l'avalanche de révélations qui ont été faites après sa mort en 2011. Savile a violé des centaines d'enfants et adolescents, que ce soit dans sa loge ou dans les bureaux de la *BBC* (il y a plus de 340 chefs d'accusation contre lui). La *BBC* a été accusée d'avoir clairement fermé les yeux sur les crimes de son présentateur vedette. L'actrice Julie Fernandez dit par exemple avoir été violée à l'âge de 14 ans par Savile dans *"une pièce pleine de monde"* dit-elle...[537]

En 2007, une plainte avait déjà été déposée contre Savile. Un détective privé, Mark Williams-Thomas, a en effet mené une enquête pendant 12 ans et il a parlé à plusieurs des victimes de celui qui a été pendant 42 ans la star de l'émission *Top of the Pops*. Son enquête a servi de base pour un court documentaire dénonçant les agissements pervers et criminels de Savile (*"The Other Side of Jimmy Savile"*, 2012). Le documentaire a été acheté par la *BBC*, qui avait évidemment décidé de ne pas le diffuser parce qu'il impliquait des dirigeants de la chaine, et aussi parce que la *BBC* préparait une émission de Noël à la gloire de son présentateur préféré : Jimmy Savile.

Savile disposait même d'un accès libre à des écoles, des orphelinats et des hôpitaux dans le cadre de ses "œuvres de charité". La *Duncroft Boarding school*, l'hôpital de Leeds, l'hôpital *Stoke Mandeville*, faisaient entres autres partie de ses *terrains de chasse*. Il avait même obtenu en 1988 un poste de chef d'équipe dans l'hôpital psychiatrique *Broadmoor* dont il détenait les clés ! Il y fera d'ailleurs nommer à la direction son ami Alan Franey.

Le neveu de Savile, Guy Marsden, a également témoigné. Il explique qu'il avait 13 ans en 1967 lorsque Savile l'a emmené à Londres dans la villa d'une célébrité du moment *"pour la première d'une série de réunions sociales sordides"*. Pendant 18 mois, Marsden et d'autres enfants ont été emmenés dans de nombreuses

---

[537] "I was sexually assaulted by Savile on Jim'll Fix It when I was just 14', says TV actress" - Daily Mail, octobre 2012.

soirées lors desquelles ces garçons dont les plus jeunes avaient une dizaine d'années étaient violés par des hommes.[538]

L'affaire Savile contient également des témoignages d'abus rituels avec des tortures et des meurtres. Le Dr. Valerie Sinason, présidente de l'Institut *Psychotherapy and Disability* de Londres, a rapporté au *Sunday Express* qu'elle a eu une patiente qui a subi des sévices rituels pratiqués par Savile et d'autres personnes à l'hôpital de *Stoke Mandeville* en 1975, alors qu'elle y séjournait en tant que patiente. Cette dernière dit avoir été conduite dans un endroit très peu fréquenté de l'hôpital, se retrouvant dans les sous-sols, dans une pièce remplie de bougies. Plusieurs adultes étaient présents, y compris Jimmy Savile qui comme les autres, portait une robe et un masque. Elle l'a reconnu grâce à sa voix bien distincte et du fait de ses cheveux blonds qui dépassaient du masque. Selon elle, il n'était pas le leader du groupe. Elle a été agressée, violée et battue. La thérapeute Sinason a eu un premier contact avec cette victime en 1992. En 1993, une deuxième victime l'a contactée disant avoir été "prêtée" pour des faveurs sexuelles lors d'une fête dans une villa de Londres en 1980. Elle raconte que la première partie de soirée a débuté par une orgie, mais qu'ensuite elle a été dirigée dans une autre pièce pour retrouver Savile qui tenait le rôle d'une sorte de maître de cérémonie au milieu d'un groupe de personnes portant des robes et des masques et chantant, selon elle, en latin. La jeune victime était alors adulte mais elle a évidemment beaucoup souffert de ces abus sexuels.[539]

Suite aux premières révélations d'abus rituels sataniques à l'hôpital *Stoke Mandeville*, une autre victime âgée de 50 ans et qui n'avait alors que 13 ans au moment des faits, est entrée en contact avec le *Sunday Express* pour témoigner : *"J'ai été emmenée dans une cave sombre et mise devant trois hommes dans un cercle, il y avait devant moi un homme assis au milieu sur un trône portant une robe brillante, avec un cigare à la bouche. Deux autres hommes se tenaient de chaque côté de lui, portant des robes bleues et des masques (...) J'ai été contrainte de rester debout, vêtue d'une robe blanche sans rien en dessous, face à ce trône alors que cet homme m'observait en soufflant la fumée de son cigare sur mon visage à m'en rendre malade, j'étais terrifiée (...) Autour de ce cercle qui était légèrement surélevé, se trouvait des hommes et des femmes vêtus de robes noires et portant des masques différents (...) J'ai ensuite été emmenée par l'homme au cigare, que j'ai reconnu comme étant Jimmy Savile, à un autel ou l'on a retiré ma robe blanche pour m'y attacher (...) Savile est ensuite monté sur l'autel pour me violer. Les autres participants criaient le nom de Satan et riaient hystériquement, frénétiquement."[540]*

Une autre jeune femme a témoigné à propos des actes criminels de Jimmy Savile et de sa clique : "Je n'ai rien à prouver à personne, mais je voudrais participer à exposer la violence et la corruption qui peut s'épanouir au plus haut niveau dans les démocraties occidentales. (...) J'ai fait une déclaration officielle qui a été corroborée par deux autres témoins, disant que Savile a été impliqué dans des viols et des meurtres rituels dans les années 80 et 90. Je le sais parce que j'étais une "favorite". J'ai beaucoup subi les viols, filmés ou non. J'avais des états dissociés, des personnalités et des talents qui attiraient tous les goûts." Ce

---

[538] "Angleterre : la star pédophile de la BBC Jimmy Savile sévissait jusque dans les orphelinats" - DondeVamos 10/2012.

[539] "Jimmy Savile was part of satanic ring" - express.co.uk, 01/2013.

[540] "I was raped at 13 by Jimmy Savile in satanist ritual" - express.co.uk, 01/2013.

témoin évoque des cérémonies qui avaient lieu un peu partout en Angleterre, avec des viols d'enfants, des orgies, des tortures ainsi que des meurtres rituels d'enfants. À 4 ans, elle aurait croisé Savile alors qu'elle avait déjà connu moult fois les mêmes rituels. Elle l'a ensuite revu de très nombreuses fois…[541]

3 - QUELQUES CITATIONS…

a/ Les troubles de la personnalité

"Quand j'étais enfant, je n'avais pas mon propre "Moi". En grandissant, je vivais à travers des personnages que je jouais en me perdant dans différentes parties de ma personnalité." - Angelina Jolie - "The Story of the World's Most Seductive Star", Rhona Mercer, 2009, chap.1

"Vous ne pourrez jamais débourser suffisamment d'argent pour guérir ce sentiment d'être brisé, d'être dans la confusion." Winona Ryder

• Roseanne Barr :
En 2013, dans l'émission de Abby Martin sur la chaîne *Russia Today*, l'actrice Roseanne Barr (de la célèbre série américaine *"Roseanne"*) n'y est pas allée par quatre chemins pour exposer la situation concernant le système Hollywoodien…
"Je pense que la peur y est cultivée, il n'y a pas plus effrayés que ces gens d'Hollywood. Ils craignent pour leur carrière, ils craignent de ne plus être au sommet de la pyramide, même s'ils ne sont peut-être qu'au milieu… Vous savez Hollywood est un système qui conserve ses structures de pouvoir avec toute sa culture de racisme et de sexisme… Ils nourrissent cela continuellement et en font beaucoup d'argent. Ils sont aux ordres de leurs maîtres qui dirigent tout. Je suis chanceuse de pouvoir en parler, mais je sens que je le fais au nom de tous… Parfois je me rends à des soirées à Hollywood, là-bas je rencontre des gens, et certains d'entre eux, de grandes célébrités, me prennent par le bras pour m'amener dans un coin et me dire : "Je veux juste te remercier pour tout ce que tu dis…" Cela me touche beaucoup, mais nous avons clairement affaire à une culture de la peur. Vous savez, il y a aussi une grande culture du contrôle mental, le contrôle mental MK-Ultra règne à Hollywood. La programmation mentale est la règle à Hollywood."
On ne peut pas être plus clair ! Elle déclara dans la même émission de Russia Today peu de temps après : "Il y a quelque temps, nous avons parlé ici de contrôle mental, le MK-Ultra. J'ai déjà abordé le sujet ici, mais ce que je n'avais pas dit, c'est que ce type de contrôle mental fonctionne afin que les gens ne dénoncent jamais les vrais coupables. Plutôt que de pointer du doigt ce qui pourrait nous aider… Ils ne dénonceront jamais les coupables…"

---

[541] "Angleterre : sur les rituels sataniques de Jimmy Savile" - Donde Vamos, 06/2013.

Roseanne Barr est une des rares personnes à Hollywood assez courageuse pour parler du problème le plus sensible, celui de la programmation mentale de type Monarch. Dans cette entrevue télévisée avec Abby Martin, elle dit clairement que plusieurs vedettes ne s'expriment pas car elles ne le peuvent tout simplement pas, leur personnalité étant fractionnée et sous le contrôle de personnes qui dirigent leurs vies de A à Z.

Roseanne dit avoir elle-même été victime et a déclaré publiquement en 1994 qu'elle avait un trouble dissociatif de l'identité. Elle a révélé les difficultés que lui posaient les transitions entre *"quelqu'un"* et *"personne"*, qui sont les noms de deux de ses personnalités alter. Ses autres alter se nomment *Baby, Cindy, Susan, Joey et Heather*. L'ancienne reine du *sitcom* a du mal à garder pour elle ce qui lui a été infligé depuis son enfance. C'est dans une interview donnée au magazine *Esquire* qu'elle a confié qu'il lui a fallu dix années de travail thérapeutique acharné pour fusionner ses différentes personnalités. *"Je n'ai pas eu de black-out* (ndlr : amnésie) *pendant un bon moment car j'avais l'habitude de les avoir en permanence* (ndlr : une connexion - co-conscience - entre tous les alter) *(...) Il y a toujours eu un conflit avec les parties contradictoires en moi, mais j'ai appris à les amener à s'écouter mutuellement. J'ai appris à faire en sorte qu'elles sachent qu'elles sont dans la même équipe et que nous habitons le même corps, chose que nous ne savions pas auparavant (...) C'est comme vivre dans un labyrinthe... mais les alter ne s'entendent pas et certains d'entre eux ont des manières vraiment étranges pour se défendre..."*[542]

Ce n'est pas la première fois que Roseanne Barr dénonce publiquement la programmation MK lors d'une apparition dans un grand média. Le 16 août 2001, dans une entrevue sur *CNN*[543] avec le journaliste Larry King, voici ce qu'elle a déclaré :

- Larry King : Et bien, certains croient que ce que vous avez eu, ou avez encore, est un sérieux trouble psychologique.

- Roseanne Barr : J'aime comment vous vous acharnez...

- LK : D'autres croient que ce n'est qu'une tendance psychologique...

- RB : Une tendance ?

- LK : Ils se demandent si ce trouble a été induit intentionnellement ou s'il est survenu naturellement.

- RB : Et bien j'ai un psychologue qui dit qu'il a été induit intentionnellement. La CIA a commencé à travailler là-dessus après avoir ramené certains nazis aux États-Unis afin qu'ils prennent en charge l'Association Psychiatrique Américaine.

- LK : Que voulez-vous dire?

- RB : Je vous dis la vérité. C'est de la manipulation de leur part, il s'agit de recherches visant à créer des gens avec une personnalité multiple.

- LK : Alors, vous avez été capturée par les nazis ?

- RB : Par le gouvernement, d'une certaine façon. Je crois que le gouvernement a implanté une sorte de puce électronique dans ma tête...

(...)

- LK : Laissez-moi vous lire un passage du magazine Esquire qui cite une page de votre journal. Vous écrivez des notes à propos de vous-même ?

---

[542] "Roseanne Says Having 7 Personalities Is Tough" - ABC News, 16/07/2001.
[543] "Larry King Live" - Roseanne Tells Her Story, CNN, 08/2001.

- RB : Bien sûr, j'en ai des milliers et des milliers.

- LK : Des milliers de cahiers de notes ?

- RB : Oui.

- LK : Et bien voici cet extrait : "C'est ma vie, ma vraie histoire à Hollywood. C'est l'histoire d'une femme avec de multiples et multiples facettes : une femme, une jeune poète, une danseuse, une comédienne, une chanteuse, une combattante pour la liberté, une guerrière, une messagère, une interprète, une mère, une maîtresse, une femme, une actrice, une productrice, une réalisatrice pionnière, une enfant autiste, une survivante de choc post-traumatique, une bipolaire borderline, une femme en surpoids, une femme avec le syndrome de la Tourette et un trouble de la personnalité multiple, une victime de la psychiatrie, une obsessive-compulsive, une implantation de faux souvenirs, une sorcière hérétique, une vieille bique… choisissez. Il y a 300 diagnostics montrant que les docteurs sont mes seuls amis."

- RB : Il est vrai que les docteurs sont mes amis les plus chers.

(…)

- LK : Vous ne vous fâchez jamais contre Dieu qui vous aurait infligé tout cela, lorsque vos multiples personnalités prennent le dessus ?

- RB : Non car je crois que Dieu… Honnêtement je crois que Dieu vous donne une personnalité multiple quand il y a trop de stress impossible à supporter dans votre vie. C'est un cadeau pour un enfant.

- LK : Donc autre chose peut prendre le dessus lors d'un stress extrême ?

- RB : En effet.

- LK : Y a-t-il d'autres personnes qui vivent cela ?

- RB : Oui…. mais je veux dire que ce n'est pas nous qui sommes détraqués. C'est l'endroit où nous nous trouvons qui est détraqué, alors nous devons nous y adapter…

• Joan Baez :

En 1992, la célèbre chanteuse Joan Baez a écrit une chanson, *"Play Me Backwards"* (*"Jouez moi à l'envers"*), en référence aux messages sataniques qui seraient encodés dans certains disques. Elle déclare elle-même que ce morceau a pour thème les abus rituels sataniques. Est-ce une chanson autobiographique ? Voici quelques couplets explicites :

Vous n'avez pas à aller en enfer pour sentir la malédiction du diable…

Je les ai vus allumer les bougies, Je les ai entendus battre le tambour…

Un homme avec un masque retire mes vêtements…

Maman, je suis glacée et je n'ai nulle part où m'enfuir…

Je paie pour une protection, Je filtre la vérité du mensonge…

À la poursuite des souvenirs, Récupérant les preuves…

Je me tiendrais devant votre autel et je dirais tout ce que je sais…

Je suis venu pour réclamer mon enfance à la chapelle du bébé (sacrifié) Rose…

En 2004 lors d'un concert à Charlottesville, Joan Baez a déclaré à son public qu'elle avait une personnalité multiple et qu'un de ses alter était une adolescente noire de 15 ans prénommée *Alice*. Le journaliste Ronald Bailey rapporte comment il a été abasourdi en voyant cette riche et célèbre chanteuse blanche de Folk se transformer en une adolescente noire pauvre de l'Arkansas donnant son avis sur les élections présidentielles en cours. Le journaliste rapporte que son accent, son patois et son attitude étaient juste parfaits, il ne manquait plus que la couleur de peau du visage d'*Alice*.[544]

• Britney Spears :

En janvier 2008, TMZ.com rapporta à propos de Britney Spears : "Certaines sources dépeignent un tableau de Britney Spears très inquiétant... On nous dit qu'elle a parfois un accent britannique... mais cela est bien plus qu'un simple accent britannique, Britney aurait de multiples personnalités, d'ailleurs certaines personnes de son entourage l'appellent "la jeune fille anglaise". On nous a rapporté que lorsque Britney Spears perd sa personnalité britannique, elle n'a absolument aucune idée de ce qu'elle a fait pendant le temps où elle avait cette personnalité. Une autre source nous dit que Brit' a un certain nombre d'autres identités comme "la fille qui pleure", "la diva", "l'incohérente", etc..."

Britney Spears explique : "Cet alter prend le dessus lorsque je suis sur scène, elle est vraiment sauvage et audacieuse. C'est une artiste beaucoup plus impulsive que moi. Son nom est "Britannia". Lorsqu'elle est présente, je sens que le monde m'appartient alors qu'habituellement je suis plutôt timide."

En 2008, Britney Spears a brusquement disjoncté. Elle s'est rasée le crâne avec des ciseaux et lorsqu'on lui a demandé pourquoi elle avait fait cela, elle a déclaré qu'*elle était fatiguée que des personnes la touche et qu'elle ne voulait plus qu'on lui insère des choses en elle...*

Était-ce une détérioration de la programmation ? En effet, arrivé à un certain âge, les murs amnésiques ont tendance à se dissoudre, ce qui peux totalement déséquilibrer la personne.

Après cet épisode, elle s'est faite internée à la clinique *Promises* de Malibu où elle s'est inscrit un 666 sur son crâne chauve et criant qu'elle était l'Anti-Christ, ceci avant de tenter de se pendre avec un drap...

Elle s'est retrouvée ensuite mise sous tutelle, ce qui signifie que son père (et son *"fiancé"*) prennent alors les pleins pouvoirs sur sa vie, son alimentation, son habillement, son compte en banque et ses *soins* médicaux. Depuis son internement psychiatrique, Britney et tous ses biens sont entièrement sous le contrôle de ses maîtres. Elle est aujourd'hui décrite par son entourage comme *"une poupée à qui l'on dit tout ce qu'elle doit faire"*. Un article du *Sun* daté de 2011 décrit Britney comme un zombie au comportement robotique ayant totalement perdu le contrôle sur sa carrière (elle n'en a probablement jamais eu le contrôle). Pour être plus clair, Britney est sous contrôle mental, c'est une personne complètement manipulée par ses maîtres/gestionnaires. Elle n'est pas la seule dans cette situation mais cela est simplement devenu plus évident et transparent lorsqu'elle a atteint la trentaine d'années, l'âge où les esclaves Monarch connaissent généralement de violents *pétages de plombs*. La même année 2011, les stars Nickeloedon et Amanda Bynes eurent le même genre de comportement les conduisant en hôpital psychiatrique.

• Amanda Bynes :

---

[544] *"Joan Baez and me"* - Ronald Bailey, reason.com, 04/11/2004.

L'actrice Amanda Bynes, tout comme Britney Spears, a été diagnostiquée avec un trouble bipolaire. Les diagnostics officiels de trouble dissociatif de l'identité sont rares, surtout chez les V.I.P... En effet, le T.D.I. sur lequel repose la programmation MK n'est pas censé être détecté ni même censé exister. Si un trouble de la personnalité commence à émerger et à entraîner des dégâts, il sera plutôt diagnostiqué comme trouble *"borderline"* (personnalité limite), trouble narcissique, le trouble bipolaire étant le diagnostic le plus classique chez les célébrités dont voici quelques exemples : Catherine Zeta-Jones, Jim Carrey, Tim Burton, Chris Brown, Axl Rose, DMX, Francis Ford Coppola, Linda Hamilton, Mel Gibson, Sinead O'Connor, Georges Michael, Brooke Shields, Carrie Fisher, Hugh Laurie, Maurice Benard, Jean Claude Van Damme, Ben Stiller, Owen Wilson, Winona Ryder, Rosie O'Donnell, Patty Duke... et bien d'autres encore...

Amanda Bynes a été hospitalisée en 2013 (ce n'était pas la première fois) pour de sévères troubles mentaux et d'après les médecins des *"tendances schizophréniques"*, c'est à dire un sévère trouble de la personnalité. L'hôpital psychiatrique a déclaré qu'elle était consciente qu'il existait chez elle une *"bonne Amanda et une mauvaise Amanda"*. Lorsqu'elle parlait de la mauvaise Amanda, elle faisait en même temps des mimiques d'exorcisme, tirant sur son corps et se frappant comme pour extirper le démon en elle. Durant cette hospitalisation, Amanda a demandé des nouvelles de son chien qu'elle avait aspergé d'essence quelques jours plus tôt... Le personnel a essayé de la rassurer en lui disant qu'il était en sécurité avec ses parents ; c'est alors qu'Amanda est devenue hystérique, elle a hurlé pendant plus d'une heure : *"Ils vont le tuer ! Tout comme ils ont essayé de me tuer !"*... Elle était tellement déchaînée qu'elle a dû être maîtrisée physiquement.[545]

Foxnews a rapporté lors de cette hospitalisation que "la drogue n'avait rien à voir là-dedans (ndlr : les analyses étaient négatives) et qu'il s'agissait uniquement d'un trouble mental (...) C'est une profonde colère et un sévère stress post-traumatique qui ont déclenché cet épisode psychotique."[546]

La vie stressante d'Hollywood sera l'explication officielle de son stress post-traumatique... et de sa *profonde colère*...

En octobre 2014, Amanda Bynes a de nouveau été hospitalisée en psychiatrie suite à une série de *tweets* qu'elle avait postés. Ses déclarations fracassantes qu'elle a faites sur le réseau social *Tweeter* décrivent clairement les symptômes d'une esclave MK : abus sexuels dès le plus jeune âge par son père ainsi qu'un *"lavage de cerveau"*. Ses *tweets* furent très vite retirés, mais les captures d'écran[547] des internautes ont révélé :

- J'ai besoin de dire la vérité à propos de mon père
- Mon père a abusé de moi physiquement et verbalement lorsque j'étais enfant.
- Alors laissez-moi vivre ma propre vie libre de la tristesse et de la misère.
- Je ne serais plus manipulée, il n'y aura plus de lavage de cerveau par personne, plus jamais.

---

[545] "Ammanda Bynes : 10 hours of sanity, 1 hour of crazy" - TMZ.com, 2013.
[546] "Amanda Bynes suffering PTSD problems, wants to get better" - Fox411, 2013.
[547] "Amanda Bynes Tweets About Father's Abuse and Microchip in Her Brain; Now Under Involuntary Psychiatric Hold" - TheVigilantCitizen.com, 10/2014.

- Je ne peux plus entendre le son de sa voix incestueuse, plus jamais et je veux juste être honnête.

- Donc aujourd'hui je vais voir un avocat pour déposer une plainte contre mon père.

- Ma mère est au courant que mon père a violé sa propre fille et elle n'a jamais appelé la police, alors que j'aurais pu le faire arrêter et mettre en prison pour le reste de sa vie perverse.

En l'espace de quelques heures, les *tweets* ont été retirés et Bynes a été de nouveau hospitalisée en psychiatrie... Ce cas nous rappelle la tentative de dénonciation faite par un mannequin français que nous avons vu en introduction du chapitre 7, une femme qui elle aussi s'est retrouvée internée en hôpital psychiatrique... Tout comme Britney Spears, Amanda Bynes a été internée sous le coup de la loi californienne *5150-ed* qui signifie qu'un individu peut être hospitalisé de force avec généralement une forte médication anti-psychotique. Bynes suit-elle la même voie que Britney Spears ? Une chose est sûre, cette tendance aux *"épisodes psychotiques"* et aux internements psychiatriques est bien présente et se répète encore et encore dans cette industrie du divertissement.

• Nicki Minaj :
En 2011, Nicki Minaj a déclaré à V magazine : "Je veux juste toujours agir en tant que "Moi", mais "Moi" change tous les jours. Je me dessécherais et mourais si je devais me réveiller pour être la même personne chaque jour. Je ne laisserais plus ces voix dans le silence, je les laisse juste s'exprimer."

Nicki Minaj a eu une enfance très perturbée, notamment par les conflits incessants entre son père et sa mère. Elle a déclaré au *New York* magazine : *"Pour sortir de cette violence, j'imaginais être une autre personne. "Cookie" a été ma première identité qui est restée avec moi pendant un certain temps. Ensuite ça été "Harajuku Barbie", puis "Nicki Minaj"."*

Elle cite également les alter-ego : "Roman Zolanski", "Martha" et "Nicki Teresa".

En 2010, dans un documentaire de MTV intitulé *"My Time Now"*, la chanteuse parle de la naissance de son alter *Roman* :
- Nicki Minaj : Roman est un garçon fou qui vit en moi, il dit certaines choses que je ne voudrais jamais dire. Il est né il y a juste quelques mois. Je pense que c'est la rage qui l'a fait naître... Il a été conçu dans la rage, alors il dénigre tout le monde et il menace même de frapper les gens. Il est violent.

- Journaliste : Ça doit être sympa d'avoir une grande gueule inconsciente avec laquelle tu peux tout blâmer !

- Nicki Minaj : Il veut être blâmé mais je ne veux pas le blâmer. Je lui demande de partir, mais il ne peut pas, il est là pour une bonne raison. Les gens l'ont fait émerger, les gens ont fait une incantation pour lui et donc il ne partira pas.

Lors des *Grammy Awards* de 2012, le spectacle de clôture était un *show* de Nicki Minaj mettant en scène l'exorcisme de son alter *Roman*. Au début du spectacle, Nicki se trouve dans un confessionnel où elle semble être possédée. Toute sa performance n'est qu'une représentation d'un exorcisme catholique visant à la délivrer de son démon intérieur : *Roman...* Une performance *artistique* devenant une sorte de messe noire grand public, glorifiant l'entité démoniaque qui est en elle. Elle dira par la suite dans l'émission radio de Ryan Seacrest : *"Les gens autour de Roman disent qu'il n'est pas assez bon, parce qu'il n'arrive pas à se fondre dans la moyenne. Sa mère et son entourage en ont peur parce qu'ils n'ont jamais vu quelque chose comme lui. Il veut prouver qu'il est quelqu'un d'incroyable mais aussi qu'il a confiance en lui, qu'il est sûr de lui. Mais il ne va jamais changer, il ne sera jamais exorcisé, même lorsqu'on l'asperge d'eau bénite, il s'en relève toujours."*

Il est possible que Nicki Minaj ait inventé ses différentes personnalités et son démon intérieur *Roman* uniquement dans un but artistique, mais il est intéressant d'observer comment cette culture des *"personnalités multiples"* est transmise au public, au monde profane, lors d'une représentation scénique touchant des millions de personnes… Son alter *Roman*, qu'il soit fictif, qu'il soit un fragment de personnalité réellement dissocié ou une entité démoniaque, est donc représenté aux yeux du public comme une identité indépendante et autonome qui prend possession du corps de la chanteuse et qui peut être chassé par un exorcisme… C'est ici une manière de rendre glamour et tendance la possession démoniaque et les personnalités fractionnées par les traumatismes, autrement dit d'infuser une culture de mort dans la culture populaire sous la forme d'un divertissement.

• Eminem :

Le rappeur Eminem dit également avoir une autre personnalité habitant en lui, il la nomme *Slim Shaddy*, sur son site internet il déclare : *"Slim Shaddy est juste le démon dans ma tête, je pense que je ne devrais pas y penser…"*

Dans son morceau "Low Down Dirty", il écrit : "Parce que ma personnalité fractionnée a une crise d'identité. Je suis Dr. Hyde et Mr Jekyll, irrespectueux. Entendant des voix dans ma tête avec ces chuchotements en écho." Ou encore "Toutes ces putains de voix dans ma tête, je n'en peux plus" dans son morceau "Elevator".

À n'en pas douter, un certain milieu de l'industrie musicale affiche les *"personnalités multiples"* comme quelque chose de *tendance*… Le fait d'avoir un paquet d'alter-ego tous plus déjantés les uns que les autres deviendrait-il une mode ?… C'est ainsi que les sorciers-contrôleurs infusent leur culture du MK et de l'occultisme dans le monde profane : par sa vulgarisation et sa banalisation. La masse qui applaudit et qui en redemande se fait donc corrompre avec quelque chose de hautement occulte servant au-delà du spectacle et des paillettes à un véritable asservissement de l'humain. Nous y reviendrons plus loin…

Il se peut aussi qu'un alter d'un sujet réellement fractionné et programmé puisse lui-même s'amuser à présenter plusieurs *personnalités* devant son public, à jouer sur différents noms et différents caractères, alors que sa véritable alternance de personnalités ne dépend pas de lui, mais du bon vouloir de son programmeur ou de ses maîtres.

• Christina Aguilera :

En 2002, Christina Aguilera sortira son album *"Stripped"* sous le nom de sa personnalité alter hyper-sexualisée : *Xtina*. Tout comme Janet Jackson qui révèlera son alter sulfureux *Damita Jo* en 2004. En 2006, mtv.com publiait un article intitulé : *"Christina's New Split-Personality Album Is Mature And 'Dirty'* " (l'album de la nouvelle personnalité fractionnée de Christina est mature et "sale"). Pour Christina Aguilera, il est aussi question d'un trouble de stress post-traumatique et d'un trouble de la personnalité limite (*borderline*).

• Rihanna :

"Plus je suis nue, plus j'ai confiance en moi", voici une déclaration de la célèbre star sur un plateau de télé américain. Le psychologue Jo Hemmings a déclaré à son propos : *"Le comportement imprévisible de Rihanna pourrait indiquer qu'elle souffre d'un trouble de la personnalité narcissique. Les symptômes sont un sentiment exagéré de l'importance de sa propre existence, et un besoin constant d'admiration, que Rihanna témoigne en postant des photos d'elle sur Twitter à moitié nue. Si elle souffre effectivement de cette pathologie, avec une aide psychologique, elle pourrait identifier ce trouble qui la détruit et aller mieux."*[548]

• Miley Cyrus :

Peut-être la star la plus hyper-sexualisée et déglinguée du moment, Miley Cyrus, qui a débuté sa carrière toute petite sur *Disney Channel* dans la série *Hannah Montana*. Cyrus explique dans le magazine *Marie Claire* : *"Tu es une pop star ! Ça veut dire que tu dois être blonde, avoir les cheveux longs et porter des trucs moulants et pailletés. Moi pendant ce temps-là, j'étais une petite fille fragile qui jouait une ado de 16 ans avec une perruque et des tonnes de maquillages (...) Pendant longtemps, chaque jour on me rendait belle, et quand je n'étais pas sur le plateau je me disais : "putain, mais qui je suis ?!" On m'a formatée pour ressembler à quelqu'un que je ne suis pas."*[549]

Selon Nicole Knepper, une psychologue spécialisée sur le comportement des adolescents et bloggeuse influente aux États-Unis, Miley Cyrus pourrait souffrir d'un trouble de la personnalité, ce qui expliquerait ses comportements très douteux (hypersexualité, manque de contrôle de ses impulsions, changement d'humeur soudaine et consommation de drogue). Nicole Knepper a déclaré au site *RadarOnline* : *"Ce ne sont pas des comportements normaux. Même pour ceux qui sont riches et célèbres ! (...) Je ne dis pas que Miley Cyrus est forcément atteinte de trouble de l'humeur, je dis simplement qu'une personne qui a ce type de comportements et présente ces symptômes a de quoi inquiéter et cela amène forcément à s'interroger sur les causes (...) Quelqu'un qui présente un changement rapide de l'humeur, a des insomnies, consomme de l'alcool régulièrement, parle sans aucune retenue de sexe, de drogue et d'alcool, c'est alarmant et ce sont des signes avant-coureurs qui annoncent quelque chose de bien plus grave."*[550]

En 2014, Miley Cyrus a été internée en hôpital psychiatrique. Les médias ont alors expliqué que c'était la mort de son chien quelque temps auparavant qui l'avait profondément déstabilisée... Au même moment qu'elle était hospitalisée, il est sorti un clip vidéo psychédélique particulièrement déjanté la mettant en scène comme une droguée au cerveau lavé : *"Blonde SuperFreak Steals the Magic Brain"* (une production officielle), dans lequel elle hurle dès la première minute : *"Où est passé mon putain de cerveau !!"*.

---

[548] "Rihanna : elle souffrirait de troubles psychologiques" - aufeminin.com, 2012.
[549] "Miley Cyrus : Comment Disney l'a détruite" - gala.fr, 2015.
[550] "Miley Cyrus : son comportement douteux est-il dû à une maladie mentale ?" - closermag.fr, 2013.

• Mary J. Blige :

La chanteuse Mary J. Blige dira à propos de son alter "Brook" : "J'ai dû séparer les deux parce que Mary est gentille et intelligente, tandis que Brook est folle, ignorante, elle s'en fout de tout… Mary est calme, la sauvage c'est Brook."[551]

Mary J. Blige a déclaré publiquement dans l'émission *The Oprah Winfrey Show* avoir subi des abus sexuels dans son enfance et souffrir de sévères troubles mentaux : *"J'ai été victime d'abus et je me suis moi-même maltraitée… J'étais fatiguée de la vie… J'étais suicidaire, prête à me tuer. Je détestais mon image, je détestais le son de ma voix, je me détestais totalement."*

• Beyoncé :

Beyonce a affiché publiquement une autre personnalité qu'elle nomme *"Sacha Fierce"*. Voici ce qu'elle a déclaré à ce propos dans plusieurs médias :

"Quand je vois une vidéo de moi-même sur scène ou à la télévision, je me dis "Qui est cette fille ? Ce n'est pas moi, je n'oserais jamais faire cela." - Beyonce, 2003.

"Je ne voudrais pas de Sacha si je la rencontrais dans les coulisses" - Beyonce, Parade Magazine 2006.

"J'ai quelqu'un d'autre qui prend le relais quand il est temps pour moi de travailler et quand je suis sur scène. Cet alter ego me protège moi et ce que je suis réellement."[552]

"Le compte de Sasha Fierce est réglé, je l'ai tué." Beyonce, Allure Magazine 2010

• Laurieann Gibson :

La chorégraphe Laurieann Gibson, connue pour son travail avec Lady Gaga, a débuté une carrière de chanteuse en 2014. La présentation au public de son alter nommé *"Harlee"* s'est faite d'une manière très particulière… Elle a introduit cette personnalité alter sur la scène médiatique par un mini clip vidéo d'une minute montrant *Harlee* blessée et séquestrée dans des sous-sols glauques et morbides, ses bourreaux étant deux hommes qui la violentent et l'aspergent avec un jet d'eau sous haute pression… Cette vidéo dans laquelle elle ne chante pas (étrange pour une promotion de carrière de chanteuse) est intitulée *"Harlee coming soon !"* (Harlee arrive !)… Voilà peut-être comment est née l'alter *Harlee*… dans les sous-sols et les traumatismes…

• Lady Gaga :

Stefani Joanne Angelina Germanotta, plus connue sous le nom de Lady Gaga, nomme ses personnalités alter : *"Jo Calderone"*, *"Mother Monster"* et *"Gypsy Queen"*. Lorsque Jo Calderone apparaît, Gaga est habillée en homme et elle se comporte exactement comme un macho viril. En 2011, aux *Video Music Awards* de *MTV*, Jo Calderone est apparu publiquement sur scène en déclarant :

"Moi c'est Jo, Joe Calderone, et il paraît que je suis un enfoiré… Gaga ? L'autre là… Elle a osé me quitter moi ! Elle dit que c'est toujours pareil avec les

551 "Mary J. Blige Unveils Alter Ego 'Brook' In Busta Video" - MTV News, 2006.
552 "Beyonce adopts 'Fierce' alter-ego" - news.bbc.co.uk, 2008.

mecs, y compris avec moi. Évidemment, moi chui un mec, un vrai. Il paraît qu'on est tous tarés. J'avoue que j'ai pété les plombs, mais dans le genre taré, elle est pas mal la Gaga, non ? C'est une putain de reine des tarées ! Prenez le matin par exemple... Elle se lève, elle met des talons, elle va à la salle de bain, j'entends l'eau couler, et quand elle ressort mouillée de la salle de bain, elle a toujours ses talons aux pieds... Et c'est quoi ces tiffes ? Au début j'trouvais ça sexy, mais là je m'y perds... Elle m'a dit que je ne valais pas mieux que le dernier. C'est faux ! ... Honnêtement j'trouve ça super, j'trouve ça super que ce soit une putain de super-star... Une étoile de la chanson comme on dit... Mais moi je fais comment pour briller ?! À la limite, ça ne me dérangerait pas d'être dans l'ombre si j'avais l'impression qu'elle était sincère avec moi... Peut-être qu'elle l'est remarquez... Des fois je me dis qu'elle est comme ça, que c'est sa vraie nature. Après tout quand elle monte sur scène, elle ne se met aucune limite... Et les projecteurs ? Tous ces gros projecteurs la suivent partout où elle va, ils la suivent même jusque chez elle, je vous assure... Moi aussi je veux ma part... Quand on baise, elle se couvre le visage parce qu'elle ne veut pas que je la vois. La nana, elle est juste incapable d'être sincère même quand personne ne la regarde. Moi j'aimerais voir la vraie Gaga... Mais Jo, qu'elle me dit... Je ne suis pas réelle, je joue un personnage. Mais vous et moi, on est bien réels..."

Visiblement il y a un sérieux conflit intérieur entre l'alter *Gaga* et l'alter *Calderone*... Dans le cas où tout cela ne serait qu'un jeu d'acteur, encore une fois cela ne fait que propager une certaine mode de la personnalité multiple. Il s'agit de faire l'apologie de la personnalité fractionnée dans le monde profane en rendant *cool* et amusant ce phénomène. La transmission de la culture luciférienne au grand public passe par toute une symbolique occulte mais aussi par la banalisation des personnalités multiples déglinguées. Le but est de contaminer la culture populaire par la sous-culture luciférienne pour que finalement le peuple acclame et réclame des productions anti-christiques et asservissantes... Nous reviendrons plus loin sur Lady Gaga...

• Tila Tequila :

Tila Tequila est une chanteuse, mannequin et vedette américaine de télé-réalité. Cette personnalité instable n'a pas seulement un caractère *multi-couche*, elle semble elle aussi ne pas être seule dans son corps... En 2010, elle a déclaré publiquement qu'elle avait un trouble dissociatif de l'identité. Une de ses personnalités se nomme *"Jane"* et aurait même essayé de la tuer. Elle a déclaré sur le réseau social *Twitter* : *"Jane était là ! Elle a essayé de me tuer ! Elle a tailladé mon corps avec un couteau ! Je suis terrifiée, il y a du sang partout ! Tout dans ma chambre est cassé ! Je me suis réveillée avec du sang partout ! Jane a essayé de me tuer ! J'ai pris quelques photos, c'est vraiment dégueulasse... Je vous ai dit que j'avais une personnalité multiple les gars... Je me suis endormie et je me suis réveillée avec des coups de couteau partout, et tout est cassé autour de moi ! Pour les personnes qui ont une personnalité multiple ou un trouble bipolaire, c'est des putains de trucs comme ça qui arrivent ! Jane est partie, j'ai verrouillé les portes."* Plus tard, Tila Tequila rejeta les spéculations de certains fans qui prétendaient qu'elle s'était blessée ou qu'elle avait fait une tentative de suicide : *"Je ne me suis jamais fais de mal ! Jamais !! Je vous le dis, c'était Jane !!..."*[553]

• Mel Gibson :

De manière beaucoup plus discrète qu'une Tila Tequila, une Beyonce ou une Lady Gaga, Mel Gibson a avoué avoir une autre personnalité nommée *"Bjorn"*... Le célèbre acteur en a parlé en 2007 face au journaliste Michael Parkinson sur la *BBC*, dans l'émission *"Parkinson"* :

"J'ai un alter-ego appelé Bjorn (...) Bjorn est un gars du genre viking (...) Cela remonte à un âge sombre, quelque part où le père venait me visiter, je sais que c'est quelque chose de mauvais (...) Bjorn est un ancien meurtrier (...) c'est un gars sauvage. Il a tellement d'énergie (...) Je ne veux plus jamais être Bjorn."

Mel Gibson, qui a été lui aussi diagnostiqué avec un trouble bipolaire, dit qu'il doit repousser cet alter *dans le sable*, à l'intérieur de son esprit, mais qu'il y a parfois encore une main qui refait surface et qu'il doit alors la refouler... Il dit également que parfois il laisse *Bjorn* participer et jouer des rôles, ce qui prend du sens avec le film de vikings : *"Braveheart"*. D'après le psychiatre Colin Ross, Mel Gibson aurait également révélé son alter *Bjorn* au journal d'investigation allemand *Der Spiegel*.

À noter ici que Mel Gibson a été l'acteur principal du film *"Conspiration"* dont le thème est le MK-Ultra.

• Joaquin Phoenix :

Joaquin Phoenix a grandi dans une famille d'acteurs et ses parents faisaient partie de la secte des *Enfants de Dieu*. Il a fait ses débuts à la télévision et a décroché son premier rôle au cinéma à l'âge de 10 ans... Il poursuivra sa carrière à travers de nombreux films dont *8 millimètres, Piège de feu, Hôtel Rwanda, Two Lovers, Gladiator*...

En 2000, il a déclaré lors d'une interview au magazine australien *Juice* :

- Journaliste : Qui allez-vous emmener à la première de "Gladiator" ?

- Joaquin Phoenix : Je vais être honnête et je sais que cela va vous sembler étrange, mais mon partenaire en ce moment c'est moi-même. C'est ce qui arrive lorsque vous souffrez d'un trouble de la personnalité multiple et d'un égocentrisme hors norme.

• Lindsay Lohan :

Lindsay Lohan, une célèbre actrice et chanteuse américaine ayant fait plusieurs cures de désintoxication, a déclaré dans un documentaire de télé-réalité qui lui était consacré : *"Tout va bien et puis j'entends une voix dans ma tête qui me dit : oh oh, il est temps de tout saboter !"* (*"Lindsay"* OWN). L'actrice a en effet de sérieuses tendances à l'auto-destruction, que ce soit par la scarification, les drogues et l'alcool. Sa vie est plutôt chaotique, comme beaucoup de célébrités... Des médecins l'ont diagnostiquée avec un *Trouble de la Personnalité Narcissique* caractérisé pour un égocentrisme disproportionné, un manque d'empathie et un sens exagéré de sa propre importance. Dans un article de Bill Zwecker pour le *Chicago Sun-Times*

---

[553] "Tila Tequila Shocks Fans With 'Multiple Personality' Rant" - starpulse.com, 2010.

en 2010, il est noté à propos de Lindsay Lohan que des *"personnalités multiples agitent l'actrice, qui par moments se transforme en "Diane" ou en "Margot"*.

Une associée de longue date de Lindsay Lohan a déclaré à la presse qu'elle pensait que l'actrice avait un trouble de la personnalité multiple et que c'est peut-être une des raisons pour laquelle elle souffre de ces addictions récurrentes : *"Certains d'entre nous se sont demandé si Lindsay n'était pas bipolaire en raison de ses sautes d'humeur récurrentes. Mais je pense que cela va bien plus loin car Lindsay se nommait parfois elle-même Diane ou Margot."*

• Iggy Pop :

Dans le livre *"Iggy Pop : Open Up and Bleed : The Biography"*, Paul Trynka nous apprend qu'en 1975, le chanteur James Newell Osterberg ("Iggy Pop" étant un alter-ego) a été hospitalisé en raison de sa toxicomanie. C'est alors qu'il a suivi une psychothérapie avec le Dr. Murray Zucker ; voici ce que ce médecin a déclaré : *"J'ai toujours l'impression que Iggy apprécie tellement de jouer avec son cerveau, au point que lui-même ne sait plus ce qui en émerge ou ce qui y plonge. Parfois, il semble avoir un total contrôle là-dessus, jouant avec différents personnages (...) Mais à d'autres moments vous avez le sentiment qu'il ne contrôle plus rien, il ne fait que le subir. Ce n'est pas juste un manque de discipline, ce n'est pas nécessairement une bipolarité, c'est Dieu sait quoi !"*

• Anne Heche :

L'actrice Anne Heche, la star de la série américaine *Ally Mac Beal*, a écrit un livre autobiographie intitulé *"Call Me Crazy"* (Appelez-moi dingue) dans lequel elle raconte l'inceste paternel et les fâcheuses conséquences psychologiques qu'elle a endurées suite à ces traumatismes.

En septembre 2001, elle a donné une interview a Barbara Walters sur la chaîne *ABC News*[554] dont voici quelques extraits :

"Je ne suis pas dingue… mais j'ai une vie de dingue, j'ai été élevée dans une famille de fou et cela m'a pris 31 ans pour évacuer cette folie hors de moi (…) J'ai eu une autre personnalité, j'ai eu un monde fantastique. J'appelais cette autre personnalité "Celestia". Mon autre monde s'appelait la "Quatrième Dimension" et je croyais être d'une autre planète."

Anne Heche a joué le rôle de deux jumelles dans la série *Another World* de 1988 à 1992, c'est à ce moment-là, à l'âge de 25 ans, qu'elle dit que ses troubles de la personnalité ont commencé à se manifester et à entraîner des moments de folie. Celestia, son autre personnalité, croyait être la réincarnation de Dieu, elle parlait une autre langue et elle avait des pouvoirs spéciaux...

- Anne Heche : J'ai révélé à ma mère au bout de sept années de thérapie que j'avais été abusée sexuellement par mon père… et elle m'a raccroché au nez (…) À New-York, j'entendais la voix de dieu et je pensais alors que j'étais totalement folle. Je n'avais aucune idée de ce qu'il fallait que je fasse. J'existais dans deux personnes différentes.

- Barbara Walters : Donc même si vous pensiez être Jésus ou Celestia, vous aviez en même temps conscience que c'était une aberration ?

---

[554] "Exclusive : Anne Heche Interview" - 20/20 ABC News - 09/2001.

- AH : Absolument, c'est cela qui vous rend dingue, vous en êtes absolument conscient. D'un côté j'étais Anne Heche, une actrice avec pleins d'amis et je me disais que les gens penseraient que je suis totalement folle si je leur parlais de cela... Et en même temps, j'entendais dieu qui me disait "Tu viens du ciel".

- BW : Comment cela se manifestait-il ? Quelle était votre emprise sur la situation ?

- AH : Oh de plein de manières différentes ! Qu'est-ce que je pouvais faire ? Lorsque j'étais Celestia, je parlais une autre langue. Je parlais une langue que nous avions entre dieu et moi. Je pouvais aussi voir dans l'avenir, je pouvais guérir les gens...

- BW : Vous souvenez-vous de quelle langue il s'agissait ?

- AH : Bien sûr !

- BW : Pouvez-vous dire quelque chose dans cette langue, là maintenant ?

- AH : Eh bien le mot dieu par exemple. Il y a beaucoup de prières. Le mot pour dieu dans ma langue est "kiness". A'kiness, a'ta fortatuna donna...

- BW : Et c'est une langue que vous n'aviez jamais...

- AH : ... Je ne sais pas d'où elle vient, mais je savais ce qu'elle voulait dire. J'étais dans mon esprit, et c'est dieu qui me l'apprenait.

- BW : Vous dites avoir été sous l'emprise de voix et de visions presque en permanence pendant près de sept ans. Vous avez lutté contre les démons et vous avez réussi, de façon inimaginable, à jongler entre cela et votre activité professionnelle.

- AH : Oui, c'est incroyable de concilier ces deux choses. J'allais travailler, puis je revenais dans ma loge car j'avais à écrire les messages que j'entendais de dieu à propos de l'amour.

- BW : Vous alliez dans votre loge et vous étiez une autre personne. Vous fermiez la porte et vous étiez alors une autre personne, vous étiez Jésus ?

- AH : J'étais Celestia.

- BW : Celestia est aussi Jésus ?

- AH : Non, Celestia, comme je l'ai déjà dit, est la réincarnation de dieu, ici-bas.

- BW : Vous savez Anne, il y a des médecins et des thérapeutes qui pourraient diagnostiquer cela comme une forme de maladie mentale, comme le dédoublement de la personnalité, la schizophrénie ou le trouble bipolaire. Est-ce que cela s'applique à vous ?

- AH : Je ne le crois pas. La chose la plus intéressante c'est que je suis allée voir un thérapeute pendant des années... C'est incroyable ce que l'on peut cacher.

• Megan Fox :

Megan Fox qui avait, comme nous l'avons vu au chapitre 7, une véritable obsession pour le Magicien d'Oz lorsqu'elle était petite, a confié en 2009 au magazine *Wonderland* : *"Je pourrais finir comme ça* (ndlr : se référant à Marilyn Monroe) *car je me bats constamment avec l'idée que j'ai une personnalité borderline, que j'ai des symptômes de schizophrénie légère. Je pense vraiment avoir des problèmes mentaux mais je n'ai pas réussi à savoir de quoi il s'agit exactement."*

Elle a également déclaré au magazine Rolling Stone en 2009 : "J'ai beaucoup de choses pour être heureuse mais cela ne signifie pas que je ne lutte pas, je suis très vulnérable. Je peux être agressive, blessante, autoritaire et égoïste, beaucoup trop. Je suis émotionnellement imprévisible, n'importe où. Je suis une maniaque du contrôle. Mon humeur est ridiculement mauvaise. J'ai détruit la maison." Enfant elle avait des "attaques de panique qui se manifestaient par de la violence, des crises de colère rageuse. Comme si je ne savais plus comment me contrôler ou quoi faire." L'interview nous apprend également qu'elle ne peut pas s'endormir avec quelqu'un qui serait en contact avec elle (hypersensibilité) ; elle a besoin de "cocons" et d'oreillers pour se sentir en sécurité ; elle ne peut pas dormir dans le noir ; elle n'aime pas se regarder dans le miroir ; elle admet (tout comme Angelina Jolie) faire couler du sang lors de rapports sexuels sans pour autant enter dans les détails... Elle avoue des pratiques d'automutilation et elle fait également allusion à un trouble de l'alimentation ainsi qu'à sa bisexualité.

• Sia Furler :

La star internationale, d'origine australienne (dont certains clips ont fait polémique quand au contenu à tendance pédophile : *"Chandelier"* et *"Elastic Heart"*) a déclaré qu'elle souffrait de bipolarité suite à avoir trop fumé de cannabis à l'adolescence... En 2014, lors d'une célèbre émission de radio américaine, *"The Howard Stern Show"*, elle a déclaré : *"Ce que je pense, c'est que j'ai fumé trop de joints quand j'étais gamine, mon cerveau n'était pas encore formé, j'ai foutu en l'air mon cerveau"*... Mais dans cette même émission, elle a également confié que son père, Phil B. Colson (lui aussi musicien professionnel), avait une personnalité double : *Phil* et *Stan*...

- Sia Furler : Il avait deux personnalités très différentes, l'une s'appelait Phil et l'autre Stan...

- Journaliste : Il nommait lui-même ses personnalités Phil et Stan ?

- SF : Oui... Phil était le meilleur des papas, il était amusant mais il était aussi éloquent, présent et très attentionné. Lorsque Stan débarquait, il se passait alors des trucs terrifiants (...) C'était angoissant, comme une certaine énergie qui rentrait dans la pièce. Une énergie intimidante... elle intimidait tout le monde.

- J : Combien de fois avez-vous connu cela ?

- SF : Je ne sais pas, je ne m'en rappelle pas.

Sia a toujours assumé que son père souffrait d'un trouble dissociatif de l'identité mais qu'il n'avait jamais été diagnostiqué ni traité. Elle a affirmé qu'il ne l'avait jamais violentée physiquement. Cependant, lorsque l'on grandit auprès d'un parent fractionné (elle ne décrit pas quels étaient les *"trucs terrifiants"* que faisait l'alter Stan), malheureusement le risque de subir de graves traumatismes est lourd... Son trouble bipolaire n'est peut-être pas à mettre sur le dos du THC (principe actif du cannabis). Il est possible que sa famille soit engluée dans cette *"dissociation transgénérationnelle"* passant d'une génération à l'autre via des vécus traumatiques, avec possiblement des programmations sur les individus fractionnés. Sia n'est pas arrivée au top de l'industrie musicale par hasard...

• Tyler Perry :

Le célèbre producteur hollywoodien Tyler Perry a vécu une enfance particulièrement difficile. En 2010 dans *The Oprah Winfrey Show*, il a décrit les larmes aux yeux le processus dissociatif qui lui permettait d'échapper aux douleurs et à la terreur lors des traumatismes : *"Je pouvais aller dans ce parc (dans mon esprit) où ma mère et ma tante avaient l'habitude de m'emmener. Je suis donc là dans ce parc à courir et à jouer, c'était des journées tellement belles. Donc à chaque fois que quelqu'un me faisait quelque chose d'horrible et d'insupportable, je pouvais aller dans ce parc, à l'intérieur de mon esprit, jusqu'à ce que ce soit terminé (…) Tout ce dont je me souviens c'est qu'il* (ndlr : son père) *m'a violemment attrapé, j'ai été plaqué contre un grillage tellement fort que mes mains saignaient, et il me frappait... J'essayais juste de préserver ma vie... et je me suis senti en train d'essayer de me rendre à cet endroit, dans ce parc, dans mon esprit, là où je pourrais supporter ça... J'essayais d'atteindre ce parc et je n'y arrivais pas... Cela m'enrageait tellement... J'essayais encore et encore... Quand j'y suis enfin arrivé et que j'ai vu l'herbe dans mon esprit... Je me suis vu en train de courir hors de moi... Et je ne pouvais pas rattraper ce petit garçon... Je ne pouvais pas rattraper ce petit garçon pour le ramener vers moi... Je ne pouvais pas me ramener moi-même vers ma personne... J'ai alors pensé que je mourais et je ne comprenais pas... Cela m'a pris tellement de temps pour comprendre ce qu'il s'était passé."*

• Barbara Streisand :

La célèbre chanteuse et actrice a déclaré au Ladies Home Journal en 1994 : "Je vis avec beaucoup d'angoisse (…) Je change en permanence. Donc je dis à l'homme qui m'intéresse que s'il aime avoir des aventures avec beaucoup de femmes, alors je suis parfaite pour lui !"[555]

• Anna Nicole Smith :

Anna Nicole Smith, décédée en 2007 à l'âge de 39 ans, est une ancienne *playmate* américaine, devenue actrice et chanteuse. En août 2006 Nicole Smith a été filmée chez elle, un enregistrement privé qui a été révélé publiquement par la suite sous le nom de la *"vidéo clown"*. En effet, cet enregistrement montrait Anna Nicole Smith négligée et maquillée en clown… dans un état pathétique.

Cette vidéo a été filmée dans sa propriété d'une manière sadique par son conjoint ou supposé "maître" Howard K. Stern. La vidéo s'est retrouvée livrée au public peu de temps après la mort de Anna. Sur cette vidéo, nous pouvons voir la star complètement dissociée, ayant le comportement et la voix d'une enfant de 4 ou 5 ans. Les mass-médias ont affirmé qu'elle était sous l'effet de médicaments lors de cet enregistrement vidéo, ce qui est probablement le cas, mais des médicaments seuls ne peuvent expliquer un tel état. Il y avait là des symptômes évidents de traumatismes psychiques profonds.

Lorsque Howard K. Stern lui demande, caméra à la main, si elle a mangé des champignons hallucinogènes, on peut voir qu'elle n'a aucune idée de ce qu'est un *"trip sous champignon"*… car à ce moment-là, elle est une petite fille de 4 ans totalement ignorante de ces choses-là. Lorsque Stern lui déclare que cet enregistrement va valoir beaucoup d'argent, elle répond : *'Pourquoi ? Quel enregistrement ?"* Cette femme a été devant les caméras et les objectifs toute sa vie, elle sait ce qu'est un enregistrement vidéo… mais pas à l'âge de 4 ans… Nous

---

[555] "Thanks for the Memories : the truth has set me free" - Brice Taylor, 1999, p.200.

voyons dans cette vidéo qu'elle est complètement dissociée. Un trouble de la personnalité que Howard K. Stern a pris un malin plaisir à exposer dans un enregistrement vidéo visant à ridiculiser la pauvre femme…

Anna Nicole Smith était enceinte d'une fille lors de cette *"vidéo clown"*, la petite Dannielynn Birkhead qui incarnera six ans plus tard la collection Printemps-Été 2013 de la prestigieuse marque *Guess Kids*… Une enfant née dans le Réseau et injectée dans le milieu de la mode dès l'âge de 6 ans, suivant les traces de sa mère…

Il est évident que les célébrités jouent avec les personnalités qu'elles exposent publiquement, elles font généralement une distinction entre *personnalité privée* et *personnalité publique*, c'est une manière de se préserver mais aussi de jouer avec leur image. Il arrive parfois aussi qu'elles se créent une nouvelle identité lors d'un travail sur un projet inhabituel, comme ce fut le cas du musicien Garth Brooks qui a créé un alter-ego nommé Chris Gaines pour sortir un album dans un style totalement différent. Autre exemple avec Ashlee Simpson qui est devenue Vicky Valentine pour passer de la guitare à la musique électronique. Nous pourrions encore citer David Bowie et ses alter-ego *Ziggy Stardust* et *Thin White Duke*, mais aussi Prince et son alter féminin *Camille*, Laurie Anderson et son alter *Fenway Bergamot*…

Visiblement les artistes de la scène mondiale ont des personnalités très complexes… et nous constatons que dans certains cas, cela semble aller bien au-delà de simplement jouer un rôle ou un personnage, et une ligne est alors franchie vers ce qui semble bien être le trouble dissociatif de l'identité résultant de sévères traumatismes.

Parfois même, les célébrités semblent être possédées et servir de médiums…

b/ Les démons du cinéma et de la musique

> *- Je sais que j'ai des démons, je ne sais pas tout à fait si je veux me débarrasser d'eux mais j'aimerais en faire l'expérience d'une manière différente. Peut-être faire un face à face avec eux. Je n'ai jamais vraiment eu le temps d'aller en thérapie, juste un peu par-ci par-là… mais pas suffisamment pour que cela puisse m'aider.*
> *- Bien-sûr, j'ai des démons… Parfois je suis une trentaine de personnes différentes…*
> Johnny Depp - *Vanity Fair*, 1997 et *US Magazine*, 1999

> *- Keanu est un gars très complexe avec beaucoup de démons en lui, et je vais essayer d'utiliser et d'exploiter ça.* Taylor Hackford à propos de l'acteur Keanu Reeves - *Movieline*, 2000

> *- Je suis une personne tourmentée, j'ai beaucoup de démons en moi. Ma peine est aussi grande que ma joie.* Madonna - Los Angeles Times, 1991

Le coach vocal de Whitney Houston, Gary Catona, a déclaré au Daily Mail qu'elle avait des démons en elle (…) qu'elle était beaucoup de personnes en une seule, et la question était de savoir laquelle d'entre elles apparaîtrait… et quand."[556]

En 2002, lorsque la journaliste américaine Diane Sawyer demanda à Whitney Houston quel était le "pire démon" de sa vie, elle ne répondit pas "la cocaïne", "les médicaments" ou "l'alcool"… non, la réponse de Witney a été : *"Le pire démon c'est moi. Je suis ma meilleure amie ou ma pire ennemie."* Une déclaration peu étonnante pour quelqu'un qui a un profond trouble de la personnalité. Whitney Houston a révélé des choses particulièrement troublantes concernant son couple avec Bobby Brown, une autre célébrité… Voici un extrait d'une interview de Houston en 2009 avec Oprah Winfrey :

- Whitney Houston : Il y avait des fois où il mettait tout sens dessus dessous, il cassait des choses en verre dans la maison. Nous avions par exemple un portrait géant de nous avec mon enfant et il a découpé ma tête de la photo… Il faisait des trucs comme ça. Là j'ai pensé que c'était vraiment étrange… Couper ma tête d'une photo, ça a été un peu trop pour moi, c'était un signe. Et puis il y avait d'autres choses… comme quand il a commencé à peindre des yeux partout dans la chambre à coucher. Seulement des yeux… des yeux maléfiques qui scrutaient partout dans la pièce.

- Oprah Winfrey : Il a peint sur les murs ?

- WH : Oui ! Sur les murs, sur les tapis, sur les portes de placards. Lorsque j'ouvrais une porte, il y avait un dessin, et derrière en la refermant, il y avait un autre dessin. Des yeux et des visages… C'était vraiment étrange…

- OW : Qu'avez-vous fait alors ?

- WH : Je constatais les choses en me disant : "Seigneur, que se passe-t-il réellement ici ?" Je commençais à prendre peur parce que je sentais que quelque chose allait exploser, que quelque chose allait arriver…"

En 2004, son compagnon Bobby Brown, lui-même chanteur et acteur et visiblement très perturbé, dira dans une interview avec Jamie Foster pour le magazine *Sister 2 Sister* :

"Quand j'étais plus jeune, j'ai été diagnostiqué avec un trouble du déficit de l'attention, je sais que cela est la même chose que le trouble bipolaire (…) Quand je suis arrivé à Betty Ford, je me demandais ce qui clochait chez moi. J'essayais en vain de comprendre pourquoi j'avais ces changements d'humeur extrêmes. C'est à dire que parfois je pouvais être heureux et la minute d'après j'étais dans une colère noire, rempli de feu et de rage, mais j'en ignorais la raison. Je suis allé voir des médecins, ils m'ont parlé, ils m'ont fait des examens du cerveau et ils ont diagnostiqué que j'étais bipolaire."

L'actrice Angelina Jolie a déclaré avoir été "très sexualisée dès l'âge de 4 ans à l'école maternelle (…) J'avais inventé un jeu où j'embrassais les garçons… Ensuite nous allions plus loin et nous enlevions nos vêtements. J'avais alors un tas d'ennuis !"

Pour beaucoup de professionnels de la petite enfance, une attitude hypersexualisée chez un jeune enfant est considérée comme un signe d'abus sexuels présumés. Angelina Jolie, qui semble elle aussi être psychologiquement très perturbée, a admis avoir goûté à toutes les drogues, mais elle semble avoir un

---

[556] "How Whitney lost her dazzling voice because of her 'extra-curricular activities'" - dailymail.co.uk, février 2012.

goût particulier pour… le sang. Lors de son premier mariage avec Johnny Lee Miller, elle avait écrit le nom de son mari sur un tee-shirt blanc avec son sang. Lorsqu'elle était mariée avec Billy Bob Thornton, ils portaient tous les deux autour du cou une fiole contenant le sang de l'autre. Sa biographie révèle également que toute petite, elle avait une fascination pour les couteaux, qu'elle les collectionnait et qu'à l'adolescence, son mal-être s'est manifesté entre autre par de la scarification. Une biographie révèle : *"Certains vont faire les boutiques, moi je me scarifie. Lorsque j'ai commencé à avoir des relations sexuelles, le sexe ne m'apportait pas assez, mes émotions n'étaient pas assez fortes, quelque chose voulait sortir… Un jour, en voulant ressentir une fusion encore plus intense, j'ai attrapé un couteau et j'ai taillardé mon copain… puis il m'a aussi taillardée. C'était vraiment quelqu'un de bien, un gentil gars qui n'était pas du genre menaçant ou violent. Nous avons eu cet échange particulier… Nous étions couverts de sang et je sentais mon cœur battre la chamade."*

Cette biographie d'Angelina Jolie nous apprend également que durant une séance de sado-masochisme, Jolie a demandé à son partenaire de lui taillader le menton, il en reste encore aujourd'hui une petite cicatrice. Elle dira : "Je voulais qu'il m'aide à m'en sortir et cela m'a frustrée car il ne pouvait pas m'aider." La scarification ne pouvait évidemment pas l'aider, en fait cela a même failli la tuer. Il y a eu en particulier un accident où Jolie s'est taillardée le cou et le ventre, puis elle s'est gravée une croix sur le bras. Elle a fini aux urgences et elle a par la suite déclaré : "Je me suis presque taillé la jugulaire."[557]

Angelina Jolie était donc sexualisée dès l'âge de 4 ans, puis plus tard "adepte" de scarifications sanglantes… Certains thérapeutes reconnaîtront ici clairement des signes laissant fortement penser qu'Angelina Jolie a été victime d'abus sexuels dans sa toute petite enfance. Des abus qui auraient pu fractionner sa personnalité et la déclaration suivante semble confirmer qu'elle subissait des états dissociatifs dès son enfance :*"Quand j'étais enfant, je n'avais pas mon propre "Moi". En grandissant, je vivais à travers des personnages que je jouais en me perdant dans différentes parties de ma personnalité."*

Citons également l'acteur David Carradine retrouvé mort dans une chambre d'hôtel à Bangkok à l'âge de 72 ans. Le lieutenant-général Worapong Siewpreecha a déclaré que l'acteur avait été découvert *une corde attachée autour de son cou et une autre à son organe sexuel, les deux étant reliées ensemble et pendues à la penderie.* Une pratique sadomasochiste consistant à priver le cerveau d'oxygène afin de décupler l'effet de l'orgasme, un "jeu" qui lui a été fatal…

Dans l'industrie du divertissement, les exemples de comportements totalement déboussolés et autodestructeurs ne manquent pas, c'est un monde où les frontières entre la fiction, la réalité, la folie et la raison semblent ne plus exister. Un monde où le drame et l'horreur s'écrivent non seulement dans les scénarios de fiction mais où ils s'invitent également dans la vie de ses acteurs… Mais est-il possible que certaines des plus grandes stars du cinéma et de la chanson soient possédées ou influencées par des entités démoniaques ? Servent-ils de médiums à certaines forces spirituelles qui les influenceraient dans leur créativité ou leurs performances scéniques, de manière consciente ou inconsciente ? Le "pacte avec le diable" n'est-il qu'une légende ?

---

[557] "Angelina Jolie - The Biography : The Story of the World's Most Seductive Star" - Rhona Mercer, chap.1, 2009.

Le statut de l'homme dans cet univers matériel est temporaire et comme nous l'avons vu, il peut être influencé par des entités liées à d'autres dimensions. L'Ancien et le Nouveau Testament sont remplis d'exemples où les anges sont intervenus dans les affaires humaines sous la direction de Dieu. Mais la Bible parle aussi de la présence indésirable et constante des *démons* ou du *diable*, c'est à dire des entités spirituelles déchues influençant négativement les humains. La Bible décrit les différentes dimensions où de tels êtres résident : *"Les anges qui n'ont pas gardé la dignité de leur rang, mais qui ont quitté leur propre demeure, il les a gardés dans des chaînes perpétuelles au fond des ténèbres en attendant le grand jour du jugement."* Jude 1 :6

En dehors de l'aspect biblique, de manière objective et rationnelle, nous ne pouvons pas nier aujourd'hui le fait que l'industrie du divertissement dans son ensemble propage une image de décadence et d'immoralité à base de violence, de sexe, de drogue et de matérialisme exacerbé... Tel un miroir, notre société occidentale reflète aujourd'hui le contenu de ces *programmes* de divertissements infusés en permanence dans les médias.

D'où vient cet esprit de décadence ? S'infuse-t-il dans notre monde via des entités utilisant certains humains comme médiums pour incarner une sous-culture et influencer ainsi l'humanité dans son ensemble ? Ces médiums seraient-ils des "agents" de la contre-initiation travaillant pour souiller la Création (consciemment ou non) ? Le chapitre 6 nous a déjà donné un début de réponse quand à ces questions...

En 2011, la chanteuse Ke$ha a bu le sang d'un cœur (présumé de bœuf) sur scène pendant le *Future Music Festival* de Sydney. Sa "performance" sanglante lors de laquelle elle a levé le cœur au-dessus de sa tête pour laisser s'écouler le sang dans sa bouche illustrait son morceau intitulé *Cannibal*... Kesha Rose Seber est restée plus de 45 minutes sur scène couverte de sang devant des milliers de personnes l'acclamant.[558] Notons ici que la pochette de son album *"Cannibal"* représente son visage avec une déchirure le divisant verticalement en deux, une symbolique classique dans l'industrie du divertissement représentant le fractionnement de la personnalité.

En 2014, au Festival *SXSW* à Austin au Texas, Lady Gaga se fera littéralement et volontairement vomir dessus. Lors de cette "prestation choc", l'artiste Millie Brown ingurgitait un liquide verdâtre pour se mettre ensuite les doigts au fond de la gorge afin de vomir le contenu de son estomac sur la Gaga à moitié nue. Le tout en position sexuellement explicite sur un cheval mécanique....

La chanteuse Miley Cyrus multiplie les provocations allant toujours plus loin dans la perversité sexuelle. En novembre 2015, lors d'un concert à Chicago pour le lancement de sa nouvelle tournée, Miley Cyrus est arrivée sur scène quasiment nue, arborant au niveau de son entrejambe un gigantesque godemichet ! C'est dans cette tenue qu'elle s'est présentée devant des fans pour beaucoup mineurs et même préadolescents.

Le but est de faire en sorte que toutes ces pratiques déviantes, perverses et récurrentes, ne deviennent justement plus choquantes et qu'elles s'intègrent petit à petit dans notre culture... Rappelons que Lady Gaga est la pop-star la plus populaire au monde et que ses "performances" et ses comportements imprègnent

---

558 "Ke$ha turns in a bloody shocker at Future Music Festival, drinks blood from a heart"- The Daily Telegraph, 2011.

des millions de jeunes gens. Gaga a par exemple réalisé des séances photos habillée avec de la véritable viande rouge crue, ou encore avec des cornes implantées sur son front, des clichés qui sont largement diffusés à travers le monde et malheureusement acclamés.

Une employée de l'hôtel Chicos Intercontinental de Londres a rapporté au journal The Sun : "Lady Gaga a laissé une grande quantité de sang dans la suite pendant son séjour cet été. L'incident a été reporté au concierge, à qui l'on a demandé de fermer les yeux". Une autre source raconte : "Tous les membres de l'hôtel sont convaincus que Lady Gaga a pris un bain de sang, ou alors, à la limite, qu'elle a utilisé tout ce sang pour un costume ou son passage sur scène".

Pour certains, tout cela ne prête simplement qu'à rire… et beaucoup ne verront dans ces actes extrêmes qu'une provocation à but publicitaire : faire le *buzz* dans la presse *people* et la sphère internet. Mais ce genre de "performances artistiques" complètement déglinguées se multiplient et deviennent de plus en plus extrêmes, tout comme une course à l'inversement des valeurs morales et à l'effondrement d'une civilisation. *L'ordo ab chao*… L'ordre par le chaos ou du chaos à l'ordre… Tout est clair pour qui a encore des yeux pour voir. L'inversion des valeurs est en marche…

- Mais l'esprit dit expressément que, dans les derniers temps, quelques-uns abandonneront la foi, pour s'attacher à des esprits séducteurs et à des doctrines de démons. 1 Timothée 4 :1
- Malheur à ceux qui appellent le mal bien et le bien mal; qui changent les ténèbres en lumière et la lumière en ténèbres; qui changent l'amertume en douceur et la douceur en amertume ! Ésaïe 5 :20
- Sache que, dans les derniers jours, surgiront des temps difficiles. Car les hommes seront égoïstes, amis de l'argent, fanfarons, orgueilleux, blasphémateurs, rebelles à leurs parents, ingrats, sacrilèges, insensibles, implacables, calomniateurs, sans frein, cruels, ennemis des gens de bien, traîtres, impulsifs, enflés d'orgueil, aimant leur plaisir plus que Dieu. Ils garderont la forme extérieure de la piété, mais ils en renieront la puissance. Éloigne-toi de ces hommes-là. 2 Timothée 3 :1-5.

Certaines grandes stars du show-business sont-elles les médiums d'une force supérieure ? La question mérite en effet d'être posée et certaines déclarations d'artistes semblent nous éclairer sur ce sujet, comme nous allons le voir plus loin…

Qu'est-ce que la médiumnité ? Le psychologue et médium Jon Klimo définit ainsi la transe médiumnique : "La communication d'informations à un être humain réalisée à partir d'une source qui existe à un autre niveau que la dimension physique que nous connaissons, et qui ne vient pas de l'esprit du médium."

Il existe deux formes de médiumnité ou canalisation : la canalisation intentionnelle et la canalisation spontanée. La canalisation intentionnelle se produit lorsqu'une personne cherche volontairement à rentrer en contact et à être possédée par des entités, dans de tels cas les esprits attendent habituellement la permission avant d'entrer dans le corps. Dans la canalisation spontanée, les esprits prennent le contrôle du corps quand ils le souhaitent, et l'individu se retrouve alors à leur merci.

Ces deux types de canalisation peuvent prendre plusieurs formes. Il peut s'agir d'une perte complète ou partielle de conscience pendant la transe. Cela peut aussi se faire par le sommeil où les esprits influenceront l'individu dans ses rêves et ses cauchemars. Une autre forme de médiumnité est l'automatisme, l'entité prend alors le contrôle d'une partie du corps, généralement de la main, pour la faire écrire ou peindre, c'est ce que l'on appelle l'écriture ou peinture automatique. Une transe médiumnique peut impliquer de l'écriture, de la peinture, de la chanson, de la danse, de la composition musicale, en allant même jusqu'aux discours et aux enseignements donnés sous forme de conférences. Le médium peut également entendre des mots dictés dans son esprit, il s'agit alors de la "clairaudience", une faculté d'audition paranormale. La "clairvoyance" concerne les images, photos ou symboles qui sont "imprimées" dans l'esprit du médium... Une chose à retenir est que quel que soit la manière dont se fait la canalisation et le résultat obtenu, il est reconnu que sans ces entités démoniaques, le médium n'a strictement aucun pouvoir.[559]

Le médium Jon Klimo confirme que les états médiumniques sont influencés par des entités extérieures : "Si votre esprit peut agir sur votre propre cerveau, eh bien une chose similaire de nature non physique peut aussi être capable d'agir sur votre cerveau, vous faisant entendre des voix ou avoir des visions. Une entité peut parler ou écrire en contrôlant votre corps de la même manière que vous le contrôlez habituellement par votre esprit."[560]

"Les dieux ne communiquent pas directement aux mortels, mais par des esprits intermédiaires. Le mortel a besoin de figures pour communiquer avec les dieux, et donc le démon devient la figure nécessaire... une source menant à des sacrifices, des initiations, des incantations, des prophéties, des divinations, des sorts magiques et des poèmes sacrés." Platon[561]

"De la même manière, la muse inspire les hommes parce qu'ils sont inspirés et possédés... Ce n'est pas grâce à l'art ou à la connaissance que vous dites ce que vous dites, mais par la possession." Socrate[562]

"Tenez-vous constamment ouverts aux démons qui chuchotent dans votre oreille. Le terme "démon" a un vieux sens qui se rapproche de "l'esprit guide", de la "muse inspiratrice"." Anton Lavey[563]

"Il existe trois méthodes principales pour invoquer une entité (...) La troisième est la méthode Théâtrale, peut-être la plus attrayante de toutes; c'est en tout cas certain pour le tempérament d'artiste, car elle s'adresse à son imagination à travers son sens de l'esthétique." Aleister Crowley[564]

La Bible nous enseigne que la canalisation des esprits n'est rien d'autre que de la possession démoniaque, bien que les médiums *new-age* préfèrent parler de "coopération mutuelle" entre l'entité et le *channel*. Il semblerait bien que de nombreux artistes canalisent intentionnellement ou non des entités dans leur

---

[559] "Cult Watch : What You Need to Know about Spiritual Deception" - John Ankerberg, John Weldon, 1991.
[560] "Channeling : Investigations on Receiving Information from Paranormal Sources" - Jon Klimo, 1987.
[561] "The Demon and the Angel : Searching for the Source of Artistic Inspiration" Edward Hirsch, 2003.
[562] "Actors and Acting" - Toby Cole, Helen Krich Chinoy (Eds.), Three Rivers Press, 1995.
[563] *"Church of Satan"* - Anton Lavey, p.110.
[564] *"Book 4"* - Aleister Crowley, 1980.

processus de créativité, que ce soit dans l'écriture de scénarios, de chansons, dans le jeu d'acteur ou les performances scéniques.

Précisons que l'intérêt du Prince de ce monde et de son armée n'est pas d'élever spirituellement la masse humaine, mais plutôt de la faire chuter avec lui... À notre époque, cette industrie du divertissement mettant en avant ses nombreux médiums est utilisée contre la santé spirituelle de l'humain bien qu'elle puisse également infuser et divulguer une part de vérité sur notre situation actuelle... L'ambiguïté est là, d'un côté cette industrie plombe les consciences pour les détourner et les avilir mais de l'autre elle peut tout aussi bien éveiller des gens de par son extrémisme matérialiste, décadent et écœurant, poussant ainsi l'individu à s'interroger et à s'en détacher pour revenir vers le divin. De plus cette industrie distille en permanence une connaissance occulte symbolique dans ses productions, en effet tout est affiché pour qui a encore des yeux pour voir : *"N'en parlez pas, montrez le."*

Une Loi de ce grand théâtre est de laisser transparaître la Vérité malgré le semblant d'obscurité et de confusion, ceci pour permettre au libre arbitre de pouvoir s'accomplir. *"Qui cherche trouve"*, Dieu ne permet pas de supprimer l'accès à la Vérité malgré ce *brouhaha* et ce chaos ambiant tentant de détourner et contrôler les consciences humaines. La guerre est spirituelle, elle consiste à détourner les consciences de la connaissance de Dieu. Le contrôle mental des masses est le *modus operandi* des sorciers contrôleurs... mais ils doivent laisser un accès à la Vérité, ils n'ont pas le choix.

Voici maintenant une série impressionnante de citations montrant à quel point la possession démoniaque est plus que jamais présente dans notre monde, et particulièrement chez les stars mondiales influentes, autant dans l'industrie du cinéma que de la musique.

"(Dans les études de John Livingstone Nevius :) Wang Yung-ngen de Pékin a relevé que les personnes qui n'avaient aucune habilité pour la chanson devenaient des chanteurs talentueux lorsqu'ils étaient possédés, et d'autres sans aucune capacité naturelle pour la poésie pouvaient aisément composer des rimes lorsqu'ils étaient sous la possession d'une entité."[565]

➤ Cinéma :

• Rudolph Valentino :

Dans les années vingt, l'acteur Rudolph Valentino et sa femme Natasha étaient tous les deux adeptes d'occultisme et pratiquaient le spiritisme : *"Chaque soir, Natasha faisait une séance afin d'appeler l'aide du monde des esprits pour sa créativité. Ensuite, crayon et papier à la main, elle entrait en transe et elle commençait à écrire. Une fois tapé à la machine, le travail était remis au directeur dès le lendemain."*[566]

• Mae West :

---

[565] "Demonic Possession : a medical, historical, anthropological, and theological symposium" - John Warwick Montgomery, 1976.
[566] *"Madam Valentino"* - Michael Morris, Abbeville Press, 1991.

Dans les années trente, L'actrice Mae West, appelée la Reine du Sexe et même la Statue de la Libido a déclaré un jour : "Lorsque je suis bonne, je suis très bonne, mais lorsque je suis mauvaise, je suis encore meilleure."

Son travail a contribué a renverser les valeurs bibliques de l'Amérique du Nord. Le contact de West avec le monde des esprits lui a permis une fructueuse production de scénarios. Des scénarios qui l'ont catapultée sur la scène cinématographique. Elle se laissait posséder par des entités et passait ainsi des soirées entières en lectures psychiques. Un de ses proches, Kenny Kingston a déclaré : *"Lorsqu'elle était en colère parce que personne n'avait été en mesure d'apporter une idée de scénario, elle faisait les cent pas dans sa chambre en disant : "Forces ! forces ! venez à moi et aidez moi à écrire un scénario." Elle commençait à entendre des voix et à voir les images d'une histoire qui se révélait à elle. Mae appelait alors un sténographe, puis pendant des heures, tout en restant allongée sur son lit dans un état de transe, elle dictait les choses comme les lui transmettaient les esprits."*[567]

• Marilyn Monroe :

La célèbre sex-symbol du XXème siècle était connue pour entrer dans de profondes transes. Kenny Kingston déclara qu'elle *"attire à elle le monde des esprits pour leur demander des conseils."*[568]

Marilyn Monroe a elle-même déclaré : "Jekyll & Hyde... Plus de deux, je suis tellement de personnes. Elles me choquent parfois, je voudrais qu'il n'y ait que moi !"[569]

Lloyd Shearer a écrit : "Avant chaque prise, Marilyn fermait les yeux et entrait dans une profonde transe."[570]

Voici une célèbre déclaration de Marilyn Monroe : "Hollywood est un endroit où l'on vous paie 50.000 dollars pour un baiser et 50 cents pour votre âme."

• James Dean :

James Dean était un autre adepte connu de l'occultisme. Il a reconnu publiquement : *"J'ai une connaissance plutôt bonne des forces sataniques."*[571]

Son ami proche Dennis Hopper dira de lui : "Il était totalement transformé quand la caméra commençait à tourner. Il devenait soudainement le personnage... D'étranges choses sortaient de lui."

Le conseil de James Dean à Dennis Hooper pour travailler avec le monde des esprits était simple : *"Laisse toi ouvert."*

En effet, James Dean pensait qu'une autre entité l'habitait quand il jouait, il décrit cela ainsi : "comme s'il y avait deux personnes dans la même peau... l'une télescopant l'autre par derrière... celle à l'intérieur semble dériver à la surface de la peau."

---

[567] "Psychic Kenny Kingston's Guide to Health and Happiness" - Kenny Kingston, (Windy Hill), 1984.
[568] *"I still talk to..."* - Kenny Kingston, Valerie Porter, Seven Locks Press, 2000.
[569] "Goddess : The Secret Life of Marilyn Monroe" - Anthony Summers, 1996.
[570] Ibid.
[571] "James Dean, The Mutant King : a Biography" - David Dalton, 2001.

• Peter Sellers

L'acteur britannique Peter Sellers, connu pour son rôle dans la série "La Panthère Rose", a déclaré : "C'est un peu comme si vous étiez un médium et que vous vous ouvrez en grand en disant, je veux qu'un personnage habite mon corps ou qu'il me prenne en charge afin que je puisse produire ce que je souhaite produire."[572]

Lorsqu'on demandait à Sellers : "Entendez-vous sa voix de la même manière que vous entendez la mienne maintenant ?" Il répondait : "Oui absolument, aussi claire que ça. Une voix très claire, comme si quelqu'un parlait mais ici (montrant sa tête). Parfois j'appelle pour recevoir un coup de main et parfois cela arrive comme ça. Ça peut arriver n'importe quand, vraiment n'importe quand. (…) Je joue comme un médium si vous voulez, je laisse le personnage venir à travers moi…"

Peter Evans, le biographe de Peter Sellers, décrira comment "le démon a commencé à habiter son corps. Tout a commencé à changer en lui. Ce n'était pas seulement sa démarche et sa façon de se tenir, ce n'était pas seulement sa voix, mais aussi ses expressions, ses yeux, ses gestes… tout était différent."

• Robin Williams :

En 1999, L'acteur Robin Williams a confié lui-même au journaliste James Kaplan du *US Weekly* qu'il s'ouvrait à la possession lorsqu'il était sur scène : *"Ouais ! Littéralement, c'est comme une possession. Tout d'un coup vous êtes dedans, et alors que vous êtes directement à jouer devant un public, vous recevez cette énergie qui commence à s'écouler en vous… Mais il y a aussi autre chose, c'est la possession, à une époque vous auriez été brûlé pour ça. Mais quelque chose vous donne de la puissance là-dedans. Je veux dire, vous y êtes entièrement… C'est Dr Jekyll & Mr Hyde, vous pouvez réellement devenir cette autre force. Peut-être que c'est pour cela que je n'ai pas besoin de jouer des personnages maléfiques (dans les films), sur scène vous pouvez franchir cette ligne puis en revenir."*

Dans le même article, James Kaplan rajoutera : "Avec un don pour l'imitation et l'improvisation qui frôle la possession démoniaque, Williams pourrait même approcher l'art de son idole Jonathan Winters, un homme dont le génie l'a conduit une fois ou deux à franchir une ligne le menant à la folie."

Robin Williams a été retrouvé suicidé en 2014.

• Leonardo DiCaprio :

La réalisatrice de *Total Eclipse*, Agnieszka Holland, a déclaré à propos de l'acteur Leonardo DiCaprio :

"Leo est comme un médium. Il ouvre son corps et son esprit pour recevoir des messages concernant la vie d'une autre personne."[573]

Le père de Leonardo DiCaprio dira à propos de son fils : "Je pense que Rimbaud était peut-être médium, peut-être était-il visité par des extra-terrestres, et je pense que Leo a aussi cette capacité !"

---

[572] "Peter Sellers : The Mask Behind the Mask" - Peter Evans, 1980.
[573] *"Leonardo DiCaprio"* - Nancy Krulik, 1998.

MK – Abus rituel & Contrôle Mental

Dans son ouvrage "Leonardo DI Caprio : The Modern Day Romeo", Grace Catalano déclare : "Avec Leo, vous pouvez voir une trentaine de personnes émerger de lui en une seule journée."

• Marion Cotillard :

En 2014, l'actrice Marion Cotillard a déclaré qu'elle se sentait possédée par le *fantôme d'Édith Piaf*. Dans une entrevue avec le quotidien britannique *The Guardian*, la comédienne française raconte s'être tellement impliquée dans son rôle d'Édith Piaf qu'elle entendait la voix de la chanteuse et s'est sentie poursuivie par son fantôme pendant huit mois. Elle a dit avoir tout tenté pour s'en débarrasser. *"J'ai tenté l'exorcisme avec du sel et du feu. J'ai aussi voyagé à Bora Bora pour lui échapper. Je suis allée au Machu Picchu au Pérou, j'ai participé à des cérémonies chamaniques pour me nettoyer. Finalement, j'ai réalisé pourquoi je ne pouvais la laisser partir. Elle a été abandonnée par sa mère. Sa plus grande peur était d'être seule."*[574]

➤ Musique :

Pour introduire cette partie, prenons l'exemple du compositeur Giuseppe Tartini, un violoniste italien de l'époque baroque qui a écrit plus de 400 œuvres. Sa pièce la plus célèbre est intitulée *"Devil's Trill Sonata"* (Sonate des trilles du Diable). L'histoire derrière cette création musicale commence dans un rêve… Tartini aurait raconté à l'astronome français Jérôme Lalande que le diable lui était apparu en rêve et lui aurait demandé d'être son serviteur. Dans son rêve, à la fin de la leçon, Tartini aurait remis au diable son violon pour tester son habileté, le diable se mit alors à jouer avec une telle virtuosité que Tartini en a eu le souffle coupé. Lorsque le compositeur se réveilla, il prit immédiatement un crayon et du papier pour noter la sonate du diable, essayant désespérément de récupérer ce qu'il avait entendu dans son rêve. Malgré que sa composition ait été finalement très réussie et adorée du public, Tartini déplora qu'elle fût tout de même encore loin de ce qu'il avait entendu dans son rêve. Ce qu'il avait écrit était, selon ses propres mots *"si inférieur à ce que j'ai entendu, que si je pouvais subsister par d'autres moyens, j'aurais brisé mon violon et abandonné la musique pour toujours."*[575]

Cyril Scott, le *"père de la musique moderne britannique"* était de son vivant un éminent compositeur, poète et écrivain. Il étudiait également la théosophie et s'intéressait à la façon d'utiliser la musique dans l'occultisme. Deux de ses livres *"The Influence of Music on History"* (L'influence de la musique sur l'histoire) et *"Morals and Music : Its Secret Influence Throughout the Ages"* (Morale et musique : leurs influences secrètes à travers les âges) ont été reçus par la canalisation de l'un de ses guides spirituels théosophiques. Dans le deuxième livre, Scott dit que suite aux contacts qu'il a eus avec cet esprit, il a *porté un intérêt particulier pour l'évolution de la musique occidentale*. Scott était convaincu que *les grands initiés* (du monde des esprits)

---

[574] "Marion Cotillard s'estimait possédée par le fantôme d'Édith Piaf" - ici radio-canada.ca, 2014.

[575] "Le Violon : les violonistes et la musique de violon du XVIe au XVIIIe siècle" - Arthur Pougin, 1924, p.106-107.

ont de vastes et importants plans pour l'avenir musical. Quel est ce plan ? Il consiste à utiliser la musique comme un moyen occulte par lequel peuvent se développer des états modifiés de conscience, certaines capacités psychiques ainsi qu'un contact rapproché avec le monde des esprits. Scott explique que *"La musique du futur doit être utilisée pour amener les gens à entrer en contact étroit avec les Devas (esprits), ils seront ainsi en mesure de recevoir l'influence bénéfique de ces êtres en assistant à des concerts au cours desquels un type de son approprié aura servi d'invocation (...) Une musique scientifiquement calculée peut atteindre deux objectifs : Celui d'invoquer les Devas mais aussi de stimuler les facultés psychiques de l'auditeur qui va alors s'ouvrir à l'influence des ces esprits."*

Cyril Scott conclut son livre en citant les paroles de son guide spirituel : "Aujourd'hui, alors que nous entrons dans cette nouvelle ère, nous cherchons, principalement par l'intermédiaire de la musique inspirée, à amorcer l'esprit d'unification et de fraternité, et ainsi accélérer la vibration de cette planète."[576] Nous baignons ici en plein new-âge...

• Elvis Presley :

Dans une des biographies d'Elvis intitulée *"If I Can Dream : Elvis' Own Story"* (Si je peux rêver : la propre histoire d'Elvis), Larry Geller écrit que le célèbre chanteur a lui-même reconnu qu'il recevait l'aide du monde des esprits. Selon Geller, qui était le conseiller spirituel d'Elvis, Presley transportait toujours avec lui des livres quand il voyageait. Parmi ses ouvrages favoris il y avait *"Isis dévoilée"* de la théosophe Helena Blavatsky, *"Autobiographie d'un Yogi"* de Paramahansa Yogananda, *"L'Enseignement Secret de Tous les Âges"* par le franc-maçon Manly P. Hall, *"Guérison Ésotérique"* d'Alice Bailey, *"Aquarian Gospel of Jesus the Christ"* par Levi H. Dowling ainsi que les six volumes de *"Vie et Enseignements des Maîtres de l'Extrême-Orient"* de Baird T. Spalding. Elvis Presley était donc un *"new-âge"* de la première heure, un grand fan de la théosophe Blavatsky qui publiait à une certaine époque la revue *Lucifer*. Il aimait tellement l'ouvrage *"La Voie du Silence"* de Blavatsky, que parfois il en lisait même des morceaux sur scène et il s'en inspira également pour nommer son propre groupe de gospel *"Voice"*.[577]

Le journaliste Steve Dunleavy a rapporté certaines déclarations qu'avait fait le garde du corps d'Elvis, Red West : "Elvis Presley était à cheval sur son micro dans une position très suggestive... il tremblait dans des mouvements compulsifs comme s'il était possédé par l'esprit d'un extra-terrestre." Pour Red West, Elvis était possédé : "Il avait une sorte de pouvoir spécial, il avait des pouvoirs psychiques, Elvis me l'a prouvé de nombreuses fois"[578]

Son biographe Larry Geller a également déclaré : "Elvis croit qu'il travaille sous l'égide des maîtres... et qu'ils l'aident (...) Dans l'esprit d'Elvis, sa vie est dirigée de manière divine par les maîtres et les êtres illuminés, des entités ascensionnées qui ont vécues il y a des temps immémoriaux. Il croyait vraiment qu'il avait été choisi pour être un Christ moderne."

Elvis a admis lui-même : "J'ai toujours senti une main invisible derrière moi. J'entends cette même voix en pensant que c'est celle de mon frère (décédé).

---

[576] "Music and Its Secret Influence Throughout the Ages" - Cyril Scott, 2013.
[577] *"Elvis"* - Albert Goldman, 1981, p.436.
[578] "Elvis : What Happened ?" - Steve Dunleavy, 1977.

C'est ce que je pense. J'entends cette guidance qui dirige toute ma vie. C'est pourquoi je suis ici et que je fais cela. Ce n'est pas par hasard." (…) Elvis déclarait que "sa mission" était d'utiliser son "nom et son influence" pour initier les gens au "monde spirituel" par lequel il était utilisé. Il disait que cette "Voix" l'utilisait comme un "canal" pour toucher des millions de gens à travers le "langage universel de la musique" (…) Un jour dans le futur, nous verrons comment le ministère de Dieu réagira lorsqu'il verra le "vieil âge" qui commencera à s'effondrer… Je suis impatient de voir ce Nouvel Âge…"[579]

D'après Gary Herman, l'auteur de "Rock and Roll Babylon" (2002), Elvis lui-même a "reconnu qu'il y avait une part diabolique dans son succès."

• Little Richard :

Ce célèbre chanteur américain, pionnier du Rock'n Roll, a déclaré : "Le Rock n' Roll ne glorifie pas Dieu. Vous ne pouvez pas boire à la source de Dieu et à la source du diable en même temps. Je suis un des pionniers de cette musique, un de ses constructeurs. Je sais de quoi il est fait parce que je l'ai construit."[580]

Richard a également témoigné : "J'étais dirigé et commandé par un autre pouvoir. Le pouvoir de l'obscurité… Un pouvoir dont beaucoup pensent qu'il n'existe pas. Le pouvoir du diable, Satan (…) Ma véritable opinion à propos du Rock n' Roll, et j'en ai souvent parlé durant ces dernières années, est la suivante : je crois que ce genre de musique est démoniaque… Beaucoup de rythmiques dans la musique d'aujourd'hui viennent du vaudou, des tambours vaudou. Si vous étudiez la musique et ses rythmiques, comme je l'ai fait, vous verrez que c'est une réalité. Je pense que ce style de musique éloigne les gens du Christ. C'est contagieux."[581]

• Jimi Hendrix :

"Je peux expliquer les choses beaucoup plus facilement à travers la musique. Vous hypnotisez ainsi les gens… et quand vous avez des gens au point le plus faible, vous pouvez prêcher dans leur subconscient ce que vous voulez." - LIFE, octobre 1969

"Le seigneur le sait, je suis un enfant vaudou." Jimi Hendrix - Voodoo Chile, 1968

L'intérêt de Jimi Hendrix pour le spiritisme a produit la chanson 'Voodoo Chile'. Kwasi Dzidzornu alias Rocky Dijon, un joueur de conga d'origine ghanéenne et dont le père était prêtre vaudou, qui a souvent joué aux côtés d'Hendrix, a déclaré : *"Une des premières choses que j'ai demandé à Jimi était d'où il tenait le rythme vaudou… Beaucoup des rythmes que Jimi jouait à la guitare étaient très souvent les mêmes rythmes que mon père jouait lors des cérémonies vaudou. La façon dont Jimi dansait au rythme de ce qu'il jouait me rappelait aussi les danses cérémonielles sur les rythmes que mon père jouait pour Oxun, le dieu du tonnerre et de la foudre. Cette cérémonie est appelée "Voodooshi".*"[582]

---

579 "If I Can Dream : Elvis' Own Story" - Larry Geller, 1990.
580 *"The Dallas Morning News"*, Little Richard, 10/1978, p.14A.
581 "The Life and Times of Little Richard" - Charles White, 2003.
582 *"Scuse Me While I Kiss The Sky"* - David Henderson, p. 251.

Pour Hendrix, "Les choses telles que la sorcellerie et l'imagination, qui sont une forme d'exploration, ont été bannies par la société et qualifiées de mal. C'est parce que les gens sont effrayés de découvrir les pleins pouvoirs de leur esprit."[583]

Le producteur de Hendrix, Alan Douglas dira : "Une des plus grandes choses au sujet de Jimi était ce à quoi il croyait… Il croyait qu'il était possédé par un esprit, et je le crois aussi. Nous avons eu à faire face à ça tout le temps (…) il le croyait vraiment et il luttait en permanence."

Sa maîtresse Fayne Pridgeon a déclaré à propos d'Hendrix : "Il avait l'habitude de répéter qu'un diable ou quelque chose de ce genre était en lui, vous savez il ignorait ce qui le faisait agir comme il le faisait et ce qui lui faisait dire ce qu'il disait, les chansons, etc, tout cela sortait juste de lui (…) Il répétait : "Je ne sais pas ce qu'il se passe avec moi. Je ne le comprends vraiment pas." Vous savez il avait l'habitude de s'attraper les cheveux ou encore de rester devant le miroir et de crier. Oh mon Dieu ! c'était tellement triste lorsqu'il criait… Il a peut-être été le premier homme ou peut-être le seul que j'ai vu pleurer, cela me brisait le cœur quand il pleurait ainsi… Il me semblait qu'il était très tourmenté, totalement déchiré et il était vraiment obsédé par quelque chose de très mauvais. Il me demandait parfois : "Comme tu es de Georgie, tu dois certainement connaître quelqu'un qui exorcise les démons."[584]

• Les Beatles :

John Lennon a déclaré : "Quand la vraie musique arrive à moi, il n'y a rien à faire parce que je suis comme un canal. Cela m'est donné et je le retranscris (…) Je me sens comme un temple vide remplit de nombreux esprits, chacun passant à travers moi, chacun m'habitant un petit moment pour ensuite repartir et être remplacé par un autre."[585]

La femme de Lennon, Yoko Ono a également confié : "Ils étaient des médiums, ils n'étaient pas conscients de tout ce qu'ils disaient, mais cela passait à travers eux."[586]

Voici comment Paul Mc Cartney décrit la façon dont il a reçu une de ses plus célèbres chansons : "La musique de "Yesterday" m'est venue dans un rêve. La mélodie était au complet. Vous devez croire en la magie. Moi-même je ne peux même pas lire ou écrire de la musique."[587]

John Lennon dira quelque chose de très similaire : "C'est incroyable, cette mélodie (ndlr : le morceau "In My Life") est arrivée dans ma tête lors d'un rêve. Voilà pourquoi je ne prétends pas savoir quoi que ce soit. Je pense que la musique est très mystique."[588]

Le batteur du groupe, Ringo Starr, a déclaré à propos de la chanson "Rain" : "Je sentais comme si c'était quelqu'un d'autre qui était en train de jouer."

---

[583] *"Jimi"* - Curtis Knight, Prayer Publishers Inc. New York, 1974.
[584] Extrait du film *"Jimi Hendrix"*, interview avec Fayne Pridgeon, citation dans *Heartbeat of the Dragon*, p. 50.
[585] *People* magazine, 22 août 1988, p.70.
[586] "The Playboy Interviews with John Lennon and Yoko Ono", Berkeley, 1982.
[587] Paul McCartney, interview avec Larry King Live, CNN juin 2001.
[588] *"The Beatles Comme Together"* - John Lennon, Reader's Digest, 2001.

L'attaché de presse des Beatles, Derek Taylor, a dit dans une interview au Saturday Evening Post : "C'est incroyable, absolument incroyable. Voilà ces quatre garçons de Liverpool, ils sont durs, ils sont blasphémateurs, ils sont vulgaires, mais ils ont conquis le monde. C'est comme s'ils avaient fondé une nouvelle religion. Ils sont complètement anti-Christ. Je veux dire que je le suis aussi, mais ils le sont tellement qu'ils en arrivent même à me choquer, ce qui n'est pas une chose facile."[589]

Le journal San Francisco Chronicle du 13 avril 1966 publiait cette déclaration de John Lennon : "Le Christianisme est appelé à disparaître, il va diminuer jusqu'à s'évanouir. Je ne tiens pas à en discuter. J'ai raison et l'avenir le prouvera. Nous sommes plus populaires que Jésus-Christ à présent. J'ignore qui des deux disparaîtra le premier, le Rock'N'Roll ou le Christianisme."

• David Bowie :

Bowie qui était un grand admirateur du sataniste Aleister Crowley a déclaré en 1976 au magazine Rolling Stone : "Le Rock a toujours été la musique du Diable (…) Je crois que le rock'n roll est dangereux (…) Je sens que nous ne faisons que proclamer quelque chose de plus ténébreux que nous-mêmes."

Dans son morceau "Quicksand", il chante : "Je suis proche de la Golden Dawn (ndlr : société secrète), revêtu de la tenue de Crowley (…) Je ne suis pas un prophète ou un homme de l'âge de pierre, juste un mortel au potentiel de superhomme."

Dans la biographie d'Angie Bowie (son ex-femme), il est rapporté qu'en 1976, il a affirmé : "Mon intérêt majeur, c'est la Kabbale et Crowley. Ce monde noir et plutôt effrayant du vilain côté du cerveau."

En 1983, dans une interview pour le magazine Musician, David Bowie a déclaré : "J'avais cet intérêt plus que passager pour l'égyptologie, le mysticisme et la Kabbale. À l'époque il semblait parfaitement évident que c'était une réponse à la vie. Ma vie entière se transformait en ce monde fantastique nihiliste bizarre de catastrophe imminente, en caractères mythologiques et en totalitarisme futur."

• Michael Jackson :

L'icône planétaire de la pop culture, Michael Jackson, a déclaré : "J'ai une pièce secrète, cachée par un mur et remplie de miroirs. C'est là que je parle à Lee... c'est là que j'entends sa voix et que je ressens sa présence à mes côtés. Il est comme mon ange gardien. Il m'a même donné la permission d'enregistrer sa chanson fétiche "I'll be seeing you".[590]

Michael Jackson était surnommé *"Bambi"* ou *"Peter Pan"* en raison du fait qu'il ne voulait pas grandir, s'enfermant dans un monde "féérique". Un pays imaginaire illustré notamment dans l'aménagement de son ranch de *Neverland* en un véritable parc d'attraction. Cet homme souffrait énormément, probablement en raison d'une enfance très traumatique.

Voici une autre de ses déclarations très explicite quand au phénomène de possession : "Lorsque je monte sur scène, il y a comme une magie soudaine

---

[589] "Saturday Evening Post", 08/1964, p. 25.
[590] *"Michael Jackson"* - Psychic News, 14/02/1987.

venant de nulle part qui s'empare de moi, et quand l'esprit te saisit, tu perds le contrôle de toi-même."[591]

Lors d'une interview télévisée, Oprah Winfrey l'a interrogé sur cette manie qu'il avait de mettre sa main sur son entrejambe lorsqu'il dansait, Jackson lui a alors répondu : *"C'est un phénomène subliminal. C'est la musique qui me pousse à faire ça, ce n'est pas prémédité, cela se produit spontanément. Je deviens l'esclave du rythme."*[592]

Jackson a également déclaré : "De nombreuses fois lorsque j'étais en train de danser, je me suis senti touché par quelque chose de sacré. Dans ces moments-là, je sens mon esprit s'envoler et je ne fais plus qu'un avec le tout."[593]

Tout comme pour les Beatles, la médiumnité de Michael Jackson passait aussi par les rêves : "Je sors du sommeil et je me dis : Ouah !, retranscrits ça sur du papier. Tout cela est étrange, tu entends des paroles et tout est là devant tes yeux. Je ressens que quelque part, à un certain endroit, tout a déjà été fait et je suis juste un messager qui le transmet au monde." - Rolling Stone, février 1983.

• Jim Morrison :

Le cofondateur et claviériste du célèbre groupe The Doors, Ray Manzarek, a déclaré : "Jim était authentique... Ce n'était pas un "show-man". Il ne faisait pas du divertissement, il était un chaman. C'était un homme possédé."

"En Sibérie, lorsque le chaman est prêt à entrer en transe, tous les villageois sont avec lui et jouent de n'importe quel instrument pour l'aider à entrer en transe... C'est la même chose avec les Doors lorsque nous jouons en concert... Je pense que c'est notre état avec la drogue qui nous fait entrer en transe plus vite... C'est comme si Jim était un chaman électrique et que nous sommes le groupe qui accompagne ce chaman électrique, martelant le tempo derrière lui. Parfois nous ne voulons pas nous mettre dans ces états là, mais la musique martèle encore et encore, et petit à petit cela finit par prendre le dessus..."[594]

Dans un poème, Jim Morrison écrit qu'il a rencontré l'esprit de la musique après une intense décharge d'énergie pour voir une apparition du diable sur un canal de Venise... J'ai vu Satan ou Satyr... Une ombre charnelle de mon esprit secret.[595]

Morrison a reconnu qu'il buvait pour faire taire les voix constantes des démons.

L'ami et le photographe des Doors, Franck Lisciandro a déclaré : "Jim boit pour calmer les incessantes voix des démons, fantômes et autres esprits qui demandent leur libération... Il boit parce qu'il y a des démons et des voix qui hurlent dans sa tête et il a trouvé une manière de les réprimer avec l'alcool."[596]

• Carlos Santana :

---

[591] "Teen Beat : A tribute to Michael Jackson", 1984.
[592] *"The Evening Star"* - Oprah Winfrey interview Michael Jackson, 1993.
[593] *"Dancing The Dream"* - Michael Jackson, 1992.
[594] *"No One Here Gets Out Alive"* - Jerry Hopkins and Daniel Sugerman, 1995, p. 157-60.
[595] "Jim Morrison Search for God" - Michael J. Bollinger, 2012.
[596] "Break On Trought : The Life and Death of Jim Morrison" - Riordan & Prochnicky, 2006.

Santana a déclaré qu'il canalisait un esprit pour créer sa musique, dans un article du magazine *Rolling Stone* paru en mars 2000, nous pouvons lire : *"Metatron est un ange. Santana a été régulièrement en contact avec lui depuis 1994. Carlos s'assoie là face au mur, les bougies allumées, un bloc-notes jaune à côté de lui, ainsi prêt pour les communications qui vont venir (…) C'est un peu comme de recevoir des fax (…) Vous méditez avec des bougies et de l'encens et vous chantez… et tout d'un coup vous entendez cette voix qui dit : "Écris ceci…" (…) Metatron veut quelque chose de moi, et je sais exactement ce que c'est. Les gens qui écoutent de la musique sont connectés à un niveau supérieur d'eux-mêmes. C'est pourquoi je prends beaucoup de plaisir avec cet album, parce que c'est une invitation personnelle de ma part pour les gens : rappelez-vous votre divinité (…) L'énergie des anges et des démons est la même énergie, cela dépend de comment vous l'utilisez. C'est un carburant (…) Il y a une station de radio invisible que Jimi Hendrix et Coltrane captaient, et lorsque vous l'avez captée, vous canalisez cette musique."*

Santana a aussi déclaré :"Parfois, il m'arrive de faire des trucs à la guitare que je ne savais même pas savoir-faire. En réalité, je ne sais pas le faire, ces trucs passent à travers moi. C'est un des états les plus élevés que quelqu'un puisse atteindre."

• John Mc Laughlin :
John Mc Laughlin du Mahavishnu Orchestra a témoigné : "Une nuit nous étions en train de jouer, et soudainement l'esprit est entré en moi, et j'ai joué… mais ce n'était plus moi qui jouait." - Circus, avril 1972

"Lorsque je laisse l'esprit me posséder, c'est un plaisir intense. Mon rôle en tant que musicien est de rendre chacun conscient de sa propre divinité." - Newsweek, mars1972

• Les Rolling Stones :
Keith Richards des Rolling Stones n'a pas seulement déclaré : *"Nous recevons nos chansons par l'inspiration comme à une séance* (ndlr : de spiritisme)*"*, mais il a déclaré au *Los Angeles Times* que sa chanson *"Demon"* était auto-biographique et que lui-même était possédé par quatre démons. Dans le morceau *"Demon"* Richards chante : *"C'est comme une messe. Démon en moi, démon en moi. Ça vit en moi, le démon en moi."*

• Led Zeppelin :
Le célèbre Jimmy Page, qui était un fervent disciple du sataniste Aleister Crowley, croyait être utilisé comme un véhicule par des esprits démoniaques. D'autres membres du groupe Led Zeppelin ont reconnu qu'ils subissaient une "écriture automatique" : *"Il* (ndlr : Robert Plant) *disait souvent qu'il pouvait sentir sa plume poussée par une autorité supérieure."*[597]

Robert Plant et Jimmy Page affirment tous les deux qu'ils ne savent pas qui a écrit leur chanson culte / occulte *"Stairway to Heaven"* (escalier vers le paradis). Robert Plant a déclaré à ce sujet : *"Pagey avait écrit les accords et il les jouait pour moi. Je tenais donc cette feuille de papier avec un crayon, et pour une raison quelconque, j'étais d'une très*

---

[597] *"Hammer of the Gods"*, Stephen Davis, 2001, p. 262.

mauvaise humeur... Puis tout d'un coup ma main s'est mise à écrire des mots... Je me suis ensuite assis en regardant ces mots et je suis presque tombé de mon siège.[598]

• Brian Wilson :

Le compositeur des plus grands succès des Beach Boys a dit une fois : "Nous faisons de la sorcellerie, nous essayons de faire de la musique-sorcellerie."[599]

Wilson reconnaissait ouvertement qu'il était lui aussi tourmenté par des voix dans sa tête. Nick Kent a écrit à son propos : "Ces voix dans sa tête, elles ne disent rien de distinct, c'est un murmure sombre et fantomatique dans les cavités profondes de son cerveau."[600]

Brian Wilson était un ami du criminel sataniste Charles Manson, il dira même à son sujet : "Le sorcier c'est Charley Manson, qui est un de mes amis. Il pense qu'il est Dieu et le Diable. Il chante, joue et écrit des poèmes et sera peut-être un jour un artiste pour la Brother Records."[601]

Le président de la maison de disque *Warner Brothers Records*, Larry Waronker déclara qu'il avait rencontré au moins cinq différentes personnalités qui habitaient le corps de Brian Wilson :*'Il y a beaucoup de personnes ici, j'ai rencontré cinq personnalités différentes."* - *Rolling Stone*, août 1988

• Fleetwood Mac :

La chanteuse des Fleetwood Mac, Stevie Nicks, qui a été surnommée "la prêtresse blonde de l'occulte" par le magazine Rolling Stone a un jour déclaré : "C'est incroyable, parfois lorsque nous sommes sur scène, je ressens comme si une présence venait déplacer les pions... Nous n'avons pas le contrôle là-dessus et c'est quelque chose de magique." - Circus, avril 1971

• Kurt Cobain :

Dans son livre intitulé "Kurt Cobain", Christopher Sandford a écrit : "Kurt avait beaucoup de démons intérieurs, beaucoup de faiblesse et de problèmes physiques (...) C'était une personnalité timide et à la fois agressive, il a lutté contre les démons qui le harcelaient et le tourmentaient." En avril 1994, Kurt Cobain, héroïnomane, se suicidait d'une balle dans la tête en laissant une lettre d'adieu adressée à Boddah, son ami imaginaire de l'enfance... Kurt Cobain est désigné comme faisant parti du triste "club des 27" (Forever 27 Club), désignant de célèbres musiciens morts à l'âge de 27 ans, tels que Brian Jones, Jimi Hendrix, Janis Joplin et Jim Morrison.

• Tori Amos :

La chanteuse Tori Amos a déclaré : "Je pense que la musique vient d'autres dimensions, il serait arrogant de penser que vous pouvez créer une musique simplement par vous-même, il y a une co-création qui se passe. Je ne sais pas avec

---

[598] Ibid.
[599] "The Dark Stuff : Selected Writings on Rock Music" - Nick Kent, 2002.
[600] Ibid.
[601] Ibid.

qui, mais c'est un fait que nous avons tous accès à ce robinet (…) Je ressens cela comme quelque chose de très agréable qu'ils viennent et utilisent mon corps pour transmettre ce qu'ils veulent. C'est une énergie, une force qui arrive et qui vient me visiter."[602]

Tori Amos a confié dans le magazine SPIN en 1996 : "Je veux me marier avec Lucifer (…) Je ne considère pas Lucifer comme une force du mal (…) Je ressens sa présence et sa musique. Je ressens comme s'il arrivait et qu'il s'asseyait sur mon piano." Elle a même écrit une chanson intitulée "Father Lucifer" qui commence par ces mots : "Père Lucifer, tu n'as jamais semblé aussi sain d'esprit..."

• D'Angelo

En juin 2012, le chanteur D'Angelo a déclaré au magazine GQ : "Vous savez ce qu'ils disent à propos de Lucifer, avant qu'il n'ait été chassé ? Chaque ange a sa spécialité qui est louée. Ils disent qu'il peut jouer de tous les instruments avec seulement un doigt et qu'alors la musique est tout simplement géniale. Il était d'une beauté exceptionnelle, Lucifer, l'ange qu'il était. Mais ensuite, il est descendu en enfer. Lucifer était redoutable. Il y a des forces qui sont actives et je ne pense pas que beaucoup de ces enfoirés qui font de la musique aujourd'hui soient au courant de ces choses là. C'est profond, je l'ai ressenti, j'ai senti des forces extérieures qui m'influençaient. C'est un outil médiumnique très puissant dans lequel nous sommes impliqués. J'ai appris à un très jeune âge que ce que nous chantions dans les choeurs était tout aussi important que le travail du prédicateur. Le chant est un ministère en lui-même. La scène est notre chaire, nous pouvons utiliser toute cette énergie ainsi que la musique, les lumières, les couleurs et le son. Mais vous devez être prudent..."

En 2014, lors du *Red Bull Music Academy Festival* à New-York, D'Angelo a donné une interview à Nelson Georges dans laquelle il dit bien que c'est *"l'esprit"* qui s'infuse en lui dans le processus artistique. Le chanteur dit qu'il *s'abandonne à une force supérieure et devient un médium par lequel cet "esprit" travaille.* Reste à savoir de quelle nature est cet esprit...

• Nicki Minaj :

"Quand j'écris du rap, mon cerveau ne réfléchis pas, il ne réfléchit pas du tout. Tu as juste à laisser faire sans réfléchir et ça arrive comme ça" ... Cette affirmation peut en effet prêter à sourire venant de la bimbo Nicki Minaj...

En 2010, dans le documentaire *"My Time Now"* diffusé sur *MTV*, Nicki Minaj a déclaré lors d'une sortie de scène suite à un concert, quand on lui demande comment elle va : *"Je ne sais même pas ! J'étais comme en transe tout le temps !"*

• Beyoncé :

En 2004, le magazine *Rolling Stone* publiait un article intitulé : *"Beyonce : une femme possédée - Beyonce est tenue par un esprit si puissant qu'il a même un nom : Sasha !"*. Comme nous l'avons précédemment vu dans ce chapitre, il s'agit de sa personnalité alter nommée *Sacha Fierce* vivant à *l'intérieur d'elle.*

---

[602] *Axcess* magazine Volume 2, Issue 2; p.49.

Beyoncé parle elle aussi de ses états de transe lorsqu'elle est sur scène, dans une interview donnée au magazine *Marie Claire* en 2008, elle a décrit ce qui semble être une transe dissociative lors des concerts : *"J'ai des expériences hors du corps. Si je me blesse la jambe ou si je tombe, je ne sens rien. Je suis dans un état spécial, je ne fais même plus attention à mon corps ni à mon visage."*

En 2013, Beyoncé a confié à Amy Wallace du magazine GQ : *"C'est comme un black-out (ndlr : amnésie). Lorsque je suis sur scène, je ne sais pas ce qu'il se passe : je suis ailleurs."* L'article conclu par une citation de la star : *"Je suis bien plus puissante que ce que mon esprit peut assimiler ni même comprendre."*

Dans une interview de 2010 sur la chaîne de télévision BET, Beyoncé a déclaré : *"Sasha est mon alter-ego. Lorsque les gens me rencontrent et me parlent, ils s'attendent habituellement à voir Sacha, mais je suis en fait beaucoup plus réservée qu'elle, cela n'a rien à voir. Dans les loges, je ne suis plus là car c'est Sacha qui émerge, elle peut faire certains trucs que je serais normalement gênée de faire, même si j'essaye de me comporter de cette manière, ça ne marche pas, par moi-même ça ne marche pas. Je me rappelle aussi que juste avant de monter sur scène, j'ai levé mes mains au ciel et c'est comme si quelque chose entrait en moi et c'est alors que j'ai su que j'allais remporter un BET Award."*

• Ke$ha :

Ke$ha a déclaré qu'elle avait vécu plusieurs expériences surnaturelles ayant influencé son album intitulé *"Warrior"* (Guerrier). Lors d'une interview accordée à Ryan Seacrest, elle a révélé avoir *"fait l'amour avec un fantôme"* (incube : un démon mâle qui est censé prendre corps pour abuser sexuellement d'une femme endormie) en précisant que cette relation sexuelle lui avait inspiré son dernier single *"Supernatural"* : *"C'est une chanson sur des expériences surnaturelles... mais érotiques. J'ai eu quelques expériences avec le surnaturel... Je ne connais pas son nom, c'était un fantôme ! Je suis très ouverte sur le sujet.".*

• Lady Gaga :

Lady Gaga a appris par sa mère que les rêves étranges et autres cauchemars étaient peut-être des rituels secrets... Gaga a révélé que ses cauchemars lui inspiraient sa musique, ses clips et ses performances. En 2010, elle a confié au magazine *Rolling Stone* un rêve effrayant qu'elle fait de façon récurrente : *"Ce fantôme m'entraîne dans une pièce, et là il y a une jeune fille blonde dont les bras et les jambes sont écartelés par des cordes... Je ne la vois jamais se faire découper, mais je la regarde gémir. Puis le fantôme me dit : "Si tu veux que j'arrête de lui faire du mal et si tu veux que ta famille soit saine et sauve, tu dois te couper le poignet." Je pense qu'il doit avoir un outil coupant de malade. Et il y a ce miel... Il veut que je mélange ce miel dans une crème pour ensuite l'étaler sur la plaie et le pansement. Lorsque je sors de ce rêve, j'ouvre les yeux et il n'y a rien de cela autour de moi... Et ma mère qui me disait alors : "Ne serait-ce pas un rituel illuminati ?"*

Gaga a confié s'être tournée vers son ami et conseiller spirituel, le célèbre Deepak Chopra, pour l'aider à interpréter un rêve dans lequel elle mange un cœur humain...

- C'est terrifiant ! Le diable essaie de me prendre... Deepak, je suis une gentille fille !

- Vous êtes très créative ma Gaga. Vous devriez mettre cela en scène dans un clip vidéo…

- Je suppose qu'à sa manière, il m'apprend à respecter et à honorer ma folie. Cela fait partie de ce que je suis (…) Je fais des rêves morbides mais je les mets en spectacle. Beaucoup de mon travail est un exorcisme pour les fans, mais pour moi aussi."[603]

La jeune chanteuse Gaga a expliqué au magazine *Vanity Fair* qu'elle pense que l'esprit de sa tante décédée est à l'intérieur d'elle… Pour elle, l'esprit de sa tante Joanne a été "transféré" dans l'utérus de sa mère, elle déclare : *"Quand je suis née, c'est presque comme si je continuais son travail inachevé. Elle était poète et avait le cœur pur, c'était une belle personne. Elle est morte vierge (…) Et l'un de mes guides m'a dit qu'il pouvait sentir que j'avais deux cœurs dans ma poitrine, et c'est bien ce que je pense aussi."*[604]

En 2011, Gaga a également déclaré au magazine *Bazaar* que ce n'est pas elle qui a écrit sa chanson *"Born This Way"*, mais que c'est le créateur de mode britannique Alexander McQueen, aujourd'hui décédé, qui lui a transmis les paroles depuis le monde des morts. En effet, Lady Gaga et McQueen, qui s'est suicidé en 2010, étaient des amis proches : *"Tout est planifié, juste après sa mort j'ai écrit 'Born This Way'. Je pense qu'il est au ciel tirant les ficelles de la mode, faisant le marionnettiste et planifiant tout cela."*… Déclare la Gaga…

Un article du *Herald Sun* de 2010 rapporte que Lady Gaga croit qu'elle est hantée par un fantôme nommé "Ryan" et qu'il la suit partout à travers le monde lors de ses tournées. Elle a déclaré que cette présence constante la terrifiait. Un membre de son équipe a rapporté au journal *Daily Star* : *"Elle nous dit depuis des mois qu'il y a un fantôme appelé "Ryan" qui parcourt le monde avec elle (…) Il n'a rien fait de spécialement violent ou d'effrayant, mais elle flippe de sa présence. Elle est très spirituelle et c'est une personne en harmonie avec le monde spirituel, mais tout cela va un peu trop loin, même pour elle."*

Gaga aurait même contacté un médium et organisé une séance pour communiquer avec l'entité et lui dire de s'en aller. Lady Gaga semble obsédée par le monde des esprits, à 24 ans elle avait déjà dépensé des dizaines de milliers de dollars chez les "chasseurs de fantômes", notamment dans un appareil mesurant les champs électromagnétiques pour détecter les esprits…[605]

• Pour conclure :

Nous constatons de façon accablante que de nombreuses célébrités mondiales sont de véritables épaves émotionnelles, psychologiques et spirituelles, menant ou ayant mené une vie de débauche chaotique, morbide et destructrice. Beaucoup des plus grandes stars mondiales finissent par mourir avant l'âge et dans des circonstances similaires (la nature officielle du décès étant parfois à prendre au conditionnel dans ce genre de cas), en voici quelques exemples :
- Whitney Houston : "overdose"
- Heath Ledger : "overdose"

---

[603] "The Broken Heart and Violent Fantasies of Lady Gaga" - Neil Strauss, Rolling Stone, 2010.
[604] "Lady GaGa : My aunt lives inside me" - digitalspy.co.uk, 2010.
[605] "Lady Gaga holds a seance to get rid of ghost" - Herald Sun, 11/2010.

- Phillip Seymour Hoffman : "overdose"
- Jim Morrison : "overdose"
- David Carradine : "asphyxie"
- Michael Jackson : "overdose"
- Robin Williams : "asphyxie"
- Cory Monteith : "overdose"
- Kurt Cobain : "balle dans la tête"
- Jimi Hendrix : "overdose"
- Janis Joplin : "overdose"
- Marilyn Monroe : "overdose"
- Anna Nicole Smtih : "overdose"
- Amy Winehouse : "overdose"
- Brittany Murphy : "overdose"
- etc...

Les troubles de l'alimentation, les troubles obsessionnels compulsifs (TOC), les troubles bipolaires et *borderline*, les troubles de la personnalité histrionique (narcissique), les dépressions et les troubles dissociatifs de l'identité composent la palette des tristes états psychologiques des célébrités de l'industrie du divertissement. Qu'ont-ils toutes et tous en commun pour souffrir autant ? Quelle est la source de ce mal-être ?

Le psychothérapeute et sexologue français Patrick Dupuis nous éclaire peut-être sur cette question avec ce qu'il nomme la *"Violence Initiale"*, c'est à dire la source qui génère la perversité, la violence et l'autodestruction : *"Sans vent, pas de tempête, sans traumatismes infantiles, pas de dépression, pas de phobies, pas de perversions. Aucun système pulsionnel naturel n'est capable à lui seul d'engendrer de la violence sans être soumis à une contrainte violente (abus, forçage, emprise, pression) venant de l'entourage... L'homo sapiens n'a pas d'instinct de destruction ni de pulsion de mort, pas plus qu'aucun animal vivant sur terre. Il a seulement un instinct de construction qui est réversible en son contraire sous l'effet d'un choc traumatique. Le dispositif psychique que j'appelle instinct de construction (de soi et du monde) est réversible en son contraire (en instinct de destruction) sous l'effet de perturbations environnementales graves qu'on appelle traumatismes infantiles. Le terme de perversion décrit bien ce processus d'inversion, qui est un processus dynamique (et non une propriété naturelle de perversité), mais la plupart du temps on ne rattache pas le comportement violent ou pervers à la violence qui l'a généré, et ceci faute d'une théorisation valable du processus, et aussi en raison de la loi du silence qui pèse encore sur ce type de violences cachées."*[606]

Ce chaos et ce mal-être omniprésents dans l'industrie du divertissement trouvent forcément leur source dans un passé traumatique mais aussi par une relation étroite avec l'occultisme et le monde des esprits.

Les traumatismes infantiles sont-ils le prix à payer pour accéder au génie créatif, à certains pouvoirs psychiques, à la capacité de s'ouvrir facilement au monde des esprits par la dissociation et la possession, pour au final accéder à la gloire ? Un enfant ayant été consacré à Satan depuis sa naissance, ayant subi des abus rituels traumatiques répétitifs, devient malgré lui étroitement lié aux démons... Il naviguera entre le monde des humains et le monde des esprits dans

---

[606] *"La violence initiale"* - Patrick Dupuis, mondesfrancophones.com, 2010.

des états dissociatifs, des états altérés de conscience causés par les drogues, l'alcool, la musique, mais aussi la violence sur lui-même ou sur autrui…

Son fractionnement de personnalité et sa programmation MK ne feront que renforcer sa capacité à canaliser l'inspiration provenant d'un *"Au-Delà"* afin de servir ici-bas de médium-relais, faisant ainsi avancer l'agenda pour l'établissement du règne luciférien. Un humain qui est consacré à Lucifer/Satan depuis sa naissance, qui est dissocié et fractionné par les traumas, est grand ouvert à la possession démoniaque (qui n'implique pas forcément *de marcher au plafond et de cracher des clous*), il fera office d'esclave humain pour transmettre la culture luciférienne sur cette terre via le meilleur outil : l'industrie du divertissement… Cela sans échapper au chaos intérieur, à l'autodestruction et au sacrifice final de l'esclave. Le Prince de ce monde a besoin d'agents/esclaves au sol pour influencer efficacement l'humanité dans son ensemble, pour transmettre la doctrine - sous-culture luciférienne - et pour cela l'industrie du divertissement est la plateforme de propagande par excellence.

c/ Le pacte avec le diable ?

Plusieurs célébrités ont déclaré publiquement avoir littéralement *vendu leur âme au diable* pour la gloire et la fortune… Tout ceci peut évidemment prêter à sourire car le monde profane est aujourd'hui totalement hermétique à ces idées-là.

Le livre de Joseph Niezgoda *"The Lennon Prophecy, A New Examination of the Death Clues of the Beatles"* a reconstitué un puzzle pour démontrer que John Lennon aurait fait un pacte avec Satan en échange de la gloire et de la fortune. Joseph Niezgoda, un fan des Beatles de la première génération, qui a lu la totalité des livres parus sur le célèbre groupe de rock, y a bien décelé un amour de la musique, mais aussi un certain amour pour Satan…

Niezgoda introduit son livre avec la célèbre citation de Lennon faite à son ami Tony Sheridan au milieu des années 60 : *"J'ai vendu mon âme au diable"*. Puis il décrit comment ce groupe de musiciens composé de jeunes anglais lambda a fini par accéder à la gloire mondiale…

Niezgoda cite la date du 27 décembre 1960 comme étant le commencement du pacte. Cette nuit-là, les Beatles jouaient au *Town Hall Ball Room* à Litherland en Angleterre. À cette époque, Lennon n'était qu'un simple chanteur de rock de vingt ans au sein d'un groupe médiocre comparable à beaucoup d'autres groupes. Mais ce soir-là, les Beatles ont provoqué une réaction incroyable du public, une réaction complètement différente des autres fois : alors qu'ils jouaient, la foule a bondi de façon inattendue sur la scène et toutes les filles ont commencé à devenir hystériques. Cela n'était jamais arrivé auparavant mais c'est un comportement qui deviendra systématique par la suite. C'est ainsi que du jour au lendemain, la *Beatlemania* est née. Les quatre jeunes musiciens et chanteurs ont retenu cette nuit-là comme étant le tournant de leur carrière. Le pacte avait-il été conclu lors du solstice d'hiver quelques jours auparavant ? Préparant ainsi la foule pour cette réaction totalement exagérée du 27 décembre ? Une date retenue comme étant *"l'anniversaire de la Beatlemania"*.

Niezgoda note aussi que ce concert marque le début d'un comportement ouvertement anti-chrétien de John Lennon. Plusieurs biographies de Lennon rapportent de nombreuses profanations réalisées publiquement, sans but apparent, si ce n'est que pour blasphémer Jésus-Christ.

Vingt ans plus tard, le neuf décembre 1980, Mark David Chapman tira cinq coups de revolver sur John Lennon devant le célèbre immeuble Dakota de New-York, où lui et sa femme Yoko Ono avaient un appartement (au même étage où a été tourné l'occulte film *Rosemary's Baby* de Roman Polanski). Lennon décèdera peu de temps après cette attaque. Mark Chapman déclara plus tard qu'il avait été chargé de tuer Lennon par une *"voix dans sa tête"* qui insistait en martelant : *"Fais-le, fais-le, fais le…"*. Cinq ans plus tard, en prison, Chapman a demandé à recevoir un exorcisme par un prêtre, il déclara ensuite qu'il avait été délivré de cinq ou six démons.

Une grande partie du livre de Niezgoda mène une enquête sur les "indices" laissés par les Beatles eux-mêmes sur les pochettes d'albums et dans leur musique. Des indices qui mènent vers l'occultisme. Pour étayer sa thèse, Niezgoda s'est documenté sur la sorcellerie, le mysticisme, la numérologie, les anagrammes, etc. Il affirme que des indices annonçant la mort de Lennon sont révélés dans les pochettes d'albums de *Rubber Soul, Yesterday and Today, A Collection of Beatles Oldies, Sgt. Pepper's Lonely Hearts Club Band, Yellow Submarine, Magical Mystery Tour,* mais aussi dans les albums solo de Lennon comme *Imagine* et *Walls and Bridges*.

La couverture de l'album des Beatles *"Yesterday and Today"*, sorti en 1966, ne révèle rien sur la mort de John Lennon, mais il montre explicitement que le groupe était impliqué dans le satanisme. Cette couverture surnommée *"La couverture du boucher"*, montre les Beatles posant en blouse blanche de boucher avec de gros morceaux de viande crue sur leurs genoux, ainsi qu'un mannequin de bébé décapité… Cette photo très glauque fait clairement référence aux sacrifices d'enfants lors des rituels sataniques. Il ne s'agit pas là d'une œuvre artistique avant-gardiste ou d'une mauvaise farce, comme le prétendent certains fans des Beatles.

Niezgoda rapporte également certaines paroles de chansons qui révèlent la prédiction mystérieuse de la mort de John Lennon, ainsi que sa connexion avec Satan. Ses chansons lui ont souvent été transmises dans ses rêves, notamment celles qui ont eu le plus de succès. Dans l'une de ses dernières chansons, *"Help me to help myself"* (Aidez-moi à m'aider moi-même), il semblerait qu'il se soit rendu compte que son heure était arrivée. La chanson commence par ces paroles : *"Eh bien, j'ai essayé si durement de rester en vie, mais l'ange de la destruction continue à me harceler de partout. Mais je sais dans mon cœur que nous ne sommes jamais vraiment partis…"*. À la fin de la chanson, on peut entendre Lennon murmurer : *"Je vois, je vois. C'est ainsi que vous allez le faire, ok."* Comme le souligne Niezgoda, il n'y a rien dans son livre qui ne soit pas déjà dans le domaine public. Tout ce qu'il a fait, c'est de relier les éléments entre eux afin de révéler la question de l'occultisme et la forte probabilité que les Beatles aient reçu une aide surnaturelle dans leur ascension vers la gloire.[607]

En décembre 2004, le célèbre Bob Dylan a donné une interview à Ed Bradley pour l'émission de télévision *60 Minutes* (CBS), en voici quelques extraits :

---

[607] "John Lennon's Pact with Satan" - Margaret C. Galitzin / The Lennon Prophecy - Joseph Niezgoda.

- Bradley : Pourquoi continuer ? Pourquoi êtes-vous toujours là ?

- Dylan : C'est une question de destinée, j'ai fait une bonne affaire avec elle… il y a longtemps et… j'arrive au bout.

- Bradley : De quelle affaire s'agit-il ?

- Dylan : Pour en arriver là où j'en suis maintenant.

- Bradley : Pourrais-je vous demander avec qui avez-vous fait cette "bonne affaire" ?

- Dylan : (rires) Avec… Vous savez, le commandant en chef.

- Bradley : … de cette terre ?

- Dylan : De cette terre, et du monde que nous ne pouvons pas voir.

Ici, lorsque Bob Dylan parle du *commandant en chef*, il se réfère à Lucifer commandant en chef des anges déchus (démons), le Prince de ce monde. Une interview édifiante dans laquelle il déclare également :

- Bradley : Vous arrive-t-il de regarder en arrière vos productions et de vous dire : "Ouah ! Cela me surprend !"

- Dylan : J'avais l'habitude de le faire mais je ne le fais plus. Je ne sais pas comment j'en suis arrivé à écrire ces chansons.

- Bradley : Que voulez-vous dire par là ?

- Dylan : Toutes ces premières chansons ont été écrites comme par magie… "Darkness at the break of noon, shadows even the silver spoon, a handmade blade, the child's balloon" (ndlr : paroles introduisant le célèbre morceau de Dylan "It's All Right, Ma") Et bien essayez de vous asseoir et d'écrire un truc pareil, il y a une magie là-dedans… et ce n'est pas le type de magie à la Siegfried et Roy (ndlr : deux célèbres artistes magiciens-illusionnistes), vous voyez ? C'est un autre type de magie pénétrante. Et vous savez, je l'ai fait, je l'ai fait pendant un certain temps.

Le célèbre rappeur Kanye West a déclaré sur scène : "J'ai vendu mon âme au diable, je sais que c'est un deal pourri, mais ça vient avec quelques surprises comme dans un "happy meal".

Katy Perry a ironisé lors d'une interview : *"Je voulais être la "Amy Grant" de la musique. Mais ça n'a pas marché, alors… j'ai vendu mon âme au diable."* …. Elle a aujourd'hui le statut de star mondialement reconnue, dont un clip en particulier qui se réfère directement à la programmation MK, nous y reviendrons plus loin.

Roger Morneau, l'auteur de *"A Trip Into the Supernatural"* (Un voyage dans le surnaturel) a fréquenté pendant plusieurs années une secte canadienne impliquée dans le spiritisme et l'adoration des démons. En 1995, lors d'un entretien vidéo avec Dan & Karen Houghton du *Hart Research Center*, Morneau a rapporté les paroles d'un célèbre musicien de jazz avec lequel il dînait lors d'une soirée :

"Si je veux la puissance, je vais directement à sa source. Comment penses-tu que je suis devenu aussi célèbre ?" Je lui ai alors répondu : "Tu dois avoir de la chance." Il déclara alors : "La chance, ça n'existe pas. Soit il y a une certaine puissance qui travaille pour toi quelque part, soit tu n'avances pas dans ce monde…" Ensuite on a parlé de la vénération des esprits (…) Il m'a dit que les soi-disant esprits des morts sont des démons. "Ils sont des anges déchus, des beaux êtres (…) Nous vénérons des esprits. Nous vénérons Lucifer et tous ses anges. Ils sont tous aussi beaux qu'au moment où ils furent chassés du Ciel (…) Donc nous sommes dans une guerre, le bien contre le mal. Nous sommes les méchants, mais nous ne sommes pas si mauvais. Je vois cette affaire comme les forces du bien et du mal, une personne croit en Dieu, l'autre croit en Lucifer, c'est comme de la politique."

L'ancienne star du porno, Shelley Lubben, a témoigné dans l'émission 700 Club (Out of Pornography and Into the Light - CBN) : "Aussitôt que la caméra commençait à tourner, c'était comme si Satan venait à moi... Je pouvais presque voir le diable me dire : "Tu vois Shelley, tout le monde va t'aimer maintenant, je vais te rendre célèbre". Le producteur s'étonnait : "Où as-tu trouvé cette fille ?" Je suis alors immédiatement passée du statut d'amateur à celui de professionnelle tournant des films pour adultes avec des stars du porno. Cela me détruisait, j'avais perdu ma féminité, j'ai perdu toute ma personnalité dans le porno."

Voici ce qu'elle rapporte concernant son premier jour de tournage en 1992 : "Dès que je suis entrée, j'ai eu l'impression qu'une sombre présence satanique m'envahissait. C'était terrifiant, sombre, cela n'avait rien à voir avec la prostitution. Je savais que j'étais dans le territoire de Satan. C'était comme la dernière frontière de Satan. Je me disais : "Oh mon Dieu, je ne peux pas croire que je vais le faire." Shelley alla jusqu'au bout et sa carrière décolla, la célébrité et l'argent devinrent vite une obsession....

4 - MARILYN MONROE : PREMIÈRE ESCLAVE D'HOLLYWOOD
SOUS CONTRÔLE MENTAL

Marilyn Monroe est peut-être la figure la plus emblématique de la culture américaine et le sex-symbol le plus facilement identifiable de tous les temps. Cependant, derrière le sourire photogénique de Marilyn il y avait une personne fragile qui fut exploitée et soumise à un contrôle de l'esprit par de puissants "maîtres".

Marilyn Monroe est le sex-symbol ultime, incarnant tout ce que représente Hollywood : glamour et tape-à-l'œil. Son personnage emblématique de blonde sensuelle a révolutionné pour toujours l'industrie du cinéma, et aujourd'hui encore, cette icône influence grandement la culture populaire.

Alors que Marilyn représente tout ce qui est glamour à Hollywood, la perturbante histoire de sa vie privée représente également tout le côté obscur d'Hollywood... Marilyn a été effectivement manipulée par des "médecins de l'esprit" de haut niveau qui contrôlèrent tous les aspects de sa vie et qui lui dérobèrent en fait son âme. Sa mort, à l'âge précoce de 36 ans est l'une des premières *"mystérieuse mort d'une célébrité"* de la culture populaire. Alors que de nombreux faits orientent vers un meurtre, sa mort est toujours classifiée comme *"suicide probable"*.

Alors que de nombreux biographes expliquent que les malheurs de Marilyn ont uniquement pour origine des "problèmes psychologiques", l'assemblage des faits de sa vie combiné avec la connaissance du côté obscur d'Hollywood révèlent quelque chose d'encore plus sombre : Marilyn Monroe fut l'une des premières célébrités soumise au contrôle mental Monarch. Par des traumas et un programme psychologique, Marilyn devint petit à petit une marionnette de haut niveau pour l'élite américaine, elle devint même le mannequin présidentiel de JFK.

Lorsque la programmation de Monroe s'est détériorée et qu'elle a commencé à sombrer, certains affirment qu'on l'a *"jetée du train de la liberté"*, le terme désignant les esclaves qui sont éliminés quand ils ne sont plus utiles à leurs maîtres (et potentiellement dangereux en raison des révélations qu'ils pourraient faire).

Marilyn, de son vrai nom Norma Jeane, fut déclarée pupille de l'état à l'âge de 11 ans. Elle ne connut jamais son père et sa mère était psychologiquement très instable. La petite fille est donc passée dans de nombreuses familles d'accueil, des orphelinats et autres foyers. Des placements lors lesquels elle a subi des maltraitances mais aussi des abus sexuels. Cette jeunesse instable et traumatisante a fait d'elle une candidate idéale pour du contrôle mental, notamment une programmation Bêta (l'esclavage sexuel). Ces enfants qui n'ont plus de famille sont des proies faciles, ils sont à la merci d'adultes non identifiables et sont donc des cibles pour le Réseau.

Norma Jeane a débuté sa carrière comme strip-teaseuse à Los Angeles, c'est là qu'elle fut mise en relation avec un certain Anton LaVey (qui fondera plus tard l'Église de Satan). Selon Fritz Springmeier, LaVey était lui-même un programmeur MK et la jeune Norma Jeane devint l'une de ses esclaves sexuelles, tout comme Jayne Mansfield (actrice et chanteuse). Mansfield et Monroe avaient beaucoup de choses en commun : elles étaient toutes les deux des "blondes pulpeuses", ce modèle de femmes à qui l'on attribue la sexualisation de Hollywood ; toutes les deux ont travaillé (*playmates*) pour le magazine *Playboy* ; toutes les deux eurent une "aventure" avec le sataniste Anton LaVey ; toutes les deux eurent une "aventure" avec Robert F. Kennedy et JFK (l'aventure étant en réalité de jouer le rôle de "mannequins présidentiels") ; toutes les deux moururent dans leur trentième année.

C'est lorsqu'elle est entrée dans l'agence de mannequins *Blue Book* que Norma Jeane s'est physiquement métamorphosée pour devenir l'emblématique Marilyn Monroe. Elle a subi de la chirurgie esthétique, un changement de couleur de cheveux et pour finir un changement de nom… Une transformation radicale qui lui a permis d'accéder à de nombreux rôles de cinéma. C'est en 1956 qu'elle a officiellement et légalement changé de nom, passant de Norma Jeane à la future icône mondiale : Marilyn Monroe. Un acte symbolique fort qui en terme de contrôle mental représente la suppression de sa personnalité originelle, dans le but de permettre à sa personnalité alter d'exister pleinement. À partir de ce moment-là, *Marilyn* n'était plus que ce que ses contrôleurs voulaient qu'elle soit.

Comme le révèle ses biographes, Marilyn n'avait pas ou peu de libertés personnelles. Ses maîtres l'isolèrent afin de mieux la contrôler et éviter ainsi que des personnes de l'extérieur l'aident à prendre conscience qu'elle était manipulée. Les seules personnes avec qui elle était en contact étaient ses psychiatres et ses maîtres. La preuve que ces individus étaient les seules personnes dans la vie de Marilyn est qu'ils héritèrent de presque toute sa fortune. Monroe consultait des psychiatres presque quotidiennement, s'agissait-il de séances de conditionnement et de programmation ? Une chose est sûre, c'est que son état empirait au fur et à mesure que ces séances augmentaient en fréquence.

En 1955, alors qu'elle résidait au *Waldford Astoria Hôtel* à New-York, elle écrivit un poème intitulé *"The Surgeon Story"* (L'histoire du chirurgien). Elle évoque dans ce texte une intervention chirurgicale pratiquée sur sa personne, elle décrit être droguée et *"ouverte"* (chirurgie magique ?) par Lee Strasberg (son "mentor") et Margaret Hohenberg (sa psychiatre). Ce récit est généralement décrit comme étant le simple souvenir d'un cauchemar rapporté par Marilyn, mais certains chercheurs soutiennent qu'il s'agit en fait de la description d'une séance de contrôle mental. Elle décrit que l'opération ne la gênait pas, parce qu'elle y était préparée, était-elle en état de dissociation et de transe ? Elle mentionne aussi le fait qu'elle ne voyait plus *"que du blanc"*, ce qui pourrait faire allusion à une isolation sensorielle (méthode utilisée dans le MK-Ultra). Une fois *"ouverte"*, les médecins n'ont trouvé en elle qu'une *"fine sciure de bois, comme celle sortant d'une poupée de chiffons"*. Marilyn se perçoit comme une poupée vide, chose typique d'une esclave MK ayant perdu le contact avec sa personnalité d'origine. Voici ce texte intitulé *"L'histoire du chirurgien"* :

Strasberg - c'est le meilleur et le plus compétent des chirurgiens pour m'ouvrir, ce à quoi je n'objecte pas puisque le Dr H. m'y a préparée - elle m'a administré un anesthésiant et c'est elle aussi qui a diagnostiqué mon cas et qui est d'accord avec ce qui doit être pratiqué - une opération - pour me ramener à la vie et me guérir de cette terrible maladie ou quoi que ce soit (...) Une fois que le Dr H. m'a administré un anesthésiant pour tenter de me soulager médicalement, Strasberg m'ouvre - et après tout dans la pièce devient BLANC, en fait je ne vois plus personne, juste des objets blancs - ils m'ouvrent - Strasberg et la nana Hohenberg - et il n'y a absolument rien là-dedans - Strasberg est profondément déçu mais encore plus étonné sur le plan intellectuel qu'il ait pu commettre une telle erreur. Il pensait trouver bien plus qu'il n'avait jamais espéré trouver... et au lieu de ça, il n'y avait absolument rien - dépourvue de toute créature humaine vivante sensible - la seule chose qui en est sortie était de la sciure de bois très fine - comme on en trouve à l'intérieur des poupées à l'effigie de Raggedy Ann (poupée de chiffons) - et la sciure se répand sur le sol et la table, le Dr H. est déconcertée parce qu'elle comprend soudain qu'elle est confrontée à un nouveau cas de figure où la patiente... existe à partir du vide extrême. Strasberg voit ses rêves et espoirs de salle d'opération tomber à l'eau. Le Dr H. doit renoncer à ses rêves et espoirs de traitement psychiatrique durable - Arthur est déçu - Abandonné.[608]

Marilyn Monroe aurait eu officiellement deux grossesses se terminant par des fausses couches. Alors que ses biographes déclarent qu'il s'agit bien de fausses couches, d'autres sources parlent en réalité d'accouchements provoqués. Lena Pepitone, qui était la servante, couturière et confidente de Marilyn Monroe, a écrit un livre dans lequel elle rapporte cette déclaration de la star : *"Ne prenez pas mon bébé. Ils me l'ont pris... et je ne le reverrais jamais"*. Le livre révèle que Marilyn n'avait pas fait de fausses couches mais qu'*ils* lui ont pris son bébé, une pratique courante dans le MK-Ultra et le satanisme.

Au sommet de sa carrière, Monroe se retrouva liée avec le président des États-Unis, John F. Kennedy. Certains historiens ont décrit cette relation comme

---

[608] Traduction par *Eyael* de la pensinemutine.eklablog.com.

étant une simple "aventure", mais elle servait probablement de "mannequin présidentiel" - une esclave destinée au "bon plaisir" des présidents et autres notables.

Adam Gorightly, dans son livre "An Interpretation of Kubrick's Eyes Wide Shut" écrit : "Ces mannequins présidentiels auraient été utilisés par des artistes et des hommes politiques en tant que jouets sexuels : des marionnettes sous contrôle de l'esprit programmées pour accomplir divers actes pervers sur ordre de leur maître manipulateur. On suppose que Marilyn Monroe fut la première esclave sexuelle Monarch qui accéda au statut de "célébrité"."

Les derniers mois de la vie de Marylin Monroe furent caractérisés par un comportement incohérent et par plusieurs relations "intimes" avec des individus du pouvoir. En tant qu'esclave Bêta, elle était aussi utilisée sexuellement par des gens de l'industrie. Dans le livre de June Dimaggio, *"Marilyn, Joe & Me"*, l'auteur décrit comment on l'obligeait à être au service d'hommes âgés et qu'il lui fallait complètement se dissocier de la réalité (aspect important de la programmation MK) pour pouvoir accomplir des actes répugnants : *"Marilyn ne pouvait se permettre des émotions quand il lui fallait dormir avec des vieux tout ridés pour survivre dans le métier. Elle devait se protéger en se "débranchant" virtuellement de ses émotions pendant ces moments-là - comme si elle jouait un rôle pour s'extirper de l'horreur de la situation. Quand ces riches magnats haut placés possédaient son corps et son âme, elle ne pouvait vivre par elle-même. À cette époque-là, me disait-elle, elle rentrait chez elle épuisée par des séances de photos et de vieux "schnocks" puissants lui téléphonaient, ce qui lui donnait la chair de poule. Après certaines horreurs lors de ces séances de sexe, elle restait sous la douche pendant plus d'une heure. Elle voulait se laver de la terrible expérience qu'elle venait d'endurer."*

En 1962, Marilyn commença le tournage de *"Something's Got to Give"* mais elle était tellement psychologiquement instable qu'elle fut finalement renvoyée et poursuivie en justice par la *20th Century Fox* qui lui demanda un demi-million de dollars de dédommagement. Dans son livre *"Goddess : The Secret Lives of Marilyn Monroe"*, Anthony Summers rapporte que le producteur du film, Henry Weinstein, a alors déclaré que le comportement de Marilyn durant le tournage était horrifiant : *"Très peu de gens vivent dans la terreur. Nous vivons tous de l'anxiété, de la tristesse et des peines de cœur, mais là c'était une terreur purement animale".*

Ce fut son psychiatre Ralph Greenson qui la retrouva morte dans sa chambre le 5 août 1962. Alors que sa mort fut classée comme un *"probable suicide"* par un empoisonnement aux barbituriques, cela reste toujours une des théories les plus débattues de tous les temps, car il y a vraiment un grand nombre de faits qui accréditent la thèse du meurtre. Tellement de preuves ont été détruites qu'il est difficile de ne pas croire à une dissimulation. Jack Clemmons, le premier officier de police de Los Angeles à avoir enquêté sur les lieux de sa mort, a rédigé un procès-verbal déclarant qu'il soupçonnait clairement un meurtre. Trois personnes étaient présentes dans la maison de Marilyn Monroe au moment de sa mort : sa gouvernante Eunice Murray, son psychiatre le Dr. Ralph Greenson, et son médecin généraliste le Dr. Hyman Engelberg. L'enquête autour de la mort de Monroe a révélé que le Dr. Greenson a appelé la police plus d'une heure après que le Dr. Engelberg ait prononcé sa mort. Le comportement des trois personnes présentes sur place a été décrit comme "incohérent". Cela rappelle beaucoup les circonstances de la mort de Michael Jackson, dont la vie peut se calquer sur de nombreux points avec celle de Marilyn Monroe, notamment sur le fait qu'il s'agissait de leur entourage qui gérait leur vie de A à Z... telles des poupées précieuses de l'industrie du divertissement (c'est la même chose pour Britney Spears et pour bien d'autres...).

Marilyn Monroe est rapidement devenue une icône mondiale hors du commun représentant le côté sexy et glamour d'Hollywood, mais elle est aussi devenue, dans le monde infâme du MK-Ultra, le symbole de la Programmation Bêta. Aujourd'hui, plus que jamais, de jeunes stars élevées dans l'industrie du divertissement, ont suivi sa trace (comme si tout était planifié pour elles). Ces jeunes femmes, manipulées par des "coachs", sont conduites vers la notoriété et la fortune. Des femmes qui ont été généralement soumises à du contrôle mental dès le plus jeune âge, débouchant plus tard sur des crises psychotiques et parfois même une mort précoce mystérieuse. Systématiquement, ces célébrités sont mises en scène à un moment de leur carrière pour incarner l'image de Marilyn Monroe, comme si c'était un besoin maladif de ceux qui tirent les ficelles de mettre un point d'honneur à révéler symboliquement l'esclavage MK. Les vidéos ou les photos mettant en scène de grandes stars qui incarnent l'image mythique de Marilyn Monroe sont pléthore. Il y en a trop pour que ce soit une coïncidence et dans certains cas, la ressemblance n'est pas seulement esthétique, tant les destinées tragiques se ressemblent...[609]

5 - CANDY JONES : "CANDIDAT MANDCHOU"

L'affaire de Candy Jones est un des cas les plus documentés en ce qui concerne le contrôle mental dans le milieu de la mode. Comment un célèbre mannequin américain en est-il arrivé à subir les expérimentations de la CIA sur le contrôle mental ? En 2001, le journaliste Colin Bennett a écrit un article pour le magazine *Fortean Times*[610] exposant toute cette affaire :

Pour tout le monde elle était connue comme la plus célèbre mannequin américaine des années 40. Mais elle a mené une vie secrète à la manière d'un agent "Manchurian Candidate" travaillant pour les services secrets durant la guerre froide. Colin Bennett a analysé ce cas de personnalité multiple et de contrôle mental hypnotique.

Le 31 décembre 1972, dans un luxueux appartement new-yorkais appartenant à des amis avocats, le célèbre présentateur radio de 61 ans, Long John Nebel se mariait avec Candy Jones, 47 ans, une mannequin de renommée internationale. Les invités de cet heureux événement auraient certainement beaucoup de choses à raconter.

John Nebel était le Arthur William "Art" Bell de l'époque, et son émission nocturne de radio avait une audience de plusieurs millions d'auditeurs, mais cette nuit-là, sa tête n'était pas au Watergate ni au Vietnam... Il venait juste de se marier avec une femme dont le visage avait fait la couverture des onze plus grands

---

[609] "The Hidden Life of Marilyn Monroe, The Original Hollywood Mind Control Slave" - Vigilantcitizen.com - "La vie cachée de Marilyn Monroe, la première esclave d'Hollywood sous contrôle de l'esprit" – BistroBarBlog.

[610] *"Manchurian Candy"* - Colin Bennet, *Fortean Times* 148, 07/2001.

magazines du pays en l'espace d'un mois, en 1943. Durant l'offensive dans le pacifique lors de la seconde guerre mondiale, les photos de Candy Jones en maillot de bain à pois ornaient l'intérieur des navires, des tanks et des tranchées.

Ce fut un mariage très rapide organisé suite à un coup de foudre, Nebel ne connaissait donc pas bien sa femme. Durant la réception, il a remarqué pendant un court moment qu'elle avait perdu toute son exubérance et son charme naturel. Sa voix est alors devenue celle d'une autre femme et sa posture habituellement fluide est devenue rigide. La soirée s'est poursuivie dans un restaurant chinois nommé "Ho Ho", c'est là que Nebel remarqua à nouveau cette transformation; c'était comme si elle était mal à l'aise avec le décor, les miroirs et les bougies chinoises. Au moment d'aller se coucher, Candy a de nouveau parlé avec cette étrange voix que Nebel avait entendue plus tôt dans la soirée. Ce qui était encore plus alarmant, c'est le fait que cette étrange personnalité de Candy avait une attitude complètement différente envers lui. "Elle" semblait cruelle, moqueuse et froide. Lorsque Nebel lui a demandé des explications à ce sujet, Candy s'en est étonnée; en effet, elle n'avait pas remarqué l'émergence d'une autre voix ou d'une autre personnalité. Cependant, quelques semaines après leur mariage, elle finira pas confier à Nebel qu'elle avait autrefois travaillé pour le FBI durant un certain temps, en ajoutant mystérieusement qu'elle pourrait avoir de nouveau à quitter la ville sans donner aucune explication. Nebel s'est alors demandé s'il n'y avait pas un lien entre l'autre personnalité de Candy et ces étranges voyages qu'elle dit avoir fait pour le FBI.

Candy Jones, de son vrai nom Jessica Wilcox, est née en 1925 à Atlantic City dans le New Jersey. Elle est devenue une ravissante jeune femme blonde de 1,93 mètres. Son visage typique à l'américaine "ice-queen", tout comme celui de Grace Kelly, de Jayne Mansfield ou encore de Marilyn Monroe, était à cette époque là très à la mode. Même si elle a grandi dans un environnement plutôt aisé, son père et sa mère, maniaco-dépressifs (bipolaires), la maltraitaient. Son père, qui était séparé de sa mère, lui a par exemple un jour écrasé les doigts sur une râpe à noix de muscade. Sa mère lui frappait les jambes au point que Candy devait porter d'épais bas pour cacher les marques de coups. Elle n'était pas autorisée à côtoyer d'autres enfants et était souvent enfermée dans une pièce sombre par sa mère. C'est dans cette pièce obscure que la petite Candy, prise de panique, a développé une série de personnages imaginaires pour lui tenir compagnie. Dans l'obscurité de sa prison, elle visualisait ces personnages apparaissant dans les quelques reflets d'un grand miroir mural. Le nom de l'une de ses amies magiques était Arlene, celle-ci jouera un rôle crucial plus tard dans la vie de Candy. Contrairement aux autres personnages de ce monde imaginaire, Arlene n'a pas disparu lorsque Candy est devenue adulte. Elle a grandi et mûri avec elle, tout comme une personnalité secondaire. La personnalité d'Arlene était une sorte de miroir inversé de celle de Candy. Elle avait des traits de caractère de la mère de Candy : elle était dure, impitoyable, sarcastique et cruelle, avec une petite voix grinçante très différente de celle de Candy.

C'était cette voix là que Nebel a entendu pour la première fois le jour de son mariage. Quand elle était elle-même, Candy était la plus aimante, la plus charmante et sociable des femmes. Mais quand elle était Arlene, elle pouvait devenir dangereusement vicieuse, elle a même tenté une nuit d'étrangler son nouveau mari d'une manière militaire et professionnelle. Nebel a très vite compris et conclu, non sans raison, que l'esprit de sa nouvelle épouse était très perturbé. Candy semblait être terrorisée par tout ce qui était chinois, elle avait également une grande crainte des médecins, des psychiatres et des dentistes, ainsi que des médicaments d'une manière générale. Les médicaments étaient ce dont Candy avait le plus peur, à chaque fois qu'elle en entendait parler, systématiquement le "protecteur" de Candy, Arlene, déclarait avec véhémence que de telles choses ne devraient jamais entrer dans "son" corps.

Nebel a découvert que les changements de personnalité de Candy avaient une longue histoire et ses recherches l'ont directement conduit au cœur d'une organisation dont beaucoup de ses auditeurs lui avaient parlé depuis des années : La Central Intelligence Agency (CIA) des États-Unis d'Amérique. Nebel a ensuite pris un gros risque, en effet, depuis de nombreuses années, il pratiquait l'hypnose en amateur et il décida donc de mettre Candy dans une transe légère pour lui poser quelques questions et noter les réponses. Commence alors l'une des plus étonnantes histoires de notre temps relatée dans le livre de Donald Bain : "Le Contrôle de Candy Jones".

En 1945, lors d'une tournée dans les bases militaires US aux Philippines, Candy tomba malade et fut admise à l'hôpital du Golfe de Leyte. C'est là qu'elle a rencontré un certain Dr. Gilbert Jensen (Il s'agit d'un pseudonyme choisi par Donald Bain pour des raisons légales. Bain a dit que Nebel lui avait confié qu'il savait très bien qui était ce médecin et qu'il avait pensé de nombreuses fois à le tuer). Ce jeune médecin lui a alors prescrit des injections de vitamines, ce qui lui a probablement sauvé la vie, ou tout au moins sauvé son apparence physique. Jensen lui a ensuite laissé sa carte en lui disant qu'il espérait rester en contact avec elle. Plusieurs années après cet événement, elle allait à nouveau rencontrer le Dr. Jensen, ce qui aura des conséquences désastreuses...

En 1946, elle s'est mariée sans grands sentiments avec le roi de la mode Harry Conover, qui sera emprisonné par la suite pour des fraudes. Le mariage s'acheva par un divorce en 1959, lui laissant la garde de ses trois fils ainsi qu'une agence de mannequins située à New-York. En 1960, une vieille connaissance de Candy, un général de l'armée à la retraite, lui rendit visite à l'agence pour lui demander un petit service. Il souhaitait qu'elle autorise le FBI à utiliser son agence comme une boîte postale. Elle accepta et proposa même de leur livrer le courrier lors de ses déplacements d'affaires. À cette époque, elle prenait cet arrangement ni plus ni moins comme une simple activité patriotique. Elle n'avait aucune idée de ce qui l'attendait.

Une des premières missions donnée par ce général (au nom inconnu) a été de remettre une lettre à un homme de San Francisco lors d'un de ses déplacements. Cet homme était le Dr. Gilbert Jensen, dont elle ne se souvenait que vaguement. Elle dîna avec cet homme le 16 novembre 1960, une journée qui devait marquer à tout jamais sa vie. Jensen lui a révélé qu'il travaillait maintenant pour la CIA et qu'il avait un bureau à Oakland. Il dit à Candy que si elle le souhaitait, elle pouvait s'investir davantage dans les affaires des renseignements secrets, ajoutant que cela pourrait s'avérer lucratif pour elle. Avec ses trois fils scolarisés dans des établissements privés, Candy arrivait à court d'argent et elle accepta l'offre.

La première chose que Jensen ait fait fut d'hypnotiser Candy. En faisant cela, il a découvert la personnalité alter "Arlene". Il a alors renforcé cette personnalité par l'utilisation de techniques hypnotiques et d'injections intraveineuses de drogues expérimentales. Il a réussi à faire de Arlene une personnalité de premier plan dans l'esprit de Candy afin d'être en mesure de l'envoyer (avec la voix et le comportement d'Arlene) effectuer différentes missions, au niveau national et international. Le changement de Candy en Arlene était radical, en plus du changement de personnalité, de voix et de comportement, elle portait une perruque et un maquillage spécifique. Jensen voulait ainsi créer le "messager parfait", celui qui ne pouvait rien révéler du message à transmettre, ni de l'endroit d'où il venait, ni de qui l'envoyait, cela même sous la torture.

Cette opération était vaste et très bien organisée. Candy, en tant que Arlene, le zombie virtuel, s'est rendue dans des camps de formations, des bases militaires et des installations médicales secrètes partout aux États-Unis. Elle a été formée dans tous les domaines liés à l'action clandestine, y compris le maniement des explosifs, le combat en corps à corps, la fabrication d'armes improvisées, le camouflage et la communication. Arlene a appris à tuer à mains nues, elle a été conditionnées pour résister à la douleur et formée à résister aux techniques d'interrogatoire. Jensen, qui était très fier de son travail, l'a mise en valeur au sein de l'armée à plusieurs reprises comme étant un succès "narco-hypnotique", le guerrier parfait. Un point important pour Jensen était de démontrer que le conditionnement était si profond que Arlene pouvait aller jusqu'à se tuer sur commande. Pour vous faire une idée des valeurs morales des personnes impliquées dans ce genre de programmes, il est arrivé que Jensen mette une bougie allumée dans le vagin de Candy sans la moindre réaction de peur ou de douleur de sa part. Il a fait cette démonstration devant 24 médecins dans un auditorium au siège de la CIA à Langley, en Virginie.

Candy, en tant que Arlene, a été envoyée à Taiwan au moins deux fois en mission test pour transmettre des enveloppes. Là-bas, elle a été torturée avec des matraques électriques pour voir si elle allait craquer, ce qu'elle n'a pas fait. La sexualité perverse semble avoir été un élément important dans ce plan de programmation mentale. Elle a souvent été mise nue sur un brancard, hypnotisée et torturée sur les différentes parties du corps. Elle a subi des interrogatoires coercitifs de type "Gestapo" et a été sexuellement abusée par des femmes contre sa volonté. Les abus sexuels étaient fait sous hypnose par Jensen lui-même.

Bien évidemment, rien de tout cela ne faisait partie de la soi-disant lutte contre le communisme. C'était plus un exemple de ce que Churchill appelait "la science pervertie" opérant dans un service de renseignements. Les techniques d'hypnose et de programmation mentale utilisées sur Candy Jones venaient de recherches tactiques et stratégiques américaines faites au Vietnam, tout comme la saturation de bombardements inutiles, l'utilisation de défoliants, etc. Les américains auraient mieux fait de donner des téléviseurs japonais gratuitement aux vietnamiens pour les endormir, cela aurait été la solution de facilité. Mais peut-être que nous parlons ici de quelque chose de plus sinistre qu'un armement de guerre froide qui aurait échoué. Un armement qui a échoué contre les communistes, mais a-t-il échoué lorsqu'il s'est retourné contre l'État américain lui-même ? Mark Chapman, Shiran-Shiran, John Hinckley, James Earl Ray et Lee Harvey Oswald sont la preuve qu'il y avait d'autres "Dr. Jensen" au travail en Amérique.

Jensen savait qu'il prenait des risques énormes. Il ne pouvait pas être sûr et certain qu'Arlène n'émergerait pas d'une façon imprévue à n'importe quel moment dans la vie quotidienne de Candy. Malgré ses précautions, c'est ce qui est bien sûr arrivé, sans cela, rien de tout cela n'aurait été connu du public. Candy n'avait aucune idée qu'elle avait fait des déplacements ou fait certaines choses en dehors de ses visites à Jensen et de ses livraisons de courriers. C'était tout ce qu'elle savait, tout le reste était une complète amnésie. Une fois son voyage et sa mission terminée, Jensen la sortait de sa transe et elle retournait une fois de plus à sa vie quotidienne.

Nous connaissons cette histoire par les bandes audio contenant les séances d'hypnose où Nebel interrogeait Candy. Lorsque l'on faisait écouter ces enregistrements à Candy, elle ne pouvait pas croire qu'elle avait subi ces choses que décrivait Arlene. À partir de ces nombreuses cassettes enregistrées sur un certain nombre d'années, Donald Bain (l'auteur de "The Control of Candy Jones") a habilement articulé les quatre personnages complexes que sont Arlene , Nebel, Jensen et Candy. Arlene étant une abstraction dans la tête de Candy, Nebel un personnage bien réel et Jensen un personnage qui reste dans l'ombre. Ce drame a été renforcé par l'accumulation de preuves montrant que Jensen avait bien existé et qu'il était probablement engagé dans le type d'activités que Candy/Arlene avait décrites. Vers le milieu des années 70, Nebel a eu un cancer foudroyant, bouleversé par l'histoire de Candy et le doute sur le fait qu'elle avait encore vu plusieurs fois Jensen secrètement durant leur mariage, il pensait fortement à se venger. Il a dit à Bain qu'il allait tuer Jensen, mais Bain a réussi à l'en dissuader.

Tout comme les livres uniques "L'Amérique en Pleine Transe-Formation" de Cathy O'Brien et "Paperclip Dolls" de Annie McKenna, le livre de Bain est une brillante production. Méprisant le cadre commercial habituel, il a consacré énormément de temps à extraire toute l'histoire de Candy Jones à partir de centaines de cassettes audio. Le travail s'est fait sur plusieurs années, mais il manquait la voix de Jensen lui-même, les informations le concernant ont dû être reconstruites à partir des dialogues enregistrés. Bien qu'il était seulement un personnage dans l'ombre, Nebel était convaincu qu'il y avait suffisamment de preuves extérieures pour démontrer qu'il était bien plus réel que Arlene.

Le problème le plus difficile a été d'arriver à supprimer les nombreuses barrières placées comme des couches de ciment par Jensen dans l'esprit de Candy. Nebel a souvent essayé de se faire passer pour Jensen lors des séances d'hypnose; toutefois, Arlene remarquait systématiquement cette tactique et elle le faisait savoir. Arlene aimait bien Jensen, tandis que Candy ne l'aimait pas du tout. Nebel se faisait également passer pour l'alter Arlene. Candy était beaucoup plus à l'aise pour parler d'elle-même de cette façon, et elle a ainsi révélé beaucoup d'informations sur les activités de ce Dr. Jensen.

Donald Bain suggère que Candy en tant que Arlene, a effectué de nombreuses missions pour Jensen encore plus expérimentales, et qui n'ont jamais été découvertes. Il s'est également rendu à l'agence de Candy pour vérifier, avec l'aide du directeur commercial, les plannings des fréquentations durant les années 60. Sur une période de 10 ans, il a été constaté que Candy était souvent absente sous couvert de "voyages d'affaires" pour lesquels il n'apparaissait aucune entreprise. Des fragments de ces voyages ont émergé sous hypnose, à une occasion elle a dit qu'elle devait livrer un fusil pour Jensen.

(…) Mais ce qui a inquiété le plus Nebel avant sa mort, furent les tentatives de la CIA et de Jensen pour contacter Candy. Ses aventures ont apparemment eu lieu entre 1960 et 1971, mais Bain a déclaré qu'il ne pouvait pas être tout à fait sûr que cela ne se soit pas prolongé. Le courageux Nebel est décédé d'un cancer peu de temps après que le livre de Bain soit publié. Il est mort sans avoir trouvé toutes les réponses qu'il cherchait sur la vie secrète de sa femme. Il a eu quelques consolations pour un bref moment car il avait commencé à arracher le masque des contrôleurs cachés de l'Amérique. D'une manière similaire à d'autres personnalités glamour, Candy Jones est entrée sans le savoir dans le mystère du pouvoir élitiste, qui est constamment démenti. Si Jayne Mansfield a été la proie des forces du consumérisme et Marilyn Monroe victime de hautes intrigues étatiques, Candy Jones a certainement été l'une des victimes à la fois des services de renseignements américains et des institutions médicales et psychiatriques. Ces deux secteurs ayant donné naissance au complexe militaro-industriel américain revigoré dans les années 50 et 60.[611]

Même à l'âge adulte, ces femmes de haute stature comme Candy Jones restent des enfants de conte de fée, tout comme les jeunes mannequins Jon Benet Ramsey et Sylvia Plath. Candy a probablement été choisie, non seulement parce qu'elle avait été jugée facilement hypnotisable, mais aussi parce qu'elle était l'une des premières poupées médiatiques, une sorte de prototype. L'Amérique a toujours été le leader mondial en matière de contrôle mental et de rêves illusoires, de la télévision jusqu'aux meubles des maisons de poupées. Comme des poupées, les individus deviennent des automates et toutes sortes d'expérimentations et de changements sociétaux profonds font que cette semi-transe de l'esprit finit par devenir un état naturel.

Il se peut bien que Jensen participait aux premières expérimentations dans le cadre du programme MK-Ultra. Le premier mari de Candy Jones avait déjà fait d'elle une "super-poupée", un sujet parfait pour Jensen. La conclusion de Bain est que Jensen travaillait pour le secteur du renseignement, mais qu'il avait également pu avoir un projet beaucoup plus complexe. Si Candy représente l'imagination innocente, située entre le monde de Jules Verne et celui de George Adamski, Jensen représente le côté obscur de la science. C'est le monde des ténèbres d'Auschwitz qui, comme nous le savons, a été géré par une communauté de scientifiques, de médecins et d'industriels.

Comme Marilyn Monroe, Candy Jones a peut-être été victime des recherches précoces de l'armée américaine sur ce que l'on nomme aujourd'hui les "armes non létales." Peut-être que la notion de "Big Brother", tout comme les mineurs de charbon, est finalement devenue quelque chose d'archaïque et d'obsolète, et peut-être que Orwell avait tort et que Huxley avait raison. Du plaisir illimité pour pas cher, sans douleurs ni souffrances, voilà une arme ultime utilisée pour briser la volonté de la population sans qu'une goutte de sang ne soit versée.

(...) John Nebel a dû fortement s'interroger lorsque sa vie a pris une certaine tournure avec Candy Jones. Depuis de nombreuses années, cet animateur radio new-yorkais avait entendu sur ses ondes de nombreux auditeurs l'appelant pour lui parler de ces choses que Candy décrivait maintenant lorsqu'elle était en transe... Dès que Nebel a entendu la voix d'Arlene, il est entré dans le monde de la transe américaine. Un monde dans lequel les plaies d'entrée deviennent des

---

[611] "The Mind Manipulators" - Alan Sheflin et Edward Opton, 1978 / Operation Mind-Control - Walter Bowart, 1978.

blessures de sortie et dans lequel les dernières heures de Jack Ruby en tant qu'homme libre restent aussi énigmatiques que les derniers appels téléphoniques de Marilyn Monroe… ou que les voyages mystérieux de Candy Jones.

6 - LA SYMBOLIQUE MK-MONARCH
DANS L'INDUSTRIE DE LA MUSIQUE

"Les signes et les symboles gouvernent le monde, pas les lois ni les mots" - Confucius

L'industrie musicale tient un rôle important, c'est un outil puissant d'endoctrinement des masses et il y a bien plus que de l'argent en jeu… La musique proposée/imposée aux peuples est un outil de contrôle aussi puissant que le système scolaire ou le journal télévisé quotidien. Ce type d'ingénierie sociale forme et façonne les attitudes et les valeurs de toute une jeunesse. D'où l'intérêt de dépenser des millions de dollars pour constamment faire la promotion de nouvelles stars mondiales idolâtrées par des millions de jeunes. La jeunesse étant évidemment la cible principale pour formater un nouvel ordre… Tout comme les enfants des cultes sataniques/lucifériens sont programmés dès le plus jeune âge, la jeunesse mondiale subit elle aussi un contrôle mental systématique. Certes beaucoup moins direct et coercitif que des abus rituels mais qui n'en demeure pas moins efficace pour conditionner les esprits.

De nombreux clips qui sont vus des millions de fois sur la plateforme vidéo *YouTube* ne sont en fait que des représentations symboliques du processus de programmation mentale Monarch basé sur les traumatismes. Ces productions se réfèrent symboliquement à un processus psychologique qui est le fractionnement de la personnalité, le but final du MK-Monarch. Les mêmes symboles sont systématiquement utilisés par l'élite luciférienne pour promouvoir chez les profanes sa *culture* décadente et déchue. Pour cela ils infusent le symbolisme du contrôle mental dans des productions ultra-médiatisées, que ce soit dans l'industrie du luxe, de la mode et des productions musicales avec des clips contenant plusieurs grilles de lecture. La notion de personnalité multiple et "d'alter-ego déjantés" devient quelque chose de *cool* et qui se répand parmi les idoles à paillettes. Le but étant de créer une *culture MK* hégémonique et incontournable comprenant une esthétique et des symboles désormais omniprésents dans les médias, le tout évidemment emballé dans du divertissement attractif et addictif. Inconsciemment, la jeune génération associe donc cet occultisme vulgarisé et simplifié à quelque chose de positif, à une mode, à un modèle à suivre. Des symboles lucifériens tels que le triangle et l'œil unique apparaissent de plus en plus dans le monde profane. Nous acclamons, réclamons et consommons ces suggestions démoniaques, et ainsi nous validons inconsciemment toute une culture luciférienne comme quelque chose de bon pour nous. Nous aimons notre musique, nous aimons nos programmes de télévision, nos dessins animés et nos jeux vidéo, nous aimons des contenus qui très souvent affichent clairement une nature luciférienne. De ce fait, notre libre arbitre choisit ainsi délibérément de consommer la soupe du diable, car sucrée à souhait…

En mars 2014, une annonce publicitaire de la *BBC* faisant la promotion de *"Match of The Day"* (une rencontre de football) contenait plusieurs flashs représentant des triangles avec un œil au centre. Les flashs duraient une fraction de seconde durant laquelle ils pouvaient s'imprégner dans l'esprit des téléspectateurs. Que venaient faire de tels symboles maçonniques, apparaissant aléatoirement, dans une publicité pour des rencontres footballistiques ? Mais que pouvons-nous attendre d'autre d'une chaîne de télévision qui a protégé pendant des années un individu comme Jimmy Savile ? Un monstre qui a violé des centaines d'enfants…

La chaîne *MTV* aime également insérer systématiquement de la symbolique occulte maçonnique dans ses annonces publicitaires. Le groupe *MTV* qui a d'ailleurs aménagé ses studios de Toronto dans une ancienne loge maçonnique.

Le festival *iHeartRadio Ultimate Pool Party* à Miami Beach fait parti de ces grands rassemblements servant à imprégner l'inconscient de la jeunesse avec une symbolique particulière. En juin 2013, lors du concert de Ke$ha, l'écran géant a diffusé pendant une heure des flashs et des séries d'images hypnotisantes à base de triangles, d'œil, de pentagrammes et autres symboliques maçonniques et lucifériennes typiques.

Les photos de mode et les couvertures de magazines regorgent de cette symbolique de l'œil unique de Lucifer, tout comme on le voit fleurir de plus en plus sur les vêtements de nos grandes enseignes.

Un autre exemple est le clip *"Where Are U Now"* de Justin Bieber qui est construit avec une multitude de dessins se calquant sur l'image du jeune chanteur, chaque dessin passant pendant une fraction de seconde à l'écran. Il se trouve que dans ces centaines d'illustrations flashées sur Bieber, nous retrouvons beaucoup de croix inversées au milieu de son front, ou encore des pyramides maçonniques avec l'œil unique, des 666, des images qui reviennent d'une façon récurrente tout au long du clip. Il s'agit peut-être d'une ironie malsaine, mais quoiqu'on en dise, nous avons là un clip flashant d'une manière subliminale des symboliques lucifériennes, clip qui est visionné des millions de fois, imprimant directement ces images dans l'esprit des jeunes. Bref, beaucoup de gens l'ont déjà compris, tous ces *"clins d'œil"* ne sont rien d'autre que l'imprégnation du culte mondial luciférien dans la culture populaire et profane. Précisons ici qu'il ne s'agit pas de diaboliser la géométrie et le triangle équilatéral par exemple, ces gens-là n'ont rien inventé, ils ne font que reprendre des codes et des symboles en se les appropriant.

Notre esprit est la citadelle dans laquelle l'Esprit de Dieu désire œuvrer avec nous pour l'éternité, mais Satan essaye de faire sienne cette citadelle pour en faire son trône… Un choix s'impose face à cette industrie corrompue et corruptrice, la plateforme parfaite par laquelle Satan peut atteindre la masse pour la brasser, la manipuler et la pervertir ; citons ici Alexandre Dumas : *"Dieu pêche les âmes à la ligne, Satan les pêche au filet"*.

L'industrie musicale connaît parfaitement le schéma qui consiste à alimenter une jeunesse influençable en demande de contenus toujours plus extrêmes. Tandis que le public devient de plus en plus insensible aux choses qui se mettent en place, les clips deviennent de plus en plus explicites en exposant ouvertement le sujet du contrôle mental basé sur les traumatismes, et cela sans aucune censure bien qu'il s'agisse là sans doute de la pratique la plus ignoble au monde. L'univers des esclaves Monarch nous est donc exposé clairement dans certains clips qui mettent en scène violence, torture, abus sexuels et humiliation sans oublier la drogue, le tout étant présenté comme quelque chose de *cool* et de tendance... Il s'agit là encore d'ingénierie sociale, du contrôle mental global.

Quoi de plus approprié que le format "clip musical" et la grande liberté artistique qu'il permet pour laisser libre cours à la diffusion massive d'une connaissance occulte à peine dissimulée par de la symbolique et diffusée en boucle sur les chaînes de TV et le web, 24h/24h ? Les mêmes codes sont injectés inlassablement dans ces productions... Ceci n'est pas une coïncidence, une histoire nous est contée de façon voilée si nous avons encore des yeux pour voir... Une des choses les plus cachées de ce bas monde est donc une connaissance qui est paradoxalement la plus diffusée quotidiennement sous le nez de millions de gens totalement inconscients de ce qui leur est transmis de manière plus ou moins directe. Probablement s'agit-il là d'une forme d'arrogance ou d'humour noir, ou également une manière de faire valider inconsciemment par l'humanité ces pratiques ignobles comme étant quelque chose de positif. Le fait que le processus de contrôle mental Monarch se retrouve encodé symboliquement dans certaines des plus grosses productions médiatiques mondiales (musique, cinéma, mode), est une sérieuse indication qu'il s'agit là d'une pratique non marginale, appliquée systématiquement dans les hautes sphères de notre société. Mais c'est aussi une manière de divulguer massivement un savoir occulte dans ce grand théâtre, où finalement tout est affiché au grand jour... Il y a des Lois au-dessus des lois de ce monde que la "religion sans nom" se doit de respecter impérativement.

Les clips musicaux et même certains films sont donc un moyen idéal permettant de révéler visuellement et symboliquement quelque chose de bien plus profond qu'une simple chanson de trois ou quatre minutes. Selon la croyance occulte de l'Ordre luciférien, le *soi supérieur* ne peut être uniquement communiqué que par les mythes, la symbolique ou la musique, ceci afin de pouvoir pénétrer efficacement l'inconscient. En d'autres termes, n'en parlez pas, montrez le... Cet hermétisme imprègne systématiquement les grosses productions cinématographiques et musicales : *"Parler sans parler, montrer sans montrer et cacher sans cacher"*, un art très subtil auquel s'attelle avec zèle l'industrie du divertissement. Toute cette symbolique MK est massivement diffusée dans le monde profane afin que les gens *voient sans voir et entendent sans comprendre*. Les sorciers-contrôleurs se prennent pour des dieux, ils transmettent ainsi leur "lumière" de manière plus ou moins codée avec des productions de divertissement contenant un double sens et des symboles explicites véhiculant une doctrine occulte finalement exposée aux yeux de millions de profanes. Cette divulgation indirecte leur permet de compromettre ainsi les masses afin que nous ne puissions pas dire *"Mon Dieu, nous n'en savions rien"*. Ainsi ils respectent d'une certaine manière la Loi du libre arbitre et de la capacité de faire son propre choix lorsqu'ils exposent clairement les choses les plus ignobles.

Pour ce qui est de la pédocriminalité institutionnelle, le fait d'accepter des mensonges systématiques et d'abandonner ainsi les petites victimes à leur sort, tandis que les évidences deviennent aujourd'hui de plus en plus flagrantes, fait que les gens deviennent moralement complices de ces crimes en ne réagissant pas et en laissant faire… L'ingénierie sociale permanente et le déni des gens face à la corruption et aux atrocités commises par l'élite dirigeante, pourtant plus que jamais évidentes, sont deux points clés sur lesquels repose cet équilibre précaire. Équilibre permettant de faire en sorte que l'opinion publique ne bascule pas totalement, tout en la compromettant… car il est clair qu'aujourd'hui tout est révélé et exposé pour qui fait le choix de chercher par lui-même en s'émancipant des programmes d'ingénierie sociale.

Mais revenons sur l'industrie musicale et ses liens avec le MK-Monarch. Dans l'introduction du clip *"Mary The Night"* (Épouser la nuit), Lady Gaga fait un monologue définissant assez clairement la situation d'une victime sous contrôle mental. Elle explique "artistiquement" les traumatismes qu'elle a traversé pour accéder au statut de *super-star*. Le clip nous montre Lady Gaga allongée sur un brancard poussé par deux infirmières, elle décrit ainsi la façon dont elle perçoit sa triste réalité : *"Quand je regarde ma vie en arrière, ce n'est pas que je ne veux pas voir les choses exactement comme elles se sont passées, c'est juste que je préfère me les rappeler d'une manière poétique. Et pour tout dire, le mensonge de tout cela est beaucoup plus honnête, parce que c'est moi qui l'ai inventé. La psychiatrie nous apprend que le traumatisme est sans doute le tueur ultime. Les souvenirs ne sont pas recyclés comme les atomes et les particules de la physique quantique. Ils peuvent être perdus à tout jamais. Mon passé est une peinture inachevée et tout comme l'artiste peintre je dois remplir tous les affreux trous pour embellir la toile. Ce n'est pas que je suis malhonnête, c'est juste que je déteste la réalité…"*

On retrouve systématiquement dans un certain nombre de clips à gros budget les mêmes symboliques telles que l'artiste représenté comme une poupée brisée, un mannequin, un automate ou une marionnette tenue par des fils et un décor représentant le "monde intérieur" de l'esclave. Le processus de dissociation et de fractionnement est souvent représenté par le passage à travers un miroir ou l'éclatement du miroir signifiant que le retour en arrière est impossible ou que la programmation est brisée ; l'arc-en-ciel ayant la même symbolique que le passage à travers le miroir. L'œil unique luciférien ou "l'œil qui voit tout" revient très fréquemment, ainsi qu'un graphisme représentant la dualité telle que le damier noir et blanc… et bien évidemment nous retrouvons le papillon Monarch revenant sans cesse dans ces productions, comme une signature. Les pentagrammes et les têtes de bouc, les masques, les pyramides, sont aussi des symboles classiques imprégnant cette sous-culture luciférienne… N'en parlez pas, montrez le… et imprégnez ainsi la culture populaire profane pour indirectement la corrompre.

Voici quelques exemples de productions particulièrement explicites et j'invite le lecteur ou la lectrice à découvrir ces clips par eux-mêmes sur internet, il existe également des analyses beaucoup plus détaillées sur leur contenu symbolique. Il est évident qu'une interprétation symbolique peut paraître très subjective, mais une certaine connaissance des processus de MK permet de relever des indicateurs clairs, d'autant plus lorsque l'on retrouve les mêmes codes, une même imagerie symbolique utilisée systématiquement dans de nombreuses productions à gros budget.

• Commençons tout d'abord par le clip du morceau *"Self Control"* de Laura Branigan sorti en 1984, qui est si l'on peut dire l'ancêtre des clips mettant en scène une symbolique de contrôle mental. À première vue, ce morceau qui a été un *tube* international raconte l'histoire d'une fille aimant la vie nocturne des boîtes de nuits. Mais c'est le clip qui révèle l'aspect important de la chanson. On y voit la chanteuse traquée par un homme masqué, le tout combiné avec toute une symbolique pour faire de cette production un hommage à l'élite occulte, la célébration de leur pratique la plus sadique : le contrôle mental Monarch. En 1984, lorsque ce clip est sorti, l'industrie musicale commençait tout juste à adopter le format vidéo comme un outil de promotion et le clip de *Self Control* a été une révolution dans l'industrie du divertissement. Ce clip ne représente pas la vie nocturne des fêtards lambda, il nous montre clairement une femme perdant sa volonté et son libre arbitre aux mains d'un maître sans visage. Le refrain résume parfaitement la situation :

Tu prends mon "Moi"
Tu prends le contrôle sur moi
Tu me fais vivre seulement pour la nuit
Avant l'arrivée du matin, la messe est dite
Tu prends mon "Moi"
Tu prends le contrôle sur moi

Dans ce clip, le monde de la nuit est une métaphore pour la dissociation. Les premières images nous montrent une poupée aux cheveux bruns symbolisant Laura Branigan. Nous la voyons ensuite se préparer pour sa sortie nocturne, avec autour d'elle des personnages étranges qui semblent émerger de nulle part : lorsqu'elle se passe la main dans les cheveux, l'image qui suit nous montre une personne à côté d'elle qui lui passe la main dans les cheveux. Le clip représente ici ce qu'il se passe dans la tête de Laura mettant en scène ses personnalités alter. La scène suivante nous montre la jeune femme qui commence sa soirée, elle est dans la rue se tenant devant une vitrine contenant deux mannequins flottant à l'horizontale dans les airs, un excellent moyen de représenter un esclave MK en état de dissociation. C'est alors qu'apparaît un homme masqué à l'arrière d'une voiture de luxe, son maître, l'élite occulte. La scène suivante montre Laura en train de danser en discothèque alors que l'homme masqué apparaît une nouvelle fois, avec en arrière-plan plusieurs masques agglutinés symbolisant ici que les programmeurs et maîtres d'esclaves ont eux-mêmes une personnalité dissociée. Étrangement, Laura décide de suivre l'étrange et inquiétant personnage. Elle le suit parce qu'elle n'a plus le contrôle sur elle-même, les paroles du deuxième couplet décrivent parfaitement l'état d'un esclave MK à la merci de son maître lorsqu'il est en état de dissociation, ici symbolisé par le "monde la nuit" :

Dans la nuit, aucun contrôle
À travers le mur, quelque chose perce
habillé de blanc alors que tu descends la rue de mon âme
Une nuit sans danger, je vis dans la forêt de mon âme
Je sais que la nuit n'est pas comme elle semblerait
Je dois croire en quelque chose
Alors je me persuade de croire que cette nuit ne finira jamais

Laura ne peut pas lutter contre la volonté de l'homme masqué qui l'emmène finalement dans une orgie, une partie du clip qui rappelle la célèbre scène du film *Eye Wide Shut* dans laquelle des personnages masqués partouzent dans un château. Dans cette scène, Laura est symboliquement amenée dans le monde sous-terrain et occulte de l'élite où elle sera utilisée comme esclave sexuelle. En effet, nous y voyons l'homme masqué déshabillant la jeune femme, qui semble être dans un état altéré de conscience, pour être lâchée dans la *"fête"*. Cette scène représente clairement une femme étant utilisée comme esclave sexuelle dans une partouze élitiste.

De retour chez elle, Laura se rend compte qu'elle n'est en sécurité nulle part, pas même dans sa chambre à coucher où se trouvent des gens masqués, qui abusent d'elle. Dans cette scène finale, l'homme "sans visage" est également présent dans la chambre et abuse de Laura. Le clip se termine par une image très symbolique : un gros plan sur la poupée qui a introduit le clip. Mais ici sa robe est déchirée, ses cheveux en bataille et un de ses yeux est fermé, le clin d'œil à Lucifer.

Cette production, sortie au tout début de l'âge des clips musicaux, contenait déjà toutes les caractéristiques et les codes d'un clip représentant le MK. Trente ans plus tard, les mêmes scénarios, les mêmes codes et mêmes symboliques sont toujours présents. Aujourd'hui plus que jamais, nous voyons de jeunes starlettes qui chantent sur le thème de leur contrôle mental dans des clips célébrant le système MK de la "religion sans nom".[612]

• Le clip *"Wide Awake"* de Katy Perry débute en nous montrant Katy assise dans sa loge, le regard fixé dans un miroir, tout en retirant sa perruque : une représentation du changement d'alter. Cette première scène d'introduction symbolise ainsi la dissociation la faisant entrer dans un monde de fantaisie, qui n'est autre que son monde intérieur… Car en effet c'est à partir de cet instant que le clip bascule vers une autre réalité nous montrant la star déambulant dans son monde intérieur représenté par un labyrinthe obscur rempli d'impasses et de pièges. Elle n'a pas l'air de savoir quel chemin suivre dans son propre esprit et elle se fait prendre dans les différents pièges placés par le programmeur. Katy réalise qu'elle n'aboutira pas à la sortie du labyrinthe sans l'élément principal, celui qui lui a été retiré lors de sa programmation, c'est à dire sa véritable nature, ce qu'elle est réellement. C'est alors qu'apparaît une petite fille qui vient à sa rencontre, ce qui représente l'opportunité de se reconnecter avec sa personnalité originelle, elle va alors devenir son guide pour retrouver le chemin de la liberté. La scène suivante montre Katy et la petite fille main dans la main dans un couloir rempli de miroirs, la fillette n'apparaissant pas dans ces miroirs, signifiant qu'elle n'est pas réelle, mais juste une part du psychisme de Katy. Dans cette scène, nous constatons que la robe de Katy est totalement recouverte de papillons… qui vont s'envoler dans une nuée lorsque Katy finit par briser un des miroirs pour s'échapper de ce monde intérieur, de cette programmation.

La scène suivante contraste totalement avec le monde fantaisiste du labyrinthe, nous sommes sortis de la tête de Katy et nous revenons à une triste réalité : Katy apparaît alors totalement anéantie sur un fauteuil roulant dans ce qui semble être un hôpital psychiatrique, avec toujours la petite fille à ses côtés ainsi

---

[612] "Self Control" by Laura Branigan : A Creepy 80's Video About Mind Control" - vigilantcitizen.com, 2015.

qu'un dernier papillon virevoltant au-dessus d'elle. Deux hommes avec une tête de bouc montent la garde devant les portes de sortie de l'hôpital, c'est la petite fille qui les fera disparaître en tapant du pied au sol pour libérer Katy de cet univers psychiatrique.

La fin du clip nous montre cette même petite fille remettant entre les mains de Katy un papillon Monarque, nous découvrons alors que la fillette se nomme Katheryn (le véritable prénom de Katy Perry, sa personnalité originelle). De retour dans sa loge, Katy réalise alors en ouvrant sa main qu'on lui a offert un papillon qu'elle laisse s'échapper, ce papillon nous conduisant de la loge vers la scène pour un nouveau concert... en d'autres termes, la boucle est bouclée et le clip nous ramène au point de départ. Katy qui semble avoir fait une quête en ayant vaincu ses "démons" se retrouve de retour dans son personnage de "pop star sexy", un pur produit de l'industrie musicale. Les clips "Monarch" représentent souvent cette notion de boucle sans fin.

• Le clip *"Walking On Air"* de Kerli est lui aussi très explicite, il montre le processus de programmation par la symbolique de la petite fille se transformant en une poupée tenue par des fils, telle une marionnette. Le début du clip nous montre un étrange personnage apportant un cadeau à Kerli, il s'agit d'une poupée à son effigie. Une poupée que Kerli emporte à l'intérieur d'une maison qui représente symboliquement son monde intérieur. Nous pouvons voir que dans cette maison, Kerli et cette poupée (un alter) sont constamment surveillées par un grand œil qui les scrute à travers un écran de télévision. Le fait qu'elles soient surveillées par un écran de télévision, plutôt qu'elles ne soient elles-mêmes à le regarder est représentatif des inversions systématiques pratiquées dans le contrôle mental. Les programmeurs font tout pour que l'enfant se sente en permanence observé et contrôlé. Dans ce clip, les inversions sont partout : la neige sort d'un parapluie, le four congèle le poulet, tandis que le frigo sert à le cuire. Dans une autre scène, l'inversion des valeurs de plaisir et de douleur est symboliquement représentée lorsque Kerli est couchée sur un lit dont le matelas est constitué de gros cailloux. La confusion entre douleur et plaisir fait partie de la programmation MK. C'est sur ce lit de cailloux que Kerli laisse échapper des larmes (symbole de sa douleur) qui vont se transformer... en papillons. Nous voyons ensuite que l'étrange personnage du début du clip, probablement le programmeur, apparaît de "l'autre côté" d'un miroir placé à côté du lit de pierre, lui ordonnant par des signes de passer à travers ce miroir pour venir le rejoindre... Le passage à travers le miroir sera la finalité de la transformation. La scène suivante nous montre la poupée Kerli qui a atteint sa maturité, elle est devenue une marionnette manipulée par une poupée géante portant le papillon Monarch sur sa bretelle. La scène finale nous montre cette poupée géante qui coupe au ciseau les fils de la marionnette Kerli pour l'enfermer dans une boîte. Nous voyons ensuite la jeune Kerli qui se réveille chez elle en se questionnant sur les bouts de ficelles qui pendent à ses poignets... On découvre alors que Kerli est en fait enfermée dans cette boîte tenue entre les mains de la poupée géante, toujours avec cette notion de boucle sans fin, une sorte de mise en abyme ou de fractale.

• Le clip *"Fjogur Piano"* de Sigur Ros est difficile à comprendre car il est impossible d'en extraire un récit cohérent, comme la plupart de ces clips "Monarch" qui semblent à première vue hermétiques et mystérieux. C'est le contenu symbolique qui leur donne un véritable sens. Ce clip décrit d'une manière imagée et symbolique la boucle sans fin de la vie d'un esclave Monarch, avec l'amnésie, la violence et la drogue qui l'accompagnent. Le début de cette production nous montre un homme et une femme sur un lit, se réveillant en sursaut au milieu d'une étrange chambre, ils sont très confus et ne semblent pas savoir ce qui leur est arrivé la veille. De plus ils sont entourés de papillons Monarch méticuleusement disposés sur leur lit. La pièce dans laquelle ils se trouvent montre des marques de cadres aux murs, nous verrons plus tard que ces marques sont celles de cadres contenant des collections de papillons. Le couple se réveille avec toutes sortes de marques et de contusions sur leurs corps, ils sont interrogatifs, ne semblant pas en connaître la cause. De toute évidence ils ont subi des abus et de la violence peu de temps auparavant... C'est alors qu'entrent en scène deux personnages obscurs qui viennent chercher le "couple" en commençant par leur bander les yeux et leur donner des sucettes contenant des scorpions, symbolisant des psychotropes, l'homme et la femme sucent avidement ces bonbons montrant qu'ils en sont accros. Ensuite les deux contrôleurs font sortir le couple de la chambre en leur soufflant simplement dessus, sans aucun contact physique, ce qui symbolise le contrôle mental se suffisant à lui-même pour diriger les esclaves sans avoir à utiliser la force. La scène suivante nous montre le couple à l'arrière d'une voiture fictive, "conduite" par les contrôleurs et placée devant un écran de cinéma qui diffuse des images donnant l'impression qu'ils se déplacent réellement. Cette scène de la voiture fictive se rapporte à la dissociation, le processus étant de pousser l'esprit du sujet à se déconnecter de la réalité, c'est à dire le transporter quelque part mais jamais réellement, physiquement. Suite à cette drôle d'escapade, c'est le retour dans la chambre... à présent remplie de cadres avec des collections de papillons, la femme se met à brandir avec énervement un de ces cadres contenant un papillon sous le nez de l'homme, comme pour essayer de lui faire comprendre quelques chose : *"regarde nous sommes des esclaves Monarch"*. Puis tout à coup, la femme disparaît de la chambre et l'homme se retrouve seul avec lui-même. Nous avons là un autre indice soulignant le fait qu'il s'agit probablement d'un dédoublement de personnalité et que la femme et l'homme ne sont en fait qu'une seule et même personne fractionnée. L'homme entre alors dans une colère noire et casse d'un coup de poing un miroir, symbolisant ainsi la tentative de rompre la programmation, puis il saccage la pièce jusqu'à ce que la femme réapparaisse. Il commence alors à la frapper et à la scarifier, c'est en fait une scarification auto-infligée. Finalement, le couple va s'endormir... et c'est là que nous voyons les deux obscurs contrôleurs entrer de nouveau dans la pièce pour faire le ménage et tout remettre en ordre. Le clip se termine sur la même image que sur laquelle il a débuté : le couple se réveille à nouveau dans la confusion, ignorant la cause de toutes ces traces de scarification. Un nouveau jour dans l'éternelle boucle sans fin qu'est la vie d'un esclave Monarch.

• Le clip *"Prison Sex"* du groupe Tool, dont le thème de la chanson est la répétition des violences sexuelles par les victimes, a une symbolique liée aux murs amnésiques traumatiques et à la récupération des mémoires. Le clip met en scène un petit mannequin démembré et torturé par un être inquiétant, une sorte d'humanoïde en caoutchouc noir. Le clip nous montre ce petit mannequin borgne enfermé dans un grand cube composé d'une multitude de tiroirs représentant ses mémoires, dans lesquelles il fouille pour pouvoir comprendre son état aussi délabré. Peu à peu, il renoue avec les mémoires lui permettant d'accéder au petit garçon qu'il a été autrefois. Dans ce clip d'animation, ce n'est pas le papillon Monarch mais sa chenille qui vient signer la production, en sortant d'un des tiroirs… Là encore, le clip se termine avec la notion de boucle sans fin et de fractale : le cube composé d'une multitude de tiroirs dans lequel est enfermé le petit mannequin, n'est est fait que l'intérieur du tiroir d'un autre cube beaucoup plus grand composé comme le premier d'une multitude de tiroirs, etc, etc…

• Le clip *"Shatter Me"* de la violoniste Lindsay Stirling est également du 100% MK-Monarch. Il représente le processus de dissociation et de fractionnement de personnalité par la symbolique d'une ballerine *humano-mécanique* enfermée dans un globe en verre et cherchant à s'en échapper. Là encore l'image du miroir brisé et du fractionnement de la femme mécanique qui explose littéralement en mille morceaux est symboliquement très explicite. D'autant plus lorsque des papillons Monarques viennent virevolter tout au long du clip. Dans ces clips "Monarch", la duplicité est systématique, la chanson *"Shatter Me"* (Brise moi) a pour thème la libération de la peur… Mais son symbolisme communique exactement le contraire : il expose clairement le processus de soumission d'un esclave de programmation MK.

• Le clip *"A Study in Duality"* de Candy Brooke est également une pure propagande implicite MK-Monarch. Un clip qui résume ce qu'est véritablement toute cette industrie : une combinaison d'occultisme et de MK visant à avilir et à déshumaniser. Ce clip est construit sur le concept de dualité mettant en scène la "bonne fille" versus la "mauvaise fille", un thème particulièrement approprié pour le MK-Monarch. Cette production nous montre une femme avec un papillon Monarque sur la bouche, une forte image symbolique entrecoupée par des flashs quasi-subliminaux montrant des actes de torture comme un visage subissant des écarteurs au niveau de la bouche et des paupières ; rappelant clairement l'imagerie du film *Orange Mécanique*. Des images chocs qui font allusion aux tortures infligées pour induire les états dissociatifs nécessaires au contrôle mental. Pourquoi ces images de torture n'apparaissent qu'une fraction de seconde dans ce clip ? Pourquoi de telles horreurs subliminales sont-elles mises en parallèle de l'imagerie d'une femme avec un papillon Monarque sur la bouche ? Pourquoi choisir aussi souvent cette espèce précise de papillon ? Une autre scène de ce clip nous montre un bourreau masqué et habillé d'une robe noire mettant une femme, visiblement robotisée, dans une baignoire auprès de laquelle se trouve du matériel de transfusion intraveineuse, laissant supposer que quelque chose de terrifiant est sur le point de se produire. Voici le genre de symbolique occulte totalement glauque et déshumanisante qui s'imprègne de plus en plus dans la culture populaire via l'industrie du divertissement.

• Les clips *"Zombie"*, *"Mirrors"* ou encore *"Wonderland"* de Natalia Kills propagent eux aussi une décadence liée au MK-Monarch. Ils montrent l'*artiste* comme une femme abusée, humiliée et contrôlée par des forces invisibles. Dans le clip *"Mirrors"*, on la voit être entraînée de force pour traverser un miroir. Dans le clip *"Zombie"*, nous la voyons attachée sur une table dans ce qui semble être un laboratoire où elle se fait torturer par un bourreau invisible, le tout accompagné d'une imagerie explicite montrant des têtes de mannequins lui recouvrant le visage tout comme pour le remplacer, des mannequins démembrés viennent aussi participer à l'ambiance obscure de cette production. Le clip *"Wonderland"* quand à lui met en avant la drogue permettant de *suivre le lapin blanc dans le terrier...*

• Le clip *"Brick by Boring Brick"* de Paramore raconte l'histoire d'une petite fille cherchant son véritable "Moi" derrière un mur qu'elle a construit dans sa conscience. La thématique de la chanson nous dit que ce mur est la croyance aux "contes de fées" qu'il faut briser. La petite déambule avec des ailes de papillon Monarque accrochées au dos dans un château représentant son monde intérieur. Dans ce château, nous la voyons se refléter dans de multiples miroirs trompeurs. Là encore, les références systématiques à *"Alice au Pays des Merveilles"* sont présentes.

• Les clips *"Love Me"* de Lil'Wayne, *"Work B*tch"* de Britney Spears et *"Change Your Life"* de Iggy Azaela glorifient explicitement la programmation Beta, c'est à dire l'esclavage sexuel.

• Le clip *"Price Tag"* de Jessie J représente la chanteuse comme une ridicule marionnette totalement désarticulée et tenue par des fils ou encore une automate sur une boîte à musique.

• Le clip *"21st Century Girl"* de Willow Smith est une pure propagande babylonienne où le papillon Monarch accompagne la petite fille tel un relais transmis de génération en génération.

• Le clip *"Style"* de Taylor Swift représente quand à lui d'une manière subtile le trouble dissociatif de l'identité en jouant avec deux personnages se reflétant l'un l'autre, avec toujours cette notion de fractionnement et de brisure.

Cette sous-culture MK morbide ne se cantonne pas seulement au monde occidental. En Asie, la scène très populaire de K-pop (pop sud-coréenne) reprend exactement les mêmes codes :

• Le clip *"Insane"* de A-JAX nous montre un jeune homme hospitalisé en psychiatrie et subissant de l'hypnose, la symbolique de la dissociation et du fractionnement y est très significative et répétitive, notamment encore une fois par le passage à travers le miroir.

• Le clip *"Hate You"* de Ladie's Code est également très explicite. On y voit deux jeunes filles totalement déshumanisées et robotisées, dépeintes comme des poupées ou des marionnettes tenues par des fils et manipulées par un "dresseur".

• Le clip de Andamiro (la *Lady Gaga* coréenne) *"Waiting"* qui, sous couvert d'une chanson sur une histoire de cœur entre une fille et un garçon, représente en fait la relation entre le maître et l'esclave Monarch, comme souvent c'est la symbolique du clip qui révèle quelque chose de bien plus lourd que les simples paroles de la chanson. Ici encore, le papillon signe la production.

• Le morceau *"The Handler"* de Muse, sorti en 2015, est l'une des productions les plus explicites sur le contrôle mental Monarch qui ait été produit, autant au niveau du texte que de la symbolique du clip, avec évidemment ses papillons Monarques. *Handler* est un terme souvent utilisé pour décrire celui qui manipule et qui gère l'esclave MK, un terme qu'il est difficile de traduire en français et qui signifierait : dresseur, manipulateur ou maître, celui qui *"tient en laisse"*. Voici les paroles de la chanson, qui semble à première vue une chanson d'amour, mais dont le fond se réfère directement à la relation entre un esclave MK et son maître, toute l'ambiguïté est là, une représentation du syndrome de Stockholm :

> Tu étais mon oppresseur Et j'ai été programmé pour obéir Maintenant, tu es mon manipulateur Et je vais exécuter toutes tes demandes
>
> Laisse-moi seul Je dois me dissocier de toi
>
> Admire ma transe-formation Et tu as le pouvoir de faire ce qu'il te plait
>
> Mon esprit était totalement perdu Et mon cœur une machine froide et insensible
>
> Je ne te laisserai plus contrôler mes sentiments Et je ne ferai plus ce qu'on me dit de faire Je n'ai plus peur de marcher seul Laisse-moi partir, laisse-moi être
>
> Je dois me libérer de ton emprise Tu ne me posséderas plus jamais

Il est intéressant de rapporter ici aussi les paroles du morceau *"I Get Out!"* de Lauryn Hill :

> Je sors, je sors de toutes vos boîtes,
> Vous ne pouvez pas me tenir par ces chaînes, je vais sortir,
> Père m'a libéré de cet esclavage,
> En connaissance de ma condition, voilà pourquoi je dois changer,
> Vos résolutions puantes n'ont rien à voir avec une solution,
> mais m'éloignent de la liberté et maintiennent vos pollutions,
> Je ne supporterai pas plus longtemps vos mensonges,
> Je ne veux plus essayer,
> Si je dois mourir, oh Seigneur,
> C'est pourquoi j'ai choisi de vivre,
> Je ne veux plus être compromise, je ne peux plus être brimée,

Je ne sympathiserai plus,
Parce que j'ai maintenant compris que vous vouliez juste m'utiliser
Vous parlez d'amour et vous m'abusez
Vous n'avez jamais pensé à me libérer
Mais aussi vite nous oublions que rien n'est certain
Vous pensiez que j'allais rester là à souffrir
Votre plan pour me culpabiliser ne marche pas, il me réprime à mourir
Car maintenant je choisis la Vie, je fais des sacrifices
Si tout doit s'en aller, alors partons
Voilà comment j'ai choisi de vivre
Plus de compromis
Je vous vois avant que vous ne soyez déguisés
Aveuglant à travers ce contrôle mental
Volant mon âme éternelle, m'attendrissant par le matériel
Pour me garder comme esclave, mais je m'en sors
Ce que vous voyez, c'est ce que vous allez devenir
Oh vous n'avez encore rien vu
Je m'en fou si vous êtes contrariés
Regardez et ne déformez pas la vérité
Et vos sentiments blessants ne sont pas excusés
Pour me garder dans cette boîte, serrure psychologique
Réprimant la véritable expression, cimentant la répression
Organisant cette déception massive
Alors que personne ne peut être soigné
Je ne respecte pas votre système
Je ne veux pas protéger votre système
Lorsque vous parlez je n'écoute pas
Laissez faire mon Père
Laissez-moi sortir de ces chaînes,
Toutes ces traditions tuent la liberté
J'ai juste accepté ce que vous avez dit
Me gardant parmi les morts
Le seul moyen de le savoir est de marcher d'apprendre, d'apprendre et de grandir
Mais la foi ne grandit pas vite, et tout le monde vous a cru
Alors que vous aviez l'unique autorité
Juste suivie par la majorité
Qui est effrayée par la réalité
Ce système est une farce
Vous avez intérêt d'être futés pour sauver votre âme
Et vous échapper de ce contrôle mental
Vous passez votre vie à vous sacrifier pour ce système de mort
Où est la passion dans cette façon de vivre ?
Êtes-vous sûrs que c'est Dieu que vous servez ?
Engagés dans un système
De moins en moins bon, alors que vous le méritez
Qui fabrique ces écoles ? Qui fabrique ces règles ?
Une condition animale, oh gardez nous comme des esclaves

Oh sortez de ce purgatoire social…

7 - LA SYMBOLIQUE MK-MONARCH

DANS L'INDUSTRIE CINÉMATOGRAPHIQUE

Certaines productions cinématographiques affichent elles aussi la symbolique du contrôle mental Monarch. Comme pour les clips de musique, il s'agit de déceler les différentes grilles de lecture contenues dans toutes ces productions.

Intéressons-nous d'abord au film *"Trouble jeu"* (*Hide & Seek* en V.O.) sorti en 2005. Ce film a beaucoup été critiqué négativement en raison de son étrangeté, il a été décrit comme illogique avec une fin jugée absurde. Il se trouve que ce film ne peut pas être pleinement compris sans connaître l'élément clé sur lequel il se fonde, c'est à dire le contrôle mental basé sur les traumatismes : MK-Monarch. D'une manière symbolique et théâtrale, ce film décrit ce processus ignoble. Le papillon Monarque apparaît là encore régulièrement dans cette production pour confirmer son triste thème.

Le film met en scène une petite fille nommée Emily qui a été témoin du suicide de sa mère et qui présente de graves symptômes traumatiques. Son père, David (incarné par Robert De Niro) décide alors d'aider sa fille en quittant son cabinet de psychiatre et en déménageant à la campagne avec elle afin de s'en occuper à plein temps. Le comportement d'Emily devient alors de plus en plus inquiétant, elle prétend avoir un nouvel ami du nom de Charlie avec qui elle s'amuse beaucoup. David pense alors qu'il s'agit d'un ami imaginaire créé par Emily pour faire face à son traumatisme. Cependant certains événements horribles qui se produisent dans la maison, comme le chat retrouvé noyé dans la baignoire, commencent à être très inquiétant, d'autant plus qu'Emily déclare que c'est Charlie qui en est le responsable. Charlie tuera aussi la compagne du père. Dans une scène où l'on voit David patrouiller autour de la maison à la recherche d'un meurtrier éventuel, il réalise dans un bref éclair de lucidité qu'il est lui-même le "fameux" Charlie. Le film nous dévoile donc que ce Charlie est en fait une autre personnalité du père, de David, qui ignore totalement son existence. C'est cette personnalité alter "Charlie" qui traumatise et manipule la petite Emily et qui commet des crimes horribles.

Cette production met en scène la relation entre un bourreau programmeur et son esclave, ici en l'occurrence un psychiatre totalement dissocié qui programme sa propre fille. Les programmeurs ont généralement eux-mêmes de profonds troubles dissociatifs. La scène finale du film nous montre un dessin de la petite Emily qui se représente elle-même avec deux têtes sur un seul corps… une image symbolique révélant qu'elle est dissociée et multiple.

Le film d'animation *"Coraline"* (2009) est également une production se référant au niveau symbolique à la programmation MK-Monarch. Notons que la petite fille qui fait la voix de Coraline est Dakota Fanning qui jouait le rôle de la fillette dans le film *"Trouble Jeu"* que nous venons de décrire ci-dessus.

Dès le début, le générique résume clairement l'ensemble du processus : nous voyons d'inquiétantes mains métalliques restaurant une vieille poupée en une nouvelle poupée. Son ancien accoutrement est entièrement découpé, elle se fait littéralement retournée comme une chaussette, la bourre intérieure est retirée pour être remplacée par du sable. Elle reçoit des nouveaux cheveux, des nouveaux yeux et des nouveaux vêtements lui sont cousus dessus. La création de cette nouvelle poupée symbolise la création d'une personnalité alter.

Coraline est une petite fille qui vient d'emménager avec ses parents dans une nouvelle maison. Elle est malheureuse et s'ennuie constamment car ces derniers ne lui donnent pas l'attention qu'elle souhaiterait. Alors qu'elle explore sa nouvelle maison, elle découvre une petite porte qui mène vers une version alternative de sa réalité, un endroit où ses parents sont amusants et lui portent beaucoup d'attention. Nous retrouvons ici la même thématique que dans le *"Magicien d'Oz"* ou *"Alice au Pays des Merveilles"*, c'est à dire un personnage principal enfant qui s'ennuie dans sa vie de tous les jours et qui entre dans un monde étrange, merveilleux et magique. Dans *Coraline*, la petite fille passe par une porte la propulsant dans une sorte de vortex qui donne accès à la "merveilleuse" réalité alternative, tout comme Alice traverse le miroir : la symbolique du processus dissociatif, la déconnection d'une certaine réalité. Dans cette réalité alternative, ses "autres parents" surnomment Coraline *"notre petite poupée"* et ils lui disent que si elle accepte qu'ils lui cousent des boutons sur les yeux, bientôt *"elle verra les choses à leur manière"* et qu'elle pourra rester avec eux pour toujours... Lui coudre des boutons sur les yeux signifie qu'elle va devenir en permanence la marionnette du bourreau programmeur, qui alors, comme dit dans le film *"dévore son âme"*. Mais Coraline refuse cette proposition et l'illusion de l'autre monde se brise... Nous voyons "l'autre mère" se mettre dans une colère noire la montrant sous son véritable jour. Coraline voit enfin le véritable aspect de son "autre mère", il s'agit d'une sorte de monstre squelettique avec des mains métalliques, justement celles qui confectionnaient la poupée dans le générique du début. L'ensemble du film se base sur cette main menaçante qui représente le programmeur manipulant la petite fille et trompant sa psyché avec un monde créé de toute pièce grâce au passage par la petite porte : le processus dissociatif.

En 1985, Disney a produit le film *"Retour à Oz"*. Tandis que la plupart des téléspectateurs s'attendaient à une suite logique du célèbre *"Magicien d'Oz"* de 1930, ce film va créer la surprise en montrant la petite Dorothy enfermée dans un sordide hôpital psychiatrique, sanglée sur un brancard pour recevoir des électrochocs... Cette production Disney décrit explicitement le sort d'une petite fille soumise au contrôle mental basé sur les traumatismes.

Le début du film nous montre Dorothy trouvant une clé avec le symbole d'Oz, une clé qui représente la clé d'accès à sa personnalité d'origine. La scène suivante nous montre cette même clé remise entre les mains d'un psychiatre chez qui elle a été conduite pour recevoir un traitement aux électrochocs (pour des problèmes de sommeil)... ce psychiatre qui détient désormais la clé va pouvoir devenir son programmeur.

Alors que Dorothy observe la machine qui va servir aux électrochocs, elle y voit dans une vitre non pas son reflet mais celui d'une autre petite fille, en effet, cette machine est la *porte* pour sa personnalité alter nommée "Ozma". La scène suivante nous montre Dorothy sanglée sur un brancard sur le point de recevoir des électrochocs, mais une coupure de courant se produit juste à ce moment-là... Cependant la suite du film laisse clairement supposer que Dorothy a bien subi un traumatisme profond qui l'a faite se dissocier de la réalité, car c'est à partir de là que le film bascule dans un monde imaginaire. En effet, Dorothy retourne alors dans le monde magique d'Oz, un monde qui représente sa psyché dissociée et entièrement manipulée par le programmeur (le psychiatre). C'est sa personnalité alter Ozma qui l'accueille sur son brancard pour la conduire au pays d'Oz...

Elle entre alors dans une sorte de quête au travers de ce monde alternatif. Une scène particulièrement troublante est la rencontre entre Dorothy et la sorcière Mombi, qui n'est autre que l'infirmière en chef de l'hôpital psychiatrique. Dans cette scène, nous voyons la sorcière amener Dorothy dans une salle remplie de têtes de femmes, rangées en rang derrière des vitrines et observant du coin de l'œil la petite... C'est alors que la sorcière Mombi retire sa propre tête, tout comme l'on dévisse un jouet, et la remplace par une de ces nombreuses autres têtes présentes derrière les vitrines. Cette scène est de la pure symbolique MK-Monarch, la collection de têtes représentant les différentes personnalités alter pouvant émerger.

Le but ultime de la programmation MK est le fractionnement de la personnalité de base en de multiples alter, et c'est exactement ce que nous montre les dernières scènes de ce film. Nous voyons la petite Dorothy, encore dans le monde de Oz, dans son monde intérieur, se regarder fixement dans un grand miroir qui ne reflète pas sa propre image mais celle d'Ozma, cette autre petite fille qui représente sa personnalité alter. La scène nous montre Dorothy se rapprochant du miroir, prendre la main du "reflet Ozma" et la faire traverser le miroir pour qu'elle se retrouve en "chair et en os " devant elle. Le miroir qui reflète une autre identité est un symbole fort du MK-Monarch. La personnalité alter de Dorothy, Ozma, traverse le miroir et devient donc réelle. Ainsi la programmation de Dorothy s'achève, son alter programmé est bien présent dans son esprit fractionné, Ozma fait maintenant partie de Dorothy...

La dernière scène nous montre Dorothy de retour chez elle, dans le monde réel. Elle découvre à nouveau Ozma en se regardant dans le miroir de sa chambre. Cela confirme que sa personnalité a été fractionnée et qu'elle est maintenant multiple et programmée.

Dans cette production, Disney a introduit un grand nombre d'éléments qui en font un véritable *hymne* au MK, encore bien plus explicite que le *"Magicien d'Oz"*.

Dans son film *"Boulevard de la mort"* (*Death Proof* en V.O. - 2007), Quentin Tarantino fait clairement une référence au MK-Monarch, un triste clin d'œil... N'en parlez pas, mais montrez le...

Au premier abord, cette production semble être ni plus ni moins qu'un hommage aux vieux films de série B, mais elle incorpore quelque chose de très explicite qui n'est pas anodin.

Mais tout d'abord il faut revenir sur un film de 1977 intitulé *"Un espion de trop"* (*"Telefon"* en V.O.) mettant en scène des personnages sous contrôle mental MK-Ultra qui se font déclencher par un poème récité lors d'un appel téléphonique. Suite à cet appel visant à faire émerger une personnalité alter préalablement programmée, ces personnes entrent dans un état de transe pour accomplir des missions kamikazes sur différentes cibles.

Voici le poème qui sert à déclencher les esclaves programmés :
Les bois sont charmants, sombres et profonds,
Mais j'ai des promesses à tenir et des kilomètres à faire avant que je dorme,
Souviens-toi… (nom de la personnalité alter), des kilomètres à faire avant que tu ne dormes.

Dans son film *"Death Proof"*, Quentin Tarantino a pris soin de reprendre exactement le même poème. Lors d'une scène, nous voyons un homme aborder une jeune femme en lui offrant une bière tout en lui disant *"à la tienne papillon"*, puis il commence à lui réciter mot pour mot ce même poème déclencheur MK…

Tarantino reprend donc l'exact poème qui déclenche les esclaves MK dans le film *"Telefon"* de 1977, pour l'adapter à sa manière en 2007. Tandis que dans *"Telefon"*, le poème sert à déclencher des kamikazes sous contrôle mental, dans *"Death Proof"*, le poème sert à déclencher une programmation Beta, l'esclavage sexuel d'une jeune femme. Et pour bien confirmer qu'il s'agit là d'une référence au MK-Monarch, Tarantino a choisi comme code d'accès à la personnalité alter le mot *"papillon"*, ce poème ayant pour originalité de varier en fonction des alter auxquels il s'adresse… *"Souviens-toi "papillon", des kilomètres avant que tu dormes"*…

La scène suivante nous montre la jeune femme ciblée entamer une danse érotique devant cet homme assis sur une chaise au milieu d'un bar. Cette femme qui ne le connaissait pas peu de temps avant va finir par s'abandonner dans ses bras…

Voici un extrait de dialogue du film *"Telefon"* de 1977, où Charles Bronson se réfère directement au projet MK-Ultra visant à créer des Candidats Mandchous :

- Dites-moi Borzov, qui est dans le monde entier le plus secret des agents ?
- Celui qui arrive à rester éternellement secret ?
- Bien sûr, mais celui qui les surpasse tous, c'est l'agent idéal, c'est celui qui ne sait pas qu'il est un agent.

8 - SUPER-ATHLÈTES SOUS CONTRÔLE MENTAL

L'industrie du divertissement comporte également le sport de haut niveau et les méthodes de contrôle mental sont également appliquées pour former des *super-athlètes*… Le champion est tout comme un soldat d'élite dont la force physique et psychique se doivent d'être optimum dans un monde où *"The show must go on"* (le spectacle doit continuer), où les performances doivent être toujours plus spectaculaires. Le sport de haut niveau est un véritable show-business et les résultats doivent exceller d'années en années pour satisfaire le public et les sponsors. Dans ce contexte, on comprend aisément que le MK serve également dans le domaine sportif.

Dans son autobiographie, Cathy O'Brien rapporte comment un individu avec une personnalité multiple peut avoir des facultés physiques extraordinaires, notamment au niveau du sommeil et de la faim. Le basculement d'une personnalité alter à une autre va en quelque sorte "remettre les pendules à l'heure", c'est à dire que l'horloge biologique sera différente d'un alter à l'autre et les sensations de faim et de fatigue vont donc varier selon l'alter qui est aux commandes du corps. C'est un phénomène qu'il est difficile de comprendre en raison des besoins biologiques fondamentaux du corps physique, tout comme il est difficile de comprendre comment un alter peut être le seul à ressentir les effets d'un médicament.

Les esclaves MK peuvent fonctionner avec très peu d'heures de sommeil ou une alimentation très limitée, cela a pour conséquence que leur esprit, leur cerveau, restent dans un état facilement contrôlable, facilement hypnotisable. Cathy O'Brien, qui a subi le protocole MK-Monarch depuis sa petite enfance, décrit également que lors de ses entraînements à la course à pied, son entraineur induisait en elle une transe pour qu'elle n'ait plus aucune perception du temps et de la distance. Les méthodes de contrôle mental faisaient qu'elle pouvait évacuer la douleur et la fatigue plus facilement, instantanément. Ce phénomène provoque une endurance exceptionnelle chez les sujets MK, que ce soit dans le domaine sportif ou militaire.

Cathy O'Brien affirme que certains joueurs de baseball américains sont contrôlés par des codes-clés, et autres déclencheurs. Selon elle les membres de l'équipe des *Dodgers* étaient sous contrôle mental et conditionnés pour gagner ou perdre selon les paris et le bon vouloir de leurs propriétaires. Brice Taylor affirme quand à elle que cette même équipe des *Dodgers* (coachée à l'époque par Tommy Lasorda) recevait en récompense des esclaves sexuels (femmes autant qu'enfants) selon leurs résultats sportifs...

Une chose peu connue du grand public est que la célèbre joueuse de tennis Serena Williams possède plusieurs alter dont un qui est nommé *"Psycho-Serena"*, il s'agit de l'alter présent sur le terrain de tennis, c'est la *super-athlète*. Il semblerait en effet que la n°1 mondiale du tennis féminin ait développé un trouble dissociatif de l'identité. Dans le documentaire biographique *"Venus and Serena"* (2012), elle révèle et énumère face caméra ses différents alter : *"Oui, j'ai vraiment différentes personnalités et différentes attitudes. Il y a "Psycho-Serena", elle est toujours sur le court, elle s'entraîne, elle est dans le match, elle est incroyable, c'est une super-athlète. Il y a "Summer", elle m'aide beaucoup, par exemple lorsque j'ai une longue lettre à écrire ou pour d'autres choses encore, c'est "Summer" qui le fait. Et il y a cette autre fille, "Megan", c'est une excitée, vous ne pouvez la suivre. Il y a aussi "Taquanda", une dure, elle n'est pas Chrétienne (rires), elle vient du ghetto. Elle était à l'US Open en 2009* (ndlr : le reportage montre alors un extrait d'un match où l'on voit "Taquanda" insulter vulgairement et menacer violemment un garçon de balle). *Lors de ce match en particulier, je n'étais pas là, mais j'ai eu les retours."*[613]

Cette dernière affirmation - *"je n'étais pas là"* - signifie qu'elle n'a pas le souvenir de cette scène d'énervement car ce n'était pas "elle" qui disputait ce match de l'US-Open, ce qui montre qu'il y a véritablement des murs amnésiques entre ses différents alter. Serena affirme clairement dans ce documentaire biographique qu'elle possède plusieurs personnalités indépendantes les unes des autres, elle aurait donc un trouble dissociatif de l'identité, chose commune aux esclaves MK.

---

[613] "Venus and Serena - Discover the truth behind the legends" - Maiken Baird, Michelle Major, 2012.

Lors d'un match à Wimbledon en juillet 2014, Serena, considérée par beaucoup comme la meilleure joueuse de tennis de tous les temps, est apparue sur le court complètement désorientée, ne sachant littéralement plus jouer au tennis ni même attraper une balle, une scène totalement invraisemblable. Les journaux ont alors titré : *"l'incroyable malaise"*, *"désorientée et incapable de tenir une balle"*, *"elle frise le ridicule"*… La fédération américaine de tennis a prétendu que la joueuse *"souffrait d'un virus"* sans donner plus de détails… mais alors pourquoi est-elle venue sur le court pour se ridiculiser de la sorte ? Ou bien était-ce plutôt l'alter *Psycho-Serena* qui n'était pas au rendez-vous ce jour-là ?

Saviez-vous que Tiger Woods, le meilleur joueur de golf de tous les temps a des amnésies lors des compétitions et est incapable de se rappeler de ses meilleurs coups ?

Eldrick Woods est le fils d'Earl Woods, ancien colonel et béret vert des Forces Spéciales au Vietnam. Eldrick a été surnommé "Tiger" en mémoire d'un soldat vietnamien ayant combattu aux côtés de son père. Le "Tigre" a commencé à jouer au golf dès l'âge de 2 ans. Il a notamment fait une apparition en 1978 dans l'émission *"The Mike Douglas Show"* dans laquelle on voit ce petit bonhomme faire la démonstration de son swing déjà très propre. Tiger Woods a été dès son plus jeune âge un "enfant-star" adulé par les médias et destiné à devenir le meilleur, de la même manière que le chanteur Michael Jackson. Un ex-golfeur et commentateur pour la PGA (*Professional Golfers' Association of America*) a déclaré que Woods *avait été programmé par son père*.

En effet, son incroyable talent de golfeur défie la logique, les normes et les statistiques. Mais est-ce uniquement dû à l'hypnose employée sur lui ? Le père de Tiger a participé à des opérations de contrôle psychologique et de la mémoire sur des soldats lorsqu'il était dans l'armée, notamment au Vietnam. Earl Woods aurait donc décidé d'employer ces mêmes techniques sur son fils et il chargea un psychiatre militaire, Jay Bunza, de reprogrammer Tiger comme un ordinateur. Bunza a en effet travaillé sur un étrange projet consistant à hypnotiser Tiger avant ses parties de golf. Dans des interviews, Tiger a déclaré qu'il oubliait totalement des sections entières de certaines compétitions. Dans le documentaire *"Tiger's Prowl : His life"*, il révèle : *"J'ai ces moments de trous noirs, je ne me souviens pas. Je sais que j'étais là, mais je ne me rappelle pas comment j'ai joué (…) C'est comme une transe, je laisse alors jouer mon subconscient et je ne sais pas quel en sera le résultat. Il y a beaucoup de tirs où je ne me souviens de rien. Je me souviens juste m'être préparé, avoir sorti le club du sac, etc, mais une fois la balle tirée, je ne me souviens plus l'avoir vue partir… C'est une chose très étrange."*

Les techniques de Jay Bunza ont produit des résultats extraordinaires, mais comment est-il possible que Tiger ne se souvienne pas de ses plus merveilleux coups ?

En 2008, l'ex-athlète "multifonctions" Herschel Walker a révélé qu'il avait un trouble dissociatif de l'identité. Il explique cela en détails dans son livre intitulé *"Breaking Free : My Life with Dissociative Identity Disorder"* (Se libérer : ma vie avec un trouble dissociatif de l'identité).

La même année, la chaîne américaine *ABC News* lui a consacré un reportage.[614] On y apprend que Walker est une véritable légende du sport : il a

---

[614] "Herschel Walker : Tell the World My Truth" - Bob Woodruff, ABC News, 2008.

notamment joué dans l'équipe de football des *Bulldogs* de Georgie dans les années 80, il a décroché plusieurs records du monde en athlétisme et il a remporté le célèbre trophée Heisman en 1982. Mais Walker affirme aujourd'hui que ce n'est pas *lui* qui a remporté à l'époque ce fameux trophée. Ce champion qui a joué quinze saisons de football américain, qui a même été danseur dans le *Fort Worth Ballet*, un homme d'affaire, un homme public, un mari, il n'est aucune de toutes ces personnes dit-il… Il déclare : *"Ce sont des personnalités qui peuvent faire des choses différentes pour vous. En compétition, je suis une personne totalement différente."*

Herschel Walker dit que son alter nommé *"Guerrier"* assumait les matchs de football en encaissant toute la douleur qui pouvait survenir lors des violents contacts physiques. L'alter *"Héros"* est la figure publique et médiatique, tandis que l'alter *"Sentinelle"* avait pour rôle de préserver ses amis et sa famille. En 1983, l'athlète s'est marié avec Cindy Grossman, aujourd'hui le couple est séparé et Cindy témoigne : *"Au début, c'était juste un comportement très étrange (…) il avait la capacité de dissimuler cela parce que je pense que tous les alter à l'intérieur étaient focalisés sur le football."* Lorsque sa carrière et les compétitions se sont terminées, Cindy raconte que le système intérieur subconscient de son mari a commencé à se détraquer : *"J'ai commencé à découvrir les alter (…) J'ai constaté les changements dans sa voix, il prenait parfois une voix rauque et disait des choses étranges, comme s'il ne savait pas qui j'étais. Il m'appelait alors "Miss Lady". C'est quelque chose de difficile à expliquer, même son visage changeait. La première chose à laquelle j'ai pensé, c'était qu'il avait le diable en lui."* Sa femme s'est alors tournée vers l'Église pour trouver de l'aide… *"Je ne demandais pas forcément un exorcisme, j'essayais simplement d'avoir des réponses (…) Je pense qu'il a beaucoup d'alter, mais je ne sais pas combien, je ne peux pas le savoir, mais j'en ai rencontré un certain nombre."*

Lorsque sa carrière sportive s'est terminée, Walker raconte comment ses personnalités alter ont commencé à prendre le contrôle d'une manière anarchique. C'est à partir de là qu'il a commencé à développer une fascination morbide pour les armes et la mort. Il écrit dans son livre : *"La jouissance viscérale que j'éprouve à voir l'impact puis la pulvérisation du cerveau avec le sang est comme un feu d'artifice."* Il a plusieurs fois été sur le point de commettre un meurtre par arme à feu, notamment contre sa femme : *"Il a mis le pistolet sur ma tempe en disant "Je vais te faire sauter la cervelle". J'ai dû alors avoir la force de Dieu en moi car je lui ai répondu dans les yeux : Vas-y appuie sur la gâchette, moi je sais où je vais, mais toi, sais-tu où tu vas aller ? Il y avait en face de moi quelqu'un de fondamentalement mauvais."*

Walker n'a jamais nié avoir ainsi menacé sa femme, mais il dit qu'il ne s'en souvient pas. Durant une séance de thérapie avec sa femme, le Dr. Jerry Mungadze, son thérapeute, a déclaré avoir vu émerger une personnalité alter totalement enragée qui voulait littéralement tuer tout le monde dans la pièce. Le Dr. Mungadze rapporte : *"Ses yeux ont changé. Les yeux qui ont émergé n'en avaient strictement rien à faire de moi, et lorsqu'il disait qu'il allait me tuer, je le croyais volontiers… Il ne s'agissait pas de Herschel, c'était un alter enragé."* Finalement ce jour-là, "Walker" détourna sa colère en faisant un trou dans la porte du cabinet par un coup de poing, c'est alors qu'un autre alter a émergé, cette fois il s'agissait d'un jeune garçon : *"Il avait une douleur terrible parce qu'il venait de se casser la main."* Herschel ne se rappelle pas non plus de cette scène de violence, mais il dit clairement qu'il faut assumer toutes ces choses et que sa maladie n'est pas une excuse à la violence.

Après 8 années de thérapie, sans aucune prise de médicaments, il a beaucoup plus de contrôle sur ses personnalités alter.

CHAPITRE 10

PROPAGANDES ET TECHNIQUES OFFENSIVES ET DÉFENSIVES DU RÉSEAU

Les crimes perpétrés à l'encontre des enfants prospèrent grâce à une conspiration du silence, et par l'intimidation. Nous espérons qu'un jour les pédophiles seront arrêtés et poursuivis en justice. Cependant que faire quand ces mêmes criminels sont aux commandes du système judiciaire ? "Dutch Injustice : When Child traffickers rule a nation." (L'Injustice Hollandaise : quand les trafiquants d'enfants dirigent la nation, 2012)

Quel malheur pour ces gens qui agissent en secret pour cacher leurs projets au Seigneur. Ils préparent leurs affaires dans l'ombre. Ils disent : "Qui peut nous voir ? Qui sait ce que nous faisons ? - Esaïe 29 :15

Heureux ceux qui ont faim et soif de la justice, car ils seront rassasiés ! - Matthieu 5 :6

1 - LES RÉSEAUX DE POUVOIR

Commençons tout d'abord par définir le mot "réseau". C'est un terme qui découle du mot latin *"retis"*, au pluriel *"retes"*, *"rets"*, signifiant *"filet"*. Le terme *"rets"*, le plus souvent utilisé au pluriel, désignait un filet pour prendre des oiseaux, des poissons ou du gibier. Dans un sens figuré, il signifiait un artifice pas lequel on s'empare de quelqu'un ou de son esprit. En terme scientifique, il s'agit d'un ensemble de points communiquant entre eux.

Le mot "réseau" se définit actuellement entre autre comme :

- Un ensemble organisé dont les éléments, dépendants d'un centre, sont répartis en divers points.
- Une organisation clandestine dont les membres travaillent en liaison les uns avec les autres.

Les réseaux se traduisent en un regroupement d'entités (personnes, associations, organisations diverses, etc.) qui sont connectées entre elles. Les réseaux sont déployés dans de nombreux domaines : politique, magistrature, médiatique, religion, domaine scientifique et médical, associatif, sportif, etc... Le but de ces réseaux est de regrouper un maximum de personnes et de créer des passerelles d'un réseau à l'autre. Ces réseaux peuvent être plus ou moins apparents et même totalement occultes. Ce système de fonctionnement n'est pas en soit quelque chose de négatif, et se révèle généralement d'une grande efficacité. Cependant nous vivons à une époque où des réseaux élitistes servent tout simplement à asservir une masse d'humains se situant en bas d'une grande hiérarchie pyramidale. Les connections entre ces différents réseaux comme la franc-maçonnerie (les différentes loges lucifériennes), les organisations mafieuses et certaines communautés sectaires et religieuses sont à la tête de ce que l'on peut nommer un "méta-réseau" qui semble structurer notre société actuelle. Un méta-réseau organisé pour contrôler et manipuler la société à tous les niveaux, d'une manière globale, ceci afin d'établir un *Nouvel Ordre Mondial*, le règne du "dieu civilisateur et libérateur" : Lucifer.

La franc-maçonnerie est une des organisations qui a construit le plus puissant et le plus étendu des réseaux. En effet, ses membres sont présents sur tous les continents et dans tous les domaines, notamment les milieux les plus influents : politique, justice, humanitaire, renseignements, médias, enseignement, santé, police… La franc-maçonnerie forme actuellement une sorte de structure de notre société, un maillage qui passe autant par les banques, l'administration publique (impôts, sécurité sociale, etc) jusqu'à l'éducation nationale et les tribunaux (deux points essentiels). Il fonctionne comme une courroie de transmission qui se charge de transmettre les informations d'une section à une autre lorsque cela est nécessaire. C'est donc un réseau qui quadrille toute la société, avec des ramifications multiples et des pions qui peuvent être déplacés selon les enjeux.

Une des caractéristiques de ces sociétés secrètes, mais aussi des services de renseignements et des projets gouvernementaux classifiés, est de maintenir un cloisonnement des informations au sein du réseau, l'organisation hiérarchique pyramidale participe à ce cloisonnement. En effet, chaque individu du réseau reçoit uniquement ce qui *"est bon à savoir pour lui"*, c'est à dire qu'il n'accèdera qu'à ce qu'il a besoin de connaître pour faire son *job*. Il reste ainsi totalement ignorant de la globalité du ou des projets, ne recevant que le strict nécessaire en terme d'informations pour le travail qu'il effectue à son niveau. Voici comment cette notion de cloisonnement systématique de l'information est décrite par Mark Phillips :

"En fait, le "besoin d'en connaître" est une expression officiellement employée par la CIA et d'autres organismes "alphabétiques" comme le FBI, la NSA et la DIA. En gros, ça signifie qu'on ne te dit que ce que tu as "besoin d'en connaître" pour effectuer ta part d'une opération sans que tu aies pleinement conscience de ce pour quoi tu travailles. Dans mon cas, je croyais que le gouvernement développait le contrôle de l'esprit en vue de débarrasser la société de la criminalité et de la maladie mentale. Personne n'a jugé nécessaire de me dire que le but était en fait de contrôler la population, de créer les machines de guerre surhumaines des 'Special Forces' ou d'en faire usage pour torturer et brutaliser des innocents (…) Je n'avais pas la moindre idée de tout ça. J'étais juste focalisé sur "ma part" et enthousiaste quant aux perspectives, et il ne m'est pas un instant venu à l'esprit que je pouvais être en train de contribuer à la plus grande menace qu'ait jamais rencontrée l'humanité."[615]

Face à ces réseaux, notamment maçonniques, il est difficile d'établir une notion de contre-pouvoir, tant les membres (les *frères*) sont systématiquement présents dans chaque organisation et dans chaque parti politique soi-disant opposés... Tout en sachant qu'ils ont tous prêté serment pour servir les mêmes intérêts occultes (ceux de GADLU, le *Grand Architecte De L'Univers*) et pour se couvrir systématiquement les uns les autres en cas de pépin. Peu importe le parti politique ou la gravité des délits dont ils seraient incriminés, le serment de loyauté envers un "frère" passe toujours en priorité... On ne peut donc pas parler d'indépendance et de neutralité concernant la justice française, aujourd'hui totalement noyautée par le réseau maçonnique. Les francs-maçons se rendant service systématiquement entre eux, un "frère" de loge passera toujours avant un profane, nous avons donc affaire à une sorte de conflit d'intérêt maçonnique généralisé, extrêmement nuisible à notre société et au bon déroulement d'une véritable justice censée être rendue au nom du peuple. En prenant leurs fonctions, chaque magistrat et chaque avocat prêtent le serment de rendre une justice équitable pour tous les citoyens. La question qui se pose aujourd'hui est celle-ci : est-ce que le serment maçonnique, cette solidarité systématique entre "frères", ne viendrait-il pas faire obstacle à la manifestation de la vérité dans de nombreuses procédures judiciaires ? Il est à noter que l'Italie et l'Angleterre obligent les professionnels du droit à déclarer leurs appartenances à toute obédience maçonnique, ce qui n'est malheureusement pas le cas en France.

Les membres des réseaux occultes peuvent aussi se manipuler les uns les autres pour divers intérêts. La technique du "renvoi de l'ascenseur" permet de rendre redevable des personnes à qui l'on a "rendu service" à un moment opportun. Les informations compromettantes contenues dans de lourds dossiers permettent également de maintenir une pression et un chantage constant sur les membres du réseau. Les dossiers pouvant même s'étoffer par de véritables pièges (comme des photos ou vidéos prises lors d'une situation sexuelle où l'on introduit des enfants) permettant de maintenir un chantage et un contrôle permanent sur la personne. Comme on dit : *"ils se tiennent tous par la barbichette"*, pour ne pas dire par les c..... Les membres du réseau sont conditionnés à obéir et à se taire, car généralement tous impliqués dans de sales affaires. Beaucoup souffrent de troubles dissociatifs liés à leur petite enfance, leur faisant perpétuer des actes ignobles, ce qui renforce les dossiers qui servent à les contrôler et les maintenir au silence. C'est un cercle vicieux dans lequel la loi du silence règne.

Le trafic d'influence de ces réseaux est particulièrement virulent dans le milieu judiciaire, et pour cause... Hubert Delompré, l'administrateur du site deni-justice.net, dénonce par exemple les signes maçonniques insérés dans certains courriers circulant entre magistrats. Ces signes (nommés la triponctuation) indiquent au destinataire qui lira le courrier qu'il faut porter une attention toute particulière au paragraphe situé entre deux de ces signes. C'est à dire que le contenu s'impose à tous les "frères" et qu'ils devront tout faire pour que le message aboutisse, que le jugement soit justifié ou non. C'est ce que l'on appelle

---

[615] *"Pour cause de sécurité nationale"* - Cathy O'Brien & Mark Phillips, 2015, p.186.

du trafic d'influence et lorsque les courriers contiennent ce genre de signes, le jugement finit toujours par une condamnation en défaveur du profane. Chantal Arnaud (ardechejustice.fr) parle dans ces cas là de *"jugements maçonniques"*, c'est à dire que de fausses informations et allégations sont apportées par les juges eux-mêmes qui se permettent d'écrire tout et n'importe quoi. Selon elle ces pratiques, concernant certains magistrats, peuvent être attaquées pour faux, tant les manipulations sont flagrantes. Ces malversations allant même jusqu'à faire disparaître certaines pièces du dossier faisant office de preuves. Il existe véritablement des aberrations de jugement données au nom du peuple sans que personne ne puisse réagir puisque tout ceci se passe dans les tribunaux, bien souvent en huis-clos… et par les magistrats eux-mêmes. La difficulté face à ces jugements honteux est qu'ils s'imposent de fait, la magistrature incarnant "la loi". Il est donc très difficile pour un citoyen lambda de contrer de telles actions d'un système judiciaire qui impose un rouleau compresseur quasi-inattaquable, intimidant et menaçant. Le terme généralement employé par les médias pour adoucir ces aberrations est : *"dysfonctionnement judiciaire"*… Il ne s'agit pas de dysfonctionnements mais bien d'une organisation qui ne laisse justement pas la place à la moindre erreur…

Ce monde de la justice est un monde corporatiste où greffiers, huissiers, avocats, juges, procureurs, mangent ensemble, sortent ensemble et se marient entre eux… Nous retrouvons ce même fonctionnement dans le monde politique et journalistique. Ainsi, tout le monde se protège, c'est une sorte de caste au-dessus du peuple. La structure pyramidale de la société n'est pas quelque chose de nouveau, mais le problème est le trafic d'influence et les conflits d'intérêts qui gangrènent la société, autant au niveau juridique, médiatique, politique que pharmaceutique… Lorsque le système judiciaire abuse clairement de son pouvoir, il est temps de sonner l'alarme. Toutes les décisions de justice sont rendues au nom du peuple français, les *"dysfonctionnements"* et autres *"erreurs"* judiciaires devraient donc être jugées à leur tour par le peuple français pour condamner et révoquer ces magistrats qui abusent de leur pouvoir. Certains nomment ce système de corruption : *"La république des copains"* ; mais devrions-nous dire plutôt *"La république des frères"*…

Ce qui est pervers dans ces réseaux, c'est le secret avec un grand "S", il s'agit d'une hiérarchie parallèle, un pouvoir invisible. Dans le documentaire de France 5 *"Grand-Orient : les frères invisibles de la république"*, le franc-maçon Alain Bauer déclare sans aucune retenue devant une caméra que *"ce qui est étudié en loge le lundi devient une proposition de loi le vendredi et une loi la semaine suivante, le processus, même si je l'accélère pour le propos est extrêmement rapide car tout est linéaire"*.

Fred Zeller qui était à la tête du Grand Orient de France de 1971 à 1973 a déclaré : "L'influence de la maçonnerie est même peut-être plus importante encore que sous la troisième ou quatrième république, elle se place à un autre niveau. Il n'y a pas d'association, de groupement, de syndicat dans lesquels les francs-maçons ne se trouvent et aux postes de responsabilité les plus éminents." (Archive vidéo INA.fr)

2 - FONCTIONNEMENT DU RÉSEAU LORSQU'UN PARENT PROTECTEUR SONNE L'ALARME

Les nombreux dossiers liés à la pédocriminalité ont permis de déterminer comment fonctionne le Réseau pour étouffer systématiquement l'affaire et éventuellement récupérer le ou les enfants qui sont au cœur du dossier.

Tout débute par une plainte déposée par le parent protecteur (généralement la mère qui a encore pleine confiance dans la justice de son pays) qui découvre que son ou ses enfants sont sexuellement abusés par le géniteur (ou autres membres de la famille). À partir de là, cette famille est repérée et la première plainte est généralement classée sans suite mais en France cela débouche généralement sur le placement de l'enfant à l'ASE (Aide Sociale à l'Enfance). Le juge ignorant totalement les preuves de maltraitances que le parent protecteur apporte dans son dossier va placer l'enfant en foyer. Celui-ci se retrouve alors isolé et "formaté", tandis que les maltraitances se perpétuent… Selon le rapport du comité CEDIF sur la protection de l'enfance : *"L'arrachement d'enfants à leur famille est devenu en France un véritable phénomène de société. A contrario, les scandales peu médiatisés autour de placements d'office, montrent aussi que les services sociaux peuvent devenir l'instrument du malheur des enfants, à coups d'interventions maladroites et quelquefois mal intentionnées. D'ailleurs, ainsi que le reconnaît Monsieur Pierre Naves, Inspecteur Général des Affaires Sociales, la moitié des placements décidés ne se justifient pas."*

Il faut savoir qu'un placement d'enfant rapporte beaucoup d'argent… Certaines sources affirment que les conseils généraux reçoivent de nos impôts plusieurs milliers d'euros par mois pour chaque enfant pris en charge par l'ASE. En France, les placements abusifs se multiplient sans cesse… pour quelle raison ?

Comme nous l'avons vu dans le chapitre 7, les enfants placés en foyers sont des cibles idéales pour le réseau, surtout ceux qui souffrent de troubles dissociatifs suite à des abus sexuels. Ce sont les petites victimes de seconde zone, n'étant pas destinées aux postes élitistes. Le parent protecteur est quand à lui ignoré, voir déchu de ses droits envers son enfant, car des *"expertises psychologiques"*, effectuées par des membres du réseau, vont servir à dévaloriser sa parole. Si le parent insiste en devenant trop virulent (d'autant plus s'il est socialement isolé) il pourra subir un internement psychiatrique abusif, permettant ainsi de ruiner sa santé mentale par un traitement chimique de choc (Voir l'affaire de Patricia Poupard). Toutes ces décisions arbitraires passant par le biais des tribunaux, qui comme nous l'avons vu sont gangrénés par le réseau. Si le géniteur agresseur ne fait pas déjà parti de la "famille", un accord sera passé avec lui : en échange de l'immunité, celui-ci devra "prêter" son enfant au réseau. Tout ce processus est couvert par les interventions successives des divers "paratonnerres" (services sociaux, pseudo-associations de protection de l'enfance, avocats véreux, etc) qui ont pour fonction de canaliser le dossier afin qu'il soit étouffé et qu'il ne devienne pas une menace pour le réseau (la notion de "paratonnerre" sera définie plus loin).

On constate que ces méthodes servant à isoler l'enfant du parent protecteur pour généralement finir par le remettre entre les mains du géniteur bourreau sont parfaitement rodées grâce à un système de réseau, un rouage bien huilé, dont tous les membres sont connectés et connaissent parfaitement les mesures à prendre dans les dossiers de pédocriminalité. En effet, le processus est toujours le même, le but étant d'abord que le parent protecteur :

- Se retrouve ruiné par le coût des procédures qui n'en finissent pas, à la grande joie des avocats complices.

- Se retrouve isolé, qu'il passe pour un fou et un mauvais parent… et lorsque le réseau maçonnique s'en mêle, il se retrouve dans des situations où même l'administration semble lui nuire à tous les niveaux. Une forme de harcèlement sociétal plus ou moins subtil se met en place.

Voici globalement tout ce qui a été constaté dans les dossiers de pédocriminalité (de par la répétition systématique des protocoles) :

- Aucune enquête sérieuse n'est faite pour vérifier les accusations de l'enfant (plainte généralement classée sans suite).

- Aucune protection des victimes et des parents qui dénoncent les abus.

- Aucun examen médical approprié sur l'enfant (notamment l'IRM des voies basses ou l'anuscopie).

- Parole de l'enfant systématiquement niée. L'affaire d'Outreau servant aujourd'hui systématiquement à prétendre que l'on ne peut pas se fier à la parole des enfants : voir le livre du journaliste Jacques Thomet *"Retour à Outreau : contre-enquête sur une manipulation pédocriminelle"*.

- Aucune statistique sur les viols (et disparitions) de mineurs. En effet, ce sujet semble si tabou qu'aucuns chiffres ne sont disponibles quand au nombre d'enfants violés, le nombre de condamnations et le nombre de classements sans suite.

- Totale omerta médiatique sur la question ultra-sensible des dossiers de pédocriminalité.

3 - LA STRATÉGIE DU PARATONNERRE

Dans son livre intitulé *"L'affaire Vincent : au cœur du terrorisme d'état"* (2010), l'activiste français Christian 'Stan' Maillaud, ex-gendarme, décrit une technique qu'il a nommée la *"stratégie du paratonnerre"*. Il s'agit d'une méthode d'infiltration visant à récupérer et à canaliser les dossiers sensibles afin de les étouffer. Voici comment Stan Maillaud définit ces méthodes :

La "stratégie du paratonnerre" est simple, pratiquement imparable, et systématiquement employée dans des affaires de criminalité pédophile, ou toute affaire risquant de venir troubler l'ordre du crime organisé (ndlr : le Réseau).

Elle consiste en la mise en place d'une astucieuse imposture dont le but est d'interférer dans toutes démarches de défense, qu'il s'agisse d'action en justice, de communication ou autre, intentée ou risquant d'être entreprise par des victimes ou des familles de victimes. Les actions en question doivent alors être canalisées et orientées, tout comme l'attention du public et les débats, dans une direction ne menaçant pas en profondeur les intérêts du crime organisé. Le terrain de prédilection sur lequel le crime organisé veut cantonner les victimes et familles de victimes, c'est évidemment son imposture judiciaire répandue à travers nos sociétés perverties.

Ainsi, le "paratonnerre" se présente le plus souvent sous la forme d'auxiliaires de justice, mais également d'associations, la combinaison des deux restant le plus efficace pour le crime organisé. Concernant ces associations, ou autres organisations civiques, il y a d'une part celles qui sont montées de toute pièces par le crime organisé - comme la célèbre "Child Focus", prétendue association de lutte contre la criminalité pédophile parrainée par le Roi Belge "him self" - et d'autre part celles dont l'origine est sincère mais qui sont rapidement infiltrées par de véritables agents du crime organisé.

Le but des opérations consiste alors à exceller en matière d'illusion, afin de duper toutes les victimes et familles de victimes ainsi que le grand public et d'attirer dans sa toile le plus possible de victimes en quête de l'aide qui leur est interdite par l'imposture judiciaire et politique.

Et en matière d'illusionnisme, les imposteurs n'ont que le choix des procédés, maîtrisant les règles du terrain de jeu truqué, et n'ayant pas plus d'états d'âmes ou de sens moral que les criminels qu'ils servent et protègent. C'est ainsi qu'il est courant de voir des impostures d'associations se commettre dans des cérémonies ou des galas de bienfaisance où champagne - de Rothschild ! - gâteaux et petits fours régalent généreusement des assemblées entières de notables bien propres sur eux, un peu comme dans les manifestations prétendues contre la misère et la faim dans le monde. Les subventions coulant à flot, pour ces associations-là, de telles pompeuses festivités sont de rigueur dans l'obscénité et le cynisme les plus épais (…)

Concernant les auxiliaires de justice, dans le contexte qui est le nôtre aujourd'hui, leur profession relève par essence de l'imposture la plus parfaite, à l'instar de la magistrature en général. Car pour ne pas risquer de se faire radier du barreau, aucun avocat ne s'aventure à affronter en profondeur les dérives criminelles d'une institution à laquelle il est par ailleurs soumis, mais se limitant en fait à ne traiter que les symptômes. Tout avocat n'est qu'une pièce de l'échiquier truqué et le sait, une pièce "maîtresse" sans quoi il ne serait plus avocat. Car un bon avocat, dans notre réel contexte d'imposture judiciaire et sociétale, est un avocat "mort", c'est à dire tombé en disgrâce vis à vis de l'institution et n'y survivant pas longtemps, faute de clients; ou un avocat radié du barreau ou en passe de l'être, ou encore un avocat qui abandonne sa toque courageusement.

Bien sûr, il en est de même pour tout magistrat, mais je ne traite ici que de la stratégie des paratonnerres, c'est ici le servile auxiliaire de justice qui est à "l'honneur", car outre le fait donc que je viens de soulever, quand à la profonde malhonnêteté d'une telle profession en l'état actuel de notre institution judiciaire et de notre société, il faut redouter la propension qu'ont volontiers les avocats pour servir de paratonnerre à votre défense. Car nombreux sont rodés à ce genre de manœuvre, où une obscure négociation avec la partie adverse, avec un procureur ou un président de tribunal, intervient dans votre dos pour définir l'issue que doit prendre votre dossier. Le client crédule, ne voit pas la plupart du temps qu'il est dupé, et victime des illusions d'une véritable pièce de théâtre dans laquelle son auxiliaire de justice déborde d'effets mélodramatiques pour lui faire croire qu'il défend âprement sa cause...

4 - LE "SYNDROME DES FAUX SOUVENIRS" ET

"D'ALIÉNATION PARENTALE"

Ce *syndrome des faux souvenirs* est une théorie selon laquelle la mémoire peut être fabriquée ou "contaminée" par des souvenirs illusoires. Cette théorie, inventée par l'ancien pasteur luthérien Ralph Underwager sert généralement à défendre des parents accusés d'inceste. Beaucoup de thérapeutes ont ainsi été attaqués en justice car accusés d'avoir implanté des faux souvenirs chez leurs patients devenant donc eux-mêmes les coupables à la place des bourreaux. Dans la plupart des cas, il s'agit d'attaquer la parole de la victime adulte lorsqu'elle se remémore des abus sexuels subis pendant l'enfance. Ce *"syndrome des faux souvenirs"* n'est pas un diagnostic reconnu, ni par l'Association de Psychiatrie Américaine, ni par l'OMS (Organisation Mondiale de la Santé). Le terme "syndrome" n'est absolument pas approprié car cette théorie ne décrit aucune série de symptômes pouvant servir à établir un réel diagnostic. Pourtant, aujourd'hui encore, des "experts des faux souvenirs" viennent dans les tribunaux pour discréditer la parole des victimes. Richard J. Lowenstein (le président de l'*International Society for the Study of Dissociation*) a déclaré en 1992 : *"Je ne connais aucune recherche ni aucune description clinique qui validerait d'une façon empirique l'existence d'un tel symptôme. Le syndrome des faux souvenirs est un syndrome sans signes et sans symptômes (les caractéristiques qui définissent pourtant un syndrome)"*.

Dans une entrevue accordée à la revue pédophile néerlandaise *"Paidika : The Journal of Paedophilia"* consacrée à "l'amour des enfants", le Dr. Ralph Underwager a clairement invité les pédophiles à affirmer fièrement leurs choix sexuels : *"Les pédophiles perdent beaucoup de temps et d'énergie pour défendre leur choix. Je ne pense pas qu'un pédophile ait à devoir faire cela. Les pédophiles peuvent fièrement et courageusement assumer leur choix. Ils peuvent affirmer que ce qu'ils veulent, c'est trouver le meilleur moyen d'aimer. Je suis également théologien et en tant que tel je crois que c'est la volonté de Dieu qu'il y ait une proximité, une intimité et une unité de la chair, entre les personnes. Un pédophile peut dire : "Cette proximité est aussi possible pour moi en fonction du choix que j'ai fait." (…) Ce que je pense, c'est que les pédophiles peuvent affirmer que la recherche de l'intimité et de l'amour est leur choix. Avec audace ils peuvent déclarer : "Je crois que cela est en fait une partie de la volonté de Dieu."*[616]

Ralph Underwager, ex directeur de l'*Institute for Psychological Therapies* du Minesota (USA), était régulièrement appelé à témoigner dans les tribunaux où il attaquait systématiquement la crédibilité des personnes faisant des accusations d'abus sexuels. En 1993, il est venu témoigner en France, à Aix en Provence, pour défendre les membres de la secte *"La Famille"* (ex *Enfants de Dieu*) mis en examen pour *"proxénétisme aggravé, violence volontaire sur mineurs, séquestration et corruption de mineurs"*. Les 22 membres de la secte ont tous été acquittés en partie grâce à Underwager.

---

[616] Joseph Geraci : Hollida Wakefield et Ralph Underwager - Padaika : Journal of Paedophilia, Vol.3, N°1, 1993.

C'est Ralph Underwager qui est le fondateur officiel de la *False Memory Syndrome Fondation*, la *FMSF* (fondation pour le syndrome des faux souvenirs). Cette fondation, qui n'a rien d'une organisation scientifique compétente en matière de psychiatrie, est régulièrement appelée à la rescousse dans les dossiers de pédocriminalité impliquant des mémoires traumatiques, notamment liées aux abus rituels sataniques. Lorsque Underwager et d'autres membres fondateurs de la *FMSF* ont été eux-mêmes mis sous le coup d'accusations de pédophilie, Underwager a rapidement été poussé à la démission pour être remplacé par Pamela Freyd, se disant elle-même victime des fausses accusations d'abus sexuels que sa fille, Jennifer J. Frey, porte contre elle et son mari. Sa fille, professeur de psychologie à l'Université d'Oregon a publiquement accusé ses parents lors d'une conférence intitulé *"Controversies around Recovered Memories of Incest et Ritualistic Abuse"* (controverse autour des mémoires retrouvées d'inceste et d'abus rituels). Une conférence donnée en août 1993 à Ann Arbor dans le Michigan (USA). La mère s'est alors tournée vers le psychiatre Harold Lief (membre du conseil d'administration de la *FMSF*) pour poser un diagnostic sur les "troubles" de sa fille : selon ce psychiatre, les couples hétérosexuels ne violent pas leurs enfants et les mémoires refoulées dans les cas d'abus sexuels n'existent pas, l'affaire est close...

En 1995, lors d'une conférence de thérapeutes regroupés dans la *"Society for the Investigation, Treatment and Prevention of Ritual and Cult Abuse"* (société pour l'étude, le traitement et la prévention des abus rituels et sectaires), Walter Bowart (l'auteur du livre *"Operation Mind Control"*) a déclaré que la *FMSF*, tous ces gens qui travaillent à faire passer les mémoires traumatiques, dissociatives, pour de *"faux souvenirs"*, était une création de la CIA visant à discréditer et désinformer le milieu de la santé mentale, et qu'elle servait principalement à faire taire les victimes des expériences gouvernementales de contrôle mental.

En francophonie, cette théorie du syndrome des faux souvenirs est promulguée principalement par Hubert Van Gijseghem et Paul Bensoussan. Des *"experts"* qui interviennent dans de nombreux dossiers judiciaires afin de mettre en avant cette théorie devant les magistrats, policiers ou encore travailleurs sociaux. Van Gijseghem utilise régulièrement le *"syndrome d'aliénation parentale"* (le SAP) pour défendre des pères accusés d'abus sexuels... Un autre *"syndrome"* n'ayant aucun fondement scientifique, inventé de toute pièce par le pédophile Richard Gardner. En effet, pour Gardner les activités sexuelles entre adultes et enfants font partie du répertoire naturel de l'activité sexuelle humaine. Il croit même que la pédophilie peut améliorer la survie de l'espèce humaine en servant des *"buts procréateurs"*. Selon lui : *"la pédophilie a été considérée comme la norme par une vaste majorité de gens dans toute l'histoire du monde (...) c'est une pratique largement répandue et acceptée par, littéralement, des milliards de gens"*. Gardner croit que les enfants ont spontanément des comportements sexuels et peuvent initier des rencontres sexuelles en *"séduisant"* l'adulte.[617]

Richard Gardner définit ainsi le syndrome d'aliénation parentale : Le SAP est un trouble propre aux enfants, survenant quasi exclusivement dans les conflits de droit de garde, où un parent (habituellement la mère) conditionne l'enfant à

---

[617] "True and false accusations of child sex abuse" - Richard Gardner, 1992.

haïr l'autre parent (habituellement le père). Les enfants se rangent habituellement du côté du parent qui se livre à ce conditionnement, en créant leur propre cabale contre le père.

Cela consiste donc à blâmer la mère pour tout problème survenant dans la relation du père avec l'enfant, le but étant d'y remédier en augmentant le contact de l'enfant avec son père tout en réduisant son contact avec la mère. Tout cela est évidemment imposé par des décisions de justice. C'est une des raisons pour laquelle dans les dossiers de pédocriminalité, le parent protecteur qui dénonce les abus se retrouve accablé par la justice et se voit retirer la garde de son enfant, ce dernier étant automatiquement confié au présumé parent agresseur.

Sherry Quick, avocate et présidente de l'*American Coalition for Abuse Awareness* (*ACAA*), signale que les juges ont "tendance à croire systématiquement" les experts engagés par le tribunal lorsque ceux-ci déclarent que la mère a inventé de toutes pièces des allégations d'agressions sexuelles sur l'enfant puis qu'elle aurait imposé un "lavage de cerveau" à ce dernier pour le convaincre de ces agressions, ceci dans le but de se venger de l'ex-époux... Si la mère persiste dans ses dires, elle est perçue comme étant obsessionnelle et instable et peux même se faire interner en psychiatrie tandis que la garde des enfants sera donnée au père...

En résumé, la théorie du SAP de Gardner et ses différentes échelles visant à distinguer les vraies et les fausses déclarations d'agressions sexuelles sur enfants ne sont pas informées par la science et n'ont pas été reconnues par la plupart des experts en agressions sur enfants. Plutôt que de soumettre ses théories à une évaluation scientifique, Gardner publie la plupart de ses écrits par l'intermédiaire de sa propre maison d'édition ou dans des revues non scientifiques. Comme les théories de Gardner reposent sur ses propres observations cliniques – et non sur des données scientifiques – elles doivent être interprétées dans le contexte de ses conceptions atypiques concernant la pédophilie et de ce qu'il appelle le climat d'hystérie entourant les affaires d'agressions sexuelles sur enfants. Les théories de Gardner s'appuient sur sa présomption que les rapports sexuels entre un enfant et un adulte n'ont rien de néfaste en soi et sur sa conviction qu'il existe une épidémie de fausses allégations d'agressions sexuelles, formulées par des épouses vindicatives au moment de différends de garde. Gardner persiste dans ces convictions en dépit d'une foule de données cliniques et expérimentales qui démontrent le contraire. Cela n'équivaut pas à prétendre que de telles allégations sont toujours exactes ou qu'il n'arrive jamais que des parents tentent de manipuler leurs enfants lorsqu'ils s'en disputent la garde. Cependant, tous les éléments d'expertise psychologique dont dépendra la sécurité d'un enfant doivent être soumis à des vérifications empiriques. Lorsqu'une théorie est incapable d'évoluer et de s'améliorer en réponse aux résultats de la recherche, elle quitte le domaine de la science pour celui de l'idéologie et du dogme. Compte tenu des préjudices qui menacent les enfants et leur famille dans ce domaine, les professionnels du droit et de la santé mentale doivent constamment remettre en question leurs conceptions pour veiller à fonder leurs décisions de droit de garde sur les meilleures données scientifiques disponibles, plutôt que sur des opinions dépourvues de fondement, des préjugés ou une idéologie.[618]

Revenons sur Hubert Van Gijseghem… Il a été appelé comme "expert" au troisième procès d'Outreau qui s'est déroulé à Rennes en mai 2015. Les audiences étaient publiques, de nombreuses personnes ont donc pu assister à son intervention et rapporter les faits. Cet adepte de la théorie des "faux souvenirs" et du SAP ("l'aliénation parentale") a alors exposé à la barre les meilleurs moyens, selon lui, de recueillir la parole de l'enfant afin qu'elle soit le plus fiable possible. Il a mis en avant le fait que plus l'enfant sera interrogé "*hors cadre*", plus son témoignage sera "*pollué*"… Selon lui, un témoignage recueilli par les parents, par les assistantes maternelles, par une enseignante, mais aussi par les associations d'aide à l'enfance ou par une psychologue ne valent rien et doivent à tout prix être évités… Il proscrit également les lieux tels que la maison, la chambre ou l'école pour écouter l'enfant afin de ne pas établir de lien de familiarité… Il recommande que l'enfant soit écouté uniquement dans un poste de police, lors d'une seule et unique audition durant laquelle l'enfant doit ressentir une certaine pression afin qu'il se sente obligé de dire la vérité, "*ici il faut dire la vérité, l'enfant doit être impressionné*", a déclaré Van Gijseghem, tout en recommandant que les parents ne soient pas présents lors de cette audition.

Il préconise aussi d'écarter le parent protecteur ou tout autre personne qui pourrait recueillir un témoignage gênant (pour le réseau) car celui-ci serait automatiquement "*contaminé*" par l'interaction de l'enfant avec autrui. Si l'on s'en tient aux déclarations de Van Gijseghem qui prend bien soin d'écarter tout acteur extérieur aux institutions qui pourrait écouter le témoignage de l'enfant, celui-ci doit se rendre au poste de police lui-même pour être auditionné une seule fois par un inconnu… De plus, il met en garde de ne surtout pas utiliser le dessin, des jouets, des poupées ou des plans pour faire s'exprimer l'enfant sur son vécu traumatique, prétendant que la "*recherche scientifique*" invalide tout cela.

Durant son témoignage devant la cour, Van Gijseghem utilisera à plusieurs reprise le terme "*recherche scientifique versus l'homme de la rue*", comme l'étendard flamboyant de "l'expert" qu'il est. Mais de quelles recherches scientifiques parle-t-il exactement ? Nous ne le saurons pas dans cette cour d'assises. Van Gijseghem n'a pas su répondre à maître Forster (avocat pour la partie civile) lorsque celui-ci lui a demandé le titre de sa thèse de doctorat dont il n'avait trouvé aucune trace… Forster l'a également confronté avec toute une série d'études et de recherches contradictoires concernant ses théories fumeuses sur le recueil de la parole de l'enfant et les faux souvenirs. Devant ces contradictions, Van Gijseghem n'avait rien à répondre et restait silencieux, le travail de cet homme est en effet très controversé dans le milieu de la psychologie de l'enfant.

Van Gijseghem nous explique qu'il faut exclure totalement les parents, les enseignants et les thérapeutes pour pouvoir valider correctement la parole de l'enfant. Il a déclaré : "*Il y a un risque de dérapage où l'enfant finit pas raconter n'importe quoi… L'enfant va se mettre à raconter de la féerie, des rituels sataniques, des sacrifices, du cannibalisme, etc… des mythes dont on ne sait pas d'où ça vient…*" Van Gijseghem

---

[618] *Le Syndrome d'Aliénation Parentale a-t-il une base empirique ? Examen critique des théories et opinions de R. Gardner* - Stephanie J. Dallam, infirmière diplômée, titulaire d'une maîtrise en soins infirmiers, praticienne en soins aux familles et travailleuse juridique.

décrédibilise ainsi tout ce qui se rapporte aux abus rituels traumatiques, invalidant ces témoignages par le fait que l'enfant *dérape* car sa mémoire a été *contaminée* par des adultes : il s'agit donc de faux souvenirs, l'affaire est classée, inutile d'enquêter...

Van Gijseghem affirme également qu'un témoignage véridique aura tendance à diminuer dans le nombre de détails, tandis qu'une histoire fausse deviendrait de plus en plus fournie en détails au fil du temps, mais encore une fois il ne développe aucunement les recherches ni les sources qu'il y a derrière ces affirmations. Pourtant les mémoires traumatiques peuvent ressurgir au fur et à mesure avec des détails sensoriels de plus en plus précis, rendant donc le témoignage de plus en plus fourni. Mais selon lui : *"les mémoires refoulées relèvent d'une reconstruction non vécue, la personne remplit des trous avec des faux souvenirs."*

Mais s'il existe des *"trous"*, c'est qu'il y a une amnésie traumatique et qui dit amnésie traumatique dit mémoires occultées pouvant remonter plus loin dans le temps. Ce sont des fractions de mémoires qu'il faut alors reconstituer tel un puzzle pour arriver à les intégrer et à les verbaliser dans un cadre chronologique : voilà tout l'enjeu des témoignages de survivants, attaqués justement sur le fait qu'ils ne puissent pas donner un récit précis et chronologique des faits. C'est ainsi que les survivants souffrant de sévères troubles dissociatifs se retrouvent totalement décrédibilisés, malheureusement...

Il est classique dans ce genre de dossiers de mettre en avant l'état psychologique de la victime dissociée afin de décrédibiliser son témoignage. Le diagnostic de troubles dissociatifs devrait être au contraire une pièce de plus à mettre dans le dossier pour appuyer le fait que la victime a bien vécu de sévères traumatismes, voir même du contrôle mental lorsqu'il s'agit d'un trouble dissociatif de l'identité. En toute logique, face à de profonds troubles dissociatifs (conséquence de sévères traumatismes), l'enquête devrait alors être approfondie plutôt que classée sans suite...

Lors de ce procès, Van Gijseghem a clairement avoué au président de la Cour qu'il n'était pas compétent en sciences neuro-biologiques ni en psychotraumatologie, alors que ce sont justement ces secteurs de recherche qui permettent de comprendre le fonctionnement des mémoires traumatiques liées aux états dissociatifs.

Nous sommes aujourd'hui dans une situation où la justice semble à première vue totalement ignorer la psychotraumatologie, et la magistrature ne semble pas vouloir se mettre à jour concernant ces connaissances pourtant indispensables afin de comprendre et traiter correctement les dossiers de pédocriminalité. Il semblerait que tout ce qui touche de près ou de loin aux troubles dissociatifs et aux mémoires traumatiques ne doit absolument pas avoir de crédit dans les dossiers liés aux abus sexuels sur enfants. Tout est fait pour étouffer et décrédibiliser ce domaine de recherche, d'autant plus lorsque ces questions viennent à se poser devant une cour d'assises... Il ne s'agirait surtout pas d'ouvrir la boîte de Pandore en plein milieu d'un tribunal !

Il existe donc une guerre de communication, ou plutôt une *"guerre de la mémoire"* en ce qui concerne les recherches scientifiques qui permettent de comprendre comment fonctionne le cerveau face aux traumatismes. De ce fait, une désinformation accompagnée d'une rétention d'informations est mise en place pour éviter que ces études soient largement divulguées et enseignées dans les facultés de médecine, pouvant ainsi se retrouver à lourdement peser dans les tribunaux (Voir la conclusion du chapitre 5).

La prise en charge des victimes en vue de leur guérison se retrouve donc impactée par toutes ces "négligences" institutionnelles. Voici ce qu'a déclaré la psychotraumatologue Muriel Salmona à ce propos : *"Le problème des pouvoirs publics, c'est que d'un côté on lutte contre les violences, on a fait des lois récentes, comme en février 2010 avec la loi sur l'inceste ; mais normalement dans ces lois, il devait y avoir la mise en place d'une information, d'une formation des médecins, car les médecins ne sont pas formés à toutes ces nouvelles recherches et toutes ces nouvelles connaissances que nous avons. Il devait également y avoir la création de centres de soins, c'est à dire qu'on devait pouvoir accueillir les victimes, hors il n'y a rien qui est fait ! Et là, il faut absolument une volonté politique énorme pour pouvoir prendre en charge les victimes. Prendre en charge les victimes, c'est vraiment éviter des souffrances, éviter l'aggravation des inégalités, éviter des situations de marginalisation, d'exclusion, de détresse... Et point important : c'est d'éviter que les violences se reproduisent. Quand on a été victime de violences, on peut à nouveau être victime de violences (...) Mais une des façons aussi de s'auto-traiter va être la violence contre autrui (...) La violence exercée sur l'autre, c'est une drogue, et dans une société inégalitaire il peut y avoir des gens qui vont être désignés comme des victimes toutes prêtes, à disposition pour les instrumentaliser et pour se "droguer" avec elles."*[619]

Lors du procès Outreau 3 à Rennes, la psychothérapeute Hélène Romano a déclaré sur Europe1 : "On ne forme plus actuellement en France les professionnels pour entendre les enfants, cela est très dommageable parce qu'il y a quand même des recommandations sur les auditions de petits, d'enfants et d'ados qui ne sont pas du tout ou peu appliquées actuellement faute de moyens et de volonté parce que l'on dit qu'écouter les enfants ne sert plus à grand-chose..."[620] L'imposture du premier procès d'Outreau de 2004 a largement participé à ancrer dans l'opinion publique que les enfants "mentent et racontent n'importe quoi" en ce qui concerne les abus sexuels.

5 - LA FOCALISATION SUR L'OUTIL INTERNET
(CYBER-POLICE)

Il existe des milliers de sites pédocriminels et des millions de fichiers à caractère pédo-pornographique qui circulent sur internet. C'est pourquoi les gouvernements, les médias ainsi que les associations se focalisent sur le web, pensant que c'est là que se concentre toute la pédocriminalité. Interpol et pratiquement toutes les polices nationales mettent en place des cellules de surveillance de l'internet. Les campagnes publiques visent systématiquement à sensibiliser les gens sur la pédophilie présente sur la toile, entretenant ainsi l'idée que l'ensemble du problème est cerné et que par conséquent les gouvernements apportent les réponses nécessaires face à ce fléau. Il est incontestable que les contenus pédo-pornographiques diffusés sur le web doivent être détectés,

---

[619] Muriel Salmona - UPP Femmes debout, table ronde sur les violences à l'égard des femmes, 2011.
[620] Hélène Morano, Europe-Midi, Europe 1, 19/05/2015.

supprimés et réprimés, mais on ne peut pas limiter la question de la lutte contre la pédocriminalité à uniquement l'outil internet…

Voici ce qu'a déclaré l'activiste belge Marcel Vervloesem sur la focalisation des pouvoirs publics sur l'internet, tandis que les réseaux réels et non virtuels continuent leurs activités sans être aucunement inquiétés par la justice : *"Les photos qui atterrissent sur internet ont avant tout été produites. L'enfant a été violé au moment où la photo a été prise et ce n'est pas internet qui viole les enfants. Les bourreaux qui violent des enfants et qui produisent ce matériel, ce sont eux les violeurs et ce sont eux qui mettent leurs photos sur internet. C'est ce que j'ai toujours dit au Congrès International, je leur ai toujours dit qu'il ne faut pas s'occuper du problème d'internet. Non, ce n'est pas internet qui viole, ce n'est pas internet qui torture, non, les enfants qui apparaissent sur internet ont été victimes de ces pratiques. Qui sont les auteurs de ces pratiques ? C'est cela qui est important, internet n'est pas important. C'est ce que j'ai dit au Congrès en Hollande, entre autre devant des avocats internationaux, j'ai clarifié cette position et je leur au dit : 'Non ! Internet, c'est la fin de la chaîne, avant cela on viole l'enfant, on le torture ou que sais-je encore, et c'est après qu'on publie la photo en la diffusant via internet, c'est une autre étape (…) Lorsque vous voyez des reportages à la télévision, vous entendez tout le temps dire : "Nous avons mis à jour un réseau de pédophilie sur internet."… C'est des foutaises !"*[621]

En effet, le fond du problème, ce sont les producteurs de ces matériels pédo-pornographiques qui violent, torturent et tuent des enfants. Lorsque la cyber-police s'attaque aux réseaux virtuels sur internet, elle s'en prend à des consommateurs d'images et de vidéos et non au cœur du réseau pédocriminel, qui lui n'est pas virtuel mais bien réel. Les plus dangereux pédocriminels comme Marc Dutroux par exemple, n'ont généralement aucun lien avec internet.

De plus, internet est un réseau mondial sans aucune régulation, un iceberg dont la partie immergée (le *dark web*, où les internautes circulent sous anonymat total) contient les plus ignobles pratiques de l'être humain. Par conséquent, d'un point de vue technique, les quelques sites fermés par les autorités ne sont qu'une goutte d'eau dans l'océan, dix autres refleuriront dès le lendemain. La lutte contre la pédocriminalité n'est pas virtuelle, les réseaux pédocriminels ne sont pas virtuels. Cette stratégie gouvernementale visant à se focaliser sur l'outil internet est également une sorte de paratonnerre canalisant les forces de police vers le virtuel, laissant ainsi le champ libre aux véritables producteurs de matériels pédo-pornographiques organisés en réseaux. Comme nous l'avons vu dans le chapitre sur les abus rituels, les témoignages des victimes de ces réseaux satanistes rapportent très souvent que les viols, tortures et meurtres sont photographiés et filmés… Tout cela représente en effet un grand marché lucratif dont les réseaux mafieux ne se privent pas. Cependant, la police ne remonte évidemment pas à la source de toutes ces atrocités, elle n'a pas pour fonction de démanteler le Réseau pédocriminel, les contenus numériques diffusés sur internet n'étant que la fin de la chaîne.

6 - LA "SÉCURITÉ NATIONALE"

---

[621] *"Les Réseaux de l'Horreur"* - Stan Maillaud & Janet Seemann, 2010.

Aux États-Unis, le *National Security Act* fut signé en 1947 afin de réorganiser les forces armées et les services de renseignements. Il visait principalement à protéger les secrets militaires et à pousser la CIA dans une "guerre secrète" contre les soviétiques : la guerre froide. Cet acte législatif était le commencement de la mise en place de la chape de plomb qui permet, aujourd'hui plus que jamais, de couvrir tous les projets gouvernementaux "sensibles", tels les programmes sur le contrôle mental. C'est sous la protection de cette "sécurité nationale" que se sont développés les projet Bluebird, Paperclip, Artichoke, MK-Ultra, etc. Toutes les recherches sur la psychotronique sont également couvertes par le *National Security Act*, faisant en sorte qu'il soit impossible de divulguer publiquement (officiellement) quoique ce soit sur ces programmes. Avec les divers amendements qui y ont été rajoutés au fil des années, notamment celui de Reagan en 1984, le gouvernement des États-Unis est aujourd'hui capable de dissimuler et de censurer tout ce qu'il souhaite… Simplement en se cachant derrière ces deux mots : "sécurité nationale", c'est aussi simple que cela. Il s'agit d'un véritable écran de fumée derrière lequel certains membres du gouvernement dissimulent les crimes commis contre des civils innocents. Le contrôle mental est certainement la pratique la plus choquante qui doit à tout prix être dissimulée aux citoyens grâce à ce qu'est devenue le *National Security Act* : un abus de pouvoir aberrant. Le secret de l'information, ou rétention d'informations, est un excellent moyen d'exercer le pouvoir. Ainsi, ce gouvernement a carte blanche pour violer les lois du pays et les droits des citoyens.

L'exemple le plus parlant pour exposer ce à quoi peut servir le *National Security Act* est l'affaire de Cathy O' Brien, victime du MK-Monarch. En effet, cette affaire démontre clairement comment fonctionne ce système qui bloque littéralement tout recours en justice malgré le nombre de preuves accumulées - dont certaines fournies par des fonctionnaires du FBI dans le dossier O'Brien - devant logiquement donner lieu à des enquêtes, des jugements et des condamnations ; pour aboutir finalement à une divulgation publique par les médias de toutes ces activités occultes liées au contrôle mental. Le compagnon de Cathy O'Brien, Mark Phillips, a déclaré que son pays n'avait pas pu être en mesure de résoudre le problème en termes de justice, il lui était sans cesse répété *qu'il ne pourrait jamais obtenir justice pour cause de "Sécurité Nationale."*

Cette "sécurité nationale" pose également un problème en terme thérapeutique, car toutes les connaissances en matière de troubles dissociatifs, de programmation et de déprogrammation MK sont censurées, bloquées. Certaines connaissances et technologies sont par conséquence inaccessibles aux thérapeutes et aux victimes. Cet abus de pouvoir permet aussi d'interpréter les textes de loi d'une certaine manière et d'étouffer les témoignages des survivants toujours pour cause de "sécurité nationale". L'accès aux tribunaux des malheureuses victimes est également freiné par la roublardise des nombreux "experts" judiciaires qui font tout pour les décrédibiliser.

Ainsi, privée du bénéfice des nombreuses découvertes induites par les recherches du DoD (Department of Defense) et des technologies qu'il a développées, la médecine psychiatrique en est encore aux courbes d'apprentissage quant à l'établissement de protocoles de soins dernier cri pour les patients. En d'autres termes, les acteurs de la psychiatrie eux-mêmes sont en train de devenir le second groupe de victimes du contrôle de l'esprit/de l'information.

Le métier de psychiatre connaît aujourd'hui une crise et en est à la classique croisée des chemins entre échec et réussite. Il semblerait que la voie d'une réussite via l'application de technologies actuellement disponibles soit bloquée POUR CAUSE DE SÉCURITÉ NATIONALE.

Comme conséquence directe, et de la façon dont les secrets de la recherche en psychiatrie par le DoD sont gérés, et des pratiques fédérales de rétention de l'information qui en découlent, les acteurs de la psychiatrie sont sur la défensive vis-à-vis de leurs patients, des tribunaux et, plus récemment, de groupes d'actions représentant des intérêts particuliers. Ces groupes lancent contre les professionnels de la psychiatrie des attaques qui visent à les détruire. Des organisations abondamment financées ayant des programmes extrêmement douteux tels que la "False Memory Foundation" (FMF) (Fondation du Faux Souvenir N.d.T.) et l'Église de Scientologie, ont publiquement dénoncé la profession de psychiatre. *"L'Amérique en pleine Transe-Formation"* - Cathy O'Brien & Mark Phillips, 2012, p.61

Cathy O'Brien décrit également comment le juge du tribunal pour enfant qui statuait sur le cas de sa fille - également victime d'abus rituels et de programmation MK - a fermé la porte aux médias et au public pour "cause de sécurité nationale" alors qu'il s'ensuivait des violations choquantes de diverses lois. Voici ce qu'écrit Cathy O'Brien à propos de la situation de sa fille, soumise au *National Act Security* : *"En dépit d'un tollé général qui n'a cessé de croître jusqu'à s'agréger un vaste ensemble d'organisations internationales de défense des droits, ainsi que de nombreux documents/ lettres adressés au(x) gouverneur(s) du Tennessee, dont j'ai pour la plupart reçu copie, Kelly en est encore à devoir se faire accorder son droit à un processus spécialisé de rééducation pour les violences avérées du contrôle de l'esprit qu'elle a subi depuis sa naissance, via l'opération "MK-Ultra" financée par le gouvernement américain. La poignée de criminels aux commandes de notre pays, de notre information et, subséquemment, de notre système judiciaire "criminel", refuse de fournir les antidotes technologiques connus – mais néanmoins classifiés – à un problème dont ils ne veulent pas admettre l'existence. Plus de 70.000 documents (déclassifiés), diverses preuves, vidéos, archives médicales, déclarations sous serment et autres témoignages d'insiders du gouvernement – qui ne constituent qu'une partie de ce que Mark et moi avons accumulé au fil des ans – établissent la réalité des violences du contrôle de l'esprit que Kelly et moi avons subi dans le cadre de "MK-Ultra". Il est par conséquent absolument inexcusable que ces dissimulations continuent ou, comme Andy Shookhoff, le seul "juge" impliqué dans cette affaire, l'a déclaré au cours d'une audience du tribunal pour enfants de Nashville, dans le Tennessee, que "la loi ne s'applique pas dans cette affaire **pour cause de Sécurité nationale".** Après une décennie d'étouffements divers, Kelly a été relâchée par l'État du Tennessee sans avoir reçu de traitement. Placée dans un environnement sécurisé, elle est maintenant en attente de la rééducation qui lui est si désespérément due.''*[622]

Mark Phillips raconte que lorsqu'ils ont transmis leur dossier contenant toutes les preuves au juge Andy Shookhoff, celui-ci s'est levé et a déclaré : *"Je ne connais aucune loi pour votre cas".* Ce juge a par la suite affirmé en pleine audience publique : *"Les lois ne s'appliquent pas dans cette affaire pour des raisons de sécurité nationale."* Une déclaration plutôt fracassante qui a été faite devant tout le public qui était alors présent dans le tribunal, c'est à dire des dizaines d'avocats et de

---

[622] *"L'Amérique en pleine Transe-Formation"* - Cathy O'Brien & Mark Phillips, 2012, p.369.

nombreux citoyens et journalistes… Les gens ont donc alors pris connaissance de quoi relevait cette affaire. Pour Mark Phillips, cela signifiait que ce juge venait en quelque sorte de valider leur dossier et peut-être même de leur sauver la vie. En effet, ce juge a déclaré publiquement que le gouvernement des États-Unis a pour responsabilité de couvrir cette affaire tout en n'ayant pas à s'en justifier… C'est à ce moment-là que Mark Phillips et Cathy O'Brien ont réalisé qu'ils ne pourront jamais obtenir justice dans aucun état, ni aucun tribunal pénal des États-Unis. Cependant, cette déclaration officielle et publique du juge était quelque part une grande avancée. (Pour aller plus loin dans cette affaire, voir l'annexe n°2)

La vérité, c'est que la loi sur la Sécurité nationale a de toute évidence été interprétée non pas pour préserver l'intégrité de secrets militaires, mais plutôt pour protéger des activités criminelles de la plus extrême gravité. Nous agirions en conformité avec la Constitution en abrogeant cette loi et en la remplaçant par les règles déjà existantes de la conduite de l'armée en termes de Sécurité nationale, des règles qui n'empiètent pas sur les droits constitutionnels des citoyens américains ou ceux de leurs alliés.[623]

Selon Mark Phillips, tous les pays liés aux États-Unis par un traité de paix sont soumis aux modalités du *National Security Act* de 1947. Autant dire que la question de la programmation MK reste couverte sous une épaisse chape de plomb dans de nombreux pays...

7 - LA SUBVERSION SEXUELLE

Ce sujet mériterait un livre à part entière tant la question est importante et tant il y aurait à dire. Ce qui suit tente d'exposer ce phénomène récent (qui a débuté au milieu du XXème siècle), qui à la fois inverse les valeurs morales et tente de corrompre les enfants en imprégnant la société de toutes les "lubies" de la sous-culture luciférienne : où l'inceste et la pédophilie sont un patrimoine qui se perpétue de génération en génération…

Cette *culture de la pédophilie et de l'hyper-sexualisation* s'imprègne petit à petit dans la culture populaire pour rendre acceptable et banaliser les rapports sexuels entre adultes et enfants, et pour finalement les légaliser. Nous constatons d'ailleurs que les condamnations à l'encontre des pédocriminels deviennent d'années en années de plus en plus légères, un laxisme des institutions judiciaires qui nous indique que ces crimes deviendraient de moins en moins graves ?… Quand à la prise en compte de la dignité de l'enfant (sa parole et sa souffrance), c'est quelque chose qui est aujourd'hui totalement mis au placard et pour cause, l'enfant devient petit à petit un *bien consommable* dans notre société de consommation partie à la dérive… Ce lourd sujet est en effet une pilule amère très dure à avaler, cependant il est encore temps d'ouvrir les yeux !

a/ Alfred Kinsey

---

[623] Ibid p.24.

Alfred Charles Kinsey était un professeur d'entomologie et de zoologie. Il est devenu célèbre après avoir publié deux importantes études sur les comportements sexuels de l'homme et de la femme. En 1948, il a publié *"Sexual Behavior in the Human Male"* (comportement sexuel de l'homme), puis en 1953 *"Sexual Behavior in the Human Female"* (comportement sexuel de la femme). En 1947, il a fondé au sein de l'université de l'Indiana, à Bloomington, un "institut de recherche sur le sexe" (*Institute for Sex Research*) qui a été rebaptisé plus tard sous le nom de *"Kinsey Institute for Research in Sex, Gender and Reproduction"*, plus couramment nommé l'Institut Kinsey (toujours actif à l'heure actuelle). C'est dans le cadre de cet institut qu'Alfred Kinsey avait entrepris la compilation de milliers de données pour rédiger son tristement célèbre rapport sur la sexualité des adultes... mais aussi des enfants. D'après les données de l'institut Kinsey, des centaines d'enfants et même des bébés ont été utilisés dans des recherches sur la sexualité.

Le but des études de Kinsey et des personnes qui ont financé ses "recherches scientifiques" était de normaliser un lot de comportements qui avaient toujours été considérés jusque-là comme socialement inacceptables, tels que l'adultère, la sodomie, l'inceste et la pédophilie. Ces études visaient aussi à montrer que ces comportements étaient bien plus répandus que ce que le public ne percevait, les rendant ainsi beaucoup plus acceptables...

L'institut Kinsey n'est ni plus ni moins qu'une opération d'ingénierie sociale. Toutes ses "études" sur la sexualité n'avaient pour but que d'infuser dans la société américaine une propagande financée entre autre par la fondation Rockefeller. En effet, les rapports qui ont été produits par l'institut Kinsey (dans les années 50) ont été le point de départ de la *révolution sexuelle* (ou libération sexuelle), qui a touché autant les adultes que la jeunesse car influençant d'une manière certaine les programmes d'éducation sexuelle dans les écoles. Alfred Kinsey est un des précurseurs de la sexualisation précoce.

Après avoir publié ses deux rapports sur la sexualité humaine, Kinsey s'est mis à parcourir les États-Unis pour donner des conférences dans les universités et devant les politiciens. Il est rapidement devenu la référence en matière de sexualité et fut accueilli comme le *"meilleur expert au monde sur la sexualité humaine"*. Il visait en particulier à faire bouger les lois concernant les délinquants sexuels et l'éducation sexuelle des enfants. Le modèle de la loi pénale qui fut adoptée après 1955 était basé entre autre sur les recherches de Kinsey. Non seulement ses travaux ont influencé les programmes d'éducation sexuelle destinés aux enfants mais aussi les lois américaines, notamment en ce qui concerne la protection des femmes et des enfants, ainsi qu'une remise en question de l'emprisonnement des pédocriminels.

Kinsey a par exemple déclaré que les enfants sont à 100% orgasmiques dès leurs naissances et qu'ils peuvent retirer du bénéfice en ayant des relations sexuelles avec des adultes, notamment dans l'inceste. Il prônait la diminution de l'âge de consentement mais il visait en fait à totalement légaliser la "pédophilie". Il affirme par exemple dans ses études que *"Les enfants ont besoin de recevoir des cours d'éducation sexuelle le plus tôt possible puisqu'ils sont sexualisés dès la naissance (...) Ils ont besoin que les actes de masturbations hétéro et homosexuels leurs soient enseignés"*. Selon le Dr. Judith Reisman, la principale lanceuse d'alerte concernant l'imposture des rapports Kinsey, celui-ci a également affirmé que les délinquants sexuels ne répètent que très rarement les abus, et que par conséquent ils doivent être non pas emprisonnés mais mis sous liberté conditionnelle.

Voici le genre de résultats extrêmes notés dans les études de Kinsey sous forme de tableaux : un enfant de 4 ans aurait eu 26 orgasmes en 24 heures. Le Dr. Reisman se pose légitimement la question de savoir où et dans quelles circonstances Kinsey a-t-il pu obtenir de telles informations ? Sous le tableau n°31, Kinsey indique que les données proviennent d'observations faites sur 317 sujets mâles. Puis à la page 177 du rapport sur les comportements sexuels de l'homme, Kinsey écrit : *"L'orgasme chez une fillette de 4 mois figure dans notre rapport..."* Comment quiconque pourrait reconnaître une telle chose chez un bébé de 4 mois ? Kinsey écrit également : *"Parmi les garçons pré-pubères et parmi les petites filles, l'orgasme n'est pas facilement reconnu, en partie à cause du manque d'éjaculation."*[624]

La question est de savoir ce que cet homme appelait un orgasme. À la page 161 de son rapport sur le comportement sexuel de l'homme, il décrit spécifiquement ce qu'il considère être un orgasme chez ces enfants : *"Un processus graduel et parfois prolongé, conduit à l'orgasme, ce qui implique de violentes convulsions de tous les corps, une respiration rapide, des grognements ou de violents cris, avec parfois une abondance de larmes (spécialement chez les jeunes enfants)."* Il déclare aussi qu'il y a six catégories de ce qu'il considère être un orgasme chez un enfant : des cris, des douleurs hystériques (surtout chez les plus jeunes), des convulsions, l'enfant frappe le *"partenaire"* (il utilise le mot partenaire pour parler du violeur), etc. Pour Kinsey, tout cela relevait d'orgasmes et a servi à construire ses rapports fumeux.

Kinsey était très clair quand il disait que toutes ces données concernant les enfants étaient fournies par des *"observateurs adultes"*, définis comme des pédophiles par les propres membres de son équipe. Le Dr. Bankroft de l'institut Kinsey a affirmé que suivant l'exemple de son mentor, le Dr. Dickinson, Kinsey entraîna ses propres prédateurs, des hommes qui recueillaient des données sur ce qui est purement et simplement des abus sexuels sur des enfants, voir même des bébés.

En 1990, lors de l'émission télévisée *Phil Donahue Show*, le Dr. Judith Reisman fut confrontée au Dr. Clarence Tripp, un proche collaborateur de Kinsey. Voici ce qu'il a déclaré sur le plateau : *"Je crois que nous devrions parler du cas des enfants à présent, car beaucoup de choses sont mélangées. Vous savez, on ne doit pas s'y précipiter... On veut savourer cela, parce que c'est merveilleux ! C'est un délice."* Lors de cette émission, Judith Reisman a quand à elle déclaré : *"Savez-vous ce que le Dr. Gebhard m'a dit ? Il m'a écrit une lettre que j'ai à disposition pour qui veut, dans laquelle il m'explique que "des techniques orales et manuelles étaient utilisées sur les enfants" ! Si ce que je dis là est faux, attaquez moi en justice !"*

Cette lettre fut écrite en mars 1981. Dedans le Dr. Gebhard explique d'où provenaient les données sexuelles sur les enfants. Dans cet écrit il admet que de nombreux pédomanes étaient employés pour collecter des informations nécessaires pour les rapports de Kinsey. Il écrit : *"Puisque l'expérimentation sexuelle sur des nourrissons et des enfants est illégale, nous avons donc dû trouver d'autres sources, certaines étaient les parents, d'autres étaient des infirmières scolaires ou des professeurs, ou encore des hommes homosexuels (...) l'un d'entre eux était un homme ayant eu de nombreux rapports sexuels avec des hommes, des femmes, des enfants et des nourrissons, et ayant une orientation*

---

[624] "Sexual Behavior in the Human Male" - Alfred Kinsey, p.159.

scientifique, il gardait des rapports détaillés sur chaque rencontre (…) Certaines de ces sources étaient accompagnées de preuves écrites, de photos et parfois de films (…) Les techniques employées étaient l'auto-masturbation par l'enfant, des scènes de sexe entre enfants et des contacts sexuels entre adultes et enfants, manuels ou oraux."

La lettre de Gebhard réfute totalement les théories pédophiles du Dr. Bankroft, mais s'accorde parfaitement avec ce qu'avait écrit Kinsey dans son rapport sur le comportement sexuel chez l'homme. Geibhard mentionne dans sa lettre que des photos et des films furent envoyés directement à Alfred Kinsey, ce qui explique la triste découverte faite par la directrice de son institut, June Reinisch... En 1984, dans le journal *Newsweek*, Reinsich a déclaré qu'elle avait découvert au sein même de l'institut une collection de pédo-pornographie si dégoûtante qu'elle n'a pas pu continuer à la regarder.

En 1998, dans le reportage "Secret History : Kinsey's Paedophiles" (Yorkshire TV), Gebhard déclare : "Il y a aussi une organisation pédophile dans ce pays, ils ont coopéré avec nous, et pour certains d'entre-eux qui n'étaient évidemment pas incarcérés, ils nous donnaient des informations." Le Dr. Reisman pense que cette organisation pédophile dont parle Geibhard était ce qui est par la suite devenu la NAMBLA (une association américaine prônant l'amour entre hommes et garçons). À ce jour, les associations pro-pédophiles telles que la NAMBLA, se réfèrent systématiquement aux études de l'imposteur Kinsey pour faire valoir leurs revendications et pour banaliser la pédomanie.

Dans ce même reportage, le Dr. Clarence Tripp déclare : "La pédophilie est comme qui dirait non existante, et la chose qu'il (Kinsey) haïssait le plus était que les gens utilisent des mots comme "abus sur mineurs". C'est quoi ça ? Personne ne le sait (rires) L'abus des enfants ? Est-ce que l'on parle ici de lui tirer les oreilles ou de le frapper avec un tuyau ? Ou est-ce que l'on parle de le chatouiller un peu ? Mettez-vous "caresses" et "attaques" dans le même panier ? Comme Kinsey l'a dit : "Par ce genre de paranoïa, vous faites plus de mal à l'enfant que tous les pédophiles du monde entier réunis.""

Selon les recherches qui ont été faites sur ce triste individu, c'est qu'il était lui-même un malade pervers. Les tendances sadomasochistes d'Alfred Kinsey furent documentées par de nombreux biographes, notamment par James Jones qui rapporte que Kinsey s'est un jour circoncis au couteau de poche dans une baignoire sans aucune anesthésie. James Jones rapporte également qu'après que la fondation Rockefeller lui ait accordé un financement, *"Kinsey s'est rendu dans la cave, attacha une corde à un tuyau et l'autre extrémité autour de son scrotum, puis il monta sur une chaise et sauta."* Les abus qu'il s'infligeait sur les organes sexuels ont été clairement identifiés lors de sa mort. Officiellement, Kinsey est décédé d'une crise cardiaque, il serait en effet embarrassant de dire que le père de la révolution sexuelle mondiale, soit mort suite à des automutilations.

Pour conclure en ce qui concerne cet imposteur, nous noterons que celui-ci était un grand admirateur du sataniste Aleister Crowley. Après avoir publié ses "fameux" rapports sur la sexualité de l'homme et de la femme, Kinsey a voyagé à l'étranger pour étudier la sexualité dans divers pays. Selon Wardell Pomeroy, le co-auteur de Kinsey, celui-ci cherchait également à retrouver le document *"A prized item, the diaries of Aleister Crowley"*. Pomeroy écrit que deux semaines après que Kinsey soit allé chercher ce document en Angleterre, il s'est rendu en Sicile pour visiter le "temple" que Crowley avait bâti là-bas, l'abbaye de Thélème dans laquelle il pratiquait des rituels sataniques. Kinsey essaya même d'acquérir les *"Magical Diaries"* (journaux magiques) de Crowley pour le compte de son institut.[625] À noter que Aleister Crowley a été expulsé d'Italie parce qu'on l'accusait de pédocriminalité allant jusqu'aux sacrifices.

Alfred Kinsey a légitimé la révolution sexuelle, il l'a fait académiquement mais d'une manière non scientifique, le vrai motif n'étant pas la science mais un plan d'ingénierie sociale bien orchestré pour changer la morale de tout un pays... et par voie de conséquence de tout le monde occidental, les États-Unis étant la culture influente qui se déverse dans le monde entier. Un de ses biographes, Jonathan Gathorne-Hardy, a déclaré : *"C'est vraiment intéressant quand on s'y engouffre, c'est un vrai plan social de malade... Il ne voulait pas juste un peu plus de tolérance en matière de sexualité, c'est quelque chose de beaucoup plus monstrueux. C'était un puissant plan social parfaitement orchestré par les personnes qui travaillaient à ses côtés."*

b/ Sexualisation précoce

Alfred Kinsey est l'ancêtre de la sexualisation précoce qui aujourd'hui prend la forme d'une éducation sexuelle qui s'impose aux enfants de plus en plus jeunes, notamment dans les programmes scolaires.

Dans un fascicule intitulé *"Document établissant les bases d'une éducation sexuelle"* diffusé par l'Université pédagogique de Suisse centrale (PHZ), on découvre que les travaux de Kinsey ont porté leurs fruits et qu'ils sont appliqués au niveau des programmes scolaires : *"Contrairement aux conceptions plutôt hostiles à la sexualité qui prévalaient dans la première moitié du 20ème siècle, la plupart des conceptions relatives au développement sexuel au cours de la vie sont aujourd'hui basées sur des connaissances scientifiques et envisagent la sexualité de façon favorable. Elles reconnaissent que les enfants et les adolescents sont des êtres dotés d'une sexualité (...) Dès l'enfance, les êtres humains sont des êtres sexués avec des besoins propres à leur âge et des formes d'expressions individuelles. C'est ainsi, par exemple, que les nourrissons font leur première expérience du plaisir en suçant et en tétant. La curiosité sexuelle et les expériences n'apparaissent pas à la puberté mais existent dès l'enfance, chez les garçons et les filles, sous des formes différentes en fonction de l'âge (...) Une des missions importantes de l'école consiste à offrir cette possibilité à tous les enfants et adolescents en ce qui concerne la sexualité, les rôles sexuels et les relations entre les sexes en leur expliquant les transformations sociales ou le sens commun en vigueur dans la société pour leur permettre d'accéder aux valeurs et aux normes de notre société (...) L'école complète, en matière d'éducation sexuelle, les tâches éducatives des parents ou des responsables de l'éducation. Elle y tient un rôle important qui consiste à transmettre les normes et les valeurs sociales."*

L'éducation sexuelle n'est pas un problème en soi, mais c'est l'âge à partir duquel l'enfant y est soumis d'office dans un milieu scolaire qui pose un réel problème. Cet engouement général pour l'éducation sexuelle des enfants vise à la faire débuter dès l'école maternelle. Ce fascicule suisse officiel destiné à établir les bases pour de l'éducation sexuelle dans les écoles contient un tableau avec une liste des étapes du développement psycho-sexuel des enfants. Il y est noté que les

---

[625] "Kinsey : Crimes and Consequences the Red Queen and the Grand Scheme" - Judith Reisman, 1998.

petits de 4 ans ont des *"réactions apparentées à l'orgasme"*, ou encore un *"plaisir de s'exhiber et des jeux génitaux"* mais aussi un *"intérêt érotique à l'égard des parents"*. Le document affirme qu'un enfant de 5 ans pratique des *"Jeux de rôles comme jouer à avoir des relations sexuelles."*

Voici ce que le fascicule nous apprend concernant les professionnels de l'éducation sexuelle chargés de "former" les enfants dans les écoles : *"Dans le cadre de "l'empowerment"* (ndlr : développement, renforcer quelque chose) *des élèves, la transmission des thèmes de la santé sexuelle et reproductive et des droits ou la connaissance des offres régionales psychosociales sont de toute première importance. Les compétences appropriées seront transmises par ces spécialistes dans le cadre de l'éducation sexuelle, de façon précieuse et durable. Ils ont une formation scientifique solide, disposent de connaissances techniques actuelles, de matériel d'éducation sexuelle et de concepts didactiques éprouvés dans le travail adapté à l'âge des jeunes et des adolescents."*

Ces éducateurs sexuels auraient donc une *"formation scientifique solide (précieuse et durable)"*, s'appuyant sur les travaux de personnages comme Alfred Kinsey. Tout un programme qui vise à faire accepter des comportements marginaux et criminels comme une norme, poursuivant ainsi la révolution sexuelle en cours, dont la suite est la théorie du genre ou *gender*. La théorie du genre consiste à inculquer aux tout petits (et aux plus grands) qu'ils ne sont ni garçon ni fille mais que c'est à eux de décider de leur sexe… Tout ceci au nom de l'*égalité* et de la *liberté*, des concepts chers aux loges maçonniques qui sont très actives dans le domaine de l'éducation nationale… En effet, les "éducateurs spécialisés" en matière d'éducation sexuelle (provenant souvent des associations LGBT - Lesbien, Gay, Bi, Trans -) ne sont que le maillon final de la chaîne. Ces programmes s'organisent dans les rectorats et les ministères qui appliquent des décisions prises en amont dans les loges maçonniques qui chapeautent totalement l'état républicain.

Daniel Keller, Grand Maître du Grand Orient de France a d'ailleurs déclaré devant une commission du Sénat en mars 2015 : "Merci pour votre invitation et d'avoir rappelé que je préside une obédience de plus de 50 000 membres. Comme vous le savez vraisemblablement, le Grand Orient de France comporte dans ses rangs de très nombreux acteurs du monde éducatif, qu'il s'agisse évidemment des enseignants ou de l'ensemble des acteurs péri-scolaires et cela depuis l'enseignement primaire jusqu'à l'université. Nous considérons que l'école publique est le pilier et le creuset de la république." Règle de base : le conditionnement vers une certaine idéologie doit commencer dès la petite enfance…

c/ Hyper-sexualisation

Il existe également un phénomène qui se développe de plus en plus, c'est l'hyper-sexualisation des enfants et adolescents. La *sexualisation précoce* vise à les "éduquer" dès le plus jeune âge sur la sexualité, tandis que *l'hyper-sexualisation* vise à les rendre physiquement désirables, à les *"adultifier"* en quelque sorte.

Sylvie Richard Bessette (professeur de sexologie à l'Université de Québec à Montréal) définit ainsi l'hyper-sexualisation : *"Usage excessif de stratégies axées sur le corps dans le but de séduire"*. Le problème est qu'aujourd'hui dans certains milieux les enfants sont soumis à ces pratiques, notamment dans les concours de "Mini-Miss" lors desquels les petites filles sont habillées et maquillées pour prendre l'attitude de "femmes miniatures". Elles adoptent des codes de séduction qui ne sont pas en adéquation avec leur âge (déhanchement, clin d'œil, etc). Les petites filles deviennent ainsi des objets de désir et ce malgré elles.

La psychanalyste Monique de Kermadec écrit à propos des concours de Mini-Miss : "On érotise à outrance leur image avec des tenues de jeune femme. Cela peut créer, au moment de l'adolescence, des troubles de l'image de soi et, parfois, des dérèglements alimentaires comme l'anorexie. Et ces dégâts sont plus importants encore lorsque l'enfant se met dans une situation de séduction face au public. Sourires coquins et autres clins d'œil aguicheurs sexualisent de manière anormale le comportement."[626]

Globalement, l'hyper-sexualisation imprègne toute la société, notamment par le biais de l'industrie du divertissement qui met en scène des starlettes toujours plus dénudées, faisant des danses toujours plus sexuellement explicites, voir pornographiques (Miley Cyrus, Beyoncé, etc, des poupées MK destinées justement à transmettre cette hyper-sexualisation chez la jeunesse). Les clips et prestations scéniques sont visionnés par des millions de petites filles dont l'inconscient s'imprègne de toutes ces choses. Une des grandes tendances de notre société décadente est à l'hyper-sexualisation.

Dans le documentaire canadien "Sexy inc, nos enfants sous influence" (2007), la sexologue Francine Duquet déclare : "On voit vraiment une coupure depuis cinq ou six ans où on est davantage bombardé de messages à caractère sexuel. Les enfants reçoivent cela comme si c'était la normalité. De plus, lorsqu'il s'agit d'enfants ou d'adolescents particulièrement, ils arrivent à un âge où ils veulent correspondre à la norme. Ils veulent ressembler à leurs idoles, ils veulent être populaires et l'idée de la popularité est un concept majeur à l'adolescence. Aujourd'hui, être populaire correspond à être "hot" (sexy). Il faut avoir une sorte d'énergie sexuelle, il faut dégager quelque chose de sexuel. Hors, à l'âge de 11 ans ou même 14 ans, c'est loin d'être évident... Donc on assiste à du mimétisme : je m'habille pareil, je fais pareil... Il y a aussi tout ce phénomène de mode, hors la mode en ce moment pour les enfants, elle est à certains niveaux inquiétante parce qu'on érotise les vêtements, notamment pour les petites filles."

Les programmes d'ingénierie sociale se focalisent particulièrement sur la société de demain : c'est à dire le contrôle de la conscience (et surtout du subconscient) des enfants et des adolescents d'aujourd'hui. Nous constatons clairement cette propagande pour l'hyper-sexualisation lorsque les médias encouragent constamment les enfants à devenir des petites femmes ou des petits mecs, notamment dans les publicités de l'industrie de la mode ou des cosmétiques. Un exemple typique est celui de la petite Thylane Lena-Rose Blondeau (fille de l'animatrice de télévision Véronika Loubry et du footballeur Patrick Blondeau) qui a posé en 2011, à l'âge de 10 ans, pour le magazine *Vogue*. Des clichés choquants qui sont devenus l'exemple type de ce qu'est l'hyper-sexualisation d'un enfant.

---

[626] *"Une pression trop lourde à porter"* - actu-match / www.parismatch.com, 14/01/2009.

Il existe aujourd'hui des vêtements sexy de type string en taille fillette, qui n'ont pas de seins, mais à qui l'on propose également des soutiens-gorge. Il existe même des *chaussons à talons* pour bébés... Un nouveau marché s'est ouvert, et les pédomanes s'en régalent...

d/ Propagande pro-pédophilie

Parallèlement à l'éducation sexuelle précoce et à l'hyper-sexualisation de nos enfants, il existe une propagande pro-pédophile dont le but est de progressivement infuser une banalisation et une certaine tolérance quand à ces activités criminelles dans notre société. Aujourd'hui les pédocriminels ont leurs journées internationales : *International Love Boy Day* pour les "amoureux des garçons" et *Alice Day* pour les "amoureux des fillettes".

Créées en 1998, ces journées internationales ont leurs logos et leurs slogans, des signes distinctifs et un vocabulaire particulier qui forment une véritable "culture pédophile" mettant en avant des travaux "scientifiques" tels que ceux d'Alfred Kinsey pour justifier leurs graves déviances. Ils ont également leurs forums d'échanges sur internet, pouvant être très modérés dans les propos tandis que certains sont beaucoup plus virulents, en particulier dans le *dark web*.

La propagande pédophile passe également par les magazines (ex : *Lolita*) et certains journaux, notamment le quotidien *Libération* qui publia le 10 avril 1979 le plaidoyer de Gabriel Matzneff et Tony Duvert en faveur des *"amours minoritaires"*. Ce même journal qui publia dans les années 70 une pétition demandant au Parlement d'abroger des articles de loi liés à la majorité sexuelle ainsi que la dépénalisation des relations sexuelles entre un adulte et un mineur de moins de 15 ans. Cette pétition a été signée par de nombreuses personnalités très connues de l'époque comme Jack Lang, Simone de Beauvoir, Louis Aragon, Bernard Kouchner, André Glucksmann, etc.

En 1979, *Libération* a même offert une pleine tribune au pédocriminel Jacques Dugé pour défendre la sodomie sur les enfants. La tribune intitulée *"Jacques Dugé s'explique"* était une lettre ouverte au juge d'instruction chargé alors d'étudier ce lourd dossier, Dugé était en effet poursuivi pour prostitution et abus sexuels sur mineurs. Voici ce que ce pédocriminel écrivait à l'époque dans un célèbre quotidien d'audience nationale : *"Un enfant qui aime un adulte, sait très bien qu'il ne peut pas encore donner, aussi, il comprend et il accepte très bien de recevoir. C'est un acte d'amour. C'est une de ses façons d'aimer et de le prouver. Ce fut le comportement avec moi des quelques garçons que j'ai sodomisés. Et puis disons les choses comme elles se passent. Il aime ressentir dans son corps, le membre viril de celui qu'il aime, d'être uni à lui, par la chair. Cela donne de grandes satisfactions. Il a aussi la satisfaction d'être agréable à celui qui le sodomise qui jouit en lui. Cela lui procure aussi une grande joie, car aimer c'est aussi bien donner que recevoir. Cela peut être dur à admettre pour des profanes, mais c'est la réalité."* - *Libération*, 25,26/01/1979.

C'est durant les années 70 que cette propagande pédophile a été la plus virulente, profitant de la révolution sexuelle alors en cours (initiée par Alfred Kinsey). En mai 1977, on pouvait encore lire dans *Libération* :

Naissance du "Front de Libération des Pédophiles".

Un nouveau groupe vient de naître : le FLIP dont vous pourrez lire ci-dessous la plate-forme constitutive. Qui sont-ils ? Pour l'essentiel, des lecteurs de Libération qui à la suite d'une lettre ouverte aux pédophiles dans notre édition du 9/2/77 nous firent parvenir un courrier abondant – nous en rapportions quelques-unes dans une double page le 24 mars 77 intitulée : Relations Adultes-Enfants. Le deux avril dernier se tenait à Jussieu une première réunion regroupant une trentaine de personnes. Simple prise de contact. Sans doute, peut-on regretter que l'essentiel des préoccupations ait été d'ordre judiciaire. Il ne fut en effet question que de répression, de défense et de poursuite des pédophiles. Sans méconnaître ces dures réalités, un tel groupe a tout à gagner s'il élargit son champ de réflexions. Le FLIP (Front de libération des Pédophiles) est né. Quelques objectifs essentiels ont déjà pu être lancés :

- Combattre l'injustice pénale et mener une réflexion critique sur la famille et l'école, fondée sur une analyse politique de la sexualité entre mineurs et adultes.

- S'associer à la lutte des enfants qui veulent changer leur mode de vie et de tout groupe politique qui vise à l'établissement d'une société radicalement nouvelle où la pédérastie existera librement.

- Développer une culture pédérastique qui s'exprime par un mode de vie nouveau, et l'émergence d'un art nouveau.

- Prendre la parole dans des organes d'information qui lui en donnent les moyens et par les voies qui s'imposent.

- Manifester sa solidarité avec les pédophiles emprisonnés ou victimes de la psychiatrie officielle.

La "tyrannie bourgeoise" fait de l'amoureux des enfants un monstre de légende qui croque les chaumières. Nous casserons ensemble monstres et chaumières.

Il existe de nombreuses associations qui militent en portant la parole des pédocriminels sur la place publique. Leur stratégie est de minimiser l'impact des actes pédophiles sur les enfants, de relativiser la notion de mineur et de minorité sexuelle afin d'abaisser l'âge légal et enfin de banaliser les propos à caractère pédophile. Citons comme exemple les deux plus grandes associations de ce type : la *NAMBLA* (*North American Man/Boy Love Association* - Association nord-américaine pour l'amour entre les hommes et les garçons) et la *Martijn*, association néerlandaise pour l'acceptation des relations sexuelles entre adultes et enfants fondée à Hoogeveen en 1982. Une tentative de dissolution de cette dernière a été faite en 2012, le tribunal ayant estimé que l'association qui dispose d'un site internet offrait un *"réseau digital et social à des auteurs de délits sexuels."* La cour d'appel a alors déclaré que les textes et images publiés sur le site de l'association étaient légaux car ils n'ont jamais appelé directement à avoir des relations sexuelles avec des enfants. L'association est néanmoins contraire à certains principes du droit néerlandais car elle *"banalise les dangers d'un contact sexuel avec de jeunes enfants, parle de ces contacts de manière positive, voire les glorifie"*. En 2014, les Pays-Bas ont finalement décidé d'interdire définitivement les activités de l'association *Martijn*. *"La Cour suprême (Hoge Raad), la plus haute instance judiciaire du royaume, a estimé que l'intégrité de l'enfant était plus importante que le principe de la liberté d'expression."*[627]

L'enjeu principal de la propagande pédophile est de minimiser les conséquences de ces actes sur les enfants. Les associations reprennent donc des travaux "scientifiques" comme le rapport de Robert Bauserman sur les effets de l'abus sexuel sur enfants. En effet, ce rapport considère que les "relations sexuelles" avec les enfants ne sont pas systématiquement nocives pour ces derniers. Bauserman a été pointé du doigt comme étant un militant qui utilise la science d'une manière inappropriée afin d'essayer de légitimer ses opinions et tendances.

Petit à petit, les pédomanes gagnent du terrain tandis que les droits des enfants régressent sans cesse. Le but final étant de blanchir les agresseurs et de nier le statut de victimes des enfants, pour finir par classer l'inceste et la pédocriminalité comme une simple *"orientation sexuelle"* tout comme l'hétérosexualité ou l'homosexualité. C'est ce qui est programmé pour la société de demain...

Pour conclure ce chapitre, revenons sur l'émission *"Ce soir ou jamais"* de France 3, diffusée le 31 mai 2011, avec une revue de presse qui revenait sur les accusations de l'homme politique Luc Ferry concernant un ancien ministre pédophile qui se serait fait *"poissé à Marrakech"*, selon ses termes... Lors de cette émission, le célèbre avocat Thierry Lévy s'est dévoilé en direct lors d'un échange houleux et honteux avec la cinéaste italienne Cristina Comencini :

- Thierry Lévy : Je parle de tolérance en général. La tolérance est quelque chose qui en ce moment est en train de disparaitre totalement. Et vous parlez des événements récents comme s'ils avaient libéré une situation bloquée jusque-là. Mais il y a plus de vingt ans que le tourisme sexuel est réprimé, très sévèrement, très durement, impitoyablement. (...) Vous nous parlez de la beauté du monde et de la beauté du sexe, mais concrètement, en actes, que faites-vous, que faites-vous sinon brandir sans cesse le bâton, le bâton de la morale. Mais oui, que faites-vous ?

- Cristina Comencini : Sur les enfants ?! Les enfants... la beauté du sexe sur les enfants ?! Je pensais que le débat était très arriéré en Italie mais je m'aperçois qu'en France il est beaucoup ...

- TL : (coupant la parole de son interlocutrice)... Je vous en prie ! Le sexe avec les enfants... Ce sujet-là est un sujet qu'on ne peut plus aborder aujourd'hui. Plus personne n'ose parler de la sexualité des enfants (...) Il y a une espèce de chape de plomb qui tombe de boucles blondes (ndlr : en référence à son interlocutrice) sur l'ensemble de la société qui vient interdire tous les comportements un peu différents, un peu anormaux....

- CC : Un peu différents !!?

- TL : Mais bien sûr, et alors là on revient à chaque fois à la pédophilie. La pédophilie est maintenant un sujet qui est totalement interdit, vous ne pouvez plus dire un mot sur ce sujet sans être diabolisé.

- CC : Pourquoi ne pas en parler ? Au contraire moi je pense qu'il faut en parler...

---

[627] "Droits de l'enfant ou liberté d'expression, les Pays-Bas ont choisi" - Jean-Pierre Stroobants, lemonde.fr, 19/04/2014.

- TL : Ah bon ?!...
- CC : Oui je le pense...
- TL : Et comment il faut en parler alors ?!
- CC : Sans dire que c'est.......

- TL : (lui coupant à nouveau la parole) En disant quoi, en disant quoi ? Que tous ceux qui sont attirés par des enfants sont des criminels ?! Qu'il faut les mettre en prison ad vitam aeternam ?!

- CC : Vous avez un système de parler qui est très autoritaire et qui ne laisse pas à l'autre la liberté de s'exprimer......

CONCLUSION

Acquiers la vérité, la sagesse, l'instruction et le discernement, et ne t'en dessaisis pas - Proverbes 23 :23

Seuls les petits secrets doivent être protégés. Les plus grands secrets restent protégés par l'incrédulité du public - Marshall McLuhan

L'homme est de feu au mensonge mais de glace à la vérité - Jean de La Fontaine

Le silence devient un péché lorsqu'il prend la place qui revient à la protestation et d'un homme il fait alors un lâche - Abraham Lincoln

L e sujet du contrôle mental basé sur les traumatismes a pour point central la maltraitance physique et psychologique des enfants. L'Enfant est au cœur de l'œil du cyclone qui s'en nourrit, c'est la boîte de Pandore qui ravage actuellement notre société… La pureté et l'innocence incarnée dans le collimateur des sorciers-contrôleurs.

De temps en temps une affaire de pédophilie est jetée en pâture au public, généralement le démantèlement d'un cyber réseau, mais tout ceci est l'arbre qui cache la forêt...

Pourquoi est-ce qu'en France, le système judiciaire semble systématiquement protéger les violeurs d'enfants au détriment des protecteurs d'enfants qui les dénoncent? Pourquoi dès qu'il s'agit d'une affaire de pédocriminalité, le rouleau compresseur judiciaire se met en branle pour broyer le dossier mais aussi les gens? Pourquoi la France a-t-elle été rappelée à l'ordre dans un rapport de l'ONU datant de 2003? Une enquête qui a été menée en France par le rapporteur Juan Miguel Petit et qui a été présentée devant la 59ème session de la commission des droits de l'homme de l'ONU. Ce rapport officiel préconisait qu'*un organe indépendant mène de toute urgence une enquête sur les carences de la justice à l'égard des enfants victimes de sévices sexuels et des personnes essayant de les protéger (…) Étant donné le nombre de cas laissant apparaître un grave déni de justice pour les enfants victimes de sévices sexuels et les personnes qui tentent de les protéger, il serait bon qu'un organe indépendant, de préférence la Commission nationale consultative des droits de l'homme, mène de toute urgence une enquête sur la situation actuelle.*

Il est par exemple noté en page 14 du rapport : "Le Rapporteur spécial a évoqué les énormes difficultés auxquelles sont confrontées les personnes, en particulier les mères, qui portent plainte contre ceux qu'elles soupçonnent d'abuser de leurs enfants sachant qu'elles s'exposent à des mesures éventuelles pour accusations fallacieuses, mesures qui dans certains cas, peuvent conduire à la perte de la garde de leur(s) enfant(s). Certaines de ces mères utilisent les voies de recours légales jusqu'à ce qu'elles n'aient plus les moyens de payer les frais d'assistance juridique; il leur reste alors seulement le choix entre continuer de remettre l'enfant à celui qui, selon elles, abuse d'elle ou de lui, ou de chercher refuge avec l'enfant à l'étranger. Il semblerait même que certains juges et avocats, conscients des faiblesses du système judiciaire, ont conseillé officieusement à certains parents d'agir de la sorte. Ces parents s'exposent à des poursuites pénales pour de tels actes en France et, souvent, dans le pays où ils se rendent."

En effet, comme les deux exemples rapportés dans les témoignages français du chapitre 4, de nombreuses mères ont dû littéralement fuir la France faute d'une réelle protection face au réseau pédocriminel institutionnel. Pourquoi autant de mères harcelées et persécutées voir même enfermées en hôpital psychiatrique pour avoir naturellement dénoncé les viols sur leurs enfants ? Pourquoi un dossier aussi lourd que celui des fichiers de Zandvoort[628] reste-t-il dans les cartons du ministère de la *justice*, sans qu'aucune enquête n'ait été lancée ? Pourquoi une trentaine de témoins clés ont-ils été retrouvés mort dans l'affaire Dutroux ?[629] Cette célèbre affaire belge est un cas d'école pour comprendre comment on étouffe un dossier lorsqu'il commence à remonter jusqu'aux aux *"gros poissons"* du Réseau… Pourquoi tout est orchestré pour méthodiquement faire passer les enfants pour des menteurs ? Pourquoi tout est fait pour discréditer systématiquement la parole des survivants adultes, en utilisant par exemple le *"syndrome de faux souvenirs"* ou en s'appuyant sur leurs troubles psychiques pour réduire à néant leur parole ? Pourquoi le domaine de la psychotraumatologie est-il à ce point laissé de côté par les institutions dites de santé publique ? Pourquoi les conséquences des profonds traumatismes, c'est à dire la dissociation et l'amnésie traumatique, sont-elles globalement occultées et évincées du débat public ?

La *consommation* et le *modelage* d'enfants semblerait être la chasse gardée d'une certaine élite insoupçonnable, mais c'est aussi une machine institutionnelle bien huilée qui leur permet de pratiquer leur vice en toute quiétude ; jusqu'à quand ?!

Le rapport de l'ONU cité plus haut qui demandait une intervention d'urgence sur la situation française nous apprend également que *dans plusieurs cas qui ont été communiqués au Rapporteur spécial, il a été signalé que les individus accusés de commettre des abus étaient étroitement liés à des membres de l'appareil judiciaire ou à des individus occupant de hautes fonctions dans l'administration publique, qui étaient en mesure d'influencer l'issue des procédures à leur détriment, argument qui avait été également formulé par la Division nationale pour la répression des atteintes aux personnes et aux biens….* Mais selon les autorités politiques, journalistiques, policières et judiciaires, il n'existe pas de réseau pédocriminel en France, circulez !… Ne devrions-nous pas plutôt dire qu'il est entre de *"bonnes mains"* ?…

Dans le documentaire de Karl Zéro "Le fichier de la honte" (13ème Rue - 2010), on y voit le rapporteur de l'ONU Juan Miguel Petit déclarer : "Il y a eu des plaintes et des dénonciations précises de mères qui se disent poursuivies par des groupes, pouvant être assimilés à des mafias ou à des loges, organisant la pornographie infantile."

Le silence des médias *mainstream* français sur toutes ces questions interpelle ! Beaucoup de journalistes - souvent payés par les contribuables - censés nous informer sur la réalité de notre société, semblent aujourd'hui pleinement

---

[628] Voir *"Les réseaux de l'horreur"* - Stan Maillaud, Janet Seeman, Marcel Vervloesem et *"Le livre de la honte"* - Laurence Beneux et Serge Garde, 2001.
[629] *"30 témoins morts…"* - Douglas De Coninck, 2004.

participer à un programme d'ingénierie sociale visant à maintenir les gens dans une certaine réalité comparable à une matrice.

En avril 2005, François Léotard (ancien ministre de la défense) a déclaré aux journalistes en face de lui sur une grande radio française : *"Je pense que vous et vos confrères, si vous le permettez, sous-estimez une partie de l'actualité qui est complètement immergée, complètement inconnue des médias. Vous avez actuellement en France 35 à 40 000 personnes qui disparaissent chaque année... qui disparaissent ! C'est assez fascinant et personne ne se penche sur ces milliers de disparitions. Il y a des suicides qui sont de faux suicides, des accidents de voitures qui sont des assassinats, il y a des gens qui partent et que l'on ne retrouve pas car ils ont voulu changer d'identité... Ce que je veux dire, c'est qu'il y a un monde occulte, caché, souterrain, sous-marin, que au fond personne ne cherche à découvrir."*[630]

Lorsque François Léotard parle de *"gens qui partent et que l'on ne retrouve pas car ils ont voulu changer d'identité"*, nous pouvons vraisemblablement mettre dans cette catégorie toutes les mères qui ont fui la France pour protéger leurs enfants de la persécution pédocriminelle institutionnelle. Comme l'a bien notifié Juan Miguel Petit dans son rapport pour l'ONU.

Le 2 mars 2009, Rachida Dati (alors ministre de la justice) a donné une conférence de presse à l'occasion de *"la journée des enfants"*. Lorsque Aude Chaney, la représentante de l'association *"Estelle Mouzin"*, pose cette question à la ministre : *"Combien de disparitions inexpliquées, tel le cas d'Estelle Mouzin sont à déplorer en France ?"*... Rachida Dati semble incapable d'avoir une réponse claire à cette question pourtant simple et précise. Elle se tourne alors vers ses conseillers, mais personne n'est capable d'apporter un chiffre exact à cette question visiblement très embarrassante. Une gêne palpable s'est alors installée dans cette salle remplie de journalistes et de familles de victimes. Il est étonnant que dans un pays comme la France le nombre d'enfants qui disparaissent chaque année soit ignoré... ou alors non rendu public car trop important ?

Sur cette troublante question, voici ce que déclare le journaliste Serge Garde : *"La France est un pays qui regorge de statistiques, où l'on sait par exemple combien de saumons remontent la Loire chaque année, mais on ne sait pas combien d'enfants disparaissent."*[631]

En 2001, Serge Garde avait déjà demandé à un parlementaire de poser la même question à la Garde des Sceaux alors en place, Marylise Lebranchu, elle avait répondu d'une manière embarrassée : *"Je ne peux pas vous donner de chiffres, parce que... c'est impossible"*.[632]

Le 20 novembre 2001, Marylise Lebranchu a pourtant déclaré devant l'Assemblée Nationale que 800 enfants s'étaient volatilisés en France en 2000, tout en confirmant qu'il n'existe aucun chiffre concernant les disparitions de mineurs.

Un nombre de disparitions qui doit être beaucoup plus important lorsque l'on prend en compte les enfants étrangers qui disparaissent ou ceux qui sont non déclarés à leur naissance (notamment dans les réseaux). Sur 1000 enfants étrangers

---

[630] "Les Grandes Gueules" - RMC, 7/04/2005.

[631] *"Les faits Karl Zéro"* - 13ème Rue, 22/05/2009.

[632] "Disparues : que sont-elles devenues ?" - Karl Zéro, 2014.

(en 2001) qui arrivent sans papiers en France, seuls 200 restent sous contrôle social. Les 800 autres disparaissent dans la nature.[633]

Dans le documentaire de France 3 *"Viols d'enfants : la fin du silence ?"*, une fillette a déclaré qu'elle avait assisté à des sacrifices de *"petits enfants qui étaient un peu arabes ou des choses comme ça"*. Dans son témoignage sur TF1 en 2001, la survivante Véronique Liaigre a affirmé : *"Les enfants qui sont sacrifiés ne sont pas déclarés, ou sont des enfants étrangers. Notamment quand j'étais sur Agen, c'était des petits africains, ils étaient noirs. Sur Jallais j'en ai vu aussi, sur Nanterre aussi, mais c'était des petits blancs, des français, mais c'était des enfants nés de viols. Des enfants nés de viols ? Oui, qui n'avaient pas été déclarés. Ce sont des accouchements qui sont fait chez les parents dans des conditions abominables. Donc, dans la mesure où ils n'étaient pas déclarés, ils étaient sacrifiés ? Voilà…"*

La programmation basée sur les traumatismes est comme un train infernal qui tourne en boucle, comme un virus ou une morsure de vampire transmettant l'abomination de génération en génération. Les esclaves sont programmés pour devenir eux-mêmes bourreaux mais aussi programmeurs. Toute personne abusée sexuellement et psychologiquement ne reproduira pas automatiquement les abus, mais cette fonction humaine qui est de s'auto-traiter par des conduites anesthésiantes et dissociatives comme la violence contre autrui est exploitée à l'extrême par certains groupes pour perpétuer l'abomination de génération en génération. La violence est une drogue, littéralement, elle crée un stress extrême qui fait disjoncter la personne par une brusque production d'hormones comme la morphine endogène, cela afin d'anesthésier la charge négative de sa propre mémoire traumatique. Mais ces conduites dissociantes rechargent aussi cette mémoire traumatique, la rendant toujours plus explosive. Ces comportements dissociatifs deviennent donc de plus en plus nécessaires aux bourreaux et cela crée un véritable cercle vicieux, une addiction à la violence, à la destruction, voir à l'autodestruction. Ces personnes, pouvant être qualifiées de psychopathes dont l'empathie a été réduite à néant dès la petite enfance, ne considèrent pas la douleur des autres sauf lorsqu'elle leur procure du plaisir…

Cela fait-il de tous les bourreaux des victimes malades et irresponsables qui répètent des schémas destructeurs sans avoir aucune possibilité de faire un autre choix ? Un choix est toujours possible malgré les énormes difficultés (psychologiques, familiales, pression du réseau). Cette question est délicate, mais le jour où l'on aura à s'en préoccuper réellement, on aura fait un pas énorme. Cela voudra dire que les criminels seront identifiés et mis hors d'état de nuire. Cela voudra également dire que le Réseau est démantelé et que ce train infernal de violence est enfin stoppé. Alors oui, on pourra s'interroger sur le sort qui doit être réservé à toutes ces personnes, mais le jugement final ne viendra certainement pas de la justice des hommes.

Il serait intéressant de passer au scanner cérébral certaines de nos "élites" pour voir l'état de leur complexe amygdalien et de leur hippocampe, des structures

---

[633] "Marylise Lebranchu révèle un chiffre effrayant 800 enfants ont disparu en 2000" - Serge Garde, l'Humanité, 14/12/2001.

du cerveau qui peuvent actuellement prouver grâce à nos outils scientifiques qu'il y a eu de profonds traumatismes chez la personne. Des études ont en effet révélé que ces structures du cerveau avaient un volume significativement plus petit chez les personnes qui ont subi de graves traumatismes, notamment chez ceux qui souffrent d'un trouble dissociatif de l'identité. Cette connaissance neurologique concernant la variation des volumes de l'hippocampe et de l'amygdale en relation avec de graves traumatismes pourrait par exemple servir à valider des témoignages de victimes disant avoir subi les pires atrocités, mais étant incapables d'apporter un récit cohérent.

Comme nous l'avons vu, le système judiciaire discrédite systématiquement tout témoignage dérangeant relatif à des abus rituels, en mettant en avant l'état mental "perturbé" du témoin, donc "non fiable" et par conséquent ne pesant aucun poids dans la balance de notre *justice*... Pourtant une IRM cérébrale pourrait prouver et certifier qu'il y a bien eu un grave impact traumatique chez cette personne, d'où le fait qu'elle est dans un état l'empêchant d'expliquer clairement et chronologiquement son vécu. Suite à un tel examen médical validant le fait qu'il y a bien eu de profonds traumatismes entraînant de sévères troubles dissociatifs, il faudrait par conséquent étudier de plus près les déclarations de la personne afin de mener une enquête sérieuse. Au lieu de cela la *justice* s'en remet à des pseudos experts des "faux souvenirs" non formés en psychotraumatologie : le dossier est ainsi très vite refermé...

C'est une question compliquée, mais le constat est que le Réseau s'applique à faire de la rétention d'informations concernant les avancées scientifiques en matière de psychotraumatologie et de toutes ces études neurologiques récentes liées à l'impact que peuvent avoir les traumatismes sur le cerveau humain. Ceci afin que ces informations ne puissent pas être mises en avant d'une manière officielle dans les cours d'assises pour défendre efficacement les victimes. En effet, si les universités de médecine ne forment pas (ou très peu) les étudiants sur toutes les découvertes récentes en matière de psychotraumatologie et des processus dissociatifs, il devient très difficile pour un avocat de faire venir à la barre une personne pouvant expliquer clairement et scientifiquement ces choses-là... Quand à demander à la *justice* d'ordonner des scanners du cerveau pour prouver qu'il y a bien eu de sérieux traumatismes, c'est toutes les institutions verrouillées qui font ici obstacle. En effet, force est de constater que les IRM des voix basses et l'anuscopie, qui seraient des examens essentiels dans les dossiers de pédocriminalité, sont très rarement pratiqués... donc un IRM cérébral relève de l'impensable...

Toute cette question de la reconnaissance des victimes permettrait surtout de les prendre en charge d'une manière efficace en leur apportant les thérapies adéquates.

Le phénomène de dissociation chez l'enfant, volontairement exploité par certains groupes, est une connaissance occulte, la pierre angulaire du secret et du pouvoir ; cela d'une manière internationale, que ce soit dans le domaine politique, militaire, religieux ou mafieux. Les initiés connaissent très bien l'importance que ces états modifiés de conscience peuvent avoir pour le contrôle mental d'un individu. La programmation MK ne consiste donc pas simplement à créer une esclave sexuelle, une *super-starlette* ou un assassin, c'est avant tout un outil essentiel de contrôle politique global.

Fritz Springmeier décrit sans détour l'étendue de ce fléau dans notre monde moderne, une déclaration qui semble à première vue alarmante mais qui au final se trouve être plutôt éclairante pour comprendre certains rouages (et certains blocages) de notre société moderne : *"Le contrôle mental consiste à infiltrer et à contrôler la société de derrière la scène. Il faut intégrer cela si l'on veut contrôler une institution comme le lobby médical par exemple. Vous devez placer des gens sûrs à des postes clés parce qu'un maillon faible dans la chaîne finira toujours par lâcher. Vous ne pouvez pas vous permettre d'avoir des maillons faibles. Si vous souhaitez contrôler un lobby très puissant tel que le système médical, alors vous devez contrôler un très large spectre d'éléments comme le système hospitalier, les facultés de médecine, l'Ordre des médecins, etc. Tout cela exige que des esclaves MK soient disposés à tous les niveaux du système, à tous les points stratégiques. Vous ne pouvez pas avoir de maillons faibles. Par exemple, une filière de médecins indépendants qui pratiqueraient une médecine parallèle; il vous faut alors contrôler le système judiciaire pour pouvoir faire condamner ces médecins "hors normes". Il faut mettre en place un vaste appareil occulte. Si l'on ne comprend pas les tenants et les aboutissants de la programmation mentale, on ne peut pas comprendre comment il est possible de disposer d'un tel type de contrôle global sur la société."* [634]

Comme déjà cité en avant-propos, le célèbre pirate informatique Kevin Mitnick a déclaré : *"Le maillon faible dans tout système de sécurité réside dans le facteur humain."* Pour pouvoir sécuriser un système de domination à l'échelle mondiale, il est donc impératif de mettre en place un *piratage* de l'esprit des pions humains placés aux postes stratégiques derrière les façades démocratiques.

Nous pouvons rappeler ici les déclarations du Dr. Catherine Gould en 1994 dans le documentaire "In Satan's Name" (Au Nom de Satan) : "Il y a certainement des banquiers, des psychologues, des gens des médias, nous avons aussi entendu parler des services de protection de l'enfance mais également d'officiers de police... car ils ont intérêt à être présents dans tous ces milieux socioprofessionnels... Lorsque j'ai commencé ce travail, je pensais que les motivations derrière la pédophilie se limitaient au sexe et à l'argent, mais j'ai commencé à réaliser au court de mes dix années de recherches que les motivations sont bien plus sinistres encore... Les enfants sont abusés dans un but d'endoctrinement. L'abus rituel sur les enfants est un protocole pour formater des humains à un culte. Il s'agit de formater des enfants qui ont tellement été abusés, tellement été soumis au contrôle mental qu'ils deviennent très utiles à la secte, à tous les niveaux... Je pense que le but de tout cela est d'obtenir le maximum de contrôle, que ce soit dans ce pays ou bien dans un autre."

Le Dr. Lawrence Pazder parle également d'une infiltration systématique : "Ils ont une apparence normale et mènent une vie tout aussi normale au premier abord. Ils sont présents dans toutes les couches de la société qu'ils ont soigneusement infiltrée. Toute position de pouvoir ou d'influence sur la société doit être considérée pour eux comme une cible pour l'infiltration. Les bourreaux ont de l'argent disponible, beaucoup ont des situations impeccables : docteurs, ministres, professions de tous types."

Pour établir une telle infiltration des institutions et des divers organismes, la franc-maçonnerie - dont la plupart des membres ignorent l'activité des arrières loges de haut degré - joue un rôle essentiel qui n'est plus à démontrer aujourd'hui.

---

[634] Interview de Fritz Springmeier par Wayne Morris - *"Survivants des Illuminatis"*, 1998.

Le réseau maçonnique pratique une subversion systématique des valeurs traditionnelles chrétiennes au profit des valeurs *illuministes* et *humanistes* remplaçant Dieu par l'Homme; autrement dit il s'agit de la doctrine luciférienne, la contre-révélation, ou contre-initiation, appliquée par la haute maçonnerie; mais aussi par d'autres sociétés secrètes initiatiques de type pyramidal formant toute la Grande Babylone : "la religion sans nom".

Cette doctrine luciférienne correspond aux quatre mensonges qui ont entraîné le péché originel, visant à les appliquer et à les ancrer dans la société moderne. Dans le Jardin d'Eden, le serpent avait fait quatre promesses à Adam et Eve s'ils goûtaient au fruit défendu :

- *"Vos yeux s'ouvriront"* : vous avez été maintenus dans une sorte de cécité intellectuelle pour ne pas voir les mystères de Dieu. Satan dit pouvoir ouvrir leurs yeux à toutes ces choses occultes. Les Gnostiques cherchent cela : *ouvrir leurs yeux* pour découvrir quels sont les secrets que Dieu a cachés aux hommes.

- *"Vous ne mourrez pas"* : C'est le passage de l'état de créature à l'état de créateur. Si la créature devient éternelle, alors elle devient Dieu.

- *"Vous deviendrez comme des Dieux"* : La créature et le Créateur sont là aussi mis au même niveau. Toutes ces idées sont liées à la Gnose et à la doctrine maçonnique. La Gnose transparaît aujourd'hui dans le mouvement du *new-âge*, le nouvel-âge, prônant la déification de l'être humain qui devient prétendument créateur, un être divin : *"nous sommes des dieux"*.

- *"Vous déciderez ce qu'est le bien et le mal"* : Là encore, la créature se met à la place de Dieu et nous en voyons les tristes conséquences dans notre société moderne.

Le "fameux" fruit défendu semble donc lié aux connaissances occultes qui promettent à l'homme d'accéder à certaines dimensions, à certaines puissances, tout en développant certains pouvoirs. C'est en partie ce qui est contenu dans ce livre. Nous constatons que ces quatre promesses de Satan correspondent à ce que les sociétés secrètes lucifériennes s'acharnent à appliquer dans ce monde depuis plusieurs siècles, ceci afin de balayer le Créateur pour mettre sa créature humaine au centre de toute chose avec la promesse de la déifier. Le réseau luciférien mondial travaille donc à établir sa domination pour infuser sa philosophie et sa croyance spirituelle dans toute l'humanité.

Nous voyons aujourd'hui s'afficher au grand jour cette doctrine, allant de pair avec la dégénérescence programmée de notre civilisation, suivant une sorte de messianisme apocalyptique. Le luciférianisme est représenté symboliquement par deux figures mythiques : Prométhée ou Lucifer, qui est considéré par certains cercles comme le bienfaiteur de l'humanité, le dieu "civilisateur" qui apporte la lumière (la connaissance divine) aux humains ignorants, il s'agit là d'une *Gnose Transhistorique* qui traverse les siècles et les siècles à travers la mythologie et les initiations occultes. Lucifer, le porteur de lumière, donnerait donc à l'humain la possibilité de devenir lui-même un dieu, par ses propres moyens. Cette doctrine maligne et trompeuse s'imprègne petit à petit dans le monde moderne afin que les profanes adoptent malgré eux ces concepts de vie et de pensées déchus. La rébellion qui s'est faite au Ciel par les anges rebelles continue sur la terre, et tout est fait pour qu'elle entraîne un maximum d'humains avec elle dans sa chute. Lucifer a voulu être son propre dieu et il entraîne donc les créatures humaines dans sa dynamique de rébellion en promettant à l'homme d'atteindre lui-même le statut d'un dieu.

Les lucifériens, les satanistes, les néo-gnostiques, les kabbalistes, les martinistes, les théosophes de tous bords, ont tous cette croyance qu'ils doivent évoluer spirituellement dans le but d'acquérir du pouvoir et finalement l'immortalité pour devenir eux-mêmes des dieux. Mais ceci nécessite certaines sources de "puissance", un ralliement à l'Ange déchu pour recevoir la "lumière". Les rituels de sang (magie rouge), la magie noire, la démonologie, les abus rituels sur les enfants et la magie sexuelle sont des outils pour accéder à ce pouvoir et à ces ouvertures vers d'autres dimensions pour recevoir l'*illumination*... Les occultistes les plus forcenés, assoiffés de puissance, tomberont dans ces pratiques totalement perverses et démoniaques, d'autant plus s'il leur est promis de devenir un dieu créateur à la clé. Les protocoles d'abus rituels sataniques sont directement reliés à la magie sexuelle et aux transes dissociatives, deux puissants catalyseurs servant à acquérir de la puissance et à accéder à d'autres dimensions pour cette quête d'immortalité. Les enfants soumis aux tortures et aux viols, totalement dissociés et ouverts à d'autres dimensions, sont exploités comme des ponts reliant deux mondes et comme un réservoir de puissance démoniaque. Ils servent de médiums, des intermédiaires que le sorcier-bourreau va utiliser avec la magie sexuelle pour exploiter au maximum cette brèche spirituelle que représente l'enfant en état de dissociation. Il s'agit d'un véritable braquage spirituel, un viol à la fois physique, énergétique et spirituel.

La programmation MK basée sur le *fractionnement de l'âme* symbolise parfaitement l'apogée de la quête de l'homme luciférien voulant devenir lui-même un dieu créateur. En pratiquant ces horreurs, il crée des poupées humaines, des sortes de coquilles vides, des golem qu'il va pouvoir remplir et programmer selon ses propres désirs. Il manipule le monde intérieur de l'esclave comme il le veut, tout comme un petit dieu manipulant un humain robotisé, cela en jouant dans cette autre dimension qu'est l'espace-temps de l'univers intérieur de sa victime. Un univers qu'il aménage comme bon lui semble. La création d'un golem est le but ultime des occultistes lucifériens, kabbalistes et satanistes de tous poils. Lucifer n'est pas un véritable créateur, il n'est pas le créateur du Ciel ni de la terre, c'est pourquoi il prend plaisir à créer chez les victimes un monde intérieur avec un ciel, une terre et un enfer de sa propre création. Il va aménager ce monde à sa manière avec une armée d'entités démoniaques qui vont coopérer avec le programmeur pour contrôler la victime. Ainsi une sorte de trinité satanique se met en place : *le Père* (le programmeur), *le Fils* (l'enfant "Monarch") et *le Saint Esprit* (les démons). Une obscure trinité qui va former l'ultime offense à Dieu : le sabotage, le détournement et l'exploitation de sa créature bien aimée, l'être humain. Le sabotage de la conscience de l'homme pour le détourner de Dieu s'applique aujourd'hui autant sur les esclaves MK d'une manière la plus dure qu'il soit, que sur l'humanité dans sa globalité d'une manière plus diffuse mais tout aussi abjecte.

Sans ces outils que sont le contrôle mental basé sur le trouble dissociatif de l'identité, la drogue, l'hypnose, la psychotronique, etc, ces organisations occultes échoueraient dans leur plan de domination car elles seraient dans l'impossibilité de garder le secret sur leurs actes ignobles appliqués à une si grande échelle. Les sorciers-contrôleurs ont bien compris que cette méthode de contrôle mental qui utilise les traumatismes et la dissociation s'applique également à l'échelle de la société et que c'est quelque chose d'indispensable pour pouvoir gouverner "aisément et tranquillement". C'est ce que nous explique William Sargant lorsqu'il a écrit que *les méthodes d'initiations religieuses se rapprochent souvent tellement des techniques politiques modernes de lavage de cerveau et de contrôle de la pensée que l'une jette la lumière sur les mécanismes de l'autre.*

"*Ordo ab Chao*", l'ordre naît du chaos, est la devise de la franc-maçonnerie mais c'est aussi le cœur des secrets alchimiques. Cette formule peut-être à la fois utilisée pour réaliser la perfection du côté du bien comme du côté du mal. Pour la plupart des francs-maçons, c'est avant tout une notion de développement personnel, un travail consistant à vaincre le *monstre intérieur* semeur de chaos, les forces obscures du mental et de l'ego, qu'il faut combattre et transcender pour retrouver l'Ordre Divin. En alchimie, les deux opérations les plus importantes sont "*Dissoudre*" (chaos) et "*Coaguler*" (ordo). La *Dissolution* signifie la décomposition des éléments, vient ensuite la *Coagulation* qui consiste à solidifier l'élément dissout dans un nouvel état, un nouvel ordre. Nous constatons aujourd'hui que cette formule maçonnique *Ordo ab Chao*, cette œuvre alchimique de décomposition et de recomposition est appliquée consciencieusement dans les programmes de contrôle mental, qu'ils soient à l'échelle individuelle ou collective. Actuellement, l'*Ordo ab Chao* n'est pas appliqué dans une dynamique d'élévation spirituelle, mais dans une dynamique de contrôle total (bien que cette situation serve paradoxalement à créer une élévation spirituelle d'un petit nombre).

Le contrôle mental des masses passe par le déclenchement d'une "dissociation" (chaos social) où l'individu ne s'identifie plus à lui-même, il devient la société en elle-même (ex : les mouvements *"Je suis Charlie"* ou *"Je suis Paris"* suite à des actes de terrorisme). Cette dissociation sociale est provoquée par toute une série de déstabilisations de la société créant les conditions idéales pour instaurer un nouvel ordre, une nouvelle structure sociétale. C'est la théorie "*tabula rasa*" de Kurt Lewin, de Eric Trist et de bien d'autres…

Le lavage de cerveau d'un individu passe par l'effacement, la dissolution de sa personnalité originelle pour installer ensuite un nouveau système interne, il en est de même pour le peuple : détruire ses racines, ses valeurs, ses traditions, ses croyances, sa famille, jusqu'à sa notion d'homme ou de femme (théorie du *gender*), tout ceci afin d'obtenir une masse totalement dissociée/déconnectée, sans repères, infantilisée et malléable à souhait. Le but étant de pouvoir aisément construire un *Nouvel Ordre Mondial.* La devise qui consiste à créer du *chaos* pour pouvoir établir un nouvel *ordre* est appliquée, comme nous l'avons vu dans le chapitre 7, sur les sujets MK-Monarch qui auront fatalement besoin du programmeur pour pouvoir à nouveau fonctionner suite au chaos psychique volontairement créé chez eux par les traumatismes. Cette formule, telle une fractale, nous la retrouvons à grande échelle dans le chaos sociétal actuel : pour pouvoir à nouveau fonctionner suite au chaos qui se dessine inéluctablement, la société (dans un stress post-traumatique généralisé) aura besoin des sorciers-contrôleurs (les programmeurs de grande échelle) pour se rétablir et à nouveau fonctionner dans un *Nouvel Ordre Mondial*, avec une religion mondiale luciférienne. C'est le projet en cours, et comme nous l'avons vu les codes de cette sous-culture luciférienne imprègnent peu à peu les masses populaires profanes psychologiquement canalisées vers ce *Nouvel Ordre Mondial.* Un nouvel ordre dans lequel les peuples et les cultures traditionnelles (*l'ancien monde*) se seront totalement dissous… Il s'agit de "l'œuvre Babylonienne", une programmation mentale à l'échelle mondiale avec le transhumanisme à la clé. Le transhumanisme prônant l'usage des sciences et des technologies afin d'améliorer les caractéristiques physiques et mentales des êtres humains, allant même jusqu'à considérer la vieillesse comme une maladie… Nous sommes là dans la continuité du projet visant à *"déifier lucifériquement l'homme"*… Mais *science sans conscience n'est que ruine de l'âme* (François Rabelais).

En 1736, Andrew Michael Ramsey a tenu un célèbre discours, connu comme *"Le Discours de Ramsey"*, à la loge Saint-Thomas de Paris. Cette allocution révélait déjà clairement l'esprit Babylonien de l'Ordre Maçonnique qui travaille à *réunir dans une seule fraternité les sujets de toutes les nations de manière à créer un peuple nouveau dont la cohésion sera cimentée par les liens de la Vertu et de la Science.* Ceci se déroule actuellement sous nos yeux et c'est quelque chose qui est aujourd'hui plus que jamais visible et compréhensible malgré le chaos ambiant qui masque les véritables enjeux spirituels. Nous sommes nés et nous baignons dans cette matrice à tel point que nous n'en discernons même pas les tenants et les aboutissants. Il existe donc un véritable combat entre deux étendards, *"le combat de la cité terrestre contre la cité céleste"*, entre Babylone, la cité de Satan, et Jérusalem, la cité de Jésus-Christ, le monde du péché contre le monde de la grâce. Il va sans dire qu'un choix est à faire face à cette situation.

Le professeur Jean-Claude Lozac'hmeur écrit à propos de ce *Nouvel Ordre Mondial* :

Les écrits des théoriciens les plus représentatifs de ces traditions occultistes (Thomas More, Francis Bacon, Comenius, Guillaume Postel, Campanella) tout autant que l'histoire contemporaine, permettent de préciser les contours de cet État totalitaire à venir.

À partir de ces données, nous savons :

- que cette civilisation (qui à l'origine devait être purement collectiviste) sera selon toute vraisemblance une synthèse du capitalisme et du socialisme,
- qu'elle s'étendra au monde entier,
- que démocratique en apparence, elle aura à sa tête un despote à la fois "roi" et "prêtre", entouré d'une nomenklatura privilégiée,
- que dans cet univers rationalisé la famille et le mariage auront disparu,
- qu'on y pratiquera l'eugénisme et l'euthanasie,
- qu'à l'unification politique et économique s'ajoutera celle des religions remplacées par un culte unique, celui de la "religion naturelle" dite "de Noé".[635]

La création de pions MK programmés et placés stratégiquement dans notre société est le préalable pour pouvoir appliquer les stratégies de contrôle mental global permettant de manipuler et dominer la masse. Aujourd'hui, un nombre croissant de personnes réalise que notre société *marche sur la tête*, que nos dirigeants font preuve d'un illogisme (ou d'une logique inhumaine et destructrice) toujours plus grossier et flagrant malgré l'enjolivement médiatique. Le mot *"psychopathe"* pour qualifier nos gouvernants devient de plus en plus courant dans la bouche du peuple. Il y a certainement de lourdes pathologies mentales chez nos

---

[635] "Les origines occultistes de la Franc-maçonnerie" - Jean Claude Lozac'hmeur, 2015, p.184.

élites et leur enfance y est probablement pour quelque chose. Ces troubles psychiatriques sévères sont camouflés derrière une personnalité travaillée dans les coulisses obscures et aseptisée sous le feu des projecteurs du grand théâtre politico-médiatique. Dans son livre *"Dialogues with Forgotten Voices : Relational Perspectives on Child Abuse Trauma and the Treatment of Severe Dissociative Disorders"* (Dialogues avec les voix oubliées : perpectives relationnelles sur la maltraitance traumatique de l'enfant et le traitement des troubles dissociatifs sévères), Harvey Schwartz explique que l'addiction au pouvoir est le résultat de ces sous-cultures occultes : *"Ceux qui n'ont pas été personnellement exposés à ces extrêmes seront incapables de comprendre pleinement la spirale dégénérative de cette obsession de puissance. L'histoire a montré que lorsqu'une personne ou un groupe gagne de la puissance (Hitler, Idi Amin Dada, Pol Pot, Staline, pour ne citer qu'eux), un modèle de sadisme extravagant, une cruauté gratuite irrationnelle et finalement une violence destructrice exhibitionniste qui conduit à son explosion et à son effondrement. L'histoire n'a pas encore révélé que ces mêmes dynamiques diaboliques sont à l'œuvre en dehors du contexte de guerre et de politique dans les groupements criminels qui imposent leur pouvoir sur les enfants dans le monde entier sous la forme d'abus inimaginables."*

Lors des abus rituels, les enfants reçoivent la transmission de *"l'initiation"*, la "Violence Initiale" qui les prépare à devenir eux-mêmes des adultes œuvrant pour le "côté obscur". Le projet luciférien s'étalant sur plusieurs siècles, donc sur plusieurs générations, le conditionnement et plus encore la programmation mentale des enfants de l'élite forment un protocole indispensable. La programmation à la loyauté, à la fidélité et à la loi du silence est la fondation pour contrôler ces enfants, destinés à perpétuer le projet mondialiste luciférien. Il s'agit d'obtenir une société dont les institutions et les diverses strates de contrôle se retrouvent verrouillées et tenues avec une main de fer par des individus au service de leurs démons intérieurs… Ces enfants dissociés et fractionnés dès le plus jeune âge ont un cerveau "recâblé" leur donnant certaines facultés intellectuelles et créatives, mais aussi un corps énergétique totalement ouvert au monde des esprits, à la médiumnité consciente ou non. Dans le luciférisme, le processus dissociatif est perçu comme un état d'illumination spirituelle, permettant l'accès à d'autres dimensions.

Ces enfants reçoivent le *pouvoir*, la *puissance* et la *lumière*, ils deviennent des canaux utilisés par des anges déchus pour incarner et établir la doctrine luciférienne sur cette terre. Ainsi donc s'est mis en place petit à petit un monde gouverné indirectement par des entités existant sur un autre plan. Des entités qui ont besoin d'êtres humains bien incarnés en chair et en os pour agir ici-bas dans la matière. De la même manière que l'Esprit Saint s'infuse dans certains humains en état de grâce pour leur inspirer la sagesse, l'intelligence, la force, la charité, la foi, l'espérance… Une force anti-christique, contre-initiatique, peut également s'infuser dans l'humain, plus particulièrement chez ceux ayant les *portes grandes ouvertes* depuis la petite enfance lors de leur "initiation" par les traumatismes extrêmes. Certains fragments de leurs âmes sont totalement liés et asservis au royaume déchu, au "Prince de ce monde". Ce processus n'est ni plus ni moins qu'une inversion de la sanctification. Ces lignées de sang lucifériennes, *pieds et poings liés* aux démons depuis des générations représentent l'infra-humain, résultant de cette contre-initiation. Les abus rituels traumatiques, les sacrifices, la magie, la démonologie, la dissociation/possession/ *"illumination"*, le contrôle des fragments d'âme, mais aussi les sites servant aux cérémonies, avec une énergie tellurique particulière, toutes ces connaissances occultes sont les outils qui vont permettre la connexion avec ces entités déchues qui offrent à cette hiérarchie humaine luciférienne le pouvoir d'établir une domination passagère ici-bas.

"Ces lignées, détentrices d'un sang particulier hérité d'un ancien "pacte" avec les anges déchus, récréent ou réveillent à dessein des sociétés secrètes, des écoles, des sectes, par l'intermédiaire de certaines individualités spécialement préparées, que l'on pourrait considérer comme un genre particulier de "possédés" et chargées de pouvoirs nécessaires, toujours d'ordre psychique, bien entendu, qui leur permettent de provoquer pour une certaine période plus ou moins longue mais toujours limitées, des phénomènes qui constituent l'élément "catalyseur" autour duquel se créeront ces groupements." "Mémoire du sang : contre-initiation, culte des ancêtres." - Alexandre de Dànann.

La franc-maçonnerie se réfère à de mystérieux *"Maîtres"*, étrangers à l'humanité, qui inspireraient, à travers la médiumnité, certains hauts initiés connectés à une autre dimension… Ceci dans le but de recevoir des "oracles", c'est à dire des informations permettant de "mieux" agir dans le monde matériel. Comme nous l'avons déjà vu, le franc-maçon Oswald Wirth a été plutôt clair sur ce sujet : *"Les Maîtres - car ainsi les désignent les initiés - s'enveloppent dans un mystère impénétrable ; ils restent invisibles derrière l'épais rideau qui nous sépare de l'au-delà… Ils ne travaillent plus que sur la planche à tracer, c'est à dire intellectuellement, en concevant ce qui doit se construire. Ce sont les intelligences constructives du Monde, puissances effectives pour les Initiés qui entrent en rapport avec les Supérieurs Inconnus de la tradition."*[636] "Les intelligences constructives du monde"… guidant les hautes loges maçonniques pour mettre en place le Nouvel Ordre Mondial luciférien. Aujourd'hui, cela est très clair…

Comme nous l'avons vu, dans un cerveau en pleine construction, les traumatismes extrêmes répétitifs qui provoquent une dissociation vont façonner les voies neuronales et entraîner (sous *"bonne gouverne"*) certaines capacités physiques et intellectuelles, mais aussi des facultés psychiques hors-normes. Ce violent *"déverrouillage spirituel"* ouvrant la porte vers le monde des esprits. Il est probable que dans certains milieux élitistes, le fait d'être *multiple*, d'avoir une personnalité fractionnée en différents alter, soit vu comme une marque spirituelle de qualité, une marque initiatique, la marque de *l'illumination* donnant la clé d'accès pour d'autres dimensions. C'est aussi la "marque de fabrique" de la hiérarchie luciférienne dite *"illuminati"*. Il est probable que certains initiés (ou devrait-on dire en fait *"traumatisés"*) à la personnalité multiple puissent maîtriser leur T.D.I. en changeant de personnalités alter à volonté et selon leurs besoins (voir le cas de Louise qui maîtrisait totalement ses basculements d'une personnalité à l'autre - chapitre 5). Les alter les plus profonds, liés aux activités sectaires occultes, ont parfaitement conscience du système interne et peuvent émerger lorsqu'ils le souhaitent contrairement aux alter de surface qui ignorent totalement *"le fond des choses"*.

Les *multiples* sortant des *fabriques* sont très certainement des individus qui excellent dans bien des domaines… Mais dans quelle mesure peut-on parler de supériorité à l'humain *ordinaire* tant les méthodes "initiatiques" ne sont que douleurs, traumatismes et finalement asservissement aux démons et au Prince de

[636] "La Franc-maçonnerie rendue intelligible à ses adeptes" Tome III - Oswald Wirth, 1986, p.219-130.

ce monde ? Ces infra-humains restent finalement pieds et poings liés à des entités dont dépendent leurs pouvoirs et leur puissance. Cet esclavage luciférien est perpétué systématiquement sur une descendance élue pour mettre en place un *Nouvel Ordre Mondial*. Tous cela s'accomplissant dans un état d'esprit d'une extrême supériorité face au peuple profane, non *illuminé* et considéré comme un bétail alimentant "la bête"... qu'il faut à tout prix corrompre et faire chuter...

Une chose qu'il est important de comprendre, c'est que les enfants prisonniers et exploités par ces cultes se divisent en plusieurs catégories. Il y a d'abord la progéniture des familles lucifériennes influentes qui programment systématiquement leur descendance; d'autre part il y a des enfants qui sont introduits très jeunes dans ces cercles et qui sont également destinés à former l'élite de demain sans toutefois avoir un lien de sang avec la "Famille". Et il y a finalement les enfants qui servent littéralement de chair fraîche : ce sont des enfants nés de viols et non déclarés, des enfants kidnappés ou des enfants étrangers, tous destinés à être abusés, torturés et finalement sacrifiés lors des rituels. Ces enfants servent à "initier" les autres enfants du réseau, considérés comme les "élus", aux pratiques ignobles de ces groupes.

Le fractionnement d'un humain, c'est à dire la création délibérée d'un trouble dissociatif de l'identité, ne pouvant se faire que sur de très jeunes enfants, il est clair que ceux-ci deviennent automatiquement des cibles prioritaires pour perpétuer la contre-initiation et *l'illumination*. Nous avons donc là une grande partie de l'explication de l'existence des réseaux *pédo-satanistes*. Réseaux dans lesquels les membres impliquent leurs propres enfants dans les processus "initiatiques", tout en y impliquant également des enfants de "seconde zone", qui pourront servir à la fois de chair fraîche ou de futurs esclaves MK destinés aux basses besognes. Comme précisé en début de conclusion : l'Enfant est au cœur de ce cyclone ravageur...

Il est grand temps de démasquer cette chaîne infernale pour que le peuple sache ce qu'il se passe dans les coulisses de ce monde. Ces dossiers sont systématiquement étouffés pour ne surtout pas ouvrir la moindre brèche dans le plus grand secret de la domination. Potentiellement tout peut s'arrêter, pour cela il va sans dire que dans ce grand théâtre, chacun et chacune doit faire sa part, la Providence ne guettant peut-être que le bon moment pour intervenir.

Malgré le chaos ambiant et les écrans de fumées permanents qui tentent par tous les moyens de nous voiler les yeux, il est aujourd'hui beaucoup plus facile d'obtenir une vision globale du monde dans lequel nous vivons qu'il y a 50 ans ou même encore 20 ans. Le mondialisme, malgré toutes ses conséquences négatives, a pour mérite de nous donner l'opportunité de comprendre pleinement le monde dans lequel nous vivons.

Au fur et à mesure que l'agenda luciférien du *Nouvel Ordre Mondial* avance, il se dévoile obligatoirement et fatalement, tout est mis en lumière d'une manière exponentielle. Le détournement, la corruption et l'endoctrinement des consciences se renforcent donc en proportion du dévoilement toujours plus flagrant. C'est un effet boule de neige qui mêle paradoxalement à la fois une révélation totale avec un obscurantisme de plus en plus fort, le tout formant une sorte de *chaos* dont l'esprit humain est heureusement encore capable de discerner les tenants et les aboutissants... s'il en fait l'effort.

La *lumière* de cette "religion sans nom" est aujourd'hui tellement rayonnante dans notre monde qu'elle finit par être totalement exposée pour ce qu'elle est réellement. Le mot *Apocalypse*, qualifiant l'époque que nous vivons actuellement, vient du mot grec *Apokalupsis* signifiant la révélation et l'instruction. En effet, aujourd'hui "tout est clair" pour ceux et celles qui ne se voilent plus la face en restant dans le déni car se détachant de la virulente propagande médiatique pour commencer à se ré-informer. Cette notion de dévoilement, de révélation, au fur et à mesure de la progression de l'agenda luciférien, est une loi à laquelle ils ne peuvent pas échapper : il s'agit de la grande "mise à nu" propre à l'Apocalypse. Cette exposition/révélation inéluctable est donc à leurs risques et périls, mais ils n'ont pas le choix pour mener à bien l'établissement de ce *Nouvel Ordre Luciférien*. Ils misent donc actuellement au maximum sur l'ingénierie sociale (le contrôle mental des masses) pour corrompre et détourner par tous les moyens les consciences (et le subconscient) afin de tenter de maintenir la société dans une certaine matrice, un "cocon confortable" (bien qu'évidemment de plus en plus instable) qui permet d'infuser tout et n'importe quoi en douceur, sans que les gens ne réagissent. Mais nous constatons également un resserrement des *droits* et des *libertés* sous couvert d'une lutte contre le terrorisme ; un moyen idéal pour réprimer toutes les opinions allant à l'encontre de la doxa ambiante entretenue à longueur de temps par les médias *mainstream* sous contrôle. Des médias qui ensemencent cette "opinion publique" admise d'office et créant ainsi le phénomène de *peer pressure* (pression sociale), phénomène décrit dans le premier chapitre que l'on peut résumer ainsi : "Les moutons gardent les moutons, celui qui s'égare du troupeau par un esprit trop critique envers ce que l'on nomme la pensée unique, devient un mouton noir aux yeux des autres moutons." Ainsi, cette pression sociale constante fait redouter l'exclusion du groupe.

Le constat est que la masse est plombée par le travail, la dette et la routine quotidienne à laquelle elle est attelée, se laissant aller le soir devant une télévision, l'utilisant principalement - et inconsciemment - comme un outil de relaxation. *Panem et circenses* (du pain et du cirque/jeux), cette expression de la Rome antique est plus que jamais applicable à notre société de consommation. Une situation dans laquelle il est difficile de faire bouger les choses tant les gens sont asservis et manquent visiblement de volonté pour s'émanciper de la soupe "journalistique" et du divertissement infantilisant et débilitant qu'on leur sert à longueur de temps aux heures de *prime time*. La jeunesse étant évidemment ciblée avant tout.

Le sujet dont traite ce livre est particulièrement difficile à intégrer et à accepter tant il peut bouleverser tout un paradigme. La question d'un Réseau mondial *pédo-sataniste* s'abreuvant de l'innocence de l'enfant commence à être connu, les gens peuvent aujourd'hui comprendre cette dure réalité plus facilement qu'il n'y a encore ne serait-ce que 10 ans, car le dévoilement est exponentiel. Merci à tous les chercheurs et enquêteurs indépendants acharnés qui ont participé ou qui participent encore à débroussailler et à exposer ce sujet difficile afin de diffuser coûte que coûte l'information, beaucoup d'entre eux y ont laissé des plumes et même leur vie...

La déclaration de l'ex-substitut du procureur de Bobigny, Martine Bouillon, devant la journaliste Élise Lucet lors d'un débat télévisé illustre très bien ce propos : *"On vient de comprendre que la pédophilie existait, on ne peut pas encore comprendre qu'il existe encore pire que la pédophilie dirais-je "simple", et les gens résistent de toute leur force, de tout leur intérieur."*

Il est tout à fait naturel que les gens montrent une forte résistance, voir un déni total, face à l'horreur absolue que sont la pédocriminalité, le satanisme et la corruption massive de leurs gouvernements... Mais il est temps d'y voir clair et faute d'accepter tout en bloc, il faut tout au moins faire ses propres recherches pour valider ou non ces horreurs. D'autant plus qu'aujourd'hui tout est dévoilé, ce n'est que grâce à la corruption généralisée des institutions et des médias et à l'aveuglement volontaire ou non du peuple soumis à l'ingénierie sociale que cet infâme système se maintient en place.

Plus un sujet sera étudié et compris par un nombre croissant de personnes et plus il deviendra accessible et compréhensible pour la masse car il se retrouvera d'une certaine manière *"débroussaillé"*. En effet, plus un chemin de compréhension est défriché et approfondi, plus il s'élargit pour faire accéder à cette connaissance un nombre croissant de personnes qui pourront ainsi le comprendre beaucoup plus facilement que les chercheurs initiaux...

Plus l'information circule, plus elle touche de gens, et plus elle devient accessible mentalement à la majorité qui peut alors l'intégrer plus facilement dans son paradigme. Ces informations ne sont évidemment pas recevables pour tout le monde de but en blanc, mais des sujets comme la pédocriminalité, le satanisme, la programmation MK, etc, vont devenir de plus en plus accessibles aux esprits humains de par le fait que certains auront déjà fait un travail pour *défricher le chemin*, c'est à dire un travail de compréhension et d'intégration.

Nous pouvons peut-être comparer ce processus à la théorie du *100ème singe* : lorsque suffisamment d'individus ont découvert quelque chose et qu'ils l'ont pleinement intégré, cette chose devient automatiquement plus accessible et compréhensible pour les autres individus de la même espèce. Cela nécessite cependant un travail minimum d'ouverture et de recherche, le libre arbitre étant toujours là pour nous laisser le choix d'ouvrir ou de refermer une porte, mais le chemin de compréhension sera déjà déblayé et plus navigable qu'il ne l'était auparavant... D'où l'acharnement de nos sorciers-contrôleurs à cloisonner la conscience humaine dans de profondes ornières afin qu'elle ne dirige pas son attention vers les sujets dévoilant leurs véritables outils de contrôle, qui malgré eux deviennent inéluctablement plus évidents de jours en jours...

Parallèlement à cela, il nous faut une aide providentielle de Dieu pour pouvoir avancer dans cette lutte tant la partie adverse est elle-même soutenue par de puissantes forces d'ordre surnaturel. Le Réseau est organisé autant militairement (une organisation hiérarchique stricte) que spirituellement (un culte rendu au Prince de ce monde), contrairement aux peuples profanes dont tout a été justement fait pour les distraire et surtout les couper de leur relation avec Dieu... Seuls, sans l'aide de Dieu, nous ne faisons pas le poids face à ce Réseau luciférien dominant, qui lui travaille avec des entités spirituelles déchues dont il reçoit les directives et la puissance, d'où le fait de sa domination actuelle.

Cette aide divine, cette providence, dépend peut-être du nombre d'humains qui ont pris ou qui vont prendre conscience de ces choses et qui agissent à leur niveau pour faire en sorte d'inverser la vapeur et faire cesser le sabotage et la corruption de l'être humain qui est en court.

La théorie d'une masse critique conscientisée pouvant faire basculer et débloquer une situation jusque-là totalement cimentée et inextricable s'applique pour des sujets très lourds, des choses tellement choquantes qu'elles sont généralement impensables et inimaginables pour la plupart des gens... Mais plus ces sujets seront compris et acceptés par un nombre grandissant de personnes, plus il y aura une chance de faire bouger les pièces sur l'Échiquier ; le Véritable Échiquier, pas celui de la justice des hommes, des francs-maçons et des institutions, celui-là est aujourd'hui totalement truqué.

Si un peuple entier n'est pas prêt à *encaisser* une dure réalité, c'est à dire à faire face à une lourde vérité qui risque de lui nuire par un choc ou pire encore de le faire basculer dans la folie chaotique, il est logique, dans une optique de loi divine censée préserver les individus, qu'il n'accède que très difficilement à ces informations, voire pas du tout... Lorsque les consciences commencent à s'éveiller et à s'émanciper de la matrice (le contrôle mental des masses), alors elles peuvent commencer à accéder à des informations plus ou moins bouleversantes... mais au final salvatrices.

Autrement dit, le Ciel attend que les fruits soient mûrs pour révéler certaines choses, cela en respectant l'évolution des consciences ; malgré les forces inverses qui tentent justement de faire en sorte que les masses n'accèdent pas à des informations pouvant les amener à un autre niveau de compréhension de la matrice dans laquelle elles baignent depuis la naissance. Donc plus les consciences s'émancipent de ce qui les abreuve quotidiennement en terme d'informations et qu'elles se tournent vers d'autres sources pour s'informer, plus elles seront prêtes à recevoir ces lourdes vérités qui peuvent être effectivement très choquantes. Malgré l'horreur, ce sont des choses qu'il est pourtant indispensable de dévoiler pour qu'un maximum de personnes se penche sur ces questions. D'autant plus lorsqu'il s'agit des enfants...

À l'heure actuelle, en matière d'information, tout est disponible pour qui trouve encore le temps et le courage d'entreprendre une démarche d'émancipation face à ce système basé sur le contrôle mental global : Dieu ne permet pas de nous laisser sans ressources pour comprendre le monde dans lequel nous vivons : c'est une Loi essentielle.

Le satanisme/luciférisme élitiste respecte scrupuleusement cette Loi (ils n'ont pas le choix) qui donne éternellement la possibilité aux âmes humaines d'accéder à la Vérité. Ils n'ont de pouvoir que celui que Dieu leur a autorisé durant une période de temps limitée, et la guerre qu'ils mènent dans ce grand théâtre qu'est notre monde est principalement dirigée contre la conscience/subconscient. Ils ne peuvent pas tout censurer, le but est donc de canaliser les consciences grâce à une propagande médiatique systématique : le contrôle de l'information et l'ingénierie sociale étant les outils principaux pour conditionner les peuples. La question de la technologie psychotronique se pose également quant à ses facultés pour contrôler nos cerveaux via des ondes scalaires ou micro-ondes pulsées, cela appliqué d'une manière massive en arrosant littéralement les populations d'ondes électromagnétiques pouvant potentiellement influencer les cerveaux selon le type de fréquences diffusées. Quant à la forte addiction des populations au réseau *GSM* (*Global System for Mobile communications*), cela n'est plus à démontrer, il suffit de circuler dans la rue et dans les transports en commun pour s'en rendre compte...

La Vérité est là pour qui cherche un minimum et surtout qui demande de l'aide au Ciel. C'est une véritable guerre spirituelle et nous avons, malgré les apparences, suffisamment de ressources pour apprendre et pour pouvoir sortir des ornières boueuses mises en place par la Grande Babylone avec son outil principal : le Contrôle Mental. Mais Dieu ne permet pas de nous laisser sans les ressources nécessaires pour nous guider vers la Vérité et vers notre salut. Le *Nouvel Ordre Mondial* est malgré lui soumis à cette Loi, donc il ne peut pas censurer la totalité des choses qui permettent aux âmes humaines d'accéder à la Vérité. Dans ce grand théâtre terrestre, le bien comme le mal jouent un rôle dans l'évolution des âmes humaines, Mgr Delassus le décrit très bien par ces mots : *"Ils ne savent point, ou ils veulent ignorer, qu'au-dessus de leur maître Satan, infiniment au-dessus, il y a Dieu, Dieu tout-puissant. Il a créé le monde pour Sa gloire, la gloire inexprimable qui lui sera éternellement rendue par toutes Ses créatures, sans exception, quoique diversement, les unes en manifestant Sa bonté, les autres en manifestant Sa justice. Jusqu'au jour des suprêmes rétributions, Il les laisse à leur libre arbitre, de telle sorte cependant que les méchants comme les bons, le mal comme le bien, servent à l'accomplissement des desseins de Sa sagesse infinie (...) Dieu permet, nous en sommes, hélas, témoins, les égarements de l'homme et même la révolte contre Lui, mais dans une mesure qui ne sera pas dépassée ; Il attend. Tout servira à ses desseins, et lorsque l'épreuve aura cessé, tout sera à sa place ; il n'y aura alors de mal que pour les coupables obstinés."* [637]

Ce livre a pour but premier de *libérer les enfants des caves,* c'est à dire lutter à son niveau contre le pédo-satanisme en informant les citoyens sur cette réalité. Il est ensuite destiné particulièrement aux thérapeutes, aux psychiatres, aux avocats, aux magistrats, aux policiers, aux gendarmes, aux journalistes, aux politiciens et aux membres des associations d'aide à l'enfance... Bref à tous les gens encore honnêtes et intègres qui peuvent possiblement faire bouger les choses à leur niveau.

En même temps, chose essentielle, ce livre vise à faire prendre conscience au lecteur qui ne l'aurait pas encore fait, qu'il existe réellement une guerre spirituelle ici-bas. Si guerre spirituelle il y a, votre âme a besoin de retrouver le bon chemin, celui du Seigneur Jésus-Christ, qui s'est fait chair et sang pour notre salut et pour réformer justement toutes les atrocités décrites partiellement dans ce livre. Son sacrifice de sang sur la croix devait être le dernier, l'ultime sacrifice... La grande réforme définitive du Fils de Dieu face à toutes ces abominations.

Pour faire face à ces générations qui perpétuent coûte que coûte l'adoration de l'ange déchu, représentant l'infra-humain sanctifié par Lucifer, et donc possédant une force d'ordre surnaturelle ; sanctifions nous en Jésus-Christ pour également remettre notre vie à une force surnaturelle d'opposition indispensable dans un tel combat.

---

[637] "La Conjuration Antichrétienne - Le Temple Maçonnique voulant s'élever sur les ruines de l'Église Catholique" - Mgr Henri Delassus, Éd. Saint-Rémi 2008, p.310, 311.

Même dans cette époque semblant des plus obscure, Dieu nous donne en permanence la connaissance et la sagesse pour pouvoir justement s'opposer et faire le contrepoids face à l'abomination Babylonienne.

- *Demandez, et l'on vous donnera; cherchez, et vous trouverez ; frappez, et l'on vous ouvrira.* Matthieu 7 :7

- *Tout ce qui est caché doit être mis en lumière, tout ce qui est secret doit paraître au grand jour.* Marc 4 :22

ANNEXES

ANNEXE N°1

"Traumatisme et dissociation
dans la mythologie maçonnique."

**Extraits du livre *"Terror, Trauma and The Eye In The Triangle"*,
Lynn Brunet - 2007, p. 64 à 83**

Le Temple de Salomon a souvent été interprété comme une métaphore pour le corps humain. L'auteur franc-maçon Albert Mackey confirme cela lorsqu'il écrit : "Les cérémonies du troisième degré dans lesquelles une construction délabrée représente métaphoriquement les détériorations et les infirmités liées à la vieillesse du corps humain." Les deux colonnes, Jakin et Boaz, représentent l'entrée du Temple. Dans la littérature kabbalistique, ces deux piliers correspondent au côté droit et au côté gauche du corps avec leur effet miroir (…) C'est ici que se trouve le lien avec les fonctions gauche et droite du cerveau humain qui contrôlent chacun le côté opposé du corps, il s'agit de la controlatéralité. Ces deux piliers peuvent aussi représenter des qualités comme la sévérité et la clémence, le concept de blanc et de noir (ndlr : certains autels de l'O.T.O. sont entourés d'une colonne noire et d'une colonne blanche), *Adam et Eve, mâle et femelle, etc…* (Ndlr : comme nous l'avons vu au chapitre 7, ces notions de controlatéralité et de division des deux hémisphères cérébraux semblent être un point important dans le MK)

Le Temple de Salomon était destiné à fournir un abri permanent pour l'Arche d'Alliance, qui depuis l'époque de Moïse était abritée sous une tente (…) Dans un plan du Temple de Salomon, représenté dans un document maçonnique intitulé "The Two Pillars", l'Arche d'Alliance se trouve dans le Saint des Saints avec l'autel de l'encens juste à côté. (Ndlr : Lynn Brunet fait le parallèle entre l'Arche d'Alliance et le thalamus, une structure présente au cœur du cerveau)

Le mot thalamus est un dérivé du mot grec signifiant une "chambre interne", communément utilisé comme chambre nuptiale. Le thalamus est situé au centre du cerveau, il est complètement recouvert par l'hémisphère cortical et il est la passerelle principale qui relaie les informations sensorielles vers le cortex cérébral, les principaux flux intrants au cortex doivent passer à travers le thalamus. Comme le note Francis Cricks, "l'idée que le thalamus est une clé de lecture pour la conscience n'est pas nouvelle. Son rôle est de maintenir en harmonie le système somatosensoriel, ainsi que l'activité mentale et émotionnelle d'un individu." Il observe également qu'une grande partie du thalamus est nommée le "pulvinar", un mot qui signifie à l'origine un "coussin" ou un "oreiller" (…) une autre déclinaison signifie "canapé sacré" ou "siège d'honneur". Ce choix de terminologie pourrait-il faire référence au trône de grâce de l'Arche de l'Alliance logée dans le Saint des Saints ? Si oui, le positionnement de l'autel de l'encens juste à proximité du Saint des Saints pourrait être une référence symbolique au fait que l'odorat est le seul sens qui n'implique pas un croisement des voies nerveuses entre le cerveau et le corps : le côté droit du nez est connecté au côté droit du cerveau. La relation étroite de l'odorat avec la mémoire est bien connue (…) Lorsque Salomon a recréé une "maison" pour l'Arche, il a placé les chérubins de telle manière pour que leurs ailes touchent le côté de chaque mur. En termes physiologiques, les ailes des chérubins peuvent représenter symboliquement les deux côtés du cortex cérébral qui touchent l'intérieur des parois du crâne et qui se rencontrent face à face dans la chambre interne où réside la conscience. Vu de cette manière, le "Trône de Grâce" pourrait alors représenter symboliquement la capacité du cerveau à organiser le chaos, c'est à dire la masse continuelle d'informations sensorielles entrantes et traitées instantanément par le thalamus (…) La Chambre du Milieu (qui marque la fin de l'initiation des trois premiers degrés maçonniques : Apprenti, Compagnon et Maître) et son escalier en colimaçon sont deux symboles maçonniques importants (…) Mackey écrit que les Compagnons, les travailleurs du Temple, montent l'escalier en colimaçon pour accéder à la Chambre du Milieu. Il interprète cette Chambre du Milieu comme l'endroit où la Vérité est reçue et l'escalier en colimaçon comme un symbole de progression spirituelle.

Les recherches sur le thalamus ont montré qu'il contenait un certain nombre de centres d'activités, appelés des "noyaux". Le principal est appelé le "noyau ventral caudal (ou postérieur)". Le neurologue Chihiro Ohye écrit que "dans le noyau ventral caudal se trouve une zone appelée le noyau ventral intermédiaire qui contient des grappes de cellules dispersées. La stimulation électrique de cette partie du noyau induit une sensation de tournoiement ou d'élévation, une sorte d'ascension." (…) La psychologue Susan Blackmore déclare que certaines expériences hallucinogènes peuvent avoir un impact sur les cellules du cerveau en produisant une vision composée de rayures en spirales qui peuvent apparaître comme un tunnel sur le cortex visuel. En termes physiologiques, le symbole des escaliers en colimaçon peut donc être une façon d'illustrer ce sentiment physique de tournoiement et d'ascension avec cette vision hallucinatoire. Pour ce qui est de ce lieu où est reçue la "Vérité", il est possible que cette Chambre du Milieu puisse être un endroit familier pour ceux qui étudient la méditation, une zone du cerveau qui n'est ni à droite, ni à gauche, un état de calme totalement centré où l'individu peut ressentir un sentiment de connexion avec le divin (…) Disposée quelque part dans le thalamus, la salle intérieure ou "chambre nuptiale", peut être une autre manière de représenter le concept mystique du mariage alchimique (ou noces chimiques), représenté comme le concept de l'hermaphrodite, ou en termes Jungiens, une condition selon laquelle les aspects masculins et féminins de la psyché sont en harmonie totale (…)

En termes de traumatologie, la légende d'Hiram peut être considérée comme un texte métaphorique qui représente ce qu'il se passe physiologiquement lorsque la terreur est utilisée pour produire l'expérience de la "lumière intérieure". Cette "lumière intérieure" est ce sentiment de conscience cosmique ou d'immortalité à laquelle on accède par la lente ascension spirituelle représentée dans le second degré (…) La Franc-maçonnerie appartient à la tradition Gnostique. La figure de Lucifer, le "Porteur de Lumière", la lumière de l'expérience mystique, est au coeur de cette tradition. La relation entre Lucifer et la psychologie du traumatisme est mise en lumière dans une pièce de théâtre intitulée "La Tragédie de l'Homme", écrite par le Hongrois Imre Madach et analysée par l'anthropologue Geza Roheim. Lucifer qui est le personnage central de la pièce est appelé "l'Esprit du Déni". Dans cette pièce, Lucifer invite Adam à voler dans l'espace (c'est à dire à se dissocier de la réalité) pour échapper à l'écume de la vie terrestre : "la douleur cessera lorsque nous aurons cédé et qu'aura disparu le dernier lien qui nous lie à notre Mère la Terre". Cette capacité humaine d'échapper à la terreur et à la douleur émotionnelle ou physique intense par le déni et la dissociation peut avoir été exploitée par la Franc-maçonnerie dans le but d'atteindre des expériences mystiques. En interférant dans le processus cérébral par un trauma physique ou psychique (choc, terreur, hypnose), l'esprit peut subir un dérèglement de la notion du temps et éprouver un sentiment d'intemporalité (…)

Le mythe d'Isis et Osiris, utilisé dans le Rite Écossais peut également être une illustration métaphorique du processus traumatique. Mackey écrit que "Osiris a été tué par un typhon et que son corps a été coupé en morceaux, ses restes mutilés ont été jetés dans le Nil et dispersés aux quatre vents. Sa femme Isis, en deuil de la mort et de la mutilation de son mari, rechercha pendant plusieurs jours les parties du corps, et après les avoir retrouvées, elle a réuni les morceaux pour lui faire une inhumation décente. Osiris, ainsi restauré, est devenu une des principales divinités égyptiennes et son culte s'est uni à celui de Isis, pour former une déité fécondante pour la fertilisation de la nature" (…) Si l'on interprète les personnages Isis et Osiris en termes de structures du cerveau, Isis représente le cerveau droit, les attributs intuitifs, et Osiris représente le cerveau gauche, les attributs logiques et linguistiques. Des dommages causés par un traumatisme peuvent entraîner des problèmes d'enregistrement de la mémoire dans l'hémisphère gauche et peuvent ainsi affecter la capacité de l'individu à parler des événements qu'il a subis du fait que le transfert d'informations du cerveau droit est "mutilé" ou parcellaire. Il est alors difficile pour l'individu de reconstituer les fragments de la mémoire qui sont comme les pièces d'un puzzle. Ces dieux égyptiens pourraient être interprétés comme incarnant ce phénomène de troubles de la mémoire de l'esprit fragmenté suite à une expérience traumatique (…) Les références à des mutilations ou à de l'auto-mutilation chez les dieux mythologiques sont abondantes dans la littérature magique et religieuse de l'Égypte ancienne. Les mutilations que s'infligent les dieux sur eux-mêmes, sont généralement dues à des stress émotionnels de différents types. Budge note que dans d'autres scénarios relatifs au thème de la mort et de la résurrection dans le mythe Osirien d'Horus, fils d'Isis et d'Osiris, Horus a pour rôle de redonner la vie lors d'une étreinte, une gestuelle rappelant les "Cinq Points du Compagnonnage" maçonnique. "Horus est venu à Osiris, qui était en l'état d'un homme mort, et il l'embrassa. Par cette étreinte il lui transféra son propre KA (double), ou une partie de la puissance qui y habitait. L'étreinte est en fait un acte par lequel l'énergie vitale se transfère de l'embrasseur à l'embrassé." Budge observe que l'embrassade peut aussi être métaphoriquement considérée comme une restauration de l'information dans le centre linguistique du cerveau gauche dans le but d'une guérison psychique après un traumatisme majeur. Alan Watt, en étudiant le thème du fractionnement dans le mythe d'Osiris et d'autres mythes anciens, fait valoir que le démembrement sacrificiel d'un être divin est un processus volontaire, celui de l'autosacrifice. Il écrit : "Il s'en suit logiquement que là où il y a un démembrement (déconstruction) au début, il y a une reconstruction à la fin (ndlr : Ordo ab Chao ou Dissoudre puis Coaguler) *Il s'agit du jeu cosmique qui consiste en la découverte de ce qui est caché et le souvenir de ce qui a été dispersé." La conclusion de Watt est à mettre en lien avec une notion concernant la mémoire dans les processus spirituels ainsi que le rôle de la concentration pour réduire les pensées dispersées. Je dirais que ce mythe est encore plus approprié lorsqu'il est appliqué à la nature de la mémoire traumatique, de sa répression et sa remémoration* (…) (ndlr : le franc-maçon) *Leadbeater suggère que l'initiation dans sa forme la plus pure implique une sorte de connexion avec le divin et c'est ce que les différents degrés maçonniques représentent. Le "déchirement en fragments" suggère que l'initiation nécessite une compréhension de l'utilisation de chocs afin de produire un certain état de conscience, qui s'il est produit correctement, peut créer la sensation de ne "faire qu'un avec l'univers". Un tel état de conscience est aujourd'hui considéré par le domaine médical comme un exemple d'état de dissociation. Casavis, dans une analyse sur l'origine grecque de la franc-maçonnerie, note le rôle que tient la fragmentation dans les Mystères Osiriens. Il observe que la plante sacrée de ce culte à Mystères était l'Erica, venant du mot grecque "eriko" qui signifie "briser en morceaux."*

Mackey rapporte que le symbole égyptien le plus pertinent pour la franc-maçonnerie est celui de *"l'œil qui voit tout"*, interprété sur le plan mystique comme l'œil de Dieu, mais aussi comme *"le symbole de la vigilance divine et du soin de l'univers"*. L'adoption du triangle équilatéral est le symbole de la divinité, que l'on retrouve à travers différentes cultures. Mackey écrit : *"Chez les Égyptiens, le lièvre était le hiéroglyphe des yeux ouverts, il en est ainsi car ce fragile animal est censé ne jamais fermer ses organes de vision, il est toujours à l'affût de ses ennemis. Le lièvre a ensuite été adopté par les prêtres comme un symbole de l'illumination mentale ou de la lumière mystique qui est révélée aux néophytes lors de la contemplation de la vérité divine, pendant le déroulement de leur initiation. Et donc, selon Champollion, le lièvre était aussi le symbole d'Osiris, un dieu principal, montrant ainsi le lien étroit entre le processus d'initiation dans leurs rites sacrés et la contemplation de la nature divine."*

Une des conséquences des traumatismes lourds est un état connu sous le nom *"d'hypervigilance"*. Il s'agit d'une attention permanente et une peur épuisante, où la victime, comme le lapin ou le lièvre, est constamment à l'affût du danger. Lorsque Osiris a été ressuscité, il possédait *"l'œil qui voit tout"*. Si la reconstruction d'Osiris représente la récupération des souvenirs traumatiques, alors cette capacité de *"tout voir"* peut être traduite comme la capacité d'affronter la mort ou le mal. Ces notions de faire face à la mort, l'idée du voyage et de la renaissance dans les textes maçonniques prennent donc une certaine signification avec les théories contemporaines sur la mémoire et les traumatismes.

D'un point de vue physiologique, il est intéressant de noter que les neurones qui semblent être les plus associés à la conscience, sont décrits comme des cellules pyramidales. Nous pouvons faire le parallèle avec le symbolisme de la découverte d'Isaac Newton sur la décomposition de la lumière blanche dans les différentes couleurs de l'arc-en-ciel à travers un prisme de verre triangulaire. L'œil dans le triangle maçonnique incarne la physique de Newton dans le sens où il peut être une représentation visuelle du fractionnement faisant référence à la dissociation, à l'illumination de la conscience (…)

Ici, la philosophie des Lumières sur le lien entre Terreur et Sublime décrite par Edmund Burke devient pertinente. Toutes les choses qui véhiculent de la terreur, dit-il, *"sont une source du Sublime, ils produisent l'émotion la plus forte que l'esprit est capable de ressentir."* Peut-être cela fait-il écho à la recherche neurologique. L'endroit où toutes ces fonctions semblent se coordonner est appelé le système limbique, comprenant le thalamus, l'amygdale, l'hippocampe et d'autres structures. Comme le dit Pierre-Marie Lledo : *"Tout comme les limbes de la mythologie Chrétienne, le système limbique est l'intermédiaire entre le cerveau néo-mammalien du paradis et le cerveau reptilien de l'enfer."* (…)

Sur le tablier maçonnique du 21ème degré, le Noachite ou Grade Prussien, est un humain ailé qui tient l'index de sa main droite sur ses lèvres et une clé dans sa main gauche. Cette représentation est connue comme la figure égyptienne du Silence (…) Dans le système maçonnique, la Tour de Babel est une image liée aux souvenirs et à l'oubli, liée à la confusion et à la perte du langage. Selon les francs-maçons : *"Passer devant la Tour vous fait oublier tout ce que vous savez"* (…) Le personnage ailé du Silence sur le tablier maçonnique du 21ème degré peut aussi représenter ce processus de dissociation. L'incapacité de parler de l'expérience traumatique est représentée par l'index droit tenu devant la bouche, la main droite étant contrôlée par le cerveau gauche, le côté du cerveau qui affecte le langage. La main gauche (symbolisant l'accès au côté droit du cerveau où les mémoires traumatiques dissociées sont stockées) détient la *"clé"* d'accès à ces mémoires (…)

Les histoires du Déluge et de la Tour de Babel peuvent être interprétées comme une autre métaphore représentant le fonctionnement du cerveau au cours d'un traumatisme. Dans beaucoup d'écrits sur les traumatismes, l'expérience est décrite comme *"une sortie du corps"*, un phénomène *lié au processus de dissociation. Un sentiment de paix est alors ressenti lorsque la personne se déconnecte psychiquement de la terreur, trouvant ainsi un moyen naturel de s'échapper. L'envol de "l'âme" hors du corps dans des situations traumatisantes est représenté par la libération de la colombe hors de l'Arche de Noé et symbolise, en termes physiologiques, l'effet opioïde libéré dans le cerveau lorsque la terreur "inonde" le corps physique (…) Après le Déluge (de terreur), l'arc-en-ciel (l'identité dissociée) devient alors un symbole d'espoir parce que le flot de la terreur est oublié et que l'individu peut survivre (…) La vie des individus devient psychologiquement "divisée" après avoir connu quelque chose qui aurait pu les tuer. Dans les textes cabalistiques, l'arc-en-ciel est également lié avec la Voie du Caméléon, cet animal qui change de couleur en fonction de son environnement. Cela est à mettre en lien avec le phénomène de la personnalité multiple où l'individu est capable de s'adapter à différentes situations avec des personnalités distinctes (alter ou fragments de personnalité). Toute cette symbolique donne lieu à la possibilité que l'histoire de l'Arche de Noé et de l'Arche d'Alliance peuvent également correspondre à des métaphores pour des processus liés au cerveau humain (…)*

ANNEXE N°2

TRANSCRIPTION D'UNE CONFÉRENCE DE CATHY O'BRIEN ET MARK PHILLIPS : "MIND-CONTROL HORS DE CONTRÔLE" 31 OCTOBRE 1996

1ère partie : Mark Phillips

Merci à John et merci à tout le forum *Granada*. Vous tous représentez ce que j'espère voir un jour arriver dans ce pays, mais aussi dans le monde entier. Vous avez déjà entendu de nombreuses personnes par le passé vous ayant éclairé sur de nombreux sujets. Celui de ce soir - qui est très approprié pour Halloween - est probablement la pire histoire que vous n'aurez jamais entendue. J'ai passé beaucoup de temps à essayer de me convaincre que tout cela ne pouvait pas être vrai. Mais malheureusement, l'évidence est que cela ne concerne pas seulement l'histoire de Cathy O'Brien. Il est à noter que le sénateur John DeCamp de l'affaire "Franklin" au Nebraska, a validé et soutient tout ce que vous allez entendre ce soir… En plus de cela, il y a une grande quantité d'informations qui a émergé au cours de ces trois dernières années. Des informations qui viennent de personnes ayant été directement confrontées au sujet. Non seulement des thérapeutes, mais aussi des généraux, des colonels de différentes branches de l'armée, ainsi que des membres du renseignement qui nous ont fourni des tonnes de documentations. Cela non seulement pour soutenir Cathy, mais aussi pour les centaines d'autres dans le même cas… L'affaire de Cathy O'Brien n'est pas unique, j'aurais aimé qu'elle le soit car si c'était le cas, je ne serais pas devant vous ce soir. En effet, cela voudrait dire alors que ce problème n'est pas répandu, malheureusement, ce n'est pas le cas. Ce qui est arrivé à Cathy O'Brien est quelque chose qui se passe partout dans le monde. Cela se passe dans des garderies, dans des familles... et pas spécialement chez des "sauvages" des Appalaches totalement incultes et sans éducation qui pratiqueraient l'inceste depuis des lustres (rires)... Cela se pratique dans un effort coordonné du milieu des renseignements, encore une fois à un niveau mondial.

Mon rôle dans tout cela est relativement simple, mais néanmoins complexe. Je vais vous en faire un petit exposé ce soir... Je vais aussi prendre quelques minutes pour vous donner des informations sur le MK-Ultra (...) Je ne peux pas, tout comme Cathy, aborder d'autres cas de victimes, si ce n'est les plus évidents comme celui de Timothy Mc Veight. Mais nous n'avons pas étudié ce témoignage, nous n'avons pas de preuves, nous n'avons que les aveux de Mr Mc Veight ainsi que quelques autres informations soutenant ce dossier-là.

Nous avons passé 5 ans 1/2 à donner des conférences devant des autorités de police et des thérapeutes. C'est cela qui nous protège aujourd'hui. Nous avons également déniché autant d'informations que nous avons pu sur d'autres survivants, mais aussi des informations provenant du système d'application des lois, ou devrais-je dire provenant de personnes coopératives : des libres penseurs, tout comme vous. Ils savaient que quelque chose clochait dans le système, mais ils ne comprenaient pas de quoi il s'agissait exactement.

Je vais vous donner quelques informations sur moi-même afin que vous compreniez mon parcours avec Cathy. Mais notre principale préoccupation, la chose sur laquelle nous nous focalisons, est bien sûr de diffuser ces informations à la population de ce pays et de tous les autres pays qui sont touchés, la question restant de savoir lesquels ne le sont pas ?... Cela concerne aussi la fille de Cathy O'Brien : Kelly, qui s'est retrouvée dans diverses institutions psychiatriques depuis l'âge de 8 ans, juste après que je les aie secourues. Elle est toujours "internée" à l'heure actuelle. Je ne sais pas combien d'entre vous peuvent s'imaginer ce que c'est d'être une enfant qui a été élevée dans des instituts psychiatriques... Mais je peux vous assurer que ce n'est pas beau à voir, même si Kelly n'y est pas maltraitée comme elle a pu l'être avant d'y entrer...

Le contrôle mental n'est pas quelque chose de nouveau, cela a des milliers d'années. C'est inscrit dans le *"Livre des Morts Égyptiens"* sous ces termes : *"La formule exacte pour le contrôle mental basé sur le traumatisme"*. Adolf Hitler s'est particulièrement intéressé au contrôle mental, il avait confié cela à son bras droit : Henrich Himmler. Les recherches se sont dirigées en particuliers sur des familles d'Europe du Nord qui pratiquent systématiquement les abus sexuels, physiques et psychologiques sur leurs enfants de génération en génération. Ceux d'entre nous qui lisent la Bible et en comprennent son interprétation à propos des *"péchés du père"*, comprendront ce que signifie les transgénérationnels (ndlr : les familles lucifériennes/sataniques). Dans le cas de ces familles, les abus transgénérationnels qui débutent dès la naissance, impliquent de terribles abus sexuels, physiques et psychologiques par des parents sur leurs enfants, ou par d'autres personnes qui s'occupent d'eux. Adolf Hitler savait que les gens qui sont victimes de telles violences deviennent très "réceptifs" pour du contrôle mental. Ils développent également des aptitudes incroyables, comme par exemple une acuité visuelle sur-développée. Maintenant, je sais qu'il ne faut pas être un génie - pardonnez le jeu de mots - pour comprendre comment nous pouvons utiliser une personne avec de telles facultés… C'est ce que l'on appelle les *Forces Spéciales*. Les individus formant ces "Forces Spéciales" (ndlr : domaine militaire) sont suivis très attentivement.

Maintenant revenons à l'époque où je travaillais pour le ministère de la Défense dans un projet connu sous le nom de MK-Ultra. Il s'agissait exactement du projet qu'Hitler et Himmler avaient débuté avec ces enfants maltraités dans les familles transgénérationnelles. À cette époque, je n'ai rien vu de ce que Cathy O'Brien m'a rapporté par la suite, je n'ai constaté aucuns abus. Ce que j'ai vu dans le système carcéral et dans les hôpitaux psychiatriques étaient des personnes qui avaient une chance de pouvoir récupérer par la suite leur vie et leur esprit. Il s'agissait pour moi de choses positives et bienveillantes et je croyais sincèrement que ce programme MK-Ultra pourrait finir par réduire nos populations carcérales et psychiatriques. Cela en raison du fait que j'assistais à de véritables réhabilitations sans aucune utilisation de traumatismes. J'ai prêté le serment de garder le secret sur les choses dont j'ai été le témoin, de l'équipement qui a été développé, et je peux vous assurer que de 1967 à 1973, lorsque j'étais impliqué dans ces recherches comme sous-traitant pour le département de la Défense, j'ai alors vu qu'il y avait une avance technologique de 25 ou 30 ans, des choses encore totalement inconnues sur cette planète (…) J'ai été engagé pour ce travail après des mois et des mois d'examens psychologiques afin de vérifier ma capacité à garder le secret ; puis on m'a donné un laissé-passé du ministère de la Défense. Je connaissais les études de Himmler sous la direction d'Adolf Hitler, je savais que ce dernier avait voulu former des personnes "très sérieuses" pour stratégiquement les placer afin de contrôler différentes régions dans ce qu'il appelait, et Georges Bush appelle également : le Nouvel Ordre Mondial. Vous voyez, Bush n'a pas été le premier à fantasmer sur cette idée terrifiante de gouvernement totalitaire, asservissant le monde entier grâce au contrôle mental…

La manipulation mentale prend beaucoup de formes. Vous tous ici dans cette salle ne tombez pas dans cet énorme piège qui est le contrôle et la manipulation de l'information, et je remercie encore le forum *Granada* de nous permettre de nous exprimer ici, car nous avons besoin de votre soutient. Ce livre (*Transe-Formation of America*) n'est quasiment pas distribué en librairie et les quelques libraires qui le distribuent traitent directement avec nous, cela afin de préserver l'intégralité du contenu et éviter toute censure. Au départ, ce livre a été édité par nos propres moyens.

Aujourd'hui nous avons une opportunité devant nous en raison du fait que beaucoup de gens que Cathy a mentionnés dans le livre ont été mis en examen pour diverses raisons ; confrontés à des accusations, certains ont même fui leur pays ou démissionné de leur poste à hautes responsabilités. Cela pour la simple raison qu'ils ne pouvaient plus couvrir la corruption… La corruption dont nous allons parler ici va bien au-delà de ce que vous connaissez (...)

Cathy O'Brien est certainement une personne remarquable, mais je peux vous assurer que le pronostic de rétablissement de quelqu'un qui s'est fait extrêmement maltraiter avant l'âge de 5 ans, avant que le cerveau ne soit complètement formé, son niveau de récupération / guérison est très bon. Ces personnes peuvent mener une vie normale et équilibrée, même si elles ont vécu une période de vie avec d'horribles abus. C'est la chose qui m'a le plus surpris. Aujourd'hui il y a beaucoup de survivants à différents stades de guérison et Cathy est la seule à avoir témoigné en écrivant un livre. Tout ceci a été validé et nous n'avons pas été enfermés. J'aimerais que tout le monde dans cette salle comprenne que ni Cathy ni moi ne sommes suicidaires. Nous rentrons juste de l'Arkansas, Cathy et moi y avons été invités pour passer quatre jours avec des enquêteurs car ils avaient relevé un chapitre du livre qu'ils étaient en mesure de valider. Je leur ai alors dit : *"Transmettez tout ceci à la presse !"*, ils m'ont répondu qu'ils ne pouvaient pas faire ça... Mais ce sont des gens que je considère comme des amis, de vous et de moi... Maintenant, s'il y a des agents de la CIA dans cette salle de conférence, vous n'avez pas à lever la main (rires) mais je voudrais que vous veniez me voir directement en tête à tête. En particulier si vous essayez de nuire à ce que nous faisons. Parce que ce projet qu'avait développé Adolf Hitler, nous l'avons à notre tour développé grâce à l'opération Paperclip qui a consisté à exfiltrer des scientifiques nazis et fascistes de l'Europe vers l'Amérique après la seconde guerre mondiale. Ils ont ainsi infiltré nos universités, nos plus grandes entreprises, la NASA, je dirais même plutôt que c'est eux qui ont développé la NASA... Cette infiltration s'est faite à tous les niveaux de notre société avec toute cette m**** : de la pédo-pornographie, des rituels de sang ainsi que des croyances ignobles impliquant des sacrifices humains... tout ce qui peut traumatiser l'esprit humain.

J'ai approché certains chercheurs qui disent bien que c'est Satan qui est derrière cela... Je tiens à vous dire qu'il y a aussi des gens en chair et en os derrière tout cela ! J'ai travaillé pour une compagnie aérienne qui était impliquée là-dedans. Je n'avais aucune idée de la raison pour laquelle j'avais été recruté par la *Capital International Airways*. C'était en raison du fait que j'étais capable de garder le silence. La plupart des agents ignorent pour qui ils travaillent réellement. Il y en a plus de 86 000 dans ce pays, maintenant divisez ce nombre par 50 (ndlr : le nombre d'États aux USA) et vous verrez à quoi on a affaire (ndlr : en moyenne 1720 agents par état). Ce pays grouille de *"Big Brother"*... Le KGB (Russie) n'a jamais eu autant d'agents opératifs de haut niveau que nous en avons actuellement dans notre pays. Le livre de Georges Orwell *"1984"* était en effet une sombre prophétie devenue réalité.

Beaucoup de gens disent : *"Nous devons stopper ce Nouvel Ordre Mondial en nous prenant en charge"*, mais c'est déjà là, nous sommes en plein dedans. Maintenant essayons de comprendre qui sont les acteurs et quels sont leurs outils !

Le contrôle mental basé sur des traumatismes répétitifs pour véritablement créer un être humain totalement robotisé, est un de ces outils. *"Heureusement"*, cela nécessite beaucoup d'horribles traumas pour arriver à un tel niveau d'esclavage. Cela requiert d'autres moyens que de simplement appuyer sur un bouton où une console (ndlr : rien n'est moins sûr à l'heure actuelle). Aujourd'hui, il existe du matériel disponible dont nous ne pouvons pas nous protéger. Le plus étonnant, c'est que ces appareils sont accessibles à tout le monde. Je ne comprends pas très bien la philosophie qu'il y a derrière la construction de tels générateurs. Il existe un appareil nommé MDD1 qui utilise un système à double bobine pulsant des ondes électro-magnétiques qui agissent sur notre cortex cérébral en stoppant la pensée logique. Vous ne pourriez même plus contrôler vos chéquiers si ces trucs étaient allumés, ni même penser à les éteindre... pas plus que Cathy O'Brien n'aurait pensé à s'enfuir de son calvaire. Cela n'est pas le *syndrome de la femme battue*, ça n'a rien à voir avec une dépendance économique, cela relève d'un contrôle mental robotique et il existe des tonnes de documents sur là-dessus. *"L'Amérique en pleine Transe-Formation"* est l'autobiographie de Cathy, j'y ai écrit la première partie pour introduire le sujet. Ce que contient ce livre est ce qu'elle a vécu et nous pouvons le prouver. Lorsqu'il a été imprimé, nous avions plus de 27 000 documents répartis dans 5 classeurs. Nous avons aujourd'hui trois tonnes de paperasse sur le sujet ! (...)

Je sais aujourd'hui pourquoi les services de renseignements ne voulaient pas de moi comme officier. Je sais maintenant pourquoi je n'étais pas au courant de certains choses... dont je suis malheureusement au courant à présent... Parce que je pense avoir dénoncé certaines choses. Il existe de nos jours beaucoup de lanceurs d'alerte (...) Je peux vous assurer que cela irait à l'encontre de Dieu et de ce que je suis, si je ne me levais pas ici pour parler et vous présenter Cathy O'Brien afin qu'elle puisse témoigner de son histoire. (applaudissements)

Cathy et moi sommes très émus de voir le nombre de personnes qui auraient fait la même chose que nous. Des gens nous disent spontanément : *"Nous apprécions beaucoup ce que vous faites"*, ou encore : *"C'est difficile à croire, mais je vais lire ça ainsi que tous les documents annexes."* S'il vous plaît, faites-le ! Lisez les références à la fin du livre, vous aurez quelques ouvrages écris par des médecins, des officiers des renseignements, et de bien d'autres professionnels qui présentent des choses en lien avec ce que Cathy a connu.

En 1977, le Congrès Américain a admis officiellement l'existence du programme MK-Ultra, et c'est une bonne chose car je n'aurais pas une once de crédibilité si ce projet n'avait pas été révélé publiquement. S'il n'avait pas été déclassifié, je ne pourrais même pas prononcer son nom de code ici devant vous.

En 1977, le Congrès s'est également penché sur le cas du Dr. Ewen Cameron, le fondateur de l'Association de Psychiatrie Américaine, un lobby de Washington, contrôlant ce que font les psychiatres pour *nos têtes* lorsque nous avons des troubles... La psychiatrie est la plus jeune des sciences de médecine et c'est la plus primitive de toutes (applaudissements). Il y a peut-être des psychiatres dans cette salle, ces thérapeutes sauront exactement de quoi je parle parce que les informations qu'ils reçoivent de leur lobby est soigneusement examinée / filtrée... Les informations sur la réhabilitation des victimes de contrôle mental est rare. Il a fallu des efforts incroyables à quelques thérapeutes intègres qui étaient poursuivis en justice parce qu'ils ne voulaient pas violer les droits civils de leurs patients (secret médical).

La situation de Cathy et moi était très différente car je ne suis ni médecin ni psychiatre, donc je n'avais aucune autorisation pour pratiquer ni aucune license pour ma protection. Lorsque je l'ai secourue le huit février 1988, elle ne connaissait pas son nom, son âge, ni même où elle était... J'avais déjà vu ce genre de choses avec des individus impliqués dans l'espionnage, et j'ai donc immédiatement pensé que Cathy était une taupe. Elle était habillée comme une prostituée, elle marchait comme une prostituée, mais elle parlait comme une personne qui dirigerait une chorale chrétienne... Un contraste extrême que je n'arrivais pas à comprendre. Cela jusqu'à ce que je reçoive suffisamment d'informations de certaines personnes liées aux renseignements de ce pays, mais aussi de l'étranger.

J'étais désespéré de trouver enfin un traitement approprié qui pourrait aboutir à libérer Cathy O'Brien pour la seconde fois de sa vie... la première fois ayant été à l'heure de sa naissance et ça s'est arrêté là. Cathy O'Brien a été victime du plus affreux système de violence connu par l'homme. C'est le type de contrôle mental que Adolf Hitler pensait pouvoir utiliser sur certaines personnes afin de les placer à de grands postes de pouvoir, en ayant des fils invisibles pour faire le marionnettiste sur leurs esprits, leurs actes et leurs paroles. Je ne sais pas si nous avons actuellement des politiciens de ce genre, parce qu'il semble que vous n'ayez pas à les mettre sous contrôle mental. En effet, ils font tout ce que les membres corrompus du Congrès leur disent de faire. J'ai connu plusieurs membres du Congrès, ils n'ont pas à être soumis à du chantage sexuel, ils n'ont pas à être séduit par l'argent ou par la drogue... Ils sont simplement corrompus... Vous voyez, un psychopathe est quelqu'un de très sociable, ce sont des leaders, des meneurs... Malheureusement ces psychopathes n'ont pas de conscience, c'est à dire aucune expression de l'âme. Ils ne considèrent pas la douleur des autres, si ce n'est lorsqu'elle leur procure du plaisir.

MK-Ultra a été construit avec de nombreux sous-projets, notamment pour développer le parfait soldat, ou le parfait espion. Ce que l'on m'a dit, c'est que cela couvrait notre sécurité nationale plus qu'aucun soldat, ni aucun diplomate ne pourrait jamais le faire. Personne ne m'a dit qu'on les utilisait (ndlr : les esclaves MK) pour du trafic de drogue et de la prostitution. Personne ne m'a dit que nous les utilisions pour faire de l'élevage, c'est à dire fournir des enfants à des cheikhs, à des dirigeants de ce monde... Personne ne m'a dit que nous les utilisions pour faire du blanchiment d'argent.

Lorsque j'ai secouru Cathy et sa fille, cela m'a pris une année pour récupérer mentalement Cathy, cela grâce à beaucoup d'aide et à beaucoup d'amour. Les thérapeutes n'apportent pas tout cela, ils ne peuvent pas aimer leurs patients, ils ne peuvent pas les maintenir loin du téléphone, des journaux, de la télévision, etc. Les patients finissent alors souvent par rechuter car ils sont très influençables. Ils voient une publicité pour du poulet frit et ils peuvent même jusqu'à en sentir l'odeur... En tant qu'ancien publicitaire, j'ai rêvé d'être capable de produire de telles publicités. J'ai travaillé très dur pour arriver à ce que quelqu'un me dise : *"Voici une bonne pub"*, mais personne n'a jamais bavé en regardant mes productions. J'utilisais pourtant du subliminal, j'ai utilisé une forme de neuro-linguistique. Ceux qui ne connaissent pas ce sujet devraient s'y intéresser. Tony Robbins est un défenseur de la neuro-linguistique, il l'a enseigné à Georges Bush et à Bill Clinton. Ce n'est pas un mauvais gars ce Tony Robbins, c'est un homme d'affaire intelligent et tout homme d'affaire intelligent connaît la valeur de la neuro-linguistique. Il s'agit du langage de l'inconscient, enfin pour moi il s'agit plutôt du subconscient.

Le langage du subconscient contient des codes, des clés et des déclencheurs. Des clés qui ont servi pour débloquer toutes les portes de l'esprit de Cathy, qui étaient spécifiquement liées aux abus qu'elle avait subis. J'ai alors accédé à des informations telles que des numéros de comptes bancaires. Les personnes qui travaillent sur le MK-Ultra savent très bien qu'une déprogrammation n'est rien d'autre qu'un piratage... Tout comme je peux pirater un ordinateur, je peux pirater le disque dur d'un cerveau humain. C'est ce boulot de *hacker* qui m'a fourni des informations incroyables comme des numéros de comptes bancaires. Plutôt que d'aller piller ces comptes en banque et d'avoir ensuite à aller me cacher dans le luxe pour le reste de ma vie, je les ai transmis au FBI. Non pas parce que je savais qu'il s'agissait ou non d'argent sale, mais parce que je ne voulais pas y laisser ma peau. J'ai fourni aux autorités tout ce qui est dans ce livre, cela sur une période de trois ou quatre ans : à tous les états fédéraux ainsi qu'aux services chargés de faire appliquer les lois, qui sont directement impliqués dans cette affaire. J'ai aussi fourni les noms de plus d'un millier d'organismes et de personnes. Je voulais que tout cela soit présenté devant le Congrès comme cela s'était fait en 1977 lorsque l'épouse d'un membre du cabinet canadien s'est retrouvée internée dans un hôpital psychiatrique de Montréal où le Dr. Ewen Cameron pratiquait (ndlr : Velma Orlikow, femme du politicien canadien David Orlikow)… Elle en est sortie réduite à l'état de légume… Ce membre du cabinet dont je ne me souviens plus du nom a alors tout fait pour essayer de comprendre ce qui était arrivé à sa femme. Ils lui avaient fait subir des électrochocs et autres horribles tortures en parallèle avec des drogues et de l'hypnose. Malheureusement, beaucoup d'autres personnes ont subi les expériences du Dr. Ewen Cameron… Certaines ont bien récupéré et je suis en contact avec deux d'entre elles. Ces personnes sont très fonctionnelles et l'une d'entre elles va faire la même chose que nous dans un avenir très proche. Je ne sais pas combien ont pu pleinement récupérer aussi bien que Cathy dans ce pays, parce qu'aucun thérapeute ne peut se consacrer seize ou dix-huit heures par jour, sept jours sur sept à un patient, tout en violant les droits civils qu'il a pour le sortir légalement… Peuvent-ils légalement faire sortir leur patient des griffes de leur(s) maître(s), les sortir légalement de cet esclavage et accéder aux répertoires (ndlr : informations contenues dans la programmation) ? Dans un de ces répertoires (de Cathy), il y avait le numéro de téléphone personnel de Bill Clinton. Il s'agissait d'un *deal* de cocaïne de 20 000 $ avec Dick Thornburgh… et la liste longue !

Il s'agit là d'un petit groupe, un gang… Si vous prenez la totalité de la population des États-Unis, il s'agit d'une fraction très minime, ce sont ces bandits qui nous contrôlent tous… Ils sont tellement minoritaires qu'on se demande bien comment peuvent-ils faire tout cela (ndlr : en lien direct avec une force d'ordre surnaturelle). On se demande également comment Clinton fait-il pour survivre à toutes les attaques contre lui. Comment Georges Bush a-t-il survécu aux attaques contre lui ? Et bien il n'a pas survécu, il a quitté le Bureau, mais cela n'a rien changé. Celui qui l'a remplacé a fait exactement ce que Bush voulait, comme appliquer l'ALÉNA (Accord de Libre-Échange Nord-Américain) et l'Accord général sur les tarifs douaniers et le commerce (AGETAC).

Nous faisons partie de ce système et il y a plusieurs manières de le changer, un certain nombre de gens font des efforts très positifs dans ce sens… Mais c'est leur boulot, mon boulot à moi et Cathy est de se tenir devant des assemblées citoyennes comme ici devant vous. Nous voulons être sûrs que l'information que vous allez recevoir vous interpellera suffisamment pour que vous alliez ensuite la diffuser autour de vous, mais aussi que vous allez étudier le sujet pour en parler encore et encore : c'est tout ce que nous souhaitons. Je suis absolument persuadé que les informations contenues dans ce livre pourront atteindre les yeux de ceux qui peuvent voir. Tout comme cette vidéo filmée ici lors de cette conférence saura atteindre ceux qui peuvent encore entendre et voir la vérité. Ceci afin que les gens se lèvent et commencent à demander pourquoi Shiran-Shiran avait le même psychiatre que Lee Harvey Oswald ou Timothy Mc Veight. Ce psychiatre (ndlr : Louis Jolyon West, décédé en 1999) est très populaire, il exerçait à l'*UCLA* (Université de Californie à Los Angeles). Il a aussi été la première personne à m'appeler sur mon numéro de téléphone personnel, un numéro sur liste rouge et sous un faux nom ! Jusque dans la brousse, là-bas en Alaska après que j'ai secouru Cathy et sa fille.

Je n'avais alors pas assez de connexions pour que des gens puissent m'informer sur ce que je ne devais pas faire par moi-même ; et à cette époque il était hors de question pour moi d'entendre ce genre de choses… J'ai souffert d'un stress post-traumatique car j'ai été totalement chamboulé d'entendre ce que me racontaient Cathy et sa fille Kelly… Ensuite j'ai montré ces informations à des membres du renseignement et autres agents fédéraux qui ont validé tout cela, eux, merci à eux.

Maintenant j'aimerais vous présenter Cathy O'Brien, la personne qui a restauré ma spiritualité. Je n'étais pas un mauvais bougre, mais j'avais besoin d'un coup de pouce. Je suis fier d'être à ses côtés depuis maintenant plus de huit ans.

2ème partie : Cathy O'Brien

Je voudrais remercier chacun d'entre vous pour votre accueil de ce soir, venus découvrir un outil utilisé en secret pour annoncer ce qu'Adolf Hitler et Georges Bush nomment : le Nouvel Ordre Mondial. Je veux parler du contrôle mental…

J'ai apprécié de pouvoir discuter en début de soirée avec certains d'entre vous, des personnes qui déclarent avoir subi personnellement du contrôle mental ou qu'ont subi certains de leurs proches. Le contrôle mental est très répandu dans ce pays et dans le monde entier.

Ces criminels qui sont aux commandes de notre pays fonctionnent avec cette philosophie : *"Connaissance secrète = Pouvoir"*. Bon nombre de secrets gouvernementaux et de réputations personnelles reposaient sur la croyance que je ne pourrais pas être déprogrammée pour me souvenir de choses que j'étais censée oublier. Ils ont eu tort… Car aussi intelligents que soient ces responsables, leur raisonnement est entravé par leur propre immoralité. Ils ne possèdent aucune sagesse, ils ne pensent pas en profondeur et ils ne prennent jamais en compte la force de l'esprit humain. Ils n'ont jamais envisagé ce qu'il se passerait si un homme bienveillant comme Mark Phillips prenait connaissance de leurs secrets et s'en servait pour restaurer l'esprit plutôt que pour le contrôler.

Je sais que j'ai eu énormément de chance d'avoir survécu après avoir été victime du contrôle mental MK-Ultra utilisé par la CIA, la Maison Blanche et le Pentagone : la programmation basée sur les traumatismes.

Maintenant que j'ai repris possession de mes moyens et finalement de mon libre arbitre : je témoigne. Je parle de tout ce dont j'ai été témoin, tout ce que j'ai vu et entendu. Tout ce que j'ai enregistré photographiquement dans les coulisses de cette tentative de *Nouvel Ordre Mondial*.

En dénonçant leurs secrets, leur pouvoir s'érode (applaudissements).

Je m'exprime aussi au nom des nombreuses victimes du contrôle mental et survivants qui ne peuvent pas penser par elles-mêmes afin de dire ce qu'elles savent et ce qu'elles ont enduré.

Je m'exprime au nom de ma fille Kelly qui a aujourd'hui seize ans, c'est une véritable prisonnière politique. Elle se trouve actuellement dans l'état du

Tennessee où une demande de réhabilitation lui a été refusée en raison de l'influence politique de ses bourreaux. Elle compte sur Mark et moi pour faire passer le message à sa place. Dans l'intérêt de Kelly et du vôtre, Mark et moi n'avons pas ménagé nos efforts concernant les faits et les vérités consignés dans notre livre qui a été publié à compte d'auteur, donc non censuré. Vous y trouverez donc des faits que vous avez le droit et la nécessité de connaître.

Ces réalités nous ont été longtemps dissimulées sous couvert de la prétendue *"Sécurité Nationale"*. C'est ce même prétexte de sécurité nationale qui nous a empêché que justice soit rendue malgré toutes les preuves et documents qui sont en notre possession. Nous avons plus de 27 000 documents et preuves : des témoignages de membres du gouvernement, des dossiers médicaux, bien plus que nécessaire pour n'importe quelle procédure judiciaire légale dans ce pays y compris au Congrès. Mais ce prétexte de sécurité nationale nous a bloqué l'accès pour obtenir justice. Il est temps que la vérité triomphe. Il est temps que ces vérités soient mises en lumière au nom de l'humanité.

J'aimerais commencer en définissant le contrôle mental à travers mon expérience. Je réalise que ce que j'ai vécu a été extrême, mais aussi que cet absolu contrôle robotique que j'ai enduré est plus limité que le type de contrôle mental global qui prolifère dans la société.

Le contrôle mental a plusieurs niveaux, comme sur une échelle… On trouve à un certain niveau le contrôle robotique total et à un autre niveau du contrôle mental comme l'occultisme qui prolifère également dans ce pays, ou encore le programme *"Global Education 2000"* par lequel les enfants perdent leur liberté de penser et leur capacité d'analyse critique. Il existe tellement de niveaux différents de la société qui sont touchés par le contrôle mental qu'il devient impératif que toutes ces informations soient diffusées.

Mon vécu de victime peut certainement s'appliquer à toutes les facettes du contrôle mental et de la manipulation mentale (…) C'est un sujet qui nous concerne tous, et d'un coup le *Nouvel Ordre Mondial*, dans son intégralité, prend tout son sens. L'érosion des valeurs constitutionnelles, l'érosion de la moralité de ce pays, deviennent soudainement plus clairs lorsque nous prenons conscience de cette question du contrôle mental global.

Je suis née en 1957 à Muskegon dans le Michigan, dans une famille pratiquant l'inceste depuis des générations. Ce qui veut dire que mon père a subi lui-même des abus sexuels dans son enfance, que ma mère a subi également ces choses-là, et qu'ils me l'ont fait subir à leur tour… Mon père m'a sexuellement abusée aussi loin que je m'en souvienne. Je l'ai souvent entendu dire qu'il avait commencé à remplacer le téton de ma mère par son pénis alors que je n'étais qu'un nourrisson.

Je vous dis ceci pour que vous puissiez comprendre que ma sexualité a été déglinguée dès la toute petite enfance. Cela a été rangé dans une zone de mon cerveau qui ressemble beaucoup à celle de la survie, comme de manger et boire… Je vous dis cela afin que vous soyez mieux armés pour comprendre ce qui se passe dans la société et pour appeler les choses par leur nom.

Mark et moi citons des noms dans notre livre, non pas pour pouvoir dire que j'étais à la Maison Blanche avec untel ou untel, je n'évoque pas toute la partie glamour. Mais c'est pour que vous sachiez qui est le problème et où il se trouve.

Les abus sexuels que j'ai endurés étaient si horribles que j'ai développé un trouble dissociatif de l'identité, on nommait cela habituellement le trouble de la personnalité multiple. Je suis contente qu'ils aient changé le terme en trouble dissociatif de l'identité parce que cela décrit bien mieux le cloisonnement qui se produit lorsqu'une personne endure un trauma trop horrible pour pouvoir l'appréhender.

Même si je ne pouvais pas comprendre que ce que mon père me faisait était quelque chose de mal, la douleur et la suffocation lors de ses sévices étaient si insupportables que j'ai développé un trouble dissociatif de l'identité. Cela était impossible à comprendre, il n'y avait aucun endroit dans mon esprit pour pouvoir gérer une telle horreur. J'ai ainsi compartimenté automatiquement mon cerveau, des petites zones séparées par des barrières amnésiques servant à cloisonner les souvenirs des sévices afin que le reste de mon esprit puisse continuer à fonctionner normalement, comme si rien n'était arrivé… Lorsque je voyais mon père à table lors du dîner, je ne me souvenais pas des abus sexuels. Mais dès lors qu'il déboutonnait son pantalon, une partie de moi, la partie de mon cerveau qui savait comment gérer ces horribles sévices se réveillait, c'était comme si une jonction neuronale s'ouvrait pour que cette partie de mon esprit puisse subir mon père encore et encore selon la nécessité… J'avais certainement beaucoup d'expériences dans ce "compartiment cérébral" qui gérait les abus de mon père, mais je n'avais pas toute l'étendue des perceptions, j'avais une perception très limitée, une vision très limitée des choses. C'est pourquoi je suis heureuse qu'on ne parle plus en termes de *personnalités* concernant ce trouble.

J'ai construit un autre compartiment dans ma tête afin de supporter les abus de ma mère. Ses abus étaient avant tout psychologiques. Elle même souffrait d'un trouble dissociatif de l'identité et je ne la tiens pas pour responsable de ses actes comme je le fais pour mon père, qui lui était pleinement conscient de ce qu'il faisait. Ma mère, malgré son incapacité à se contrôler, détruisait tous les vestiges d'estime de soi que j'aurais pu encore avoir. Sa maltraitance était si horrible que j'ai créé un autre compartiment dans mon esprit juste pour gérer les interactions malsaines que j'avais avec elle. J'ai également développé un autre compartiment pour gérer la pédo-pornographie à laquelle mon père me soumettait. En effet, il gagnait sa vie en déterrant des vers de terre pour la pêche, car il n'avait fréquenté que l'école primaire, il augmentait donc les revenus de la famille en produisant de la pédo-pornographie. Des productions qu'il distribuait ensuite dans le réseau de la mafia locale du Michigan.

À l'époque, il y avait une faction criminelle de notre gouvernement qui ciblait les enfants tels que moi pour du contrôle mental. Cela en raison de cette compartimentation de la mémoire qui est quelque chose qu'ils estimaient idéal pour garder des secrets gouvernementaux. Après tout, si je ne pouvais pas me souvenir, comment aurai-je pu en parler ? De plus, les gens qui souffrent d'un trouble dissociatif de l'identité développent une mémoire photographique derrière ces barrières amnésiques. En effet le cerveau possède un mécanisme de défense qui lui fait enregistrer les événements liés au trauma d'une manière extrêmement précise et détaillée. Pour vous donner un exemple, les nombreuses personnes parmi vous assez âgées pour se souvenir de l'assassinat de John F. Kennedy se rappelleront exactement où ils se trouvaient et ce qu'ils faisaient à ce moment précis. Ce fut un événement qui a traumatisé la nation entière et cela illustre la manière dont l'esprit enregistre photographiquement les événements entourant le trauma. Donc derrières ces barrières amnésiques, j'avais une mémoire photographique que le gouvernement estimait parfaite pour une programmation. Je pourrais ainsi délivrer et recevoir des messages de dirigeants, ou dans mon cas également des barons de la drogue impliqués dans le financement des caisses noires du *Nouvel Ordre Mondial*. Me programmer les intéressait dans le but que je puisse transmettre des messages verbalement. Lorsque je délivrais ces messages, je transmettais exactement mot pour mot ce que l'on m'avait dit, utilisant les inflexions de voix de mes tortionnaires, sans aucune compréhension consciente de ce que je racontais. Je n'étais qu'un magnétophone, répétant comme un perroquet ce que l'on avait enregistré dans ma mémoire.

Un autre aspect qui intéressait le gouvernement était que mes troubles dissociatifs m'enlevaient toute notion de temps. Cela en raison du fait que je naviguais de compartiment en compartiment dans mon cerveau sans me souvenir de ce qu'il s'était passé auparavant. J'étais donc incapable de garder une trace du temps et sa notion m'était absolument étrangère. Ne sachant pas ce que je faisais précédemment, bizarrement je n'avais pas la notion de fatigue, j'en faisais pourtant bien de trop… Une personne qui souffre d'un trouble dissociatif de l'identité possède une grande endurance physique, c'est comme une force surhumaine avec cette capacité de continuer indéfiniment. Les personnes avec ce trouble développent aussi une acuité visuelle beaucoup plus pointue que la moyenne. C'est pourquoi on les voit très souvent avec de grands yeux écarquillés, elles intègrent plus d'éléments de leur environnement qu'une personne normale. Cela en fait forcément des tireurs d'élite parfaits pour des opérations commando ou pour les services de renseignements. Le gouvernement était donc très intéressé pour développer le contrôle mental.

J'étais donc une *élue*, une candidate de premier choix pour du contrôle mental en raison des abus sexuels subis à répétition. Ma sexualité avait été exaltée, je servais donc d'esclave sexuelle et je recevais également des messages de dirigeants du gouvernement. Cette faction criminelle de notre gouvernement, tellement intéressée par les personnes avec un trouble dissociatif de l'identité, savait bien que chaque enfant soumis à la pédo-pornographie avait dû endurer des traumas si horribles qu'il souffrait obligatoirement de ce trouble. Ce groupe criminel gouvernemental se consacrait donc à ce réseau pédo-pornographique pour pouvoir identifier et cibler des enfants comme moi pouvant servir dans leurs projets. À cette époque, l'homme politique lié à cette mafia locale du Michigan, le politicien qui protégeait ce réseau de pornographie, était Gérald Ford. C'est ce même Gérald Ford qui a été élu président des États-Unis… Je ne l'ai jamais perçu comme un homme politique, je le percevais comme un violeur de plus, du même type que mon père. Car Gerald Ford m'a aussi violée lorsque j'étais enfant et tout au long de la période où j'étais sous contrôle mental, jusqu'à ce que Mark vienne à la rescousse de moi et de ma fille en 1988.

Gerald Ford n'est pas un pédophile en soi, il est ce que j'appelle un *"essayeur sexuel"*. Il tentera n'importe quoi, n'importe quel âge, n'importe quand et n'importe où… jusqu'à ce qu'il ait pris le contrôle. Cela parce qu'il avait une perversion du pouvoir en plus d'avoir cet intérêt pour le contrôle mental.

Ce fût Gérald Ford qui vint à la maison pour expliquer à mon père comment m'éduquer selon le projet s'accordant aux directives gouvernementales.

En effet, mon père s'était fait attrapé à envoyer de la pédo-pornographie par la poste, il a donc été contacté pour lui faire savoir que s'il me vendait pour ce projet, il acquerrait une immunité juridique… Depuis ce jour, mon père n'a eu aucun ennuis avec la justice, cela grâce à la fameuse "Sécurité Nationale".

Mon père a évidemment pensé que cette idée était "merveilleuse" et il m'a immédiatement vendue au projet. Il pensait que le gouvernement fermait les yeux sur les abus d'enfants… tout comme je le pense aussi. Mon père continua d'élever ses cinq autres enfants en vue de ce projet, nous étions sept en tout. Les autres attendent toujours leur liberté à l'heure où je vous parle…

Une fois l'accord de mon père pour me vendre au projet, je fus régulièrement emmenée à *Mackimac Island*, au Michigan. C'est un refuge politique où se situe la demeure du gouverneur du Michigan. C'est une sorte de *Bohemian Grove* (club occulte) où les hommes politiques se rencontraient et discutaient du *Nouvel Ordre Mondial* et de contrôle mental : le contrôle mental des masses, le contrôle mental dans le système scolaire, comment utiliser l'occultisme comme trauma de base, etc…

L'un de mes agresseurs sexuels de l'époque était le premier ministre du Canada : Pierre Trudeau. Pierre Trudeau est de confession jésuite, aujourd'hui ils sont le bras armé du Vatican. Il existe une faction criminelle au sein de ces jésuites. Je ne dis certainement pas que tous les catholiques sont mauvais, pas plus que tous les agents de la CIA seraient mauvais ou encore tous nos politiciens. Il y a du bon et du mauvais dans tout. Mais néanmoins, Pierre Trudeau représentait cette faction criminelle des jésuites catholiques qui souhaitaient le contrôle mental des masses pour devenir l'Église Mondiale dans ce *Nouvel Ordre Mondial*. L'argent que rapportait cette église finançait les contrôleurs du *Nouvel Ordre Mondial*.

Un autre de mes agresseurs sexuels était le sénateur du Michigan de l'époque et plus tard député : Guy Vander Jagt. C'est ce même Guy Vander Jagt qui resta à la tête du Comité National Républicain et qui installa Georges Bush dans le bureau présidentiel.

Ce fût à *Mackimac Island*, alors âgée de 13 ans, que je fus confiée à un sénateur qui est devenu mon propriétaire dans ce projet de contrôle mental. Ce sénateur américain était Robert C. Byrd.

Le sénateur Byrd est un démocrate de l'ouest de la Virginie, et de nouveau vous remarquerez que je révèle tous les noms quels que soient les partis politiques. Ce sont autant des démocrates que des républicains qui sont impliqués dans ces choses-là. Cela ne concerne pas les partis, mais plutôt qui est pour un *Nouvel Ordre Mondial* et qui ne l'est pas…

Le sénateur Byrd était en fonction et il l'est toujours aujourd'hui. Il a dirigé notre Comité Sénatorial des Crédits. Ce qui signifie que c'est lui qui tenait les cordons de la bourse de notre pays et c'est lui qui décidait de l'endroit où l'argent serait dépensé. Je sais, en ayant été témoin dans les coulisses, que le sénateur Byrd envoyait l'argent là où il profiterait aux contrôleurs du *Nouvel Ordre Mondial*.

Mon père qui m'a vendue pour ce projet, a par exemple bénéficié d'un contrat lucratif avec l'armée pour la fabrication d'arbres à cames destinés aux véhicules militaires. C'est ainsi que mon géniteur devint extrêmement riche… pour quelqu'un n'ayant jamais dépassé l'école primaire…

C'est le Sénateur Byrd, devenu mon propriétaire, qui allait alors décider de où j'irais et quand j'irais ; des opérations que je devrais effectuer durant l'administration Reagan et Bush ; ainsi que les endroits où je serais emmenée pour les programmations MK spécifiques. Le sénateur Byrd dirigeait toute ma vie.

C'est à cette époque que j'ai fait ma première Communion à l'église *St François d'Assise* de Muskegon. Après cette première Communion, j'ai aussi enduré un rituel nommé le *"rite de maintien du silence"*. Ce rituel a été mené par le député Vander Jagt et le recteur du notre église, le père Don... un occulte rituel de sang. C'était si horrible, c'est cette inversion de la messe catholique qui a embrouillé mon esprit car lorsqu'une personne fonctionne à un niveau subconscient, elle est si traumatisée que la conscience ne trouve aucun endroit pour affronter ce qu'elle endure. Le subconscient n'a aucun moyen de discerner, de remettre en question et d'avoir un raisonnement comme le fait le mental conscient habituel. Et cette inversion de la messe catholique en la détournant vers de l'occultisme a totalement chamboulé mon esprit. C'était absolument infect... Ce rituel de sang était si horrible que mon esprit a immédiatement accepté la manipulation mentale qu'ils m'ont fait subir : un langage hypnotique, une programmation neurolinguistique, du contrôle mental... Cela a alors changé la manière dont fonctionnait jusqu'à maintenant mon cerveau. Rappelez-vous, cette partie de mon cerveau dont je vous ai parlé, une zone qui se déclenchait pour gérer la maltraitance perpétuelle de mon père... Lors de ce rituel ils ont modifié cela, de sorte qu'ils pouvaient maintenant décider de quand, où et comment ce compartiment particulier de mon cerveau serait ouvert et accessible. Ils ont remplacé le mécanisme déclencheur par des codes hypnotiques : des clés et des déclencheurs, des signes de main. Il y a aussi certaines tonalités qui peuvent ouvrir ces jonctions neuronales et permettre l'accès aux mémoires compartimentées. Ils ont alors remanié tout cela.

Suite à ce rite du *"maintien du silence"*, c'est également devenu silencieux dans ma tête... Car jusque-là, j'entendais ma propre voix argumenter sans cesse dans un sens ou dans l'autre, avec toutes ces différentes perceptions venant des multiples compartiments, avant que je puisse formuler une décision sur quoique ce soit. Je me souviens qu'avant ce rituel, j'avais encore mes propres idées, j'avais l'espoir qu'il existe un endroit au monde où les gens ne s'infligent pas de sévices. J'avais l'espoir d'avoir dix enfants qui seraient au moins dix enfants sur cette terre à ne pas se faire maltraiter... J'avais espoir en ces choses, mais avec ce rituel, j'ai perdu ma capacité de penser librement. J'avais même perdu ma capacité à espérer. J'avais entièrement perdu mon libre arbitre. Ce rituel a réduit au silence ce débat qui surgissait constamment dans ma tête et tout ce que j'entendais à la place, à ce moment-là, c'était les voix de mes bourreaux me dirigeant, me disant exactement ce que j'étais supposée faire. Je ne pouvais que suivre robotiquement ces instructions pour les exécuter.

Quand je fus prête pour les études secondaires, le sénateur Byrd ordonna que je sois envoyée au collège catholique central de Muskegon. À cette époque-là, il y avait beaucoup d'informations disant que les catholiques étudiaient depuis longtemps les effets du trauma sur l'esprit humain. Ils les avaient étudiés et conservaient depuis très longtemps des archives sur ces choses, notamment depuis l'inquisition espagnole. Cette information rejoint les recherches sur Hitler et Himmler que la CIA avait entreprises et sur laquelle elle progressait. Le recoupement des informations qui émergeaient était très significatif.

Le collège de Muskegon était un endroit où ces informations étaient rassemblées. C'est à Muskegon que les bases et la structure même du *Global*

Education 2000 fut mise en œuvre. Il existe de nombreux noms différents pour ce programme qui est mis en place dans notre système scolaire et que le gouvernement fait suivre à la lettre aux enfants et adolescents. *Global Education 2000* a été conçu pour augmenter les capacités d'apprentissage de nos jeunes tout en diminuant leur capacité d'analyse critique. Ils acceptent ainsi immédiatement tout ce qu'on leur dit sans poser de questions et en gobant simplement toutes les informations qu'ils reçoivent.

Au collège, j'ai eu tout de suite des A, j'étais très douée parce que j'enregistrais photographiquement les cours. J'ai également subi des rituels occultes dans la chapelle de ce collège, comme beaucoup d'autres élèves, j'étais loin d'être la seule. D'ailleurs, à l'époque je pensais vraiment que tout le monde était impliqué dans ce genre de maltraitance. Tout mon environnement en était saturé... Cet occultisme, ces traumatismes, créaient un enregistrement photographique de tout ce que j'étudiais au collège. Je n'avais bien sûr aucune capacité pour analyser cela d'une manière critique ou pour m'en servir d'une manière créative, mais toutes les données restaient parfaitement stockées dans ma tête.

C'est pendant que j'étais au collège que Gérald Ford a pris ses fonctions de président. J'avais été conditionnée pendant cette période à penser que je *"n'avais aucun endroit pour m'échapper, ni aucun endroit pour me cacher"*. C'est une phrase spécifique qui sert à mettre dans la tête des victimes de contrôle mental qu'il n'existe absolument nulle part où s'enfuir et nulle part où se cacher : *"nous gardons systématiquement un œil sur toi"*. C'est bien entendu ce que je me disais, vers qui aurais-je pu me tourner ? Ni vers mes parents, ni vers mon église, pas plus que vers mon école ou vers les hommes politiques locaux... Je ne pouvais même plus me tourner vers le président des États-Unis ! Je me sentais vraiment prisonnière, ce qui est exactement ce qu'ils veulent pour un contrôle total de l'esprit. Depuis, j'ai bien sûr découvert tout autre chose et Mark m'a appris avec sagesse, pendant ma déprogrammation, que j'avais bien un endroit où fuir : droit sur eux !... et que je n'avais pas besoin de me cacher. Manifestement ce sont eux qui se cachent, ils dissimulent toutes leurs exactions en se servant de la *Sécurité Nationale* comme couverture.

Après la fin de mes études au collège, le sénateur Byrd ordonna que je sois envoyée à Nashville dans le Tennessee. À l'époque, Nashville était fortement impliquée dans le contrôle mental par l'intermédiaire de l'industrie de la musique country, mais surtout par la prolifération de la cocaïne de la CIA au sein du milieu de la country. Cela battait déjà son plein et la corruption politique au Tennessee atteignait des sommets. L'industrie country fournissait une couverture pour que des esclaves sous contrôle mental comme moi, soient promenés à travers tout le pays pour leur faire distribuer et livrer les arrivages de grosses quantités de cocaïne en provenance de la CIA.

Mon expérience me fait dire que ce que la CIA nomme la soi-disant *"lutte anti-drogue"*, n'est rien de plus qu'une élimination de ses rivaux, ceci afin de s'emparer de l'industrie mondiale de la drogue (applaudissements). Ils mènent leur *"guerre anti-drogue"* à tous les coins de rue et aujourd'hui nos rues sont devenues un véritable bain de sang.

L'industrie de la country fournissant une couverture pour le trafic de la cocaïne, le sénateur Byrd voulait donc que j'entre dans ce milieu. Parallèlement à cela, Byrd se prenait pour une sorte d'artiste et il jouait de temps en temps du violon au *Grand Ole Opry*. La première fois que je fus envoyée à Nashville, il jouait justement ce soir-là dans cette grande salle de concert. À ses côtés (ou plutôt derrière lui), il y avait un musicien nommé Wayne Cox… qui me raconta plus tard que jouer de la musique aux côtés de Byrd n'était pas seulement de l'accompagnement musical, mais qu'il le faisait aussi au plan politique. Ce soir-là après le *show*, j'ai subi de nouveau un rituel occulte. L'occultisme est fréquemment utilisé comme base de trauma pour le contrôle mental. Qui peut comprendre ce genre de trauma ? Des rituels de sang absolument horribles, c'est une base parfaite pour les traumatismes nécessaires au contrôle mental visant la compartimentation de la mémoire. J'ai été témoin d'une scène où Wayne Cox a assassiné un SDF à la gare de Nashville, un endroit qui était à l'abandon à cette époque-là et qui était squatté par des sans-abris. Il lui a tiré une balle juste entre les deux yeux et lui a coupé les deux mains. Cela était le *modus operandi* de Cox pour les meurtres. Après ce rituel de sang, cet horrible traumatisme, il a été décidé que Cox deviendrait mon premier "maître", "superviseur", dans le contrôle mentale MK-Ultra. En tant que "maître" et "superviseur", Wayne Cox suivrait les directives et instructions du sénateur Byrd. Surtout il me ferait subir d'autres traumas, en nombres suffisants pour satisfaire aux nombreux compartiments que le sénateur Byrd voulait créer dans mon cerveau pour une programmation MK. Ceci afin que je puisse ensuite effectuer diverses opérations durant l'administration Reagan/Bush.

Par la suite, j'ai donc enduré de nombreux rituels occultes. À cette époque, Wayne Cox travaillait directement sous les ordres du sénateur de Louisiane, J. Bennett Johnston. Cox m'emmena chez lui à Chatham, en Louisiane. Bennett Johnston s'occupait alors d'opérations de contrôle mental en lien avec une bande de mercenaires. Ces mercenaires faisaient des allers et retours en Amérique du Sud, le trafic d'armes était très actif. Mais surtout, lorsque les avions larguaient ces gars en Amérique du Sud, ils revenaient bourrés de cocaïne, drogue qui était ensuite distribuée dans nos rues. Wayne Cox déclenchait le fonctionnement MK de ces mercenaires en leur montrant la main coupée d'une de ses victimes, ce qui les replongeait dans le trauma d'un rituel qu'ils avaient déjà subi, les faisant accéder à un compartiment spécifique de leur cerveau. Il leur disait également que Bennett Johnston voulait qu'ils *"tendent la main"*, il leur donnait ensuite les instructions que les gars suivaient à la lettre. Donc Bennett Johnston était également impliqué là-dedans…

En 1978, il a été convenu que j'avais subi suffisamment de traumas pour effectuer un premier test, ça allait être ma première opération. Une grosse quantité de cocaïne était arrivée par avion et je devais la livrer dans l'état voisin, en Arkansas. À ce moment-là, le trafic de drogue autour de Bill Clinton battait son plein. Il était alors gouverneur de l'Arkansas. J'ai donc livré cette cocaïne dans un aéroport à *Ouachita Forest* que j'ai depuis identifié comme l'aéroport de Mena. J'ai aussi transmis des informations et une petite quantité de cocaïne, venant du stock personnel de Bennett Johnston, à Bill Clinton. Je lui ai remis le paquet et il sniffa aussitôt deux lignes de coke… ce n'était pas la première fois que je voyais Bill Clinton consommer de la cocaïne. Mes expériences sexuelles avec Bill Clinton furent très limitées, même si j'étais esclave sexuelle. D'après mon expérience, Bill Clinton est bisexuel, plutôt fortement orienté vers l'homosexualité. Je l'ai surtout vu impliqué dans des activités homosexuelles. J'ai eu beaucoup plus d'expériences avec Hilary Clinton. Hilary est également bisexuelle, avec un fort penchant vers l'homosexualité. C'est elle qui accédait à ma programmation sexuelle pour satisfaire ses perversions.

Toujours à cette époque, Bennett Johnston me soumis à d'autres manipulations mentales qui impliquaient non pas de l'occultisme mais le thème des extra-terrestres. Ces gars qui manipulaient mon esprit et qui me programmaient pour du MK, de véritables criminels aux commandes de notre pays, prétendaient être des dieux, des démons, des extra-terrestres... Cela dans le but que je me sente totalement impuissante, que j'intègre le fait qu'ils étaient toujours là derrière moi pour me nuire. Et cela fonctionnait très bien à cette époque-là...

Bennett Johnston m'affirmait qu'il était un extra-terrestre. Il m'a raconté qu'il avait participé à *"l'Expérience de Philadelphie"* et que lorsque le navire avait disparu, il était revenu en vaisseau spatial... Cela rejoint le thème du "miroir air/eau" fréquemment utilisé par la NASA, c'est un renversement/inversion. Parce que, encore une fois, le subconscient n'a aucune capacité de raisonnement. Bennett Johnston m'a alors montré, sur le site de la *General Dynamics*, un engin furtif "top secret". C'était un truc triangulaire qui n'était dans aucun livre scolaire, dont personne ne parlait, qu'on ne voyait pas dans les journaux, mais qui était pourtant là, suspendu en l'air devant mes yeux... C'était encore un de ces systèmes de l'armée classé top secret. Pour moi à cette époque, ça m'avait tout l'air d'un vaisseau spatial ! Je n'avais jamais rien vu de tel. De ce fait, tout ce que faisait Bennett Johnston était alors pour moi en lien avec les extra-terrestres. Il était donc facile de me faire accepter l'idée que tout ce qui se passait était en fait perpétré par des aliens. Je ne dis pas que les extra-terrestres n'existent pas, cela serait stupide de ma part, mais ce que je veux dire, c'est que ce sont des gens qui prétendent réellement être des E.T.. S'il y a une réalité concernant une influence extra-planétaire, nous devons éclaircir la désinformation et la manipulation des esprits que pratique notre gouvernement.

Je sais de source sûre que leur plan est que nous nous sentions tous impuissants... car sous une soi-disant domination extra-terrestre et que notre *"Independence Day"* se prépare... Alors méfiez-vous de cela ! Comprenez bien que ces criminels nous confisquent l'information et la technologie sous couverture de "Sécurité Nationale". Ils ont au moins 25 ans d'avance technologique sur nous tous ! Pouvez-vous imaginer ce qu'ils possèdent aujourd'hui ? Qu'est-il arrivé durant les 25 dernières années ? Le four à micro-ondes, l'informatique, mais eux continuent de leur côté les progrès et ils ont beaucoup d'avance. Donc lorsqu'ils disent *"Ça vient des extra-terrestres !"*, en nous montrant une incroyable technologie, ne tombez pas dans ce piège de vous sentir totalement impuissants. La superstition commence là où s'arrête la connaissance, et nous avons été isolés de cette connaissance depuis longtemps. Les gens ont toujours eu diverses croyances et je suis sûre que chacun d'entre vous avez des systèmes de croyance différents. Quel que soit votre système de croyance, il est impératif que vous sachiez que ces criminels sont des humains, ils sont parmi nous pour nous nuire. Ils doivent être tenus pour responsables de leurs actes et de leurs crimes contre l'humanité. (applaudissements)

En 1980, lorsque ma fille Kelly est née. Elle est arrivée dans ce programme MK-Ultra à un stade technologique beaucoup plus sophistiqué que celui auquel j'ai été soumise. En plus des traumatismes, elle a subis des "harmoniques" (système de programmation MK) sur des sites de la NASA, cela dès sa naissance, avant même que son cerveau ait une chance de se construire.

Aussitôt que Kelly est née, le sénateur Byrd sachant que j'avais été suffisamment traumatisée, a ordonné que nous soyons transférées toutes les deux vers Nashville pour effectuer des opérations sous l'administration Reagan. Dans cette industrie de la musique country, nous avons alors été remises à notre deuxième "maître", "superviseur", son nom est Alex Houston. Alex Houston était un (artiste) ventriloque, spécialiste en hypnose et baignant dans le milieu de la musique country. Il effectuait surtout des opérations criminelles pour la CIA servant à financer des programmes classifiés. Cela concernait la distribution de grandes quantités de cocaïne à travers les États-Unis et le Canada. À cette époque, il travaillait pour me fournir une couverture afin que je puisse voyager hors du pays, au Canada, au Mexique et aux Caraïbes, pour des opérations criminelles. Mon "superviseur" (Houston) m'a ameneé dans diverses installations militaires et de la NASA pour de la programmation MK, pour des opérations spécifiques auxquelles j'ai été forcée de participer (…) Elles impliquaient des dirigeants comme le président du Mexique de l'époque, De la Madrid, ainsi que l'ex-président Salinas.

En 1984, il a été créé une base de la CIA à Lampe dans le Missouri, un centre pour traumas travaillant spécifiquement sur les expériences de mort imminente (NDE). Ce site est nommé *"Swiss Villa Amphiteater"*. Ils utilisent l'industrie musicale country pour gérer de grandes quantités de cocaïne et pour ensuite la redistribuer. Lampe au Missouri se trouve juste en face de l'Arkansas, c'est en lien étroit avec les opérations de trafic de coke de Bill Clinton… en plein essor à cette époque-là. Il est aussi intéressant de noter que ce trafic situé à Lampe était l'endroit où l'industrie country avait été adroitement relocalisée, juste là à Branson, de sorte à se rapprocher du trafic de Clinton.

Lampe était aussi l'endroit où j'ai entendu discuter Georges Bush et Bill Clinton… De mon point de vue, ils avaient clairement l'air d'être des amis, il n'y avait alors plus de conflit politique entre eux. Tout cela n'est qu'un écran de fumée pour illusionner le public. En effet, ils n'adhèrent pas à ces "conflits politiques" parce qu'ils ont exactement le même agenda, qui est la construction de ce *Nouvel Ordre Mondial*.

À l'époque, j'ai entendu Georges Bush dire à Bill Clinton que lorsque les américains deviendront désabusés par les républicains les menant au *Nouvel Ordre Mondial*, c'est Bill Clinton, le démocrate, qui sera mis dans le bureau présidentiel. Tout cela a été décidé dès 1984 ! Et même bien avant cela ! En 1984, ils discutaient déjà de ces choses comme d'un fait absolu. Dans cette discussion, il a également été abordé les préparations pour l'ALENA (Accord de Libre Échange Nord-Américain). Au moment où Georges Bush est devenu président, Salinas devenait président du Mexique, et ensemble ils allaient mettre en place l'ALENA. Cela a été le début du contrôle pour un *Nouvel Ordre Mondial*.

J'ai été obligée de participer à la création de cette ALENA criminelle. L'ouverture de la frontière mexicaine de Juarez au libre-échange. Le libre-échange de drogue, le libre-échange de nos enfants… Les racines criminelles de l'ALENA sont absolument épouvantables… Il est intéressant de noter que ces mouvements politiques sont déjà décidés à l'avance.

Une fois déprogrammée, j'ai été complètement déconcertée lorsque j'ai réalisé que les gens n'avaient aucune conscience de tout cela... C'était tellement évident pour moi... Je n'arrivais pas à réaliser que la population n'était pas au courant de la situation et qu'elle s'était faite tromper par un écran de fumée, sans jamais avoir cherché à savoir ce qu'il se passait réellement en coulisse, derrière le voile.

Mais je peux comprendre que les gens honnêtes et sincères ne pensent pas de cette façon-là, ils n'ont pas un esprit criminel et leur conscience n'est pas dirigée vers ce genre de choses. Tout comme ces gars-là (criminels élitistes) sont eux-mêmes limités dans leurs pensées par leur immoralité, les honnêtes gens sont en quelque sorte aveuglés face à ce genre d'activités criminelles extrêmes... Jusqu'à ce que leurs yeux s'ouvrent à la vérité.

Les personnes qui ont participé à ces activités criminelles étaient sous les ordres de Georges Bush. Je ne prétends pas tout savoir et je ne prétends pas que Georges Bush était au sommet de tout cela, mais il était le plus haut placé que j'ai connu à cette époque (...) Bush père était respecté de par ses grandes connaissances relatives à la construction du *Nouvel Ordre Mondial*. Voyez son passé : Georges Bush a d'abord commencé avec l'ONU, puis il se mit à la tête de notre CIA. Ensuite il dirigea indirectement notre pays pendant trois administrations : la présidence Reagan, sa propre présidence puis la présidence Clinton. En effet, Reagan et Clinton répondent tous les deux de Bush père. Le président mexicain De la Madrid répond lui aussi de Bush père (...) Le Roi Fadh d'Arabie Saoudite suivait également les ordres de Georges Bush, tout comme l'a fait le premier ministre du Canada, Brian Mulroney.

En 1983, j'ai entendu Ronald Reagan et Brian Mulroney discuter à propos du *Nouvel Ordre Mondial*. En effet, le sénateur Byrd a agi en tant que proxénète en me prostituant à Reagan lors de ma présence à un cocktail à la Maison Blanche.

Ronald Reagan nous a certainement tous merveilleusement bien enfumés. Pour ceux d'entre vous qui ne veulent pas croire qu'il est impliqué dans ces choses-là, il vous l'a pourtant bien dit qu'il était un acteur ! (rires) Et il a fait un très bon travail, sur une longue période. C'était son rôle, c'est ce qu'il était supposé faire.

J'ai entendu Reagan dire à Mulroney qu'il croyait que la seule manière pour obtenir la paix mondiale était par le contrôle mental de la masse... Je sais par expérience qu'il n'y a aucune paix dans l'esprit sous contrôle mental. Comment pourrait-il y avoir une paix mondiale sans que les gens aient une paix dans leur esprit ?

Les ramifications du contrôle mental vont très loin. Sous contrôle mental, il n'y a pas de liberté de pensée. Sans liberté de pensée, il n'y a pas de libre arbitre. Sans le libre arbitre donné par Dieu, il n'y a pas d'expression de l'âme. Quelle sorte de *"paix mondiale"* pouvons-nous obtenir sans libre arbitre, sans expression de l'âme et sans spiritualité ?

Le contrôle mental sous toutes ses formes doit être exposé pour que les gens conservent leur liberté de pensée. Pour qu'ils gardent leur libre arbitre ainsi que l'expression de leur âme, leur spiritualité. Lorsque les gens ont une âme et une spiritualité, ils sont en capacité d'Aimer. C'est cela la paix mondiale ! Pas le contrôle mental ! (applaudissements)

En 1988, j'ai été forcée de participer à de nombreuses opérations contre ma volonté. Des choses que je n'aurais certainement jamais faites en pleine conscience. Je suppose que si j'avais eu une partie de moi prête à faire ce genre de choses, le contrôle mental n'aurait pas été nécessaire. Je suis consternée par ce à quoi j'ai été obligée de participer, mais je suis soulagée que ces informations sortent, que les gens se passent le livre de main en main. Ainsi, main dans la main, nous pourrons reprendre notre pays. Vous avez le droit et le besoin de connaître ces informations, et leur contrôle sur les médias ne supprimera pas la Vérité. La Vérité s'impose !… (applaudissements)

En 1988, Mark nous a secourues, moi et ma fille Kelly. Nous ne pouvions aucunement penser à nous échapper, je ne pouvais absolument pas penser à sauver ma fille, pas plus que je ne pensais à me sauver moi-même. Et tous mes espoirs et rêves d'enfants n'avaient certainement eu aucun aboutissement… Lorsque Mark nous a secourues, nous n'avions aucune capacité d'espérer rencontrer une bonne personne, nous ne savions même pas que cela existait. Nous n'avions pas la capacité de faire confiance à quelqu'un d'extérieur à notre milieu (réseau). Je ne pouvais donc pas me dire que Mark était un bon gars, mais j'ai vu son attitude avec ses animaux, et même si je n'avais aucune capacité de raisonnement, de prise de conscience, quelque chose s'est passé à un niveau extra-sensoriel. Nous avons alors ressenti des choses très fortes. Après tout, si l'on considère que nous n'utilisons que 10% de notre cerveau, nous avions été fractionnées dans certaines parties de notre cerveau, des zones très réceptives à divers niveaux psychiques, un peu à la manière de l'instinct animal. Ma fille et moi avions remarqué que les animaux adoraient Mark. Il avait en effet trois ratons laveurs qu'il avait sauvés et qui l'aimaient beaucoup, ils enroulaient leurs pattes autour de son cou et il leur faisait des bisous… Pour nous c'était quelque chose de très important d'assister à cela, car nous n'avions connu jusqu'alors que de la maltraitance sur nos animaux. Nous avions vécu dans un ranch, nous avions eu des chiens, des chats, des chevaux, des vaches, des poules, etc., et tout ce que faisait Alex Houston était de les torturer et les tuer pour nous "dresser"… Si nous ne participions pas aux abominations, cela serait arrivé à nos animaux de compagnies, et nous les adorions plus que tout.

S'il vous plaît, gardez cela à l'esprit, que ceux qui maltraitent les enfants, maltraitent souvent les animaux. Si vous voyez quelqu'un maltraiter un animal, soyez vigilant. Assurez-vous de savoir si ses enfants sont en sécurité. Je n'ai jamais vu une exception à cette règle.

Ainsi, cela a été très révélateur pour nous de voir que ces animaux adoraient Mark. En outre, au moment où il nous a secourues, nous étions menacées par la CIA. J'avais alors 30 ans, j'étais supposée être tuée comme la plupart des esclaves MK le sont vers l'âge de 30 ans. J'étais considérée comme "trop vieille" pour le sexe, donc je devais être supprimée. Mark m'a sauvée d'une mort certaine et il a sauvé ma fille d'un sort bien pire encore que la mort… Il a même prit le temps de sauver nos animaux. Il a embarqué chevaux, vaches et poulets pour les mettre en sécurité. Cela a eu un profond impact positif sur Kelly et moi, nous avons alors commencé à pouvoir lui accorder notre confiance à partir de ce moment-là. Mark nous a emmenées jusqu'en Alaska, dans la sécurité et la sérénité. Alors que nous nous retrouvions en sécurité pour la première fois de notre vie et que nous étions réellement aimées également pour la première fois, les mémoires du passé ont commencé à remonter sous forme de flashs. Par ces flashs de souvenirs, j'ai commencé à réaliser ce qu'il s'était passé pour moi et ma fille, particulièrement sous l'administration Reagan et Bush.

Prenant conscience de tout cela, je suis alors devenue furieuse, j'avais la rage quand à ce que ma fille avait vécu, toutes les tortures infligées et plus globalement pour l'humanité toute entière. J'aurais été totalement aveuglée et immobilisée par cette rage s'il n'y avait pas eu la sagesse de Mark pour me dire que la meilleure vengeance était la guérison complète. Cela parce que grâce à cette guérison, par l'enregistrement photographique de tous ces événements, je pourrais exposer ces gens pour ce qu'ils sont réellement ! Exposer leur plan, exposer ce *Nouvel Ordre Mondial*, et pour pouvoir également obtenir de l'aide pour ma fille qui en a un besoin désespéré en ce moment même…

Donc à partir de ce moment-là, j'ai commencé à écrire mes mémoires traumatiques. En les mettant sur le papier, j'utilisais une partie de mon cerveau autre que la verbalisation, contournant ainsi l'émotionnel. Contourner l'émotionnel est quelque chose de nécessaire pour apporter une logique, rendre l'incompréhensible enfin compréhensible. Cela m'a permis de comprendre et de saisir ce qu'il nous était arrivé et ce que l'on pouvait faire avec toutes ces informations.

Kelly n'a pas été aussi chanceuse que moi en raison de la programmation qu'elle a endurée, une programmation basée sur les harmoniques. Les souvenirs de traumas et la déprogrammation ne lui permettaient pas d'avoir accès à toutes les parties de son cerveau comme ce fut mon cas. Ce type de programmation nécessite en effet un équipement particulier pour l'aider à récupérer et guérir. Elle a actuellement besoin de recevoir un traitement sur ses voies neuronales avec un équipement à harmoniques. Faute de cela, elle a atterri à l'hôpital *Humana* de Anchorage en Alaska, dans une unité de soins intensifs. À ce moment-là, elle souffrait horriblement et ne réagissait qu'aux interventions psychologiques et non aux médicaments conventionnels. Kelly souffre actuellement d'une insuffisance respiratoire… Le contrôle mental a évolué à tel point qu'ils connaissent si bien les tenants et les aboutissants du cerveau et de l'esprit humain qu'ils savent non seulement programmer le subconscient, mais aussi aller dans l'esprit primitif, c'est à dire la zone de notre esprit où les réflexes biologiques basiques comme le clignement des yeux, la respiration et le rythme cardiaque sont régulés. Ils peuvent travailler dessus et mettre des programmes mortels en place. Dans le cas de ma fille, c'est une insuffisance respiratoire qui fait en sorte qu'elle ne puisse pas parler si jamais elle se souvenait de quoique ce soit, elle n'y a jamais été contrainte sous la force, mais dans le milieu de l'espionnage cela peut arriver. Par le lavage de cerveau, ils peuvent accéder aux mémoires de l'espion prisonnier. Donc aujourd'hui les espions n'ont plus à garder sur eux l'ancienne pilule de cyanure, au lieu de cela, ils subissent une insuffisance respiratoire ou cardiaque. Ainsi, aucune information ne sera transmise à l'ennemi, aucune chance…

Ma fille, sélectionnée génétiquement, a été élevée et formée avec du contrôle mental pour être plus tard introduite dans le milieu de l'espionnage. Elle avait donc ce programme en place, qui s'est alors malheureusement déclenché. En raison de l'assistance médicale dont elle avait besoin, elle est rapidement tombée dans de la détention illégale et immorale de l'état du Tennessee. Là où elle demeure encore aujourd'hui… Les violations des lois et des droits qui ont proliféré dans son dossier sont nombreuses.

Nous avons eu un procureur de district intègre qui s'en est mêlé pour dire au juge qu'il violait les droits constitutionnels et les droits de l'homme dans le cas de ma fille Kelly. Alors qu'il citait toute une liste de lois, le juge l'a interrompu pour lui dire : *"Mais les lois ne s'appliquent pas pour cette affaire pour des raisons de Sécurité Nationale."* Cela pose quelques questions : Qu'est-ce que la "Sécurité Nationale" a avoir avec le viol et la torture du corps et de l'esprit d'une enfant ? D'autant plus validé par des preuves et des documents à l'appui ?!

Pour l'amour de Kelly et l'amour de tant d'autres survivants de contrôle mental, nous devons lever ce voile de la "Sécurité Nationale". Nous devons faire abroger cette loi du *National Security Act* de 1947. (applaudissements)

Ce n'est plus de la "sécurité nationale", mais bien une menace pour la nation lorsque cela sert à couvrir un tel crime contre l'humanité qu'est le contrôle mental. Lorsque cela couvre la soi-disant "guerre contre la drogue" de la CIA, ou couvre encore la vente de notre pays au *Nouvel Ordre Mondial*. Cette "Sécurité Nationale" qui n'a rien à voir avec la sécurité de notre nation.

Cette "Sécurité Nationale" a caché les informations relatives au contrôle mental à chacun d'entre vous depuis trop longtemps. Nous devons faire sortir ces informations. Nous devons armer tout un chacun avec des connaissances sur le MK, parce que la connaissance est notre seul moyen de défense contre le contrôle mental. Nous devons obtenir des informations détaillées pour être tous plus efficaces dans nos domaines respectifs, ceci afin de reprendre le pays et finalement reprendre notre monde ; pour l'amour de Kelly ; pour l'amour de toutes les autres victimes et survivants de contrôle mental et je sais qu'il y en a énormément. Pour l'amour de l'humanité comme nous la connaissons. C'est la vérité qui nous rend libre. Aidez-nous à diffuser l'information, merci. (applaudissements)

ANNEXE N°3

DISSOCIATIVE EXPERIENCES SCALE (DES)
L'ÉCHELLE D'EXPÉRIENCES DISSOCIATIVES

L'échelle d'expériences dissociatives (DES) est un auto-questionnaire destiné aux adultes. Il a été développé par Eve Bernstein Carlson et Frank W. Putnam en 1986. Le DES est constitué de 28 items permettant d'évaluer la fréquence des divers symptômes dissociatifs dans la vie quotidienne du patient. Cette échelle a été mise au point pour mesurer les expériences de dissociation mentale chez le sujet adulte, c'est l'outil le plus utilisé pour l'étude des troubles dissociatifs en psychiatrie. Les états altérés de conscience sous l'influence de drogues ou d'alcool ne sont pas à prendre en compte pour ce test.

Le résultat final est une moyenne consistant à additionner les scores des 28 items pour ensuite diviser le chiffre par 28. Ainsi on obtient un score entre 0 et

100. La moyenne des résultats au DES concernant la population lambda varie de 3.7 à 7.8. Les résultats auprès des patients hospitalisés en psychiatrie varient de 14,6 à 17,0. Aux Pays-Bas il a été obtenu auprès de 71 patients souffrant d'un trouble dissociatif de l'identité un score de 49,4. Les patients ayant un résultat au DES de 25 ou plus, ont une forte probabilité d'avoir un trouble dissociatif.

En complément au DES, il existe également le MID *"Multidimensional Inventory of Dissociation"* (Inventaire Multidimensionnel de la Dissociation), basé sur le même principe mais comportant plus de 200 items (disponible sur internet). Le DES tout comme le MID ne permettent pas d'établir définitivement un diagnostic ; c'est uniquement à l'aide d'un examen structuré et approfondi qu'un trouble dissociatif de l'identité peut être constaté ou exclu.

Entourez un nombre pour indiquer le pourcentage du temps où cela vous arrive.

1. Certaines personnes font l'expérience alors qu'elles conduisent ou séjournent dans une voiture (ou dans le métro ou le bus) de soudainement réaliser qu'elles ne se souviennent pas de ce qui est arrivé pendant tout ou une partie du trajet.

0% Jamais	10%	20%	30%	40%	50%	60%	70%	80%	90%	100% Toujours

2. Parfois certaines personnes qui sont en train d'écouter quelqu'un parler, réalisent soudainement qu'elles n'ont pas entendu ce qui vient de leur être dit (en totalité ou partiellement).

0% Jamais	10%	20%	30%	40%	50%	60%	70%	80%	90%	100% Toujours

3. Certaines personnes font l'expérience de se trouver dans un lieu et de n'avoir aucune idée sur la façon dont elles sont arrivées là.

0% Jamais	10%	20%	30%	40%	50%	60%	70%	80%	90%	100% Toujours

4. Certaines personnes font l'expérience de se trouver vêtues d'habits qu'elles ne se souviennent pas avoir mis.

0% Jamais	10%	20%	30%	40%	50%	60%	70%	80%	90%	100% Toujours

5. Certaines personnes font l'expérience de trouver des objets nouveaux dans leurs affaires sans se rappeler les avoir achetés.

0% Jamais	10%	20%	30%	40%	50%	60%	70%	80%	90%	100% Toujours

6. Il arrive à certaines personnes d'être abordées par des gens qu'elles ne reconnaissent pas. Ces inconnus les appellent par un nom différent tout en affirmant les connaître.

0% Jamais	10%	20%	30%	40%	50%	60%	70%	80%	90%	100% Toujours

7. Certaines personnes ont parfois la sensation de se trouver à côté d'elles-mêmes ou de se voir elles-mêmes faire quelque chose, et de fait, elles se voient comme si elles regardaient une autre personne.

0% Jamais	10%	20%	30%	40%	50%	60%	70%	80%	90%	100% Toujours

8. Certaines personnes ne reconnaissent pas des amis ou des membres de leur famille.

0% Jamais	10%	20%	30%	40%	50%	60%	70%	80%	90%	100% Toujours

9. Certaines personnes s'aperçoivent qu'elles n'ont pas de souvenirs sur des événements importants de leur vie (par exemple, cérémonies de mariage ou de remise d'un diplôme).

0% Jamais	10%	20%	30%	40%	50%	60%	70%	80%	90%	100% Toujours

10. Certaines personnes font l'expérience d'être accusées de mentir alors qu'elles pensent sincèrement ne pas avoir menti.

0% Jamais	10%	20%	30%	40%	50%	60%	70%	80%	90%	100% Toujours

11. Certaines personnes font l'expérience de se regarder dans un miroir et de ne pas s'y reconnaître.

0% Jamais	10%	20%	30%	40%	50%	60%	70%	80%	90%	100% Toujours

12. Certaines personnes font parfois l'expérience de ressentir comme irréels, d'autres gens, des objets, et le monde autour d'eux.

0% Jamais	10%	20%	30%	40%	50%	60%	70%	80%	90%	100% Toujours

13. Certaines personnes ont parfois l'impression que leur corps ne leur appartient pas.

0% Jamais	10%	20%	30%	40%	50%	60%	70%	80%	90%	100% Toujours

14. Certaines personnes font l'expérience de se souvenir parfois d'un événement passé d'une manière si intense qu'elles ressentent les choses comme si elles étaient en train de revivre cet événement.

0% Jamais	10%	20%	30%	40%	50%	60%	70%	80%	90%	100% Toujours

15. Certaines personnes font l'expérience de ne pas être certaines si les choses dont elles se souviennent sont réellement arrivées ou si elles les ont juste rêvées.

0% Jamais	10%	20%	30%	40%	50%	60%	70%	80%	90%	100% Toujours

16. Certaines personnes font l'expérience d'être dans un lieu familier mais de le trouver pourtant étrange et inhabituel.

0% Jamais	10%	20%	30%	40%	50%	60%	70%	80%	90%	100% Toujours

17. Certaines personnes constatent que, lorsqu'elles sont en train de regarder la télévision ou un film, elles sont tellement absorbées par l'histoire qu'elles n'ont pas conscience des autres événements qui se produisent autour d'elles.

0% Jamais	10%	20%	30%	40%	50%	60%	70%	80%	90%	100% Toujours

18. Certaines personnes constatent parfois qu'elles deviennent si impliquées dans une pensée imaginaire ou dans une rêverie qu'elles les ressentent comme si c'étaient réellement en train de leur arriver.

0% Jamais	10%	20%	30%	40%	50%	60%	70%	80%	90%	100% Toujours

19. Certaines personnes constatent qu'elles sont parfois capables de ne pas prêter attention à la douleur.

0% Jamais	10%	20%	30%	40%	50%	60%	70%	80%	90%	100% Toujours

20. Il arrive à certaines personnes de rester le regard perdu dans le vide, sans penser à rien et sans avoir conscience du temps qui passe.

0% Jamais	10%	20%	30%	40%	50%	60%	70%	80%	90%	100% Toujours

21. Parfois certaines personnes se rendent compte que quand elles sont seules, elles se parlent à haute voix.

0% Jamais	10%	20%	30%	40%	50%	60%	70%	80%	90%	100% Toujours

22. Il arrive à certaines personnes de réagir d'une manière tellement différente dans des situations comparables, qu'elles se ressentent presque comme si elles étaient deux personnes différentes.

0% Jamais	10%	20%	30%	40%	50%	60%	70%	80%	90%	100% Toujours

23. Certaines personnes constatent parfois que dans certaines situations, elles sont capables de faire des choses qu'elles ne sont habituellement pas capables de faire, cela avec une spontanéité et une aisance étonnante (par exemple : sports, travail, situations sociales, art...).

0% Jamais	10%	20%	30%	40%	50%	60%	70%	80%	90%	100% Toujours

24. Certaines personnes constatent que parfois elles ne peuvent pas déterminer si un souvenir est quelque chose de concret qu'elles ont fait ou bien s'il s'agit juste de la pensée qu'elles allaient faire cette chose (par exemple, la confusion ne pas savoir si elles ont réellement posté une lettre ou si elles ont juste pensé à la poster).

0% Jamais	10%	20%	30%	40%	50%	60%	70%	80%	90%	100% Toujours

25. Il arrive à certaines personnes de ne pas se rappeler avoir fait quelque chose alors qu'elles trouvent la preuve qu'elles ont fait cette chose.

0% Jamais	10%	20%	30%	40%	50%	60%	70%	80%	90%	100% Toujours

26. Certaines personnes trouvent parfois des écrits, des dessins ou des notes dans leurs affaires qu'elles ont dûs faire mais dont elles n'ont aucun souvenir.

0% Jamais	10%	20%	30%	40%	50%	60%	70%	80%	90%	100% Toujours

27. Certaines personnes constatent qu'elles entendent des voix dans leur tête qui leur disent de faire des choses ou qui commentent les choses qu'elles font.

0% Jamais	10%	20%	30%	40%	50%	60%	70%	80%	90%	100% Toujours

28. Certaines personnes ont parfois la sensation de regarder le monde à travers un brouillard de telle sorte que les gens et les objets apparaissent lointains ou indistincts.

0% Jamais	10%	20%	30%	40%	50%	60%	70%	80%	90%	100% Toujours

Annexe N°4

Le tableau *"Seven Level"* produit par l'alter *Key* (Kim Noble)

OUVRAGES DÉJÀ PARUS
CHEZ OMNIA VERITAS